卓越法律人才教育培养系列教材
高等法学教育"十三五"规划教材

刑法学

XINGFAXUE

主编◎刘德法 马松建

郑州大学出版社
郑州

图书在版编目(CIP)数据

刑法学/刘德法,马松建主编.—郑州:郑州大学出版社,2018.3
ISBN 978-7-5645-4998-5

Ⅰ.①刑… Ⅱ.①刘…②马… Ⅲ.①刑法-法的理论-中国-高等学校-教材 Ⅳ.①D924.01

中国版本图书馆 CIP 数据核字(2017)第 286836 号

郑州大学出版社出版发行	
郑州市大学路40号	邮政编码:450052
出版人:张功员	发行部电话:0371-66966070
全国新华书店经销	
郑州龙洋印务有限公司印制	
开本:710 mm×1 010 mm 1/16	
印张:50.5	
字数:1 048 千字	
版次:2018 年 3 月第 1 版	印次:2018 年 3 月第 1 次印刷
书号:ISBN 978-7-5645-4998-5	定价:85.00 元

本书如有印装质量问题,由本社负责调换

作者名单

主　编　刘德法　马松建

副主编　刘　霜　臧冬斌　王鹏祥

编　委　（以撰写章节先后为序）

　　　　马松建　毛乃纯　李淑娟

　　　　张　阳　刘　霜　王立志

　　　　刘德法　臧冬斌　李艳玲

　　　　许桂敏　胡雁云　苗道华

　　　　袁　雪　王　敏　吴林生

　　　　樊建民

内容简介

本书是卓越法律人才培养计划系列教材之一。教材围绕培养应用型、复合型法律职业人才的目标,教材以我国刑法规定为主线,以司法资格考试规律为导向,在全面、简明阐述刑法学基本理论和阐释刑法、司法解释要义的基础上,突出案例教学,并结合历年司法资格考试的真题进行深度的理论分析,突出刑法教学内容与司法资格考试内容的有机衔接。本书是目前国内编写体例新颖、涵盖内容最新、服务司考针对性和适用性较强的刑法学教材之一。本教材特别适合于法律本科和研究生课堂教学、司考复习用书,对司法实务工作也有较大的参考价值。

前言

刑法是我国法律体系中最重要的部门法之一,刑法学是以刑法规范为主要研究对象的法律学科门类,也是法律教育中的主干课程。本教材由河南省内八所主要高校法律院系部分刑法学教授合作编著,由郑州大学出版社出版。本书体系完整、内容丰富,不但以我国传统犯罪论体系为基础,也吸纳了大陆法系犯罪论体系中的合理成分;教材内容既反映了我国刑法典和包括刑法修正案(九)在内的历次修正内容,也将最新的司法解释作为论证依据;既系统介绍了刑法的基本概念、基本原则、基本原理、基本制度,也针对每节内容精选、分析了一些思考题、案例分析、司考真题和争论要点。本书内容新、资料新、体例新、观点新,逻辑结构合理,论证充分有力,问题导向突出,重点难点明确。本教材可供法律本科生、研究生使用,尤其可以作为参加司法资格考试复习的考生用书,对从事刑事司法实务工作也具有较大的参考价值。

本教材由主编拟定写作计划和要求,全体作者集体讨论确定撰写内容和章节,并根据各自的研究专长,分工如下:

马松建(郑州大学法学院教授):第一章

毛乃纯(郑州大学法学院讲师):第二章;第三章第一至四节

李淑娟(郑州大学法学院副教授):第三章第五至八节;第二十章第一、二、三、四、六至十节

张　阳(郑州大学法学院副教授):第四、七章

刘　霜(河南大学法学院教授):第五章

王立志(郑州大学法学院教授):第六、八章

刘德法(郑州大学法学院教授):第九章

臧冬斌(河南财经政法大学教授):第十章

李艳玲(许昌学院法政学院副教授):第十一、十二章

许桂敏(郑州大学法学院副教授):第十三、十四章;第十六章第三节;第十八章第七节;第二十章第五节

胡雁云(华北水利水电大学法学院副教授):第十五章;第十六章第一、二、四、五、六节

苗道华(河南城建学院讲师):第十七章第一至四节
王　敏(华北水利水电大学法学院副教授):第十八章第一至六节
袁　雪(郑州航空工业管理学院副教授):第十七章第五至八节
吴林生(郑州大学法学院副教授):第十九章
樊建民(河南大学法学院副教授):第二十一、二十三、二十四章
王鹏祥(河南师范大学法学院教授):第二十二章

　　本书由主编统稿定稿,郑州大学出版社王卫疆编辑为本书及时而高质量的出版付出了辛勤的劳动和汗水,并给了我们极大的支持和帮助,在此表示衷心感谢!

主编

2017 年 4 月

目 录

第一章　刑法概说…………………………………… 1
　第一节　刑法的概念 ……………………………… 2
　第二节　刑法的根据和任务 ……………………… 3
　第三节　刑法的体系和解释 ……………………… 5

第二章　犯罪概说…………………………………… 11
　第一节　犯罪的概念 ……………………………… 11
　第二节　犯罪的类型 ……………………………… 16

第三章　犯罪构成…………………………………… 19
　第一节　犯罪构成概述 …………………………… 20
　第二节　犯罪客体 ………………………………… 29
　第三节　犯罪客观方面 …………………………… 35
　第四节　犯罪主体 ………………………………… 53
　第五节　犯罪的主观方面 ………………………… 70
　第六节　与罪过相关的几个特殊问题 …………… 81
　第七节　犯罪动机和犯罪目的 …………………… 83
　第八节　刑法中的认识错误 ……………………… 85

第四章　排除犯罪事由……………………………… 90
　第一节　排除犯罪事由概述 ……………………… 90
　第二节　正当防卫 ………………………………… 91

· 1 ·

    第三节　紧急避险 …………………………………… 103
    第四节　其他排除犯罪事由 ………………………… 108

第五章　故意犯罪的停止形态 …………………………… 113
    第一节　故意犯罪的停止形态概述 ………………… 113
    第二节　犯罪既遂形态 ……………………………… 117
    第三节　犯罪预备形态 ……………………………… 126
    第四节　犯罪未遂形态 ……………………………… 130
    第五节　犯罪中止形态 ……………………………… 136

第六章　共同犯罪 ………………………………………… 145
    第一节　共同犯罪概述 ……………………………… 146
    第二节　共同犯罪的形式 …………………………… 151
    第三节　共同犯罪人的刑事责任 …………………… 155

第七章　罪数形态 ………………………………………… 167
    第一节　罪数判断标准 ……………………………… 167
    第二节　一罪的类型 ………………………………… 170
    第三节　数罪的类型 ………………………………… 182

第八章　刑事责任 ………………………………………… 190
    第一节　刑事责任概述 ……………………………… 191
    第二节　刑事责任的功能 …………………………… 195
    第三节　刑事责任的实现 …………………………… 197

第九章　刑罚概说 ………………………………………… 203
    第一节　刑罚的概念 ………………………………… 203
    第二节　刑罚的功能 ………………………………… 208
    第三节　刑罚的目的 ………………………………… 212

第十章　刑罚的体系和种类 ……………………………… 220
    第一节　刑罚的体系 ………………………………… 220
    第二节　主刑 ………………………………………… 223
    第三节　附加刑 ……………………………………… 236
    第四节　非刑罚处罚措施 …………………………… 245

第十一章　刑罚裁量 ······ 249
- 第一节　刑罚裁量概述 ······ 249
- 第二节　刑罚裁量情节 ······ 253
- 第三节　累犯 ······ 260
- 第四节　自首和立功 ······ 264
- 第五节　数罪并罚 ······ 272
- 第六节　缓刑 ······ 278

第十二章　刑罚执行制度 ······ 284
- 第一节　刑罚执行概述 ······ 284
- 第二节　减刑 ······ 287
- 第三节　假释 ······ 292

第十三章　刑罚的消灭 ······ 298
- 第一节　刑罚消灭概述 ······ 298
- 第二节　时效 ······ 301
- 第三节　赦免 ······ 308

第十四章　罪刑各论概述 ······ 311
- 第一节　刑法分则的体系 ······ 312
- 第二节　刑法分则的条文结构 ······ 313
- 第三节　注意规定与法律拟制 ······ 317
- 第四节　刑法分则（罪名）之间的法条竞合 ······ 319

第十五章　危害国家安全罪 ······ 325
- 第一节　危害国家、颠覆国家政权的犯罪 ······ 325
- 第二节　叛变、叛逃的犯罪 ······ 335
- 第三节　间谍、资敌的犯罪 ······ 340

第十六章　危害公共安全罪 ······ 345
- 第一节　用危险方法危害公共安全的犯罪 ······ 345
- 第二节　危害交通运输安全的犯罪 ······ 354
- 第三节　实施恐怖、威胁活动危害公共安全的犯罪 ······ 363
- 第四节　破坏重要公共设备危害公共安全的犯罪 ······ 375

第五节　违反枪支、弹药、爆炸物管理规定危害公共安全的犯罪 …………………………………………… 378

第六节　过失造成重大责任事故危害公共安全的犯罪 …… 386

第十七章　破坏社会主义市场经济秩序罪 ………… 395
第一节　生产、销售伪劣商品罪 …………………… 395
第二节　走私罪 …………………………………… 404
第三节　妨害对公司、企业的管理秩序罪 ………… 413
第四节　破坏金融管理秩序罪 ……………………… 423
第五节　金融诈骗罪 ………………………………… 439
第六节　危害税收征管罪 …………………………… 453
第七节　侵犯知识产权罪 …………………………… 466
第八节　扰乱市场秩序罪 …………………………… 475

第十八章　侵犯公民人身权利、民主权利罪 ……… 487
第一节　侵犯公民人身、民主权利罪概述 ………… 487
第二节　侵犯生命、健康的犯罪 …………………… 489
第三节　侵犯妇女、儿童身心健康的犯罪 ………… 501
第四节　侵犯人身自由的犯罪 ……………………… 507
第五节　侵犯他人人格、名誉的犯罪 ……………… 523
第六节　侵犯民主权利的犯罪 ……………………… 527
第七节　妨害婚姻家庭权利的犯罪 ………………… 533

第十九章　侵犯财产罪 ……………………………… 542
第一节　侵犯财产罪概述 …………………………… 542
第二节　复行为犯 …………………………………… 556
第三节　取得犯 ……………………………………… 573
第四节　不转移占有犯 ……………………………… 582
第五节　损毁犯 ……………………………………… 589
第六节　职务犯罪 …………………………………… 592

第二十章　妨害社会管理秩序罪 …………………… 598
第一节　妨害社会管理秩序罪概述 ………………… 599
第二节　扰乱公共秩序罪 …………………………… 600

第三节	妨害司法罪	632
第四节	妨害国(边)境管理罪	650
第五节	妨害文物管理罪	653
第六节	危害公共卫生罪	658
第七节	破坏环境资源保护罪	665
第八节	走私、贩卖、运输、制造毒品罪	674
第九节	组织、强迫、引诱、容留、介绍卖淫罪	688
第十节	制作、贩卖、传播淫秽物品罪	691

第二十一章　危害国防利益罪 …… 701
　　第一节　危害国防利益罪概述 …… 701
　　第二节　平时危害国防利益的犯罪 …… 703
　　第三节　战时危害国防利益的犯罪 …… 712

第二十二章　贪污贿赂罪 …… 716
　　第一节　贪污犯罪 …… 716
　　第二节　贿赂犯罪 …… 733

第二十三章　渎职罪 …… 752
　　第一节　渎职罪概述 …… 753
　　第二节　一般国家工作人员的渎职罪 …… 755
　　第三节　司法工作人员的渎职罪 …… 762
　　第四节　特定机关工作人员的渎职罪 …… 768

第二十四章　军人违反职责罪 …… 778
　　第一节　军人违反职责罪概述 …… 778
　　第二节　危害作战利益的犯罪 …… 780
　　第三节　违反部队管理制度的犯罪 …… 784
　　第四节　危害军事秘密的犯罪 …… 787
　　第五节　危害部队物资保障的犯罪 …… 789
　　第六节　侵犯部属、伤病军人、平民、俘虏利益的犯罪 …… 793

第一章

刑法概说

知识结构图

刑法的概念→刑法的体系→刑法的解释

重点提示

刑法的概念;刑法的解释

司考重点

刑法的解释

案例导入

2001年10月18日,上海市民肖某将两封装有虚假炭疽杆菌的邮件,分别投寄到上海市有关部门及新闻单位。上海市第二中级人民法院审理认为,肖某故意制造恐怖气氛,危害社会稳定,且系累犯,应从重处罚。依照刑法第114条规定,肖某构成以危险方法危害公共安全罪,判处有期徒刑4年。问:肖某的行为是否属于以危险方法危害公共安全的行为?

第一节 刑法的概念

一、狭义刑法与广义刑法

刑法是规定犯罪、刑事责任和刑罚的法律。具体来说,刑法是掌握政权的阶级即统治阶级,为了维护其阶级利益,根据自己的意志,以国家名义公布的,规定犯罪及其刑事责任,给予犯罪人以何种刑罚处罚的法律。

关于刑法的名称,各个国家的提法不尽相同。有的着重于犯罪,称之为"犯罪法"(Criminal law);有的着眼于刑罚,称之为"刑罚法"(Penal Law),等等,不一而足。我国历史上曾称为"刑律",现在称为刑法,名称虽然不同,但内容实质都是一样的。

刑法有狭义和广义之分。狭义刑法是指刑法典,即由最高立法机关就有关犯罪、刑事责任和刑罚的系统性立法规定,具有统一的体例,既包括犯罪与刑罚的一般原则,又有各种具体的犯罪及其法定刑。现行刑法是1997年3月14日中华人民共和国第八届全国人民代表大会第五次会议通过并于1997年10月1日实施的《中华人民共和国刑法》。此外,全国人民代表大会常务委员会对刑法典所进行的修正案是对刑法典的修改补充,也是狭义刑法典的组成部分。广义刑法是指一切规定犯罪、刑事责任和刑罚的法律规范的总和,具体包括刑法典、单行刑法与附属刑法。单行刑法又称单行刑事法律、特别刑法,是最高立法机关为补充、修改刑法典以"决定""补充规定"和"条例"等形式制定颁布的法律规范。单行刑法的内容基本上都是刑法规范,但某些单行刑法中也包括一些非刑法规定的内容。如1999年12月29日全国人大常委会《关于取缔邪教组织、防范和惩治邪教活动的决定》。附属刑法是指非刑事法律中有关犯罪、刑事责任以及刑罚的规定,如《海关法》、《食品卫生法》等行政法、经济法律中都有一些刑法规范。需要指出的是,我们使用的"刑法"这一用语,通常是指狭义刑法即刑法典;如果是指单行刑法或者附属刑法,则需要特别指明。

二、刑法的性质

刑法的性质具有两方面的含义,即刑法的阶级性质和刑法的法律性质。

刑法的阶级性质是指刑法是一个历史的范畴,既不是自古就有的,也不会永远存在。刑法是掌握政权的统治阶级根据自己的意志和利益制定的法律规范,其基本内容是犯罪、刑事责任和刑罚,通过对犯罪人追究刑事责任来为统治阶级服务。

刑法作为统治阶级对被统治阶级实行专政的一种工具,其阶级本质是由国家的阶级本质决定的。我国是社会主义国家,我国刑法反映了广大人民群众的意志和利益,保卫社会主义政治制度和经济制度,维护广大人民群众的根本利益。

刑法的法律性质是指刑法作为国家整个法律体系重要组成部分所具有的特征。在我国社会主义法律体系中,刑法与其他部门法如民法、行政法、经济法等相比较,具有两个显著特点:

(1)刑法所调整的社会关系更具规范性。一般来说,各个部门法调整的只是某一方面的社会关系,如民法调整的是一定范围内的财产关系和人身关系,行政法调整的是因行政行为而发生的社会关系,经济法调整的是一定的经济关系,等等。刑法调整的范围不限于某一方面的社会关系,凡是受到犯罪侵害的社会关系都由刑法来调整,既包括人身关系,也包括财产关系,还有行政关系以及经济关系,等等。在这个意义上可以认为,刑法是其他部门法的保护法,没有刑法作后盾和保证,其他部门法往往很难得到彻底贯彻实施。

(2)刑法对社会关系的保护手段具有最为严厉的强制性。从法律属性上讲,任何法律都具有强制性,任何人侵犯了法律所保护的社会关系,都要承担相应的法律后果,受到国家强制力的制裁。其他部门法的强制手段包括损害赔偿、恢复原状、赔礼道歉、罚款、行政拘留等,而所有这些强制手段都不及刑罚制裁手段即适用刑罚的严厉性。刑罚不仅可以剥夺犯罪分子的财产,限制或剥夺犯罪分子的人身自由,剥夺犯罪分子的政治权利,而且在极端情况下还可以剥夺犯罪分子的生命。

第二节 刑法的根据和任务

一、刑法的根据

我国刑法第1条规定了刑法制定的目的和根据:"为了惩罚犯罪,保护人民,根据宪法,结合我国同犯罪作斗争的具体经验及实际情况,制定本法。"据此,刑法制定的目的在于惩罚犯罪,保护人民;刑法制定的根据包括法律根据和实践根据。

制定刑法的法律根据是我国宪法。宪法是国家的根本大法,是其他一切法律的立法根据,当然也是刑法的立法根据。刑法的制定、修改及其解释,不能与宪法相抵触,否则便没有法律效力;刑法立法必须根据宪法所规定的立法权限和立法程序进行,否则便是违宪行为。刑法以宪法为其立法根据,必须在自己的领域内具体贯彻宪法的精神和原则,通过具体的刑法规范及其适用,保障宪法的实施。

制定刑法的实践根据是我国同犯罪作斗争的具体经验和实际情况。实事求是,一切从实际出发,是我国刑事立法的根本指导原则。这就要求,制定和修改刑法,既不能凭主观想象,也不能照抄照搬前人或者外国的经验,而应当立足我国实际,进行深入的调查研究,认真总结我国长期同犯罪作斗争的经验和对策,将其具体化为刑法规范。从我国刑法的制定和修改情况看,我国多年来同犯罪作斗争的行之有效的、成熟的经验和一系列独创的制度以及新时期出现的许多新型犯罪,在刑法中基本上都做了规定。

二、刑法的任务

刑法的任务,又称刑法的机能、刑法的作用。我国《刑法》第2条规定:"中华人民共和国刑法的任务,是用刑罚同一切犯罪行为作斗争,以保卫国家安全,保卫人民民主专政的政权和社会主义制度,保护国有财产和劳动群众集体所有的财产,保护公民私人所有的财产,保护公民的人身权利、民主权利和其他权利,维护社会秩序、经济秩序,保障社会主义建设事业的顺利进行。"从这条规定可以看出,我国刑法的任务具体包括以下几个方面:

(1)保卫国家安全,保卫人民民主专政的政权和社会主义制度。所谓国家安全,是国家赖以生存和发展的政治基础和物质基础的安全,主要包括国家的主权独立、国家的团结统一、国家的领土完整以及国家其他基本利益的安全。人民民主专政的政权和社会主义制度是我国人民在中国共产党的领导下经过长期艰苦卓绝的斗争而取得的革命成果,是我们国家的政权和基本制度,是我国人民的根本利益之所在。为了保卫人民民主专政政权和社会主义制度,维护国家安全,这是我国刑法的首要任务。我国刑法把危害国家安全罪作为刑法分则第一章,列为各类犯罪之首,并对之规定了严厉的刑罚。

(2)保卫社会主义的经济基础和公私财产。刑法作为社会主义上层建筑的一部分,它必然要保护社会主义的经济基础。当前,我国刑法要保护社会主义的经济基础,就是要保护以公有制为主体的多种所有制形式和社会主义市场经济。国有财产和劳动群众集体所有的财产是社会主义的公共财产,是巩固人民民主专政和进行社会主义现代化建设的物质基础。公民私人所有的财产是公民生产、工作、生活不可缺少的物质条件,刑法保护公民私人所有的财产,既符合宪法的原则,也符合广大人民群众的迫切要求。社会主义市场经济的运行和发展,是通过一系列管理制度来保证的,如工商管理制度、税收征管制度、货币金融管理制度等。这些制度形成了社会主义市场经济秩序。保护社会主义市场经济秩序不受犯罪的侵犯,与保护公私财产不受犯罪的侵犯一样,都是我国刑法作为上层建筑为经济基础服务的具体内容。

(3)保护公民的人身权利、民主权利和其他权利。人身权利是公民的最基本权利,只有人身权利不受侵犯,才能行使民主权利和其他权利。所以,侵犯公民人身权利的犯罪是侵犯公民个人权利犯罪中最严重的犯罪。我国刑法对严重侵犯公民人身权利的犯罪如故意杀人、强奸、拐卖妇女儿童等,都规定了严厉的刑罚,直到适用死刑。民主权利,是指依法参加国家管理和社会政治生活的权利,如宪法规定的选举权与被选举权、宗教信仰自由、通信自由等。我国刑法在分则第四章中明确规定了破坏选举罪、非法剥夺公民宗教信仰自由罪、侵犯通信自由罪等及其相应的刑事责任,从而体现了对公民民主权利的切实保护。其他权利,是指公民人身权利、民主权利以外的权利,如婚姻自主权,年老、年幼、患病的家庭成员有受扶养的权利等。保护公民的各种合法权益是我国刑法任务的主要内容之一。

(4)维护正常的社会秩序。只有社会长期稳定,我们才能集中力量,搞好社会主义现代化建设。刑法是维护社会秩序、稳定社会局势的最强有力的法律武器。我国刑法规定了"危害公共安全罪"、"妨害社会管理秩序罪"等各类犯罪,就是为了维护正常的社会秩序,净化社会环境,保障社会主义现代化建设事业的顺利进行。

第三节 刑法的体系和解释

一、刑法的体系

刑法的体系就是指刑法的组成和结构。我国刑法分总则、分则和附则三个部分。其中总则、分则各为一编,在编之下,再根据法律规范的性质和内容有次序地划分章、节、条、款、项等层次。

刑法第一编总则分设五章,第二编分则分设十章。刑法总则除第一章和第五章外,其余章下均设若干节;刑法分则大多数章下不设节,但由于第二章破坏社会主义市场经济秩序罪和第六章妨害社会管理秩序罪涉及具体犯罪较多,内容庞杂,因而该两章下又分设了若干节。刑法第三部分为刑法附则,仅1个条文,即刑法第452条。该条的内容包括修订后的刑法典开始施行的日期,以及修订后的刑法典与以往单行刑事法律的关系,宣布在修订的刑法典生效后某些单行刑事法律的废止或部分内容的失效。

刑法总则是关于犯罪、刑事责任和刑罚的一般原理的规范体系,这些规范是认定犯罪、确定责任和适用刑罚所必须遵守的共同的规则。刑法分则是关于具体犯罪和具体法定刑的规范体系,这些规范是解决具体定罪量刑问题的标准。总则与分则的关系是一般与特殊、抽象与具体的关系。总则指导分则,分则是总则的具体体现,二者相辅相成,只有把总则和分则紧密地结合起来研究,才能正确地认定犯罪、确定刑事责任和适用刑罚。组成刑法的诸规范都以条文的形式出现。配置在各编、章、节中的刑法条文,全部用统一的顺序号码进行编号。条文之下分款、项。

如果条文包含数款,则各款均以另起一行来表示。在款的后面,用(一)、(二)、(三)等基数号码的,则为项。例如,《刑法》第240条第1款包含8项,引用时应写成第×条第×款第×项;第293条只有1款,包含4项,引用时应写成第×条第×项。刑法条文采用条、款、项这样的结构是非常严谨的,不能随便颠倒改动。引用条文时必须绝对准确。

有的条文在同一款中包含有两个或两个以上的意思,在学理上称之为前段、后段,或者前段、中段、后段,或者第一段、第二段……在具有这种结构的条款当中,如有用"但是"这个连接词来表示转折关系的,则从"但是"开始的这段文字,学理上称之为"但书"。我国刑法条文中的"但书",所表示的大致有以下几种情况:①"但书"是前段的补充。例如,《刑法》第13条在规定了什么是犯罪之后,接着"但书"指出:"但是情节显著轻微危害不大的,不认为是犯罪。"这是从什么情况下不认为是犯罪的角度,来补充说明什么是犯罪。这个"但书"对于划清罪与非罪的界限,具有重要意义。②"但书"是前段的例外。例如,《刑法》第65条规定:"被判处有期徒刑以上刑罚的犯罪分子,刑罚执行完毕或者赦免以后,在五年以内再犯应当判处有期徒刑以上刑罚之罪的,是累犯,应当从重处罚,但是过失犯罪除外。"从这个"但书"中可以明显看出,过失犯罪无所谓累犯问题。举一反三,凡是条款中规定有"但是……除外"的,都属于这种情况。③"但书"是对前段的限制。例如,《刑法》第21条第2款规定:"紧急避险超过必要限度造成不应有的损害的,应当负刑事责任,但是应当减轻或者免除处罚。"在这里,"但书"对避险过当人负刑事责任作了限制性的规定。

二、刑法的解释

刑法的解释就是阐明刑法规范的含义。因为刑法条文具有一定的抽象性,只有正确了解刑法规范的真实含义,才能正确地加以适用。同时,刑法规范又具有一定的稳定性,而现实生活却是千姿百态、复杂多变的。因此,为了使抽象、稳定的法条适用于具体案件,使司法活动能够跟上客观情况的变化,就需要对刑法规范进行解释。刑法的解释,可以按照不同标准进行分类,主要有以下两种分类。

(一)按解释的效力分类

1.立法解释。立法解释就是由最高立法机关即全国人大及其常委会对刑法的含义所作的解释。刑法的立法解释包括以下三种情况:①在刑法中用条文对有关刑法术语所作的解释。例如,《刑法》第93条对国家工作人员、第357条对毒品的含义所作的解释。②由国家立法机关在法律的起草说明或者修订说明中对某种特定的刑法术语所作的解释。③刑法在施行中如果发生歧义,由全国人大常委会进行的解释。如全国人大常委会分别对《刑法》第93条第2款和第228条、第342条、第410条作出的立法解释。

2. 司法解释。司法解释就是由最高司法机关对刑法的含义所作的解释。有权进行司法解释的是最高人民法院和最高人民检察院,通常采取解释、解答、规定、批复、意见、通知等形式公布。最高人民法院和最高人民检察院联合或分别就审判工作和检察工作中具体应用刑法的问题作过大量的解释。如2000年12月4日最高人民法院《关于审理黑社会性质组织犯罪的案件具体应用法律若干问题的解释》,2000年3月6日最高人民检察院《关于国家工作人员挪用非特定公物能否定罪的请示的批复》,2013年4月5日最高人民法院、最高人民检察院《关于办理敲诈勒索刑事案件适用法律若干问题的解释》,等等。这些司法解释对于统一司法机关的认识,加强办案工作,提高审判工作和检察工作质量,起着重要的指导作用。

3. 学理解释。学理解释就是由社会组织、教学科研单位或者专家学者从学理上对刑法含义所作的解释。如刑法教科书、专著、论文等对刑法典的注释等,都属于学理解释。学理解释在法律上没有约束力。但是,正确的学理解释,有助于理解刑法规范的含义,对于司法实践和立法工作都具有参考价值,对于促进刑法的科学发展,具有重要的作用。

(二)按解释的方法分类

1. 文理解释。文理解释就是对法律条文的字义,包括词语、概念、术语等,从文理上所作的解释。如《刑法》总则第五章"其他规定"中对"公共财产"、"公民私人所有的财产"等刑法中的术语所作的解释,按解释的方法分类,都属于文理解释。

2. 论理解释。论理解释就是按照立法精神,联系有关情况,从逻辑上所作的解释;论理解释又分为当然解释、扩张解释和限制解释。

当然解释是指刑法规范虽未明示某一事项,但依规范目的、事物属性和形式逻辑,将该事项当然地包括在该规范适用范围之内的解释。如我国刑法第50条规定,判处死刑缓期执行的,在死刑缓期执行期间,如果没有故意犯罪,"二年期满以后,减为无期徒刑"。据此,没有满二年的不得减为无期徒刑。这就是当然解释。

限制解释又称缩小解释,是为了体现立法精神,对刑法用语作狭于字面含义的解释。是否进行限制解释,应根据刑法基本原理和国家的刑事政策,以及刑法条文所规定的内容的性质来确定。如我国刑法第234条规定的故意伤害罪中的"伤害",应解释为对身体组织的伤害,并且伤害程度限于轻伤以上,不包括思想感情等受到损害。这样解释显然是缩小了"伤害"的字面含义,目的是为了缩小刑法打击面。

扩张解释又称扩大解释,是为了体现立法精神,结合社会的现实需要,对刑法条文用语的含义作出超过字面意思的解释。扩张解释不应当超出一定的限度,这个限度就是"刑法条文所可能具有的最宽含义",即"文义的最远射程"。如果超出了这个限度,就是类推解释,而类推解释的本质是创制新的法律规范。从实质上而言,扩大解释没有超出公民预测可能性的范围;类推解释则超出了公民预测可能性的范围,违背了罪刑法定原则。

在导入案例中,肖某的行为并不属于"以危险方法危害公共安全的行为"。因为这里的"其他危险方法"应当是指未被我国刑法第114条明确列举但又与放火、决水、爆炸、投放危险物质等危险方法的危险性基本相当的其他一切方法,这种方法应具有现实的危害公共安全的危险性,即一经实施就可能同时造成不特定多人的伤亡或财产的重大损失。而肖某的行为手段并非如此,并不具备一下子造成不特定社会公众死伤的现实可能性。法院的判决实际上是将以危险方法危害公共安全罪的"其他危险方法"无限扩大到不可能危及公共安全的行为,已经不是扩张解释,而是超出了国民预测可能性的类推解释。肖某投寄虚假炭疽杆菌邮件的行为,虽然造成了不特定多人的恐慌、社会的不稳定,具有社会危害性,但并非当时刑法明文规定的行为。事实上,此案宣判一个月后,2001年12月29日全国人大常委会通过的《刑法修正案》(三)才增设了投放虚假危险物质罪,作为刑法第291条聚众扰乱公共场所秩序、交通秩序罪之一。

司考真题

1. 2007司考真题

下列哪种说法是正确的?

A. 将强制猥亵妇女罪中的"妇女"解释为包括男性在内的人,属于扩大解释;

B. 将故意杀人罪中的"人"解释为"精神正常的人",属于应当禁止的类推解释;

C. 将伪造货币罪中的"伪造"解释为包括变造货币,属于法律允许的类推解释;

D. 将为境外窃取、刺探、收买、非法提供国家秘密、情报罪中的"情报"解释为"关系国家安全和利益、尚未公开或者依照有关规定不应公开的事项",属于缩小解释;

详解:本题的考点是刑法解释的种类。A项中将强制猥亵妇女罪中的"妇女"解释为包括男性在内的人,应属于类推解释。故A不正确。将故意杀人罪中的"人"解释为"精神正常的人"显然缩小了此处人的外延,属于缩小解释。B项说法错误。我国现行刑法明文禁止类推解释,另外变造货币是独立罪名,无须类推解释。C项说法错误。故本题应选D。

2. 2008年司考真题

①立法解释是由立法机关作出的解释,既然立法机关在制定法律时可以规定"携带凶器抢夺的"以抢劫罪论处,那么,立法解释也可以规定"携带凶器盗窃的,以抢劫罪论处"。②当然,立法解释毕竟是解释,所以,立法解释不得进行类推解释。③司法解释也具有法律效力,当司法解释与立法解释相抵触时,应适用新解释优于旧解释的原则。④不过,司法解释的效力低于立法解释的效力,所以,立法解

释可以进行扩大解释,司法解释不得进行扩大解释。关于上述四句话正误的判断,下列哪一选项是正确的?

A. 第①句正确,其他错误;
B. 第②句正确,其他错误;
C. 第③句正确,其他错误;
D. 第④句正确,其他错误;

答案:本题的考点是刑法解释的种类与效力。立法解释是立法机关所作的解释,具有与法律同等的效力,立法解释不能采取类推解释的方法。因此,①句错误,②句正确。立法解释的效力高于司法解释的效力,当司法解释与立法解释相抵触时,应适用立法解释优于司法解释的原则,因此,③句错误。罪刑法定原则并不禁止扩大解释,因此,无论是立法解释还是司法解释都不禁止扩大解释,④句错误。本题的正确答案是B。

3. 2013年司考真题

关于刑法解释,下列哪一选项是错误的?

A. 学理解释中的类推解释结论,纳入司法解释后不属于类推解释;
B. 将大型拖拉机解释为《刑法》第116条破坏交通工具罪的"汽车",至少是扩大解释乃至是类推解释;
C. 《刑法》分则有不少条文并列规定了"伪造"与"变造",但不排除在其他一些条文中将"变造"解释为"伪造"的一种表现形式;
D. 《刑法》第65条规定,不满18周岁的人不成立累犯;《刑法》第356条规定,因走私、贩卖、运输、制造、非法持有毒品罪被判过刑,又犯本节规定之罪的,从重处罚。根据当然解释的原理,对不满18周岁的人不适用《刑法》第356条;

答案:本题的考点是刑法解释。学理解释中的类推解释,纳入司法解释后,仍属类推解释,故选项A说法错误。"汽车"通常是指以汽油发动机作动力的运输车辆,而拖拉机通常是以柴油发动机作动力的,因而将大型拖拉机解释为《刑法》第116条破坏交通工具罪的"汽车",至少是扩大解释乃至是类推解释,故选项B说法正确。《刑法》分则有不少条文并列规定了"伪造"与"变造",如伪造货币罪与变造货币罪,伪造、变造、转让金融机构经营许可证、批准文件罪,伪造、变造金融票证罪,伪造、变造国家有价证券罪,伪造、变造股票、公司、企业债券罪,等等。但是,不排除在其他一些条文中将"变造"解释为"伪造"的一种表现形式,如伪造增值税专用发票罪,伪造有价票证罪,辩护人、诉讼代理人毁灭证据、伪造证据、妨害作证罪,帮助毁灭、伪造证据罪,等等,故选项C说法正确。累犯比毒品犯罪再犯的成立条件更加严格,既然不满18周岁的人不成立条件更加严格的累犯,那么更不应当成立条件比较宽松的毒品犯罪的再犯,这符合当然解释的基本原理。故选项D说法正确。

问题思考

1. 刑法与其他部门法相比有什么特点?
2. 刑法的性质应当如何理解?
3. 什么是刑法的解释? 如何区分扩张解释与类推解释?

相关知识链接

1. 张明楷:《如何区分类推解释与扩张解释》,载《人民法院报》2005-12-21日。
2. 张明楷:《罪刑法定与刑法解释》,北京大学出版社2009版。
3. 张明楷:《刑法学中的当然解释》,载《现代法学》2012年第3期。

第二章 犯罪概说

知识结构图

犯罪的概念→犯罪的基本特征→犯罪的分类

重点提示

犯罪的概念;犯罪的基本特征

司考重点

对于社会危害性的有无以及程度的理解;身份犯;结果加重犯。

犯罪是刑法中最基本、最核心的范畴。在刑法学中,犯罪不仅是犯罪论的基石,同时也是刑罚论的前提。因此,对有关犯罪基本问题的探究,具有重要的意义。

第一节 犯罪的概念

一、犯罪概念的类型

要解决"什么是犯罪"的问题,首先必须阐明犯罪的概念。犯罪作为各种具体犯罪的统称,亦即从故意杀人罪、强奸罪、盗窃罪、抢劫罪等具体犯罪中抽象出来的一般性概念。如何准确地表述其定义并揭示全部具体犯罪的共性,是刑事立法和刑法学的一个重大课题。

就世界范围而言,各国的刑事立法以及刑法学者基于不同的视角,对犯罪概念作出林林总总的界定。通过对各种表述的比较研究,大致可以将犯罪概念分为以下三种类型:

(一)犯罪的形式概念

犯罪的形式概念,是着眼于犯罪的法律特征来定义犯罪,而不涉及犯罪的本质特征。具体而言,属于犯罪的形式概念的表述包括:其一,刑事违法说,主张犯罪是违反刑事法律的行为。例如,德国刑法学家宾丁认为,犯罪即违反刑事制裁法律的行为。[①] 其二,刑罚惩罚说,主张犯罪是依法应当受刑罚惩罚的行为。例如,1810年《法国刑法典》第 1 条规定:"法律以违警刑所处罚之犯罪,称违警罪;法律以惩治刑处罚之犯罪,称轻罪;法律以身体刑或名誉刑处罚之犯罪,称重罪。"其三,犯罪成立条件说,主张"所谓犯罪,是符合构成要件的违法而且有责的行为。"[②]这种观点在日本处于通说地位。其四,刑事诉讼程序说,主张犯罪是能够引起刑事诉讼程序的违法行为。例如,英国刑法学者克罗斯指出:"犯罪就是能够引起刑事诉讼程序进行审理的行为。"[③]这种观点主要见之于英美刑法理论。

犯罪的形式概念体现了罪刑法定原则,是启蒙思想家反对封建主义罪刑擅断、主观归罪的产物,具有确立定罪量刑的法律标准、区分罪与非罪、限制司法权滥用的功能。但是,犯罪的形式概念没有对法律为何将某种行为规定为犯罪这一实质性问题作出回答,这就意味着"被立法者规定为犯罪,就是犯罪之所以是犯罪的根据"[④]。由此可见,在防止国家刑事立法权滥用方面,犯罪的形式概念是存在局限性的。

(二)犯罪的实质概念

犯罪的实质概念,旨在揭示犯罪的本质特征,而不涉及法律特征。例如,刑事古典学派创始人贝卡利亚指出:"衡量犯罪的真正标尺,即犯罪对社会的危害。"[⑤]德国著名哲学家黑格尔指出:"犯罪是对他人权利的一种侵犯行为,是对权力普遍

---

① 参见高铭暄主编:《刑法学原理》(第 1 卷),北京:中国人民大学出版社,1993 年版,第 374 页。

② 〔日〕大塚仁著:《刑法概说(总论)》,第三版,北京:中国人民大学出版社,2003 年版,第 90 页。

③ 〔英〕鲁伯特·克罗斯、菲利普·A·琼斯:《英国刑法导论》,赵秉志等译,北京:中国人民大学出版社,1991 年版,第 12 页。

④ 〔意〕杜里奥·帕多瓦尼著:《意大利刑法原理》,陈忠林译,北京:法律出版社,1998 年版,第 74 页。

⑤ 〔意〕贝卡利亚著:《论犯罪与刑罚》,黄风译,北京:中国大百科全书出版社,1993 年版,第 25 页。

性的否定,换言之,也就是对法律秩序的否定。"①另外,根据在日本刑法学界处于通说地位的法益侵害说,"犯罪应该限定于对法益的加害行为"②。

在试图说明某种行为被刑法规定为犯罪的实质性根据和理由方面,这种犯罪的实质概念实现了认识上的进步与深化。但是,由于其忽略了犯罪的法律特征,割裂了犯罪与刑事法律之间的联系,从而使得对于犯罪的理解具有较大的任意性,并削弱了对司法擅断的有效制约。

相对于以上揭示犯罪的社会危害性或者法益侵害性的实质概念,马克思和恩格斯在《德意志意识形态》一书中强调:"犯罪——孤立的个人反对统治关系的斗争,和法一样,也不是随心所欲地产生的。相反地,犯罪和现行的统治都产生于相同的条件。"这段经典论述深刻地揭示出犯罪的本质特征在于阶级性。受马克思主义所倡导的犯罪的实质概念的影响,1922年《苏俄刑法典》第6条规定:"威胁苏维埃制度基础及工农政权向共产主义过渡时期所建立的法律秩序的一切危害社会的作为或不作为,都被认为是犯罪。"这就为犯罪的混合概念的形成奠定了基础。

(三)犯罪的混合概念

犯罪的混合概念,是指同时指出犯罪的实质特征和形式特征,将二者有机结合的概念。早在20世纪30年代末,苏联刑法学界就展开了将犯罪的实质特征与形式特征相结合的研究。在1948年出版的苏维埃刑法总则教科书中,A.A.皮昂特科夫斯基指出,犯罪特征除社会危害性之外,还有应受惩罚性和罪过。1960年《苏俄刑法典》第7条规定:"凡本法典分则所规定的侵害苏维埃的社会制度和国家制度,侵害社会主义经济体制和社会主义所有制,侵害公民人身权、劳动权、财产权以及其他权利的危害社会行为(作为或不作为),以及本法典分则所规定的其他各种侵害社会主义法律秩序的危害社会行为,都认为是犯罪。"

应当说,这种为苏联刑法理论以及刑事立法所采纳的犯罪的混合概念,一方面在方法论上克服了单一角度(形式或实质)界定的片面性;另一方面,其既避免了形式概念过于空洞,无法准确区分罪与非罪的缺陷,又纠正了实质概念过分强调犯罪的侵害性,无法有效限制处罚范围的问题。于是,在犯罪概念的问题上,混合概念成为包括我国在内的大多数社会主义国家的刑法理论和刑事立法效法的样板,并占据着主导地位。

---

① 转引自高铭暄主编:《刑法学原理》(第1卷),北京:中国人民大学出版社,1993年版,第375页。

② 〔日〕山口厚著:《刑法总论》,第2版,付立庆译,北京:中国人民大学出版社,2011年版,第4页。

二、我国刑法中的犯罪概念

我国刑法第13条规定:"一切危害国家主权、领土完整和安全,分裂国家、颠覆人民民主专政的政权和推翻社会主义制度,破坏社会秩序和经济秩序,侵犯国有财产或者劳动群众集体所有的财产,侵犯公民私人所有的财产,侵犯公民的人身权利、民主权利和其他权利,以及其他危害社会的行为,依照法律应当受刑罚处罚的,都是犯罪,但是情节显著轻微危害不大的,不认为是犯罪。"根据本条规定,我国通说认为,犯罪是指违反我国刑法,应当受到刑罚惩罚的严重危害社会的行为。由此可见,犯罪具有以下三个基本特征:

(一)犯罪是危害社会的行为,即具有严重的社会危害性

社会危害性,是犯罪最本质、最基本的特征。所谓社会危害性,是指行为对刑法所保护的社会关系造成损害的特性。在人民当家作主、国家和人民的利益完全一致的我国,犯罪的社会危害性就体现为对于国家和人民利益的危害性,而犯罪的本质就在于危害了国家和人民的利益。而且,根据刑法第13条但书的规定,某种行为所具有的社会危害性必须达到严重的程度,才能成为犯罪;反之,某种行为虽然具有社会危害性,但是情节显著轻微危害不大的,不构成犯罪。因此,犯罪的社会危害性是质和量的统一。换言之,犯罪的社会危害性的有无以及程度的大小,是区分罪与非罪的重要标准之一。

一般认为,社会危害性的程度主要取决于以下几个方面:

其一,行为侵犯的客体,即行为侵犯了何种社会关系。例如,危害国家安全罪侵害的客体是社会主义的国体、政体和国家安全,因而,与其他犯罪相比,此类犯罪的社会危害性最大。另外,故意杀人罪侵害的是他人的生命权,故意伤害罪侵害的他人的健康权,前者的社会危害性无疑重于后者。

其二,行为的手段、结果以及时间、地点。犯罪的手段是否残酷,是否使用暴力等,在很大程度上决定了社会危害性的轻重大小。例如,抢劫公私财物比盗窃公私财物的危害性严重;杀人后碎尸比一般故意杀人的危害性严重。危害结果同样也是决定社会危害性程度的重要因素。例如,交通肇事造成一人死亡与造成十人死亡,二者的社会危害性程度显然是不同的。在自然灾害或者突发事件发生时伺机作案,在受灾地区趁火打劫,其社会危害性也相对更为严重。

其三,行为人的情况以及主观因素。例如,行为人是成年人还是未成年人,犯罪是出于故意还是过失,犯罪的目的、动机是否卑劣,等等。这些情况将会对社会心理产生不同的影响,因而对社会危害性的程度也具有制约作用。

那么,在司法实践中应当如何考察社会危害性呢?本书认为,对于社会危害性的考察需要注意以下三个方面:

第一,坚持历史、发展的观点。社会危害性是一个历史范畴。因为,在不同的

历史时期,社会关系总是会发生变动,而行为的社会危害性也会随之变化。这种变化既可以表现为社会危害性有无的变化,也可以表现为社会危害性大小的变化。承认社会危害性的可变性,是一种唯物主义的观点。

第二,坚持全面的观点。如前所述,社会危害性是由多种因素决定的。因此,衡量社会危害性,必须全面综合各种主客观情况,不仅需要考察有形的、物质性的危害,还要注意对社会政治以及人们的社会心理所造成的危害。

第三,坚持透过现象抓本质的观点。也就是说,对事物的认识不能仅仅停留在现象层面,而必须透过现象深入把握本质。例如,同样是杀人案,有的是故意杀人,有的是过失杀人,也有的是正当防卫杀人。只有通过对现象的仔细调查,才能把握事件的本质,进而作出正确的定罪量刑。

(二)犯罪是触犯刑律的行为,即具有刑事违法性

违法行为包括民事违法行为、经济违法行为、行政违法行为、刑事违法行为。犯罪属于违法行为中的一种,但不是一般违法行为,而是违反刑法的刑事违法行为。例如,盗窃、抢夺少量财物,属于违反治安管理处罚法的一般违法行为;只有盗窃、抢夺数额较大的公私财物,才构成刑法中的盗窃罪、抢夺罪。

刑事违法性与社会危害性是统一的。刑法之所以禁止某种行为,其原因就在该行为具有严重的社会危害性,因而严重的社会危害性是刑事违法性的前提和基础;刑事违法性是严重的社会危害性的法律表现,只有当危害社会的行为触犯刑律时,才能构成犯罪。

(三)犯罪是应当受到刑罚处罚的行为,即具有应受刑罚惩罚性

任何违法行为,都会产生相应的法律后果。对于违反刑法的犯罪行为而言,刑罚就是由其产生的法律后果。在这个意义上,犯罪是刑罚的前提,刑罚是犯罪的法律后果。因此,应受刑罚惩罚性也是犯罪的一个基本特征。根据这个特征,如果某个行为不应当受到刑罚处罚,就意味着它不是犯罪。

需要注意的是,不应受惩罚和不需要惩罚是不同的。不应受惩罚,是指行为人的行为根本不构成犯罪,当然就不存在应受惩罚的问题。而不需要惩罚,是指行为人的行为已经构成犯罪,只是考虑到具体情况,如犯罪情节轻微,或者有自首、立功、悔改等表现,才免予刑事处罚。免予刑事处罚表明,行为构成犯罪,只是对本应处的刑罚予以免除而已,其与无罪不应当受惩罚的性质截然不同,不能混淆。

犯罪的以上三个基本特征是紧密结合的统一体。严重的社会危害性是刑事违法性和应受刑罚惩罚性的前提和基础,是犯罪的最本质特征。刑事违法性是严重的社会危害性的法律表现,同时也为刑罚的裁量提供了依据和标准。应受刑罚惩罚性是严重危害社会的、违反刑法的行为的法律后果。所以,这三个基本特征都是必要的,是任何犯罪都必然具备的。归根到底,区分罪与非罪、此罪与彼罪的关键,就在于犯罪的三个基本特征。

第二节 犯罪的类型

对于犯罪,根据不同的标准可以作出不同的分类。

一、自然犯与法定犯

以犯罪行为是否违反社会伦理道德为标准,可以分为自然犯与法定犯。

自然犯,是指行为明显违反社会伦理道德,即使刑罚法规没有作出规定,也应受到非难的传统型犯罪。例如,放火、故意杀人、强奸、抢劫、盗窃等犯罪。法定犯,是指行为本身并未违反社会伦理道德,其犯罪性只有根据刑法的规定才能加以确定的现代型犯罪。例如,虚假破产罪、内幕交易罪、虚假广告罪、串通投标罪等。

虽然社会伦理道德的内容、公众的价值观以及国家的刑事政策会随着时代的发展不断变化,从而使得自然犯与法定犯的区分具有相对性,但是,一般而言,在社会危害性方面,自然犯较法定犯更加明显、稳定;在行为人的主观恶性方面,自然犯比法定犯更为严重。这些差别会对定罪量刑产生重要的影响。所以,自然犯与法定犯的分类是必要的。

二、亲告罪与非亲告罪

根据犯罪是否以被害人的告诉为处理条件的标准,可以分为亲告罪和非亲告罪。

亲告罪,是指刑法明文规定需要被害人的告诉才处理的犯罪。根据刑法第98条的规定,告诉才处理,是指被害人告诉才处理,如果被害人因受强制、威吓无法告诉的,人民检察院和被害人的亲属也可以告诉。我国刑法中规定的亲告罪包括:侮辱罪、诽谤罪、暴力干涉婚姻自由罪、虐待罪、侵占罪。由于这些犯罪的危害较轻,而且往往涉及被害人的名誉、隐私,因而刑法将它们规定为亲告罪。非亲告罪,刑法不要求被害人的告诉,侦查、起诉、审判程序由国家司法机关直接推动,起诉权由检察机关享有的犯罪。在我国刑法中,除了上述五种亲告罪以外,其他犯罪都属于非亲告罪。

三、国事犯与普通犯

以犯罪所侵犯的客体,即是否危害国家主权、政权、社会制度和安全为标准,可以分为国事犯与普通犯。

国事犯，是指危害国家主权、领土完整、安全，破坏国家政权和社会主义制度的犯罪，也就是我国刑法分则第一章规定的"危害国家安全罪"。这类犯罪直接侵害了国家的统治秩序，对于统治阶级而言是最为严重的犯罪，因而必须予以严惩。普通犯，是指危害国家安全罪以外的侵害社会公共利益、个人权利的犯罪。例如，危害公共安全罪，破坏社会主义市场经济秩序罪，侵犯公民人身权利、民主权利罪，侵犯财产罪等，都属于普通犯。

四、身份犯与非身份犯

以犯罪构成的主体要件是否要求行为具备特殊身份为标准，可以分为身份犯与非身份犯。

身份犯，是指刑法规定的，以行为人具有某种特定身份作为定罪量刑的要件的犯罪。其中，以行为人的特殊身份作为犯罪成立要件的犯罪，如贪污罪、受贿罪、玩忽职守罪等，是真正的身份犯。而行为人的特殊身份不影响犯罪的成立，只影响量刑轻重的犯罪，如国家工作人员犯诬告陷害罪以及司法人员滥用职权犯非法搜查罪、非法侵入住宅罪等，是不真正身份犯。非身份犯，刑法对犯罪主体的身份不作特殊要求的犯罪，如故意杀人罪、抢劫罪、盗窃罪等。

五、基本犯、加重犯与减轻犯

以犯罪的社会危害性程度的轻重为标准，可以分为基本犯、加重犯与减轻犯。

基本犯，是指刑法分则条文规定的不具有加重或者减轻情节的犯罪。例如，我国刑法第129条规定："依法配备公务用枪的人员，丢失枪支不及时报告，造成严重后果的，处三年以下有期徒刑或者拘役。"本条规定的就是丢失枪支不报罪的基本犯。刑法分则是以基本犯为原则规定各种具体犯罪的。加重犯，是指刑法分则在基本犯的基础上规定了加重情节并加重处罚的犯罪。其中，因实施基本犯罪导致严重结果发生而加重法定刑的犯罪，如强奸行为致妇女重伤、监管人员对被监管人进行殴打与体罚虐待致人死亡等情形，均属于强奸罪的结果加重犯。因实施基本犯罪同时具有其他严重情节而加重法定刑的犯罪，如奸淫被拐卖的妇女、强奸后迫使卖淫等情形，属于情节加重犯。减轻犯，是指刑法分则在基本犯的基础上规定了减轻情节并减轻处罚的犯罪。例如，刑法第233条规定："过失致人死亡的，处三年以上七年以下有期徒刑；情节较轻的，处三年以下有期徒刑。"本条后段规定的就是过失致人死亡罪的减轻犯。

相关链接

1. 陈兴良:《犯罪概念的形式化与实质化辨证》,载《法律科学》1999年第6期。
2. 陈兴良:《社会危害性理论:一个反思性检讨》,载《法学研究》2000年第1期。
3. 赵秉志、陈志军:《社会危害性与刑事违法性的矛盾及其解决》,载《法学研究》2003年第6期。
4. 陈兴良:《社会危害性理论:进一步的批判性清理》,载《中国法学》2006年第4期。

观点争鸣

对于社会危害性与刑事违法性的关系问题,刑法理论界存在严重分歧。

一种观点认为,在罪刑法定原则下,社会危害性与刑事违法性必将发生冲突,即某行为具备一定的社会危害性,但因刑法未将其规定为犯罪而不具有刑事违法性;或者行为虽然在形式上完全符合刑法分则规定的犯罪构成,却不具有社会危害性。这种观点可以称为冲突肯定说。根据处理冲突的态度不同,可以将冲突肯定说进一步区分为社会危害性排除说和刑事违法性优先说。社会危害性排除说立足于罪刑法定原则,主张直接将社会危害性驱逐出刑法学领域,认为刑事违法性才是犯罪的本质特征。刑事违法性优先说认为,首先应当确认行为是否具有刑事违法性;在通常情况下,具有刑事违法性的行为也具有社会危害性,可以判定犯罪成立。在个别场合,即刑事违法性不能完全反映犯罪的本质时,则需要进一步进行社会危害性的判断。在这个意义上,可以认为社会危害性是刑事违法性的补充。

相反,冲突否定说则认为,即便是在罪刑法定原则之下,社会危害性和刑事违法性依然保持着表里一体的关系。也就是说,在刑事立法上,社会危害性是刑罚法规设定的基础,决定了刑事违法性;在刑事司法上,刑事违法性是犯罪成立的唯一判断标准,其体现了社会危害性。这是我国传统刑法理论主张的观点,处于通说地位。

本书赞成我国传统刑法理论的观点。

问题思考

1. 如何理解犯罪的社会危害性?
2. 如何理解犯罪的社会危害性与刑事违法性之间的关系?
3. 如何理解我国刑法第13条"但书"的含义和功能?

第三章

犯罪构成

知识结构图

犯罪构成概述→犯罪客体→犯罪客观方面→犯罪主体→犯罪主观方面

重点提示

犯罪构成理论;犯罪构成要件的要素;犯罪客体;犯罪客观方面;犯罪主体;犯罪主观方面

司考重点

犯罪构成要件要素的分类;不作为犯的判断;因果关系的判断;未成年人、精神障碍人和醉酒人的刑事责任;犯罪主体的特殊身份对于定罪量刑的影响;单位犯罪的认定;罪过(直接故意、间接故意、疏忽大意过失、过于自信过失)的认定;意外事件的判断;认识错误的分类以及对于罪过的影响。

第一节 犯罪构成概述

一、犯罪构成理论的历史沿革

(一)大陆法系的犯罪论

犯罪构成的观念,最早可以追溯到13世纪意大利的纠问式诉讼程序中使用的"犯罪的确证"(Constare de delicti)概念。在这种纠问式诉讼过程中,法院首先必须在一般纠问程序中确证某种犯罪的存在,然后才能对特定的嫌疑人进行特别纠问。后来,从"犯罪的确证"一词又引申出"犯罪事实"(Corpus delicti),并为意大利刑法学家法利那休斯(Farinacius)首先采纳,用于指称按照刑事诉讼程序被证明的犯罪事实。

1796年,德国刑法学家克莱茵(E. F. Klein)首次将Corpus delicti一词译成德文Tatbestand(意为:构成要件),并依然只在诉讼法意义上加以使用。一直到19世纪初,德国著名性法学家费尔巴哈(A. Feuerbach)才明确地把犯罪构成引入刑法,使之成为一个实体法概念。作为心理强制说的创始人和罪刑法定原则的首倡者,费尔巴哈将构成要件定义为:违法行为中所包含的各个行为的或事实的诸要件的总和。[①] 这一观点在他主持制定的1813年《巴伐利亚刑法典》中得到具体体现。本法典第27条规定:"当违法行为包括依法属于某罪概念的全部要件时,就认为它是犯罪。"[②]但是,在19世纪的刑法学中,关于犯罪构成理论的研究主要集中在区分一般构成要件与特别构成要件、主观构成要件与客观构成要件等问题上,尚未形成一个系统的理论体系。

现代大陆法系的犯罪论体系构建于20世纪初。德国刑法学家贝林格(E. Being)是创建犯罪论体系的第一人。1906年,他在《犯罪论》一书中划时代地提出:"犯罪是符合构成要件的、违法的、有责的、受相应刑罚制裁的和满足处罚条件的行为。"[③]起初,贝林格将构成要件视为"表明犯罪类型轮廓的全部要素",认为其是纯客观的、记述性的,而不包含主观的、规范性内容。然而,到了晚年,贝林格对

---

① 参见〔苏〕A. H. 特拉伊宁著:《犯罪构成的一般学说》,王作富等译,北京:中国人民大学出版社,1958年版,第15页。

② 樊凤林、曹子丹主编:《犯罪构成论》,北京:法律出版社,1987年版,第370页。

③ 〔德〕耶塞克、魏根特著:《德国刑法教科书》,徐久生译,北京:中国法制出版社,2001年版,第250页。

于此前的理论进行了重大修正,即将原来所称的"构成要件"改为"犯罪类型"(Deliktstypus),并指出构成要件是为刑法各本条中的犯罪类型的统一性提供基础的观念上的指导形象(Leitbil),从而使构成要件与违法性、有责性相分离。在此基础上,经过麦兹格(E. Mezger)、迈耶(M. E. Mayer)等刑法学者的不懈努力,最终确立了由构成要件该当性、违法性、有责性三个要件构成的、采取阶层式结构的犯罪论体系。目前,这种犯罪论体系是大陆法系刑法理论的通说。

(二)苏联的犯罪构成理论

苏联的犯罪构成理论是在批判大陆法系的犯罪论体系的基础上形成的。十月革命胜利后,苏联刑法学者就开始在社会主义刑法学的探索中展开了犯罪构成理论的研究。尤其是在20世纪30年代中期以后,随着法律虚无主义思想的破除,犯罪构成理论受到高度重视,并得以迅速发展。1938年出版的、由全苏法学研究所集体编写、供法律高等院校使用的《刑法总则》教科书,全面地论述了犯罪构成的主体、主观方面、客体、客观方面这四个要件,认为犯罪构成是"构成犯罪的诸要件的总和"。1946年,特拉伊宁教授出版的《苏维埃刑法上的犯罪构成》一书(1957年改名为《犯罪构成的一般学说》),是苏联关于犯罪构成理论的第一部专著,其中系统地论述了犯罪构成的概念、意义和犯罪构成理论的体系结构。本书指出:"犯罪构成乃是苏维埃法律认为决定具体的、危害社会主义国家的作为(或不作为)犯罪的一切客观要件和主观要件(因素)的总和。"[①]

在以特拉伊宁为代表的苏联刑法学家所创立的社会主义犯罪构成理论体系中,"构成要件"演变为犯罪成立的要件或因素,是一个主客观相统一的范畴。另外,通过对大陆法系刑法理论中的"违法性"的借鉴,苏联的犯罪构成理论演绎出"犯罪客体"这一概念,将其作为犯罪构成的要件之一。关于刑事责任或责任,苏联刑法学将其视为与犯罪相并列的范畴——符合犯罪构成的行为构成犯罪,而犯罪必须承担刑事责任,犯罪构成是刑事责任的唯一根据。显然,这与大陆法系国家犯罪论中的责任是存在本质区别的。

苏联的犯罪构成理论为我国的犯罪构成理论提供了基础和模本。

二、犯罪构成的概念和意义

(一)犯罪构成的概念和特征

犯罪构成与犯罪概念是两个既密切联系又相互区别的概念。二者的联系体现为,犯罪概念是犯罪构成的基础,离开犯罪概念,犯罪构成就失去了立法和理论上

[①] 〔苏〕A. H.特拉伊宁著:《犯罪构成的一般学说》,王作富等译,北京:中国人民大学出版社,1958年版,第48—49页。

的根据;犯罪构成是犯罪概念的具体化,离开犯罪构成,罪与非罪、此罪与彼罪的界限就难以具体划定。二者最主要的区别,在于它们的功能不同。具体而言,犯罪概念从宏观上揭示了犯罪的本质特征和法律特征,从整体上把犯罪与其他违法行为作出区分。换言之,犯罪概念回答的问题是:什么是犯罪? 犯罪具有哪些基本属性? 犯罪构成则是在犯罪概念的基础上阐明犯罪的内部结构以及成立要件,为准确认定犯罪提供具体规格和标准。也就是说,犯罪构成回答的问题是:犯罪是怎样成立的? 犯罪的成立需要具备哪些要件?

由此可见,我国刑法中的犯罪构成,是指依照我国刑法的规定,决定某一具体行为的社会危害性及其程度,而为该行为构成犯罪所必须具备的一切客观要件和主观要件的有机统一。

一般认为,我国的犯罪构成具有以下三个特征:

1. 犯罪构成是一系列客观要件和主观要件的有机统一。任何一种犯罪的成立,都必须具备许多要件,其中既包括犯罪客体要件和反映犯罪客观方面的要件,又包括犯罪主体方面的要件和反映行为人主观方面的要件。之所以说犯罪构成是客观要件和主观要件的有机统一,是因为犯罪构成并不是成立犯罪所必需的各个要件的简单叠加,而是由各个要件按照犯罪构成的要求相互联系、相互作用、协同一致形成的。例如,根据刑法第232条和第17条第2款的规定,构成故意杀人罪必须具备以下条件:(1)行为人是已满14周岁、具有刑事责任能力的人;(2)行为人主观上具有杀害他人的犯罪故意;(3)行为人在客观上实施了杀害他人的行为;(4)故意杀人行为侵犯了他人的生命权。作为客观要件和主观要件的有机统一,犯罪构成直接体现并贯彻了我国刑法中的主客观相统一原则,坚决反对"客观归罪"和"主观归罪"。

2. 犯罪构成是行为的社会危害性及其程度的法律标志。任何一种犯罪,都可以表现为许多事实特征,但并非每一个事实特征都能够成为犯罪构成的要件,只有对行为的社会危害性及其程度具有决定意义而为该行为构成犯罪所必需的事实特征,才会被刑法规定为犯罪构成的要件。因为,犯罪的本质特征是行为具有严重的社会危害性。以抢劫罪为例,在具体案件中,行为人的年龄、身高、性别、暴力的方式、是否使用凶器以及被害人的状况等,虽然可能成为案件侦破的线索或者刑事诉讼中的证据,也可能对量刑具有一定意义,但是不属于抢劫罪的构成要件。只有以下事实才是抢劫罪的构成要件,即:(1)行为人已满14周岁且具有刑事责任能力;(2)主观上具有抢劫的故意,以非法占有他人财物为目的;(3)客观上实施了使用暴力、胁迫等手段劫取公私财物的行为;(4)抢劫行为侵犯了公私财产所有权。

3. 犯罪构成要件是由我国刑法所规定的,具有法定性。也就是说,诸多事实特征必须经由法律的选择、确定,才能成为犯罪构成的要件。从立法的角度来看,刑法规定某一犯罪构成,其根据在于行为具有严重的社会危害性;从司法的角度来看,要认定某一行为是否构成犯罪,必须依照刑法规定的犯罪构成作出判断,当该行为符合某个具体犯罪的犯罪构成时,就具备了刑事违法性。在这个意义上,犯罪构成的法定性实现了犯罪的社会危害性和刑事违法性的统一,同时体现了罪刑法定原则的要求。

(二)犯罪构成的意义

犯罪构成在犯罪论体系乃至整个刑法学理论中都处于核心地位。在准确、合法、及时地惩罚犯罪,切实保障公民的人身权利、民主权利及财产权利,保证无辜者不受非法追究等方面,犯罪构成具有重要作用。具体而言,犯罪构成的意义体现在以下四个方面:

第一,它是区分罪与非罪的界限。犯罪构成是区分罪与非罪的具体标准,某一行为必须符合犯罪构成的全部要件,才能构成犯罪。因此,只有正确地掌握犯罪构成,才能准确地认定犯罪,科学地区分罪与非罪的界限。

第二,它是区分此罪与彼罪的标准。刑法中所有具体犯罪的构成要件都是独立的,因此,要正确区分此罪与彼罪,就必须对各种具体犯罪的具体构成要件进行准确把握。

第三,它是判断一罪与数罪的依据。判断行为构成一罪还是数罪,通常是依据该行为符合的犯罪构成的个数计算的。行为符合一个犯罪构成的,是一罪;行为符合数个犯罪构成的,是数罪。① 准确判断犯罪构成的个数,进而确定罪数,是对行为人正确量刑的前提。

第四,它是裁量重罪与轻罪的关键。犯罪构成是行为的社会危害性及其程度的体现,不同的犯罪构成则体现了不同程度的社会危害性。而且,根据罪责刑相适用原则,犯罪的社会危害性程度决定了该犯罪法定刑的轻重。因此,确定行为符合何种犯罪构成(尤其是加重的犯罪构成还是减轻的犯罪构成),是裁量重罪与轻罪的关键所在。

三、犯罪构成的分类

犯罪构成是现实中表现各异的犯罪形态的法律描述。根据各种犯罪构成的性质、特点,基于不同的角度、依据不同的标准,大致可以对犯罪构成作以下分类:

(一)基本的犯罪构成与修正的犯罪构成

这是以犯罪构成的形态为标准进行的分类。基本的犯罪构成,是指刑法条文就某一犯罪的单独犯的既遂状态所规定的犯罪构成。由于基本的犯罪构成是由刑法分则条文直接规定的,因此,在确定其内容时,不需要参照其他条文规定。修正

---

① 这种关于罪数判断标准的学说称为"犯罪构成标准说"。参见高铭暄、马克昌主编:《刑法学》,第六版,北京:北京大学出版社、高等教育出版社,2014年版,第181页。

的犯罪构成,是指以基本的犯罪构成为前提,适应犯罪行为的各种不同形态,对基本的犯罪构成进行某些修改、变更的犯罪构成。修正的犯罪构成是在刑法总则中以通则的形式规定的,包括适应故意犯罪过程中的未完成形态而分别规定的预备犯、未遂犯、中止犯的犯罪构成;适应数人实施以单独犯规定的犯罪构成的犯罪形态而规定的共犯的犯罪构成,即主犯、从犯、胁从犯、教唆犯的犯罪构成等。在确定修正的犯罪构成时,必须以刑法分则具体条文规定的基本犯罪构成为基础,结合总则中该修正的犯罪构成综合认定。以故意杀人罪为例,刑法第232条规定的是故意杀人罪的基本犯罪构成;而故意杀人罪的未遂犯就是本罪修正的犯罪构成,其需要在第232条的基础上结合总则第23条犯罪未遂的规定加以判断。

(二)完结的犯罪构成与开放的犯罪构成

这是以犯罪构成要件是否被刑法条文完整地规定下来为标准进行的分类。完结的犯罪构成,又称为封闭的犯罪构成,是指刑法分则对具体犯罪的构成要件作出完整规定的犯罪构成。法官在适用这种犯罪构成时,无须于刑法条文之外对构成要件进行补充。开放的犯罪构成,又称为待补充的犯罪构成,是指刑法条文仅对部分构成要件作出明确的规定或者仅对犯罪行为作出抽象的、一般性描述,具体犯罪构成要件需要法官在适用条文时通过实质判断加以补充,才能最终确定的犯罪构成。这种开放的犯罪构成主要存在于过失犯和不真正不作为犯的场合。在过失犯中,例如刑法第233条过失致人死亡罪,法律上要求的注意义务的内容就需要由法官来确定。在不真正不作为犯中,例如母亲以不哺乳的方式杀害婴儿时,行为人的作为义务(具体内容和范围)就需要有法官作出判断。我国刑法规定的犯罪构成,多数是完结的犯罪构成,少数属于开放的犯罪构成。

(三)简单的犯罪构成与复杂的犯罪构成

这是以犯罪构成的内部结构状况为标准进行的分类。简单的犯罪构成,又称为单纯的犯罪构成,是指刑法分则条文规定的犯罪构成要件均属单一的犯罪构成。以故意杀人罪的犯罪构成为例,本罪侵犯了一个客体,即他人的生命权;本罪的客观方面表现为故意杀人的行为;本罪的主观方面只能是故意。复杂的犯罪构成,也称为混合的犯罪构成,是指刑法分则条文规定的犯罪构成诸要件并非均属单一,亦即要件内容可供选择或者互有重叠的犯罪构成。它主要包括两类情况:第一,刑法规定了两种以上的行为、对象、主体等,只要具体实施符合其中之一,就成立犯罪。例如刑法第141条规定的生产、销售假药罪,"生产、销售"是供选择的要件,只要具备其一就构成本罪。第二,刑法规定了两种以上的客体、行为或者对象等,具体事实只有同时符合这种规定,才能成立犯罪。例如刑法第263条规定的抢劫罪,本罪的客观方面包括暴力、胁迫或者其他方法行为夺取财物的行为,侵犯的客体包括他人的人身权和公私财产所有权。

(四)普通的犯罪构成与派生的犯罪构成

这是以犯罪行为的社会危害性程度为标准进行的分类。普通的犯罪构成,又称为独立的犯罪构成,是指刑法分则条文对具有通常社会危害性程度的行为所规定的犯罪构成。例如,刑法第258条重婚罪的犯罪构成就属于普通的犯罪构成。派生的犯罪构成,是指以普通的犯罪构成为基础,具有较轻或者较重社会危害性程度而从普通的犯罪构成中衍生出来的犯罪构成,其中包括加重的犯罪构成和减轻的犯罪构成。例如,刑法第238条规定的"具有殴打、侮辱情节的",是非法拘禁罪的加重的犯罪构成;刑法第232条规定的"情节较轻的",是故意杀人罪的减轻的犯罪构成。

四、犯罪构成要件

(一)犯罪构成要件的含义

犯罪构成要件,是指犯罪构成的组成部分。刑法对于犯罪构成的规定,由刑法总则与刑法分则共同实现。刑法分则规定的是各种具体犯罪的具体构成要件;总则规定的是各种具体犯罪的共同要件。换言之,从认识论的角度来看,犯罪构成要件可以分为具体要件和共同要件。犯罪构成的具体要件,是指具体犯罪的成立所必需的要件,是具体犯罪的社会危害性的法律标志。每个犯罪都有其具体构成要件;任何行为只有符合某种犯罪的具体构成要件,才能成立该犯罪;而此罪与彼罪的界限,也是有具体构成要件所决定的。犯罪构成的共同要件,是指任何犯罪的成立都必须具备的要件。

我国刑法分则共规定有四百余种犯罪,虽然它们的具体构成要件各不相同,但也并非不存在共性。根据普遍与特殊、共性与个性的原理对各种犯罪的具体构成要件进行抽象和概括,可以发现任何犯罪的成立都必须具备四个共同的构成要件,即犯罪客体、犯罪客观方面、犯罪主体、犯罪主观方面。具体而言,犯罪客体,是指刑法所保护而为犯罪所侵犯的社会主义社会关系。犯罪客观方面,是指犯罪活动的客观外在表现。犯罪主体,是指达到法定刑事责任年龄、具有刑事责任能力、实施危害行为的自然人或者单位。犯罪主观方面,是指犯罪主体对于自己的行为及其危害社会的结果所持的心理态度。而且,以上四个犯罪构成的共同要件是按照一定的逻辑顺序进行排列的。也就是说,犯罪构成要件要解决的是行为是否构成犯罪的问题,因而应当以认定犯罪的顺序对构成要件进行排序。作为认定犯罪的一般过程,首先进入人们视野的是犯罪客体,其次才是犯罪行为,再次则需要查明实施危害行为的行为人是否符合犯罪主体要件,最后还必须确定行为人是否具有罪过。由此可见,依照犯罪客体—犯罪客观方面—犯罪主体—犯罪主观方面的逻辑顺序进行的排列,是符合人们认定犯罪的规律的。

这种以犯罪构成的四个共同要件为基础和核心建立起来的犯罪构成理论,目前在我国刑法学中仍然处于通说地位,也是本书所采纳的立场。

(二)犯罪构成要件要素

犯罪构成要件要素,是组成犯罪构成这一主客观要件有机整体的最基本因素,犯罪构成要件则是居于构成要件要素上一层次的范畴。犯罪构成、犯罪构成要件与犯罪构成要件要素三者的关系是:"构成"是"要件"存在空间;"要素"是"要件"的组成元素;"要件"及其"要素"是犯罪构成理论研究对象的基本内容。在这个意义上,对于犯罪构成以及构成要件的认识和理解,有赖于对构成要件要素以及各要素之间的相互关系的把握。所以,正确理解构成要件要素具有重要的意义。

根据不同的标准,可以对构成要件要素作出以下几种分类:

1. 客观的构成要件要素和主观的构成要件要素。客观的构成要件要素,是指在犯罪构成要件中,表现于外界的、离开行为人的意识而独立存在、其存在于外部能够被认识的要素。例如,犯罪行为、犯罪对象、危害结果、时间、地点、方法,等等。主观的构成要件要素,是指在犯罪构成要件中与行为人实施犯罪行为时的主观心理态度以及与此相关的行为的内部的、主观的事实特征。例如,犯罪的故意、过失、目的、动机,犯罪主体的刑事责任年龄、刑事责任能力,等等。

2. 记述的构成要件要素和规范的构成要件要素。记述的构成要件要素,是指在解释构成要件要素和认定是否存在符合构成要件要素的事实时,无须法官进行特别的价值判断,而只要根据对事实的认识就能够确定的要素。相反,仅仅根据对于事实的认识还不能确定,还需要由法官进行规范的、评价的价值判断才能认定的要素,是规范的构成要件要素。例如,贩卖淫秽物品牟利罪中的"贩卖"属于记述的构成要件要素,"淫秽物品"则属于规范的构成要件要素;贩卖毒品罪中的"毒品"属于记述的构成要件要素;强制猥亵、侮辱妇女罪中的"妇女"属于记述的构成要件要素,"猥亵"、"侮辱"则属于规范的构成要件要素;侮辱、诽谤他人罪中的"他人"属于记述的构成要件要素,"侮辱"、"诽谤"则属于规范的构成要件要素。

3. 积极的构成要件要素和消极的构成要件要素。积极的构成要件要素,是指积极地、正面地表明成立犯罪所必须具备的要素。一般的构成要件要素都是积极的构成要件要素。但是作为例外,也存在从反面排除、否定犯罪的要素,这就是消极的构成要件要素。例如,刑法第389条第1款规定"为谋取不正当利益,给予国家工作人员以财物的,是行贿罪",这是从正面肯定行贿罪成立的规定,其中各项要素均属于积极的构成要件要素;本条第3款规定的"因被勒索给予国家工作人员以财物,没有获得不正当利益的,不是行贿",其中"没有获得不正当利益"是否定行贿罪成立的要素,属于消极的构成要件要素。

4. 共同的构成要件要素和非共同的构成要件要素。共同的构成要件要素,又称为基本的构成要件要素,是指所谓犯罪都必须具备、不可缺少的要素。在犯罪构成要件中,犯罪客体、犯罪行为、犯罪主体、故意或过失等,是任何犯罪的成立绝对必需的要素,因而属于共同的构成要件要素。非共同的构成要件要素,又称为特殊的构成要件要素或者选择的构成要件要素,是指并非所有犯罪必须具备,而只是部分犯罪所必须具备的要素。例如,危害结果、犯罪的时间、地点、行为人的特殊身份、犯罪目的等,都只是部分犯罪的成立必须具备的要素,因而属于非共同的构成要件要素。

5. 成文的构成要件要素和不成文的构成要件要素。成文的构成要件要素,是指刑法明文规定的构成要件要素。绝大多数构成要件要素都是成文的构成要件要素。不成文的构成要件要素,刑法条文表面上没有明文规定,但根据刑法条文之间的相互关系、刑法条文对相关要素的描述所确定的,成立犯罪所必须具备的要素。以抢劫罪为例,本罪的客观构成要件要素属于成文的构成要件要素;而"以非法占有为目的"则未被刑法条文明确规定,需要法官在适用时予以补充,因而属于不成文的构成要件要素。又如,"被害人基于认识错误处分财产"也属于诈骗罪的不成文的构成要件要素。

相关链接

1. 陈兴良:《犯罪构成的体系性思考》,载《法制与社会发展》2000 年第 3 期。
2. 赵秉志:《论犯罪构成要件的逻辑顺序》,载《政法论坛(中国政法大学学报)》2003 年第 21 卷第 6 期。
3. 黎宏:《我国犯罪构成体系不必重构》,载《法学研究》2006 年第 1 期。
4. 陈兴良:《构成要件的理论考察》,载《清华法学》2008 年第 1 期。
5. 高铭暄:《论四要件犯罪构成理论的合理性暨对中国刑法学体系的坚持》,载《中国法学》2009 年第 2 期。
6. 张明楷:《犯罪构成体系与构成要件要素》,北京大学出版社,2011 年版。

观点争鸣

1. 关于我国传统犯罪构成理论的合理性问题,刑法理论界存在严重分歧。

近年来,有学者对我国传统犯罪论体系的合理性提出质疑和批判。归纳起来,包括以下几点:(1)将正当行为排除在犯罪论体系之外,意味着四个构成要件一旦"拼凑"成功,就将得出犯罪成立的结论,行为人无法借助四个要件中的某个要件进行辩护,从而在一定程度上削弱了犯罪论体系的人权保障机能。(2)在中国传统犯罪论体系中,四要件之间的顺序可以随意排列,从而无法防止价值判断优先于事实判断、主观判断优先于客观判断、实质判断优先于形式判断,容易陷入主观主义。(3)我国传统的犯罪论体系缺乏违法性阶层和责任阶层,相关的违法理论和责任理论就不甚发达。(4)将犯罪客体作为构成要件是不妥当的。

相反,被誉为我国刑法学泰斗的高铭暄教授则认为,在我国目前的国情下,四要件犯罪构成理论具有相当的合理性,即历史合理性、现实合理性、内在合理性、比较合理性。另一方面,高铭暄教授还承认传统犯罪论体系确实存在两个需要完善问题:第一,主要立足于静态描述犯罪,从而缺乏动态性地认定犯罪、确定责任、量定刑罚的相关理论内容;第二,责任论部分缺少实质性内容,无法为刑事责任大小的判断提供标准和依据。

本书的立场是,我国传统犯罪构成理论的科学性、合理性是不容否认的;对于其中存在的问题,应当结合理论上的批判并参考其他犯罪论体系,进行完善。

2. 关于应当如何构建我国的犯罪构成理论的问题,学者们提出了各种建议和学说,大致可以归纳为改良说、重构说、移植说和维持说。

改良说认为,任何犯罪论体系都有其局限性,而我国传统的犯罪论体系则是"符合中国人的综合性、整体性思维习惯的"。因此,只需针对现行的四要件体系的缺陷进行改良即可。

重构说全面否定我国传统的平面式的犯罪论体系,认为应当对其进行阶层式的重构,倡导构建一种有别于德、日的独特的犯罪论体系。例如,陈兴良教授所倡导的是"罪体—罪责—罪量"的犯罪论体系。

移植说主张直接导入德、日阶层式犯罪论体系。

维持说认为,我国传统的犯罪论体系不仅作为刑法学术研究的基础,具有重要的理论价值;而且还对司法实践发挥着积极的指导作用,因而必须予以维持。同时,该说也承认传统的四要件体系确实存在问题,需要进一步探讨和完善。

本书赞成维持说,认为我国的犯罪构成体系不必重构,只需进一步完善即可。

3. 关于犯罪构成要件之间的逻辑顺序问题,学者们进行了不同的排序。

高铭暄教授:犯罪客体—犯罪客观方面—犯罪主体—犯罪主观方面

赵秉志教授:犯罪主体—犯罪主观方面—犯罪客观方面—犯罪客体

何秉松教授:犯罪主体—犯罪客体—犯罪主观方面—犯罪客观方面

王充教授:犯罪客观方面—犯罪客体—犯罪主观方面—犯罪主体

本书赞成以高铭暄教授为代表的我国传统刑法理论的观点。

■ 问题思考

1. 如何理解犯罪构成理论(即犯罪论体系)的功能?
2. 我国平面四要件犯罪构成理论与大陆法系三阶层犯罪论体系的异同及优劣是什么?
3. 应当如何对犯罪构成要件进行排序?
4. 规范的构成要件要素是否不利于罪刑法定原则的贯彻?为什么?

第二节 犯罪客体

一、犯罪客体概述

（一）犯罪客体的概念

我国刑法理论的通说认为,犯罪客体是指我国刑法所保护的、为犯罪行为所侵害的社会关系。犯罪客体是行为构成犯罪的必备要件之一。行为之所以构成犯罪,其根本原因就在于该行为侵害或者可能侵害一定的社会关系。如果某种行为没有或者不可能危害任何一种刑法所保护的社会关系,就不可能构成犯罪。

正确理解犯罪客体,需要注意以下三个方面:

首先,犯罪客体是一定社会制度下的社会关系。所谓社会关系,是人们在共同生产、生活中形成的人与人之间的相互关系,包括物质关系和思想关系。犯罪行为由于侵害某一社会制度下人们的生命安全、财产安全、社会秩序,动摇和危害社会的基本形态和人们之间的基本关系,从而使该社会的社会关系受到危害。刑法作为惩罚犯罪的最有力武器,通过处罚犯罪来实现对社会关系的保护。

其次,犯罪客体是受刑法保护的社会关系。社会关系涉及社会生活的各个领域,内容丰富、范围广泛。但是,并非所有社会关系都能成为犯罪客体,只有那些关系到国家安全、社会稳定以及个人重要权益的社会关系才需要由刑法加以保护,从而成为犯罪客体。

最后,犯罪客体是被犯罪行为侵害的社会关系。在我国社会主义制度下,所有重要的社会关系都受到刑法的保护,但不能因而称这些社会关系为犯罪客体,这些重要的社会关系只有在受到犯罪行为的侵害时,才能称为犯罪客体。

对于犯罪客体,我国刑法采取了多种多样的规定方式：

1. 在条文中明确表述犯罪客体。例如,刑法第 102 条明确规定背叛国家罪的客体是"中华人民共和国的主权、领土完整和安全"。

2. 在条文中通过指出犯罪客体的物质表现,由此表明犯罪客体。例如,刑法第 206 条伪造、出售伪造的增值税发票罪中规定的"增值税专用发票",就是本罪客体的物质表现,由此表明本罪所侵犯的客体是国家对增值税专用发票的管理制度。

3. 在条文中通过指出被侵害的社会关系的主体,由此表明犯罪客体。例如,刑法第 236 条强奸罪中规定的"妇女",就是被侵害的社会关系的主体,由此表明女性的性自由权利是本罪的客体。

4. 在条文中指出犯罪所违反的法律规范,该规范所调整和保护的一定社会关系即为犯罪客体。例如,根据刑法第133条的规定,构成交通肇事罪的行为必须违反交通运输管理法规,而交通运输管理法规所保护的交通运输安全,就是本罪的客体。

5. 在条文中通过指出犯罪行为的具体表现形式,由此表明犯罪客体。刑法第301条第1款规定的聚众淫乱罪,其行为被表述为"聚众进行淫乱活动",这一行为的具体表现形式就表明本罪的客体是社会公共秩序和社会公德。

(二)犯罪客体的意义

研究犯罪客体的意义,主要体现在以下四个方面:

第一,有助于建立科学的刑法分则体系。我国刑法分则以某一类犯罪共同侵害的社会关系即同类客体为标准,划分为十章,原则上根据各种社会关系的重要性程度,对各章进行了由重到轻的排序,从而形成了类别清晰、结构合理的刑法分则体系。由此可见,犯罪客体(同类客体)对于刑法分则体系的建立具有原则性指导意义。

第二,有助于理解犯罪的本质特征。犯罪客体揭示了犯罪的本质特征,即犯罪所造成的损害使得社会主义制度下的社会关系受到或者可能受到危害,进而威胁到社会主义社会本身。因此,通过对犯罪客体的研究,可以准确掌握犯罪行为所侵害的受刑法保护的社会关系,从而抓住犯罪危害社会的本质,这将有利于增强人们的社会责任感,自觉地与犯罪行为进行斗争,以维护国家的安全、社会的稳定以及个人的合法权益。

第三,有助于确定犯罪的性质。把握犯罪客体有助于正确认定犯罪的性质,分清罪与非罪、此罪与彼罪的界限。侵害客体的不同,决定了犯罪性质的差别,从而使此罪与彼罪得以明确区分。任何犯罪都必然侵犯刑法所保护的社会关系,犯罪客体是犯罪构成中处于第一位的共同要件。如果行为没有侵犯任何社会关系,就不具有社会危害性,因而不是犯罪。例如,有配偶者与他人通奸的行为虽然属于违反社会主义道德的行为,但是其并未严重侵害一夫一妻制的婚姻关系,因而不构成重婚罪。另外,对于相近易混淆的犯罪,往往也需要借助犯罪客体来区分此罪与彼罪。例如,行为人甲欲杀死其仇人乙,在某日深夜对乙的住宅实施放火行为,结果烧死了乙,并导致附近房屋烧毁以及多人烧伤。从表面上看,甲是以放火的手段故意杀害乙,构成故意杀人罪。但是,从犯罪客体上看,甲的放火行为危害的是公共安全,即不特定或多数人的生命、健康和财产安全,因而应当对甲以放火罪论处。

第四,有助于量定刑罚。罪责刑相适应原则是我国刑法的基本原则之一。该原则要求,刑罚的轻重必须与犯罪分子的罪行和承担的刑事责任相适应。据此,犯罪的社会危害性和犯罪人的人身危险性不同,则行为人应当承担的刑事责任大小和应当被判处的刑罚轻重也将存在差异。判断具体犯罪的社会危害性程度的一个重要标准,就是考察具体社会关系的受害情况。作为犯罪构成的共同要件之一,犯罪客体的内容对于犯罪的社会危害性程度具有决定性意义,因而必然会影响到量刑。所以,对犯罪客体的分析,可以为量刑提供科学的依据,使量刑的质量得到保证。

二、犯罪客体的分类

(一)犯罪的一般客体

犯罪的一般客体,是指一切犯罪共同侵犯的客体,亦即我国刑法所保护的社会主义社会制度下的社会关系的整体。犯罪的一般客体反映了一切犯罪客体的共性,是刑法所保护的客体的最高层次。我国刑法第 2 条关于刑法任务的规定、第 13 条关于犯罪概念的规定说明了犯罪的一般客体的主要内容。研究犯罪的一般客体的意义,在于通过对刑法所保护的所有社会关系的整体判断和系统分析,从而揭示一切犯罪的共同属性,进而认识犯罪的社会危害性,强调刑法惩治犯罪、预防犯罪的重要作用。

(二)犯罪的同类客体

犯罪的同类客体,是指某一类犯罪行为共同侵害的、我国刑法所保护的社会关系的某一部分或者某一方面。犯罪的共同客体的划分,是根据犯罪行为侵害的刑法所保护的社会关系的不同方面进行的科学分类。属于同一类客体的社会关系通常具有相同或相近的性质。例如,生命权、健康权、妇女的性自由权、人格权、名誉权等都属于人身权利的范畴,当这些权利受到杀人、伤害、强奸、侮辱、诽谤等犯罪行为的侵害时,人身权利就成为这些犯罪的同类客体;而公私财产所有权则是抢劫罪、盗窃罪、抢夺罪、诈骗罪、侵占罪等犯罪的同类客体。

犯罪的同类客体是对犯罪进行科学分类的依据。我国刑法就是根据同类客体的原理,将犯罪分为十大类,并相应地将分则设定为十章。这里需要说明的是,鉴于某种同类客体中包含的罪名较多,于是,刑法分则采取了章下设节的体例。例如,刑法分则在第三章破坏社会市场经济秩序罪之下分设八节犯罪,在第六章妨害社会管理秩序罪之下分设九节犯罪。而这两章犯罪中的每一节犯罪,都是根据同类客体内部的"次层次"同类客体进行划分的。例如,刑法分则第三章第一节生产、销售伪劣商品罪所侵犯的商品质量管理秩序,就是本章同类客体即社会主义市场经济秩序的"次层次"同类客体。

(三)犯罪的直接客体

犯罪的直接客体,又称具体客体,是指某一犯罪行为直接侵害的我国刑法所保护的社会关系,即我国刑法保护的某种具体的社会关系。例如,故意杀人罪侵害的直接客体是他人的生命权;盗窃罪侵害的直接客体是公私财物所有权。犯罪的直接客体是每一个具体犯罪的必备要件,它揭示了具体犯罪所侵害的社会关系的性质以及该犯罪的社会危害性程度,因而成为区分罪与非罪、此罪与彼罪的界限的关键。犯罪的直接客体是有关犯罪客体的研究的核心。

为了方便研究与适用,理论上可以从不同的角度再进一步对犯罪的直接客体作出如下分类:

1. 简单客体和复杂客体。根据具体犯罪行为侵害的具体社会关系的数量,可以将直接客体分为简单客体和复杂客体。

简单客体,又称为单一客体,是指某一具体犯罪行为只直接侵害了一种刑法所保护的具体社会关系。例如,故意杀人罪侵害的直接客体只是他人的生命权;盗窃罪侵害的直接客体只是公私财产所有权。复杂客体,是指某一具体犯罪行为直接侵害了两种以上刑法所保护的具体社会关系。例如,抢劫罪不仅直接侵害了公私财产所有权,同时也直接侵害了他人的人身权利;刑讯逼供罪不仅直接侵害了公民的人身权利,同时也侵害了司法机关的正常活动。

2. 主要客体、次要客体和随机客体。在复杂客体中,数个客体之间存在主次之分,不能等量齐观。根据直接客体在犯罪中受到的危害程度、机遇以及受刑法保护的状况,可以将直接客体分为主要客体、次要客体和随机客体。

主要客体,是指在某一具体犯罪所侵害的复杂客体中受害程度严重的、刑法予以重点保护的社会关系。主要客体决定了具体犯罪的性质,因而成为刑法分则对该具体犯罪进行归类的重要依据。例如,生产、销售有毒、有害食品罪侵害的直接客体是国家对食品卫生的管理制度和不特定多数人的身体健康、生命安全,正是由于立法者认为食品卫生管理制度是本罪的主要客体,对其应当予以重点保护,因而将本罪规定在破坏社会主义市场经济秩序罪一章当中。次要客体,又称为辅助客体,是指在某一具体犯罪所侵害的复杂客体中受害程度较轻的、刑法予以一般保护的社会关系。它是立法者在制定某一具体犯罪构成时也要同时予以保护的另一种具体的社会关系。对于某个存在复杂客体的具体犯罪而言,除主要客体外,次要客体也是成立该犯罪的必备要件,其对于定罪量刑同样具有决定作用。以抢劫罪为例,本罪的成立除了必须侵犯公私财产所有权这一主要客体之外,还必须侵犯他人的人身权这一次要客体,否则就不构成本罪。与此同时,区分抢劫罪与抢夺罪的关键,就在于是否侵犯了作为次要客体的他人人身权。随机客体,又称为随意客体、选择客体,是指在某一具体犯罪所侵害的复杂客体中可能由于某种机遇而出现的客体。随机客体仅仅是某一具体犯罪在特定情况下侵害的客体,其发生并不具有必然性,因此,与主要客体、次要客体是某些犯罪的必备要件不同,它只是一种选择性要件。一般而言,随机客体往往是加重刑罚处罚的原因和依据,而不影响量刑。例如,强奸罪侵害的主要客体是女性的性自由权利,只有在导致被害人死亡的情况下,才侵害到被害人的生命权。此时,被害人生命权这一随机客体的出现,就成为对行为人加重刑罚的根据。

3. 物质性客体和非物质性客体。根据犯罪所侵害的社会关系具体表现形式,即是否具有物质性,可以将直接客体分为物质性客体与非物质性客体。

犯罪行为侵害物质性犯罪客体的标志,是产生物质性的损害或者威胁,可能成为物质性客体的社会关系有人的生命、健康权利和经济关系、财产关系等。犯罪行为侵害非物质性客体的标志,是不具有直接的物质损害,可能成为非物质性客体的社会关系如政治制度、社会制度、人格以及名誉等。

三、犯罪客体与犯罪对象

（一）犯罪对象的概念

犯罪对象,又称为行为对象,是指刑法分则条文规定的、犯罪行为所作用的客观存在的具体人或者具体物。一般而言,每种具体的犯罪行为都直接或间接地作用于一定的具体人或具体物,从而使得刑法所保护的社会关系遭受侵害。

通过分析,可以对犯罪对象的含义作以下理解：

1. 犯罪对象表现为具体的人或物。例如,故意杀人罪的犯罪对象是具体的人；盗窃罪的犯罪对象是具体的公私财物。

2. 犯罪对象是犯罪行为直接作用的人或物。作为犯罪对象的具体人或具体物都是客观存在的,当它们尚未受到犯罪行为的直接作用时,还仅仅是可能的犯罪对象；而只有当犯罪行为直接作用于具体人或具体物时,它们才能成为现实的犯罪对象。

3. 犯罪对象是刑法规定的人或物。如前所述,大多数刑法分则条文都没有明确规定犯罪客体,而往往以规定犯罪对象的方式来表明该具体犯罪的犯罪客体。例如,第232条故意杀人罪中规定的"人"和第236条强奸罪中规定的"妇女",就是作为犯罪对象的人；第140条生产、销售伪劣产品罪中规定的"伪劣产品"和第264条盗窃罪中规定的"公私财物",就是作为犯罪对象的物。

（二）犯罪客体与犯罪对象的关系

犯罪客体与犯罪对象是两个既有联系又有区别的概念。

犯罪客体与犯罪概念的联系体现为:作为犯罪对象的具体物是具体社会关系的物质表现。例如,盗窃罪的客体,即被盗窃行为所侵犯的财产权,就是通过作为犯罪对象的盗窃行为直接作用的具体财物体现的。作为犯罪对象的具体人是具体社会关系的主体或参加者。例如,故意杀人罪的犯罪对象,即杀人行为直接作用的被害人,就是被侵犯的生命权的拥有者。换言之,犯罪对象是犯罪客体的载体,犯罪客体是依附于犯罪对象的社会关系。犯罪分子的行为作用于犯罪对象,就是通过犯罪对象（具体物或者具体人）来侵害一定的社会关系。

另外,犯罪客体与犯罪对象之间又存在显著的区别,主要表现在以下几个方面:

第一,犯罪对象是能够被感知的外部事物,表现为具体人或具体物；犯罪客体反映的是只能为抽象思维所认识的事物内在属性,具体体现为权利、秩序等抽象的社会关系。例如,在盗窃罪中,被窃取的财物是具体的,而被侵犯的财产权则必须通过抽象思维才能加以把握。

第二,犯罪客体决定犯罪的性质,犯罪对象则未必。对于某一具体案件,仅对犯罪对象进行考察是无法分清犯罪性质的,只有通过对犯罪对象所体现的社会关系即犯罪客体加以分析,才能确定某种行为构成何种犯罪。例如,同样是盗窃电线,甲盗窃的是仓库中的备用电线,乙盗窃的是输电线路上正在使用的电线,则甲构成盗窃罪,乙构成破坏电力设施罪。二者的区别就在于犯罪对象所体现的社会关系不同:前者是侵犯公共财产所有权,后者是危害公共安全。

第三,犯罪客体是所有犯罪的共同构成要件,犯罪对象则仅仅是某些犯罪的必要要件。例如,强奸罪的犯罪对象只能是妇女,否则就不可能构成此罪。而诸如聚众淫乱罪、脱逃罪、偷越国(边)境罪等,就不存在犯罪对象,但无疑都侵害了刑法所保护的某种社会关系,具有犯罪客体。

第四,犯罪客体是犯罪分类的基础,犯罪对象则不是。由于犯罪客体决定犯罪的性质,是任何犯罪构成的必要要件,因此,它成为犯罪分类的基础。我国刑法分则规定的十类犯罪,就是以犯罪同类客体为标准划分的。如果按照犯罪对象则无法进行分类。

第五,任何犯罪都必然会侵害犯罪客体,犯罪对象则未必会受到损害。例如,在盗窃案中,盗窃行为必然侵犯了他人的财产所有权,但作为犯罪对象的被盗财物则通常不会受到损害。

■相关链接

张明楷:《法益初论》,中国政法大学出版社,2003年版。

■观点争鸣

在我国犯罪构成理论中,犯罪客体是犯罪构成的第一个要件。对此,有学者指出,将犯罪客体作为构成要件是不妥当的。其理由在于:第一,犯罪客体的实质是"社会主义社会关系",但是,这种"社会关系"是一个抽象的概念,是学者们概括出来的,我国刑法中的各项犯罪均未对此作出明确规定。因此,犯罪客体难以确定。第二,犯罪客体是被说明的对象,不能将其与说明它的其他三个要件相并列。第三,犯罪客体的功能在于揭示犯罪的本质特征,这一功能不是犯罪构成要件所要承担的,而是犯罪概念的功能。第四,在司法实践当中,任何犯罪的成立均无须考虑犯罪客体要件。

本书支持我国传统的犯罪构成理论,主张应当坚持将犯罪客体作为犯罪构成要件。

问题思考

1. 为什么应当将犯罪客体作为犯罪构成要件？
2. 应当如何理解犯罪客体在犯罪构成理论体系中的功能？

第三节 犯罪客观方面

一、犯罪客观方面概述

（一）犯罪客观方面的概念和特征

犯罪客观方面,又称为犯罪客观要件,是指刑法规定的、说明行为对刑法所保护的社会关系造成损害的客观外在事实特征。犯罪客观方面是成立犯罪必须具备的要件,在犯罪构成的共同要件中处于核心地位。不具备客观方面,就说明不存在社会关系受到侵害的客观事实,因而根本不可能构成犯罪,这就是所谓的"无行为则无犯罪"。归纳起来,犯罪客观方面具有以下特征：

1. 客观性。犯罪客观要件的客观性,是指犯罪客观方面是人的犯罪活动的外在表现形式,以客观事实特征为内容,能够为人们所直接感知。客观方面是行为人主观方面的客观化,即在人的有意志、有意识的心理态度支配下表现于外部的事实特征。易言之,我国刑法禁止"主观归罪",只有在主观心理态度通过外化成为不以人的意志而存在的客观范畴时,才能对其定罪量刑。

2. 具体性。犯罪客观要件的具体性,是指刑法规定的犯罪客观方面要件都具有明确的具体内容,而不是抽象的概念。而且,这种内容的具体性体现了罪刑法定原则的基本要求。犯罪客观要件的具体内容包括危害行为、危害结果、危害行为与危害结果之间的因果关系,以及危害行为的时间、地点、方法(手段)、对象。正是由于犯罪客观方面的具体性特征,在立法上设计刑法规范时,往往采用多种方式规定犯罪客观方面的内容及其包含的要件,从而使得犯罪客观方面又具有多样性的特征,即各种具体犯罪在犯罪客观方面都具有特殊性,不存在两种外在表现形式完全一样的犯罪。

3. 法定性。犯罪客观方面的法定性,是指构成犯罪的各种客观要件必须是由刑法条文明确规定的事实。在现实中，犯罪可以通过各种各样的外观外在事实表现出来，但并非犯罪表现出来的任何客观、外在事实都属于犯罪客观方面。只有那些由刑法条文明确规定、能够充分体现该犯罪行为所具有的社会危害性及其程度的客观事实，才是构成犯罪必须具备的客观方面要件。犯罪客观方面的法定刑，同样是罪刑法定原则的要求和体现。

（二）犯罪客观方面的要件

犯罪客观方面的要件，也称为犯罪客观方面的内容或者犯罪客观要件，是指犯罪成立在犯罪客观方面需要具备的条件。就犯罪客观方面和犯罪客观方面要件的关系而言，前者是就刑法分各种具体犯罪成立均须具备某些客观事实特征而概括出来的一个范畴，是犯罪构成的共同要件之一；后者则是相对具体的，是指成立刑法分则中某种具体犯罪在客观方面应当具备的客观要素；后者是前者的下位概念。

犯罪客观方面的要件包括危害行为、危害结果、危害行为与危害结果之间的因果关系，以及危害行为的时间、地点、方法（手段）、对象。根据任何具体犯罪是否在客观上都必须具备为标准，可以将犯罪客观要件必备要件和选择要件。所谓必备要件，是指一切犯罪在客观上都必须具备的共同要件。危害行为就属于犯罪客观方面的必备要件，并且是犯罪客观方面唯一的一切犯罪都必须具备的要件。也就是说，刑法分则对每个犯罪都规定了危害行为，没有危害行为，任何犯罪都不能成立。所谓选择要件，是指某些犯罪构成在客观上必须具备的要件。危害结果、因果关系、特定的时间、地点、方法（手段）、对象，就属于犯罪客观方面的选择要件。

（三）犯罪客观方面的意义

在犯罪构成的四个要件中，犯罪客观方面处于核心地位，它既是连接犯罪主体与犯罪客体的纽带，也是认定犯罪主观方面的唯一客观事实依据。因此，犯罪客观方面对于定罪量刑具有重要意义。

1. 犯罪客观方面是区分罪与非罪的根据。如果不具备犯罪客观方面的要件，就不存在构成犯罪和承担刑事责任的客观基础。对于一切犯罪而言，危害行为是区分罪与非罪的关键；对于某些犯罪而言，危害结果、因果关系、特定的时间、地点、方法（手段）、对象等要件，也是区分罪与非罪的重要标志。从另一个角度来看，我国刑法不承认"思想犯"，仅仅具有思想活动而没有将该思想客观化的外部事实，则不可能对刑法所保护的社会关系造成侵害，也就不能成立犯罪。

2. 犯罪客观方面是区分此罪与彼罪的标准。在我国刑法中，犯罪构成的四个共同要件都具有区分此罪与彼罪的功能。对于那些客体要件、主体要件以及主观方面相同或者基本相同的犯罪而言，刑法之所以将它们规定为不同的犯罪，主要就是因为犯罪客观方面的要件存在本质区别。例如，我国刑法分则第二章规定的放火罪、决水罪、爆炸罪、投放危险物质罪、以危险方法危害公共安全罪，以及刑法分则第五章规定的盗窃罪、诈骗罪、抢夺罪、侵占罪等的区分，关键就在于犯罪客观方面不同。

3. 犯罪客观方面是认定犯罪主观方面的客观基础。犯罪主观方面的具体内容具有内在性、隐蔽性,是人无法直接认知的;犯罪客观要件则具有外在性、直观性。犯罪主观方面支配犯罪客观方面,犯罪客观方面是犯罪主观面的外部表现。因此,在认定犯罪时,只有通过对客观方面要件的考察,才能为正确判断犯罪主观要件中的罪过、动机、目的等内容提供客观基础。

4. 犯罪客观方面是影响定罪量刑的重要因素。就同一犯罪而言,首先,在立法上,刑法常会将是否具备某种危害结果或者危害结果的程度作为加重处罚的根据。例如,故意伤害致人死亡的,刑法规定了较一般伤害结果更重的刑罚。其次,从司法实践上看,行为方式、手段以及时间、地点、条件、具体对象等的不同,也会导致量刑的不同。就不同犯罪而言,规定轻重不同的法定性的重要根据之一,是犯罪客观方面的差别,进而影响到各自的社会危害性不同。例如,故意杀人罪与故意伤害罪,强奸罪与强制猥亵、侮辱妇女罪,抢劫罪与抢夺罪等就是如此。

二、危害行为

马克思曾经指出:"我只是由于表现自己,只是由于踏入现实的领域,我才进入受立法者支配的范围。对于法律来说,除了我的行为,我是根本不存在的,我根本不是法律的对象。"[①]马克思之所以强调行为在法律上的重要性,是因为法律从其性质和功能上讲,就是调整特定社会关系的行为规范。在刑法中,提倡"无行为则无犯罪也无刑罚"的行为主义已经成为现代刑法的一项普遍原则。我国刑法所禁止的犯罪,首先是人的一种危害社会的行为。特定的危害社会行为,是我国刑法中犯罪客观方面的首要因素,是一切犯罪构成在客观方面的必备要件,在犯罪构成中居于核心地位。

(一)危害行为的概念和特征

我国刑法中的危害行为,是指犯罪构成客观方面的行为,即受行为人的意志或意识支配的违反刑法规定的危害社会的身体动静。这个定义说明,危害行为具有以下四个基本特征:

第一,有体性。危害行为是客观的人体活动。首先,危害行为表现为一定的人体活动。因为,危害行为本质意义,在于通过改变客观世界来危害社会。而对客观世界的改变,只能由身体活动实现。这种人体活动表现为动和静两种方式:"动"是身体的举动;"静"是身体的相对静止,即在刑法规定的特殊情况下,没有积极的身体动作的"静"也属于危害行为。其次,危害行为具有客观性,不以他人的意志

---

① 《马克思恩格斯全集》(第1卷),北京:人民出版社,1956年版,第16-17页。

为转移;某种危害行为一旦实施和存在,就作为一种客观现象固定在客观世界中,不管行为人的主观心理状态在行为实施以后发生怎样的变化,都不影响危害行为的性质和内容。

第二,有意性。从主观方面来看,危害行为是在行为人的意志或者意识支配下的身体动静。换言之,危害行为体现了行为人的意志或者意识等主观内容。因为,只有受人的主观意志、意识支配的危害行为,才可能适用刑法加以调整并达到预防、控制犯罪的目的。据此,人在无意志和无意识状态下的身体活动,即使在客观上造成一定损害,也不能成为刑法意义上的危害行为,不能判定犯罪成立并追究行为人的刑事责任。

第三,有害性。危害行为是对社会有害的行为,这是对危害行为的价值评价,也是危害行为的社会性特征。什么行为被视为刑法上的危害行为,是立法者以自己的价值标准进行价值评价的结果。从性质上看,人类的行为不外乎有害于社会的行为和无害于社会的行为这两类。只有前者才可能成为刑法惩罚的对象,才能成为我国刑法中犯罪构成的客观要件。

第四,刑事违法性。危害行为是违反刑法规范的行为,这是危害行为的法律特征。在行为人的意志、意识支配下实施的危害社会的行为,只有在违反刑法规范时,才能作为犯罪客观方面的危害行为。所谓违反刑法规范,既包括违反禁止性规范,如违反禁止杀人、伤害、抢劫、盗窃的规范等;也包括违反命令性规范,如违反应当赡养父母、应当依法纳税等规范。在刑法理论上,违反禁止性规范的危害行为称为作为;违反命令性规范的危害行为称为不作为。因此,只有同时具备社会危害性和刑事违法性的行为,才属于刑法中的危害行为。

根据上述危害行为的基本特征,可以将下列情形排除在刑法中的危害行为之外:

1. 欠缺有意性的行为。此类行为包括:(1)反射动作,即人在受到外界刺激时瞬间作出的身体本能反应。例如,正在驾驶汽车的司机因强光照射而闭上眼睛,从而造成交通事故。此时,尽管司机有身体动作并造成了危害结果,但由于缺乏意志、意识因素,因而不属于刑法中的危害行为。(2)睡梦中的人体活动,即人在睡眠时,意志、意识处于休眠状态,但睡眠者仍然可能具有知觉和运动能力,比如梦游。梦游者在睡眠时可能起身实施多种活动,甚至是严重危害社会的活动。然而,由于梦游是不受人的意志、意识支配的,因而不属于刑法中的危害行为。(3)精神错乱状态下的举动,即精神病人在精神病发病期间作出的活动。从精神病学的角度来看,处于精神错乱状态下的行为不存在意志或意识,不能辨认和控制自己的行为。因此,即使精神病人的行为在客观上具有一定的社会危害性,也不属于刑法中的危害行为。(4)身体受暴力强制下的行为,即人体受到客观外界的暴力强制作用,以至于人体活动无法受自己的自由意志的控制与支配的情形。此时,在客观上,行为人对身体受强制的状态无法解除;在主观上,身体活动违背行为人的主观愿望。因此，在这种状态下实施的行为，不属于刑法中的危害行为。例如，银行工作人员被劫匪捆绑，既不能阻止抢劫银行的行为，也不能报警；某人被犯罪分子推挤以致压坏贵重财物等。但是，如果行为人仅仅因为受到一定程度的精神强制而实施某种行为，是否属于刑法中的危害行为，则需要具体情况具体分析。例如，犯罪分子以炸毁飞机相威胁，迫使机长改变航线，机长为了保护众多乘客的安全，按照犯罪的要求改变航线。此时，机长的行为属于紧急避险，属于合法行为。又如，甲对乙以揭发其隐私相威胁，命令其与自己一起抢劫银行，乙因害怕而与甲一起实施抢劫。此时，乙的行为属于危害行为，应根据刑法第28条认定为胁从犯，只是在量刑时可以按照其犯罪情节予以从宽处罚。（5）不可抗力引起的行为，即由于不可抗力的出现，迫使行为人违背自己的意志而实施的行为。这种行为即使对社会造成一定损害，也不能视为刑法中的危害行为。例如，消防员在执行救火任务中，由于唯一通道上的桥梁被泥石流冲毁，未能及时赶到现场灭火，造成重大财产损失。此时，消防员为履行救火义务的不作为就是因不可抗力引起的，与行为人的意志相违背，因而不属于刑法中的危害行为。

2. 欠缺有害性的行为。我国刑法中规定的正当防卫行为和紧急避险行为，就属于不具有有害性的行为。此外，还包括自救行为、正当业务行为（如医疗行为、竞技行为）、履行职务的行为、基于被害人承诺或自愿的损害、法令行为等所谓的正当行为。这些行为不具有社会危害性，因而不属于犯罪客观方面的危害行为。

3. 欠缺刑事违法性的行为。关于罪刑法定原则，我国刑法第3条规定："法律明文规定为犯罪行为的，依照法律定罪处刑；法律没有明文规定为犯罪行为的，不得定罪处刑。"据此，尽管人的行为具有社会危害性，但只要未被刑法规定为犯罪，即该行为不具有刑事违法性，就不属于犯罪客观方面的危害行为。例如，我国刑法第13条规定的"情节显著轻微危害不大的"的行为，不满14周岁的未成年人实施的对社会有害的行为，等等。

（二）危害行为的表现形式

刑法规定的危害社会行为，其表现形式多种多样。现代刑法理论的通说将危害社会行为归纳为两种基本表现形式，即作为与不作为。

1. 作为。作为，是指行为人以其积极的身体活动实施刑法禁止的危害社会行为，即"不当为而为之"。在我国刑法中，绝大多数犯罪通常是以作为方式实施的，如故意杀人罪、放火罪等；还有许多犯罪只能表现为作为的形式。例如，抢劫罪、盗窃罪、强奸罪等。作为是危害行为的主要表现形式，除了具备危害行为的基本特征之外，其特殊性在于，作为是人的一种违反刑法禁止性规定的行为，在客观外形上只能呈现出一种积极的身体活动，身体的静止不可能实施作为犯罪。刑法意义上的作为并不限于一个单独的举动，其通常是由人的一系列身体动作组成。例如，抢劫行为中就包括接近被害人、实施暴力或者威胁、劫取财物等动作。

从行为人是以个人身体动作作用于犯罪对象，还是利用一定的工具来实现犯

罪意图的角度来看,作为主要有以下几种实施方式:

(1)利用自己身体实施的作为。即行为人直接利用自己的身体活动而完成的危害行为,是最常见的作为方式之一。例如,采用拳打脚踢的方法伤害他人,就是典型的利用自身活动实施的作为犯罪。作为除了体现为四肢活动以外,还可以通过五官实施,如以污秽的言语侮辱他人,用眼神示意教唆他人。

(2)利用物质性工具实施的作为。这也是最常见的作为实施方式之一。其特点在于,人的身体活动和犯罪对象之间介入了工具这一因素,借助工具的某种属性作用于犯罪对象,由此实现对犯罪客体的侵害或者威胁。在这类作为中,人的身体活动是必需的,但身体活动的作用在于操纵、使用工具而不是直接改变犯罪对象。例如,使用枪弹、爆炸物、毒药、棍棒等杀人、伤人;利用书信、证件等实施招摇撞骗;利用各种交通工具进行走私;等等。

(3)利用自然力实施的作为。自然力包括地震、洪水、雷电、飓风、暴雪等自然现象。利用自然力进行犯罪的现象并不少见。例如,故意将不知情者引入山洪即将暴发的地带,致其被洪水淹死。

(4)利用动物实施的作为。即利用动物的某种损害行为而完成的危害行为,如唆使豢养的恶狗咬人,利用毒蛇咬伤、咬死他人。

(5)利用他人实施的作为。这种情况是指将精神病人、未成年人或者主观上无罪过的人等无责任能力人作为工具加以利用来实施危害行为。例如,教唆不满14周岁的人偷窃他人财物,医生令不知情的护士为病人注射毒药。

2. 不作为。

(1)不作为的概念。所谓不作为,是指行为人负有实施某种行为的特定义务,能够履行而不履行的危害行为,即"当为而不为"。在刑法意义上,公然侵害他人的权利是一种具有社会危害性的行为;不履行自己应当并且能够履行的义务,同样是侵害他人权利的具有社会危害性的行为。因此,不作为与作为具有等价性,这是由其所侵犯的社会关系的性质决定的。不作为是危害行为的表现形式之一,当然必须具备前述危害行为的四个基本特征。然而,作为一种特殊的行为方式,不作为的成立还需要满足以下三个条件:

首先,不作为人负有特定的作为义务。

行为人负有实施某种行为的特定义务即作为义务,是不作为犯成立的前提条件。如果不存在这种特定的作为义务,则根本不构成刑法上的不作为。在不作为犯中,作为义务体现了不作为犯罪的基本犯罪事实和构成要素的本质特征。

一般认为,特定的作为义务不能仅仅是普通的道德义务,其根据(来源)包括以下几个方面:

第一,法律明文规定的作为义务。例如,根据刑法第129条的规定,依法配备公务用枪的人员负有丢失枪支后及时报告的义务。如果行为人在丢失枪支后未履行及时报告的义务,并造成严重后果的,构成丢失枪支不报罪。又如,婚姻法规定的父母子女之间以及夫妻之间负有相互扶养的义务。如果行为人对于年老、年幼、患病或者其他没有独立生活能力的人负有扶养义务而拒绝扶养,情节恶劣的,构成遗弃罪。由此可见,这里的"法律"不限于刑法,应当作广义的理解,即由国家制定或认可并由国家强制力保证其实施的一切法律规范的总和。但是,这并不意味着任何法律、法规规定的义务,都可以作为刑法上的不作为的根据。只有那些为刑法所承认的其他法律、法规所规定的义务,才能成为不作为的法律义务的根据。

第二,职务上或者业务上要求履行的作为义务。这种作为义务以行为人具有某种职务身份或者从事某种业务并且正在执行为前提;否则,就不存在履行此类义务的问题。例如,公安人员负有维护治安、打击犯罪的义务。如果某警察接到报案,称有歹徒正在杀害其妻,该警察赶到现场后,只是站在一旁观看,而没有采取任何措施。此时,该警察构成不作为犯罪。我国刑法虽然没有明确规定哪些职务、哪些业务所要求履行的义务可以成为不作为的根据,但从刑法理论和司法实践来看,其范围比较广泛,凡是由于职务或者业务要求履行的义务而又为刑法分则规定的具体犯罪所包括的,均可成为不作为的根据。

第三,法律行为引起的作为义务。法律行为,是指在法律上能够引起一定的权利和义务的行为,主要包括合同行为、自愿接受行为等。如果一定的法律行为产生某种特定的作为义务,行为人不履行该义务,致使刑法所保护的社会关系受到侵害或者威胁,就能够成立不作为形式的犯罪。例如,受雇照顾婴幼儿的保姆负有防止其受意外伤害的义务。如果该保姆不负责任,见危不救,致使婴幼儿身受重伤的,就应当承担相应的刑事责任。

第四,行为人的先行行为产生的作为义务。由于行为人先前实施的行为即先行行为,致使某种刑法所保护的社会关系处于危险状态时,该行为人负有采取积极、有效的措施排除危险或者防止危害结果发生的特定义务,就是先行行为产生的作为义务。如果行为人不履行这种义务,就构成以不作为形式实施的危害行为。例如,甲携其侄子乙(6岁)外出时,丙酒后驾车撞伤了乙并迅速逃逸,乙躺在血泊中。甲心想,反正事故不是自己造成的,于是离开了现场。乙因得不到救助而死亡。此时,甲因携乙外出这一先行行为而对乙负有救助义务,所以甲构成不作为犯罪。

其次,不作为人有履行作为义务的现实可能性。法律规范只要求能够履行义务的人履行义务,而不会强求不能履行义务的人履行义务。因此,不作为人虽然具有实施某种积极行为的义务,但由于某种原因而不具备履行该项义务的现实可能性,则不构成不作为犯罪。例如,仓库保管员被犯罪人捆绑,以致公私财产被抢走的,不能认为该保管员构成不作为犯罪。同理,某人因患重病而丧失劳动能力,无法赡养年迈父母的,也不构成不作为犯罪。至于不作为人能否履行义务,应当从其履行义务的主观能力与客观条件两方面进行判断。

最后,不作为人没有履行作为义务,并造成或者可能造成危害结果。这是不作为构成犯罪的客观条件和事实基础。首先,没有履行特定作为义务,实际上就是指法律义务或者其他特定义务所要求、所期待的防止危害结果发生的作为没有被实施,而不是指行为人未作出任何举动。这一点是区别作为与不作为的根本标志。例如,锅炉工在当班时,故意不给锅炉加水而造成锅炉爆炸的事故,就属于不作为犯罪。至于锅炉工当班时实施的其他行为,则不影响其不作为犯罪的成立。其次,不作为之所以与作为具有等价性,就在于其与作为一样,造成或者可能造成危害结果,即侵害或者威胁了刑法所保护的社会关系。换言之,不履行作为义务的不作为与危害结果之间存在因果关系。

(2)不作为犯罪的分类。应当注意的是,不作为与不作为犯罪是两个不同的概念,前者是危害行为的一种表现形式,后者则是以不作为的形式实施的犯罪,不能混淆。在刑法理论上,不作为犯罪可以分为以下两种类型:

第一,真正不作为犯罪。所谓真正不作为犯罪,又称为纯正不作为犯罪,是指刑法规定只能由不作为构成的犯罪,如刑法第129条规定的丢失枪支不报罪,第261条规定的遗弃罪,等等。在现实中,真正不作为犯罪的行为并非完全没有实施任何行为,而是有可能作出某些其他行为,但最关键的是,行为人没有实施符合义务的行为。在我国刑法中,真正不作为犯罪仅限于极少数犯罪。

第二,不真正不作为犯罪。所谓不真正不作为犯罪,又称为不纯正不作为犯罪,是指行为人以不作为形式实施的通常由作为构成的犯罪。例如,母亲出于杀意不给婴儿喂奶,致使婴儿饿死的,构成不作为的故意杀人罪;铁路扳道工出于破坏的故意在火车驶来时不扳道岔,致使火车倾覆的,构成不作为的故意破坏交通工具罪;等等。

三、危害结果

(一)危害结果的概念和特征

1.危害结果的概念。根据我国刑法中的相关规定和刑法理论,刑法意义上的危害结果存在广义和狭义之分。

广义的危害结果,是指由犯罪行为人的危害行为引起的一切对社会的损害事实,它包括危害行为的直接结果与间接结果,属于构成要件的结果和不属于构成要件的结果。因此,广义的危害结果存在于各种形式的犯罪之中,无论是实害犯还是危险犯,也无论是既遂犯还是预备犯、未遂犯、中止犯。这种广义的危害结果具有法律上的依据。例如,我国刑法第14条第1款规定"明知自己的行为会发生危害社会的结果,并且希望或者放任这种结果发生,因而构成犯罪的,是故意犯罪"中的"结果",就是广义的危害结果。因为,犯罪故意是包括预备犯、未遂犯以及中止犯在内的所有犯罪都必须具备的主观要件,所以,只有把这里的"结果"理解为广义的危害结果,才能将本条规定适用于预备犯、未遂犯以及中止犯的情形。狭义的危害结果,是指作为犯罪构成要件的结果,通常也就是对直接客体所造成的损害,它是定罪的主要根据之一。这种狭义的危害结果并非存在于所有犯罪之中,在行为犯、预备犯、未遂犯以及中止犯当中,就不要求具备。

广义的危害结果和狭义的危害结果,在刑法理论中的作用是不一样的。广义的危害结果,是一切犯罪所共同具有的特征,任何行为,只要没有给刑法所保护的社会关系造成损害,就不构成犯罪。相反,狭义的危害结果只是一些特定犯罪所必须具备的犯罪构成要件。如果是犯罪以及一些故意犯罪就是如此。在这些犯罪中,如果行为没有引起特定的危害结果,或者不成立犯罪,或者不构成犯罪既遂。

我国刑法学界通常采用的是狭义的危害结果。本书认为,所谓危害结果,是指危害行为对犯罪直接客体造成的法定的实际损害或者显示危险状态。

2. 危害结果的特征。一般认为,刑法中的危害结果具有以下特征:

第一,客观性。危害结果是犯罪客观方面的一个要件,属于一经发生就不以人的意志为转移而存在的客观事实。危害结果与行为人希望达到的结果是两个不同的范畴,前者属于客观事实,后者属于主观上的目的。对于危害结果的判断,只能根据客观上发生的事实来认定。

第二,因果性。危害结果必须是由危害行为所引起、基于危害行为的作用而形成的客观事实。因此,只要不是危害行为造成的危害事实,例如由自然力、动物引起的损害,以及由正当行为、人的非有意性行为造成的损害,都不属于刑法意义上的危害结果。

第三,侵害性。作为危害行为引起的客观事实,危害结果体现了该行为对刑法所保护的社会关系即犯罪客体的危害性及其程度。任何一种危害结果,都必然是危害行为对社会造成的一定损害。当危害结果被规定为具体犯罪的构成要件时,它对该犯罪的社会危害性具有决定性作用,是判断犯罪成立与否以及犯罪的完成形态的关键标准;例如,刑法第129条丢失枪支不报罪要求"造成严重后果",如果某警察丢失枪支后未及时报告,但清洁工捡拾该枪支后立即上交的,由于未造成严重后果,因而不构成本罪。当危害结果未被规定为具体犯罪的构成要件时,它仍然会影响到该犯罪的社会危害性程度的大小,从而成为量刑的依据。

第四,多样性。由于危害结果是由危害行为引起的,并且和犯罪客体具有密切关系,而刑法所保护的社会关系、危害行为、行为对象、手段(方法)等,均具有多样性,因此,危害结果必然也具有多样性。无论危害结果表现为何种具体形式,只要在本质上是危害行为侵犯刑法所保护的社会关系而形成的客观事实,都属于危害结果。

(二)危害结果的种类

1. 构成结果与非构成结果。根据危害结果是否属于具体犯罪构成要件要素,可以将危害结果分为构成结果和非构成结果。构成结果,是指成立某具体犯罪所必须具备的危害结果。换言之,构成结果是具体犯罪客观要件的内容,没有造成这种结果,就不能成立该犯罪。根据我国刑法第 15 条以及分则条文的有关规定,过失犯罪均以发生特定危害结果为构成要件;根据间接故意的基本特征,间接故意犯罪的成立也要求发生特定的危害结果。因此,对于过失犯罪和间接故意犯罪而言,如果不具备构成结果,该犯罪就不能成立。例如,根据刑法第 397 条的规定,国家机关工作人员的滥用职权或者玩忽职守行为,只有造成了公共财产、国家和人民利益的重大损失,才构成滥用职权罪或者玩忽职守罪。这里的"重大损失"就属于构成结果。又如,甲明知自己的行为会造成他人死亡,却对此漠不关心,但最终并未出现他人死亡的结果,此时不能成立间接故意杀人罪。另外,虽然许多直接故意犯罪也以某种特定的结果作为要件,但这种结果的有无并不是区分犯罪成立与否的标准,而是判断该犯罪的停止形态的标志。故意杀人罪以被害人死亡作为构成结果,如果死亡结果因行为人意志以外的原因没有发生,则只构成故意杀人罪未遂。非构成结果,是指不是成立某具体犯罪所必需的、处于构成要件之外的危害结果。非构成结果的发生与否以及程度轻重,不影响犯罪的成立,而仅仅是在行为构成犯罪的基础上影响其社会危害性的大小,进而影响量刑的轻重。例如,抢劫罪的成立并不要求发生致人重伤、死亡的结果,因而即使抢劫行为造成他人重伤或者死亡,也不影响抢劫罪的成立,但由于重伤或者死亡结果的发生表明抢劫行为具有严重的社会危害性,因而刑法对此规定了较重的法定刑。

区分构成结果和非构成结果的意义在于,有利于正确认识危害结果在具体犯罪构成中的地位和作用,从而有利于正确定罪量刑。

2. 物质性结果与非物质性结果。根据危害结果的现象形态,可以将危害结果分为物质性结果和非物质性结果。物质性结果,是指现象形态表现为物质性变化的危害结果,它往往是有形的,可以具体认定和测量。如致人重伤、死亡,损毁财物等,均属于物质性结果。非物质性结果,是指现象形态表现为非物质性变化的危害结果,它往往是无形的,不能或者难以具体认定和测量。如对他人的人格、名誉的损害,对社会经济秩序、善良风俗的破坏等,均属于非物质性结果。物质性结果和非物质性结果都有可能是构成结果,也可能是非构成结果。

区分物质性结果和非物质性结果的意义在于,有助于全面认识危害结果,尤其是有助于对非物质性结果展开深入研究。

3. 直接结果与间接结果。根据危害行为与危害结果之间的联系形式,可以将危害结果分为直接结果和间接结果。直接结果,是指由危害行为直接造成的侵害事实,它与危害行为之间具有直接因果关系,即不存在任何中介因素。例如,故意杀人的行为直接导致他人的死亡。间接结果,是指由危害行为间接造成的侵害事实,它与危害行为之间存在其他独立的介入因素。例如,甲强奸乙,乙因羞愤自杀。此时,乙的死亡就是甲的强奸行为的间接结果,二者之间介入有被害人乙的自杀行为。直接结果和间接结果都有可能是构成结果,也可能是非构成结果。

一般而言,区分直接结果与间接结果的意义在于,直接结果有助于正确定罪量刑;间接结果则往往对量刑有一定的影响。

(三)危害结果的意义

危害结果虽然不是犯罪构成的共同要件,而只是某些犯罪即结果犯的构成要件,但它集中体现了危害行为的社会危害性及其程度。因此,危害结果在刑法中具有重要的地位,对定罪量刑有巨大影响。

1.危害结果是罪与非罪的界限。在结果犯中,危害结果是犯罪的构成要件要素之一,如果危害行为没有造成法定的危害结果,该犯罪就不能成立。例如,过失犯罪就属于以危害结果为成立条件的结果犯,如果未发生危害结果,不管行为人在主观上存在多严重的过失,都不构成犯罪。同时,我国刑法学界的大多数观点认为,危害结果也是间接故意犯罪成立的基础。刑法分则中还规定有以危害结果的程度作为构成要件要素的犯罪。在这类犯罪中,尽管危害行为也造成了一定的危害结果,但如果该危害结果未达到法定的严重程度,就不构成犯罪。例如,根据刑法第264条的规定,盗窃罪的成立要求盗窃公私财物"数额较大",因此,盗窃少量财物的行为,就属于一般违法行为,不构成盗窃罪。所以,危害结果的发生与否以及程度的大小,是区分部分犯罪的罪与非罪的一个重要标准。

2.危害结果是区分犯罪完成形态与未完成形态的重要标志。我国刑法第23条第1款规定:"已经着手实行犯罪,由于犯罪分子意志以外的原因而未得逞的,是犯罪未遂。"由此可见,犯罪是否得逞,是区分犯罪既遂与未遂的重要标准。关于"未得逞"的理解,虽然刑法理论上存在不同的看法,但是,抛开行为人所追求的且符合犯罪构成要件的结果内容,显然无法解释"未得逞"的确切含义。所以,对于直接故意犯罪而言,无论表现为何种形式,危害结果的出现就标志着该犯罪既遂。

3.危害结果是量刑的重要依据。危害结果是危害行为的社会危害性及其程度的集中体现,因此,根据以社会危害性为基础确立的罪责刑相适应原则,犯多大的罪,就应当承担多大的刑事责任,法院也应判处其相应轻重的刑罚,重罪重罚,轻罪轻罚,罪刑相称,罚当其罪。虽然犯罪是主客观要件的统一,在量刑时还必须考虑行为人的主观方面及其人身危险性,但是,危害结果在整个犯罪中占据重要地位的事实,是不能否定的。关于危害结果在量刑中的作用,财产性、经济性犯罪是最好的说明。

四、危害行为与危害结果之间的因果关系

(一)因果关系的概念

在刑法意义上,危害行为与危害结果之间的因果关系,是指犯罪构成客观方面要件中的危害行为和危害结果之间存在的引起与被引起的关系。根据罪责自负的

刑法基本原则,一个人只能对自己的危害行为及其造成的危害结果承担刑事责任。因此,当危害结果发生时,要使行为人对此承担刑事责任,就必须确定其所实施的危害行为与危害结果之间存在因果关系。因果关系的存在,是在危害结果发生时令行为人负刑事责任的必要前提。换言之,查明因果关系,对于解决刑事责任(定罪和量刑)问题,具有至关重要的意义。刑法上的因果关系问题既是刑法理论中的重要课题,也是司法实践中较为棘手的难题。对于刑法上的因果关系,应当以辩证唯物主义因果关系理论为指导,与刑法学所研究的犯罪现象有机地相结合起来进行研究。

(二)因果关系的特征

一般认为,刑法学上的因果关系的特征体现为以下几个方面:

1. 客观性。辩证唯物主义认为,因果关系作为客观现象之间引起与被引起的关系,它是客观存在的,并不以人们主观是否认识为前提。与此相一致,刑法上的因果关系同样存在于行为人的意志之外,不以主观意志为转移。因此,在刑事案件中查明因果关系,就要求司法人员从案件事实出发,客观地作出判断和认定,而不能主观臆断。例如,甲因琐事与乙发生争执,向乙的胸部猛推一把,导致乙心脏病发作,救治无效而死亡。在本案中,甲的行为与乙的死亡之间存在因果关系;绝不能以甲不知乙患有心脏病或者未预见到推搡行为会导致死亡结果为由,否定因果关系的存在。这意味着,刑法理论上通常所说的因果关系,是指危害行为与危害结果之间的客观联系,并不涉及行为人的主观心理态度。

2. 特定性。原因与结果的区别在现象普遍联系的整个链条中只是相对的,而不具有绝对性。要确定哪个是原因哪个是结果,必须把其中的一对现象从客观现象普遍联系的整个链条中抽出来加以判断。研究刑法因果关系的目的,在于解决行为人对所发生的危害结果是否应当承担刑事责任。因此,刑法上的因果关系的特定性就表现为,它只能是行为人的危害行为与危害结果之间的因果联系。

具体而言,首先,刑法上的因果关系中的原因,是指危害社会的行为,亦即作为犯罪客观构成要件的实行行为。因此,如果查明某人的行为是不具有社会危害性的正当、合法的行为,那么,即使该行为与危害结果之间存在某种联系,也不能认为是刑法上的因果关系。其次,刑法上的因果关系中的结果,是指法律所要求的已经造成的有形的、可被具体确定的物质性危害结果。只有这样的结果才能被查明和确定,才能作为由危害行为引起的现象来具体把握,才能据此确定因果关系是否存在。因此,犯罪构成中不包含、不要求物质性危害结果的犯罪,以及尚未出现法定危害结果的犯罪未完成形态(如犯罪的预备、未遂、中止),一般不存在因果关系的判断问题。

3. 时间序列性。时间序列性,是指原因一定先于结果出现,原因是引起结果发生的现象。易言之,原因必定在先,结果只能在后,二者之间的时间顺序不得颠倒。据此,在刑事案件中,只能从危害结果发生之前的危害行为中去寻找原因。如果某人的行为是在危害结果发生之后实施的,就可以确定该行为与危害结果之间不存在因果关系。例如,甲深夜进入乙家刺杀躺在床上看似熟睡的乙。后经法医鉴定查明,乙在甲刺杀行为之前就已经因心脏病发作死亡。此时,由于甲的刺杀行为发生在乙的死亡结果之后,因而二者之间不存在因果关系。当然,先于危害结果出现的危害行为未必就是该结果的原因;在结果之前实施的行为只有起到引起和决定结果发生的作用,才能认定为结果的原因。

4. 条件性。刑法上的因果关系是有条件的、具体的。在刑事案件中,一种危害行为能够引起什么样的危害结果,并不是固定不变的。因此,要确定因果关系,必须从实施危害行为的时间、地点、条件等具体情况出发作具体分析。例如,甲以杀人故意瞄准乙的头部开枪,但打中了乙的手臂。由于乙是血友病患者,最后流血不止而死亡。在本案中,如果乙不是血友病患者,击伤手臂的行为通常不会造成死亡的结果。但是,并不能由此否定甲的行为与乙的死亡之间存在因果关系,因为正是由于甲的射击行为造成了特殊体质的乙的死亡结果。

5. 复杂性。客观事物之间联系的普遍性和多样性决定了因果联系的复杂性。在社会生活中,事物或过程相互联系、相互作用,使得原因与结果的联系形式复杂多样,表现为直接的或间接的、内在的或外在的、必然的或偶然的,等等。刑法上的因果关系的表现形式也概莫能外。这是由危害行为和危害结果的表现形式以及二者相互作用的方式的多样性决定的。大体而言,刑法上的因果关系表现为以下几种情况:

(1) 一因一果。这是最简单的因果关系形式,是指一个危害行为引起了一个危害结果。

(2) 一因多果。这种情况是指一个危害行为同时引起了多种危害结果。例如,甲在公共场所侮辱乙,乙不堪羞辱自杀。此时,甲的侮辱行为既损害了乙的名誉、人格,还导致了乙自杀身亡。

(3) 多因一果。这种情况是指某一危害结果是由多个原因引起的。例如,甲与乙都与丙有仇,甲见乙向丙的食物中投放了5毫克毒物,且知道5毫克毒物不能致丙死亡,遂在乙不知情的情况下又添加了5毫克毒物,丙吃下食物后死亡。在本案中,甲、乙二人的投毒行为均与丙的死亡之间存在因果关系。一般认为,现实中最常见的"多因一果"的情况是:第一,在责任事故类过失犯罪案件中,事故的发生往往涉及许多人的过失,而且还是主客观原因交织在一起。要确定这类案件的因果关系,就必须分清主要原因和次要原因、主观原因和客观原因等。第二,在共同犯罪中,各个共同犯罪人的危害行为的总和作为总原因而与犯罪结果的发生之间存在因果关系。根据我国刑法的规定,在处理共同犯罪案件时,应当分清主要原因和次要原因,即区分每个共同犯罪人在共同犯罪中所起作用的大小,进而确认各自的刑事责任。

(4) 多因多果。这种情况是指多个危害行为导致多个危害结果。例如,甲、乙、丙、丁组成一个盗窃犯罪集团,在一定时期内先后实施多起盗窃。集团盗窃行为是由多个盗窃行为组成,集团盗窃结果也是由多个盗窃结果组成。集团盗窃行为和集团盗窃结果之间存在因果关系。

6. 必然性和偶然性。因果关系存在必然性与偶然性之分。在刑法意义上,必然因果关系是指危害行为与危害结果之间具有内在、必然的、合乎规律的引起与被引起的联系;偶然因果关系是指某种行为本身不包含产生某种危害结果的必然性(内在根据),但是在其发展过程中,偶然又介入其他原因,从而合乎规律地产生了这种危害结果。其中,必然因果关系是刑法上的因果关系中最基本和主要的表现形式,是行为人承担刑事责任的客观基础。而偶然因果关系则意味着危害行为对危害结果的发生起非根本性、非决定性作用。

偶然因果关系通常对量刑具有一定的意义。例如,甲故意重伤乙,致使乙昏倒在马路上,后乙被丙开车轧死。此时,甲的伤害行为与乙的死亡结果之间就是一种偶然因果关系。尽管乙的死亡不影响甲的故意伤害行为的性质,但是在量刑时,必须予以适当的考虑。

在某些特殊情况下,偶然因果关系对于定罪也存在一定影响。例如,警察甲对犯罪嫌疑人乙进行轻微的刑讯逼供,但乙对此反映强烈,以致自杀身亡。此时,甲轻微的刑讯逼供行为与乙的死亡之间是一种偶然因果关系,但这一偶然因果关系可以成为追究甲刑讯逼供罪的刑事责任的一个重要因素。

(三)不作为犯罪的因果关系问题

关于不作为犯罪的因果关系问题,在中外刑法理论界存在着否定说与肯定说的对立。否定说主张,不作为是人的消极、静止的行为,对外界事物的变更不起任何作用,从物理上说是"无","无中不能生有",因而不作为的危害行为与危害结果之间不存在因果关系。这种观点是值得商榷的。因为它否定了不作为犯罪因果关系的客观性,从而在实质上否定了不作为犯罪负刑事责任的客观基础。

本书认为,不作为的危害行为与危害结果之间的因果关系是客观存在的,并非法律拟制。不作为的原因,在于其应该阻止而没有阻止事物向危险的方向发展,以至于引起危害结果的发生。这种不作为犯罪因果关系的特殊性体现为:它以行为人负有特定的作为义务为前提。以铁路扳道工不按时扳道而引起列车出轨或相撞的事件为例,扳道工负有按时扳道的作为义务,其不履行该义务的不作为在客观上引起了列车出轨或者相撞的结果发生,二者之间的因果关系是无法否认的。例如,扳道工甲在值班时与熟人乙聊天,在火车即将到来时未及时扳道,导致火车将行人丙轧死。此时,甲未履行扳道义务的不作为与丙的死亡之间存在因果关系。

(四)因果关系与刑事责任的关系

对于行为犯、危险犯而言,一般不存在认定刑法因果关系的问题。而在实害犯中,构成实害犯既遂必须以实害结果的发生为要件,并且该实害结果与危害行为之间必须存在因果关系。然而,刑法因果关系只是犯罪构成客观方面的一个选择要件,查明刑法因果关系仅仅为追究行为人的刑事责任提供了客观基础,但并不等于解决了其刑事责任问题。要使行为人对自己的行为造成的危害结果承担刑事责任,行为人还必须具备一定的罪过即故意或者过失。也就是说,即使存在因果关系,如果行为人缺乏故意或者过失,仍然不能构成犯罪,不承担刑事责任。所以,片面理解因果关系与刑事责任的关系,以致将据存在因果关系与承担刑事责任相等同、相混淆的观点是错误的,属于客观归罪的立场。

五、犯罪的其他客观要件

犯罪的其他构成要件,是指刑法规定的构成某些犯罪必须具备的特定的时间、地点和方法(手段)等客观条件。虽然任何犯罪都是在一定的时间、地点,采取一定的方法(手段)实施的,但是只有在某些犯罪中,特定的时间、地点、方法才被规定为构成犯罪的必备要件。

(一)构成要件的时间、地点、方法

构成要件的时间,是指刑法规定的某些犯罪构成必须具备的特定时间。一般而言,行为实施的时间对认定犯罪没有影响,但是,在刑法分则将行为实施的特定时间规定为犯罪构成要件的某些犯罪中,行为的时间就成为区分罪与非罪的关键。例如,根据刑法第340条的规定,只有在"禁渔期"捕捞水产品的行为,才构成非法捕捞水产品罪;根据第341条第2款的规定,只有在"禁猎期"实施的狩猎行为,才构成非法狩猎罪;等等。对于这些犯罪而言,如果行为不是在法定时间内实施的,就不能构成该犯罪。

构成要件的地点,是指刑法规定的某些犯罪构成必须具备的特定场所。行为实施的地点通常对认定犯罪也没有影响,但是,在刑法分则将行为实施的特定地点规定为犯罪构成要件的某些犯罪中,行为的地点就对该犯罪的成立具有决定性意义。例如,刑法第340条非法捕捞水产罪中规定的"禁渔区",就是本罪的构成要件之一;第341条第2款非法狩猎罪中规定的"禁猎期",也是本罪的构成要件之一;等等。对于这些犯罪而言,行为在法定地点实施,是构成该犯罪必不可少的条件。

构成要件的方法,是指刑法规定的某些犯罪构成必须具备的实施危害行为的特定方法。例如,根据刑法第257条的规定,只有使用暴力方法干涉他人婚姻自由的,才构成暴力干涉婚姻自由罪;对于抢劫罪而言,只有采用暴力、胁迫或者其他方法抢劫公私财物的,才能构成本罪;等等。对于这些犯罪而言,使用特定的方法,就是构成该犯罪的必备要件。

(二)犯罪的时间、地点、方法对定罪量刑的意义

如上所述,当刑法将特定的时间、地点和方法明文规定为某些犯罪构成的必备

要件时,这些因素对于某些行为是否构成该犯罪就具有决定性意义,即构成要件的时间、地点、方法是认定犯罪成立与否的关键。这主要体现在,一方面,非法捕捞水产品罪和非法狩猎罪中规定的"禁渔期""禁猎期""禁渔区""禁猎区""禁用的工具、方法"以及暴力干涉婚姻自由罪规定的"以暴力干涉他人婚姻自由"等,被规定为这些犯罪的构成要件,如果不具备,就不构成犯罪。此时,这些因素就成为区分罪与非罪的关键。另一方面,同样是非法占有他人财物的行为,但行为人采用的方法不同,如"暴力、胁迫或者其他方法""秘密窃取""虚构事实或者隐瞒真相""公然夺取"等,将决定其行为是构成抢劫罪、盗窃罪、诈骗罪、抢夺罪等犯罪中的哪一种犯罪。此时,这些犯罪的其他客观要件(特别是构成要件的方法)就成为区分此罪与彼罪的标志。

应当指出,虽然对大多数犯罪而言,犯罪的时间、地点、方法等因素不是犯罪构成的要件,但是往往会影响到犯罪行为本身社会危害程度的大小,因而对于量刑具有重要意义。以故意杀人罪为例,时间、地点、方法等因素并不影响本罪的成立,但是,战时、社会治安状况不好时期与正常时期相比,公共场所与偏僻地方相比,肢解、碎尸、活埋等方法与一刀捅死、一枪打死的方法相比,前者的社会危害性显然大于后者,因而在量刑上对前者判处的刑罚也要重于后者。此外,在刑法条文中,有的犯罪直接明确地将特定的方法、地点作为加重刑罚的条件。例如,根据刑法第237条的规定,聚众或者在公共场所当众强制猥亵妇女的,应从重处罚。

相关链接

1. 熊选国:《刑法中行为论》,人民法院出版社,1992年版。
2. 黎宏:《不作为犯研究》,武汉大学出版社,1997年版。
3. 张绍谦:《刑法因果关系研究》,中国检察出版社,1998年版。

观点争鸣

1. 对于不作为是否具有与作为完全一样的行为属性,即不作为的行为性问题,在刑法理论上存在不同的理解。

第一种观点认为,行为作为一种人内在的心理活动和外在的生理活动的综合反应,必须具备有意性、有体性和导致外界发生变动性,而不作为本身不可能造成客观外界的变动,因此,不作为不具有行为性。这种观点被称为自然行为论。

第二种观点认为,从因果关系上看,不作为与危害结果之间不存在刑法意义上的因果关系,导致危害结果发生的原因不可能是不作为,而是不作为以外的其他原因,因此,将作为和不作为包括在同一概念(行为)中是不可能的,不作为不是行为。这种观点被称为因果行为论。

第三种观点认为,从价值关系上看,不作为同样具有行为的社会价值;在价值判断上,不作为和作为都属于具有社会意义的人类举措,因而可以成为刑法上的行为。这种观点被称为社会行为论。

本书基本赞成社会行为论的观点。但是,由于所谓行为的"社会价值"过于抽象、空泛,因而已经当将其具体地理解为"社会危害性"。也就是说,不作为的行为属性,在于其与作为一样具有社会危害性这种否定的社会价值。

2. 在肯定先行行为属于作为义务来源的前提下,对于先行行为是否仅限于违法行为,还是包括合法行为甚至犯罪行为,刑法理论上存在较大的争议。

第一种观点认为,能够引起作为义务的先行行为,仅限于违法行为。

第二种观点认为,能够引起作为义务的先行行为,既可以是违法行为,也可以是合法行为。

第三种观点认为,能够引起作为义务的先行行为,仅具有制造危险原因的意义,而不能是犯罪行为。

第四种观点认为,能够引起作为义务的先行行为,应当包括犯罪行为而不能将其排除在外。

本书赞成第四种观点,即先行行为只要足以产生使某种合法权益遭受损害的危险,就可以成为不作为的义务来源,而无论是合法行为还是违法行为、犯罪行为。

3. 因果关系论。关于刑法上的因果关系问题,我国刑法理论侧重于以辩证唯物主义为指导说明其基本特征;然而,关于如何判断刑法上的因果关系,大陆法系刑法理论中存在以下几种观点:

条件说主张,在实行行为与结果之间只要存在"没有前者就没有后者"的条件关系,就具有刑法上的因果关系。

原因说主张,在导致结果产生的条件中,只有对于结果发生具有重要关系的才能成为原因,其他的只是单纯的条件,条件不等于原因。

相当因果关系说主张,根据一般社会生活经验,在通常情况下,某种行为产生某种结果被认为是相当的场合,行为与结果之间就具有因果关系。

合法则的条件说主张,因果关系并不是"没有该行为就不会发生该结果"的关系;只有根据科学知识,确定了前后现象之间是否存在一般的合法则的关联后,才能进行个别的、具体的判断。

相当因果关系说是日本和我国台湾地区刑法理论中的主流学说,本书基本赞同这种观点。

问题思考

1. 如何区分作为犯罪和不作为犯罪?

2. 如何理解不作为犯罪的作为义务来源?
3. 如何判断刑法上的因果关系?

案例分析

案例1:梁某与好友强某深夜在酒吧喝酒。强某醉酒后,钱包从裤袋里掉到地上,梁某拾后见钱包里有5000元现金就将其隐匿。强某要梁某送其回家,梁某怕钱包之事被发现,托词拒绝。强某在回家途中醉倒在地,被人发现时已冻死。

分析:在本案中,梁某对强某的死亡不构成不作为的故意杀人罪。理由在于:首先,梁某虽然和强某一起喝酒,但是喝酒行为并不会产生被冻死的危险,因此不属于"先行行为引起危险"的情形,梁某不具有作为义务。其次,梁某没有送强某回家的行为与强某被冻死没有因果关系。

案例2:小偷翻墙入院行窃,被护院的藏獒围攻。主人甲认为小偷活该,任凭藏獒撕咬,小偷被咬死。

分析:在本案中,甲成立不作为犯罪。小偷翻墙入院行窃,主人有权进行正当防卫,包括利用宠物撕咬进行阻止。但是,正当防卫不得超过必要的限度,对仅仅只是意图侵犯财产的盗窃犯,显然不能放任宠物将小偷咬死。甲作为藏獒的主人,能够制止藏獒的撕咬而不制止,导致小偷被咬死,成立不作为犯罪。

案例3:甲与素不相识的崔某发生口角,推了他肩部一下,踢了他屁股一脚。崔某忽觉胸部不适继而倒地,在医院就医时死亡。经鉴定,崔某因患冠状粥样硬化性心脏病,致急性心力衰竭死亡。

分析:在行为导致有特殊体质的被害人伤亡的情况下,原则上行为与结果之间具有因果关系。因为对于具有特殊体质的被害人而言,在受到相应的外力打击的情况下,导致被害人伤亡的概率比较高,对被害人造成伤亡并不异常,所以,行为与结果之间的因果关系并未中断。在本题中,崔某患有心脏病,正是由于甲的行为才导致崔某心脏病复发,致急性心力衰竭而亡,甲的行为和崔某的死亡存在客观上的因果关系。

然而,在案件当时的情况下,甲与崔某因发生口角,推了崔某"肩部"一下,踢了崔某"屁股"一脚,显然主观上没有伤害故意,不可能构成故意伤害罪,同时,由于甲与崔某素不相识,其不可能认识到崔某患有心脏病,对崔某的死亡也不存在过失,不构成过失致人死亡罪,属于意外事件。

案例4:甲以杀人故意向乙的食物中投放了足以致死的毒药,但在该毒药起作用前,丙开枪杀死了乙。

分析:在因果关系的发展进程中,如果介入了第三者的行为、被害人的行为或特殊自然事实,则应通过考察行为人的行为导致结果发生的可能性大小、介入情况对结果发生的作用大小、介入情况的异常性大小等,判断前行为与结果之间是否存在因果关系。异常的、独立发生作用的介入因素可以阻断现行行为与结果之间的因果关系。在本案中,丙开枪杀死乙属于异常、独立发生作用的介入因素,阻断了甲杀人行为与结果之间的因果关系。因此,甲的行为与乙的死亡之间不具有因果关系。

案例5:甲以杀人故意对乙实施暴力,造成乙重伤休克。甲以为乙已经死亡,为隐匿罪迹,将乙扔入湖中,导致乙溺水而亡。

分析:在本案中,应当把甲的犯罪行为看成一个完整的过程,包括其杀人后抛尸行为。整个行为都是在一个杀人故意下实施的,甲的杀人行为与被害人的死亡之间有因果关系。刑法中因果关系是危害行为与危害结果之间的一种客观联系,因果关系的有无与行为人主观能否预见无关。同时,对结果负刑事责任除需要因果关系之外,还需要行为人主观上有罪过。所以,甲是否承担刑事责任则应视其主观上有无罪过而定。

第四节 犯罪主体

一、犯罪主体概述

(一)犯罪主体的概念

犯罪主体是犯罪构成中的一个必备要件,它所要解决的是刑法规定的犯罪人本身必须具备的各种基本要件的问题。任何犯罪行为,都是由一定的犯罪主体实施的。从与犯罪行为关系来看,犯罪主体是犯罪行为的实施者,没有犯罪主体,就不会有犯罪行为;另外,只有实施犯罪行为的人,才是犯罪主体。

根据我国刑法的相关规定和刑法理论,我国刑法中的犯罪主体,是指实施危害社会的行为、依法应负刑事责任的自然人和单位。其中,自然人主体是我国刑法中最基本、具有普遍性的犯罪主体;单位主体则必须与刑法分则的专门规定为限,具有特殊性,拟在本节第五部分专门对单位犯罪加以阐述。

自然人犯罪主体,是指具备刑事责任能力,实施危害社会的行为并依法应负刑事责任的自然人。在我国刑法中,自然人犯罪主体必须具备以下两个共同要件:

1. 犯罪主体必须具有自然人人格。所谓自然人,是指有生命存在的人类独立的个体。自然人的人格即资格,始于出生,终于死亡。未出生的胎儿,尚属于母体的一部分;人已经死亡的,则属于尸体,都不能成为刑法上的主体。

我国刑法第7条、第8条、第11条、第17条、第18条以及第19条等规定表明,我国刑法中的犯罪主体仅限于有生命的人,而绝不能是人以外的动植物、物品或者自然现象等。这一原则的根据包括:第一,犯罪是主客观要件的统一,而主观心理态度和客观行为都是人类所独有的功能,人类以外之物则不可能具备犯罪的主客观要件。第二,犯罪与刑事责任和刑罚存在内在的联系,犯罪主体应当承担刑事责任,通常都要适用刑罚,而适用刑罚的目的则是为了预防犯罪,对人类以外之物判处刑罚,显然根本不可能达到预防犯罪的目的。因此,犯罪主体只能是有生命的人而不能是人类以外的物。如果人利用动物实施犯罪,犯罪主体应为利用者本人,动物则只是被利用的工具。

2. 犯罪主体必须具备刑事责任能力。犯罪主体并非可以由任何具有生命的人构成,只有具备刑事责任能力即辨认和控制自己行为能力的人,才能成为犯罪主体。这种能力与犯罪的成立和刑罚的适用密切相关。刑事责任能力的具备会受到自然人的年龄和精神状况等诸多因素的制约和影响。因此,作为犯罪主体的自然人,只能是那些已经达到一定年龄、精神正常,因而能够认识自己行为的性质、意义及后果,并对自己的行为能够加以控制的人。刑事责任能力是犯罪主体的基础和核心要件。

(二)犯罪主体的分类

为了揭示犯罪主体的本质,有助于正确定罪量刑,可以对犯罪主体依据一定的标准进行分类。根据刑法典的规定,可以对犯罪主体作如下分类:

1. 自然人主体与单位主体。根据某种犯罪是否可以由单位构成,可以将犯罪主体分为自然人主体和单位主体。

自然人主体,是指刑法规定的具有刑事责任能力、实施犯罪行为并且依法应负刑事责任的自然人,其中既包括不具有特殊身份的一般自然人主体,也包括具有一定身份的特殊主体。单位主体,是指刑法规定的实施危害社会的行为,依法应负刑事责任的单位。根据刑法第30 的规定,单位包括:公司、企业、事业单位、机关、团体。

2. 一般主体与特殊主体。根据刑法对自然人主体身份要求的不同,可以将自然人主体进一步分为一般主体与特殊主体。

一般主体,是指不要求以特定身份作为要件的主体,即自然人主体的一般要件。任何自然人主体必须具备两个条件:达到法定刑事责任年龄、具备刑事责任能力。特殊主体,是指刑法规定以特殊身份作为要件的主体,即除了具备一般要件之外,还必须具备法定的特殊身份。

我国刑法中规定的特殊身份,大致包括以下几种类型:①具有特定职务的人,如国家工作人员、军人等。②从事特定职业的人,如刑法第253 条私自开拆、隐匿、毁弃邮件、电报罪的犯罪主体只能是邮政工作人员。③具有特定法律地位的人,如刑法第305 条伪证罪的犯罪主体只能是证人、鉴定人、记录人、翻译人。④具有特定人身关系的人,如刑法第260 条虐待罪的犯罪主体只能是与被虐待人共同生活在一个家庭之中具有亲属关系的成员。⑤被逮捕或者被关押的犯罪嫌疑人或者犯罪分子,如刑法第316条脱逃罪的犯罪主体只能是被依法关押的犯罪嫌疑人、被告人、犯罪分子。

(三)犯罪主体意义

研究犯罪主体要件,对于司法实践中正确定罪量刑,具有重要的意义。

1. 定罪意义。犯罪主体是犯罪构成的必备要件之一。任何犯罪都有主体,即犯罪行为的实施者和刑事责任的承担者。就犯罪主体自身而言,并非任何人实施了刑法所禁止的危害社会的行为,都能构成犯罪并应负刑事责任,而只有具备法律所规定的犯罪主体条件的人,才能够成犯罪并被判处刑罚;相反,不具备犯罪主体要件的人,即使实施了刑法所禁止的危害社会的行为,也不构成犯罪。犯罪主体要件的具备,是行为人具备犯罪主观要件的前提,也是对犯罪人适用刑罚的基础。因此,研究并阐明我国刑法中关于犯罪主体要件的规定,对于正确认定犯罪,划分罪与非罪、此罪与彼罪的界限,具有至关重要的意义。

2. 量刑意义。除了在定罪方面的区分罪与非罪、此罪与彼罪的意义之外,犯罪主体对于量刑也存在重要影响。其理由在于,犯罪主体的具体情况是决定犯罪的社会危害性程度的一个重要因素,因而会影响到刑事责任的大小和量刑的轻重。例如,根据我国刑法中的相关规定,已满14周岁不满18周岁的人犯罪,应当从轻或者减轻处罚;尚未完全丧失辨认或者控制自己行为能力的精神病人犯罪,可以从轻或者减轻处罚;又聋又哑的人或者盲人犯罪,可以从轻、减轻或者免除处罚。又如,根据刑法第243条第2款的规定,国家机关工作人员犯本罪的,从重处罚。犯罪主体对于量刑的影响,是罪责刑相适应原则的要求和体现。

二、刑事责任能力

(一)刑事责任能力的概念

刑事责任能力,是指行为人构成犯罪和承担刑事责任所必需的,行为人具备的刑法意义上的辨认和控制自己行为的能力。简言之,刑事责任能力就是行为人辨认和控制自己行为的能力。

我国刑法学界认为,刑事责任能力的本质是人在行为时具备的相对自由意志能力,即行为人实施刑法所禁止的严重危害社会的行为时具备相对自由的认识和抉择行为的能力。因此,刑事责任能力是行为人行为时的犯罪能力与承担刑事责任能力的统一,是辨认能力与控制能力的统一。通常而言,达到一定年龄的人,只要智力发育正常,就自然具备了刑事责任能力。然而,刑事责任能力也可能受年龄、精神状况、生理功能缺陷等因素的影响而不具备、丧失或者减弱。具备刑事责任能力者可以成为犯罪主体并承担刑事责任;不具备刑事责任能力者即使实施了客观上严重危害社会的行为,也不能成为犯罪主体,不能被追究刑事责任;刑事责任能力减弱者所承担的刑事责任将相应地适当减轻。刑事责任能力作为犯罪主体的基础和核心要件，对于犯罪主体的成立与否以及对行为人的定罪量刑，具有至关重要的作用和意义。

(二)刑事责任能力的内容

刑事责任能力的内容，是指行为人对自己的行为所具备的刑法意义上的辨认能力和控制能力。明确二者的含义及相互关系，是正确把握刑事责任能力概念的需要。

刑事责任能力中的辨认能力，是指行为人对自己的行为在刑法上的意义、性质和后果的分辨认识能力。也就是说，行为人有能力认识自己的行为是否为刑法所禁止。刑事责任能力中的控制能力，是指行为人具备决定自己是否实施触犯刑法的行为的能力。例如，一般而言，达到刑事责任年龄且精神正常的人，都能认识到自己实施杀人、强奸、抢劫、盗窃等行为是刑法所禁止并予以制裁的，都有能力选择和决定自己是否实施这些触犯刑法的行为。

刑事责任能力中的辨认能力和控制能力之间存在有机的关联性。一方面，辨认能力是刑事责任能力的基础。行为人只有对自己行为的刑法意义有认识，才能自觉、有效地选择和决定自己是否实施触犯刑法的行为。换言之，控制能力的具备以辨认能力的存在为前提条件，只要行为人没有辨认能力，就能够确定其不具备控制能力。另一方面，控制能力是刑事责任能力的关键。在具有辨认能力的基础上，还需要有控制能力才能具备刑事责任能力，只要行为人具备了控制能力就一定具备认识能力。也就是说，人虽然具有辨认能力，但也可能因不具有控制能力而不具备刑事责任能力。例如，身体受强制的铁路扳道员、受不可抗力阻止的消防队员，即使他们未履行自己的职务行为并因此造成严重的危害后果，也不能追究他们的刑事责任。其根本原因就在于，他们虽有辨认能力但当时却丧失了控制自己行为的能力，因而也就不具备刑事责任能力。总之，刑事责任能力的存在，要求辨认能力和控制能力必须同时齐备，缺一不可。

(三)刑事责任能力的程度

概括地说，决定和影响人的刑事责任能力程度的因素有两个方面：一是知识和智力的成熟程度。知识和智力的成熟与否，主要受到年龄因素的制约，此外也会受到人学习知识、发展智力的某些重要器官的生理功能的制约。二是精神即人的大脑功能正常与否。它受到人是否患有精神疾病以及所患精神疾病的种类、程度和特点的影响。只有知识和智力成熟且精神正常的人，才具有刑事责任能力，才在刑法意义上有能力辨认和控制自己的行为。于是，各国刑法都以一定的年龄为标志，规定了正常自然人具备刑事责任能力的界限。与此同时，刑法还对某些重要器官生理功能丧失者和精神病患者的刑事责任问题作出了专门规定。

根据年龄、精神状况等因素对刑事责任能力的影响实际情况，我国刑法对刑事责任能力程度采取了四分法。

1. 完全刑事责任能力。完全刑事责任能力简称为刑事责任能力或者责任能力,其概念和内容在各国刑事立法中均未被作出规定,而是由刑法理论和司法实践结合刑法中关于责任能力和限制责任能力的规定来加以概括的。从外延上看,凡不属于刑法规定的无责任能力的人以及限制责任能力的人,皆属于完全刑事责任能力人。根据我国刑法规定,凡年满18周岁、精神和生理功能健全且智力与知识发展正常的人,都是完全刑事责任能力人。完全刑事责任能力人实施犯罪行为的,应当依法负全部的刑事责任,不能因其责任能力因素而减免刑事责任。

2. 完全无刑事责任能力。完全无刑事责任能力简称为无责任能力,是指行为人不具备刑法意义上的辨认或控制自己行为的能力。完全无刑事责任能力人包括:其一,未达到责任年龄的幼年人;其二,因精神疾病而不具备辨认或者控制能力的人。根据我国刑法第17条、第18条的规定,我国刑法中的完全无刑事责任能力人,是指不满14周岁的人和行为时因精神疾病而不能辨认或者控制自己行为的人。

3. 相对无刑事责任能力。相对无刑事责任能力,也称为相对有刑事责任能力,是指行为人仅限于对刑法明文规定的某些犯罪具有刑事责任能力,而对未明文规定的其他犯罪无刑事责任能力。刑法设置相对无刑事责任能力,主要是考虑到某些严重的危害社会的行为,具有较大的可辨认性和可控制性。从立法上来看,相对无刑事责任能力人都是已超过完全无刑事责任能力的年龄,但又未达到成年的一定年龄段的未成年人。例如,我国刑法第17条规定的已满14周岁不满16周岁的人就属于这种情况。

4. 减轻刑事责任能力。减轻刑事责任能力,也称为限定刑事责任能力、限制刑事责任能力或者部分刑事责任能力,处于完全刑事责任能力和完全无刑事责任能力的中间状态,是指因年龄、精神状况、生理功能缺陷等原因,致使行为人实施刑法所禁止的行为时,虽然具备责任能力,但其辨认或者控制自己行为的能力较完全刑事责任能力有一定程度减弱、降低的情况。各国刑法一般认为,限制刑事责任能力人实施刑法所禁止的危害行为,构成犯罪的,应当负刑事责任,但是其刑事责任因其责任能力的减弱而减轻,应当或者可以予以从宽处罚或者免予处罚。我国刑法明文规定的限制刑事责任能力人有以下四种情况:一是已满14周岁不满18周岁的未成年人;二是又聋又哑的人;三是盲人;四是尚未完全丧失辨认或者控制自己行为能力的精神病人。

三、决定和影响刑事责任能力的因素

决定刑事责任能力的有无及影响刑事责任能力程度的因素包括:人的年龄、精神状况和重要的生理功能等。刑法关于这些因素及其意义的规定,是判断犯罪主体(自然人)的刑事责任能力的法律依据,也是犯罪主体领域的具体内容。

(一)刑事责任年龄

1. 刑事责任年龄的概念。刑事责任年龄,是指刑法规定的行为人对自己实施的刑法所禁止的危害社会行为负刑事责任必须达到的年龄。

犯罪是具备辨认和控制自己行为能力者在其主观意志和意识支配下实施的危害社会的行为,而辨认和控制能力则取决于行为人智力和社会知识的发展程度,因此,它必然受到行为人年龄的制约。只有达到一定年龄,能够辨认和控制自己的行为,并能够适应刑罚的惩罚和教育功能的人,才能够要求他们对自己的危害行为承担刑事责任。所以,刑事立法根据年龄因素与责任能力的关系,确立了刑事责任年龄制度。应当说,达到刑事责任年龄,是自然人具备责任能力而成为犯罪主体的前提条件。

我国刑法中关于刑事责任年龄的规定,旨在解决不同年龄阶段的行为人刑事责任的有无问题,同时还包含了对未成年犯罪人从宽处罚的内容。司法实践中处理案件时,必须严格遵守这些规定。由此可见,研究刑事责任年龄问题,对于从理论上认识责任年龄与责任能力的关系,把握犯罪主体要件的本质,正确定罪量刑,都具有重要意义。

2. 刑事责任年龄阶段的划分。世界各国关于刑事责任年龄的规定各有不同,但一般都是根据本国少年儿童智力发育的实际情况和通犯罪作斗争的需要,根据一个人从完全不具备到部分具备、再到完全具备辨认和控制自己行为的能力的逐步发展过程,将刑事责任年龄划分为几个阶段。我国刑法根据我们国家对少年儿童的危害行为一贯实行的以教育为主、惩罚为辅的政策,从我国政治、经济、文化教育状况、少年儿童的成长过程以及各类情况等实际出发,在刑法第17条中对刑事责任年龄作出了较为集中的规定,将刑事责任年龄划分为完全不负刑事责任年龄、相对负刑事责任年龄与完全负刑事责任年龄三个阶段。

(1)完全不负刑事责任年龄阶段。根据我国刑法第17条的规定,不满14周岁,完全不负刑事责任。之所以这样规定,主要是考虑到,不满14周岁的人尚处于幼年期,受生理和智力条件的限制,还不具备辨认和控制自己行为的能力,即不具备责任能力。因此,刑法规定,对不满14周岁的人实施危害社会行为的,一概不追究刑事责任。但需要注意,对于因不满14周岁不予刑事处罚的实施危害社会行为的人,应依法责令其家长或监护人加以管教;在必要的时候,可以由政府收容教养。

(2)相对负刑事责任年龄阶段。我国刑法第17条第2款的规定,已满14周岁不满16周岁,是相对负刑事责任年龄阶段,也称相对无刑事责任年龄阶段。达到这个年龄阶段的人,已经具备一定的辨别大是大非和控制自己重大行为的能力,即对于某些严重危害社会的行为具备一定的辨认和控制能力。因此,法律要求他们对自己实施的严重危害社会的行为,即"故意杀人、故意伤害致人重伤或者死亡、强奸、抢劫、贩卖毒品、放火、爆炸、投毒罪",应当负刑事责任。这里需要注意的是,本款规定的八种犯罪,是指具体犯罪行为而不是具体罪名。例如,"故意杀人、故意伤害致人重伤或者死亡",是指只要故意实施杀人、伤害行为并且造成致人重伤、死亡的结果,就应当负刑事责任;而不是指只有犯故意杀人罪、故意伤害罪的,才负刑事责任。根据这一规定,15周岁的行为人在聚众斗殴中致人死亡的,非法拘禁他人并使用暴力致人伤残的,贩卖海洛因8000克的,使用暴力奸淫幼女的,均应追究其刑事责任。另外,对于因不满16周岁不予刑事处罚的实施危害社会行为的人,应依法责令其家长或监护人加以管教;在必要的时候,可以由政府收容教养。

(3)完全负刑事责任年龄阶段。我国刑法第17条第1款规定:"已满十六周岁的人犯罪,应当负刑事责任。"由于已满16周岁的未成年人的体力、智力已有相当的发展,具备一定的社会知识,是非观念和法治观念的增长已达到一定程度,一般已经能够根据国家法律和社会道德规范来约束自己。这说明,他们已经具备了刑法意义上的辨认和控制自己行为的能力。因此,已满16周岁的人进入完全负刑事责任年龄阶段,刑法要求他们对自己实施的刑法所禁止的一切危害行为均承担刑事责任。

3. 刑事责任年龄的认定。

(1)关于刑事责任年龄的计算问题。首先,根据刑法第17条的规定,刑事责任年龄均按照周岁计算。其次,关于周岁的计算,根据有关司法解释,①周岁应当一律按照公历的年、月、日计算;1周岁以12个月计,每满12个月即为满1周岁;每满12个月即满1周岁应以日计算,而且是过了几周岁生日,从第2天起,才认为已满几周岁。例如,行为人于2000年6月6日出生,至2014年6月7日为已满14周岁,至2016年6月7日为已满16周岁,至2018年6月7日为已满18周岁。

(2)关于未成年人犯罪和处罚的法定年龄界限问题。例如,即将满14周岁,甚至在14周岁生日当天实施故意杀人、故意伤害致人重伤或者死亡等行为,又或者是造成非常严重的危害后果的,能否作为犯罪追究刑事责任?对于即将满18周岁的所犯罪行极其严重的,能否判处死刑?关于这类问题,答案无疑是否定的。本书认为,法律规定的刑事责任年龄不具有伸缩性,这是罪刑法定原则的必然要求。

(3)关于跨越年龄阶段的犯罪问题。这里需要注意两种情况:其一,行为人在已满16周岁以后实施了犯罪,并在已满14周岁不满16周岁期间也实施过相同的行为,是否一并追究刑事责任?对此需要具体情况具体分析。如果实施的是刑法第17条第2款规定的8种犯罪,则应一并追究刑事责任;否则,就只能追究已满16周岁以后犯罪的刑事责任。已满14周岁不满16周岁期间实施的行为如果与已满16周岁后实施的犯罪行为存在密切联系,就说明行为人的人身危险性较大,可以

---

① 1985年8月21日最高人民法院《关于人民法院审判严重刑事犯罪案件中具体应用法律的若干问题的答复(三)》。

将其作为量刑情节予以考虑。其二,行为人已满14周岁不满16周岁期间实施了法定的8种犯罪,并在未满14周岁时也实施过相同的行为,对此不能一并追究刑事责任,而只能追究已满14周岁以后实施特定严重犯罪的刑事责任。同理,如果未满14周岁时实施的行为与已满14周岁后实施的犯罪行为存在密切联系,则表明行为人的人身危险性较大,可以作为量刑情节予以考虑。

(二)精神障碍

一般而言,达到刑事责任年龄的人由于其生理和心理得到一定程度的发展,因而其刑事责任能力即辨认和控制自己行为的能力已开始具备。但是,人即使达到法定的负刑事责任能力的年龄,也可能由于存在精神障碍而导致其刑事责任能力减弱甚至完全丧失。我国刑法第18条专门就精神病人的刑事责任问题作出规定,这是我国现阶段司法实践中解决实施危害行为的精神病人和其他精神障碍人的刑事责任的基本法律依据。

1. 完全无刑事责任的精神病人。我国刑法第18条第1款规定:"精神病人在不能辨认或者不能控制自己行为的时候造成危害结果,经法定程序鉴定确认的,不负刑事责任,但是应当责令他的家属或者监护人严加看管和医疗;在必要的时候,由政府强制医疗。"根据本款规定,认定精神障碍者为无责任能力人,必须同时具备两项标准:

(1)医学标准,又称为生物学标准。从医学上看,行为人是基于精神病理的作用而实施特定危害社会行为的精神病人。具体而言,该项标准又包含以下几层含义:第一,行为人必须是精神病人。关于所谓的"精神病",一方面,应当作广义的理解,即包含多种多样的慢性和畸形的严重精神障碍;另一方面,"精神病"不同于非精神病性精神障碍,如神经官能症、人格障碍、性变态等。只有精神病人,才有可能成为刑法第18条规定的无责任能力人。第二,精神病人必须实施了特定的危害社会的行为,即实施了刑法所禁止的犯罪行为。如果这些危害行为是精神健全者实施的,就当然构成犯罪并应当负刑事责任。第三,精神病人实施刑法所禁止的危害行为必须是基于精神病理的作用。这意味着,行为人的精神病在行为时正处于发病期,而不是缓解或者间歇期。只有精神病人在行为时处于发病状态,才能认为是由于精神病理的作用而导致危害行为的实施。据此,可以说行为人的精神病理与特定危害行为的实施之间具有直接的因果关系。

(2)心理学标准,又称为法学标准。从心理学、法学的角度来看,患有精神病的行为人的危害行为不仅仅是由精神病理机制直接引起的,而且是由于精神病理的作用,使其在行为时丧失了辨认或者控制自己行为的能力。如果精神病人所实施的行为与其精神病没有直接联系,就不能认为其不具有辨认和控制自己行为的能力;只有当他所实施的危害行为起因于精神病时,才可能认定其丧失了辨认与控制自己行为的能力,属于无责任能力人。

由此可见,我国刑法第18条关于精神病障碍人无责任能力的标准,采用的是医学标准与心理学(法学)标准相结合的方式。据此,实施刑法所禁止的危害行为的精神障碍人,只有同时符合医学标准和心理学(法学)标准,才能确定为无责任能力人,并根据本条第1款的规定不负刑事责任。需要强调的是,在具体案件中,对于精神病的认定必须经过法定程序鉴定。

2. 完全负刑事责任的精神障碍人。刑事责任能力完备而应完全负刑事责任的精神障碍人包括以下两类:

(1)精神正常时期的"间歇性精神病人"。我国刑法第18条第2款规定:"间歇性的精神病人在精神正常的时候犯罪,应当负刑事责任。"根据司法精神病学的一般理解,"间歇性精神病"是指具有间歇发作特点的精神病,包括精神分类症、狂躁症、抑郁症、癫痫性精神病、周期性精神病、分裂性感情精神病、瘾症性精神病等。所谓"间歇性精神病人精神正常时期",包括上述精神病(如癫痫性精神病)的非发病期。"间歇性精神病人"在精神正常时实施刑法所禁止的危害行为的,由于其完全具备辨认和控制自己行为的能力即责任能力,不符合无责任能力和限制责任能力所要求的心理学标准,因而法律要求行为人对其危害行为负完全刑事责任。

(2)大多数非精神病性精神障碍人。司法精神病学一般认为非精神病性精神障碍的主要种类有:各种类型的精神官能症,包括癔症、神经衰弱、焦虑症、疑病症、强迫症、神经症性抑郁、人体解体性神经症等,但癔症性精神错乱除外;各种人格障碍是变态人格;性变态,包括同性恋、露阴癖、恋物癖、恋童癖、行虐待癖等;情绪反应(未达到精神病程度的反应性精神障碍);未达到精神病程度的成瘾药物中毒与戒断反应;轻躁狂与轻性抑郁症;生理性醉酒与单纯慢性酒精中毒;脑震荡后遗症、癫痫性心境恶劣以及其他未达到精神病程度的精神疾患;轻微精神发育不全等。非精神病性精神障碍人,大多数并不因精神障碍时期辨认或者控制自己行为的能力丧失或减弱,而是具有完备的责任能力,因而原则上应当令行为人对其危害行为依法承担完全刑事责任。然而,在少数情况下,非精神病性精神障碍人也可能成为限制责任能力人甚至是无责任能力人,从而使其刑事责任得到减免。

3. 限制刑事责任的精神障碍人。限制刑事责任的精神障碍人,又称为减轻刑事责任的精神障碍人,是介于无刑事责任的精神病人与完全负刑事责任的精神障碍人中间状态的精神障碍人。我国刑法第18条第3款规定:"尚未完全丧失辨认或者控制自己行为能力的精神病人犯罪的,应当负刑事责任,但是可以从轻或者减轻处罚。"对于这里的"精神病人",应当作广义的理解,一般认为包括以下两类:一是处于早期(发作前期)或部分缓解期的精神病患者;二是某些非精神病性精神障碍人。根据本款的规定,限制刑事责任的精神障碍人犯罪的,必须承担刑事责任,只是"可以"而不是"应当"从轻或者减轻处罚。

(三)生理功能丧失

对于精神正常的人而言,通常其智力和知识随着年龄的增长而发展,达到法定的刑事责任年龄即标志着刑事责任能力的完备。但是,人也可能因为重要的生理功能(如听能、语能、视能等)的丧失而影响其接受教育、学习知识和发展智力,从而导致其刑法意义上的辨认或控制自己行为能力的不完备。中外刑事立法和司法实践,不同程度地注意到了人的生理功能丧失,尤其是丧失听能和语能的聋哑人对其刑事责任能力的影响问题,并在刑事责任上有所体现。我国刑法第19条规定:"又聋又哑的人或者盲人犯罪,可以从轻、减轻或者免除处罚。"这就是我国刑法中对生理功能丧失者即聋哑人、盲人的刑事责任的特殊规定。据此,聋哑人、盲人实施刑法所禁止的危害行为的,构成犯罪,应当承担刑事责任,应当受到刑罚处罚,但是可以从轻、减轻或者免除处罚。

要正确理解我国刑法关于聋哑人、盲人犯罪的刑事责任的规定,需要注意以下几点:(1)本条的适用对象仅限于聋哑人和盲人。所谓聋哑人,是指又聋又哑,即同时完全丧失听力和语言功能的人。因此,只聋不哑或者只哑不聋的人,不属于"又聋又哑"的聋哑人。所谓盲人,是指完全丧失视觉功能的人。因此,没有完全丧失视觉功能的人,不属于"盲人"。(2)对于聋哑人、盲人犯罪必须坚持应负刑事责任与可以适当从宽处罚相结合的原则。(3)在原则上,要对聋哑人、盲人犯罪予以从宽处罚;只有对于极少数知识和智力水平不低于正常人、犯罪时具备完全刑事责任能力的聋哑人、盲人(多为成年后的聋哑人和盲人),才可以考虑不予从宽处罚;对于不但具有完备的刑事责任能力,而且犯罪性质恶劣、情节和后果非常严重、主观恶性较大的聋哑人、盲人犯罪分子,则应当坚决不予从宽处罚。由此可见,在决定是否对犯罪的聋哑人、盲人予以从宽处罚时,主要应当根据行为人犯罪时的刑事责任能力的减弱程度,并同时考察犯罪的性质、危害程度以及行为人的主观恶性等情况,来具体决定是否从宽处罚,是从轻处罚、减轻处罚还是免除处罚,以及从轻、减轻的幅度。

(四)生理性醉酒

当醉酒引起酒精中毒,对行为人辨认或者控制自己行为的能力产生影响时,醉酒就成为刑法领域中的一个问题。一般而言,醉酒可以分为生理性醉酒和病理性醉酒两种情况。然而,由于病理性醉酒属于精神病的范畴,因而这里仅限于讨论生理醉酒者的责任能力及其刑事责任问题。

生理醉酒,又称为普通醉酒、单纯性醉酒,是指因饮酒过量而只是精神过度兴奋甚至神志不清的情况。这是最常见的一种急性酒精中毒,多发生于一次性大量饮酒之后。生理性醉酒的发生及其表现,与血液中的酒精浓度及个人对酒精的耐受力关系密切。在生理性醉酒状态下,人的生理、心理和精神变化大致可以分为兴奋期、共济运动失调期和昏睡期三个阶段。现代精神医学和司法精神病学认为,生理性醉酒不是精神病。司法实践表明,在生理性醉酒的前两个阶段,醉酒者对作为或者不作为方式的危害行为均有能力实施,而且一般容易实施作为方式的危害行为。

我国刑法将生理性醉酒人与精神病人明确加以区分。刑法第18条第4款规定:"醉酒的人犯罪,应当负刑事责任。"本款规定的主要根据在于:首先,精神医学和司法精神病学证明,生理性醉酒人在醉酒状态下辨认和控制能力只是有所减弱,并未完全丧失,不属于无刑事责任能力人。其次,生理性醉酒人在醉酒前对自己醉酒后可能实施危害社会的行为应当预见甚至已经有所预见。因此,对于在醉酒后所实施的危害社会的行为,行为人主观上具有罪过,符合犯罪的主观要件。最后,醉酒完全是人为造成的,也是可以戒除的。因此,生理性醉酒人犯罪应当追究刑事责任。

在对醉酒人犯罪案件进行处罚时,应当注意到行为人在醉酒前有无犯罪预谋,行为人对醉酒有无罪过心理,醉酒犯罪与行为人一贯品性的关系等不同情况,从而予以轻重不同的处罚,实现刑罚与犯罪的醉酒人的责任能力及犯罪的社会危害性相适应。例如,甲为给自己杀人壮胆而喝酒,大醉后杀害他人。此时,甲应当承担故意杀人罪的刑事责任。

四、犯罪主体的特殊身份

(一)犯罪主体特殊身份的概念

我国刑法分则某些条文规定的犯罪,除要求主体应当达到刑事责任年龄、具有刑事责任能力以外,还要求行为人在犯罪时必须具备一定的身份。就一般意义而言,身份是指人的出身、地位和资格,亦即人在一定社会关系中的地位。在刑法意义上,犯罪主体的特定身份,是指刑法所规定的影响行为人刑事责任的行为人人身方面特定的资格、地位或者状态。例如,国家工作人员、司法工作人员、军人、辩护人、证人、被依法关押的罪犯等。这些特殊身份不是自然人犯罪主体的一般要件,而只是某些犯罪的自然人主体必须具备的要件。刑法分则之所以在某些犯罪中要求犯罪主体必须具备特殊身份,是因为只有具备这些特殊身份的行为人才能进入相应刑法规范所调整的特定社会关系的领域,也才具有实施相应犯罪所必需的辨认能力和控制能力。

以主体是否必须具备特定身份为标准,自然人犯罪主体可以分为一般主体与特殊主体。刑法规定不以特殊身份作为要件的主体,称为一般主体;刑法规定以特殊身份为要件的主体,称为特殊主体。在刑法理论上,以特殊身份作为犯罪主体构成要件或者刑罚加减根据的犯罪,称为身份犯。其中,以特殊身份作为主体要件,行为人无此身份则该犯罪不成立的犯罪,是真正身份犯。例如,刑法第385条受贿罪的主体必须是国家工作人员,而非国家工作人员实施相应行为的不构成本罪。特殊身份不影响定罪只影响量刑的犯罪,是不真正身份犯。例如,刑法第243条诬告陷害罪的主体不要必须具备特殊身份,即任何年满16周岁并具有刑事责任能力的自然人均可构成本罪;但是,如果行为人具有国家机关工作人员身份,则应当从重处罚。

正确理解犯罪主体特殊身份的含义,应当注意以下两个问题:

第一,特殊身份必须是行为人在开始实施危害行为时就已经具有的特殊资格或者已经形成的特殊地位。行为人在实施行为之后或者因犯罪行为的实施而形成的特殊地位、资格,不属于特殊身份。例如,刑法第290条第1款聚众扰乱社会秩序罪中的"首要分子"就不属于特殊身份,因为首要分子是指在聚众犯罪中起组织、策划、指挥作用的犯罪分子,这种地位或资格是在行为人实施犯罪行为之后才形成的。

第二,作为犯罪主体要件的特殊身份,仅仅是针对犯罪的实行犯而言的,至于教唆犯和帮助犯,则不受特殊身份的限制。例如,强奸罪的主体必须是男性,但这只是就男性的单独实行犯而言的,女性教唆或者帮助男性强奸妇女的,可以成立强奸罪的共犯。

(二)犯罪主体特殊身份的类型

犯罪主体的特殊身份,从不同的角度可以作不同的分类。主要有以下两种分类:

1. 自然身份和法定身份。这是根据犯罪主体的特殊身份的形成方式作出的分类。

自然身份,是指人因自然因素所赋予而形成的身份。例如,基于性别因素而形成的男女身份,在强奸罪中,只有男性才能单独成为本罪的主体;基于血缘因素而形成的亲属身份,在遗弃罪或者虐待罪中,通常只有被害人的亲属才能成为本罪的主体。法定身份,是指人基于法律所赋予而形成的身份,如国家工作人员、军人、医务人员、证人等。

自然身份和法定身份要成为犯罪主体的特殊身份,一般需要由刑法加以明确规定。这种分类的意义,并不在于直接说明犯罪主体的特殊身份与刑事责任的关系,而在于通过对犯罪主体特殊身份的了解,进而准确把握设立的刑事立法原意,有助于正确适用法律。

2. 定罪身份和量刑身份。这是根据犯罪主体的特殊身份对刑事责任影响的性质和方式作出的分类。

定罪身份,又称为犯罪构成要件身份,是指决定犯罪成立、刑事责任存在的身份,它是某些具体犯罪构成中犯罪主体要件的必备要素。如果行为人不具有这种身份,犯罪主体要件就不具备,从而不成立该犯罪,也不存在行为人对其行为负刑事责任的问题。例如,根据刑法第382条贪污罪的规定,本罪的主体必须是国家工作人员,而非国家工作人员单独实施本罪行为的,不构成贪污罪。量刑身份,又称为刑罚加减身份,是指影响刑事责任程度以及刑罚轻重的身份。这种身份虽然不影响刑事责任的存在与否,但影响刑事责任的大小和刑罚的轻重,是对行为人从重、从轻、减轻或者免除处罚的根据。以刑法第243条诬告陷害罪为例,本罪对于犯罪主体并无特别限制,一般人即年满16周岁且具有刑事责任能力的自然人都可以构成本罪。但是,该条第2款规定:"国家机关工作人员犯前款罪的,从重处罚。"此时,"国家机关工作人员"的身份就属于不影响本罪成立、只加重刑罚的量刑身份。

(三)犯罪主体特殊身份对定罪量刑的意义

犯罪主体的特殊身份从主客观两方面影响了行为社会危害性的有无和程度,体现了行为人主观恶性的大小。因此,刑法设立犯罪主体特殊身份,旨在从犯罪主体的角度调整危害行为与刑事责任的关系,以便更加准确、有效地打击犯罪,从根本上维护统治阶级的利益。根据我国刑法规定和司法实践经验,犯罪主体的特殊身份对于正确定罪量刑具有重要的意义。

1. 犯罪主体特殊身份对定罪的意义。影响对行为的定罪是犯罪主体特殊身份的最主要功能。首先,特殊身份的具备与否,是区分罪与非罪的标准之一。刑法规定某些犯罪的成立要求犯罪主体必须具备特殊身份,其主旨就在于通过这种犯罪主体的特殊身份来限定追究刑事责任的范围。例如,刑法第129条丢失枪支不报罪要求行为人必须是依法配备公务用枪的人员,否则不构成本罪。其次,主体是否具备特殊身份,是区分此罪与彼罪的关键。例如,同样是窃取或者骗取本单位财物的行为,具有国家工作人员身份的人利用职务之便实施的,构成贪污罪;本单位的人员利用职务之便实施的,构成职务侵占罪;不具有特殊身份的一般人实施的,构成盗窃罪或者诈骗罪。最后,具有特殊身份者影响无特殊身份者的定罪。这主要是指无特殊身份者与有特殊身份者共同实施要求特殊身份的犯罪的情况。例如,交警甲和无业人员乙勾结,让乙告知超载司机"只交罚款一半的钱,即可优先通行";司机交钱后,乙将交钱司机的车号报给甲,由在高速路口执勤的甲放行。二人利用此法共得32万元,乙留下10万元,余款归甲。在本案中,甲、乙构成贪污罪的共犯。

2. 犯罪主体特殊身份对量刑的意义。犯罪主体的特殊身份对于量刑也具有重要的影响,这主要表现在:(1)在刑法总则规范中,设有一些犯罪主体的特殊身份影响刑罚轻重的规定。其中,因主体身份影响刑罚从宽的,例如刑法第49条关于"犯罪的时候不满十八周岁的人和审判的时候怀孕的妇女,不适用死刑"的规定;因主体身份影响刑罚从严的,例如刑法第65条关于累犯"应当从重处罚"的规定。(2)在刑法分则规范中,对实施同一犯罪或者行为类似的犯罪的特殊身份者所判处的刑罚较一般主体更重。例如,根据刑法第243条第2条的规定,国家工作人员犯诬告陷害罪的,从重处罚。又如,以窃取或者骗取的方法非法占有公共财物的国家工作人员以贪污罪论处的刑罚,重于一般主体以盗窃罪或者诈骗罪论处的刑罚。

五、单位犯罪

（一）单位犯罪的概念和特征

单位犯罪是与自然人犯罪相对应的一个范畴。我国刑法第30条规定："公司、企业、事业单位、机关、团体实施的危害社会的行为，法律规定为单位犯罪的，应当负刑事责任。"本条是关于单位犯罪成立范围的一般性规定。据此，理论上将单位犯罪的概念界定为：由公司、企业、事业单位、机关、团体实施的依法应当承担刑事责任的危害社会的行为。单位犯罪具有以下两个基本特征：

1. 单位犯罪的主体包括公司、企业、事业单位、机关、团体。根据1999年6月18日最高人民法院《关于审理单位犯罪案件具体应用法律有关问题的解释》的规定，"公司、企业、事业单位"，既包括国有、集体所有的公司、企业、事业单位，也包括依法设立的合资经营、合作经营企业和具有法人资格的独资、私营等公司、企业、事业单位。但是，个人为进行违法犯罪活动而设立的公司、企业、事业单位实施犯罪的，或者公司、企业、事业单位设立后，以实施犯罪为主要活动的，不以单位犯罪论处。例如，甲、乙、丙三人出资设立一家有限责任公司专门从事走私犯罪活动，或者他们出资设立的公司成立后以生产、销售伪劣产品为主要经营活动，这两种情形均不构成单位犯罪。盗用单位名义实施犯罪，违法所得由实施犯罪的个人私分的，依照刑法有关自然人犯罪的规定定罪处罚。例如，某公司董事长及总经理以公司名义印刷非法出版物，所获收入由他们二人平分的，不构成单位犯罪。

2. 单位犯罪必须由刑法分则性条文明确规定。也就是说，只有刑法分则明文规定单位可以成为犯罪主体的犯罪，才存在单位犯罪及单位承担刑事责任的问题，而并非一切犯罪都能够由单位实施。规定单位犯罪的刑法分则性条文，包括刑法分则及其颁行后国家最高立法机关又根据实际需要制定的单行刑法及有关附属刑法。从我国刑法分则的规定来看，单位犯罪主要分布在危害公共安全罪，破坏社会市场经济秩序罪，侵犯公民人身权利、民主权利罪，妨害社会管理秩序罪，危害国防利益罪和贪污贿赂罪等章当中。这些单位大多是故意犯罪，也有少数属于过失犯罪。

（二）单位犯罪的处罚原则

概观世界各国的刑事立法和刑法理论，对于单位犯罪的处罚主要采用的是单罚制与双罚制两种原则。所谓单罚制，是指在单位犯罪中只处罚单位或者只处罚单位的直接责任人员的处罚原则。它又包括转嫁制和代罚制两种类型：转嫁制，即单位犯罪的，只处罚单位而对直接责任人员不予处罚；代罚制，即单位犯罪的，只对直接责任人员予以处罚而不处罚单位。所谓双罚制，又称为两罚制，是指在单位犯罪中对单位和单位的直接责任人员（代表人、主管人员以及其他有关人员）均予以刑罚的处罚原则。

我国刑法第31条规定："单位犯罪的,对单位判处罚金,并对其直接负责的主管人员和其他直接责任人员判处刑罚。本法分则和其他法律另有规定的,依照规定。"这是我国刑法关于单位犯罪处罚原则的规定。由此可见,我国刑法对于单位犯罪采取的是双罚制为主、单罚单位为辅的处罚原则。也就是说,对于单位犯罪,一般采用双罚制原则,即:单位犯罪的,对单位判处罚金,同时对单位直接负责的主管人员和其他直接责任人员判处刑罚。在双罚制内部,又可以区分为两种情况:(1)在绝大多数情况下,对直接责任人员的刑罚与自然人犯该罪时的刑罚相同。例如,刑法第140条、第150条规定的生产、销售伪劣产品罪,第151条规定的走私武器、弹药罪等。(2)在少数情况下,对直接责任人员的刑罚轻于自然人犯该罪时的刑罚。例如,刑法第191条洗钱罪对单位直接责任人员规定的法定最高刑是5年有期徒刑,而自然人犯罪时的法定最高刑为15年有期徒刑。但是,当刑法分则以及其他法律(特别刑法)另有规定不采取双罚制而采取单罚制的,则属于例外情况。其理由在于,单位犯罪的情况具有复杂性,其社会危害程度存在较大差别,一律采取双罚制原则,并不能全面、准确地体现罪责刑相适应原则,也难以实现对单位犯罪判处刑罚的目的。我国刑法分则对少数几种单位犯罪采取的是单罚制。例如,根据刑法第137条的规定,工程重大安全事故罪的主体是建设单位、设计单位、施工单位、工程监理单位,但处罚的对象只是上述单位中的直接责任人员;第162条妨害清算罪只处罚公司、企业的直接负责的主管人员和其他直接责任人员;等等。

■ 相关链接

1. 2002年7月24日全国人大常委会法制工作委员会《关于已满14周岁不满16周岁的人承担刑事责任范围问题的答复意见》。

2. 2003年4月18日最高人民检察院研究室《关于相对刑事责任年龄的人承担刑事责任范围有关问题的答复》。

3. 2006年1月11日最高人民法院《关于审理未成年人刑事案件具体应用法律若干问题的解释》。

4. 2010年2月8日最高人民法院《关于贯彻宽严相济刑事政策的若干意见》。

5. 2014年4月24日全国人大常委会《关于〈中华人民共和国刑法〉第三十条的解释》。

观点争鸣

1. 关于已满14周岁不满16周岁的未成年人相对负刑事责任的犯罪范围问题,刑法理论界和司法实务界在理解上存在分歧。

第一种观点认为,刑法第17条第2款规定的犯罪范围仅限于按故意杀人罪、故意伤害罪(仅指故意伤害致人重伤或者死亡的情况)、强奸罪、抢劫罪、贩卖毒品罪、放火罪、爆炸罪和投放危险物质罪这八种罪名定罪处罚的犯罪。

第二种观点认为,刑法第17条第2款规定的犯罪既包括以故意杀人罪等八种罪名定罪处罚的犯罪,又包括以其他罪名定罪但含有故意杀人等八种行为的其他犯罪。

第三种观点认为,已满14周岁不满16周岁的人无论是单纯犯故意杀人罪等八种犯罪,还是犯含有故意杀人等八种行为的其他犯罪,都应负刑事责任,但两种情况的犯罪都应以故意杀人罪等八种罪名定罪,并按该八种犯罪规定的法定刑处罚。

本书采纳的是第三种观点。

2. 我国刑法仅对醉酒人犯罪应负刑事责任作出了原则性规定,但并未规定应当如何追究刑事责任作出具体规定。因此,学者们围绕该问题展开了理论探讨,并提出不同的观点。

第一种观点认为,确定醉酒人是否应负完全的刑事责任,应分析醉酒的原因。如果醉酒是因为行为人的故意或者过失所致,对于在醉酒期间所实施的危害行为,行为人应负完全的刑事责任;如果醉酒是由不可抗拒或不能预见的原因所致,对于醉酒期间所实施的危害行为,应根据行为人在实施危害行为时的实际精神状态来确定其刑事责任。

第二种观点认为,故意借醉酒犯罪的人,其责任能力是完全的,应对故意犯罪负完全刑事责任;而酒后偶然发生犯罪行为的,需要根据情况判定醉酒人是属于完全责任能力,还是限定责任能力,从而决定其是应负完全的刑事责任,还是应负部分的刑事责任。

第三种观点认为,醉酒人对醉酒本身的态度不管是故意、过失,还是既无故意也无过失,只要其在醉酒前对醉酒后实施的为刑法所禁止的危害行为没有任何罪过心理,都应以行为人在醉酒状态中的责任能力状况确定其刑事责任。但是,当醉酒人对其醉酒本身具有故意或者过失,同时在醉酒前对其在醉酒后实施的为刑法所禁止的危害行为具有故意或犯罪过失时,不管其在醉酒状态中的责任能力状况如何,都应负完全的刑事责任。

本书认为,第三种观点与大陆法系刑法理论中的原因自由行为理论是一致的,值得肯定。

问题思考

1. 如何理解未成年人相对负刑事责任的犯罪范围？
2. 如何贯彻我国刑法中未成年人犯罪案件的处理原则？
3. 如何理解醉酒者的刑事责任问题？
4. 如何理解犯罪主体特殊身份的分类以及对于定罪量刑的影响？
5. 如何理解我国刑法中的单位犯罪的刑事责任问题？

案例分析

案例1：甲在不满14周岁时安放定时炸弹，炸弹于甲已满14周岁后爆炸，导致多人伤亡。

分析：犯罪是行为，刑事责任能力是辨认和控制自己"行为"的能力。因此，法定年龄应以行为时为基准进行计算。但是，如果行为人在发生结果时具有防止结果发生的义务，则可能根据不作为犯罪的时间进行计算。本案中，甲在不满14周岁时安放定时炸弹，炸弹于甲已满14周岁后爆炸并导致多人伤亡，应当认为，甲已满14周岁以后，对自己在不满14周岁时所安放的定时炸弹具有撤出的义务，或者说有义务防止自己的先前行为所造成的危害结果。所以，甲应承担不作为的爆炸罪的刑事责任。

案例2：乙在精神正常时着手施行故意伤害犯罪，伤害过程中精神病突然发作，在丧失责任能力时抢走被害人财物。

分析：根据"责任能力与行为同时存在"的原理，行为人在开始实施行为时具有责任能力与故意、过失，然后丧失责任能力，在无责任能力阶段实施的是另一性质的行为，由另一性质的行为导致了结果的发生，则行为人仅对前行为承担未遂犯的责任。所以，本案中的乙应承担故意伤害罪未遂的刑事责任。

案例3：张三患抑郁症欲自杀，但无自杀勇气。某晚，张三用事前准备的刀猛刺路人李四胸部，致李四当场死亡。

分析：根据刑法第18条第1款的规定，精神病人在不能辨认或控制自己行为能力的情况下造成危害结果，经法定程序鉴定确认的，才不承担刑事责任。在本案中，张三能认识到自己杀人的行为是违法的，也知道杀人是要负刑事责任的，只是因为自己患抑郁症想自杀但没有勇气，希望通过杀人获刑达到死亡的目的，并将该行为付诸实施，不属于该条规定的不负刑事责任的"精神病人"。所以，张三应对其故意承担刑事责任。

第五节　犯罪的主观方面

■知识结构图

犯罪的主观方面→犯罪故意→直接故意和间接故意
→犯罪过失→疏忽大意过失和过于自信过失
→犯罪目的和犯罪动机
→认识错误

■重点提示

犯罪故意和犯罪过失的含义；间接故意和过于自信过失的区别；意外事件同疏忽大意的过失之间的区分

■司考重点

故意犯罪的认识因素；故意犯罪的意志因素；犯罪过失；无罪过事件

一、犯罪主观方面概述

（一）犯罪主观方面的概念

犯罪主观方面，是指犯罪主体对自己的行为及其危害社会的结果所抱的心理态度。它包括罪过（犯罪的故意、犯罪的过失）和犯罪的目的与动机等几种因素。罪过是一切犯罪构成中主观方面的必要要素，称之为犯罪主观方面的必要条件；犯罪目的只是某些犯罪构成所必备的主观要件，可称之为犯罪主观方面的选择要件；犯罪动机不是犯罪构成所必备的主观要件，它一般不影响定罪只影响量刑。

我国刑法规定的每一种犯罪，都是行为人主观上基于应受法律否定评价的心理态度，客观上对社会造成严重危害的行为。犯罪的主观方面具有以下几个特征：①犯罪主观方面是一种心理态度，其内容是行为人实施的危害行为及其危害社会的结果。②犯罪主观方面是所有犯罪的必要要件。③犯罪主观方面具有刑法规定性，任一犯罪行为的主观方面都由刑法总则或分则进行了规定。犯罪主观方面既是一种心理态度，又是一个法律概念。

犯罪主观方面理论上所涉问题,除了犯罪故意与犯罪过失(通称为罪过)、犯罪的目的与动机外,还包括某些与犯罪主观方面相关的问题,如意外事件和刑法上的认识错误等。

为了正确理解和把握犯罪主观方面的概念,需要明确以下几个问题:

1. 罪过是行为人负刑事责任的主观根据。根据我国刑法第14条、第15条和第16条规定,任何行为要构成犯罪必须具备犯罪的故意或者犯罪的过失这两种罪过形式之一,如果行为人的行为在客观上虽然造成了损害结果,不是出于故意或者过失,而是由于不能抗拒或者不能预见的原因所引起的,不是犯罪。由此可见,犯罪的故意或过失,既是认定行为人构成犯罪的法律依据,也是认定行为人构成犯罪和应对犯罪负刑事责任的主观根据,是行为人对自己所实施的犯罪负刑事责任的主观基础。

为什么行为人其行为若要构成犯罪和承担刑事责任必须在主观上具备罪过?以辩证唯物主义原理为指导的刑事责任理论认为,任何一个正常人都具备相对的意志自由,实施或不实施犯罪行为,都是通过行为相对自由的意志进行选择和支配的。行为人在具有相对自由的意识和意志的情况下,选择了实施犯罪行为,他就不但在客观上危害了社会,而且在主观上也具有了犯罪的故意或过失的心理态度,这种心理态度使他在国家面前产生了罪责。故意或过失体现了行为人的主观恶性,反映了行为人对刑法规范及其所保护的社会关系的否定态度。犯罪的故意表明行为人对刑法规范及其所保护的社会关系持有敌视或蔑视态度,而犯罪过失则表明行为人对刑法规范及其所保护的社会关系持有漠视或忽视态度。行为人主观方面在相对自由意志基础上产生的危害社会的故意或过失的心理态度,是追究其刑事责任的主观根据。

2. 犯罪主观方面和客观方面在定罪中的关系。首先,从犯罪构成的整体性来看,犯罪的主观方面与犯罪的客观方面又是不可分割的统一体。要确定一个人的行为构成犯罪,必须确认他同时具备犯罪的客观方面和主观方面。任何犯罪行为都是在一定的心理态度支配下实施的。根据我国刑法规定,确认某人构成犯罪并追究其刑事责任,在客观方面要具备刑法所规定的危害社会的行为,这是行为人构成犯罪并承担刑事责任的客观基础,坚决反对"主观归罪"。同时,要确认行为人实施危害行为时必须具备法律规定的主观罪过,这是行为人的行为构成犯罪并承担刑事责任的主观基础,同样坚决反对"客观归罪"。

其次,对一个人定罪和追究刑事责任,不但要求犯罪客观方面和主观方面必须同时具备,而且还要求它们之间存在有机联系。主要表现为:一方面,人的客观上危害社会的活动只有受到主观故意或者过失心理态度的支配和决定时,才是刑法中的犯罪行为;另一方面,人的危害行为的故意或过失的犯罪心理态度,永远体现在刑法所禁止的危害社会的行为当中。

总之,在犯罪构成中,犯罪的客观方面和主观方面有机地结合在一起,离开任何一个方面,另一方面就不复存在。缺了任一方面,整个犯罪构成就不存在,也就不能定罪并追究刑事责任。

3. 罪过的形式及其意义。从罪过形式上看,我国刑法规定的犯罪主要包括故意和过失两种类型。但从其与某种犯罪的结合方式来说,又可分为以下三种情况:一是只能由故意构成的犯罪。这类犯罪在我国刑法的犯罪中占大多数。二是只能由过失构成的犯罪。过失犯罪,法律有规定的才负刑事责任。故意和过失反映了犯罪人主观恶性的不同,从而影响到社会危害性的大小,并在某种程度上影响了刑罚目的实现的难易程度。一般来说,刑法对故意犯罪和过失犯罪分别规定了轻重明显不同的刑罚。

(二)研究犯罪主观方面的意义

研究犯罪的主观方面,不仅有助于正确理解和把握我国刑法学中与犯罪主观方面有关的各种问题,深化和丰富刑法学相关课题的研究,而且有助于正确定罪量刑。

首先,在定罪方面,犯罪主观方面是区分罪与非罪、此罪与彼罪的一个重要标准。根据刑法典的有关规定,行为人实施的危害社会行为只有在主观上出自故意或过失心理的,才构成犯罪;如果行为人主观上不具有故意或过失的心理,即使行为在客观上造成了危害社会的结果,也不能认为是犯罪而追究其刑事责任。若行为人由于不能抗拒或不能预见的原因而造成危害社会的结果,不认为是犯罪。任何具体的犯罪构成,其罪过形式和罪过内容都是特定的。有的犯罪只能出于故意,有的犯罪只能出于过失;同是故意或过失犯罪,此罪与彼罪间的故意内容或过失内容,也会有所不同。查明行为人行为时是否具有具体犯罪构成所要求的特定罪过形式和罪过内容,就有助于正确区分罪与非罪以及此罪与彼罪的界限。对于某些具体犯罪构成,法律还要求其主观方面必须具有特定的目的,查明这些特定目的是否具备,也有助于区分罪与非罪以及此罪与彼罪的界限。

犯罪主观方面对区分一罪与数罪也具有重要意义。刑法意义上的危害行为和罪过紧密结合在一起,不是一般意义上的动作、举动。因此,一个罪过支配下实施的一系列举动,通常被认定为一个犯罪行为。行为人可能以多种具体动作实现同一个罪过内容,在这种情况下,往往只能认定为一个犯罪行为。

其次,在量刑方面,犯罪主观方面是适用轻重不同法定刑的重要根据。虽然犯罪故意和犯罪过失同属于犯罪主观方面的内容,但犯罪故意比犯罪过失体现了行为人更大的主观恶性和社会危险性。我国刑法对故意犯罪和过失犯罪,规定了轻重不同的刑罚,只有查明犯罪的主观方面,正确解决应定此罪还是彼罪的问题,才能保证正确适用轻重不同的法定刑。另外,故意犯罪的不同表现形式、犯罪过失的严重程度以及犯罪动机等,也属于犯罪主观方面的问题,它们是行为人主观恶性和人身危险性大小的重要表现,对犯罪案件的危害程度有重要影响,直接关系到刑罚目的实现的难易程度,无论是在立法还是在司法上,都必然会对量刑产生重要影响。

犯罪主观方面都是客观存在并通过犯罪行为得以客观外化的。行为人的犯罪故意、犯罪过失、犯罪目的以动机，相对其客观危害行为来说，都属于主观因素。但是这些主观因素必然要支配行为人实施客观的犯罪活动，通过行为人的犯罪行为和与犯罪有关的犯罪行为前、犯罪行为时以及犯罪行为后实施的一系列客观外在活动表现出来。司法工作人员要深入实际调查研究，全面地、历史地、辩证地分析案件的各种具体情况，查明行为人是否具有主观罪过，行为是出于故意还是过失，是何种故意或过失，有无特定的犯罪目的，犯罪动机如何等问题，从而对其主观心理态度作出符合客观真实的判定和结论，进而正确定罪量刑。

二、犯罪故意

（一）犯罪故意的概念和构成因素

1. 犯罪故意的概念。犯罪故意是罪过形式之一，是故意犯罪的主观心理态度。我国刑法典第14条规定："明知自己的行为会发生危害社会的结果，并且希望或者放任这种结果发生，因而构成犯罪的，是故意犯罪。"这是对故意犯罪的界定。故意犯罪和犯罪故意密切相关，没有犯罪故意就没有故意犯罪。但两者并非是等同的概念，犯罪故意是一种主观罪过心理，而故意犯罪是在犯罪故意支配下构成的犯罪行为。根据我国刑法典第14条关于故意犯罪的规定，所谓犯罪故意，就是指行为人明知自己的行为会发生危害社会的结果，并且希望或者放任这种结果发生的一种主观心理态度。

2. 犯罪故意的构成要素。从内涵上分析，犯罪故意包含两个要素。

一是犯罪故意的认识因素。也称之为意识方面的因素，即行为人明知自己的行为会发生危害社会的结果。这是构成犯罪故意的认识因素，是一切故意犯罪在主观认识方面必须具备的特征。如果行为人在行为时并不知道自己的行为会发生该危害结果，就不构成犯罪的故意。结合理论与实践，对犯罪故意认识因素的理解，应当注意以下问题：

（1）怎样理解"明知"的内容？我国刑法在故意犯罪的法定概念里仅简略表述为"明知自己的行为会发生危害社会的结果"。根据犯罪主观要件与犯罪的客观、客体要件的联系，"明知"的内容应当包括法律所规定的构成某种故意犯罪所不可缺少的危害事实，亦即作为犯罪构成要件的客观事实。具体说来应当包括三项内容：一是对行为性质的认识，即对刑法规定的危害社会行为的内容及其性质的认识。行为人只有认识到自己所要实施的或正在实施的行为危害社会的性质和内容，认识到行为与结果之间的客观联系，才能谈得上进一步认识自己的行为"会"发生的危害结果问题。因此，要"明知自己的行为会发生危害社会的结果"，首先就必须对行为本身的性质、内容与作用有所认识。二是对行为结果或犯罪客体的认识,即对行为产生或将要产生的危害社会结果的内容与性质的认识,如故意伤害罪的行为人认识到自己的行为会损害他人身体健康的结果,盗窃罪的行为人认识到自己的行为会造成公私财物被其非法占有的结果。因为具体犯罪中危害结果就是对直接客体的损害,所以这种对危害结果的明确认识,也包含了对犯罪直接客体的认识。三是对与危害行为和危害结果相联系的其他犯罪构成要件事实的认识,包括对法定的犯罪对象、犯罪手段以及犯罪的时间、地点的认识。如非法持有毒品罪要求行为人明知自己持有的是毒品,伪造货币罪要求行为人明知自己要伪造的是国内外流通的货币。

所谓明知自己的行为"会发生"危害社会的结果,包括两种情况:一种是明知自己的行为必然要发生某种特定的危害结果;另一种是明知自己的行为可能要发生特定的结果。

(2)犯罪故意内容是否要求包含违法性认识?按照法律的规定,犯罪故意的认识因素表现为行为人"明知自己的行为会发生危害社会的结果",显然这只是要求行为人明知自己行为及行为结果的危害性,并没有进一步要求行为人明知自己的行为及结果的刑事违法性。

■司考真题

关于故意的认识内容,下列哪一选项是错误的?(　　)

1. 成立故意犯罪,不要求行为人认识到自己行为的违法性
2. 成立贩卖淫秽物品牟利罪,要求行为人认识到物品的淫秽性
3. 成立嫖宿幼女罪,要求行为人认识到卖淫的是幼女
4. 成立为境外非法提供国家秘密罪,要求行为人认识到对方是境外的机构、组织或者个人,没有认识到而非法提供国家秘密的,不成立任何犯罪

【答案】D

【解析】《刑法》第14条第一款规定,明知自己的行为会发生危害社会的结果,并且希望或者放任这种结果发生,因而构成犯罪的,是故意犯罪。犯罪故意包括认识因素和意志因素两个方面的内容。犯罪故意的认识因素是对犯罪构成客观事实特征的认识。

选项A说法正确。对行为性质的认识包括对其行为的内容、作用的认识。对行为性质的认识是否包括对违法性的认识?这是一个理论上存在较大分歧的问题。根据我国的实践情况,一般来讲,认识到行为会发生危害社会的结果因而具有社会危害性,自然也会知道这种行为是法律所禁止的。所以没有必要把违法性认识作为犯罪故意的内容,以防止行为人借此逃避制裁。因此,一般来讲,成立故意犯罪,不要求行为人认识到自己行为的违法性。

选项B、C说法正确。认识某种犯罪客体的事实情况,是成立某种犯罪故意的

条件之一。如果行为人没有认识到其行为所侵犯的客体,就不可能具备该种犯罪故意。因此,成立贩卖淫秽物品牟利罪,要求行为人必须认识到自己贩卖的是淫秽的物品并且具有牟利的目的,否则不成立本罪。成立嫖宿幼女罪,要求行为人明知与其发生性关系的是不满十四周岁的幼女。

选项 D 说法错误。为境外非法提供国家秘密罪,要求行为人必须明知自己所掌握的是国家秘密或情报,而故意为境外机构、组织、个人非法提供,但倘若不知道对方为境外机构、组织、个人而提供的,可能成立故意或过失泄露国家秘密罪,而不是不成立任何犯罪。

二是犯罪故意的意志因素。行为人对自己行为所导致的危害结果的发生所抱的希望或者放任的心理态度,构成犯罪故意的意志因素。可见,犯罪故意的意志因素有希望和放任结果发生两种表现形式。

所谓希望危害结果的发生,是指行为人对危害结果抱着积极追求的心理态度,该危害结果的发生,正是行为人通过一系列犯罪活动积极追求的结果。所谓放任危害结果的发生,是指行为人虽然不希望、不积极追求危害结果的发生,但也不反对或不设法阻止这种结果的发生,而是对结果是否发生采取了听之任之的心理态度。

认识因素和意志因素的关系。犯罪故意内部的认识因素和意志因素之间,具有密切的关系,并对犯罪故意的构成具有各自不同的重要作用。

一方面,认识因素是意志因素存在的前提和基础。行为人对结果的发生采取希望和放任的心理态度,是建立在对行为及其结果的危害性质明确认识的基础上的。只有具有这种明确的认识,才谈得上对危害结果发生是持希望还是放任的心理态度,才会在持希望心理态度时确定行为的步骤和方法,并直接支配行为的实施,从而构成犯罪的故意。

另一方面,意志因素又是认识因素的发展。如果仅有认识因素而没有意志因素,即主观上不是希望也不是放任危害结果的发生,也就不存在犯罪的故意,不会有犯罪故意的行为。

总之,认识因素和意志因素是犯罪故意中的两项有机联系的因素,在认定构成犯罪的故意中缺一不可。其中认识因素是意志因素的存在前提,也是故意犯罪成立的基础,意志因素则是在认识因素基础上的发展,是犯罪故意中具有决定性作用的因素,它对于犯罪故意客观化即把犯罪思想变成犯罪行为,具有重要的主导作用。

(二)犯罪故意的类型

按照犯罪故意中行为人的认识因素和意志因素的不同,刑法理论把犯罪故意区分为直接故意与间接故意两种类型。

1. 直接故意。犯罪的直接故意,是指行为人明知自己的行为必然或者可能发生危害社会的结果,并且希望这种结果发生的心理态度。直接故意的意志因素,以希望危害结果的发生为其必要特征。

根据认识因素的不同内容,可以把犯罪直接故意区分为两种表现形式:

(1)行为人明知自己的行为"必然"会发生危害社会的结果,并且希望这种结果发生的心理态度。可以表述为"必然发生+希望发生"。例如,甲想杀死乙,用枪顶在乙的脑袋上射击,他明知这种行为必然会致乙死亡仍决意为之,追求乙死亡结果的发生。此时,甲的心理态度即为此种形式的直接故意。

(2)行为人明知自己的行为"可能"会发生危害社会的结果,并且希望这种结果发生的心理态度。可以表述为"可能发生+希望发生"。例如,丙想枪杀丁,但只能在晚上趁丁返家途中隔小河射击,由于光线不好,距离较远,且丙的射击技术又不甚好,因而他对能否一举射杀丁没有十分把握。但他不愿放过这个机会,希望能杀死丁,并在这种心理支配下实施了射杀行为。此时,丙的心理态度即属第二种直接故意。

2.间接故意。犯罪的间接故意,是指行为人明知自己的行为可能会发生危害社会的结果,并且放任这种结果发生的心理态度。

在认识因素上,间接故意表现为行为人认识到自己的行为"可能"会发生危害社会结果的心理态度。即行为人根据对自身的犯罪能力、犯罪对象的情况、犯罪工具的情况或者犯罪的时间、地点、环境等的了解,认识到行为导致危害结果的发生具有或然性、可能性,而不具有必然性。这种对危害结果可能发生的认识,为间接故意的意志因素即放任心理的存在提供了前提和基础。如果明知行为必然会发生危害结果而决意为之,就超出了间接故意认识因素的范围,应属于直接故意。

在意志特征上,间接故意表现为行为人放任行为危害结果发生的心理态度。所谓"放任",是指行为人在明知自己的行为可能发生特定危害结果的情况下,为了达到自己既定的目的,仍然决意实施这种行为,对阻碍特定危害结果发生的障碍不去排除,也不设法阻止该危害结果的发生,而是听之任之,自觉自愿地听任危害结果的发生。放任,不是希望,也不是积极的追求。

在司法实践中,犯罪的间接故意大致存在于以下三种场合:

(1)行为人追求某一个犯罪目的而放任另一个危害结果的发生。如丈夫为毒杀妻子而在妻子的餐具里投毒,明知其孩子可能会与其母亲一起吃饭中毒却予以放任,结果母子均中毒死亡。本案中,行为人对其孩子死亡结果的发生所持的心理态度,并不是希望,而是为了达到杀妻的结果而予以有意识地放任,这符合间接故意的特征,构成间接故意的犯罪。

(2)行为人为追求一个非犯罪目的而放任某种危害结果的发生。如行为人打猎时看到猎物附近有小孩玩耍,明知自己枪法不准有可能打中小孩而仍开枪射击,放任可能造成小孩死亡这种危害结果的发生,结果子弹打偏造成小孩死亡。本案中,行为人的行为具备了间接故意的认识因素和其特定的意志因素,构成间接故意的犯罪。

(3)突发性的犯罪中,行为人不计后果,放任严重后果的发生。如实践中,一些人临时起意,不计后果,捅人一刀即扬长而去并致人死亡的案件就属于这种情况。行为人对其行为致人伤害的结果是明知和追求的,而对致人死亡的结果虽然预见到可能性,但不是希望其发生而是放任其发生。本案中行为人对其行为致人死亡的结果而言,认识因素上为明知可能,意志因素上为放任结果的发生,构成间接故意的犯罪。

3. 直接故意与间接故意的区别。犯罪的直接故意与间接故意同属犯罪故意的范畴,都是认识因素与意志因素的统一,但各自的认识内容与意志内容不同。

从认识因素上看相同之处在于,二者都明知即明确认识到自己的行为会发生危害社会的结果。从意志因素上看相同之处在于,二者都不排斥危害结果的发生。这些相同点,说明和决定了这两种故意形式的共同性质。

从认识因素上看不同之处在于,直接故意的行为人是认识到危害结果发生的必然性与可能性;而间接故意的行为人只是认识到危害结果发生的可能性。从意志因素上看二者的不同之处在于,直接故意表现为希望危害结果发生;而间接故意表现为放任危害结果发生。这两点区别说明了直接故意犯罪与间接故意犯罪的成立条件不同。由于直接故意是希望危害结果发生,即使危害结果没有发生,也能查明行为人对危害结果持希望发生的态度,因而可能成立犯罪(未遂、预备等),特定危害结果发生与否并不影响定罪;而间接故意是放任危害结果发生,如果特定危害结果没有发生,就难以证实行为人对危害结果持放任发生的态度,难以认定其行为成立犯罪。可见,特定危害结果的发生与否,决定了间接故意犯罪的成立与否。

4. 直接故意与间接故意分类研究的意义。从刑事立法上分析,绝大多数故意犯罪都只能由直接故意构成,少数犯罪如故意杀人罪、故意伤害罪等,则既可以由直接故意构成,也可以由间接故意构成。从司法实践中看,也是表现为直接故意犯罪常见多发,间接故意犯罪相对较少。但刑法理论上把犯罪故意区分为直接故意与间接故意这两种类型进行研究,还是具有重要的意义。

(1)有助于认识故意犯罪在主观方面的复杂的情况,从而可以正确地把握犯罪故意完整的内涵和外延。

(2)有助于在实践中区分故意犯罪案件危害程度从而予以轻重不同的处罚。两种故意形式由于认识因素和意志因素的不同,从而影响和决定了行为人主观恶性大小以及行为的客观危害程度有所不同。就多数情况来看,直接故意的社会危害性要大于间接故意。根据罪责刑相适应原则,在危害结果相同的情况下,对直接故意犯罪的量刑一般重于间接故意犯罪。

需要注意的是,犯罪的两种故意是刑法理论通过分析刑法的有关规定而作的理论概括,我国刑法典并未载明直接故意和间接故意的术语,司法文书中不可将故意犯罪再区分为直接故意犯罪与间接故意犯罪,而应统称为故意犯罪。为明确反映两种故意形式的不同危害程度以便在量刑上考虑,根据司法实践经验,可在司法文书中叙述事实的部分,将行为人的希望或放任心理予以表述和认定。

最后还应指出,在刑法理论上根据不同标准,从不同角度,对犯罪故意还有其他一些分类方法,主要是预谋故意与突发故意之分,以及确定故意与不确定故意之分。这些分类方法对犯罪故意的复杂情况和不同类型故意犯罪案件的不同危害程度有所揭示,因而对司法实践都有一定的意义。

三、犯罪过失

(一)犯罪过失的概念

犯罪过失是过失犯罪的主观心理态度,它与犯罪故意并列为犯罪主观罪过形式之一。根据我国刑法典第 15 条关于过失犯罪的规定,犯罪过失是指行为人应当预见自己的行为可能发生危害社会的结果,因为疏忽大意而没有预见,或者已经预见而轻信能够避免的心理态度。与犯罪故意相比较,犯罪过失体现的行为人主观恶性相对较小,在认识因素和意志因素方面,都和犯罪故意具有显著不同的特点。

在认识因素上,犯罪故意表现为行为人明知行为必然或者可能发生危害结果的心理态度,而犯罪过失表现为行为人对危害结果的发生,虽然应当预见到但实际上并未预见到,或者只是预见到了在他看来并非现实的可能性。在意志因素上,犯罪故意是希望或者放任危害结果的发生的心理态度,而犯罪过失则是对危害结果的发生,既不是希望也不是放任,而是排斥、反对的心理态度,在疏忽大意或者过于轻信能够避免结果发生的错误心理支配下,行为人实施的过失行为导致了结果的发生。总之,犯罪故意对行为会导致危害结果的发生,是明知故犯的心理态度;犯罪过失是由于缺乏必要的谨慎而导致危害结果发生的心理态度。所以,犯罪故意所表明的行为人的主观恶性明显大于犯罪过失,在犯罪故意支配下的犯罪行为的社会危害性要大于在犯罪过失支配下的犯罪行为,因而对于故意犯罪的惩处要比对过失犯罪的惩处严厉。

在过失犯罪的情况下,行为人负刑事责任的客观基础是其行为对社会造成的严重危害结果。但是在这种情况下,行为人并非自觉自愿地去危害社会,仍然让其对自己行为造成的危害社会结果负刑事责任的主观根据是什么呢?该主观根据就在于:行为人本来能够正确认识特定的行为和危害社会的结果之间的客观联系,并进而正确选择自己的行为以避免危害社会结果的发生,但其却在自己错误意志的支配下,对社会利益和社会大众的安危采取了严重不负责任的态度,以自己的行为造成了严重危害社会的结果。因此,国家就有充分的理由要求过失犯罪的行为人,对自己严重不负责任态度支配下的行为造成的严重危害社会后果负刑事责任。简言之,过失犯罪中行为人负刑事责任的主观根据,就是其过失的心理态度。

(二)犯罪过失的种类

依据不同的分类标准可对犯罪过失进行多种类的划分。

1. 疏忽大意的过失,是指行为人应当预见到自己的行为可能发生危害社会的结果,因为疏忽大意而没有预见的心理态度。

(1)从认识因素上看,首先,行为人应当预见到自己的行为可能发生危害社会的结果。所谓"应当预见",是指行为人在行为时既有预见行为可能发生危害社会结果的实际能力,也负有预见到的义务。"应当预见"是疏忽大意的过失和意外事件的区别所在。预见的义务和预见的实际可能有机地联系在一起,法律不要求公民去做他实际上无法做到的事情,只对有实际预见可能的人才赋予其预见的义务。行为人由于不可能预见,即使造成严重危害后果的,也不能认定他对危害结果有过失而使其负刑事责任。其次,行为人由于疏忽大意而没有预见到自己的行为可能发生危害社会的结果。所谓没有遇见的,是指行为人在行为时没有想到自己的行为可能发生危害社会的结果。这种主观上对可能发生的危害结果的无认识状态,是疏忽大意过失心理的基本特征和重要内容。

对预见能力有无的判断,首先是判断标准问题。对"预见能力"的判断采用什么标准,历来有不同理论学说。一是客观说,即主张以社会上一般人的水平来衡量,二是主观说,即主张在当时的具体条件下,以行为人本身的能力和水平来衡量,三是以主观标准为根据、以客观标准作为参考点的折中说。折中说是我国刑法理论中较为通行的主张。因为,一般理智正常的人能够预见到的危害结果,行为人在正常条件下也应当能够预见到,但是判断行为人能否预见的具有决定性意义的根据,只能是行为人的实际认识能力和行为时的具体条件。也就是说,要结合行为人本身的年龄状况、智力发育、文化知识水平、业务技术水平和工作、生活经验等因素,决定其实际认识能力以及行为当时的客观环境和条件,来具体分析他在当时具体情况下是否对危害结果的发生具有预见能力。

(2)从意志因素上看,行为人在因疏忽大意而没有预见到自己的行为可能发生危害社会的结果这种心理支配下,实施了危害行为导致了危害社会结果的发生。行为人之所以实施违法行为,没有采取避免危害结果发生的必要措施,以致发生了危害社会的结果,就是因为他根本没有预见到自己的行为可能发生这种危害后果。正是这种疏忽大意的心理导致了行为人在应当预见也有实际能力预见到自己行为会发生危害结果的情况下,实际上并没有预见,并进而盲目地实施了危害社会的行为,且未采取必要的预防危害结果发生的措施,最终导致了危害社会结果的发生。法律规定惩罚这种过失犯罪,从客观方面看是因为行为对社会造成实际的危害后果,从主观方面看就是要惩罚和警诫这种对社会利益严重不负责任的疏忽大意的心理态度,促使行为人和其他人戒除疏忽大意的心理,防止疏忽大意过失犯罪的发生。

2. 过于自信的过失。过于自信的过失,是指行为人已经预见到自己的行为可能发生危害社会的结果,但轻信能够避免的心理态度。

(1)在认识因素上,行为人已经预见到自己的行为可能发生危害社会的结果。不过,这种认识的程度十分有限,行为人只是预见到危害结果发生的可能性,至于可能性之大小以及何种条件下会转化为现实性,其认识常常是模糊不清的。事实上,正是行为人未能正确认识到危害结果发生的现实可能性,才导致了盲目轻信能够避免的意志倾向。如果行为时,行为人根本没有预见到自己的行为会导致危害社会结果的发生,则不属于过于自信的过失,而有可能属于疏忽大意的过失或者意外事件;而如果行为人预见到自己的行为必然发生而不是可能发生危害社会的结果,则属于直接故意。

(2)在意志因素上,行为人之所以实施错误的行为,是轻信能够避免危害社会结果的发生。所谓"轻信",是指行为人相信可以避免危害社会结果是具有一定主客观依据的,但行为过高地估计了可以避免危害社会结果发生的主客观的有利因素,而过低地估计了自己的行为导致危害结果发生的可能程度。也正是在这种"轻信"心理的支配下,行为人实施了错误的行为以致发生了危害社会的结果。

3.过于自信的过失和疏忽大意的过失的异同。过于自信的过失和疏忽大意的过失,在认识因素和意志因素上都有所不同。在认识因素上,过于自信的过失对危害结果的可能发生已经有所预见,而疏忽大意的过失根本没有预见;在意志因素上,对危害结果的可能发生,二者虽然都持排斥态度,但过于自信的过失是轻信能够避免,疏忽大意的过失是疏忽。在刑法理论上研究两种类型的过失,有助于我们深入认识过失犯罪的复杂情况,把握犯罪过失的完整内涵和外延,具体而准确地把握过失犯罪和间接故意犯罪以及无罪过的意外事件的界限。

(二)过失犯罪的学理分类

1.无认识过失与有认识过失。这种类别划分,是对犯罪过失法定分类的学理概括。无认识过失以行为人缺乏对自己行为所造成的危害结果的认识为前提,故称无认识过失;有认识过失以行为人已经预见到行为产生危害结果可能性为前提,故称有认识过失。在无认识过失的场合,行为人究竟是没有认识到行为的事实还是这种事实的性质,是一个值得研究的问题。

2.普通过失与业务过失。普通过失,是指行为人在日常生活或者社会交往中,违反一般注意义务,没有预见到可能发生的危害结果,或者虽然预见但轻信能够避免的心理状态。普通过失在社会生活中广泛存在,我国刑法规定的过失犯罪,绝大多数都是普通过失。这些过失犯罪主要集中在危害公共安全犯罪和侵犯公民人身权利的犯罪之中。业务过失,是指具有特殊业务职能的人,在从事某项特定业务活动中,违反业务职责上的特别注意事项,没有预见到可能发生的危害结果,或者虽然预见但轻信能够避免的心理状态。业务过失所造成的严重危害结果,均发生在行为人从事特定业务、管理活动的过程之中,而不是发生在日常生活或者普通社会交往的场合。如重大飞行事故罪、工程重大安全事故罪等。业务过失犯罪的共同特点是：①犯罪主体的特殊性。犯罪行为人都具有业务上的特殊身份。②违反义务的特别性。行为人所违反的不是一般注意义务，而是由相应法律、法规以及行业规范所特别加以规定的注意义务。③事故场合的特定性。由于具有以上特点，业务过失在行为人主观责任上、在违反注意义务的程度上，都明显要重于普通过失。加之业务人员在对法律、法规及行业规范的违反上通常表现为"明知故犯"。因此，对业务过失犯罪的处罚也往往重于普通过失犯罪。这对于指导刑事立法与实际司法都有一定意义。

四、过于自信过失与间接故意的区别

过于自信过失与间接故意既相似又有不同。二者都预见到危害结果发生的可能性，且对危害结果都持不希望的心理态度。但它们在认识因素和意志因素上仍有所不同：

首先，在认识程度上，过于自信过失仅仅预见到危害结果发生的某种"假设可能"，它有较大的或然性。间接故意则不是一般的预见，而是一种"明知"，更多的是明确地认识到了发生危害结果的现实性。其次，在对待结果的态度上，过于自信过失不仅仅是一般的"不希望"，更是排斥危害结果的发生。危害结果的实际出现是违背行为人本意的。而间接故意虽然也是"不希望"，但危害结果的出现却并不违背行为人的本意。所以，在实际行动上，当危害的可能性向现实性的转化开始显现时，过于自信过失的行为人会采取积极的行动去尽力加以阻止危害结果的发生，而间接故意的行为人则不会采取任何积极的行动去阻止危害结果的发生，而是听之任之，放任危害结果的发生。

第六节　与罪过相关的几个特殊问题

与罪过相关的特殊问题主要是指不可抗力事件和意外事件，我国刑法第16条规定："行为在客观上虽然造成了损害结果，但是不是出于故意或者过失，而是由于不能抗拒或者不可预见的原因所引起的，不是犯罪。"根据主客观相统一的追究刑事责任原则，确认某人的行为构成犯罪并应追究其刑事责任，不仅要求行为在客观上具有危害社会的性质，而且同时要求该行为是在行为人的犯罪故意或犯罪过失的支配下实施的。如果行为人在实施该行为时主观上并不具有犯罪故意或犯罪过失的罪过心理，就不应对自己的行为负刑事责任。理论上与罪过有关的严格责任理论和期待可能性理论，也在本节进行介绍。

一、意外事件

意外事件，是指行为虽然在客观上造成了危害社会的结果，但不是出于行为人的故意或过失，而是由于不能预见的原因所引起的情况。意外事件有以下三个特征：①行为人的行为在客观上造成了损害结果；②行为人主观上没有故意也没有过失；③损害结果是由不能预见的原因引起的。"不能预见"是意外事件最本质的特征，是指当时行为人对其行为发生损害结果不但没有预见，而且根据其实际能力和当时的具体条件，行为人于行为时也根本无法预见。

由"不能预见的原因"所致的意外事件，与疏忽大意的过失有相类似之处，二者都是行为人对危害结果的发生没有预见，但他们没有预见的原因却是不同的：根据行为人的实际认识能力和行为当时的情况，意外事件是行为人对危害结果的发生不可能预见、不应当预见而没有预见；疏忽大意过失则是行为人对行为发生危害结果的可能性能够预见、应当预见，只是由于其疏忽大意而导致了未能实际预见。因此，根据行为人的实际认识能力和当时的情况，结合法律、职业等的要求来认真考察其没有预见的原因，对于区分意外事件与疏忽大意过失犯罪至关重要。

二、不可抗力事件

不可抗力事件，是指行为虽然在客观上造成了危害社会的结果，但不是出于行为人的故意或者过失，而是由于不可抗拒的原因所引起的情况。"不可抗拒"是不可抗力事件的最本质特征，是指根据行为人自身的能力及行为当时的客观条件，行为人无论怎样努力，也根本不可能避免危害结果的发生。

不可抗力事件往往是行为人在危害结果发生之前对危害结果的发生是有预见的，因而与过于自信过失极为相似。但是对于可抗力事件来说，行为人虽然预见到了危害结果的可能发生，但是根据当时行为人自身的能力以及当时的客观条件，行为人对于危害结果的避免是无能为力的；对于过于自信的过失来说，行为人既然预见到了自己行为可能导致危害结果的发生，如果采取适当的措施是可以避免危害结果的发生的，但是行为人却轻信了一些主客观根据，以致最后发生了危害社会的结果。

三、期待可能性理论

期待可能性是德日刑法中的重要理论问题。所谓期待可能性，是指根据具体情况有可能期待行为人实施适法行为而不实施违法行为。期待可能性理论认为，如果不能期待行为人实施适法行为，就不能对行为人的行为进行非难，也就不存在刑法上的责任。期待可能性理论,源自1897年3月23日德国帝国法院对所谓的"癖马案"的判决。是否具有期待可能性,对于认定行为人主观上是否存在故意或者过失的罪过,具有重要的意义。

四、严格责任理论

严格责任本质上是一种归责原则,既不同于绝对责任又不同于无过错责任。出于社会公共政策等因素的考虑,大陆法系、英美法系各国和地区在民事责任领域适用严格责任已非常普遍,现代意义上的刑法严格责任产生于英美法系刑法理论中,它作为一种刑法制度为英美法系所独有,大陆法系刑法理论一般不承认严格责任。英美法系承认严格责任犯罪主要出于以下三个方面的刑事政策考虑:①为了保证某些维护公众重大利益的法律得以实施;②为了更加有效地预防特定犯罪;③为了节约诉讼资源。

第七节 犯罪动机和犯罪目的

犯罪动机和犯罪目的是支配行为人实施犯罪行为的一种心理活动,是犯罪主观方面的主要内容之一,它们不仅仅直接影响犯罪行为的危害性质和危害程度,而且对定罪量刑具有重要意义。

一、犯罪动机与犯罪目的的概念

人的任何故意实施的行为,都是在一定动机的支配下,去追求一定目的的。动机是推动人从事某种活动,并朝一个方向前进的内部动力,为实现一定目的而行动的原因。目的是在一定动机的推动下,希望通过实施某种行为达到某种结果的心理态度。刑法学意义上的动机和目的,是作为行为人故意犯罪活动主观因素的犯罪动机和犯罪目的。

所谓犯罪目的,是指犯罪人希望通过实施犯罪行为,达到某种危害社会结果的心理态度,也就是危害结果在犯罪人主观上的表现。犯罪目的不仅反映出行为人主观恶性的程度,同时还支配行为人实施行为的方向,决定行为的性质。如直接故意犯罪的主观方面都包含着犯罪目的的内容。犯罪直接故意的意志因素表现为行为人决意实施犯罪行为,并且希望通过犯罪行为达到某种危害结果的心理态度。这里,对发生危害结果的希望、追求的心理态度,就是犯罪目的的内容。法律对直接故意犯罪的犯罪目的一般不作明文规定,但分析这些犯罪的构成要件,就可清楚其所要求的犯罪目的。而对某些犯罪,刑法条文中又特别载明了犯罪目的,这些犯罪不仅是故意犯罪,还要求有特定的犯罪目的。犯罪目的不是一切犯罪构成的必要条件,但它是某些犯罪构成的主观方面的要件。

犯罪动机,是指刺激犯罪人实施犯罪行为,以达到犯罪目的的内心冲动或者内心起因。犯罪动机和犯罪行为的关系极其复杂,相类似的犯罪动机可以反映在不同犯罪行为中。例如,报复这一常见的犯罪动机,它既可以用杀人、伤害、侮辱、诽谤等犯罪行为表现出来,也可以用故意毁坏财物等犯罪行为表现出来。而同一种犯罪行为也可以表现出不同的犯罪动机。例如,同是故意杀人行为,其动机可以是出于贪财、仇恨或者嫉妒,等等。犯罪动机和犯罪行为不是简单的"一对一"的关系,许多犯罪有时是在多个动机综合推动下实施的。犯罪动机和犯罪行为之间的这种复杂关系,表明了犯罪动机只能说明行为人为什么要进行犯罪活动,但它不能决定犯罪行为的具体形式,对犯罪行为的性质没有决定意义,因而犯罪动机一般不是犯罪构成主观方面的要件。

二、犯罪动机与犯罪目的的关系

犯罪动机与犯罪目的既密切联系,又互相区别。二者的密切联系主要表现在:二者都是犯罪人实施犯罪行为过程中存在的主要心理活动,它们的形成和作用都反映行为人的主观恶性程度;犯罪目的以犯罪动机为前提,犯罪目的源于犯罪动机,犯罪动机促使犯罪目的的形成;二者有时表现为直接的联系,即它们所反映的需要是一致的,如出于贪利动机而实施以非法占有为目的的侵犯财产犯罪。

犯罪动机与犯罪目的又是相互区别、不容混淆的。犯罪动机表明行为人为什么要犯罪的内心起因,是内在的发动犯罪的动力,起着推动犯罪实施的作用。犯罪目的则是实施犯罪行为所追求的客观犯罪结果在主观上的反映,起的是为犯罪定向、确定目标和侵害程度的引导、指挥作用,它比较具体,已经指向外在的具体犯罪对象和客体;犯罪动机一般不影响定罪,但影响量刑。犯罪目的对某些犯罪来讲,是犯罪构成主观方面不可缺少的要件。

三、研究犯罪动机与犯罪目的的意义

犯罪动机与犯罪目的,对于直接故意犯罪的定罪量刑,具有重要的意义。

(一)研究犯罪目的的意义

犯罪目的的突出影响表现为影响直接故意犯罪的定罪问题。在我国刑法中,法律明文规定某些犯罪须以某种犯罪目的作为构成要件,在这些犯罪中,如果行为人不具有法律规定的目的,就不能构成犯罪或不能定本罪。例如,我国刑法第217条规定的侵犯著作权罪,第303条规定的赌博罪等,都规定"以营利为目的";第276条破坏生产经营罪规定"由于泄愤报复或者其他个人目的";第152条规定的走私淫秽物品罪,要求"以牟利或者传播为目的",等等。这些犯罪,如果不具有上述规定的特定目的,就不构成该罪,甚至不构成犯罪。应当指出,对于刑法未明确规定犯罪目的的直接故意犯罪,并不是没有犯罪目的,更不是犯罪目的不重要,而是在立法者看来在这些犯罪中,犯罪目的显而易见,无须作为犯罪构成要件加以特别强调。例如,盗窃罪、诈骗罪,显然是以非法占有他人财物为目的。因此,在司法实践中,也要注意对这些犯罪人的目的进行考察。而且实践证明,查清行为人的犯罪目的,在某些情况下是非常重要的,对于决定犯罪性质有重要意义。

(二)研究犯罪动机的意义

犯罪动机是犯罪的主要情节之一,不同的犯罪动机,表明了犯罪人不同的主观恶性。因此犯罪动机对于量刑具有重要意义。犯罪动机对直接故意犯罪的定罪也有一定的意义,如刑法典总则第13条规定"情节显著轻微危害不大的,不认为是犯罪";刑法分则的某些条文,如刑法典第246条侮辱罪和诽谤罪,第275条故意毁坏财物罪,第322条偷越国(边)境罪,第260条虐待罪,第248条体罚虐待被监管人罪等,明确规定以情节是否严重、是否恶劣作为划分罪与非罪的界限。这样,作为重要犯罪情节之一的犯罪动机,在一定程度上,尤其是在这些"情节犯"的情况下,可以成为影响定罪即犯罪是否能够成立的一个因素。

第八节 刑法中的认识错误

一、刑法中的认识错误的概念

刑法中的认识错误,是指行为人对自己行为的刑法性质、后果和有关的事实情况的不正确的认识。这种错误认识,可能影响罪过的有无、罪过的形式、犯罪的既遂与未遂,从而影响行为人的刑事责任。刑法理论通常将刑法中的认识错误分为两种:一是行为人对法律的认识错误;二是行为人对事实的认识错误。

二、行为人对法律的认识错误

行为人对法律的认识错误,亦称法律认识错误,是指行为人对自己的行为在法律上是否构成犯罪、构成何种犯罪或者应当受到什么样的刑罚处罚的不正确认识。这类认识错误,通常包括三种情况。

(一)假想的犯罪

假想的犯罪即行为人误认为自己无罪的行为为有罪,即行为人的行为依照法律并不构成犯罪,行为人却误认为构成了犯罪。这种认识错误不影响对该行为认定无罪,司法实践中不能因行为人假想的犯罪而认定其为有罪。

(二)假想的不犯罪

假想的不犯罪即行为人误认为自己有罪的行为为无罪,即行为人的行为依照法律的规定已经构成了犯罪,行为人却误认为不构成犯罪。一般来说,由于刑事违法性不是犯罪故意的认识内容,因此,这种认识错误一般不影响故意犯罪的成立。不排除存在某些特殊情况,如果行为人确实不了解国家某个法律的变化,因而也不知道自己一贯的行为已被法律禁止,这种情况下不宜追究其故意犯罪的刑事责任。

(三)定罪量刑的误认

定罪量刑的误认即行为人认识到自己的行为已经构成了犯罪,但对其行为触犯了刑法规定的何种罪名,应当被处以什么样的刑罚,存在不正确的理解。这种认识错误既不影响定罪,也不影响量刑,应当按照他实际构成的犯罪及其危害程度依法定罪量刑。

三、行为人对事实的认识错误

行为人对事实的认识错误,亦称事实认识错误、事实错误,是指行为人对自己行为的事实情况不正确理解。这类认识错误是否影响行为人的刑事责任,要区别对待。如果行为人对属于犯罪构成要件的事实情况发生认识错误,就会影响行为人的刑事责任;如果行为人对犯罪构成要件以外的事实情况发生认识错误,就不影响行为人的刑事责任。事实认识错误主要有以下几种情况。

(一)客体错误

所谓客体错误,亦称对客体的认识错误,是指行为人在实施危害行为时,意图侵犯某种客体,而实际上侵犯了另一种客体。对这种客体认识错误,应当按照行为人意图侵犯的客体定罪。

(二)对象错误

所谓对象错误,亦称对行为对象的认识错误,是指行为人在实施危害行为时,对其侵害对象的不正确认识。这一认识错误主要表现为:

(1)具体的犯罪对象实际上不存在,行为人误以为存在而实施犯罪未得逞的,应定为犯罪未遂。如行为人误以野猪、牲畜、物品、尸体为人而开枪射杀的,应令其负故意杀人罪(未遂)的刑事责任。

(2)具体目标错误是指行为人实际侵害的对象与其所误认的对象在性质上属于同类。如甲欲杀乙,却将丙误认为乙而杀害。这种对具体目标的错误认识,对行为人的刑事责任不发生任何影响,因为丙和乙的生命、健康在法律上的价值一样,同样受到法律的保护。

(3)体现不同合法权益的对象错误,是指行为人实际上侵害的对象与其所误认的对象在性质上不同类。如行为人误以人为兽或误以兽为人而实施杀伤行为,或者误把非不法侵害人认为是不法侵害人而进行防卫,这种情况要区别情况对待。在误将人为兽而杀害或者误把非不法侵害人认为是不法侵害人而进行防卫时,对象错误阻却了故意,不能以故意犯罪论处。如有过失,应定过失致人死亡罪;如无过失,则是意外事件。在误将兽为人而杀害时,对象错误不阻却故意,应以故意杀人罪的未遂论处。

(三)行为性质错误

行为性质错误,是指行为人在实施危害行为时,对自己行为的实际性质的不正确认识。例如假想防卫,行为人误认为有正在进行的不法侵害行为实行防卫而致人伤亡,由于行为人不存在犯罪的故意,因而不应以故意犯罪论处,而应根据具体情况,认定为过失犯罪或意外事件。

(四)工具错误

工具错误,亦称方法错误、手段错误,是指行为人在实施危害行为时,对自己所使用的手段、工具是否会发生危害结果的不正确认识。如行为人误把白糖当砒霜去杀人,因而未能发生致人死亡的结果。在这类情况下,行为人具备犯罪的主客观要件,只是由于对犯罪工具的实际效能发生误解而致使犯罪行为未发生犯罪既遂时的犯罪结果,应以犯罪未遂追究行为人的刑事责任。

(五)因果关系错误

因果关系错误,是指行为人对自己所实施的行为和行为所会造成的结果之间的因果关系的实际发展有错误认识。这一认识错误主要包括以下四种情况:

(1)行为人误认为自己的行为已经达到了预期的犯罪结果,事实上并没有发生这种结果。例如,甲欲杀乙,便持棒将乙击昏,以为已致乙死亡而离去,后乙遇救未死。这种情况不影响甲构成故意杀人罪,但属于犯罪未遂。

(2)行为人所追求的结果事实上是由于其他原因造成的,行为人却误认为是自己的行为造成的。例如,甲蓄意杀人,某晚趁乙外出途中,潜在路边树林中开枪击中乙,乙当时倒地昏迷过去,甲看到乙不再动弹,以为已将乙杀死而潜逃。过了一段时间,乙苏醒过来,慢慢地往家里方向爬,爬到公路一拐弯处,一辆卡车高速驶来,司机因疏忽大意,发现爬行的乙时已来不及刹车躲避,汽车从乙身上轧过,致乙死亡。这里司机构成了交通肇事罪;甲虽然相信自己的枪杀行为已致乙死亡,却不能认定他构成故意杀人罪的既遂,因为这种情况下因介入了第三人的行为导致原来因果关系中断,乙死亡的结果与甲的枪击行为无刑法上的因果关系,因而应当让甲负故意杀人罪未遂的刑事责任。

(3)行为人的行为没有按照他预想的方向发展至其预想的目的实现后停止,而是发生了行为人所预见、所追求目标以外的结果。例如,甲想伤害乙,持刀向乙大腿扎了一刀,随即逃走,不料扎中乙的动脉血管,又因当时无人到场抢救,乙因流血过多而死亡。这种情况下,虽然甲的行为发生了致乙死亡的结果,但甲并无杀害乙的故意,因而不能认定甲构成故意杀人罪,而只能让甲负故意伤害罪(致人死亡)的刑事责任。

(4)行为人实施了甲、乙两个行为,伤害结果是由乙行为造成的,行为人却误认为是由甲行为造成的。例如,行为人意图扼杀被害人,将被害人扼昏后,误认为被害人已死亡。为逃避罪责,遂将被害人抛"尸"河中,或者用绳子套住被害人颈部吊起,制造被害人上吊自杀的假象。殊不知,后实施的抛"尸"河中的行为或吊起被害人的行为,却淹死或勒死了被害人。在这种情况下,犯罪人主观上存在着杀害被害人的故意,客观上也实施了杀害行为,被害人死亡结果的发生也确实是由他的行为直接造成的,因而其错误认识不应影响行为人的刑事责任,行为人仍应负故意杀人罪既遂的刑事责任。

观点争鸣

1. 关于犯罪故意的明知内容。对行为及其结果性质的明知,是仅只要求明知其行为及其结果的危害性,还是要求明知刑事违法性?理论见解不尽一致,但中国刑法理论的基本倾向是不要求明知行为的刑事违法性。按照中国刑法的规定,犯罪故意的认识因素表现为行为人"明知自己的行为会发生危害社会的结果",这显然是只要求行为人明知其行为及行为结果的危害性,而没有再要求行为人明知行为及结果的刑事违法性。当然也有例外情况。如某种行为一向不为刑法所禁止,后在某个特殊时期或某种特定情况下为刑法所禁止,如果行为人确实不知法律已变化而仍实施该行为的,就不能认为他故意违反刑法规范。此时他也往往同时缺乏对行为及其结果的社会危害性的认识,这种情况下难以认定行为人具有犯罪的故意。

2. 我国刑法中是否存在严格责任犯罪。一种观点认为,把严格责任引入刑法领域违背了主客观相统一的归罪原则,有导致客观归罪的危险,不符合刑法的人权保障机能,应予以否定。另一种观点认为,出于一些刑事政策原因的考虑,我国刑法当中存在严格责任犯罪,如巨额财产来名来源不明罪、持有型犯罪、醉酒的人犯罪,奸淫幼女的犯罪等。

问题思考

1. 试述犯罪故意及其类型。
2. 试述犯罪过失及其类型。

3. 间接故意存在于哪些场合？它与过于自信的过失的区别何在？
4. 犯罪目的与犯罪动机的联系和区别何在？
5. 试述意外事件与不可抗力事件的概念及其异同。

案例分析

黄某意图杀死张某，当其得知张某当晚在单位值班室值班时，即放火将值班室烧毁，其结果却是将顶替张某值班的李某烧死。试分析黄某对李某死亡所持的心理态度以及应负什么刑事责任。

第四章

排除犯罪事由

第一节 排除犯罪事由概述

一、排除犯罪事由的概念

排除犯罪事由,是指客观上造成一定损害结果,形式上符合某些犯罪的客观要件,但实质上既不具备社会危害性,也不具备刑事违法性的行为。例如,正当防卫、紧急避险、依法执行职务、正当冒险行为等。

现代世界各国刑法关于排除犯罪事由基本上都规定不负刑事责任。而对这类行为的理解不同,导致各国刑法学者对其的称谓各异。西方的刑法理论中一般称其为"阻却违法的行为";国内有些学者称之为"排除犯罪的事由",有些刑法学者称之为"排除社会危害性的行为"或"排除犯罪事由",名称虽然不同,但实质相同。排除犯罪事由具有如下特征:

第一,形式上具备某种犯罪的客观要件。例如,正当防卫是为了制止正在进行的不法侵害而实施的排除犯罪事由,紧急避险是为了保全较大合法利益而造成某种合法权益受损害的行为,这些行为都对实施对象造成了一定的损害。

第二,实质上不符合该种犯罪的构成特征,不具备社会危害性,也不具备刑事违法性。排除犯罪事由虽然在客观上造成了一定的损害后果,但是并不符合构成犯罪的全部要件。排除犯罪事由是不具备社会危害性的,他们大多数都是出于对保护社会利益的目的而发生的。例如,正当防卫是为了保护国家、公共、本人或者他人的合法利益而对正在进行的不法侵害行为造成必要的损害;紧急避险则是为了保护较大利益而不得已损害较小的利益;自救行为则是在无法及时得到公力救济的情况下为了维护自己的合法权益而对不法侵害行为造成的在一定限度内的损害。由于社会危害性是刑事违法性的前提和基础,所以不具备社会危害性的行为自然也就不具有刑事违法性了。

二、排除犯罪事由的分类

我国刑法明文规定的排除犯罪事由有正当防卫和紧急避险两种。但是在刑法理论上和外国刑法中还存在着其他的情形:(1)法令行为。(2)正当业务的行为。(3)被害人承诺。(4)推定承诺。(5)自救行为。

三、研究排除犯罪事由的意义

研究排除犯罪事由具有重要的理论价值,能够让我们更加清晰地认识排除犯罪事由的本质和特征;同时具有重要的司法实务意义,在确认犯罪行为时能够很好地区分排除犯罪事由。具体来讲有以下几点:

第一,有利于理解犯罪的本质特征,更好地区分罪与非罪的界限。

第二,有利于保障公民充分行使法定权利,履行法定义务,促使社会的进步和发展。

第三,有利于鼓舞人民群众积极地与各种违法犯罪行为作斗争,培养广大公民顾全大局的意识。

问题思考

排除犯罪事由何以不负刑事责任?

第二节 正当防卫

一、正当防卫的概念和意义

(一)正当防卫的概念

根据我国刑法典第20条的规定:"为了使国家、公共利益、本人或者他人的人身、财产和其他权利免受正在进行的不法侵害,而采取的制止不法侵害的行为,对不法侵害人造成损害的,属于正当防卫,不负刑事责任。正当防卫明显超过必要限度造成重大损害的,应负刑事责任,但是应当减轻或者免除处罚。对正在进行行凶、杀人、抢劫、强奸、绑架以及其他严重危及人身安全的暴力犯罪,采取防卫行为,造成不法侵害人伤亡的,不属于防卫过当,不负刑事责任。"

从刑法条文的规定可以看到,正当防卫分两种:一般正当防卫(刑法第 20 条第 1 款的规定)和特殊正当防卫(刑法第 20 条第 2 款的规定)。一般正当防卫因具有一定的防卫限度,所以存在防卫过当的问题(刑法 20 条第 2 款的规定),而特殊正当防卫因为是针对正在进行的严重危及人身安全的暴力犯罪,所以不存在防卫过当的问题。

(二)正当防卫的意义

我国刑法规定正当防卫具有重要意义:

1. 有利于及时有效地保障国家的、公共的、公民本人的或他人的合法权益免受正在进行的不法侵害。

2. 有利于有效威慑犯罪分子,从而遏制犯罪行为。

3. 有利于社会主义精神文明建设。

二、一般正当防卫

(一)正当防卫的条件

1. 防卫起因。正当防卫的起因条件,是指必须有不法侵害的实际发生和客观存在,如果不存在不法侵害,正当防卫就无从谈起。具体来说就是:

(1)不法侵害行为必须客观存在,不要求不法侵害人具有责任。

(2)不法侵害行为必须是违法行为。对于违法性的要求不限于犯罪行为,只要是不法侵害行为都可以进行正当防卫。

(3)不法侵害行为具有现实性。这就要求不法侵害行为必须是客观真实的存在,而不是行为人所臆想或推测的。例如,典型的假想防卫。假想防卫是指客观上并无现实的不法侵害,行为人误以为存在而进行的防卫行为。行为人故意针对合法行为进行反击的,不是假想防卫,成立相应的故意犯罪。假想防卫属于事实认识错误问题,绝对不成立故意犯罪;如果行为人主观上有过失,成立过失犯罪;没有过失,则成立意外事件。

例. 严重精神病患者乙正在对多名儿童实施重大暴力侵害,甲明知乙是严重精神病患者,仍使用暴力制止了乙的侵害行为,虽然造成乙重伤,但保护了多名儿童的生命。

观点:

①正当防卫针对的"不法侵害"不以侵害者具有责任能力为前提

②正当防卫针对的"不法侵害"以侵害者具有责任能力为前提

③正当防卫针对的"不法侵害"不以防卫人是否明知侵害者具有责任能力为前提

④正当防卫针对的"不法侵害"以防卫人明知侵害者具有责任能力为前提

结论：

a. 甲成立正当防卫

b. 甲不成立正当防卫

就上述案情，观点与结论对应错误的是下列哪些选项？（　　）

A. 观点①②与 a 结论对应；观点③④与 b 结论对应

B. 观点①③与 a 结论对应；观点②④与 b 结论对应

C. 观点②③与 a 结论对应；观点①④与 b 结论对应

D. 观点①④与 a 结论对应；观点②③与 b 结论对应

【答案】ACD

【解析】按照观点①，正当防卫针对的"不法侵害"不以侵害者具有责任能力为前提。本题中，不法侵害人乙虽然没有责任能力，但甲的行为完全符合正当防卫的成立要件，因而成立正当防卫。

按照观点②，正当防卫针对的"不法侵害"以侵害者具有责任能力为前提。本题中，侵害人乙是精神病人，不具有责任能力，因而不成立正当防卫。

按照观点③，正当防卫针对的"不法侵害"不以防卫人是否明知侵害者具有责任能力为前提。本题中，虽然甲认识到了乙没有责任能力，但完全符合正当防卫的成立要件，因而成立正当防卫。

按照观点④，正当防卫针对的"不法侵害"以防卫人明知侵害者具有责任能力为前提。本题中，行为人甲明知侵害人乙没有责任能力，不符合正当防卫的成立要件，不成立正当防卫。

根据上述分析可知，观点①③与 a 结论对应；观点②④与 b 结论对应。

2. 防卫时间。正当防卫的时间条件是指可以实施正当防卫的时间。通说认为，不法侵害正处于已经开始尚未结束的进行阶段，是允许实施正当防卫的时间。

（1）开始时间：原则上是不法侵害人着手实施不法侵害行为的时间，但有的情形即使没有达到着手阶段，如果存在法益侵犯的紧迫性，也可以正当防卫。

（2）结束时间：法益不再处于紧迫、现实的侵害、威胁之中，或者说不法侵害已经不可能继续侵害或者威胁法益。具体表现在：不法侵害人已被制服或者已经丧失了侵害能力；不法侵害人已经自动中止了不法侵害或者已经逃离了现场；不法侵害行为已经造成了危害结果并且是不可能继续造成更严重的危害结果。

（3）防卫装置。设立防卫装置的，可能存在以下几种结局。

第一，如果防卫装置本身危害公共安全，则为法律所禁止，成立相应的犯罪，如私拉电网，危害公共安全的，成立以危险方法危害公共安全罪。

第二,该装置对正在进行的不法侵害发挥了作用制止了不法侵害,并且没有超过必要限度的,成立正当防卫。

第三,如果没有不法侵害存在,该装置导致无辜者伤亡的,设立防卫装置的行为所造成的风险应由设立者承担,设立者承担相应的法律责任,可能成立过失犯罪或者意外事件。

不符合正当防卫时间条件的防卫行为都被称作防卫不适时。防卫不适时和正当防卫存在本质区别,应分别按照不同的情况处理。根据发生的时间阶段,分为两种形式:

(1)事前防卫:是指在不法侵害行为尚在预备阶段或者犯意表示阶段时,对于合法权益的侵害尚未处于现实状态时,就对其采取某种侵害法益的行为。

(2)事后防卫:是指在不法侵害已经结束的情况下,对侵害人采取某种侵害权益的行为。

防卫不适时如果成立犯罪,则可能成立故意犯罪、过失犯罪或者意外事件。

例.甲外出时在自己的住宅内安放了防卫装置。某日晚,乙撬门侵入甲的住宅后,被防卫装置击为轻伤。甲的行为是什么性质?

A.故意伤害罪 B.正当防卫 C.防卫不适时 D.民事侵权行为,不构成犯罪

【答案】B

【详解】分析本题要从是否符合构成要件着手。正当防卫(刑法第二十条)是指为了使国家、公共利益、本人或者他人的人身、财产和其他权利免受正在进行的不法侵害,对不法侵害人所实施的必要的防卫行为。正当防卫必须具备五个条件:①必须是对不法侵害行为,才能实行防卫;②必须是对实际存在而又正在进行的不法侵害,才能实行防卫;③必须是为了保护合法权益免受不法侵害,才能实行防卫;④必须是对不法侵害人本人,才能实行防卫,不允许对未参与侵害的其他人实行防卫;⑤防卫行为不能明显超过必要限度,造成重大损害,否则,就是防卫过当,应当负刑事责任。本题中甲为了保护自己合法的财产,在自己的住宅内安放了防卫装置,但只要安装防卫装置的行为不危害公共安全,本身并不违法。虽然安装时并不存在正在进行的不法侵害,但该装置发挥作用时,不法侵害正在进行,因此,在其针对正在进行的不法侵害人乙实施的不法侵害发生作用时,给乙造成的轻伤并未超过必要限度,未造成重大损害,不构成防卫过当。甲的行为符合正当防卫的构成要件。

故意伤害罪(刑法第234条)是指非法损害他人健康的行为。本罪侵害的客体是他人的健康;客观方面必须有非法损害他人健康的行为;犯罪主体是一般主体,已满14周岁不满16周岁的人能够成为本罪的主体;主观方面是出于故意。本题中甲安放防卫装置的目的是保护自己的合法财产,而不是出于伤害他人的故意,因此不构成故意伤害罪。

例.丙的次子乙,平时经常因琐事滋事生非,无端打骂丙。一日,乙与其妻发生

争吵,丙过来劝说。乙转而辱骂丙并将其踢倒在地,并掏出身上的水果刀欲刺丙,丙起身逃跑,乙随后紧追。丙的长子甲见状,随手从门口拿起扁担朝乙的颈部打了一下,将乙打昏在地上。丙顺手拿起地上的石头转身回来朝乙的头部猛砸数下,致乙死亡。对本案中丙、甲的行为应当如何定性?

A. 丙的行为构成故意杀人罪,甲的行为属于正当防卫
B. 丙的行为构成故意杀人罪,甲的行为属于防卫过当
C. 丙的行为属于防卫过当,构成故意杀人罪,甲的行为属于正当防卫
D. 丙和甲的行为均构成故意杀人罪

【答案】A

【详解】本题的考点是正当防卫问题。本案中"乙辱骂丙并将其踢倒在地,并掏出身上的水果刀欲刺丙,丙起身逃跑,乙随后紧追"。乙对丙实施不法侵害,符合正当防卫的起因条件和时间条件。"丙的长子甲见状,随手从门口拿起扁担朝乙的颈部打了一下,将乙打昏在地上。"甲为维护他人的合法权益针对不法侵害人本人实施打击,符合正当防卫的对象条件和防卫目的的要求。虽然将乙打昏在地,但从侵害行为和防卫行为的强度对比来看,甲并未超出必要限度。所以甲的行为是正当防卫。而丙在乙失去侵害能力时,却侵害乙的生命权,不符合正当防卫的时间条件——不法侵害正在进行。张某拿起地上的石头转身回来朝乙的头部猛砸数下致乙死亡的行为构成故意杀人罪。

例. 关于正当防卫,下列哪一选项是错误的?(　　)

A. 制服不法侵害人后,又对其实施加害行为,成立故意犯罪
B. 抢劫犯使用暴力取得财物后,对抢劫犯立即进行追击的,由于不法侵害尚未结束,属于合法行为
C. 动物被饲主唆使侵害他人的,其侵害属于不法侵害;但动物对人的自发侵害,不是不法侵害
D. 基于过失而实施的侵害行为,不是不法侵害

【答案】D

【详解】本题考核正当防卫。

A项中,不法侵害人已被制服,意味着不法侵害不可能继续侵害或威胁法益,此时不法侵害已经结束,如果又对不法侵害人实施加害行为的,已经不存在防卫的时间条件,应成立故意犯罪。A项说法正确。

B项中,在财产性违法犯罪的情况下,行为虽然已经既遂,但在现场还未得及挽回损失的,应当认为不法侵害尚未结束,可以实行正当防卫。B项说法正确。

C项中,不法侵害应是人实施的不法侵害。在饲养人唆使其饲养的动物侵害他人的情况下,动物是饲养人进行不法侵害的工具,这种侵害属于不法侵害。如果是动物对人的自发侵害,因为没有行为人实施,所以并不存在不法侵害的问题。C项说法正确。

D项中,不法侵害不限于故意的不法侵害,也存在过失的不法侵害,此时也可以进行正当防卫。D项说法错误。

本题要求选择错误选项,故本题的正确答案为D。

3.防卫对象。在具备正当防卫的前提条件下,只能针对不法侵害人本人进行防卫。不法侵害人行为的违法性是允许正当防卫的依据,因此,即使对第三人权益的反击有可能制止不法侵害行为,也不能对不法侵害人以外的第三人实施防卫。而要及时有效地制止正在进行的不法侵害,就是对不法侵害人的人身、财产等权益造成必要的损害。

针对没有进行不法侵害的第三人进行所谓的"防卫"行为,致使第三者伤亡的,分三种情形处理:

(1)符合紧急避险条件的,以紧急避险论,不负刑事责任。

(2)存在故意犯罪的,以故意犯罪论。

(3)如果存在事实认识错误,则成立假想防卫,如果主观上存在过失,以过失犯罪论;如果没有过失的,则属于意外事件。

4.防卫意识。防卫意识包括防卫认识和防卫意志。防卫认识,是指防卫人认识到不法侵害正在进行;防卫意志,是指防卫人出于保护国家、公共利益、本人或者他人的人身、财产和其他权利受正在进行的不法侵害的目的。

不具备防卫意识的几种特殊情况:

(1)防卫挑拨,是指故意挑逗对方进行不法侵害而借机加害于不法侵害人的行为。该行为在认定时原则上是不成立正当防卫的。从客观上看,该行为符合正当防卫的条件,但因为该侵害行为是由行为人挑起,故该行为缺乏正当防卫的防卫意识。因此,其所谓的正当防卫行为实质上是一种有预谋的不法侵害行为。

(2)相互斗殴,是指双方都处于侵害对方的非法意图而发生的相互侵害行为。原则上不成立正当防卫。在相互斗殴的过程中,尽管双方的侵害行为在时间上有先后之序,侵害结果存在轻重之分,但是双方的侵害行为都并不是出于防卫目的而阻止对方的侵害行为,而是为了侵害对方,所以,缺乏防卫意识。值得注意的是,一方停止斗殴,求饶或者逃跑,或者一方手段突然升级而导致重大身体伤害或者死亡的,可能成立正当防卫。

(3)偶然防卫,是指故意或过失侵害他人法益的行为,符合了正当防卫客观条件的情况。通说观点是采用行为无价值论的观点,认为不成立正当防卫。如甲故意枪杀乙时,乙刚好正在持枪瞄准丙实施故意杀人行为,但甲对乙的行为一无所知。在这种情况下,由于甲的行为在客观上阻止了乙正在进行的对丙的不法侵害行为,在客观上符合正当防卫的条件,但实际上由于甲缺乏防卫意识,并非是为了丙的利益而实施的制止乙的不法侵害行为,所以,甲的行为不成立正当防卫。

例.乙基于强奸故意正在对妇女实施暴力,甲出于义愤对乙进行攻击,客观上阻止了乙的强奸行为。

观点：
①正当防卫不需要有防卫认识
②正当防卫只需要防卫认识，即只要求防卫人认识到不法侵害正在进行
③正当防卫只需要防卫意志，即只要求防卫人具有保护合法权益的意图
④正当防卫既需要有防卫认识，也需要有防卫意志

结论：
A.甲成立正当防卫
B.甲不成立正当防卫

就上述案情，观点与结论对应正确的是哪一选项？（　　）

A.观点①观点②与a结论对应；观点③观点④与b结论对应
B.观点①观点③与a结论对应；观点②观点④与b结论对应
C.观点②观点③与a结论对应；观点①观点④与b结论对应
D.观点①观点④与a结论对应；观点②观点③与b结论对应

【答案】A

【解析】解题关键是弄清出题人的意图（所问为何），不要受正当防卫既有定论观点（必须有防卫认识和防卫意志）的影响。题干交代案例中，甲认识到不法侵害正在发生（有防卫认识），出于义愤攻击乙（非为保护他人合法权益，无防卫意志），客观上制止了不法侵害（产生了正当防卫的效果），如果正当防卫没有防卫认识要求（观点①）或仅有防卫认识要求（观点②），则甲的行为均能成立正当防卫（结论A）；一旦正当防卫有防卫意志的要求（观点③和观点④），则甲的行为便不成立正当防卫（结论B）。

5.防卫限度。正当防卫的限度条件，是指正当防卫不能明显超过必要限度且对不法侵害人造成重大损害。所以，是否明显超过必要限度且对不法侵害人造成重大损害，是区分防卫正当和过当的标准。

（1）"重大损害"通常指重伤或死亡，如果只是轻伤结果，不可能成立防卫过当。

（2）"必要限度"的判断以制止不法侵害、保护法益的必要为标准，并需考虑不法侵害行为的程度、缓急和不法侵害的权益。手段是否必须，要判断双方的手段、打击强度、打击部位、人员比对、现场环境等。

（3）"明显超过"必要限度。如果只是轻微必要限度，不成立正当防卫。

（4）正当防卫的限度条件不适用于特殊正当防卫的情形。

例.关于正当防卫的论述，下列哪一选项是正确的？（　　）

A.甲将罪犯顾某扭送派出所途中，在汽车后座上死死摁住激烈反抗的顾某头部，到派出所时发现其已窒息死亡。甲成立正当防卫

B.乙发现齐某驾驶摩托车抢劫财物即驾车追赶，2车并行时摩托车撞到护栏，

弹回与乙车碰撞后侧翻,齐某死亡。乙不成立正当防卫

　　C.丙发现邻居刘某(女)正在家中卖淫,即刻将刘家价值6000元的防盗门砸坏,阻止其卖淫。丙成立正当防卫

　　D.丁开枪将正在偷越国(边)境的何某打成重伤。丁成立正当防卫

【答案】B

【详解】根据刑法第20条的规定,成立正当防卫需要具备五个条件:一是起因条件:存在现实的不法侵害;二是时间条件:不法侵害正在进行;三是对象条件:针对不法侵害人本人进行;四是意识条件:具有防卫意识;五是限度条件:没有明显超过必要限度造成重大损害。

　　A项,甲在扭送罪犯途中,罪犯激烈反抗,说明不法侵害正在进行,甲可以进行正当防卫,但甲的防卫行为导致罪犯窒息死亡,这与罪犯的不法侵害(激烈反抗)相比显然已经明显超过了必要限度,并且造成了重大损害,应属于防卫过当,不属于正当防卫。A项错误。

　　B项,在财产性违法犯罪的情况下,行为虽然已经既遂,但在现场还来得及挽回损失的,应当认为不法侵害尚未结束,可以实行正当防卫。但,由于此时抢劫行为已经得逞,不法侵害人已经取得财物后,不法侵害的高度紧迫性已经丧失,暴力犯罪对防卫人人身安全的威胁已经消除,所以,此时只能进行普通的正当防卫,不能进行特殊的正当防卫,防卫人为挽回财产损失而进行防卫,致使不法侵害人死亡的,仍然要负防卫过当的刑事责任①。故,B项中,乙在追赶齐某时,造成齐某死亡,属于防卫过当,不属于正当防卫。B项正确。

　　C项,注意,并非对任何违法犯罪行为都可以进行正当防卫,只是对那些具有进攻性、破坏性、紧迫性的不法侵害,在采取正当防卫可以减轻或者避免法益侵害结果的情况下,才宜进行正当防卫。比如,假冒注册商标罪、重婚罪、贿赂犯罪等虽然是犯罪行为,却不能对之进行正当防卫。本项中,"卖淫"显然属于违法行为,但其不属于具有进攻性、破坏性、紧迫性的不法侵害,故不能对卖淫行为进行正当防卫。所以,丙不成立正当防卫。C项错误。

　　D项,正当防卫中,不法侵害所针对的法益必须是特殊的,一般而言是个人法益,个人法益不以本人的个人法益为限,也包括他人的个人法益。如果侵害国家、社会法益的行为同时也危及了个人法益的,公民可以进行正当防卫。反之,与个人法益无关联性的、单纯的国家法益、社会法益不应当属于正当防卫所要保护的范围。任何公民个人都不能为了保护国境安全而开枪射杀、伤害或者私自关押非法入境者、脱逃罪犯;任何个人都不能在发现非法经营行为时夺取经营者的财产。故,D项中,偷越国边境的行为,侵犯的法益是国境安全,和个人法益无关联,丁开

---

①　周光权:《刑法总论》(第二版),中国人民大学出版社,2011年版,第153页。

枪将正在偷越国(边)境的何某打成重伤,不成立正当防卫。D项错误。

综上,本题答案为B项。

(二)防卫过当及其应负的刑事责任

防卫过当,是指防卫明显超过必要限度造成重大损害应当负刑事责任的行为。需要明确的是,防卫过当只对明显超过必要限度的重大损害结果才负刑事责任,对防卫限度内的损害结果不承担刑事责任,因此,防卫过当是防卫行为与造成的过当损害结果相结合构成的犯罪,而非过当结果本身单独构成的犯罪。

对于防卫过当的罪过形式,通说采取"间接故意和过失"说,排除了直接故意。只存在间接故意、疏忽大意的过失和过于自信的过失。

例. 甲对正在实施一般伤害的乙进行正当防卫,致乙重伤(仍在防卫限度之内)。乙已无侵害能力,求甲将其送往医院,但甲不理会而离去。乙因流血过多死亡。关于本案,下列哪一选项是正确的?( )

A. 甲的不救助行为独立构成不作为的故意杀人罪
B. 甲的不救助行为独立构成不作为的过失致人死亡罪
C. 甲的行为属于防卫过当
D. 甲的行为仅成立正当防卫

【答案】C

【解析】本题考核正当防卫。乙失血过多死亡归根结底是因为甲的防卫行为造成的,因此应当直接认定甲构成防卫过当,不应将后面不救助的行为独立认定为构成过失致人死亡罪。此外,甲对乙流血过多死亡显然不是故意的,因而不能认定为构成不作为的故意杀人罪。

对于防卫过当行为,应根据其符合的具体犯罪构成要件确定罪名,防卫过当本身并不是罪名。我国刑法规定对防卫过当行为应当酌情减轻或者免除处罚。至于在何种情况下减轻处罚,在何种情况下免除处罚,应当综合考虑如下因素:(1)过当程度,过当程度与刑罚的轻重成正比,轻微过当,处罚应轻微,严重过当,处罚则相对较重;(2)权益性质,为保护重大权益而防卫过当与为保护较小权益为防卫过当,前者处罚相对较轻;(3)防卫目的,为保护国家、公共利益、他人的合法权益而防卫过当,与为保护自己合法权益而防卫过当的,对前者的处罚更轻;(4)罪过形式,疏忽大意的过失、过于自信的过失、间接故意,对这三种罪过形式的处罚应当是依次加重的。

三、特殊正当防卫

我国刑法典第20条第3款规定"对正在进行行凶、杀人、抢劫、强奸、绑架以及其他严重危及人身安全的暴力犯罪,采取防卫行为,造成不法侵害人伤亡的,不属于防卫过当,不负刑事责任"这一规定被称作特殊正当防卫。这一情形属于一般正当防卫的特殊情形,特殊正当防卫符合一般正当防卫的前四个条件,即防卫起因、防卫时间、防卫对象和防卫意识,但是不符合一般正当防卫的限度条件,可以进行无限防卫。

特殊正当防卫对不法侵害行为有一定的要求,即必须是在严重危及人身安全的暴力犯罪。所以,非暴力犯罪不能适用特殊正当防卫;非为保护人身安全,不适用特殊正当防卫;非具有导致死亡和严重重伤的紧迫危险,不适用特殊正当防卫。同时,在刑法第20条第3款未列举到的犯罪中,如果属于严重危及人身安全的暴力犯罪,同样成立特殊正当防卫。例如,抢劫枪支弹药罪、劫持航空器罪等。

例. 刑法第20条第3款规定:"对正在进行行凶、杀人、抢劫、强奸、绑架以及其他严重危及人身安全的暴力犯罪,采取防卫行为,造成不法侵害人伤亡的,不属于防卫过当,不负刑事责任。"关于刑法对特殊正当防卫的规定,下列哪些理解是错误的?(　　)

A. 对于正在进行杀人等严重危及人身安全的暴力犯罪,采取防卫行为,没有造成不法侵害人伤亡的,不能称为正当防卫

B. "其他严重危及人身安全的暴力犯罪"的表述,不仅说明其前面列举的抢劫、强奸、绑架必须达到严重危及人身安全的程度,而且说明只要列举之外的暴力犯罪达到严重危及人身安全的程度,也应适用特殊正当防卫的规定

C. 由于特殊正当防卫针对的是严重危及人身安全的暴力犯罪,而这种犯罪一旦着手实行便会造成严重后果,所以,应当允许防卫时间适当提前,即严重危及人身安全的暴力犯罪处于预备阶段时,也应允许进行特殊正当防卫

D. 由于针对严重危及人身安全的暴力犯罪进行防卫时可以杀死不法侵害人,所以,在严重危及人身安全的暴力犯罪结束后,当场杀死不法侵害人的,也属于特殊正当防卫

【答案】ACD

【解题思路和依据】特殊正当防卫是正当防卫的一种特殊情形。A项明显属于特殊正当防卫,所以,A不正确。

根据《刑法》第20条的规定,不仅对正在进行行凶、杀人、抢劫、强奸、绑架犯罪适用特殊正当防卫的规定,其他正在进行的暴力犯罪,如果达到严重危及人身安全的程度,也可以适用特殊正当防卫。所以,B正确。

正当防卫成立条件中重要的一条是"不法侵害正在进行",而C项是事前防卫,D项是事后防卫,都属于防卫不适时,不成立正当防卫。

【应注意的问题】特殊正当防卫只是对象特殊和限度特殊,其他条件与一般正当防卫是相同的,因此,应将特殊正当防卫置于正当防卫制度中来理解。

例. 甲深夜盗窃5万元财物,在离现场1公里的偏僻路段遇到乙。乙见甲形迹可疑,紧拽住甲,要甲给5,000元才能走,否则就报警。甲见无法脱身,顺手一拳打中乙左眼,致其眼部受到轻伤,甲乘机离去。关于甲伤害乙的行为定性,下列哪一

选项是正确的?（　　）

A.构成转化型抢劫罪
B.构成故意伤害罪
C.属于正当防卫,不构成犯罪
D.系过失致人轻伤,不构成犯罪

【答案】C

【解析】《刑法》第二百六十九条规定,犯盗窃、诈骗、抢夺罪,为窝藏赃物、抗拒抓捕或者毁灭罪证而当场使用暴力或者以暴力相威胁的,依照本法第二百六十三条的规定定罪处罚。据此可知,构成转化型抢劫罪的条件是"当场"使用暴力或暴力相威胁,且目的是为了"窝藏赃物、抗拒抓捕或者毁灭罪证"。本题中,甲在离开现场1公里以外的地方才实施暴力,不是当场实施暴力,不构成转化型的抢劫罪。另外,乙见甲形迹可疑,紧拽住甲,要甲给5,000元才能走,否则就报警,乙的行为构成敲诈勒索罪,因而甲将乙打成轻伤构成正当防卫。

观点争鸣

1.偶然防卫。关于偶然防卫,刑法理论上存在如下观点:

(1)部分行为无价值论者认为,正当防卫的成立要求防卫意识(主观的正当化要素),偶然防卫缺乏防卫意识,因而成立犯罪既遂,这种观点被称作行为无价值论的既遂说。

(2)部分行为无价值论者(可谓二元论者)认为,正当防卫的成立要求防卫意识,偶然防卫造成了正当的结果,缺乏结果无价值,但存在行为无价值,因而成立犯罪未遂,这种观点就是行为无价值论的未遂说。

(3)部分结果无价值论者认为,正当防卫的成立虽然不要求防卫意识,但偶然防卫是由于偶然原因没有造成法益侵害结果,因而具有造成法益侵害的危险,故成立犯罪未遂,这种观点被称作结果无价值论的未遂说。

(4)部分结果无价值论者认为,紧急救助型的偶然防卫(客观上偶然防卫他人利益)属于正当防卫,自己防卫型的偶然防卫(客观上偶然防卫自己利益)成立犯罪未遂,这种观点被称作结果无价值论的二分说。

(5)部分结果无价值论者认为,正当防卫的成立不要求防卫意识,偶然防卫成立正当防卫,这种观点被称作结果无价值论的无罪说。例如,行为人擦枪时无意间触动了扳机,将正在杀人的不法侵害者打成重伤,成立正当防卫。

2.防卫过当的罪过形式。关于防卫的罪过形式,刑法理论界众说纷纭,莫衷一是。存在以下观点:

(1)全面过失说,认为防卫过当的罪过形式只能是过失,包括疏忽大意的过失与过于自信的过失。

（2）疏忽大意过失说，认为防卫过当的罪过形式只能是疏忽大意的过失。

（3）排除直接故意说，认为防卫过当的罪过形式只能是间接故意或过失，而不可能是直接故意。

（4）排除过失说，认为防卫过当的罪过形式都只能是故意，而不可能是过失。

（5）故意与过失说，认为防卫过当的罪过形式既可以是故意（包括直接故意与间接故意），也可以是过失，包括疏忽大意的过失和过于自信的过失。

通说的观点采取排除直接故意说，认为在防卫过当的场合，认为人对于其过当行为及其结果，主观上不可能出于直接故意，因为正当防卫目的和犯罪目的，不可能同时存在于一个主观意识支配外在行为的过程之中。疏忽大意的过失、过于自信的过失以及间接故意，都是没有犯罪目的的罪过形式，与防卫过当需要具备的目的的正当性不矛盾，因而都可以成为防卫过当的罪过形式。

■问题思考

1. 在防卫时，如果不法侵害人是未达到刑事责任年龄的未成年人或无责任能力的精神病人，能否进行正当防卫？

2. 对动物的侵袭是否可以实施反击，反击动物侵袭的行为属于什么性质？

■案例分析

乙抢劫出租车司机甲，用匕首刺甲一刀，强行抢走财物后下车逃跑。甲发动汽车追赶，在乙往前跑了 40 米处将其撞成重伤并夺回财物。甲的行为性质如何判断？

【答案】正当防卫

【解析】本题考察正当防卫的"适时性"问题。刑法规定正当防卫所适用的条件必须是"正在进行的不法侵害"。刑法第 20 条第 3 款规定了特殊正当防卫，其适时性要求也是"暴力犯罪正在进行"。这就涉及如何理解犯罪"结束"，刑法学界有行为完毕说、离去现场说、事实继续说、结果形成说、排除危险说等多种观点。排除危险说基本上是妥当的，即只要本人或他人还存在着受暴力犯罪行为侵害的危险，就可以适用特殊防卫权。本题便属于这种情况，换言之，不法侵害在空间上、时间上仍然具有紧密连接，仍然可以认定为"正在进行"。紧迫性就是现在性，从与防卫行为在时间上的关系来看，包括直接面临侵害的场合、侵害正在进行的场合与侵害继续的场合，紧迫性与被害的现在性没有关系，与犯罪是否既遂也没有关系，因此，盗窃犯持有赃物在现场或逃走中，就是现实地继续占有赃物，紧迫的侵害就在继续，被害人用强力夺回财物就是正当防卫。例如，盗窃罪完成后，被害人在犯行当场或者附近,使用强力夺回被盗财物的行为,也属正当防卫。

　　法令行为,是指基于成文法律、法令、法规的规定,作为行使权利或者承担义务所实施的行为。由于法令行为是法律本身所允许乃至鼓励的、形成法秩序的一部分的行为,因而是合法行为,不是犯罪行为。紧急避险,是指为了使国家、公共利益、本人或者他人人身、财产和其他权利免受正在发生的危险,不得已损害另一较小或者同等法益的行为。

　　自救行为,是指法益受到侵害的人,在通过法律程序、依靠国家机关不可能或者明显难以恢复权益的情况下,依靠自己的力量救济法益的行为。该题容易混淆之处,在于有些考生认为甲的行为是自救行为。考生应当注意,自救行为与正当防卫的重要区别在于"适时性"问题,如果认为具有"适时性",则应当适用正当防卫的规定。这样适用刑法主要有两个理由:第一,正当防卫是法定的排除犯罪性事由,自救行为属于超规范的排除犯罪性事由,即使在两者竞合的时候,也应当优先适用正当防卫的规定。第二,如果适用正当防卫的规定,排除犯罪性的范围更大一些。如本题中如果适用正当防卫的规定,甲无罪。如果适用自救行为来解释,就要考虑"手段与目的"的相当性问题。刑法规定了特殊正当防卫,当然是要优先适用该规定,体现对正当法益的保护优先。

第三节　紧急避险

一、紧急避险的概念和意义

(一)紧急避险的概念

我国刑法典第21条规定:"为了使国家、公共利益、本人或者他人的人身、财产和其他权利免受正在发生的危险,不得已采取的紧急避险行为,造成损害的,不负刑事责任。紧急避险超过必要限度造成不应有的损害的,应负刑事责任,但是应当减轻或者是免除处罚。第1款中关于本人避险的规定,不适用于职务上、业务上负有特定责任的人。"

紧急避险的本质就在于,当两个合法权益相冲突,只能保全其中之一的紧急状态下,法律允许为了保全较大权益而损害较小的权益。虽然造成了较小的权益的损害,但从整体上说,它是有益于社会的行为,不仅不应该承担刑事责任,而且应该受到国家法律的保护、鼓励和支持。

(二)紧急避险的意义

1.有利于鼓励公民在必要的情况下,通过损害较小的合法权益的手段,来保全较大的合法权益,尽一切可能减少自然灾害、不法侵害等危险带给社会的损害。

2. 有利于培养广大公民顾全大局、互助友爱的观念。他鼓励和支持公民树立维护公共利益、整体利益的观念,使人们在与自然灾害、不法侵害等危险的斗争中,培养集体主义精神,提高思想境界。

二、紧急避险的条件

1. 避险起因。避险起因,是指只有在合法权益遭受现实的损害危险的时候,才可以实施紧急避险。这种危险,是指某种有可能对合法权益造成损害的紧迫状态。危险的来源有以下几种:

(1)自然的力量。即由自然灾害造成的危险,如火灾、地震、海啸、泥石流等,凡是可以危及合法权益的自然灾害,都可能成为紧急避险的危险来源。

(2)动物的侵袭。动物的侵袭也可能对人身、财产构成威胁,如恶狗咬人。需注意的是,只有杀伤属于特定人(国家、集体、个人)的动物时,才可能构成紧急避险。

(3)非法侵害行为。包括有责任能力人和无责任能力人。

(4)人的生理、病理过程。即因生理、病理的需要得不到满足而威胁到人的生命的危险,如为了抢救重伤员,强行阻拦过往车辆送往医院,这种情形下,不能构成抢劫,而成立紧急避险。

2. 避险时间。避险时间,是指应当针对危险已经出现并且尚未结束的阶段进行紧急避险。

危险已经出现:是指由于某种事实的发生,而导致合法权益面临着紧迫的危险。需要注意的是,若这种危险还存在潜在状态,其是否出现还处于或然状态,那么法律是不允许进行紧急避险的。

危险尚未结束:是指危险出现之后,即将或者正在造成危险,此时若不实施紧急避险,则合法权益必将遭受损害或进一步的损害。

紧急避险必须在这一阶段进行,如果行为人在危险尚未出现或者已经结束的情况下实施紧急避险,则构成避险不适时。避险不适时不成立紧急避险,如果造成合法权益受到损害的,构成犯罪的,应当承担相应的刑事责任。

3. 避险意图。避险意图,是指避险人对正在发生的危险有明确的认识,并希望以避险手段保护较大合法权益的心理状态。包括避险认识和避险目的。

避险认识:包括认识到正在发生的危险的存在,认识到这种危险只能采取紧急避险来予以排除,认识到只要损害到较小的权益就可以达到避险的目的。

避险目的:是指行为人只能是为了避免国家、公共利益、本人或者他人的人身、财产或者其他权利遭受正在发生的危险,才实施的紧急避险。

例.甲遭乙追杀,情急之下夺过丙的摩托车骑上就跑,丙被摔骨折。乙开车继续追杀,甲为逃命飞身跳下疾驶的摩托车奔入树林,丙一万元的摩托车被毁。关于甲行为的说法,下列哪一选项是正确的?(   )

A. 属于正当防卫

B. 属于紧急避险

C. 构成抢夺罪

D. 构成故意伤害罪、故意毁坏财物罪

【答案】B

【答案】本题考核紧急避险。

紧急避险，是指为了使国家、公共利益、本人或者他人的人身、财产和其他权利免受正在发生的危险，不得已给另一较小的法益造成损害的行为。紧急避险的本质是避免现实危险，保护较大法益。关于权衡权益的大小，一般来说，人身权利大于财产权利，人身权利中的生命权重于其他人身权利。本题中，甲的生命权重于丙的财产权以及身体权，甲为避免乙的追杀，不得已给丙造成损害，属于紧急避险。故排除ACD，本题正确答案为B项。

4.避险对象。避险对象，是指紧急避险只能针对第三者的合法权益。所以，如果行为人是通过损害不法侵害人的人身或者财产权来排除危险，那么其行为成立的是正当防卫而不是紧急避险。

需要指出的是，并不是任何第三人的合法法益都可以作为紧急避险的对象。首先它必须比所要保护的合法权益次要；其次，一般情况下，不允许用损害他人的生命和健康的方法去保护另一种合法权益。

(1)避险限度。避险限度，是指在采取紧急避险的时候不能超过必要的限度，这是紧急避险的限度条件。即紧急避险造成的损害必须小于所避免的损害。换言之，为了保护一个合法权益而损害的另一个合法权益，既不能等于、更不能大于所保护的权益。

对于法益衡量的标准，一般来说，人身权利大于财产权利；人身权利的生命权为最高权力；财产权利的大小可以用价值来衡量。但这并非绝对的准则，在分析具体案件的时候，应当具体问题具体分析。

(2)避险限制。避险限制，是指紧急避险只能在不得已的情况下才能实施，也就是说，只有在行为人没有任何其他方法排除危险的情况下，才允许选择损害第三者合法权益的方法。因为，虽然紧急避险在法律上是一种被鼓励的行为，而且也是对社会有益的行为，但是它毕竟给无辜的第三方的合法权益造成了损害。所以，应当对它进行严格的限制，如果存在其他的方法可以避险，如逃避、报警救援、寻求他人帮助等，但行为人却选择采取对第三人的合法权益造成损害的方式，则不能成立紧急避险。

(3)避险禁止。在刑法第20条第3款中规定"关于避免本人危险的规定，不适用于职务上、业务上负有特定责任的人"。具体而言，在国家、公共利益、他人的人身、财产和其他权利遭受危险侵害的时候，职务上、业务上负有特定责任的人可以实施紧急避险；在本人的人身、财产和其他权利遭受危险损害的时候，只要避险行为与所承担的特定责任不相冲突,职务上、业务上负有特定责任的人也可以实施紧急避险。

(三)避险过当及应负的刑事责任

我国刑法典第21条第2款规定"紧急避险超过必要限度造成不应有的损害的,应当负刑事责任,但是应当减轻或者免除处罚。"它论述了避险过当的定义,即避险行为超过必要限度造成不应有的损害的行为。

避险过当是犯罪行为,但是避险过当并不是罪名,而应该根据该犯罪具体触犯的罪名定罪处罚。

在量刑时,应当减轻或者免除处罚。在具体的案件中,我们应当根据避险的目的、行为人的罪过形式、保护权益的性质、过当程度等因素来综合考虑。

(四)紧急避险与正当防卫的区别

正当防卫和紧急避险都是为了保护国家、公共利益、本人或者他人的人身、财产和其他权利,而给他人的某种权利或者利益造成一定损害的正当行为。但是二者仍具有明显区别:

第一,危险来源不同。正当防卫的危险来源于不法侵害人的不法侵害,但是紧急避险的危险来源则不限于不法侵害,还包括自然的力量、动物的侵袭以及人的生理、病理过程。

第二,损害对象不同。正当防卫只能针对不法侵害本人进行防卫,而紧急避险则是针对第三方的合法权益。

第三,实施条件不同。正当防卫并非是制止不法侵害的最后手段,即使在有条件采取躲避非法侵害、及时获得公力救助或者可能规劝不法侵害人放弃侵害等方法制止不法侵害的情况下,公民仍旧有权利对正在进行的不法侵害进行正当防卫,即可以进行正当防卫的行为人具有一定的选择权,但是紧急避险则并不这样的。紧急避险只能在没有任何其他方法排除危险的迫不得已的情况下才能实施。

第四,限度标准不同。在进行正当防卫的时候,应该针对不法侵害行为实施必要的防卫行为,对二者法益损害的大小并没有具体的衡量标准,并且在特殊情况下,还可以进行特殊防卫。而在紧急避险中,紧急避险造成的损害只能小于所避免的损害,不能等于或大于所避免的损害。

第五,适用的范围有所区别。紧急避险中有关于本人危险的规定,不适用于职务上、业务上负有特定责任的人;而正当防卫则无此限制。

例. 甲、乙两家有仇。某晚,两拨人在歌厅发生斗殴,甲、乙恰巧在场并各属一方。打斗中乙持刀砍伤甲小臂,甲用木棒击中乙头部,致乙死亡。关于甲的行为,下列哪一选项是正确的?

A. 属于正当防卫

B. 属于紧急避险

C. 属于防卫过当

D. 属于故意杀人

【答案】 D

【解析】 根据《刑法》第 20 条规定,正当防卫是指为了使国家、公共利益、本人或者他人的人身、财产和其他权利免受正在进行的不法侵害,而采取的制止不法侵害的行为,对不法侵害人造成损害的,属于正当防卫,不负刑事责任。相互斗殴是指参与者在其主观上的不法侵害故意的支配下,客观上所实施的连续相互侵害的行为。在相互斗殴的情况下,由于行为人主观上没有防卫意图,其行为不得视为正当防卫。本题中,甲、乙两人的行为属于相互斗殴,因此甲不成立正当防卫,也不存在防卫过当的问题。因此 AC 选项错误,不当选。

根据《刑法》第 21 条规定,紧急避险是指为了使国家、公共利益、本人或者他人的人身、财产和其他权利免受正在发生的危险,不得已采取的紧急避险行为,造成损害的。本题中,甲不存在避险意图,也没有损害第三人的合法权益,因此不属于紧急避险,B 选项错误。甲用木棒击中乙头部致乙死亡的行为,构成故意杀人罪,因此 D 选项正确,当选。本题应选 D。

■ 观点争鸣

1. 紧急避险的限度。我国传统刑法理论认为,紧急避险行为所引起的损害应小于所避免的损害。但刑法理论上,存在不同观点:

(1) 保护的利益大于损害的利益也有可能超过必要限度。例如,为防止森林火灾蔓延,根据具体情形,砍伐 10 米左右的树木制造隔离带即可,但行为人下令砍伐树木 500 米以制造隔离带的,超过必要限度造成了不应有的损害,成立避险过当。

(2) 就财产法益而言,不得已损害同等法益的,也不一定超过了必要限度。因为如果保护甲法益的唯一方法就是损害同等的乙法益,那么,这种行为就没有实质法益,整体上没有法益侵犯,难以成立犯罪。

(3) 就生命法益而言,由于生命不存在贵贱、多寡之分,故牺牲某人保护他人生命的行为,具有违法性,不成立阻却违法的紧急避险。只有当某人承诺牺牲自己,或者唯有某人处于被牺牲者的地位等时,才能将牺牲其生命保护其他人生命的行为认定为阻却责任的紧急避险。

■ 问题思考

1. 对"非典"病人、疑似病人、可能感染者强制隔离的法理依据。

2. "假想避险"如何处理?

第四节 其他排除犯罪事由

一、法令行为

法令行为,是指基于成文法律、法令、法规的规定,作为行使权利或者承担义务所实施的行为。法令行为包括四类行为:

第一,法律基于政策理由排除犯罪性的行为,即某类行为本来会侵害法益,但是法律基于政策考虑,将其中的某种行为规定为合法行为。例如发行彩票。

第二,法律有意明示了合法性条件的行为。即某类行为本来具有犯罪性,但是法律特别规定,在符合一定条件时属于合法行为。

第三,职权行为,即公务人员根据法律行使职务或者履行职责的行为。即包括基于法律的直接规定实施的行为,也包括基于上级的职务命令实施的行为。如司法工作人员对犯罪嫌疑人实行逮捕。而对于人民警察执行职务的行为是否适用正当防卫的规定,司法解释采取肯定的立场,但是刑法理论主流观点则采取了否定的立场,认为其属于法令行为。

第四,权力行为,即在法律规定上作为公民的权利的行为,如一般人扭送现行犯。

二、正当业务的行为

正当业务行为,是指虽然没有法律、法令、法规的直接规定,但在社会生活上被认为是正当的业务上的行为。业务是指基于社会生活中的地位反复实施的行为。需要注意的是,只有正当业务中的正当行为才是排除犯罪的事由,超出正当范围的行为依然可能成立犯罪。例如,新闻报道、职业体育活动、律师的辩护活动、治疗行为(人体实验、性转换手术不属于治疗行为)。

三、被害人承诺

被害人的承诺,符合一定条件,便可以排除损害被害人法益的行为的违法性。被害人请求或者许可行为人侵害其法益,表明了其放弃了该法益,放弃了对该法益的保护。

从形式上来说,承诺包括三种情形:

1. 被害人的承诺是构成要件要素的犯罪。例如,引诱、唆使他人吸食、注射毒品的,引诱他人卖淫的等。

2. 被害人承诺绝对无效的情形(不管有无承诺都构成犯罪)。例如,拐卖儿童的,奸淫幼女的,拐骗儿童的,猥亵儿童的等。

3. 无承诺、承诺无效的,成立犯罪;有承诺、承诺有效的,不成立犯罪。例如,拐卖妇女的,盗窃他人财物的,非法侵入住宅的,强奸妇女的等。

在上述三种情形下,只有第三种情形才能作为违法阻却事由的被害人承诺。

经被害人承诺的行为符合下列条件时,才阻却行为的违法性:

1. 承诺的范围:承诺着对被侵害的法益具有处分权限。任何人只能承诺自己个人的法益,而不能对国家法益、社会公共法益与他人法益作出承诺。

个人能做出承诺的法益有个人财产、名誉、自由、轻伤害、已满14周岁妇女的性权利可以承诺,但重伤害、生命的承诺无效。但需注意,已满18周岁的人自愿捐献器官给他人的,承诺有效;但不满18周岁的未成年人自愿捐献器官,承诺绝对无效。而对于生命的承诺,消极的安乐死无罪;但积极的安乐死具有违法性,成立故意杀人罪。

2. 承诺能力:承诺着对所承诺的事项的意义与范围具有理解能力。例如,患有精神病的妇女对于承诺与他人发生性关系,缺乏理解能力,其承诺无效;针对儿童人身权利的犯罪,儿童的承诺无效。

3. 基于被害人真实意思而承诺,但戏言性承诺、基于强制或者威压作出的承诺无效。被害人基于错误的承诺是否有效,通说采取法益关系错误说,即只是对承诺的动机产生错误的,该承诺有效;但因受骗而对所放弃的法益的种类、范围或者危险性发生了错误认识的,承诺无效。

4. 承诺至迟必须存在于结果发生时。如果被害人在结果发生前变更承诺的,原来的承诺无效。结果发生之后的承诺无效,先前行为成立犯罪,即事后承诺绝对无效。

5. 必须存在现实的承诺。通说采取意思方向说,即只要被害人具有现实的承诺,即使没有表示于外部,也是有效的承诺。

6. 经承诺的行为不得超出承诺的范围。

7. 承诺者既承诺行为,而且承诺行为的结果。如果只是承诺了被告人的行为,并没有承诺该行为造成的法益侵害结果,则不能认为其放弃了自己的法益,故不能阻却违法。例如,甲明知乙系醉酒驾驶,仍旧坐在乙的车内,后发生交通事故,致使甲重伤,对此,不能认为甲的行为系被害人承诺。

8. 经承诺的行为本身不违反法律,否则可能构成其他犯罪。例如,聚众淫乱行为,虽然不成立强奸罪,但是如果以第三人知晓或者可能知晓的方式实施的,成立聚众淫乱罪。

例.经被害人承诺的行为要排除犯罪的成立,至少符合下列4个条件:
①被害人对被侵害的_____具有处分权限
②被害人对所承诺的_____的意义、范围具有理解能力
③承诺出于被害人的_____意志
④被害人必须有_____的承诺
下列哪一选项与题干空格内容相匹配?(　　)(2011年卷二单选第8题)
A.法益——事项——现实——真实
B.事项——法益——现实——真实
C.事项——法益——真实——现实
D.法益——事项——真实——现实
【答案】D
【解析】被害人的承诺在符合一定条件时,可以排除损害被害人法益的行为的违法性。经被害人承诺的行为符合下列条件时,才能排除犯罪的成立:(1)承诺者对被侵害的法益具有处分权;(2)承诺者必须对所承诺的事项的意义、范围具有理解能力;(3)承诺必须出于被害人的真实意志,戏言性的承诺、基于强制或者威压作出的承诺,不排除犯罪的成立;(4)必须存在现实的承诺;(5)承诺至迟必须存在于结果发生时,被害人在结果发生前变更承诺的,则原来的承诺无效;(6)经承诺所实施的行为不得超出承诺的范围。

值得注意的是,现实中没有被害人的承诺,但是如果被害人知道事实真相后当然会承诺,在这种情况下,推定被害人的意志所实施的行为,就是基于推定的承诺的行为。例如,发生火灾之际,为了避免烧毁被害人的贵重财产,闯入屋内搬出贵重物品的行为,就是基于推定的承诺的行为。必须符合以下要件:

1.被害人没有现实的承诺。

2.推定被害人知道真相后会承诺

这种推定以一般人的合理意愿为标准,而不以被害人之后的实际意愿为标准。

3.必须是为了被害人的一部分利益牺牲其另一部分利益,但所牺牲的法益不得大于所保护的法益。

4.行为所指向的法益被害人有权处分的法益。

四、自救行为

自救行为,是指法益受到侵害的人,在通过法律程序、依靠国家机关不可能或者明显难以恢复的情况下,依靠自己的力量救济法益的行为。自救行为必须符合以下条件:

1.法益已经受到了违法侵害。

2.通过法律程序、依靠国家机关不可能或者明显难以恢复受侵害的法益。通

过自救行为如果不可能恢复受侵害的法益,则不能实施自救行为。

3.救济行为的手段具有适当性,所造成的侵害与救济的法益具有相当性。

相关链接

1983年9月14日最高人民法院、最高人民检察院、公安部、国家安全部、司法部《关于人民警察执行职务中实行正当防卫的具体规定》,对人民警察执行任务中实行正当防卫问题,做如下具体规定:

遇有下列情形之一,人民警察必须采取正当防卫行为,使正在进行不法侵害行为的人丧失侵害能力或者中止侵害行为:

1.暴力劫持或控制飞机、船舰、火车、电车、汽车等交通工具,危害公共安全时。

2.驾驶交通工具蓄意危害公共安全时。

3.正在实施纵火、爆炸、凶杀、抢劫以及其他严重危害公共安全、人身安全和财产安全的行为时。

4.人民警察保卫的特定对象、目标受到暴力侵袭或者有受到暴力侵袭的紧迫危险时。

5.执行收容、拘留、逮捕、审讯、押解人犯和追捕逃犯,遇有以暴力抗拒、抢夺武器、行凶等非常情况时。

6.聚众劫狱或看守所、拘役所、拘留所、监狱和劳改、劳教场所的被监管人员暴动、行凶、抢夺武器时。

7.人民警察遇到暴力侵袭,或佩带的枪支、警械被抢夺时。

观点争鸣

1.被害人基于错误的承诺是否有效。理论上存在两种观点:

(1)本质错误说,又被称作重大错误说,即如果被害人没有陷入错误认识(或知道真相)就不会承诺时,该承诺无效。

(2)法益关系错误说,即只是对承诺的动机产生错误,该承诺有效;但因受骗而对所放弃的法益的种类、范围或者危险性发生了错误认识(法益关系的错误)的,承诺无效。刑法理论上的通说是法益关系错误说。

2.在被害人的承诺中,关于承诺的表示方式。刑法理论上有两种观点,行为无价值论者主张意思表示说,而结果无价值论者主张意思方向说:

(1)意思表示说。意思表示说认为,承诺的意思必须以语言、举动等方式向行为人表示出来。

(2)意思方向说。意思方向说认为,只要被害人具有现实的承诺,即使没有表示于外部,也是有效的承诺。

刑法理论界采用的通说是意思方向说。

问题思考

1. 被害人承诺在什么情况下具备阻却违法性?
2. 成立自救行为的条件。

第五章

故意犯罪的停止形态

■知识结构图

犯罪既遂形态→犯罪预备形态→犯罪未遂形态→犯罪中止形态

■重点提示

犯罪既遂形态的判断标准;犯罪预备形态的成立条件;犯罪未遂形态的成立条件及未遂犯处罚;犯罪中止形态的成立条件及中止犯的处罚

■司考重点

犯罪既遂形态的判断标准;犯罪预备与犯罪未遂的区别;犯罪未遂与犯罪中止的区别

第一节 故意犯罪的停止形态概述

一、故意犯罪停止形态的概念

犯罪行为的实施是一个过程,但并非所有的犯罪行为都能顺利完成。从犯罪人产生犯意,开始犯罪行动到完成犯罪,是一个纵向的动态的过程。故意犯罪作为复杂的社会现象,其发展过程并非都是完整顺利的。在这个过程中,可能会受到各种因素的影响和制约,使犯罪行为停留在不同的犯罪阶段,从而体现出不同的犯罪形态。这些不同的犯罪形态,就是故意犯罪停止形态理论所研究的内容。

所谓故意犯罪的停止形态,是指故意犯罪在其发生、发展和完成的过程及阶段中,因主客观原因而停止的各种犯罪状态。①[1]故意犯罪的停止形态包括完成形态和未完成形态。故意犯罪的完成形态即故意犯罪的既遂形态,一般是指故意犯罪在其发展过程中未在中途停止下来而得以进行到终点,行为人完成了犯罪的情形。故意犯罪的未完成形态则包括犯罪预备、犯罪未遂和犯罪中止,一般是指故意犯罪在其发展过程中居于中途而停止下来,犯罪未进行到终点,行为人没有完成犯罪的情形。我国刑法分则对具体犯罪的规定,都是以既遂为标本的。但是在现实生活中,并非一切犯罪都能达到既遂。

二、故意犯罪停止形态的特征

首先,只有故意犯罪而且是直接故意犯罪才有犯罪停止形态问题。间接故意以及过失犯罪不存在犯罪完成形态和未完成形态问题,而仅仅存在罪与非罪问题。间接故意犯罪之所以没有犯罪的特殊形态,是因为间接故意是放任结果的发生,所以不可能为犯罪准备工具、制造条件;在没有发生犯罪结果的情况下,不可能认定行为人有间接故意。所以,间接故意没有犯罪的预备、未遂和中止等特殊形态。同样,过失犯罪也不存在犯罪的预备、未遂和中止等特殊形态,是因为过失犯罪不可能有预备行为,而且没有发生犯罪结果时,也不会成立过失犯罪。从理论上讲并非所有的直接故意犯罪都存在犯罪的未完成形态问题,也有少量的直接故意犯罪不存在某种犯罪停止形态。以举动犯为例,理论上一般认为举动犯不存在犯罪未遂问题。例如,我国刑法规定的煽动分裂国家罪、煽动颠覆国家政权罪等。这类犯罪一旦行为人着手实施犯罪,其行为就宣告既遂,因而举动犯不存在犯罪的未遂问题。

其次,故意犯罪的特殊形态只能存在于犯罪过程中,在犯罪过程以外出现的某种状态,不是故意犯罪的停止形态。例如,行为人仅具有犯意并不构成犯罪,而且行为人产生犯意后又打消犯意的,也不是故意犯罪的停止形态。例如,行为人在盗窃他人财物后,数日后又将财物返还给受害人的,其行为已经构成盗窃罪的既遂,至于既遂后的返还财物的行为,不是犯罪的停止形态,只能作为量刑情节加以考虑。而且故意犯罪的过程是以行为人开始实施犯罪的预备行为为起点,至行为人完成犯罪预备行为为终点。犯罪过程又可以分为若干阶段,分别为犯罪的预备阶

---

① [1]高铭暄、马克昌主编:《刑法学》,北京大学出版社,2014年版,第142页。

段和犯罪的实行阶段。犯罪的预备阶段其时空范围从行为人开始实施犯罪的预备行为之时为起点,至行为人完成犯罪的预备行为而尚未着手犯罪的实行行为之时为终点。犯罪的实行阶段的时空范围,是以行为人着手犯罪的实行行为之时为起点,至行为人完成犯罪即达到犯罪既遂为终点。也就是说,犯罪过程包含"两个阶段"和"三个节点"。"两个阶段"为犯罪的预备阶段和犯罪的实行阶段。"三个节点"则包括开始预备犯罪的预备行为、着手犯罪的实行行为和犯罪完成(即达到既遂)。

最后,故意犯罪的停止形态是在犯罪过程中由于某种原因而停止的状态,这种停止形态不是暂时性停顿,而是终局性的停止,即该犯罪行为由于某种原因不可能继续向前发展。就同一犯罪行为而言,出现了一种犯罪形态后,不可能再出现另一种犯罪形态。例如,出现了犯罪预备形态之后,不可能再出现犯罪的未遂、中止和既遂形态。出现了犯罪未遂,不可能再出现犯罪的中止和既遂形态。

三、故意犯罪停止形态承担刑事责任的根据

行为符合主客观相统一的犯罪构成,是行为人承担刑事责任的科学根据。故意犯罪的完成形态,即犯罪的既遂形态承担刑事责任的根据,是行为符合主客观相统一的犯罪构成,就是我国刑法分则所规定的具体犯罪的构成要件。

故意犯罪的未完成形态,即犯罪的预备、未遂和中止形态承担刑事责任的根据,是行为符合修正的犯罪构成。由于犯罪构成是主客观要件有机统一和紧密结合的整体,即使是修正的犯罪构成,也是主客观要件完整齐备的犯罪构成。犯罪的预备、未遂和中止这些未完成形态的犯罪构成,是在基本犯罪构成的基础上加以修正和变更的犯罪构成。我国刑法之所以对犯罪的未完成形态追究刑事责任,是因为犯罪的未完成形态具备了修正的犯罪构成的全部要件,其行为是主观犯罪故意和客观危害行为的有机结合。这是犯罪未完成形态承担刑事责任的根据,也是我国刑法认定犯罪未完成形态具有刑罚当罚性的立法依据之所在。

问题思考

1. 故意犯罪停止形态的类型。
2. 故意犯罪未完成形态包含的内容。
3. 故意犯罪未完成形态承担刑事责任的依据。

案例分析一

案情简介:甲乘在路上行走的妇女乙不注意之际,将乙价值12,000元的项链一把抓走,然后逃跑。跑了50米后,甲以为乙的项链根本不值钱,就转身回来,打了乙两耳光,并说:"出来混,也不知道带条好项链",然后将项链扔给乙。对甲的行为,应当如何定性?(2008年司考,卷二,第15题,单选题)

A. 抢夺罪(未遂)

B. 抢夺罪(中止)

C. 抢夺罪(既遂)

D. 抢劫罪(转化型抢劫)

问题:本题考查既遂犯的成立及构成条件。

解题思路:本题中要解决的关键问题是抢夺罪还是转化型抢劫。甲从乙手中抢夺走项链后,发现项链不值钱,返回对乙使用暴力。但该暴力行为并非是出于窝藏赃物、抗拒抓捕或毁灭罪证之目的,故不符合《刑法》第269条转化型抢劫之要件。

此外,本题还需要解决抢夺罪的停止形态问题。甲返回后将所抢项链又交给乙,并非是出于悔悟之心,故不成立中止。甲自以为该项链不值钱,可谓对行为对象存在错误认识,但该错误认识是发生在抢夺财物完成之后,不影响对行为犯罪形态的判断,故此应成立抢夺罪既遂。

【**答案**】C

案例分析二

多项选择题:关于故意犯罪形态的认定,下列哪些项正确?(　　)(2013年试卷二第54题)

A. 甲绑架幼女乙后,向其父勒索财物。乙父佯装不管乙安危,甲只好将乙送回。甲虽未能成功勒索财物,但仍成立绑架罪既遂

B. 甲抢夺乙价值1万元项链时,乙紧抓不放,甲只抢得半条项链。甲逃走60余米后,觉得半条项链无用而扔掉。甲的行为未得逞,成立抢夺罪未遂

C. 乙欲盗汽车,向甲借得盗车钥匙。乙盗车时发现该钥匙不管用,遂用其他工具盗得汽车。乙属于盗窃罪既遂,甲属于盗窃罪未遂

D. 甲在珠宝柜台偷拿一枚钻戒后迅速逃离,慌乱中在商场内摔倒。保安扶起甲后发现其盗窃行为并将其控制。甲未能离开商场,属于盗窃罪未遂

问题:本题考查故意犯罪形态的认定。

解题思路:

选项 A 正确。因为绑架罪是多环节犯罪,只要行为人实施了绑架行为就构成犯罪既遂,即以行为人控制人质成立犯罪既遂,不以勒索到财物为既遂。甲已经控制了幼女乙,绑架行为已经既遂。

选项 B 错误。犯罪既遂是以行为人实施的行为是否符合某一犯罪构成的全部要件为标准,不是以行为人的主观目的是否实现为标准。具体到抢夺罪而言,夺取到财物即可成立犯罪既遂。选项 B 中甲已经抢得半条项链,虽然是半条项链,但也价值5000元,因而甲已构成抢夺罪的既遂。既遂后处分赃物的行为,不影响既遂的认定。

选项 C 正确。涉及的是共犯案件中既未遂的判断标准问题。一般而言,共同犯罪的既未遂问题采用的原则是"一人既遂,全体既遂"。选项 C 中乙欲盗汽车,向甲借得盗车钥匙,在乙盗车时发现该钥匙不管用,他们的共同犯罪就构成未遂。此后,乙用其他工具盗得汽车,构成既遂,但是此后的既遂与甲没有关系,因而甲仍然构成未遂。

选项 D 错误。盗窃罪既遂的成立条件是只要行为人将被盗的物品脱离所有人控制,即将被盗物品抓在手上、塞进兜里、打进包里,就成立既遂,而不是以行为是否逃脱盗窃场所为目标。因此,甲虽未能离开商场,但仍属于盗窃罪的既遂。

【答案】AC

第二节 犯罪既遂形态

一、犯罪既遂形态的概念

犯罪既遂是故意犯罪的完成形态。大多数刑法立法例(包括我国现行刑法典)对犯罪既遂的概念本身并没有直接予以规定,而是留给刑法理论去解释。综观中外刑法理论中关于犯罪既遂的解释,大体可以分为四种主张:"结果说"、"目的说"、"实际损害说"和"构成要件说"。

1. "结果说"。"结果说"认为,犯罪既遂是故意实施犯罪行为并造成了法定犯罪结果的情况,认为犯罪既遂与犯罪未遂的区别在于是否发生了犯罪结果,实行故意犯罪并发生犯罪结果的是犯罪既遂,未能发生犯罪结果的则是犯罪未遂。例如,苏联刑法学家 А. Н. 特拉伊宁就认为,犯罪未遂与犯罪既遂相比,"缺少的是结果这一构成要素"。①国内也有论者认为,"犯罪既遂的定义应当是:犯罪人实施终了的犯罪行为,引起他人所希望发生的犯罪结果"。②

2."目的说"。"目的说"认为,犯罪既遂是指行为人故意实行犯罪行为并达到了其犯罪目的的情况,主张既遂与未遂区别在于行为是否达到犯罪目的。犯罪行为达到犯罪目的就是犯罪既遂,未达到犯罪目的则是犯罪未遂。例如,1924 年《苏联及各加盟共和国刑事立法基本原则》第 11 条,把犯罪目的未达到与犯罪结果未发生等同规定为犯罪未遂的特征;1956 年《泰国刑法典》第 80 条,把犯罪行为未完成与犯罪目的未达到并列规定为犯罪未遂的特征。

3."实际损害说"。"实际损害说"认为,犯罪既遂的标准应当是犯罪行为对刑法所意图维护的权益造成了实际的损害。具体而言,就是划定犯罪未遂与犯罪既遂的法定界限是犯罪是否"得逞",而得逞与否的实质则在于犯罪行为对刑法所禁止该种犯罪所意图维护的权益是否必须造成了实际损害。③

4."构成要件说"。"构成要件说"是目前中外刑法理论中关于犯罪既遂形态较为通行的观点。该说认为,犯罪既遂是指着手实行的犯罪行为具备了具体犯罪构成全部要件的情况,认为犯罪既遂与未遂区别的标志,就是犯罪实行行为是否具备了犯罪构成的全部要件。至于犯罪构成要件是否全部具备的具体标志,在各类犯罪里则有不同的表现。④我国台湾学者林山田也认为,既遂与未遂的区别,"乃在于行为人是否完全实现客观构成要件要素,且因犯罪类型之不同而有所不同"。⑤

具体到我国刑法理论而言,我国采用的是"犯罪构成要件说",是以行为具备具体犯罪构成要件的全部要素作为既遂标准,以着手实行的犯罪是否具备犯罪构成要件的全部要素作为既遂与未遂区分的标志。具体到我国刑法的规定,确认犯罪是否既遂,应以行为人所实施的行为是否具备了刑法分则所规定的某一犯罪构成要件的全部要素为标准。无论是犯罪结果的发生(结果犯),犯罪行为达到一定程度的完成(行为犯),还是法律规定的危险状态的具备(危险犯),都可以概括为具备犯罪构成要件的全部要素。

二、犯罪既遂形态的类型

由于我国刑法分则具体条文所规定的犯罪构成是以犯罪既遂为模式的基本犯

---

① [苏]A. H. 特拉伊宁著,王作富等译:《犯罪构成的一般学说》,中国人民大学出版社,1958 年版,第 253 页。
② 陈彦海、张伯仁:《犯罪既遂定义浅析》,载《西北政法学院学报》,1988 年第 6 期。
③ 刘之雄:《关于故意犯罪既遂标准的再思考》,载《法商研究》,1988 年第 6 期。
④ 赵秉志著:《犯罪未遂的理论与实践》,中国人民大学出版社 1987 年版,第 95-98 页。
⑤ 林山田著:《刑法通论》(上册),台大法律系 1998 年版,第 301 页。

罪构成,具体条文的法定刑就是以犯罪基本构成为模式设置的,因此对于既遂犯,刑法没有专门规定处罚原则,而是按照刑法一般总则的量刑原则和刑法分则各个具体犯罪的法定刑对其适用即可。

1. 结果犯。结果犯是指不仅要实施具体犯罪构成客观要件的行为,而且必须发生法定的犯罪结果才是既遂的犯罪,即以法定犯罪结果的发生与否作为犯罪既遂与未遂区别标志的犯罪。① 这里的结果是指犯罪行为通过对犯罪对象的作用而给犯罪客体造成的物质性的、可以具体测量确定的现实损害结果。

结果犯为常见的犯罪既遂类型。在我国刑法中为数很多,如故意杀人罪、故意杀害罪、抢劫罪、抢夺罪、盗窃罪等。这类犯罪以犯罪结果是否发生作为是否完成亦即是否构成犯罪既遂的标志。在着手实行犯罪的情况下,犯罪结果的发生就标志着犯罪的完成和犯罪既遂的成立。以故意杀人罪为例,故意杀人罪既遂的犯罪结果就是他人的死亡,发生了死亡结果的为既遂,因行为人意志以外的原因未发生死亡结果的为故意杀人的未遂。

2. 危险犯。危险犯是指行为人实施的危害行为造成法律规定的发生某种危害结果的危险状态作为既遂标志的犯罪。② 危险犯的既遂不以造成物质性的有形的犯罪结果为标志,而是以发生法定的客观危险状态为标志。

从主观上看,这类犯罪主观方面可以是直接故意,也可以是间接故意。对于由直接故意构成的危险犯,其既遂不是造成物质性的有形的犯罪结果,而是以法定的客观危险状态的达成为标志。例如,我国《刑法》第116条规定的破坏交通工具罪就属于危险犯,只要行为人实施了破坏交通工具的行为,并造成了足以使火车、汽车、电车、船只、航空器等交通工具发生倾覆、毁坏的危险状态的,即便这些交通工具尚未发生倾覆、毁坏的严重后果,也应以犯罪既遂论处。典型的危险犯,如我国刑法所规定的放火罪、投放危险物质罪、决水罪、爆炸罪、以危险方法危害公共安全罪等。

3. 行为犯。行为犯是指以法定犯罪行为的完成作为既遂标志的犯罪。③ 这类犯罪的既遂以犯罪行为的完成为标志,不要求造成物质性、有形的犯罪结果。按照法律的要求,行为犯需要一个实行过程,要达到一定程度,才能视为行为的完成。因此,在着手实行犯罪的情况下,如果达到了法律要求的程度就是完成了犯罪行为,就应视为犯罪的完成,即构成犯罪既遂。如果由于犯罪人意志以外的原因而未能达到法律要求的程度,就应认定为未完成犯罪而构成犯罪未遂。

---

① 高铭暄、马克昌主编:《刑法学》,北京大学出版社,高等教育出版社2014年版,第148页。

② 高铭暄主编:《刑法专论》,高等教育出版社2006年版,第288页。

③ 高铭暄、马克昌主编:《刑法学》,北京大学出版社,高等教育出版社2014年版,第148页。

行为犯在我国刑法中有相当的数量,如强奸罪、传播性病罪、脱逃罪、偷越国(边)境罪、诬告陷害罪等。以脱逃罪为例,行为人达到了逃脱监禁羁押的状态和程度的,可以视为犯罪行为完成和犯罪既遂成立的标志,而未能达到这一程度就是犯罪行为未完成,应成立脱逃罪的未遂。

4. 举动犯。举动犯也称为即时犯,是指按照法律规定,行为人一着手犯罪实行行为即告犯罪完成和完全符合犯罪构成要件,从而构成既遂的犯罪。①

我国刑法中规定的举动犯有两种情况:首先是将原本为预备性质的行为规定为实行行为。例如,我国《刑法》第120条规定的组织、领导、参加恐怖活动组织罪,第294条规定的组织、领导、参加黑社会性质组织罪等。从法理上看,这些行为都是预备性质的行为,但由于这些预备性质的行为所涉及的犯罪性质严重,一旦着手实行犯罪危害就非常大,为了有力打击和防范这些犯罪,刑法就把这类具有预备性质的行为提升为犯罪构成的实行行为,并且将这类犯罪规定为举动犯,即行为人刚一着手实施犯罪的实行行为,马上就犯罪既遂。

第二种情况是教唆煽动性质的行为。例如,我国《刑法》第249条规定的煽动民族仇恨、民族歧视罪,第295条规定的传授犯罪方法罪等。这类犯罪的实行行为都是教唆性、煽动性的行为,针对多人实施,旨在激起多人产生和实行犯罪意图。因而这类犯罪的危害很大,危害范围也较广,而且即使实施完毕也不一定发生或一定立即发生可以具体确定的有形的实际危害结果。考虑到这类犯罪严重的危害性及其犯罪行为的特殊性质,刑法将这类犯罪规定为举动犯,即只要行为人着手实行犯罪,就具备了犯罪构成的全部要件而构成既遂。

由于举动犯是行为人一着手实行犯罪就既遂,因此举动犯不存在犯罪的未遂状态,也没有既遂与未遂之分。但是举动犯在犯罪的预备阶段仍然可能存在犯罪预备与预备阶段的犯罪中止的问题。

三、既遂犯的处罚原则

由于我国刑法分则具体条文所规定的犯罪构成是以犯罪既遂为模式的基本犯罪构成,具体条文的法定刑就是为犯罪的既遂状态而设置的。因此,对于符合犯罪既遂特征的行为,应当按照我国刑法总则规定的一般量刑原则和刑法分则规定的具体犯罪条文规定的法定刑幅度处罚。综合考虑犯罪的危害程度和犯罪人主观恶性的大小,最终确定适用何种刑罚。

关于既遂犯处罚原则的适用问题,具体而言应当注意以下问题:

1. 既遂犯的定罪量刑和法条引用。根据立法原意和司法实践经验,对故意犯

---

① 高铭暄主编:《刑法专论》,高等教育出版社2006年版,第289页。

罪的既遂犯,应当按照刑法分则具体条文的罪刑规格定罪量刑,在罪名上不需特别标明既遂犯,但在司法文书尤其是起诉书和判决书的叙述部分,应当表明行为人已经完成犯罪的情况。对于法律条文直接引用刑法分则具体条文即可。

2.同种犯罪类型但危害不同的既遂犯应当区别对待。对于犯了同种犯罪,但实际造成的危害不同的既遂犯,应当区别对待。例如,同是故意杀人罪的既遂犯,因为有长期受家庭暴力不堪忍受愤而杀人的,也有激情犯罪而杀害并不熟识的路人的;还有普通的杀人既遂犯和杀人后继而自动采取抢救措施未果而构成的杀人既遂犯。虽然都构成了故意杀人的既遂,但是由于危害性不同、罪责程度的差异,为贯彻罪刑相适应原则,在对于同类犯罪但危害不同的既遂犯也应当给予适当的区别对待。

3.既遂犯同时具备其他宽严处罚情节的情况。行为人实施了犯罪的实行行为并达到了既遂状态,同时又具备其他宽严处罚情节的,尤其是具有法定的宽严处罚情节时,要注意引用相关的条款。在综合考虑犯罪行为的客观危害程度和犯罪人主观恶性大小的基础上,再决定适用恰当的刑罚。

观点争鸣

中外刑法理论关于犯罪既遂的解释,大体可以分为四种主张:"结果说"、"目的说"、"实际损害说"和"构成要件说"。具体而言:

1."结果说"。"结果说"认为,犯罪既遂是故意实施犯罪行为并造成了法定犯罪结果的情况,认为犯罪既遂与犯罪未遂的区别在于是否发生了犯罪结果,实行故意犯罪并发生犯罪结果的是犯罪既遂,未能发生犯罪结果的则是犯罪未遂。

2."目的说"。"目的说"认为,犯罪既遂是指行为人故意实行犯罪行为并达到了其犯罪目的的情况,主张既遂与未遂区别在于行为是否达到犯罪目的。犯罪行为达到犯罪目的就是犯罪既遂,未达到犯罪目的则是犯罪未遂。

3."实际损害说"。"实际损害说"认为,犯罪既遂的标准应当是犯罪行为对刑法所意图维护的权益造成了实际的损害。具体而言,就是划定犯罪未遂与犯罪既遂的法定界限是犯罪是否"得逞",而得逞与否的实质则在于犯罪行为对刑法所禁止该种犯罪所意图维护的权益是否必须造成了实际损害。

4."构成要件说"。"构成要件说"是目前中外刑法理论中关于犯罪既遂形态较为通行的观点。该说认为,犯罪既遂是指着手实行的犯罪行为具备了具体犯罪构成全部要件的情况,认为犯罪既遂与未遂区别的标志,就是犯罪实行行为是否具备了犯罪构成的全部要件。

本书立场是"犯罪构成要件说",主张以着手实行的犯罪是否具备犯罪构成要件的全部要素作为既遂与未遂区分的标志。无论是犯罪结果的发生(结果犯),犯罪行为达到一定程度的完成(行为犯),还是法律规定的危险状态的具备(危险犯),都可以概括为具备犯罪构成要件的全部要素。

问题思考

1. 犯罪既遂形态的类型。
2. 既遂犯的处罚原则。

案例分析一

案情简介:

甲想杀害身材高大的乙,打算先用安眠药使乙昏迷,然后勒乙的脖子,致其窒息死亡。由于甲投放的安眠药较多,乙吞服安眠药后死亡。对此,下列哪一选项是正确的?(　　)(2008年司考,卷二,第3题,单选题)

A. 甲的预备行为导致了乙死亡,仅成立故意杀人预备

B. 甲虽已着手实行杀人行为,但所预定的实行行为(勒乙的脖子)并未实施完毕,故只能认定为未实行终了的未遂

C. 甲已着手实行杀人行为,应认定为故意杀人既遂

D. 甲的行为是故意杀人预备与过失致人死亡罪的想象竞合犯,应从一重罪论处

问题:本题考查构成条件的提前实现问题。

解题思路:本题中涉及故意犯罪的既遂形态问题。虽然甲预定的杀人计划是"先麻翻、再勒死",但其麻翻被害人乙的预备行为提前实现了预期的构成要件成果(杀死),应当认定为故意杀人罪既遂。甲杀害乙的作案过程中出现了一点意外(死亡结果提前发生),但这种意外不妨害成立故意杀人罪的既遂。因为行为人有杀害乙的意思并实施了相应的行为最终造成乙的死亡结果,且该死亡结果与其行为之间有因果关系,故意杀人罪既遂的结论最符合法理。此案中因果关系认识错误的角度也可得出此结论。

【答案】C

案例分析二

案情简介:

李某系A市建设银行某储蓄所记账员。2002年3月20日下午下班时,李某发现本所出纳员陈某将2万元营业款遗忘在办公桌抽屉内且未锁好。当日下班后,李某趁所内无人之机,返回所内将该2万元取出,用报纸包好后藏到自己办公

桌下面的垃圾袋中,并用纸箱遮住垃圾袋。次日上午案发,赃款被他人找出。对此,下列哪一种说法是正确的?(　　)(2002年试卷二第9题)

A.李某的行为属于贪污既遂

B.李某的行为属于贪污未遂

C.李某的行为属于盗窃既遂

D.李某的行为属于盗窃未遂

问题:本题考查贪污罪与盗窃罪的构成要件及犯罪的既遂、未遂形态问题。

解题思路:我国《刑法》第382条规定的贪污罪,是指国家机关工作人员以及受国家机关、企业、事业单位、委托管理经营国有财产的人员,利用职务上的便利,侵吞、窃取、骗取或者以其他手段非法占有公共财物的行为。本罪主体是国家工作人员;客观方面表现为利用职务上的便利,侵吞、窃取、骗取或者以其他手段非法占有公共财物的行为;主观方面只能是故意,还具有非法占有公共财物的目的。我国《刑法》第264条规定的盗窃罪,是指以非法占有为目的,秘密窃取公私财物数额较大的或者多次盗窃、入户盗窃、携带凶器盗窃、扒窃的行为。

贪污罪与盗窃罪的区别是:1.贪污罪除了侵犯财产外还侵犯职务行为的廉洁性,而盗窃罪只侵犯财产;2.贪污罪的对象仅限于公共财物,盗窃罪的对象既可以是公共财物,也可以是公民私人所有的财物;3.贪污罪的行为包括利用职务之便的侵吞、窃取、骗取及其他手段,盗窃罪的行为分别是特定的窃取、骗取与侵占行为,不存在利用职务之便的问题;4.贪污罪的主体是特殊主体,盗窃罪的主体为一般主体。本题中李某虽然在行为方式上是窃取,似乎符合贪污罪客观方面的特征,但李某所窃取的2万元营业款并没有利用其记账员的职务便利,因为营业款是出纳员保管,所以其行为构成盗窃罪。

盗窃罪的既遂与未遂区别是:盗窃行为已经使被害人丧失了对财物的控制时,就是既遂。至于行为人是否最终达到了非法占有并任意处置该财物的目的,并不影响既遂的成立。本题中李某已经将营业款藏到垃圾袋中,在事实上已经脱离了银行的控制,因此,其行为已经构成盗窃既遂。

【答案】C

案例分析三

案情简介:药店营业员李某与王某有仇。某日王某之妻到药店买药为王某治病,李某将一包砒霜混在药中交给王妻。后李某后悔,于第二天到王家欲取回砒霜,而王某谎称已服完。李某见王某没有什么异常,就没有将真相告诉王某。几天后,王某因服用李某提供的砒霜而死亡。李某的行为属于(　　)(2004年试卷二第2题)

A.犯罪中止

B. 犯罪既遂

C. 犯罪未遂

D. 犯罪预备

问题:本题考查的是犯罪的停止形态问题。

解题思路:此题情形属于犯罪既遂而不属于犯罪中止,犯罪中止必须是没有发生作为既遂标志的犯罪结果。行为人虽然自动放弃犯罪或者自动采取措施防止结果发生,但如果发生了作为既遂标志的犯罪结果,就不成立犯罪中止。本案中王某确因服用李某提供的砒霜而死亡,发生了作为故意杀人罪既遂标志的犯罪结果,因而李某的行为属于犯罪既遂。

【答案】B

案例分析四

案情简介:国家工作人员甲利用职务上的便利为某单位谋取利益。随后,该单位的经理送给甲一张购物卡,并告知其购物卡的价值为2万元、使用期限为1个月。甲收下购物卡后忘记使用,导致购物卡过期作废,卡内的2万元被退回到原单位。关于甲的行为,下列哪一选项是正确的?( )(2006年试卷二第19题)

A. 甲的行为不构成受贿罪

B. 甲的行为构成受贿(既遂)罪

C. 甲的行为构成受贿(未遂)罪

D. 甲的行为构成受贿(预备)罪

问题:本题考查的是受贿罪的未遂与既遂。

解题思路:根据我国《刑法》第385条,国家工作人员利用职务上的便利,索取他人财物的,或者非法收受他人财物,为他人谋取利益的,是受贿罪。首先可以肯定的是,国家工作人员甲利用职务上的便利为某单位谋取利益后,收受他人财物的行为属于受贿既遂,其次甲未能利用这一财物致其失效,属于犯罪后对赃物的处置,不影响犯罪的既遂。

【答案】B

案例分析五

李某以出卖为目的偷盗一名男童,得手后因未找到买主,就产生了自己抚养的想法。在抚养过程中,因男童日夜啼哭,李某便将男童送回家中。关于李某的行为,下列哪些选项是错误的?( )(2007年试卷二第55题)

A. 构成拐卖儿童罪　　B. 构成拐骗儿童罪

C. 属于拐卖儿童罪未遂　D. 属于拐骗儿童罪中止

问题:本题考查的考点,一是拐卖儿童罪与拐骗儿童罪的区分,二是拐卖儿童罪的既遂未遂问题。

解题思路:拐卖儿童罪与拐骗儿童罪的关键区别在于行为人是否具有出卖的目的。本题中,李某具有出卖的目的,并以此为目的偷盗了男童,因此李某的行为构成拐卖儿童罪。至于事后李某产生抚养想法,不转化为拐骗儿童罪。因此,A项正确,BD项错误。

拐卖儿童罪是行为犯,只要实施了"拐"的行为,本案例中体现为以出卖为目的偷盗男童的行为,之后即使李某没有将男童卖出去,也构成拐卖儿童罪的既遂。因此,C项错误。

【答案】BCD

案例分析六

甲雇凶手乙杀丙,言明不要造成其他后果。乙几次杀丙均未成功,后来采取爆炸方法,对丙的住宅(周边没有其他人与物)进行爆炸,结果将丙的妻子丁炸死,但丙安然无恙。关于本案,下列哪些说法是错误的?(　　)(2008年试卷二第55题)

A. 甲与乙构成共同犯罪

B. 甲成立故意杀人罪(未遂)

C. 乙对丙成立故意杀人未遂,对丁成立过失致人死亡罪

D. 乙对丙成立爆炸罪,对丁成立过失致人死亡罪

问题:本题考查的考点是共同犯罪的既遂未遂以及对象认识错误问题。

解题思路:本案中甲雇乙杀丙,甲、乙构成"二人以上共同故意杀人",因此构成共同犯罪,A项正确,不当选。

题干中说乙对丙的住宅进行爆炸,但是该住宅的周边没有其他人与物,因此,该爆炸行为不会危害到公共安全,因此,不以爆炸罪论处,应该属于以爆炸的方式进行杀人的行为,因此,依然认定为故意杀人罪,而不能认定为爆炸罪。因此,D项错误。

乙本想杀害丙,结果把丙的妻子丁杀死,属于具体事实错误中的对象错误,因丙与丁体现相同的法益,行为人认识内容与客观事实仍然属于同一犯罪构成的情况,因此,无论结果把丙杀死了还是把丁杀死了,乙的行为都成立故意杀人罪的既遂。又因甲、乙是共犯,因此,一人既遂全体既遂,因此,甲乙都成立故意杀人罪的既遂,BC的说法错误,应选BCD。

【答案】BCD

第三节　犯罪预备形态

一、犯罪预备形态的概念

根据我国《刑法》第 22 条第 1 款的规定，犯罪预备形态是指行为人为实施犯罪而开始创造条件的行为，由于行为人意志以外的原因而未能着手犯罪实行行为的犯罪停止形态。[1]犯罪预备形态是故意犯罪过程中未完成犯罪的一种停止形态。

行为人在犯罪动机支配下，出于某种特定的犯罪目的，开始实施制造条件、准备工具等犯罪预备行为，有了预备行为，表明行为人有了行之于外的犯罪行为，从此便进入到刑法的评价视野。如果预备活动进行得很顺利，就开始针对具体的被害对象，实施刑法分则具体犯罪构成要件中的客观方面的具体行为，直至行为人犯罪行为实施完毕，实行行为终了，犯罪结果产生。这个是犯罪行为从预备阶段到实行阶段的发展过程。在犯罪预备阶段，如果是由于行为人意志以外的原因而被迫地将行为停止下来，就属于犯罪的预备形态。但如果是由于行为人本人的意志而未进行犯罪的实行行为的情形，则属于犯罪预备阶段的中止。

二、犯罪预备形态的特征

（一）客观特征

犯罪预备形态有两个客观方面的特征：一是行为人已经开始实施犯罪的预备行为。犯罪的预备行为，从性质上讲，就是为犯罪的实行和完成创造便利条件的行为。如为实施故意杀人行为而配制含毒食物、制造刀具或者调查被害人的行踪等行为，为实施盗窃行为而事先踩点的行为等。二是行为人尚未着手犯罪的实行行为。犯罪的实行行为，是指刑法分则中具体犯罪构成客观方面的行为。这一特征意味着，犯罪活动在具体犯罪实行行为着手以前停止下来。犯罪的预备形态起点是犯罪人必须已经开始实施犯罪的预备行为，终点是行为人着手犯罪实行行为之前。

从犯罪预备形态的客观特征，可以看出其空间范围的起限是行为人必须已经开始实施犯罪的预备行为；其终限是行为人着手犯罪的实行行为之前。

---

[1] 高铭暄、马克昌主编：《刑法学》，北京大学出版社、高等教育出版社 2014 年版，第 149 页。

(二)主观特征

犯罪预备形态的主观特征包括两个方面的内容:首先,行为人进行犯罪预备行为的意图和目的,是为了顺利地着手实施和完成犯罪。犯罪预备行为的发动、进行与完成,都是受此种目的支配的。在这种预备犯罪的意图和目的支配下实施的犯罪预备行为,使得那些预备行为为其必经程序的实行行为具备了现实条件,使得另一些预备行为并非必经程序的犯罪具备了顺利实施、完成的条件,从而充分显露出犯罪预备的意图和目的在犯罪预备主观方面的重要地位,也在相当程度上体现了预备犯的主观恶性。其次,犯罪在实行行为尚未着手时停止下来,是由于行为人意志以外的原因所致。行为人在着手犯罪实行行为前停止犯罪,是被迫的而不是自愿的,从而进一步揭示出预备犯的主观恶性。这一特征是犯罪预备与犯罪中止区别的关键标志。

三、犯罪预备的认定

犯罪预备的认定关键在于犯罪预备与犯意表示的区别。所谓犯意表示,是指以口头、文字或其他方式对犯罪意图的单纯流露。它尚未开始实施任何危害社会的行为,属于犯罪思想的范畴,不具有社会危害性,因而不能认定为犯罪和处以刑罚。[1]我国刑法反对思想犯罪,认为只有犯意尚未实施犯罪行为的,不具有社会危害性,因而不能认定为犯罪和处以刑罚。

犯意表示与犯罪预备是有原则区别的:犯罪预备行为是为着手实施犯罪和完成犯罪制造条件的行为,它具有社会危害性,也具备特定的犯罪构成。我国刑法规定原则上要作为犯罪处理;犯意表示,无论是从行为人的主观意图还是客观表现,都不是为犯罪的实施创造条件,不具有社会危害性。

四、预备犯的处罚原则

犯罪预备是犯罪的未完成形态,而实施犯罪预备行为的犯罪人我们称之为预备犯。对于预备犯的处罚,我国《刑法》第22条第2款规定:"对于预备犯,可以比照既遂犯从轻、减轻处罚或者免除处罚。"

我们应当正确理解和适用预备犯的处罚原则。首先,由于预备犯在主观上具备的主要是为犯罪实施创造便利条件的意图,在客观上实施的仅是犯罪预备行为,从主客观统一上看,预备犯的危害性一般既大大轻于既遂犯,也显著轻于未遂犯,因而我国刑法对预备犯规定了比照既遂犯从宽处罚且轻于未遂犯的处罚原则,体

---

[1] 高铭暄主编:《刑法专论》,高等教育出版社2006年版,第291页。

现了我国刑法的主客观相统一和罪责刑相适应原则的要求。

其次,在对预备犯定罪量刑时,应同时引用《刑法》第22条和刑法分则具体犯罪的条文。根据有关刑法理论和司法实践经验,应在罪名后标明(犯罪预备),例如故意杀人罪(预备)。

第三,对预备犯进行处罚时,需要考虑行为人预备犯罪行为的性质和危害程度;行为人预备犯罪行为的进展程度;行为人未能着手实施犯罪的具体原因;行为人的人身危险程度等内容。

问题思考

1. 犯罪预备形态的认定。
2. 预备犯的处罚原则。

案例分析一

某甲欲行强奸,深夜伏于一乡村路旁。终于有一女出现,正要窜上前,突然后面来了一辆汽车,被车灯照射,十分明显,某甲惊恐而没有动手,结果等该女走后再等良久,却未能再遇到其他女性的出现,无奈扫兴而归。关于甲的行为,下列选项正确的是(　　)。

A. 甲可以成立犯罪中止
B. 甲成立犯罪未遂
C. 甲成立犯罪预备阶段的中止
D. 甲成立犯罪预备

问题:本题考查犯罪预备与犯罪中止。

解题思路:甲尚未开始针对特定妇女实施暴力、胁迫等强行手段的强奸行为,其行为停止在犯罪的预备阶段;而且未开始实施强奸罪的着手行为是由于行为人意志以外的原因导致的,因此应当属于强奸罪的预备。

【答案】D

案例分析二

甲与乙共谋次日共同杀丙,但次日甲因腹泻未能前往犯罪地点,乙独自一人杀死丙。关于本案,下列哪些说法是正确的?(　　)(2002年卷二第35题)

A. 甲与乙构成故意杀人罪的共犯
B. 甲与乙不构成故意杀人罪的共犯

C. 甲承担故意杀人预备的刑事责任,乙承担故意杀人既遂的刑事责任

D. 甲与乙均承担故意杀人既遂的刑事责任

问题:本题考查犯罪预备以及共同犯罪成立条件的知识。

解题思路:根据《刑法》第22条第1款规定,作为一种犯罪形态的犯罪预备,是指为了犯罪,准备工具,制造条件,但由于行为人意志以外的原因而未能着手实行犯罪的情形。犯罪预备具有四个特征:1. 行为人主观上是为了犯罪;2. 行为人客观上实施了犯罪预备行为;3. 行为人在事实上未能着手实行犯罪;4. 未能着手实行犯罪是由于行为人意志以外的原因。如果行为人自动放弃预备行为或者自动不着手实行犯罪,则不成立犯罪预备而成立犯罪中止。

根据《刑法》第25条第1款规定,共同犯罪是指二人以上共同故意犯罪。共同犯罪应以符合同一犯罪构成为前提。但是,二人以上在同一犯罪构成的前提下,分别具有不同的加重情节或者减轻情节的,不影响共同犯罪的成立。共同犯罪的成立条件是:1. 必须有二人以上;2. 必须有共同故意;3. 必须有共同行为。

此案中,甲与乙为杀丙而进行了共同预谋,在主观上是为了实施共同犯罪,客观上实施了犯罪的预备行为。但次日甲因腹泻未能前往犯罪地点,而是由乙独自一人杀死了丙,甲是由于其意志以外的原因没有能够着手实行犯罪,故甲的行为只停留在犯罪预备阶段,属于预备犯。乙独自实施了故意杀人行为,符合犯罪既遂的全部特征,应承担故意杀人既遂的刑事责任。甲应承担故意杀人预备的刑事责任,可以比照既遂犯乙从轻、减轻处罚或者免除处罚。

【答案】AC

案例分析三

下列哪些选项是错误的?(   )(2006年试卷二第54题)

A. 甲、乙二人合谋抢劫出租车,准备凶器和绳索后拦住一辆出租车,谎称去郊区某地。出租车行驶到检查站,检查人员见甲、乙二人神色慌张便进一步检查,在检查时甲、乙意图逃离出租车被抓获。甲、乙二人的行为构成抢劫(未遂)罪

B. 甲深夜潜入某银行储蓄所行窃,正在撬保险柜时,听到窗外有响动,以为有人来了,因害怕被抓就悄悄逃离。甲的行为构成盗窃(未遂)罪

C. 甲意图杀害乙,经过跟踪,掌握了乙每天上下班的路线。某日,甲准备了凶器,来到乙必经的路口等候。在乙经过的时间快要到时,甲因口渴到旁边的小卖部买饮料,待甲返回时,乙因提前下班已经过了路口。甲等了一阵儿不见乙经过,就准备回家,在回家路上因凶器暴露被抓获。甲的行为构成故意杀人(未遂)罪

D. 甲意图陷害乙,遂捏造了乙受贿10万元并与他人通奸的所谓犯罪事实,写了一封匿名信给检察院反贪局。检察机关经初查发现根本不存在受贿事实,对乙未追究刑事责任。甲欲使乙受到刑事追究的意图未能得逞。甲的行为构成诬告陷

害(未遂)罪

问题:本题考查犯罪预备与犯罪未遂的区别和认定。

解题思路:犯罪预备与犯罪未遂的重要区别在于是否着手实施了犯罪。"着手实施犯罪"的"着手",就是开始实施具体犯罪构成要件客观方面行为的一刹那。一般认为,在奔赴犯罪途中,尾随、跟踪被害人或者埋伏守候被害人,都属于未着手实施犯罪。故本题中的 A、C 选项都属于未着手实施犯罪的犯罪预备情形。

B 选项中甲正在撬保险柜,已经着手实施盗窃罪构成要件客观方面行为,由于意志以外的原因而未得逞,应为盗窃(未遂)罪,因此 B 项正确。

D 选项中,诬告陷害属于行为犯,不以被害人受到刑事处分为必要,故甲的行为构成诬告陷害(既遂)罪。故本题应选 ACD。

【答案】ACD

第四节 犯罪未遂形态

一、犯罪未遂形态的概念

我国《刑法》第 23 条第 1 款的规定:"已经着手实行犯罪,由于犯罪分子意志以外的原因而未得逞的,是犯罪未遂。"根据上述规定,我国刑法中的犯罪未遂是指行为人已经着手实行具体犯罪构成的实行行为,由于其意志以外的原因而未能完成犯罪的一种犯罪停止形态。①

二、犯罪未遂的特征

犯罪的未遂形态具有三个特征,这些特征是区分犯罪未遂与其他三个故意犯罪停止形态的重要标志。

1.行为人已经着手实行犯罪(犯罪未遂与犯罪预备的区别标志)。所谓已经着手实行犯罪,是指行为人已经开始实施刑法分则规定的具体犯罪构成要件的犯罪行为,如故意杀人罪的杀害行为、抢劫罪中的劫取财产的行为等。主观方面,行为人实行具体犯罪构成的意志已经直接支配客观实行行为并通过后者开始充分表现出来。客观方面,行为人已经开始直接实行具体犯罪构成客观方面的行为,这种行为已使刑法所保护的具体权益受到危害或面临实际存在的威胁。"着手实行犯

---

① 高铭暄主编:《刑法专论》,高等教育出版社 2006 年版,第 294 页。

罪"是客观的犯罪行为与主观的实行犯罪意图相结合的产物和标志,这两个主客观基本特征的结合,从犯罪构成的整体上反映了着手实行犯罪的社会危害性及其程度。

2. 犯罪未得逞(犯罪未遂与犯罪既遂的区别标志)。按照我国刑法规定和刑法理论,行为人在着手实行犯罪以后,犯罪未得逞,即犯罪未达到既遂形态而停止下来,这是犯罪未遂形态的又一重要特征,也是区分犯罪未遂与犯罪既遂形态的主要标志。

犯罪未得逞在三类故意犯罪中具有不同的含义和表现形式:第一类犯罪是以法定的犯罪结果没有发生作为犯罪未完成的标志,此类犯罪以结果犯为代表;第二类犯罪以法定的犯罪行为未能完成作为犯罪未完成的标志,此类犯罪以行为犯为代表;第三类犯罪是以法定的危险状态尚未具备作为犯罪未完成的标志,此类犯罪以危险犯为主,如放火罪等。

3. 犯罪停止在未完成形态是犯罪分子意志以外的原因所致(犯罪未遂与犯罪中止的区别标志)。犯罪活动在着手实行以后之所以停止在未完成形态,乃是由于犯罪分子意志以外的原因,这是犯罪未遂与犯罪中止区别的关键。如果是由于犯罪分子自己的意志,即自愿放弃犯罪而未完成的则成立犯罪中止。

至于犯罪分子意志以外的原因的认定,应以"足以阻止犯罪意志的原因"作为标准。首先,从性质上看,犯罪分子"意志以外的原因"应该是阻碍其实行和完成犯罪的意志与活动的因素。司法实践中大致可以分为:犯罪人本人以外的原因,包括被害人、第三者、自然力、物质障碍、环境时机等对完成犯罪具有不利影响的因素;二是行为人自身方面对完成犯罪有不利影响的因素,如其能力、力量、身体状况、常识技巧的缺乏或不佳情况;三是行为人主观上对犯罪对象情况、犯罪工具性能以及犯罪结果是否已发生或必然发生等的错误认识。

三、犯罪未遂形态的类型

(一)实行终了的未遂与未实行终了的未遂

刑法理论以犯罪实行行为是否实行终了为标准,将犯罪未遂形态区分为实行终了的未遂与未实行终了的未遂。应以犯罪分子是否自认为实现犯罪意图所必要的全部行为都实行完毕为标准。

1. 实行终了的未遂。一般认为,实行终了的未遂是指犯罪人已将其认为达到既遂所必要的全部行为实行终了,但由于犯罪人意志以外的原因而未得逞。例如,犯罪人向被害人食物中投放了毒药,被害人中毒后被他人发现后送往医院抢救脱险。

2. 未实行终了的未遂。未实行终了的未遂是指由于意志以外的原因,使得犯罪人未能将其认为达到既遂所必要的全部行为实行终了,因而未得逞。例如,在举刀杀人时被第三人当场制服。

一般而言,从主客观统一上看,实行终了的未遂的社会危害性大于与未实行终了的未遂。因为前者距离实害结果(侵害结果)的发生较近,后者距离实害结果(侵害结果)的发生较远,因此前者对刑法所保护的客体的侵犯程度重于后者。根据罪刑相适应原则和刑罚目的的要求,在量刑时前者应比后者从重。

(二)能犯未遂与不能犯未遂

能犯未遂与不能犯未遂的划分是以犯罪行为本身能否既遂为标准所进行的区分。

1. 能犯未遂。能犯未遂是指犯罪人所实施的行为本身可能达到既遂,但由于犯罪人意志以外的原因而未得逞。例如,犯罪分子用刀杀人且已将被害人砍伤,但被人当场夺走刀子并将其抓获,此类情形即为故意杀人罪的未遂,且为能犯未遂。如果犯罪人不是被当场制服,其完全有可能杀死被害人,是由于犯罪人意志以外的原因而导致犯罪目的未得逞。判断这种类型的犯罪未遂,主要看行为人着手实施具体犯罪实行行为本身是否具有完成犯罪的现实可能性。一般可以从行为人采用的犯罪手段、行为人使用的作案工具以及犯罪对象的情况进行分析。

2. 不能犯未遂。不能犯未遂是指犯罪人所实施的行为本身就不可能达到既遂因而未得逞。不能犯未遂可以分为对象不能犯未遂与手段不能犯未遂。对象不能犯未遂是指由于行为人的错误认识,使得犯罪行为所指向的犯罪对象在行为时不在犯罪行为的有效作用范围内,或者具有某种属性使得犯罪不能既遂而只能未遂。例如,误认尸体为活人而杀害;误认空包内有钱财而盗窃等。

按照主客观统一的原则,能犯未遂的社会危害性要大于不能犯未遂。这种实际危害结果的有无及轻重,不仅从客观上反映了行为危害性的大小,而且主观上也往往反映了行为人犯意的展开和顽强程度。因此,对于能犯未遂的处罚一般应较不能犯未遂相对较重。

四、未遂犯的处罚原则

我国《刑法》第23条第2款规定:"对于未遂犯,可以比照既遂犯从轻或者减轻处罚。"这一规定采取的是"得减主义"的处罚原则。

在对未遂犯进行处罚时,应当注意以下内容:一是对为未遂犯定罪量刑,应当同时引用刑法典总则第23条和刑法典分则具体犯罪条文;二是在对未遂犯处罚原则的理解和掌握上,所谓"可以比照既遂犯从轻或者减轻处罚",是与既遂犯相比,对未遂犯一般要从轻或者减轻处罚,但是法律的要求又没有绝对化,对于极少数个案而言,如果其危害程度并不小于既遂犯,那么对于此类未遂犯可以不予以从轻或者减轻处罚;三是对于未遂犯应否从轻或减轻处罚,应把未遂犯置于全案情节中统筹考虑。未遂情节应当与全案其他情节一起影响、决定案件的社会危害程度;四是在对未遂犯决定从宽处罚的基础上,应当主要考虑如下几种因素:未遂形态距离犯罪完成的远近程度;犯罪未遂所属的类型;未遂形态所表现出来的行为人犯罪意志的坚决程度等因素。

问题思考

1. 犯罪未遂形态的特征。
2. 能犯未遂与不能犯未遂的区别。
3. 未遂犯的处罚原则。

案例分析一

关于犯罪停止形态的论述,下列哪些选项是正确的?(　　)

A. 甲(总经理)召开公司会议,商定逃税。甲指使财务人员黄某将1笔500万元的收入在申报时予以隐瞒,但后来黄某又向税务机关如实申报,缴纳应缴税款。单位属于犯罪未遂,黄某属于犯罪中止

B. 乙抢夺邹某现金20万元,后发现全部是假币。乙构成抢夺罪既遂

C. 丙以出卖为目的,偷盗婴儿后,惧怕承担刑事责任,又将婴儿送回原处。丙构成拐卖儿童罪既遂,不构成犯罪中止

D. 丁对仇人胡某连开数枪均未打中,胡某受惊心脏病突发死亡。丁成立故意杀人罪既遂

问题:本题考查故意犯罪停止形态。

解题思路:选项A错误。单位犯罪不是单位与单位负责人、管理人、直接责任人的共同犯罪,从此角度分析的话,不应将单位的行为与甲的个人行为分开讨论,直接对单位的犯罪形态进行认定即可,即认定为单位犯罪中止为妥。

选项B正确。假币也是财物也有价值,因此,抢夺假币也构成犯罪既遂。

选项C正确。《刑法》第240第2款规定,拐卖妇女、儿童是指以出卖为目的,有拐骗、绑架、收买、贩卖、接送、中转妇女、儿童的行为之一,即构成既遂。本案中,丙以出卖为目的,实施了偷盗婴儿的行为,实施该行为后其拐卖儿童罪就已经既遂,犯罪既遂后就不再成立犯罪中止。

选项D正确。丁有杀害胡某的犯罪故意,实施了射杀行为,虽然其没有打中,但是丁的射杀行为导致胡某心脏病发作而死亡。因此,丁的行为与胡某的死亡之间存在法律上的因果关系,根据主客观相统一原理,丁构成故意杀人罪的既遂。

【答案】BCD

案例分析二

陈某趁珠宝柜台的售货员接待其他顾客时,伸手从柜台内拿出一枚价值2300元的戒指,握在手中,然后继续在柜台边假装观看。几分钟后售货员发现少了一枚戒指并怀疑陈某,便立即报告保安人员。陈某见状,速将戒指扔回柜台内后逃离。关于本案,下列哪些说法是正确的?(　　)(2002年试卷二第42题)

　　A.陈某的盗窃行为已经既遂

　　B.陈某的盗窃行为属于未遂

　　C.陈某将戒指扔回柜台内不属于中止行为

　　D.陈某将戒指扔回柜台内属于犯罪既遂后返还财物的行为

问题:本题考查盗窃罪的既遂、未遂以及中止等几种犯罪形态。

解题思路:盗窃罪(刑法第264条)是指以非法占有为目的,秘密窃取公私财物数额较大的或者多次盗窃的行为。其构成要件是:1.本罪的直接客体在一般情况下是为刑法所保护的所有权制度。2.多次窃取他人财物或窃取他人财物数额较大,是盗窃罪的客观方面的主要特征。3.犯罪主体为一般自然人主体,根据刑法规定,未满16周岁的未成年人不可能成为盗窃罪的主体。4.盗窃罪的主观方面只能由直接故意构成。

盗窃罪的既遂与未遂的区别是:盗窃行为已经使被害人丧失了对财物的控制时,就是既遂。至于行为人是否最终达到了非法占有并任意处置该财物的目的,并不影响既遂的成立。本题中陈某趁珠宝柜台的售货员接待其他顾客时,伸手从柜台内拿出一枚价值2300元的戒指,握在手中。此时戒指已经在其控制之下,即其秘密窃取财物的行为已经实施完毕,符合盗窃罪的全部构成要件,成立盗窃既遂,故选项B说法错误。几分钟后售货员发现少了一枚戒指并怀疑陈某,立即报告保安人员,继续在柜台边假装观看的陈某见状,速将戒指扔回柜台内的行为是发生在盗窃犯罪既遂之后,因此不存在盗窃中止的情形,其将戒指扔回柜台只是属于被迫返还财物,而并不影响对其犯罪性质的认定。

【答案】ACD

案例分析三

甲潜入乙的住宅盗窃,将乙的皮箱(内有现金3万元)扔到院墙外,准备一会儿翻墙出去再捡。偶尔经过此处的丙发现皮箱无人看管,遂将其拿走,据为己有。15分钟后,甲来到院墙外,发现皮箱已无踪影。对于甲、丙行为的定性,下列哪一选项是正确的?(　　)

　　A.甲成立盗窃罪(既遂),丙无罪

B. 甲成立盗窃罪(未遂)，丙成立盗窃罪(既遂)

C. 甲成立盗窃罪(既遂)，丙成立侵占罪

D. 甲成立盗窃罪(未遂)，丙成立侵占罪

问题：本题考查盗窃罪的既遂、未遂以及中止等几种犯罪形态。

解题思路：盗窃罪，是指以非法占有为目的，秘密窃取数额较大的公私财物或者多次秘密窃取公私财物的行为。盗窃罪既遂的通说认为，财物离开占有人的实际控制即构成盗窃罪既遂，本案中，甲已经将装有现金3万元的皮箱窃得，并扔出墙外，此时，该财产已经离开了占有人的实际控制范围，因此，甲构成盗窃罪的既遂，所以可以排除B项和D项。

关于丙是否构成犯罪的问题，根据我国《刑法》第270条规定，侵占罪是指以非法占有为目的，将代为保管的他人财物或者他人的遗忘物、埋藏物占为己有，数额较大拒不退还的行为。丙以非法占有为目的，将不属于自己的皮箱(发现无人看管视为是遗忘物)据为己有，构成侵占罪。

【答案】C

案例分析四

下列哪些选项中的甲属于犯罪未遂？（　　）(2014年试卷二第54题)

A. 甲让行贿人乙以乙的名义办理银行卡，存入50万元，乙将银行卡及密码交给甲。甲用该卡时，忘记密码，不好意思再问乙。后乙得知甲被免职，将该卡挂失取回50万元。

B. 甲、乙共谋傍晚杀丙，甲向乙讲解了杀害丙的具体方法。傍晚乙如约到达现场，但甲却未去。乙按照甲的方法杀死丙。

C. 乙欲盗窃汽车，让甲将用于盗窃汽车的钥匙放在乙的信箱。甲同意，但错将钥匙放入丙的信箱，后乙用其他方法将车盗走。

D. 甲、乙共同杀害丙，以为丙已死，甲随即离开现场。一个小时后，乙在清理现场时发现丙未死，持刀杀死丙。

问题：本题考查犯罪未遂。

解题思路：已经着手实行犯罪，由于犯罪分子意志以外的原因而未得逞的，是犯罪未遂。

选项A错误。国家工作人员收受他人的财物，成立受贿罪既遂。如果收到的物品毫无价值，则构成受贿罪未遂。选项A中，乙将银行卡及密码交给甲时，甲此时成立受贿罪既遂，之后"甲用该卡时，忘记密码，不好意思再问乙。后乙得知甲被免职，将该卡挂失取回50万元"不影响原先受贿罪的成立。

选项B错误。共同犯罪中，共犯人的犯罪形态保持一致，一人既遂，全体既遂。选项B中，甲、乙共谋杀人，即使甲未去犯罪现场，但因乙按照甲教授的方法

杀丙既遂,则甲也对该既遂结果承担刑事责任。

选项C正确。帮助犯的既遂需满足两个条件:第一,帮助实行犯制造了既遂结果。第二,帮助行为与既遂结果的发生具有因果关系,即既遂结果的发生,离不开帮助犯的作用。选项C中,由于甲将钥匙放错了位置,乙用其他的方法将车盗走,也就是说甲的帮助行为与乙的既遂结果之间没有因果关系,因此甲构成帮助犯的未遂。

选项D正确。如何判断犯罪是处于暂时性停顿还是处于终局性停止,只有是终局性停止,才构成犯罪未遂形态,判断标准为:一是看行为人主观犯意是否完全消除;二是看行为人客观犯罪行为是否彻底结束。选项D中,甲、乙共同杀害丙,以为丙已死,甲随即离开现场,此时甲的主观犯意已经消除,并且其犯罪行为已彻底结束,丙未死是由于甲意志以外的原因,成立犯罪未遂。

【答案】CD

第五节 犯罪中止形态

一、犯罪中止形态的概念

我国《刑法》第24条第1款的规定:"在犯罪过程中,自动放弃犯罪或者自动有效地防止犯罪结果发生的,是犯罪中止。"根据这一规定并结合我国刑法学关于故意犯罪停止形态的理论,所谓犯罪中止,是指在犯罪过程中,行为人自动放弃犯罪或者自动有效地防止犯罪结果发生,因而未完成犯罪的一种犯罪停止形态。[①]在犯罪的预备阶段、实行阶段以及实行后阶段,都有可能存在犯罪的中止形态。

二、犯罪中止的特征

根据我国刑法规定,犯罪中止形态有两种类型:自动停止犯罪的犯罪中止和自动有效地防止犯罪结果发生的犯罪中止。

(一)自动停止犯罪的犯罪中止(消极中止)

1.时空性。时空性是犯罪中止形态(消极中止)的客观前提特征。按照刑法规定,必须是在犯罪过程中放弃犯罪,即必须是在犯罪处于运动过程中而尚未形成任何停止状态的情况下放弃犯罪,这是犯罪中止成立的客观前提特征。从犯罪预

---

① 高铭暄主编:《刑法专论》,高等教育出版社2006年版,第298页。

备行为发生开始,到犯罪实行行为终了之前的这段时间内,既可以是犯罪预备阶段,也可以是犯罪实行阶段,犯罪没有被迫停止,而是处于发展过程之中。在这个过程中行为人放弃犯罪的,属于犯罪中止。

2. 自动性。自动性是犯罪中止形态(积极中止)的本质特征。所谓自动性,是指行为人出于自己的意志自动停止犯罪,即行为人在主观上自动放弃了犯罪意图,在客观上自动停止了犯罪的继续实施与完成犯罪。这是犯罪中止形态的本质特征,是犯罪中止与犯罪预备、犯罪未遂区分的关键标志。

3. 彻底性。彻底性是指行为人彻底放弃继续实行犯罪。表明行为人彻底放弃主观犯罪意图,客观上彻底放弃本可以继续进行的犯罪行为,而且行为人也不准备继续实施此项犯罪。彻底性的特征反映了行为人自动停止犯罪的决心和行为,表明行为人彻底放弃犯罪,而不是由于时机不成熟或是环境条件不利而等待条件成熟后再继续实施犯罪。

(二)自动有效地防止结果发生的犯罪中止(积极中止)

自动有效地防止结果发生的犯罪中止,是指仅仅以不作为的方式消极地停止犯罪的继续实施还不够,还要求必须采取积极的作为来预防和阻止犯罪既遂的结果发生,且这种防止行为必须奏效,刑法理论把这种情形也称为积极中止。

积极中止发生在犯罪实行行为终了以后,其成立条件除了具备上述消极中止的时空性、自动性和彻底性特征外,还要求具备有效性和亲自性的特征,即行为人亲自且以有效手段阻止犯罪结果的发生。如用投毒的方式杀人,向被害人的茶杯里投放了毒药后,该杀人行为就宣告实行终了。如果要达到中止,就必须有效防止被害人死亡结果的发生,将该杯子倒掉或是劝阻被害人不要喝下。只有真正有效阻止结果的发生,才能成立犯罪中止。

根据犯罪中止有效性的要求,在已经实施的犯罪行为可能产生既遂的犯罪结果的情况下,行为人要成立犯罪中止,仅以不作为的方式消极地停止犯罪的继续实施还不够,还需要采取积极的作为形式来预防和阻止犯罪结果的发生,才成立此种类型的犯罪中止。

三、犯罪中止形态的类型

(一)预备中止、实行未终了的中止和实行终了的中止

1. 预备中止。预备中止发生在犯罪预备阶段,其时空范围起始于犯罪预备活动的开始实施,终止于犯罪实行行为着手前。预备中止是指在犯罪预备活动的过程中,行为人在自认为可以继续实施犯罪活动的条件下,自动地将犯罪活动停止下来,不再继续实施犯罪预备行为或者没有着手实施犯罪实行行为的情况。

2. 实行未终了的中止。实行未终了的中止发生在犯罪实行行为尚未终了时的

中止。其时空范围始于犯罪实行行为的着手,止于犯罪实行行为的终了。实行未终了的中止是指行为人在实施犯罪的实行行为过程中,自动放弃了犯罪的继续实施和完成(多表现为自动停止了犯罪行为的实施,少数情况下还要进一步有效地防止犯罪结果的发生),因而使犯罪停止在未达既遂状态。例如,强奸犯在着手对受害妇女实施暴力行为的过程中,基于被害妇女的劝说而放弃了对其进一步实施的奸淫行为,此种情形即属于强奸罪实行未终了的犯罪中止。

3. 实行终了的中止。实行终了的中止是发生在犯罪实行行为实施终了后的犯罪中止。其时空范围始于实行行为终了之时,止于既遂的犯罪结果发生之前。实行终了的中止是指行为人在实行行为终了以后,出于本意而以积极的行为阻止了既遂之犯罪结果的发生。例如,投毒杀人者投下毒药后,又积极采取措施将其送往医院抢救而未使其死亡,就是故意杀人罪实行终了的犯罪中止。

对于这三种类型的犯罪中止,造成的社会危害程度有所不同,相较而言,预备中止最小,实行终了的犯罪中止的社会危害程度最大,而未实行终了的犯罪中止社会危害程度居中。

(二)积极中止与消极中止

这是对中止行为的不同要求而对犯罪中止所作的区分。

1. 积极中止。所谓积极中止是指需要作为形式才能构成的中止,即犯罪人不但需要自动停止犯罪的继续实施,而且还需要以积极的作为行为防止既遂的犯罪结果发生的犯罪中止。一般发生在实行行为尚未实施终了的少数情况下,以及实行行为实施终了的某些情形。

2. 消极中止。所谓消极中止是指犯罪人仅需自动停止犯罪行为的继续实施便可成立的犯罪中止。消极中止也就是自动停止的犯罪中止,是在犯罪预备阶段和犯罪实行行为尚未终了的大多数情况下所成立的犯罪中止。

四、中止犯的处罚原则

对于中止犯,我国《刑法》第 24 条第 2 款规定:"对于中止犯,没有造成损害的,应当免除处罚;造成损害的,应当减轻处罚。"由此可见,我国刑法对于中止犯的处罚采用的是必减免制。根据此规定,是否造成损害是对中止犯予以免除处罚或减轻处罚的依据。具体而言:

首先,我国刑法对中止犯的处罚原则是"应当",即必须免除或者减轻处罚,而且对中止犯处理时要先考虑损害结果是否发生。对于中止犯的处罚,既不可与既遂犯同等处罚,也不允许比照既遂犯从轻处罚,而是应当免除或减轻处罚。这体现了主客观相统一的刑事责任原则和罪责刑相适应原则的要求,也在一定程度上有助于积极制止已经开始的犯罪活动。

其次,对中止犯的处罚,应同时引用《刑法》第 24 条和刑法分则有关具体犯罪的条文,在罪名上应对中止形态有所体现。

再次,对中止犯的从宽处罚应根据不同情况分别掌握,对于造成损害结果的,应当减轻处罚,并应综合考察中止犯罪的各种主客观情况,如具体损害结果的大小和中止犯罪的原因等,来决定减轻处罚的幅度;对于未造成损害结果的,应当免除处罚。

最后,中止犯所拟实施或刚着手实施的犯罪危害较轻,符合《刑法》第13条但书规定"即情节显著轻微危害不大"的,应依法不认为是犯罪。

思考题

1. 犯罪中止的成立条件。
2. 积极中止与消极中止的区分。

案例分析一

甲、乙预谋修车后以假币骗付。某日,甲、乙在某汽修厂修车后应付款4850元,按照预谋甲将4900元假币递给乙清点后交给修理厂职工丙,乙说:"修得不错,零钱不用找了。"甲、乙随即上车。丙发现货币有假大叫"别走",甲迅即启动驶向厂门,丙扑向甲车前风档,抓住雨刮器。乙对甲说:"太危险,快停车。"甲仍然加速,致丙摔成重伤。

关于致丙重伤的行为,下列选项错误的是(　　)。(2010年司考真题)

A. 乙明确叫甲停车,可以成立犯罪中止
B. 甲、乙构成故意伤害的共同犯罪
C. 甲的行为超出了共同犯罪故意,对于丙的重伤后果,乙不应当负责
D. 乙没有实施共同伤害行为,不构成犯罪

问题:本题考查犯罪中止和共犯问题。

解题思路:本案中甲的行为超出了共同犯罪(使用假币)的故意,对于丙的重伤后果,乙不是共犯,乙不承担刑事责任。既然乙不构成故意伤害罪,也就无所谓犯罪中止的问题。因此AB选项错误。

【答案】AB

案例分析二

甲欲杀乙,将乙打倒在地,掐住脖子致乙深度昏迷。30分钟后,甲发现乙未死,便举刀刺乙,第一刀刺中乙腹,第二刀扎在乙的皮带上,刺第三刀时刀柄折断。

甲长叹"你命太大,整不死你,我服气了",遂将乙送医,乙得以保命。经查,第一刀已致乙重伤。关于甲犯罪形态的认定,下列哪一选项是正确的?(　　)

A. 故意杀人罪的未遂犯
B. 故意杀人罪的中止犯
C. 故意伤害罪的既遂犯
D. 故意杀人罪的不能犯

问题:本题考查故意犯罪的停止形态问题。

解题思路:犯罪中止是行为人自动停止犯罪或彻底有效地防止犯罪结果的发生。题中甲欲杀乙,在可以杀死乙的情况下,自动放弃了杀害行为,可见主观方面是其自动放弃犯罪行为。此后甲将乙送往医院,并客观上有效地阻止了乙死亡结果的发生。因此,甲的行为构成故意杀人罪的中止犯。选项B正确。

【答案】B

案例分析三

甲因复仇欲重伤乙,将乙推倒在地举刀便砍,乙慌忙抵挡喊着说:"是丙逼我把你家老汉推下粪池的,不信去问丁。"甲信以为真,遂松开乙,乙趁机逃走。关于本案,下列哪一选项是正确的?(　　)(2009年试卷二单选题)

A. 甲不成立故意伤害罪
B. 甲成立故意伤害罪中止
C. 甲的行为具有正当性
D. 甲成立故意伤害罪未遂(不能犯)

问题:本题考查犯罪中止。

解题思路:

犯罪中止的本质是"能达目的而不欲";犯罪未遂的本质是"欲达目的而不能"。我国刑法并没有规定复仇行为是正当行为,甲的行为属于犯罪行为,成立故意伤害罪,排除AC。

本案中,甲在实施犯罪过程中虽然遇到本人意志以外的障碍,但该障碍并不足以将其行为停止下来,甲完全可以继续实施伤害行为,但甲松开了乙,这种行为应认定为甲出于自己内心的考虑放弃犯罪,故成立犯罪中止,因而排除D项,本题的正确答案为B。

【答案】B

案例分析四

下列哪些选项不构成犯罪中止?(　　)(2011年真题多选)

A.甲收买1名儿童打算日后卖出。次日,看到拐卖儿童犯罪分子被判处死刑的新闻,偷偷将儿童送回家

B.乙使用暴力绑架被害人后,被害人反复向乙求情,乙释放了被害人

C.丙加入某恐怖组织并参与了一次恐怖活动,后经家人规劝退出该组织

D.丁为国家工作人员,挪用公款3万元用于孩子学费,4个月后主动归还

问题:本题考查犯罪中止。

解题思路:《刑法》第24条第1款规定,在犯罪过程中,自动放弃犯罪或者自动有效地防止犯罪结果发生的,是犯罪中止。

选项A不成立犯罪中止。根据《刑法》第240条第2款的规定,拐卖妇女、儿童的,只要行为人以出卖为目的,实施了拐骗、绑架、收买、贩卖、接送、中转妇女、儿童的行为之一的,就成立拐卖妇女、儿童罪的既遂。据此可知,甲以出卖为目的购买儿童的行为,已经成立了拐卖儿童罪的既遂,他事后将儿童送回家的行为属于犯罪后的悔改表现,可以在量刑上有所体现,但不能成立犯罪中止。

选项B不成立犯罪中止。绑架罪侵犯的客体是复杂客体,即他人的人身自由权和财产权。乙使用暴力将被害人绑架的行为,已经侵犯了被害人的人身自由权,该绑架行为已经完成,成立犯罪既遂。后经被害人反复求情将其释放的行为属于犯罪后的悔改表现,可以在量刑上有所体现,但不能成立犯罪中止。

选项C不成立犯罪中止。组织参加恐怖活动罪是指加入恐怖活动组织,使自己成为该组织成员的行为。丙加入了该恐怖组织,且参与了一次恐怖活动,已经成立参加恐怖组织罪的既遂,其后的退出行为只可以在量刑上有所体现,但不能成立犯罪中止。

选项D不成立犯罪中止。挪用公款罪的既遂标准之一,即为挪用公款数额较大,超过三个月未还。丁的行为已经构成了挪用公款罪的既遂,不可能再成立犯罪中止。

【答案】ABCD

案例分析五

关于犯罪中止,下列哪些选项是正确的?(　　)(2010年真题多选)

A.甲欲杀乙,埋伏在路旁开枪射击但未打中乙。甲枪内尚有子弹,但担心杀人后被判处死刑,遂停止射击。甲成立犯罪中止

B.甲入户抢劫时,看到客厅电视正在播放庭审纪实片,意识到犯罪要受刑罚

处罚,于是向被害人赔礼道歉后离开。甲成立犯罪中止

C.甲潜入乙家原打算盗窃巨额现金,入室后发现大量珠宝,便放弃盗窃现金的意思,仅窃取了珠宝。对于盗窃现金,甲成立犯罪中止

D.甲向乙的饮食投放毒药后,乙呕吐不止,甲顿生悔意急忙开车送乙去医院,但由于交通事故耽误一小时,乙被送往医院时死亡。医生证明,早半小时送到医院乙就不会死亡。甲的行为仍然成立犯罪中止

问题:本题考查犯罪中止。

解题思路:选项A正确。甲在能够继续实施杀人行为且能够达到既遂的情况下,自动放弃了犯罪行为,成立犯罪中止。

选项B正确。甲着手实施抢劫后,在既遂之前自动停止了抢劫行为,且没有造成危害结果,成立犯罪中止。

选项C错误。无论是珠宝还是现金都是财物,甲在盗窃过程中选择了更值钱的珠宝,且盗窃成功,成立盗窃罪的既遂,不成立犯罪中止。

选项D错误。犯罪中止的成立需要没有发生作为既遂标志的犯罪结果的出现。虽然甲对乙采取了一定的积极救助措施,但是最终依然没有有效地阻止犯罪结果的出现,则不成立犯罪中止。

【答案】B

案例分析六

甲欲枪杀仇人乙,但早有防备的乙当天穿着防弹背心,甲的子弹刚好打在防弹背心上,乙毫发无损。甲见状一边逃离现场,一边气呼呼地大声说:"我就不信你天天穿防弹背心,看我改天不收拾你!"关于本案,下列哪些选项是正确的?(　　)(2009年真题多选)

A.甲构成故意杀人中止

B.甲构成故意杀人未遂

C.甲的行为具有导致乙死亡的危险,应当成立犯罪

D.甲不构成犯罪

问题:本题考核故意杀人罪的中止和未遂的区分。

解题思路:《刑法》第23条第1款规定,已经着手实行犯罪,由于犯罪分子意志以外的原因而未得逞的,是犯罪未遂。本题中,甲已经着手实行枪杀行为,但由于乙正好穿着防弹背心,未发生乙死亡的结果,这是由于甲意志以外的原因而未得逞,甲构成故意杀人未遂。故A项错误,B项正确。甲的行为已经具备社会危害性、刑事违法性及应受刑罚处罚性,成立犯罪。故C项正确,D项错误。

【答案】BC

第五章 故意犯罪的停止形态

■ 案例分析七

甲携带凶器拦路抢劫,黑夜中遇到乙便实施暴力,乙发现是自己的熟人甲,便喊甲的名字,甲一听便住手,还向乙道歉说:"对不起,认错人了。"甲的行为属于下列哪一种情形?(　　)(2003年试卷二第2题)

A. 实行终了的犯罪未遂
B. 预备阶段的犯罪中止
C. 未实行终了的犯罪未遂
D. 实行阶段的犯罪中止

问题:本题考查犯罪中止的自动性。

解题思路:本案中甲实施暴力,犯罪已进入实行阶段,所以不能选B,由于发现对方是熟人而主动停止犯罪,是能为而不为,属于实行阶段的犯罪中止。所以选D。

【答案】D

■ 案例分析八

根据犯罪主观要件、犯罪形态的理论分析,下列关于犯罪中止的表述哪些是错误的?(　　)(2003年试卷二第42题)

A. 甲为杀人而与李某商量并委托购买毒药,李某果然为其买来了剧毒药品。但10天后甲放弃了杀人意图,将毒药抛入河中。甲成立犯罪中止,而李某不应成立犯罪中止

B. 乙基于杀人的意图对他人实施暴力,见被害人流血不止而心生怜悯,将其送到医院,被害人经治疗后仍鉴定为重伤。乙不是犯罪中止

C. 丙对仇人王某猛砍20刀后离开现场。2小时后,丙为寻找、销毁犯罪工具回到现场,见王某仍然没有死亡,但极其可怜,即将其送到医院治疗。丙的行为属于犯罪中止

D. 丁为了杀害李四而对其投毒,李四服毒后极端痛苦,于是丁将李四送往医院抢救脱险。经查明,毒物只达到致死量的50%,即使不送到医院,李四也不会死。丁将被害人送到医院的行为和被害人的没有死亡之间,并无因果关系,所以丁不能成立犯罪中止

问题:本题考查犯罪中止的成立条件。

解题思路:犯罪中止,指在犯罪过程中,自动放弃犯罪或者自动有效地防止犯罪结果发生。A选项中甲在犯罪预备阶段自动放弃杀人意图,成立犯罪中止。但是共同犯罪人李某不成立犯罪中止,因为李某并不是自动放弃杀人,而是由于实行

者的放弃行为使其不能达到杀人的目的,属于犯罪预备。

B选项中乙在杀人过程中心生怜悯,产生了悔意,自动停止了犯罪行为,并采取有效措施阻止了死亡结果的出现,因而属于故意杀人罪的中止。

C选项中丙对王某猛砍20刀的行为我们无法准确认定为是故意杀人的行为还是故意伤害的行为,假如猛砍的是王某的腿部,则丙已构成故意伤害罪的既遂,依据犯罪中止的时间性,既遂以后的自动恢复原状行为、抢救行为都不能成立犯罪中止。假如丙砍的是王某的头部,应认定为故意杀人。但如果成立故意杀人的犯罪中止,则必须符合中止的有效性要求,即将王某送到医院后,王某经抢救未死。但案例中并未给出此结果,所以无法认定故意杀人的犯罪中止。

D选项中虽然没有丁的救助行为李某也不会死,但犯罪人丁认为可能既遂而不愿达到既遂,即所谓"能达目的而不欲",符合犯罪中止的自动性要求,成立犯罪中止。

【答案】BCD

第六章

共同犯罪

■ **知识结构图**

共同犯罪概述→共同犯罪的形式→共同犯罪人的刑事责任

■ **重点提示**

共同犯罪的成立条件；共同犯罪的形式

■ **司考重点**

主犯、从犯和胁从犯的概念和处罚原则分别是什么？教唆犯的概念、成立要件和处罚原则是什么？

■ **导入案例**

甲、乙共谋伤害丙，进而共同持刀对丙实施伤害行为，其中有一刀导致丙身受一处重伤，但现有证据不能查明该重伤由谁的行为引起。在本案中，甲、乙应当如何定罪处罚？

本案牵涉刑法总则中关于共同犯罪的知识。根据中国《刑法》第25条第1款之规定，共同犯罪是指二人以上共同故意犯罪。共同犯罪的成立条件是：①必须有2人以上；②必须有共同故意；③必须有共同行为。本案中甲、乙共谋伤害丙属于事前通谋的共同犯罪，即在着手实现犯罪之前，各共同犯罪人已经形成共同犯罪故意,就实行犯罪进行了策划或商议。"通谋"一般是指二人以上为了实行特定的犯罪,以将各自的意思付诸实现为内容而进行谋议。本案中甲、乙共谋伤害丙,进而共同对丙实施伤害行为,导致丙身受一处重伤,二人的行为已经构成故意伤害罪。尽管不能查明该重伤由谁的行为引起,但并不影响犯罪的成立,故甲、乙成立故意伤害(重伤)罪的共犯。

第一节 共同犯罪概述

一、共同犯罪的概念

中国《刑法》第25条第1款规定:"共同犯罪是指二人以上共同故意犯罪。"这一定义科学地概括了共同犯罪的内在属性和结构形式,体现了主客观相统一的原则,不仅具有严密的科学性,而且具有高度的概括性。

犯罪是一种复杂的社会现象。就实施的人数而言,有一个人单独实施的犯罪,也有二人以上共同实施的犯罪。前者称为单独犯罪,后者称为共同犯罪。在共同犯罪中,二人以上可以共同谋划、互相分工,更易于完成犯罪;同时,二人以上也可以商讨对策、互相包庇,更易于逃避侦查。因此,共同犯罪并非若干个单独犯罪的简单相加,其具有更大的社会危害性,需要给予充分的重视。

二、共同犯罪的构成要件

共同犯罪的成立,和单独犯罪一样,必须符合犯罪构成。共同犯罪的构成要件,是指成立共同犯罪这一特殊犯罪形态所必须具备的要件,其意义在于揭示共同犯罪与非共同犯罪的区别。至于共同犯罪成立何种罪名,则取决于二人以上的共同故意犯罪行为符合何种具体的犯罪构成。因此,共同犯罪的构成要件与共同犯罪所犯之罪的构成要件是两个迥然相异的概念。根据中国《刑法》的规定,共同犯罪的成立必须具备以下要件:

(一)共同犯罪的主体条件

共同犯罪的主体,必须是二人以上。这是成立共同犯罪的前提条件。成立共同犯罪,其主体至少应为"二人",一人单独实施犯罪,不可能发生共同犯罪问题。至于"以上"到多少人,则并无限制。同时,这里的"人",通常指自然人,但不排除单位参与共同犯罪的可能。

在通常情况下,"二人以上"都是达到法定年龄、具有责任能力的人,因而"二人以上"都承担责任。但是,司法实践中也存在着"二人以上"中仅有一部分人承担责任的共同犯罪。换言之,现实中存在没有达到法定年龄的人与达到法定年龄的人共同故意实施符合客观构成要件的违法行为的现象。在这种情况下,虽然没有达到法定年龄的人具有责任阻却事由,但仍应认定其与达到法定年龄的人所实施的犯罪为共同犯罪。① 例如,15 周岁的甲入户盗窃时,请 17 岁的乙为其望风。在乙的帮助下,甲顺利窃取了丙的 2 万元现金。在本案中,如果认为甲没有达到责任年龄,故甲与乙不成立共同犯罪,对乙不能以共犯论处。但是,这种结论不能被人接受。既然乙为 16 周岁的盗窃犯望风应以盗窃罪论处,那么,当其为 15 周岁的人望风时,也应以盗窃罪论处。同时,对乙的行为也不能以单个人犯盗窃罪论处。因为,其一,对乙不可能以直接正犯论处,因为乙没有直接实施将丙占有的财物转移给自己或第三者占有的实行行为,其望风行为根本不符合盗窃罪直接正犯的条件。其二,对乙也不可能以间接正犯论处,因为只有作为幕后人控制或者支配了构成要件实现的人,才是间接正犯。乙应邀为甲望风的行为,不可能成立间接正犯。② 同理,13 周岁的人与 16 周岁的人,共同轮奸妇女的,应认定为强奸罪的共同犯罪,对 16 周岁的人应适用轮奸的法定刑。

(二)共同犯罪的客观条件

从犯罪的客观方面来看,"行为"指犯罪行为;"共同行为"不仅指各共犯人都实施了属于同一犯罪构成的行为(包括犯罪中具有重合性质的行为),而且指各共犯人的行为在共同故意支配下相互配合、相互协调、相互补充,形成一个整体,在发生危害结果的场合,每个人的行为都与危害结果之间存在因果关系。各共同犯罪人的行为形成一个互相配合、彼此联系的有机的犯罪活动整体。即无论各共同犯罪人的行为在共同犯罪中的表现形式如何,都不是互相孤立的,而是有一个共同的犯罪目标将它们有机地联系起来,成为一个统一的犯罪活动整体,每个人的行为都是共同犯罪有机整体的必要组成部分。

1.从行为方式的角度分析,危害行为的基本表现形式有作为与不作为。据此,共同犯罪行为可表现为三种形式:

(1)共同的作为。即二人以上共同故意以积极的行为实施刑法所禁止的危害社会的行为。例如,甲乙共同实施入户盗窃行为。

(2)共同的不作为。即二人以上都负有实施某种积极行为的职责和义务,同时具有履行义务的能力,但共同故意以消极的方式不去履行这一义务,导致危害结果发生。例如,甲、乙二人是夫妻,二人一起商议,不给患病卧床的甲的父亲丙喂食,致使丙死亡。

---

① 但同时需要注意的是,没有达到法定年龄的人具有责任阻却事由,仍然不构成犯罪。
② 张明楷:《共同犯罪的认定方法》,载《法学研究》2014 年第 3 期。

(3)作为与不作为的结合。即基于共同的犯罪故意,一方以积极的行为,另一方以消极的行为,二者互相配合,以致发生了危害结果。如甲在某工厂看守仓库时,与乙合谋盗窃仓库中的物资,二人相约在甲值班时由乙进入仓库行窃,而甲假装熟睡,乙则顺利地完成盗窃。

2.从行为分工的角度分析,共同犯罪行为可以表现为四种方式。一是实行行为,即直接导致危害结果发生的行为,属于刑法分则规定的犯罪构成要件的行为,对共同犯罪故意内容的实现起关键作用;二是组织行为,即组织、策划、指挥共同犯罪的行为。它对共同犯罪的性质、规模等起决定作用;三是教唆行为,即故意引起他人犯罪意图的行为,对他人犯意的形成起原因作用;四是帮助行为,即为共同犯罪创造便利条件的行为,对共同犯罪的实施起辅助作用。据此,共同犯罪行为表现为两种情况:

(1)共同的实行行为。即每个共同犯罪人都是实行犯,他们之间没有刑法意义上的分工,没人实施的都是刑法分则规定的犯罪构成要件的行为。根据刑法分则对具体犯罪的不同规定,共同的实行犯实施的犯罪构成要件行为可以相同,也可以不相同。前者,比如甲乙共同入室盗窃,都实施秘密窃取财物的行为;后者,比如甲乙共同抢劫,甲持刀威逼被害人不敢反抗,乙动手将被害人财物劫走。

(2)实行行为和组织行为、教唆行为、帮助行为的结合。即各共同犯罪人之间存在组织犯、教唆犯、实行犯和帮助犯的分工。例如,甲入室盗窃,乙在外放风;或者甲雇佣乙杀害了丙。尽管行为人的行为方式不同,但它们都是指向同一犯罪,并且彼此配合,相互联系,形成一个有机的犯罪活动整体,因此都是共同犯罪行为。行为的分工,不影响共同犯罪的成立,只影响行为人刑事责任的大小。

3.在共同犯罪是结果犯的场合,每个共同犯罪人的行为与危害结果之间都存在着因果关系。在共同犯罪中,各共同犯罪人基于共同犯罪意思的联系,彼此互相利用他人的行为而共同实施犯罪,它们的行为是围绕着一个共同的犯罪目标,互相配合,互为条件的。尽管不同的共同犯罪人在危害结果发生的作用上可能有大小之别,但正是他们行为的总和才导致了危害结果的发生。所以,各共同犯罪人的行为都是危害结果发生的不可分割的原因的一部分。

■ 司法真题

下列哪些情形成立共同犯罪?(　　)(2000年试卷二第70题)

A.甲与乙共谋共同杀丙,但届时乙因为生病而没有前往犯罪地点,由甲一人杀死丙

B.甲在境外购买了毒品,乙在境外购买了大量淫秽物品,然后二人共谋共雇一条走私船回到内地,后被海关查获

C. 甲发现某商店失火后,便立即叫乙:"现在是趁火打劫的好时机,我们一起去吧!"乙便和甲一起跑到失火地点,窃取了商品后各自回到自己家中

D. 医生甲故意将药量加大10倍,护士乙发现后请医生改正,医生说:"那个家伙(指患者)太坏了,他死了由我负责。"乙没有吭声,便按甲开的处方给患者用药,导致患者死亡

【解题思路和依据】共同犯罪要求两个以上的行为人之间存在着共同的犯罪故意,有着共同的犯罪行为。A选项中甲、乙之间的共谋就表明二人之间有了共同的故意与行为,因为在共同犯罪中共同的预谋行为就是一种犯罪预备行为,而犯罪行为不仅仅指实行行为而且还包括预备行为;C与D选项所列行为都符合共同犯罪的基本特征,前者甲、乙之间是一种临时起意的共犯,后者甲、乙之间主观故意的内容略有不同(一者为直接故意,一者为间接故意),但这并不妨碍共犯的成立。

【答案】ACD

(三)共同犯罪的主观条件

"共同故意"包括两个内容:一是各共犯人均有相同的犯罪故意;二是具有意思联络。

1. 共同故意要求各共犯人都明知共同犯罪行为的内容、社会意义与危害结果,并且希望或者放任危害结果的发生。

2. 共同故意要求共犯人主观上具有意思联络,即共犯人认识到自己不是在孤立地实施犯罪,而是在和他人一起共同犯罪。

三、共同犯罪的认定

(一)不构成共同犯罪的情况

根据中国《刑法》规定的共同犯罪的概念及成立条件,以下几种情况不构成共同犯罪:

1. 二人以上的共同过失行为不构成共同犯罪。中国《刑法》第25条第2款规定:"二人以上共同过失犯罪,不以共同犯罪论处;应当负刑事责任的,按照他们所犯的罪分别处罚。"因此,按照现有立法之规定,共同过失行为即便造成同一个危

害结果,也只能分别构成过失犯罪。①

2. 二人以上实施危害行为,罪过形式不同的不构成共同犯罪。这种情况通常表现为两种情形:一是过失地引起或者帮助他人实施故意犯罪;二是故意教唆或者帮助他人实施过失犯罪。对于这两种情形,虽然双方在客观上有行为的联系,但因为他们在主观上没有共同犯罪故意,均不能认定为共同犯罪,应当根据刑法分则的规定,分别论处。

3. 事后共谋的窝藏、包庇等行为不构成共同犯罪。窝藏、包庇犯罪的人,在被窝藏、包庇者犯罪之前与之通谋的,属于对实行犯的支持和帮助,通过实行行为与危害结果的发生存在因果关系,且具有共同的犯罪故意,因而要按被窝藏、包庇者所实施的犯罪的共犯论处。但如果事前没有通谋,窝藏、包庇行为与被窝藏、包庇者的行为造成的危害后果之间没有因果关系,主观上也缺乏共同的犯罪故意,则不构成共同犯罪,对于窝藏、包庇者,以《刑法》第310条规定的窝藏罪或包庇罪定罪处罚。

4. 同时犯不构成共同犯罪。所谓同时犯,是指二人以上同时或者在极为接近的先后时间,对同一对象实施性质相同的故意犯罪,但主观上没有犯意联系。同时犯罪的两个以上行为人虽然各有故意,对同一对象也实施了同种犯罪,但却缺乏共同的犯罪故意,因而不构成共同犯罪。例如,甲、乙各以伤害的故意偶然地同时向丙开枪射击。在这里,甲、乙虽然同时、同地实施了故意伤害罪,但由于他们主观上没有联系,因而不构成故意伤害罪的共同犯罪,只能以单个人的犯罪分别处罚。

5. 超出共同故意之外的犯罪不构成共同犯罪。在共同犯罪过程中,有的共同犯罪人超出了共同故意的范围,单独实施了其他犯罪,在这种情况下,各个共同犯罪人仅就共同谋议范围内的犯罪成立共同犯罪,而个别人超出共同故意范围实施的其他犯罪,只能由该人独立承担刑事责任,这种情况也被称为"实行过限"。例如,甲、乙二人合谋抢劫,趁被害人丙的丈夫外出之机,乙于晚间闯入丙家,甲于门外放风。在实施抢劫的过程中,乙又单独对丙实施了强奸行为,甲对此毫不知情。在本案中,乙除了与甲构成共同的抢劫罪以外,还要独立承担强奸罪的刑事责任,而甲对乙的强奸行为不负刑事责任。

(二) 片面共犯问题

所谓片面共犯,即片面共同犯罪,是指共同行为人的一方有与他人共同实施某

---

① 需要注意的是,2000年《最高人民法院关于审理交通肇事刑事案件具体应用法律若干问题的解释》第5条规定:"交通肇事后,单位主管人员、机动车辆所有人、承包人或者乘车人指使肇事人逃逸,致使被害人因得不到救助而死亡的,以交通肇事罪的共犯论处。"众所周知的是,交通肇事罪是典型的过失犯罪,而该解释之规定是否属于对立法的一种突破,有无确实充分的正当性依据,还值得做进一步之研究。

种犯罪的意思,并加功于他人的犯罪行为,但他人却不知其给予加功,因而缺乏共同犯罪故意的情况。例如,甲明知乙将丙诱进房中欲实施强奸,遂暗中将房门从外面锁上,以防丙逃走。结果丙因无路可逃而被乙奸污。甲能否成立片面共犯,在刑法理论上一直存在着争论。

片面共犯可能存在三种情况:一是片面的共同实行,即实行的一方没有认识到另一方的实行行为。例如,乙正欲对丙实施强奸行为时,甲在乙不知情的情况下,借助无声手枪将丙打伤,乙得以顺利实施奸淫行为。二是片面的教唆,即被教唆者没有意识到自己被教唆的情况。① 例如,甲将乙的妻子丙与他人通奸的视频和一把匕首放在乙的桌子上,乙发现后立即产生杀人故意,将妻子丙杀死。三是片面的帮助,即实行的一方没有认识到另一方的帮助行为。例如,甲明知乙正在追杀丙,暗中投掷香蕉皮将丙绊倒,从而使乙顺利地杀害丙。

是否承认片面共犯,关键在于如何认识共同犯罪的因果性。共同犯罪的因果关系包括物理的因果关系与心理的因果关系。本书认为,在教唆犯与实行犯之间、帮助犯和实行犯之间,以及共同实行犯之间均存在片面共同犯罪的问题,因为上述三种情况在司法实践中均有可能发生。在这种一方没有共同的犯罪故意,而另外一方有共同犯罪故意并且有教唆、帮助以及以实行行为而配合他人实施犯罪的行为的情况下,按照主客观相统一的刑法基本原则,因有共同犯罪故意的一方在主观上有与他人共同实施犯罪的故意,在客观上又有共同的犯罪行为,完全符合共同犯罪的构成要件。同时,由于其与另外一方在主观上的联系不全面,仅是单方面的片面联络,故应以片面共同犯罪论处。亦即,对没有共同犯罪故意一方以单个人犯罪定罪处罚,对有共同犯罪故意一方以另外一方的共同犯罪人论处。

第二节　共同犯罪的形式

一、共同犯罪形式的概念

共同犯罪的形式,是指二人以上共同犯罪的形成、结构或者共同犯罪人之间结合的方式。在共同犯罪中,各共同犯罪人的行为互相结合,成为一个共同犯罪行为的整体。所以,在解决共同犯罪人的刑事责任时,应当从共同犯罪行为的整体来考察,各共同犯罪人对共同实行的犯罪行为整体负责,而不是只对自己实行的犯罪行为负责。例如,甲乙共谋投石伤害丙,甲投石击中丙之左眼致使其左眼失明,乙投

---

① 即日常生活中的"听者无意,说者有心"的场合。

石未击中丙,没有对丙造成伤害,但乙应与甲同样作为故意伤害罪(既遂)的共同实行犯受到处罚,不能因为乙投石未击中丙,而认为乙是故意伤害未遂。

二、共同犯罪形式的分类

从不同的角度,用不同的标准,可以对共同犯罪的形式作出多种分类。目前,中国刑法学界在理论上对共同犯罪形式的分类,主要有以下几种:

（一）任意的共同犯罪和必要的共同犯罪

这是根据共同犯罪能否任意形成为标准所划分的共同犯罪形式。

1. 任意的共同犯罪。这是指刑法分则规定的一人能够单独实施的犯罪,由二人以上共同实施所形成的共同犯罪。例如,刑法分则规定的爆炸罪、故意杀人罪、强奸罪、抢劫罪、诈骗罪等,既可以由一人单独实施,也可以由数人共同实施,当数人共同实施时,就构成任意的共同犯罪。对于任意共同犯罪中的各共同犯罪人的刑事责任,应当根据刑法分则有关具体犯罪的规定,并结合刑法总则关于共同犯罪的条款加以认定。刑法分则中的绝大多数故意犯罪都是既可以采用单独犯罪的形式来完成,也可以采用共同犯罪的形式来完成。因此,就罪名而言,任意共同犯罪的范围相当广泛。

2. 必要的共同犯罪。这是指刑法分则规定必须由二人以上共同实施的犯罪。这类犯罪以二人以上共同实施为必备要件,一人不可能单独实施。必要的共同犯罪都是由刑法分则明确规定的,所以对这类共同犯罪,只需根据刑法分则对该种犯罪的具体规定定罪处罚就可以了。刑法理论通常将必要共同犯罪分为三类:聚众共同犯罪、集团共同犯罪与对向犯。

（1）聚众性共同犯罪。这是指以不特定的多数人的聚合行为作为犯罪构成要件的共同犯罪。这类共同犯罪的特点是:人数较多,且参与者的行为方向相同,但参与的程度和形态可能不同,有的参与组织、策划或指挥,有的参与实施犯罪活动。在刑法分则中,聚众性的共同犯罪通常在罪名中冠以聚众二字,例如聚众斗殴罪、聚众扰乱社会秩序罪、聚众冲击国家机关罪等。但也并非全部如此,如组织越狱罪,武装叛乱、暴乱罪等也属于聚众犯罪。同时,在刑法分则中,罪名冠以聚众二字的犯罪也并非都是共同犯罪,只有首要分子才构成犯罪,而其他参加者不构成犯罪;如289条聚众打砸抢行为抢走财物或者损毁财物的,291条聚众扰乱公共场所秩序、交通秩序罪;242条聚众阻碍解救被拐卖的妇女、儿童罪。

（2）集团共同犯罪。又称为有组织的共同犯罪,指以组织、领导或者参加某种犯罪集团为犯罪构成要件的犯罪。例如,我国《刑法》第120条规定的"组织、领导、参加恐怖活动组织的,"第294条规定的"组织、领导和积极参加……黑社会性质的组织的"都属于有组织的共同犯罪。

（3）对向犯。这是指以存在二人以上相互对向的行为为要件的犯罪。贿赂罪是其适例。刑法规定的对向犯分三种情况:一是双方的罪名与法定刑相同,如重婚罪。二是双方的罪名与法定刑都不同,如贿赂罪中的行贿与受贿。三是只处罚一方的行为,如贩卖淫秽物品牟利罪,只处罚贩卖者,不处罚购买者;但为了购买而唆使没有犯罪意图的人犯罪的,则构成相关犯罪的教唆犯。

（二）事前同谋的共同犯罪和事中通谋的共同犯罪

这是根据共同故意形成的时间为标准所划分的共同犯罪形式。

1.事前通谋的共同犯罪。这是指各共同犯罪人在着手实行犯罪以前,进行了不同程度的商议和策划,从而形成共同犯罪故意的共同犯罪。这里所说的通谋,是指共同犯罪人之间所进行的犯罪意图的互相联络、沟通。通谋的内容既包括拟定实施犯罪的时间、地点、方法、分工,也包括犯罪后如何湮灭罪迹、逃避侦查、分配赃物;通谋的方式可以是口头或书面的形式,也可以是简单的表态,如点头表示赞同、应允其他共同犯罪人的要求、甚至默许其他共同犯罪人的意见。无论通谋的程度如何,只要是在着手实行犯罪之前进行了犯罪意图的沟通,即可视为存在通谋。事前通谋实质上是共同犯罪预备的一种形式,由于进行了事前通谋,共同犯罪更易于得逞,因此具有更大的危险性。

2.事中通谋的共同犯罪。这是指各共同犯罪人在着手实行犯罪之际或者实行犯罪的过程中临时形成共同犯罪故意的共同犯罪。即在着手实施犯罪之前,各共同犯罪人没有进行谋议,其共同犯罪的故意是在开始实行犯罪之际,或者是在开始实行犯罪之后才形成的。例如,甲意图翻墙而入盗窃财物,但是由于墙体太高而无法逾越,恰逢甲的好友乙路过,于是甲呼喊丙帮忙,结果甲踩着乙的肩膀翻过高墙盗窃成功。在这里,甲与乙的共同犯罪即属于事中通谋的共同犯罪。这种共同犯罪形式,由于共同犯罪人是在着手实行犯罪后临时形成的共同故意,犯罪人之间往往缺乏周密的谋划,危险性相对较小一些。

（三）简单的共同犯罪和复杂的共同犯罪

这是以共同犯罪人之间是否有分工为标准所划分的共同犯罪形式。

1.简单的共同犯罪,又叫作共同正犯或者共同实行犯,是指各共同犯罪人之间没有分工,共同故意直接实施某一具体犯罪客观方面要件的行为的共同犯罪。在简单的共同犯罪中,每个共同犯罪人都是实行犯,不存在一部分人是实行犯,另一部分人是教唆犯或帮助犯的分工。

在简单的共同犯罪中,各共同犯罪人的行为通常表现为以下二种情况:

（1）各共同犯罪人实施的犯罪构成客观要件的行为形式相同。如甲、乙共同持刀将丙砍伤,劫取其财物的。

（2）各共同犯罪人实施的行为形式不同,但都属于某一具体犯罪的构成要件的行为。这种情况一般发生于犯罪构成客观方面要件的行为是复合行为的犯罪中。如甲、乙共同实施抢劫罪,甲对被害人实施殴打搂抱,乙乘机取下被害人的戒指、耳环等财物。甲乙的行为虽然不同,但都属于抢劫罪的客观方面要件行为的一部分。二人之间不具有实行行为和帮助行为的分工,因此应当视为共同直接实施犯罪,而不能认为乙的行为是对甲抢劫行为的帮助。

(3)各共同犯罪人分别针对同一犯罪中的不同对象实施犯罪行为。如甲、乙密谋杀害丙、丁夫妇,并约定由甲杀死丙,乙杀死丁。这种情况下,二人之间不存在刑法意义上的分工,他们实施的均是犯罪构成要件的实行行为。

2. 复杂的共同犯罪,是指共同犯罪人之间存在着一定分工的共同犯罪,亦即有人教唆、有人实施、有人帮助。复杂共同犯罪与简单共同犯罪的区别在于:简单共同犯罪的各共同犯罪人都参与实行犯罪构成要件的行为,都是实行犯;而复杂共同犯罪的各共同犯罪人中,有的实行犯罪构成要件的行为,有的则实施非犯罪构成要件的行为,从而有的是实行犯,有的是教唆犯,有的是帮助犯。复杂的共同犯罪一般具有以下三种表现形式:

(1)不同的共同犯罪人分别实施教唆为和实行行为。如甲教唆乙盗窃,乙接受教唆实施入户盗窃行为。

(2)不同的共同犯罪人分别实施帮助行为和实行行为。如甲、乙按照事先的通谋进行盗窃,甲入户实施盗窃,而乙在门外放风。

(3)不同的共同犯罪人分别实施教唆行为、帮助行为和实行行为。例如,甲教唆乙杀丙,丁为乙提供匕首,乙接受甲的教唆,用丁提供的匕首将丙杀死。

(四)一般的共同犯罪和特殊的共同犯罪

这是以共同犯罪有无组织形式为标准所划分的共同犯罪形式。

1. 一般的共同犯罪,是指二人以上在结合程度上比较松散,没有特定组织形式的共同犯罪。在一般的共同犯罪中,各共同犯罪人是为了实施某一特定犯罪而临时结合到一起的,特定犯罪一旦完成,其犯罪的结合或者犯罪联盟即不复存在。其特点是:二人即可构成,不要求必须三人以上;共同犯罪人的勾结是暂时的,由于结合松散,各共同犯罪人之间没有特定的组织形式。一般的共同犯罪可以是简单的共同犯罪,也可以是复杂的共同犯罪;可以是事前通谋的共同犯罪,也可以是事中通谋的共同犯罪。属于什么样的共同犯罪,就按什么样的共同犯罪处理。

2. 特殊的共同犯罪,又称为有组织的共同犯罪,是指各共同犯罪人之间建立起特定的组织形式的共同犯罪,也就是犯罪集团。根据中国《刑法》第26条第2款的规定,犯罪集团是指三人以上为共同实施犯罪而组成的较为固定的犯罪组织。构成犯罪集团,必须具备以下条件:

(1)主体的多数性。犯罪集团必须是三人以上。这是犯罪集团成立的人数上的条件。在司法实践中一般认为,二人共同进行犯罪活动的,是一般共同犯罪;三人以上共同进行犯罪活动的,才可能是犯罪集团。①

(2)明确的目的性。犯罪集团是三人以上为了共同实施某一种或者几种犯罪而结合在一起的,具有明确的犯罪目的。这种犯罪的目的性,可能是通过成员之间口头或者书面互相通谋而确定的,也可能是通过共同实施犯罪活动而逐渐形成的,并不要求每一个犯罪集团必须有一个书面的共同实施犯罪的纲领。

(3)较强的组织性。这是犯罪集团最本质的特征,即集团的成员比较固定,集团内部存在着领导与被领导的关系。其中有首要分子、骨干分子,还有一般成员。首要分子组织、领导、指挥其他成员有计划地进行犯罪活动。只要成员之间有首要分子与一般成员的分工,在内部结构上具有较强的组织性,就可认定其具备了构成犯罪集团的组织性条件。

(4)相当的稳固性。这意味着集团成员是为了在较长的时间里多次实施犯罪活动而结合在一起的,在实施一次犯罪后,其内在联系和组织形式仍然存在,以便继续实施犯罪。如果三人以上只是为了实施某一犯罪而结合在一起,这一具体犯罪实施完毕,该种犯罪的联合即行解体,那么这种犯罪的联合就不是犯罪集团。即使所实施的犯罪情节恶劣、后果严重,但一次临时性的纠合,也不能认定为犯罪集团。

第三节　共同犯罪人的刑事责任

一、共同犯罪人的分类

共同犯罪人的分类,是指按照一定的标准,将共同犯罪人划分为不同的类型。由于历史传统、法律文化及国情的不同,各国刑法按照不同的标准对共同犯罪人进行了各种各样的分类。从目前各国的立法例来看,这种分类标准主要有两种:

1.分工分类法。这是以各共同犯罪人在共同犯罪中的不同分工为标准,对共同犯罪人进行分类。在采用这种分类标准的国家中,有的实行两分法,将共同犯罪人分为正犯和从犯,所谓正犯是指实行犯,从犯则包括教唆犯和帮助犯;有的实行三分法,将共同犯罪人分为实行犯、教唆犯和帮助犯,或者分为正犯、教唆犯和帮助犯;有的实行四分法,将共同犯罪人分为实行犯、组织犯、教唆犯和帮助犯。这种分

---

① 司法实践中,犯罪集团,尤其是黑社会犯罪集团的成员往往不止三人,少则六七人,多则几十人。这里把三人列为构成犯罪集团的最低人数,目的是为了便于划分犯罪集团和一般共同犯罪的界限。

类方法,能够比较客观地反映各共同犯罪人在共同犯罪中的实际分工和彼此间联系的形式,便于定罪,但却不能明确地显示各共同犯罪人在共同犯罪中所起的作用和对社会的危害程度,从而不能正确解决各自的刑事责任,不便于量刑。

2. 作用分类法。这是以各共同犯罪人在共同犯罪中所起的作用为标准,对共同犯罪人进行分类。在采用这种标准的国家中,有的采用两分法,将共同犯罪人分为主犯和从犯;有的采用三分法,将共同犯罪人分为首犯、从犯和胁从犯三种。这种分类方法,能够表明各共同犯罪人参与犯罪的程度及其对社会的危害程度,便于量刑,但不能全面反映各共同犯罪人在共同犯罪中的分工、所处的地位及其行为方式,在解决共同犯罪人的定罪等问题上存在着明显的缺陷。

中国刑法采用了以共同犯罪人在共同犯罪中所起的作用为主,同时适当考虑其分工的分类标准,将共同犯罪人分为主犯、从犯、胁从犯和教唆犯四种,并分别规定了各自应负的刑事责任。这种分类方法既不同于单纯的按分工分类法,也有别于纯粹的按作用分类法,是以按分工分类为主、按作用分类为辅的一种新的四分法,是两种分类法的有机统一。主犯、从犯、胁从犯是以行为人在共同犯罪中所起作用的大小为标准进行划分的,这样的分类能够解决共同犯罪人的量刑问题。教唆犯是按分工分类法划分的共同犯罪人的种类之一。教唆犯虽然与前三种共同犯罪人不是同一关系,但其具有一定的特殊性和复杂性,不宜简单地归为主犯或从犯,因此,作为与主犯、从犯、胁从犯并列的一类,单独加以规定,并按其在共同犯罪中所起的作用进行处罚,从而能够解决教唆犯的定罪量刑问题。

二、共同犯罪人的种类及其刑事责任

(一)主犯

1. 主犯的概念及种类。根据《刑法》第 26 条第 1 款的规定,主犯是指组织、领导犯罪集团进行犯罪活动或者在共同犯罪中起主要作用的犯罪分子。据此,中国《刑法》中的主犯包括以下两类:

(1)组织、领导犯罪集团进行犯罪活动的犯罪分子,即犯罪集团的首要分子。这种主犯只有在犯罪集团这种特殊的共同犯罪中才存在。没有犯罪集团,就没有这种主犯。这类主犯也被称作组织犯,具有以下两个特征:

1)必须有犯罪集团的存在。如果不存在犯罪集团,也就谈不上组织、领导犯罪集团进行犯罪活动,进而也就不可能有这种主犯。是否构成犯罪集团,应根据前述犯罪集团成立的条件来认定。

2)必须实施了组织、领导犯罪集团进行犯罪活动的行为。这种行为通常表现为组建并领导犯罪集团、网罗犯罪集团成员、制定犯罪计划、策划犯罪活动、布置犯罪任务、指挥其他成员具体实施犯罪。无论其是否亲自动手实施犯罪,首要分子都是犯罪集团的核心,对于犯罪集团的成立、存在和实行犯罪无不起着决定性作用。

没有首要分子,就没有犯罪集团的成立,也就不会发生这种特殊形式的共同犯罪。

犯罪集团的首要分子,可能只有一人,也可能不止一人,究竟哪些人是首要分子,应当以事实为根据,依照刑法规定来确定。

(2)在共同犯罪中起主要作用的犯罪分子。相对于犯罪集团的首要分子,这种主犯又称为其他主犯或者首要分子以外的主犯,是指犯罪集团首要分子以外的在共同犯罪中起主要作用的犯罪分子。具体包括以下三种:

1)犯罪集团的骨干分子。这种犯罪分子在集团犯罪中虽然不起组织、领导作用,但是积极参与犯罪集团的犯罪活动,是犯罪集团的得力成员,在集团犯罪中起主要作用,因而属于主犯。

2)某些聚众犯罪中的首要分子及其骨干成员。中国刑法规定的聚众犯罪有三种:①全部可罚的聚众犯罪,如组织越狱罪、聚众劫狱罪等,无论组织者、骨干分子和参加者均可构成犯罪;②部分可罚的聚众犯罪,如聚众扰乱社会秩序罪、聚众冲击国家机关罪等,只有首要分子和积极参加者构成犯罪;③个别可罚的聚众犯罪,如聚众扰乱公共场所秩序、交通秩序罪,只有首要分子才构成犯罪。在全部可罚和部分可罚的聚众犯罪中,起组织、策划、指挥作用的首要分子,以及首要分子之外在聚众犯罪中起主要作用的犯罪人,均应属于主犯;在个别可罚的聚众犯罪中,如果首要分子只有一个人,则不存在共同犯罪,因而也不存在主犯,但如果首要分子有二人以上,则根据他们在共同犯罪中的作用大小,可能存在主犯。

3)其他一般共同犯罪中起主要作用的犯罪分子。这是指在集团犯罪和聚众性犯罪以外的一般共同犯罪中,对犯罪的实施起关键性作用、直接造成严重的危害后果或者情节特别严重的犯罪分子。

2.主犯的认定。认定共同犯罪中的主犯,应当以各共同犯罪人在共同犯罪中所起的作用为标准,根据其在参加实施共同犯罪活动中所处的地位、参与的程度以及对所造成的危害结果所起的作用等,全面地、本质地予以综合判断。

(1)对于集团犯罪和某些聚众性犯罪中的首要分子的认定,应当着重考察犯罪人在集团犯罪或聚众性犯罪中是否起到了组织、领导、策划、指挥作用,不能仅仅着眼于有无某种职务。

(2)对于其他主犯的认定,则应对犯罪人的下列情况进行综合考察:

1)实行犯罪前犯罪人的表现。如是否邀约他人参加犯罪活动,是否出谋划策、发动犯意等。

2)实行犯罪过程中犯罪人的表现。如是积极主动地实施犯罪活动,还是消极被动地参与实行犯罪;其行为是犯罪结果发生的主要原因还是次要原因。

3)犯罪完成后犯罪人的表现。如是否控制、支配犯罪所得的赃款、赃物,有无组织、指挥逃匿、布置反侦查活动等。

需要指出的是,在共同犯罪中,主犯可以是一个,也可能是几个,这要根据案件的具体情况来确定。同时,有的共同犯罪案件,各共同犯罪人的情况大体相同,难以分清主从,那就不必强求划分,可以根据他们各自所犯罪行的性质、情节及对社会的危害程度,依法判处适当刑罚。

3. 主犯的刑事责任。中国刑法对犯罪集团的首要分子和其他主犯规定了不同的处罚原则:

(1)犯罪集团首要分子的刑事责任。中国《刑法》第26条第3款规定:"对于组织、领导犯罪集团的首要分子,按照集团所犯的全部罪行处罚。"这里所说的"集团所犯的全部罪行",是指首要分子组织、领导的犯罪集团在预谋犯罪的范围内所犯的全部罪行。换句话说,只要没有超出犯罪集团预谋犯罪或者犯罪计划的范围,即使是集团部分成员并非在首要分子的直接组织、指挥之下而实施的犯罪,也要由首要分子承担刑事责任。这是因为首要分子是犯罪集团的核心和首恶,指挥、策划、组织其他成员实行犯罪活动,集团所犯的全部罪行都在首要分子的主观犯罪故意之中,也都是在他的组织、指挥、领导之下实施的,所以,理应由其对集团所犯的全部罪行承担刑事责任。当然,如果集团中的某个成员实施了超出集团预谋实行的犯罪以外的其他罪行,首要分子对此不负刑事责任。

(2)其他主犯的刑事责任。根据《刑法》第26条第4款的规定,对于犯罪集团首要分子以外的其他主犯,应当按照其所参与的或者组织、指挥的全部罪行处罚。

同时,也应当注意,中国刑法分则对有些共同犯罪的主犯已经规定了具体的法定刑。例如,《刑法》第103条第1款规定,对于分裂国家罪的首要分子或者罪行重大者,处无期徒刑或者10年以上有期徒刑;该条第2款规定,煽动分裂国家罪的首要分子或者罪行重大者,处5年以上有期徒刑。对于这样一些共同犯罪的主犯,径直依照刑法分则的有关条款处罚即可,不需再引用刑法总则关于共同犯罪主犯的规定。

司法真题

根据中国刑法规定,下列关于首要分子的表述哪一项是正确的?(　　)(2005年试卷二第8题)

A. 首要分子只能是组织领导犯罪集团的人
B. 首要分子只能是在聚众犯罪中起组织、策划、指挥作用的犯罪分子
C. 首要分子都是主犯
D. 首要分子既可以是主犯,也可以不是主犯

【解题思路和依据】《刑法》第97条规定:"本法所称首要分子,是指在犯罪集团或者聚众犯罪中起组织、策划、指挥作用的犯罪分子。"所以,首要分子包括犯罪集团的首要分子和聚众犯罪的首要分子两种情况,A选项和B选项错误。首要分子和主犯这两个概念并不是对应的,某些聚众性犯罪只有首要分子才构成犯罪。

这种情况下,如果只有一个首要分子,是无法构成共同犯罪的,也就不存在主犯从犯的问题。所以,C 选项错误,D 选项正确。

(二)从犯

1. 从犯的概念及种类。中国《刑法》第 27 条第 1 款规定:"在共同犯罪中起次要作用或者辅助作用的,是从犯。"据此,从犯包括以下两种类型:

(1)次要的实行犯,即在共同犯罪中起次要作用的实行犯。所谓在共同犯罪中起次要作用,是指犯罪人虽然直接实施了具体犯罪构成客观方面要件的行为,但在共同犯罪活动过程中较主犯所起的作用小。在刑法理论上,这种从犯一般被称为次要的实行犯。由此可以看出,并非所有的实行犯都是主犯。

(2)帮助犯。帮助犯是指在共同犯罪中起辅助作用的犯罪分子。辅助作用,当然也是次要作用。这里之所以特别提出辅助作用,是因为按分工对共同犯罪人分类中存在着帮助犯。帮助犯的行为不是直接实施犯罪构成客观方面要件的行为,而是为共同犯罪的实行创造条件、帮助实行和完成犯罪的行为。如果说刑法中的"次要作用"是指次要的实行犯,那么,"辅助作用"则是指帮助犯,为此,刑法特别以"辅助作用"对这种情况加以概括。帮助行为在实践中通常表现为:提供犯罪工具,排除犯罪障碍,指示犯罪地点和犯罪对象,协助拟定犯罪计划,打探和传递有利于实施犯罪的消息,为实行犯实施犯罪把门望风,事前谋议答应在犯罪后包庇、窝藏其他共同犯罪人或窝藏、销售赃物等。① 帮助行为的目的就是使他人便于实施犯罪或者更易于完成犯罪,可以在实施犯罪之前进行,也可以在实行犯罪之际进行,甚至事前通谋事后予以帮助,但事前无通谋的犯罪后帮助行为,因无辅助实行犯罪的作用,不属于从犯的帮助行为。

2. 从犯的认定。数人共同犯罪,大多有主有从。因此,在从犯的认定中,关键是将其与主犯区别开。一般说来,起辅助作用的从犯,因其不直接实行犯罪,与主犯的区别通常不难辨识;但作为次要实行犯的从犯,与主犯的区分有一定的难度。本书认为,认定起次要作用的从犯时,要考虑以下三个方面的因素:

(1)在共同犯罪中的地位。从犯在共同犯罪活动中处于次要的、从属的地位,尤其是在集团犯罪或聚众犯罪中,从犯听命于首要分子和其他主犯,一般不参与犯罪活动的策划,而是接受任务从事犯罪活动。

---

① 但向他人提供炸药的帮助,使得他人爆炸桥梁水坝的行为成功实施的,是否应当按照爆炸罪的帮助犯予以处罚,还有待斟酌。因为提供炸药行为,在爆炸罪中起到了至关重要的影响作用,一旦认定为帮助犯,则意味着对其应当从轻、减轻或者免除处罚,然而这明显违背社会公众的普遍认同。因此,类似问题还值得做进一步研究。对此初步的解决方案是,对提供炸药者,可以按照非法制造、买卖爆炸物罪定罪处罚。

(2)实际参加犯罪的程度。从犯在共同犯罪中一般只参与一部分犯罪活动,或者在共同犯罪活动中缺乏积极主动性。

(3)具体罪行的大小。这是考虑共同犯罪人在共同犯罪中的作用的一个重要因素。共同犯罪虽然是一个整体,但各共同犯罪人的具体行为又具有相对独立性。因此,各共同犯罪人在共同犯罪中的作用是不会完全相同的。从主观上分析,对共同故意的形成起主要作用的,通常是主犯,对主犯的犯罪意图表示赞成、附和、服从,对共同故意的形成起次要作用的,往往是从犯;从客观上来说,实施的犯罪行为对于共同犯罪的完成具有关键作用的,属于罪行较大,是主犯,而行为对共同犯罪的完成不起关键作用的,属于罪行较轻,是从犯。

3.从犯的刑事责任。在各国的立法例和刑法理论中,对从犯的处罚有三种主张:必减说、同等处罚说和得减说。根据中国《刑法》第27条第2款的规定,对于从犯,应当从轻、减轻或者免除处罚。由此可见,我国刑事立法采用的是必减说,即对于从犯必须从轻、减轻或者免除处罚,没有灵活的余地。同时,对从犯的处罚无须比照主犯,这是因为在通常的情况下,共同犯罪中的从犯比主犯的地位、作用和罪行都要轻一些,处罚自然要比主犯轻,这是不言而喻的。而且,从犯作为共同犯罪人中的一种独立的分类,也应有独立的处罚原则。因此,应当按照从犯在共同犯罪中所处的地位、实际作用和所犯罪行,包括具体犯罪事实、情节与危害后果等,从轻、减轻处罚或者免除处罚,不必比照主犯如何处罚,这样做也更有利于贯彻罪责刑相适应的原则。

对从犯是从轻,或减轻,还是免除处罚,要考虑其所参加实施的犯罪的性质和情节轻重、参与实施犯罪的程度及其在犯罪中所起作用的次要程度来确定。应当注意的是,这里所说的应当从轻、减轻或免除处罚,是仅就从犯在共同犯罪中的作用而言的,具体案件中的从犯可能在从犯之外还具有其他的法定或酌定量刑情节,从而导致其宣告刑反而重于主犯。此外,刑法分则规定的某些犯罪,如组织、领导、参加恐怖组织罪和组织、领导、参加黑社会性质组织罪等,对组织领导者、积极参加者和其他参加者已分别规定了不同的法定刑。对其中相当于从犯的其他参加者,按照分则条文规定的相应的法定刑处罚即可,不能再适用总则关于从犯的处罚原则的规定。

(三)胁从犯

1.胁从犯的概念和特征。根据中国《刑法》第28条的规定,胁从犯是指被胁迫参加犯罪的人。胁从犯具有如下特征:

(1)行为人受到了他人的胁迫。胁迫即威胁强迫,是指以剥夺生命、损害健康、揭发隐私、毁损财物等对行为人进行精神上的强迫不包括被诱骗而参加犯罪的情形。

(2)主观上行为人具有犯罪故意。虽然参与犯罪并非出于被胁迫者的自愿,被胁迫参加犯罪的并非完全丧失意志自由,仅是不完全自愿地、尚有选择的自由。如果行为人确实不知道所参与行为的社会危害性,那就不构成胁从犯。

(3)客观上行为人在共同犯罪中的作用不大。胁从犯在共同犯罪活动中处于从属的地位,其所起的作用一般情况下比从犯要小。这里所说的胁从犯所起的作用比较小,是从其行为的社会危害性程度上来说的。至于分工,胁从犯既可能实施犯罪构成要件的实行行为,也可能实施帮助行为。

2. 胁从犯的认定。认定胁从犯要注意以下几个方面:

(1)胁从犯与紧急避险的区别。如果行为人受到的胁迫是一种直接威胁本人或他人人身权利、财产权利或者公共利益安全的危险,而行为人为了保护较大的利益被迫实施了损害较小利益的行为,符合紧急避险条件的,则应认定为紧急避险,不能按胁从犯处理。

(2)胁从犯与身体受强制而引起的不可抗力的界限。身体受到强制的人,失掉了意志自由,不能支配自己的行为,①其行为虽然在客观上造成了损坏事实,但主观上没有任何罪过,不构成共同犯罪,因此也就谈不上胁从犯的问题。

(3)胁从犯的转化。如果原来是被胁迫参加犯罪的,但在其后的共同犯罪活动中态度发生了变化,由起初的被动和不情愿,转化为自愿或者积极从事犯罪活动。② 对这种共同犯罪人,不能再以胁从犯处理,而应按照他在共同犯罪中实际所起的作用分别以主犯或者从犯认定。

3. 胁从犯的刑事责任。中国《刑法》第28条规定,对于胁从犯,应当按照他的犯罪情节减轻处罚或者免除处罚。刑法之所以规定对胁从犯应当减轻或者免除处罚,是因为胁从犯是被胁迫而参加犯罪的,主观恶性较小,在共同犯罪中的作用也较小,因此,对胁从犯的处罚应宽于对从犯的处罚。至于对具体案件中的胁从犯是适用减轻处罚还是适用免除处罚,应根据犯罪人受胁迫的程度、被胁迫所实施犯罪的性质以及其行为对危害结果所起的作用的大小等情况决定。

(四)教唆犯

1. 教唆犯的概念和条件。根据中国《刑法》第29条的规定,教唆犯,是指故意唆使他人产生犯罪的决意,进而使其基于此决意实行犯罪的情况。构成教唆犯,需要具备如下条件:

(1)客观方面必须有教唆他人犯罪的行为。所谓教唆,就是唆使具有刑事责任能力但没有犯罪意图的人产生犯罪意图。具体而言,包括以下三个方面的内容:

1)教唆的对象。被教唆人必须是具有刑事责任能力且没有被教唆之罪的犯

---

① 例如,在洪水暴发时,被洪水冲击而致使自己的身体将贵重财物撞毁的,就不宜认定为胁从犯。

② 例如,被迫参加传销组织犯罪,但后来痴迷于此开始积极参与传销组织的各项活动,并逐渐成了骨干分子,甚至拉自己的亲友入伙的,就不宜认定为胁从犯。

罪意图的人,如果唆使无刑事责任能力的人犯罪,不是教唆犯,而是利用无责任能力者犯罪的间接正犯。教唆行为的对象,必须是特定的,例如,对他人说,"如果心情不好,去杀个人解闷吧",不是教唆;但特定并不意味着只能对一人教唆,对特定的二人以上实施教唆行为的,也能成立教唆犯。

2)教唆的内容。必须是唆使他人实施犯罪行为,如果唆使他人实施一般的违法行为或者不道德的行为,则不成立教唆犯。教唆行为只要是唆使他人产生犯罪意图即可成立,对于犯罪行为的时间、地点、方法、手段等,则不要求必须做出明确指示。

3)教唆的方式。教唆的方式没有限制,可以是口头的,也可以是书面的,甚至是示意性的动作,如使眼色、做手势等。实施教唆的方法也是多种多样的,如收买、劝说、威胁、命令、强迫、请求、激将、引诱、怂恿等。无论教唆者采用何种形式或方法,只要能使没有犯罪意图的人产生犯罪意图,都可以成立教唆行为。教唆犯可以一人实施教唆,也可以数人共同教唆;可以由教唆者本人直接进行教唆,也可以由第三者进行转达间接地进行教唆。

(2)主观方面必须具有教唆他人犯罪的故意。即行为人明知自己的教唆行为会使他人产生犯罪意图,进而实施犯罪造成一定的危害结果,并且希望或者放任这种危害结果发生的心理态度。具体来说,教唆故意包括认识因素和意志因素两个方面:

1)认识因素。行为人明知自己的教唆行为会使他人产生犯罪意图,进而实施犯罪造成一定的危害结果。具体包括:①对教唆对象的认识。首先,教唆者必须认识到被教唆者尚无犯罪故意,或者犯罪决心还不坚定。需要注意的是,由于教唆是使他人产生犯罪的决意,故在被教唆者已经产生犯罪决意的情况下,不可能再成立教唆,如果教唆者认识到被教唆者已有犯罪意图或决心,从而为其出谋划策,提供犯罪计划、步骤,或者为其撑腰打气,坚定犯罪意念的,只能成立帮助犯。如果教唆者不知被教唆者已有犯罪的意图或决心而仍然对其进行教唆的,属于教唆犯的认识错误,不影响教唆犯的成立。其次,教唆者必须认识到被教唆者是具备刑事责任能力的人。如果教唆者误认为将无刑事责任能力者为有刑事责任能力者而对其进行教唆,对教唆者的主观故意不发生影响,仍然构成教唆犯。②对危害结果的认识。教唆者预见到自己的教唆行为会引起他人的犯罪意图,进而实施犯罪造成一定的危害结果。教唆行为必须引起他人的犯罪故意,进而使之实行犯罪。唆使他人实施过失犯罪的,成立间接正犯。如果只是由于言语不慎,无意间说的一些话,引起了他人的犯罪意图,甚至实施了犯罪行为造成了危害结果,由于行为人主观上不具有引起他人犯罪意图的教唆故意,不构成教唆犯。

2)意志因素。教唆者对被教唆者实施犯罪以及危害结果的发生持希望或者放任的态度。也就是说,教唆犯的主观方面既可以是直接故意,也可以是间接故意,但间接故意的教唆犯只有在被教唆人实施了被教唆的犯罪,教唆人与被教唆人成立共同犯罪的情况下才存在。如果被教唆的人没有实施被教唆的犯罪,教唆人预见到的危害后果没有发生,则不能成立间接故意。

2. 教唆犯的认定。在司法实践中,教唆犯的情况颇为复杂,因此,在认定教唆犯时应注意以下几个问题:

(1) 教唆犯的种类。根据教唆人对被教唆人的影响,中国《刑法》第28条将教唆犯分为两类:

1) 共犯教唆犯。教唆行为引起了被教唆人的犯罪意图,被教唆人进而实施了被教唆的犯罪行为,教唆人与被教唆人的行为成立共同犯罪,该教唆犯便属于共同犯罪中的教唆犯,即共犯教唆犯。

2) 独立教唆犯。教唆者虽然实施了教唆行为,但被教唆人却没有犯被教唆的罪,要么没有实施任何犯罪,要么实施的是被教唆犯罪以外的其他犯罪,这两种情况下均不发生共同犯罪问题,该教唆犯属于非共同犯罪的教唆犯,即独立教唆犯,也称为教唆未遂。

(2) 教唆犯的定罪。对于教唆犯,一般应当按照他所教唆的罪定罪。比如,教唆他人实施伤害,应定为故意伤害罪;教唆他人实施盗窃,应定为盗窃罪。但是,如果教唆者教唆他人实行的是带有选择性的非特定的罪,而被教唆者又在其选择性的教唆中选择实施了某一种犯罪,则应当按照被教唆者所实行的犯罪定罪。例如,教唆他人到某地产商处搞点钱花,被教唆者如果实施了诈骗罪、盗窃罪或者抢劫罪的话,则教唆者也分别应当以上述犯罪定罪处罚。如果刑法分则已把某种教唆行为规定为单独的犯罪,就不再是一般的教唆犯,应直接依照刑法分则的规定定罪处罚。如《刑法》第105条规定的煽动颠覆国家政权罪,第373条第1款规定的煽动军人逃离部队罪等。

3. 教唆犯的刑事责任。对于教唆犯的刑事责任,《刑法》第29条规定了三种不同的情况:

(1) 教唆他人犯罪的,应当按照他在共同犯罪中所起的作用处罚。这是针对被教唆者已经犯了被教唆之罪的情况,包括被教唆者在教唆者的教唆下,实施了所教唆犯罪的预备行为,或者已经着手实行所教唆的犯罪而未遂,或者已经完成所教唆的犯罪而既遂。因为教唆者与被教唆者构成共同犯罪,因此要根据教唆犯实际在共同犯罪中所起的不同作用分别处罚,起主要作用的,按主犯处罚;起次要作用的,按从犯处罚。由于教唆犯是他人犯罪意图的制造者,没有教唆犯的教唆,就不会有该种犯罪的发生,因而教唆犯在共同犯罪中往往起着主要作用,特别是用威胁、强迫、命令、收买等方法的教唆犯,更是如此。所以在审判实践中对共同犯罪中的教唆犯,一般都作为主犯处罚。但在少数情况下,教唆犯也可能在共同犯罪中起次要作用,如教唆他人帮助别人犯罪,或者因受到胁迫而教唆他人犯罪等。正因为在实际生活中存在比较复杂的情况,所以刑法没有规定教唆犯一律按主犯处罚。如果教唆者不仅教唆他人犯罪,而且积极参加实行犯罪,那就应当根据他在犯罪行为中所起的作用,直接以主犯论处,无需再以教唆犯论处。

(2)教唆不满18周岁的人犯罪的,应当从重处罚。这是因为未成年人的发育还不够成熟,辨别是非的能力较弱,容易受到犯罪人的教唆而走上犯罪的道路。因此,教唆不满18周岁的人犯罪这种行为本身就具有严重的社会危害性。另外,教唆犯利用不满18周岁的未成年人的自身弱点,选择其作为教唆对象,说明教唆犯的主观恶性大。因此,为了保护青少年的健康成长,同时,鉴于这种行为的社会危害性和这种教唆犯的主观恶性,对教唆不满18周岁的人犯罪的,理应从重处罚。需要注意的是,如果是教唆不满14周岁的人犯罪,或者教唆已满14周岁不满16周岁的人犯《刑法》第17条第2款所规定的8种犯罪以外的其他犯罪的,应属于间接实行犯,不能成立教唆犯。

(3)如果被教唆的人没有犯被教唆的罪,对于教唆犯可以从轻或者减轻处罚。这是对独立教唆犯刑事责任所做的规定。所谓被教唆的人没有犯被教唆的罪,包括以下几种情况:

1)被教唆人拒绝了教唆人的教唆。

2)被教唆人当时接受了教唆人的教唆,但事后又放弃了犯意,并未进行任何犯罪活动,或者尚未来得及进行任何犯罪活动。

3)被教唆人接受了教唆,但实际上他所犯的不是教唆人所教唆的犯罪,而是其他犯罪,并且这种其他犯罪与教唆人的教唆之罪没有重合关系。如果教唆他人盗窃,而被教唆者实施了抢劫的,则由于盗窃罪和抢劫罪在取得财物行为方面有重合关系,因此,不能认为属于"被教唆的人没有犯被教唆的罪"的情况。

4)教唆人对被教唆人进行教唆时,被教唆人已有实施此种犯罪的决意,即被教唆人实施犯罪不是教唆人的教唆引起,教唆人的教唆行为与被教唆人的犯罪行为之间没有因果关系。

在这些情况下,由于教唆者的教唆行为尚未造成实际的危害结果,或者虽然有危害结果,但与教唆者的教唆行为没有因果关系,因而在构成教唆犯的同时,对于教唆犯可以从轻或者减轻处罚。

司考真题

下列有关主犯、从犯、胁从犯的说法,哪些是错误的?(　　)(2002年试卷二第37题)

A. 胁从犯是指被胁迫、被诱骗参加犯罪的人

B. 首要分子不一定是主犯

C. 在共同犯罪中不可能只有从犯而没有主犯

D. 对于从犯,应当比照主犯从轻、减轻或者免除处罚

【解题思路和依据】本题考查刑法总则有关主犯、从犯、胁从犯的知识。根据

刑法第26条第1款规定,组织、领导犯罪集团进行犯罪活动或者在共同犯罪中起主要作用的是主犯。主犯包括两类:一是组织、领导犯罪集团进行犯罪活动的犯罪分子,即犯罪集团中的首要分子;二是其他在共同犯罪中起主要作用的犯罪分子,即除犯罪集团的首要犯罪分子以外的,在共同犯罪中对共同犯罪的形成、实施与完成起决定或重要作用的犯罪分子。这里需要区分的是主犯与首要分子的关系,根据《刑法》第97条规定,首要分子分为两类:一是犯罪集团中的首要分子;二是聚众犯罪中的首要分子。但犯罪集团中的主犯不一定是首要分子,因为在犯罪集团中,除了首要分子是主犯以外,其他起主要作用的犯罪分子也是主犯。在聚众犯罪构成共同犯罪的情况下,原则上也可以认定其中的首要分子是主犯。但在聚众犯罪并不构成共同犯罪的情况下(如刑法规定只处罚首要分子,而首要分子只有一人时),不存在主犯、从犯之分,其中的首要分子当然无所谓主犯。据此,选项B说法正确。《刑法》第27条规定:在共同犯罪中起次要或者辅助作用的是从犯。从犯是相对于主犯而言的,主犯是共同犯罪中的核心人物,没有主犯就不可能成立共同犯罪。因此,在共同犯罪中,只有主犯(须二人以上)没有从犯的现象是存在的,而只有从犯没有主犯的现象则不可能存在。故选项C说法正确。对于从犯,应当从轻、减轻或者免除处罚,至于对具体案件中的从犯是从轻处罚,还是减轻处罚,抑或是免除处罚,应根据共同犯罪的性质、情节以及从犯本人所起作用的程度来予以确定,刑法并未规定要比照主犯从轻、减轻或者免除处罚。故选项D说法错误。刑法第28条规定:胁从犯是被胁迫参加犯罪的人,即在他人的威胁下不完全自愿地参加共同犯罪,并且在共同犯罪中起较小作用的人。对于胁从犯,应当按照他的犯罪情节减轻处罚或者免除处罚,其中的"情节"主要是指被胁迫的程度,在共同犯罪中所起的作用。选项A的错误在于刑法只规定了胁从犯是"被胁迫"参加犯罪,而没有规定"被诱骗"参加犯罪也属于胁从犯的情形。

【答案】AD

相关知识链接

1. 马克昌:《中日共同犯罪比较研究》,武汉大学出版社2005年版
2. 陈兴良:《共同犯罪论》,中国人民大学出版社2006年版

思考与分析

1. 共同犯罪的概念和成立条件是什么?
2. 共同犯罪有哪些形式?

3. 中国刑法对共同犯罪人是怎样分类的?
4. 主犯、从犯和胁从犯的概念和处罚原则分别是什么?
5. 教唆犯的概念、成立要件和处罚原则是什么?

第七章

罪数形态

第一节 罪数判断标准

知识结构图

研究罪数形态的任务和意义→罪数的判断标准及其科学性→罪数的种类

重点提示

罪数的判断标准以及罪数的种类

司考重点

对罪数种类的掌握

一、研究罪数形态的任务和意义

罪数,是指犯罪的单复和个数,在刑法理论上指一罪与数罪。罪数形态,就是指表现为一罪或者数罪的各种类型化的犯罪形态。而由于犯罪现象的多样性,法律法规的错综复杂,所以,往往很难确定到底是一罪还是数罪。研究罪数形态的任务就是为了探讨罪数的科学标准,区分一罪与数罪,对不同形态犯罪的构成要件和本质属性进行阐述,并确定其各自形态的处理原则。

研究罪数形态的意义在于:

(1)有助于刑事审判活动中准确定罪。准确定罪,不仅包括准确的认定行为是否构成犯罪,还包括是构成此罪还是彼罪,是一罪还是数罪。这是刑事审判活动最基本的要求之一。如果本来是一罪却定罪为数罪,或是本来是数罪却定为一罪,都会导致定罪上的失误,继而给案件的审判效果造成不良的影响。

(2)有利于合理量刑。根据罪行关系的基本原理,对一罪只能一罚,对数罪应当并罚。所以,在量刑的时候必须要考虑罪数的问题,否则,必然会造成量刑不当的问题,导致量刑畸轻畸重的后果。同时,在一罪的形态中,不同的形态类型,其量刑原则有自己的特点,如有的从重处罚,有的从一重处罚,有的虽然存在数种犯罪构成但作为一罪处断等,这些特点都要求我们将罪数形态和其处罚原则搞清楚,才能在量刑时正确的适用。

(3)有利于刑事诉讼程序的正常进行。在刑事审判实践中,常常会出现一人犯数罪的情形,在审理这些案件时,往往涉及刑事诉讼程序中的案件管辖、公诉范围和审判要求等许多方面。这些程序的进行往往是以罪数形态的确定为前提的,所以,罪数形态与刑事诉讼程序的进行具有密切关系。

二、罪数的判断标准及其科学性

我国在判断罪数时采取的是犯罪构成标准说。犯罪构成标准说是指,以犯罪构成为标准,行为具备一个犯罪构成的,是一罪,行为具备数个犯罪构成的,是数罪。我国刑法中的犯罪构成,是主客观要件的统一,是犯罪成立要件的整体,行为符合罪犯构成,则构成犯罪,所以,判断犯罪是一罪还是数罪,应当以犯罪构成为标准。这里所说的犯罪构成,主要是指刑法分则条文对各种具体犯罪所规定的具体的犯罪构成,包括独立的犯罪构成与派生的犯罪构成(即加重或减轻的犯罪构成)、基本的犯罪构成与修正的犯罪构成(即共同犯罪或犯罪未完成形态的犯罪构成)等。它的科学性表现在:

(1)贯彻了罪刑法定原则。罪刑法定原则是刑法的三大原则之一,是贯彻刑法始终的一项原则。它的首要要求就是犯罪和刑罚必须由成文法明文加以规定。我国刑法的总则与分则全面地规定了犯罪构成要件,这是罪刑法定原则的体现。所以,以犯罪构成作为判断罪数的标准就是贯彻了罪刑法定原则。

(2)贯彻了主客观相统一原则。我国刑法中的犯罪构成是按照我国刑法规定,决定某一具体行为的社会危害性及其程度而为该行为构成犯罪所必须具备的一切客观要件和主观要件的有机统一。所以,在刑法分则中,每一犯罪的构成中,都包含了犯罪的客体、对象,行为、危害结果等客观要件,又有犯罪主体、犯罪罪过形式等主观要件。尽管具体的主客观要件不是每一犯罪都必须具备,但是犯罪构成确实是主客观要件的统一。

（3）贯彻了犯罪构成理论。犯罪构成理论是我国刑法学的核心理论，贯穿于刑法的总则与分则。任何犯罪无不以犯罪构成理论为基石。而罪数形态理论，无论是一罪形态还是数罪形态都是，都具备主观要件和客观要件，是各自具有的独特类型的各种主客观要件的统一。

我们说犯罪构成标准说是科学的，但是在解决罪数问题上却不是万能的。有些通常按照一罪处理的罪数形态如牵连犯，有时刑法明文规定实行数罪并罚。我国刑法典第198条规定的保险诈骗罪，如果故意造成财产损失或者故意造成被保险人死亡、伤残，"同时构成其他犯罪的，依照数罪并罚的规定处罚"。可见，在区分一罪与数罪时，应该以犯罪构成理论为原则，但刑法如有特别规定，应当依照刑法的规定处理。

三、罪数的类型

罪数首先分为一罪与数罪，一罪是指一个犯罪，数罪是指数个犯罪。

（一）一罪的类型

(1) 实质的一罪，包括继续犯、想象竞合犯和结果加重犯。

(2) 法定的一罪，包括结合犯和集合犯。

(3) 处断的一罪，包括连续犯、牵连犯和吸收犯。

（二）数罪的类型

数罪可以分为同种数罪与异种犯罪，前者是指行为人以二次以上的相同性质的行为，二次以上符合相同的犯罪构成；后者是指行为人以二次以上不同性质的行为，二次以上符合不相同的犯罪构成。

观点争鸣

1. 罪数判断标准的学说评析。

（1）行为标准说。持此学说者认为，犯罪的本质是行为，没有行为就无所谓犯罪，所以，判断罪数是一罪还是数罪，自然应当以行为的个数为标准。行为人实施一个行为的，为一罪；实施了数个行为的，为数罪。

（2）法益标准说。法益标准说，又称作结果标准说，持此说者认为，犯罪的本质是对法益的侵害，不侵害法益的行为就不可能构成犯罪，所以判断罪数是一罪还是数罪应以侵害法益或者犯罪结果的个数为标准。侵害一个法益或发生一个结果的，是一罪；侵害数个法益或者发生数个结果的，是数罪。

（3）犯意标准说。犯意标准说，又称作意思标准说，持此学说者认为，犯罪是行为人主观上犯罪意思的外部表现，行为只是行为人犯罪意思或主观恶性的表征，所以判断罪数是一罪还是数罪应以犯罪意思为标准。行为基于一个犯罪意思实施犯罪的,是一罪;基于数个犯罪意思实施犯罪的,是数罪。

(4)构成要件标准说。持此学说者认为,犯罪首先以构成要件符合性为标准才能成立,行为不具备构成要件符合性就不可能成立犯罪,所以判断罪数是一罪还是数罪只能以构成要件为标准。在构成要件的评价中,一次符合构成要件的行为,是一罪;数次符合构成要件的行为,是数罪。

(5)犯罪构成标准说。犯罪构成标准说,持此学说者认为,我国刑法中的犯罪构成,是主客观要件的统一,是犯罪成立要件的整体,行为符合犯罪构成,犯罪即可成立,所以判断罪数是一罪还是数罪,应当以犯罪构成要件为标准,行为具备一个犯罪构成的,是一罪;行为具备数个犯罪构成的,是数罪。

问题思考

1. 罪数形态的类型
2. 罪数的判断标准

第二节 一罪的类型

知识结构图

实质的一罪→法定的一罪→处断的一罪

重点提示

实质的一罪;法定的一罪和处断的一罪

司考重点

对想象竞合和法条竞合区别和处理原则的掌握,对继续犯、牵连犯、吸收犯、集合犯、结合犯的掌握以及各种犯罪之间的比较和区分。

一、实质的一罪

（一）继续犯

1. 继续犯的概念。继续犯，也称作持续犯，是指作用于同一对象的一个犯罪行为从着手实行到行为终了犯罪行为与不法状态在一定时间内同时处于继续状态的犯罪。我国刑法典第89条第1款规定："追诉期限从犯罪之日起计算，犯罪行为有连续或者继续状态的，从犯罪行为终了之日起计算。这是我们研究继续犯的法律根据。非法拘禁罪是典型的继续犯。"

2. 继续犯的要件

（1）必须是一个犯罪行为。继续犯只有一个犯罪行为的原因在于，主观上继续犯支配行为的犯意只有一个，并且这种犯意贯穿实行行为的开始到终了，客观上继续犯自始至终只有一个实行行为，并不因为其时间的长短而改变，即使行为地发生变化，仍然是一个实行行为。

（2）必须是持续地作用于同一对象。继续犯持续作用的对象只能是同一对象，如果不是出于一个非法拘禁的概括故意，则构成数个非法拘禁罪，而不可能是一个继续犯。

（3）必须是犯罪行为与不法状态同时继续。这是构成继续犯的重要条件，也是继续犯区别于其他有关形态的地方。首先，犯罪行为必须具有继续性，即犯罪行为从着手实行到行为终了在时间上有一个过程。在这个过程中，实行行为始终处于不间断的状态。其次，是犯罪行为所引起的不法状态必须具有继续性，即行为人的犯罪行为使犯罪客体始终处于遭受侵害的状态。最后是犯罪行为与不法状态同时处于持续额过程中，而不是只有犯罪行为或者是不法状态处于持续状态

（4）必须是从着手实行到行为终了继续一定时间。也就是指继续犯具备时间上的持续性，如果没有一定时间的持续，也就谈不到继续犯。

3. 继续犯与有关罪数形态。

（1）继续犯与状态犯。状态犯，是指犯罪既遂后，其实行行为所造成的不法状态处于持续状态之中的犯罪形态。就不法状态的持续来看，二者具备相似之处，但是二者仍旧具有显著区别：第一，不法状态的发生时间，继续犯的不法状态从犯罪实行即行发生，并一直存在于整个犯罪过程中。而状态犯的不法状态产生于犯罪行为终了之后，而不存在于整个犯罪过程中。第二，继续犯是犯罪行为与不法状态的同时持续，而状态犯只是不法状态的持续，而不存在犯罪行为的持续。

（2）继续犯与即成犯。即成犯，是指犯罪行为实行终了，犯罪即行完成的犯罪形态。包括犯罪实行终了，犯罪既遂成立，没有不法状态继续的犯罪；以及犯罪实行终了，仍有不法状态继续的犯罪。即成犯与继续犯的区别在于：继续犯以犯罪行为和不法状态在一定时间内继续为要件，而即成犯在犯罪构成要件上则没有时间

上的要求。

(3) 继续犯与接续犯。接续犯,是指行为人在同一机会以性质相同的数个举动接连不断地完成一个犯罪行为的犯罪状态。在相接近的时间或场所内接连不断地实施性质相同的数个举动去侵害同一犯罪的直接客体。例如,甲意图杀死乙,每次下少量的毒药,经多次下毒后致乙死亡。继续犯与接续犯的区别在于:接续犯是数个相同的举动组成一个犯罪行为,但没有犯罪行为和不法状态的同时继续,而继续犯则是犯罪行为与不法状态同时处于继续之中。

4. 继续犯的处断原则

对继续犯应依刑法规定以一罪论处,不实行数罪并罚,继续时间的长短在裁量刑罚时可以作为量刑情节加以考虑。

(二) 想象竞合犯

1. 想象竞合犯的概念。想象竞合犯,也称想想的数罪、观念的竞合,是指一个行为触犯数个罪名的犯罪形态。例如,甲开了一枪,打死了乙,打伤了丙。

2. 想象竞合犯的要件。

(1) 行为人只实施了一个行为。

这是构成想象竞合犯的前提条件,如果行为人实施了不止一个行为,那不可能构成想象竞合犯。所谓一个行为,是指在社会的一般观念上被认为是一个行为。可能是作为,也可能是不作为。

(2) 一个行为触犯了数个罪名。也就是指,一个行为在形式或外观上同时符合刑法规定的数个犯罪构成。所以,想象竞合犯只能是一个行为触犯数个罪,如果是数个行为触犯了数个罪名,则是实际的数罪;如果是作为犯罪手段的行为或结果的行为分别触犯不同的罪名,则构成牵连犯,均非想象竞合犯。

3. 想象竞合犯的处断原则。对于想象竞合犯,我国刑法学界通说主张按"从一重处断原则"处理,即按照行为触犯的数个罪名中法定刑较重的犯罪定罪量刑,而不实行数罪并罚。

例. 关于想象竞合犯的认定,下列哪些选项是错误的?(　　　)

A. 甲向乙购买危险物质,商定4000元成交。甲先后将2000元现金和4克海洛因(折抵现金2000元)交乙后收货。甲的行为成立非法买卖危险物质罪与贩卖毒品罪的想象竞合犯,从一重罪论处

B. 甲女、乙男分手后,甲向乙索要青春补偿费未果,将其骗至别墅,让人看住乙。甲给乙母打电话,声称如不给30万元就准备收尸。甲成立非法拘禁罪和绑架罪的想象竞合犯,应以绑架罪论处

C. 甲为劫财在乙的茶水中投放2小时后起作用的麻醉药,随后离开乙家。2小时后甲回来,见乙不在(乙喝下该茶水后因事外出),便取走乙2万元现金。甲的行为成立抢劫罪与盗窃罪的想象竞合犯

D. 国家工作人员甲收受境外组织的3万美元后,将国家秘密非法提供给该组

织。甲的行为成立受贿罪与为境外非法提供国家秘密罪的想象竞合犯

【答案】ABCD

【解析】本题考核想象竞合犯。

选项 A 说法错误。甲先后两次将 2000 元现金和 4 克海洛因交给乙,实施了两个行为,分别触犯非法买卖危险物质罪与贩卖毒品罪,因而不是想象竞合犯。

选项 B 说法错误。甲的行为既符合非法拘禁罪的成立要件,也符合绑架罪的成立要件,但非法拘禁罪与绑架罪存在包容关系,绑架罪包容了非法拘禁罪,属法条竞合,而非想象竞合。

选项 C 说法错误。甲前面的投放麻醉药是以抢劫为目的实施的,后面的取走乙 2 万元现金是在乙不在现场的情况下实施的,属盗窃。也就是说,甲先后实施了两个不同的行为,分别触犯了抢劫罪与盗窃罪,因而也不是想象竞合犯。

选项 D 说法错误。甲先收受境外组织 3 万美元,然后将国家秘密非法提供给该组织,实施了两个不同的行为,分别触犯受贿罪与为境外非法提供国家秘密罪,不属想象竞合犯。

例. 甲盗割正在使用中的铁路专用电话线,在构成犯罪的情况下,对甲应按照下列哪一选项处理?(　　)

A. 破坏公用电信设施罪

B. 破坏交通设施罪

C. 甲盗窃罪与破坏交通设施罪中处罚较重的犯罪

D. 盗窃罪与破坏公用电信设施罪中处罚较重的犯罪

【答案】C

【考点】想象竞合犯

【详解】铁路通信线路应被视为交通设施,甲盗割正在使用中的铁路专用电话线,既触犯破坏交通设施罪,又触犯盗窃罪。一行为触犯两个罪名,属于想象竞合犯。对于想象竞合犯,应当择一重罪处罚,所以选 C。

例. 甲欲开枪杀乙,射击的结果却是导致乙重伤,同时导致乙身边的丙死亡。关于本案,下列哪些说法是错误的?(　　)

A. 认定甲的行为成立一个故意杀人罪即可

B. 认定甲的行为成立一个故意杀人未遂和一个过失致人死亡罪

C. 认定甲的行为成立一个故意杀人罪和一个过失致人重伤罪

D. 认定甲的行为成立一个故意杀人罪和一个故意杀人未遂,实行并罚

【解析】本题考查刑法规定的想象竞合犯的知识。

想象竞合犯,也称想象的数罪、观念的竞合,是指一个行为触犯了数个罪名的情况。想象竞合犯具有两个基本特征:①行为人只实施了一个行为。一般认为,所谓一个行为,不是从构成要件的评价上看是一个行为,而是基于自然的观察,在社会的一般观念上被认为是一个行为。②一个行为必须触犯数个罪名,即在构成要

件的评价上,该行为符合数个犯罪的构成要件。一个行为触犯数个罪名,往往是因为该行为具有多重属性或者造成多种结果。

对于想象竞合犯,应按行为所触犯的罪名中的一个重罪论处,而不以数罪论处。刑法分则某些条文肯定了这一处理原则。例如,刑法第三百二十九条第一款、第二款分别规定了抢夺、窃取国有档案罪与擅自出卖、转让国有档案罪,第三款接着规定:有前两款行为,同时又构成本法规定的其他犯罪的,依照处罚较重的规定定罪处罚。如果窃取的档案是国家秘密,则同时触犯了窃取国有档案罪与刑法第二百八十二条规定的非法获取国家秘密罪,对此,只按其中的一个重罪定罪处罚。

本题中甲开一枪而致乙重伤,同时致丙死亡,一个开枪行为同时触犯了故意杀人罪与故意伤害罪两个罪名,甲的行为符合想象竞合犯的基本特征。根据刑法第二百三十二条规定的对故意杀人罪的处罚规定和第二百三十三条规定的过失致人死亡罪的处罚规定,应按处罚较重的故意杀人罪定罪处罚。选项B、C、D的共同错误是只考虑到了数罪并罚,没有考虑想象竞合犯的构成。

【答案】BCD

例.关于罪数判断,下列哪一选项是正确的?(　　　)

A.冒充警察招摇撞骗,骗取他人财物的,适用特别法条以招摇撞骗罪论处

B.冒充警察实施抢劫,同时构成抢劫罪与招摇撞骗罪,属于想象竞合犯,从一重罪论处

C.冒充军人进行诈骗,同时构成诈骗罪与冒充军人招摇撞骗罪的,从一重罪论处

D.冒充军人劫持航空器的,成立冒充军人招摇撞骗罪与劫持航空器罪,实行数罪并罚

【答案】C

【解析】本题考核罪数。

选项A错误,选项C正确。《最高人民法院、最高人民检察院关于办理诈骗刑事案件具体应用法律若干问题的解释》第8条规定,冒充国家机关工作人员进行诈骗,同时构成诈骗罪和招摇撞骗罪的,依照处罚较重的规定定罪处罚。

选项B、D错误。招摇撞骗罪属广义诈骗罪的一个特殊罪名,成立该罪,必须是被害人在错误认识的支配下对某项权益进行了处分。反之,如果犯罪人虽然采用了欺诈手段,但被害人并未产生错误的认识,更未基于错误的认识对某项权益作出处分,那么犯罪人往往最终是采用其他手段获取非法利益。此种情况下,都不应当定诈骗罪,而应当按照犯罪人实际采用的手段定罪。据此可知,选项B中的行为人应定抢劫罪;选项D中的行为人应定劫持航空器罪。

4.想象竞合犯与法条竞合。法条竞合,或称为法规竞合,是指行为人实施了一个犯罪行为同时触犯数个在犯罪构成上具有包容或交叉关系的刑法规范,只适用其中一个刑法规范的情况。不同的刑法规范规定了不同的犯罪构成,同时触犯数

个刑法规范,亦即行为在形式上同时符合数个犯罪构成,因而触犯数个罪名。但是数个犯罪构成在法律上具有包容或交叉关系,即一个犯罪构成在法律上为另一个犯罪构成所全部包容或部分包容,所以实质上只完全符合一个犯罪构成,因而只适用其中一个刑法规范论处。例如,甲处于抢劫枪支、弹药的故意,实施了抢劫行为,同时触犯我国刑法第127条第2款规定的抢劫枪支、弹药罪和第263条规定的抢劫罪,而抢劫枪支、弹药罪的构成就为抢劫罪的构成所包容,实际上只构成了抢劫枪支、弹药罪,应依刑法典第127条第2款的规定论处。

法条竞合适用法律的原则是:(1)特别法优于普通法,(2)重法优于轻法。

想象竞合犯和法条竞合都是实施了一个行为,触犯了数个罪名,但是二者存在重大区别。第一,法条竞合的一个行为,只是出于一个罪过,并且产生一个结果,想象竞合犯的一个行为往往是数个罪过和数个结果;第二,法条竞合是由于法规的错综复杂,即法律之间存在着包容或交叉关系,以致一个犯罪行为触犯了数个刑法规范,而想象竞合犯则是由于犯罪的事实特征,即出于数个罪过、产生数个结果,以致一行为触犯数个罪名;第三,法条竞合,一行为触犯的数个刑法规范之间存在着包容或交叉的关系,但是在想象竞合犯中,一个行为触犯的数个罪名之间不存在包容或交叉关系;第四,法条竞合的处理原则是特别法优于普通法的原则来处理,而想象竞合犯则是按照"从一重罪处罚"的原则来解决。

(三)结果加重犯

1.结果加重犯的概念。结果加重犯,也称为加重结果犯,是指实施基本犯罪构成要件的行为,发生基本犯罪构成要件之外的重结果,因而,刑法规定加重刑罚的犯罪形态。例如,我国刑法典第260条规定,虐待罪处2年以下有期徒刑、拘役或者管制;致使被害人重伤、死亡的,处2年以上7年以下有期徒刑。虐待致人重伤或者死亡,就是结果加重犯。

2.结果加重犯的要件。

(1)实施了基本犯罪构成要件的行为。基本犯罪构成是结果加重犯存在的前提,没有基本犯罪构成就没有结果加重犯。

(2)产生了基本犯罪构成要件之外的重结果。构成结果加重犯以发生重结果为不可缺少的条件,并且重结果必须由基本犯罪的犯罪行为所引起,即重结果与基本犯罪行为之间必须具有因果关系;否则不构成结果加重犯。

(3)刑法规定了比基本犯罪较重的刑罚。对结果加重犯,各国刑法都规定了重于基本犯的刑罚,这也是构成结果加重犯不可或缺的条件,否则如果对重结果没有较重刑罚的规定,也就谈不到结果加重犯了。需要注意的是,虽然实施了基本犯罪构成要件的行为,并由此产生了重结果,但刑法不是对其单独规定较重的刑罚,而是规定按照另一种较重犯罪定罪处罚,那就不是结果加重犯。

3.结果加重犯的处断原则。由于刑法对结果加重犯规定了比基本犯罪较重的法定刑,所以对结果加重犯只能按照刑法的规定,在较重的法定刑幅度内量刑,而不实行数罪并罚。

二、法定的一罪

(一)结合犯

1. 结合犯的概念。结合犯,是指数个各自独立的犯罪行为,根据刑法的明文规定,结合而成为另一个独立的新罪的犯罪形态。

2. 结合犯的要件。

(1)结合犯所结合的数罪,原为刑法规定为数个单独的犯罪。所谓独立的犯罪,是指不依附其他犯罪、符合独立的犯罪构成的行为。并且数个独立的犯罪是数个不同的犯罪。

(2)结合犯是将数个独立的犯罪,结合成为另一个独立的新罪。结合犯之所以将数个犯罪结合在一起,往往是由于数个犯罪行为之间具有一定的牵连关系。

(3)数个独立的犯罪结合成一个独立的新罪,是根据刑法的明文规定。虽有数罪的结合,如果刑法没有明文规定结合为新罪,而是作为基本犯罪的加重情节或加重结果,那就不是结合犯,而是情节加重犯或结果加重犯。

3. 结合犯的处断原则。由于结合犯是刑法规定将原来的数罪结合成为一个新罪,并规定相应的法定刑,应当依照刑法规定以新罪一罪论处,不实习数罪并罚。

(二)集合犯

1. 集合犯的概念。集合犯,是指行为人以实施不定次数的同种犯罪行为为目的,虽然实施了数个同种犯罪行为,刑法规定还是作为一罪论处的犯罪形态。

2. 集合犯的要件。

(1)集合犯是行为人以实施不定次数的同种犯罪行为为目的。这是集合犯主观方面的特征。即行为人不是意图实施一次犯罪行为即行结束,而是预计实施不定次数的同种犯罪。例如,我国刑法典第336条规定的非法行医罪,行为人就是意图实施不特定次数的非法行医行为。

(2)结合犯通常实施了数个同种的犯罪行为。集合犯是以实施不特定次数的犯罪行为为目的的,而且通常也实施了数个同种的犯罪行为。但是有的犯罪在只实施一次的情形下,也构成犯罪。以非法行医罪为例,非法行医罪,虽然多次非法行医,仍然只构成非法行医一罪,但行为人即使非法行医一次,情节严重的,如因非法行医造成就诊人身体健康受到严重损害,也构成非法行医罪。

(3)结合犯必须是刑法将可能实施的数个同种犯罪行为规定为一罪。这就是说正因为刑法将集合犯的数个同种行为规定在一罪里面,那么这数个同种行为本身就是一罪的表现,所以,虽然行为人实施了数个同种行为,但是仍旧只构成一罪。

3. 集合犯与有关罪数形态。

(1)集合犯与连续犯。集合犯是刑法将同种数个行为规定为一个犯罪,是法定的一罪,而连续犯则是连续实施了数个独立成罪的犯罪行为,但是作为一罪处理,所以是处断的一罪。

(2)集合犯与继续犯。虽然二者的犯罪过程都是持续了一段时间,但是集合犯是数个行为,并且彼此间存在时间间隔,而继续犯则是一个行为在时间上的持续,简言之,集合犯是数个行为,而继续犯是一个行为。

4. 集合犯的种类。

(1)职业犯,是指犯罪构成预定将一定的犯罪作为职业或业务反复实施的犯罪。例如非法行医罪。

(2)营业犯,是指犯罪构成预定以营利为目的反复实施一定犯罪的行为。如赌博罪中的以赌博为业的规定。

营业犯与职业犯的关键区别在于,刑法是否要求行为人主观上处于营利目的,要求营利目的的,属于营业犯,不要求具有营利目的的,属于职业犯。

5. 集合犯的处断原则。

集合犯是法定的一罪,刑法分则条文没有明文规定,对集合犯,不论行为人实施多少次行为,都只能根据刑法的规定以一罪论处,不实行数罪并罚。

三、处断的一罪

(一)连续犯

1. 连续犯的概念。连续犯,是指基于同一或者概括的犯罪故意,连续实施性质相同的独立构成犯罪的数个行为,触犯同一罪名的犯罪形态。我国刑法典第89条第1款规定:……犯罪行为有连续……状态的,从犯罪行为终了之日起计算。这是我们研究连续犯的法律依据。

2. 连续犯的要件。

(1)必须实施性质相同的独立成罪的数个行为。

这是连续犯成立的前提条件,没有实施数个行为,只实施一个行为的,不可能成立连续犯。例如,接续犯,就是实施了数个举动,但是只构成一个行为。同时,连续犯的数个行为还必须是独立成罪的,也就是连续犯实施的每个行为都独立具备犯罪构成的要件,只有这样,连续犯才会成立。并且,连续犯的数个行为性质必须相同,例如都是杀人行为或者强奸行为,性质不同,则不可能成立连续犯。

(2)数个行为必须基于同一或者概括的故意。

连续犯实施的数个犯罪行为,必须是基于同一或者概括的犯罪故意。同一的犯罪故意,是指行为人预计实施数次同一犯罪的故意,每次实施的犯罪都明确的包含在了行为人的故意内容之中。概括的犯罪故意,指行为人概括的具有实施数次同一犯罪的故意,每次实施的具体犯罪并非都是明确地包含在行为人的故意内容之中。

(3)性质相同、独立成罪的数个行为必须具有连续性。

这是连续犯构成的重要条件,否则,只能构成独立的犯罪,而不构成连续犯。我国刑法理论上在判断是否具备时间上的连续性时,采取的通说观点是,连续犯的数个行为之间的连续性应当以行为人的主客观条件的统一为标准。根据这种理论,行为人虽然具有同一或者概括的犯罪故意,但是客观上并未实施数个犯罪行为或者实施的数个犯罪行为之间不具有连续性,那么久不成立连续犯;同样的,即使行为人在时间间隔较近的情况下,实施了性质相同的数个犯罪,但是主观上缺乏具有同一或者概括的犯罪故意,也不能成立连续犯。

(4)数个行为必须触犯同一个罪名。

3. 连续犯的处断原则。连续犯按照一罪处断,不实行数罪并罚。对连续犯的处理,应按照刑法的有关规定,针对不同的情况,分别从重处罚或者加重处罚。

(1)刑法规定只有一个量刑档次,或者虽有两个量刑档次但无加重构成的量刑档次的,按照一个罪名从重处罚。如我国刑法典第262条规定的拐卖儿童罪就只有一个量刑档次,那么针对拐卖儿童罪的连续犯,则应该在这一量刑档次内从重处罚;我国刑法典第232条规定的故意杀人罪,虽然有两个量刑档次,但是无加重构成的量刑档次,那么故意杀人罪的连续犯,只能在该罪的基本犯罪构成的量刑档次内从重处罚。

(2)刑法对多次实施某种犯罪明文规定重于基本犯罪构成的量刑档次的,符合这种情况的连续犯,按照该加重构成的量刑档次处罚。如我国刑法典第263条规定的"多次抢劫"明文规定远远重于抢劫基本犯罪构成的量刑档次,所以针对抢劫的连续犯应当按照相应的加重犯罪构成的量刑档次处罚。

(3)刑法对多次实施某种犯罪虽然没有明文规定,但对"情节严重"或"情节特别严重"分别规定了不同的加重刑罚的量刑档次,符合某种情况的连续犯,应依照有关的量刑档次处罚。如我国刑法典第267条规定的抢夺罪,分别有基本犯罪,情节严重和情节特别严重三个量刑档次的规定,那么对于抢夺罪的连续犯,就可以根据抢夺次数的多少来按照相应的量刑档次进行处罚。

(二)牵连犯

1. 牵连犯的概念。牵连犯,是指犯罪的手段行为或结果行为,与目的行为或者原因行为分别触犯不同罪名的情况。例如,以伪造国家机关公文的方法(方法行为)骗取公私财物(目的行为),分别触犯了伪造国家机关公文罪和诈骗罪,就是牵连犯。

2. 牵连犯的要件。

(1)牵连犯是以实施一个犯罪为目的。

这个目的指向的犯罪就是牵连犯的本罪,而为了实施这一犯罪,其方法行为或者结果行为,又构成其他犯罪的,就是牵连犯的他罪。所以,牵连犯的他罪是围绕本罪展开的。如果行为人出于实施数个犯罪的目的,在此目的的支配下,实施了数个犯罪,则不构成牵连犯。

(2)牵连犯必须具有两个以上的行为。表现为两种情况:一是目的行为与方法行为;二是原因行为与结果行为。目的行为与原因行为都是就本罪而言,指实施本罪的行为。方法行为和结果行为是就他罪而言的。例如,为了骗取财物而伪造公文,骗取财物是目的行为,伪造公文就是方法行为。

(3)牵连犯的数个行为之间必须具有牵连关系。

刑法理论界有很多观点,司法考试采取类型说的观点。类型说认为:只有当某种手段通常用于实施某种犯罪,或者某种原因行为通常导致某种结果行为时,就存在牵连关系。

(4)牵连犯的数个行为必须触犯不同的罪名。包括两种情况,一是实施了一种犯罪,其犯罪所采用的方法行为又触犯了其他罪名。二是实施一种犯罪,其犯罪的结果行为又触犯了其他罪名。但是如果实施一种犯罪,其犯罪的方法行为或者结果行为不是触犯其他罪名,二是触犯相同的犯罪,则不构成牵连犯。例如,入户抢劫,抢劫是目的行为,入户是方法行为,但刑法把入户抢劫规定为加重抢劫罪构成的条件之一,在这里方法行为也是触犯的抢劫罪,因而只能按加重抢劫罪论处,不构成牵连犯。

3.牵连犯的处断原则。刑法理论上,对牵连犯的处理不实行数罪并罚,而应"从一重处罚"或者"从一重从重处罚"。我国刑法典分则对某些具体犯罪的牵连犯的处理作了特别规定,有的规定了从重处罚,有的规定了从一重从重处罚的,有的规定了独立的法定刑,也有的规定实行数罪并罚。对这种情况,刑法典分则条款对如何处理牵连犯作了特别规定的,只能按照刑法典分则有关条款的规定处理。例如,我国刑法典第 198 条规定:"投保人、被保险人故意造成财产损失的保险事故,骗取保险金,投保人、受益人故意造成被保险人死亡、伤残或者疾病,骗取保险金,同时构成其他犯罪的,依照数罪并罚的规定处罚。"

例. 甲在一豪宅院外将一个正在玩耍的男孩(3 岁)骗走,意图勒索钱财,但孩子说不清自己家里的联系方式,无法进行勒索。甲怕时间长了被发现,于是将孩子带到异地以 4000 元卖掉。对甲应当如何处理?(   )

A. 以绑架罪与拐卖儿童罪的牵连犯从一重处断

B. 以绑架罪一罪处罚

C. 以拐卖儿童罪一罪处罚

D. 以绑架罪与拐卖儿童罪并罚

【考点】牵连犯的认定

【解题思路和依据】甲以勒索财物为目的将男孩骗走的行为,符合绑架罪的特征;在发现无法实现勒索目的后,将男孩出卖的行为,符合拐卖儿童罪的特征。正确解答本题的关键是:甲的两个行为是属于牵连犯以一罪论处,还是不属于牵连犯,应当数罪并罚?构成牵连犯,要求行为人实施的数个行为之间必须有手段行为与目的行为或者原因行为和结果行为之间的关系。甲的两个行为之间并不存在必要的牵连关系,应当以绑架罪与拐卖儿童罪数罪并罚。所以 D 选项正确。

【答案】D

(三) 吸收犯

1. 吸收犯的概念。吸收犯,是指事实上有数个犯罪行为,其中一个犯罪行为吸收了其他的犯罪行为,仅成立吸收的犯罪行为一个罪名的犯罪形态。例如,非法制造枪支、弹药,事后藏在家里。前一行为构成非法制造枪支、弹药罪,后一行为构成私藏枪支、弹药罪。那么后一行为就吸收了后一犯罪行为,仅仅成立非法制造枪支、弹药罪,而私藏枪支、弹药罪则被吸收。

2. 吸收犯的要件。

(1) 吸收犯必须具有数个犯罪行为。这是吸收犯成立的前提,如果没有数个犯罪行为,何谈吸收一说。同时吸收犯的数个行为都必须是犯罪行为,即每个行为都符合一定的犯罪构成。如果数个行为中只有一个是犯罪行为,其余是违法行为,也不可能构成吸收犯。吸收犯是数个犯罪行为,这是吸收犯与想象竞合犯的重要区别。

(2) 吸收犯的数个行为之间必须具有吸收关系。这是吸收犯成立的关键所在,如果数个行为之间不存在吸收关系,那就不可能成立吸收犯。一个犯罪行为之所以能吸收其他犯罪行为,是因为这些犯罪行为通常属于实施某种犯罪的同一过程,彼此之间存在着密切的关系:前一犯罪行为可能是后一犯罪行为发展的所经阶段,后一犯罪行为可能是前一犯罪行为发展的自然结果,或者在犯罪过程中有着其他的密切关系。

吸收关系的种类一般在理论上有以下几种:

第一,重行为吸收轻行为。根据行为性质来判断行为的轻重,如果有轻有重,则轻行为为重行为所吸收。

第二,实行行为吸收预备行为。预备阶段是实行阶段的先行阶段,一般为实行行为所吸收,仅依实行行为所构成的犯罪定罪。

第三,主行为吸收从行为。所谓主行为吸收从行为,是按照共同犯罪中共同犯罪人在共同犯罪中的分工和作用区分的。通常认为,实行行为与教唆行为、帮助行为相比,实行行为是主行为,教唆行为、帮助行为是从行为,教唆行为与帮助行为相比,教唆行为为主行为,帮助行为为从行为。

3. 事后不可罚的行为与吸收犯的区别。所谓不可罚的事后行为,是只在状态犯的场合,利用该犯罪行为的结果的行为,如果孤立来看,符合其他犯罪的构成要件,具有可罚性,但由于被综合评价在该状态犯中,故没必要认定为成立其他犯罪。例如,行为人盗窃他人财物后,又损坏该财物。损坏财物的行为是不可罚的事后行为,只成立盗窃罪。

吸收犯是指行为人的数个犯罪行为因为一个被另一个所吸收,而失去独立存在的意义,仅以吸收之罪处断的犯罪形态。典型例子如行为人盗窃枪支后又私藏的;伪造货币后又出售或运输的。

4.吸收犯的处断原则。对吸收犯,依照吸收行为所构成的犯罪论断,不实行数罪并罚。

例.下列哪些情形属于吸收犯?(　　)

A.制造枪支、弹药后又持有、私藏所制造的枪支、弹药的

B.盗窃他人汽车后,谎称所盗汽车为自己的汽车出卖他人的

C.套取金融机构信贷资金后又高利转贷他人的

D.制造毒品后又持有该毒品的

【答案】AD

【解析】本题考查处断一罪中的吸收犯。吸收犯是指事实上存在数个不同的行为,其中一行为吸收其他行为,仅成立吸收行为一个罪名的犯罪。A选项,非法制造枪支、弹药后持有、私藏的,属于吸收犯,仅以非法制造枪支、弹药罪论处。A选项当选。B选项将盗窃来的汽车出卖的行为属于销赃行为,是不可罚的事后行为,两行为之间不存在吸收关系,不属于吸收犯,B选项不当选。C选项套取金融机构信贷资金高利转贷他人是《刑法》第175条高利转贷罪的实行行为,只评价为一个行为,不成立吸收犯。D选项,实施制造毒品行为会伴随着持有毒品,因此持有行为被制造行为吸收,成立吸收犯。D选项当选。本题应选AD。

例.关于罪数的认定,下列哪些选项是错误的?(　　)

A.引诱幼女卖淫后,又容留该幼女卖淫的,应认定为引诱、容留卖淫罪

B.既然对绑架他人后故意杀害他人的不实行数罪并罚,那么对绑架他人后伤害他人的就更不能实行数罪并罚

C.发现盗得的汽车质量有问题而将汽车推下山崖的,成立盗窃罪与故意毁坏财物罪,应当实行并罚

D.明知在押犯脱逃后去杀害证人而私放,该犯果真将证人杀害的,成立私放在押人员罪与故意杀人罪,应当实行并罚

【答案】ABCD

【解析】选项A说法错误。如果在组织他人卖淫的犯罪活动中,对被组织的人有引诱、容留行为的,应作为组织卖淫罪的量刑情节予以考虑,不实行数罪并罚。

选项B说法错误。行为人绑架他人后,故意实施伤害(包括故意伤害致死)、强奸等行为的,则应实行数罪并罚。因此,此种类推判断不准确。

选项C说法错误。这里属于事后不可罚行为,盗窃得手的财物,犯罪人变卖、毁弃或使用,只要法律没有明文规定为犯罪的,都属于不可罚的事后行为,对犯罪人的行为不能重复评价。

选项D说法错误。这里的"监管人员"只有一个犯罪行为,即私放行为,按照

主客观一致原则,不能认定为故意杀人罪,只成立私放在押人员罪。

■观点争鸣

1. 对于牵连关系的理解。理论上存在不同的观点:

(1)客观说:只要客观上两种行为之间具有手段行为与目的行为原因行为与结果行为的关系,就具有牵连关系。

(2)主观说:只要行为人主观上将某种行为作为目的行为的手段行为或者作为原因行为的结果行为,就存在牵连关系。

(3)折中说:只有在行为人主观上与客观上都具有牵连关系时,才具有牵连关系。

(4)类型说:只有当某种手段通常用于实施某种犯罪,或者某种原因行为通常导致某种结果行为时,就存在牵连关系。

当前司法考试采取类型说。成立牵连犯,不仅要求在客观上、主观上能认定牵连关系,而且这种关系在社会生活中还必须具有通常性。

■问题思考

1. 不可罚的事后行为与吸收犯的区别
2. 集合犯和连续犯的区别

第三节 数罪的类型

■知识结构图

数罪的认定概述→貌似一罪实为数罪的情形→数罪并罚的重要情形

■重点提示

貌似一罪实为数罪的情形,以及数罪并罚的重要情形

■司考重点

对数罪并罚一些重要情形的掌握

一、数罪的认定概述

在犯罪论中,对一罪与数罪问题的研究,不仅要阐明划分一罪与数罪的标准,还应该就司法实践中难以划分一罪与数罪的现象进行说明,这样做,有利于司法实践正确区分一罪与数罪,也有利于刑法理论的完善。

二、貌似一罪实为数罪的情形

(一)行为触犯一个分则条文实为数罪的情况

通常情况下,一个刑法分则条文规定一个具体的犯罪。但是我国刑法分则中,不少条文规定了数罪,于是,有的行为虽只触犯一个分则条文,却有可能成立数罪。

(二)行为侵害同一对象实为数罪的情况

针对同一对象,行为人可以基于不同的犯意实施不同性质的犯罪行为。因为同一对象具有多种属性,可以体现不同性质的法益,所以,行为人完全可以同时侵犯同一对象的不同法益,从而成立数罪。

(三)着手实行犯罪后另起犯意构成数罪的情况

行为人在着手实行犯罪后,由于某种原因另起犯意,实施另一犯罪行为的,构成数罪。例如。行为人将一名赶路的妇女拦住,并将其打昏,拖到路旁树林,脱掉该女的衣裤,正欲强奸时,发现其处于月经期,便不再实施奸淫行为。行为人想到划不来,于是趁妇女昏迷,将其手表和手提包窃走。其行为成立强奸罪和盗窃罪。

例.甲、乙等人佯装乘客登上长途车。甲用枪控制司机,令司机将车开到偏僻路段;乙等人用刀控制乘客,命乘客交出随身财物。一乘客反抗,被乙捅成重伤。财物到手下车时,甲打死司机。关于本案,下列哪些选项是正确的?(   )

A.甲等人劫持汽车,构成劫持汽车罪
B.甲等人构成抢劫罪,属于在公共交通工具上抢劫
C.乙重伤乘客,无须以故意伤害罪另行追究刑事责任
D.甲开枪打死司机,须以故意杀人罪另行追究刑事责任

【详解】A项,根据刑法第122条的规定,使用暴力、胁迫或者其他方法劫持船只、汽车的,构成劫持船只、汽车罪。甲等人佯装乘客登上长途车,甲用枪控制司机,强令司机改变路线,已经危及公共安全,甲等人属于共同犯罪,构成劫持汽车罪。A项正确。

B项,根据司法解释,"在公共交通工具上抢劫"主要是指在从事旅客运输的各种公共汽车、大、中型出租车、火车、船只、飞机等正在运营中的机动公共交通工

具上对旅客、司售、乘务人员实施的抢劫。在未运营中的大、中型公共交通工具上针对司售、乘务人员抢劫的,或者在小型出租车上抢劫的,不属于"在公共交通工具上抢劫。"本题中,甲等人在运营中的长途车上,以非法占有为目的,采用暴力、胁迫方法,当场劫取乘客财物,构成抢劫罪,而且属于在公共交通工具上抢劫。B项正确。

C项,乙在抢劫过程中,为了压制被害人反抗而故意将被害人打成重伤的,属于抢劫致人重伤,作为抢劫罪的结果加重犯,以抢劫罪定罪,适用升格的法定刑即可,无须再以故意伤害罪另行追究刑事责任。C项正确。

D项,抢劫后,为了灭口而杀人的,属于另起犯意,应以抢劫罪和故意杀人罪数罪并罚。财物到手下车时,甲打死司机,就属于这种情况,对甲打死司机的行为,需以故意杀人罪另行追究刑事责任。D项正确。

综上,本题答案为 ABCD。

(四)在犯罪过程中超出原犯罪的范围成立数罪的情况

犯罪行为是一个过程,对一个犯罪过程中的行为,一般认定为一罪。但在某些情况下,行为人在犯罪过程中的不法行为,超出了原犯罪的范围,另成立其他独立犯罪,对此应认定为数罪。例如,行为人长期虐待被害人,情节恶劣,但最后一次实施了伤害行为,造成被害人重伤,这种致人重伤的行为已经超出了虐待罪的范围。应认定为虐待罪与故意伤害罪。

三、数罪并罚的重要情形

1. 我国刑法典第 120 条第 2 款组织、领导、参加恐怖组织罪,并利用该组织实施杀人、爆炸、绑架等犯罪的

2. 我国刑法典第 294 条第 3 款组织、领导、参加黑社会性质组织或者入境发展黑社会组织,并利用该组织而犯其他罪行的

3. 挪用公款进行非法活动构成其他犯罪的,或者因挪用公款而索取、收受贿赂构成犯罪的

4. 我国刑法典第 318 条第 2 款、第 321 条第 3 款组织、运送他人偷越国边境,并对被组织人有杀害、伤害、强奸、拐卖等犯罪行为,或者对检查人员有杀害、伤害等罪行;

5. 实施刑法第 140—148 条的生产、销售伪劣产品及特定伪劣产品犯罪行为,暴力抗拒查处;

6. 我国刑法典第 157 条第 2 款走私犯罪并暴力抗拒缉私的,以相关走私罪与妨害公务罪并罚;

7. 我国刑法典第 198 条第 2 款为实施保险诈骗而故意造成财产损失、被保险人死亡、伤残等保险事故构成犯罪的,以保险诈骗与各相关犯罪数罪并罚;

8. 我国刑法典第 241 条第 4 款收买被拐卖的妇女、儿童后有非法拘禁、强奸、伤害、侮辱等行为的,以收买被拐卖的妇女、儿童罪与相关犯罪数罪并罚;

9. 为实施其他犯罪(盗窃罪除外)而盗窃机动车,以盗窃罪与所实施的其他犯罪实行并罚;

10. 为实施其他犯罪(盗窃罪之外)而劫取机动车的,以抢劫罪与所实施的其他犯罪实行并罚

例. 关于罪数的说法,下列哪一选项是错误的?(　　　)

A. 甲在车站行窃时盗得一提包,回家一看才发现提包内仅有一支手枪。因为担心被人发现,甲便将手枪藏在浴缸下。甲非法持有枪支的行为,不属于不可罚的事后行为

B. 乙抢夺他人手机,并将该手机变卖,乙的行为构成抢夺罪和掩饰、隐瞒犯罪所得罪,应当数罪并罚

C. 丙非法行医 3 年多,导致 1 人死亡、1 人身体残疾。丙的行为既是职业犯,也是结果加重犯

D. 丁在绑架过程中,因被害人反抗而将其杀死,对丁不应当以绑架罪和故意杀人罪实行并罚

答案:B

解析:A 项中,甲盗窃提包的行为属于盗窃罪,而后发现提包中有一支手枪没有及时上交,而是私自藏于浴缸下,成立非法持有枪支罪的犯罪,应该数罪并罚,因此,A 项说法正确,不选。销赃,是指为犯罪分子转卖、销售其犯罪所得的赃物的行为。B 项中,乙抢夺他人手机并变卖的行为属于事后销赃的行为,不能单独再次进行评价,因此,B 项说法错误,应选。行医是以实施医疗行为为业的活动,因此,非法行医罪属于职业犯。《刑法》第 336 条规定,未取得医生执业资格的人非法行医,情节严重的,处三年以下有期徒刑、拘役或者管制,并处或者单处罚金;严重损害就诊人身体健康的,处三年以上十年以下有期徒刑,并处罚金;造成就诊人死亡的,处十年以上有期徒刑,并处罚金。丙非法行医造成 1 人死亡、1 人身体残疾,根据刑法的规定属于结果加重犯,因此 C 项说法正确,不选。

《刑法》第 239 条规定,以勒索财物为目的绑架他人的,或者绑架他人作为人质的,处十年以上有期徒刑或者无期徒刑,并处罚金或者没收财产;致使被绑架人死亡或者杀害被绑架人的,处死刑,并处没收财产。因此,绑架罪包含了将被绑架人杀害的情况,因此,丁的行为成立绑架罪,而不应当以绑架罪和故意杀人罪实行并罚,因此,D 项说法正确,不选。

例. 甲曾向乙借款 9000 元,后不想归还借款,便预谋毒死乙。甲将注射了"毒鼠强"的白条鸡挂在乙家门上,乙怀疑白条鸡有毒未食用。随后,甲又乘去乙家串门之机,将"毒鼠强"投放到乙家米袋内。后乙和其妻子、女儿喝过米汤中毒,乙死亡,其他人经抢救脱险。关于甲的行为,下列哪些选项是错误的?(　　　)

A. 构成投放危险物质罪
B. 构成投放危险物质罪与抢劫罪的想象竞合犯
C. 构成投放危险物质罪与故意杀人罪的想象竞合犯
D. 构成抢劫罪与故意杀人罪的吸收犯

答案：ABCD

解析：投放危险物质罪，是指故意投放毒害性、放射性、传染病病原体等物质，危害公共安全的行为。本罪侵犯的客体是公共安全，本罪的客观要件为：（1）行为人投放的必须是毒害性、放射性、传染病病原体等危险物质，包括危险气体、液体、固体。（2）必须有投放行为。投放行为的主要方式：一是将危险物质投放于供不特定或多数人饮食的食品或饮料中；二是将危险物质投放于供人、畜等使用的河流、池塘、水井等中；三是释放危险物质，如将沙林、传染病病原体释放于一定场所。（3）投放危险物质的行为必须危害公共安全，因此，故意使用危险物质杀害特定个人或特定牲畜的，不构成投放危险物质罪。本题中，甲是利用危险物质杀害特定个人，因此，不符合危害公共安全的客观要件要求，因此，不构成投放危险物质罪，而构成故意杀人罪。抢劫罪（刑法第263条），是以非法占有为目的，对财物的所有人、保管人当场使用暴力、胁迫或其他方法，强行将公私财物抢走的行为。抢劫罪的暴力必须在取得他人财物的当场实施。本题中，甲虽然是因不想归还借款而实施的杀人行为，但是暴力行为并不具有抢劫罪要求的当场性，因此，甲不构成抢劫罪。ABCD项说法均错误，应选。

问题思考

列举三个刑法分则条文中有关数罪并罚的规定

案例分析

例1. 案情：甲系某市国有黄河商贸公司的经理，乙系该公司的副经理。2005年，黄河商贸公司进行产权制度改革，将国有公司改制为管理层控股的股份有限公司。其中，甲、乙及其他15名干部职工分别占40%、30%、30%股份。在改制过程中，国有资产管理部门委托某资产评估所对黄河商贸公司的资产进行评估，资产评估所指派丙具体参与评估。在评估时，甲与乙明知在公司的应付款账户中有100万元系上一年度为少交利润而虚设的，经甲与乙以及公司其他领导班子成员商量，决定予以隐瞒，转入改制后的公司，按照股份分配给个人。当丙发现了该100万元应付款的问题时，公司领导班子决定以辛苦费的名义，从公司的其他公款中取出1万元送给丙。丙收下该款后，出具了隐瞒该100万元虚假的应付款的评估报告。

随后,国有资产管理部门经研究批准了公司的改制方案。在尚未办理产权过户手续时,甲等人因被举报而案发。

问题:

1. 甲与乙构成贪污罪还是私分国有资产罪?为什么?

2. 甲与乙的犯罪数额如何计算?为什么?

3. 甲与乙的犯罪属于既遂还是未遂?为什么?

4. 给丙送的1万元是单位行贿还是个人行贿?为什么?

5. 丙的行为是否以非国家工作人员受贿罪与提供虚假证明文件罪实行数罪并罚?为什么?

6. 丙是否构成甲与乙的共犯?为什么?

参考答案:

1. 甲与乙构成贪污罪,而不构成私分国有资产罪。本案不符合以单位名义集体私分的特征,而是采取隐瞒的方式将公款予以非法占有,符合贪污罪的特征。

2. 甲与乙应对100万元的贪污总数额负责,而不是只对个人所得部分负责;此外,用于行贿的1万元也应计入贪污数额。

3. 甲与乙贪污100万元属于未遂,因为公司产权尚未过户,但贪污1万元属于既遂。

4. 给丙送的1万元属于个人行贿,因为不是为单位谋取不正当利益。

5. 丙构成提供虚假证明文件罪,不应与非国家工作人员受贿罪实行并罚。

6. 丙构成甲与乙犯罪的共犯,属于提供虚假证明文件罪与贪污共犯的想象竞合。

例2. 案情:张三系某市东郊电器厂(私营企业,不具有法人资格)厂长,2003年因厂里资金紧缺,多次向银行贷款未果。为此,张三仿照银行存单上的印章模式,伪造了甲银行的储蓄章和行政章,以及银行工作人员的人名章,伪造了户名分别为李四和王五在甲银行存款额均为50万元的存单两张。随后,张三约请乙银行办事处(系国有金融机构)副主任马六吃饭,并将东郊电器厂欲在乙银行办事处申请存单抵押贷款的打算告诉了马六,承诺事后必有重谢。马六见有利可图,就让张三第二天到办事处找信贷科科长刘七办理,并答应向刘七打招呼。次日,张三来到乙银行办事处。马六将其介绍给刘七,让其多加关照。

刘七在审查张三提交的贷款材料时,对甲银行的两张存单有所怀疑,遂发函给甲银行查询。此时,张三通过马六催促刘七,刘七遂打电话询问查询事宜。甲银行储蓄科长答应抓紧办理,但刘七未等回函,就为张三办理了抵押贷款手续,并报马六审批。后甲银行未就查询事宜回函。

马六审批时发现材料有问题,就把张三找来询问。张三见瞒不过马六,就将假存单之事全盘托出,并欺骗马六说有一笔大生意保证挣钱,贷款将如期归还,并当场给马六10万元好处费。马六见张三信誓旦旦,便收受了好处费,同意批给张三

100万元贷款。张三获得贷款后,以感谢为名送给刘七5万元,刘七予以收受。张三将贷款全部投入电器厂经营,结果亏损殆尽,致使银行贷款不能归还。检察机关将本案起诉至法院。

问题:简析张三、马六和刘七涉嫌犯罪行为触犯的罪名,然后根据有关的刑法理论和法律规定确定三人分别应如何定罪处罚。

【解题思路和依据】本题属于综合分析题,首先是找出张三、马六和刘七涉嫌的罪名并加以分析,然后确定应如何定罪量刑。在找出全部考点的基础上可以对三个被告人逐个分析,这样避免遗漏得分点。

1. 张三涉嫌下列罪名:

①根据《刑法》第280条第2款,伪造公司、企业、事业单位、人民团体的印章的,处三年以下有期徒刑、拘役、管制或者剥夺政治权利。张三仿照银行存单上的印章模式,伪造了甲银行的储蓄章和行政章,以及银行工作人员的人名章,构成伪造企业印章罪。但是考生应当注意,商业银行属于企业而不是事业单位,所以,考生回答伪造企业、事业单位印章罪也视为正确;

②根据《刑法》第177条第2款,伪造、变造委托收款凭证、汇款凭证、银行存单等其他银行结算凭证的构成金融票证罪。张三伪造户名分别为李四和王五在甲银行存款额均为50万元的存单两张,构成伪造金融票证罪;

③根据《刑法》第194条第2款,使用伪造、变造的委托收款凭证、汇款凭证、银行存单等其他银行结算凭证的构成金融凭证诈骗罪。张三利用伪造的甲银行存单在乙银行进行抵押贷款,构成金融凭证诈骗罪。虽然题目中没有明确标明张三以非法占有为目的,但从案情来看,张三明知没有偿还能力而虚构事实骗取银行贷款,最终企业亏损无力归还,应推定张三主观上有非法占有的目的;

④根据《刑法》第193条第3款,以非法占有为目的,使用虚假的证明文件,骗银行或者其他金融机构的贷款,数额较大的,构成贷款诈骗罪。但是,张三以东郊电器厂的名义进行贷款诈骗,大家知道单位不能成为贷款诈骗罪主体,根据最高人民法院《关于审理单位犯罪案件具体应用法律有关问题的解释》规定,具有法人资格的独资、私营等公司、企业、事业单位可以成为单位犯罪主体。可见,没有法人资格的私营企业是不能成为单位犯罪主体的。所以,张三构成贷款诈骗罪;

⑤根据《刑法》第389条,为谋取不正当利益,给予国家工作人员以财物的,构成行贿罪。张三分别向马六、刘七行贿,构成行贿罪。

2. 张三所犯以上罪名存在复杂的关系,我们从刑法理论上分析如下:

①伪造企业印章罪与伪造金融票证罪之间存在牵连关系。两者之间存在手段行为与目的行为的牵连关系,因而属于牵连犯,应从一重罪处罚,所以,张三应以伪造金融票证罪论处;

②伪造金融票证罪与金融凭证诈骗罪之间存在牵连关系。伪造银行存单构成伪造金融票证罪;伪造后又使用伪造的银行存单进行诈骗的,构成金融凭证诈骗

罪。属于牵连犯,应从一重罪处罚,所以,张三应以金融凭证诈骗罪论处;

③金融凭证诈骗罪与贷款诈骗罪法条竞合。即两个罪名概念之间各有一部分外延互相竞合。当行为人采用金融凭证诈骗的方法,骗取银行或者其他金融机构贷款的时候,在构成条件上是重合的,形成交互竞合的关系。应根据重法优于轻法的原则适用重法。根据《刑法》规定,贷款诈骗罪最高可判处无期徒刑,而金融凭证诈骗罪最高可判处死刑,显然,张三应定金融凭证诈骗罪;

④行贿罪。行贿罪与金融凭证诈骗罪之间不构成牵连犯,应数罪并罚。

3. 马六涉嫌下列罪名:

①金融凭证诈骗罪的共犯。马六身为银行工作人员,明知张三使用假存单诈骗银行贷款,仍批给张三100万元贷款,构成金融凭证诈骗罪的共犯。马六不构成违法发放贷款罪。违法发放贷款罪是指银行或者其他金融机构工作人员违反法律、行政法规规定,向关系人以外的其他人发放贷款,造成重大损失的行为。显然,这里的违法发放贷款不包括明知伪造的金融凭证而为其诈骗提供便利的情形。所以,马六构成金融凭证诈骗罪而不是非法发放贷款罪。

②马六构成受贿罪。根据《刑法》第385条:"国家工作人员利用职务上的便利,索取他人财物的,或者非法收受他人财物,为他人谋取利益的,是受贿罪。国家工作人员在经济往来中,违反国家规定,收受各种名义的回扣、手续费,归个人所有的,以受贿论处。"马六是国有银行的工作人员,属于国家工作人员,利用职务上的便利收受张三的10万元财物,符合受贿罪的构成要件,构成受贿罪。

③对马六应当数罪并罚。

4. 刘七涉嫌下列罪名:

①国有公司、企业、事业单位工作人员失职罪。根据《刑法》第168条:"国有公司、企业的工作人员,由于严重不负责任或者滥用职权,造成国有公司、企业破产或者严重损失,致使国家利益遭受重大损失的,处三年以下有期徒刑或者拘役;致使国家利益遭受特别重大损失的,处三年以上七年以下有期徒刑。国有事业单位的工作人员有前款行为,致使国家利益遭受重大损失的,依照前款的规定处罚。国有公司、企业、事业单位的工作人员,徇私舞弊,犯前两款罪的,依照第一款的规定从重处罚。"刘七是国有金融机构工作人员,在为张三办理抵押贷款事宜中,存在明显过失,致使贷款被骗,符合本罪的构成要件,构成国有公司、企业、事业单位工作人员失职罪。

②受贿罪。刘七身为国家工作人员,利用为张三审批贷款的职务便利,收受张三的财物,构成受贿罪。

③对刘七应当数罪并罚。

第八章

刑事责任

知识结构图

刑事责任概述→刑事责任的功能→刑事责任的发展阶段和实现方式

重点提示

刑事责任的功能;刑事责任的实现方式

司考重点

刑事责任的概念?刑事责任的特征?刑事责任和其他法律责任的区别?承担刑事责任的过程和方式有哪些?

导入案例

下列情形中,行为人被追究了刑事责任的有(　　)(2010年法律硕士联考专业基础课第14题)

A.甲被判犯盗窃罪,处5年有期徒刑

B.乙被判犯侵犯通信自由罪,责令赔礼道歉

C.丙被判把重婚罪,免予刑事处罚

D.丁被判犯诈骗罪,责令具结悔过

答案:ABCD

第一节　刑事责任概述

一、刑事责任的概念

刑事责任是中国刑法典中较为常见的法律术语。1997年刑法共计452个条文中，就有31处使用了"刑事责任"一词，①刑法总则第2章第2节的标题即为"犯罪和刑事责任"。尤其是刑法第5条在规定罪责刑相适应这一基本原则时，将罪、责、刑三者的关系表述为"刑罚的轻重，应当与犯罪分子所犯罪行和承担的刑事责任相适应"。显而易见的是，仅从刑法条文表述来看，也应当得出以下结论，仅就中国刑法而言，必须承认通说的以下结论，亦即："刑事责任具有沟通犯罪与刑罚，从而使刑法的三大基本内容构成有机整体的重要作用。刑事责任是刑事立法中的一个基本范畴，一个带有根本性的概念，刑法中有关犯罪和刑罚的规定，都是围绕是否追究刑事责任、如何追究和实现刑事责任等问题展开的，刑事责任是犯罪和刑罚之间的桥梁和纽带，是刑法中的一个核心问题。离开刑事责任问题，刑法的生命也就停止了。"②

作为刑法典及刑法学中的重要术语，刑事责任的确切概念究竟为何，在中国刑法学界始终是众说纷纭，莫衷一是。截至20世纪90年代，关于刑事责任之概念，具有代表性的学说主要有以下五种：③

1. 法律责任说，认为"刑事责任是国家司法机关依照法律规定，根据犯罪行为以及其他能说明犯罪的社会危害性的事实，强制犯罪人负担的法律责任"。

2. 法律后果说，认为"刑事责任是依照刑事法律规定，行为人实施刑事法律禁止的行为所必须承担的法律后果"。

3. 否定评价说或称责难说、谴责说，认为"刑事责任是指犯罪人因实施刑法禁止的行为而应承担的、代表国家的司法机关依照刑事法律对其犯罪行为及其本人的否定性评价和谴责"。

4. 刑事义务说，认为"刑事责任是犯罪人因其犯罪行为根据刑法规定向国家承担的、体现着国家最强烈的否定评价的惩罚义务"。

5. 刑事负担说，认为"刑事责任是国家为维持自身的生存条件，在清算触犯刑

---

① 此统计截止到《刑法修正案九》，包含《中华人民共和国刑法典》正文及其附件在内。
② 高铭暄、马克昌主编：《刑法学》（上编），中国法制出版社1998年版，第379页。
③ 对此可参见赵秉志主编：《刑法争议问题研究》，河南人民出版社1996年版，第539–542页。

律的行为时,运用国家暴力,强迫行为人承受的刑事上的负担"。

上述诸种说法虽从不同的方面和角度,揭示了刑事责任的特征或主要内容,各有长处,但也各有不足。

法律责任说揭示了刑事责任产生的原因和法律依据,说明了刑事责任对犯罪行为的依赖性和刑事责任的强制性,这些都是值得肯定的;同时,刑事责任的确是法律责任的一种,就其实质而言,这种表述也没有错误。但是,法律责任说也存在着逻辑上难以自治的缺陷。该说的中心词是法律责任,其主要命题为,"刑事责任是一种法律责任",这就违背了形式逻辑中"定义项中不能直接或间接地包含被定义项"的基本规则。① 同时,该说对法律责任或责任本身没有作出解释,要准确把握什么是刑事责任,还必须借助其他学科,才能了解法律责任或责任的含义。

法律后果说揭示了犯罪行为与刑事责任之间的因果关系。行为人犯罪后应当承担相应的刑事责任。进而言之,刑事责任也确实是犯罪的后果;但其错误在于,该说未能区分刑事责任与刑罚,因为刑罚也是犯罪行为的法律后果。

否定评价说从国家与犯罪人两个方面界定刑事责任的定义,行为人实施严重危害社会的犯罪之后,必然要遭受国家层面的否定性评价与谴责,但否定评价或谴责并不是刑事责任本身,而只是它的内容之一。如果仅对犯罪人予以否定评价或谴责,而没有其他更为严厉惩罚的话,那么刑事责任也将因此而失去意义。

刑事义务说阐明了犯罪行为与刑事责任的因果关系,进而也能够说明行为人有义务因其所实施的犯罪行为而予以惩罚。但其缺点在于,根据中国刑事立法规定,行为人接受刑事处罚,以及免除处罚,都是刑事责任的实现方式。另外,该说还存在语法上的错误。因为对犯罪人来说,其应承担的是"受惩罚的义务",而不是"惩罚义务"。

刑事负担说阐明了刑事责任产生的根据,揭示了刑事责任的强制性的特点。尤其是该说的关键词"刑事负担"确切地表明了刑事责任的性质,不失为解决刑事责任问题争论的一个较好方案;不足之处是对刑事责任概念的内涵阐述不够充分,作为科学的刑事责任的定义,还有待进一步予以完善。

正基于此,扬弃取舍上述各种概念之优弊,晚近时分,在中国刑法学界又提出了一种新的学说。该说糅合了法律后果说中的"依照刑事法律规定,行为人实施刑事法律禁止的行为",否定性评价说中的"对其犯罪行为及其本人的否定性评价和谴责"以及刑事负担说中的"运用国家暴强迫行为人承受的刑事上的负担",进而认为,刑事责任的概念应当表述为:刑事责任是刑事法律规定的,因实施犯罪行

---

① 违反这一规则,如果定义项中直接包含被定义项,称为同语反复;如果定义项中间接地包含被定义项,称为循环定义。

为而产生的,由司法机关强制犯罪者承受的刑罚惩罚或单纯否定性法律评价的负担。①本书也采纳该种学说的主张。

二、刑事责任的特征

仅就社科领域而言,特征来自于概念,或者换言之,将概念中的关键词予以分解,就会将特征勾勒出来,对于刑事责任之特征,亦可做如此之理解。本书认为,根据刑事责任的概念,大致可以推断出刑事责任具有如下特征:

1. 刑事责任必须由刑事法律所确定。例如,《刑法》第 14 条第 2 款规定:"故意犯罪,应当负刑事责任。"第 15 条第 2 款规定:"过失犯罪,法律有规定的才负刑事责任。"由此来看,行为人只要实施了犯罪行为,就应依照刑法规定承担相应的刑事责任。刑事责任的存在与实现都是刑事法律内容的体现,刑事责任的追究就是刑事法律内容的实现。

2. 刑事责任因实施犯罪行为而产生。在犯罪行为实施后,犯罪人与国家之间就会产生刑事上的法律关系。国家通过司法机关对犯罪人的追诉将静态刑事责任转变为动态刑事责任强加于犯罪人身上,以实现刑事法律规范调整国家与犯罪人之间的权利和义务关系。缺乏刑事责任能力者以及没有主观罪过者尽管会实施危害社会性行为,但其行为不是犯罪行为,因而亦无刑事责任可言。

3. 刑事责任的本质是一种消极责任,也是一种以刑事惩罚或单纯否定性法律评价为内容的负担。其中,刑事责任最基本的实现方式是刑罚。刑罚不仅可以剥夺政治权利、财产权利、人身自由,甚至可以剥夺人的生命。此外,我国刑法中所规定的免除处罚是单纯否定性法律评价,是刑事责任的实现方式之一。免除处罚的前提是对犯罪及其犯罪人的有罪确定,因而这种有罪处理远比行政责任给行为人所带来的不利影响和后果大得多。它不仅使犯罪人在政治上、道义上受到国家的否定评价或严厉谴责,而且会给犯罪人在社会生活中带来许多不利后果,例如不能从事某种职业和工作等。

4. 刑事责任只能由犯罪者来承担,其具有专属性。在世界各国的刑事立法及其刑事司法活动中,罪责自负是一种被普遍采用的基本准则。刑事责任是一种个人责任,在任何情况下,刑事责任只能由犯罪人承担,②即使与犯罪人具有亲属或者同事关系的人,因为庇护犯罪人或监管失职而构成包庇罪或者渎职犯罪,但犯罪人的亲属或同事,也不能承担犯罪人因犯罪而产生的刑事责任,而只能对其所涉嫌的包庇罪或者渎职罪而承担相应的刑事责任。

---

① 高铭暄,马克昌主编:《刑法学》,北京大学出版社、高等教育出版社 2011 年版,第 200 页。
② 所谓犯罪人,既指犯罪的自然人,也包括犯罪单位。

5. 刑事责任由代表国家的刑事司法机关强制犯罪者承担。刑事责任是犯罪者向国家所负的责任,它表现了犯罪者与国家之间的关系。虽然绝大多数犯罪中都会有受害人,但刑事责任并非犯罪人和受害人之间的关系,而是由国家取代了受害人,并且以国家的名义,通过刑事司法机关对犯罪人追究刑事责任。

三、刑事责任和民事责任等其他法律责任的区别

刑事责任不同于民事责任等其他法律责任,具体表现在:

1. 承担方式不同。刑事责任只能由实施犯罪的人承担。承担刑事责任的基础是行为人实施了犯罪行为,其承担方式具有绝对的专属性,既不存在罪及无辜的问题,也不存在刑事责任的转嫁问题。这一点,同民事责任有所不同。在民事责任中,当被监护人造成他人损害时,监护人有赔偿损失的责任;遗产继承人有偿还被继承人的债务的责任;公司合并后,合并后的新公司对合并前公司所欠下的债务承担责任等等。

2. 程序不同。行为人是否承担刑事责任,只能由国家司法机关依照刑事诉讼程序来决定,即便是刑事自诉案件,也应当通过法院刑事审判部门最终确定相应的刑事责任。同时,从实质意义上来看,使犯罪人承担某种刑事法律后果只是刑事责任的表象,其实质是国家对犯罪行为的否定性评价和对犯罪人的责难。既然刑事责任是国家对犯罪行为的否定性评价和对犯罪人的责难,那么只要刑事责任最终由法院确定后,通过法定机关强制犯罪人承担,犯罪人必须承担,不可调和、不可自行变更。① 这是刑事责任与民事责任的重大区别。而其他法律责任的追究则不是一定要通过诉讼程序进行。例如侵权或者违约民事责任的解决完全可以通过民事主体之间的私人谈判协商予以解决。并且即便案件通过民事程序审理完毕,在执行过程中,民事主体双方仍然可以继续协商进行执行和解。和解的内容,可以是一方自愿放弃一部分或全部权利,也可以是一方满足另一方的要求。这一点,刑事责任和民事责任存在显著区别。

3. 严厉程度不同。对应负刑事责任的人的法律后果往往是予以刑罚处罚,这是最严厉的国家制裁方法,不仅可以剥夺被判刑人的财产,限制其继续从事某种职业,或者禁止出入某种场所,而且可以剥夺其人身自由、政治权利,乃至生命。这是其他任何一种法律责任无法与之相提并论的。因而刑事责任是最严厉的法律责任。其他法律责任不会引起刑罚处罚这种严厉的法律后果,其承担方式较刑事责任的承担方式相对要轻缓得多。

---

① 需要特别指出的是,即便是刑事自诉案件,在案件自诉及审判过程中可以调解或者撤诉,但是一旦法院最终形成生效判决,犯罪人和自诉者之间亦不得进行任何形式的"私了"。

第二节 刑事责任的功能

刑事责任是与犯罪和刑罚同声共气、存在密切联系而又相互区别的独立实体。刑事责任的功能即作用,也突出地体现在它与犯罪和刑罚的关系之中,其是指刑事责任在制定刑法和处理犯罪中所起的积极作用。对此,可以从刑事立法和刑事司法两方面加以探究。一方面,从刑事立法看,刑事责任是衡量行为是否规定为犯罪和如何设置刑罚的依据;另一方面,从刑事司法看,刑事责任是决定是否适用刑罚和适用何种刑罚以及具体程度的标准。可以较为形象地说,刑事责任是介于犯罪和刑罚之间的桥梁和纽带,其功能就在于对犯罪和刑罚的关系起调节作用。换言之,刑事责任的这种调节功能表现为:犯罪的实施与否决定刑事责任的存在与否,犯罪所反映出的严重程度决定着刑事责任的程度。本书亦将从刑事立法及刑事司法两个方面对刑事责任的功能展开论述。

一、刑事责任的立法功能

从刑事立法看,刑事责任是衡量行为是否规定为犯罪和如何规定刑罚的依据。

首先,从宏观方面而言,立法者规定,具有严重社会危害性的行为是犯罪,并应当追究刑事责任,以及规定影响刑事责任的某些共性因素。刑事责任立法功能在宏观方面的实现,显然是刑法总则的设置过程。立法者在这个阶段确定了诸如故意犯罪、过失犯罪、正当防卫、紧急避险、共同犯罪、犯罪中止、犯罪未遂等犯罪论意义上并且影响犯罪人刑事责任的相关概念,以及减刑、假释、赦免、自首、立功、累犯、缓刑等刑罚论意义上并且影响犯罪人刑事责任的概念。由此可见,在立法上,是刑事责任问题决定犯罪和刑罚的宏观问题。

其次,从微观方面而言,立法者则对某种具体犯罪行为设置的罪名,并分配相应的法定刑。刑事责任立法功能在微观方面的实现,主要通过刑法分则条文设计来完成。刑法分则的主要内容是通过具体条文来确立各种犯罪行为,刑法分则条文应当包括罪状和法定刑等两个组成部分。立法者通过罪状设计来描述犯罪行为,确定打击犯罪的范围,是各国刑法的通行做法。例如盗窃罪是定性描述,具体有普通盗窃、入户盗窃、扒窃、多次盗窃以及携带凶器盗窃等不同罪状,而3年以下有期徒刑、拘役或管制,3-10年有期徒刑,10年以上有期徒刑及无期徒刑的法定刑也分别对应着不同数额的盗窃犯罪。结合刑法分则的具体条文,社会一般公众大致就会明白某种盗窃犯罪行为刑事责任的轻重,以及所可能对应的刑罚幅度。借助具体刑法法条中罪状及法定刑的设计,刑法的罪刑法定原则以及罪责刑相适应原则均能够得到明晰而澄澈的解说和阐释。

二、刑事责任的司法功能

从刑事司法看,刑事责任是决定对犯罪人是否适用刑罚和如何适用刑罚的标准。行为是否构成犯罪,决定行为人应否负刑事责任。根据罪刑法定原则,行为构成犯罪必须有刑事法律的规定,事实与法律规定的犯罪特征相符合,才能追究行为人的刑事责任。简而言之,一个人实施刑法所规定的犯罪,即其行为具备了刑法中的某种犯罪构成,他就应当负刑事责任。刑事责任产生于犯罪,是犯罪所引起的必然法律后果。犯罪的存否决定刑事责任的存否,犯罪的危害程度决定刑事责任的程度。无论是刑法总则还是分则条文,都是创设普遍性、一般性的条款,而不对案件有具体针对性。例如,尽管刑法总则规定了正当防卫、防卫过当及其相应的刑事责任,但司法机关还应当结合具体案件来认定某一具体行为是否属于正当防卫还是防卫过当。如果是防卫过当的话,则还应当进一步确认对行为人适用从轻还是减轻的处罚或是免除处罚。又如,尽管刑法分则对于盗窃罪罪状及法定刑作了规定,但立法者并未将这种规定具体到案件,只是确立了一个裁量的范围,司法机关也只能根据案件的客观事实确定犯罪人是否应当负刑事责任,以及根据犯罪人刑事责任的轻重对犯罪人适用具体的刑罚。总体而言,刑事责任不仅和犯罪有关,而且还与刑罚存在着内在的联系,刑事责任决定刑罚,刑事责任是刑罚的适用标准。这主要表现在:从质上看,刑事责任的存否决定刑罚的存否。刑事责任是刑罚的前提,无刑事责任即无刑罚;存在刑事责任就存在应受刑罚惩罚性,刑事责任通常以刑罚为其法律后果。① 从量上看,刑事责任的程度是决定是否实际判处和执行刑罚以及实际适用刑罚轻重的标准。仅以防卫过当为例,由于防卫人主观上是出于为了保护合法权益免受不法侵害的动机,其主观恶性小,其客观上是在进行防卫的前提下造成的损害结果,因而其刑事责任程度很轻的,可以在应受刑罚处罚的前提下免予刑罚处罚,或者可以因从轻处罚或者减轻处罚而被判处较轻刑罚的前提下宣告缓刑。在实现刑事责任的司法功能时,应当严格遵循罪责刑相适应原则,责任重则刑罚重,责任轻则刑罚轻。此外,刑事责任还以刑罚为其主要体现形式,即刑罚往往伴随刑事责任,刑事责任主要通过刑罚来实现。简而言之,是刑事责任决定刑罚。可见,在司法上,刑事责任扮演的是决定于犯罪而又决定刑罚的角色,是介于犯罪和刑罚之间对犯罪和刑罚关系起调节作用的调节器。

---

① 当然在少数案件中,也不排除仅有单纯性的否定评价而并不适用刑罚。

第三节 刑事责任的实现

刑事责任的实现,又称刑事责任的解决,是指刑事司法机关,依法将刑事责任的主要内容,即刑罚及否定性评价变成事实,从而使得犯罪人切实感受到因刑罚适用或者否定性评价所引起的某种利益的剥夺,以及其在社会生活上、名誉上的不利反应。从刑事立法的相关规定以及刑事司法实践来看,刑事责任的实现往往需要一个较为漫长的过程,这个过程由若干阶段组成。与此同时,刑事责任的实现还需要刑事司法机关根据不同的情况,来选择适用不同的方式,从而落实相关的刑事责任。

一、刑事责任的实现阶段

按照中国刑法理论通说,行为符合犯罪构成是应当追究行为人刑事责任的唯一依据。既然如此,当行为符合某一犯罪的法定犯罪构成之时,就是行为人应当承担刑事责任的开始时间。然而,行为人应当承担刑事责任,并不等于其实际上已经承担了刑事责任。一般说来,行为人从应当承担刑事责任到刑事责任的实现,还有一个过程,这个过程可以分为以下三个阶段:

(一)刑事责任的产生阶段

刑事责任的产生阶段从行为成立犯罪时起,到刑事司法机关开始立案时为止。[①] 在刑事责任的产生阶段,行为人的刑事责任已经存在,但司法机关还没有开始追究刑事责任的活动。

刑事司法机关之所以没有开始追究犯罪人刑事责任的活动,对于告诉才处理的自诉案件而言,是因为被害人尚未提起自诉,然而对于司法实践中占有绝对多数比例的公诉犯罪而言,则主要是因为犯罪行为尚未被刑事司法机关所察觉。例如,某一入户盗窃案件,虽然也已达到盗窃罪的立案标准,但是由于被害人长期在外地工作,对其家中财物被盗窃的事实一无所知,其自然也不会向公安机关报案,公安机关也不会因此而立案侦查。此时,司法机关虽然还没有立案追究行为人的刑事责任,但行为人应承担的刑事责任已经客观地存在了。同时,如果司法机关在长时期内没有开始追究刑事责任的活动,刑事责任就有可能因超过追诉时效期限而消灭,一旦如此,便不能追究犯罪人的刑事责任。正基于此,一方面要求一般公民在

[①] 公安机关、检察院、法院根据《刑事诉讼法》之规定,对各自具有管辖权的案件予以立案。

发现犯罪事实后及时报案;另一方面,也要求刑事司法机关在立案后能够尽快侦破犯罪,即提高破案率与破案速度。

(二)刑事责任的确定阶段

刑事责任的确定阶段从刑事司法机关立案侦查时起,到人民法院做出生效的有罪判决时止。在刑事责任的确定阶段,刑事司法机关根据法定的管辖权限,按照《刑事诉讼法》相关程序,依法查证涉案行为人是否实施了犯罪行为,确定行为人应否承担刑事责任,以及应当承担何种程度的刑事责任;然后决定应否判处刑罚,以及决定应当判处的刑种与刑度。如果适用免除处罚的,则还需要决定应当采取何种非刑罚的刑事制裁措施。在刑事责任的确定阶段,按照案件办理的先后顺序,则需要依次展开侦查、起诉、审判等三个子阶段。① 在这三个子阶段中,每个阶段都会存在着终止刑事诉讼活动的可能性。例如,公安机关发现其立案侦查的故意杀人案的被害人系自杀,因而撤销案件的;又如,检察院在审查起诉阶段发现事实不清,证据不足而做出不起诉决定的;再如,法院在受理刑事自诉案件后,自诉人撤回起诉的。只有上述子阶段彻底进行完毕的,才有可能进入刑事诉讼的履行阶段。

(三)刑事责任的履行阶段

刑事责任的履行阶段从法院有罪判决生效时起,到所该判决所确定的刑事制裁措施执行完毕或罪犯在受刑期间被赦免时止。这一阶段的完结,就意味着刑事责任的终结。犯罪人的刑事责任一旦终结,除死亡者外,就重新成为享有正常权利和自由的公民。结合中国的刑事司法实践,刑事责任的终结概括起来,大致会有如下情况:(1)仅判处主刑的,主刑执行完毕时刑事责任终结;(2)仅判处附加刑的,附加刑执行完毕时刑事责任终结;(3)判处主刑同时判处附加刑的,两种刑罚均执行完毕时刑事责任终结;(4)被宣告缓刑或者假释后,在缓刑或假释考验期内没有再犯新罪、没有发现漏罪、没有违反监督管理规定,考验期满时刑事责任终结;(5)仅给予非刑罚的刑事制裁措施的,该制裁措施执行完毕时刑事责任终结;(6)作出有罪判决,但免除处罚的,该判决发生法律效力时刑事责任终结。

在刑事责任履行阶段中,还有可能出现刑事责任的变更情况。例如减刑与赦免便是典型的变更事项。刑事责任的变更并不意味着先前确定的刑事责任认定错误,而是根据行为人在服刑期间人身危险性的变化情况,当《刑法》所规定的减刑或赦免的情况出现时,根据《刑法》之具体规定,对服刑犯罪人的刑事责任程度予以适度的宽免,这也是罪责刑相适应原则在刑事责任履行阶段的具体体现。

需要特别指出的是,刑事责任终结与刑事责任消灭具有本质区别。所谓的刑

---

① 刑事自诉案件中,自诉人并无进行侦查的权力,因而不存在侦查阶段。但根据相关法律规定,法院受理刑事自诉案件后,对于证据不足的可移送公安机关受理,在这种情况下,则有可能由公安机关进行侦查。

事责任消灭是指行为人的行为虽然能够构成犯罪,但在追究、实现其刑事责任之前,由于刑事立法所确定的某种原因,使得行为人的刑事责任不复存在,刑事司法机关不能再追究其刑事责任。根据我国刑法规定,引起刑事责任消灭的法律原因主要有以下几种:(1)犯罪已过追诉时效期限的;(2)刑事自诉案件中,被害人没有告诉或者撤回告诉的;(3)尚未追究刑事责任时,犯罪嫌疑人、被告人死亡的;(4)刑事立法中所规定其他特殊原因,例如,《刑法》第449条设置了对犯罪军人适用的特殊缓刑制度。该条规定:"在战时,对被判处三年以下有期徒刑没有现实危险宣告缓刑的犯罪军人,允许其戴罪立功,确有立功表现时,可以撤销原判刑罚,不以犯罪论处。"在适用特殊缓刑时,原已追究的刑事责任便消灭,也不会存在所谓的前科或犯罪记录等后果。

二、刑事责任的实现方式

刑事责任的实现方式,也可以称为刑事责任的承担形式,是指追究行为人刑事责任的具体方法,国家通过这些方法使刑事责任得以实现。从犯罪人方面来说,刑事责任的实现方式,又是犯罪人承担刑事责任的方式,即回答犯罪人怎样承担刑事责任。在刑事责任的实现方式中应当注意以下两个问题:

一方面,刑事责任的实现方式必须是刑事法律明文规定适用于刑事责任承担主体的方式,这也是罪刑法定原则的应有之义。若无刑事法律的明文规定,就不能认为是刑事责任的实现方式。因此,刑事司法机关万万不能超越《刑法》条文,擅自确定刑事责任的实现方式。

另一方面,刑事责任实现方式之本质是落实犯罪人的刑事责任,让犯罪人承担刑罚或者单纯性否定评价,因此其只能是实体上的方法,而《刑事诉讼法》中规定的拘留、逮捕等强制措施不是刑事责任的实现方式。因为刑事责任是犯罪人应当承担的一种实体上的责任,而刑事诉讼上的强制措施是为了保障能够实现刑事责任而采取的措施;刑事责任的实现方式,是司法机关确定了行为人应当承担刑事责任之后,依照《刑法》规定所选择的方法,而采取《刑事诉讼法》上的强制措施时,并不能肯定行为人应当承担刑事责任。例如,虽然检察机关对犯罪嫌疑人采取了逮捕的强制措施,但法院仍有可能因证据问题而做出无罪判决,进而也不会产生刑事责任实现方式的问题。

结合刑事立法之相关规定,刑事责任的实现方式在中国可以概括为定罪判刑、定罪免刑、消灭处理和转移处理等以下四种方式:

(一)定罪判刑方式

定罪判刑是指人民法院在判决中对刑事案件被告人作出有罪宣告的同时确定对其适用相应的刑罚。刑罚是刑事责任最重要的实现方式。刑罚是用以惩罚犯罪的一种强制方法,其建立在对犯罪人的剥夺性痛苦之上,是最严厉的强制方法;刑罚只适用于实施了犯罪的行为人,而且只能由代表国家的人民法院依据刑事诉讼法规定予以适用。根据《刑法》的规定,目前中国的刑罚包括主刑与附加刑。管制、拘役、有期徒刑、无期徒刑、死刑属于主刑;罚金、剥夺政治权利、没收财产以及驱逐出境属于附加刑。它们都明显体现出国家对犯罪行为的否定评价与对犯罪人的谴责。

案例分析二

韦某殴打陆某致轻伤,公安局拘留了韦某,随后,公安局向检察院提请对韦某批准逮捕,检察院以韦某犯罪情节轻微,无逮捕的必要,不批准逮捕。公安机关遂释放了韦某,并随后对韦某案件做撤案处理。试问本案中是否意味着韦某的刑事责任已经实现?

答:刑事责任的实现,是建立在行为人之行为构成犯罪的前提之上。如果行为人之行为并不构成犯罪,便无承担刑事责任可言。在本案中,检察机关对韦某不予批捕,而公安机关随后撤销案件,这并意味着对韦某之行为做出了无罪处理。既然韦某之行为人并不构成犯罪,就不会存在刑事责任,进而亦无刑事责任实现的问题。

(二)定罪免刑方式

定罪免刑是指人民法院在判决中对犯罪人作出有罪宣告但同时决定免除刑罚处罚,是行为人承担刑事责任的又一种方式。现代刑法理论普遍认为,实现刑事责任的方法除刑罚之外还有其他强制方法。定罪免刑是有罪宣告为前提,也就是肯定了刑事责任的存在。行为人被确定有罪,其行为就受到了法律的否定评价和谴责,这本身就是承担刑事责任的一种方式。按照特殊预防理论,刑罚之重要目的之一就是预防已经犯罪的人重新犯罪,司法实践中的确会出现对犯罪人不适用刑罚就能预防其重新犯罪的情况。因此,在包括中国在内的世界各国刑事立法中,刑罚均不是实现刑事责任的唯一方法。根据《刑法》规定,定罪免刑方式包括以下两种情况:

其一,做出定罪判决但免除刑罚处罚而不给任何处分。《刑法》总则中关于对域外判决的消极承认、盲人和聋哑人的刑事责任、正当防卫、紧急避险、犯罪预备、犯罪中止、从犯、胁从犯、自首、立功的规定以及《刑法》分则中关于行贿罪、介绍贿赂罪的处罚规定中都有"免除处罚"的字眼,均属于这种情况。

其二,作出定罪判决虽免除刑罚,但给予非刑罚处理方法的处理。《刑法》第37条规定:"对于犯罪情节轻微不需要判处刑罚的,可以免予刑事处罚,但是可以根据案件的不同情况,予以训诫或者责令具结悔过、赔礼道歉、赔偿损失,或者由主管部门予以行政处罚或者行政处分。"这几种非刑罚方法,都是实现刑事责任的方法。而《刑法》第383条关于贪污罪则规定"情节较轻的,由其所在单位或者上级主管机关酌情给予行政处分"。

案例分析

被告人赵某系下岗青年。赵决定绑架富商王某的儿子王某某进行勒索。为此,赵某先租用了一间民房,以作关闭、扣押人质之用。后赵某多次跟踪王某某,掌握了王某某的行动规律。在赵某决定动手的前一天,看到了报纸上关于某绑架罪被告人被判处死刑立即执行的新闻,内心被震慑,遂放弃了绑架的念头。法院经审理认为,赵某为绑架他人制造条件,其行为已经构成了绑架罪;赵某主动放弃犯罪,属于犯罪中止,因没有造成损害,遂判决对其免除处罚。问:对于绑架行为,被告人赵某是否已承担刑事责任?

答:刑事责任最为常见的实现方式是定罪判刑,司法实践中绝大多数的刑事犯罪都是以此种方式予以解决。但除此之外,定罪后因被告人具有防卫过当、避险过当、胁从犯、犯罪预备或犯罪中止等某种特殊情节的,刑法典也规定了可以适用免除处罚的,这种情况属于刑事责任实现方式中的定罪免刑方式。对此也应当认为,犯罪人的刑事责任已经实现。本案中,法院对赵某宣告有罪,但是对其免除处罚,便是较为典型的定罪免刑方式。

(三)消灭处理方式

消灭处理方式。这是指本来行为人的行为已构成犯罪,应负刑事责任和应受刑罚处罚,但是由于存在法律规定的实际阻却追究行为人刑事责任的事实,因而使刑事责任归于消灭,行为人不再负刑事责任。如经特赦予以释放的犯罪人,已超过追诉时效期限的犯罪人以及已死亡的犯罪人,其刑事责任都基于一定的事实而消灭,国家司法机关不能再予以刑事追究。

(四)转移处理方式

转移处理的含义是指对享有外交特权和豁免权的外国人的刑事责任不由中国司法机关处理,而是根据《刑法》第11条的规定通过外交途径予以解决。刑事责任的这种实现方式,是按照国际惯例和国家之间相互对等的原则所确定的,是一种解决特定行为人刑事责任的特殊方式。

相关知识链接

1. 徐立:《刑事责任根据论》,中国法制出版社2006年版

2. 黄丁全:《刑事责任能力研究》,中国方正出版社1999年版
3. 齐文远,周详:《刑法、刑事责任、刑事政策研究——哲学、社会学、法律文化的视角》,北京大学出版社2004年版。

思考与分析

1. 刑事责任的概念?
2. 刑事责任的特征?
3. 刑事责任和其他法律责任的区别?
4. 承担刑事责任的过程和方式有哪些?

第九章

刑罚概说

第一节 刑罚的概念

知识结构图

刑罚的特征→刑罚的本质→刑罚与其他相关概念的关系

重点提示

刑罚的基本特征；刑罚与其他法律制裁措施之间的关系

一、刑罚的概念与特征

刑罚是刑法所规定的,由国家审判机关依法对犯罪分子所适用的,剥夺或限制其某种权益的最严厉的法律强制性制裁方法。它是对犯罪的惩罚,是国家运用其统治力量强行剥夺或限制犯罪人的某种权益,使其遭受一定的损失与痛苦。刑罚具有以下特征：

1.根据的法定性。根据罪刑法定原则,不仅犯罪需要由成文刑法事先作出明文规定,而且刑罚也必须事先由刑法明文载于法条。刑罚根据的法定性有两方面的意思：一是刑罚只能由刑法明确规定,即只能由最高立法机关所制定的刑法加以规定。在我国,只能由全国人民代表大会及其常务委员会制定刑法并规定刑罚,其他任何国家机关都无权在其制定的法规中规定刑罚。二是刑罚是在刑法中赋予

"刑罚"名称的强制方法。刑罚这一强制方法是在刑法中规定的,但这并不意味着刑法中规定的强制方法都是刑罚,如我国刑法中规定的责令具结悔过、赔偿经济损失、没收违法所得财物的非刑罚强制方法,虽然也是强制方法,但并不是刑罚。刑法所规定的强制方法是否为刑罚,关键看它是否被刑法赋予"刑罚"的名称。如没收违法所得,在我国刑法中未被列为刑罚的种类,因而它不是刑罚。但在日本刑法中,它被列为附加刑,所以它是日本刑法中的刑罚。只有我国刑法第33条至第35条规定的主刑和附加刑才是刑罚。

2. 强制的最严厉性。刑罚是以剥夺或限制受刑罚者的权利和利益为特定内容,它不仅可以剥夺受刑人的财产、政治权利,而且可以剥夺自由甚至生命。其他强制方法都不涉及政治权利和生命,即使有的涉及人身自由但时间较短且无刑事法律后果,因而不如刑罚严厉。这是因为刑罚是惩罚犯罪的,而犯罪行为的社会危害程度明显重于其他违法行为,所以刑罚是最严厉的强制方法。

3. 适用对象的唯一性。刑罚是犯罪的后果,是以犯罪为前提,所以受刑罚处罚的只能是实施犯罪行为的人,对于无罪的人则绝对不能适用。刑罚是对犯罪行为所作出的否定评价,也是因犯罪行为而产生的一种法律后果,故"无犯罪则无刑罚"。因此只有犯罪行为的实施者即犯罪的自然人或单位才能成为刑罚的承担者。换言之,刑罚处罚的对象只能是实施了犯罪行为的自然人或单位,而不能是未犯罪的人,更不能是动植物或者其他非人的物品。另外,在刑事诉讼中采取的拘留、逮捕等剥夺人身自由的强制方法也不是刑罚。因为被拘留、逮捕的人只是犯罪嫌疑人,不一定都是犯罪人;对他们采取这类强制措施是为了保证诉讼程序的正常进行,而不能是对犯罪人的惩罚。

4. 适用机关的专门性。刑罚只能由国家各级刑事审判机关适用,换言之,国家各级刑事审判机关是适用刑罚的专门机关。在强调社会分工的现代国家中,只有专门的刑事审判机关才被授予刑罚适用的主体资格,任何个人、任何其他的国家机关、单位、团体,都无权适用刑罚。需要说明的是,刑罚的适用与刑罚的执行是两个不同的概念,前者是指刑罚的判处,后者则是刑罚判决的实施。故刑罚的执行机关可以是公安机关、监狱、人民法院或其他执行机关,而刑罚的适用机关只能是国家的各级审判机关。

5. 适用过程的合法性。审判机关有权对犯罪人适用刑罚,但并非可以随心所欲的适用,审判机关使用刑罚必须符合法律的规定。一是要符合刑法。适用的刑罚必须是刑法明文规定的,刑法未规定的,法院无权适用;法院必须严格按照刑法的规定来裁量刑罚,而不能在刑法之外任意裁量刑罚。二是要符合刑事诉讼法,即人民法院适用刑罚时必须依照刑事诉讼法规定的诉讼程序进行,不经过应有的诉讼程序,就不能适用刑罚。

6. 执行机关的特定性。根据我国法律的规定,刑罚由特定的机关来执行。根据我国刑法和刑事诉讼法的规定,死刑、罚金、没收财产由人民法院执行;死缓、无期徒刑和有期徒刑在监狱和其他劳动改造场所执行;管制、拘役和剥夺政治权利由公安机关执行。其他机关无权执行任何刑罚,上述各机关也不能超越法律规定的职权执行自己无权执行的刑罚。

综上所述,可以说刑罚是国家最高权力机关在刑法中制定的赋予"刑罚"名称,用以惩罚犯罪,由人民法院依法判处并由特定机关执行的最严厉的强制方法。刑罚是社会对付违反它的生存条件的行为的一种自卫手段,它与刑罚权具有不可分割的联系。国家基于对社会的管理或统治,依法对实施犯罪的人实行惩罚的权力,称为刑罚权。刑罚权由刑罚创制权、刑罚裁量权和刑罚执行权有机组成,同时这三种权力又是实现刑罚权的全过程。刑罚权是国家统治权的一个重要组成部分。国家制裁犯罪人的这种特定权力根据,归根到底,是一定物质生产方式所产生的利益和需要。随着社会生产方式的变革,刑罚权的内容也会发生变化[①]。

二、刑罚的本质

刑罚的本质是指刑罚本身所固有的,决定刑罚之所以成为刑罚的根本方面。关于刑罚的本质,西方学者见解各不相同。报应刑论认为犯罪是一种恶行,刑罚是对犯罪这种恶行的还报。目的刑论认为刑罚并非对犯罪的报应,而是预防将来犯罪、保护社会的手段。折中论认为刑罚一方面是对犯罪的报应或正义的报应,同时也具有双面预防的目的或一般预防目的。

应当指出,上述学说关于刑罚的本质的论述各有其合理性。但报应刑论否认了刑罚中有其目的或者说否认刑罚从本质上讲只是一种社会防卫手段,而目的刑论和折中论则将刑罚的本质与刑罚的目的混为一谈,这并不科学。本书立场,从我国的情况出发,应当说刑罚的本质是对犯罪的适当惩罚性,亦即使犯罪人遭受与其所犯罪行和承担的刑事责任相适应的痛苦是刑罚的本质。这种适当惩罚性是刑罚本身所特有的,决定刑罚不同于其他法律制裁措施以及其他社会防卫方法的根本方面,前述刑法特征正是从各自的角度来体现刑罚这一本质的。

揭示刑罚的本质,其意义在于强调刑罚既不是什么仁慈的东西,也不是纯粹报复犯罪人的以恶去恶手段,即是说一方面受刑罚者必须承受强烈的痛苦,失去这种痛苦刑罚将不成其为刑罚;另一方面这种痛苦也应当适当,不能采用野蛮残忍的方法来惩治犯罪人。至于何为强烈痛苦?何为适当?应当根据一个国家的国情、其社会的平均价值观以及对人道主义的理解为标准来加以判断。就我国而言,将刑罚作为摧残、折磨犯罪人的报复手段,显然是错误的,但如果无视我国社会主义初级阶段的国情、社会的平均价值观念和社会主义人道主义所能允许的程度,盲目仿

[①] 马克昌:《刑罚通论》,武汉大学出版社1999年版,第15-20页。

效西方发达国家从而过分强调受刑者的人权,甚至主张将服刑人的待遇提高到超过一般劳动群众的生活水平而令人羡慕的地步,也是严重背离刑罚本质的。

三、刑罚与犯罪、刑事责任的关系

(一)刑罚与犯罪的关系

刑罚与犯罪是对立统一的,犯罪引起刑罚的产生,刑罚是对犯罪的否定。刑罚与犯罪的对立表现在:一是从国家方面看。犯罪是孤立的个人反对现行统治关系的斗争,是对统治秩序的威胁与破坏;而刑罚是社会对付违犯它的生存条件的行为的一种自卫手段,是国家对犯罪的一种否定评价。这种破坏与反破坏、反抗与扼制的关系,使犯罪与刑罚处于对立之中。二是从犯罪人方面来看。犯罪者实施的犯罪行为使别人遭受痛苦或可能遭受痛苦,而使自己物质或精神上的需要得到了满足;而刑罚的存在,则往往使这种欲望难以实现,甚至化为泡影,它使犯罪人因犯罪而受惩罚以致遭受痛苦。因此,犯罪人总是希望犯罪后能逃脱刑罚制裁。而事实上,刑罚却成为犯罪后所遭受的不可避免的结局。从这个意义上讲,刑罚与犯罪永远是一对不可调和的矛盾。

刑罚与犯罪的统一表现在:①二者起源相同。犯罪与刑罚都是阶级社会特有的现象,都是人类社会发展到出现私有制、阶级矛盾的阶段的产物。当社会出现统治关系时,处于统治地位的人们就把蔑视社会秩序的最明显、最极端的表现通过法律规定为犯罪,这就出现了对付犯罪的法律手段——刑罚。犯罪现象的产生虽然孕育了刑罚的诞生,但刑罚的产生又使犯罪得以抑制,两者又是相互制约的。②二者互相依存。犯罪是刑罚的前提,刑罚是犯罪的法律后果,没有犯罪就没有刑罚;同样,无刑罚也就没有犯罪,如果某种行为在刑法中没有被规定为应受刑罚处罚,则这种行为就不为犯罪。③二者结局相同。刑罚不仅是伴随着犯罪的产生而产生,而且最终将伴随着犯罪的消亡而消亡。二者同生共灭,这正是犯罪和刑罚产生、发展、演变和消亡的历史规律。

(二)刑罚与刑事责任的关系

刑罚与刑事责任既有联系又有区别。刑罚与刑事责任的联系表现在:①二者都是以犯罪为其前提,同时又都是犯罪的法律后果和结局;②刑事责任是行为人承担刑罚的前提条件,故没有刑事责任就没有刑罚,行为人也只有在应当承担刑事责任的前提下,才能承受刑罚处罚;③刑事责任的程度决定刑罚的轻重,刑事责任轻则刑罚也轻,刑事责任重则刑罚也重;④刑罚是刑事责任的主要实现方式,即大多数情况下,承担刑事责任的人要承受刑罚。

刑罚与刑事责任的区别表现在:①刑事责任是犯罪人因其犯罪行为所应承担的,代表国家的司法机关根据刑事法律对该犯罪行为所作的非难和对犯罪人的谴责的责任;而刑罚是刑法所规定的由国家审判机关依法对犯罪人所适用的限制或剥夺其一定权益的最严厉的强制性法律制裁方法。二者相比,刑事责任概念较刑罚抽象。②刑事责任是刑罚的前提,是犯罪的直接法律后果,刑罚是刑事责任的一种实现方式,因而只能说刑罚是犯罪的间接法律后果。换言之,刑事责任与刑罚在犯罪结果意义上处于不同的层次。③刑事责任可以不依附刑罚而存在,法院对犯罪人可以宣告有罪而免于刑罚处罚,同样意味着追究了犯罪人的刑事责任;但刑罚不能独立于刑事责任之外,即刑罚必须依附于刑事责任而存在。④刑事责任在犯罪实施时便会产生,即有犯罪就有刑事责任,司法机关就可以予以追究;刑罚则不是行为人犯罪时就出现的,而是当人民法院作出的判处犯罪人刑罚的判决生效时才产生的。⑤刑事责任是不能被免除的,除了诸如刑事责任消灭等特殊情形外,任何人犯了罪都应当承担刑事责任,而刑罚则可以免除。

四、刑罚与其他法律制裁方法的区别

国家的法律体系中包括不同的法律部门,而不同的法律部门确立了不同的制裁方法,这些不同的法律制裁方法组成国家的法律制裁体系。在国家的法律制裁体系中,除刑罚外,还有民事制裁、经济制裁、行政制裁。刑罚与其他法律制裁有相同之处,如都属于国家法律规定的制裁措施,都对受制裁人产生不利影响。但是,刑罚与其他法律制裁方法又有明显的区别。主要体现在以下几个方面:

1.确立机关不同。刑罚只有由国家最高立法机关确立,即只能由全国人民代表大会及其常务委员会予以规定。其他某些制裁方法则可以由国家行政机关确立,如国务院制定的行政法规可以设立除限制人身自由之外的行政处罚措施,地方性行政法规可以设立除限制人身自由、吊销企业营业执照之外的行政处罚措施。

2.适用根据不同。对犯罪人适用刑罚的根据是刑法和刑事诉讼法,而对一般违法人员适用其他制裁方法应分别根据民法和民事诉讼法、行政法和行政诉讼法的法律、法规。

3.适用的机关不同。刑罚只能由我国各级刑事审判机关适用,而民事制裁方法由国家各级审判机关中的民事审判部门适用,行政制裁方法一般由国家各级行政执法机关适用。如罚金与罚款,虽然都表现为要求被制裁者向国家缴纳一定数额的金钱,但前者只能由人民法院判决,后者作为行政处罚,只能由行政机关裁决。

4.适用对象不同。刑罚只能适用于实施了犯罪行为的人,对其他违法者则不能适用。而其他制裁方法虽然在一定的条件下也可以适用于犯罪分子,但主要是适用于其违法行为尚未构成犯罪的人,即一般的违法行为人。换言之,对犯罪的人既可以科处刑罚,又可以科处其他法律制裁措施;而对于仅有一般违法行为的人,则只能适用刑罚以外的法律制裁措施。

5.严厉程度不同。如前所述,刑罚是一种最严厉的法律制裁,甚至可以剥夺犯罪人的生命。而其他法律制裁则绝对排除对生命的剥夺,一般也不涉及剥夺人身自由的问题,即使特殊情况下需要剥夺人身自由(如行政拘留)的,其时间也较短暂。例如,民事制裁方法仅限于停止侵害、排除妨害、消除危险、返还财产、恢复原状、赔偿损失、恢复名誉、赔礼道歉等;行政制裁方法仅限于警告、记过、降级、撤职、留用察看、罚款、没收、拘留等,其严厉程度都轻于刑罚。

6. 法律后果不同。受过刑罚处罚的人,在法律和事实上被视为有前科的人。根据有关行政法的规定,受过刑罚处罚的人,有的将在一定期限内,有的甚至终身被剥夺从事某种职业的资格。当其重新犯罪时,可能要受到比初犯者较为严厉的处罚,而仅仅受过民事、行政、经济处罚的人,在法律评价和法律后果上,将不会产生上述不利的影响。

第二节 刑罚的功能

知识结构图

刑罚功能的概念→刑罚的具体功能

重点提示

刑罚功能的特征;刑罚对犯罪人和社会一般成员所具有的具体功能。

一、刑罚功能的概念和种类

功能,从语词上讲,是指事物或方法所发挥的有利的作用。刑罚的功能,是指国家创制、裁量、执行刑罚对人们可能产生的积极作用。刑罚的功能具有以下特征。

1. 刑法的功能是刑罚对人们产生的作用。刑罚作为犯罪的法律后果,只能适用于犯罪人,罪犯是刑罚的唯一承受者。但刑罚所产生的作用并不仅局限在其承受者,刑罚对社会其他成员也会发生一定的作用。这里所说的社会其他成员,首先是指社会上的不稳定分子或者说有可能实施犯罪的人,他们在思想上存在犯罪的倾向,对犯罪人适用刑罚,显然会对他们的思想发生触动。其次是指被害人及其家属,他们深受犯罪之害,对犯罪人适用刑罚,也会在他们的心理上发生影响。社会上的人们与犯罪的关系不同,刑罚对其所产生的作用也就是具有不同的功能。

2. 刑罚的功能是刑罚对人们产生的积极作用。任何事物都具有两面性，刑罚同样既具有积极作用也具有消极作用。在刑罚的功能中，我们只探讨刑罚的积极作用，即刑罚对国家和社会产生的正面效应。

3. 刑罚的功能是刑罚可能产生的积极作用。刑罚功能这一特征意味着：①刑罚在客观上具有产生积极作用的现实可能性，即此种可能性是客观的，有其内在根据而不是人们主观想象的。②刑罚可能产生的积极作用与刑罚的实际效果既有联系，又有区别。刑罚的实际效果是已经实现的刑罚功能，或者说现实性包含在可能性之中，如果刑罚没有一定的功能，也就不会发生相应的实际效果。但是，刑罚可能产生的积极作用也不会全部都转化为现实，如刑罚有教育改造的功能，然而有的犯罪人受到刑罚后因某种原因并未得到改造，刑满释放后继续实施犯罪。可见，强调刑罚具有这一特征，一方面有助于防止不具有转化成现实的可能性的人为臆造刑罚的功能，同时也不至于由于某种原因未产生现实效果而否定刑罚功能的客观存在。

4. 刑罚的功能是刑罚创制、裁量和执行过程中可能产生的积极作用。刑罚对人们可能产生的积极作用，并非只存在于刑罚的适用和执行之中，而是从制定刑罚时就存在的。国家创制刑罚，对某种犯罪规定一定的法定刑，会使人们知道实施某种危害社会的行为将受到什么样的刑罚处罚，从而对人们产生心理上的威慑作用。审判机关对犯罪人判处一定的刑罚，执行机关对犯罪人执行刑罚，不仅可能对犯罪人产生积极作用，而且可能对犯罪人以外的人产生一定的积极作用。因此，刑罚的功能是刑罚创制、裁量和执行各个环节可能产生的积极作用。

根据刑罚对社会上不同的人可能产生的积极作用不同，可将刑罚的功能分为对犯罪人的功能、对被害人的功能和对社会其他成员的功能。

二、刑罚对犯罪人的功能

刑罚作为对犯罪人适用的强制方法，首先是对犯罪人发生作用的。刑罚对犯罪人的功能，主要有四种。

（一）剥夺功能

所谓刑罚的剥夺功能，是指通过适用刑罚来限制或剥夺犯罪分子的某种权益，使其丧失再次犯罪的能力和条件的积极作用，也称限制再犯功能。一般而言，一个人实施了犯罪行为，就在一定程度上存在着再次犯罪的可能性，而刑罚作为限制和剥夺犯罪人权益的强制方法，从客观上讲无疑具有限制或消除犯罪人再次实施犯罪的条件，使其在一定的时期内不能再犯罪或永远不能再犯罪的功能，这是刑罚最基本也是最重要的功能。剥夺功能是对犯罪分子适用刑罚的首要功能。这种限制或剥夺再犯能力和条件的功效与作用，是实现刑罚特殊预防目的的必要条件。

(二)惩罚功能

刑罚是惩罚犯罪人的手段,它以剥夺犯罪人一定权益为内容,同时包含着国家对犯罪人的否定评价。所以受到任何一种刑罚处罚,都必然使犯罪人感受到相当痛苦。不仅使其因丧失某种权益而感受生理上的痛苦,而且使其因受政治上、道义上的否定评价和严厉谴责而在心理上感受到莫大的耻辱。这就是刑罚对犯罪人的惩罚功能。服刑人亲身承受因犯罪带来的这种恶果,就会考虑今后避免再遭受类似的痛苦,从而产生抑制再犯的意念。惩罚是刑罚的固有属性,也是刑罚的基本功能。判处刑罚就意味着施加痛苦,承受刑罚就意味着接受惩罚,惩罚功能是抑制犯罪意念、实现刑罚特殊预防目的的坚实基础。

(三)改造功能

刑罚的改造功能,是指刑罚具有改造犯罪人的价值观念和行为方式,从而使其成为对社会有用的新人的作用。辩证唯物主义认为,任何事物都是变化的,因此,人的思想和行为也是变化的。犯罪人的思想和行为也不是一成不变的,因此,犯罪人是可以改造的。我国《监狱法》第3条明文规定:"将犯罪人改造成为守法的公民。"这是对我国刑罚的改造功能的法律确认。

我国刑罚的改造功能的具体内容包括两个方面的内容:一是劳动改造,二是教育改造。

犯罪分子大多是从好逸恶劳、贪图享受而走向犯罪的。通过劳动,使犯罪人逐步养成劳动习惯,能够矫正其好逸恶劳的恶习,恢复普通人的正常本性。在劳动改造罪犯中,劳动只是手段,而不是目的,改造才是目的。因此,对罪犯不能一味地强调劳动,而忽视改造。否则,劳动改造功能就无法实现。

教育可以使人增长知识,改变观念,提高思想,学会技能。由于教育具有如此功能,因此它也是改造罪犯不可或缺的方法。监狱法设立"对罪犯的教育改造"专章,详细规定了对罪犯的教育改造。对罪犯实行教育改造的内容包括思想教育、文化教育和职业技术教育。

(四)感化功能

刑罚的感化功能,是指刑罚具有感召、软化犯罪人,促使犯罪人转变的作用。刑罚造成犯罪人的痛苦,具有惩罚的一面。同时,刑罚又具有人道和宽大的一面,因而具有感化的功能。我国刑法在刑罚的制定、适用与执行上,贯彻了党和国家惩办与宽大相结合的刑事政策,诸如自首、缓刑、减刑、假释制度和从宽处罚情节等一系列宽大措施,对符合条件的犯罪人依法从宽处罚,无疑会对他们产生强烈的感召力和悔过自新的心理影响。在刑罚的执行过程中,我国监狱法对犯罪人规定了一系列的人道主义待遇,在膳食、住宿、医疗、卫生和教育等方面,充分体现了"把犯罪当人看待"的政策,使犯罪人切身感受到国家和社会对他们的关心和帮助,从而促使其洗心革面,自觉地进行改造。由此可见,教育改造功能是我国刑罚对犯罪人的又一基本功能,这一功能的充分发挥是实现刑罚的特殊预防目的的根本保证。

三、刑罚对被害人的功能

被害人包括犯罪行为的直接受害者和直接受害者的家属。刑罚对被害人的功能表现在,通过对犯罪人予以刑罚处罚,在一定程度上满足被害人及其家属要求惩罚犯罪的强烈愿望,平息他们因受到犯罪侵害而产生的愤懑情绪,抚慰其受到的精神创伤,从而防止他们对犯罪人实施私人报复,避免酿成新的犯罪。故对刑罚这一功能,我国学者一般称之为安抚功能。

犯罪行为的实施,不仅侵害了被害人的人身、财产或名誉,而且破坏了被害人的心理平衡,使他们感到痛苦、恐惧、愤怒、仇恨,甚至陷于惶惶不可终日的状态。因此,如果国家不及时依法给予犯罪分子应得的惩罚,使犯罪分子在权益上遭受到一定的损失,在生理和心理上也遭受必要的痛苦体验,就难以树立起国家法律的公平正义和抑恶扬善的形象,也难以保障被害人及其亲友的安全感,这就使他们感到失望、沮丧,甚至于法外私自报复。如果国家对已经发生的犯罪行为及时进行追诉,依法给予必要的严惩,则能使被害人及其亲友从刑罚的威慑力和必然性中,感受到法律的保护无处不在。犯罪分子受到必要的刑罚处罚和惩罚的不可避免性,能够抚慰被害人为自己或其亲友的生命、财产、精神的安全而忧虑不安的心情,精神上得到补偿,并且有助于打消他们私自复仇的念头,避免发生新的犯罪。可见,安抚功能也是刑罚的重要功能。

在实际工作中,不能过分强调刑罚的安抚功能以致不加区别地满足被害人及其家属的任何要求,否则会损害包括刑罚感化功能在内的其他功能。

四、刑罚对社会其他成员的功能

刑罚是对犯罪人适用的,但它同时又是社会防卫手段。刑罚不仅要对犯罪人、被害人及其家属产生影响,而且对社会其他成员也发生作用。一般认为,刑罚对社会其他成员具有以下三种功能。

(一)威慑功能

威慑功能,又称威吓功能,即刑罚以其具有的剥夺权益的强制力使人畏惧而不敢犯罪。

刑罚的威慑功能在刑罚的三个阶段都存在。首先,就刑罚的创制而言。国家通过立法,规定什么行为是应受刑罚惩罚的犯罪行为,以及这些行为应受到何种刑罚处罚,这就为全社会提供一个犯罪与刑罚的对价表,使欲犯罪者了解后,不愿为犯罪付出巨大的代价,从而望而却步。其次,就刑罚的裁量而言。人民法院对实施犯罪的人在查明事实的基础上,依法判处宣告一定的刑罚,有犯罪意念的人在看到因犯罪而实际受到的刑罚处罚后,会从中吸取教训,不愿重蹈覆辙,而打消犯罪念头。最后,就刑罚的执行而言,犯罪人深受刑罚执行在身之苦,这已为社会公众所知晓,有犯罪念头的人闻知,也可能有所警戒,回心向善。由此,刑罚在各阶段的威慑功能形成刑罚整体的威慑功能,这是客观存在的,我们应给予应有的重视。

(二)教育功能

对犯罪规定一定的刑罚,可以教育广大人民群众了解违法行为后果,自觉遵纪守法,维护法制。对犯罪人适用与执行刑罚,可以使广大群众认识到犯罪的社会危害性和同犯罪作斗争的重要性,从而积极地同犯罪行为斗争。一个国家的犯罪率的高低,总是与这个国家公民的法律观念的强弱和法律文化程度的高低相关。对犯罪分子判决、宣告并执行一定的刑罚是一种有效的法律宣传方式。因此,对应处刑罚的犯罪人判处刑罚,可以对广大人民群众起到教育、引导作用。

(三)鼓励功能

刑罚的鼓励功能,是指通过对犯罪人判处并执行一定的刑罚,对广大人民群众所产生的鼓舞与激励作用。对犯罪规定刑罚,对犯罪人判处并执行刑罚,是对犯罪和犯罪人的否定评价与强烈谴责。同时这也使广大人民群众认识到犯罪并不可怕,正义最终要战胜邪恶,犯罪终究要受到处罚,从而鼓励广大人民群众积极守法和勇敢地同犯罪行为作斗争。若对犯罪的人心慈手软,姑息养奸,就会压抑广大人民群众与犯罪作斗争的积极性,削弱他们的斗志与勇气,从而不利于社会秩序的稳定。由此可见,刑罚具有鼓励广大人民群众的功能。

第三节 刑罚的目的

知识结构图

刑罚目的→特殊预防→一般预防

重点提示

特殊预防;一般预防;特殊预防与一般预防的关系

一、刑罚目的的概念

刑罚目的,是指国家进行的由创制、裁量和执行刑罚所组成的整个刑事法律活动的目的,亦即国家制定、适用和执行刑罚所期望达到的结果。刑罚目的是国家据以确定刑事政策、制定刑事法律,特别是设计刑罚制度的基本出发点,也是国家适用刑罚同犯罪作斗争的最终归宿。它从根本上制约着刑罚制度的性质、内容、体系和方向,左右着刑罚的裁量、执行及其功效。因此,刑罚目的问题历来为各国统治者及其学者所重视。

(一)刑罚目的与刑罚的事实依据

刑罚目的与刑罚的事实依据是密切联系的,目的不同,刑罚的事实依据也就不同。详言之,如果认为刑罚目的是预防犯罪,包括消除犯罪人的人身危险性,使犯罪人弃恶从善,那么,作为刑罚事实依据的犯罪,就必然是主客观相统一的,即只有当实施危害行为的人主观上有罪过时,才具有科处刑罚的必要;若认为刑罚目的是神意报应,那么,所实行的必然是客观责任主义,即不管行为人主观上有无罪过,只要其行为造成了客观损害,便要科处刑罚,予以报复。

(二)刑罚目的与刑罚承担者的范围

刑罚目的决定着刑罚承担者的范围。在奴隶制、封建制社会,统治阶级不仅对人科处刑罚,而且将动物、无生命的物品也列为科刑的对象。单就对人科处刑罚而言,其范围也极其广泛,如不问行为人是否具有辨认和控制能力,儿童、精神病人也属于科处的对象,等等。之所以如此,是因为当时的统治阶级者所采取的是威吓主义、神意报应主义的刑罚目的观。近代国家主张道义报应主义、法律报应主义或预防主义的刑罚目的观,于是承受刑罚者就只能是人而不是动物或物品。因为对动物或物品科处刑罚不可能实现道义与法律报应,也不可能达到预防犯罪的效果。

(三)刑罚目的与刑罚体系和种类

刑罚目的也制约着刑罚体系与种类。刑罚的种类和体系是为实现刑罚的目的服务的,因而刑罚的体系和种类的确定不能不受到刑罚目的观的制约。具体地讲,刑种的选择、排列以及各刑种在刑罚体系中所处的地位和所占的比重,都取决于一定的刑罚目的。从历史上看,威吓主义、神意报应主义的主张者往往容易赞同严刑酷罚。因为,这样更易于体现报应,实现威吓;而预防主义目的观的主张者,则通常都赞成刑罚种类的人道化、合理化与多样化。在他们看来,严酷的刑罚从实质上讲并不利于预防犯罪,相反,根据犯罪与犯罪人的具体情况,给予适当的刑罚处罚,能使预防犯罪更有效。

(四)刑罚目的与刑罚适用

刑罚适用原则所要解决的是,对犯罪人科处刑罚时应当以什么作为尺度或基准。刑法理论上对此问题的争议,也主要基于不同的刑罚目的。持一般预防主义观点的人特别注重刑罚的威慑与心理强制效应,因而主张裁量刑罚应当以形之于外的犯罪罪质及其实害大小为标准,而持特殊预防主义观点的人则特别强调刑罚的意义仅在于实现对犯罪者本人的矫正改善,因而主张以犯罪人自身的性格危险程度作为量刑轻重的标准,即何种刑罚能使犯罪人得以矫正改善,就适用何种刑罚予以处罚。

(五)刑罚目的与刑罚的执行

作为国家刑事法律活动最终环节的刑罚的执行,也是受刑罚目的观的指导的。具体表现在:首先,刑罚目的观决定了刑罚执行制度的取舍。例如,持特殊预防观点的人,势必极力主张运用减刑、假释等行刑制度;持威吓主义观点的人,则势必从报应的角度坚决反对采取这样的刑罚变更制度。其次,刑罚目的还制约着刑罚执行方式。基于威吓目的,必然强调刑罚执行方式的威吓效果,因而要求行刑方式尽可能严酷,以便能使人产生深刻的印象;而基于特殊预防目的,则无疑会要求采取文明、人道的刑罚执行方式,以便能收到感化、改善犯罪人,使其复归社会的效果。

二、刑法理论上关于刑罚目的的各种学说

什么是刑罚的目的呢? 在我国刑法理论界一直存在着争论。高铭暄教授主编的《新中国刑法学研究综述》一书,概括了七种不同观点,即:①惩罚说,认为适用刑罚的目的在于限制和剥夺犯罪分子的自由和权利,使他们感到压力和痛苦,以制止犯罪的发生。②改造说,认为对犯罪人判处刑罚,是通过对犯罪分子惩罚这个手段,达到改造罪犯,使其重新做人的目的。③预防说,认为适用刑罚的目的是预防犯罪,它表现为特殊预防和一般预防两个方面。④双重目的说,认为对犯罪分子适用刑罚,既有惩罚犯罪分子的目的,又有教育改造犯罪分子的目的。⑤三目的说,认为适用刑罚的目的有三:即惩罚和改造犯罪分子,预防他们重新犯罪;教育和警戒社会上的不稳定分子,使他们不走上犯罪道路;教育广大群众增强法制观念,积极同犯罪作斗争。⑥预防和消灭犯罪说,认为对犯罪分子适用刑罚要把他们中的绝大多数人教育改造成为新人,从而达到预防犯罪,最终消灭犯罪,以保护国家和人民利益的目的。⑦根本目的和直接目的说,认为适用刑罚的根本目的是"预防犯罪,保卫社会";直接目的是:惩罚犯罪,伸张正义;威慑犯罪分子和社会上不稳定分子,抑制犯罪意念;改造犯罪分子,使其自觉遵守社会主义法律秩序①。

本书立场,惩罚是刑罚的属性,而不是刑罚的目的。改造、教育、威慑等是刑罚的功能,也不是刑罚的目的。我们同意刑罚有根本目的与直接目的的观点,但刑罚的根本目的也是刑法的根本目的,因此,我们认为刑罚目的实际上是指刑罚的直接目的。在目前情况下,以预防说作为刑罚目的的解释比较合适。如前所述,刑罚通过创制、适用和执行,对犯罪人本人及其他社会成员发生作用,以便达到预防犯罪的效果,这乃是一种符合社会心态的普通的历史事实。换言之,刑罚作为社会防卫

---

① 高铭暄主编:《新中国刑法学研究综述》,河南人民出版社 1986 年版,第 408—410 页。

手段,其各种功能都是服务于预防犯罪这一目的的。而且,我国刑法第 2 条关于"用刑罚同一切犯罪行为作斗争"的规定,也为预防犯罪这一刑罚目的提供了法律根据,说明了刑罚是预防犯罪的手段。由于预防的对象有所不同,故将刑罚的目的分为特殊预防与一般预防两个方面,在学术上称为"双面预防"。

三、特殊预防

(一)特殊预防的概念与对象

所谓特殊预防,是指通过对犯罪分子适用刑罚,惩罚、改造犯罪分子,预防其重新犯罪。可见,特殊预防的对象是已经实施了犯罪行为的人,这既包括故意犯罪人,又包括过失犯罪人。对于故意犯罪人,他们通常是因犯罪而得到了物质上、生理上和精神上的某种满足,因此,必须对故意犯罪分子适用刑罚,进行特殊预防,否则,他们很可能再次为满足需要而犯罪。对于过失犯罪分子,他们往往是由于懈怠注意义务而在工作和生活中过于自信或疏忽大意,如果不对他们进行特殊预防,其也可能再次犯罪。换言之,任何犯罪行为在一定程度上都预示着下一次犯罪的可能性,所以,对犯罪人必须进行特殊预防。具体而言,特殊预防主要有以下两个方面的内容:

(1)惩罚犯罪分子使其抑制再次犯罪的意念。剥夺或限制犯罪分子的某种权益,惩罚、改造犯罪分子,使犯罪分子在法律面前付出一定的代价,这是抑制犯罪分子再次实施犯罪的有效方式。

(2)改造犯罪分子,使其弃恶从善、重新做人,不再进行犯罪活动。惩罚与改造相结合、教育与劳动相结合是我们同犯罪分子作斗争的基本政策,也是改造犯罪分子我们必须坚持的方针。刑罚是一种严厉的惩罚方法,只有对犯罪分子适用并执行刑罚,剥夺或限制他们的某种权益,才能使他们切实认识到违法犯罪的严重后果,这样他们才能弃恶从善,改过自新,不再以身试法。同时,我们对犯罪分子适用刑罚,不是为了惩罚而惩罚,而是为了教育改造犯罪人。因此,在适用执行刑罚时,必须注意刑罚的改造功能,将惩罚与教育改造结合起来。

(二)特殊预防的方式

刑罚在进行特殊预防时的具体作用方式主要体现在:①通过对极少数罪行极其严重的犯罪分子适用死刑立即执行的方法,永远剥夺其重新犯罪的能力。这是一种最简单、最有效的特殊预防方式,但用这种方式来实现特殊预防目的有一定的负面效应,应当尽量限制使用。②通过对绝大多数的犯罪人适用自由刑,使其在一定期间与社会隔离,同时在其服刑期间对其进行改造,使他们不致再危害社会。可见,自由刑在特殊预防中的作用表现在两个方面:一是将犯罪人与社会隔离,使他们在隔离期间一般而言不能或不敢实施犯罪;二是对犯罪人进行教育改造,使他们回归社会后不愿再犯罪。③通过对某些经济犯罪、财产犯罪或其他贪财图利犯罪适用财产刑,剥夺其重新犯罪的物质条件,使其不能、不敢或不愿再次犯罪。财产刑的适用既经济又便利,同时可以避免自由刑带来的一些弊病,因此,对罪行较轻、主观恶性较浅、人身危害性不太大的犯罪人,单独科处财产刑,更有利于达到特殊预防的目的。此外,对犯罪的单位来说,财产刑也是实现特殊预防的重要刑罚方式。④通过对某些犯罪人独立或附加适用资格刑,剥夺其一定的权利或资格,从而防止他们利用这些权利或资格进行新的犯罪活动。

(三)特殊预防的实现

犯罪不是与生俱来的,它是一种由后天多种因素结合而形成的复杂社会现象。犯罪的滋生、蔓延和发展,是历史与现实、个人与社会、主观与客观、内部与外部各种因素相互影响和相互作用的结果。因此,不存在天生的犯罪人,只要方法得当,犯罪人是可以改造的,因此特殊预防也是可以实现的。

凡是犯罪人都是可以改造的,这并不意味着凡是犯罪人都是可以改造好的。实现特殊预防目的的关键在于妥善处理剥夺惩罚与教育改造三者的关系。既反对不要惩罚的教育万能论,又要反对忽视教育的单纯惩罚论,必须把剥夺、惩罚与教育改造结合起来,这样才能对犯罪人进行有效改造。但是在现实中,并非每一个被适用刑罚的犯罪人在得到了改造,回归社会后都不再犯罪,事实上重新犯罪率还是比较高的。这是由于对犯罪人改造是一项非常系统复杂的社会工程,就某个犯罪人而言,能否将其改造成正常人,取决于多方面的因素。因此,不能将刑罚当成实现特殊预防的唯一手段,也不能把预防重新犯罪的责任完全推给刑罚裁量和执行机关。

当然,刑罚在犯罪的特殊预防中的作用还是其他任何措施所不能取代的,因此,我们应给予足够的重视。从刑罚的角度出发,要实现对犯罪的特殊预防,必须在整个刑事法律活动中贯彻特殊预防精神:①在刑罚的创制上,要充分体现罪责刑相适应的原则要求,使罪责刑关系建立在公正性和科学性的基础上。②在刑罚的裁量上,应贯彻刑罚个别化原则,充分考虑犯罪人的人身危险性大小,使量刑具有针对性和适当性。③在刑罚的执行上,应坚持惩罚与教育改造相结合的方针,将提高改造质量、防止重新犯罪作为整个工作的中心。

四、一般预防

(一)一般预防的概念和对象

一般预防,是指通过制定、适用和执行刑罚,防止社会上可能犯罪的人实施犯罪。一般预防的对象只限于可能犯罪的人即潜在的犯罪人。这些人具有犯罪的思想基础,一旦时机成熟,就可能将犯罪意念外化为犯罪行为,因此对这类人有必要给予一般预防。

可能实施犯罪的人包括以下三种：①危险分子，即具有犯罪危险的人。如尚未得到有效改造的刑满释放人员、多次实施违法行为的人员、多次受到刑罚处罚的人员等。这些人的主观恶性较深、人身危险性较大，无疑属于一般预防的重点。②不稳定分子，即具有犯罪倾向的人。这主要是指法制观念淡薄，自制力不强，没有固定工作，容易受犯罪诱惑或容易被犯罪人拉拢、教唆的人。不稳定分子主要存在于不良社会群体与失业者中。他们也属于一般预防的重点对象。③被害人及其家属，即直接或间接受到犯罪行为侵害的人。这些人因是犯罪的受害者，所以往往具有复仇的念头，也容易采取犯罪手段来达到报复的目的，故也是一般预防的特定对象。

（二）一般预防的方式

由于预防对象的不同，决定了实现特殊预防和一般预防的方式上的差异。刑罚因为是直接施加于犯罪人的，所以特殊预防的方式侧重于刑罚的物理性强制与由此而产生的精神强制。而一般预防的对象不是犯罪分子，因此，其方式只能是通过对各种犯罪规定不同的刑罚与对具体犯罪人依法适用刑罚这一客观事实，对其他社会成员产生心理影响。具体而言，一般预防的方式主要通过刑罚的威慑、安抚、教育和鼓励功能来表现的：①通过创制、适用和执行刑罚，威慑社会上的危险分子和不稳定分子，抑制他们的犯罪意念，使他们不敢以身试法。②通过创制、适用和执行刑罚，教育和鼓舞广大人民群众积极地同犯罪作斗争，防止不稳定分子实施犯罪。③通过创制、适用和执行刑罚，安抚被害人及其家属，以防止报复性犯罪活动的发生。

（三）一般预防的实现

理论和实证研究的结果表明，刑罚的一般预防目的是可以实现的。然而，实现一般预防的过程，比实现特殊预防的过程要复杂得多。从刑罚的角度讲，要达到一般预防的目的，应当特别注意刑罚的适当性、刑罚的公开性和刑罚的及时性。

1.刑罚的适当性。它是指刑罚的轻重应当与罪行的轻重及刑事责任的大小相适应。如果刑罚过重，会在广大人民群众中树立刑罚严酷的不人道形象，使人们转而同情犯罪人；而假如刑罚过轻，则很难产生应有的威慑和教育作用。所以，只有罪责刑相适应，使罪责重者遭重判，罪责轻者受轻刑，才能收到一般预防的效果。

2.刑罚的公开性。它是指国家应将刑罚公之于众，使全体社会成员均能知晓。刑罚的公开性是由立法上的刑罚公开和审判上的刑罚公开两个方面组成的。首先，在刑事立法上明文规定各种犯罪的具体后果，可以促使人们约束自己的行为，从而不致走上犯罪的道路；其次，在刑事审判中公开判决结果，可以使人们受到生动形象的法制教育，而这种教育作用正是一般预防所必需的。

3.刑罚的及时性。它是指犯罪案件发生后，司法机关应当在尽可能短的时间内,将犯罪人缉拿归案,交付审判,执行刑罚。如果犯罪发生后,司法机关能及时破案、及时起诉、及时审判,就会使被害人及其家属的心理得到抚慰,广大人民群众的义愤得以平息,同时,还可以使人们在对罪案记忆犹新时,受到教育和震动。相反,若案件久拖不决,或者使犯罪人长期逍遥法外,则会使人们丧失对司法机关乃至法律的信任。即使犯罪人最终也受到了刑罚处罚,但因处罚不及时,其威慑和教育作用将大大降低。在某些场合,不及时的刑罚甚至对人们毫无积极效果。因此,为了实现一般预防,对犯罪必须及时侦查、起诉、判决和执行刑罚。

(三) 特殊预防和一般预防的关系

我国刑罚的特殊预防和一般预防是刑罚目的的两个基本内容,二者是相辅相成、辩证统一的。

1. 二者的对立。特殊预防与一般预防对象上的不同,使得适用刑罚所追求的效果出现差异,而这种差异往往会使特殊预防与一般预防产生矛盾,处于对立状态。特殊预防的对象是犯罪人,它要求根据犯罪人人身危险性的高低、改造的难易程度对犯罪人确定和执行刑罚。人身危险性小、易于改造的,应确定较轻刑罚和较短刑期;人身危险性大、难于改造的,应确定较重的刑罚和执行较长的刑期。一般预防的对象是社会上的不稳定分子,它要求根据社会治安形势的好坏对犯罪人适用和执行刑罚。社会治安形势好时,可以对犯罪人相对从轻判处刑罚和相对从宽执行刑罚;社会治安形势乱时,可以对犯罪人相对从重判处刑罚和从严执行刑罚。上述特殊预防与一般预防对判处和执行刑罚提出的根据不同,会导致在相同情况下,依特殊预防应对犯罪人判处较重的刑罚和执行较长的刑期,而依一般预防应对犯罪人判处较轻刑罚和执行较短刑期;或者相反。这就是二者的对立所在。

2. 二者的统一。特殊预防与一般预防的目的是完全一致的,即都是为了预防犯罪。同时,二者的方式和实现过程也是基本相同的,即都依赖于刑罚的各种功能的充分发挥。因此,两个预防的对立是相对的,同时又是绝对的。制定、适用和执行刑罚,既要考虑到特殊预防,又要考虑到一般预防,二者不可偏废。舍弃了其中任何一个方面,都将使刑罚预防犯罪的目的最终难以实现。

3. 二者的偏重。特殊预防与一般预防是相辅相成、不可分割的,同时,我们也应注意到两者要根据具体情况的不同而对其中一个方面予以侧重,这在刑事法律活动中是经常发生的,也是绝对必要的。这种侧重表现在:①因刑事法律活动的阶段不同而侧重点不同。在刑事立法阶段侧重一般预防,在刑罚裁量阶段是两个预防并重,在刑罚执行阶段侧重于特殊预防。②因犯罪人不同而侧重点不同。对于累犯、惯犯等人身危险性较大的犯罪人,应侧重于特殊预防;对于初犯、偶犯等再犯可能性较小的犯罪人,则侧重于一般预防。③因犯罪种类的不同而侧重点不同。对不常见犯罪适用刑罚,应侧重于特殊预防;而对常见多发性犯罪判处刑罚,应侧重于一般预防。④因社会治安形势不同而侧重点不同。在社会治安形势稳定、犯罪率较低的时期,则应侧重于特殊预防;在社会治安形势恶化、犯罪率较高的时期,则应侧重于一般预防。⑤因犯罪地区的不同而侧重点不同。对于犯罪发案率较低的地区,应侧重于特殊预防;对于犯罪发案率较高的地区,则应侧重于一般预防。

相关链接

1. 2010年2月8日最高人民法院《关于贯彻宽严相济刑事政策的若干意见》
2. 《中华人民共和国监狱法》

问题思考

1. 简述刑罚的概念及其特征。
2. 刑罚与犯罪、刑事责任有哪些区别与联系?
3. 刑罚与其他强制法律制裁方法有哪些区别?
4. 刑罚有哪些功能?
5. 国家创制、适用、执行刑罚的目的是什么?
6. 简述一般预防与特殊预防的关系。

第十章

刑罚的体系和种类

第一节 刑罚的体系

知识结构图

刑罚体系的概念→刑罚体系立法原则→刑罚的种类

重点提示

刑罚的种类

一、刑罚体系的概念

刑罚体系,是指刑法所规定的依照一定顺序排列的各种刑罚方法有机结合的统一体。在这个概念中,需要明确的是,第一,刑罚体系并不是专指某种或某几种特定的刑罚方法,而是刑法所规定的全部刑罚方法的有机结合;第二,组成刑罚体系的各种刑罚方法均是由国家难过刑事立法予以明确规定的,具有法定性,不是刑法明文规定的刑种,就不能作为刑罚方法来使用。这是与罪刑法定原则的要求相符合的;第三,具体每种刑罚方法在刑罚体系中的分类刑种的分类,也是由刑法明文规定的,不同的分类不仅体现了刑法的立法技术水平,并且反映出刑事立法的价值取向,如罚金在某些国家被确定为主刑,而在我国刑法中则被规定为附加刑,其原因就在于不同国家的刑事立法价值取向不同。第四,在刑法中,组成刑罚体系的各种刑罚方法不是无序排列的,在各国刑法中都是依照一定的次序排列的,大多是依照各种刑罚方法的严厉性排列的,或者是从最轻到最重,或者是从最重到最轻,在我国刑法中,从大的种类上看,是依照主刑、附加刑和非刑罚处罚措施这个顺序排列的,在每一类内部则是按照从轻到重的顺序排列的。

二、刑罚体系的确立

构建刑罚体系是刑法立法的重要内容,刑罚体系是具体各罪法定刑立法的基础,同时也是刑罚裁量的前提,因而,刑罚体系的科学性对于整个刑事活动的科学性和刑罚目的的实施均起着至关重要的保障作用。

为了实现刑罚体系的科学性,立法者在构建刑罚体系时,必须遵循一定的指导原则和指导思想,影响刑罚体系确立的因素主要有以下几个方面:

1. 刑罚目的的要求。刑罚目的是构建刑罚体系的指导思想,刑罚体系立法又是实现刑罚目的的重要手段,这就是刑罚目的和刑罚体系二者之间的关系。在选择具体的刑种和刑罚方法时,应当考虑其是否有助于实现刑罚的特殊预防和一般预防的目的,刑罚之所以成为刑罚,惩罚性是其根本特征,而且,刑罚特殊预防和一般预防目的的实现也均依赖于刑罚方法的惩罚性,因此,刑罚目的决定了不具备一定严厉程度惩罚性的措施因为无助于刑罚目的的实现而无法成为刑罚方法。另外,对人身危险性程度不同的犯罪进行改造和预防不同的犯罪要求组成刑罚体系的各刑罚方法应当具备严厉性程度不等的惩罚性,遏制严重程度的犯罪和人身危险性大的犯罪人,需要适用严厉性较重的刑罚方法;遏制轻微犯罪和人身危险性较小的犯罪人,适用严厉性较轻的刑罚方法。因此,构建刑罚体系时,应当配备轻重不一的多个刑种和刑罚方法,这同时也是宽严相济刑事政策对刑罚体系立法的要求。

2. 惩罚与教育改造相结合方针的要求。通过刑罚的判处和执行,对犯罪人实行惩罚与教育改造,历来是我国的一项重要的刑事政策。历史经验告诉我们,只有坚持惩罚与教育改造相结合,才能收到预防犯罪的效果。如果片面的地强调其中一个方面,而忽视或否定另一方面都是极端错误,不利于预防犯罪目的的实现。因此,刑罚体系必须贯彻惩罚与教育改造相结合的方针。

3. 刑罚人道主义的要求。刑罚人道主义要求在构建刑罚体系、对犯罪人判处和适用刑罚时要尊重犯罪人的人格,平等地看待犯罪人,禁止一切侮辱犯罪人的人格和残酷虐待犯罪人的刑罚方法。刑罚人道主义要求在构建刑罚体系时,要禁止那些侮辱犯罪人的人格、无视犯罪人的人格尊严、残害犯罪人肢体健康、对犯罪人施加皮肉之苦的刑罚方法。刑罚方法应以既使犯罪人体验到刑罚之苦,又使其感受到人格尊严受到尊重为宜。

4. 国民刑罚价值观的要求。不同国家刑法中,刑罚体系是不一样的,这是由不同国家不同的国民刑罚价值观所决定的。不同的国家基于其不同的历史传统形成了独具特色的刑罚体系,基于历史的延续性,这些刑罚体系被立法者、司法者和普通国民所接受,立法者在刑罚体系刑法立法时是不可能完全抛弃历史传统的。正如在中国刑法中目前仍然保留有死刑,就是因为报应仍然在国民有刑罚价值观中占据核心位置,对于特别严重的犯罪,死刑能够很好体现报应价值观。当本国历史上形成的刑罚方法与当代国民刑罚价值观相吻合并符合当前刑事政策的要求,该刑罚方法就应当被予以继承。强行割裂刑罚体系的历史传统不仅在司法实践中难以取得预期的刑罚效果,而且还难在国民中建立刑法的权威。

5. 刑事司法实践的要求。刑罚体系是刑罚适用的前提条件,只有具备科学性和实践性的刑罚体系才能在刑事司法实践中取得预期的刑罚效果,因而,在构建刑罚体系时就不能不考虑刑事司法实践对刑罚体系的要求。刑罚方法是否具备实践可操作性对于刑罚能否被实际执行以及刑罚的效果具有关键作用。因此,在刑罚体系刑法立法时必须考虑到中国刑事司法实践,不具备实践可操作性的刑罚方法即使理论上再完美,其最终也只能是形同虚设。要想使刑罚被实际执行,那么,组成刑罚体系的刑罚方法就应当既具备实践可操作性,又简单明了。

6. 刑罚体系结构合理的要求。组成刑罚体系的各刑罚方法之间不是简单的排列组合,而是一个内部结构合理的有机统一体。要做到结构上的合理性,构成刑罚体系的各刑种在严厉性上就应当有轻重等级之分,不同的刑种之间呈现出鲜明的层次性。同时,在这个层次性的基础上派生出衔接性的要求,尽管不同的刑种之间严厉性有别,但是两个严厉性不同的刑种之间在上下限上应当相互衔接,否则,将必然产生不是此种刑种过轻便是彼种刑种过重的不合理现象。构成刑罚体系的各刑种在刑罚体系中的地位并不是等同的,而是存在主次之分。在组成刑罚体系的各刑种中,应当有一个居于中心地位的刑罚方法,居于中心地位的刑罚方法本身应当具有轻重之别,同时又具有较大的可适用性。在我国的刑罚体系中,只有有期徒刑才是居于中心地位的刑种,有期徒刑刑期幅度较大,具有可分割性,既能适用于较为严重的犯罪,也能适用于较为轻微的犯罪。在世界各国的刑法中,自由刑一般都是居于中心地位的。

三、刑罚的分类

从理论上讲,按照不同的标准,可以对构成刑罚体系的各刑罚方法进行不同的分类。

以刑罚方法剥夺的犯罪人的权利的性质的不同,可以将刑罚方法区分为生命刑、自由刑、财产刑、资格刑、身体刑等。生命刑,即死刑,就是剥夺犯罪人生命的刑罚;自由刑是剥夺或者限制犯罪人人身自由的刑罚,有期徒刑、无期徒刑、监禁、流放、限制居住等都属于自由刑;财产刑就是以剥夺犯罪人的财产为内容的刑罚,罚金和没收财产是财产刑的典型;资格刑就是以剥夺犯罪人行使某些权利的资格的刑罚;身体刑是以伤害犯罪人的身体为内容的刑罚,中国古代刑法中的墨刑、宫刑等就是身体刑的代表。在古代刑法中,生命刑和身体刑往往居于刑罚体系的中心位置。随着文明的进步,身体刑已经基本上不存在了,废除死刑在一些国家已经成为现实。在现代刑法中,居于刑罚体系中心位置的是自由刑和财产刑。

如何以各刑种在刑罚适用中的地位和作用为标准,也就是说以刑罚方法只能单独适用还是可以随其他刑罚方法的适用而适用为标准,可以将各刑罚方法区分为主刑和附加刑。所谓主刑,是对犯罪适用的主要的刑罚方法,主刑只能独立适用,而不能作为其他刑罚方法的补充而附加于其他刑罚方法来适用,对一个犯罪只能适用一个主刑,不能同时适用两个或两个以上的主刑;所谓附加刑,也叫作从刑,是补充主刑适用的刑罚方法,其特点在于既可以附加于主刑而适用,也可以独立的适用,对一个犯罪既可以只适用一个附加刑,也可以同时适用数个附加刑。我国刑法中的刑法中具体的各刑罚方法可以分为三类:一是主刑,包括有管制、拘役、有期徒刑、无期徒刑和死刑;二是附加刑,包括有罚金、剥夺政治权利、没收财产和驱逐出境;三是非刑罚处罚措施,包括有训诫或者责令具结悔过、赔礼道歉、赔偿损失、行政处罚、由主管部门予以行政处分和禁止从事相关职业。

问题思考

主刑和附加刑的区别

第二节 主刑

知识结构图

管制→拘役→有期徒刑→无期徒刑→死刑

重点提示

死刑的适用条件;死刑适用的限制性规定

司考重点
死刑适用的性规定

主刑,是指对犯罪分子只能独立适用,而不能作为其他刑罚的补充而附加适用的主要的刑罚方法。主刑是刑罚方法的类名称,根据中国《刑法》第33条的规定,主刑包括管制、拘役、有期徒刑、无期徒刑和死刑五种。

一、管制

(一)管制的概念

管制,是指对犯罪分子不实行关押,但限制其一定自由,由公安机关执行和人民群众监督改造的刑罚方法。

管制作为一个刑种被规定于刑法中,是中国刑法的独创。在新民主主义革命时期形成了管制刑的雏形。在当时的战争条件下,根据地和解放区尚不具备建立完善的监禁设施和监禁制度的条件,但是破坏根据地、解放区的行为又大量存在,为了保障根据地和解放区的安全,对那些杀不够格又无处关押的犯罪分子必须实施有效的监控,于是管制刑就应运而生。在建国初期,还存在大量没有现行犯罪行为,但是没有任何悔改表现的历史形成的反革命分子,由于这些人不存在现行的犯罪行为,无法对其予以监禁,同时由于这些人数量较多,也没有条件予以关押,于是战争时期创造出来的管制刑就被继承沿用下来,1952年7月,公安部发布了《管制反革命分子暂行办法》、1956年全国人大常委会发布《关于反革命分子的管制一律由人民法律判决的决定》规定:"今后对反革命分子和其他犯罪分子的管制,一律由人民法院判决,交由公安机关执行。"将管制刑予以沿用。

从管制刑产生的初衷来看,管制刑的产生是一种因为缺乏监禁的客观条件而不得已而为之的权宜之计,建国初期继续沿用管制刑也是因为大量的历史反革命分子无法关押而又不能放任自流而不得不沿用。现在这些管制刑产生的基础都已经不存在了,目前我国的人员流动是比较频繁的,给管制刑的执行带来了相当大的挑战,从某种角度来看,管制刑继续存在的基础已经不存在了,废除管制刑可能是一种比较好的选择。

(二)管制的内容

根据中国刑法第38条至第41条的规定,管制刑的内容主要有:

管制不剥夺但是限制犯罪人的人身自由。这是管制刑的最大的特点。被判处管制刑的犯罪分子不被监禁,而是将置于公安机关和人民群众的监督之下,在原所在单位或者居住地参加工作或者参加集体生产劳动,但是其人身自由必须要受到一定的限制。根据刑法第39条的规定,被判处管制刑的犯罪分子,在服刑期间必须遵守法律、行政法规的规定,服从监督,在未得到管制刑执行机关的批准的情况下,服刑人不得行使言论、出版、集会、结社、游行、示威自由的权利;服刑人还应当按照管制刑执行机关的规定向执行机关报告自己的活动情况,遵守执行机关关于会客的规定;服刑人离开所居住的市、县或者迁居的,应当取得管制刑执行机关的批准。另外,依照最高人民法院、最高人民检察院、公安部、司法部2011年4月28日发布的《关于对判处管制、宣告缓刑的犯罪分子适用禁止令有关问题的规定(试行)》第1条的规定,被判处管制刑的犯罪分子,人民法院根据犯罪的情况,认为从促进犯罪分子教育矫正、有效的维护社会秩序的需要出发,确有必要禁止其在管制刑执行期间从事特定的活动,禁止进入特定的区域、场所和禁止其接触特定的人的,可以根据刑法第38条第2款的规定,同时对服刑人宣告禁止令。若服刑人违反上述禁止令的规定的,由公安机关依照《中华人民共和国治安管理处罚法》的规定处罚。同时,根据刑法第38条第3款的规定,对被判处管制刑的犯罪分子,必须依法实行社区矫正。尽管对被判处管制刑的犯罪分子,法律规定了各种限制性的规定,但是对犯罪人的劳动报酬是不能进行限制的,根据刑法第39条的规定,对被判处管制刑的犯罪分子,在劳动中应当同工同酬。

只有对那些罪行较轻可以不予关押的危害国家安全的犯罪分子和其他刑事犯罪分子才可以适用管制刑。根据刑法第38条和第69条的规定,管制的期限是3个月以上2年以下,数罪并罚时不得超过3年。根据刑法第41条的规定,管制的刑期从被判决执行之日起计算;判决执行以前犯罪人被先行羁押的,羁押1日折抵刑期2日。当然了,这里所说的判决执行之日,应当指判决生效之日。根据最高人民法院1981年7月6日发布的《关于劳动教养日期可否折抵刑期问题的批复》的规定,被告人被判处刑罚的犯罪行为和被劳动教养的违法行为系同一行为的,其被劳动教养的日期也可以折抵刑期,至于折抵的办法,应当以劳动教养1日折抵有期徒刑或者拘役的刑期1日,折抵管制的刑期2日。根据最高人民法院1988年2月9日发布的《关于海关扣留走私罪嫌疑人的时间可否折抵刑期的批复》的规定,人民法院对犯走私罪的被告人作出拘役或者有期徒刑的刑事判决后,被告人原先在海关被扣留的时间,可以扣留1日折抵刑期1日;对被判处管制刑的犯罪人,其先前被海关扣留1日的可以折抵刑期2日。可以看出,在判决前只有接受被完全剥夺人身自由的强制措施的才可以折抵管制的刑期。但是根据最高人民法院研究室2001年11月30日发布的《关于监视居住期间可否折抵刑期问题的答复》的规定,监视居住并没有完全剥夺犯罪嫌疑人、被告人的人身自由,监视居住的期间不能折抵刑期。

被判处管制刑的犯罪分子,管制期满后,根据刑法第40条的规定,管制刑执行机关应当立即向本人和其所在单位或者居住地的群众公开宣布解除管制。

管制刑的优点在于,管制对犯罪人不予关押,这种不剥夺犯罪人的人身自由的特点与刑罚执行的开放性,使得管制可以避免短期自由刑易于使服刑犯人交叉感染的固有弊病,而将犯罪人仍然留在原来的工作单位或居住地,又可以使其得以保持正常的工作与生活,继续履行社会义务,从而有助于罪犯的改造与社会的稳定,有助于犯罪人回归社会。

二、拘役

(一)拘役的概念

拘役,是短期剥夺犯罪分子的人身自由,由公安机关就近执行并实行劳动改造的刑罚方法。

在中国的法律体系中,刑事拘留、民事拘留、行政拘留等强制措施也可以短期的剥夺公民的人身自由,但是拘役刑和上述这些强制措施还是存在着原则上的区别的:

1. **性质不同**。拘役是一种刑罚方法,具有惩罚犯罪人的作用;刑事拘留是刑事诉讼中的一种强制措施,适用的目的是为了保障刑事诉讼活动的正常进行;民事拘留是民事诉讼法中规定的强制措施,是一种对违反民事诉讼规定、扰乱民事诉讼活动的行为的制裁措施;行政拘留是对违反治安管理的违法分子进行的行政处罚。

2. **适用对象不同**。拘役只能适用于经过判决的犯罪分子;刑事拘留的适用对象只能是罪该逮捕的现行犯或重大犯罪嫌疑分子;民事拘留适用于违反民事诉讼法规定,扰乱民事诉讼活动正常进行,但又不构成犯罪的民事纠纷参与人或其他人;行政拘留适用于违反治安管理处罚法,尚未达到犯罪的违法行为人。

3. **适用机关不同**。拘役由人民法院依法判决;民事拘留由人民法院决定;刑事拘留和行政拘留由公安机关适用。

4. **法律依据不同**。拘役适用的依据是刑法;刑事拘留适用的依据是有关刑事诉讼法的规定;民事拘留适用的依据是有关民事诉讼法的规定;行政拘留适用的依据是治安管理处罚法的有关规定。

和管制以及有期徒刑、无期徒刑相比,在剥夺犯罪人人身自由这一点上,拘役和管制不同,和徒刑则相对接近一些;除了刑期长短不同之外,拘役是在就近的拘役所执行,拘役期间,犯罪人每月还可以回家一次,参加劳动的,还有劳动报酬,而徒刑犯的劳动是无偿的,没有任何报酬,同时,在服刑地点上,徒刑犯也没有选择的自由。

(二)拘役的内容

从理论上讲,拘役属于短期自由刑,根据刑法第42条和第69条的规定,拘役的期限为1个月以上6个月以下,数罪并罚的情况下,不得超过1年。依据刑法第44条的规定,拘役的刑期从判决执行之日起计算,判决执行前先行羁押的,羁押1

日折抵刑期1日。依据刑法第43条的规定,拘役由公安机关在就近的拘役所、看守所或者其他监管场所执行;在拘役刑的执行期间,受刑人每个月可以回家1至2天,受刑人在服刑期间参加劳动的,可以酌量发给报酬。

三、有期徒刑

（一）有期徒刑的概念

有期徒刑,是指剥夺犯罪分子一定期限的人身自由,并强制劳动改造的刑罚方法。

在我国刑罚中体系中,有期徒刑是适用面最广泛的一种刑罚方法,适用于各种犯罪,是名副其实的主刑。因为有期徒刑量刑幅度较大,对各类犯罪分子适用都比较灵活,既适用于罪行较重的罪犯,也适用于罪行较轻的罪犯,便于人民法院根据不同的犯罪性质、不同犯罪的社会危害性程度及不同情节,在具体个罪的有期徒刑法定量刑幅度内裁量判处。

（二）有期徒刑的内容

与管制刑、财产刑、资格刑和死刑的根本不同之处在于,有期徒刑是剥夺犯罪人一定期限的人身自由,将其羁押于监狱或者其他执行场所。所谓"其他执行场所",根据《监狱法》的规定,是指以下情况:犯罪人在被交付执行前,剩余刑期在1年以下的,由看守所代为执行;未成年犯罪人在未成年人管教所执行刑罚。

根据刑法第45条的规定,有期徒刑的期限,最低为6个月,与拘役刑有上限相衔接;最高期限为15年。根据刑法第69条的规定,在数罪并罚的情况下,有期徒刑总和刑期不满35年的,最高不能超过20年;总和刑期在35年以上的,最高不能超过25年。根据刑法第50条的规定,死缓期满减为有期徒刑的,期限是25年。根据刑法第47条的规定,有期徒刑的刑期从判决执行之日,也即犯罪人被送交监狱或者其他执行场所执行刑罚之日起开始计算,而非从判决生效之日起计算,判决以前犯罪人被先行羁押的,羁押1日折抵刑期1日。根据最高人民法院1984年12月18日发布的《关于依法监视居住期间可否折抵刑期问题的批复》的规定,如果被告人被判处刑罚的犯罪行为和被拘留或者被逮捕以前被羁押的行为系同一行为的,不论羁押于何处,只要是被完全限制了人身自由的,被羁押期间也可以予以折抵刑期。根据最高人民法院1990年9月27日发布的《关于如何确定刑满释放日期的批复》的规定,有期徒刑的刑满释放日期应为判决书确定的刑期的终止之日。

根据刑法第46条的规定,有期徒刑的服刑人员,凡是有劳动能力的,都应当参加劳动,接受教育和改造。所谓"有劳动能力",是指根据服刑人员的身体健康状况,可以参加劳动;所谓"教育",是指对服刑人员进行思想教育、文化教育和职业技能教育。

(三)有期徒刑与拘役的区别

有期徒刑是一种有期限的剥夺犯罪人人身自由的刑罚方法,在这一点上与拘役是相同的。但二者作为不同的刑罚方法仍然存在着区别,其区别具体表现在:①在适用的对象上,有期徒刑既可以适用于罪行较轻的罪犯,也可以适用于罪行较重的罪犯;拘役只适用于罪行较轻的罪犯。②在执行场所上,被判处有期徒刑的犯罪人,一般在监狱执行;被判处拘役的犯罪人,由公安机关在就近的拘役所或看守所等场所执行。③在刑期幅度上,有期徒刑刑期长,起点高,幅度大;拘役的刑期短,起点低,幅度小。④在服刑人待遇上,被判处有期徒刑的犯罪分子,凡有劳动能力的必须参加强制性劳动,而且不享有回家休假的待遇;被判处拘役的犯罪分子,每月可以回家1至2天,参加劳动的,可以酌量发给劳动报酬。

四、无期徒刑

(一)无期徒刑的概念

无期徒刑,是剥夺犯罪分子终身自由,并对其实行强制劳动和教育改造的刑罚方法。它是仅次于死刑的一种严厉的刑罚,是自由刑中最严厉的刑罚方法,只适用于严重的犯罪。

(二)无期徒刑的内容

无期徒刑是终身剥夺犯罪人的人身自由的刑罚方法,对服刑人无期限的关押。但实际上并不是所有被判处无期徒刑的犯罪人都关押到死,因为刑法在规定无期徒刑的同时,还规定了减刑、假释、赦免等刑罚制度,在服刑期间的表现只要符合法定条件,可以适用减刑或假释、赦免,所以,被判处无期徒刑的犯罪人实际上极少有终身服刑的。由于无期徒刑在理论上是要剥夺犯罪人的终身自由的,因而决定了无期徒刑的适用对象只能是那些罪行虽然达不到被判处死刑的程度,但是罪行也极其严重,需要与社会永久隔离的犯罪分子。对于未成年犯罪人,刑罚应当以教育为主,因此,最高人民法院2006年1月11日发布的《关于审理未成年人刑事案件具体应用法律若干问题的解释》规定,对已满14周岁不满16周岁的未成年人,一般不判处无期徒刑。

无期徒刑剥夺的是犯罪人的终身人身自由,所以,无期徒刑本身是没有什么期限可言的,这是无期徒刑和有期徒刑的根本区别之所在,既然不存在什么刑期,自然也就不应当存在判决前羁押的时间折抵刑期的问题了。另外,需要注意的是,由于判决确定之前的先行羁押并不是实际执行无期徒刑,因此,无期徒刑服刑人被减为有期徒刑或者假释的,其判决前先行羁押的时间也不能计算入作为减刑、假释前提条件的实际执行的刑期之内。根据刑法第78条的规定,被判处无期徒刑的犯罪分子,减刑以后实际执行的刑期不得少于13年;根据刑法第81条的规定,被判处无期徒刑的犯罪分子,实际执行刑罚13年以上的,才可以考虑被假释。

同有期徒刑一样,无期徒刑的基本内容也是对服刑人进行劳动改造。根据刑法第46条的规定,被判处无期徒刑的犯罪人和被判处有期徒刑的犯罪人一样在监狱或者其他执行场所执行,凡具有劳动能力的,应当参加劳动,接受教育和改造。

无期徒刑不能单独适用,根据刑法第57条的规定,对于被判处无期徒刑的犯罪人,必须附加剥夺政治权利终身;无期徒刑减为有期徒刑的时候,应当把附加剥夺政治权利的期限改为3年以上10年以下。但是对被判处管制、拘役和有期徒刑的犯罪人,刑法并没有规定必须附加剥夺政治权利,这也从一个侧面说明了无期徒刑的严厉性。

(三)无期徒刑与有期徒刑的区别

无期徒刑与有期徒刑都是剥夺犯罪分子自由的刑罚方法,但毕竟属于不同的刑罚方法,也有着明显的区别。主要体现在:

1. 无期徒刑是剥夺犯罪分子的终身自由;而有期徒刑则是在一定的期限内剥夺犯罪分子的人身自由。

2. 无期徒刑剥夺的是犯罪分子的终身自由,因而其刑期不具有可划分性,只能适用于犯有严重罪行的犯罪分子;而有期徒刑的刑期具有划分性,既可以适用于犯有严重罪行的犯罪分子,也可适用于犯有较轻罪行的犯罪分子。

3. 判处无期徒刑的犯罪分子,必须附加剥夺政治权利终身;而对于判处有期徒刑的犯罪分子,不一定要剥夺政治权利,即使判处附加政治权利,也只是剥夺一定期限的政治权利。

五、死刑

(一)死刑的概念

死刑,又称为"生命刑",是剥夺犯罪人生命的刑罚方法,包括死刑立即执行与死刑缓期二年执行两种情况。其中前一种是世界的通例,是死刑的本来含义,后一种情况为我国所特有。死刑的内容是剥夺犯罪人的生命,因而死刑成为刑罚体系中最为严厉的刑罚方法,故死刑又被称作极刑。

死刑是一种古老的刑罚,在人类刑罚史上也占据着重要的地位,是奴隶社会刑法和封建社会刑法中适用面最广的刑种之一。其执行方法多种多样,非常残酷。例如,凌迟、腰斩、炮烙、枭首等。

近代以来,一些资产阶级的启蒙思想家提出了废除死刑的主张,意大利刑法学家贝卡里亚在《论犯罪与刑罚》中提出了一个问题:"在一个组织优良的社会里,死刑是否真的有益和公正？人们可以凭借怎样的权利来杀死自己的同类呢？"[①]从而引发了全世界范围内，至今仍在争论不休死刑存废之争问题。死刑废除论者认为，死刑过于残酷、死刑并不具备想象中的威慑力、死刑一旦被误判则没什么任何挽回的余地。死刑支持论者则认为为了维护社会秩序，对罪行极其严重的犯罪人只能依靠死刑来惩罚，只有这样才能做到等价报应，同时，死刑的威慑力也是实现刑罚一般预防目的的重要保障。目前，在全球 197 个国家和地区中，已经有 139 个国家和地区实质上废除了死刑，占全球国家总数的 70%。其中，有 95 个国家和地区完全废除了死刑，9 个国家和地区废除了普通刑事犯罪的死刑，只在军事犯罪和战时犯罪情况下执行死刑，还有 35 个国家和地区虽然在刑法中保留死刑，但是在最近的 10 年内没有执行过死刑。目前，保留死刑的 58 个国家和地区中，主要的国家除了中国之外，只剩下美国、日本和印度。在美国，有 12 个州废除了死刑，38 个州保留有死刑。[②]

我国目前对死刑的态度，一是暂时保留死刑，二是在刑法立法上逐步缩小死刑的适用范围，三是在适用死刑时十分慎重。在我国当前阶段，还存在着一些手段极为残忍、后果极其严重的犯罪行为，民众在刑罚观上大多还持有报应刑理念，"杀人者死"还在很大程度上影响着民众的死刑观，因而，在刑法中有必要继续保留死刑，这不仅是预防犯罪所必需的，同时也是民众的刑罚理念所决定的。但是刑法中保留死刑并不意味着对死刑的依赖，随着社会的发展和民众观念的不断变化，我国已经开始在刑法立法上逐渐缩小死刑的适用范围，《刑法修正案（八）》和《刑法修正案（九）》已经在走私文物罪、票据诈骗罪等犯罪中废除了死刑的适用，在刑法立法上压缩了死刑适用的范围。慎重适用死刑的刑事政策决定了在司法实践中要少杀、慎杀。

（二）死刑的适用

基于保留死刑、坚持少杀、防止错杀的死刑政策，我国刑法对死刑的适用条件、适用对象、适用程序和执行制度作了尽可能具体的明确规定，其基本精神是限制死刑的适用。主要表现在以下几个方面：

1. 从死刑适用对象方面进行严格的限制。根据刑法第 48 条的规定，死刑仅适用于罪行极其严重的犯罪分子。所谓"罪行极其严重"是指在客观上犯罪人所犯罪行造成了特别严重的危害结果、情节特别恶劣。不过，需要提醒的是，从主客观相统一角度出发，"罪行极其严重"并不是判处犯罪人死刑的全部条件，在考虑是否判处犯罪人死刑的时候，还要考虑犯罪人的主观恶性和人身危险性等犯罪人内

---

① （意）贝卡里亚著，黄风译：《论犯罪与刑罚》，中国大百科全书出版社 1993 年版，第 45 页。

② 黎宏著：《刑法学》，法律出版社 2012 年版，第 336 页。

在的一些因素,但是绝不允许仅仅因为犯罪人主观恶性大而判处其死刑。

另外,在死刑的适用对象方面,刑法第49条还规定,犯罪的时候不满18周岁的人和审判的时候怀孕的妇女不适用死刑;审判的时候已满75周岁的人,不适用死刑,但以特别残忍手段致人死亡的除外。应当说,刑法第49条的规定是基于人道主义考虑而作出的在死刑适用对象上的特殊规定,这里所说的"不适用死刑",是指不能判处死刑,包括不能判处死刑缓期2年执行。关于"犯罪的时候不满18周岁"的理解,需要指出,这里的18周岁,是指实足年龄,其计算方式有着严格的规定,即根据公历的年、月、日计算,超过了18周岁的生日,从第2天起,才属于已满18周岁。由于年龄的计算关系到是否适用死刑,因而不能有任何的灵活变通;另外,这里的不满18周岁,指的是实施犯罪行为的时候不满18周岁,而并非审判的时候不满18周岁。关于"审判的时候怀孕的妇女"的理解,需要指出的是,最高人民法院研究室《关于如何理解"审判的时候怀孕的妇女不适用死刑"问题的电话答复》中指出,在羁押期间已经是孕妇的被告人,无论其怀孕是否属于违反国家计划生育政策,也不论其是否自然流产或者经过人工流产以及流产后移送起诉或审判期间的长短,均应执行最高人民法院(83)法研字第18号《关于人民法院审判严重刑事犯罪案件中具体应用法律的若干问题的答复》的相关规定,如果人民法院在审判的时候发现在羁押受审时已是孕妇的,不适用死刑。另外,根据最高人民法院1998年8月4日发布的《关于对怀孕的妇女在羁押期间自然流产审判时是否可以适用死刑问题的批复》的规定,怀孕的妇女因涉嫌犯罪在羁押期间自然流产的,又因同一事实被起诉、交付审判的,应当视为"审判的时候怀孕的妇女",依法不适用死刑。根据上述司法解释的规定可知,"审判的时候怀孕",既包括人民法院审理时被告人正在怀孕的情况,也包括案件被起诉到人民法院之前被告人怀孕但是自然流产或者被作了人工流产的情况。

2. 从死刑适用程序方面进行严格的限制。严格的程序限制保证了死刑的适用不得违反法定程序和证据认定原则。根据刑事诉讼法的规定,死刑案件只能由中级以上人民法院进行第一审,基层人民法院不得审理死刑案件;法律还规定了死刑判决的核准程序,根据刑法和刑事诉讼法的规定,死刑判决除依法由最高人民法院判处的之外,都应当报请最高人民法院进行核准;中级人民法院判处死刑的第一审案件,被告人不上诉的,应当由高级人民法院复核后,报请最高人民法院核准;高级人民法院判处死刑的第一审案件,被告人不上诉的,以及判处的死刑的第二审案件,都应当报请最高人民法院进行核准。根据刑法第48条的规定,死刑缓期二年执行的,可以由高级人民法院判决或者核准。在20世纪80年代,我国曾经将部分犯罪死刑的核准权下放到高级人民法院。1983年9月2日全国人大常委会修订后的《人民法院组织法》第13条规定:"杀人、抢劫、爆炸以及其他严重危害公共安全和社会治安判处死刑的案件核准权,最高人民法院在必要的时候,得授权省、自治区、直辖市的高级人民法院行使。"最高人民法院根据上述规定,于1983年9月

7日发出《关于授权高级人民法院核准部分死刑案件的通知》，将杀人、强奸、抢劫、爆炸以及其他严重危害公共安全和社会治安判处死刑的案件的核准权，依法授予由省、自治区、直辖市的高级人民法院和解放军军事法院行使。1993年8月18日、1996年3月19日和1997年6月23日，最高人民法院分别发出通知，依法授权云南省、广东省、广西壮族自治区、四川省、甘肃省、贵州省的高级人民法院行使毒品案件的死刑核准权。死刑核准权的下放实际上是降低了死刑核准制度的功能。为了更有效地发挥死刑核准制度的功效，更好地贯彻慎用死刑的刑事政策，自2007年1月1日起，死刑核准全部由最高人民法院进行，使得我国刑法的死刑适用在程序上又重新走向了正常的轨道。

3. 从死刑案件证据审查方面进行严格的限制。最高人民法院、最高人民检察院、公安部、司法部2010年6月13日发布的《关于办理死刑案件审查判断证据若干问题的规定》要求，办理死刑案件，在以下几个方面事实的证明必须达到证据确实、充分：被指控的犯罪事实的发生；被告人实施了犯罪行为与被告人实施犯罪行为的时间、地点、手段、后果以及其他情节；影响被告人定罪的身份情况；被告人有无刑事责任能力；被告人的罪过；是否共同犯罪及被告人在共同犯罪中的地位、作用；对被告人从重处罚的事实。除此之外，人民法院在办理死刑案件时要坚持重证据、不轻信口供的原则，只有被告人的口供而没有其他证据的，不能认定被告人犯罪成立，没有被告人的口供，但是其他证据确实充分的，也可以认定犯罪行为成立。当然，刑讯逼供取得的供述和以暴力、威胁等非法手段收集的各种证据自然是不能作为定刑的根据的。

4. 实行死刑缓期执行制度。死刑缓期执行，简称"死缓"，"死缓"并不是一个独立的刑种，而是我国独创的一种死刑执行方式。根据刑法第48条的规定，所谓"死缓"，是指对于应当判处死刑的犯罪分子，如果不是必须立即执行，可以在判处犯罪人死刑的同时宣告缓期二年执行，强制劳动改造，以观后效的一种死刑执行方式。"死缓"对于贯彻少杀、慎杀的死刑政策具有重要的现实意义。

（1）死刑缓期执行的适用条件。根据刑法第48条的规定，"死缓"的适用条件有两个：一是"应当判处死刑"，二是"不是必须立即执行"。"应当判处死刑"是"死缓"适用的前提条件，是指所犯罪行极其严重，造成特别严重的后果，犯罪情节特别恶劣，罪该处死。所谓"不是必须立即执行"，是指犯罪人虽然造成了极其严重的危害结果，但是从犯罪人的主观恶性和人身危险性的角度来看，犯罪人尚存在着可以被改造的余地，可以不必立即执行死刑。刑法对于哪些情况下对于判决死刑的犯罪人可以不必立即执行死刑并没有作出明确的规定，但是在审判实践中一般认为当具备以下情节之一的，对犯罪人可以不必立即执行死刑：犯罪人在犯罪后有立功、自首或者其他法定从轻情节的；由于被害人的过错导致犯罪人激愤犯罪或者有其他表明犯罪人尚存在可改造的情节的；在共同犯罪中罪行不是最严重的或者其他在同一或同类案件中罪行不是最严重的；被告人有令人怜悯的情节的；综合考虑全案,对犯罪人可不立即执行死刑的其他情况。

(2)死刑缓期执行的法律效果。关于死刑缓期执行的法律效果问题,根据刑法第50条的规定,有几种情况:一是在死刑缓期执行期间,犯罪人没有故意犯罪,2年期满以后,减为无期徒刑;二是在死刑缓期执行期间,如果确有重大立功表现,2年期满以后,减为25年有期徒刑,这其中的重大立功表现,应当根据刑法第78条的规定来确定;三是在死刑缓期执行期间,犯罪人故意犯罪,情节恶劣的,报请最高人民法院核准后执行死刑,这里需要注意的是,犯罪人在死刑缓期执行期间故意犯罪,且情节恶劣的,不必等到2年期满后再报请最高人民法院核准执行死刑,可以在犯罪人故意犯罪后立即启动相应程序,报请最高人民法院对被告人核准执行死刑。

(3)死刑缓期执行期间的计算。根据刑法第51条的规定,死刑缓期执行的期间,从判决确定之日起计算死刑缓期执行减为有期徒刑的刑期,从死刑缓期执行期满之日起计算。这样一来,死刑缓期执行判决确定之前的羁押期间是不能计算在缓期执行的2年的期限之内的,因为这2年的期间是一个考验期,是为了观察犯罪人在这2年有时间内有无悔改表现,如果将先前的羁押期间计算在内,则会使考验效果大打折扣,缓期2年执行也就失去了其应用的意义;另外,这2年的期间并不是刑罚执行期间,羁押期间只能折抵刑罚执行期间,所以,先前的羁押期间折抵这2年的考验期在理论上也是讲不通的。至于死刑缓期执行减为有期徒刑的,则无论何时作出裁定(肯定是在缓期的2年期满之后做出的裁定),有期徒刑的刑期均应当从死刑缓期执行期满开始计算。需要注意的是,《刑法修正案(九)》对撤销"死缓",执行死刑的条件作出了修改,修改之前,凡是在死刑缓期执行期间故意犯罪,经查证属实,均可以报请最高人民法院核准执行死刑。《刑法修正案(九)》对这个条件作出了更为严格的限制,修改为在死刑缓期执行期间故意犯罪且情节恶劣的,才能报请最高人民法院核准执行死刑。也就是说,尽管在死刑缓期执行期间虽然犯罪人又故意犯罪,但是未达到情节恶劣程度的,是不能撒销"死缓"执行死刑的。针对在死刑缓期执行期间犯罪人又故意犯罪但是尚未达到情节恶劣程度的情况,《刑法修正案(九)》对这种情况下死刑缓期执行期间的计算问题作出了专门的规定,即死刑缓期执行期间又故意犯罪,未执行死刑的,死刑缓期执行的期间重新计算,度报最高人民法院备案。这里所说的死刑缓期执行期间重新计算,自然是从犯罪人又故意犯罪之日起重新计算。

需要注意的另外一个问题是,《刑法修止案(八)》在刑法第50条中增加了一款,作为第50条第2款,即"对被判处死刑缓期执行的累犯以及因故意杀人、强奸、抢劫、绑架、放火、爆炸、投放危险物质或者有组织的暴力性犯罪被判处死刑缓期执行的犯罪分子,人民法院根据犯罪情节等情况可以同时决定对其限制减刑。"根据这一款的规定,对于一些罪行严重的犯罪分子,人民法院可以根据犯罪情节等情况,在对其作出死刑缓期执行的判决的同时,决定对其限制减刑。限制减刑的对象是指那些被判处死刑缓期执行的累犯,以及因故意杀人、强奸、抢劫、绑架、放火、爆炸、投放危险物质或者有组织的暴力性犯罪被判处死刑缓期执行的犯罪分子。这里所说的"同时",是指在判处死刑缓期执行的同时,并不是说在死刑缓期执行2年期满后减刑的同时。这里所说的"限制减刑"并不是说对上述这些犯罪分子绝对不能减刑,而是指对上述犯罪分子可以适用减刑,但是其实际执行的刑期应当比其他的死刑缓期执行犯罪分子减刑之后的实际执行的刑期更长。根据《刑法》第78条的规定,人民法院依据《刑法》第50条第2款的规定限制减刑的死刑缓期执行的犯罪分子,缓期执行期满后依法减为25年有期徒刑的,其实际执行期间不得少于20年。

相关链接

1. 最高人民法院、最高人民检察院、公安部、司法部2011年4月28日发布《关于对判处管制、宣告缓刑的犯罪分子适用禁止令有关问题的规定(试行)》

2. 最高人民法院1981年7月6日发布《关于劳动教养日期可否折抵刑期问题的批复》

3. 最高人民法院1988年2月9日发布《关于海关扣留走私罪嫌疑人的时间可否折抵刑期的批复》

4. 最高人民法院研究室2001年11月30日发布《关于监视居住期间可否折抵刑期问题的答复》

5. 最高人民法院1984年12月18日发布《关于依法监视居住期间可否折抵刑期问题的批复》

6. 最高人民法院1990年9月27日发布《关于如何确定刑满释放日期的批复》

7. 最高人民法院2006年1月11日发布《关于审理未成年人刑事案件具体应用法律若干问题的解释》

8. 最高人民法院研究室《关于如何理解"审判的时候怀孕的妇女不适用死刑"问题的电话答复》

9. 最高人民法院(83)法研字第18号《关于人民法院审判严重刑事犯罪案件中具体应用法律的若干问题的答复》

10. 最高人民法院1998年8月4日发布《关于对怀孕的妇女在羁押期间自然流产审判时是否可以适用死刑问题的批复》

11. 最高人民法院、最高人民检察院、公安部、司法部2010年6月13日发布《关于办理死刑案件审查判断证据若干问题的规定》

问题思考

1. 死刑存废的思考
2. 中国刑法中死刑适用的限制

案例分析

关于禁止令,下列哪些选项是错误的?(　　)

A. 甲因盗掘古墓葬罪被判刑7年,在执行5年后被假释,法院裁定假释时,可对甲宣告禁止令

B. 乙犯合同诈骗罪被判处缓刑,因附带民事赔偿义务尚未履行,法院可在禁止令中禁止其进入高档饭店消费

C. 丙因在公共厕所猥亵儿童被判处缓刑,法院可同时宣告禁止其进入公共厕所

D. 丁被判处管制,同时被禁止接触同案犯,禁止令的期限应从管制执行完毕之日起计算

对判处管制、宣告缓刑的犯罪分子,人民法院根据犯罪情况,认为从促进犯罪分子教育矫正、有效维护社会秩序的需要出发,确有必要禁止其在管制执行期间、缓刑考验期限内从事特定活动,进入特定区域、场所,接触特定人的,可以根据《刑法》第38条第2款、第72条第2款的规定,同时宣告禁止令。也就是说,禁止令仅适用于管制犯和缓刑犯,不适用于假释犯。法院对假释犯,不能宣告禁止令。A项错。

人民法院宣告禁止令,应当根据犯罪分子的犯罪原因、犯罪性质、犯罪手段、犯罪后的悔罪表现、个人一贯表现等情况,充分考虑与犯罪分子所犯罪行的关联程度,有针对性地决定禁止其在管制执行期间、缓刑考验期限内"从事特定活动,进入特定区域、场所,接触特定的人"的一项或者几项内容。乙犯合同诈骗罪被判处缓刑,因附带民事赔偿义务尚未履行,为了确保附带民事赔偿义务的顺利履行,法院可在禁止令中禁止其进入高档饭店消费。B项正确。

丙因在公共厕所猥亵儿童被判处缓刑,丙行为的关键是猥亵儿童,而不是公共厕所,法院禁止丙进入公共厕所,对于防止丙今后再犯猥亵儿童的行为意义不大,故C项错误。法院可以禁止丙禁止进入儿童聚集的场所,比如禁止丙进入幼儿园及其周边地区等。

根据《关于对判处管制、宣告缓刑的犯罪分子适用禁制令有关问题的规定(试行)》第6条,禁止令的执行期限,从管制、缓刑执行之日起计算,而不是从执行完毕之日起计算,D项错误。

所以,本题答案为 ACD。

第三节　附加刑

知识结构图

罚金→剥夺政治权利→没收财产→驱逐出境

重点提示

罚金刑的适用,没收财产刑的适用

司考重点

罚金刑的适用,没收财产刑的适用

附加刑,又称从刑,是补充主刑适用的刑罚方法。其特点是既可以附加主刑适用,一般也可以独立适用。而且,对于同一犯罪和同一犯罪人,依法还可以同时适用不止一个的附加刑,就这一点而言,附加刑的适用较主刑更为灵活。根据《刑法》第34条和第35条的规定,我国的附加刑包括罚金、剥夺政治权利、没收财产以及只能适用于犯罪的外国人的驱逐出境。

一、罚金

(一)罚金的概念

罚金,是指人民法院判处犯罪人向国家缴纳一定数额的金钱的刑罚方法。罚金属于财产刑的一种,它是以剥夺或强制罪犯向国家缴纳金钱为内容的。它与行政罚款有些相似,但是罚金和罚款在处罚性质、适用机关、适用对象、适用依据等方面都有明显的区别。

罚金是一种历史悠久的刑罚方法,但由于罚金的执行以犯罪人具有一定数量的金钱为前提,且其惩罚作用依赖于金钱的价值观念,因而到了近代罚金才开始真正发挥作用,在现代西方刑法中,罚金刑的作用愈来愈受到重视。从中国刑法的规定来看,罚金刑的适用对象主要是破坏社会主义市场经济秩序罪、侵犯财产罪、妨害社会管理秩序罪和贪污贿赂罪的犯罪分子,此外,危害公共安全罪、侵犯公民人身权利、民主权利罪和危害国防利益罪中也有一些犯罪可以适用罚金刑。总结来看,罚金刑主要适用于贪图财利或者与财产有关的犯罪,同时也适用于少数妨害社会管理秩序的犯罪。对于追求不法经济利益的犯罪分子判处罚金,予以一定数额金钱的剥夺,既可以剥夺犯罪分子继续犯罪的经济条件,也能对犯罪分子起到惩罚与教育的作用,从而预防犯罪分子再次实施犯罪。

(二)罚金的适用方式

关于罚金的适用方式,中国刑法总则和分则规定了四种情况:

1. 选处罚金。在这种情况下,罚金作为一种与有关主刑并列的刑罚方法,由人民法院根据犯罪的具体情况酌情选择适用。此种情况下的罚金只能独立适用,而不能附加适用。如《刑法》第277条规定,以暴力、威胁方法阻碍国家机关工作人员依法执行职务的,处3年以下有期徒刑、拘役、管制或者罚金。在这里,罚金就是一种与有期徒刑、拘役和管制并列适用的刑罚方法。

2. 单处罚金。在这种情况下,对犯罪分子只能判处罚金,而不能判处其他刑罚。根据《刑法》第31条的规定,对单位犯罪的,只能判处罚金。另外,根据最高人民法院2000年12月13日发布的《关于适用财产刑若干问题的规定》,人民法院对犯罪情节较轻,单处罚金不致再危害社会并具有下列情形之一的,可以依法单处罚金:(1)偶犯或者初犯;(2)自首或者有立功表现的;(3)犯罪时不满18周岁的;(4)犯罪预备、中止或未遂的;(5)被胁迫参加犯罪的;(6)全部退赃并有悔改表现的;(7)其他可以依法单处罚金的情形。

3. 并处罚金。在这种情况下,对犯罪分子判处主刑的同时附加适用罚金,包括必须附加适用罚金和可以附加适用罚金两种情形。前者如《刑法》第303条规定,以营利为目的,聚众赌博、开设赌场或者以赌博为业的,处3年以下有期徒刑、拘役或者管制,并处罚金。后者如《刑法》第325条规定,对非法向外国人出售、赠送珍贵文物的,处5年以下有期徒刑或者拘役,可以并处罚金。根据《关于适用财产刑若干问题的规定》第1条的规定,必须附加适用罚金和可以附加适用罚金的不同之处在于,刑法规定"并处"没收财产或者罚金的犯罪,人民法院在对犯罪分子判处主刑的同时,必须依法判处相应的财产刑;刑法规定"可以并处"没收财产或者罚金的犯罪,人民法院依据案件的具体情况和犯罪人的具体情况,自由裁量决定是否适用财产刑。

4. 并处或单处罚金。在这种情况下,罚金既可以附加主刑适用,也可以作为一种与有关主刑并列的刑罚方法选择适用。例如,《刑法》第181条规定,编造并且传播影响证券交易的虚假信息,扰乱证券交易市场,造成严重后果的,处5年以下有期徒刑或者拘役,并处或者单处1万元以上10万元以下罚金。这里罚金既可以附加于有期徒刑或者拘役适用,也可以与有期徒刑或者拘役并列选择适用。

(三)罚金数额的立法规定

关于罚金的数额问题,刑法总则中规定的并不是很具体,只是在《刑法》第 52 条中规定,判处罚金,应当根据犯罪情节决定罚金数额。至于这里所说的"根据犯罪情节决定罚金数额"的理解,根据《关于适用财产刑若干问题的规定》第 2 条的规定,是指人民法院根据违法所得数额、造成损失的大小等,并综合考虑犯罪分子缴纳罚金的能力,依法判处罚金。从刑法分则中有关规定来看,中国刑法中关于罚金数额的规定,有以下几种情况:

1. 比例罚金制。在这种情况下,刑法不规定具体的罚金数额,而是根据犯罪金额的一定的百分比确定罚金的数额。例如,《刑法》第 158 条规定,虚所注册资本数额巨大、后果严重或者有其他严重情节的,除判处 3 年以下有期徒刑或者拘役外,还应并处或者单处虚报注册资本数额 1% 以上 5% 以下的罚金。

2. 倍数罚金制。在这种情况下,不规定具体的罚金数额,而是根据犯罪数额的一定倍数确定罚金的数额。例如,《刑法》第 180 条规定,内幕交易、泄露内幕交易信息,情节严重的,除判处 5 年以下有期徒刑或者拘役之外,还应当并处或者单处违法所得 1 倍以上 5 倍以下罚金;情节特别严重的,除判处 5 年以上 10 年以下有期徒刑之外,还应当并处违法所得 1 倍以上 5 倍以下罚金。

3. 倍比罚金制。在这种情况下,不规定具体的罚金数额,而是根据犯罪数额的一定比例和倍数确定罚金的数额。例如,刑法对生产、销售伪劣商品的各种犯罪均规定处销售金额 50% 以上 2 倍以下的罚金。

4. 限额罚金制。在这种情况下,刑法明文规定了罚金的上限和下限。例如《刑法》第 173 条规定,变造货币,数额较大的,处 3 年以下有期徒刑或者拘役,并处或者单处 1 万元以上 10 万元以下罚金;数额巨大的,处 3 年以上 10 年以下有期徒刑,并处 2 万元以上 20 万元以下罚金。

5. 无限额罚金制。在这种情况下,刑法只是抽象地规定应当先处、单处或者并处罚金,但是至于具体的罚金数额问题,则没有规定,交由人民法院依据刑法总则的相关规定予以确定。例如,刑法对犯罪的单位都是只抽象地规定判处罚金。此外,也有对个人犯某些具体罪只抽象地规定判处罚金的立法例。例如,《刑法》第 354 条规定,犯容留他人吸毒罪的,处 3 年以下有期徒刑、拘役或者管制,并处罚金。需要注意的是,《关于适用财产刑若干问题的规定》第 2 条规定,刑法没有明确规定罚金数额标准的,罚金的最低数额不能少于 1000 元;对未成年人犯罪应当从轻或者减轻判处罚金,但罚金的最低数额不能少于 500 元。

(四)罚金的执行

根据刑法第 53 条的规定和《关于适用财产刑若干问题的规定》的内容,罚金的执行,包括以下几种方式:

1. 一次性缴纳。在这种情况下,在判决指定的期限内,命令犯罪人一次性地将判决所确定的罚金额全部缴清。这种执行方式主要适用于罚金额不大,或者虽然数额较大,但犯罪人经济状况较好,一次缴纳困难不大的情况。至于"判决指定的期限内"的理解,《关于适用财产刑若干问题的规定》第 5 条规定,"判决指定的期限"应当在判决书中予以确定;"判决指定的期限"应为从判决发生法律效力第 2 日起最长不超过 3 个月。

2. 分期缴纳。在这种情况下,在判决指定的期限内,命令犯罪人分数次将判决所确定的罚金额全部缴清。这种执行方式主要适用于罚金数额较大,犯罪人无力一次缴清,或者尽管罚金数额不大,但犯罪人经济能力较差因而无力一次缴纳的情况。至于"判决指定的期限内"的理解,《关于适用财产刑若干问题的规定》第 5 条规定,"判决指定的期限"应当在判决书中予以确定;"判决指定的期限"应为从判决发生法律效力第 2 日起最长不超过 3 个月。

3. 强制缴纳。在这种情况下,判决指定的期限届满后,受刑人有能力缴纳而不缴纳的,人民法院依法采取查封财产、扣押存款、扣发工资等强制措施,强制受刑人缴纳。适用该种执行方式的条件有三:一是犯罪人有能力缴纳罚金。这包括两种情况:其一是犯罪人拥有足以缴纳罚金的金钱,如银行存款等;其二是犯罪人虽没有金钱,但拥有可以变卖以缴纳罚金的其他财产。二是犯罪人拒不缴纳罚金,即犯罪人有经济能力而拒绝向法院缴纳判决所确定的罚金。其表现形式各种各样,如故意隐瞒自己的经济状况,以各种借口拖延或者积极地转移财产以逃避缴纳等等。三是判决所确定的缴纳期限已过。

4. 随时追缴。在这种情况下,受刑人不能全部缴纳罚金时,人民法院在任何时候只要发现被执行人有可以执行的财产,就可以随时缴纳。适用这种执行方式必须具备以下条件:一是犯罪人最初不能全部缴纳罚金,即从财产上看,犯罪人没有全部缴纳罚金的能力,即便是通过分期缴纳或强制缴纳的方式也是不能解决问题。这是适用随时追缴罚金这种执行方式的前提条件。二是犯罪人不能全部缴纳罚金的原因,并非是由于遭遇不可抗拒的灾祸而使缴纳出现困难。否则,不能适用这种执行方式。实践中,造成不能全部缴纳罚金的原因,往往是由于犯罪人对其财产进行了秘密而成功的转移,从而表现为无力全部缴纳,也使得人民法院无法对其采用强制缴纳的执行方式。三是人民法院发现犯罪人有可以执行的财产,如被执行人隐瞒或转移的财产暴露出来,或者被执行人有了新的财产收入,这是随时追缴罚金这种执行方式的实质条件。

5. 减免缴纳。被执行人由于遭遇不能抗拒的灾祸缴纳罚金确实有困难的,被执行人向执行法院申请减少或者免除的,执行法院经审查认为符合法定减免条件的,应当在收到申请后 1 个月内依法作出裁定准予减免;认为不符合法定减免条件的,裁定予以驳回。根据《关于适用财产刑若干问题的规定》第 6 条的规定,所谓"由于遭遇不能抗拒的灾祸缴纳确实有困难的",主要是指因遭受火灾、水灾、地震等灾祸而丧失财产;罪犯因重病、伤残等而丧失劳动能力,或者需要罪犯抚养的近亲属患有重病,需支付巨额医药费等,确实没有财产可供执行的情形。

6. 延期缴纳。延期缴纳是《刑法修正案(九)》对刑法第53条修改后新增加的罚金刑执行方式。所谓延期缴纳,是指被执行人由于遭遇不能抗拒的灾祸缴纳罚金确实有困难的,被执行人向执行法院申请,经人民法院裁定,可以延期缴纳。

(五)民事赔偿责任优先

根据《刑法》第36条的规定,由于犯罪行为而使被害人遭受经济损失的,对犯罪分子除依法给予刑事处罚外,还应根据具体情况判处赔偿损失。承担民事赔偿责任的犯罪分子,同时被判处罚金,其财产不足以全部支付的,或者被判处没收财产的,应当先承担对被害人的民事赔偿责任。其中,经济损失,是指因人身权利受到犯罪行为侵犯而遭受物质损失或者财物被犯罪分子毁坏而遭受物质损失,即被害人因犯罪行为已经遭受的实际损失和必然要遭受的损失,被害人因犯罪行为而遭受的精神损害不包括在内。当然,人民法院在量刑时可以因为被告人已经赔偿被害人物质损失而对被告人从轻处罚。

二、剥夺政治权利

(一)剥夺政治权利的概念

剥夺政治权利,是指依法剥夺犯罪分子参加国家管理和政治活动权利的刑罚方法。现代世界各国多有类似的刑罚,但称谓、地位和内容则各不相同。在称谓上,有的称剥夺权利,有的称褫夺公权,有的称褫夺权利;在地位上,有的作为主刑,有的作为附加刑,有的既是主刑又是附加刑或从刑随主刑适用;在内容上,剥夺犯罪人的哪些权利,各国刑法规定差别较大。

剥夺政治权利的内容,根据《刑法》第54条的规定,是剥夺犯罪分子以下权利:(1)选举权和被选举权;(2)言论、出版、集会、结社、游行、示威自由的权利;(3)担任国家机关职务的权利;(4)担任国有公司、企业、事业单位和人民团体领导职务的权利。

(二)剥夺政治权利的适用对象

剥夺政治权利适用的对象比较广泛,既可以适用于严重犯罪,也可以适用于较轻的犯罪;既可以适用于危害国家安全的犯罪,也可以适用于普通刑事犯罪。

(三)剥夺政治权利的适用方式

根据刑法总则和分则的规定,剥夺政治权利的适用方式有以下几种:

1. 应当附加于主刑适用。在这种情况下,人民法院没有裁量选择的余地,只能严格依法在适用主刑的同时,附加适用剥夺政治权利。根据《刑法》第56条、第57条的规定,应当附加适用剥夺政治权利的情况有以下两种:(1)对危害国家安全的犯罪分子应当附加适用剥夺政治权利。此种情况下,应当附加适用剥夺政治权利的根据是犯罪分子的犯罪性质,即只要犯罪分子实施了危害国家安全的犯罪,不管对其适用的主刑性质如何,都应附加适用剥夺政治权利,但依照刑法分则规定独立适用剥夺政治权利的除外。对危害国家安全的犯罪分子,之所以除刑法分则规定独立适用剥夺政治权利的以外,都应当附加适用剥夺政治权利,是因为犯罪分子实施危害国家安全的犯罪往往利用了其享有的政治权利,对其附加适用剥夺政治权利既是对其滥用政治权利的惩罚,也可以防止其再次利用政治权利实施犯罪。(2)对被判处死刑、无期徒刑的犯罪分子应当附加适用剥夺政治权利终身。这样做,一是为了对其进行政治上的否定评价。既然犯罪分子被判处死刑、无期徒刑,当然也要受到相应的政治上的否定评价。二是为了防止犯罪分子被赦免或者假释后再次利用政治权利进行犯罪。三是有利于处理与犯罪人有关的某些民事法律关系。在政治权利中包括出版权,被判处死刑或无期徒刑的犯罪分子,如果对其不附加剥夺政治权利终身,那么就意味着他们还享有出版权。

2. 可以附加于主刑适用。在这种情况下,人民法院可以根据案件的具体情况确定是否适用附加剥夺政治权利。根据刑法第56条的规定,对于故意杀人、强奸、放火、爆炸、投毒、抢劫等严重破坏社会秩序的犯罪分子可以附加适用剥夺政治权利。此外,根据最高人民法院1998年1月13日发布的《关于对于故意伤害、盗窃等严重破坏社会秩序的犯罪分子是否附加剥夺政治权利问题的批复》,对故意伤害、盗窃等其他严重破坏社会秩序的犯罪,犯罪分子主观恶性较深、犯罪情节恶劣、罪行严重的,也可以附加适用剥夺政治权利。

需要注意的是,根据最高人民法院2006年1月11日发布的《关于审理未成年人刑事案件具体应用法律若干问题的解释》规定,除刑法规定"应当"附加剥夺政治权利之外,对未成年犯罪人一般不判处附加剥夺政治权利;如果需要对未成年犯罪人附加剥夺政治权利的,应当依法从轻判处;对实施被指控犯罪时未成年、而审判时已经成年的犯罪人判处附加剥夺政治权利的,也应当同样处理。

3. 独立适用。在这种情况下,剥夺政治权利与有关主刑相并列,一旦选择适用剥夺政治权利,就不再适用主刑。例如,《刑法》第103条规定,煽动分裂国家、破坏国家统一的,处5年以下有期徒刑、拘役、管制或者剥夺政治权利。在这里,剥夺政治权利是与有期徒刑、拘役、管制3种主刑相并列的供选择的刑罚方法,对其只能独立适用。在情节较轻、不宜判处主刑的场合,往往独立适用剥夺政治权利,从刑法分则来看,独立适用剥夺政治权利的主要是危害国家安全、侵犯公民人身民主权利、妨害社会管理秩序、危害国防利益等犯罪中罪行较轻的犯罪人。

(四)剥夺政治权利的期限与执行

根据《刑法》第55条、第57条和第58条的规定,剥夺政治权利的期限与起算方式如下:

判处死刑、无期徒刑的犯罪分子,应当剥夺政治权利终身,从主刑执行之日起开始计算。

死刑缓期执行减为有期徒刑或者无期徒刑减为有期徒刑的,应当把附加剥夺政治权利的期限改为3年以上10年以下,从减刑之后的有期徒刑执行完毕之日或者假释之日起计算并执行。

独立适用或者判处有期徒刑、拘役附加剥夺政治权利的期限为1年以上5年以下。独立适用剥夺政治权利的场合,其期限从判决确定之日起计算并执行;判处有期徒刑、拘役附加剥夺政治权利的场合,其期限从主刑执行完毕之日或者从假释之日起计算并执行,剥夺政治权利的效力当然适用于主刑执行期间。当然,判处有期徒刑、拘役而未附加剥夺政治权利的,主刑执行期间自然享有政治权利。

判处管制附加剥夺政治权利的,剥夺政治权利的期限与管制的期限相等,同时执行。

被剥夺政治权利的犯罪人,在执行期间,应当遵守法律、法规和公安机关有关监督管理的规定,服从监督,不得行使《刑法》第54条规定的各项权利。执行期满,由执行机关通知本人,并向群众公开宣布。恢复政治权利之后,被执行人依法享有政治权利。

三、没收财产

(一)没收财产的概念

没收财产,是指将犯罪人所有财产的一部分或者全部强制无偿地收归国有的刑罚方法。

它是我国附加刑中唯一不能单独适用的刑罚方法,因而是一种只适用于较严重犯罪的附加刑。从刑法分则的规定来看,没收财产主要适用于危害国家安全罪、破坏社会主义市场经济秩序罪、侵犯财产罪、贪污贿赂罪。

没收财产与罚金虽然同属财产刑,但作为不同的刑罚方法,还是有所区别的,主要体现在以下几个方面:(1)适用对象不同。没收财产主要适用于危害国家安全罪、破坏社会主义市场经济秩序罪、侵犯财产罪、妨害社会管理秩序罪、贪污贿赂中情节较为严重的犯罪;罚金主要适用于情节较轻的贪利性犯罪。(2)没收财产是没收犯罪分子所有的一部或全部财产,这些财产既可以是金钱,也可以是其他财物;罚金是剥夺犯罪分子一定数额的金钱,并且这些金钱并不是现实所有的。(3)执行方式不同。没收财产是一次性的没收,不存在分期执行或减免的问题。罚金既可一次缴纳,也可分期缴纳,同时也可根据犯罪分子的具体情况进行减免。

没收财产与追缴犯罪所得的财物、没收违禁品和犯罪所使用的物品也是不同的。根据《刑法》第64条规定:"犯罪分子违法所得的一切财物,应当予以追缴或者责令退赔;对被害人的合法财产,应当及时返还;违禁品和供犯罪所用的本人财物,应当予以没收。没收的财物和罚金,一律上缴国库,不得挪用和自行处理。"据此我们可以得知,追缴犯罪所得的财物,本属于国家和个人的所有,追缴或者责令退赔,使得受损害的公私财物恢复原状,不属于没收财产;犯罪所涉及的违禁品,是国家法律禁止个人非法所有的物品,当然应予于没收,这属于一种行政性强制措施;供犯罪所用的本人财物,因为具有诉讼证据的价值,没收这些财物是出于刑事诉讼的需要。因此,没收财产事实上是没收犯罪人合法所有并且没有用于犯罪的财产。同时也不得用上述财物或物品代替或折抵没收的财产。

(二)没收财产的适用方式

根据刑法分则的规定,没收财产的适用方式有以下两种:

一是并处没收财产,在对犯罪人判处主刑的时候,必须并处或者可以并处没收财产。前者如《刑法》第264条规定的盗窃罪,数额特别巨大或者有其他特别严重情节的,处10年以上有期徒刑或者无期徒刑,并处罚金或者没收财产。后者如刑法第271条规定的职务侵占罪,数额巨大的,处5年以上有期徒刑,可以并处没收财产。

二是与罚金并列为并处的选项,如《刑法》第142条规定,生产、销售劣药,后果特别严重的,处10年以上有期徒刑,并处销售金额50%以上2倍以下罚金或者没收财产。

(三)没收财产的范围

《刑法》第59条规定:"没收财产是没收犯罪分子个人所有财产的一部或全部。没收全部财产的,应对犯罪分子及其扶养的家属保留必需的生活费用。""在判处没收财产的时候,不得没收属于犯罪分子家属所有或者应有的财产。"

因此,没收财产只能没收犯罪分子个人所有财产的全部或者一部分。所谓"犯罪分子个人所有的财产",是指属于犯罪分子本人所有的财物及其在共同财产中应得的份额,包括动产与不动产。所谓"犯罪分子家属所有的财产",是指犯罪人家属个人专有物品、家属用自己的劳动所得所购置的供本人自己使用的物品。所谓"犯罪分子家属所应有的财产",是指家庭共有财产中应当属于家属所应有的那部分财产。在执行没收财产时,应当对依靠犯罪分子赡养、抚养或者扶养的家属保留维持基本生活所必需的费用。至于没收财产是全部没收还是部分没收,则由人民法院根据案件情况具体决定。

根据《刑法》第60条的规定,没收财产以前犯罪人所负的正当债务、需要以没收的财产偿还的,经债权人请求,应当偿还。没收财产不能影响正当债务的偿还。根据最高人民法院2000年12月13日发布的《关于适用财产刑若干问题的规定》第7条的规定,"没收财产以前犯罪分子所负的正当债务",是指犯罪分子在判决生效前所负他人的合法债务。

(四)没收财产的执行

根据我国刑事诉讼法的有关规定,没收财产的判决无论附加适用还是独立适用,都由人民法院执行,在必要的时候,可以会同公安机关执行。

《关于财产刑执行问题的若干规定》中指出,没收财产由第一审人民法院负责裁判执行的机构执行,被执行的财产在异地的,第一审人民法院可以委托财产所在地的同级人民法院代为执行;对没收财产的执行,人民法院应当立即民法院应当依法对被执行人的财产状况进行调查,发现有可供执行的财产,需要查封、扣押、冻结的,应当及时采取查封、扣押、冻结等强制执行措施;被判处没收财产,同时又承担刑事附带民事诉讼赔偿责任的被执行人,应当先履行对被害人的民事赔偿责任。

四、驱逐出境

驱逐出境,是指强迫犯罪的外国人离开中国国(边)境的刑罚方法。

《刑法》第35条规定:"对于犯罪的外国人,可以独立适用或者附加适用驱逐出境。"据此,它可以独立适用,也可以附加适用,显然具有附加刑的特点,因此是附加刑的一种。但由于驱逐出境仅适用于犯罪的外国人,不具有普遍适用的性质,因而刑法没有将其列于一般附加刑的种类之中,而是以专条加以规定,所以说驱逐出境是一种特殊的附加刑。

刑法中规定的驱逐出境与《中华人民共和国外国人入境出境管理法》第30条规定的驱逐出境在处罚方式上具有相同的表现,都是迫使外国人离开中国国(边)境,但二者有着本质的区别:(1)处罚的性质和适用的对象不同。作为附加刑的驱逐出境是刑罚方法,其适用的对象是在我国境内犯罪的外国人;而《外国人入境出境管理法》中的驱逐出境是行政处罚方法,其适用对象是违反该法规定且情节严重的我国境内的外国人。(2)适用的机关和程序不同。作为附加刑的驱逐出境,由人民法院依照刑事诉讼法规定的程序进行判决;而作为行政处罚的驱逐出境则由地方公安机关依照《外国人入境出境管理法》和其他有关规定的程序报告公安部,由公安部作出决定。(3)执行的时间不同。作为附加刑的驱逐出境,独立适用时,从判决确定之日起执行,附加适用时,从主刑执行完毕之日起执行;作为行政处罚的驱逐出境,由公安部作出决定后立即执行。

■相关链接

1. 最高人民法院2000年12月13日发布《关于适用财产刑若干问题的规定》
2. 最高人民法院2006年1月11日发布《关于审理未成年人刑事案件具体应用法律若干问题的解释》

问题思考

罚金刑的完善

案例分析

关于没收财产,下列哪些选项是错误的?（　　）

A. 甲受贿 100 万元,巨额财产来源不明 200 万元,甲被判处死刑并处没收财产。甲被没收财产的总额至少应为 300 万元

B. 甲抢劫他人汽车被判处死刑并处没收财产。该汽车应上缴国库

C. 甲因走私罪被判处无期徒刑并处没收财产。此前所负赌债,经债权人请求应予偿还

D. 甲因受贿罪被判有期徒刑十年并处没收财产 30 万元,因妨害清算罪被判有期徒刑 3 年并处罚金 2 万元。没收财产和罚金应当合并执行

本题考查的是附加刑中的没收财产刑。没收财产是没收犯罪分子个人所有的财产的一部或全部。A 选项中的 300 万元属于犯罪分子违法所得的财物,应当予以追缴或者责令退赔,不属于没收财产刑的执行对象。B 选项中的汽车属于被害人的合法财产,应当及时返还,而非上缴国库。至于 C 选项,根据《刑法》第 60 条规定:"没收财产以前犯罪分子所负的正当债务,需要以没收的财产偿还的,经债权人请求,应当偿还。"赌债并非合法债务,不应偿还。最高人民法院《关于适用财产刑若干问题的规定》第 3 条第 2 款规定:"一人犯数罪依法同时并处罚金和没收财产的,应当合并执行。"因此 D 选项正确。答案应为 ABC。

第四节　非刑罚处罚措施

知识结构图

非刑罚处罚措施的概念→非刑罚处罚措施的种类

重点提示

非刑罚处罚措施的种类

一、非刑罚处罚措施的概念

非刑罚处罚措施,是指人民法院对犯罪分子适用的传统刑罚方法以外的其他的处罚措施。

非刑罚处罚措施只能对犯罪分子适用,虽然不是传统意义上的刑罚方法,但是也属于处罚措施,行为人的行为已经构成犯罪是非刑罚处罚措施适用的前提。从这个角度来看,非刑罚处罚措施当然属于犯罪的法律后果,是对犯罪分子的处罚,因而,非刑罚处罚措施也具有刑罚的性质,也是实现刑事责任的一种方式。

非刑罚处罚措施适用的对象包括两种人:一是《刑法》第36条规定的在"依法给予刑事处罚"的同时还需要"承担民事赔偿责任"的犯罪人;二是刑法第37条规定的"犯罪情节轻微不需要判处刑罚"而被"免予刑事处罚"的人。非刑罚处罚措施适用的对象可以说是犯罪情节比较轻微的犯罪人,但是并非所有犯罪情节比较轻微的犯罪人都应当适用非刑罚处罚措施。根据案件具体情况来看,如果只需要对犯罪人作单纯地有罪宣告而不必给予处理,则不需要适用非刑罚处罚措施。

非刑罚处罚措施的适用,表明在我国,对犯罪的处理和预防并不是单纯地依靠传统的刑罚方法。非刑罚处罚措施的适用,一方面体现了我国刑法惩罚与宽大相结合的刑事政策,另一方面也给予了犯罪分子一定的否定评价,使其受到教育和警示,不敢再次犯罪,从而达到刑罚预防犯罪的目的。

二、非刑罚处罚措施的种类

根据《刑法》第36条和第37条的规定,非刑罚处罚措施包括以下几个方面的内容:

(一)赔偿经济损失

赔偿经济损失,是指人民法院在对犯罪分子判处刑罚的同时,根据被害人因犯罪行为遭受的经济损失的情况,判令犯罪人给予被害人一定的金钱赔偿的处理方法。

我国《刑法》第36条第1款规定:"由于犯罪行为而使被害人遭受经济损失的,对犯罪分子除依法给予刑事处罚外,并应根据情况判处赔偿经济损失。"根据这一规定,适用刑事损害赔偿,应具备三个条件:(1)必须是被害人遭受了实际的经济损失,即刑事损害赔偿仅适用于犯罪行为给被害人造成了现实经济损失的情况。(2)被害人的经济损失必须是由犯罪分子的犯罪行为造成的,即被害人的经济损失与犯罪分子的犯罪行为之间存在因果关系。(3)所适用的对象必须是依法被判处刑罚的犯罪分子。

(二)训诫

训诫,是指人民法院对被免于刑罚处罚的犯罪分子当庭予以口头批评、谴责,责令其改过自新的一种非刑罚处理方法。

关于训诫的方式,最高人民法院曾于 1964 年 1 月 18 日《关于训诫问题的批复》中指出:"人民法院对于情节轻微的犯罪分子,认为不需要判处刑罚,而应予以训诫的,应当用口头的方式进行训诫。在口头训诫时,应当根据案件的具体情况,一方面严肃地指出犯罪人的违法犯罪行为,分析其危害性,并责令他努力改正,今后不再重犯;另一方面也要讲明被告人的犯罪行为尚属轻微,可不给予刑事处分。"

(三)责令具结悔过

责令具结悔过,是指人民法院责令犯罪分子用书面方式保证悔改,以后不再重新犯罪。它是通过犯罪分子书面保证的方式,来促使其认识自己行为的社会危害性,督促其痛改前非,从而达到预防犯罪的目的。

责令具结悔过的适用方式,目前法律和司法解释均无明确规定。根据司法实践,人民法院对犯罪分子适用责令具结悔过时,应当要求犯罪分子写出悔罪书,检讨其犯罪原因,认识其犯罪行为的社会危害性,表示坚决悔改,不再犯罪;还可以要求犯罪分子事先将悔罪书写好,在宣读免刑判决后,由犯罪分子当庭宣读并递交审判人员;也可将悔罪书印成多份,交给有关单位或张贴在公共场所,晓谕群众,以示悔罪。

(四)责令赔礼道歉

责令赔礼道歉,是指人民法院责令犯罪分子公开向被害人当面承认错误,表示歉意。作为刑事责任的一种实现方式,责令赔礼道歉是在国家强制力的威慑下实施的,虽然不能给犯罪分子造成什么物质损失,但反映了国家对犯罪行为的谴责。同时,由于它作为一种处理方法,应当作成笔录,记录在档,以便查证,因此,它既能促使犯罪分子悔过自新,又能平息愤怒,消除矛盾,对于解决问题,促进双方的和解和团结,有重要作用。

责令赔礼道歉应当公开进行。至于其具体方式,既可以是在宣判时责令犯罪分子公开向被害人赔礼,也可以是在召开由有关人员参加的专门会议上由犯罪分子公开道歉;既可以采取口头方式来进行赔礼道歉,也可以通过书面方式来进行这种公开道歉。在适用责令赔礼道歉时,应当做成笔录,记录在档。

(五)责令赔偿损失

责令赔偿损失,是指对犯罪情节轻微不需要判处刑罚的犯罪分子,人民法院在免除其刑罚的同时,责令其向被害人支付一定数额的金钱,以赔偿被害人的经济损失的处理方法。责令赔偿损失与赔偿经济损失的区别主要在于是否以免于刑罚处罚为前提。责令赔偿损失的适用以犯罪分子被免于刑罚处罚为前提,而赔偿经济损失以犯罪分子被依法判处刑罚为前提。

(六)行政处罚

行政处罚,是指行政执法机关依照国家行政法规和行政处罚法的规定,给予被免予刑事处罚的犯罪分子以经济制裁或者剥夺人身自由的处罚,如罚款、行政拘留等。

(七)行政处分

行政处分,是指犯罪分子所在单位或者基层组织依照行政规章、纪律、章程等的规定,对被免予刑事处罚的犯罪分子予以行政纪律处分,如开除、记过等。

(八)禁止从事相关职业

禁止从事相关职业,是《刑法修正案(九)》对《刑法》第37条修改后新增加的一种非刑罚处罚措施。所谓禁止从事相关职业,是指对那些因利用职业便利实施犯罪,或者实施违背职业要求的特定义务的犯罪而被判处刑罚的犯罪人,人民法院可以根据具体的犯罪情况和预防犯罪人再犯罪的需要,禁止犯罪人自刑罚执行完毕之日或者假释之日起在3至5年的时间内从事相关职业。被禁止从事相关职业的犯罪人违反人民法院对其作出的禁止从事相关职业的决定的,由公安机关依法给予处罚;情节严重的,以拒不执行判决、裁定罪追究其刑事责任。

问题思考

中国刑法中非刑罚处罚措施的种类

第十一章

刑罚裁量

第一节 刑罚裁量概述

■ 知识结构图

量刑的概念→量刑的原则

■ 重点提示

量刑的概念;量刑的原则

一、刑罚裁量的概念

刑罚裁量,又称量刑,是指人民法院在查明犯罪事实,认定犯罪性质的基础上,根据行为人所犯罪行及其刑事责任的轻重、依法决定对犯罪分子是否判处刑罚或适用某种非刑罚处理方法、判处何种刑种和刑度以及是否现实执行某种刑罚的审判活动。量刑对应于定罪,是整个刑事审判工作两个环节之一,在刑事审判活动中占有十分重要的地位。量刑具有以下特征:

(一)量刑的主体是人民法院

量刑权是国家刑罚权的重要内容之一,是刑事审判权的重要组成部分。根据我国宪法及其相关法律的规定,刑事审判权专属人民法院行使,故量刑的主体只能是人民法院。

(二)量刑的对象是犯罪分子

犯罪引起刑事责任,刑罚是刑事责任的主要法律后果。行为人的行为符合犯罪构成是行为人承担刑事责任的根据,而量刑是对犯罪分子具体落实刑事责任的途径。因此,未经人民法院依法审判确定有罪的行为人,不能对其追究刑事责任,量刑的对象只能是犯罪分子本人。所以,人民法院在量刑时,不但要考虑犯罪行为的状况,还需要考虑犯罪人的状况,要使所判刑罚既与犯罪行为性质相适应,又与犯罪分子个人的情况相适应。

(三)量刑的内容是裁量刑罚

所谓裁量刑罚,是指依据刑事法律,决定对犯罪分子是否判处刑罚、判处何种刑罚、判处多重的刑罚以及是否适用某种刑罚制度的刑事司法活动。因此,量刑不限于实际判处刑罚,还包括决定不判处刑罚。

(四)量刑的性质是刑事审判活动

由于量刑的法律依据是刑法与刑事诉讼法,量刑的基础是查明犯罪事实,认定犯罪性质,量刑的对象是实施了犯罪行为的人,因此量刑是人民法院的一种刑事审判活动。

刑法中关于刑罚的规定具有高度的概括性,量刑是将法定的罪刑关系转变为实在的罪刑关系的必要条件,是行刑的先决条件,是实现刑罚目的的关键。量刑是否适当,是衡量刑事审判质量的一个重要标准。它直接影响刑罚积极功能的发挥与刑罚目的的有效实现,关系到广大人民对社会主义法制的尊重、信赖或贬抑、轻蔑。因此,研究刑罚裁量具有重要的理论与实践价值。

二、刑罚裁量的原则

量刑的重要意义决定了必须有正确的量刑原则,来保证量刑适当。所谓量刑原则,是指由刑法规定的贯穿于全部量刑活动并对量刑工作具有指导意义和制约作用的法律准则。《刑法》第5条规定了罪行均衡的原则:"刑罚的轻重,应当与犯罪分子所犯的罪行和承担的刑事责任相适应。"《刑法》第61条规定:"对于犯罪分子决定刑罚的时候,应当根据犯罪的事实、犯罪的性质、情节和对于社会的危害程度,依照本法的有关规定判处。"通说认为,这就是刑罚裁量应当遵循的一般原则,也是罪刑均衡原则的具体化。因此,我国刑法中的量刑原则可概括为:以犯罪事实为根据,以刑法规定为准绳。这一量刑原则是我国审判机关长期实践经验的科学总结,体现了我国基本的刑事政策,反映了公平、正义、理性和人道主义的刑罚价值观,符合国际人权保护潮流和刑罚发展趋势,对于保障国家长治久安、实现社会稳定发展具有重大意义。

(一)量刑必须以犯罪事实为根据

所谓犯罪事实,有广义和狭义之分。狭义的犯罪事实,仅指犯罪构成的基本事实,即在犯罪实施过程中所发生的表明犯罪人罪行轻重和刑事责任大小的各种情况,如犯罪人的罪过、犯罪的行为以及手段、犯罪主体的个人情况以及犯罪的性质等情况。广义的犯罪事实,不仅包括犯罪实施过程中所发生的能够表明行为人罪行轻重和刑事责任大小的各种主客观事实情况,而且包括犯罪构成事实以外的表明行为社会危害性程度和行为人主观恶性程度的其他事实。换言之,广义的犯罪事实,不仅包括犯罪中事实,还包括犯罪前事实和犯罪后事实,亦即《刑法》第61条规定的"犯罪的事实、犯罪的性质、情节和对于社会的危害程度"都包括在内。由此可见,以犯罪事实为根据,就是以犯罪的事实、犯罪的性质、情节和对于社会的危害程度为依据。要前面贯彻该原则,要求刑罚裁量必须做到:

1. 认真查清犯罪事实。这里的犯罪事实,即犯罪的基本事实,是指符合刑法规定的犯罪构成要件的主客观事实,包括犯罪的主体、犯罪的主观方面、犯罪的客观方面和犯罪侵害的客体。因此,查清犯罪事实,就是要查明什么人、在何种心理状态支配下、针对何种合法权益、实施了何种犯罪行为,以及该种行为造成了什么危害结果。认真查清犯罪事实,是正确认定犯罪性质和正确适用刑罚的前提。因此,审判机关处理刑事案件,必须查明案件的真实情况,核实有关证据,做到事实清楚,证据确实充分,为定罪量刑提供可靠的客观依据。

2. 准确认定犯罪性质。这里的犯罪性质,是指具体犯罪的罪质,即行为人的行为符合刑法分则条文所规定的何种犯罪构成,即选定应当适用的刑法条文。犯罪性质不同,反映出的社会危害性程度不一样,法定刑的轻重也不一样。因此,法院在量刑时必须准确认定犯罪的性质,正确区分此罪与彼罪。然后依照刑法分则的相应条文规定的量刑幅度裁量刑罚,这样才能做到量刑适当,罚当其罪。

3. 全面分析犯罪情节。所谓犯罪情节,是指不具有犯罪构成事实的意义,却与犯罪构成事实的主客观方面具有密切联系,反应主客观方面的情状或深度,从而影响犯罪的社会危害性程度与行为人的人身危险性程度的各种事实情况。换言之,这里的犯罪情节并不影响犯罪的性质,但与决定犯罪性质的主客观事实情况具有密切联系,又能说明犯罪行为的社会危害性程度。可见,犯罪性质不同,行为的社会危害性程度不同;犯罪的情节不同,行为的社会危害性程度也不同,行为人的人身危险性程度也不同。要使刑罚与行为的社会危害性以及行为人的人身危险性相适应,就要全面掌握犯罪情节,从而做到正确量刑。

在我国刑法典中,不少条文含有影响定罪或者量刑的情节。其中,影响定罪的情节叫"定罪情节",影响量刑的情节叫"量刑情节"。前者如刑法典第246条的规定:"以暴力或者其他方法公然侮辱他人或者捏造事实诽谤他人,情节严重的……"后者如刑法典第239条的规定:"以勒索财物为目的绑架他人的,或者绑架他人作为人质的,处十年以上有期徒刑或者无期徒刑,并处罚金或者没收财产;

情节较轻的,处五年以上十年以下有期徒刑,并处罚金。犯前款罪,杀害被绑架人的,或者故意伤害被绑架人,致人重伤、死亡的,处无期徒刑或者死刑,并处没收财产。"就以上刑法条文规定来看,犯罪情节对犯罪的成立与否以及处罚的轻重具有重要意义。

4. 综合考量社会危害程度。行为的社会危害性是犯罪的最本质特征。犯罪对社会的危害性程度越大,判处的刑罚也越重,即刑罚应与犯罪的社会危害性程度成正比。犯罪的社会危害程度是由犯罪事实、犯罪性质、犯罪情节等多种因素决定的。因此,评价某一犯罪的社会危害性时必须全面、综合考量上述因素,切忌主观片面。

此外,犯罪人的人身危险性也应当考虑的一个重要因素。从预防犯罪人重新犯罪的刑罚目的以及我国刑法规定的累犯、自首、立功等制度的精神出发,量刑时也应考虑犯罪人的人身危险性(再犯可能性)大小,如犯罪人的某些个人情况、犯罪前的表现与犯罪后的态度、犯罪的目的和动机等。

二、量刑必须以刑法规定为准绳

查清犯罪的事实、性质、情节和危害程度,是进行量刑的前提条件,但这并不意味着量刑必然适当,要做到量刑适当还必须依照刑法的有关规定适用刑罚。刑法第 61 条规定,对犯罪分子决定刑罚时,应当"依照本法的有关规定"判处。这是量刑的法律根据。它强调在依法定罪的基础之上正确适用刑法规定的各项量刑制度和量刑情节,要求量刑必须以刑法的规定为准绳。这是罪刑法定原则的必然要求。这一原则具体包括以下几个方面:

1. 依照刑法的规定,确定对犯罪人应当适用的刑种和刑度。首先,要按照刑法对各种具体犯罪所规定的法定刑,并根据案件存在的各种量刑情节,选择适当的刑种;其次,要根据刑法规定的各种刑罚的具体内容和适用条件,在正确评价犯罪人的刑事责任大小的基础之上,判处适当的刑种、刑度。最后,由于不同法条规定了不同附加刑适用的条件以及允许处罚的程度,因此还要注意在适用主刑的同时适用各种附加刑。我国刑法加大了罚金和没收财产两种附加刑的适用范围,因此在量刑时要认真分析其适用的条件,严格依法适用。

2. 依照刑法关于量刑情节的适用原则裁量刑罚。我国刑法规定了各种量刑情节。在量刑时首先要明确,哪些是适用于一切犯罪的情节,哪些是适用于特定犯罪的量刑情节,各种量刑情节成立的条件是什么,防止量刑时发生遗漏和适用不当。其次,要明确各种量刑情节的特定含义。如:从重、从轻、减轻的含义是什么;哪些是从轻的情节;哪些是从重的情节;哪些是应当型情节;哪些是可以型情节等。最后,要明确各种量刑情节的功能。即哪些是单功能情节,哪些是多功能情节以及量刑情节竞合的处理等。只有全面深入地掌握我国刑法规定的量刑体系,才能做到依法量刑。

3. 严格遵照刑法关于刑罚裁量制度的规定裁量刑罚。量刑制度是刑罚制度的重要组成部分。我国刑法规定了自首制度、立功制度、累犯制度、数罪并罚制度、缓刑制度、死缓制度等等,在裁量刑罚时,必须遵循这些制度。

相关链接

1. 《刑法》第 61 条
2. 2010 年 2 月 8 日最高人民法院《关于贯彻宽严相济刑事政策的若干意见》
3. 2010 年 9 月 13 日最高人民法院《人民法院量刑指导意见(试行)》

问题思考

1. 我国刑罚裁量的概念及特征是什么?
2. 我国刑罚裁量的原则是什么?如何理解?

第二节 刑罚裁量情节

知识结构图

量刑情节的概念→量刑情节的分类→量刑情节的适用

重点提示

量刑情节的概念;量刑情节的分类;各类量刑情节的含义及其适用

司考重点

法定情节和酌定情节;从重、从轻、减轻处罚的理解应用

一、量刑情节的概念

刑罚裁量情节,简称量刑情节,是指人民法院对犯罪人量刑时,据以在法定刑

限度以内或者以下决定对其是否处刑以及处刑轻重的各种主、客观事实情况。

量刑情节具有以下基本特征：第一，量刑情节是表明行为的社会危害程度或者行为人的人身危险性程度的主、客观事实情况；第二，量刑情节包括罪中情节，也包括罪前情节和罪后情节；第三量刑情节以法定刑为基础，不能逾越法定刑的范围；第四，量刑情节是实现犯罪分子刑事责任以及刑罚个别化的根据。此外，还应注意的是，量刑情节是客观存在的，无论是表明犯罪人主观的和是客观的事实情况都是客观存在的，而且他们与犯罪行为和犯罪行为人的联系也是客观存在的。量刑情节可以分为不同的轻重等级，并成为刑法规定不同法定刑的根据。

量刑情节与定罪情节不同。定罪情节，是指刑法分则或者相关司法解释规定的某种具体犯罪成立的特殊构成要件。定罪情节既可以表现为具体的内容，如特定的犯罪目的、时间、地点、方法、加重结果、数额等，也可以表现为综合性的情节。可见，二者区别的关键在于：定罪情节起着区分罪与非罪、此罪与彼罪的作用；而量刑情节起着影响对犯罪人是否处刑以及处刑轻重的作用。

二、量刑情节的分类

量刑情节根据不同的标准从不同的角度，可以有不同的分类。科学分类是正确理解量刑情节的重要前提。

（一）法定情节与酌定情节

以刑法有无明文规定为标准，可以将量刑情节分为法定情节与酌定情节。

1. 法定情节。法定情节，是指刑法明文规定的在量刑时应当予以考虑的情节。它既包括刑法总则规定的对各种犯罪共同适用的情节，又包括刑法分则规定的对特定犯罪适用的情节。根据刑法是否就法定情节的功能作出绝对性规定为标准，可以将法定情节分为硬性刑罚裁量的情节和弹性刑罚裁量的情节。

硬性刑法裁量的情节，又称应当型情节。是指刑法明文规定人民法院在裁量刑罚时必须考虑的情节，其表现在刑法条文中使用的是"应当"如何裁量刑罚的表述方式，同时也表明人民法院在运用该量刑情节时，没有自由裁量权。如《刑法》第 65 条规定，对于累犯"应当从重处罚"；《刑法》第 17 条规定，对于已满 14 周岁不满 18 周岁的未成年人犯罪"应当从轻或者减轻处罚"，等等。有观点认为：一般说来，在没有其他情节的情况下，如果被告人的犯罪行为中有应当从宽处罚情节的，不论所犯罪行多么严重，社会危害性多大，均不能对其判处该罪的法定最高刑；如果被告人的犯罪行为中有应当从严处罚情节的，不论所犯罪行多轻，均不能对其判处法定最低刑，否则便是量刑不当。本书认为这一观点在实践中是可取的。

弹性刑罚裁量的情节，又称可以型情节。是指刑法中规定人民法院在裁量刑罚时选择适用的情节，其表现在刑法条文中使用的是"可以"如何裁量刑罚的表述方式，同时也表明人民法院在运用该量刑情节时，享有一定的自由裁量权。如《刑法》第17条之一规定"已满七十五周岁的人故意犯罪的,可以从轻或者减轻处罚";《刑法》第19条规定"又聋又哑的人或者盲人犯罪,可以从轻、减轻或者免除处罚",等等。对于刑法规定的弹性刑罚裁量的情节,要综合考虑案件的全部情况予以适用。

2. 酌定情节。酌定情节,是指刑法未作明文规定,根据刑法立法精神以及刑事政策,由人民法院在审判中总结出来的在量刑环节需要酌情考虑的情节。酌定情节虽不是刑法明文规定的情节,但对量刑有着重要影响或作用,酌定情节是法定情节的必要补充。根据司法实践,常见的酌定情节主要有以下几种:

(1)犯罪动机。犯罪动机不同,表明犯罪分子主观恶性程度不同。一般地说,行为人的犯罪动机无耻卑鄙的,其人身危险性就大,使其改过自新的难度也大,相对于犯罪动机不那么卑劣的行为人而言,对其处刑就应当重一些。

(2)犯罪对象。在刑法没有将特定的对象规定为构成要件的情况下,犯罪对象的差异也能反映罪行的轻重程度,因而是量刑时应考虑的情节。例如,侵犯老弱病残孕比侵犯一般人的社会危害性大;盗窃文物比盗窃一般财物的社会危害性大。

(3)犯罪手段。作为酌定量刑情节的犯罪手段,是指不属于构成要件内容的手段。犯罪手段不同,反映出行为的社会危害性程度不同。在法律没有将犯罪手段规定为犯罪构成要件的情况下,犯罪手段虽然不影响定罪,但对量刑却有意义。如果犯罪分子的手段极为残忍或极为狡猾、隐蔽,则其比采用一般手段的犯罪反映出的社会危害性及人身危险性更大。因此,对他们的处罚也应有所区别。

(4)犯罪的时间、地点。犯罪的时间、地点对某些犯罪来说,是犯罪构成要件之一,决定着犯罪能否成立。而对不以时间、地点为成立要件的犯罪,有时对量刑也有一定影响。例如,破坏交通工具、破坏通信设施等危害公共安全的犯罪,在战时比在平时的社会危害性要大得多;抢劫、盗窃等犯罪活动,在灾区比在非灾区的社会危害性要大。

(5)犯罪的结果。在刑法没有将危害结果作为构成要件要素时,危害结果(包括直接结果和间接结果)的轻重对罪行的轻重也有重要影响,因而成为量刑时应酌定考虑的情节。

(6)犯罪后的态度。犯罪分子在犯罪以后,是真诚坦白、彻底交代罪行、积极退赃、主动赔偿损失、积极采取措施消除或减轻危害结果,还是拒不认罪、订立攻守同盟、毁灭罪证、有赃不退,表明其人身危险性的大小和改造的难易程度,量刑时要考虑这些情况。

(7)犯罪分子的一贯表现。犯罪人的一贯表现既不是定罪的依据,也不是量刑的主要依据。但是,犯罪人的一贯表现反映其主观恶性及人身危险性,在量刑时需要加以考虑。例如,在犯罪事实基本相同的情况下,如果一案的被告人平时遵纪守法,从事正当的生产劳动,偶尔由于被害人的过错引起激愤而犯罪;另外一案的被告人一贯不务正业,藐视法律,经常违法,多次被劳动教养。对他们的量刑理应有所区别。

各种犯罪的情节往往是错综复杂的,上述酌定情节,只是审判实践中常见的几种,而且酌定情节与法定情节的划分是相对的,它们之间还有重叠交叉的情况。量刑时必须全面分析案件的各种情节,既要考虑法定情节,又要考虑酌定情节。

(二)从宽情节与从严情节

以量刑情节对犯罪人所处刑罚的轻重以及是否处以刑罚所起的作用为标准,可将量刑情节划分为从宽情节和从严情节。前者是指反映社会危害性和人身危险性程度较小,从而对犯罪人有利的量刑情节。例如,《刑法》第17条之一规定"已满七十五周岁的人故意犯罪的,可以从轻或者减轻处罚";《刑法》第19条规定"又聋又哑的人或者盲人犯罪,可以从轻、减轻或者免除处罚",等等。后者是指反映社会危害性和人身危险性程度较大,从而对犯罪人不利的量刑情节,即从重处罚情节,而且,我国现行刑法只规定了从重处罚的情节。例如,《刑法》第65条规定"累犯,应当从重处罚";《刑法》第29条规定"教唆不满十八周岁的人犯罪的,应当从重处罚",等等。

在具体刑事案件的刑罚裁量过程中,人民法院应当从有利于犯罪嫌疑人的情节和不利于犯罪嫌疑人的情节两方面进行客观、全面的考虑,应坚决摒弃任何片面和极端的、仅考虑从宽情节或从严情节的刑罚裁量。

(三)单功能情节与多功能情节

以同一量刑情节对量刑影响的功能多少为标准,可以将量刑情节分为单功能情节和多功能情节。前者是指对量刑具有单一功能的量刑情节,它对量刑的影响只有一种可能性。如累犯只能对量刑产生从重的影响,即属于单功能量刑情节。后者是指对量刑有两种以上功能的量刑情节,它对量刑具有两种以上可能性,如《刑法》第27条"对于从犯,应当从轻、减轻处罚或者免除处罚",即属于多功能量刑情节。

当然,根据不同的标准,量刑情节还有多种不同的分类,例如,以情节的适用范围为根据,可将量刑情节分为总则性量刑情节和分则性量刑情节;以情节是否必须适用为根据,可将量刑情节分为命令性情节和授权性情节。但是,量刑情节中最基本、最主要的分类应是法定情节与酌定情节,其他分类方法的内容都可以概括到这种分类方法中。

三、量刑情节的适用

量刑是否适当,在很大程度上取决于对各种量刑情节的适用是否适当。在适用量刑情节时,应当注意以下问题:

（一）正确认识和处理不同量刑情节之间的关系

1. 正确认识不同量刑情节。刑法规定了各种从重、从轻、减轻与免除处罚的情节。在刑法中，从重、从轻、减轻或者免除处罚有其特定的含义。

（1）从重、从轻处罚。根据《刑法》第62条规定，所谓从重处罚，是指在法定刑的限度以内，判处较重的刑罚。从轻处罚，是指在法定刑的限度以内，判处相对较轻的刑罚。对从重、从轻处罚应当把握两点：一是"应当在法定刑的限度以内判处刑罚"，不允许在法定刑限度之外判处刑罚。既不能低于法定最低刑，也不能高于法定最高刑。否则就成了加重处罚或者减轻处罚。二是对犯罪分子判处较重、较轻的刑罚，是相对而言的，即比犯罪分子不具有从重、从轻处罚情节时应当受到的刑罚相对较重或相对较轻，并非一律判处法定最高刑或法定最低刑，也不是要在"中间线"以上或以下判处刑罚。

（2）减轻处罚。根据《刑法》第63条规定，减轻处罚是指在法定刑以下判处刑罚，但本法规定有数个量刑幅度的，应当在法定量刑幅度的下一个量刑幅度内判处刑罚。减轻处罚与从轻处罚不同的是，它突破了法定刑的最低限度依法判处刑罚，但是也不是任意突破法定刑的限制。如果某罪法定刑有数个量刑幅度，减轻处罚只能在犯罪分子不具有减轻处罚情节时应当受到的刑罚所在的量刑幅度的下一个量刑幅度内判处刑罚。

根据《刑法》第63条的规定，减轻处罚分为两种：一是法定的减轻处罚，即犯罪分子具有刑法规定的减轻处罚情节的，应当在法定刑以下判处刑罚；二是酌定的减轻处罚，即犯罪分子虽然不具有刑法规定的减轻处罚情节，但是根据案件的特殊情况，经最高人民法院核准，也可以在法定刑以下判处刑罚。对犯罪分子适用酌定的减轻处罚，必须符合如下条件：第一，犯罪分子不具有法定减轻处罚的情节。第二，案件具有特殊情况。所谓特殊情况，主要是指案件涉及外交、国防、宗教、民族、统战和经济建设方面的问题，为了维护国家的利益，有必要对犯罪分子减轻处罚。第三，必须经最高人民法院核准。即各级法院根据酌定的减轻处罚作出减轻处罚的判决，只有逐级报最高人民法院核准后，才能发生法律效力。

（3）免除处罚。免除处罚，是指对犯罪分子作有罪宣告，但免除其刑罚处罚，即不判处任何刑罚。免除处罚以行为人的行为构成犯罪为前提条件，只是由于犯罪分子具有法定的免除处罚的情节，才免除其刑罚处罚。《刑法》第37条规定，对于犯罪情节轻微不需要判处刑罚的，可以免予刑事处罚，但是可以根据案件的不同情况，予以训诫或者责令具结悔过、赔礼道歉、赔偿损失，或者由主管部门予以行政处罚或者行政处分。

免除处罚与《刑法》第13条"但书"规定的"不认为是犯罪"是有原则区别的。前者是有罪免刑，而后者则是不构成犯罪，根本不存在刑罚处罚的问题。

2. 正确处理不同量刑情节之间的关系。正确处理不同量刑情节之间的关系，主要是指正确处理法定的应当型情节、可以型情节与酌定情节之间的关系。这三种量刑情节的地位与作用是依次递减的。法定的应当型量刑情节是一种硬性规定,审判人员必须遵循法律的规定,没有选择及其自由裁量的权利;法定的可以型量刑情节是一种授权性规定,审判人员有权根据案件的具体情况,决定是否适用刑法的规定,但是,该规定同时也表明了一种倾向性意见,即在通常的情况下,应该实现刑法的规定内容;酌定量刑情节是刑法没有任何明文规定的,由审判人员适当考虑、具体斟酌。因此,审判人员必须正确认识不同情节的地位和作用,应该根据刑法的具体规定区别对待。正确的做法是,法定的应当型情节优于法定的可以型情节,法定的可以型情节优于酌定情节。

(二) 正确适用多功能量刑情

我国刑法对量刑情节的规定中,从严情节只有单功能情节,从宽情节属于多功能情节,其核心是从某一量刑情节所包含的多种功能中选择其中一种功能,并将其适用于对具体案件的量刑。在这种情况下,首先,要考虑罪行的轻重程度。罪行相当轻微的,应当考虑较大的从宽功能,反之,考虑较小的从宽功能。其次,要考虑量刑情节本身的情况。例如,同样是自首,甲犯罪后立即自动投案,并如实供述了全部罪行,宜减轻处罚;乙是犯罪后过了较长时间才自动投案,并如实供述自己的主要罪行,宜从轻处罚。最后,要考虑刑法规定的顺序。顺序不同反映了刑事立法的倾向性,启示审判人员首先考虑排在前面的功能。总之,多功能情节的功能选择,与行为、情节相结合所表现出来的社会危害性有密切关系。

(三) 正确裁量多种量刑情节并存的刑罚

1. 同向趋轻情节并存时的适用。同向趋轻情节,是指多个量刑情节的方向均为从宽的情况。在这种情况下,应该根据行为和每个情节的情况,对每个情节应当选择的功能予以确定,然后将确定了功能的多个情节合并适用。主要有以下几种情况:一是多个情节中有免除处罚情节,对被告人则应免除处罚,其他从宽处罚情节均已失去意义。二是多个情节中没有免除处罚情节,而均是从轻或者减轻处罚情节。此时,情节的适用顺序是先减轻,再从轻,即在减轻后所可能裁量的刑罚基础之上,再从轻处罚。因为,如果先从轻再减轻,从轻的作用就会被减轻吸收,难以发挥应有的作用。三是多个情节中均为从轻或减轻处罚情节。这时只能相应进行较大幅度的从轻处罚或者减轻处罚,但是,不能够任意改变量刑情节所具有的功能,两个从轻情节不能升格为一个减轻情节。多个减轻处罚的情节更不能升格为免除处罚。

2. 同向趋重情节并存时的适用。同向趋重情节,是指多个量刑情节的方向均为从重的情况。在多个从重量刑情节并存时,不能合并升格为一个加重处罚的情节。即同时具有数个从重情节,只能相应进行较大幅度的从重处罚,但不能高于法定刑加重处罚。因为:一是现行刑法中没有规定加重处罚的情节;二是对于较重的犯罪,刑法都规定了两个或两个以上的刑种或刑度。对于犯罪构成中表现社会危害性程度的主要内容一般都规定可以作为加重犯成立的条件,不会影响罪刑均衡。

3. 逆向冲突情节并存的时的适用

所谓逆向冲突情节,是指多个量刑情节在方向上是不同的情况。而量刑情节的真正冲突只存在于从重与从轻情节,从重与减轻情节之间。关于数情节冲突的解决方案,我国刑法学界主要存有不同的观点,本书认为,首先,根据行为的社会危害性和行为的人的主观恶性,在不考虑抽象个罪的从宽情节与从严情节的情况下确定一个与之对应的法定刑幅度,这是可判刑的区间范围;其次,在这一幅度内确定抽象个罪的量刑基准,这是法定刑幅度内一个大致的点;最后,再对从宽情节、从严情节进行综合平衡。其步骤是:①在从重情节与从轻情节并存的情况下先考虑从重,这是刑罚的第一次修正;在从重的基础上再从轻,这是刑罚的第二修正。②在从重与减轻情节并存时先予减轻,在基本量刑幅度以下考虑,然后在减轻的基础上再予以从重处罚。

(四)禁止重复评价量刑情节

禁止重复评价原则是德国刑法学理论中的一个基本的解释原则,是解释法律竞合的通说。而其在刑法上最普遍的用法是,在量刑过程中的一个重要原则。由于有些裁量事实已成为某些特定犯罪行为的构成要件要素而规定于犯罪行为的构成要件之中。禁止重复评价是指禁止对于法条所规定的构成要件要素,在刑罚裁量中再度当作刑罚裁量事实,即作为从重裁量或从轻裁量的依据重复加以使用。

我国刑法中的"情节"有不同的种类,第一类是作为符合构成要件事实的情节;第二类是作为选择法定刑依据的情节;第三类是在既定法定刑之下影响具体量刑的情节。前两类情节实际上属于定罪情节,它们在发挥了相应的定罪作用以后,就不得再作为第三类的量刑情节予以考虑。如《刑法》第274条规定,"敲诈勒索公私财物,数额较大,处三年以下有期徒刑、拘役或者管制;数额巨大或者有其他严重情节的,处三年以上十年以下有期徒刑。"若数额较大的起点为2000元,数额巨大的起点为2万元,则若某甲敲诈勒索数额为2万元时,该情节便成为法定刑升格的依据,法院不得在3~10年的量刑档次内将2万元的情节再次予以评价。而严重情节的适用也同此原理。当然,如果两个法定刑升格情节即数额巨大和严重情节同时出现的时候,适用其中之一升格法定刑后,仍然可以对另外一个情节予以评价。禁止重复使用原则作为学理上的原则并无疑义,但是在实务中法官往往不知不觉中违背该原则进行刑罚的裁量,因此,在刑罚裁量过程中将其作为一般性的规则十分必要。

■ 相关链接

1.《刑法典》第61条、62条、63条

2. 2010年2月8日最高人民法院《关于贯彻宽严相济刑事政策的若干意见》

问题思考

1. 量刑情节的分类有哪些?
2. 如何理解从重、从轻、减轻以及免除处罚的含义。
3. 如何理解量刑中的禁止重复使用的原则。
4. 如何处理多种量刑情节之间的关系。

案例分析

1999年,李某因为盗窃罪被判处有期徒刑3年。刑满释放后,李某一直不思悔改,游手好闲。2005年某日,李某将同村的王某(13岁)奸淫。事后,李某威胁王某,叫她不要向别人说起此事,否则就要报复她家人。同年,李某教唆同村的赵某(17岁)盗窃村中一家小商店,在赵某盗窃过程被人发现,将其扭送到公安机关。在公安机关的讯问下,赵某如实交代了李某教唆其盗窃的犯罪事实。

问:上述案例中,属于法定情节的有哪些?属于酌定情节的有哪些?对于这些情节,应当如何处理?

第三节 累犯

知识结构图

累犯概念→累犯的成立条件→累犯的刑事责任

重点提示

一般累犯的成立条件;特殊累犯的成立条件;累犯的刑事责任

司考重点

一般累犯和特殊累犯的成立条件

一、累犯的概念

累犯,是指被判处一定刑罚的犯罪人,在刑罚执行完毕或者赦免以后,在法定期限内又犯一定之罪的情况。作为量刑情节,累犯是一种特定的再次犯罪的事实;作为量刑对象,累犯是指特定的累犯人。

二、累犯的分类和成立条件

我国《刑法》第65条和第66条分别规定了一般累犯与特殊累犯,二者的成条件不同,但是法律后果没有区别。

(一)一般累犯

根据《刑法》第65条的规定,一般累犯,是指因故意犯罪被判处有期徒刑以上刑罚,刑罚执行完毕或者赦免以后,在5年以内再犯应当判处有期徒刑以上刑罚的故意犯罪的已满十八周岁的犯罪人,又称"普通累犯"。一般累犯,必须具备以下四个条件:

1. 主观条件。前后两罪必须都是故意犯罪。这也是一般累犯成立的实质条件。我国刑法将过失犯罪排除在累犯之外。也就是说,如果前后两罪都是过失犯罪,或者前罪与后罪中有一个是过失犯罪,都不构成累犯。

2. 刑度条件。前罪被判处的刑罚和后罪应判处的刑罚都是有期徒刑以上。"前罪被判处的刑罚",是指人民法院最后确定的宣告刑为有期徒刑以上刑罚。"后罪应判处的刑罚",是指根据事实和法律实际应当判处有期徒刑以上刑罚,而不是指该罪的法定刑中包含有期徒刑以上刑罚。否则,将会无限制地扩大一般累犯的范围。因为,我国刑法分则当中规定的每一种犯罪的法定刑都包含有期徒刑。这里所说的"有期徒刑以上"既包括有期徒刑,也包括无期徒刑和死刑缓期执行。因为,被判无期徒刑或者死刑缓期执行的犯罪人,也有可能得到减刑、假释或者特赦.从而也就存在出狱以后再犯罪的问题。如果前罪被判处的刑罚和后罪应判处的刑罚均低于有期徒刑,或者其中有一个低于有期徒刑,都不构成一般累犯。低于有期徒刑的情况包括拘役、管制以及单处附加刑。

3. 时间条件。后罪发生在前罪刑罚执行完毕或者赦免以后5年之内。所谓"刑罚执行完毕",是指主刑执行完毕,个包括附加刑在内。主刑执行完毕附加刑尚在执行中,不影响累犯的构成。所谓"赦免"是指特赦减免。我国刑法把"刑罚执行完毕或者赦免以后五年以内"作为构成一般累犯的时间界限。如果后罪发生在前罪刑罚执行期间,自然不能构成累犯,而是予以数罪并罚。如果后罪发生在前罪刑罚执行完毕或者是赦免5年之后,也不构成一般累犯。关于"5年"期限的计算,已经执行刑罚或者被赦免的犯罪人,从刑罚执行完毕之日或者赦免之日起算。

对被假释的犯罪人,在假释考验期限内犯新罪,应当撤销假释,依法实行数罪并罚,不存在构成累犯的问题。因为假释考验期未满被撤销假释,原判刑罚不能视为已经执行完毕,不符合累犯"原判刑罚执行完毕"的条件。在假释考验期满5年以后再犯罪,也不发生累犯问题;在假释考验期满5年之内又犯新罪的,则构成累犯。对于被假释的犯罪人,5年是从假释期满之日起计算。

被判处有期徒刑宣告缓刑的犯罪人,如果在缓刑考验期满后又犯故意罪,能否构成累犯,理论上曾有不同的观点。本书立场认为,不应构成累犯,因为缓刑是附条件的不执行所宣告的刑罚,考验期满原判的刑罚就不再执行,而不是刑罚已经执行完毕,不符合累犯"原判刑罚执行完毕"的时间条件。

值得注意的问题是,前罪在国外受过刑罚处罚,又在我国犯罪,并在我国受审的时候,能否按照我国的累犯制度处理,在理论上存在争议。本书立场认为,对此应当坚持我国的国外刑事判决的效力原则,具体问题具体分析。如果外国人在国外实施的犯罪行为,并未触犯我国刑法,虽然经国外审判并执行刑罚,也不能作为构成累犯的前罪条件按照累犯处理。如果所犯之罪按照我国刑法也应当承担刑事责任,可以承认其已经被执行完毕的刑罚,按照我国的累犯条件认定其是否构成累犯。

4. **主体条件**。犯罪人需已满18周岁。我国《刑法》规定"不满18周岁的人犯罪的除外",也就是说,犯罪时年满18周的人才能成立累犯的问题。这里的"犯罪时年满18周岁"是指行为人犯前罪时已满18周岁。如果行为人犯前罪时未满18周岁,即使该罪是故意犯罪并符合累犯的其他条件,亦不构成累犯。

(二)特殊累犯

根据《刑法》第66条的规定,特殊累犯是指危害国家安全犯罪、恐怖活动犯罪、黑社会性质的组织犯罪的犯罪分子,在刑罚执行完毕或者赦免以后,在任何时候再犯上述人以类犯罪的犯罪分子。构成特殊累犯,须具备以下三个条件:

1. 前罪和后罪都必须是危害国家安全犯罪、恐怖活动犯罪、黑社会性质的组织犯罪其中之一。即前罪或者后罪所触犯的是上述任一类犯罪。如果前、后两罪或者前、后两罪中有任一罪不是上述任一类犯罪,则不构成特殊累犯。如果符合刑法第65条的规定,可以构成一般累犯。

2. 前罪被判处的刑罚和后罪应判处的刑罚的种类、轻重不受限制。成立特殊累犯没有刑度上的任何要求。即使前后两罪或者其中一罪判处拘役、管制,甚至单处附加刑,也不影响特殊累犯的构成。

3. 前后两罪相隔的时间长短没有限制。后罪可以发生在前罪刑罚执行完毕或者赦免以后的任何时候,不受两罪相隔时间长短的限制。

三、累犯的刑事责任

《刑法》第65条规定,对累犯"应当从重处罚"。即无论对一般累犯还是特殊累犯,都应当从重处罚。"应当"从重处罚,说明累犯是一个必然性的从严量刑情节,只要犯罪人构成累犯,就必须在法定量刑幅度内处以较重的刑罚。当然,从重处罚,是相对于不构成累犯应当承担刑事责任而言的,因此,对累犯量刑时还必须根据具体的案情,综合考虑,并不是简单地一律判处法定最高刑。

此外,根据《刑法》第74、第81条第2款的规定,对于累犯,不适用缓刑,不得假释。因为,缓刑和假释的适用,均要求有犯罪人不致再危害社会的条件,而累犯本身就反映了行为人较大的人身危险性,屡教不改。因此,对累犯适用缓刑和假释,起不到预防犯罪的刑罚目的,不能保证社会秩序的安全性。

相关链接

1.《刑法典》65条、66条、74条、81条第二款
2.2010年2月8日最高人民法院《关于贯彻宽严相济刑事政策的若干意见》第11条

问题思考

1.一般累犯的成立条件?
2.特殊累犯的成立条件?

案例分析

某甲因抢劫罪被判处有期徒刑10年,附加剥夺政治权利三年。某甲在其附加剥夺政治权利刑执行完毕后的第三年,又犯盗窃罪,应当判处有期徒刑三年。

问题:某甲是否能够成立累犯?

参考答案:不构成累犯,因为不符合累犯的时间条件,后罪必须发生在前罪所判处的刑罚执行完毕或者赦免以后的5年之内。这里刑罚执行完毕是指主刑执行完毕,附加刑是否执行完毕不影响累犯的成立。

第四节 自首和立功

知识结构图

自首的概念→自首的分类→自首的成立条件→自首的法律责任
立功的概念→立功的分类→立功的表现形式→立功的法律责任

重点提示

一般自首的成立条件；特别自首的成立条件；立功的表现形式及分类

司考重点

如何把握成立一般自首和特别自首的成立条件；如何把握立功的表现形式和分类；立功和自首的区别

一、自首

根据我国《刑法》第 67 条的规定，自首分为自首和"以自首论"两种情况。前者被称为一般自首，后者被称为特别自首或准自首。一般自首，是指犯罪分子犯罪以后自动投案，如实供述自己的罪行的行为。特别自首，是指被采取强制措施的犯罪嫌疑人、被告人和正在服刑的罪犯，如实供述司法机关还未掌握的本人其他罪行的行为。

（一）一般自首的成立条件

根据《刑法》第 67 条第 1 款的规定，一般自首的成立必须具备以下条件：

1. 自动投案。所谓自动投案，是指犯罪事实或者犯罪嫌疑人未被司法机关发觉，或者虽被发觉，但犯罪嫌疑人尚未受到讯问、未被采取强制措施时，主动、直接向公安机关、人民检察院或者人民法院投案。这是自首成立的前提条件。司法实践中，关于自动投案应当从以下几个方面加以把握：

（1）投案的时间。从投案的时间看，投案行为必须发生在犯罪行为发生之后，犯罪人归案之前。具体应包括以下情况：①犯罪事实和犯罪嫌疑人都没有被发觉以前，犯罪人投案的。②犯罪事实已经被发觉，但犯罪嫌疑人尚未被发现。③犯事实和犯罪嫌疑人都已经被发觉,但还没有对犯罪嫌疑人采取拘留、逮捕等强制措施的。④案发后,犯罪嫌疑人被通缉、追捕过程中自动投案的。此种情况一般应该是犯罪人仍有继续潜逃的可能而自愿放弃潜逃,到案接受司法机关的追究。如果犯罪人被群众、公安人员围追堵截,已经走投无路,被迫放弃逃跑,而当场投案的,不能视为自首。⑤罪行未被有关部门、司法机关发觉,仅因形迹可疑被盘问、教育后,主动交代了犯罪事实的,应当视为自动投案。但有关部门、司法机关在其身上、随身携带的物品、驾乘的交通工具等处发现与犯罪有关的物品的,不能认定为自动投案。这里,要将"形迹可疑"与"犯罪嫌疑"区别开来。所谓形迹可疑,是指人的举动、神色不正常,使人产生疑问。这种疑问是臆测性的心理判断,它的产生没有也不需要凭借一定的事实依据,是一种仅凭常理、常情判断而产生的怀疑。"犯罪嫌疑",是指侦查人员凭借一定的事实根据或者他人提供的线索,认为特定人有作案嫌疑。⑥准备投案。经查实犯罪嫌疑人确已准备去投案而被公安机关抓获,也应视为自动投案。所谓"准备投案",可从行为人的客观行为和主观心理联系起来分析:从客观行为看,行为人为自首作准备活动。如正在收拾行李、安排子女的生活;主观上行为人有坚定的投案决心,如果行为人对是否投案尚在犹豫不决,则不能认定为自动投案。此外,犯罪嫌疑人具有以下情形之一的,也应当视为自动投案:①犯罪后主动报案,虽未表明自己是作案人,但没有逃离现场,在司法机关询问时交代自己罪行的;②明知他人报案而在现场等待,抓捕时无拒捕行为,供认犯罪事实的;③在司法机关未确定犯罪嫌疑人,尚在一般性排查询问时主动交代自己罪行的;④因特定违法行为被采取劳动教养、行政拘留、司法拘留、强制隔离戒毒等行政、司法强制措施期间,主动向执行机关交代尚未被掌握的犯罪行为的;⑤其他符合立法本意,应当视为自动投案的情形。

需要注意的是,根据我国相关的司法解释规定,交通肇事后保护现场、抢救伤者,并向公安机关报告的,应认定为自动投案,构成自首的,因上述行为同时系犯罪嫌疑人的法定义务,对其是否从宽、从宽幅度要适当从严掌握。交通肇事逃逸后自动投案,如实供述自己罪行的,应认定为自首,但应依法以较重法定刑为基准,视情决定对其是否从宽处罚以及从宽处罚的幅度。

(2)投案的对象。必须自动向有关机关和有关个人投案。在一般情况下,有关机关是指公安、司法机关,即公安机关、人民检察院、人民法院及其派出单位等。根据相关的司法解释,犯罪人在实施犯罪行为以后,向其所在单位、城乡基层组织或者其他有关责任人员投案的,也应认为是自动已投案。应对作为投案对象的机关做宽泛的理解,不应给予过多的限制。因为向司法机关以外的其他机关投案,最终也必将会移送到司法机关进行处理,其本质也符合自首的特征。

(3)投案的方式。投案的方式可以是多种多样的,一般可以归纳为三种。第一,犯罪人自己到司法机关或有关机关投案;第二,犯罪嫌疑人因病、伤或者为了减轻犯罪后果,委托他人先代为投案,第三,犯罪人因在外地,先以信电投案的。

(4) 投案的意愿。行为人的投案应当具有自动性,即投案必须是犯罪人基于本人的意志主动的投案。从司法实践中看,自动投案的动机比较复杂,有的出于真诚悔悟;有的惧怕法律威严,自感难逃法网;有的潜逃在外生活无着,迫于无奈;有的为了争取宽大处理,为政策所感召;有的经亲友规劝教育而醒悟等。不同的动机,不影响自动投案的成立,不能因为犯罪人的特殊目的,而否定其投案的主动性。另外,投案主动性并不绝对的要求犯罪人完全基于自己的意志主动投案,"并非出于犯罪嫌疑人主动投案,而是经亲友规劝、陪同投案的;公安机关通知犯罪嫌疑人的亲友,或者亲友主动报案后,将犯罪嫌疑人送去投案的,也应当视为自动投案。"在这种情况下,一开始犯罪人不主动,但在劝说后,愿意自首。只要犯罪人对自首不表示反对,就可认定为自首。但是,如果犯罪人亲友是采取哄骗、扭送、捆绑等方法。将犯罪人送往司法机关归案的,则不应视为自首,但考虑到被告人亲属支持司法机关工作,促使被告人到案、认罪、悔罪,在决定对被告人具体处罚时,也应当予以充分考虑。

(5) 投案的彻底性。投案彻底性是指犯罪人投案后必须将自己自愿置于司法机关的控制之下,接受审查和裁判,这是其自动投案、真诚悔罪的具体表现。因此,犯罪嫌疑人自动投案后又逃跑的,不能认定为自首。司法实践中,有的犯罪人承认自己的犯罪事实,并交代了事情经过,然后出走不知所踪;有的犯罪人将犯罪所得的财产悄悄送交司法机关并附书信予以告知,而不亲自到案或者讲明自己的真实姓名的;有的委托他人代为自首,但自己拒不到案的,均不能视为自动投案。

2. 如实供述自己的罪行。如实供述自己的罪行,是自首成立的重要条件,也是自首的本质特征。如实供述自己的罪行,是指犯罪分子自动投案后,如实交代自己的主要犯罪事实。只要其供述的罪行与客观存在的基本犯罪事实相一致,就应当视为如实供述。如实供述自己的罪行,除供述自己的主要犯罪事实外,还应包括姓名、年龄、职业、住址、前科等情况。犯罪嫌疑人供述的身份等情况与真实情况虽有差别,但不影响定罪量刑的,应认定为如实供述自己的罪行。犯罪嫌疑人自动投案后隐瞒自己的真实身份等情况,影响对其定罪量刑的,不能认定为如实供述自己的罪行。

犯罪嫌疑人多次实施同种罪行的,应当综合考虑已交代的犯罪事实与未交代的犯罪事实的危害程度,决定是否认定为如实供述主要犯罪事实。虽然投案后没有交代全部犯罪事实,但如实交代的犯罪情节重于未交代的犯罪情节,或者如实交代的犯罪数额多于未交代的犯罪数额,一般应认定为如实供述自己的主要犯罪事实。无法区分已交代的与未交代的犯罪情节的严重程度,或者已交代的犯罪数额与未交代的犯罪数额相当,一般不认定为如实供述自己的主要犯罪事实。

犯有数罪的犯罪嫌疑人仅如实供述所犯数罪中部分犯罪的,只对如实供述部分犯罪的行为,认定为自首。共同犯罪案件中的犯罪嫌疑人,除如实供述自己实施的罪行,还应当供述所知的同案犯,主犯则应当供述所知其他同案犯的共同犯罪事实,才能认定为自首。

犯罪嫌疑人自动投案时虽然没有交代自己的主要犯罪事实,但在司法机关掌握其主要犯罪事实之前主动交代的,应认定为如实供述自己的罪行。犯罪嫌疑人自动投案并如实供述自己的罪行后又翻供的,不能认定为自首;但在一审判决前又能如实供述的,应当认定为自首。

在司法实践中,要准确把握和区分"如实供述"与"合理辩解"。合理辩解是在客观地陈述自己罪行的基础之上对于承担责任的轻重大小作出的解释说明。被告人对行为性质的辩解不影响自首的成立。

(二)特别自首的成立条件

根据刑法第67条第2款的规定,成立特别自首必须具备以下条件:

1. 主体必须是被采取强制措施的犯罪嫌疑人、被告人和正在服刑的罪犯。

这一条件是特别自首区别于一般自首的重要特征。所谓强制措施,是指我国刑事诉讼法所规定的,人民法院、人民检察院和公安机关为了防止犯罪嫌疑人、被告人逃避侦查和审判,依照法定程序,对其人身自由加以一定限制或者剥夺的强制方法。它包括拘传、取保候审、监视居住、拘留和逮捕。所谓正在服刑的罪犯,是指已经法院判决、正在执行所判刑罚的罪犯。除上述三种人以外的犯罪分子,不能成立特别自首。

2. 必须如实供述司法机关还未掌握的本人其他罪行。

被采取强制措施的犯罪嫌疑人、被告人和正在服刑的罪犯,必须如实供述司法机关尚不了解、不掌握的本人其他罪行。所谓"其他罪行"是相对于司法机关已掌握的罪行而言的。根据司法解释,只有如实供述司法机关尚未掌握的罪行,与司法机关已掌握的或者判决确定的罪行属不同种罪行的,才以自首论;如属同种罪行的,只可以酌情从轻处罚;如实供述的同种罪行较重的,一般应当从轻处罚。

犯罪嫌疑人、被告人在被采取强制措施期间,向司法机关主动如实供述本人的其他罪行,该罪行能否认定为司法机关已掌握,应根据不同情形区别对待。如果该罪行已被通缉,一般应以该司法机关是否在通缉令发布范围内作出判断,不在通缉令发布范围内的,应认定为还未掌握,在通缉令发布范围内的,应视为已掌握;如果该罪行已录入全国公安信息网络在逃人员信息数据库,应视为已掌握。如果该罪行未被通缉、也未录入全国公安信息网络在逃人员信息数据库,应以该司法机关是否已实际掌握该罪行为标准。

犯罪嫌疑人、被告人在被采取强制措施期间如实供述本人其他罪行,该罪行与司法机关已掌握的罪行属同种罪行还是不同种罪行,一般应以罪名区分。虽然如实供述的其他罪行的罪名与司法机关已掌握犯罪的罪名不同,但如实供述的其他犯罪与司法机关已掌握的犯罪属选择性罪名或者在法律、事实上密切关联,如因受贿被采取强制措施后,又交代因受贿为他人谋取利益行为,构成滥用职权罪的,应认定为同种罪行。

(三) 自首与坦白的关系

坦白有广义和狭义两种解释。广义的坦白包括自首在内，自首是坦白的最高形式。通常所说的"坦白从宽，抗拒从严"政策中的坦白，就是指广义上的坦白。狭义的坦白不包括自首在内。刑法意义上的坦白，是指狭义上的坦白，即指犯罪嫌疑人或被告人在被动归案之后，向司法机关如实供认自己被指控的犯罪事实，并接受国家审查和裁判的行为。《刑法》第67条第三款规定：犯罪嫌疑人虽不具有前两款规定的自首情节，但是如实供述自己罪行的，可以从轻处罚；因其如实供述自己罪行，避免特别严重后果发生的，可以减轻处罚。即是我国刑法对坦白的规定。

自首与坦白具有相同之处：第一，二者均以犯罪人实施了犯罪行为为前提；第二，二者在犯罪人归案之后都能如实交代自己的犯罪事实；第三，二者的犯罪人都具有接受国家审查和裁判的行为；第四，二者都是法定的从宽处罚情节。

自首与坦白也存在着明显的区别：第一，自首是犯罪人自动投案之后，主动如实供述自己的犯罪事实的行为，或者被动投案后，如实供述司法机关尚未掌握的本人其他罪行的行为；而坦白则是犯罪人被动归案之后，如实供认自己被指控的犯罪事实的行为。这是自首和坦白区别的关键所在。第二，自首的犯罪分子悔罪表现较好，其人身危险性相对较小，坦白的犯罪分子往往是在一定条件下被迫认罪的，其人身危险性相对较大。第三，自首和坦白虽然都是法定的从宽处罚情节，但是，在一般情况下，自首比坦白的从宽处罚幅度要大。

(四) 自首犯的刑事责任

《刑法》第67条第1款规定："对于自首的犯罪分子，可以从轻或者减轻处罚。其中，犯罪较轻的，可以免除处罚。"据此，对于自首犯的处罚应从以下几个方面把握。

1. 对于自首的犯罪分子，除了罪行极其严重、主观恶性极深、人身危险性极大，或者恶意地利用自首规避法律制裁者以外，一般均应当依法从宽处罚。

2. 对于可以从轻或者减轻处罚的自首的犯罪分子，究竟是从轻处罚还是减轻处罚，应当根据犯罪轻重，并考虑自首的具体情节，如投案的主动性、供述的及时性和稳定性等。

3. 对于犯罪以后自首且罪行较轻的，不仅可以从轻或者减轻处罚，而且还可以免除处罚。犯罪是否较轻，应当根据犯罪的事实、性质、情节和危害后果等加以综合考察、判断。一般认为，应当判处3年以下有期徒刑的犯罪，可视为犯罪较轻。

二、立功

(一) 立功的概念

刑法上的立功分为两种：一是属于减刑制度的立功，二是属于量刑制度的立功。这里的立功是指刑罚裁量制度上的立功,是指犯罪分子揭发他人犯罪行为,查证属实的,或者提供重要线索,从而得以侦破其他案件等情况的行为。根据我国刑法第68条和相关司法解释的规定立功的表现形式有以下五种:

1. 犯罪分子到案后有检举、揭发他人犯罪行为,包括共同犯罪案件中的犯罪分子揭发同案犯共同犯罪以外的其他犯罪,经查证属实的。

"他人犯罪行为"必须是司法机关尚未掌握的罪行,既包括检举揭发他人的犯罪行为与司法机关已掌握或者判决确定的罪行不属于同种罪行,也包括"与司法机关已掌握的或者判决确定的罪行属同种罪行"的情况。但是共同犯罪案件的犯罪分子到案后,揭发同案犯共同犯罪事实的,不能成立立功,但可以酌情予以从轻处罚。

2. 提供侦破其他案件的重要线索,经查证属实的。

所谓"重要线索",一般是指司法机关据以发现犯罪嫌疑人的隐匿地点、主要犯罪事实、犯罪直接证据等证明犯罪嫌疑人有罪,对案件的侦破能够起到关键性作用的线索。例如,犯罪的时间、地点、犯罪人、被害人的情况等。但是,犯罪分子通过贿买、暴力、胁迫等非法手段,或者被羁押后与律师、亲友会见过程中违反监管规定,获取他人犯罪线索并"检举揭发"的,不能认定为有立功表现。犯罪分子将本人以往查办犯罪职务活动中掌握的,或者从负有查办犯罪、监管职责的国家工作人员处获取的他人犯罪线索予以检举揭发的,不能认定为有立功表现。犯罪分子亲友为使犯罪分子"立功",向司法机关提供他人犯罪线索、协助抓捕犯罪嫌疑人的,不能认定为犯罪分子有立功表现。例如,某甲被抓获后,通过律师转告其父想办法协助司法机关抓捕同案犯,其父最终找到同案犯藏匿地点,协助侦查机关将其抓获,就不能认定为"提供侦破其他案件的重要线索"而成立立功。

3. 阻止他人犯罪活动的。

主要是指在羁押场所阻止他人的犯罪活动,也包括犯罪后在非羁押期间阻止他人的犯罪活动。阻止的方式可以是多种多样的,可以是劝说、及时报案,也可以采取防卫的手段,制止他人的犯罪活动。

3. 协助司法机关抓捕其他犯罪嫌疑人(包括同案犯)的。

根据相关司法解释的规定,犯罪分子具有下列行为之一,使司法机关抓获其他犯罪嫌疑人的,属于"协助司法机关抓捕其他犯罪嫌疑人":①按照司法机关的安排,以打电话、发信息等方式将其他犯罪嫌疑人(包括同案犯)约至指定地点的;②按照司法机关的安排,当场指认、辨认其他犯罪嫌疑人(包括同案犯)的;③带领侦查人员抓获其他犯罪嫌疑人(包括同案犯)的;④提供司法机关尚未掌握的其他案件犯罪嫌疑人的联络方式、藏匿地址的,等等。但是,犯罪分子提供同案犯姓名、住址、体貌特征等基本情况,或者提供犯罪前、犯罪中掌握、使用的同案犯联络方式、藏匿地址,司法机关据此抓捕同案犯的,不能认定为协助司法机关抓捕同案犯。例如,犯罪人是唯一知晓同案犯手机号的人,其主动供述同案犯手机号,侦查机关据此采用技术侦查手段将其抓获；犯罪人被抓获后，向侦查机关提供同案犯的体貌特征，同案犯由此被抓获的，都不能认定为"协助司法机关抓捕其他犯罪嫌疑人"而成立立功。

5. 具有其他有利于国家和社会的突出表现的。

主要是指在生产和科研中有重大发明创造、技术革新的，或者在日常生产、生活中舍己救人的以及在抢险救灾中有突出表现的等情况。这里的关键是要有突出的表现，而不是一般的表现，掌握上应当从严把握。

（二）立功的种类

根据我国刑法的规定，立功分为一般立功和重大立功。

1. 一般立功。根据刑法和相关司法解释规定，一般立功的主要表现形式为：犯罪分子到案后有检举、揭发他人犯罪行为，包括共同犯罪案件中的犯罪分子揭发同案犯共同犯罪以外的其他犯罪，经查证属实；提供侦破其他案件的重要线索，经查证属实；阻止他人犯罪活动；协助司法机关抓捕其他犯罪嫌疑人（包括同案犯）；具有其他有利于国家和社会的突出表现的。

2. 重大立功。根据刑法和相关司法解释规定，重大立功的主要表现形式为：犯罪分子有检举、揭发他人重大犯罪行为，经查证属实；提供侦破其他重大案件的重要线索，经查证属实；阻止他人重大犯罪活动；协助司法机关抓捕其他重大犯罪嫌疑人（包括同案犯）；对国家和社会有其他重大贡献等表现的，应当认定为有重大立功表现。其中，"重大犯罪"、"重大案件"、"重大犯罪嫌疑人"的标准，一般是指犯罪嫌疑人、被告人可能被判处无期徒刑以上刑罚或者案件在本省、自治区、直辖市或者全国范围内有较大影响等情形。

（三）立功犯的刑事责任

根据《刑法》第68条的规定，对于有一般立功表现的，可以从轻或者减轻处罚；对于有重大立功表现的，可以减轻或者免除处罚。具体把握时应注意以下问题：

1. 对具有立功情节的被告人是否从宽处罚、从宽处罚的幅度，应当考虑其犯罪事实、犯罪性质、犯罪情节、危害后果、社会影响、被告人的主观恶性和人身危险性等。同时还应考虑检举揭发罪行的轻重、被检举揭发的人可能或者已经被判处的刑罚、提供的线索对侦破案件或者协助抓捕其他犯罪嫌疑人所起作用的大小等。

2. 具有立功情节的，一般应依法从轻、减轻处罚；犯罪情节较轻的，可以免除处罚。虽然具有立功情节，但犯罪情节特别恶劣、犯罪后果特别严重、被告人主观恶性深、人身危险性大，或者在犯罪前即为规避法律、逃避处罚而准备立功的，可以不从宽处罚。

相关链接

1. 《刑法典》第 67 条、68 条
2. 1998 年 4 月 17 日最高人民法院《关于处理自首和立功具体应用法律若干问题的解释》
3. 2010 年 12 月 22 日最高人民法院《关于处理自首和立功若干具体问题的意见》
4. 2004 年 3 月 23 日《最高人民法院关于被告人对行为性质的辩解是否影响自首成立问题的批复》
5. 2010 年 2 月 8 日最高人民法院《关于贯彻宽严相济刑事政策的若干意见》第 17、18 条

问题思考

1. 一般自首的成立条件？
2. 特别自首的成立条件？
3. 自首犯的刑事责任和坦白的联系和区别？
4. 立功的表现形式？
5. 什么是一般立功？什么是重大立功？

案例分析

被告人李某，男，30 岁，无业。自 1998 年以来，李某先后盗窃十余次，窃得电瓶车 2 辆、手机 3 部及烟酒、现金等物，价值 2 万多元。2003 年 6 月被公安机关拘留。李某在被拘留期间，出于悔罪，除如实交代了盗窃行为之外，还交代了 1999 年 4 月 10 日夜间，伙同王某在到某厂职工宿舍抢劫财物并杀死一人的罪行。司法机关经查证属实，并依法将王某抓捕归案。王某对抢劫的罪行供认不讳。

问题：李某在被拘留期间交代伙同王某实施抢劫的罪行是属于自首还是立功？

参考答案：本案被告人李某的行为符合《刑法》第 67 条第二款的规定，应以自首论。李某交代自己与他人伙同犯罪的罪行属于自首情节而不是立功情节。

第五节　数罪并罚

知识结构图

数罪并罚的概念→数罪并罚的原则→数罪并罚的具体适用

重点提示

数罪并罚的原则；数罪并罚的具体适用

司考重点

我国的数罪并罚的原则；数罪并罚几种情况的具体适用；限制加重、先并后减、先减后并的计算方法

一、数罪并罚的概念

数罪并罚就是对一人所犯数罪的合并处罚。我国刑法中的数罪并罚，是指人民法院对一人在法定时限内所犯的数罪分别定罪量刑后，依照刑法规定的原则决定其应执行的刑罚的制度。它具有以下三个特征：

（一）数罪并罚的适用前提必须是一人犯数罪

这时所说的"一人"既可以是单独犯罪中的独立的一个人，也可以是共同犯罪中的数人组合而成的整体。这里所说的"数罪"，是指需要并罚的数罪。因此，实质的一罪、法定的罪或者处断的一罪，均不属数罪的范畴，一般不适用数罪并罚。

（二）数罪必须发生在法定的期限内

即判决宣告以前或者判决宣告以后、刑罚执行完毕以前。这是适用数罪并罚的时间条件。只有在这个法定期限内才发生数罪并罚的问题。如果犯罪分子在刑罚执行完毕以后又犯罪或者发现他还有漏罪，只需对新罪或漏罪依法定罪判刑即可，不存在和前罪并罚的问题。

（三）数罪并罚中"并罚"必须依照法定的原则

即在对数罪分别定罪量刑的基础上，依照法定的数罪并罚原则及刑期计算方

法,决定执行的刑罚。这是适用数罪并罚的操作规则。数罪并罚并不是对数罪所判刑罚的单纯叠加,而是对犯罪分子所犯数罪,依照刑法分则有关条文的规定,分别确定罪名,裁量刑罚,然后根据刑法总则确立的原则及方法,决定其应执行的刑罚,并在判决书中作出明确反映。

二、数罪并罚的原则

数罪并罚的原则,是指对一人所犯数罪合并处罚所依据的原则。数罪并罚的原则是数罪并罚制度的核心,它是一国刑事政策的体现,也决定着该国数罪并罚的内容和效果。

(一)数罪并罚的一般原则

各国刑事立法例中所采用的数罪并罚原则,主要有以下四种:

1. 并科原则,又称并科主义、累加原则或合并原则,是指对数罪分别宣告刑罚,然后数刑绝对相加,各罪刑罚相加的总和就是应执行的刑罚。该原则来源于"有罪必罚"、"一罪一罚"的朴素刑法思想。实行该原则,有的犯罪分子可能被判处有期徒刑成百上千年,远远超过犯罪人的生命极限。这不仅过于严酷,而且缺乏实际意义。此外,如果数罪中有宣告死刑或无期徒刑的,受刑种性质的限制,根本无法合并执行。因此,目前世界各国单纯采用并科原则的很少。

2. 吸收原则,亦称吸收主义。是指在对数罪分别宣告的刑罚中,选择其中最重的刑罚作为执行的刑罚,其余较轻的刑罚被最重的刑罚所吸收,不予执行。采用这种重刑吸收轻刑的原则,对某些刑种,如死刑和无期徒刑来说是适宜的,但是如果普遍适用这一原则则有明显的弊端:一是导致一人犯数罪与一人犯一罪所受的刑罚处罚相等的不合理现象,违背了罪责刑相适应的基本原则;二是犯数罪与犯一罪处罚相同,客观上可能会"鼓励"犯罪人实施重罪之后再去实施其他轻罪,不利于抑制和预防犯罪。所以单纯采用吸收原则的国家也不多

3. 限制加重原则,亦称限制并科原则,是指对数罪分别量刑后,在数刑中最高刑期以上,数刑的总和刑期以下,酌情决定执行的刑期,并规定刑期最高不得超过一定的限度。因此,可以这样理解:所谓"加重",是指在最高刑期基础上的加重。所谓"限制"有两个限制:一是总和刑期的限制;二是决定执行的最高刑期的限制。限制加重原则采用较为灵活的计算方法,可以克服前两种原则的缺陷,使审判人员能够根据案件的具体情况,在一定范围内灵活地运用刑期。对犯有数罪的犯罪人的处罚,严宽适度,比较合理。但它也有一定的局限性,即无法适用于无期徒刑和死刑的合并处罚。

4. 折中原则,亦称综合原则或混合原则,是指对数罪的合并处罚,不是单纯采用上述某一原则,而是根据不同的情况,兼采并科原则、吸收原则和限制加重原则。该原则能够使上述各原则扬长避短,互为补充,便于适用。所以大多数国家都采用

此原则。

(二) 我国刑法中数罪并罚的原则

根据我国《刑法》第 69 条的规定,我国对数罪并罚采取以限制加重原则为主,以吸收原则和并科原则为补充的原则,即采取折中原则。这一原则的具体表现为:

1. 主刑中采取吸收原则的情况。根据我国刑法规定,判决宣告的数个主刑中有死刑或无期徒刑的,采用吸收原则。具体包括两种情况:判决宣告的数个主刑中有几个死刑或者最高刑为死刑的,不论其他罪判处何种刑罚,都只执行一个死刑,其他主刑被吸收而不执行。判决宣告的数个主刑中有数个无期徒刑或者最高刑为无期徒刑的,只应执行一个无期徒刑,不执行其他主刑。但是不得将两个以上的无期徒刑合并升格为死刑。

2. 主刑中采取限制加重原则的情况。根据我国刑法规定,判决宣告的数罪数罪被判处数个同种自由刑时,采用限制加重原则。具体适用方法是:应当在总和刑期以下、数刑中最高刑期以上,酌情决定执行的刑期,但是管制最高不能超过 3 年,拘役最高不能超过 1 年,有期徒刑总和刑期不满 35 年的,最高不能超过 20 年,总和刑期在 35 年以上的,最高不能超过 25 年。可见,我国刑法规定的限制加重原则包括三个方面的内容:第一,对犯有数罪的人要加重处罚。即决定执行的刑期必须在所判数刑中的最高刑期以上,而且可以超过各种有期自由刑的法定最高期限。第二,对加重予以双重限制。即数个同种有期自由刑的总和刑期高于该种自由刑的数罪并罚法定最高期限的,受数罪并罚法定最高刑期的限制;数个同种有期自由刑的总和刑期低于该种自由刑的数罪并罚法定最高期限的,受总和刑期的限制。第三,不得将同种有期自由刑合并升格为另一种更重的有期自由刑或无期徒刑。如果数个自由刑是不同种类的,依照以下原则处理:数罪中有判处有期徒刑和拘役的,执行有期徒刑。数罪中有判处有期徒刑和管制,或者拘役和管制的,有期徒刑、拘役执行完毕后,管制仍须执行。

3. 附加刑一般采取并科原则。根据我国刑法规定,数罪中有判处附加刑的,附加刑仍须执行,其中附加刑种类相同的,合并执行,种类不同的,分别执行。所以,在数刑罚中既有主刑又有附加刑的时候,应采取并科原则决定执行的刑罚。各种附加刑之间也是并科原则,即种类相同的,合并执行,种类不同的,分别执行。但是,罚金刑和没收财产刑的并罚问题比较复杂,关于这两种附加刑之间是否性质重合,实践中有不同的观点。本书立场认为,二者虽同为财产刑,但没收财产是没收犯罪分子现实所有的财产,而罚金刑可以是将来所有的金钱,两者还是存在较大的区别,而且对犯罪分子的惩罚效果也不尽相同,因此,如果数个附加刑中既有罚金刑又有没收财产刑时,应该分别执行。

三、我国刑法中适用数罪并罚的几种情况

根据《刑法》第69条、第70条、第71条的规定,适用数罪并罚有以下三种情况:

(一)判决宣告以前一人犯数罪的并罚

刑法第69条规定的数罪并罚原则,是以判决宣告以前一人犯数罪的情况为标准而确立的。因此,对一人所犯数罪在判决宣告前均已被发现的,应根据刑法第69条的规定实行数罪并罚。

由于数罪可分两种,即异种数罪与同种数罪。对一人犯异种数罪,以及判决宣告以后、刑罚执行完毕以前,发现犯罪人还有同种的漏罪或者又犯同种新罪应当实行并罚,这是刑法理论界和刑事司法界的共识。但是,对于判决宣告以前一人所犯的同种数罪,是否应当实行并罚,则有不同的观点:

1. 一罚论。认为对一人犯同种数罪按一罪从重处罚即可,不需要并罚。
2. 并罚说。认为对同种数罪应当实行并罚,不能按一罪从重处罚。
3. 折中说。认为解决一人犯同种数罪是否需要并罚的问题,应当坚持原则性与灵活性相结合的原则,对同种数罪原则上不并罚,就在规定该种罪的条文的法定刑范围内处罚,刑法分则多数条文有两个以上量刑幅度,在这个幅度内从重处罚,可以体现罪责刑相适应原则。但是,如果某种罪只有一个量刑幅度,不并罚不足以体现对数罪从重处罚的原则,在法律没有禁止并罚的情况下,也可以实行并罚。本书认为折中说是比较合理的。

(二)判决宣告以后刑罚执行完毕以前发现漏罪的并罚

《刑法》第70条规定:"判决宣告以后,刑罚执行完毕以前,发现被判刑的犯罪分子在判决宣告以前还有其他罪没有判决的,应当对新发现的罪作出判决,把前后两个判决所判处的刑罚,依照本法第69条的规定,决定执行的刑罚。已经执行的刑期,应当计算在新判决决定的刑期以内。"根据这一规定,在刑罚执行过程中发现漏罪的数罪并罚,具有如下特点:(1)必须在判决宣告并已发生法律效力以后,刑罚执行完毕以前,发现被判刑的犯罪分子还有漏罪,才实行数罪并罚。如果判决宣告以后尚未发生法律效力,发现犯罪分子还有同种漏罪,或者刑罚执行完毕以后发现漏罪,均不适用数罪并罚;(2)对新发现的罪,无论是一罪还是数罪,也无论与前罪的性质是否相同,都应当单独作出判决;(3)应当把前罪所判处的刑罚同漏罪所判处的刑罚,按照相应的数罪并罚原则,决定执行的刑罚;(4)在计算刑期时,应当把已经执行的刑期,计算在新判决决定的刑期之内。这种计算刑期的方法,简称为"先并后减"。例如,某甲犯A罪被判处有期徒刑8年,刑罚执行3年以后,发现他在判决宣告以前还犯有B罪没有处理,如果法院对B罪判处有期徒刑7年,就

应当在 8 年以上 15 年以下决定执行的刑期。假设决定执行的刑期为 12 年,应将已经执行的 3 年计算在 12 年之内,即某甲应继续执行的刑期为 9 年。

在司法实践中,适用刑法第 70 条规定的数罪并罚方法,应当注意如下问题:

1. 原判是数罪,又发现一个漏罪,应当如何并罚? 对此,有两种不同的处理意见:一种意见认为,应当把漏罪所判处的刑罚与原判决决定执行的刑罚实行并罚。例如,某甲犯了 3 个罪,审判时只认定两个罪,分别被判处有期徒刑 4 年、6 年,决定执行的刑期为 8 年,执行 2 年以后,发现他还有一个罪未经判决,又被判有期徒刑 4 年。这就应当在 12 年以下 8 年以上决定执行的刑期。另一种意见认为,应当把漏罪所判处的刑罚与原判决对各罪所判处的刑罚实行并罚。依照这种意见,上述案例应当在 14 年以下 6 年以上决定执行的刑期。本书认为,原判决,是已经发生法律效力的有效判决,如果漏罪所判处的刑罚不与原判决决定的执行刑罚并罚,而与原判决对各罪所判处的刑罚并罚,就意味着原判决决定执行的刑期是无效的,而《刑法》第 70 条规定"把前后两个判决所判处的刑罚,依照本法第 69 条的规定,决定执行的刑罚"。可见,这一规定是肯定原判决决定的刑罚是有效的。因此第一种意见比较符合法律本意。

2. 判决宣告以后刑罚执行完毕以前,发现犯罪人还有数个漏罪,应当如何并罚? 对此,也有两种不同的处理意见:一种意见认为,应当先将数个漏罪实行并罚,然后将所决定的执行刑罚与前罪判处的刑罚,实行再次并罚。另一种意见认为,应当先对数个漏罪分别定罪量刑,然后将所判处的数刑与前罪判处的刑罚并罚。本书观点认为,第二种意见比较合理,第一种意见采取再次并罚的方法,有可能降低总和刑期,从而也可能降低执行的刑期,不利于同犯罪作斗争。

3. 被告人刑满释放后再犯罪,并发现他还有漏罪,应当如何并罚? 有关司法解释指出,在处理被告人刑满释放后又犯罪的案件时,发现他在前罪判决宣告以前,或者在前罪判处的刑罚执行期间,犯有其他罪行,未经过处理,并且依照《刑法》的规定应当追诉的,如果漏罪与新罪分属于不同种的罪,即应对漏罪与刑满释放后又犯的新罪分别定罪量刑,并依照刑法第 69 条的规定,实行数罪并罚;如果漏罪与新罪属于同一种罪,可以判处一罪从重处罚,不必实行数罪并罚。

(三)判决宣告以后刑罚执行完毕以前又犯新罪的并罚

《刑法》第 71 条规定:"判决宣告以后,刑罚执行完毕以前,被判刑的犯罪分子又犯罪的,应当对新犯的罪作出判决,把前罪没有执行的刑罚和后罪所判处的刑罚,依照本法第 69 条的规定,决定执行的刑罚。"根据这一规定,在刑罚执行过程中又犯新罪的数罪并罚,具有如下特点:(1)必须是在判决宣告以后、刑罚执行完毕以前,被判刑的犯罪分子又犯新罪;(2)对犯罪分子所犯的新罪,无论是一罪还是数罪,也无论新罪与前罪是同种之罪还是异种之罪,都应当单独作出判决;(3)在计算刑期时,应当先从前罪判决决定执行的刑罚中减去已经执行的刑罚,然后把前罪没有执行的刑罚和新罪所判处的刑罚,依照相应的数罪并罚原则,决定执行的刑罚。这种计算刑期的方法,简称为"先减后并"。例如,某甲犯A罪,被判处有期徒刑6年,执行3年时,又犯B罪,被判处有期徒刑8年。计算刑期时,应先将已经执行的3年刑期从前罪所判处的6年刑期中减去,然后把前罪没有执行完的3年刑期与新罪所判处的8年刑期合并,在11年以下8年以上决定执行的刑期。假设决定执行的刑期为9年,由于某甲已执行的3年刑期未计算在新判决决定的执行刑期内,因此,他实际执行了12年有期徒刑。

"先减后并"的刑期计算方法,较之"先并后减"的刑期计算方法,在一定条件下,给予犯罪分子的惩罚更重,主要表现在:(1)决定执行刑罚的起点刑期提高了。即在新罪所判的刑期比前罪尚未执行的刑期长的条件下,决定执行刑罚的最低期限提高了。(2)实际执行的刑罚可能超过数罪并罚法定最高刑期的期限。(3)犯罪分子在刑罚执行期间又犯新罪,其执行刑罚的时间越长,决定执行刑罚的最低期限就越高。

■ 相关链接

1. 《刑法典》第69条、70、71条
2. 1993年4月16日最高人民法院《关于判决宣告后又发现被判刑的犯罪分子的同种漏罪是否实行数罪并罚问题的批复》
3. 2012年1月18日最高人民法院《关于罪犯因漏罪、新罪数罪并罚时原减刑裁定如何处理的意见》
4. 2009年5月25日最高人民法院《关于执行附加刑剥夺政治权利期间犯新罪应如何处理的批复》
5. 2012年1月18日最高人民法院《关于罪犯因漏罪、新罪数罪并罚时原减刑裁定应如何处理的意见》

■ 问题思考

1. 论我国刑法中数罪并罚的原则及适用。
2. 如何理解数罪并罚中"先减后并"和"先并后减"的计算方法。

■ 案例分析

某甲犯抢劫罪、盗窃罪分别被判处13年、6年有期徒刑,数罪并罚决定执行18年有期徒刑。在执行5年后,发现甲在判决宣告前还犯有贩卖毒品罪,应当判处15年有期徒刑。

问题:法院应如何决定对甲应判处的刑罚？

参考答案:根据刑法第 70 条的规定,对甲应采取"先并后减"的方式进行处罚,即将 18 年和 15 年进行并罚,因其总和刑期为 34 年,因此,应当在 15 年至 20 年之间确定宣告刑,同时,已经执行的刑期应计算在新判决决定的刑期之内。

第六节　缓刑

知识结构图

缓刑的概念→缓刑的适用条件→缓刑的考验期→对缓刑犯的考查→缓刑的法律后果

重点提示

缓刑的适用条件;缓刑的考验期;缓刑的法律后果

司考重点

如何把握缓刑的适用条件;缓刑的考验期是如何规定的;缓刑的法律后果

一、缓刑的概念

缓刑是刑罚具体运用的一种制度,而不是刑种。宣告缓刑必须以判处刑罚为前提。缓刑不能脱离原判刑罚的基础而独立存在。缓刑制度的基本特点是判处刑罚,同时宣告暂缓执行,但在一定时期内又保持着执行原判刑罚的可能性。我国刑法中的缓刑,是指法院对于被判处拘役、3 年以下有期徒刑的犯罪分子,同时符合犯罪情节较轻、有悔罪表现、没有再犯罪的危险、宣告缓刑对所居住的社区没有重大不良影响的,规定一定的考验期,暂缓其刑罚的执行,被宣告缓刑的犯罪分子,在此期间,如果不再犯新罪,也未被发现漏罪,并且没有违反法律、行政法规或者公安部门有关缓刑的监督管理规定,原判刑罚就不再执行的制度。

缓刑与死刑缓期执行不同。二者的主要区别是:(1)适用前提不同。缓刑的适用,以犯罪分子被判处拘役、3 年以下有期徒刑为前提;死缓的适用,以犯罪分子被判处死刑为前提。(2)执行方法不同。对于被宣告缓刑的犯罪分子不予关押,实行社区矫正;对于被宣告死缓的犯罪分子必须予以关押,并实行强制劳动改造,以观后效。(3)考验期限不同。缓刑的考验期限,根据所判处的刑种和刑期的差异,而有不同的法定期限;死缓的法定期限为2年。(4)法律后果不同。缓刑的法律后果,是根据犯罪分子在考验期内的表现,或不再执行原判的刑罚,或撤销缓刑,执行原判的刑罚,或撤销缓刑,把前罪和后罪所判处的刑罚,依照刑法的规定,实行数罪并罚;死缓的法律后果,是在死缓期限届满时,根据犯罪分子的表现,或执行死刑,或予以减刑。

缓刑与免予刑事处罚不同。免予刑事处罚是法院对已经构成犯罪的被告人作出有罪判决,但根据案件的实际情况,认为不需要判处刑罚,而宣告免予刑事处罚,即只定罪不判刑。被宣告免予刑事处罚的犯罪分子,不存在曾经被判过刑和仍有执行刑罚的可能性问题。而缓刑则是法院对被告人不仅作出有罪判决,而且判处一定的刑罚,虽然宣告暂不执行原判刑罚,但却保留着执行的可能性,即使缓刑考验期满不再执行原判刑罚,在法律性质上也还是被判过刑。

缓刑与监外执行不同。二者的主要区别表现为:(1)适用对象不同。缓刑只适用于被判处拘役、3年以下有期徒刑的犯罪分子;监外执行则适用于被判处有期徒刑或者拘役的犯罪分子。(2)法律性质不同。缓刑是附条件暂缓执行原判刑罚的刑罚制度;监外执行是一种变通执行刑罚的方法,它不是不执行原判刑罚,而是暂在监外执行,即变换执行地点。(3)适用的法定条件不同。缓刑的适用,是根据犯罪分子的犯罪情节、悔罪表现、有没有再犯罪危险和对所居住的社区的影响等情况;监外执行的适用,是以犯罪分子有严重疾病需要保外就医,以及怀孕或者正在哺乳自己的婴儿等不宜在监内执行的特殊情形为条件。(4)适用的方法与期限不同。缓刑应在判处刑罚的同时予以宣告,并应依法确定缓刑的考验期;而监外执行在判决宣告以后、刑罚执行完毕以前的期限内均可适用,且无须确定考验期,一旦影响在监内执行的法定条件消失后,即使犯罪分子在监外没有违法犯罪,如果刑期未满,仍应收监执行。

二、缓刑的适用条件

根据《刑法》第72条、第74条的规定,适用一般缓刑必须具备下列条件:

1. 缓刑只适用于被判处拘役或者3年以下有期徒刑刑罚的犯罪人。

这里所谓的"判处拘役或者3年以下有期徒刑刑罚"是就宣告刑而言的,而不是指法定刑。即使犯罪分子所犯之罪的法定最低刑在有期徒刑3年以上,如果他具有减轻处罚的情节,宣告刑是3年以下有期徒刑,仍可适用缓刑。我国刑法之所以将缓刑的适用对象规定为被判处拘役或者3年以下有期徒刑的犯罪分子,是因为这些犯罪分子的罪行较轻,社会危害性较小,人身危险性也较小。而被判处3年以上有期徒刑的犯罪分子,因其罪行较重,如果适用缓刑,不但不能使其认识自己的罪恶,积极改造,反而会使其产生侥幸心理,有损法律的尊严。而且这类犯罪分子人身危险性也较大,不宜放在社会上改造,所以不能适用缓刑。至于罪行相对更轻,被判处管制的犯罪分子,由于管制刑对犯罪分子不予关押,仅限制其一定的自由,因而没有适用缓刑的必要。

2. 犯罪人只有同时符合犯罪情节较轻、有悔罪表现、没有再犯罪的危险和宣告缓刑对所居住社区没有重大不良影响这四项条件才能适用缓刑。

这是适用缓刑的实质条件。"犯罪情节轻微"是指在符合某罪犯罪构成的情况下不具有该罪较重情节以及在罪前罪后表现中不具有较重否定评价的事实。"有悔罪表现"是指行为为人对自己的罪行真诚悔悟,具有悔改的意愿和行为。"没有再犯罪的危险"是指综合其犯罪情节和悔罪表现,表明其不具有较大的人身危险性,再次犯罪的可能性较小。"对所居住社区没有重大不良影响"是指对犯罪人适用缓刑不会对其所居住的社区的安全、秩序和稳定带来重大不良影响,法官应根据案件的具体情况来判断这种影响是否属于重大现实。

3. 必须不是累犯和犯罪集团的首要分子。

累犯和犯罪集团的首要分子无论是否符合前两项条件都不能适用缓刑。一般来讲,累犯和犯罪集团的首要分子主观恶性较大、人身危险性即在犯罪的可能性都较大,对其适用缓刑会对造成不利的影响。

需要注意的是,根据我国刑法规定,对符合上述条件的犯罪分可以宣告缓刑,但是对其中不满十八周岁的人、怀孕的妇女和已满七十五周岁的人,应当宣告缓刑。

三、缓刑的考验期限

缓刑考验期限,是指对被宣告缓刑的犯罪分子,进行考察的一定期间。法院在宣告缓刑的同时,应当依法确定适当的缓刑考验期限。缓刑的考验期是缓刑制度的组成部分,如果没有一定的缓刑考验期,就无法考察被宣告缓刑的罪犯是否认识错误、接受改造、改过自新,因而也就失去了缓刑制度的作用。

我国刑法对不同的刑罚,规定了不同的缓刑考验期:拘役的缓刑考验期限为原判刑期以上1年以下,但是不能少于2个月;有期徒刑的缓刑考验期限为原判刑期以上5年以下,但是不能少于1年。法院在对犯罪分子适用缓刑时,应当根据案件的具体情况,依法确定适当的考验期。考验期不能过长,否则会给犯罪分子造成不必要的精神负担;考验期也不能过短,否则既有失缓刑的严肃性,也起不到考验的作用。缓刑考验期限,从判决确定之日起计算。所谓"判决确定之日"即判决发生法律效力之日。如果被告人提出上诉或者人民检察院提出抗诉,经第二审法院维持原判的,则应从第二审判决确定之日起计算。判决以前先行拘押的日期,不能折抵缓刑考验期。若撤销缓刑,执行原判刑罚,则以前的羁押期可以依法折抵刑期。

四、对缓刑犯的考察

(一)缓刑犯的应遵守的规定

根据《刑法》第 75 条的规定,被宣告缓刑的犯罪分子,应当遵守如下规定:(1)遵守法律、行政法规,服从监督;(2)按照考察机关的规定报告自己的活动情况;(3)遵守考察机关关于会客的规定;(4)离开所居住的市、县或者迁居,应当报经考察机关批准。

根据我国刑法规定,宣告缓刑的还可以根据犯罪情况,同时禁止犯罪分子在缓刑考验期限内从事特定活动,进入特定区域、场所,接触特定的人。如果被宣告缓刑的犯罪人,同时还对其决定了以上一项或几项禁止令的规定,行为人在缓刑考验期间还应遵守相应的禁制令规定。

(二)缓刑的考察机关

《刑法》第 76 条规定,被宣告缓刑的犯罪分子,在缓刑考验期限内,依法实行社区矫正。

(三)缓刑考察的内容

缓刑考察的内容,就是考察被宣告缓刑的犯罪分子,在缓刑考验期限内,是否具有《刑法》第 77 条规定的情形,即是否犯新罪或者发现判决宣告以前还有其他罪没有判决,以及是否有违反法律、行政法规或者国务院公安部门有关缓刑的监督管理规定,情节严重的行为。如果没有上述的情形,缓刑考验期满,原判的刑罚就不再执行,并公开予以宣告。

五、缓刑的法律后果

根据刑法第 76、第 77 条的规定,一般缓刑的法律后果有如下两种:

(一)不再执行原判刑罚

被宣告缓刑的犯罪分子,在缓刑考验期内,没有《刑法》第 77 条规定的情形,缓刑考验期满,原判刑罚就不再执行。

(二)撤销缓刑

1. 被宣告缓刑的犯罪分子,在缓刑考验期限内犯新罪或者发现判决宣告以前还有其他罪没有判决的,应当撤销缓刑,对新犯的罪或者新发现的罪作出判决,把前罪和后罪所判处的刑罚,依照本法第六十九条的规定,决定执行的刑罚。如果缓刑犯在缓刑考验期限内犯新罪,而在考验期满后才被发现,只要未超过追诉期限,仍应撤销缓刑,并按照上述数罪并罚的原则,决定执行的刑罚。这是因为,不再执行原判的刑罚,是以缓刑犯在考验期限内不犯新罪为条件的,而不是以在考验期限内是否发现又犯罪为条件的。

2. 被宣告缓刑的犯罪分子,在缓刑考验期限内,违反法律、行政法规或者国务院有关部门关于缓刑的监督管理规定,或者违反人民法院判决中的禁止令,情节严重的,应当撤销缓刑,执行原判刑罚。

此外,缓刑的效力不及于附加刑,即被宣告缓刑的犯罪分子,如果被判处附加刑,附加刑仍须执行。

六、战时缓刑

我国刑法除规定了一般缓刑制度外,还规定了特殊缓刑制度,即战时缓刑制度。《刑法》第449条规定:"在战时,对被判处3年以下有期徒刑没有现实危险宣告缓刑的犯罪军人,允许其戴罪立功,确有立功表现时,可以撤销原判刑罚,不以犯罪论处。"这一特殊缓刑制度,是对我国刑法总则规定的一般缓刑制度的重要补充。

(一)战时缓刑的适用条件

1. 适用的时间必须是在战时。所谓战时,是指国家宣布进入战争状态、部队受领作战任务或者遭敌突然袭击时;部队执行戒严任务或者处置突发性暴力事件时,以战时论。

2. 适用的对象只能是被判处3年以下有期徒刑的犯罪军人。不是犯罪军人,或者虽然是犯罪军人但被判处的刑罚为3年以上有期徒刑,均不能适用战时缓刑。

3. 适用的根据是对犯罪军人宣告缓刑没有现实危险。如果有现实危险,即使是被判处3年以下有期徒刑的犯罪军人,也不能宣告缓刑。

(二)战时缓刑的考察及其撤销

根据《刑法》规定,被适用战时缓刑的犯罪军人,允许其戴罪立功,确有立功表现时,可以撤销原判刑罚,不以犯罪论处。因此,战时缓刑的撤销条件就是"确有立功表现"。符合这一条件,不仅原判刑罚不再执行,而且原判的罪也随之消灭。

■相关链接

1.《刑法典》第72条-77条

2. 2011年4月28日最高人民法院、最高人民检察院、公安部、司法部《关于对判处管制、宣告缓刑的犯罪分子适用禁止令有关问题的规定(试行)》

3. 1998年9月17日最高人民检察院研究室《关于数罪并罚决定执行三年以

下有期徒刑的犯罪分子能否适用缓刑问题的复函》

4. 2012年8月8日最高人民法院、最高人民检察院《关于办理职务犯罪案件严格适用缓刑、免于刑事处罚若干问题的意见》

5. 2002年4月10日最高人民法院《关于撤销缓刑时罪犯在宣告缓刑前羁押的时间能否着抵刑期问题的批复》

问题思考

1. 缓刑的概念和适用条件是什么？
2. 缓刑的法律后果是什么？
3. 缓刑和死刑缓期两年执行的区别是什么？

案例分析

被告人王某，男，36岁，某厂工人。1996年夏的一天，车间闷热，王某便找来一台旧电扇。接上电源时电扇转不动，王某以为是插头潮湿，便用打火机点燃一张纸烤插头。此时他想起车间禁止用明火，便将点燃的纸扔在地上想用脚踩灭。由于点燃的纸片引起漂浮在地面上的汽油蒸气燃烧，迅速引燃了附近铁槽中的汽油，造成火灾，导致损失折合人民币5万余元。法院审理后，以失火罪判处王某有期徒刑3年，缓刑4年。两年后，王某被控在缓刑宣告前曾盗窃工厂仓库财物，经查证属实，构成盗窃罪。

问题：王某的缓刑是否应被撤销？

参考答案：王某符合撤销缓刑的条件，即"发现判决宣告前还有其他罪没有判决"，应当撤销王某的缓刑；应依照刑法第69条的规定，决定其前后两罪应执行的刑罚。

第十二章

刑罚执行制度

第一节 刑罚执行概述

知识结构图

刑罚执行的概念→刑罚执行的原则

重点提示

刑罚执行的概念和特征;刑罚执行的原则

一、刑罚执行的概念

刑罚执行,简称行刑,是指法律规定的刑罚执行机关,依法将生效的刑事裁判对犯罪分子所确定的刑罚付诸实施的刑事司法活动。刑罚的执行是定罪量刑活动的自然延伸,对实现刑罚的目的具有重要的意义。具体而言,它具有下列四个基本特征:

第一,刑罚执行的主体是法律规定的刑罚执行机关。目前我国依法被授权执行刑罚的有公安机关、人民法院、监狱、未成年犯管教所、拘役所、看守所以及社区矫正机构。人民法院负责执行罚金、没收财产和死刑立即执行;监狱和未成年犯管教所负责执行无期徒刑、有期徒刑和死刑缓期两年执行;公安机关(拘役所、看守所)负责执行拘役、交付执行前余刑在3个月以下的有期徒刑和剥夺政治权利;社区矫正机构负责执行管制、缓刑、假释和暂予监外执行。检察机关不是刑罚的执行机关而是刑罚执行的监督机关。

第二,刑罚执行的依据是人民法院生效的刑事裁判。生效的刑事裁判是人民法院已经发生法律效力的判决和裁定。具体包括:已过法定期限没有上诉、抗诉的判决和裁定;终审的判决和裁定;最高人民法院核准的死刑判决,高级人民法院核准的死刑缓期2年执行的判决。对于未发生法律效力的判决和裁定一律不得交付执行。刑罚的执行不包括无罪判决、免除刑罚处罚和非刑罚处理方法的执行,因为这些虽然是人民法院作出的刑事判决,但是不涉及刑罚的内容,故不属于刑罚的执行。

第三,刑罚执行的基本内容是将发生法律效力的刑事裁判所确定刑罚付诸实施,即将刑事裁判所确定的刑罚种类及其刑期、数量等具体付诸实施、实现。除此之外,刑罚执行还要解决由实施生效刑事裁判所带来的问题。如通过减刑、假释等方式,适时对原判决作一定限度的调整,故减刑、假释属于重要的刑罚执行制度。可见,刑罚的执行保证了人民法院刑事判决与裁定的准确实施,是惩罚和教育改造犯罪人的具体实践过程。

第四,刑罚执行的对象是因实施犯罪行为而受刑罚处罚的人,即被判处一定刑罚的犯罪分子。因此,对没有犯罪的人或者虽然犯罪但是被宣告免于刑事处罚的人不可能执行刑罚。

二、刑罚执行的原则

刑罚执行的原则,是刑罚执行机关在执行刑罚的过程中必须遵循的、保证刑罚目的实现并贯穿于整个行刑活动的准则。关于刑罚执行的原则,由于不同的国家和不同的历史时期的行刑背景和行刑目的的不同,行刑原则的具体内容和要求也不尽相同。根据我国行刑目的和行刑实践,以及刑法与监狱法有关刑种和执行的规定,刑罚执行主要有以下原则:

(一)合法性原则

具体表现为:一是刑罚执行机关必须合法;二是刑罚执行所依据的必须是人民法院具有法律效力的判决和裁定;三是刑罚执行的内容、方式和程序必须严格依据刑法、刑事诉讼法和监狱法等法律的规定。

(二)教育性原则

教育性原则,是指执行刑罚应从实现预防犯罪的目的出发,对犯罪人及社会公众进行积极的教育,而不是一味消极地惩罚与威慑的一种准则。其具体要求:一是准确执行刑罚。刑罚是犯罪行为的法律后果,代表国家对犯罪行为的一种否定性评价,只有准确执行刑罚才能是犯罪人认罪服法,接受教育改造,才能对社会公众起到警示、教育作用,使其知法、懂法、守法。二是坚持惩罚与改造相结合、教育和劳动相结合。教育与劳动是改造犯罪人的两个基本手段,刑罚的执行必须坚持惩罚与改造相结合、教育和劳动相结合才能有效地实现刑罚的目的。三是要对受刑人以教育疏导为主、强制性的执行措施为辅进行改造。强制性措施只能暂时使受刑人屈服,但不能从思想上消除犯罪的根源,而且易于激起抵触情绪,不利于实现预防犯罪的目的,因此只有在必要时才能使用。四是坚持区别对待的方针,根据每个犯罪人的犯罪种类、个人情况、人身危险性程度等,采取不同的教育方法。

(三)人道主义原则

《公民权利及政治权利国际公约》第7条规定:"任何人均不得加以酷刑或施以残忍的、不人道的或侮辱性的待遇或刑罚。特别是对任何人均不得未经其自由同意而施以医药或科学试验。"进而规定:"所有被剥夺自由的人应给与人道及尊重其固有的人格尊严的待遇。"这就要求在刑罚的执行过程中,执行机关必须尊重犯罪人的人格,禁止使用残酷的、不人道的刑罚执行手段,注重对犯罪人的政治、思想、道德、文化和技能教育,促使其成为自食其力的新人。我国刑法将体罚虐待被监管人员的行为规定为独立的犯罪。监狱法明文规定,犯罪人的人格不受侮辱,其人身安全、合法财产和其他未经依法剥夺或限制的权利不受任何人的侵犯。

(四)个别化原则

个别化原则要求为了犯罪人的改善和复归社会,在刑罚的执行过程中,应当根据犯罪人的具体情况,给予不同的待遇,采取不同的教育改造方法。首先,在管理上,根据犯罪人的犯罪类型、刑罚种类、期限犯罪人的性别、年龄等情况,对犯罪人实现分别关押,采取不同的管理方式。其次,在教育上,根据犯罪人的主观恶性、认罪态度,是初犯还是累犯等情况,对犯罪人采取不同的教育方式。再次,根据犯罪人的年龄、性别、身体状况、文化程度、技术水平等,合理分配工作和确定劳动定额。最后,在奖惩上,根据犯罪人的悔罪表现和立功情况,给予不同的奖励;对违反监规甚至犯罪的要视情况给予相应的惩处。

(五)社会化原则

社会化原则,是指调动一切社会积极因素,合力救助改造罪犯并巩固和保障刑罚执行的效果,确保行刑目的实现的一种准则。社会化原则包括调动社会的积极因素影响罪犯,让社会参与对罪犯的改造;以及培养受刑人再社会化能力,使之能适应正常的社会生活两方面内容。目前我国刑罚执行的社会化实践主要表现为两点:一是监内执行的社会化实践,主要是及时与罪犯的家属联系,保障罪犯的通信权利,建立会见与准假制度,组织部分罪犯走出监狱参观学习,监狱与地方政府部门、社会有关部门和罪犯原工作单位等签订帮教协议等;二是监狱外执行刑罚的社会化实践,主要是对假释、监外执行、宣告缓刑、管制等实行社区矫正。

(六)效益性原则

效益性原则,是指在刑罚执行过程中,力求以最小的投入来获得有效预防和控制犯罪的最大社会效益,以不执行、减少执行以及不实际执行刑罚来达到执行刑罚的效果,寻求刑罚执行的最大效益。刑法规定的减刑、假释制度,是效益性原则的重要体现。但是,在贯彻效益性原则时,要防止因此而牺牲刑罚执行公正性的错误倾向。

■问题思考

1. 刑罚执行的概念和特征?
2. 刑罚执行的原则?

第二节 减刑

■知识结构图

减刑的概念→减刑的适用条件→减刑的程序

■重点提示

减刑的概念;减刑的适用条件;减刑的程序

■司考重点

减刑的条件和限度;减刑后的刑期计算

一、减刑的概念

就广义而言,所谓减刑,是指在刑罚执行过程中,对犯罪分子适当减轻其原判刑罚的制度。不仅指自由刑(管制、拘役、有期徒刑、无期徒刑)的减刑,还包括死缓犯的减刑、剥夺政治权利期限的改变、罚金减免。狭义的减刑仅指《刑法》第78条规定的范围,即对被判处管制、拘役、有期徒刑、无期徒刑的犯罪分子,因其在执行期间有悔改或者立功表现、重大立功表现,而依法适当减轻其原判刑罚的行刑制度。本节论述的是狭义的减刑。

减刑分为两种情况:一是刑种的变更,即将原判较重的刑种减为较轻的刑种,刑种的变更只限于无期徒刑减为有期徒刑;二是刑期的调整,即将原判较长的刑期减为较短的刑期,也就是将有期徒刑、拘役、管制的刑期缩短。

减刑不是改判。改判是对错判的纠正,即原判决在认定事实或者适用法律上确有错误,依照二审、复核或者审判监督程序将原判决撤销,经重新审理所作出的判决。减刑与改判的主要区别是:①前提不同。减刑是在肯定原判刑罚正确的基础上,对原判刑罚作适当变更,并不否定原来的判决,体现的是惩办与宽大相结合的刑事政策。改判是对有错误的原判刑罚依法予以纠正,是对原来判决的否定,体现的是有错必纠的精神。②性质不同。减刑在刑法中属于行刑制度,在刑事诉讼中属于执行程序中的问题。改判在刑法中属于量刑制度中的问题,在刑事诉讼中归入审判程序。减刑则是在原判正确的前提下,按照减刑的条件和程序,将原判刑罚适当减轻。

减刑也不是减轻处罚。减轻处罚,是在判决宣告前,对具有减轻情节的,在法定最低刑以下判处刑罚的量刑方法。减刑与减轻处罚的主要区别:①性质不同。减刑属于行刑制度,减轻处罚属于量刑情节。②适用对象不同。减刑的适用对象是判决确定后的已决犯,减轻处罚的适用对象是判决确定前的未决犯。③根据不同。减刑的根据是犯罪分子的悔改或者立功、重大立功表现,减轻处罚依据的是各种法定减轻处罚情节。

减刑是在刑罚执行过程中,对原判刑罚在法律允许的范围内的调整和变更,而不是对量刑结果的否定和破坏。减刑制度的确立,体现了我国一贯坚持的惩办与宽大相结合、惩罚与教育相结合的刑事政策。正确适用减刑,对促进罪犯加速改恶从善、悔过自新,调动罪犯改造的积极性,巩固对罪犯改造的成果,从而实现刑罚的目的,有着重要的意义。

二、减刑的适用条件

(一)对象条件

减刑只能适用于被判处管制、拘役、有期徒刑、无期徒刑的罪犯。其适用范围比缓刑、假释要广,而且,只有刑罚种类的限制,没有犯罪性质、罪过形式和刑期长短的限制。只要罪犯被判处的刑罚是上述四种刑罚之一,不论犯有何种罪行,只要具备了法定减刑的实质要件,都可以减刑。需要注意的是,死刑缓期执行的犯罪分子依法被减为无期徒刑或有期徒刑之后,符合减刑条件的可以适用本节所讲的减刑。判处拘役或者三年以下有期徒刑并宣告缓刑的罪犯,一般不适用减刑。但是,罪犯在缓刑考验期限内有重大立功表现的,可以参照《刑法》第78条的规定,予以减刑,同时应依法缩减其缓刑考验期限。拘役的缓刑考验期限不能少于二个月,有期徒刑的缓刑考验期限不能少于一年。

(二)实质条件

根据《刑法》第78条规定,减刑分为可以减刑和应当减刑两种。

可以减刑的实质条件是:只有当罪犯在刑罚执行期间,认真遵守监规,接受教育改造,确有悔改表现或者有立功表现。"确有悔改表现"是指同时具备以下四个方面情形:认罪悔罪;认真遵守法律法规及监规,接受教育改造;积极参加思想、文化、职业技术教育;积极参加劳动,努力完成劳动任务。对罪犯在刑罚执行期间提出申诉的,要依法保护其申诉权利,对罪犯申诉不应不加分析地认为是不认罪悔罪。罪犯积极执行财产刑和履行附带民事赔偿义务的,可视为有认罪悔罪表现,在减刑、假释时可以从宽掌握;确有执行、履行能力而不执行、不履行的,在减刑、假释时应当从严掌握。有"立功表现"是指具有下列情形之一:

1. 阻止他人实施犯罪活动的。
2. 检举、揭发监狱内外犯罪活动,或者提供重要的破案线索,经查证属实的。
3. 协助司法机关抓捕其他犯罪嫌疑人(包括同案犯)的。
4. 在生产、科研中进行技术革新,成绩突出的。
5. 在抢险救灾或者排除重大事故中表现突出的。
6. 对国家和社会有其他贡献的。

应当减刑的实质条件是有重大立功表现。所谓有"重大立功表现"是指具有下列情形之一:

1. 阻止他人实施重大犯罪活动的。
2. 检举监狱内外重大犯罪活动,经查证属实的。
3. 协助司法机关抓捕其他重大犯罪嫌疑人(包括同案犯)的。
4. 有发明创造或者重大技术革新的。
5. 在日常生产、生活中舍己救人的。
6. 在抗御自然灾害或者排除重大事故中,有特别突出表现的。
7. 对国家和社会有其他重大贡献的。

(二)限度条件

减刑是在原判刑罚基础上适用的,因此,减刑必须在犯罪分子实际执行一定刑期后进行,且减刑幅度必须适当。不得对尚未开始服刑的犯罪分子实行减刑,也不得对相对服刑较短的犯罪分子减去相对而言较多的刑期。关于减刑的次数,我国现行刑法未作任何限制。也就是说,既可以减刑一次,也可以减刑多次。经过一次或者几次减刑以后,不同刑种实际执行的刑罚应受以下限制:

1. 判处管制、拘役、有期徒刑的,不能少于原判刑期的二分之一;有期徒刑的减刑起始时间自判决执行之日起计算。

2. 判处无期徒刑的,不能少于十三年;起始时间应当自无期徒刑判决确定之日起计算。无期徒刑不存在把先前羁押的时间折抵刑期的问题,因此判决确定前先行羁押的不能计算在十三年刑期之内。先行羁押的时间不计算在内。

3. 人民法院依照本法第五十条第二款规定限制减刑的死刑缓期执行的犯罪分子,缓期执行期满后依法减为无期徒刑的,不能少于二十五年,缓期执行期满后依法减为二十五年有期徒刑的,不能少于二十年。但是未被限制减刑的死刑缓期执行的犯罪分子,缓期执行期满后依法减为无期徒刑的,经过一次或几次减刑后,其实际执行的刑期不能少于十五年,死刑缓期执行期间不包括在内。

(三)时间条件

这里的时间条件是指减刑适用的起始和间隔时间,即何时可以减刑,每次可以减少多少时间。对此有关司法解释作了如下规定:

1. 有期徒刑罪犯在刑罚执行期间,符合减刑条件的,减刑幅度为:确有悔改表现,或者有立功表现的,一次减刑一般不超过一年有期徒刑;确有悔改表现并有立功表现,或者有重大立功表现的,一次减刑一般不超过二年有期徒刑。有期徒刑罪犯的减刑起始时间和间隔时间为:被判处五年以上有期徒刑的罪犯,一般在执行一年六个月以上方可减刑,两次减刑之间一般应当间隔一年以上。被判处不满五年有期徒刑的罪犯,可以比照上述规定,适当缩短起始和间隔时间。确有重大立功表现的,可以不受上述减刑起始和间隔时间的限制。有期徒刑的减刑起始时间自判决执行之日起计算。

2. 无期徒刑罪犯在刑罚执行期间,确有悔改表现,或者有立功表现的,服刑二年以后,可以减刑。减刑幅度为:确有悔改表现,或者有立功表现的,一般可以减为二十年以上二十二年以下有期徒刑;有重大立功表现的,可以减为十五年以上二十年以下有期徒刑。其中,被判处十年以上有期徒刑、无期徒刑的罪犯在刑罚执行期间又犯罪,被判处有期徒刑以下刑罚的,自新罪判决确定之日起二年内一般不予减刑;新罪被判处无期徒刑的,自新罪判决确定之日起三年内一般不予减刑。

3. 被限制减刑的死刑缓期执行罪犯,缓期执行期满后依法被减为无期徒刑的,或者因有重大立功表现被减为二十五年有期徒刑的,应当比照未被限制减刑的死刑缓期执行罪犯在减刑的起始时间、间隔时间和减刑幅度上从严掌握。

三、减刑的程序

根据《刑法》第79条和相关司法解释的规定,减刑应当按照以下程序进行:

1. 减刑建议的提出。提出减刑建议的机关是刑罚的执行机关。提出减刑的方式必须是书面方式,即以减刑建议书提出,并附下列申报材料:罪犯评审鉴定表、奖惩审批表、终审的判决书或者裁定书、历次减刑裁定书的复制件,罪犯悔改、立功或者重大立功表现的具体事实的证明材料。人民检察院对提请减刑案件提出的检察意见,应当一并移送受理减刑案件的人民法院。

2. 减刑案件的受理。受理减刑案件的机关是中级以上人民法院。具体地讲,无期徒刑犯的减刑案件,由服刑地的高级人民法院管辖;有期徒刑犯、拘役犯、管制犯的减刑案件,由服刑地的中级人民法院管辖。有减刑案件管辖权的人民法院,受理减刑案件时,应当审查执行机关申报的材料、手续是否齐全、完备。经审查,如果材料齐备的,应当立案;材料不齐备的,应当通知提请减刑的执行机关补送。

3. 减刑案件的审理。人民法院审理减刑案件,应当一律予以公示。公示地点为罪犯服刑场所的公共区域。有条件的地方,应面向社会公示,接受社会监督。公示应当包括下列内容:罪犯的姓名、原判认定的罪名和刑期、罪犯历次减刑情况、执行机关的减刑、假释建议和依据、公示期限、意见反馈方式等。人民法院应当组成合议庭对减刑案件进行审理。可以采用书面审理的方式。但下列案件,应当开庭审理:因罪犯有重大立功表现提请减刑的;提请减刑的起始时间、间隔时间或者减刑幅度不符合一般规定的;在社会上有重大影响或社会关注度高的;公示期间收到投诉意见的;人民检察院有异议的;人民法院认为有开庭审理必要的。

4. 减刑的裁定。人民法院经过对减刑案件的审理,对确有悔改或者立功事实的,裁定予以减刑。减刑的裁定书应当及时送达执行机关、人民检察院以及罪犯本人。人民检察院认为人民法院减刑裁定不当,应当在收到裁定书副本后 20 日以内,向人民法院提出书面纠正意见。人民法院应当在收到纠正意见后 1 个月以内重新组成合议庭进行审理,作出最终裁定。

四、减刑后刑期的计算

减刑后刑期的计算办法,因原判刑罚的种类不同而有所不同:对于原判处管制、拘役、有期徒刑的,减刑后的刑期从原判决刑罚执行之日起计算;原判刑期已经执行的部分,应当计算在减刑后的刑期之内。对于无期徒刑减为有期徒刑的,已执行的刑期,不计入减刑后的刑期之内;如果依法再次减刑的,再次减刑的刑期从裁定减为有期徒刑之日起计算,其刑期的计算,应当按照有期徒刑减刑的方法计算。对于曾被依法适用减刑,后因复查发现原判决量刑过重,按照审判监督程序再审后改判为较轻的刑罚的,原来的减刑仍然有效,所减刑期,应当从改判后的刑期中减去。但是,人民法院按照审判监督程序重新审理的案件,维持原判决、裁定的,原减刑、假释裁定效力不变;改变原判决、裁定的,应由刑罚执行机关依照再审裁判情况和原减刑、假释情况,提请有管辖权的人民法院重新作出减刑、假释裁定。

■ 相关链接

1.《刑法典》第 78 条-80 条

2. 2012 年 1 月 17 日最高人民法院《关于办理减刑、假释案件具体应用法律若干问题的规定》

问题思考

1. 减刑的适用条件是什么？
2. 减刑和改判、减轻处罚、死缓的减刑有何区别？
3. 我国法律对减刑的程序是怎样规定的？

第三节 假释

知识结构图

假释的概念→假释的适用条件→假释的考验期→对假释犯的监督和处理→假释的程序

重点提示

假释的概念；假释和相关概念的区别；假释的适用条件；假释的考验期；对假释犯的处理

司考重点

假释的适用条件；对假释犯的处理

一、假释概念

假释，是指对被判处有期徒刑、无期徒刑的犯罪分子，因其在执行一定刑期后，如果认真遵守监规，接受教育改造，确有悔改表现，没有再犯罪危险，而附条件地予以提前释放的一种行刑制度。简言之，假释就是对徒刑犯附条件地予以提前释放，又称"附条件地释放"。

假释不同于刑满释放。假释和刑满释放都是对犯罪分子解除监禁。但两者有原则的区别：假释是有条件地提前释放，在一定期限内保留收监执行剩余刑期的可能性;而刑满释放,是无条件地释放,不存在就同一判决收监执行的问题。

假释也不同于监外执行。假释和监外执行都是将犯罪分子附条件地不在监内执行刑罚。二者的主要区别是:①适用对象不同。假释的适用对象是已经执行了一定刑期并且确有悔改表现的被判处有期徒刑或者无期徒刑的罪犯;而暂予监外执行适用对象是身体、生理或者生活上有特殊情形的被判处有期徒刑或者拘役的罪犯。比如,有严重疾病需要保外就医的;怀孕或者正在哺乳自己婴儿的妇女;生活不能自理,适用暂予监外执行不致危害社会的。②适用目的不同。适用假释的直接目的是鼓励犯罪分子努力改造,悔过自新;而适用暂予监外执行的主要目的是解决某些在监狱内执行不方便的罪犯的特殊困难。③数罪并罚时是否计算刑期不同。被假释的犯罪分子如果被撤销假释,其假释的期间,不计入并罚所处刑期之内;而暂予监外执行的犯罪分子,其监外执行的期间,应计入原判刑期之内。④是否收监的要求不同,被假释的犯罪分子,在假释考验期限内,有违法违规的行为,尚未构成新的犯罪的,应当依照法定程序撤销假释,收监执行未执行完毕的刑罚;而暂予监外执行的情形消失后,罪犯刑期未满的,应当及时收监。

假释和减刑区别。假释和减刑在适用的基本条件以及适用的程序上有相同之处。二者的主要区别是:①适用对象不同。假释只适用于被判处有期徒刑或者是无期徒刑的犯罪分子;减刑不仅适用于这两种犯罪分子,而且适用于被判处管制、拘役的犯罪分子。②适用次数不同。执行一个判决只能适用一次假释;减刑不受次数限制,可以减刑一次,也可以减刑多次。③适用方法不同。假释有一定的考验期限;减刑没有考验期限。④适用后果不同。犯罪分子被假释即解除监管,重返社会;被减刑的犯罪分子,刑期如果未满,仍须留在执行场所继续执行余刑,不能恢复人身自由。

假释和缓刑的区别。假释和缓刑都是附条件地不执行原判刑罚,都有一定的考验期。二者的主要区别是:①适用对象不同。假释的适用对象是被判处有期徒刑、无期徒刑的犯罪分子;缓刑的适用对象是被判处拘役、三年以下有期徒刑的犯罪分子。②适用根据不同。适用假释的根据是犯罪分子在刑罚执行中确有悔改表现;缓刑的适用根据是犯罪分子的犯罪情节和悔罪表现。③适用时间不同。假释在犯罪分子执行刑罚过程中适用。缓刑是在判处刑罚的同时宣告。④考验期限不同。假释的考验期限为法律所明确规定,即无期徒刑为十年,有期徒刑为尚未执行完毕的余刑;缓刑的考验期限在法定期限范围视具体情况而定。⑤执行原判刑罚不同。假释必须执行原判刑期的一部分;缓刑是有条件地不执行原判刑罚的全部。

假释是世界各国刑法普遍采用的一项刑罚制度,它是对原判刑罚在法律允许的范围内作适当的调整和变更,而不是对量刑结果的否定和破坏。正确适用假释,能够鼓励犯罪分子积极改造,悔过自新;也可以使犯罪分子将此作为复归社会的过渡和中介,以逐渐地适应社会。总之,假释制度对于求得刑罚的最佳效果,对于实现刑罚的目的具有重要意义。

二、假释适用的条件

根据我国《刑法》第81条的规定，适用假释，必须具备下列条件：

(一) 对象条件

假释的适用对象只能是被判处有期徒刑、无期徒刑的罪犯。对累犯以及因故意杀人、强奸、抢劫、绑架、放火、爆炸、投放危险物质或者有组织的暴力性犯罪被判处十年以上有期徒刑、无期徒刑的罪犯，不得假释。因以上情形和犯罪被判处死刑缓期执行的罪犯，被减为无期徒刑、有期徒刑后，也不得假释。但是，对死刑缓期执行罪犯减为无期徒刑或者有期徒刑后，死刑缓期执行罪犯经过一次或几次减刑后，其实际执行的刑期不能少于十五年，死刑缓期执行期间不包括在内。符合《刑法》第81条第一款的规定并且实际执行的刑期不少于十五年的，可以假释。由于假释是通过考察罪犯服刑期间的悔改表现而附条件地提前释放的一种制度。其考察需要有较长刑期为保证。因此，假释也不适用于被判处拘役的罪犯，一般也不适用于判处有期徒刑或者余刑在一年以下的罪犯。

(二) 执行刑期条件

假释只适用于已经执行了一部分刑罚的罪犯。根据《刑法》第81条的规定，被判处有期徒刑的罪犯，执行原判刑期1/2以上，被判处无期徒刑的罪犯，实际执行十三年以上，才可适用假释。另外，对死缓减为无期徒刑或者有期徒刑后，符合《刑法》第81条第1款和实际执行刑期不少于十五年（死刑缓期执行期间不包括在内）的罪犯，可以假释。对无期徒刑减为有期徒刑或有期徒刑减为较短刑期的，适用假释时，实际执行刑期的确定应以原判刑罚为标准，而不能以减刑后的刑期为标准。对有期徒刑犯假释，执行原判刑期1/2以上的起始时间，应当从判决执行之日起计算，判决执行以前先行羁押的，羁押一日折抵刑期一日。罪犯减刑后又假释的间隔时间，一般为一年；对一次减二年或者三年有期徒刑后，又适用假释的，其间隔时间不得少于二年。

根据《刑法》第81条的规定，如果有特殊情况，经最高人民法院核准，可以不受上述刑期的限制。这里的"特殊情况"，是指与国家、社会利益有重要关系的情况。

(三) 实质条件

假释只适用于在刑罚执行期间认真遵守监规，接受教育改造，确有悔改表现，没有再犯罪危险的罪犯，这是假释适用的实质条件。"确有悔改表现"是指同时具备以下四个方面情形：认罪悔罪；认真遵守法律法规及监规，接受教育改造；积极参加思想、文化、职业技术教育；积极参加劳动，努力完成劳动任务。对罪犯在刑罚执行期间提出申诉的，要依法保护其申诉权利，对罪犯申诉不应不加分析地认为是不认罪悔罪。罪犯积极执行财产刑和履行附带民事赔偿义务的,可视为有认罪悔罪表现,在假释时可以从宽掌握;确有执行、履行能力而不执行、不履行的,在假释时应当从严掌握。判断"没有再犯罪的危险",除符合《刑法》第81条规定的情形外,还应根据犯罪的具体情节、原判刑罚情况,在刑罚执行中的一贯表现,罪犯的年龄、身体状况、性格特征,假释后生活来源以及监管条件等因素综合考虑。对犯罪人适用假释除了考虑以上情形外,还应当考虑其假释后对所居住社区的影响。

另外,对未成年罪犯的假释,可以比照成年罪犯依法适当从宽。未成年罪犯能认罪悔罪,遵守法律法规及监规,积极参加学习、劳动的,应视为确有悔改表现。老年、身体残疾(不含自伤致残)、患严重疾病罪犯的假释,应当主要注重悔罪的实际表现。基本丧失劳动能力、生活难以自理的老年、身体残疾、患严重疾病的罪犯,能够认真遵守法律法规及监规,接受教育改造,应视为确有悔改表现,假释后生活确有着落的,除法律和本解释规定不得假释的情形外,可以依法假释。对身体残疾罪犯和患严重疾病罪犯进行假释,其残疾、疾病程度应由法定鉴定机构依法作出认定。

三、假释的考验期

假释是有条件地将罪犯提前释放,行刑机关仍然保留继续执行未执行的刑罚的权力。因此,应当有一个恰当的考验期限,以便对假释罪犯继续进行监督改造。《刑法》第83条规定:有期徒刑的假释考验期限,为没有执行完毕的刑期;无期徒刑的假释考验期限为十年。假释考验期限,从假释之日起计算。犯罪分子被假释后,原判决有附加剥夺政治权利的,剥夺政治权利的刑期从假释之日起计算。

四、对假释犯的监督和处理

(一)对假释犯的监督

对被宣告假释的罪犯,依法实行社区矫正。在假释考验期间,应当遵守下列规定:(1)遵守法律、行政法规,服从监督;(2)按照监督机关的规定报告自己的活动情况;(3)遵守监督机关关于会客的规定;(4)离开所居住的市、县或者迁居,应当报经监督机关批准。被假释的罪犯,如果在假释考验期限内,遵守一定条件,没有撤销假释的情形,假释考验期满,就认为原判刑罚已经执行完毕,并公开宣告剩余刑罚不再执行。

(二)对假释犯的处理

1.被假释的犯罪分子,在假释考验期限内犯新罪,应当撤销假释,依照本法第71条的规定实行数罪并罚。

2. 在假释考验期限内,发现被假释的犯罪分子在判决宣告以前还有其他罪没有判决的,应当撤销假释,依照本法第70条的规定实行数罪并罚。

3. 被假释的犯罪分子,在假释考验期限内,有违反法律、行政法规或者国务院有关部门关于假释的监督管理规定的行为,尚未构成新的犯罪的,应当依照法定程序撤销假释,收监执行未执行完毕的刑罚。

4. 对假释的犯罪分子,在假释考验期限内,如果没有上述三种情形,假释考验期满,就认为原判刑罚已经执行完毕,并公开予以宣告。

依法被撤销假释的,假释考验期不能折抵刑期,也不得计算在新判决决定的刑期之内。

五、假释的程序

假释的程序同减刑的程序,非经法定程序不得假释。因为对假释的犯罪分子实行社区矫正,因此,执行机关在提请假释的报送的材料中还应当附有社区矫正机构关于罪犯假释后对所居住社区影响的调查评估报告。

■ 相关链接

1.《刑法典》第81条-86条
2. 2012年1月17日最高人民法院《关于办理减刑、假释案件具体应用法律若干问题的规定》

■ 问题思考

1. 假释的适用条件是什么?
2. 对被假释的犯罪人不同的处理后果是什么?
3. 假释和减刑的区别是什么?

■ 案例分析

王某因犯数罪被人民法院依法判处有期徒刑20年,服刑13年后被假释。在假释考验期第六年,王某盗窃一辆汽车而未被发现。假释考验期满后的第四年,王某因抢劫而被逮捕,交代了自己在假释考验期内盗窃汽车的行为。

问题:1. 对王某是否需要撤销假释?为什么?
2. 对王某假释考验期内的盗窃行为应如何处理?

3. 对王某假释考验期满后的抢劫行为应如何处理？

4. 对王某最后的刑罚应当如何确定？

参考答案：

1. 对王某需要撤销假释。根据刑法 86 条规定，被假释的犯罪分子，在假释考验期内犯新罪的应该撤销假释。

2. 对盗窃罪作出判决，把前罪没有执行的刑罚和后罪所判处的刑罚依照刑法第 7 条规定的"先减后并"的方法决定其应该执行的刑期。

3. 王某构成累犯，因此抢劫罪应按照累犯从重处罚。

4. 首先，对王某所犯的盗窃罪作出判决。其次，把前罪没有执行的刑罚和后罪所判处的刑罚依照先减后并的方法决定其应该执行的刑期。再次，对抢劫罪按照累犯从重处罚。最后，将抢劫罪所判处的刑罚和撤销缓刑后决定执行的刑期按照 69 条的规定决定其应该最终执行的刑罚。

第十三章

刑罚的消灭

第一节 刑罚消灭概述

■ 知识结构图

刑罚消灭的概念→刑罚消灭的事由→刑罚消灭的意义

■ 重点提示

刑罚消灭的主要法定原因

■ 司考重点

刑罚消灭的事由的种类

一、刑罚消灭的概念

刑罚消灭,是指由于法定或事实的原因,致使国家对犯罪人的刑罚权归于消灭。根据这一概念,刑罚消灭具有以下几个特征:

(一)刑罚消灭的前提

刑罚消灭以行为人的行为构成犯罪的前提。"无犯罪则无刑罚"是刑法上的通识,在一般情况下,有犯罪必然有刑罚,但在某些特殊情况下未必如此。刑罚消灭就是各种有犯罪而无刑罚的特殊情形之一,因此,只有在行为构成犯罪的情况下,才有刑罚消灭而言。

(二)刑罚消灭的内容

刑罚消灭归结为国家对犯罪人刑罚权的消灭,因此,刑罚权的消灭是刑罚消灭的内容。在刑法理论上,刑罚权消灭存在广义说和狭义说之争。广义说认为,刑罚权消灭既包括刑罚请求权消灭,也包括刑罚执行权消灭。狭义说认为,刑罚权消灭仅包括刑罚执行权消灭,而不包括刑罚请求权消灭。我认为,刑罚权消灭应当从广义上理解,包括刑罚请求权消灭和刑法执行权消灭。刑罚请求权的消灭使得事实上发生的犯罪不再追究刑事责任,也就不存在刑罚执行的问题。

(三)刑罚消灭的根据

刑罚消灭是由一定的原因或事由引起,引起刑罚消灭的原因分为两种情形:一是由法律明确规定的,称为法定原因,如不起诉、免除刑罚、赦免、减刑、时效期满等;二是由客观发生的事实使刑罚自然不存在,称为事实原因,如犯罪人死亡、刑罚执行完毕等。

二、刑罚消灭的事由

刑罚消灭的事由是指使刑罚归于消灭的各种具体原因,主要分为刑罚请求权消灭和刑法执行权消灭。

(一)刑罚请求权消灭的事由

刑罚请求权是刑罚的发动权,只有经有告诉权人的请求,刑罚才能发动。刑罚请求权的消灭有以下几项事由:

1. 犯罪人死亡。犯罪人是刑罚的直接承受者,在起诉前犯罪人死亡,使起诉的对象不复存在,因而刑罚请求权自然归于消灭。

2. 追诉时效完成。犯罪发生后,并非任何时候都可以追诉,刑法规定了最诉时效。在法定追诉时效内没有追诉的,刑罚请求权就会归于消灭。

3. 告诉权放弃。告诉乃论之罪,有告诉权的人放弃告诉权,即使诉讼时效未满,刑罚请求权亦归于消灭。

4. 法律的修改。某种行为依照行为时的法律构成犯罪应当追究刑事责任,但在起诉前依照新的法律该种行为不再作为犯罪处理。在这种情况下,刑罚请求权就会归于消灭。

5. 赦免。在犯罪人未被追诉时遇到赦免,此时司法机关不得再进行追诉。因此,刑罚请求权归于消灭。

（二）刑罚执行权消灭的事由

刑罚执行权是在判处刑罚以后实际执行刑罚的权力,是刑罚的落实权。刑罚执行权的消灭有以下几项事由:

1. 受刑人死亡。在判处刑罚以后,服刑前或者在服刑期间,受刑人死亡,因服刑的主体不复存在,因而使其全部或未执行部分刑罚的执行权自然归于消灭。

2. 刑罚执行完毕。刑罚执行完毕是刑罚执行权消灭的正常事由。刑罚执行完毕不仅包括刑满释放还包括假释期满,因为假释犯在假释期间没有发生撤销假释的法定事由,原则上就视为刑罚执行完毕,因此刑罚执行权归于消灭。

3. 缓刑期满。缓刑犯在缓刑考验期间没有发生撤销缓刑的法定事由,原判刑罚就不再执行,刑罚执行权亦为消灭。

4. 刑罚的废止。在犯罪人被判处刑罚后,刑罚尚未执行或执行完毕前,法律已经废止其刑。某种法律在法律上一经废止,无论受刑人被执行与否,该种刑罚的执行权自然归于消灭。

5. 行刑时效完成。刑罚宣告后,必须在法定时间内执行,刑法一般规定了行刑时效。超过法定行刑时效而未执行的,刑罚执行权归于消灭。

6. 赦免。刑罚宣告后,刑罚尚未执行或未执行完毕前遇到赦免,原判刑罚或未执行完毕的刑罚不再执行,刑罚执行权因此消灭。

三、刑罚消灭的意义

刑罚消灭是刑法上的一种制度,这一制度体现了刑罚的人道性、刑罚的谦抑性和刑罚的目的性,是刑罚制度进化的产物。

（一）刑罚消灭对于刑罚人道性的意义

刑罚有一个从野蛮到人道的进步过程,刑罚消灭制度就是刑罚人道主义的产物。例如,受刑人死亡,在野蛮的刑罚制度下,同样作为刑罚适用对象,并不终止刑罚的执行。而现代刑法普遍把受刑人死亡作为刑罚消灭的事由,不再执行刑罚。因此,刑罚消灭对体现刑罚人道性具有重要意义。

（二）刑罚消灭对于刑罚谦抑性的意义

刑罚的谦抑性是指刑罚在无效的情况下应当予以消减或者压缩。刑罚追求有效性,但并非任何情况下刑罚的适用都是有效的。例如,超过诉讼时效或者行刑时效,在这种情况下不可能取得积极的刑罚效果。在这个意义上说,刑罚消灭体现了刑罚谦抑性的思想。

（三）刑罚消灭对于刑罚目的性的意义

刑罚具有报应和预防的双重目的,这两种目的的互动制约、共同支配着刑罚的适用。在行刑活动中,刑罚的预防目的,尤其是个别预防占有优先的地位。缓刑和假释都体现了教育刑思想,在缓刑和假释的情况下,附条件的不执行原判刑罚或者附条件的提前释放,从而使刑罚执行权归于消灭,对实现刑罚目的具有重要意义。

■问题思考

1. 什么是刑罚消灭?
2. 刑罚消灭的事由有哪些?

第二节 时效

■知识结构图

时效的概念→时效的种类→我国刑法规定追诉时效的意义→追诉时效的期限→追诉时效的计算

■重点提示

追诉时效的期限;追诉时效的计算方法

■司考重点

追诉时效的计算与追诉时效的中断和延长

一、时效的概念

我国刑法上规定的时效,指的是国家对犯罪人行使刑事追诉权和刑罚执行权的有效期限。对时效进行规定,使国家行使刑事追诉权和刑罚执行权受到一定的时间限制,超过时效就成为刑罚消灭的法定事由之一。

二、时效的种类

时效分为追诉时效和行刑时效两种。

追诉时效,是指刑法规定的对犯罪分子追究刑事责任的有效期限。超过法定追诉时效,司法机关就不得再对犯罪人进行追诉,已经追诉的,应撤销案件或不起诉,或终止审判。追诉时效和刑罚权中的求刑权、量刑权有关,也就是说,超过追诉时效司法机关的求刑权和量刑权即告消灭。追诉时效,是刑罚消灭的重要法定事由之一。

行刑时效,是指刑法规定的对被判刑人执行刑罚的有效期限。犯罪人被判处刑罚后,只有在行刑时效内,刑罚执行机关才有权对犯罪人执行所判处的刑罚。超过行刑时效,刑罚执行机关便不能再对犯罪人执行所判处的刑罚。行刑时效与刑罚权中的行刑权有关,也就是说,在行刑时效内,刑罚执行机关有权对犯罪人执行所判处的刑罚,超出行刑时效,刑罚执行机关的刑罚执行权就消灭了。行刑时效,也是刑罚消灭的一项重要法定事由。目前,我国刑法只规定了追诉时效,而对行刑时效未作规定。

三、我国刑法规定追诉时效的意义

第一,这是我国刑罚预防犯罪目的的要求。使犯罪人不再做出违法犯罪的行为,这也是我国刑罚的目的之一。犯罪人在一段时间之内没有再实施犯罪,从这也可以看出,其危险性已经消除,这正是刑罚的目的之所在。所以,不再对犯罪分子进行追诉是完全符合我国刑罚的目的的要求的。

第二,司法机关可以集中精力办理其他案件。刚发生的刑事案件对社会来说具有更大的社会危害性,因此,司法机关应该把更多的精力放在现行的刑事案件上,从而能更好地保护国家和人民的权益。如果没有此项规定,司法机关的精力势必会分散到各种较为陈旧的案件上,这样就会阻碍对犯罪的打击,不能及时保护国家和人民的利益。

第三,有利于节省人力、物力、财力。惩罚犯罪是一项十分艰巨而又烦琐的工作,需要消耗大量的人力、物力、财力,对那些超过诉讼时效的案件不再追诉将会节省很大的人力、物力、财力。

第四,稳定社会秩序的要求。犯罪分子在一定的期限内没有再犯罪,说明其对社会的危险性已经消除,社会公众也逐渐忘记了其罪行,被害者对犯罪分子的仇恨随着时间的推移也逐渐减少,犯罪分子也可能已经开始了新的家庭生活,一切都已经恢复平静。在这样的情况下,如果继续追究犯罪分子的责任的话,势必会引起各方面的状况,不利于社会的稳定,因此对于超过时效的案件不再进行追究有利于社会的稳定。

四、追诉时效的期限

根据《刑法》第 87 条规定,犯罪经过下列期限不再追诉:(1)法定最高刑为不满 5 年有期徒刑的,追诉时效的期限为 5 年;(2)法定最高刑为 5 年以上不满 10 年有期徒刑的,追诉时效的期限为 10 年;(3)法定最高刑为 10 年以上有期徒刑的,追诉时效的期限为 15 年;(4)法定最高刑为无期徒刑、死刑的,追诉时效的期限为 20 年。如果 20 年后认为必须追诉的,须报请最高人民检察院核准后,仍然可以追诉。

上述我国刑法所规定的追诉时效期限,是根据犯罪的法定最高刑确定的,这是罪责刑相适应原则在追诉时效期限上的具体体现。因为犯罪的法定最高刑根基于其社会危害性程度。一种犯罪的社会危害性可能达到的最高程度越高,法律规定的最高刑就越高,所以,以法定的最高刑为根据确定追诉时效的长短,即是以罪行的轻重来确定追诉时效期限的长短,罪行越重,追诉时效期限就越长,反之,则越短。

应当注意的是,犯罪的法定最高刑不能简单地理解为犯罪人所触犯之罪名的法定最高刑,而是要根据刑法对具体犯罪所规定的法定刑的具体情况以及犯罪人犯罪的具体情况来确定。如果犯罪人所犯罪行的刑罚,分别由几条或几款规定时,犯罪的法定最高刑应是指按其罪行应当适用的条或款的最高刑;如果犯罪人所犯罪行的同条或同款中有几个量刑幅度时,犯罪的法定最高刑是指按其罪行应当适用的量刑幅度的最高刑;如果条文只规定了单一的量刑幅度,犯罪的法定最高刑就是指该条的最高刑。

我国刑法在明确规定了四个档次的追诉时效期限即 5 年、10 年、15 年和 20 年后,又作了一种灵活性规定,及规定:如果法定最高刑为无期徒刑、死刑,20 年以后认为必须追诉的,须报请最高人民检察院核准。这里所讲的"认为必须追诉的"犯罪,应限于那些社会危害性极其严重、犯罪人的人身危险性特别大、所造成的社会影响极坏,经过 20 年以后仍然没有被社会遗忘的重大犯罪。不能将适用这种追诉时效期限的犯罪的范围随意扩大化。

五、追诉期限的计算

刑法条文关于追诉期限计算的规定,第 88 条为追诉期限的延长,在人民检察院、公安机关、国家安全机关立案侦查或者在人民法院受理案件以后,逃避侦查或者审判的,不受追诉期限的限制。被害人在追诉期限内提出控告,人民法院、人民检察院、公安机关应当立案而不予立案的,不受追诉期限的限制。第 89 条为追诉期限中断,追诉期限从犯罪之日起计算;犯罪行为有连续或者继续状态的,从犯罪行为终了之日起计算。在追诉期限以内又犯罪的,前罪追诉的期限从犯后罪之日起计算。

因此根据我国刑法条文的规定,追诉期限的计算大致分为以下四种情况:

(一)一般犯罪的计算

这里所说的一般犯罪,是指没有连续与继续状态的犯罪。这种犯罪的"追诉期限从犯罪之日起计算"(第89条第1款前段)。"犯罪之日"应是犯罪成立之日,即行为符合犯罪构成之日(过失犯罪的成立要求发生实害结果)。由于刑法对各种犯罪规定的构成要件不同,因而认定犯罪成立的标准也就不同。对不以危害结果为要件的犯罪而言,实施行为之日即是犯罪之日;对以危害结果为要件的犯罪而言,危害结果发生之日,才是犯罪之日。

对于犯罪追诉期限终点时间的计算,本书的立场是"追诉"应是指追查、提起诉讼,只要行为人所犯之罪经过的时间到案件开始进入刑事诉讼程序时尚未过追诉期限,对其就可以追诉。

(二)连续犯罪的计算

"犯罪行为有连续或者继续状态的,从犯罪行为终了之日起计算。"犯罪行为有连续状态的,属于连续犯,其犯罪行为终了之日指的是最后一个独立的犯罪行为完成之日;犯罪行为有继续状态的,属于继续犯,其犯罪行为终了之日指的是处于持续状态的一个犯罪行为的结束之日。

(三)追诉时效的中断

追诉时效的中断,是指在时效进行期间,因发生法律规定的事由,而使以前所经过的时效期间归于无效,法律规定的事由终了之时,时效重新开始计算。

《刑法》第89条第2款规定:在追诉期限以内又犯罪的,前罪追诉的期限从后罪成立之日起计算。即在追诉期限以内又犯罪的,前罪的追诉时效便中断,其追诉时效从后罪成立之日起重新计算。例如,行为人于1998年1月1日犯一般情节的抢劫罪,法定最高刑为10年有期徒刑,追诉时效期限为15年,如果不犯罪,其追诉期限至2013年1月2日止。但行为人在2005年1月1日又犯了一般情节的强奸罪,这时,抢劫罪的时效就中断,即先前的抢劫罪的追诉期限从2005年1月1日起重新开始计算,再经过15年,才不追诉。

之所以规定追诉时效的中断,是因为行为人在追诉时效期间内再次犯罪,说明其并无悔改之意,还具有一定的人身危险性。从刑罚的特殊预防目的出发,有必要对前罪的追诉期限从犯后罪之日起计算。但在计算前罪的追诉期限时,也不能忽略后罪的追诉期限。如果后罪的追诉期限已满,而前罪的追诉期限未满,则只追诉前罪,而不能追诉后罪;如果后罪和前罪的追诉期限都未满,则不能只追诉前罪而忽略了后罪。

（四）追诉时效的延长

追诉时效的延长，是指追诉时效进行期间，因为发生法律规定的事由，而使追诉时效暂时停止执行。刑法规定了两种追诉时效延长的情况。

第一种情况是"在人民检察院、公安机关、国家安全机关立案侦查或者在人民法院受理案件以后，逃避侦查或者审判的，不受追诉期限的限制"。这种追诉时效的延长必须符合以下条件：(1)人民检察院、公安机关、国家安全机关已经立案侦查或人民法院已经受理案件，这是追诉时效延长的时间条件。"立案侦查"本书的立场是指立案，因为在侦查阶段行为人也可能实施逃避侦查的行为，因此将立案侦查解释为立案更有利于打击犯罪。(2)行为人实施逃避侦查或审判的行为，这是追诉时效延长的行为条件。这里的"逃避侦查或审判的行为"应该将其解释为逃跑或者藏匿，使侦查或者审判无法进行的行为。如果行为人在立案侦查或者案件受理后，仅仅实施了串供、毁灭犯罪证据等行为，没有逃跑或藏匿的，不能使用追诉时效的延长，因为这些行为并不能使侦查或审判无法继续进行。例如，甲与1998年1月1日抢劫，在公安机关立案后逃避侦查，并于2000年1月1日犯故意伤害罪，这种情况指的就是第一种追诉时效延长的情况。

第二种情况是"被害人在追诉期限内提出控告，人民法院、人民检察院、公安机关应当立案而不予立案的，不受追诉期限的限制"。这种追诉时效的延长必须符合以下条件：(1)被害人在追诉期限内向人民法院、人民检察院、公安机关提出了控告。对于这一条件本书的立场是从广义上理解，即只要被害人在追诉时效期间内向上述任何一机关提出控告，无论该机关是否有管辖权，都可以引起诉讼时效的延长，因为被害人对于法律知识的了解不尽相同，我们不可能要求其准确地向管辖机关提出控告，再者法律也并没有明确规定被害人必须向对有管辖权的机关提出控告。(2)人民法院、人民检察院、公安机关应当立案而不予立案。"应当立案"是指根据刑法的规定，被控告人的行为已构成犯罪，应当对其立案侦查或者受理案件。不予立案的原因多种多样，具体为何不影响追诉时效的延长。

上述两种情况都不受追诉时效的规定，但行为人如果之后又犯了新罪，其新罪仍然受追诉时效的限制。例如，行为人犯故意伤害罪后，被害人向有关机关提出了控告，有关机关应当立案而没有立案，改行为人后来又犯了盗窃罪，这样，其故意伤害罪不受追诉时效的限制，但其盗窃罪仍受追诉时效的限制。

■ 观点争鸣

1.关于"犯罪之日"，理论上有不同的说法，有的认为是指犯罪成立之日，有的认为是犯罪行为实施之日，有的认为是犯罪行为发生之日，有的认为是犯罪完成之日，还有的认为是犯罪行为停止之日。本书的立场是指犯罪成立之日，即行为符合犯罪构成之日。

2.关于"立案侦查",有两种观点:第一种认为是立案并侦查,如果只立案并未开始侦查,就不存在追诉时效的延长问题,第二种认为解释为立案,本书的观点赞同第二种。

问题思考

1.追诉时效的各个期限分别是多少?
2.追诉时效延长的情况有哪些?

案例分析

1.1980年初,张某强奸某妇女并将其杀害。1996年末,张某因酒后驾车致人重伤。两案在2007年初被发现。关于张某的犯罪行为,下列哪些选项是错误的?(　　)

A.应当以强奸罪、故意杀人罪和交通肇事罪追究其刑事责任,数罪并罚
B.应当以强奸罪追究其刑事责任
C.应当以故意杀人罪追究其刑事责任
D.不应当追究任何刑事责任

【参考答案】ABD

张某强奸某妇女并将其杀害,构成强奸罪与故意杀人罪,数罪并罚。该强奸罪不具有从重处罚情节,故法定最高刑为10年有期徒刑;故意杀人罪的法定最高刑为死刑。根据《刑法》第87条规定,法定最高刑为10年以上有期徒刑的,追诉时效为15年;法定最高刑为无期徒刑、死刑的,追诉时效为20年。《刑法》第89条第2款规定,在追诉期限以内又犯罪的,前罪追诉的期限从犯后罪之日起计算。本案中,1980年至1996年经过了16年,在新罪发生时,前面的故意杀人罪的追溯时效还没有过,而强奸罪的追溯时效已经过,不能再追究其强奸罪的刑事责任。另外,前面故意杀人罪的追溯时效在时效期内因又犯交通肇事罪而重新计算,即从1996年开始重新计算故意杀人罪的追溯时效。从1996年末到2007年案发经过了11年,故意杀人罪的追溯时效没有经过,因此,依然要对其故意杀人行为追究刑事责任。

酒后驾驶机动车辆,交通肇事致1人以上重伤,负事故全部或者主要责任,以交通肇事罪定罪处罚,这里并没有加重处罚情节,故法定最高刑为3年。根据《刑法》第87条第(一)项规定,法定最高刑为不满5年有期徒刑的,追诉时效为5年。从1996年末到2007年案发经过了11年,故2007年初发现该交通肇事罪时已经

过追诉时效,对张某的交通肇事行为不再追究刑事责任。

2.1999年11月,甲(17周岁)因邻里纠纷,将邻居杀害后逃往外地。2004年7月,甲诈骗他人5000元现金。2014年8月,甲因扒窃3000元现金,被公安机关抓获。在讯问阶段,甲主动供述了杀人、诈骗罪行。关于本案的分析,下列哪些选项是错误的?

A. 前罪的追诉期限从犯后罪之日起计算,甲所犯三罪均在追诉期限内

B. 对甲所犯的故意杀人罪、诈骗罪与盗窃罪应分别定罪量刑后,实行数罪并罚

C. 甲如实供述了公安机关尚未掌握的罪行,成立自首,故对盗窃罪可从轻或者减轻处罚

D. 甲审判时已满18周岁,虽可适用死刑,但鉴于其有自首表现,不应判处死刑

【参考答案】ABCD

选项A、B说法错误。《刑法》第89条规定,追诉期限从犯罪之日起计算;犯罪行为有连续或者继续状态的,从犯罪行为终了之日起计算。在追诉期限以内又犯罪的,前罪追诉的期限从犯后罪之日起计算。本题中,甲于2004年7月诈骗他人现金5000元,应当适用的法定刑幅度为3年以下有期徒刑、拘役、管制,追诉期限为5年,到2014年8月时已过了追诉时效期限,因此,对甲的诈骗罪不应当再追究。

选项C说法错误。《刑法》第67条规定,犯罪以后自动投案,如实供述自己的罪行的,是自首。对于自首的犯罪分子,可以从轻或者减轻处罚。其中,犯罪较轻的,可以免除处罚。被采取强制措施的犯罪嫌疑人、被告人和正在服刑的罪犯,如实供述司法机关还未掌握的本人其他罪行的,以自首论。据此可知,甲被公安机关抓获后,如实供述了公安机关尚未掌握的其杀人、诈骗罪行,以自首论,可给予从宽处理。但对其犯的盗窃罪,甲不存在自首情节,不能按照自首从轻或者减轻处罚。

选项D说法错误。《刑法》第49条规定,犯罪的时候不满十八周岁的人和审判的时候怀孕的妇女,不适用死刑。审判的时候已满七十五周岁的人,不适用死刑,但以特别残忍手段致人死亡的除外。据此可知,未成年人不适用死刑是以犯罪的时间为准。本题中,甲实施故意杀人罪时不满18周岁,因而对其不能适用死刑。

第三节 赦免

■ 知识结构图

赦免的概念→赦免的种类→大赦与特赦的区别

■ 重点提示

了解赦免的概念和种类与大赦和特赦的区别

■ 司考重点

特赦的理解与适用

一、赦免的概念

赦免是国家宣告对犯罪人免除其罪、免除其刑的一种法律制度。

二、赦免的种类

赦免包括大赦和特赦两种。

大赦,是指国家对某一时期内的犯有一定罪行的犯罪人免予追诉和免除其刑罚执行的制度。大赦的适用范围比较广,可以是国家某一时期内的各种罪犯,可以是某一地区内的所有罪犯,也可以是国家某一时期犯有特定罪行的罪犯,还可以是参与某一重大历史事件的所有罪犯。大赦的赦免效力也比较大,它不仅免除犯罪人刑罚的执行,而且使犯罪记录也归于消灭,即不但赦其刑,还赦其罪。

特赦,是指国家对特定的犯罪人免除其执行刑罚的一部分或全部的制度。特赦只针对特定的犯罪人,效果是只免除部分或全部刑罚的执行,而不消除犯罪记录。

三、大赦与特赦的区别

大赦与特赦都属于赦免的种类,但二者也存在着一些区别:(1)赦免对象的范围大小不同,通常大赦涉及的人数要比特赦的多。(2)赦免的效果不同,大赦是既赦罪又赦刑,特赦只赦刑不赦罪。

四、赦免的决定权

我国1954年《宪法》对大赦与特赦作出了规定,将大赦与特赦的决定权分别赋予全国人民代表大会和全国人民代表大会常务委员会,大赦令和特赦令均由国家主席发布。1978年《宪法》和1982年《宪法》均规定了特赦,但未规定大赦。因此,我国现行《刑法》第65条、第66条中的"赦免"指的均是特赦。我国现行1982年《宪法》规定特赦由全国人大常务委员会决定,由国家主席发布特赦令。

1982年《宪法》第六十七条第十七项规定,全国人民代表大会常务委员会行使决定特赦的职权;第八十条规定规定中华人民共和国主席根据全国人民代表大会常务委员会的决定发布特赦令。

五、我国赦免制度的特点

从1959年我国第一次实行特赦到2015年为纪念中国人民抗日战争暨世界反法西斯战争胜利70周年我国实行了特赦,目前总共有8次。分别是1959年9月17日新中国成立10周年之前,对确认改恶从善的蒋介石集团、伪满洲国的战争罪犯、反革命罪犯和普通刑事罪犯实行特赦。1960年1月19日和1961年12月16日对确认改恶从善的蒋介石集团、伪满洲国的战争罪犯实行特赦。1963年3月30日、1964年12月12日和1966年3月29日对确认改恶从善的蒋介石集团、伪满洲国和伪蒙疆自治政府的战犯进行赦免。1975年3月对经过较长时间关押和改造的全部战犯实行特赦。2015年8月29日对四类犯罪分子实行特赦:一是参加过中国人民抗日战争、中国人民解放战争的服刑罪犯;二是中华人民共和国成立以后,参加过保卫国家主权、安全和领土完整对外作战的服刑罪犯,但上述罪犯中犯贪污受贿犯罪,危害人民安全的暴力性犯罪、危害国家安全犯罪及涉恐、涉黑等有组织犯罪的主犯以及累犯不予特赦;三是年满七十五周岁、身体严重残疾且生活不能自理的服刑罪犯;四是犯罪的时候不满十八周岁,被判处三年以下有期徒刑或者剩余刑期在一年以下的服刑罪犯,但国家基于对人民安全感的考虑,对上述罪犯中犯故意杀人、强奸等严重暴力性犯罪、恐怖活动犯罪、贩卖毒品犯罪的罪犯,不予特赦。纵观我国实行的八次特赦,我们可以总结出如下几个特点:

(1)特赦的对象大部分上是战争罪犯。除第一次特赦包含部分反革命罪犯以及普通刑事犯,第八次特赦是参加过抗日战争及保卫国家安全战争的罪犯和一些年龄、身体特殊的罪犯。

(2)特赦的范围是一类或几类犯罪人,而不是个别犯罪人。

(3)特赦的前提是犯罪人在服刑过程中确实有改恶从善的表现。

(4)对需要特赦的犯罪人,根据其罪行轻重与悔改表现实行区别对待:罪行轻因而所判刑罚轻的,予以释放;罪行重因而所判刑罚重的,只是减轻刑罚。

(5)特赦的效力只及于刑而不及于罪。即特赦的效力只是免除执行剩余刑罚或者减轻原判刑罚,不是免除执行全部刑罚,更不是使宣告刑与有罪宣告无效。

问题思考

1. 什么是特赦?
2. 我国第八次特赦的对象是什么?
3. 我国赦免制度的特点是什么?

第十四章

罪刑各论概述

知识结构图
各论概述→刑法分则的体系→条文结构→注意规定与法律拟制→法条竞合

重点提示
刑法各论研究的内容是具体犯罪及其法律后果。因此,罪刑各论的研究对象是规定具体犯罪及其法律后果的法律规范。这种规范又分为三类:刑法典分则、单行刑法与附属刑法。刑法学体系由刑法总论和刑法各论两部分组成。刑法各论应当贯彻与体现刑法总论,丰富和发展刑法总论,促进刑法总论的实践;同样的,刑法总论对刑法各论也有着概括、指导和制约的作用。简言之,刑法总论和刑法各论密切联系、缺一不可,二者相互作用。

司考重点
对各分则罪名的认定和识别

第一节 刑法分则的体系

一、刑法分则体系的概念

刑法分则体系,是指刑法分则根据一定的标准和规则,对犯罪的分类及排列次序。把握分则的体系,是研究各种具体犯罪的基础。分则规定具体犯罪及其法定刑,而具体犯罪的种类繁多,这就需要以一定标准将具体犯罪分为若干类(类罪),再以一定标准对类罪进行合理排列,同时对各类罪中的具体犯罪进行排列,从而形成分则体系。由此可见,分则体系实际上是犯罪分类问题。

犯罪分类是罪刑法定主义的要求。罪刑法定主义要求以成文刑法明确规定犯罪的构成要件与法定刑。合理而明确的分则体系是罪刑法定主义的要求,有利于司法机关正确定罪量刑。因为现实犯罪比较复杂,司法机关总是先认定现实犯罪属于哪一类罪,然后再进一步认定属于该类犯罪中的哪一种具体犯罪。可见,类罪的划分具有实际意义。

二、刑法分则体系的特点

我国刑法典的分则将具体犯罪分为十大类,每一章规定一类犯罪,其排列顺序依次为:危害国家安全罪,危害公共安全罪,破坏社会主义市场经济秩序罪,侵犯公民人身权利、民主权利罪,侵犯财产罪,妨害社会管理秩序罪,危害国防利益罪,贪污贿赂罪,渎职罪,军人违反职责罪。刑法分则体系就是根据上述分类建立起来的,其特点如下:

首先,原则上依据犯罪所侵犯的同类客体对犯罪进行分类。不同种类的犯罪所侵犯的客体不同,因而其危害性不同。例如,侵犯公共安全的犯罪为一类、侵犯财产的犯罪为一类。

其次,总体上依据各类犯罪的危害程度对类罪进行排列。类罪的排列反映了刑法的矛头所向与打击重点,反映了立法者对各类犯罪的认识与态度。我国刑法基本上是按由重到轻的顺序进行排列的。例如,危害国家安全罪为第一章,危害公共安全罪为第二章。

再次,大体上依据犯罪的危害程度以及犯罪之间的内在联系对具体犯罪进行安排。先考虑的是具体犯罪的罪行轻重,如将故意杀人罪规定在侵犯人身权利罪之首,将抢劫罪规定在侵犯财产罪之首。与此同时,刑法分则又考虑了具体犯罪之间的内在联系,如在故意杀人罪之后规定过失致人死亡罪,在重婚罪之后规定破坏军婚罪,就是为了照顾它们之间的内在联系。

最后,基本上依据犯罪侵犯的主要法益对犯罪进行归类。一些犯罪同时侵犯了两种以上的法益,刑法分则根据该罪侵犯的主要法益,将其归入该类犯罪。例如,抢劫罪既侵犯人身权利,又侵犯财产权利,刑法分则根据其侵犯的主要法益——财产权利,将其归入侵犯财产罪。

问题思考

1. 什么是刑法分则体系?
2. 我国刑法分则体系是如何排列的?

第二节 刑法分则的条文结构

刑法分则条文通常由罪状(假定条件)与法定刑(法律后果)构成,表述结构为"……的,处……"。例如,《刑法》第325条第1款规定:"违反文物保护法规,将收藏的国家禁止出口的珍贵文物私自出售或者私自赠送给外国人的,处5年以下有期徒刑或者拘役,可以并处罚金。"前一句是罪状,后一句是法定刑。

一、罪状

罪状是分则罪刑规范对犯罪具体状况的描述,指明适用该罪刑规范的条件,行为只有符合某罪刑规范的罪状,才能适用该规范。

(一)罪状的标识

原则上,只要刑法分则条文所规定的是具体犯罪与法定刑,那么,"处……"之前的"……的,"所表示的就是罪状。

1. "……的,"(即分则条文中表述罪状后使用的"的"字,并且"的"后紧接着有逗号)表明该条文一种罪状的表述已经完结;如果"……的,"后面还有其他表述,则是另一种罪状。例如,《刑法》第385条规定:"国家工作人员利用职务上的便利,索取他人财物的,或者非法收受他人财物,为他人谋取利益的,是受贿罪。"

2. 如果分则条文表述两种以上罪状,而在对第一种罪状的表述中没有使用"的,",在第二种罪状的表述后,又有补充或者递进规定时,需要合理判断后面的补充或者递进规定,是否也是前面罪状的内容。但一般来说,后面的补充或者递进规定,同时也是前面罪状的内容。例如,刑法第291条之一规定:"投放虚假的爆炸性、毒害性、放射性、传染病病原体等物质,或者编造爆炸威胁、生化威胁、放射威胁等恐怖信息,或者明知是编造的恐怖信息而故意传播,严重扰乱社会秩序的,处……"

(二)罪状的分类

1. 按照法定刑分类:
(1)基本罪状:对具体犯罪基本特征(成立要件)的描述。
(2)加重罪状:对加重法定刑的适用条件的描述。
(3)减轻罪状:对减轻法定刑的适用条件的描述

2. 按照罪状的描述方式分类,见表格所示:

分类	示例
简单罪状	(第232条)故意杀人的,……
叙明罪状	(第197条)使用伪造、变造的国库券或者国家发行的其他有价证券,进行诈骗活动,数额较大的,……
空白罪状(没有纯粹的空白罪状)	(第331条)从事实验、保藏、携带、运输传染病菌种、毒种的人员,违反国务院卫生行政部门的有关规定,造成传染病菌种、毒种扩散,后果严重的,……
混合罪状(空白与叙明混合)	同上
引证罪状	(第337条第2款)单位犯前款罪的,……

(1)简单罪状,即仅仅写出犯罪名称,没有具体描述犯罪特征。如《刑法》第232条故意杀人罪,"故意杀人的,处死刑、无期徒刑或者10年以上有期徒刑"。其特点是简单概括,避免烦琐。

(2)叙明罪状,即在罪刑规范中条文对具体犯罪的构成特征作了详细的描述。例如,《刑法》第305条伪证罪的规定,"在刑事诉讼中,证人、鉴定人、记录人、翻译人对于案件有重要关系的情节,故意作虚假证明鉴定、记录、翻译,意图陷害他人或者隐匿罪证的,处3年以下有期徒刑或者拘役"。其特点是要件明确,避免歧义。

(3)引证罪状,即引用刑法的其他条款来说明和确定某一犯罪的构成特征。例如,《刑法》第124条第1款规定了破坏广播电视设施、公用电信设施罪的罪状与法定刑,其第2款规定:"过失犯前款罪的,处3年以上7年以下有期徒刑……。"该款便是引用第1款的罪状,来说明和确定过失破坏广播电视设施、公用电信设施罪的罪状。其特点是条文简练,避免重复。

(4)空白罪状,即条文没有具体说明某一犯罪的构成要件,但指出了必须要参照的法律、法规。例如,《刑法》第133条规定,"违反交通运输管理法规,因而发生重大事故,致人重伤、死亡或者使公私财产遭受重大损失的,处3年以下有期徒刑或者拘役"。其特点是参照其他法规,避免复杂表述。需要注意的是,我国刑法中被称为空白罪状的条文中,在指明了参照法规的同时,通常也描述了部分构成要件要素,如交通肇事罪中的"发生重大事故"。所以,我国刑法中实际没有典型的空白罪状。

(5)混合罪状,即条文同时采用简单、叙明、引证、空白罪状其中的两种方式对犯罪的基本构成特征进行描述。我国刑法分则条文中的混合罪状不多。

二、罪名

罪名就是犯罪名称,是对具体犯罪本质或主要特征的高度概括。

(一)罪名的分类

罪名的分类是指归纳既有罪名的类型,从而进一步明确罪名的含义,正确适用罪名。根据不同的标准,可以分为以下一些种类:

1. 类罪名和具体罪名。类罪名是某一类犯罪的总名称,如"危害公共安全罪"。在我国刑法中,类罪名是以犯罪的同类客体为标准进行概括的,共有十个类罪名。类罪名之下,包括了具有该类性质的所有罪名。由于现实中的犯罪都是具体的,不能根据类罪名定罪。

具体罪名是各种具体犯罪的名称,如"故意杀人罪"。每个具体罪名都各有其构成要件与法定刑。在定罪时我们只能根据具体罪名定罪。

2. 单一罪名、选择罪名、概括罪名。单一罪名,指所包含的犯罪构成的具体内容单一,只能反映一个犯罪行为,不能分解拆开使用的罪名。如故意伤害罪、强奸罪等,它们所表示的是具体犯罪行为,不可能对它们进行分解。行为触犯一个单一罪名的,没有疑问地构成一罪。我国刑法中的大部分罪名是单一罪名。

选择罪名,指所包含的犯罪构成的具体内容复杂,反映出多种行为类型,既可概括使用,也可分解拆开使用的罪名。如拐卖妇女、儿童罪。选择罪名大致分以下三种情况:第一是行为选择,即罪名中包括了多种行为,因而形成选择罪名。如引诱、容留、介绍卖淫罪,包括了三种行为,可以分解成多个罪名。第二是对象选择,即罪名中包括了多种对象,因而形成选择罪名,如上述拐卖妇女、儿童罪。第三是行为与对象同时选择,即罪名中包括了多种行为与多种对象,因而形成选择罪名。如非法制造、买卖、运输、邮寄、储存枪支、弹药、爆炸物罪,包括五种行为和三种对象。

概括罪名,指其包含的犯罪构成的具体内容复杂,反映出多种具体行为类型,但只能概括使用,不能分解拆开使用的罪名。例如,信用卡诈骗罪,包括了使用伪造的信用卡、使用以虚假的身份证明骗领的信用卡、使用作废的信用卡、冒用他人信用卡、恶意透支五种行为,不管行为人是实施其中一种还是数种行为,都定信用卡诈骗罪。

（二）罪名的确定

罪名的确定有两个含义：一是司法机关对已经发生的犯罪行为如何定罪，即对某种犯罪行为适用何种罪名。二是如何根据刑法分则的规定概括各种具体犯罪的罪名。

罪名的确定实际上包括三个方面的内容：其一，确定刑法分则的某一条款所规定的是一个罪名还是数个罪名。其二，对结果加重犯、结合犯等，应否确定独立的罪名（我国刑法理论与实践中都不认为加重、减轻罪状中包含独立罪名）。其三，确定每一个具体犯罪的名称。

三、法定刑

所谓法定刑，是指包含罪刑关系的条文所规定的适用于具体犯罪的刑罚种类和刑罚幅度。刑法总则规定了五种主刑和四种附加刑。分则根据总则的规定，根据具体罪行的严重程度确定具体的法定刑刑种和刑度。以法定刑的刑种、刑度是否确定以及确定的程度为标准，可以将法定刑分为如下几类：

1. 绝对确定的法定刑，是指在条文中仅规定单一的刑种与固定的刑度。例如，1951年颁布的《惩治反革命条例》第5条规定："持械聚众叛乱的主谋者、指挥者及其他罪恶重大者处死刑。"这就是绝对确定的法定刑。由于这种法定刑缺乏灵活性，法院没有自由裁量的余地，难以针对个案的具体情况判处轻重适当的刑罚，不利于贯彻宽严相济、区别对待的政策，所以我国1979年刑法没有规定这种法定刑。现行刑法也规定了少量的绝对确定的法定刑。

2. 绝对不确定的法定刑，是指只规定对某种犯罪予以刑罚处罚，却没有规定对该种犯罪应当适用的刑种和刑度。在我国现行刑法里面不存在绝对不确定的法定刑。

3. 相对确定的法定刑，是指在条文中规定一定的刑种与刑度，并明确规定最高刑与最低刑。其特点是立法上有确定的刑种与刑度，司法上有具体裁量的余地。相对确定的法定刑规定模式是我国刑法分则法定刑规定的主要模式，具体包括：

（1）规定最高限度的法定刑。即分则规范只规定刑罚的最高限度，刑罚的最低限度根据刑法总则的规定确定。

（2）规定最低限度的法定刑。即分则规范只规定刑罚的最低限度，刑罚的最高限度根据总则的规则确定。

（3）规定最高限度与最低限度的法定刑。即分则规范同时规定了刑罚的最高刑期与最低刑期，无须再根据刑法总则的规定确定最高刑期与最低刑期。

（4）规定两种以上主刑或者规定两种以上主刑并规定附加刑的法定刑。由于规定了两种以上的主刑，人民法院不仅有刑期的选择权限，而且有刑种的选择权限。在其规定的两种以上的主刑中，对有期徒刑又可分为前述三种情况。

4.浮动法定刑,是指法定刑的具体期限或者具体数量并非确定,而是根据一定的标准升降。如《刑法》第227条对倒卖车票、船票罪的,并处或者单处票证价额1倍以上5倍以下罚金。浮动法定刑只适用于罚金刑。

问题思考

1. 什么是罪状?
2. 罪状的种类有哪些?
3. 什么是法定刑?

第三节 注意规定与法律拟制

对于刑法分则规定的条款,有时需要区分是注意规定还是法律拟制。

一、注意规定

注意规定,并不改变基本规定的内容,只是对基本规定内容的重申。即使不设置注意规定,也存在相应的法律适用根据,即按基本规定处理。例如,《刑法》第382条(贪污罪)第3款规定:"与前两款所列人员勾结,伙同贪污的,以共犯论处。"

"以共犯论处"的规定,实际上是对刑法总论共同犯罪成立条件的提示和重申。即使没有此款规定,不具身份的人与国家工作人员、受委托管理国有财产的人员勾结,伙同贪污的,也适用刑法总论中共同犯罪与身份的规定,认定为共同犯罪。

二、法律拟制

法律拟制,是创设性规定,将原本不符合某罪构成条件的行为也按该罪处理。比如,《刑法》第269条(转化型抢劫)规定:"犯盗窃、诈骗、抢夺罪,为窝藏赃物、抗拒抓捕或者毁灭罪证而当场使用暴力或者以暴力相威胁的,依照本法第二百六十三条的规定定罪处理。""转化型抢劫"的情形系"先取财后暴力",并不符合第263条(普通抢劫罪)"先暴力后取财"的特征,如果没有前述《刑法》第269条的规定,"转化型抢劫"的情形应当认定为盗窃(诈骗、抢夺)罪、故意伤害罪数罪并罚才对。但《刑法》第269条的规定改变了原有规则,使之不必符合第263条(普通抢劫罪)的条件,就可认定为抢劫罪。故属创设新规则的法律拟制规定。

三、区别注意规定与法律拟制的意义

法律拟制规定构成犯罪,不必符合该罪原有的构成要件;而注意规定必须符合该罪原有的构成要件。

问题思考

什么是法律拟制?

司考真题

关于《刑法》分则条文的理解,下列哪些选项是错误的?(　　)(2011年卷二第58题)

1. 即使没有《刑法》第269条的规定,对于犯盗窃罪,为毁灭证据而当场使用暴力的行为,也要认定为抢劫罪
2. 即使没有《刑法》第267条第2款的规定,对于携带凶器抢夺的行为也要认定为抢劫罪
3. 即使没有《刑法》第196第3款的规定,对于盗窃信用卡并在ATM取款的行为,也能认定为盗窃罪
4. 即使没有《刑法》第198条第4款的规定,对于保险事故的鉴定人故意提供虚假的证明文件为他人实施保险诈骗提供条件的,也应当认定为保险诈骗罪的共犯

【参考答案】AB

本题考查注意规定与法律拟制的识别和区分,所谓注意规定即符合构成要件或其他刑罚制度规定(正条)情形的重申和提示。提示条款没有创设新规则,没有提示条款,对该情形仍可依正条处理。所谓法律拟制,即刑法改变原有规则,对某种特殊情形创设新规则。拟制条款创设了新规则,没有拟制条款,对该情形的处理结论就会有所不同。

A选项,《刑法》第269条(转化型抢劫)是法律拟制条款。如无该规定,犯盗窃罪为毁灭罪证而当场使用暴力的行为,构成盗窃罪和故意伤害罪(故意杀人罪);有该条款规定的情况下,犯盗窃罪为毁灭罪证而当场使用暴力的行为,构成抢劫罪。

B选项,《刑法》第267条第2款(携带凶器抢夺定抢劫罪)是法律拟制条款。如无条款规定,携带凶器抢夺的行为,构成抢夺罪;有该条款规定的情况下,携带凶

器抢夺的行为,构成抢劫罪。

C 选项,《刑法》第 196 条第 3 款规定的是盗窃信用卡并使用的,构成盗窃罪,是注意规定。通说认为,信用卡虽是财产凭证,自身的客观价值(交换价值)微乎其微,但对于持卡人而言具有重要的主观价值(使用价值);客观价值、主观价值只要有其一者,即可认定为财物,故盗窃信用卡的行为可认定为盗窃罪。冒用他人信用卡在 ATM 取款的行为,根绝通说观点即司法解释的观点(《最高人民检察院关于拾得他人信用卡并在自动柜员机上使用的行为如何定性问题的批复》),可构成信用卡诈骗罪。从罪数上看,盗窃之后又兑现,后行为为不可罚的事后行为,仍认定为盗窃罪一罪。按照此原理,如果没有第 196 条第 3 款规定,盗窃信用卡并使用的行为,仍可认定为盗窃罪。(少数观点认为,冒用他人信用卡在 ATM 取款的行为,构成盗窃罪;则该条仍为注意规定。)

D 选项,《刑法》第 198 条第 4 款规定的是保险事故的鉴定人、证明人、财产评估人故意提供虚假的证明文件,为他人诈骗提供条件的,以保险诈骗的共犯论处。这是对共同犯罪的注意规定。如果没有此项规定,按照刑法总论规定的共同犯罪的成立原理,仍可认定保险诈骗罪的共犯。

第四节　刑法分则(罪名)之间的法条竞合

刑法分则规定的 470 多个罪名之间的关系,大部分都是对立的关系,亦即两罪名彼此对立,没有交叠(交叉或包容),一个行为触犯此罪名就一定不触犯彼罪名,例如,盗窃罪与故意杀人罪之间即是如此。但是,也有些罪名之间存在交叠(交叉或包容),亦即立法者在制定两罪名时就设定了二者有交叠之处,一个行为触犯此罪名也可能触犯彼罪名,例如,诈骗罪与贷款诈骗罪之间即是如此,触犯贷款诈骗罪的行为一定触犯诈骗罪。两罪名之间存在交叠(交叉或包容)的情况被称为"法条竞合",亦即,在规范层面上两个罪名法条之间就存在逻辑上的交叠(交叉或包容),立法者也设定了两罪名交叠时的处理规则。当一个行为触犯了数个竞合法条规定的构成要件时,只能适用其中一个罪名法条,而排除其他罪名法条的适用。例如,贷款诈骗数额较大的,只认定构成贷款诈骗罪,而不再认为构成诈骗罪。对于各个罪名而言,法条竞合可因为对象、行为手段、结果、主体身份、目的之间的交叠关系,而是罪名之间形成法条竞合。

一、法条竞合与想象竞合的区别

规范(罪名)层面上的交叠 VS 事实(行为)层面上的交叠的不同,如图所示:

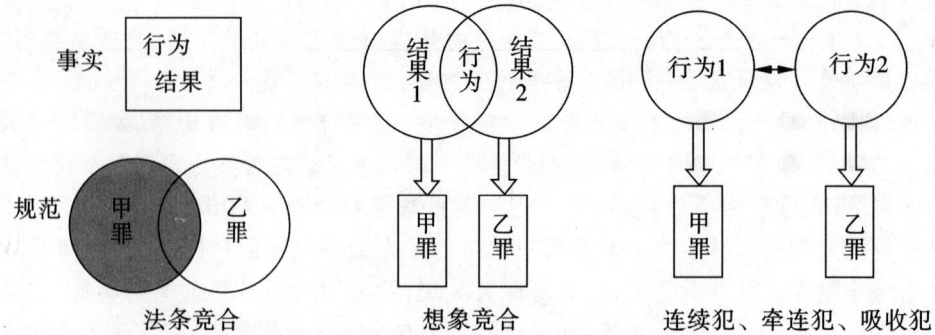

法条竞合是罪名之间本身就存在交叠的关系,即立法者立法制定罪名时就存在。法条竞合时,不管现实案情如何,两个罪名都有交叠关系。或者说,是否具有法条竞合关系时,并不取决于案情事实,而是取决于立法者在制定罪名法条时,是否就规定了两罪之间存在包容、交叉关系(规范层面上的交叠)。例如,《刑法》第266条规定的诈骗罪与第194条规定的票据诈骗罪,均使用了"诈骗"这一动词,且诈骗的对象均为"财物"。据此就能确定二者之间具有法条竞合关系。诈骗罪是一般法,票据诈骗罪是特别法,两罪之间是一般法与特别法的关系。

想象竞合则是因为行为人实施具体行为时的特殊性造成的,一般是因为一行为造成数个结果、侵害数个法益而造成。取决于案件事实,亦即,现实行为触犯了两个不同的法条,不同法条之间不一定具有包容与交叉关系(事实层面上的交叠)。例如,《刑法》第118条规定的破坏电力设备罪与第264条规定的盗窃罪,不存在法条竞合关系,行为人以毁坏方式盗窃正在使用中的电力设备,同时触犯两罪名,系想象竞合。

二、法条竞合的种类

法条竞合,即交叠罪名之间的关系,可分为如下几类:

1. 特别法与一般法的竞合:特别法优于一般法,独立竞合,如下图所示。

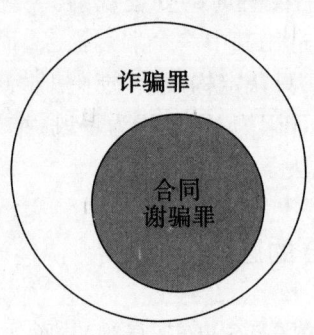

一般法指适用一般情况的罪名条款,特别法指适用于特别情况(例如对象、手段特殊)的罪名条款。例如诈骗罪适用于一般的诈骗情形,是一般法;而刑法规定适用假合同的方式诈骗钱财的构成合同诈骗罪,则是特殊情况,是特别法。当行为人利用假合同诈骗钱财时,必定是符合诈骗罪条款(一般法)的,但由于法条竞合,只认为适用合同诈骗罪一个条款(特别法)。

刑法中存在着大量特别法与一般法的法条竞合情形,以下为一些较常见的情形:盗窃罪与盗窃枪支、弹药、爆炸物、危险物质罪;抢夺罪与抢夺枪支、弹药、爆炸物、危险物品罪;交通肇事罪与重大飞行事故罪、铁路运营安全事故罪;诈骗罪与集资诈骗罪、贷款诈骗罪、票据诈骗罪、金融凭证诈骗罪、信用证诈骗罪、信用卡诈骗罪、有价证券诈骗罪、保险诈骗罪、合同诈骗罪、骗取出口退税罪,等等。

当特别法与一般法竞合时,一般适用特别法优于一般法的处理原则,以特别法定罪。但是,如果刑法有特别规定则依其规定;例如,《刑法》第149条规定当特别法生产、销售假药罪与一般法生产、销售伪劣产品罪竞合时,适用重法优于轻法的原则。

案例分析

关于罪名之间的关系以及认定,正确的是(　　)

A. 窝藏毒品犯罪所得的财物的,属于窝藏毒赃罪与掩饰、隐瞒犯罪所得罪的法条竞合,应以窝藏毒赃罪定罪处罚

B. 侦办案件的警察已明知丙有罪,但为徇私情,采取或毁灭证据的手段是并未受追诉。已的行为同时触犯徇私枉法罪与帮助毁灭证据罪、滥用职权罪,但因为只有一个行为,应以徇私枉法罪论处

C. 《刑法》第266条规定的诈骗罪最高刑为无期徒刑,而第198条规定的保险诈骗罪的法定刑为15年有期徒刑.为了保持刑法的协调和实现罪行相适应原则,对保险诈骗数额特别巨大的,应以诈骗罪论处

D. 法官执行判决时严重不负责任,因未履行法定执行职责,致使当事人利益遭受重大损失,应当认定为玩忽职守罪

【参考答案】AB

A选项,窝藏毒赃罪与掩饰隐瞒犯罪所得罪两罪之间,系特别法与一般法的法条竞合关系;窝藏毒品犯罪所得的财物的,按特别法窝藏毒赃罪定罪处刑。选项说法错误。

B选项,对于已的行为,其一,就触犯罪名而言:司法工作人员利用办理刑事案件职权对明知有罪的人故意使其不受追诉,可触犯徇私枉法罪;采用的手段系毁灭证据,可触犯帮助毁灭证据罪;国家机关工作人员故意滥用职权乱办案,可触犯滥用职权罪。其二,就三罪关系以及罪数而言:徇私枉法罪中含有毁灭证据的手段行

为,二罪之间是整体法与部分发的法条竞合关系,按整体法由于部分发的规则,认定徇私枉法罪;徇私枉法罪与滥用职权罪是特别法与一般法的法条竞合关系,按特别法优于一般法的规则,认定为徇私枉法罪。选项说法正确。

C选项,保险诈骗罪与诈骗罪的关系特别法与一般法的法条竞合关系,应当适用特别法优于一般法的规则,认定为保险诈骗罪。对此,第226条诈骗罪法条中也有明示"本法另有规定的,依照规定"。但诈骗罪的法定刑要高于保险诈骗罪。由此,就出现罪刑法定原则和罪行相适应原则的冲突。当依照法律明文规定定罪时,会认为特别法(轻罪)。应当认为,领原则冲突时,应当遵循罪刑法定原则,亦即认定特别法保险诈骗罪定罪。该选项说法错误。

D选项,以特别法执行判决、裁定失职罪定罪,而不以一般法玩忽职守罪定罪。该选项说法错误。

2.整体法与部分法的竞合:整体法优于部分法,包容竞合,如下图所示。

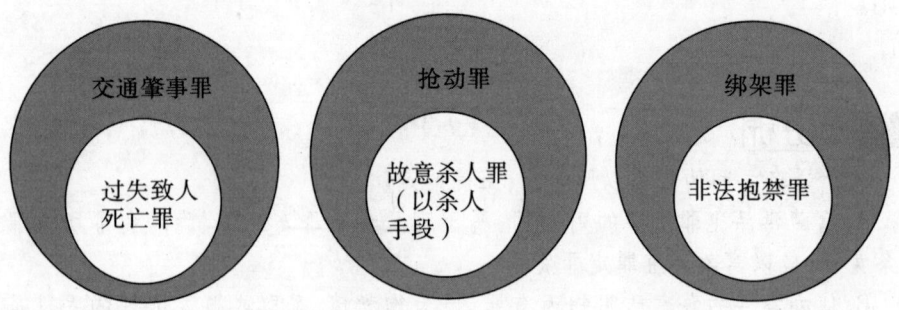

当一个罪名是另一个罪名的组成部分时,就形成了整体法与部分法的竞合。例如,交通肇事罪(致死)中包括了过失致人死亡的结果,当交通肇事过失致人死亡时,只认定为交通肇事罪(致死)一罪;抢劫罪(使用杀害手段)中包括了故意杀人的手段,当以杀害手段抢劫时,只认定为抢劫罪(致死)一罪;绑架勒索时拘禁他人的,只定绑架罪一罪。

3.重法与轻法的交互竞合:重法优于轻法,交叉竞合,如下图所示。

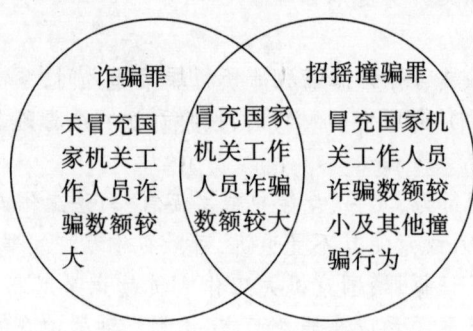

当两个罪名的外延之间存在交叉关系时,例如,冒充国家机关工作人员诈骗被害人钱财数额较大的,一般被认为是诈骗罪和招摇撞骗罪的交叉部分,由此形成了交互竞合,应当认定构成重法之罪。还有,刑法规定以非法占有为目的的诈骗银行或者其他金融机构的贷款数额较大的,构成贷款诈骗罪;亦即,规定了诈骗的对象是金融机构,,而未限定诈骗手段。刑法规定适用伪造、变造、作废、冒用的汇票、支票、本票手段进行诈骗,构成票据诈骗罪;亦即,规定了诈骗的手段是使用不实的票据,而未限定诈骗对象。当行为人使用伪造的支票作担保,骗取银行贷款时,理论上既符合贷款诈骗罪的规定,有符合票据诈骗罪的规定。但由于两罪名之间存在法条竞合关系,只能适用其中一个法条。由于两罪名法定刑一样,故一般按目的行为即贷款诈骗罪论处。

重法与轻法的交互竞合,一般认为适用重法优于轻法的原则,以重法定罪。

4. 基本法与补充法的偏一竞合:基本法优于补充法,为偏一竞合,如下图所示。

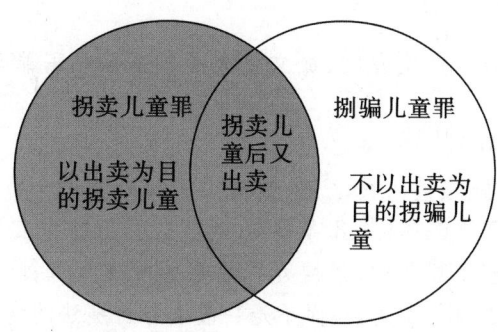

基本法是适用案件基本情况的罪名条款,补充法是用于补充基本条件的罪名规定。最经典的例子是拐卖儿童罪与拐骗儿童罪。拐卖儿童罪是以出卖为目的,拐骗、绑架、收买、贩卖、接送、中转儿童的行为(以上行为均可解释为广义的拐骗儿童行为,亦即使儿童脱离监护人监护的行为)。拐卖儿童必须以拐骗儿童为前提,但又超出了拐骗儿童行为本身,两罪是偏一竞合关系,拐骗儿童罪是补充法规定,拐卖儿童罪是基本法规定。拐骗儿童用于出卖的构成拐卖儿童罪,如果不用于出卖则可以构成拐骗儿童罪。

对于基本法与补充法的偏一竞合,适用基本法优于补充法的原则。

5. 法条竞合的处理规则。

以上法条竞合的处理原则,只是在刑法没有明文规定处理方法时才适用,如果刑法专门规定了处理方法,则适用刑法规定。例如,《刑法》149 条,就对特别法与一般法的竞合规定了重法优于轻法的原则,此时就不能适用特别法优于一般法的原则。

问题思考

1. 法条竞合的种类。
2. 法条竞合的适用规则。

司考真题

关于罪数判断,下列哪一选项是正确的?(　　　)(2013年卷二第10题)

A. 冒充警察招摇撞骗,骗取他人钱财的,适用特别法条以招摇撞骗罪论处

B. 冒充警察实施抢劫,同时构成抢劫罪与招摇撞骗罪,属于想象竞合犯,从一重罪论处

C. 冒充军人进项诈骗,同时构成诈骗与冒充军人招摇撞骗罪的,从一种罪论处

D. 冒充军人劫持航空器的,成立冒充军人招摇撞骗罪与劫持航空器罪,施行数罪并罚

【参考答案】AC

AC选项,根据《最高人民法院、最高人民检察院关于办理诈骗刑事案件具体应用法律若干问题的解释》第8条规定:"冒充国家机关工作人员进行诈骗,同时构成诈骗罪和招摇撞骗罪的,依照处罚较重的规定定罪处罚。"在法条竞合上,可认为是重法与轻法的交互竞合,而不是一般法与特别法的竞合。冒充警察、军人都是冒充国家机关工作人员,都应从一重罪论处。

B选项,抢劫罪加重犯明文规定有"冒充军警人员抢劫",这一情形包容了招摇撞骗罪,可认为是整体法与部分法的竞合,只以整体法即抢劫罪一罪论处,而不是想象竞合犯。

D选项,冒充军人劫持航空器的,触犯冒充军人招摇撞骗罪与劫持航空器罪,但冒充军人同时也是劫持暴力威胁行为,一行为触犯两罪,属于想象竞合发,应当择一重罪处断。刑法没有明文规定劫持航空器最可包含冒充军人招摇撞骗罪,故而不属于法条竞合。

第十五章

危害国家安全罪

第一节 危害国家、颠覆国家政权的犯罪

■ 知识结构图

背叛国家罪→分裂国家罪→煽动分裂国家→武装暴乱、叛乱罪→颠覆国家政权罪→煽动颠覆国家政权罪→资助危害国家安全犯罪活动罪

■ 重点提示

分裂国家罪的概念和构成特征、煽动分裂国家罪的概念和构成特征、分裂国家罪的教唆犯和煽动分裂国家罪的区别、资助危害国家安全犯罪活动罪的概念和构成特征

■ 司考重点

煽动分裂国家罪、资助危害国家安全犯罪活动罪

一、背叛国家罪

（一）背叛国家罪的概念和构成特征

背叛国家罪，是指勾结外国或者境外机构、组织、个人，危害国家主权、领土完

整和安全的行为。

背叛国家罪具有如下特征：

1. 客体特征。背叛国家罪的客体是国家的主权、领土完整和安全。国家的主权、领土完整和安全是一个国家独立的基本标志，也是国家安全的重要组成部分。主权，是指国家独立自主地处理自己内外事务、管理自己国家的权力。它是国家最重要的属性，是国家固有的在国内的最高权力和在国际上的独立权力。领土是构成国家的基本要素之一，是国家赖以存在的物质条件。所谓领土完整，是指国家领土不能被分裂，更不能被侵占。

2. 客观特征。背叛国家罪的客观方面表现为勾结外国或者境外机构、组织、个人，危害国家主权、领土完整和安全的行为。所谓勾结，是指与外国政府、外国政党、外国政治集团或者境外机构、组织、个人进行联络、谋划。危害国家主权、领土完整和安全，是指出卖国家主权、签订卖国条约、策划对我国发动侵略战争等。上述两个方面必须同时具备，才能构成本罪。

3. 主体特征。背叛国家罪的主体只能是具有中华人民共和国国籍的人。实践中，背叛国家罪的主体一般是窃据党政军较高职位，握有实权和社会上有一定政治影响的人。外国人不能成为本罪的主体，但可以成为本罪的共犯。

4. 主观特征。背叛国家罪在主观方面表现为故意，即明知自己勾结外国、境外机构、组织、个人实施的行为危害中国的主权、领土完整和安全，而希望或者放任这种危害后果的发生。

（二）背叛国家罪的处罚

根据《刑法》第 102 条、第 103 条第 1 款的规定，犯本罪的，处无期徒刑或者 10 年以上有期徒刑；对国家和人民危害特别严重、情节特别恶劣的，可以判处死刑。根据《刑法》第 56 条、第 113 条第 2 款的规定，犯本罪的，应当附加剥夺政治权利，可以并处没收财产。

二、分裂国家罪

（一）分裂国家罪的概念和构成特征

分裂国家罪，是指组织、策划、实施分裂国家、破坏国家统一的行为。

分裂国家罪具有如下特征：

1. 客体特征。分裂国家罪的客体是国家的统一。国家的统一是国家安全和国家主权的重要象征，也是政府合法有效实现国家事务管理的重要前提。所以，国家的统一对于国家政权的安全和社会秩序的稳定具有重要的意义。

2. 客观特征。分裂国家罪的客观方面表现为组织、策划、实施分裂国家、破坏国家统一的行为。

分裂国家罪在客观方面表现为,行为人具有组织、策划、实施分裂国家、破坏国家统一的行为。

所谓组织,是指为分裂国家、破坏国家统一而纠集多人,安排分散的人使之具有一定的系统性或整体性,以进行分裂国家、破坏国家统一的非法活动,或者非法建立旨在分裂国家、破坏国家统一的非法活动,既包括预备过程中的组织,也包括实施中的组织。

所谓策划,是指为分裂国家、破坏国家统一而暗中密谋、筹划,即以阴谋的形式表现出来的分裂国家、破坏国家统一的行为。如为分裂国家、破坏国家统一出主意、想办法、制定活动纲领和行动计划、提出各种目标和任务、确定具体行动方案等等。

所谓实施,是指已经着手、正式开始实行分裂国家、破坏国家统一的活动。既包括将组织、策划的具体行为的内容付诸实施,也包括组织、策划者以外的其他人在组织者、策划者的组织、领导、指挥下参加具体的分裂国家、破坏国家统一的活动。

所谓分裂国家,是指推翻地方政府,拒绝中央领导,割据一方,分裂我们统一的、多民族的国家的行为。所谓破坏国家统一,是指将统一的国家予以瓦解、分裂,或者阻碍国家统一进程。其中阻碍国家统一进程的行为,是分裂国家的一种特殊形式。

分裂国家罪是行为犯,只要行为人实施了组织、策划、实施分裂国家、破坏国家统一的行为,就可以构成本罪的既遂,而不要求发生实际的危害结果。

中国公民以勾结外国的方式进行分裂国家的行为应当如何定性？如果从分裂国家罪的行为方式来说,由于行为人实施了分裂国家、危害国家统一的行为,应当定分裂国家罪。然而另一方面,作为中国公民,如果与外国勾结分裂祖国,必然会同时危害中华人民共和国的国家主权、领土完整和安全,也可以定为背叛国家罪。对于这种情况,我们认为,之所以会出现这种情形,实际上是由于分裂国家的行为和背叛国家的行为从本质上存在重合情况,这两个罪名实际上是法条竞合关系。因此,应当按照法条竞合的处理原则,以分裂国家罪定罪处罚。

3. 主体特征。分裂国家罪的主体是一般主体,即年满16周岁、具有刑事责任能力的自然人均能成为本罪的主体,包括我国公民、具有外国国籍的人和无国籍人。由于分裂国家罪的犯罪性质,实施本罪的通常是具有一定影响力的野心家、阴谋家,以及具有一定号召力的地方分裂主义分子和民族分裂分子。

4. 主观特征。分裂国家罪的主观方面是故意,且只能是直接故意。其故意的内容可以表述为明知自己的行为会发生分裂国家、破坏国家统一的结果,并且希望这种结果发生。至于行为人的动机如何,对构成犯罪没有影响。如果出于狭隘的民族主义或地方主义情绪,或者出于对党和国家某些民族政策的误解而实施了一些过激的行为,或者虽有一些思想上的分裂倾向,而缺乏任何具体的组织、策划、实施分裂国家、破坏国家统一的行为,都不应以本罪论处。

(二)分裂国家罪的认定

1. 本罪与非罪行为的界限。区分分裂国家罪与非罪行为的界限,要注意以下两点:一是行为人是否具备分裂国家、破坏国家统一的直接故意;二是是否具有组织、策划、实施分裂国家、破坏国家统一的行为。

如果出于狭隘的民族主义或地方主义情绪,或者出于对党和国家某些民族政策的误解而实施了一些过激的行为,或者虽有一些思想上的分裂倾向,而缺乏任何具体的组织、策划、实施分裂国家、破坏国家统一的行为,都不应以本罪论处。

2. 本罪与背叛国家罪的界限。

(1)犯罪客观方面的行为不同。首先,本罪并不要求将"勾结外国"作为客观方面的要件内容;而背叛国家罪则将"勾结外国"作为客观方面不可或缺的必要内容。其次,本罪是通过将中华人民共和国的一部分领土分离出去,脱离中央政府的领导,制造地方"独立"的割据局面而危害国家领土完整,是以对国家统一的侵害而危害国家安全;而背叛国家罪则是通过勾结外国,以对国家主权、领土完整和安全的侵害而危害国家安全。

(2)犯罪主体不同。本罪的犯罪主体是一般主体,无论是中国公民、外国公民,还是无国籍人均可构成,没有特别限制;而背叛国家罪的主体是特殊主体,只能由中国公民构成

(3)犯罪主观故意的内容不同。本罪行为人具有分裂国家、破坏国家统一的直接故意;而背叛国家罪的行为人具有勾结外国,危害国家主权、领土完整和安全的直接故意。

(三)分裂国家罪的处罚

根据《刑法》第103条第1款、第106条、第113条第1款的规定,犯分裂国家罪的,对首要分子或者罪行重大者,处无期徒刑或者10年以上有期徒刑。对国家和人民危害特别严重、情节特别恶劣的,可以判处死刑;对积极参加者,处3年以上10年以下有期徒刑;对其他参加者,处3年以下有期徒刑、拘役、管制或者剥夺政治权利。与境外机构、组织、个人相勾结实施本罪的,从重处罚。根据《刑法》第56条、第113条第2款的规定,犯本罪的,应当附加剥夺政治权利,可以并处没收财产。

三、煽动分裂国家罪

(一)煽动分裂国家罪的概念和构成特征

煽动分裂国家罪,是指煽动分裂国家、破坏国家统一的行为。

煽动分裂国家罪具有如下特征:

1. 客体特征。煽动分裂国家罪的客体是国家的统一。

2. 客观特征。煽动分裂国家罪在客观方面表现为煽动不特定的多数人实施分裂国家、破坏国家统一的行为。所谓煽动,就是行为人劝诱、造谣、诽谤以及迷惑等方式,怂恿或蛊惑他人实施分裂国家、破坏国家统一的行为。煽动行为并不以公然实施为必要条件,可以是公然进行,也可以是暗中进行;方式可以是书面的,也可以口头的。1998年12月最高人民法院《关于审理非法出版物刑事案件具体应用法律若干问题的解释》第1条,对明知出版物中载有煽动分裂国家、破坏国家统一的内容,而予以出版、印刷、复制、发行、传播的行为,以煽动分裂国家罪定罪处罚;1999年10月最高人民法院、最高人民检察院联合颁布的《关于办理组织和利用邪教组织犯罪案件具体应用法律若干问题的解释》第7条规定,组织和利用邪教组织,组织、策划、实施煽动分裂国家、破坏国家统一的,应当依照煽动分裂国家罪定罪处罚;2001年6月最高人民法院、最高人民检察院联合颁布的《关于办理组织和利用邪教组织犯罪案件具体应用法律若干问题的解释(二)》第2条规定,制作、传播邪教宣传品,煽动分裂国家、破坏国家统一的,以煽动分裂国家罪定罪量刑;2003年最高人民法院、最高人民检察院联合颁布的《关于办理妨害预防、控制突发传染病疫情等灾害的刑事案件具体应用法律若干问题的解释》第10条规定,利用突发传染病疫情等灾害,制造、传播谣言,煽动分裂国家、破坏国家统一的,依照刑法第103条第二款规定定罪处罚。

3. 主体特征。煽动分裂国家罪的主体是一般主体,凡已满16周岁具有刑事责任能力的人均能成为本罪的主体。

4. 主观特征。煽动分裂国家罪的主观方面是故意。即行为人明知自己的行为会使他人实施分裂国家、破坏国家统一的行为,并且希望或者放任分裂国家、破坏国家统一的结果发生。在直接故意的情况下,只要行为人实施了煽动行为就构成犯罪,被煽动人是否接受煽动而实施分裂国家、破坏国家统一的行为,不影响犯罪的构成。在间接故意的情况下,必须是被煽动人接受煽动,实施了分裂国家、破坏国家统一的行为,才能构成犯罪。

(二)煽动分裂国家罪的认定

1. 罪和非罪的界限。煽动分裂国家罪和非罪的界限,主要是把握煽动分裂国家罪和一般的错误言论的界限。

(1)从主观方面看,煽动分裂国家罪具有特定的分裂国家、破坏国家统一的犯罪故意。而一般言论错误在主观上或者是出于思想狭隘,或者是出于不满现状的牢骚等,并不具有煽动他人产生犯罪和实施犯罪的故意。

(2)从客观方面看,煽动分裂国家罪要求行为人积极进行煽动,在分裂国家的犯罪决意下,积极实施煽动分裂国家的犯罪行为。而一般的言论错误只是在小范围内发表消极的言论。

2. 煽动分裂国家罪与分裂国家罪的教唆犯的区别。分裂国家罪的教唆犯,是指以诱惑、激将、请求、命令、怂恿或者其他办法,使得本来无分裂国家意图的人产生分裂国家、破坏国家统一的意图,或者是使具有分裂国家意图尚未坚定的行为人,坚定自己分裂国家、破坏国家统一的决心的行为人。两者相同的地方有:(1)犯罪的客体相同,都是国家的安全;(2)客观方面均表现为通过语言、文字,以口头、书面的形式实施犯罪行为,行为和言论有关;(3)犯罪的主观方面都是直接故意。

两者的区别在于:(1)对犯罪对象的要求不同。煽动分裂国家罪是对不特定多数人进行煽动的,而分裂国家罪的教唆犯的教唆行为是对特定人实施的;(2)犯罪的手段不同。煽动分裂国家罪一般采用张贴、散布标语、传单、编辑反动刊物、发表反动演说等方式进行煽动分裂国家行为,其行为往往具有公开性;而分裂国家罪的教唆犯一般采用劝诱、怂恿、激将等方式进行教唆,是不公开实施的,其影响局限在一定范围内;(3)确定罪名的法律依据不一样。煽动分裂国家罪是独立的罪名,具有独立的法定刑;教唆犯罪名的确定依赖于其教唆行为的性质,教唆他人分裂国家的,行为人构成的罪名是教唆犯,其教唆行为不具有独立的罪名和法定刑;(4)构成犯罪既遂的标准不同。煽动分裂国家罪是举动犯,只要行为人实施了法定的煽动行为即构成犯罪的既遂;分裂国家罪的教唆犯之既遂依赖于被教唆之人是否实施教唆之人所教唆的犯罪,如果被教唆之人没有实施所教唆的分裂国家的行为,则构成分裂国家罪的教唆未遂。

(三)煽动分裂国家罪的处罚

根据《刑法》第103条第2款、第106条的规定,犯本罪的,处5年以下有期徒刑、拘役、管制或者剥夺政治权利;首要分子或者罪行重大的,处5年以上有期徒刑;与境外机构、组织、个人相勾结犯本罪的,从重处罚。根据《刑法》第56条、第113条的规定,犯本罪的,应当附加剥夺政治权利,可以并处没收财产。

四、武装叛乱、暴乱罪

(一)武装叛乱、暴乱罪的概念和构成特征

武装叛乱、暴乱罪,是指组织、策划、实施武装叛乱或者武装暴乱的行为。

武装叛乱、暴乱罪具有如下特征:

1.客体特征。武装叛乱、暴乱罪的客体是我国人民民主专政的政权和社会主义制度。

2.客观特征。武装叛乱、暴乱罪的客观方面表现为组织、策划、实施武装叛乱或者武装暴乱的行为。

武装叛乱,是指使用武器装备进行反叛国家和政府的活动。武装暴乱,是指使用武器装备制造暴力事件从而引起动乱。武装叛乱与武装暴乱的区别表现在:叛乱以反叛国家和政府为内容,以投靠境外敌对势力为目的,而暴乱则不具有投靠境外敌对势力的目的。组织武装叛乱或者武装暴乱,是指召集、网罗人员以进行武装叛乱或者武装暴乱的行为。策划武装叛乱或者武装暴乱,是指制定武装叛乱或者武装暴乱的计划、方案的行为。实施武装叛乱或者武装暴乱,是指实行武装叛乱、暴乱的行为。

此外,《刑法》第104条规定,策动、胁迫、勾引、收买国家机关工作人员、人民警察、民兵进行武装叛乱或者武装暴乱的,也构成本罪。这就是说,本罪除了一般情况下表现为组织、策划、实施三种行为方式外,在针对特定对象时还可以是使用策动、胁迫、勾引、收买等方式。策动,是指策使、鼓动他人进行武装叛乱或者武装暴乱。胁迫,是指以暴力或者其他内容相威胁,逼迫他人进行武装叛乱或者武装暴乱。勾引,是指用名誉、地位、美色等引诱他人进行武装叛乱或者武装暴乱。收买,是指用金钱、物资等物质利益作为代价换取他人进行武装叛乱或者武装暴乱。

3. 主体特征。武装叛乱、暴乱罪的主体是一般主体,凡已满16周岁具有刑事责任能力的人,无论是中国人还是外国人、无国籍人,均能实施本罪。

4. 主观特征。武装叛乱、暴乱罪的主观方面是故意,即明知自己的行为是武装叛乱、武装暴乱而故意实施。如果行为人不知自己参加的是武装叛乱、武装暴乱,则不能构成本罪,构成其他犯罪的,按其他犯罪处理。

(二)武装叛乱、暴乱罪的处罚

根据《刑法》第104条的规定,犯本罪的,对首要分子或者罪行重大的,处无期徒刑或者10年以上有期徒刑;对积极参加者,处3年以上10年以下有期徒刑,对其他参加者,处3年以下有期徒刑、拘役、管制或者剥夺政治权利。根据《刑法》第106条的规定,与境外机构、组织、个人相勾结,实施武装叛乱、暴乱的,从重处罚。根据《刑法》第113条的规定,犯武装叛乱、暴乱罪,对国家和人民危害特别严重、情节特别恶劣的,可以判处死刑,可以并处没收财产。

五、颠覆国家政权罪

(一)颠覆国家政权罪的概念和构成特征

颠覆国家政权罪,是指组织、策划、实施颠覆国家政权、推翻社会主义制度的行为。

颠覆国家政权罪具有如下特征:

1. 客体特征。颠覆国家政权罪的客体是我国人民民主专政的政权和社会主义制度。

2. 客观特征。颠覆国家政权罪在客观方面表现为组织、策划、实施颠覆国家政权、推翻社会主义制度的行为。

组织,是指网罗成员、纠集他人以颠覆国家政权、推翻社会主义制度。

策划,是指策谋、计划如何颠覆国家政权、推翻社会主义制度。

实施,是指实行颠覆国家政权、推翻社会主义制度的行为。

颠覆国家政权,既可以是颠覆我国整个人民民主专政政权的整体,也可以是颠覆中央或者地方的某一个政权机关。国家政权,既可以是指我国各级权力机关、司法机关、军事机关等在内的整个政权,也可以是指中央人民政府和地方人民政府。社会主义制度,包括政治、经济、军事、文化、教育等各方面的制度。

推翻社会主义制度,既可以是推翻我国社会主义制度的整体,也可以是推翻我国社会主义制度的某一方面。

3. 主体特征。颠覆国家罪的主体是一般主体,凡已满16周岁具有刑事责任能力的人均可成为本罪的主体。

4. 主观特征。本罪的主观方面是故意,且只能是直接故意,犯罪目的是颠覆国家政权和推翻社会主义制度。

(二)颠覆国家政权罪的处罚

根据《刑法》第105条第1款的规定,犯本罪的,对首要分子或者罪行重大的,处无期徒刑或者10年以上有期徒刑;对积极参加者,处3年以上10年以下有期徒刑;对其他参加者,处3年以下有期徒刑、拘役、管制或者剥夺政治权利。根据《刑法》第106条的规定,与境外机构、组织、个人相勾结,实施本罪的,从重处罚。根据《刑法》第113条的规定,犯本罪的,可以并处没收财产。

六、煽动颠覆国家政权罪

(一)煽动颠覆国家政权罪的概念和构成特征

煽动颠覆国家政权罪,是指经造谣、诽谤或者其他方式煽动颠覆国家政权、推翻社会主义制度的行为。

煽动颠覆国家政权罪具有如下特征:

1. 客体特征。煽动颠覆国家政权罪的客体是我国国家政权和社会主义制度。

2. 客观特征。煽动颠覆国家政权罪在客观方面表现为以造谣、诽谤或者其他方式煽动颠覆国家政权、推翻社会主义制度的行为。

所谓"造谣",是指无中生有,制造、散布敌视我国国家政权和社会主义的言论,从而混淆公众视听的行为。

所谓"诽谤",是指捏造并散布虚假事实,诋毁国家政权和社会主义制度的行为。

所谓"其他方式",是指造谣、诽谤以外的能够引起人们仇视国家政权和社会主义制度的方式,如夸大、渲染我国社会中存在的问题,许诺将来的政权和制度比现在的好,以引起人们对现实政权的社会主义制度的不满等,即可认为是其他方式。

3. 主体特征。煽动颠覆国家政权罪的主体是一般主体,凡已满16周岁具有刑事责任能力的人,均能成为本罪的主体。

4. 主观特征。煽动颠覆国家政权罪的主观方面是故意。即行为人明知自己的行为会使他人产生颠覆国家政权、推翻社会主义制度的犯罪意图,并且希望或者放任这种结果的发生。在直接故意的情况下,只要行为人实施了煽动颠覆国家政权、推翻社会主义制度的行为,不管他人是否被煽动起来实施了颠覆国家政权的行为,都构成犯罪的既遂;在间接故意的情况下,必须是他人被煽动起来实施了颠覆国家政权、推翻社会主义制度的行为,行为人才构成犯罪。

根据《刑法》第105条第2款的规定,犯本罪的,处5年以下有期徒刑、拘役、管制或者剥夺政治权利;首要分子或者罪行重大的,处5年以上有期徒刑。根据《刑法》第106条的规定,与境外机构、组织、个人相勾结,实施本罪的,从重处罚。根据《刑法》第113条的规定,犯本罪的,可以并处没收财产。

七、资助危害国家安全犯罪活动罪

(一)资助危害国家安全犯罪活动罪的概念和构成特征

资助危害国家安全犯罪活动罪,是指境内外机构、组织或者个人资助实施背叛国家罪、分裂国家罪、煽动分裂国家罪、武装叛乱、暴乱罪、颠覆国家政权罪、煽动颠覆国家政权罪的行为。

资助危害国家安全犯罪活动罪具有如下特征:

1. 客体特征。资助危害国家安全犯罪活动罪的客体是中华人民共和国的国家安全。

2. 客观特征。资助危害国家安全犯罪活动罪的客观方面表现为资助实施背叛国家罪、分裂国家罪、煽动分裂国家罪、武装叛乱、暴乱罪、颠覆国家政权罪、煽动颠覆国家政权罪的行为。

所谓"资助",是指通过提供场所、经费、物资等进行支持和帮助。资助,可以是事先提供,也可以是事后提供。

本罪的客观方面仅限于资助,如果行为人超出资助的范围,直接参与组织、策划、实施分裂国家、煽动分裂国家、武装叛乱、暴乱、颠覆国家政权、煽动颠覆国家政权行为的,应按上述有关犯罪定罪处罚,而不能按本罪处理。

3. 主体特征。资助危害国家安全犯罪活动罪的主体是境内外机构、组织或者个人,当资助行为是境内外机构、组织实施时,实际上负刑事责任的是机构、组织的直接责任人员,而机构、组织本身并不受刑罚处罚。

4. 主观特征。资助危害国家安全犯罪活动罪的主观方面是故意,即明知他人实施的是上述犯罪而故意予以资助。

(二) 资助危害国家安全犯罪活动罪的处罚

根据《刑法》第 107 条的规定,犯本罪的,对直接责任人员,处 5 年以下有期徒刑、拘役、管制或者剥夺政治权利;情节严重的,处 5 年以上有期徒刑。根据《刑法》第 113 条的规定,犯本罪的,可以并处没收财产。

■ 观点争鸣

中国公民勾结外国,进行分裂国家的行为,应当如何处理?

对此问题,学者们存在不同观点:有学者认为,从分裂国家罪的行为方式上看,由于行为人实施了分裂国家、危害国家统一的行为,应当成立分裂国家罪;也有学者认为,作为中国公民,与外国勾结分裂祖国,必然同时危害中华人民共和国主权、领土完整和安全,因而,也应当能够成立背叛国家罪;还有学者认为,这种情形实际上是由于背叛国家罪与分裂国家罪之间的法条竞合引起的。分裂国家的行为,如果由中国公民实施,必然同时也是一种背叛国家的行为。在这种情形下,由于分裂国家的行为和背叛国家的行为之间存在着从属和包容关系,也就导致了分裂国家罪和背叛国家罪由于客观方面行为方式的特殊与一般关系而形成法条竞合。因此,对于这种情形,应当根据法条竞合的处理原则,即"特殊法优于一般法"的原则,适用分裂国家罪来定罪量刑。

■ 问题思考

煽动分裂国家罪和分裂国家罪的教唆犯的区别?

■ 案例分析

甲某是我国某通讯社的高级编辑,应香港某报社记者之请,设法为其搞一份有关对台政策的机密文件。按规定该文件只下发到社长一级,通讯社只有社长那里有一份。甲某到社长办公室时发现该文件就放在桌上,趁社长不注意将文件拿出复制一份,然后通过电子邮件发送给香港某报社记者。香港某记者为了表示感谢,给其 20 000 港元。对甲某的行为应当如何定罪?

我们认为,甲某的行为应以境外窃取、刺探、收买、非法提供国家秘密、情报罪定罪处罚。其理由在于:根据最高人民法院的解释,把国家的秘密情报发送给境外的机构、组织、人员的电子信箱的直接定为境外的机构、组织、人员窃取、刺探、收买、非法提供国家秘密、情报罪,因此不定非法泄露国家秘密罪,因为为境外的机构、组织、人员窃取、刺探、收买、非法提供国家秘密、情报罪本身就包含有泄露的内容本案也不应定为非法获取国家秘密罪,因为为境外的机构、组织、人员窃取、刺探、收买、非法提供国家秘密情报罪本身包含有窃取行为,行为人的既窃取又提供可以包含在该罪内,只要定一罪即可,不需数罪并罚。

第二节 叛变、叛逃的犯罪

■知识结构图

投敌叛变罪→叛逃罪

■重点提示

投敌叛变罪的概念和构成特征、叛逃罪的概念和构成特征、叛逃罪和投敌叛变罪的区别等

■司考重点

叛逃罪的概念和构成特征、叛逃罪和投敌叛变罪的区别

一、投敌叛变罪

(一)投敌叛变罪的概念和构成特征

投敌叛变罪,是指中国公民投奔敌人营垒危害国家安全,或者在被敌人捕获、俘虏后投降敌人,进行危害国家安全活动的行为。

投敌叛变罪具有如下特征:

1.客体特征。投敌叛变罪的客体是人民民主专政的政权和社会主义制度安全。

2.客观特征。投敌叛变罪客观方面表现为投敌叛变的行为。其行为的具体表现形式主要有两种:

(1)投奔敌人营垒,为敌人效力的行为。

所谓"投入敌人营垒",是指投奔国内的敌对势力或者国际上与我为敌的国

家。投奔国内敌对势力的行为性质是背叛人民,投奔国际上与我为敌的国家的行为性质是背叛祖国。

所谓"为敌人效力",是指为敌方服务。狭义的"为敌人效力"是指接受敌方组织、安排、派遣、命令、指挥从事有利于敌人的行为,一般发生在行为人投敌之后;广义的"为敌人效力",是指投敌叛变行为人为取得敌方信任、赏识实施的有损我方利益、有利于敌方的行为,这种行为既可以发生在行为人投敌叛变之前,也可以发生在行为人投敌叛变同时。

(2)在被敌人抓捕、俘虏后投降变节,进行危害国家安全的行为。

所谓"投降",是指停止对抗、屈服对方。

所谓"进行危害国家安全的行为",是指出卖同志、出卖组织,向敌人提供我方政治、经济、军事等国家秘密、情报,以及其他为敌人效力的行为。

3. 主体特征。投敌叛变罪的主体是达到法定刑事责任年龄、具备刑事责任能力的中国公民。外国公民或者无国籍的人不能单独构成本罪的主体,但可以成为本罪的教唆犯或者帮助犯。

4. 主观特征。投敌叛变罪的主观方面是故意,且具有危害国家安全的目的。如果行为人虽然实际上投奔了敌占区,但并没有危害国家安全的故意,也没有危害国家安全的行为,就不能构成本罪。

(二)投敌叛变罪的处罚

根据《刑法》第108条的规定,犯本罪的,处3年以上10年以下有期徒刑;情节严重或者带领武装部队人员、人民警察、民兵投敌叛变的,处10年以上有期徒刑或者无期徒刑。根据《刑法》第103条的规定,犯本罪的,可以并处没收财产。

二、叛逃罪

(一)叛逃罪的概念和构成特征

叛逃罪,是指国家机关工作人员在履行公务期间,擅离岗位,叛逃境外或者在境外叛逃的,以及掌握国家秘密的国家工作人员叛逃境外或者在境外叛逃的行为。

叛逃罪具有如下特征:

1. 客体特征。叛逃罪的客体是中华人民共和国国家安全。

2. 客观特征。叛逃罪的客观方面由于主体不同而大致分为两种形式:一是,国家机关工作人员的叛逃行为。主要表现为指国家机关工作人员在履行公务期间,擅离岗位,叛逃境外或者在境外叛逃的;二是,掌握国家秘密的国家工作人员的叛逃行为。

叛逃罪在客观方面需要注意三个方面的内容:

(1)行为发生在履行公务期间。所谓履行公务期间,是指在职国家机关工作人员执行职务或者执行某项工作任务期间。如国家机关代表团在外访问期间、我国驻外使领馆的外交人员以及国家派驻国外执行任务的人员履行职务期间等。

(2) 行为人的具体表现形式有两种：一是擅离岗位，叛逃境外；二是擅离岗位，在境外叛逃。

所谓"擅离岗位"，是指未经批准私自离开代表国家履行职务的工作岗位。

所谓"擅离岗位，叛逃境外"，是指行为人在境内履行公务期间，擅自离开工作岗位，叛变逃往境外。

所谓"擅离岗位，在境外叛逃"，是指行为人在境外履行公职或者执行某项具体任务时，擅自离开工作岗位叛变逃走。

3. 主体特征。叛逃罪的主体是特殊主体，即只能是国家机关工作人员和掌握国家秘密的国家工作人员。

国家机关工作人员，是指国家各级权力机关、各级行政机关、各级审判机关、各级检察机关中从事公务的人员。根据《刑法》第430条的规定，军人在履行公务期间，擅离岗位，叛逃境外或者在境外叛逃，危害国家军事利益的，应以军人叛逃罪来定罪量刑。中国共产党和中国人民政治协商会议的各级机关中从事公务的人员，也属于国家机关工作人员的范围。

掌握国家秘密的国家工作人员，是指由于职务关系、工作关系知悉或者控制国家秘密的国家工作人员。通过窃取、刺探等非法方式获取国家秘密的行为人不是掌握国家秘密的国家工作人员。除了《刑法》第93条所规定的国家机关工作人员之外，还包括掌握国家秘密的国有公司、企业、事业单位、人民团体中从事公务的人员，国家机关、国有公司、企业、事业单位委派到非国有公司、企业、事业单位、社会团体中从事公务的人员，以及其他依法法律从事公务的人员。根据《保密法》的规定，所谓的国家秘密是指关系国家安全和利益，依照法定程序确定，在一定的时间内只限于一定范围的人员知悉的事项。国家秘密可以分为绝密、机密、秘密三级。

4. 主观特征。叛逃罪的主观方面是故意，且只能是直接故意。叛逃的动机可能多种多样，有的是出于对国外物质生活的向往，有的是出于对祖国的仇视等，但是犯罪动机不影响定罪。

(二) 叛逃罪的认定

1. 罪与非罪的界限。本罪属于行为犯，无论叛逃行为是否对国家安全造成实际危害或形成危险，均构成叛逃罪。

2. 叛逃罪与背叛国家罪的界限。背叛国家罪，是指勾结外国，危害我国主权、领土完整与安全的行为。叛逃行为本身也是背叛国家的行为，与背叛国家罪都具有出卖、叛离国家的性质，两者的主体都只能是中华人民共和国公民，因此有相同之处。两者的不同在于：

(1) 客观方面的行为表现不同。叛逃罪的客观方面表现为叛逃境外或者在境外叛逃的行为，而背叛国家罪的客观方面表现为勾结外国或者境外机构、组织、个人,危害国家主权、领土完整和安全的行为。

(2)主体的范围不同。虽然两者的主体都只能是中国公民,但叛逃罪的主体仅限于中国国家机关工作人员和掌握国家秘密的国家工作人员,而背叛国家罪的主体可以是任何中国公民,多数情况下是身居要职、有较大社会影响力的人等。

3.叛逃罪与投敌叛变罪的界限。投敌叛变罪,是指中国公民背叛国家,投奔、投靠敌人或者在被捕、被俘后变节投降的行为。叛逃罪与投敌叛变罪都具有反叛祖国的性质,二者的主体都只能是中国公民。二者的不同表现在:

(1)客观方面的行为不同。本罪的客观方面的行为表现为履行公务期间,叛逃境外或者在境外叛逃两种形式,投敌叛变罪的客观方面表现为投奔敌人营垒或者在被敌人抓捕、俘虏后投降变节两种形式。如果国家机关工作人员不是在履行公务期间叛逃境外,危害国家安全的,应按投敌叛变罪定罪处罚,而不能按本罪处理。

(2)投奔的方向不同。本罪要求行为人投奔、投靠的对象是境外的机构、组织。叛逃罪要求行为人投奔、投靠的必须是"敌人"。

(3)犯罪主体的具体范围不同。叛逃罪的主体是特殊主体,即只能是中国国家机关工作人员和掌握国家秘密的国家机关工作人员以外的国家工作人员,而投敌叛变罪的主体是一般主体,可以是任何已满16周岁具有刑事责任能力的中国公民。

(三)叛逃罪的处罚

根据《刑法》第109条的规定,犯本罪的,处5年以下有期徒刑、拘役、管制或者剥夺政治权利;情节严重的,处5年以上10年以下有期徒刑;掌握国家秘密的国家工作人员叛逃境外或在境外叛逃的,从重处罚。根据《刑法》第56条、第113条第2款的规定,犯本罪的,除单处剥夺政治权利的外,应当附加剥夺政治权利,可以并处没收财产。

观点争鸣

如何理解叛逃罪的"履行公务期间"?

在现代汉语中,所谓"公务",就是公共事务。"履行公务",就是执行公共事务的管理、处理公共事务。关于"履行公务期间"的界定,理论上有不同观点:第一种观点认为,"履行公务期间"是指在职的国家机关工作人员执行职务或者执行某种工作任务期间。[①] 第二种观点认为,"履行公务期间",从时间要素上应当包括国家

---

① 高铭暄、马克昌主编:《刑法学》,北京大学出版社、高等教育出版社2011年版,第333页。

机关工作人员被任职起至被解除职务止的期间。① 第三种观点认为,所谓"履行公务期间",主要是指国家机关工作人员在代表国家履行职务期间。②

问题思考

投敌叛变罪和叛逃罪的区别?

案例分析

1.甲系海关工作人员,被派往某国考察。甲担心自己放纵走私被查处,拒不归国。为获得庇护,甲向某国难民署提供我国从未对外公布且影响我国经济安全的海关数据。试对甲的行为进行分析。

我们认为,本案甲构成叛逃罪、为境外非法提供国家秘密、情报罪,对甲应数罪并罚。根据《刑法》第109条的规定,国家机关工作人员在履行公务期间,擅离岗位,叛逃境外或者在境外叛逃的,构成叛逃罪。掌握国家秘密的国家工作人员叛逃境外或者在境外叛逃的,以叛逃罪从重处罚。据此,甲构成叛逃罪;根据《刑法》第111条的规定,为境外的机构、组织或者个人窃取、刺探、收买、非法提供国家秘密或者情报的,构成为境外窃取、刺探、收买、非法提供国家秘密、情报罪。题目中"我国从未对外公布且影响我国经济安全的海关数据"属于国家秘密、情报。"某国难民署",属于境外机构,故甲构成为境外非法提供国家秘密、情报罪。由于甲的前后两个行为之间没有牵连关系,对甲应以叛逃罪和为境外非法提供国家秘密、情报罪数罪并罚。

2.某国家机关工作人员甲借到M国探亲的机会滞留不归。一年后甲受雇于N国的一个专门收集有关中国军事情报的间谍组织,随后受该组织的指派潜回中国,找到其在某军区参谋部工作的战友乙,以1万美元的价格从乙手中购买了3份军事机密材料。对甲的行为应如何处理?

本题主要考查叛逃罪、非法获取军事秘密罪和间谍罪相互区别的知识。根据《刑法》第109条的规定,叛逃罪是指国家机关工作人员以及掌握了国家秘密的其他国家工作人员,在履行公务期间,擅离岗位叛逃境外或者在境外叛逃,危害中华人民共和国安全的行为。本题中甲是借到M国探亲的机会滞留不归,而不是在履行公务期间叛逃,因此不构成叛逃罪。根据刑法第110条的规定,间谍罪是指参加

---

① 赵秉志:《〈刑法修正案(八)〉的理解与适用》,中国法制出版社2011年版,第174页。
② 黄太云:《〈中华人民共和国刑法修正案(八)〉内容解读》,载《刑事司法指南》2011年第2期,法律出版社2011年版,第152~153页。

间谍组织,接受间谍组织及其代理人的任务,或者为敌人指示轰击目标,危害国家安全的行为。本罪在客观方面表现为三种危害国家安全的行为:一是参加间谍组织充当间谍;二是接受间谍组织及其代理人的任务,在我国进行间谍活动;三是为敌人指示轰击目标。本罪在主观上只能是故意。本题中甲参加了N国的间谍组织,并接受组织任务到我国境内进行间谍活动,符合本罪的构成要件。因此,我们认为甲的行为构成间谍罪。

第三节 间谍、资敌的犯罪

■知识结构图

间谍罪→为境外窃取、刺探、收买、非法提供国家秘密、情报罪→资敌罪

■重点提示

间谍罪的概念和构成特征、资敌罪的概念和构成特征

■司考重点

间谍罪的构成特征

一、间谍罪

（一）间谍罪的概念和构成特征

间谍罪,是指参加间谍组织,接受间谍组织及其代理人的任务,或者为敌人指示轰击目标,危害国家安全的行为。

1. 客体特征。间谍罪的客体是中华人民共和国国家安全。

2. 客观特征。间谍罪的客观方面表现为参加间谍组织、接受间谍组织及其代理人的任务,或者为敌人指示轰击目标的行为。具体包括三种行为方式：

（1）参加间谍组织。所谓参加间谍组织,是指行为人主动要求加入间谍组织并被间谍组织所接纳,或者间谍组织主动邀请行为人加入其组织,行为人同意加入的行为。

参加间谍组织。所谓参加间谍组织,是指行为人主动要求加入间谍组织并被间谍组织所接纳,或者间谍组织主动邀请行为人加入其组织,行为人同意加入的行为。参加间谍组织,可以是行为人履行了正式的加入手续,也可以是通过间谍组织的代理人单线发展而没有履行正式的加入手续。

(2)接受间谍组织或者其代理人的任务。这是指行为人虽然没有加入间谍组织,但是接受了间谍组织或者其代理人所交给的任务的行为。

(3)为敌人指示轰击目标。这是指为敌人指明或者标示轰炸打击对象的行为。其方式可以是发射信号,也可以是设置标志物。

行为人只要实施上述三种行为之一,就可以构成间谍罪。

3. 主体特征。间谍罪的主体是一般主体,凡已满16周岁具有刑事责任能力的人都能成为本罪的主体。既可以是中国公民,也可以是外国人或者无国籍的人。

4. 主观特征。间谍罪的主观方面是故意,故意的具体内容因行为的具体表现形式不同而不同:参加间谍组织的,必须明知是间谍组织而参加;接受间谍组织或其代理人任务的,必须明知是间谍组织或者间谍组织的代理人派遣的任务而接受;指示轰击目标的,必须明知对方是敌人而向其指示轰击对象。

(二)间谍罪的认定

1. 本罪与非罪行为的界限。行为人是否具有危害中华人民共和国国家安全的故意,并实施了具体危害我国国家安全的间谍行为,是划分本罪与非罪行为界限应把握的基本问题。因此,对于那些不知道是间谍组织而加入,知道后又退出的;未履行加入间谍组织手续,在间谍组织中从事一般性勤杂、医务、传达等单纯服务性活动的,不能以本罪论处。

2. 本罪与叛逃罪的界限。

(1)犯罪客观方面的行为不同。本罪在客观方面表现为行为人实行了参加间谍组织或者接受间谍组织及其代理人的任务,或者为敌人指示轰击目标的行为;而叛逃罪在客观方面则表现为行为人在履行公务期间,擅离岗位,叛逃境外或者在境外叛逃,危害中华人民共和国国家安全的行为。

(2)犯罪主体不同。本罪的主体为一般主体,即任何达到负刑事责任年龄并具有刑事责任能力的自然人,无论是中国人、外国人,还是无国籍人,均可以成为本罪的主体;而叛逃罪的主体则只能是特殊主体即国家机关工作人员。

(三)间谍罪的处罚

根据《刑法》第110条、第113条第1款的规定,犯本罪的,处10年以上有期徒刑或者无期徒刑;情节较轻的,处3年以上10年以下有期徒刑;对国家和人民危害特别严重、情节特别恶劣的,可以判处死刑。根据《刑法》第56条、第113条第2款的规定,犯本罪的,应当附加剥夺政治权利,可以并处没收财产。

二、为境外窃取、刺探、收买、非法提供国家秘密、情报罪

为境外窃取、刺探、收买、非法提供国家秘密、情报罪,是指为境外的机构、组织、人员窃取、刺探、收买、非法提供国家秘密、情报的行为。

为境外窃取、刺探、收买、非法提供国家秘密、情报罪的客体是国家的安全和利益。本罪的犯罪对象是国家秘密和情报。

为境外窃取、刺探、收买、非法提供国家秘密、情报罪的客观方面表现为境外的机构、组织、人员窃取、刺探、收买、非法提供国家秘密、情报的行为。具体包括以下内容:

其一,为境外的机构、组织、人员窃取、刺探、收买、非法提供国家秘密或者情报。法律没有对境外的机构、组织、人员的性质进行限制,因此,只要是为境外的机构、组织、人员窃取、刺探、收买、非法提供秘密或者情报,不管该机构、组织、人员是否与我国为敌,不影响犯罪成立。境外的机构、组织、人员,既包括设置在境外的机构、组织和居住在境外的人员,也包括境外机构、组织设置在境内的分支机构和居住在境内的人员。

其二,行为的方式有窃取、刺探、收买、非法提供四种。所谓窃取,是指通过盗取文件、秘密复制文件或者利用计算机、窃听、窃照等器械秘密取得国家秘密或者情报的行为。所谓刺探,是指探听国家秘密或者情报的行为。所谓收买,是指利用金钱、物质或者其他利益换取国家秘密或者情报的行为。所谓非法提供,是指违反国家法律规定,将国家秘密直接或者间接提供给境外机构、组织、人员的行为。

其三,行为的对象是国家的秘密或者情报。所谓国家秘密,是指关系国家安全和利益,依照法定程序确定的在一定时间内只限于一定范围内的人员知悉的事项,具体包括:(1)国家事务重大决策中的秘密事项;(2)国防建设和武装力量活动的秘密事项;(3)外交和外事活动中的秘密事项;(4)国民经济和社会发展中的秘密事项;(5)科学技术中的秘密事项;(6)维护国家安全活动追查刑事犯罪中的秘密事项。

国家秘密分为绝密、秘密与机密三个等级。三个密级的国家秘密均能成为本罪的对象。所谓情报,是指国家秘密以外的、一切有关国家的政治、经济、军事、外交和科技等不应该让境外的机构、组织、人员知悉的资料、情况和消息。例如,某国家机关的机要人员林某利用职务上的便利,将其所知悉、掌握的大量国家机密、绝密情报提供给境外的反动组织,对该行为如何认定?我们认为,李某客观上违反了国家法律规定,将关系国家安全和利益的情报直接提供给境外的组织,从而危害中华人民共和国的国家安全,构成为境外非法提供国家秘密、情报罪。

为境外窃取、刺探、收买、非法提供国家秘密、情报罪的主体是一般主体,凡已满16周岁具有刑事责任能力的人均能成为本罪的主体。

为境外窃取、刺探、收买、非法提供国家秘密、情报罪的主观方面是故意,即明知是国家秘密或者情报,而故意为境外的机构、组织、人员窃取、刺探、收买或者非

法提供。

根据《刑法》第 111 条、第 113 条和第 56 条的规定,犯本罪的,处 5 年以上 10 年以下有期徒刑;情节特别严重的,处 10 年以上有期徒刑或者无期徒刑;情节较轻的,处 5 年以下有期徒刑、拘役、管制或者剥夺政治权利;对国家和人民危害特别严重、情节特别恶劣的,可以判处死刑。犯本罪的,除单处剥夺政治权利的外,应当附加剥夺政治权利,可以并处没收财产。

三、资敌罪

资敌罪,是指战时供给敌人武器装备、军用物资资敌的行为。

资敌罪的客体是国家安全。

资敌罪的客观方面表现为战时供给敌人武器装备、军用物资资敌的行为。具体包括两个方面的内容:

一是,资助行为发生在战时,非战时的资敌行为不能构成本罪,构成其他罪的,按其他罪处理。根据《刑法》第 451 条的规定,所谓战时,是指国家宣布进入战争状态、部队受领作战任务或者遭敌突然袭击时。所谓敌人,是指敌对的营垒或者敌对的武装力量。

二是,资助的方式仅限于供给敌人武器装备、军用物资。武器装备,是指枪支、弹药、坦克、大炮等武器以及运兵装甲车、指挥通信设备等直接为战斗服务的设备。军用物资,是指武器装备以外的供部队使用的物品,如军服、军被、军用帐篷、军用药品等。

资敌罪的主体是一般主体,凡已满 16 周岁具备刑事责任能力的中国公民均可以构成资敌罪的主体,外国人或者无国籍的人不能成为本罪的主体。

资敌罪的主观方面的表现为故意。

根据《刑法》第 112 条、第 113 条第 1 款的规定,犯本罪的,处 10 年以上有期徒刑或者无期徒刑;情节较轻的,处 3 年以上 10 年以下有期徒刑;对国家和人民危害特别严重、情节特别恶劣的,可以判处死刑。根据《刑法》第 56 条、第 113 条第 2 款的规定,犯本罪的,应当附加剥夺政治权利,可以并处没收财产。

观点争鸣

行为人参加了间谍组织,作为间谍,从事其他危害国家安全的行为而触犯其他罪名,或者行为人接受间谍组织或其代理人的任务,实施该种行为,从而触犯其他罪名,是构成一罪还是数罪?

理论界对此问题有不同观点:

第一种观点认为,行为人参加间谍组织或者接受间谍组织及其代理人的任务,实施其他危害国家安全的行为,如果这些行为是在间谍组织的指令范围内,则以间谍罪一罪论处;如果超出间谍组织的指令范围,不属于间谍犯罪行为,除了构成间谍罪之外,还应当根据具体行为构成的其他犯罪,实行数罪并罚。①

第二种观点认为,行为人接受间谍组织及其代理人的派遣任务之后,又实施派遣的具体任务因而又构成其他有关犯罪的,应予以并罚。②

第三种观点认为,上述情况应当以牵连犯的原则进行处理。③

■问题思考

间谍罪和背叛国家罪的界限。

■案例分析

某国家机关工作人员甲借到 M 国探亲的机会滞留不归。一年后甲受雇于 N 国的一个专门收集有关中国军事情报的间谍组织,随后受该组织的指派潜回中国,找到其在某军区参谋部工作的战友乙,以 1 万美元的价格从乙手中购买了 3 份军事机密材料。对甲的行为应如何处理?

本题考查叛逃罪、非法获取军事秘密罪和间谍罪相互区别的知识。

叛逃罪是指国家机关工作人员以及掌握了国家秘密的其他国家工作人员,在履行公务期间,擅离岗位叛逃境外或者在境外叛逃,危害中华人民共和国安全的行为。本题中甲是借到 M 国探亲的机会滞留不归,而不是在履行公务期间叛逃,由此可排除叛逃罪。

非法获取军事秘密罪是指以窃取、刺探、收买方法,非法获取军事秘密的行为。本罪的犯罪主体必须是军人,这是与间谍罪的重要区别。本题中甲的身份是国家工作人员,故在犯罪主体要件上即不构成本罪。由此可排除非法获取军事秘密罪。

间谍罪是指参加间谍组织,接受间谍组织及其代理人的任务,或者为敌人指示轰击目标,危害国家安全的行为。本罪在客观方面表现为三种危害国家安全的行为:一是参加间谍组织充当间谍;二是接受间谍组织及其代理人的任务,在我国进行间谍活动;三是为敌人指示轰击目标。本罪在主观上只能是故意。本题中甲参加了 N 国的间谍组织,并接受组织任务到我国境内进行间谍活动,符合本罪的构成要件。因此,甲的行为构成间谍罪。

---

① 张军、周道鸾主编:《刑法罪名精释》,人民法院出版社 1998 年版,第 55 页。
② 赵秉志主编:《刑法争议问题研究》,河南人民出版社 1996 年版,第 72~73 页。
③ 于志纲主编:《危害国家安全罪》,中国人民公安大学出版社 2003 年版,第 316 页。

第十六章

危害公共安全罪

第一节　用危险方法危害公共安全的犯罪

■知识结构图

　　放火罪→失火罪→决水罪→过失决水罪→爆炸罪→过失爆炸罪→投放危险物质罪→过失投放危险物质罪→以危险方法危害公共安全罪→过失以危险方法危害公共安全罪

■重点提示

　　放火罪的概念和构成特征；以危险方法危害公共安全罪的概念和构成特征；放火罪和以放火的方式故意杀人的区别；投放危险物质罪的概念和构成特征

■司考重点

　　放火罪；以危险方法危害公共安全罪

一、放火罪

（一）放火罪的概念和构成

放火罪，是指故意放火焚烧公私财物，危害公共安全的行为。

放火罪具有如下特征：

1. 客体特征。本罪的客体是公共安全。所谓公共安全，是指不特定或多数人的生命、健康或者重大公私财产的安全。所谓不特定，是相对其他犯罪危害对象的"特定"而言。所谓多数，是指相对于其他犯罪只能危害到个别少数对象而言。实际侵害的对象往往具有不特定性，或者虽然意图侵害的对象特定，但是实际被害为多数人、重大财产的损失。通常情况下，放火既危及不特定或多数人的生命、健康安全，同时又危及重大公私财产的安全；既可能是已经实际地造成了危害结果，也可能是仅仅具有造成危害后果的危险。

放火罪的对象通常是他人财物，但并不仅限于此，有时也包括属于行为人本人的财物。对于放火烧毁自己的财物是否定放火罪要作具体分析。如果放火行为不足以危害公共安全的，不应认为是放火罪，如行为人的家是独门独院距他人的房屋等财物较远，行为人因为与家人闹矛盾，一气之下放火烧毁了自己家的房屋，对此，不能定放火罪；如果放火行为足以危害公共安全的，应以放火罪论处。

2. 客观特征。放火罪的客观方面表现为实施放火焚烧公私财物，危及公共安全的行为。

所谓的放火，是指使用各种引火材料点燃目的物，或者利用既存的火种（引起火灾的危险因素）引起公私财物的燃烧，制造火灾的行为。

放火的具体行为方式是多种多样。既可以用作为的方式实行，也可以用不作为的方式实行。前者是行为人直接用引燃物把公私财物点燃，而后者负有必须阻止火灾发生的特定义务的人，在能够履行这种特定义务的前提下不履行这种义务，以至于发生火灾的情形。

因放火行为的社会危害性很大，所以只要实施了放火行为，无论是否造成严重后果，只要存在造成人身、财产重大损失的危险，即使尚未发生实际的危害结果，也构成本罪。如果放火行为不具有上述危险则不构成本罪，但仍可能构成其他犯罪。

3. 主体特征。放火罪的主体为一般主体，即只要达到刑事责任年龄具有刑事责任能力的自然人，都可以构成本罪。根据《刑法》第17条第2款的规定，已满14周岁不满16周岁的人犯本罪的，也应当承担刑事责任。

4. 主观特征。放火罪的主观方面是故意，既可是直接故意，也可是间接故意。只要明知自己的行为会引起公私财物的燃烧，造成火灾，危及公共安全，并且希望或者放任这种结果发生，即为放火的故意。至于放火的动机则可能是多种多样，如报复泄愤、嫁祸于人、湮灭罪迹，等等。动机如何不影响本罪的构成，但是可能影响量刑。

（二）放火罪的认定

1. 本罪既遂与未遂形态。在放火罪的既遂和未遂问题上，理论界曾经有不同的观点。有的认为，烧毁了财物的是既遂，否则是未遂；有的认为，放火罪是危险犯罪，只要行为人一实施放火行为，就构成既遂，如拿着引火物点燃目的物的行为，就是既遂;有的认为,虽然从实践中看,放火犯的目的一般是要把目的物烧毁。我们认为,根据刑法的规定,只要行为人实施了放火行为,已将目的物点燃并开始独立燃烧,足以危害公共安全,即使及时将火扑灭,未达到烧毁的目的,也构成放火罪既遂。但是,如果放火行为没有实施完毕,例如正要点火即被抓获,应以放火未遂论处。因为根据刑法理论中的通行见解,认定某一犯罪行为是否既遂,应看行为是否已经完全齐备了刑法分则对该罪规定的构成要件。要件齐备的,即使没有达到行为人预期的犯罪目的,也应认为是既遂。对于放火罪来说,只要行为人已将放火行为实施完毕,即行为人已经将目的物点着并开始独立燃烧,就已经齐备了《刑法》第114条对放火罪规定的全部构成要件与要素,而构成既遂。

2. 本罪与以放火方法实施其他犯罪的界限。通说以放火行为是否具有危害公共安全的性质来决定犯罪的性质。如为其他目的的实现,行为人实施的放火行为却危及公共安全,行为人对此也明知,应认定为本罪;反之,如果放火行为不可能危及公共安全,则应按相应的犯罪处理。也就是说,如果行为人以放火为手段杀人、伤人,不足以危害公共安全的,只能构成故意杀人罪、故意伤害罪;如果行为人虽以放火为手段杀人、伤人,但同时可能造成火灾危害公共安全的,则应以放火罪论处。

(三)放火罪的处罚

根据《刑法》第114、115条的规定,犯本罪的,尚未造成严重后果的,处3年以上10年以下有期徒刑;致人重伤、死亡或者使公私财产遭受重大损失的,处10年以上有期徒刑、无期徒刑或者死刑。

二、失火罪

(一)失火罪的概念和构成

失火罪,是指因过失引起火灾,造成严重后果,危害公共安全的行为。

失火罪具有如下特征:

1. 客体特征。失火罪的客体是公共安全。即指不特定或多数人的生命、健康或者重大公私财产的安全。

2. 客观特征。失火罪的客观方面表现为行为引起火灾发生,并且已造成致人重伤、死亡或者公私财产重大损失的严重后果,危害公共安全。具体包括三个方面:(1)行为人必须实施了引起火灾发生的行为;(2)行为人的行为必须造成严重后果,危害到公共安全;(3)行为人所实施的引起火灾发生的行为与造成严重后果之间必须具有刑法意义上的因果关系。

3. 主体特征。失火罪的主体是一般主体,即已满16周岁具有刑事责任能力的自然人。

4. 主观特征。失火罪主观方面是过失,可以是疏忽大意的过失或者是过于自信的过失。

(二)失火罪的认定

1. 罪与非罪的界限。失火罪的罪和非罪的认定上应坚持考虑以下两个方面:(1)行为人违反注意义务的行为所造成的损失是否达到致人重伤、死亡或者使公私财产遭受重大损失的程度;(2)行为人主观上有无犯罪的过失。如果是由于自然原因而造成致人重伤、死亡或者使公私财产遭受重大损失的,则不构成本罪。

2. 本罪与放火罪的界限。失火罪和放火罪的客体都是公共安全,主体都是一般主体。但是两者存在如下区别:(1)两者对后果要求不同。失火罪客观上要求已经造成具体的危害后果,放火罪只要求行为人实施的放火行为足以危害公共安全即可;(2)犯罪主体要求不同。失火罪只能由16周岁以上具有刑事责任能力的人构成,而放火罪的主体可以由14周岁以上不满16周岁的人构成;(3)主观方面不同。失火罪对可能发生火灾后果的心理态度上是过失,放火罪主观方面是故意。如果行为人明知自己的行为会引起火灾,而放任其发生,就应定放火罪。反之,如果行为人已经预见到可能发生火灾,但是由于轻信能够避免以致引起火灾,就应当定失火罪。

(三)失火罪的处罚

根据《刑法》第115条第2款的规定,犯本罪的,处3年以上7年以下有期徒刑;情节较轻的,处3年以下有期徒刑或者拘役。

三、决水罪

决水罪,是指故意破坏水利设施,危害公共安全的行为。

决水罪所侵犯的客体是公共安全,即不特定或者多数人的生命、健康和重大公私财产安全。本罪的犯罪对象为正在使用中的水利设施。所谓水利设施,包括直接涉及人民群众生活以及生产活动的水利设施;直接关系到人民群众生命、财产安全的水利设施。

决水罪的客观方面表现为破坏水利设施,制造水患,危害公共安全的行为。所谓决水,是指以各种方式、方法,破坏水利设施的基本功能,危害公共安全。决水的手段多种多样,包括作为和不作为,也包括使用各种方法。无论采用何种手段,都不影响本罪的成立。司法实践中需要注意的是,决水行为必须危害到公共安全才能构成本罪。

决水罪的主体是一般主体,即已满16周岁具有刑事责任能力的自然人都可以成为本罪的犯罪主体。

决水罪在主观方面表现为故意。从认识因素上看,行为人明知道自己的决水行为必然或可能危害不特定或多数人的生命、健康或者重大公私财产安全;从意志因素上看,行为人采取了希望或者放任的态度。

根据《刑法》第114、115条的规定,犯本罪的,尚未造成严重后果的,处3年以上10年以下有期徒刑。致人重伤、死亡或者使公私财产遭受重大损失的,处10年以上有期徒刑、无期徒刑或者死刑。

四、过失决水罪

过失决水罪,是指过失损坏水利设施,致人重伤、死亡或者使公私财产遭受重大损失,危害公共安全的行为。

过失决水罪所侵犯的客体是公共安全,即不特定或者多数人的生命、健康和重大公私财产安全。本罪的犯罪对象为正在使用中的水利设施。

过失决水罪的客观方面是过失损害水利设施,以致发生水患,危害公共安全的行为。构成本罪必须已经发生致人重伤、死亡或者使公私财产遭受重大损失的危害公共安全的后果。

过失决水罪的主体是一般主体,即已满16周岁具有刑事责任能力的自然人均可成为本罪的主体。

过失决水罪的主观方面是过失。

根据《刑法》第115条第2款的规定,犯本罪的,处3年以上7年以下有期徒刑;情节较轻的,处3年以下有期徒刑或者拘役。

五、爆炸罪

爆炸罪,是指故意引起爆炸物爆炸,危害公共安全的行为。

爆炸罪所侵犯的客体是公共安全。

爆炸罪客观方面表现为故意引起爆炸物爆炸,危害公共安全的行为。所谓引爆爆炸物,是指用各种物理方法使爆炸物品爆裂,危害公共安全的行为。所谓爆炸物品,是指能通过化学反应引起爆炸现象的物品,如炸药、炸弹等。

爆炸罪的主体是一般主体,根据刑法第17条第2款的规定,已满14周岁具有刑事责任能力的自然人均可以成为本罪的主体。

爆炸罪的主观方面是故意。也即行为人明知道自己的行为会引起爆炸物爆炸,危害公共安全,但希望或者放任这种结果发生。

根据《刑法》第114、115条的规定,犯本罪的,尚未造成严重后果的,处3年以上10年以下有期徒刑;致人重伤、死亡或者使公私财产遭受重大损失的,处10年以上有期徒刑、无期徒刑或者死刑。

六、过失爆炸罪

过失爆炸罪,是指过失引发爆炸物,致人重伤、死亡或者使公私财产遭受重大损失,危害公共安全的行为。

过失爆炸罪所侵犯的客体是公共安全。

过失爆炸罪客观方面表现为过失引发爆炸物爆炸,致人重伤、死亡或者使公私财产遭受重大损失,危害公共安全的行为。所谓爆炸物品,是指能通过化学反应引起爆炸现象的物品,如炸药、炸弹等。

过失爆炸罪的主体是一般主体,即已满16周岁具有刑事责任能力的自然人均可成为本罪的主体。

过失爆炸罪的主观方面是过失,故意不能构成本罪。

根据《刑法》第115条第2款的规定,犯本罪的,处3年以上7年以下有期徒刑;情节较轻的,处3年以下有期徒刑或者拘役。

七、投放危险物质罪

(一)投放危险物质罪的概念和构成

投放危险物质罪,是指故意投放毒害性、放射性、传染病病原体等物质,危害公共安全的行为。

投放危险物质罪具有如下特征:

1. 客体特征。投放危险物质罪的客体是公共安全。

2. 客观特征。投放危险物质罪的客观方面表现为投放毒害性、放射性、传染病病原体等物质,危害公共安全的行为。本罪客观方面必须具备以下两个方面:(1)必须具有投放危险物质的行为。所谓投放危险物质,是指投放能够致人死亡、严重危害人体健康,或者对重大公私财产造成重大损失的危险物质,危害公共安全的行为。这里的危险物质主要包括:毒害性物质、放射性物质、传染病病原体以及其他危险物质。所谓毒害性物质,是指具有毒害作用、能够导致有机体死亡或者伤害的有机物或无机物的总称。所谓的放射性物质,是指能发出引起人体损伤甚至死亡的放射性物质。所谓的传染病病原体,是指传染病菌种、毒种等。所谓的其他危险物质,是指除上述几种物质之外,足以对公共安全造成危害的其他危险物质。本罪的具体行为可以是作为,也可以是不作为。实施投放的地点,法律虽然没有限制,但是从构成本罪而言,应当是能够危害到公共安全的场所;(2)投放危险物质行为必须危害公共安全。也即行为已经对不特定或者多数人的生命、健康或公私财产造成了重大损失或者是尚未造成严重损害但具有造成不特定或者多数人的生命、健康或公私财产损害后果的危险状态。

3. 主体特征。投放危险物质罪的主体是一般主体。根据《刑法》第 17 条规定,已满 14 周岁具有刑事责任能力的自然人均可成为本罪的主体。

4. 主观特征。投放危险物质罪的主观方面是故意,可以是直接故意,也可以是间接故意。只要明知自己的行为会引起不特定的或者多数人生命、健康或使公私财产的遭受重大损害,并且希望或放任这种结果发生,即可成立本罪的故意。投放危险物质罪的动机可能多种多样,但动机如何不影响本罪的成立。

(二)投放危险物质罪的认定

1. 罪与非罪的界限。投放危险物质罪的罪与非罪的界限可以从以下方面区分:(1)考察物质是否属于毒害性、放射性、传染病病原体等危险物质;(2)考察行为人的行为是否危及公共安全。

2. 本罪与以投放危险物质方法实施的故意杀人罪、故意伤害罪的界限。法律对故意杀人、故意伤害罪的行为手段并没有任何限制,当行为人以投放危险物质的方法实施故意杀人、故意伤害行为时,如果行为不具有危害公共安全的性质,则应按故意杀人罪或者故意伤害罪处理。否则,属于想象竞合犯,应从一重罪从重处罚。

(三)投放危险物质罪的处罚

根据《刑法》第 114、115 条的规定,犯本罪的,尚未造成严重后果的,处 3 年以上 10 年以下有期徒刑;致人重伤、死亡或者使公私财产遭受重大损失的,处 10 年以上有期徒刑、无期徒刑或者死刑。

八、过失投放危险物质罪

过失投放危险物质罪,是指因过失投放危险物质,致人重伤、死亡或者使公私财产遭受重大损失的行为。

过失投放危险物质罪的客体是公共安全。

过失投放危险物质罪客观方面表现为行为人过失投放危险物质,以至于致人重伤、死亡或者使公私财产遭受重大损失。

过失投放危险物质罪的主体是一般主体,即已满 16 周岁具有刑事责任能力的自然人均可成为本罪的主体。

过失投放危险物质罪的主观方面是过失。

根据《刑法》第 115 条第 2 款的规定,犯本罪的,处 3 年以上 7 年以下有期徒刑;情节较轻的,处 3 年以下有期徒刑或者拘役。

九、以危险方法危害公共安全罪

以危险方法危害公共安全罪,是指故意以放火、决水、爆炸、投放危险物质以外的、与其危险性相当的其他危险方法,危害公共安全的行为。

以危险方法危害公共安全罪的客体是公共安全。

以危险方法危害公共安全罪的客观方面是使用放火、决水、爆炸、投放危险物质以外的、与其危险性相当的其他危险方法,危害公共安全的行为。所谓其他危险方法,是指使用与放火、决水、爆炸、投放危险物质的危险性相当,且足以危及公共安全的危险方法。以危险方法危害公共安全的行为,可以是作为,也可以是不作为。

以危险方法危害公共安全罪的主体是一般主体,即已满16周岁具有刑事责任能力的自然人均可成为本罪的主体。

以危险方法危害公共安全罪的主观方面是故意,可以是直接故意,也可以是间接故意。动机是多种多样,但动机如何不影响本罪成立。

根据《刑法》第114、115条的规定,犯本罪的,尚未造成严重后果的,处3年以上10年以下有期徒刑。致人重伤、死亡或者使公私财产遭受重大损失的,处10年以上有期徒刑、无期徒刑或者死刑。

十、过失以危险方法危害公共安全罪

过失以危险方法危害公共安全罪,是指行为人过失地以与放火、决水、爆炸、投放危险物质等危害性相当的其他危险方法,致人重伤、死亡或使公私财产遭受重大损失,危害公共安全的行为。

过失以危险方法危害公共安全罪的客体是公共安全。

过失以危险方法危害公共安全罪的客观方面表现为行为人过失地以与放火、决水、爆炸、投放危险物质等危害性相当的其他危险方法,致人重伤、死亡或使公私财产遭受重大损失,危害公共安全的行为。

过失以危险方法危害公共安全罪的主体是一般主体,即已满16周岁具有刑事责任能力的自然人均可成为本罪的主体。

过失以危险方法危害公共安全罪的主观方面是过失。

根据《刑法》第115条第2款的规定,犯本罪的,处3年以上7年以下有期徒刑;情节较轻的,处3年以下有期徒刑或者拘役。

■观点争鸣

实践中,行为人投放危险物质,在危险状态出现后,能够采取措施有效避免危害结果的发生,能否可以认定为投放危险物质罪中止的认定?

对此问题学界有以下三种观点:

第一种观点认为:不能成立犯罪的中止。其理由是:(1)犯罪中止形态是与犯

罪预备形态、犯罪未遂形态、犯罪既遂形态互相区别而独立存在的形态,他们之间不可能共存;(2)不符合犯罪中止的时空范围特征;(3)上述情形虽然不成立犯罪的中止,但是中止犯罪的情况可以作为从宽情节在处罚时酌情考虑。①

第二种观点认为:可以成立犯罪的中止,是危险犯的中止。其理由是:(1)符合危险犯中止犯的实质条件:停止犯罪的自动性和防止犯罪结果发生的有效性。行为人在法定的危险状态出现之后,自动停止犯罪且有效解除了法定的危险状态,防止了危害结果发生,应当认定为犯罪的中止;(2)借助对"放弃重复性侵害行为"的认识,也能得出成立危险犯中止犯的结论;(3)它不影响罪责刑相适应原则的具体贯彻。②

第三种观点认为:可以成立犯罪的中止,但不是危险犯的中止,而是成立实害犯的中止。其理由是:(1)危险犯的危险状态发生后即成立既遂,就不可能再出现中止;(2)"防止危害结果的发生"是指防止尚未发生的危害结果,并非已经出现的危险状态;(3)符合实害犯中止的条件,即时间性、自动性和有效性的条件。③

问题思考

1. 放火罪和以放火的方式故意杀人的如何进行区分?
2. 以危险方法危害公共安全罪和放火罪、爆炸罪等的区别?
3. 如何把握以危险方法危害公共安全犯罪与其他犯罪区别的特点。

案例分析

1. 甲到本村乙家买柴油时,因屋内光线昏暗,甲欲点燃打火机看油量。乙担心引起火灾,上前阻止。但甲坚持说柴油见火不会燃烧,仍然点燃了打火机,结果引起油桶燃烧,造成火灾,导致甲、乙及一旁观看的丙被火烧伤,乙、丙经抢救无效死亡。后经检测,乙储存的柴油闪点不符合标准。甲的行为构成何罪?

分析如下:危险物品肇事罪是指违法爆炸性、易燃性、放射性、毒害性、腐蚀性物品的管理规定,在生产、储存、运输、使用中发生重大事故,造成严重后果的行为。因此,不构成危险物品肇事罪;放火罪的主观要件是故意,而不是过失,由此知道不构成放火罪;重大责任事故罪是指在生产、作业中违法有关安全管理的规定,因而发生重大伤亡事故或者造成其他严重后果的行为,由此也不构成重大责任事故罪。

---

① 高铭暄:《刑法学原理》(第一卷),中国人民大学出版社1995年版,第334页。
② 叶高峰主编:《危害公共安全罪新探》,河南人民出版社1989年版,第60~62页。
③ 马克昌主编:《犯罪通论》,武汉大学出版社1990年版,第440页。

失火罪是指过失引起火灾,致人重伤、死亡或者使公私财产遭受重大损失,危害公共安全的行为。失火罪的对象是财物与人身;客观要件是过失引起火灾;主观要件是过失;主体是一般主体。本题中乙的行为属于过失引起火灾,确切一点说是过于自信的过失引起的火灾,因此构成失火罪。

2. 甲曾向乙借款9000元,后不想归还借款,便预谋毒死乙。甲将注射了"毒鼠强"的白条鸡挂在乙家门上,乙怀疑白条鸡有毒未食用。随后,甲又乘去乙家串门之机,将"毒鼠强"投放到乙家米袋内。后乙和其妻子、女儿喝过米汤中毒,乙死亡,其他人经抢救脱险。问甲的行为是构成投放危险物质罪还是故意杀人罪?

分析如下:投放危险物质罪,是指故意投放毒害性、放射性、传染病病原体等物质,危害公共安全的行为。本罪侵犯的客体是公共安全,本罪的客观要件为:(1)行为人投放的必须是毒害性、放射性、传染病病原体等危险物质,包括危险气体、液体、固体。(2)必须有投放行为。投放行为的主要方式:一是将危险物质投放于供不特定或多数人饮食的食品或饮料中;二是将危险物质投放于供人、畜等使用的河流、池塘、水井等中;三是释放危险物质,如将沙林、传染病病原体释放于一定场所。(3)投放危险物质的行为必须危害公共安全,因此,故意使用危险物质杀害特定个人或特定牲畜的,不构成投放危险物质罪。本题中,甲是利用危险物质杀害特定个人,因此,不符合危害公共安全的客观要件要求,因此,不构成投放危险物质罪,而构成故意杀人罪。

第二节 危害交通运输安全的犯罪

知识结构图

破坏交通工具罪→过失损害交通工具罪→破坏交通设施罪→过失损害交通设施罪→重大飞行事故罪→铁路运营安全事故罪→交通肇事罪→危险驾驶罪

重点提示

破坏交通工具罪的概念和构成特征;交通肇事罪的概念和构成特征;危险驾驶罪的概念和构成特征;危险驾驶罪和交通肇事罪的区别

司考重点

破坏交通工具罪;交通肇事罪;危险驾驶罪

一、破坏交通工具罪

(一)破坏交通工具罪的概念和构成

破坏交通工具罪,是指破坏火车、汽车、电车、船只、航空器,足以使火车、汽车、电车、船只、航空器发生倾覆、毁坏危险,尚未造成严重后果或者已经造成严重后果的行为。

破坏交通工具罪具有如下特征:

1. 客体特征。破坏交通工具罪的客体是交通运输安全。交通运输是实现旅客、货物空间转移的重要生产活动,而交通运输工具是实现这一个过程的重要载体。因此,破坏交通工具的行为也会对公共交通运输安全造成损害。

根据《刑法》的规定,破坏交通工具罪的犯罪对象的交通工具仅限于火车、汽车、电车、船只和航空器,且必须是正在使用中。

2. 客观特征。破坏交通工具罪的客观方面表现为破坏交通工具,已经或者足以使交通工具发生倾覆或毁坏危险的行为。具体包括三个方面:

(1)行为人具有破坏交通工具的行为。

行为人的破坏行为,是指对于交通工具整体或者部件的功能性损坏。具体破坏行为及破坏方式,可以是多种多样,既可以表现为作为,也可以表现为不作为。

(2)破坏的是正在使用中的交通工具。

只有符合"正在使用中"的条件,才可能在破坏这些交通工具的同时,危害到公共安全。所谓正在使用中,是指已经交付,投入交通运输期间的,包括运行中的或虽然停靠在车库、码头、机场,但准备随时执行运输任务的交通工具。

(3)必须足以使交通工具发生倾覆、毁坏的危险,尚未造成严重后果或者是已经造成严重后果。

所谓倾覆,是指车辆倾倒、颠覆,船只翻沉,航空器坠毁等;所谓毁坏,是指烧毁、炸毁、坠毁等完全报废或受到严重破坏,致使其不能行驶或者不能安全行驶。

所谓倾覆、毁坏的危险,则是指行为虽然没有造成交通工具的倾覆、毁坏,但是,具备使之倾覆、毁坏的现实可能性和危险性。

所谓足以,是指并不要求实际上已经发生倾覆、毁坏的结果,只要对交通工具的破坏具有使其发生倾覆、毁坏现实可能性的危险状态,即使尚未造成严重的后果,依法也构成本罪的既遂。

在尚未造成严重后果时,判断破坏行为是否具有"足以发生倾覆、毁坏危险"性需要考虑两个方面:一是,看交通工具是否正在使用期间;二是,看破坏的方法和部位。

3. 主体特征。破坏交通工具罪的主体是一般主体,凡已满16周岁具有刑事责任能力的自然人均可成为本罪的主体,既可以是交通运输人员,也可以是其他人。

4. 主观特征。破坏交通工具罪的主观方面是故意。可以是直接故意或是间接故意。故意是指明知破坏行为足以使交通工具发生倾覆、毁坏的危险,并且希望或放任上述结果发生,或者发生倾覆、毁坏的实际结果,动机如何不影响本罪的成立。

(二)破坏交通工具罪的认定

1. 罪与非罪的界限。本罪与非罪的界限主要涉及两点:

首先,破坏行为在客观上是否具有危害公共安全的性质。对于已经造成严重危害后果的比较容易认定,但是对于尚未造成严重后果的,行为只要足以使交通工具发生倾覆、毁坏危险,也符合构成本罪既遂的要求。当然,对于此种情况应当根据具体情况判断是否具有倾覆、毁坏危险,进而判断是否构成本罪。

其次,行为人主观上必须具有破坏交通工具的故意。只要行为人对交通工具的倾覆、毁坏危险或实际结果持希望或放任的心态,即可构成破坏交通工具罪的故意。

2. 本罪与放火罪、爆炸罪的界限。从法律规定而言,本罪对象是法律特别规定关系公共安全的交通工具,而放火罪、爆炸罪的对象,法律既然没有特别规定,在"公私财物"的概念中当然可以包括交通工具,但由于刑法对本罪的对象采取了明确的规定,可以说已经将交通工具这种特殊的"公私财产"从一般意义上的"公私财产"中分离出来,加以特别的保护。

由于本罪的破坏手段法律没有限制,对于使用放火、爆炸危险方法破坏正在使用中的交通工具的,应当按照本罪论处。如果交通工具不属于正在使用中的,则应当包括在放火罪、爆炸罪对象的"其他公私财产"的范围,以放火、爆炸破坏之,应当以放火罪、爆炸罪论处。

3. 本罪与盗窃罪的界限。由于法律对破坏手段没有限制,交通工具也属于广义上的公私财产,其重要的部件可以成为盗窃罪的对象。在窃取交通工具的重要部件而破坏交通工具,足以使其发生倾覆、毁坏危险时,其行为既符合盗窃罪的构成要件,也符合本罪的构成要件,亦属于想象竞合犯,以一重罪从重处罚。

如对象不属于正在使用中的交通工具,即使窃取了交通工具重要部件,或者虽属正在使用中的交通工具,但是部件不属于影响交通工具运行安全的备用件,或不影响安全运行的附属设备,应当只构成盗窃罪,不构成本罪。

(三)破坏交通工具罪的处罚

根据《刑法》第116、119条的规定,犯本罪的,尚未造成严重后果的,处3年以上10年以下有期徒刑;造成严重后果的,处10年以上有期徒刑、无期徒刑或者死刑。

二、过失损坏交通工具罪

过失损坏交通工具罪,是指过失损坏火车、汽车、电车、船只、航空器,已经造成上述交通工具倾覆、毁坏严重后果,危害公共安全的行为。

过失损坏交通工具罪的客体是交通运输安全。

过失损坏交通工具罪的客观方面特征是指过失损坏火车、汽车、电车、船只、航空器,以至于造成上述交通工具倾覆、毁坏严重后果,危害公共安全的行为。

过失损坏交通工具罪的主体是一般主体,凡年满16周岁具备刑事责任能力的自然人均可成为本罪的主体。

过失损坏交通工具罪的主观方面是过失。

根据《刑法》第119条第2款的规定,犯本罪的,处3年以上7年以下有期徒刑;情节较轻的,处3年以下有期徒刑或者拘役。

三、破坏交通设施罪

破坏交通设施罪,是指故意破坏轨道、桥梁、隧道、公路、机场、航道、灯塔、标志或者进行其他破坏活动,足以使火车、汽车、电车,船只、航空器发生倾覆、毁坏危险,或已经造成严重后果的行为。

破坏交通设施罪的客体是交通运输安全。由于轨道、桥梁、隧道、公路、机场、航道、灯塔、标志或者进行其他破坏活动,可能会使火车、汽车、电车,船只、航空器发生倾覆、毁坏危险,因此,这些破坏行为会危害交通运输安全。

破坏交通设施罪的犯罪对象是正在使用中的轨道、桥梁、隧道、公路、机场、航道、灯塔、标志以及与保障交通运输安全有关的交通设施。无论采用何种方法破坏,只要足以使交通工具发生倾覆、毁坏危险,就构成本罪既遂。

破坏交通设施罪的客观方面是故意破坏轨道、桥梁、隧道、公路、机场、航道、灯塔、标志或者进行其他破坏活动,足以使火车、汽车、电车,船只、航空器发生倾覆、毁坏危险,或已经造成严重后果的行为。

破坏交通设施罪的主体是一般主体,凡已满16周岁具有刑事责任能力的自然人均可成为本罪的主体。

破坏交通设施罪的主观方面是故意。

根据《刑法》第117、119条的规定,犯本罪的,尚未造成严重后果的,处3年以上10年以下有期徒刑;造成严重后果的,处10年以上有期徒刑、无期徒刑或者死刑。

四、过失损坏交通设施罪

过失损坏交通设施罪,是指过失损坏轨道、桥梁、隧道、公路、机场、航道、灯塔、标志等交通设施,以致造成火车、汽车、电车、船只、航空器倾覆、毁坏的严重后果,危害公共安全的行为。

过失损害交通设施罪的客体是交通运输安全。

过失损害交通设施罪的客观方面是过失损害正在使用中的轨道、桥梁、隧道、公路、机场、航道、灯塔、标志以及与保障交通运输安全有关的交通设施,以致于火车、汽车、电车、船只、航空器发生倾覆、毁坏的行为。

过失损害交通设施罪的主体是一般主体,凡已满 16 周岁具有刑事责任能力的自然人均可成为本罪的主体。

过失损害交通设施罪的主观方面是过失。

根据《刑法》第 119 条第 2 款的规定,犯本罪的,处 3 年以上 7 年以下有期徒刑;情节较轻的,处 3 年以下有期徒刑或者拘役。

五、重大飞行事故罪

重大飞行事故罪,是指航空人员违反规章制度,致使发生重大飞行事故,造成严重后果的行为。

重大飞行事故罪的客体是民用航空安全。

重大飞行事故罪在客观方面表现为违反规章制度,致使发生重大飞行事故,造成严重后果的行为。具体说包括:一是,行为人必须实施了违反规章制度的行为。所谓违反规章制度,是指违反保障航空器飞行安全管理的各种规章制度规定的注意义务,包括航空主管部门制定的保障飞行安全的各种规范性文件规定保障航空器飞行安全应当履行的注意义务。但应根据不同的航空人员,确定具体违反的是何种具体的规章制度。违章行为是作为还是不作为,不影响认定;二是,必须因此而发生重大飞行事故,造成严重后果。所谓重大飞行事故,应当是指航空器在飞行中因人为的原因发生的事故。所谓严重后果,是指使航空器或航空设施受到严重损坏、航空器上有较多的人员受重伤、公私财产遭到重大损失等;三是,造成重大飞行事故,必须是由于行为人违反保障飞行安全的规章制度的行为而引起,即要求违章行为与发生的严重后果之间,具有刑法上的因果关系。

重大飞行事故罪的主体为特殊主体,即航空人员。根据《中华人民共和国民用航空法》第 39 条规定,航空人员是指从事民用航空活动的空勤人员和地面人员。非航空人员即使违反有关保障航空器飞行安全的规定,造成重大损失的,也不能构成本罪,但可构成其他犯罪。

重大飞行事故罪的主观方面是过失。

根据《刑法》第131条的规定,犯本罪的,处3年以下有期徒刑或者拘役;造成飞机坠毁或者人员死亡的,处3年以上7年以下有期徒刑。

六、铁路运营安全事故罪

铁路运营安全事故罪,是指铁路职工违反规章制度,致使发生铁路运营安全事故,造成严重后果的行为。

铁路运营安全事故罪的客体是铁路运营安全。

铁路运营安全事故罪的客观方面表现为铁路职工违反规章制度,致使发生铁路运营安全事故,造成严重后果的行为。所谓的严重后果,是指由于火车倾覆、出轨等,造成人员重伤、死亡或者重大经济损失。具体包括:一是,必须实施了违反规章制度的行为。违反规章制度,是指违反作为保障铁路运营安全管理的各种规章制度规定的注意义务。违规的行为可以是作为,也可以是不作为;二是,必须因违规而发生重大运营安全事故,造成严重后果。

铁路运营事故罪的主体是特殊主体,只限于铁路职工。铁路职工即具体从事铁路运营业务、与保障列车运营安全有直接关系的人员。

铁路运营事故罪的主观方面是过失。

根据《刑法》第132条的规定,犯本罪的,处3年以下有期徒刑或者拘役;造成特别严重后果的,处3年以上7年以下有期徒刑。

七、交通肇事罪

(一)交通肇事罪的概念和构成

交通肇事罪,是指违反交通运输管理法规,因而发生重大事故,致人重伤、死亡或者使公私财产遭受重大损失的行为。

交通肇事罪具有如下特征:

1. 客体特征。交通肇事罪的客体是交通运输安全。

交通运输安全,是指交通运输工具、交通设施的安全以及不特定或多数人的生命、健康和重大公私财产的安全。

2. 客观特征。交通肇事罪的客观方面表现为违反交通运输管理法规,因而发生重大事故,致人重伤、死亡或者使公私财产遭受重大损失的行为。具体包括以下内容:

(1)必须有在交通运输过程中,违反交通运输管理法规的行为,这是交通肇事的原因,也是构成本罪的前提条件。

违反规章制度,是指违反作为保障交通运输安全管理的各种规章制度规定的注意义务。

所谓交通运输管理法规,是指国家交通运输主管部门为了保障交通运输的安全而作出的各种行政法规、规定,包括交通运输主管部门制定的保障交通运输安全运营的各种规范性文件。

违规的行为可以表现为作为,也可表现为不作为。

(2)违反交通运输管理法规的行为必须造成重大事故,导致重伤、死亡或者公私财产重大损失的严重后果。即违章行为必须与严重后果之间具有刑法上的因果关系。

3. 主体特征。交通肇事罪的主体为一般主体,凡已满16周岁具有刑事责任能力的自然人均可以成为本罪的主体。

根据"两高"2000年11月10日《关于审理交通肇事刑事案件具体应用法律若干问题的解释》第7条规定:"单位主管人员、机动车辆所有人或者机动车辆承包人指使、强令他人违章驾驶造成重大交通事故,具有本解释第2条(关于构成交通肇事罪的规定——引者注)规定情形之一的,以交通肇事罪定罪处罚。"所以,上述人员即使行为人肇事时不在现场,也可能因此而构成本罪。

4. 主观特征。交通肇事罪的主观方面是过失,可以是疏忽大意或者是过于自信。

这里过失是指行为人对所造成的严重后果的心理态度而言,至于对违反交通运输管理法规本身,则可能是明知故犯。如果行为人主观上对于造成严重后果是出于犯罪故意的心理态度,则应当以故意杀人罪、故意伤害罪、破坏交通工具罪,或者破坏交通设施罪以及其他相应犯罪论处,不构成本罪。

(三)交通肇事罪的认定

1. 罪与非罪的界限。

(1)本罪与一般交通事故的界限。两者都是违反交通运输管理法规的行为,区别在于发生的事故是否重大。交通肇事罪以发生重大事故,致人重伤、死亡或者使公私财产遭受重大损失为前提条件。一般交通事故虽然也违反了交通运输方面的规章,但其行为所造成的危害后果没有达到法定的标准,因而不构成犯罪。

(2)本罪与意外事故的界限。区别两者的关键在于查明行为人对所造成的重大事故在主观上是否有过失。本罪在主观方面表现为过失,如果不是由于行为人的过失,而是由于不能预见的原因造成重大事故的,不构成本罪。在认定行为人主观上是否存在过失时,不能仅凭行为人客观上有违章行为就据以认定行为人主观上有过失,而是应当根据行为人对危害结果是否有预见义务以及是否有预见能力来认定。

2. 本罪与重大飞行事故罪、铁路运营安全事故罪的界限。本罪与重大飞行事故罪、铁路运营安全事故罪同属重大交通肇事的犯罪,客体均为交通运输安全,主

观上也都出于过失,客观上也都以违反保障交通运输安全管理的规章制度并造成严重后果为要件。其区别主要是:

(1)主体不同。本罪主体为一般主体;而后二罪主体为特殊主体,即分别为航空人员与铁路职工,其他自然人不能构成这两种犯罪。

(2)发生的场合不同。本罪主要发生在公路、水路交通运输过程中(不排除一般主体在此外交通运输领域可以构成交通肇事罪);而后二罪分别发生在航空运输与铁路运输活动领域。

(3)违反的具体注意义务不同。本罪行为人违反的根据运输领域不同(公路、水上),可以是特定的注意义务,也可以是一般的注意义务;而后二罪违反的只限于从事航空运输、铁路运输领域内特定的注意义务。

(三)交通肇事罪的处罚

根据《刑法》第133条的规定,犯本罪的,处3年以下有期徒刑或者拘役;交通运输肇事后逃逸或者有其他特别恶劣情节的,处3年以上7年以下有期徒刑;因逃逸致人死亡的,处7年以上有期徒刑。

八、危险驾驶罪

(一)危险驾驶罪的概念和构成

危险驾驶罪,是指在道路上驾驶机动车追逐竞驶;或者醉酒驾驶机动车;或者从事校车业务或者旅客运输,严重超过额定乘员载客,或者严重超过规定的时速行驶;或者违反危险化学品安全管理规定运输危险化学品,危及公共安全的行为。本罪只限于在陆路的公路交通领域内构成犯罪的规定。

危险驾驶罪是2011年5月1日最高人民法院、最高人民检察院《关于执行〈中华人民共和国刑法〉确定罪名的补充规定(五)》,对《刑法修正案(八)》第22条规定确定的罪名。

危险驾驶罪具有如下特征:

1. 客体特征。危险驾驶罪的客体,是公路交通运输安全及行人人身、车辆及其他公共设施的安全。

2. 客观特征。危险驾驶罪的客观方面表现为在道路上实施追逐竞驶行为,或者醉酒后驾驶机动车;或者从事校车业务或者旅客运输,严重超过额定乘员载客,或者严重超过规定的时速行驶;或者违反危险化学品安全管理规定运输危险化学品,危及公共安全的行为。

3. 主体特征。危险驾驶罪的主体为一般主体,但是仅仅包括直接驾驶机动车辆的人员。

4. 主观特征。危险驾驶罪主观方面是间接故意,即行为人明知自己醉酒驾驶或追逐竞驶的行为,可能会威胁到道路上不特定人或者多数人的生命、健康或者重大公私财产安全,却仍然实施该行为并放任这种危害公共安全的结果发生。

(二)危险驾驶罪的认定

1. 本罪与交通肇事罪的界限。交通肇事罪发生的领域广于危险驾驶罪,前者可以发生在所有交通运输领域。而后者只限于陆路交通中的公路交通领域内;前者可以是过失犯罪,而后者是故意犯罪;前者以发生严重后果为入罪的必要条件,后者为(抽象)危险犯,以行为在客观上具有公共危险为入罪标准。在追逐竞驶或者醉酒驾驶机动车发生交通事故时,根据对后者的主观心理态度,不排除只构成交通肇事罪的可能。

2. 本罪与以危险方法危害公共安全罪的界限。两罪均为故意犯罪,但本罪不以发生严重后果为构成犯罪的条件,而后者以发生严重后果为构成犯罪的必要条件。因此,在公路交通领域内追逐竞驶或者醉酒驾驶,无论主观上对造成重大事故危害公共安全持有直接故意还是间接故意,发生重大交通事故的,均应以其他危险方法危害公共安全罪论处。如果对危害公共安全的严重后果主观上确实是过失心态,应按照《刑法》第 115 条第 2 款论处。

(三)危险驾驶罪的刑事责任

根据《刑法修正案(八)》的规定,在道路上驾驶机动车辆追逐竞驶,情节恶劣的,或者在道路上醉酒驾驶机动车辆的,处拘役,并处罚金;有前款行为,同时构成其他犯罪的,依照处罚较重的规定定罪处罚。

观点争鸣

破坏交通设施罪犯罪未遂形态的认定。

关于破坏交通设施罪是否存在未遂,刑法理论界有不同的观点:

否定论认为,本罪的既遂形态应定为危险犯,以行为造成交通工具倾覆、毁坏危险作为法定既遂的标准,而行为人着手实施犯罪就具备了这种危险性,已经达到既遂的状态,因而无既遂和未遂的区别。[1]

肯定论认为,根据刑法的规定,破坏交通工具是以行为造成交通工具倾覆、毁坏的实际危险状态作为既遂的标志。如果行为人虽然对交通工具进行破坏,但是其破坏行为尚不足以造成交通工具倾覆、毁坏的实际危险的,就构成本罪的未遂。[2]

---

[1] 王作富主编:《刑法分则实务研究(第五版)》(上),中国方正出版社 2013 年版,第 75 页。

[2] 林亚刚:《危害公共安全罪新论》,武汉大学出版社 2001 年版,第 153~154 页。

问题思考

1. 危险驾驶罪和以危险方法危害公共安全罪的区别。
2. 破坏交通设施罪和破坏交通工具罪的区别。
3. 交通肇事罪的概念和构成要件是什么？如何理解"交通运输肇事后逃逸"和"因逃逸致人死亡"？

案例分析

1. 2004年5月11日凌晨1时许,犯罪嫌疑人周某、唐某、罗某伙同杨某(杨某未满16周岁)携带扳手、锤子、钢锯等作案工具,窜如长潭高速公路湘潭市昭山乡金屏村地段处,将交通标志牌三块拆下(其中方向标志牌两块,电话标志牌一块),运至唐某家中藏匿待销赃。经鉴定,三块标志牌价值5900余元。试分析周某、唐某、罗某以及杨某的行为构成哪个罪名?

分析如下:有观点认为,犯罪嫌疑人周某、唐某、罗某(杨某未满16周岁,其行为不构成犯罪)的行为涉嫌盗窃罪。其理由是:(1)上述嫌疑人出于故意,具有非法占有的目的;(2)上述犯罪嫌疑人采用秘密窃取的手段,窃取了数额较大的公私财物。我们认为,犯罪嫌疑人周某、唐某、罗某的行为涉嫌破坏交通设施罪。其理由是:(1)虽然上述犯罪嫌疑人采用了秘密窃取的手段,窃取了数额较大的公私财物,但其窃取的不是普通的公私财物,而是正在使用的交通标志;(2)上述犯罪嫌疑人的行为足以使交通工具发生倾覆、毁坏的危险;(3)其行为不仅达到数额较大,同时其破坏交通设施的行为还危及公共安全,形成盗窃罪和破坏交通设施罪的想象竞合,应当按照处罚较重的罪定罪处罚。因此,根据《刑法》第117条和第264条的规定,按照破坏交通设施罪定罪处罚。

第三节 实施恐怖、威胁活动危害公共安全的犯罪

知识结构图

组织、领导、参加恐怖组织罪→帮助恐怖活动罪→准备实施恐怖活动罪→宣扬恐怖主义、极端主义、煽动实施恐怖活动罪→利用极端主义破坏法律实施罪→强制穿戴宣扬恐怖主义、极端主义服饰、标志罪→非法持有宣扬恐怖主义、极端主义物

品罪→劫持航空器罪→劫持船只、汽车罪→暴力危及飞行安全罪

■ 重点提示

恐怖活动犯罪与普通暴力刑事犯罪的区别；恐怖组织与黑社会性质组织的区别

■ 司考重点

实施恐怖、威胁活动危害公共安全的犯罪均为行为犯

一、组织、领导、参加恐怖组织罪

（一）组织、领导、参加恐怖组织罪的概念与构成要件

组织、领导、参加恐怖组织罪，是指组织、领导、积极参加或参加恐怖组织的行为。

1. 本罪侵犯的客体是公共安全，即不特定多数人的生命、健康和财产安全。

2. 本罪的客观方面表现为组织、领导、积极参加或参加恐怖组织。恐怖组织，是指三人以上为长期、有计划的实施恐怖活动而建立的犯罪组织，是犯罪集团的一种，包括国际恐怖组织与国内恐怖组织。组织，主要指行为人首倡、鼓动、发起、召集有实施恐怖活动目的的人结合成恐怖组织的行为；领导，主要指行为人策划、布置、指挥、协调恐怖组织具体活动的行为；积极参加，主要指自愿加入恐怖组织，并积极参与谋划、实施恐怖活动；其他参加，主要指虽然不是恐怖组织的组织者、领导者或积极参加者，但经过一定的方式，加入恐怖组织，成为其中一员。本罪是选择性罪名，行为人只要实施了组织、领导、积极参加或参加恐怖组织行为之一的，就构成本罪。行为人实施两个或两个以上的行为，比如既组织又领导恐怖组织的，也只成立本罪一罪，不实行数罪并罚。恐怖组织事实上是否开始实施恐怖活动如杀人、绑架、爆炸的并不影响本罪的成立。若行为人组织、领导、积极参加或参加恐怖组织后又实施了杀人、绑架、爆炸等恐怖活动的，应将组织、领导、参加恐怖组织罪与其他相关的犯罪实行数罪并罚。本罪是行为犯，其成立并不以出现相应结果为条件。

3. 本罪的主体是一般主体，即凡达到刑事责任年龄、具备刑事责任能力的人均可构成本罪。

4. 本罪在主观方面表现为直接故意，并且要求具有进行恐怖活动的目的，即行

为人以长期实施某种或几种恐怖活动为目的,明知组织、领导恐怖组织是危害公共安全的行为仍故意为之;或明知是恐怖组织而积极参加或参加。本罪的成立与否与行为人动机无关,即行为人可能是为实现某种政治目的,也可能为报复社会,或者是人格变态等等,均不影响本罪的成立。

(二)本罪与非罪的界限

本罪是选择性罪名,行为人只要实施了组织、领导、积极参加或参加恐怖组织行为之一的,就构成本罪。在司法实践中,就参加恐怖组织罪而言,行为人必须明知是恐怖组织而自愿参加的,才构成本罪。如果行为人被骗加入恐怖组织,一经发觉即脱离恐怖组织的,并不构成犯罪。但在后来明知是恐怖组织性质后仍不退出,积极参与恐怖活动的,则构成本罪。

(三)组织、领导、参加恐怖组织罪的处罚

根据《刑法》第120条的规定,组织、领导恐怖活动组织的,处十年以上有期徒刑或者无期徒刑,并处没收财产;积极参加的,处三年以上十年以下有期徒刑,并处罚金;其他参加的,处三年以下有期徒刑、拘役、管制或者剥夺政治权利,可以并处罚金。犯前款罪并实施杀人、爆炸、绑架等犯罪的,依照数罪并罚的规定处罚。

■ 问题思考

1. 组织、领导、参加恐怖组织罪与组织、领导、参加黑社会性质组织罪的区别。
2. 参加恐怖组织罪是否以明知该组织具有恐怖组织性质为必要?

■ 案例分析

甲是一恐怖组织的骨干成员,为发展成员,对乙声称其是普通的伊斯兰教会组织,并邀其加入。乙加入组织后,发现该组织在秘密从事恐怖活动行为,乙当即宣布退出该组织。问乙是否构成犯罪?

答案:乙不构成犯罪。因乙受欺骗而加入恐怖组织,但在发觉后,及时脱离的行为,表明其并无成立参加恐怖组织罪的故意。

二、帮助恐怖活动罪

(一)帮助恐怖活动罪的概念与构成要件

帮助恐怖活动罪,是指为恐怖组织、实施恐怖活动的个人或者恐怖活动培训等

提供资金或者招募、运送人员等帮助的行为。

1. 本罪侵犯的客体是公共安全,即不特定多数人的生命、健康和财产安全。行为对象可以是本国公民,也可以是外国人。

2. 本罪的客观方面表现为为恐怖组织、实施恐怖活动的个人或者恐怖活动培训等提供资金或者招募、运送人员等其他帮助的行为。实施恐怖活动的个人,包括预谋实施、准备实施和实际实施恐怖活动的个人。恐怖活动培训,是指以实施恐怖活动为目的,对相关人员进行恐怖活动信念、技术、信息等集中的教授、管理的行为。帮助行为,是指为恐怖组织、实施恐怖活动的个人或者恐怖活动培训等提供资金、物质、场所、招募、运送人员等行为。帮助的具体方式和时间没有特别的限定。本罪是行为犯,其成立并不以出现相应结果为条件。

3. 本罪的主体既可以是达到刑事责任年龄、具备刑事责任能力的自然人,也可以是单位。

4. 本罪的主观方面是故意,行为人必须认识到所帮助的是恐怖组织、实施恐怖活动的个人或者恐怖活动培训。

(二)帮助恐怖活动罪的处罚

根据《刑法》第120条之一的规定,资助恐怖活动组织、实施恐怖活动的个人,或者资助恐怖活动培训的,处五年以下有期徒刑、拘役、管制或者剥夺政治权利,并处罚金;情节严重的,处五年以上有期徒刑,并处罚金或者没收财产。为恐怖活动组织、实施恐怖活动或者恐怖活动培训招募、运送人员的,依照前款的规定处罚。单位犯前两款罪的,对单位判处罚金,并对其直接负责的主管人员和其他直接责任人员,依照第一款的规定处罚。

问题思考

行为人如果超出帮助范围,与恐怖活动组织或者人人以共同故意组织、领导恐怖活动组织,应怎样定性?

案例分析

甲以为以乙为首的团伙是传销组织,而以每月1000元的价格将自己的房屋租借给乙,后甲发现该组织实际为恐怖组织,而本身就长期受恐怖主义、极端主义思想影响的甲除了免除该组织房租外,还为其提供一笔钱作为经费。问甲是否构成犯罪?

答案:甲构成帮助恐怖活动罪。因甲明知以乙为首的组织是恐怖组织,而为其提供资金和活动场所,完全符合帮助恐怖活动罪的构成要件。

三、准备实施恐怖活动罪

(一)准备实施恐怖活动罪的概念与构成要件

准备实施恐怖活动罪,是指以实施恐怖活动为目的而进行相关的准备行为。

1. 本罪侵犯的客体是公共安全,即不特定多数人的生命、健康和财产安全。
2. 本罪的客观方面表现为以实施恐怖活动为目的,而进行相关的准备行为。以实施恐怖活动为目的,是指行为人必须有实施恐怖活动的目的,这是将本罪与普通暴力刑事犯罪或其他犯罪相区分的关键。例如,为实施杀人行为而准备凶器的行为,只是故意杀人的准备行为,并不会构成本罪。相关的准备行为,是指为恐怖活动的顺利进行而做相应的筹划和预先安排。比如,准备凶器、危险物品或者其他工具;组织恐怖活动培训或者积极参加恐怖活动培训;与境外恐怖组织或者人员联络;策划恐怖活动等。本罪是行为犯,其成立并不以出现相应结果为条件。
3. 本罪的主体是一般主体,即凡达到刑事责任年龄、具备刑事责任能力的人均可构成本罪。
4. 本罪的主观方面表现为故意,有实施准备实施恐怖活动的目的,过失不构成本罪。

(二)准备实施恐怖活动罪的处罚

根据《刑法》第120条之二的规定,有下列情形之一的,处五年以下有期徒刑、拘役、管制或者剥夺政治权利,并处罚金;情节严重的,处五年以上有期徒刑,并处罚金或者没收财产:(一)为实施恐怖活动准备凶器、危险物品或者其他工具的;(二)组织恐怖活动培训或者积极参加恐怖活动培训的;(三)为实施恐怖活动与境外恐怖组织或者人员联络的;(四)为实施恐怖活动进行策划或者其他准备的。有前款行为,同时构成其他犯罪的,依照处罚较重的规定定罪处罚。

■问题思考

· 准备实施恐怖活动罪与普通暴力刑事犯罪或其他犯罪的犯罪预备区别的关键点是什么?

■案例分析

甲是乙的公司员工,甲因被乙解雇而怀恨在心,为报复乙,甲在家中准备雷管若干,准备装置在乙的公司引爆。后甲准备雷管的行为被群众举报,并被查获。问甲是否构成准备实施恐怖活动罪？

答案：甲不构成准备实施恐怖活动罪。因甲并没有实施相关恐怖活动的目的，甲的行为属于爆炸罪的预备行为。

四、宣扬恐怖主义、极端主义、煽动实施恐怖活动罪

（一）宣扬恐怖主义、极端主义、煽动实施恐怖活动罪的概念与构成要件

宣扬恐怖主义、极端主义、煽动实施恐怖活动罪，是指以制作、散发有关恐怖主义、极端主义的图书、音频视频资料等物品的方式，或者以讲授、发表信息等方式来宣扬恐怖主义、极端主义，或者煽动实施恐怖活动的行为。

1. 本罪侵犯的客体是公共安全，即不特定多数人的生命、健康和财产安全。

2. 本罪的客观方面表现为以制作、散发有关恐怖主义、极端主义的图书、音频视频资料等物品的方式，或者以讲授、发表信息等方式来宣扬恐怖主义、极端主义，或者煽动实施恐怖活动的行为。本罪是行为犯，其成立并不以出现相应结果为条件。恐怖主义，是指为实现某种政治、宗教、种族或者其他反社会、反人类的目的，而以暴力或其他手段实施的，造成或意图造成社会恐慌，严重干扰社会秩序的行为。极端主义，是指为达到一定目的而不顾后果的采取偏激的方式来追求自己的主张。极端主义是恐怖主义形成的主要来源之一。煽动实施恐怖活动，是指鼓动、唆使他人实施恐怖活动。行为人若实际参与相关的恐怖活动，则构成相应的罪名。

3. 本罪的主体是一般主体，即凡达到刑事责任年龄、具备刑事责任能力的人均可构成本罪。

4. 本罪的主观方面表现为故意，过失不构成本罪。行为人应对所制作、散发的宣扬恐怖主义、极端主义的图书、音频视频资料或者其他物品有所认识。

（二）宣扬恐怖主义、极端主义、煽动实施恐怖活动罪的处罚

根据《刑法》第120条第3款的规定，以制作、散发宣扬恐怖主义、极端主义的图书、音频视频资料或者其他物品，或者通过讲授、发表信息等方式宣扬恐怖主义、极端主义的，或者煽动实施恐怖活动的，处五年以下有期徒刑、拘役、管制或者剥夺政治权利，并处罚金；情节严重的，处五年以上有期徒刑，并处罚金或者没收财产。

问题思考

宣扬恐怖主义、极端主义、煽动实施恐怖活动罪与帮助恐怖活动罪的区别？

■ 案例分析

甲多次匿名在网上发表有关宣扬恐怖主义、极端主义的文章,多次录制并在网上散发宣扬恐怖主义、极端主义的音频资料。问甲是否构成犯罪?

答案:甲构成宣扬恐怖主义、极端主义、煽动实施恐怖活动罪。因甲明知是宣扬恐怖主义、极端主义的文章和音频,而故意在网上发布,符合宣扬恐怖主义、极端主义、煽动实施恐怖活动罪的构成要件。

五、利用极端主义破坏法律实施罪

(一)利用极端主义破坏法律实施罪的概念与构成要件

利用极端主义破坏法律实施罪,是指利用极端主义煽动或者胁迫群众破坏国家法律确立的婚姻、司法、教育、社会管理等制度的行为。

1. 本罪侵犯的客体是公共安全和国家法律确立的婚姻、司法、教育、社会管理等制度。

2. 本罪的客观方面表现为实施利用极端主义煽动或者胁迫群众破坏国家法律确立的婚姻、司法、教育、社会管理等制度的行为。包含四个方面:一是必须利用极端主义;二是有煽动或者胁迫行为;三是针对对象为不明真相的群众;四是目的是破坏国家法律确立的婚姻、司法、教育、社会管理等制度。本罪是行为犯,其成立并不以出现相应结果为条件。

3. 本罪的主体是一般主体,即凡达到刑事责任年龄、具备刑事责任能力的人均可构成本罪。

4. 本罪的主观方面表现为故意,过失不构成本罪。

(二)利用极端主义破坏法律实施罪的处罚

根据《刑法》第120条第4款的规定,利用极端主义煽动、胁迫群众破坏国家法律确立的婚姻、司法、教育、社会管理等制度实施的,处三年以下有期徒刑、拘役、管制或者剥夺政治权利,并处罚金;情节严重的,处三年以上七年以下有期徒刑,并处罚金;情节特别严重的,处七年以上有期徒刑,并处罚金或者没收财产。

■ 问题思考

利用极端主义破坏法律实施罪的客观要件包括哪几个方面?

案例分析

甲是某恐怖组织的骨干成员,其根据真主在伊斯兰教《古兰经》中所说:"你们可以择娶你们爱悦的女子,各娶两妻、三妻、四妻",而向所在公司同事大肆鼓吹"一夫多妻制",并胁迫乙与多名女子成婚。问甲是否构成犯罪?

答案:甲构成利用极端主义破坏法律实施罪。因甲煽动公司同事和胁迫乙奉行"一夫多妻"的行为,破坏了国家"婚姻自由、一夫一妻"的婚姻制度,符合利用极端主义破坏法律实施罪的构成要件。

六、强制穿戴宣扬恐怖主义、极端主义服饰、标志罪

(一)强制穿戴宣扬恐怖主义、极端主义服饰、标志罪概念和构成要件

强制穿戴宣扬恐怖主义、极端主义服饰、标志罪是指以暴力、胁迫等方式强制他人在公共场所穿着、佩戴宣扬恐怖主义、极端主义服饰、标志的行为。

1. 本罪侵害的客体是公共安全和他人人身自由。

2. 本罪的客观方面表现为以暴力、胁迫等方式强制他人在公共场所穿着、佩戴宣扬恐怖主义、极端主义服饰、标志的行为。所谓恐怖主义,是指某些组织或个人采取绑架、暗杀、爆炸、空中劫持、扣押人质等手段,企求实现其政治目标或某项具体要求而实施的行为;所谓极端主义,是指为了达到个人或者小部分人的某些目的,而不惜一切后果地采取极端的手段对公众或政治领导集团进行威胁的行为;所谓暴力,是指对他人的人身采取殴打、捆绑、堵嘴、掐脖子、按倒等侵害人身安全或者人身自由的强暴方法,使其不能反抗;所谓胁迫,是指对他人采取威胁、恐吓等方法实行精神上的强制,使其不敢反抗;这里的服饰和标志,是指与宣扬恐怖主义、极端主义相关联的标志性记号或图案。

3. 本罪的主体是一般主体,即年满十六周岁具有刑事责任能力的自然人。

4. 本罪主观方面是故意,过失不构成本罪。

(二)强制穿戴宣扬恐怖主义、极端主义服饰、标志罪的处罚

根据《刑法》第120条第5款的规定,强制穿戴宣扬恐怖主义、极端主义服饰、标志罪,以暴力、胁迫等方式强制他人在公共场所穿着、佩戴宣扬恐怖主义、极端主义服饰、标志的,处三年以下有期徒刑、拘役或者管制,并处罚金。本罪是行为犯,只要满足上述条件之一即构成本罪。

七、非法持有宣扬恐怖主义、极端主义物品罪

（一）非法持有宣扬恐怖主义、极端主义物品罪概念和构成要件。

非法持有宣扬恐怖主义、极端主义物品罪，是指明知是宣扬恐怖主义、极端主义的图书、音频视频资料或者其他物品而非法持有，情节严重的行为。

1. 本罪侵害的客体是公共安全和社会管理秩序。
2. 本罪在客观方面表现为明知是宣扬恐怖主义、极端主义的图书、音频视频资料或者其他物品而非法持有，情节严重的行为。明知，是指知道或应当知道。所谓知道，是指是指行为人明明白白的清楚自己的行为一定会导致一个确定无疑的结果所具有的肯定的心理态度；所谓应当知道，是指根据本人的认知能力或按照常人的理解或者社会普通的认识水平来判断，行为人对自己的行为会导致怎样的结果所持的一种当然或肯定的心理态度；所谓恐怖主义，是指某些组织或个人采取绑架、暗杀、爆炸、空中劫持、扣押人质等手段，企求实现其政治目标或某项具体要求而实施的行为；所谓极端主义，是指为了达到个人或者小部分人的某些目的，而不惜一切后果地采取极端的手段对公众或政治领导集团进行威胁的行为。本罪结果犯，需要造成情节严重后果才能构成犯罪。什么是情节严重，目前没有具体的规定，有待于相关法律和司法解释作出具体的界定。
3. 本罪的主体是一般主体，即年满十六周岁具有刑事责任能力的自然人。
4. 本罪的主观方面是故意，过失不构成本罪。

（二）非法持有宣扬恐怖主义、极端主义物品罪处罚

根据《刑法》第120条第6款的规定非法持有宣扬恐怖主义、极端主义物品罪，明知是宣扬恐怖主义、极端主义的图书、音频视频资料或者其他物品而非法持有，情节严重的，处三年以下有期徒刑、拘役或者管制，并处或者单处罚金。

问题思考

1. 自愿穿戴宣扬恐怖主义、极端主义服饰构成犯罪吗？
2. 非法持有宣传纳粹思想的物品构成犯罪吗？

八、劫持航空器罪

（一）劫持航空器罪的概念和构成要件

劫持航空器罪，是指以暴力、胁迫或者其他方法劫持航空器的行为。

1. 本罪侵犯的客体是复杂客体,既危害了旅客人身、财产以及航空器的安全,也破坏了正常的航空运输秩序,但主要是前者。1992 年 12 月 28 日全国人大常委会专门通过了《关于惩治劫持航空器犯罪分子的决定》,该决定是严厉打击劫持航空器的犯罪分子,保护旅客人身、财产以及航空器的安全,维护正常的民用航空秩序,促进我国民航事业发展的一项重要法律。本罪侵犯的对象必须是使用中的航空器。而所谓使用中是指从地面人员或机组对某一特定飞行器开始进行飞行前准备起,直到降落后 24 小时止。因此,我们不能狭义地把本罪的侵犯对象理解为飞行中的航空器。

2. 本罪在客观方面表现为以暴力、胁迫或者其他方法劫持航空器的行为。所谓"暴力、胁迫或者其他方法"是其手段行为,是指直接对航空器实施暴力袭击或者对被害人采用危害人身安全和人身自由的行为,使其丧失反抗能力或者不能反抗的身体强制方法,要求足以压制航空器内的机组成员或者其他人员的反抗。其中的"暴力"是最狭义的暴力,是指对人行使有形力,并达到了足以压制对方反抗的程度,但不要去直接对人的身体行使有形力;其中胁迫也是最狭义的胁迫,指以暴力为内容进行精神胁迫使被害人不敢反抗的精神强制方法,要求足以压制反抗。

3. 本罪的主体为一般主体。凡达到刑事责任年龄,具备刑事责任能力的人均可成为本罪主体。既可以由中国人构成,也可以由外国人或无国籍人构成。例如,外国人劫持飞机进入中国境内,也构成劫持航空器罪。

4. 本罪在主观方面表现为故意犯罪,但对犯罪目的没有要求,行为人劫持航空器,不论出于何种目的,都不影响本罪的成立。这一点是有关国际公约确认并为包括我国在内的所有缔约国承诺的。因此,对于那些以政治避难为名而劫持飞机的,亦应依法追诉。

(二)劫持航空器罪的处罚

《刑法》第 121 条规定,以暴力、胁迫或者其他方法劫持航空器的,处十年以上有期徒刑或者无期徒刑;致人重伤、死亡或者使航空器遭受严重破坏的,处死刑。"致人重伤、死亡"是结果加重犯包括暴力、胁迫行为过失致人重伤、死亡,还包括为了劫持航空器故意重伤与故意杀人;不仅包括暴力、胁迫行为导致机组人员重伤、死亡,而且包括劫持行为导致其他人重伤、死亡。本罪是危险犯,刑法对此没有规定"情节"方面的要求,只要行为人实施了以暴力、胁迫或者其他方法劫持航空器的行为,无论航空器是否真的被挟持,是否造成人员伤亡或者航空器被损坏的严重后果,均构成犯罪,应当立案追究。

九、劫持船只、汽车罪

(一)劫持船只、汽车罪的概念和构成要件

劫持船只、汽车罪,是指以暴力、胁迫或者其他方法劫持船只、汽车的行为。

1. 本罪侵犯的客体是公共安全,主要是指船只、汽车的交通运输安全和不特定多数旅客的生命、健康及财产安全。本罪的犯罪对象只能是船只、汽车。船只、汽车是大型的现代化交通运输工具,与公共安全联系密切。船有机动船和非机动船之分。这里所说的船只应理解为机动船,非机动的木帆船等小船遭受侵犯虽也可造成损失,但一般不危害公共安全。

2. 本罪在客观方面表现为以暴力、胁迫或者其他方法劫持船只、汽车的行为。暴力,是指对船只、汽车上的人员,特别是驾驶人员、售票人员,实施捆绑、殴打、伤害等行为,迫使船只、汽车改变方向或自己亲自控制。胁迫,是对乘务人员施以精神恐吓和强制,如以车、船相威胁,使驾驶、操纵人员不敢反抗,听凭其指挥或自己亲自操纵驾驶。其他方法是指上述暴力、胁迫方法以外的任何其他劫持方法,如使用麻醉品将驾驶人员致醉、致昏等,使驾驶人员处于不能反抗或不知反抗的状态,从而达到劫持船只、汽车的目的。这里的劫持,是指犯罪分子以上述手段按照自己的意志强行控制船只、汽车的行为。劫持船只、汽车罪是行为犯,不是结果犯。只要行为人实施了以暴力、胁迫或者其他方法劫持船只、汽车的行为,即构成本罪既遂,而不论其犯罪目的是否实现。

3. 本罪的主体为一般主体。凡达到刑事责任年龄具备刑事责任能力的自然人均可构成。既可以由中国人构成,也可以由外国人或无国籍人构成。例如,外国人船只、汽车飞机进入中国境内,也构成劫持船只、汽车罪。

4. 本罪的主观方面为故意。

(二)劫持船只、汽车罪的处罚

《刑法》第122条规定:以暴力、胁迫或者其他方法劫持船只、汽车的,处五年以上十年以下有期徒刑;造成严重后果的,处十年以上有期徒刑或者无期徒刑。本罪最高刑为无期徒刑。在劫持中杀人、致人重伤的,应按杀人罪、伤害罪进行并罚。"造成严重后果",主要是指造成人员伤亡和重大财产损失。本罪是行为犯。只要有行为即构成本罪。后果作为量刑情节。

案例分析

人民警察看到犯罪分子正驾驶摩托车逃离作案现场,便出示有关证件,强行要求一小型私营公共汽车驾驶员开车追击。问:警察行为构成本罪吗?

答案:不构成。劫持船只、汽车罪中的劫持应是非法的,而不是合法的,如果行为人出于合法目的而强行使用船只、汽车的,不构成劫持船只、汽车罪。在这里,人民警察为了抓捕在逃犯罪嫌疑人,强制私营公共汽车驾驶员开车追击的劫持汽车行为,不仅不具有社会危害性,而且是对社会有益的行为,因此,其不构成劫持汽车罪

十、暴力危及飞行安全罪

（一）暴力危及飞行安全罪的概念和构成要件

暴力危及飞行安全罪，是指对飞行中的航空器上的人员使用暴力，危及飞行安全的行为。

1. 本罪侵犯的客体是公共安全，即不特定多数人的生命、健康和重大公私财物安全。犯罪分子利用航空飞行的危险性和易受侵犯性，为达到犯罪目的，不惜以机组人员、乘客、重大公私财物的安全为代价。

2. 本罪在客观方面表现为行为人对飞行中的航空器上的人员使用暴力，危及飞行安全的行为。首先，行为人必须是使用了暴力，但不受所用暴力的手段和程度的影响。其次，使用暴力必须是针对飞行中的航空器上的人员，而不是其他场合的人员。第三，必须是危及飞行安全的行为。只有同时具备上述三个条件，才能构成本罪。犯罪对象是航空器上的人员，行为人必须是对正在飞行中的航空器上的人员使用暴力，危及飞行安全的，才构成犯罪。构成本罪，不以造成严重成果为要件，只要行为人实施了暴力行为，危及飞行安全就构成本罪。构成本罪，行为人实施的暴力行为还必须是达到足以危及飞行安全的程度，如果只是一般推撞打架、口角争斗而不足以危及飞行安全的，不构成本罪。只要行为人的行为使飞行中的航空器的安全处于危险状态即构成犯罪（危险犯），并不要求有实际的严重后果发生，如果造成严重后果时，则应适用结果加重的刑罚处罚。

3. 本罪的主体为一般主体，凡达到刑事责任年龄、具备刑事责任能力的自然人均可成为本罪主体。既可以由中国人构成，也可以由外国人或无国籍人构成。

4. 本罪在主观方面表现为故意，即明知自己对飞行中的航空器上的人员使用暴力，会危及飞行安全，而希望或放任这种结果发生的心理态度。

（二）暴力危及飞行安全罪的处罚

根据《刑法》第123条规定对飞行中的航空器上的人员使用暴力，危及飞行安全，尚未造成严重后果的，处五年以下有期徒刑或者拘役；造成严重后果的，处五年以上有期徒刑。

案例分析

问：行为人对停机待用的航空器上的人员使用暴力，没有危及航空飞行安全，能否构成本罪？

答：不能。因为不足以危害飞行安全，不会构成本罪。

相关链接

1. 《中华人民共和国反恐怖主义法》
2. 《中华人民共和国刑法修正案(九)》

第四节　破坏重要公共设备危害公共安全的犯罪

知识结构图

破坏电力设备罪→过失损害电力设备罪→破坏易燃易爆设备罪→过失损害易燃易爆设备罪→破坏广播电视设施、公用电信设施罪→过失损害广播电视设施、公用电信设施罪

重点提示

破坏电力设备罪的概念和构成特征；破坏易燃易爆设备罪的概念和构成特征

司考重点

破坏电力设备罪

一、破坏电力设备罪

破坏电力设备罪，是指故意破坏使用中的电力设备，危害公共安全的行为。

破坏电力设备罪的客体是供电活动的安全。本罪的犯罪对象为正在使用中的电力设备。所谓的"正在使用中"，是指电力设备经过验收之后，已经正式投入使用。至于"电力设备"，根据2007年最高人民法院《关于审理破坏电力设备刑事案件具体应用法律若干问题的解释》第4条第一款规定，主要是指处于运行、应急中的电力设备；已经通电使用，只是由于枯水季节或电力不足等暂停使用的电力设备；已经交付使用但尚未通电的电力设备。不包括尚未安装完毕，或者已经安装完毕但尚未交付使用的电力设备。

破坏电力设备罪的客观方面表现为故意破坏使用中的电力设备，危害公共安全的行为。破坏电力设备的方式多种多样，可以采取剪割、拆卸、窃取等不同的方

式实施。对于不属于直接生产和输送电力的辅助设施,破坏并不直接构成对于公共电力安全的危害或威胁的,以相应的其他犯罪论处。

破坏电力设备罪的主体是一般主体,凡已满 16 周岁具有刑事责任能力的自然人均可成为本罪的主体,但不包括单位。

破坏电力设备罪的主观方面是故意。犯罪动机多种多样,可能是贪图钱财,也可能是报复社会等等,但是动机不影响本罪的成立。

根据《刑法》第 118、119 条规定,犯本罪的,尚未造成严重后果的,处 3 年以上 10 年以下有期徒刑。造成严重后果的,处 10 年以上有期徒刑、无期徒刑或者死刑。

二、过失损坏电力设备罪

过失损坏电力设备罪,是指过失损坏电力设备,已经造成严重后果,危害公共安全的行为。

过失损害电力设备罪的客体是供电活动的安全。

过失损害电力设备罪的客观方面表现为过失损害使用中的电力设备,以至于发生危害公共安全的严重后果的行为。

过失损害电力设备罪的主体是一般主体,凡已满 16 周岁具有刑事责任能力的自然人均可成为本罪的主体。

过失损害电力设备罪的主观方面是过失。

根据《刑法》第 119 条第 2 款的规定,犯本罪的,处 3 年以上 7 年以下有期徒刑;情节较轻的,处 3 年以下有期徒刑或者拘役。

三、破坏易燃易爆设备罪

破坏易燃易爆设备罪,是指故意破坏燃气或者其他易燃易爆设备,危害公共安全的行为。

破坏易燃易爆设备罪的客体是公共安全。由于燃气或者其他易燃易爆设备具有很大的危险性,一旦破坏将可能会导致人员的伤亡或重大公私财产损失,进而危及公共安全。因此,刑法将破坏易燃易爆设备的行为规定为危害公共安全的犯罪。

破坏易燃易爆设备罪的犯罪对象为正在使用中的燃气设备或者其他易燃易爆设备,但不包括易燃易爆物品本身。

破坏易燃易爆设备罪的客观方面表现为行为人故意破坏燃气或者其他易燃易爆设备,危害公共安全的行为。

破坏易燃易爆设备罪的主体是一般主体,凡已满 16 周岁具有刑事责任能力的自然人均可成为本罪的主体。

破坏易燃易爆设备罪的主观方面是故意。即行为人明知道自己破坏易燃易爆设备的行为可能会危害公共安全,而希望或者是放任这种结果的发生。

根据《刑法》第118、119条的规定,犯本罪的,尚未造成严重后果的,处3年以上10年以下有期徒刑;已经造成严重后果的,处10年以上有期徒刑、无期徒刑或者死刑。

四、过失损坏易燃易爆设备罪

过失损坏易燃易爆设备罪,是指过失损坏燃气或者其他易燃易爆设备,已经造成严重后果,危害公共安全的行为。

过失损害易燃易爆设备罪的客体是公共安全。

过失损害易燃易爆设备罪的客观方面表现为行为人故意破坏燃气或者其他易燃易爆设备,危害公共安全的行为。

过失损害易燃易爆设备罪的主体是一般主体,凡已满16周岁具有刑事责任能力的自然人均可成为本罪的主体。

过失损害易燃易爆设备罪的主观方面是过失。

根据《刑法》第119条第2款的规定,犯本罪的,处3年以上7年以下有期徒刑;情节较轻的,处3年以下有期徒刑或者拘役。

五、破坏广播电视设施、公共电信设施罪

破坏广播电视设施、公共电信设施罪,是指故意破坏正在使用中的广播电视设施、公共电信设施,危害公共安全的行为。

破坏广播电视设施、公共电信设施罪的客体是公共通信安全。本罪的犯罪对象是广播电视设施、公用电信设施。

破坏广播电视设施、公共电信设施罪的客观方面表现为破坏广播电视设施、公用电信设施,危害公共安全的行为。其行为方式是多种多样,可以表现为作为,也可以表现为不作为。破坏的具体表现形态有两种:一是,使广播电视设施、公用电信设施的受到物理上的损害;二是,使广播电视设施、公用电信设施丧失应有的性能。

破坏广播电视设施、公共电信设施罪的主体是一般主体,凡年满16周岁具备刑事责任能力的自然人均可成为本罪的主体。单位不能成为本罪的主体。

破坏广播电视设施、公共电信设施罪的主观方面是故意,包括直接故意和间接故意。

根据《刑法》第124条第1款的规定,犯本罪的,处3年以上7年以下有期徒刑;造成严重后果的,处7年以上有期徒刑。

六、过失损坏广播电视设施、公共电信设施罪

过失损坏广播电视设施、公共电信设施罪,是指因过失毁坏广播电视设施、公用电信设施,已经造成严重后果,危害公共安全的行为。

过失损害广播电视设施、公共电信设施罪的客体是公共通信安全。

过失损害广播电视设施、公共电信设施罪的客观方面表现为过失地损害广播电视设施、公用电信设施,危害公共安全的行为。

过失损害广播电视设施、公共电信设施罪的主体是一般主体,凡年满16周岁具备刑事责任能力的自然人均可成为本罪的主体。

过失损害广播电视设施、公共电信设施罪的主观方面是过失。

根据《刑法》第124条第2款的规定,犯本罪的,处3年以上7年以下有期徒刑;情节较轻的,处3年以下有期徒刑或者拘役。

▍问题思考

破坏电力设备罪和盗窃罪的区别。

第五节　违反枪支、弹药、爆炸物管理规定危害公共安全的犯罪

▍知识结构图

非法制造、买卖、运输、邮寄、储存枪支、弹药、爆炸物罪→非法制造、买卖、运输、储存危险物质罪→违规制造、销售枪支罪→盗窃、抢夺枪支、弹药、爆炸物、危险物质罪→抢劫枪支、弹药、爆炸物、危险物质罪→非法持有、私藏枪支、弹药罪→非法出租、出借枪支罪→丢失枪支不报罪→非法携带枪支、弹药、管制刀具、危险物品危及公共安全罪

▍重点提示

非法持有、私藏枪支、弹药罪的概念和构成特征;非法出租、出借枪支罪的概念和构成特征;丢失枪支不报罪的概念和构成特征

司考重点

非法出租、出借枪支罪;丢失枪支不报罪

一、非法制造、买卖、运输、邮寄、储存枪支、弹药、爆炸物罪

（一）非法制造、买卖、运输、邮寄、储存枪支、弹药、爆炸物罪的概念和构成

非法制造、买卖、运输、邮寄、储存枪支、弹药、爆炸物罪，是指违反法律规定，制造、买卖、运输、邮寄、储存枪支、弹药、爆炸物的行为。

非法制造、买卖、运输、邮寄、储存枪支、弹药、爆炸物罪具有如下特征：

1. 客体特征。非法制造、买卖、运输、邮寄、储存枪支、弹药、爆炸物罪的客体是社会的公共安全。

本罪的犯罪对象是枪支、弹药和爆炸物。枪支，通常是指《中华人民共和国枪支管理法》中规定的以火药或者压缩气体等为动力，利用管状器具发射金属弹丸或者其他物质，足以致人伤亡或者丧失知觉的各种枪支。弹药，是指上述枪支所用的弹药。爆炸物，是指《民用爆炸物品管理条例》中规定的各类炸药、雷管、导火索、导爆索、非电导爆系统、起爆药、爆破剂等。

2. 客观特征。非法制造、买卖、运输、邮寄、储存枪支、弹药、爆炸物罪的客观方面表现为非法制造、买卖、运输、邮寄、储存枪支、弹药、爆炸物的行为。

所谓"非法制造枪支、弹药、爆炸物"，是指违反国家规定，私自制造枪支、弹药、爆炸物的行为，包括非法制造、组装、修理、改装、拼装上述物品。所谓"非法制造"，是指违反国家规定，将枪支、弹药、爆炸物制成成品；所谓的"非法组装"，是指违反国家有关规定，将枪支、弹药、爆炸物的成套零部件进行组合装配；所谓的"非法修理"，是指违法国家规定，将枪支、弹药、爆炸物失去效能的零部件进行修理，使其恢复原有的性能；所谓的"非法改装"，是指违反国家规定，改变枪支、弹药、爆炸物的原有结构，使其产生新的效能；所谓的"非法拼装"，是指违法国家规定，把不成套的零部件加工处理后拼装成枪支、弹药、爆炸物。

所谓"非法买卖枪支、弹药、爆炸物"，是指违反国家规定，未经国家有关部门批准，以金钱或实物作价，私自购买或者销售枪支、弹药、爆炸物的行为。

所谓"非法运输枪支、弹药、爆炸物"，是指违反国家规定，未经国家有关部门批准，转送枪支、弹药、爆炸物的行为。

所谓"非法邮寄枪支、弹药、爆炸物"，是指违反国家邮电部门的规定，以包裹

邮件形式邮运枪支、弹药、爆炸物的行为。

所谓"非法储存枪支、弹药、爆炸物",是指违反国家规定,未经有关部门批准,私自储藏、存放枪支、弹药、爆炸物的行为。

至于枪支、弹药、爆炸物是否为行为人非法所有,非法储存的场所如何,不影响本罪成立。

行为人只要实施了上述行为之一,即可构成本罪;如果行为人同时实施了其中两种以上的行为,也只构成一罪,不数罪并罚。

3. 主体特征。非法制造、买卖、运输、邮寄、储存枪支、弹药、爆炸物罪的主体为一般主体,包括已满16周岁具有刑事责任能力的自然人和单位。

4. 主观特征。非法制造、买卖、运输、邮寄、储存枪支、弹药、爆炸物罪的主观方面是故意,即明知是枪支、弹药、爆炸物而非法制造、买卖、运输、邮寄或储存。如果被蒙骗、利用,不知是枪支、弹药、爆炸物而实施了上述行为,不能构成本罪。

(二)非法制造、买卖、运输、邮寄、储存枪支、弹药、爆炸物罪的认定

1. 本罪的完成与未完成形态。通说认为属于行为犯,以行为实行达到一定的程度,作为犯罪既遂的标准。即行为人只要着手实施非法制造、买卖、运输、邮寄、储存枪支、弹药、爆炸物的行为,无论制造是否完成、买卖是否成交、运输是否到达目的地、邮寄是否送达目的地,储存只要实际控制、支配枪支、弹药、爆炸物,就是犯罪既遂。

2. 本罪与非法持有、私藏枪支、弹药罪的界限。当行为对象均为枪支、弹药时,两罪易混淆。二者的区分在于:

非法持有、私藏的枪支、弹药应是证据表明不是因非法制造、买卖、运输枪支、弹药等犯罪活动(包括盗窃、抢夺、抢劫枪支、弹药的犯罪活动)而持有、私藏的枪支、弹药。如果是因非法制造、买卖、运输等犯罪活动而持有、私藏枪支、弹药的,则应当构成本罪,而不构成非法持有、私藏枪支、弹药罪。

(三)非法制造、买卖、运输、邮寄、储存枪支、弹药、爆炸物罪的处罚

根据《刑法》第125条的规定,犯本罪的,处3年以上10年以下有期徒刑;情节严重的,处10年以上有期徒刑、无期徒刑或者死刑。单位犯本罪的,对单位判处罚金,并对其直接负责的主管人员和其他直接责任人员,依照上述规定处罚。

二、非法制造、买卖、运输、储存危险物质罪

非法制造、买卖、运输、储存危险物质罪,是指非法制造、买卖、运输、储存毒害性、放射性、传染病病原体等物质,危害公共安全的行为。

非法制造、买卖、运输、储存危险物质罪的客体是社会公共安全。本罪为选择性罪名。本罪的犯罪对象是具有毒害性、放射性、传染病病原体等危险物质。

非法制造、买卖、运输、储存危险物质罪的客观方面表现为非法制造、买卖、运输、储存毒害性、放射性、传染病病原体等物质,危害公共安全的行为。

非法制造、买卖、运输、储存危险物质罪的主体可以是自然人,也可以是单位。

非法制造、买卖、运输、储存危险物质罪的主观方面是故意。

根据《刑法》第125条的规定,犯本罪的,处3年以上10年以下有期徒刑;情节严重的,处10年以上有期徒刑、无期徒刑或者死刑。单位犯本罪的,对单位判处罚金,并对其直接负责的主管人员和其他直接责任人员,依照上述规定处罚。

三、违规制造、销售枪支罪

违规制造、销售枪支罪,是指依法被指定、确定的枪支制造企业、销售企业,违反枪支管理规定,以非法销售为目的,超过限额或者不按照规定的品种制造、配售枪支,或者制造无号、重号、假号的枪支,或者非法销售枪支或者在境内销售为出口制造的枪支的行为。

违规制造、销售枪支罪具有如下构成特征:

1.客体特征。违规制造、销售枪支罪的客体是社会公共安全和国家对枪支制造、销售的管理秩序。由于枪支管理直接关系到社会治安秩序和公共安全,因此世界上很多国家对枪支的制造、销售均进行严格的管制。本罪的犯罪对象为枪支,即根据《枪支管理法》规定的枪支。

2.客观特征。违规制造、销售枪支罪的客观方面表现为违反枪支管理规定,以非法销售为目的,超过限额或者不按照规定的品种制造、配售枪支,或者制造无号、重号、假号的枪支,或者非法销售枪支或者在境内销售为出口制造的枪支的行为。具体包括:

(1)违反枪支管理法的规定,超过限额或者不按照规定的品种制造、配售枪支。

(2)违反枪支管理法的规定,制造无号、重号、假号的枪支的。

(3)违反枪支管理法的规定,非法销售枪支或者在境内销售为出口制造的枪支的。

所谓境内,是指我国政府能够行使关境管辖权内的地区,不包括国境以内,尚不能行使关境管辖权内的地区。如果将为出口制造的枪支销售到尚不能行使关境管辖权内的地区(如我国台湾省),虽然仍然是在国内销售,但不构成本罪,应当构成走私武器、弹药罪。具有上述行为之一,即构成本罪,实施上述三种行为的,也只构成一罪,不实行数罪并罚。

3.主体特征。违规制造、销售枪支罪的主体只能是单位,即依法被指定、确定的枪支制造、销售企业。如果是个人或者非被指定的企业制造、销售枪支,构成非法制造、买卖、储存枪支、弹药罪,不构成本罪。

4. 主观特征。违规制造、销售枪支罪的主观方面表现为故意。

根据《刑法》第 126 条的规定,犯本罪的,对单位判处罚金,并对其直接负责的主管人员和其他直接责任人员,处 5 年以下有期徒刑;情节严重的,处 5 年以上 10 年以下有期徒刑;情节特别严重的,处 10 年以上有期徒刑或者无期徒刑。

四、盗窃、抢夺枪支、弹药、爆炸物、危险物质罪

盗窃、抢夺枪支、弹药、爆炸物、危险物质罪,是指以非法占有为目的,秘密窃取或者公然夺取枪支、弹药、爆炸物、危险物质,危害公共安全的行为。

盗窃、抢夺枪支、弹药、爆炸物、危险物质罪的客体是社会公共安全。

盗窃、抢夺枪支、弹药、爆炸物、危险物质罪的客观方面的表现是以非法占有为目的,秘密窃取或者公然夺取枪支、弹药、爆炸物、危险物质,危害公共安全的行为。

盗窃、抢夺枪支、弹药、爆炸物、危险物质罪的主体是一般主体,凡已满 16 周岁具有刑事责任能力的自然人均可成为本罪的主体。

盗窃、抢夺枪支、弹药、爆炸物、危险物质罪的主观方面表现为故意。

根据《刑法》第 127 条的规定,犯本罪的,处 3 年以上 10 年以下有期徒刑;情节严重的,处 10 年以上有期徒刑、无期徒刑或者死刑。盗窃、抢夺国家机关、军警人员、民兵的枪支、弹药、爆炸物的,处 10 年以上有期徒刑、无期徒刑或者死刑。

五、抢劫枪支、弹药、爆炸物、危险物质罪

抢劫枪支、弹药、爆炸物、危险物质罪,是指以非法占有为目的,当场使用暴力、胁迫或者其他方法,强行劫夺枪支、弹药、爆炸物、危险物质,危害公共安全的行为。

抢劫枪支、弹药、爆炸物、危险物质罪的客体是社会的公共安全与枪支、弹药、爆炸物、危险物质所有者、持有者、保管者的人身权利,属于复杂客体。

本罪的犯罪对象包括:一是枪支、弹药、爆炸物、危险物质。二是枪支、弹药、爆炸物、危险物质所有者、持有者、保管者。

抢劫枪支、弹药、爆炸物、危险物质罪的客观方面表现为以非法占有为目的,当场使用暴力、胁迫或者其他方法,强行劫夺枪支、弹药、爆炸物、危险物质,危害公共安全的行为。其行为表现为复合行为,一个行为是暴力、胁迫或者其他方法,另一个行为非法劫取的行为。

抢劫枪支、弹药、爆炸物、危险物质罪的主体是一般主体,凡已满 16 周岁具有刑事责任能力的自然人均可成为本罪的主体。

抢劫枪支、弹药、爆炸物、危险物质罪的主观方面是故意。

根据《刑法》第 127 条第 2 款的规定,犯本罪的,处 10 年以上有期徒刑、无期徒刑或者死刑。

六、非法持有、私藏枪支、弹药罪

非法持有、私藏枪支、弹药罪,是指违反枪支管理规定,非法持有、私藏枪支、弹药的行为。

非法持有、私藏枪支、弹药罪的客体是社会的公共安全和国家枪支、弹药的管理秩序。本罪对象是枪支、弹药,包括各种公务用枪、民用枪支及其弹药(包含军用爆炸物)。

非法持有、私藏枪支、弹药罪的客观方面表现为违反枪支管理规定,非法持有、私藏枪支、弹药的行为。所谓"非法持有",是指根据国家关于枪支管理方面的规定,不具备配枪资格而持有枪支、弹药;所谓"私藏",是指不具备配枪、用枪资格,应当上交而私自藏匿枪支、弹药的行为。非法持有、私藏枪支、弹药的行为,应当是根据证据尚不能认定为其他涉及枪支、弹药犯罪的情况下,或者查明的上游行为不是犯罪的情况的非法持有、私藏。如证据已证实是通过上列犯罪活动而持有、私藏,自应以相应犯罪论处,不构成本罪,也不实行并罚。

非法持有、私藏枪支、弹药罪的主体是一般主体,凡已满16周岁具备刑事责任能力的人均可成为本罪的主体。单位不能构成本罪的主体。

非法持有、私藏枪支、弹药罪的主观方面表现为故意,即明知是枪支、弹药而非法持有、私藏。

根据《刑法》第128条第1款的规定,犯本罪的,处3年以下有期徒刑、拘役或者管制;情节严重的,处3年以上7年以下有期徒刑。

七、非法出租、出借枪支罪

非法出租、出借枪支罪,是指依法配备公务用枪的人员或者其单位,违反枪支管理规定,非法出租、出借枪支,依法配置枪支的人员或者其单位,违反枪支管理规定,非法出租、出借枪支,造成严重后果的行为。

非法出租、出借枪支罪的客体是公共安全。本罪为选择性罪名。本罪的对象为公务用枪。

非法出租、出借枪支罪的客观方面表现为依法配备公务用枪的人员或者其单位,违反枪支管理规定,非法出租、出借枪支,造成严重后果的行为。所谓"非法出租",是指违反枪支管理规定,将自己或者单位配备的公务用枪、自己或者单位配置的民用枪支有偿租给个人或者单位的行为;所谓"非法出借",是指违反枪支管理规定,将自己或者单位配备的公务用枪、自己或者单位配置的民用枪支无偿地借给个人或者单位的行为。包括将公务用枪用作借债质押物,使枪支处于非依法持枪人的控制、使用之下的情形。

非法出租、出借枪支罪的主体是特殊主体,为依法配备公务用枪的人员或者单位和依法配置民用枪支的人员或者单位。

非法出租、出借枪支罪的主观方面表现为故意。

根据《刑法》第128条的规定,犯本罪的,处3年以下有期徒刑、拘役或者管制;情节严重的,处3年以上7年以下有期徒刑。单位犯本罪的,对单位判处罚金,并对其直接负责的主管人员和其他直接责任人员,依照上述规定处罚。

八、丢失枪支不报罪

丢失枪支不报罪,是指依法配备公务用枪的人员,违反枪支管理规定,丢失枪支不及时报告,造成严重后果的行为。

丢失枪支不报罪的客体是公共安全和国家对枪支的管理秩序。本罪的犯罪对象是指依法配备的公务用枪,不包括其他枪支。

丢失枪支不报罪的客观方面表现为依法配备公务用枪的人员,违反枪支管理规定,丢失枪支不及时报告,造成严重后果的行为。主要包括:一是行为人必须有丢失公务用枪的行为;二是行为人丢失枪支不及时报告;三是造成严重后果。

丢失枪支不报罪的主体是特殊主体,即依法配备公务用枪的人员,单位不能成为本罪的主体。

丢失枪支不报罪的主观方面表现为过失,即行为人由于疏忽大意而没有预见到自己丢失枪支不报告会造成严重后果,或者说虽然预见了,但轻信能够避免。

根据《刑法》等129条的规定,犯本罪的,处3年以下有期徒刑或者拘役。

九、非法携带枪支、弹药、管制刀具、危险物品危及公共安全罪

非法携带枪支、弹药、管制刀具、危险物品危及公共安全罪,是指违反有关规定,非法携带枪支、弹药、管制刀具或者爆炸性、易燃性、放射性、毒害性、腐蚀性物品,进入公共场所或者公共交通工具,危及公共安全,情节严重的行为。

非法携带枪支、弹药、管制刀具、危险物品危及公共安全罪的客体是公共安全。本罪的犯罪对象是枪支、弹药、管制刀具或者法律规定的危险物品。非法携带枪支、弹药、管制刀具、危险物品危及公共安全罪的客观方面指违反有关规定,非法携带枪支、弹药、管制刀具或者爆炸性、易燃性、放射性、毒害性、腐蚀性物品,进入公共场所或者公共交通工具,危及公共安全,情节严重的行为。包括以下内容:一是,具有非法携带行为。所谓携带,是指随身带有,至于是公开携带还是在其他物品中夹带,不影响认定;二是,必须进入法律规定的特定场合,即携带进入公共场所或者公共交通工具;三是,必须危及公共安全,并且情节严重。所谓危及公共安全,是指行为具有严重危及不特定或多数人的生命、健康安全以及重大公私财产的安全的现实危险性。所谓情节严重,主要是指经常携带屡教不改的;携带危险物品数量大

的;携带的危险物品危险性高的;在公众活动高峰期携带的等。

非法携带枪支、弹药、管制刀具、危险物品危及公共安全罪的主体是一般主体，凡已满16周岁具备刑事责任能力的人均可成为本罪的主体。

非法携带枪支、弹药、管制刀具、危险物品危及公共安全罪的主观方面是故意。

根据《刑法》第130条的规定，犯本罪的，处3年以下有期徒刑、拘役或者管制。

问题思考

1. 非法持有、私藏枪支、弹药罪和非法携带枪支、弹药危及公共安全罪的区别。
2. 非法携带枪支、弹药危及公共安全罪和非法运输危险物质罪的区别。

案例分析

贾某为某国家机关工作人员，依法配备有公务用枪。贾某借用了丁某3万元现金。丁某多次讨债，贾某无力偿还，于是贾某将公务用枪（无子弹）用作借债质押物交给丁某，约定贾某还款时，丁某将枪支归还贾某。3个月后贾某仍然未能归还借款，丁某便将枪支送给其外甥林某玩耍。林某在一周后使用该枪支抢劫某银行储蓄所现金20余万元。请对贾某的行为进行分析。

分析如下：非法出租、出借枪支罪是指违反枪支管理规定，将依法配备的公务用枪予以出租、出借的行为或将依法配置的枪支非法出租、出借，造成严重后果的行为。本罪的构成要件是：(1) 犯罪主体是特殊主体。一是被依法配备公务用枪的人员和被依法配置枪支的人员；二是根据《刑法》第128条第4款的规定，单位也可以成为本罪的主体；(2) 行为人主观方面是出于故意。非法出租公务用枪或配置枪支的，还具有非法牟利的目的。出租或出借给他人，作何用途如娱乐、打猎等不影响成立本罪。如果行为人明知他人要使用枪支进行犯罪活动而有意将配备或配置给自己的枪支予以出租或出借，则应视案件情况定所实施犯罪的共犯，不应适用本罪定罪处罚；(3) 客观方面表现为行为人违反枪支管理规定，非法出租、出借依法配备的公务用枪或依法配置的枪支的行为。本案中贾某作为国家机关工作人员，依法配备有公务用枪。其将公务用枪用作借债质押物交给丁某的行为在犯罪主体、主观方面、客观方面都符合非法出租、出借枪支罪的构成要件。

第六节　过失造成重大责任事故危害公共安全的犯罪

■知识结构图

重大责任事故罪→强令违章冒险作业罪→重大劳动安全事故罪→大型群众性活动重大安全事故罪→危险物品肇事罪→工程重大安全事故罪→教育设施重大责任事故罪→消防责任事故罪→不报、谎报安全事故罪

■重点提示

重大责任事故罪的概念和构成特征、危险物品肇事罪的概念和构成特征、工程重大安全事故罪的概念和构成特征

■司考重点

重大责任事故罪、危险物品肇事罪

一、重大责任事故罪

(一)重大责任事故罪的概念和构成

重大责任事故罪,是指在生产、作业中违反有关安全管理的规定,因而发生重大伤亡事故或者造成其他严重后果的行为。

重大责任事故罪具有如下特征:

1. 客体特征。重大责任事故罪的客体是生产、作业的安全。这里所谓的"生产、作业安全",同样包含着从事生产、作业的不特定或多数人的生命、健康的安全和重大公私财产的安全。

2. 客观特征。重大责任事故罪的客观方面表现为在生产、作业中违反有关安全管理的规定,因而发生重大伤亡事故或者造成其他严重后果。

所谓"违反有关安全管理的规定",是指违反国家颁布的各种与安全生产、作业有关的法律、法规和企业、事业单位及其上级管理机关制定的反映安全生产规律,保障生产、作业安全管理有关的规章制度。该种行为可以是作为,也可以是不作为。

本罪在客观方面必须导致重大伤亡事故或者造成其他严重后果的发生。根据2008年最高人民检察院、公安部《关于公安机关管辖的刑事案件立案追诉标准的规定(一)》第8条的规定,在生产、作业中违反有关安全管理的规定,涉嫌以下情形之一的,应当予以立案追诉:

(1)造成死亡1人以上,或者是重伤3人以上的;
(2)造成直接经济损失50万元以上的;
(3)发生矿山生产安全事故,造成直接经济损失100万元以上的;
(4)其他造成严重后果的情形。

3. 主体特征。重大责任事故罪的主体是从事生产、作业的人,包括对矿山生产、作业负有组织、指挥或者管理职责的负责人、管理人、实际控制人、投资人等人员,以及直接从事矿山生产、作业的人员。此外,农民在从事农业活动或者其他人在从事非单位形式的生产、作业活动中,因为违反安全管理规定而造成责任事故的,也构成本罪。

4. 主观特征。重大责任事故罪的主观方面是过失,可以是疏忽大意或者是过于自信。即应当预见因自己的违章导致重大人身伤亡事故或者造成其他严重后果发生的可能性,因疏忽大意而没有预见,或者已经预见因自己的违章导致重大人身伤亡事故或者造成其他严重后果发生的可能性,但过于自信没有防止其发生的心理态度。所以,过失是指行为人对所造成的严重后果的心理态度而言。对注意义务的违反也可能存在"明知故犯"心态的情形,但不能因此而认为是故意犯罪。

(二)重大责任事故罪的认定

1. 罪与非罪的界限。本罪与非罪的界限具体是指本罪与自然事故、技术事故及技术革新和科学试验失败及一般责任事故的界限。所谓自然事故,是指由于不能预见和不能抗拒的自然条件所引起的事故;所谓技术事故,是指由于技术条件或设备条件的限制而发生的无法避免的事故;而技术革新和科学试验本身就包含着失败的可能。

区分本罪与这三种情况的关键是看行为人主观上是否存在过失以及是否有违反规章制度规定的行为。

2. 本罪与失火罪、过失爆炸罪、过失投放危险物质罪的界限。本罪的重大损失的后果也可以表现为火灾、爆炸、中毒事故,而且与后三种犯罪的共同点是主观方面也是过失。

区别是主体与行为发生的场合不同。本罪为特殊主体,行为是在生产、作业活动中,违反规章制度而发生重大伤亡事故或其他严重后果;而后者的行为是在日常生活中由于违反通常意义上的注意义务,忽视他人生命、健康、财产安全,缺乏必要的慎重而发生火灾、爆炸、中毒事故。

(三)重大责任事故罪的处罚

根据《刑法》第135条的规定,犯本罪的,处3年以下有期徒刑或者拘役;情节特别恶劣的,处 3 年以上 7 年以下有期徒刑。

二、强令违章冒险作业罪

强令违章冒险作业罪,是指强令他人违章冒险作业,因而发生重大伤亡事故或者造成其他严重后果的行为。

强令违章冒险作业罪的客体是生产、作业的安全,包含对从事生产、作业的不特定或者多数人的生命、健康和重大公私财产安全。

强令违章冒险作业罪的客观方面表现为强令他人违章冒险作业,因而发生重大伤亡事故或者造成其他严重后果的行为。主要包括:(1)必须是发生在具体作业过程中。所谓"作业",是指直接操作的活动或科研人员的实验、设计以及化验活动等;(2)实施了强令他人违章冒险作业的行为,行为人决定的事项可能会导致发生重大事故等;(3)违章冒险作业导致了重大事故或其他严重后果的发生,且该违章作业行为是导致事故发生的原因。根据《矿山生产安全案件解释》第 4 条规定,发生矿山生产安全事故,具有下列情形之一的,应当认定为《刑法》第 134、135 条规定的"重大伤亡事故或者其他严重后果":(1)造成死亡 1 人以上,或者重伤 3 人以上的;(2)造成直接经济损失 100 万元以上的;(3)造成其他严重后果的。所谓"强令他人违章冒险作业",是以违反有关安全管理的规定为前提的,是指负责管理生产、作业、施工等的指挥人员、管理人员,知道所作的决定是违反有关安全管理的规定的,却强行命令生产、作业人员违反安全管理规定冒险生产、作业。这种行为只能是作为而不能是不作为。如果决定完全符合安全生产、作业的规定,即使有危险且强行命令,也不能认为是强令违章冒险作业。

强令违章冒险作业罪的主体是从事生产、作业的管理人员。根据最高人民法院、最高人民检察院《关于办理危害矿山生产安全刑事案件具体应用法律若干问题的解释》第 2 条的规定,本罪的主体包括对矿山生产、作业负有组织、指挥或者管理职责的负责人、管理人员、实际控制人、投资人等人员。

根据《刑法》第 134 条第 2 款的规定,犯本罪的,处 5 年以下有期徒刑或者拘役;情节特别恶劣的,处 5 年以上有期徒刑。

三、重大劳动安全事故罪

重大劳动安全事故罪,是指安全生产设施或者安全生产条件不符合国家规定,因而发生重大伤亡事故或者造成其他严重后果的行为。

重大劳动安全事故罪的客体是劳动安全。

重大劳动安全事故罪的客观方面表现为安全生产设施或者安全生产条件不符合国家规定,因而发生重大伤亡事故或者造成其他严重后果的行为。所谓"安全生产设施",是指保障劳动者人身安全的各种设备;所谓"安全生产条件",是指保障劳动者生产、作业除人身安全生产设施外的其他条件;所谓"不符合国家规定",是指劳动安全设施不符合国家制定的保障劳动者人身安全的法律、法规所规定的标准;所谓"重大伤亡事故或者其他严重后果",根据2008年最高人民检察院、公安部《关于公安机关管辖的刑事案件立案追诉标准的规定(一)》第10条的规定,安全生产设施或者安全生产条件不符合国家规定,涉嫌以下情形之一的,应当予以立案追诉:(1)造成死亡1人以上,或者重伤3人以上的;(2)造成直接经济损失50万元以上的;(3)发生矿山生产安全事故,造成直接经济损失100万元以上的;(4)其他严重后果的情形。

重大劳动安全事故罪的主体为直接负责的主管人员和其他直接责任人员。其直接责任人员,既包括主管生产、作业安全的领导人员,也包括在生产、作业中负责安全生产、作业的技术人员,如安全员、安全监察员等。

重大劳动安全事故罪的主观方面是过失,包括过于自信过失和疏忽大意的过失。

根据《刑法》第135条的规定,犯本罪的,对直接负责的主管人员和其他直接责任人员,处3年以下有期徒刑或者拘役;情节特别恶劣的,处3年以上7年以下有期徒刑。

四、大型群众性活动重大安全事故罪

大型群众性活动重大安全事故罪,是指在举办大型群众性活动违反安全管理规定,因而发生重大伤亡事故或者造成其他严重后果的行为。

大型群众性活动重大安全事故罪的客体是公共安全。这里所谓的公共安全,是指大型群众性活动中不特定或者多数人的生命、健康和重大公私财产安全。

大型群众性活动重大安全事故罪的客观方面表现为在举办大型群众性活动违反安全管理规定,因而发生重大伤亡事故或者造成其他严重后果的行为。违反安全管理规定是构成本罪的前提,也是本罪客观行为的重要组成部分,包括作为和不作为。所谓"大型群众性活动",是指在一定人的组织下不特定人为某种特定事项而聚集在一起的活动;所谓"违反安全管理规定",是指组织者在举办时违反保障群众安全管理的有关规定举办活动;所谓"重大伤亡事故",根据2008年最高人民检察院、公安部《关于公安机关管辖的刑事案件立案追诉标准的规定(一)》第11条规定,主要包括:(1)造成3人以上重伤或1人以上死亡的事故;(2)造成直接经济损失50万元以上的;(3)其他造成严重后果的情形,主要是指造成重大经济损失以及恶劣的社会影响。

大型群众性活动重大安全事故罪的主体是特殊主体,为直接负责的主管人员和其他直接责任人员。其直接责任人员,既包括主管举办大型群众性活动的组织、

领导人员,也包括在举办大型群众性活动中负责群众安全的技术人员,如安全疏导员、安全监察员等。"举办"无论是有偿还是无偿,民间组织的还是官方组织的。

大型群众性活动重大安全事故罪在主观方面表现为过失,包括过于自信的过失和疏忽大意的过失。

根据《刑法》第135条第1款的规定,举办大型群众性活动违反安全管理规定,因而发生重大伤亡事故或者造成其他严重后果的,对直接负责的主管人员和其他直接责任人员,处3年以下有期徒刑或者拘役;情节特别恶劣的,处3年以上7年以下有期徒刑。

五、危险物品肇事罪

危险物品肇事罪,是指违反爆炸性、易燃性、放射性、毒害性、腐蚀性物品的管理规定,在生产、储存、运输、使用中发生重大事故,造成严重后果的行为。

危险物品肇事罪的客体是公共安全,即不特定或多数人的生命、健康和重大公私财产的安全。本罪的犯罪对象是危险物品,包括爆炸性物品、易燃性物品、放射性物品、毒害性物品以及腐蚀性物品等。

危险物品肇事罪的客观方面表现为违反爆炸性、易燃性、放射性、毒害性、腐蚀性物品的管理规定,在生产、储存、运输、使用中发生重大事故,造成严重后果的行为。主要包括:一是行为人必须具有违反危险物品管理规定的行为;二是违反危险物品管理规定的行为必须发生在生产、储存、运输、使用上述危险物品的过程中;三是必须因违反危险物品管理规定而发生重大事故,造成严重后果。根据2008年最高人民检察院、公安部《关于公安机关管辖的刑事案件立案追诉标准的规定(一)》第12条的规定,其严重后果包括:造成死亡1人以上或重伤3人以上的;造成直接经济损失50万元以上的;其他造成严重后果的情形。

危险物品肇事罪的主体是一般主体,实践中主要是从事生产、储存、运输和使用危险物品的人。

危险物品肇事罪的主观方面表现为过失,即行为人应当预见自己的行为可能发生重大事故,造成严重后果,但是由于疏忽大意没有预见到或者是虽然已经预见到了但是轻信可以避免,以致发生严重后果的心理态度。

根据《刑法》第136条的规定,犯本罪的,处3年以下有期徒刑或者拘役;后果特别严重的,处3年以上7年以下有期徒刑。

六、工程重大安全事故罪

工程重大安全事故罪,是指建设单位、设计单位、施工单位、工程监理单位违反国家规定,降低工程质量标准,造成重大安全事故的行为。

工程重大安全事故罪的客体是公共安全,即不特定的或者多数人的生命、健康或重大公私财产的安全。

工程重大安全事故罪的客观方面表现为建设单位、设计单位、施工单位、工程监理单位违反国家规定,降低工程质量标准,造成重大安全事故的行为。具体包括:一是,建设单位、设计单位、施工单位、工程监理单位的行为必须违反国家规定;二是,建设单位、设计单位、施工单位、工程监理单位必须实施了降低工程质量标准的行为;三是,必须造成重大安全事故。这里所谓"工程",应当包括除法律有特别规定的工程项目(如教育设施)之外的所有工程;所谓"重大安全事故",根据2008年最高人民检察院、公安部《关于公安机关管辖的刑事案件立案追诉标准的规定(一)》第13条的规定,主要包括以下情形:造成死亡1人以上或重伤3人以上的;造成直接经济损失50万元以上的;其他造成严重后果的情形。

工程重大安全事故罪的主体是特殊主体,为建设单位、建筑设计单位、施工单位以及工程监理单位中,对建筑工程质量安全负有直接责任的人员。需要指出的是,本罪处罚的对象并非上述单位本身,而是直接责任人员。

工程重大安全事故罪在主观方面表现为过失,即行为人应当预见违反国家规定,降低工程质量标准的行为可能发生重大安全事故,由于疏忽大意没有预见或者是虽然预见到了但是轻信可以避免,以致发生重大安全事故的心理态度。

根据《刑法》第137条的规定,犯本罪的,对直接责任人员,处5年以下有期徒刑或者拘役,并处罚金;后果特别严重的,处5年以上10年以下有期徒刑,并处罚金。

七、教育设施重大责任事故罪

教育设施重大责任事故罪,是指有关直接责任人员明知校舍或者教育教学设施有危险,而不采取措施或不及时报告,致使发生重大伤亡事故的行为。

教育设施重大责任事故罪的客体是教学活动的安全。

教育设施重大责任事故罪的客观方面表现为对校舍或教育教学设施存在的危险不采取措施或者不及时报告,致使发生重大伤亡事故的行为。一是不采取措施或者不及时报告;二是发生重大伤亡事故,造成严重后果;三是不采取措施或者不及时报告与重大伤亡事故、严重后果之间存在因果关系。

所谓"不采取措施",是指行为人有条件和有能力而没有采取一定的措施防止事故的发生。可以是根本没有采取任何措施,也可以是虽然采取了一定的措施,但措施不足以防止事故的发生。不采取措施的不作为行为是在事故发生之前,还是在危险发生时没有采取措施都不影响认定。

所谓"不及时报告",是指行为人在没有能力(包括个人能力和学校本身能力)的情况下,不及时向有关的主管部门报告校舍或教育教学设施有危险,以致延误了有关部门采取措施防止事故发生的时机,造成重大事故。这里所谓有关部门,既包括本教育机构的主管部门,也包括该教育机构的上级主管部门和其他相关机构,如公安消防部门等。

不采取措施和不及时报告是构成本罪客观行为的两种表现,两者具备其中之一,即符合本罪要求。

教育设施重大责任事故罪的主体为特殊主体,即对校舍、教育教学设施的安全负有直接责任的人员。这里的直接责任人员包括该教育机构中对校舍、教育教学设施的安全负有直接责任的人员,也包括该教育机构的上级主管部门对校舍、教育教学设施的安全负有直接责任的人员。

教育设施重大责任事故罪在主观方面表现为过失。

根据《刑法》第138条的规定,犯本罪的,对直接责任人员,处3年以下有期徒刑或者拘役;后果特别严重的,处3年以上7年以下有期徒刑。

八、消防责任事故罪

消防责任事故罪,是指违反消防管理法规,经消防监督机构通知采取改正措施而拒绝执行,造成严重后果的行为。

消防责任事故罪的客体是公共安全和国家的消防监督管理秩序。

消防责任事故罪的客观方面表现为违反消防管理法规,经消防监督机构通知采取改正措施而拒绝执行,造成严重后果的行为。主要包括以下方面:一是行为人必须有违反消防管理法规的行为;二是行为人经消防监督机构通知采取改正措施而拒绝执行;三是必须造成了严重后果。根据2008年最高人民检察院、公安部《关于公安机关管辖的刑事案件立案追诉标准的规定(一)》第15条的规定,主要包括以下情形:造成死亡1人以上或重伤3人以上的;造成直接经济损失50万元以上的;造成森林火灾,过火有林地面积2公顷以上,或者过火疏林地、灌木林地、未成林地、苗圃地面积4公顷以上的;其他造成严重后果的情形。

消防责任事故罪的主体为负有防火安全职责的管理人员或直接责任人员。

消防责任事故罪的主观方面表现为过失。

根据《刑法》第139条的规定,犯本罪的,对直接责任人员,处3年以下有期徒刑或者拘役;后果特别严重的,处3年以上7年以下有期徒刑。

九、不报、谎报安全事故罪

不报、谎报安全事故罪,是指在安全事故发生后,负有报告职责的人员不报或者谎报事故情况,贻误事故抢救,情节严重的行为。

不报、谎报安全事故罪的客体是公共安全和安全事故报告处理制度。

不报、谎报安全事故罪的客观方面表现为违反安全事故处理制度,在安全事故发生后,负有报告职责的人员不报或者谎报事故情况,贻误事故抢救,情节严重的行为。主要表现为:一是,不报或者谎报事故情况;二是,贻误抢救时机;三是,情节严重。

所谓"不报或者谎报事故情况",是指将安全事故隐瞒不报告给有关的机关、机构或者虽然报告但隐瞒事故的性质、程度,如将特大、重大事故谎报为一般事故等。

所谓"贻误事故抢救",是指由于其不报或者谎报事故情况,造成对事故抢救丧失最好的时机。贻误事故抢救应当是本罪的结果。不报或者谎报事故情况与贻误事故抢救之间必须具有刑法上的因果关系。

不报、谎报安全事故罪的主体为特殊主体,即在事故发生后负有报告职责的人员。所谓负有报告职责的人员,一般应当是安全事故发生单位或者组织的主要负责的人员,但是,由于安全事故发生并不限于某种特定领域内的,因此,"负有报告职责的人员"可以包括非安全事故发生单位或者组织上一级的单位或者组织"负有报告职责的人员"。

所谓安全事故,应当是指社会生产、生活领域内所发生的所有涉及安全的事故,与事故发生是否违反有关安全规章无关。

不报、谎报安全事故罪的主观方面表现为故意。

根据《刑法》第139条第1款的规定,犯本罪的,处3年以下有期徒刑或者拘役;情节特别严重的,处3年以上7年以下有期徒刑。

观点争鸣

如何理解教育设施重大安全事故罪中的"明知校舍或者教育教学设施有危险"?

如何认定行为人"明知校舍或者教育教学设施有危险"呢?理论上有不同看法:

第一种观点是"主观说",认为是否明知校舍或教育教学设施有危险,要根据行为人的个人条件,如行为人的专业知识、社会经验等。如果行为人的个人能力认识不到校舍或教育教学设施有危险而又无人告知的情况下,应认定行为人对"危险"不明知。

第二种观点是"客观说",认为对危险能否认识到需要以社会上一般人的认识能力和水平为标准。如果一般理智正常的人能够认识到危险的存在,则行为人也能认识到。

第三种观点是"混合说",主张把具有相当情况的某些个人的认识能力抽象化,作为一种类型标准,来分别确定不同类型的人的认识能力。

第四种观点是"纯客观说",即是以客观事物本身的性质状态来决定。

问题思考

重大责任事故罪的概念和构成要件是什么?它与其他责任事故的犯罪应当如何区别?

第十七章

破坏社会主义市场经济秩序罪

第一节 生产、销售伪劣商品罪

知识结构图

生产、销售伪劣商品罪的概念→构成要件→司法认定→刑事责任

重点提示

生产、销售伪劣产品罪的构成要件、司法认定;生产、销售有毒、有害食品罪的构成要件、司法认定;生产、销售伪劣商品犯罪之间的关系

司考重点

生产、销售伪劣产品罪的认定;生产、销售有毒、有害食品罪的认定

一、生产、销售伪劣产品罪

(一)概念与构成要件

生产、销售伪劣产品罪,是指生产者、销售者在产品中掺杂、掺假,以假充真,以次充好或者以不合格产品冒充合格产品,销售金额5万元以上的行为。本罪为数

额犯。

本罪的构成要件是:

1. 客体是国家对普通产品质量的管理制度、市场管理制度和消费者的合法权益。普通产品是指除刑法另有规定的药品、食品、医用器材、涉及人身和财产安全的电器等产品,农药、兽药、化肥、种子、化妆品等产品以外的产品。

本罪的行为对象是"伪劣产品",具体是指下列产品:①不符合保障人体健康和人身、财产安全的国家标准、行业标准的产品;②掺杂、掺假,以假充真、以次充好的产品;③不合格的产品;④失效、变质的产品。

2. 客观方面表现为生产、销售伪劣产品,销售金额在5万元以上的行为。具体表现为以下四种行为:

(1)"在产品中掺杂、掺假",是指在产品中掺入杂质或者异物,致使产品质量不符合国家法律、法规或者产品明示质量标准规定的质量要求,降低、失去应有使用性能的行为。如在牛奶中掺入淘米水、在面粉中掺如滑石粉,在煤炭中掺入煤矸石,在油菜籽中掺入黑沙子,在磷肥中掺入颜色相同的工业废料等。

(2)"以假充真",是指以不具有某种使用性能的产品冒充具有该种使用性能的产品的行为。如以化纤产品冒充毛纺产品,以党参冒充人参,以伪造加工的牛鞭冒充虎鞭,用甲醇兑水冒充白酒,用自来水冒充矿泉水。

(3)"以次充好",是指以低等级、低档次产品冒充高等级、高档次产品,或者以残次、废旧零配件组合、拼装后冒充正品或者新产品的行为。如以人工养殖的人参冒充天然人参,以二级品冒充一级品等。

(4)"以不合格产品冒充合格产品",是指不符合《产品质量法》第26条第2款规定的质量要求的产品。

上述生产、销售伪劣产品的行为,还需要销售金额达到5万元以上。"销售金额"则是指生产者、销售者出售伪劣产品后所得和应得的全部违法收入。伪劣产品尚未销售,货值金额达到刑法第140条规定的销售金额3倍以上的,以生产、销售伪劣产品罪(未遂)定罪《处罚》。

3. 主体是生产者、销售者,包括除消费者以外的一切从事生产、销售的单位和自然人。立法者在此使用生产者、销售者的概念,并不是指本罪的主体是特殊主体。本节之后罪名主体方面如无特别规定,则不再赘述。

4. 本罪主观方面是故意,一般以牟利为目的,过失不构成本罪。本节之后罪名主观方面如无特别规定,则不再赘述。

(二)司法认定

1. 罪与非罪的界限。主要考察销售金额。按照规定,生产、销售伪劣产品的行为,必须是销售金额在5万元以上或者虽然伪劣产品尚未销售,但货值金额达到销售金额3倍以上的,才构成本罪。否则属于一般违法行为,可由有关工商行政主管部门给予行政处罚。

2. 一罪与数罪的问题。如若行为人既实施了生产伪劣产品的行为,又实施了销售伪劣产品的行为,在不考虑数额的情况下,是否并罚要具体分析:(1)如若行为人既生产了伪劣产品,又销售了自己生产的伪劣产品,则不能并罚,应按生产、销售伪劣产品罪一罪处罚;(2)如若行为人生产了伪劣产品,又销售了他人生产的伪劣产品,则应按生产伪劣产品罪和销售伪劣产品罪并罚。

3. 本罪与本节其他犯罪的关系。是指生产、销售伪劣产品罪与本节第141条至148条规定的生产、销售假药等特定伪劣商品犯罪之间的关系,实际上是法条竞合关系,第140条是一般性条款,相对而言属于普通罪名;而本节第141条至148条是特殊条款,相对而言属于特殊罪名。但该法条竞合的关系处理原则不是"特殊条款优先",而是"重法优先"的原则,这是第149条第2款所规定的,这点尤其要引起注意,为司法考试之重点。

一是生产、销售本节第141条至第148条所列产品,不构成各该条规定的犯罪,但是销售金额在5万元以上的,依照本节第140条的规定定罪处罚。如行为人生产、销售劣药,没有对人体健康造成严重危害,但销售金额超过了5万元。乙的行为成立本罪(2004年卷二第10题)。二是生产、销售本节第141条至第148条所列产品,构成各该条规定的犯罪,同时又构成本节第140条规定之罪的,依照处罚较重的规定定罪处罚。

(三)刑事责任

犯本罪的,处2年以下有期徒刑或者拘役,并处或者单处销售金额50%以上2倍以下罚金;销售金额20万元以上不满50万元的,处3年以上7年以下有期徒刑,并处销售金额50%以上2倍以下罚金;销售金额50万元以上不满200万元的,处7年以上有期徒刑,并处销售金额50%以上2倍以下罚金;销售金额200万元以上的,处15年有期徒刑或者无期徒刑,并处销售金额50%以上2倍以下罚金或者没收财产。

单位犯本节第140条至第148条规定之罪的,对单位判处罚金,并对其直接负责的主管人员和其他直接责任人员,依照各该条的规定处罚。本节其他罪名单位犯罪不再赘述。

二、生产、销售假药罪

(一)概念和构成要件

生产、销售假药罪,是指生产者、销售者违反国家药品管理法规,生产、销售假药的行为。本罪为行为犯,即抽象危险犯。

本罪的构成要件是:

1. 客体是复杂客体,包括国家对药品的管理制度和不特定多数人的健康权、生命权。本罪的对象为假药。所谓"假药"是指依照《药品管理法》的规定属于假药和按假药处理的药品、非药品。依照《药品管理法》(2015年4月24日修正)第48条的规定,"有下列情形之一的,为假药:①药品所含成份与国家药品标准规定的成份不符的;②以非药品冒充药品或者以他种药品冒充此种药品的。有下列情形之一的药品,按假药论处:①国务院药品监督管理部门规定禁止使用的;②依照本法必须批准而未经批准生产、进口,或者依照本法必须检验而未经检验即销售的;③变质的;④被污染的;⑤使用依照本法必须取得批准文号而未取得批准文号的原料药生产的;⑥所标明的适应症或者功能主治超出规定范围的。"如以面粉和白糖的混合物生产假冒避孕药品的行为构成生产假药罪(2010年卷二第15题);甲未经批准进口一批药品销售给医院,虽该药品质量合格,甲的行为仍构成销售假药罪(2013年卷二第58题)

2. 本罪的客观方面,表现为违反国家药品管理法律法规,生产、销售假药的行为。本罪为行为犯,即抽象危险犯(2015年卷二第14题),是最严重的一种犯罪,一有行为即构成犯罪。危险犯包括抽象危险犯和具体危险犯。抽象危险犯是指立法者不要求某类行为具有具体的危险,而是推定所有的该类行为都具有危险。因此,只要有该类行为就构成犯罪。具体危险犯则要求仅有行为还不够,还必须有具体的危险才构成犯罪。

(二)司法认定

1. 罪与非罪。本罪为行为犯,行为人只要实施了生产、销售假药的行为即构成犯罪。

2. 区分本罪与生产、销售劣药罪的界限。区别在于:(1)犯罪对象不同。前罪对象是假药,而后罪的对象是劣药。(2)犯罪形态不同。前罪在犯罪形态上属于行为犯,而后罪属于结果犯。(3)处罚程度不同。前者的处罚程度要重于后罪。

三、生产、销售劣药罪

生产、销售劣药罪,是指违反国家药品管理法规生产、销售劣药,对人体健康造成严重危害的行为。本罪为结果犯。

本罪的构成要件是:客体同生产、销售假药罪。本罪的对象为劣药。所谓"劣药",是指依照《药品管理法》的规定属于劣药的药品。依照该法第49条的规定,"药品成份的含量不符合国家药品标准的,为劣药。有下列情形之一的药品,按劣药论处:①未标明有效期或者更改有效期的;②不注明或者更改生产批号的;③超过有效期的;④直接接触药品的包装材料和容器未经批准的;⑤擅自添加着色剂、防腐剂、香料、矫味剂及辅料的;⑥其他不符合药品标准规定的。"客观方面表现为生产、销售劣药,并对人体健康造成严重危害的行为。所谓"对人体健康造成严重危害",主要指具有下列情形之一的:造成轻伤或者重伤的;造成轻度残疾或者中度残疾的;造成器官组织损伤导致一般功能障碍或者严重功能障碍的;其他对人体健康造成严重危害的情形。

四、生产、销售不符合安全标准的食品罪

生产、销售不符合安全标准的食品罪是指生产、销售不符合食品安全标准的食品,足以造成严重食物中毒事故或者其他严重食源性疾病的行为。本罪为危险犯。

本罪客体是国家食品安全管理制度和公民的生命权、健康权。客观方面表现为违反食品安全管理法规,生产、销售不符合安全标准的食品,足以造成严重食物中毒事故或其他严重食源性疾患的行为。所谓"足以造成严重食物中毒事故或者其他严重食源性疾病",是指具有下列情形之一:(1)含有严重超出标准限量的致病性微生物、农药残留、兽药残留、重金属、污染物质以及其他危害人体健康的物质的;(2)属于病死、死因不明或者检验检疫不合格的畜、禽、兽、水产动物及其肉类、肉类制品的;(3)属于国家为防控疾病等特殊需要明令禁止生产、销售的;(4)婴幼儿食品中生长发育所需营养成分严重不符合食品安全标准的;(5)其他足以造成严重食物中毒事故或者严重食源性疾病的情形。如明知病死猪肉有害,仍将大量收购的病死猪肉,冒充合格猪肉在市场上销售的行为(2014年卷二第58题)

五、生产、销售有毒、有害食品罪

(一)概念和构成要件

生产、销售有毒、有害食品罪是指生产者、销售者违反国家食品卫生管理法规,故意在生产、销售的食品中掺入有毒、有害的非食品原料的或者销售明知掺有有毒、有害的非食品原料的食品的行为。本罪为行为犯。

本罪的构成要件是:

1. 客体为复杂客体,包括了国家对食品安全的监督管理秩序和广大消费者即不特定多数人的生命、健康权利。

2. 客观方面表现为,违反国家食品安全管理法规,对生产、销售的食品掺入有毒、有害的非食品原料或者销售明知掺有有毒、有害的非食品原料的食品的行为。在司法实践中,行为人实施本罪,首先掺入的是有毒、有害物质。如大量使用禁用农药种植大豆、利用"地沟油"大量生产"食用油"(2013年卷二第58题)、在汽水中加入国家严禁使用的色素,还有的在牛奶中加入石灰水等等。其次,行为人掺入的是有毒、有害的非食品原料。所谓"有毒、有害的非食品原料"是指:"①法律、法规禁止在食品生产经营活动中添加、使用的物质;②国务院有关部门公布的《食品中可能违法添加的非食用物质名单》《保健食品中可能非法添加的物质名单》上的物质;③国务院有关部门公告禁止使用的农药、兽药以及其他有毒、有害物质;④其

他危害人体健康的物质。"如在香油中掺入柴油,用工业盐酸制造酱油,等等。如果行为人掺入的是食品原料,尽管可能有一定的毒性和害处,也不构成本罪。如行为人掺入酸败的油脂、变质的水果等用于所生产、销售的食品中。如果有以上行为,造成严重后果或者销售金额达到5万元以上的,可以按照其他罪如生产、销售不符合安全标准的食品罪,生产、销售伪劣产品罪等论处。在司法实践中,使用禁用的药品种植农作物或者饲养动物,导致禁用的药品在农作物或动物制品中残留,危害消费者身体健康的,也构成本罪。掺入有毒、有害的非食品原料的对象应为生产、销售的食品。食品既可以是本来适合人类食用的物品,也可以是本来就对人类有害、不适合人类食用的物品,如用工业酒精勾兑的白酒。在食用农产品种植、养殖、销售、运输、贮存等过程中,使用禁用农药、兽药等禁用物质或者其他有毒、有害物质的,以本罪定罪处罚。如明知贮存的苹果上使用了禁用农药,仍将苹果批发给零售商的行为(2014年卷二第58题)。

(二)司法认定

1. 罪与非罪的界限,应当注意以下几点:(1)是否违反食品安全法规,尤其注意是否违反《食品安全法》。违反食品安全法规是构成本罪的前提,不违法就不构成犯罪。(2)生产销售的食品是否有毒、有害的食品。判断食品中是否有毒、有害,要由专业的食品安全监督机关进行鉴定。(3)行为人主观上是否出于故意。如果行为人明知,如刘某专营散酒收售,农村小卖部为其供应对象。刘某从他人处得知某村办酒厂生产的散酒价格低廉,虽掺有少量有毒物质,但不会致命,遂大量购进并转销给多家小卖部出售,结果致许多饮者中毒甚至双眼失明,即构成本罪。(2009年卷二第56题)不知道生产销售的食品是有毒、有害的食品且没有造成严重后果,则不构成犯罪。在食用农产品种植、养殖、销售、运输、贮存等过程中,使用禁用农药、兽药等禁用物质或者其他有毒、有害物质的,以生产、销售有毒、有害食品罪定罪处罚。如甲明知贮存的苹果上使用了禁用农药,仍将苹果批发给零售商的行为。(2014年卷二第58题)

2. 本罪与投放危险物质罪的界限。投放危险物质罪是指故意投放有毒性、放射性、传染病病原体等危险物质,危害公共安全的行为。投放危险物质罪中的投放有毒性物质的行为和生产、销售有毒、有害食品罪在客观方面都使用了毒物,并且均危害了公共安全,有一定的相同或者相似之处。如甲将邻居交售粮站的稻米淋洒农药,取出部分作饵料,毒死麻雀后售与饭馆,非法获利5000元,均构成两罪。(2010年卷二第11题)但它们的区别也是明显的,主要是:(1)犯罪客体不尽相同。投放危险物质罪的客体为公共安全;本罪的客体为复杂客体,具体包括国家对食品卫生的监督管理秩序和广大消费者即不特定多数人的生命、健康权利。如为获利于某日晚向乙家共有29只羊的羊圈内投放毒药,待羊中毒后将羊运走,并将羊肉出售给他人的行为,构成销售有毒食品罪。(2002年卷二第40题)(2)犯罪客观方面不尽相同。投放危险物质除了可以在食品中投放有毒物质外,也可以在其他场合投放有毒物质;本罪在客观方面表现为在生产、销售的食品中掺入有毒、有害的非食品原料或者销售明知掺有有毒、有害的非食品原料的食品。(3)犯罪主体不尽相同。投放危险物质的主体为一般主体且只能是自然人,14周岁以上的人可以构成投放危险物质罪;本罪的主体为生产者、销售者,既可以是年满16周岁的自然人,也可以是单位。

(三)刑事责任

犯本罪的,处5年以下有期徒刑,并处罚金;对人体健康造成严重危害或者有其他严重情节的,处5年以上10年以下有期徒刑,并处罚金;致人死亡或者有其他特别严重情节的,依照本法第141条的规定处罚。

六、生产、销售不符合标准的医用器材罪

生产、销售不符合标准的医用器材罪是指生产不符合保障人体健康的国家标准、行业标准的医疗器械、医用卫生材料,或者销售明知是不符合保障人体健康的国家标准、行业标准的医疗器械、医用卫生材料,足以严重危害人体健康的行为。本罪为危险犯。

七、生产、销售不符合安全标准的产品罪

生产、销售不符合安全标准的产品罪是指生产不符合保障人身、财产安全的国家标准、行业标准的电器、压力容器、易燃易爆产品或者其他不符合保障人身、财产安全的国家标准、行业标准的产品,或者销售明知是以上不符合保障人身、财产安全的国家标准、行业标准的产品,造成严重后果的行为。本罪是结果犯,即生产、销售上述产品,必须发生了人身伤亡或财产的重大损失的恶果,才能构成。如甲为了获取超额利润,在明知其所经销的电器产品不符合保障人身安全的国家标准的情况下,仍然大量进货销售,销售金额总计达到180万元。一企业因使用这种电器而导致短路,引起火灾,造成3人轻伤,部分厂房被烧毁,直接经济损失10万元的行为,既构成本罪,又构成销售伪劣产品罪,应按从一重罪定罪处罚。(2005年卷二第66题)

八、生产、销售伪劣农药、兽药、化肥、种子罪

生产、销售伪劣农药、兽药、化肥、种子罪是指生产假农药、假兽药、假化肥、假种子,销售明知是假的或者失去使用效能的农药、兽药、化肥、种子,或者生产者、销售者以不合格的农药、兽药、化肥、种子冒充合格的农药、兽药、化肥、种子,使生产遭受较大损失的行为。本罪为结果犯。

九、生产、销售不符合卫生标准的化妆品罪

生产、销售不符合卫生标准的化妆品罪是指生产不符合卫生标准的化妆品,或者销售明知是不符合卫生标准的化妆品,造成严重后果的行为。本罪为结果犯。

相关链接

1. 2001年4月9日最高人民法院、最高人民检察院《关于办理生产、销售伪劣商品刑事案件具体应用法律若干问题的解释》(自2001年4月10日起施行)

2. 2001年5月21日最高人民法院《关于审理生产、销售伪劣商品刑事案件有关鉴定问题的通知》(自2001年5月21日起施行)

3. 2014年11月3日最高人民法院、最高人民检察院《关于办理危害药品安全刑事案件适用法律若干问题的解释》(自2014年12月1日起施行)

4. 2013年5月2日最高人民法院、最高人民检察院《关于办理危害食品安全刑事案件适用法律若干问题的解释》(自2013年5月4日起施行)

5. 2011年1月17日最高人民法院发布五件侵犯知识产权和制售假冒伪劣商品典型案例

6. 2011年3月2日最高人民法院发布五件侵犯知识产权和制售假冒伪劣商品典型案例

7. 2012年7月31日最高人民法院发布危害食品、药品安全犯罪典型案例

8. 2013年5月4日最高人民法院公布五起危害食品安全犯罪典型案例

9. 2015年8月5日最高人民检察院通报11起危害食品安全犯罪典型案例

10. 2015年12月4日最高人民法院公布14起打击危害食品、药品安全违法犯罪典型案例

问题思考

1. 生产、销售伪劣产品罪的认定。
2. 生产、销售有毒、有害食品罪的认定。
3. 生产、销售伪劣商品犯罪之间的关系是什么?

案例分析

张联新、郑荷芹生产、销售有毒、有害食品案

(来自《刑事审判参考》2014年第4集,第1004号)

案情简介:

1999年6月,被告人张联新、郑荷芹(系被告人张联新之妻)开始生产食用猪油。2006年11月28日,国家质检总局、国家标准化管理委员会联合发布的《食用猪油》国家标准(GB/T8937-2006)明确规定炼制食用猪油的脂肪组织不包含淋巴结,于2007年3月1日正式实施。从2007年3月至2012年3月间张联新、郑荷芹明知食用猪油不能含有淋巴,仍先后从浙江黄岩食品有限公司、浙江诚远食品有限公司购入含有淋巴的花油、含有伤肉的膘肉碎及"肚下塌"等猪肉加工废弃物并用于炼制"食用油"1386余桶,张联新将生产的"食用油"销售给顺青面馆、后洋黄村小吃店、前洋村早餐等餐馆,计69.3吨,销售金额共计人民币57万余元。2012年3月29日,张联新、郑荷芹在台州市黄岩区澄江街道仙浦汪村二区37号其家中被公安机关抓获。

问题:

1.利用含有淋巴的花油、含有伤肉的膘肉碎、"肚下塌"等肉制品加工废弃物生产、加工的"食用油"是否应当认定为"新型地沟油"?

2.检测报告显示张联新生产、加工的"食用油"有关理化指标合格,并未检出有毒、有害成分,关于"地沟油"的检测报告是否是司法机关认定"有毒、有害食品"的前提?

分析与答案:

1.利用含有淋巴的花油、含有伤肉的膘肉碎、"肚下塌"等肉制品加工废弃物生产、加工的"食用油",应当视为"新型地沟油"。

有观点认为,现有法律规范,均没有对"肉制品加工废弃物"进行定义,也没有对其范畴进行明确界定,将上述废弃物认定为猪肉加工废弃物,从而作为"地沟油"犯罪处理无法律依据,有违罪刑法定原则。

"废弃物"即失去原有使用价值而抛弃不用的东西。本书认为,"废弃物"不是法律概念,其范畴亦不需要法律明确界定,凭日常生活常识分辨即可。同时,"废弃物"是一个相对的概念。如废纸相对于居民家庭来说属于废弃物,而相对于废品收购站而言则可变废为宝。从逆向思维考虑,上述废弃物等相对于食品公司来说,在市场上销售无人购买,即已不具备应有的食用价值,属肉制品加工废弃物无疑,不能因被告人张联新可用其来炼制劣质猪油而否认其肉制品加工废弃物的性质。张联新利用猪肉加工废弃物生产、加工"食用油",应当作为"地沟油"犯罪追究其刑事责任。

2.对"地沟油"的检测报告不应是司法机关认定"有毒、有害食品"的唯一依据

有观点认为,被告人张联新炼制"食用油"的原料虽然有问题,但检测报告显示"食用油"的各项理化指标均合格,没有检出有毒、有害成分,达到了食用标准,不宜认定为有毒、有害食品。

本书认为,《刑法》第 144 条的"掺入"的行为不仅限于指向产品本身,还可能针对产品的原料、半成品等,甚至还可以指向食品添加剂本身,即在食品添加剂内掺入有毒、有害物质。淋巴结是猪屠宰后检疫的一个重要指标,相关资料表明,它是机体外周的免疫器官和防御结构,具有吞噬异物和各种微生物的功能,并产生免疫应答。因此,完全摘除淋巴结的油虽可食用,但其中含有的淋巴应当属于有毒、有害的非食品原料。张联新利用上述猪肉加工废弃物生产、加工食用油,应当认定为掺入有毒、有害非食品原料。

根据《食用动物油脂卫生标准》、《食用猪油》国家标准规定,张联新利用含有明令禁止使用的有毒、有害非食品原料的猪肉加工废弃物生产、加工食用油,对涉案食用油无须由鉴定机构出具鉴定意见,即便检测报告有关指标合格,也可以生产、销售有毒、有害食品罪追究其刑事责任。

针对"地沟油"案件,直到当前也没有形成一种公认的、行之有效的鉴定方法,因此,惩治危害食品安全的犯罪,尚不能完全依赖于鉴定机构的鉴定,对"地沟油"的鉴定意见不应是司法机关认定"有毒、有害食品"的唯一依据。实践中,应当结合技术标准和法学标准对"有毒、有害食品"进行判定。

第二节 走私罪

知识结构图

走私罪的概念→构成要件→司法认定→刑事责任

重点提示

走私普通货物、物品罪的构成要件、司法认定,尤其是走私的行为方式;走私犯罪的罪数形态

司考重点

走私普通货物、物品罪的行为方式;走私犯罪的罪数形态

一、走私武器、弹药罪

走私武器、弹药罪是指违反海关法规、逃避海关监管,非法携带、运输、邮寄武

器、弹药进出国(边)境的行为。《刑法修正案(九)》取消了本罪的死刑。

本罪的构成要件是：

1. 客体是国家对武器、弹药的禁止进出口制度。对象是武器、弹药。所谓武器、弹药,是指各种具有直接杀伤力、破坏力的器械、装置或其他物品。既包括各种军用武器、弹药和爆炸物,如手枪、步枪、冲锋枪、机枪等常规武器,核武器、化学武器、细菌武器等现代化武器,枪弹、炮弹、炸弹、地雷、手榴弹等弹药;又包括各种类似军用武器的枪支、弹药和爆炸物,如射击运动用的枪支,狩猎用的散弹枪及其子弹等。既包括走私枪支散件,又包括走私各种弹药的弹头、弹壳(2011年卷二第11题),但走私报废或者无法组装并使用的各种弹药的弹头、弹壳,构成犯罪的,以走私普通货物、物品罪定罪处罚;属于废物的,以走私废物罪定罪处罚。走私国家禁止或者限制进出口的仿真枪、管制刀具,构成犯罪的,以走私国家禁止进出口的货物、物品罪定罪处罚。走私的仿真枪经鉴定为枪支,构成犯罪的,以走私武器罪定罪处罚。不以牟利或者从事违法犯罪活动为目的,且无其他严重情节的,可以依法从轻处罚;情节轻微不需要判处刑罚的,可以免予刑事处罚。

2. 客观方面表现为违反海关法规,逃避海关监管,非法携带、运输、邮寄武器、弹药进出国(边)境的行为。如行为人利用到外国旅游的机会,为了自用,从不法分子手中购买了手枪1支、子弹60发,然后经过伪装将其邮寄回国内(2004年卷二第17题)的行为可构成本罪。

3. 主体为一般主体,既包括自然人,也包括单位。本节其他罪名在主体上与此一致的,不再赘述。

4. 主观方面必须出于故意,一般是以牟利目的,但是否具有这种目的,并不影响本罪成立。本节其他罪名在主观方面与此一致的,不再赘述。

二、走私核材料罪

走私核材料罪是指违反海关法规,逃避海关监管,非法从事运输、携带、邮寄国家禁止、限制进出口的核材料,破坏国家对外贸易管理的行为。《刑法修正案(九)》取消了本罪的死刑。客体是国家关于核材料的监管制度。本罪对象为核材料。客观方面表现为违反海关法规,逃避海关监管,以伪装、藏匿、冒充、欺骗或其他方式非法运输、携带、邮寄核材料的行为。

三、走私假币罪

走私假币罪违反海关法律、法规,逃避海关监督管理,非法运输、携带、邮寄假币进出境的行为。《刑法修正案(九)》取消了本罪的死刑。本罪客体是国家对外贸易中对假币禁止进出口的制度和国家金融管理秩序。本罪对象为假币,即伪造的货币,包括正在流通的人民币和境外货币。客观方面的表现如行为人在国外旅游,见有人兜售高仿真人民币,用1万元换取10万元假币,将假币夹在书中寄回国内的行为(2012年卷二第86题)。行为人采用运输方式将大量假币运到国外也可构成本罪(2014年卷二第12题)。

四、走私文物罪

走私文物罪是指违反海关和文物保护法规,运输、携带、邮寄国家禁止出口的文物出境的行为。《刑法修正案(八)》取消了本罪的死刑。客体是国家文物出口管理制度。犯罪对象是国家禁止出口的文物。所谓"禁止出口的文物"是指具有重要历史、艺术、科学价值的文物。国有文物、非国有文物中的珍贵文物和国家规定禁止出境的其他文物,不得出境。

五、走私贵重金属罪

走私贵重金属罪是指违反海关法规,逃避海关监管,非法运输、携带、邮寄国家禁止出口的贵重金属出境的行为。客体是国家对外贸易管制中的对贵重金属禁止出口的制度。本罪对象是黄金、白银或者铂、铱、锇、钌、铑、钛、钯等国家禁止出口的其他贵重金属,尤其要注意是国家禁止"出口"。如甲违反海关法规将大量黄金运输进境,不予申报,逃避关税的行为不构成本罪(2004年卷二第10题)。

六、走私珍贵动物、珍贵动物制品罪

走私珍贵动物、珍贵动物制品罪是指违反海关法规,逃避海关监管,非法携带、运输、邮寄珍贵动物、珍贵动物制品进出国(边)境的行为。本罪客体是国家对珍贵动物及其制品禁止进出口的制度。犯罪对象则是国家禁止进出口的珍贵动物及其制品。所谓珍贵动物,指国家重点保护的珍贵稀有的陆生、水生野生动物。包括列入《国家重点保护野生动物名录》中的国家一、二级保护野生动物,《濒危野生动植物种国际贸易公约》附录Ⅰ、附录Ⅱ中的野生动物,以及驯养繁殖的上述动物,如大熊猫、金丝猴、白唇鹿、扬子鳄、丹顶鹤、白鹤、天鹅、野骆驼等。所谓珍贵动物制品是指珍贵动物皮、毛、骨等制成品。上述珍贵动物及其制品还必须为国家禁止进出口,才能成为本罪对象。否则,虽为珍贵动物及其制品,但不为国家禁止进出口,即使有走私行为,亦不能构成本罪。

七、走私国家禁止进出口的货物、物品罪

走私珍稀植物、珍稀植物制品罪是指违反海关法规,逃避海关监管,非法携带、运输、邮寄珍稀植物及其制品等国家禁止进出口的其他货物、物品进出国(边)境的行为。客体是国家正常对外贸易管理秩序和国家关于进出口货物、物品的禁止性管理规定。犯罪对象则为珍稀植物及其制品等国家禁止进出口的其他货物、物品。如走私国家禁止进出口的旧机动车(2015年卷二第61题)。所谓珍稀植物,是指国家重点保护的原生地天然生长的珍贵植物和原生地天然生长并具有重要经济、科学研究、文化价值的濒危稀有植物,包括列入《国家重点保护野生植物名录》《国家重点保护野生药材物种名录》《国家珍贵树种名录》中的国家一、二级保护野生植物、国家重点保护的野生药材、珍贵树木,《濒危野生动植物种国际贸易公约》附录Ⅰ、附录Ⅱ中的野生植物,以及人工培育的上述植物。如银杉、水杉、银杏、水松、杜仲、桫椤、珙桐、苏铁树、金钱松、台湾松、香果树等。所谓珍稀植物制品,则是指来源于珍稀植物,经加工出来的制成品,如药材、木材、标本、器具等。

八、走私淫秽物品罪

走私淫秽物品罪是指以牟利或者传播为目的,违反海关法规,逃避海关监管,非法运输、携带、邮寄淫秽的影片、录像带、录音带、图片、书刊或者其他淫秽物品进出国(边)境的行为。本罪客体为国家对外贸易管理制度和社会管理秩序。犯罪对象为淫秽物品,所谓淫秽物品,是指具体描绘性行为或者露骨宣扬色情的诲淫性的书刊、影片、录像带、录音带、图片及其他淫秽物品。"其他淫秽物品"包括具体描绘性行为或者露骨宣扬色情的诲淫性的视频文件、音频文件、电子刊物、图片、文章、短信息等互联网、移动通讯终端电子信息和声讯台语音信息。有关人体生理、医学知识的科学著作不是淫秽物品,包含有色情内容的有艺术价值的文学、艺术作品不视为淫秽物品。主观方面只能出于故意,明知其走私的是淫秽物品,而且必须以牟利或者传播为目的(2015年卷二第61题),过失不能构成本罪。所谓以牟利为目的,是指行为人走私淫秽物品是为了出卖、出租、放映或通过其他方式而获取钱财或者其他非法利益;所谓以传播为目的,是指行为人走私淫秽物品不仅是为了自用而是意图在社会上进行扩散。行为人牟利或者传播的目的是否实现,不影响本罪的成立,但如果行为人误将淫秽光盘当作普通光盘走私入境,确实没有牟利或者传播的目的,为个人使用,夹带少量淫秽物品出入境,即使其走私淫秽物品出于故意,也不构成本罪。但如按照普通光盘计算,其偷逃应缴税额较大时,应认定为走私普通货物、物品罪。(2011年卷二第11题)

九、走私废物罪

走私废物罪是指违反海关法规和国家关于固体废物、液态废物、气态废物管理的规定,逃避海关监管,将境外固体废物、液态废物、气态废物运输进境的行为。本罪客体是海关监管制度和国家禁止固体废物、液态废物和气态废物进境的制度。犯罪对象是"废物"。这里讲的废物不是一般废物,而是特指的固体废物、液态废物和气态废物。以原料利用为名,进口不能用作原料的固体废物、液态废物、气态废物的,也构成本罪。

十、走私普通货物、物品罪

(一)概念与构成要件

走私普通货物、物品罪是指违反海关法规,逃避海关监管,非法运输、携带、邮寄国家禁止进出口的武器、弹药、核材料、伪造的货币、国家禁止出口的文物、黄金、白银和其他贵重金属或者国家禁止进出口的珍贵动物及其制品,珍稀植物及其制品等国家禁止进出口的其他货物、物品、淫秽物品、废物、毒品以外的货物、物品进出境,偷逃应缴税额较大或者一年内曾因走私被给予二次行政处罚后又走私的行为。《刑法修正案(八)》取消了本罪的死刑。

本罪构成要件为:

1. 客体是国家对外贸易监管制度和关税征收制度。犯罪对象是普通货物、物品,主要是指应纳税的、国家允许进出口的货物、物品。具体是指除武器、弹药、核材料、伪造的货币,国家禁止出口的文物、黄金、白银和其他贵重金属、国家禁止进出口的珍贵动物及其制品的,珍稀植物及其制品等国家禁止进出口的其他货物、物品,淫秽物品、毒品、固体废物、液态废物、气态废物以外的一切货物与物品。虽然货物、物品的含义法律并没有明确的规定,一般来说,货物,是指多为贸易性质的商品,量较大,不便随身携带、邮寄。而物品通常是便于随身携带、邮寄,往往是自用性质的产品。

2. 客观方面表现为违反海关法规,逃避海关监管,非法运输、携带、邮寄国家禁止进出口的武器、弹药、核材料、伪造的货币、国家禁止出口的文物、黄金、白银和其他贵重金属或者国家禁止进出口的珍贵动物及其制品,珍稀植物及其制品等国家禁止进出口的其他货物、物品、淫秽物品、废物、毒品以外的货物、物品进出境,偷逃应缴税额较大或者一年内曾因走私被给予二次行政处罚后又走私的行为。

首先,行为人违反了海关法规,即行为人违反了《海关法》及相应的法规。其次,行为人实施了逃避海关监管的走私行为。逃避海关监管的走私行为主要有以下形式:

（1）绕关走私。是指在不设海关关口的地方将货物进出境，大宗的走私通常采用绕关的方法实施。

（2）瞒关走私。是指采用藏匿、伪报、欺骗、冒充、顶替甚至利用人体等手段通过海关将货物进出境。

（3）后续走私，即变相走私。是指违反海关后续管理的规定，利用发展"外向型经济"的招牌，钻法律空子走私。通常有两种方式：一是未经海关许可并且未补交应缴税额，擅自将批准进口保税货物，在境内销售牟利的行为。如从境外进口原料，在境内加工制成成品后，复运出境，海关对这些原料的进口免征进口税。但是进口多少原料、附件，应当出口多少成品，禁止用隐瞒、欺骗的方法擅自在境内销售。如果需要在境内销售，必须经海关批准并补交应缴税额，否则就是走私。何谓保税货物？是指经海关批准，未办理纳税手续进境，在境内储存、加工、装配后应予复运出境的货物，包括通过加工贸易、补偿贸易等方式进口的货物，以及在保税仓库、保税工厂、保税区或者免税商店内等储存、加工、寄售的货物。二是未经海关许可并且未补交应缴税额，擅自将特定减税、免税进口的货物、物品，在境内销售牟利行为。

（4）间接走私。是指直接向走私人非法收购国家禁止进口物品的，或者直接向走私人非法收购走私进口的其他货物、物品，数额较大的；或者在内海、领海、界河、界湖运输、收购、贩卖国家禁止进出口物品的，或者运输、收购、贩卖国家限制进出口货物、物品，数额较大，没有合法证明的。间接走私不是严格意义上的走私，因为这种行为不具备逃避海关监管和检查的行为，实际上是一种贩卖走私货物、物品的"贩私"行为，按走私罪论处。

（5）辅助走私。是指与走私罪犯通谋，为其提供贷款、资金、账号、发票、证明，或者为其提供运输、保管、邮寄或者其他方便的，以走私罪的共犯论处。

（6）闯关走私。是指武装掩护走私或者以暴力、威胁方法抗拒缉私的行为。其中武装掩护走私的，依照本罪从重处罚。以暴力、威胁方法抗拒缉私的，以走私罪和阻碍国家机关工作人员依法执行职务罪，依照数罪并罚的规定处罚。

还应当满足偷逃应缴税额较大或者一年内曾因走私被给予二次行政处罚后又走私的。所谓"应缴税额"，包括进出口货物、物品应当缴纳的进出口关税和进口环节海关代征税的税额。应缴税额以走私行为实施时的税则、税率、汇率和完税价格计算；多次走私的，以每次走私行为实施时的税则、税率、汇率和完税价格逐票计算；走私行为实施时间不能确定的，以案发时的税则、税率、汇率和完税价格计算。"一年内曾因走私被给予二次行政处罚后又走私"中的"一年内"，以因走私第一次受到行政处罚的生效之日与"又走私"行为实施之日的时间间隔计算确定；"被给予二次行政处罚"的走私行为，包括走私普通货物、物品以及其他货物、物品；"又走私"行为仅指走私普通货物、物品。"多次走私未经处理"，包括未经行政处理和刑事处理。

3. 主体为一般主体,自然人和单位均能构成本罪。
4. 主观方面只能由故意构成,一般以牟利为目的。过失不构成本罪。

(二)司法认定

1. 罪与非罪的界限。两者区别的关键是本罪偷逃应缴税额是否达到较大的标准或者一年内曾因走私被给予二次行政处罚后又走私,没有达到较大的标准或者没有一年内曾因走私被给予二次行政处罚后又走私,按一般走私行为处理。

2. 本罪与其他有关走私特定物品犯罪的界限。两者区别的关键是走私对象不同和走私范围不同。走私武器、弹药等特殊性质的物品分别构成不同的走私罪,走私除特殊性质物品以外的普通货物、物品的构成本罪。在走私范围上,如走私贵重金属仅包括走私国家禁止出口的贵重金属,但是将白银从境外走私进入中国境内,因此不成立走私贵重金属罪,仅成立本罪。(2015年卷二第61题)

3. 一次走私多种类型的对象如何处理。在走私的货物、物品中藏匿《刑法》第151条、第152条、第347条、第350条规定的货物、物品,构成犯罪的,以实际走私的货物、物品定罪处罚;构成数罪的,实行数罪并罚。

4. 一罪与数罪。武装掩护走私的,依照本法第151条第1款的规定从重处罚。以暴力、威胁方法抗拒缉私的,以走私罪和本法第277条规定的阻碍国家机关工作人员依法执行职务罪,依照数罪并罚的规定处罚。(2011年卷二第11题)一定要注意,这里的走私犯罪是不包括走私毒品罪的。武装掩护走私毒品的和以暴力抗拒检查、拘留、逮捕,情节严重的,不实行数罪并罚,直接以走私毒品罪的加重构成犯处理。

(三)刑事责任

走私普通货物、物品的,根据情节轻重,分别依照下列规定处罚:

1. 走私货物、物品偷逃应缴税额较大或者一年内曾因走私被给予二次行政处罚后又走私的,处3年以下有期徒刑或者拘役,并处偷逃应缴税额1倍以上5倍以下罚金。

2. 走私货物、物品偷逃应缴税额巨大或者有其他严重情节的,处3年以上10年以下有期徒刑,并处偷逃应缴税额1倍以上5倍以下罚金。

3. 走私货物、物品偷逃应缴税额特别巨大或者有其他特别严重情节的,处10年以上有期徒刑或者无期徒刑,并处偷逃应缴税额1倍以上5倍以下罚金或者没收财产。

单位犯前款罪的,对单位判处罚金,并对其直接负责的主管人员和其他直接责任人员,处3年以下有期徒刑或者拘役;情节严重的,处3年以上10年以下有期徒刑;情节特别严重的,处10年以上有期徒刑。

相关链接

1. 2014年8月12日最高人民法院、最高人民检察院《关于办理走私刑事案件适用法律若干问题的解释》
2. 2012年6月18日最高人民法院、最高人民检察院、公安部《关于办理走私、非法买卖麻黄碱类复方制剂等刑事案件适用法律若干问题的意见》
3. 2002年7月8日最高人民法院、最高人民检察院、海关总署《关于办理走私刑事案件适用法律若干问题的意见》

问题思考

1. 走私普通货物、物品罪的行为方式包括哪些？
2. 走私犯罪的罪数形态。

案例分析

应志敏、陆毅走私废物、走私普通货物案（来自《刑事审判参考》2013年第2辑，第840号）

案情简介：

2011年3月，被告人应志敏、陆毅为牟取非法利益，采用伪报品名的方式，通过进境备案的手段进口5票废旧电子产品等货物。上述货物中，经鉴别，进口废旧线路板、废电池共32.29吨，属国家禁止进口的危险性固体废物；废旧复印机、打印机、电脑等共349.812吨，属国家禁止进口的非危险性固体废物；硅废碎料共7.27吨，属国家限制进口的可用作原料的固体废物；同时经核定，进口胶带、轴承等普通货物20余吨，偷逃应缴税额74万余元。

上海检察一分院以应志敏、陆毅犯走私废物罪、走私普通货物罪，向法院提起公诉。二被告人及其辩护人对起诉指控其犯走私废物罪的事实、证据、罪名均无异议。其辩护人辩称：二被告人的行为不构成走私普通货物罪。法院经审理后认为，二被告人的行为构成走私废物罪的罪名成立。但二被告人的行为不构成走私普通货物罪。

问题：

1. 在走私犯罪案件中，如何认定行为人对夹藏物品是否具有走私的故意？
2. 对走私对象中夹藏物品确实不明知的，是否适用相关规范性文件中根据实际走私对象定罪处罚的规定？

分析和答案：

1. 在走私犯罪案件中,如何认定行为人对夹藏物品是否具有走私的故意?

本案在审理过程中,对应志敏、陆毅的行为如何处罚存在不同意见。一种意见认为,应当以走私废物罪一罪论处。应志敏、陆毅确实对走私废物中夹带的普通货物不明知,如果以走私普通货物罪论处,则有客观定罪之嫌。另一种意见认为,应志敏、陆毅构成走私废物罪和走私普通货物罪,应当实行两罪并罚。相关规范性文件对此类情形已有明确规定,应当按照相关规范性文件的规定定罪处罚。

本书认为,应以走私废物罪一罪论处。具体理由是在走私犯罪案件中,应当根据相关合同约定、夹藏物品归属主体及所占体积、行为人所收报酬等情况综合认定行为人对夹藏物品是否具有走私的故意。

侦查机关和公诉机关未查获到有关应志敏、陆毅为废旧电子产品代办通关手续的书面合同,但二被告人关于不明知夹藏物品的口供完全一致,且综合以下事实足以认定二被告人对夹藏物品不具有走私的故意:一是从夹藏物品归属主体分析。应志敏、陆毅并非货源组织者,也非货主、收货人,仅为货主负责废旧电子产品的通关业务和运输,其对本案查获的进口胶带、轴承等物品不知情,并不违背常理。二是从夹藏物品所占空间分析。二被告人共走私废旧电子产品380余吨。虽然本案查获的轴承、缝纫机等货物达20多吨,但该类货物密度大,单一物品所占体积较小,又分散在各集装箱,所占空间在整个集装箱比例相当小,不易让人发现,故二被告人在走私废物过程未发现夹藏物品亦符合常理。三是从行为报酬标准分析。二被告人均是按照废旧电子产品进境的数量向货主收取报酬,而与走私夹藏物品所获利益不挂钩。这是认定二被告人对夹藏物品不具有走私故意最有说服力的证据。

2. 对走私对象中夹藏物品确实不明知的,不应按照实际走私的对象定罪处罚,即对夹藏物品不构成走私犯罪

(1)相关规范性文件关于"应当根据实际的走私对象定罪处罚"的规定仅适用于概括故意情形。两高、海关总署2002年联合印发的《关于办理走私刑事案件适用法律若干问题的意见》(以下简称《意见》)第六条规定:"走私犯罪嫌疑人主观上具有走私犯罪故意,但对其走私的具体对象不明确的,不影响走私犯罪构成,应当根据实际的走私对象定罪处罚……"最高法院于2006年出台的《关于审理走私刑事案件具体应用法律若干问题的解释(二)》(以下简称《走私解释二》,已失效,按照最新2014年8月12日两高《关于办理走私刑事案件适用法律若干问题的解释》第22条规定基本精神仍是延续《走私解释二》。)第五条规定:"对在走私的普通货物、物品或者废物中藏匿刑法第151条、第152条、第347条、第350条规定的货物、物品,构成犯罪的,以实际走私的货物、物品定罪处罚;构成数罪的,实行数罪并罚。"从字面上分析,《意见》和《走私解释二》似乎明确了这样一个原则,即在具体案件中如果出现走私犯罪嫌疑人的主观认识与具体走私对象不同的情形,一律"以实际走私的货物、物品定罪处罚;构成数罪的,实行数罪并罚"。然而,从定罪

原理分析,对于主观认识与实际犯罪对象不同的情形,一律以实际犯罪对象定罪,违背了主客观相统一原则,也与刑法关于故意犯罪的规定不符。

本书认为,"以实际走私的货物、物品定罪处罚"仅适用于有走私的概括故意的犯罪情形:一是意识上行为人没有走私具体对象的意思;二是意志上行为人对实际走私对象不反对,有没有都无所谓。如果行为人对走私犯罪对象的认识非常明确,并在此基础上形成了确定的故意,并对其他走私对象明确反对,即使最终在走私货物中发现其他走私物品,也不能适用该规定。如果认真分析"藏匿"一词,就不难发现,起草者有意通过"藏匿"这一表述将本条行为进行限定。行为人主观上必须对所隐藏之物明知。如果对走私的普通货物、物品或者废物中查出的其他走私对象不明知,则不能适用相关规范性文件规定。

(2)不具有走私的概括故意,对走私对象中夹带的其他货物确实不明知的,根据主客观相统一原则,就夹带的货物部分不应认定行为人走私犯罪。根据主客观相统一原则,行为人主观上必须知道或者应当知道其跨境运输或者携带货物是逃避海关监管的行为。在概括的故意走私犯罪中,行为人虽然不确定具体的走私对象,但对所走私的整体对象有一个概括性的认识,即都属于逃避海关监管的对象范围,如果在其走私的对象中发现其他物品的,也不违背其意志;在非概括的故意犯罪中,行为人主观上必须知道或者应当知道其跨境运输或者携带具体物品是逃避海关监管的行为。如果在其走私的对象中发现其他物品的,则违背其意志。

本案在案证据证实,应志敏、陆毅主观上具有走私二手废旧电子产品入境的明确故意,在案证据无法证实二被告人对走私对象中含有普通货物主观上具有放任态度,由此证实二被告人不具有走私的概括故意。虽然二被告人行为不构成走私普通货物罪,但是二被告人实施走私的行为客观上使20余吨的普通货物顺利入境,这种关联后果虽然不影响罪质,但完全置之不予评价,与没有此种关联后果的情形不予区别,也不合理

本书认为,可以将本案夹带的普通货物作为走私废物罪的量刑情节,酌情从重处罚,以体现罪则刑相应原则。

第三节 妨害对公司、企业的管理秩序罪

■知识结构图

妨害对公司、企业的管理秩序罪的概念→构成要件→司法认定→刑事责任

重点提示

非国家工作人员受贿罪的构成要件、司法认定,尤其是主体身份的认定;对非国家工作人员行贿罪的构成要件、司法认定;特定犯罪的特殊主体问题

司考重点

非国家工作人员受贿罪的构成要件、司法认定,尤其是主体身份的认定

一、虚报注册资本罪

虚报注册资本罪是指申请公司登记的个人或者单位,使用虚假证明文件或者采取其他欺诈手段虚报注册资本,欺骗公司登记主管部门,取得公司登记,虚报注册资本数额巨大、后果严重或者有其他严重情节的行为。本罪只适用于依法实行注册资本实缴登记制的公司。

本罪的构成要件是:

1. 客体是国家公司登记管理制度。

2. 客观方面表现为使用虚假证明文件或者采取其他欺诈手段虚报注册资本,欺骗公司登记主管部门,取得公司登记,且虚报注册资本数额巨大、后果严重或者有其他严重情节的行为。所谓使用虚假的证明文件,是指向公司登记主管部门提供与实际情况不相符合的、不真实的、伪造的或隐瞒了重要事实的证明文件。既可以是公司登记申请人伪造或篡改的,亦可以是与验资机构中的验资人员恶意串通,从而取得虚假的证明文件等。如甲、乙二人出资10万元,同时通过购买并使用伪造的商业零售发票,虚填商品实物价值人民币50万元,骗取审计事务所出具验资报告,欺骗公司登记主管部门,以60万元注册资本取得"××贸易有限公司"营业执照。(2005年卷二第9题)但不论虚假证明文件来源如何,都不影响本罪成立。至于其他欺诈手段,则是指除使用虚假的证明文件以外的虚报注册资本的手段,如使用虚假的股东姓名、虚构生产经营场所等。如果使用手段与虚报注册资本无关,则不能构成本罪。虚报注册资本是指公司实际上没有资本而谎称具有或者虽有资本,但实有资本却少于所申报的资本。

3. 主体是特殊主体,即申请公司登记的人或单位。本节其他罪名主体与此一致的,不再赘述。

4. 主观方面只能由故意构成,过失不构成本罪。本节其他罪名在主观方面与此一致的,不再赘述。

二、虚假出资、抽逃出资罪

虚假出资、抽逃出资罪是指公司发起人、股东违反公司法的规定未交付货币、实物或者未转移财产权,虚假出资,或者在公司成立后又抽逃其出资,数额巨大、后果严重或者有其他严重情节的行为。本罪只适用于依法实行注册资本实缴登记制的公司。主体是特殊主体,即公司发起人或者股东。

三、欺诈发行股票、债券罪

欺诈发行股票、债券罪是指在招股说明书、认股书、公司、企业债券募集办法中隐瞒重要事实或者编造重大虚假内容,发行股票或者公司、企业债券,数额巨大、后果严重或者有其他严重情节的行为。

四、违规披露、不披露重要信息罪

违规披露、不披露重要信息罪是指依法负有信息披露义务的公司、企业,向股东和社会公众提供虚假的或者隐瞒重要事实的财务会计报告,或者对依法应当披露的其他重要信息不按照规定披露,严重损害股东或者其他人利益的或者有其他严重情节的行为。本罪客体是国家对公司、企业的信息公开披露制度和股东、社会公众和其他利害关系人的合法权益。主体是特殊主体,即依法负有信息披露义务的公司、企业。

本罪属于实行单罚制的单位犯罪,只处罚直接负责的主管人员和其他直接责任人员,不处罚单位。主要是考虑到公司、企业的违法犯罪行为已经严重地损害广大股东、社会公众和其他利害关系人的合法权益,如果再对单位进行处罚,势必加重公司、企业的负担,更不利于保护广大股东、社会公众和其他利害关系人的合法权益。

五、妨害清算罪

妨害清算罪是指公司、企业进行清算时,隐匿财产,对资产负债表或者财产清单作虚假记载,或者在未清偿债务前分配公司、企业财产,严重损害债权人或者其他人利益的行为。本罪客体是国家公司、企业管理制度以及债权人或其他人的合法权益。主体是特殊主体,即进行清算的公司、企业。

六、隐匿、故意销毁会计凭证、会计账簿、财务会计报告罪

隐匿、故意销毁会计凭证、会计账簿、财务会计报告罪是指隐匿、故意销毁依法应当保存的会计凭证、会计账簿、财务会计报告,情节严重的行为。

七、虚假破产罪

虚假破产罪是指公司、企业通过隐匿财产、承担虚假债务或者以其他方式转移财产、处分财产,实施虚假破产,严重损害债权人和其他人利益的行为。本罪客体是复杂客体,包括公司、企业的破产制度和债权人或者其他人的合法权益。"隐匿财产"是指将公司、企业的资金、设备、产品、货物等财产全部或部分予以隐瞒、转移、藏匿。"承担虚构债务"是指捏造、承认不真实或不存在的债务。"其他转移、处分私分财产"是指《破产法》第35条规定的私分或者无偿转让财产、非正常压价出售财产、对原来没有财产担保的债务提供财产担保、对未到期的债务提前清偿以及放弃自己的债权等等行为。行为人只要实施了上述情形中任一行为,就符合客观行为要件。

八、非国家工作人员受贿罪

(一)概念与构成要件

非国家工作人员受贿罪是指公司、企业或者其他单位的工作人员利用职务上的便利,索取他人财物或者非法收受他人财物,为他人谋取利益,数额较大的行为。

本罪的构成要件是:

1. 客体是国家对公司、企业或者其他单位的正常管理秩序和工作人员职务行为的廉洁性。

2. 客观方面表现为利用职务上的便利,索取他人财物或非法收受他人财物,为他人谋取利益,数额较大的行为。表现为以下三个不可分割的要件:(1)利用职务上的便利,是指公司、企业或者其他单位的工作人员利用自己职务上主管、负责、经管或者参与某项工作的便利条件。(2)行为人实施了索取或者非法收受他人财物的行为。所谓索取他人财物,是指公司、企业或者其他单位的工作人员以为他人谋取利益作为交易条件,以公开或暗示的形式,主动地向对方索要财物的行为。所谓非法收受他人财物,是指公司、企业或者其他单位的工作人员利用职务上的便利,接受他人主动赠予的财物的行为。另外,公司、企业或者其他单位的工作人员在经济往来中,利用职务上的便利,违反国家规定,收受各种名义的回扣、手续费,归个人所有的,以本罪处罚。所谓"回扣",是指在商品或劳务活动中,由卖方从所收到

的价款中,在账外暗中以现金、实物或者其他方式返还给买方或其经办人的一定比例的款项;"手续费"是指在经济活动中,违反国家规定,以各种名义支付给公司、企业工作人员除了回扣之外的其他款项,如顾问费、劳务费、信息费、好处费等。(3)为他人谋取利益。是指行为人索取或收受他人财物,利用职务之便为他人或允诺为他人实现某种利益。该利益是合法还是非法,该利益是否已谋取到,均不影响本罪的成立。此外,还必须达到数额较大的程度。

3. 主体是特殊主体,即公司、企业或者其他单位的工作人员。公司、企业的工作人员是指在公司、企业、其他单位中从事领导、组织、管理工作的人员,如公司的董事、监事以及公司、企业的经理、厂长、财会人员以及其他受公司、企业聘用从事管理事务的人员。包括国有公司、企业以及其他国有单位中的非国家工作人员。"其他单位"既包括事业单位、社会团体、村民委员会、居民委员会、村民小组等常设性的组织,也包括为组织体育赛事、文艺演出或者其他正当活动而成立的组委会、筹委会、工程承包队等非常设性的组织。

4. 主观方面表现为故意,即公司、企业、其他单位人员故意利用其职务之便接受或索取贿赂,为他人谋取利益。

(二)司法认定

1. 罪与非罪。一是构成本罪必须是数额较大的,不足较大数额的按一般受贿行为处理。数额较大的具体界限是在六万元以上。二是公司、企业、其他单位人员在法律、政策许可的范围内,通过自己的劳动换取合理报酬的,不属于利用职务上的便利,因而是合法行为而不是犯罪。三是公司、企业、其他单位人员接受亲朋好友的一般礼节性馈赠,而没有利用职务上的便利为亲朋好友谋取利益的,不成立本罪。区分本罪与合法行为的界限,关键是看行为人获得的财物是否属于利用职务上的便利为他人谋利益而取得。四是区分以收受回扣、手续费为特点的本罪与正当业务行为的界限。在正常的市场交易行为中,取得符合《反不正当竞争法》规定的折扣、佣金是正当业务行为;而违反国家规定,收受各种名义的回扣、手续费,为个人所有的,应认定为本罪。

要注意区分贿赂与馈赠的界限。主要应当结合以下因素全面分析、综合判断:(1)发生财物往来的背景,如双方是否存在亲友关系及历史上交往的情形和程度;(2)往来财物的价值;(3)财物往来的缘由、时机和方式,提供财物方对于接受方有无职务上的请托;(4)接受方是否利用职务上的便利为提供方谋取利益。

2. 划清本罪与受贿罪的界限。两罪区分的关键在于犯罪主体的不同:本罪的主体是公司、企业、其他单位人员,即非国家工作人员;受贿罪的主体是国家工作人员以及以国家工作人员论的国有公司、企业、其他单位中从事公务的人员和国有公司、企业、国有其他单位委派到非国有公司、企业、其他单位从事公务的人员。

非国家工作人员与国家工作人员通谋,共同收受他人财物,构成共同犯罪的,根据双方利用职务便利的具体情形分别定罪追究刑事责任:(1)利用国家工作人员的职务便利为他人谋取利益的,以受贿罪追究刑事责任。(2)利用非国家工作人员的职务便利为他人谋取利益的,以非国家工作人员受贿罪追究刑事责任。(3)分别利用各自的职务便利为他人谋取利益的,按照主犯的犯罪性质追究刑事责任,不能分清主从犯的,可以受贿罪追究刑事责任。

(三)刑事责任

犯本罪的,处五年以下有期徒刑或者拘役;数额巨大的,处五年以上有期徒刑,可以并处没收财产。

九、对非国家工作人员行贿罪

对非国家工作人员行贿罪是指为谋取不正当利益,给予公司、企业或者其他单位的工作人员以财物,数额较大的行为。本罪客体是复杂客体,即公司、企业或者其他单位的正常管理秩序和市场竞争秩序。客观方面的主要表现形式是支付回扣、手续费。财物具体数额以实际支付的资费为准。收受银行卡的,不论受贿人是否实际取出或者消费,卡内的存款数额一般应全额认定为受贿数额。使用银行卡透支的,如果由给予银行卡的一方承担还款责任,透支数额也应当认定为受贿数额。"谋取不正当利益",是指行贿人谋取违反法律、法规、规章或者政策规定的利益,或者要求对方违反法律、法规、规章、政策、行业规范的规定提供帮助或者方便条件。在招标投标、政府采购等商业活动中,违背公平原则,给予相关人员财物以谋取竞争优势的,属于"谋取不正当利益"。

十、对外国公职人员、国际公共组织官员行贿罪

对外国公职人员、国际公共组织官员行贿罪是指为谋取不正当商业利益,给予外国公职人员或者国际公共组织官员以财物的行为。"不正当商业利益"是指行贿人谋取违反外国法律、法规、政策、国际组织规章制度规定的利益,或者要求外国公职人员、国际公共组织官员违反外国法律、法规、政策、国际组织规章制度规定以及行业规范规定提供帮助或者方便条件。这些利益可能是应损失的而未损失的,可能是不应得而获得的,也可能是应得而扩大的。

十一、非法经营同类营业罪

非法经营同类营业罪是指国有公司、企业的董事、经理利用职务便利,自己经营或者为他人经营与其所任职公司、企业同类的营业,谋取非法利益、数额巨大的行为。本罪主体是特殊主体,即国有公司、企业的董事、经理。(2005年卷二第58题)

十二、为亲友非法牟利罪

为亲友非法牟利罪是指国有公司、企业、事业单位的工作人员,利用职务便利,将本单位的盈利业务交由自己的亲友进行经营,或者以明显高于市场的价格向自己的亲友经营管理的单位采购商品或者以明显低于市场的价格向自己的亲友经营管理的单位销售商品,或者向自己的亲友经营管理的单位采购不合格商品,使国家利益遭受重大损失的行为。本罪主体为特殊主体,即国有公司、企业、事业单位的工作人员。

十三、签订、履行合同失职被骗罪

签订、履行合同失职被骗罪是指国有公司、企业、事业单位直接负责的主管人员,在签订、履行合同过程中,因严重不负责任被诈骗,致使国家利益遭受重大损失的行为。所谓"诈骗",是指对方当事人的行为已经涉嫌诈骗犯罪,不以对方当事人已经被人民法院判决构成诈骗犯罪作为立案追诉的前提。本罪主体是特殊主体,即国有公司、企业、事业单位直接负责的主管人员。主观方面是过失。

十四、国有公司、企业、事业单位人员失职罪

国有公司、企业、事业单位人员失职罪是指国有公司、企业的工作人员,由于严重不负责任,造成国有公司、企业破产或者严重亏损,致使国家利益遭受重大损失,以及国有事业单位的工作人员由于严重不负责任,致使国家利益遭受重大损失的行为。如某国有金融机构银行办事处信贷科科长张某在审查丁某提交的贷款材料时,对甲银行的两张存单有所怀疑,遂发函给甲银行查询。此时,丁某催促张某办理情况,张某遂打电话询问查询事宜。甲银行储蓄科长答应抓紧办理,但张某未等回函,就为丁某办理了抵押贷款手续,并报朱某审批,张某即可构成本罪。(2005年卷四第2题)

国有公司、企业、事业单位的工作人员,徇私舞弊,犯本罪的,从重处罚。

十五、国有公司、企业、事业单位人员滥用职权罪

国有公司、企业、事业单位人员滥用职权罪是指国有公司、企业的工作人员,由于滥用职权,造成国有公司、企业破产或者严重亏损,致使国家利益遭受重大损失,以及国有事业单位的工作人员由于滥用职权,致使国家利益遭受重大损失的行为。

国有公司、企业、事业单位的工作人员,徇私舞弊,犯本罪的,从重处罚。

十六、徇私舞弊低价折股、出售国有资产罪

徇私舞弊低价折股、出售国有资产罪,是指国有公司、企业或者其上级主管部门直接负责的主管人员,徇私舞弊,将国有资产低价折股或者低价出售,致使国家利益遭受重大损失的行为。本罪主体为特殊主体,即国有公司、企业或者其上级主管部门直接负责的主管人员。

十七、背信损害上市公司利益罪

背信损害上市公司利益罪是指上市公司的董事、监事、高级管理人员违背对公司的忠实义务,利用职务便利,操纵上市公司从事无偿向其他单位或者个人提供资金、商品、服务或者其他资产的;或者以明显不公平的条件,提供或者接受资金、商品、服务或者其他资产的;或者向明显不具有清偿能力的单位或者个人提供资金、商品、服务或者其他资产的;或者为明显不具有清偿能力的单位或者个人提供担保,或者无正当理由为其他单位或者个人提供担保的;或者无正当理由放弃债权、承担债务的;或者采用其他方式损害上市公司利益,致使上市公司利益遭受重大损失的行为。上市公司的控股股东或者实际控制人,指使上市公司董事、监事、高级管理人员实施上述行为的,依照本罪规定处罚。本罪主体是特殊主体,即上市公司的董事、监事、高级管理人员、控股股东、实际控制人。

■ 相关链接

1. 2014年4月24日全国人民代表大会常务委员会《关于〈中华人民共和国刑法〉第一百五十八条、第一百五十九条的解释》
2. 2010年5月7日最高人民检察院、公安部《关于公安机关管辖的刑事案件立案追诉标准的规定(二)》
3. 2008年11月20日最高人民法院、最高人民检察院《关于办理商业贿赂刑事案件适用法律若干问题的意见》

■ 问题思考

1. 非国家工作人员受贿罪的构成要件及司法认定。
2. 对非国家工作人员行贿罪的司法认定。

案例分析

一、马某非国家工作人员受贿案（来自2012年国家司法考试卷四第2题）

案情简介：

镇长黄某负责某重点工程项目占地前期的拆迁和评估工作。黄某和村民李某勾结，由李某出面向某村租赁可能被占用的荒山20亩植树，以骗取补偿款。但村主任马某不同意出租荒山。黄某打电话给村主任施压，并安排李某给村主任送去1万元现金后，村主任才同意签订租赁合同。李某出资1万元购买小树苗5000棵，雇人种在荒山上。

问题：

对村主任马某收受黄某、李某现金1万元一节，应如何定罪？为什么？

答案及分析：

村主任马某构成非国家工作人员受贿罪，黄某、李某构成对非国家工作人员行贿罪。出租荒山是村民自治组织事务，不是接受乡镇政府从事公共管理活动，村主任此时不具有国家工作人员身份，不构成受贿罪。

二、宋涛非国家工作人员受贿案（来自《刑事审判参考》2014年第2辑，第959号）

案情简介：

2009年年底至2012年8月，被告人宋涛在担任上港集团生产业务部生产调度室副经理、经理期间，利用负责上港集团下属港区码头货物装卸、船舶到港、浮吊作业计划、分配、调度和管理等职务便利，先后多次收受上海铨兴物流有限公司负责人丁华给予的价值人民币（以下币种同）1.5万元的联华OK消费积点卡及LV皮包1只，收受上海顶晟国际货物运输代理有限公司负责人陈立军给予的现金20余万元。上述收受的消费积点卡、贿赂款共计价值21.5万余元，均被宋用于个人消费。2012年10月30日，宋涛在上港集团监管部门找其谈话期间，主动供述收受OK消费积点卡及LV包的事实。后在检察机关调查期间，又主动供述收受20余万元现金的事实。在法院审判阶段，宋涛在家属的帮助下退缴了全部赃款。

另查明，上港集团于2005年改制为国有控股、中外合资的股份有限公司，并于2006年10月在上海市证券交易所上市。上港集团的高层领导，列入上级领导部门管理范围；集团总部部门领导的任命，由集团人事组织部根据相关规定，向集团领导部门提出任用人选，经集团领导部门扩大会议讨论同意，然后发文任命。同时，按照上港集团的公司章程，公司员工的聘用和解聘，由公司总裁决定。宋涛在上港集团生产业务部下设的生产调度室从主管到担任副经理、经理的职务变动，均由其上级部门领导个人提出聘任意见，由人事组织部审核后，由公司总裁在总部机关职工岗位变动审批表上签署同意意见即成，而无须经过人事组织部提名、领导部门联席会扩大会议讨论决定的程序。

问题：

如何认定国有控股企业中一般中层管理干部的国家工作人员身份？

答案及分析：

本案中，上港集团前身为全国有公司，后经改制为国有控股公司。被告人宋涛利用在上港集团担任相应职务的便利，非法收受他人财物，为他人谋取利益，数额巨大，是构成受贿罪还是构成非国家工作人员受贿罪，关键在于其是否具有国家工作人员的身份。

两高2010年12月联合出台的《关于办理国家出资企业中职务犯罪案件具体应用法律若干问题的意见》（以下简称《意见》）首次将"代表人员"纳入国家工作人员范畴。根据《意见》第六条第二款的规定，经国家出资企业中负有管理、监督国有资产职责的组织批准或者研究决定，代表其在国有控股、参股公司及其分支机构中从事组织、领导、监督、经营、管理工作的人员，应当认定为国家工作人员。据此，判断被告人宋涛是否具有国家工作人员身份，可以从以下两个方面展开分析：

1. 形式要件：经国家出资企业中负有管理、监督国有资产职责的组织批准或者研究决定。

对"组织"如何理解，实践中存在不同认识。有观点认为，这里的"组织"不仅包括国家出资企业中的领导部门与联席会，还包括公司股东会、董事会、监事会。这种观点值得商榷。国有控股、参股公司的股东会、董事会、监事会是整个公司的管理、决策和执行机构，代表了包括非国有资产在内的全公司的利益，而非单纯的管理、监督国有资产的组织。《意见》第六条已对刑法的规定有了突破，对其理解应当从严把握，否则将导致国家工作人员认定的宽泛化。

本书认为，"负有管理、监督国有资产职责的组织"一般是指上级或者本级国家出资企业领导部门和联席会议。根据有关组织原则，改制后的国家出资企业一般仍设有领导部门，并由本级或者上级领导部门决定人事任免。由其任命并代表其从事公务的人员，应当认定为国家工作人员。而国家出资公司的股东会、董事会、监事会，包括公司的人事组织部门，均不是适格的任命主体。

被告人宋涛在上港集团职务的变动说明，前述股东会、董事会、监事会等都不是负有管理、监督国有资产职责的组织，总裁更不能认定为上述组织，其对宋涛的任命是基于其代表股份公司行使的总裁职权，而非代表负有管理、监督国有资产职责的组织行使职权。因此，就宋涛而言，其职务的任命并不具有国家工作人员的形式要件。

2. 实质要件：代表负有管理、监督国有资产职责的组织在国有控股、参股公司及其分支机构中从事组织、领导、监督、经营、管理工作。

在对国有控股、参股公司中国家工作人员身份进行认定时，除了需要审查行为人的任命程序，还需要着重核实其所从事的工作性质，看其是否"代表负有管理、监督国有资产职责的组织"，从事"组织、领导、监督、经营、管理工作"。可见，从实质层面而言,将国家出资企业中的"代表人员"认定为国家工作人员,还要求其所从事的工作同时具备以下两大特征:(1)代表性。作为授权方的负有管理、监督国有资产职责的组织,与作为被授权方的国家工作人员,通过批准、研究决定等方式,产生一种委托法律关系。这是认定国家工作人员身份的首要特征。(2)公务性。在实践认定中,要注意考察公务与职权的关联性。在国家出资企业中,公务有公司性的公务和国家性的公务之分,前者是代表公司整体利益的行为,而后者仅是代表国有资产的监督、管理组织进行管理的行为。实践中,一般做法是,行为人的身份如果符合形式要件,即经国家出资企业中负有管理、监督国有资产职责的组织批准或者研究决定,即使从事的是公司性的公务,也应以国家工作人员从事公务论。

比较难处理的是,如果行为人的身份不符合形式要件,但从事本质上属于国家性的公务,是否以国家工作人员从事公务论。本书认为,这种情况较少,如果出现,原则上也应以国家工作人员从事公务论。如果行为人实质从事国有资产的监督、管理,仅因为缺少形式要件或者故意使形式要件不成立,则必然助长国家出资企业中的犯罪之风,不利于国有资产的保护。宋涛负责事项系经股份公司授权代表股份公司利益从事相关活动,具有一定管理属性的工作岗位,属于公司性的公务活动,但不属于专门从事国有资产监督、管理的活动,即不属于国家性的公务。

综上,本案被告人宋涛其职权的变动并未经负有管理、监督国有资产职责的组织批准或者研究决定,其所从事的工作也并非代表上述组织在国家出资企业中从事公务,因此不能认定其为国家工作人员。宋涛利用其负责上港集团下属港区码头货物装卸、船舶到港、浮吊作业计划、分配、调度和管理等职务之便,为他人谋取利益,收受他人贿赂的行为,应当以非国家工作人员受贿罪论处。

第四节 破坏金融管理秩序罪

▌知识结构图

破坏金融管理秩序罪的概念→构成要件→司法认定→刑事责任

▌重点提示

伪造货币罪、变造货币罪、出售、购买、运输假币罪、持有、使用假币罪的认定与区别;非法吸收公众存款罪的构成要件及认定;洗钱罪的构成要件及认定

司考重点

伪造货币罪、变造货币罪、出售、购买、运输假币罪、持有、使用假币罪的认定与区别;非法吸收公众存款罪的构成要件及认定;洗钱罪的构成要件及认定

一、伪造货币罪

(一)概念和构成要件

伪造货币罪是指违反国家货币管理法规,仿照真货币的图案、形状、色彩等特征,使用各种方法非法制造出外观上足以乱真的假货币,冒充真币,破坏货币的公共信用,破坏金融管理秩序的行为。《刑法修正案(九)》取消了本罪的死刑。

本罪的构成要件是:

1.客体是国家货币管理制度。犯罪对象是货币。所称"货币"是指流通的人民币(含普通纪念币、贵金属纪念币)、港元、澳门元、新台币和其他国家、地区的法定货币,包括国内不可流通或者兑换的境外货币(2013年卷二第14题)。但如果以使用为目的,大量印制停止流通的第三版人民币的,则不构成伪造货币罪,应以诈骗罪定罪处罚。(2011年卷二第59题)

2.客观方面上表现为违反国家货币管理法规,伪造货币的行为。"伪造货币"是指仿照真货币的图案、形状、色彩等特征非法制造假币,冒充真币的行为。如将一半真币与一半假币拼接,制造大量半真半假面额100元纸币的(2011年卷二第59题),将低额美元的纸币加工成高额英镑的纸币的(2013年卷二第14题)。

3.主体为一般主体,自然人可以构成,单位不能构成本罪主体。

4.主观方面上只能由直接故意构成。间接故意和过失不构成本罪。过去理论上一般认为本罪在主观方面必须具有营利目的,否则不构成犯罪。但是本书认为,本条并未对主观目的予以规定,行为人只要出于故意伪造货币的,一般就可以认为构成本罪,而不必过于苛求其必须具备什么目的。如果行为人确实是为了显示自己的技巧或为了自我欣赏而伪造极少量的货币的,可视为本法第13条所称"情节显著轻微,危害不大"的情况而不认为是犯罪。

(二)司法认定

1.罪与非罪。本罪为行为犯。一般说来,行为人只要出于故意实施了伪造货币的行为,就可构成本罪,但这并不是说一定就构成犯罪,这是因为任何违法行为包括伪造货币的行为只有达到一定危害程度时才能构成犯罪。伪造货币构成犯罪的标准是总面额在二千元以上或者币量在二百张(枚)以上的;或者制造货币版样或者为他人伪造货币提供版样的;或者其他伪造货币应予追究刑事责任的情形。

2.一罪与数罪。关于假币犯罪的罪数形态在此一并阐述,后不再赘述。假币

犯罪案件中犯罪分子实施数个相关行为的,在确定罪名时应把握以下原则:(1)对同一宗假币实施了法律规定为选择性罪名的行为,应根据行为人所实施的数个行为,按相关罪名刑法规定的排列顺序并列确定罪名,数额不累计计算,不实行数罪并罚;(2)对不同宗假币实施法律规定为选择性罪名的行为,并列确定罪名,数额按全部假币面额累计计算,不实行数罪并罚。(3)对同一宗假币实施了刑法没有规定为选择性罪名的数个犯罪行为,择一重罪从重处罚。(4)对不同宗假币实施了刑法没有规定为选择性罪名的数个犯罪行为,分别定罪,数罪并罚。如行为人伪造美元,并运输他人伪造的欧元的(2013年卷二第14题)。

伪造货币并出售或者运输伪造的货币的,依照伪造货币罪的规定从重处罚。在这里应是指伪造者自己所伪造的,并出售或者运输。如果伪造货币或者运输或者出售的不是自己伪造的货币,此时,运输、出售假币的行为与伪造货币的行为没有必然的联系,从而不存在吸收与被吸收关系,对此,应当分别定罪,再实行并罚。

3.预备行为与帮助行为的实行行为化。行为人制造货币版样或者与他人事前通谋,为他人伪造货币提供版样的,依照本罪的规定定罪处罚。

(三)刑事责任

犯本罪的,处3年以上10年以下有期徒刑,并处罚金;有下列情形之一的,处十年以上有期徒刑或者无期徒刑,并处罚金或者没收财产:

1.伪造货币集团的首要分子。
2.伪造货币数额特别巨大的。
3.有其他特别严重情节的。

二、出售、购买、运输假币罪

(一)概念和构成要件

出售、购买、运输假币罪是指出售、购买伪造的货币,或者明知是伪造的货币而予以运输,数额较大的行为。客观方面表现为出售、购买伪造的货币,或者明知是伪造的货币而予以运输,数额较大的行为。"出售伪造的货币"是指以营利为目的,以各种方式或途径,以一定的价格卖出伪造的货币的行为。如行为人甲用总面额10万元的假币换取高某的1万元真币(2006年卷二第12题)。"购买伪造的货币"是指行为人以一定的价格用货币买入伪造的货币的行为。如行为人用1万元真币换取10万元假币,构成购买假币罪。购买假币的数额按照假币的实际面额计算。(2012年卷二第86题)"明知是伪造的货币而运输",是指行为人主观上明明知道是伪造的货币,而使用汽车、飞机、火车、轮船等交通工具或者以其他方式将伪造的货币从一地运往另外一地的行为。本罪主观方面是直接故意,要求出售、购买、运输均需行为人对假币存有明知。(2004年卷二第53题)

(二) 司法认定

1. 罪与非罪。主要注意以下两点：(1) 行为人是否"明知"。如果行为人因为上当受骗或出于过失不知其所出售、购买或者运输的是伪造的货币，其行为不构成犯罪；(2) 数额是否达到较大程度。如果行为人出售、购买或者运输伪造的货币数额未达到较大程度的，即使有其他严重情节也不能以犯罪论处。

2. 既遂与未遂。以是否将假币交付购买者作为认定既遂获未遂的标志。如果交付过程中由于行为意志以外的原因被迫停止下来，是未遂。出售假币者是否获得财物，不影响既遂的成立。

3. 一罪与数罪。行为人购买假币后使用，构成犯罪的，以购买假币罪定罪，从重处罚。行为人出售、运输假币构成犯罪，同时有使用假币行为的，依照出售、运输假币罪、使用假币罪，数罪并罚（2010年卷二第13题）。如甲从A地购得面值2万元的假币，然后携带假币乘坐火车到B地。甲在车上与几个朋友赌博时被乘警发现，乘警按规定对甲处以罚款，甲欺骗乘警，以假币交纳罚款，被乘警发现，即数罪并罚。(2003年卷二第34题)

三、金融工作人员购买假币、以假币换取货币罪

金融工作人员购买假币、以假币换取货币罪是指银行或者其他金融机构的工作人员购买伪造的货币或者利用职务上的便利，以伪造的货币换取货币，数额较大的行为。数额较大是指总面额在二千元以上或者币量在二百张（枚）以上的。主体是特殊主体，只有金融机构的工作人员才能构成（2006年卷二第12题）。

四、持有、使用假币罪

（一）概念与构成要件

持有、使用假币罪是指明知是伪造的货币而持有、使用，数额较大的行为。客观方面表现为持有、使用伪造的货币，数额较大的行为。所谓持有，是指控制、掌握伪造的货币的行为。具体来说，它既可以是行为人把伪造的货币带在身上、藏在家中或其他地方，也可以是把伪造的货币委托他人保管，处于自己支配的范围之内。不管行为人持有伪造的货币的原因和目的是什么，只要能证明行为人确实掌握、控制了一定数额的伪造的货币，即符合本罪的行为特征。所谓使用，是指将伪造的货币冒充真币而予以流通的行为。一般来说，接受货币的对方并不知该货币属于伪造的货币，因此这种使用带有欺骗的性质。如行为人甲发现某银行的ATM机能够存入编号以"HD"开头的假币，于是窃取了三张借记卡，先后两次采取存入假币取出真币的方法，共从ATM机内获取6000元人民币的行为即构成使用假币罪（2009

年卷二第61题)。至于使用的具体方法,可以多种多样。(1)以外表合法的方式使用假币:如购买商品或者服务(2010年卷二第91题)、存入银行、赠予他人(2010年卷二第13题)、兑换另一货币、朋友结婚时将假币塞进红包送给朋友,甚至将假币用于交纳罚金或者罚款(2015年卷二第15题)等。(2)以外表非法的方式使用假币:送礼行贿(2012年卷二第87题)、充当赌资(2006年卷二第12题)等(3)将假币借给不知情的他人使用,都属于使用假币的行为。但与网友见面时,显示假币以证明经济实力的行为不属于使用假币(2015年卷二第15题)。具体使用方法不影响本罪的行为方式特征。持有、使用伪造的货币行为还必须是数额较大的才能构成本罪。对于"数额较大",以"总面额在4000元以上或者币量在400张(枚)以上的"作为认定标准。

(二)司法认定

1. 罪与非罪。对于误用假币数额较大的,如何处理?本书认为,在这类案件中,行为人虽然误用假币的数额较大,但因缺乏对假币的明知,因此不构成本罪。

发现误收假币后而使用的,应如何定性?本书认为,这是一种明知为假币而使用的行为。如果数额较大,应以犯罪处理,在处罚时可以从轻。

2. 此罪与彼罪。明知是伪造的货币而持有,数额较大,根据现有证据不能认定行为人是为了进行其他假币犯罪的,以持有假币罪定罪处罚;如果有证据证明其持有的假币已构成其他假币犯罪的,应当以其他假币犯罪定罪处罚。

五、变造货币罪

变造货币罪是指对真货币采用剪贴、挖补、揭层、涂改、移位、重印等方法加工处理,改变真币形态、价值,数额较大的行为。客观方面表现为变造货币,数额较大的行为。所谓变造货币,是指 对真货币采用剪贴、挖补、揭层、涂改、移位、重印等方法加工处理,改变真币形态、价值的行为。

适用本罪时应注意区分本罪与伪造货币罪的界限。一是从行为方式来说,对于真币进行的加工,在没有伤害其同一性的限度内,是变造货币;如果已经丧失与真币的同一性,则是伪造货币。同一性应当符合两个特征:一是必须是币种同一;二是必须在真币的基础上加工。变造的货币在某种程度上有原货币的成分,如原货币的纸张、金属防伪线等。伪造的货币则不具有原货币的成分,如以货币碎片为材料,加入其他纸张,制作成假币的;将金属货币熔化后,制作成较薄的、更多的金属货币的都属于伪造货币(2010年卷二第13题)。二是从产生和后果看,变造货币受到行为方式的限制,变造的数额远远小于伪造的货币的数额,而且变造货币的犯罪是在真实货币的基础上进行加工处理,行为人为此还须先行投入一部分货币才能进行变造货币的犯罪;其牟取的非法利益往往小于伪造货币的非法所得利益。变造货币通常是使其数量增多,价值升高,但不限于此种情况,也可以是使其数量减少,价值降低。如对人民币真币加工处理,使 100 元面额变为 50 元面额的(2013年卷二第 14 题)。而伪造货币的犯罪有的是成批、大量地"生产货币",社会危害性相对变造货币要大得多。

六、擅自设立金融机构罪

擅自设立金融机构罪是指未经国家有关主管部门批准,擅自设立商业银行、证券交易所、期货交易所、证券公司、期货经纪公司、保险公司或者其他金融机构或者金融机构筹备组织的行为。其他金融机构是指除银行及其分支机构以外,能依法参与金融活动、开展金融业务的、具有法人资格的组织。如信托投资公司、融资租赁公司、农村信用合作社、城市信用合作社、企业集团财务公司,侨资、外资在我国境内设立的金融机构等等。

七、伪造、变造、转让金融机构经营许可证、批准文件罪

伪造、变造、转让金融机构经营许可证、批准文件罪是指伪造、变造、转让商业银行、证券交易所、期货交易所、证券公司、期货经纪公司、保险公司或者其他金融机构的经营许可证或者批准文件的行为。本罪的对象是金融机构经营许可证、批准文件。本罪为行为犯。

八、高利转贷罪

高利转贷罪是指以转贷牟利为目的,套取金融机构信贷资金高利转贷给他人,违法所得数额较大的行为。信贷资金指金融机构根据中央银行有关贷款方针、政策,用于发放农村、城市贷款的资金。本罪主观上必须以转贷牟利为目的,如行为人为发展公司业务而正常申请贷款 100 万元。取得贷款不久,公司业务停滞,行为人便将贷款转贷牟利,不构成本罪。(2003 年卷二第 66 题)又如甲、乙二人合伙依法注册成立 X 公司,以钢材批发零售为营业范围。丙因自己的公司急需资金,便找到甲、乙借款,承诺向 X 公司支付高于银行利息五个百分点的利息,并另给甲、乙个人好处费。甲、乙见有利可图,即以购买钢材为由,以 X 公司的名义向某银行贷款 1000 万元,贷期半年。甲、乙将贷款按约定的利息标准借与丙。甲、乙构成高利转贷罪。(2008 年卷二第 11 题)

九、骗取贷款、票据承兑、金融票证罪

骗取贷款、票据承兑、金融票证罪是指以欺骗手段取得银行或者其他金融机构

贷款、票据承兑、信用证、保函等,给银行或者其他金融机构造成重大损失或者有其他严重情节的行为。

十、非法吸收公众存款罪

(一) 概念与构成要件

非法吸收公众存款罪是指非法吸收公众存款或者变相吸收公众存款,扰乱金融秩序的行为。

本罪的构成要件是:

1. 客体是国家的金融管理秩序。犯罪对象是公众存款。所谓存款是指存款人将资金存入银行或者其他金融机构,银行或者其他金融机构向存款人支付利息的一种经济活动。所谓公众存款是指存款人是不特定的群体,如果存款人只是少数个人或者是特定的,不能认为是公众存款。

2. 客观方面表现为非法吸收公众存款或者变相吸收公众存款,扰乱金融秩序的行为。"非法吸收公众存款或者变相吸收公众存款"是指违反国家金融管理法律规定,向社会公众(包括单位和个人)吸收资金的行为,同时具备下列四个条件的:(1)未经有关部门依法批准或者借用合法经营的形式吸收资金;(2)通过媒体、推介会、传单、手机短信等途径向社会公开宣传;(3)承诺在一定期限内以货币、实物、股权等方式还本付息或者给付回报;(4)向社会公众即社会不特定对象吸收资金。如甲四处散发宣传单,声称为加盟店筹资,承诺3个月后还款并支付银行定期存款2倍的利息,从社会上筹得资金1000万(2012年卷二第90题)。

"向社会公开宣传"包括以各种途径向社会公众传播吸收资金的信息,以及明知吸收资金的信息向社会公众扩散而予以放任等情形。未向社会公开宣传,在亲友或者单位内部针对特定对象吸收资金的,不属于非法吸收或者变相吸收公众存款。如行为人为项目筹集资金,向亲戚宣称有高息理财产品,以委托理财方式吸收10名亲戚300万元资金的(2014年卷二第14题)。但在向亲友或者单位内部人员吸收资金的过程中,明知亲友或者单位内部人员向不特定对象吸收资金而予以放任;或者以吸收资金为目的,将社会人员吸收为单位内部人员,并向其吸收资金的行为,应当认定为向社会公众吸收资金。

3. 主体为一般主体,自然人、单位均可构成本罪。

4. 主观方面表现为故意,并且只能是直接故意。但行为人不能有非法占有的目的。

(二) 司法认定

非法吸收或者变相吸收公众存款的,要从非法吸收公众存款的数额、范围以及给存款人造成的损失等方面来判定扰乱金融秩序造成危害的程度。

实施下列行为之一，符合本罪规定的条件的，应当以本罪定罪处罚：(1)不具有房产销售的真实内容或者不以房产销售为主要目的，以返本销售、售后包租、约定回购、销售房产份额等方式非法吸收资金的；(2)以转让林权并代为管护等方式非法吸收资金的；(3)以代种植(养殖)、租种植(养殖)、联合种植(养殖)等方式非法吸收资金的；(4)不具有销售商品、提供服务的真实内容或者不以销售商品、提供服务为主要目的，以商品回购、寄存代售等方式非法吸收资金的；(5)不具有发行股票、债券的真实内容，以虚假转让股权、发售虚构债券等方式非法吸收资金的；(6)不具有募集基金的真实内容，以假借境外基金、发售虚构基金等方式非法吸收资金的；(7)不具有销售保险的真实内容，以假冒保险公司、伪造保险单据等方式非法吸收资金的；(8)以投资入股的方式非法吸收资金的；(9)以委托理财的方式非法吸收资金的；(10)利用民间"会"、"社"等组织非法吸收资金的；(11)其他非法吸收资金的行为。

(三)刑事责任

犯本罪的，处3年以下有期徒刑或者拘役，并处或者单处2万元以上20万元以下罚金；数额巨大或者有其他严重情节的，处3年以上10年以下有期徒刑，并处5万元以上50万元以下罚金。

单位犯前款罪的，对单位判处罚金，并对其直接负责的主管人员和其他直接责任人员，依照前款的规定处罚。

十一、伪造、变造金融票证罪

伪造、变造金融票证罪是指伪造、变造汇票、本票、支票，伪造、变造委托收款凭证、汇款凭证、银行存单等其他银行结算凭证，伪造、变造信用证或者附随的单据、文件或者伪造信用卡的行为。如行为人丁某伪造户名分别为黄某和唐某在甲银行存款额均为50万元的存单两张(2005年卷四第2题)。

十二、妨害信用卡管理罪

妨害信用卡管理罪是指违反国家信用卡管理法规，在信用卡的发行、使用等过程中，妨害国家对信用卡的管理活动，破坏信用卡管理秩序的行为。客观方面表现为妨害信用卡管理的行为。具体包括四种情形：(1)明知是伪造的信用卡而持有、运输的，或者明知是伪造的空白信用卡而持有、运输，数量较大的；(2)非法持有他人信用卡，数量较大的；(3)使用虚假的身份证明骗领信用卡的；(4)出售、购买、为他人提供伪造的信用卡或者以虚假的身份证明骗领的信用卡的。

十三、窃取、收买、非法提供信用卡信息罪

窃取、收买、非法提供信用卡信息罪是指窃取、收买、非法提供信用卡信息资料的行为。客观方面表现为以秘密手段获取或者以金钱、物质等换取他人信用卡信息资料的行为,或者违反有关规定,私自提供他人信用卡信息资料的行为。

十四、伪造、变造国家有价证券罪

伪造、变造国家有价证券罪是指伪造、变造国库券或者国家发行的其他有价证券,数额较大的行为。有价证券是指标有票面金额,用于证明持有人或该证券指定的特定主体对特定财产拥有所有权或债权的凭证。

十五、伪造、变造股票、公司企业债券罪

伪造、变造股票、公司企业债券罪是指伪造、变造股票或者公司、企业债券,数额较大的行为。

十六、擅自发行股票、公司企业债券罪

擅自发行股票、公司企业债券罪是指未经国家有关主管部门批准,擅自发行股票或者公司、企业债券,数额巨大、后果严重或者有其他严重情节的行为。

十七、内幕交易、泄露内幕信息罪

内幕交易、泄露内幕信息罪是指证券、期货交易内幕信息的知情人员或者非法获取证券、期货交易内幕信息的人员,在涉及证券的发行,证券、期货交易或者其他对证券、期货交易价格有重大影响的信息尚未公开前,买入或者卖出该证券,或者从事与该内幕信息有关的期货交易,或者泄露该信息,或者明示、暗示他人从事上述交易活动,情节严重的行为。

十八、利用未公开信息交易罪

利用未公开信息交易罪是指证券交易所、期货交易所、证券公司、期货经纪公司、基金管理公司、商业银行、保险公司等金融机构的从业人员以及有关监管部门或者行业协会的工作人员,利用因职务便利获取的内幕信息以外的其他未公开的

信息,违反规定,从事与该信息相关的证券、期货交易活动,或者明示、暗示他人从事相关交易活动的行为。

十九、编造并传播证券、期货交易虚假信息罪

编造并传播证券、期货交易虚假信息罪是指编造并且传播影响证券、期货交易的虚假信息,扰乱证券、期货交易市场,造成严重后果的行为。

二十、诱骗投资者买卖证券、期货合约罪

诱骗投资者买卖证券、期货合约罪是指证券交易所、期货交易所、证券公司、期货经纪公司的从业人员,证券业协会、期货业协会或者证券期货监管管理部门的工作人员,故意提供虚假信息或者伪造、变造、销毁交易记录,诱骗投资者买卖证券、期货合约,造成严重后果的行为。

二十一、操纵证券、期货市场罪

操纵证券、期货市场罪是指以获取不正当利益或者转嫁风险为目的,单独或者合谋,集中资金优势、持股或者持仓优势或者利用信息优势联合或者连续买卖,或者与他人串通,以事先约定的时间、价格和方式相互进行证券、期货交易,或者在自己实际控制的账户之间进行证券交易,或者以自己为交易对象,自买自卖期货合约,影响证券、期货交易价格或者证券、期货交易量,扰乱证券、期货市场秩序的行为。

二十二、背信运用受托财产罪

背信运用受托财产罪是指商业银行、证券交易所、期货交易所、证券公司、期货经纪公司、保险公司或者其他金融机构,违背受托义务,擅自运用客户资金或者其他委托、信托的财产,情节严重的行为。

二十三、违法运用资金罪

违法运用资金罪是指社会保障基金管理机构、住房公积金管理机构等公众资金管理机构,以及保险公司、保险资产管理公司、证券投资基金管理公司,违反国家规定运用资金,情节严重的行为。

二十四、违法发放贷款罪

违法发放贷款罪是指银行或者其他金融机构的工作人员违反国家规定发放贷款,数额巨大或者造成重大损失的行为。如某国有银行行长甲指使负责贷款业务的科长乙向申请贷款的丙单位索要财物。甲、乙均明知丙单位不具备贷款条件,仍然向丙单位贷款 1000 万元,使银行遭受 800 万元损失(2008 年卷二第 56 题)。

二十五、吸收客户资金不入账罪

吸收客户资金不入账罪是指银行或者其他金融机构的工作人员,以牟利为目的,采取吸收客户资金不入账的方式,将资金用于非法拆借、发放贷款,数额巨大或者造成重大损失的行为。

二十六、违规出具金融票证罪

违规出具金融票证罪是指银行或其他金融机构的工作人员违反规定,为他人出具信用证或其他保函、票据、资信证明,情节严重的行为。

二十七、对违法票据承兑、付款、保证罪

对违法票据承兑、付款、保证罪是指银行或者其他金融机构的工作人员在票据业务中,对违反票据法规定的票据予以承兑、付款或者保证,造成重大损失的行为。

二十八、逃汇罪

逃汇罪是指国有公司、企业或者其他国有单位,违反国家规定,擅自将外汇存放境外,或者将境内的外汇非法转移到境外,情节严重的行为。

客体是国家的外汇管理制度。所谓逃汇,是指国家机关、企事业单位、团体或者个人,违反国家外汇管理规定,将应售给国家的外汇,私自转移、转让、买卖、存放境外,以及将外汇私自携带、托带或者邮寄出境等。

二十九、骗购外汇罪

骗购外汇罪是指违反国家外汇管理法规,使用伪造、变造的海关签发的报关单、进口证明、外汇管理部门核准件等凭证和单据,或者重复使用海关签发的报关

单、进口证明、外汇管理部门核准件等凭证和单据,或者以其他方式骗购外汇,数额较大的行为。

三十、洗钱罪

(一)概念与构成要件

洗钱罪是指明知是毒品犯罪、黑社会性质的组织犯罪、恐怖活动犯罪、走私犯罪、贪污贿赂犯罪、破坏金融管理秩序犯罪、金融诈骗犯罪的违法所得及其收益,为掩饰、隐瞒其来源和性质,而提供资金账户的,或者协助将财产转换为现金、金融票据、有价证券的,或者通过转账或者其他结算方式协助资金转移的,或者协助将资金汇往境外的,或者以其他方法掩饰、隐瞒犯罪所得及其收益的来源和性质的行为。

本罪的构成要件是:

1. 客体是复杂客体,既侵犯了国家金融管理秩序,又侵犯了社会经济管理秩序,还侵犯了司法机关的正常活动。

2. 客观方面表现为明知是毒品犯罪、黑社会性质的组织犯罪、恐怖活动犯罪、走私犯罪、贪污贿赂犯罪、破坏金融管理秩序犯罪、金融诈骗犯罪的违法所得及其收益,而掩饰、隐瞒犯罪所得及其收益的来源和性质的行为。具体表现为:(1)提供资金账户的;(2)协助将财产转换为现金、金融票据、有价证券的;(3)通过转账或者其他结算方式协助资金转移的;(4)协助将资金汇往境外的;(5)以其他方法掩饰、隐瞒犯罪所得及其收益的来源和性质的。如2005年卷二第93题、2007年卷二第97题、2007年卷二第54题、2010年卷二第12题考察了本罪的客观方面。

具有下列情形之一的,可以认定为"以其他方法掩饰、隐瞒犯罪所得及其收益的来源和性质":(1)通过典当、租赁、买卖、投资等方式,协助转移、转换犯罪所得及其收益的;(2)通过与商场、饭店、娱乐场所等现金密集型场所的经营收入相混合的方式,协助转移、转换犯罪所得及其收益的;(3)通过虚构交易、虚设债权债务、虚假担保、虚报收入等方式,协助将犯罪所得及其收益转换为"合法"财物的;(4)通过买卖彩票、奖券等方式,协助转换犯罪所得及其收益的;(5)通过赌博方式,协助将犯罪所得及其收益转换为赌博收益的;(6)协助将犯罪所得及其收益携带、运输或者邮寄出入境的;(7)通过前述规定以外的方式协助转移、转换犯罪所得及其收益的。

本罪应当以上游犯罪事实成立为认定前提。上游犯罪尚未依法裁判,但查证属实的,不影响本罪的审判。上游犯罪事实可以确认,因行为人死亡等原因依法不予追究刑事责任的,不影响本罪的认定。上游犯罪事实可以确认,依法以其他罪名定罪处罚的,不影响本罪的认定。(2010年卷二第12题)所称"上游犯罪",是指产生《刑法》第191条、第312条、第349条规定的犯罪所得及其收益的各种犯罪行为。

3. 主体是一般主体,包括自然人和单位。

4. 主观方面的表现为故意,即行为人明知自己的行为是在为犯罪违法所得掩饰、隐瞒其来源和性质、为利益而故意为之,并希望这种结果发生。

判断"明知",应当结合被告人的认知能力,接触他人犯罪所得及其收益的情况,犯罪所得及其收益的种类、数额,犯罪所得及其收益的转换、转移方式以及被告人的供述等主、客观因素进行认定。具有下列情形之一的,可以认定被告人明知系犯罪所得及其收益,但有证据证明确实不知道的除外:(1)知道他人从事犯罪活动,协助转换或者转移财物的;(2)没有正当理由,通过非法途径协助转换或者转移财物的;(3)没有正当理由,以明显低于市场的价格收购财物的;(4)没有正当理由,协助转换或者转移财物,收取明显高于市场的"手续费"的;(2005年卷二第93题)(5)没有正当理由,协助他人将巨额现金散存于多个银行账户或者在不同银行账户之间频繁划转的;(6)协助近亲属或者其他关系密切的人转换或者转移与其职业或者财产状况明显不符的财物的;(7)其他可以认定行为人明知的情形。

(二)司法认定

1. 本罪与掩饰、隐瞒犯罪所得、犯罪所得收益罪的界限。两罪都属于连累犯的范畴,即行为人明知是犯罪分子的违法所得,仍事后给予了犯罪分子某种帮助,因此,两者存在着很大的联系。但是,从具体犯罪构成要件而言,两者也存在着以下几方面的区别:(1)侵犯的客体不同,前者侵犯的是双重客体,其中主要客体是金融管理秩序,从而该罪被归类在"破坏社会主义市场经济秩序罪",后者侵犯的是单一客体,即社会管理秩序。(2)行为的对象不同,前者特指毒品犯罪、黑社会性质的组织犯罪、恐怖活动犯罪、走私犯罪、贪污贿赂犯罪、破坏金融管理秩序犯罪、金融诈骗犯罪的违法所得及其产生的收益,后者泛指一切犯罪的所得赃物。(3)行为方式不同,前者是指通过某类中介机构来隐瞒和掩饰违法所得及其收益的性质和来源,后者则包括窝藏、转移、收购或代为销售赃物四种行为。

2. 本罪与窝藏、转移、隐瞒毒品、毒赃罪的界限。两者在以下几个方面存在区别:(1)侵犯的客体不同,前者侵犯的是复杂客体,其中主要是金融管理秩序,后者侵犯的是单一客体,即社会管理秩序。(2)行为的对象不同,前者指毒品犯罪、黑社会性质的组织犯罪、恐怖活动犯罪、走私犯罪、贪污贿赂犯罪、破坏金融管理秩序犯罪、金融诈骗犯罪的等七大类罪的违法所得及其产生的收益,后者特指走私、贩卖、运输、制造毒品罪的毒品和毒赃。(3)行为方式不同,前者指行为人通过中介机构将有关违法所得及其产生的收益的来源和性质加以隐瞒和掩饰,是属于狭义上的"洗钱"行为,后者指行为人为走私、贩卖、运输、制造毒品罪的犯罪分子窝藏、转移、隐瞒毒品或者犯罪所得的财物,是属于广义上的"洗钱"行为。

3. 本罪的罪数形态。明知是犯罪所得及其产生的收益而予以掩饰、隐瞒,构成掩饰、隐瞒犯罪所得、犯罪所得收益罪,同时又构成洗钱罪或者窝藏、转移、隐瞒毒品、毒赃罪的,依照处罚较重的规定定罪处罚。

(三)刑事责任

犯本罪的,没收实施以上犯罪的所得及其产生的收益,处 5 年以下有期徒刑或者拘役,并处或者单处洗钱数额 5% 以上 20% 以下罚金;情节严重的,处 5 年以上 10 年以下有期徒刑,并处洗钱数额 5% 以上 20% 以下罚金。

■ 相关链接

1. 2000 年 9 月 8 日最高人民法院《关于审理伪造货币等案件具体应用法律若干问题的解释》

2. 2010 年 10 月 20 日最高人民法院《关于审理伪造货币等案件具体应用法律若干问题的解释(二)》

3. 2001 年 1 月 21 日最高人民法院关于印发《全国法院审理金融犯罪案件工作座谈会纪要》的通知

4. 2010 年 5 月 7 日最高人民检察院、公安部《关于公安机关管辖的刑事案件立案追诉标准的规定(二)》

5. 2010 年 12 月 13 日最高人民法院《关于审理非法集资刑事案件具体应用法律若干问题的解释》

6. 2011 年 8 月 18 日最高人民法院《关于非法集资刑事案件性质认定问题的通知》

7. 2014 年 3 月 25 日最高人民法院、最高人民检察院、公安部《关于办理非法集资刑事案件适用法律若干问题的意见》

8. 2009 年 12 月 3 日最高人民法院、最高人民检察院《关于办理妨害信用卡管理刑事案件具体应用法律若干问题的解释》

9. 2012 年 3 月 29 日最高人民法院、最高人民检察院《关于办理内幕交易、泄露内幕信息刑事案件具体应用法律若干问题的解释》

10. 1998 年 12 月 29 日全国人民代表大会常务委员会《关于惩治骗购外汇、逃汇和非法买卖外汇犯罪的决定》

11. 2009 年 11 月 4 日最高人民法院《关于审理洗钱等刑事案件具体应用法律若干问题的解释》

■ 问题思考

1. 伪造货币罪、变造货币罪、出售、购买、运输假币罪、持有、使用假币罪的认定及相互关系。

2. 非法吸收公众存款罪的构成要件及认定。
3. 洗钱罪的构成要件及认定。

案例分析

一、甲、丙出售、购买假币罪

(来自2002年国家司法考试卷二第84、86题)

案情简介：甲找到在某国有公司任出纳员的朋友乙，提出向该公司借款5万元用于购买假币，并许诺出售假币获利后给乙好处费。乙便擅自从自己管理的公司款项中借给甲5万元。甲拿到5万元后，让丙从外地购得假币若干，然后在本地出售。出售一部分后，甲便送给乙2万元好处费。甲后来在出售假币的过程中被公安人员抓获。甲如实交代了让丙购买假币和自己出售假币的行为，还主动交代了自己使用面值5000元的假币购买家电产品的事实，但未能如实说明购买假币的5万元现金的来源。

问题：甲、丙二人的行为应如何定性？

分析和答案：

甲购买假币后予以出售，其行为构成出售、购买假币罪。

甲让丙从外地购得假币若干后在本地出售，丙的行为在主观上是明知是假币而予以购买、出售，因此构成出售、购买假币罪，丙与甲具有共同的犯罪故意，只是分工不同，因此丙与甲成立出售、购买假币罪的共犯。

甲在出售、购买假币的同时，存在使用假币的行为，在出售、购买假币和使用假币两种行为并存的情况下，前行为是主行为，而后行为是从行为，在此情况下，主行为应吸收从行为，因此甲的行为应属于吸收关系，只按出售、购买假币罪定罪处罚。

综上，甲成立出售、购买假币罪，丙与甲成立出售、购买假币罪的共犯。

二、惠庆祥等非法吸收公众存款案

(来自《刑事审判参考》2008年第3辑，第488号)

案情简介：1998年3月，以惠庆祥等人为代表的苏州康丽房地产公司（以下简称康丽公司）与渭南市民政局商定共同出资成立渭南市尤湖塔园有限责任公司（以下简称尤湖塔园公司），开发、销售塔位（用于殡葬），惠庆祥代表康丽公司负责公司筹建。在此期间，尤湖塔园公司即以内部认购的形式销售塔位，规定购买者除可把塔位自由更名外，还可享受两年期还本获利保证。并于1998年7月7日正式注册成立尤湖塔园公司，惠庆祥担任副董事长、总经理。1999年2月，惠庆祥向公司增资128万元后将法定代表人变更为自己。

2000年年初，经惠庆祥批准，将塔位分为使用型和投资型两种，承诺购买投资型的塔位2年后可以更名或退单，并不定期提高塔位的销售价格，吸引众多群众购买。2001年年底，经惠庆祥批准，将塔位分成选位型和不选位型两种，并将不选位型塔位进行分期销售,制定出分期递增的价格,定期发布调价通知,给人以塔位不断增值的假象,并承诺购买不选位型的塔位两年后可按现价更名或退单。从1998年4月至2005年8月,尤湖塔园公司招聘大量销售人员,印制"问题解答"、"调价通知"等宣传材料,大肆宣传塔位的投资价值,违反国家公墓销售规定,采取上述手段在西安地区共计面向4334人销售投资型塔位,涉及未退金额7192万元,加上公司前期已兑付购买单3759份,原价金额2506万余元,两项合计9698万余元。

此外,尤湖塔园公司自1998年7月成立之初,资金严重短缺,惠庆祥即决定面向内部职工及社会群众高息借款,从1998年12月至2006年7月,尤湖塔园公司与内部职工及社会群众签订借款协议约定高息,借款共计1091万元。综上,尤湖塔园公司及惠庆祥共计非法吸收公众存款1.07亿余元。

主要问题:1.如何认定变相吸收公众存款?
2.如何区分合法民间借贷与非法吸收公众存款?

分析与答案:

1.未经中国人民银行批准,向社会不特定对象吸收资金,虽然不以吸收公众存款的名义,但承诺在一定期限内还本付息的,属于变相吸收公众存款。

从上述定义可以看出,非法吸收公众存款与变相吸收公众存款的共同特征在于:一是"非法性"。所谓"非法",是指任何向公众集资或吸收存款的行为,都必须经过中国人民银行批准。具体包括两种情形:(1)行为人不具备吸收公众存款的主体资格而吸收公众存款;(2)行为人虽然具备吸收公众存款的资格,但其吸收公众存款的方法是非法的。二是行为人必须是面向社会不特定对象吸收资金。而对于在企业内部的入股、集资行为,由于其对象为特定少数人或单位内部成员,不属"公众",一般不以本罪论处。

由上可见,非法吸收公众存款的行为与变相吸收公众存款的行为不同的是前者是以直接的名义吸收存款,表现在其出具存款凭证,并承诺在一定期限内还本付息;而后者则不以直接吸收存款的名义出现,而以成立资金互助会或以投资、集资入股等名义,但承诺履行的义务与前者相同。

本案中,从形式上看,被告单位尤湖塔园公司销售塔位是经过有关部门批准的,但批准的这种销售只是指正常销售塔位的行为。而在实际销售过程中,为了解决经营资金的紧张,尤湖塔园公司将塔位分为使用型和投资型以及选位型和不选位型,其中对于投资型和不选位型塔位,突出宣传购买这两种塔位有保值增值的投资功能,采用随意调高不同期塔位价格,并向公众发布,将公司前期退单情况予以宣传,造成购买塔位可升值的假象,吸引公众购买,并且公司承诺逐年返利或到期按增值价格退单、兑付。尤湖塔园公司向购买投资型和不选位型塔位的客户承诺履行的义务与吸收公众存款的性质相同,即都是承诺在一定期限内还本付息,从而达到吸收公众存款的目的,符合变相吸收公众存款的特征。

2.如何区分合法的民间借贷和非法吸收公众存款行为?

在司法实践中,对于非法吸收公众存款罪争议最大的是如何将本罪行为与合法的民间借贷相区别。引发该问题争议的是1999年《最高人民法院关于如何确认公民与企业之间借贷行为效力问题的批复》(以下简称《批复》)规定"公民与非金融企业之间的借贷属于民间借贷,只要双方当事人意思表示真实即可有效"。而非法吸收公众存款行为从本质上看也属于一种"借贷",而且该《批复》对于民间借贷行为并未限定范围,那么如何理解二者区别呢?本书认为,非法吸收公众存款罪尽管也表现为一定民间借贷的特征,但因为其借贷的范围具有不特定的公众性且扰乱了国家金融秩序,所以具有民间借贷不会造成的严重社会危害性,这是两者的根本区别。如果民间借贷的对象范围未经有权机关批准而向社会不特定对象吸收资金,且借款利率高于法定利率,扰乱了国家金融秩序,则就超出了民间借贷的范畴,演化为非法吸收公众存款。所以,《批复》中所讲的"民间借贷"只能是针对社会中少数个人或者特定对象之间的"借贷"行为,而对于"向社会不特定对象"吸收存款的行为当然不属于"民间借贷"。

本案中,被告单位尤湖塔园公司自1998年7月成立之初,惠庆祥即决定面向内部职工及社会群众高息借款,从1998年12月至2006年7月,尤湖塔园公司不但与内部职工而且与许多社会群众签订借款协议约定高息,借款共计1091万元,远远超出了非法吸收公众存款罪的立案标准,不再属于民间借贷范畴,对该行为应当以非法吸收公众存款罪定罪处罚。

第五节 金融诈骗罪

知识结构图

金融诈骗罪的概念和构成要件→金融诈骗罪的认定→金融诈骗罪的处罚

重点提示

金融诈骗罪的构成要件;金融诈骗罪的认定

司考重点

金融诈骗罪的行为方式

一、集资诈骗罪

(一)集资诈骗罪的概念和构成要件

集资诈骗罪,是指以非法占有为目的,使用诈骗方法非法集资,骗取集资款数额较大的行为。

1. 本罪侵犯的客体是国家正常的金融管理秩序和公私财产的所有权。本罪的犯罪对象,一般多表现为金钱,通说认为不应当限于金钱,[1]但也有学者认为集资行为的性质决定了其对象只能是资金,资金以外的财物不能成为本罪的对象。[2]

2. 本罪的客观方面是使用诈骗方法非法集资,且数额较大。这里包含三个方面的要素,即诈骗行为、非法集资以及数额较大。诈骗行为。这里的诈骗行为主要是指,在募集资金的过程中虚构资金用途、以虚假证明文件和高回报率为诱饵或者以其他欺骗手段骗取集资款的行为。非法集资。所谓非法集资,是指违反法律、法规的规定,向社会公众募集资金的行为。我国现行法律、法规对集资行为作出严格的规定,通常集资行为需要经过有权机关的批准才能进行。实践中常见的非法集资手段有:通过发行有价证券、债券、会员卡、彩票以及其他受益凭证的非法集资,通过开发或投资特定项目的非法集资,通过传销、民间行会、地下钱庄形式的非法集资等等。[3] 此外,非法集资是向社会公众实施的行为,故要求面向不特定或多数人实施。数额较大。根据2011年1月4日实施的最高人民法院《关于审理非法集资刑事案件具体应用法律若干问题的解释》第5条规定,个人集资诈骗、数额为10万,单位集资诈骗、数额为50万。本罪的数额以实际骗取的数额计算,案发前归还的数额应予以扣除。

3. 本罪的主体是一般主体,已满16周岁、具有刑事责任能力的自然人,单位。

4. 本罪的主观方面是故意,且具有非法占有的目的。这里是非法占有,并非指暂时的使用,而是非法据为己有。

(二)集资诈骗罪的认定

1. 本罪与非罪的界限。实践中对于骗取数额较小、没有非法占有目的、在特定范围内募集资金的非法集资行为,即使使用了一定的欺诈手段,也不宜认定为犯罪。

2. 集资诈骗罪与非法吸收公众存款罪的界限。两罪的界限主要在于:第一,前

---

[1] 高铭暄、马克昌主编:《刑法学》(第六版),北京大学出版社、高等教育出版社2014年版,第413页。
[2] 张明楷著:《刑法学》(第三版),法律出版社2010年版,第594页。
[3] 赵秉志主编:《金融诈骗罪新论》,人民大学出版社2001年版,第86-99页。

者必须有欺骗手段,后者则不需要;第二,前者必须有非法占有集资款的目的,后者则不能有这种目的。

3. 集资诈骗罪与欺诈发行股票、债券罪和擅自发行股票、公司企业债券罪的界限。后两罪也是在募集资金的过程中实施的犯罪行为,但是行为人并不具有非法占有集资款的目的,而是打算将集资款用于生产经营活动,出资人的股权、债权是真实的,行为人有履行承诺或给予回报的意思。

(三)集资诈骗罪的处罚

犯本罪的,处五年以下有期徒刑或者拘役,并处2万元以上20万元以下罚金;数额巨大或者有其他严重情节的,处五年以上十年以下有期徒刑,并处5万元以上50万元以下罚金;数额特别巨大或者有其他特别严重情节的,处十年以上有期徒刑或者无期徒刑,并处5万元以上50万元以下罚金或者没收财产。

单位犯本罪的,对单位判处罚金,并对其直接负责的主管人员和其他直接责任人员,处五年以下有期徒刑或者拘役;数额巨大或者有其他严重情节的,处五年以上十年以下有期徒刑;数额特别巨大或者有其他特别严重情节的,处十年以上有期徒刑或者无期徒刑。

■相关链接

前述最高院《关于审理非法集资刑事案件具体应用法律若干问题的解释》第4条规定了可以认定为"以非法占有为目的"的情况,即"(1)集资后不用于生产经营活动或者用于生产经营活动与筹集资金规模明显不成比例,致使集资款不能返还的;(2)肆意挥霍集资款,致使集资款不能返还的;(3)携带集资款逃匿的;(4)将集资款用于违法犯罪活动的;(5)抽逃、转移资金、隐匿财产,逃避返还资金的;(6)隐匿、销毁账目,或者搞假破产、假倒闭,逃避返还资金的;(7)拒不交代资金去向,逃避返还资金的;(8)其他可以认定非法占有目的的情形"。

■观点争鸣

目前,集资诈骗罪中社会公众的认定,是争议较大的问题。一般认为,社会公众应当理解为社会上不特定的民众,[①]但也有学者认为,向特定范围内的多数人非

[①] 前述最高院《关于审理非法集资刑事案件具体应用法律若干问题的解释》第1条第2款,2014年3月25日最高人民法院、最高人民检察院、公安部《关于办理非法集资刑事案件适用法律若干问题的意见》中关于社会公众的认定第3个问题,都说明向特定对象募集资金的不是非法集资的行为。

法募集资金的,也应当成立非法集资,①本书的立场是社会公众应当是不特定的个体,至于范围是否特定则在所不问。

二、贷款诈骗罪

(一)贷款诈骗罪的概念和构成要件

贷款诈骗罪,是指以非法占有为目的,诈骗银行或其他金融机构的贷款,数额较大的行为。

1. 本罪的客体是国家正常的贷款管理秩序和金融机构对出借资金的所有权。本罪的犯罪对象是以银行为代表的金融机构的用于贷款的货币资金。

2. 本罪的客观方面是使用诈骗方法,骗取银行或其他金融机构的贷款、数额较大。其中,具体的诈骗方法有:(1)编造引进资金、项目等虚假理由骗取银行或者其他金融机构的贷款;(2)使用虚假的经济合同诈骗银行或者其他金融机构的贷款;(3)使用虚假的证明文件诈骗银行或其他金融机构的贷款;(4)使用虚假的产权证明作担保或超出抵押物价值重复担保,骗取银行或其他金融机构贷款的;(5)以其他方法诈骗银行或其他金融机构贷款的。关于其他方法,一般是指客观上的贷款条件和程序等完全符合相关规定,但行为人在贷款过程中以非法占有为目的,隐瞒通过事后转移贷款、担保物或者携款潜逃等拒不归还贷款的意图,骗取贷款的行为。本罪所指数额较大,根据 2010 年 5 月 7 日实施的最高人民检察院、公安部《关于公安机关管辖的刑事案件立案追诉标准的规定(二)》(以下简称《立案追诉标准的规定(二)》)第 50 条,是指 2 万元以上。

3. 本罪的主体是一般主体,已满 16 周岁、具有刑事责任能力的自然人均可以构成,单位不能构成本罪。

4. 本罪的主观方面是故意,且具有非法占有的目的。

(二)贷款诈骗罪的认定

1. 贷款诈骗罪与借贷纠纷的界限。实践中常有从银行等金融机构贷款时实施了一定的诈骗行为,或者是获取贷款后擅自改变用途,最终导致拖欠贷款、无力偿还的,因为欠缺非法占有的目的,都不能按照贷款诈骗罪处理。

2. 贷款诈骗罪与高利转贷罪、骗取贷款罪的界限。后两罪也是发生在贷款过程中的带有欺骗性质的犯罪行为,其中高利转贷罪是套取贷款后再以高息转贷他人,其目的在于牟取息差,而骗取贷款罪的目的在于非法获得贷款的使用权,故此二罪均无非法占有的目的。

---

① 张明楷著:《诈骗罪与金融诈骗罪研究》,清华大学出版社 2006 年版,第 498-499 页。

（三）贷款诈骗罪的处罚

犯本罪的，处五年以下有期徒刑或者拘役，并处二万元以上二十万元以下罚金；数额巨大或者有其他严重情节的，处五年以上十年以下有期徒刑，并处五万元以上五十万元以下罚金；数额特别巨大或者有其他特别严重情节的，处十年以上有期徒刑或者无期徒刑，并处五万元以上五十万元以下罚金或者没收财产。

■观点争鸣

合法取得贷款后，因情势变更产生非法占有目的，并实施转移、隐匿贷款、担保物或携款潜逃等行为的，如何处理？有侵占罪说、合同诈骗罪说和贷款诈骗罪说。本书的立场是，既然非法占有的目的是在获取贷款后产生的，故不能成立贷款诈骗罪，同理也不符合合同诈骗罪的要件，又因欠缺物的返还请求权，故也不成立侵占罪，仅在以欺骗手段使贷款人免除本息义务时成立诈骗罪。

单位实施贷款诈骗的，是否只能按合同诈骗罪处理？有学者主张单位虽然不能构成贷款诈骗罪，但却可以对单位负责人、主要责任人按贷款诈骗罪处理，[1]本书认为应按合同诈骗罪处理。

■案例分析

关于贷款诈骗罪的判断，下列哪一选项是正确的？（　　）

A. 甲以欺骗手段骗取银行贷款，给银行造成重大损失的，构成贷款诈骗罪

B. 乙以牟利为目的套取银行信贷资金，转贷给某企业，从中赚取巨额利益的，构成贷款诈骗罪

C. 丙公司以非法占有为目的，编造虚假的项目骗取银行贷款。该公司构成贷款诈骗罪

D. 丁使用虚假的证明文件，骗取银行贷款后携款潜逃的，构成贷款诈骗罪

答案：D

解析：选项 A 属于骗取贷款罪，不是贷款诈骗。选项 B 属于高利转贷罪。选项 C 属于单位实施的贷款诈骗行为，应按合同诈骗罪处理。选项 D 明显属于贷款诈骗罪。

---

[1] 张明楷著：《刑法学》（第三版），法律出版社 2010 年版，第 597-598 页。

三、票据诈骗罪

（一）票据诈骗罪的概念和构成要件

票据诈骗罪,是指以非法占有为目的,利用金融票据进行诈骗活动,数额较大的行为。

1. 本罪侵犯的客体是国家正常的金融票据管理秩序和公私财产的所有权。

2. 本罪的客观方面是利用金融票据进行诈骗活动,数额较大的行为。具体行为方式包括:(1)明知是伪造、变造的汇票、本票、支票而使用的;(2)明知是作废的汇票、本票、支票而使用的;(3)冒用他人的汇票、本票、支票的;(4)签发空头支票或者与其预留印鉴不符的支票,骗取财物的;(5)汇票、本票的出票人签发无资金保证的汇票、本票或者在出票时作虚假记载,骗取财物的。本罪所指数额较大,根据《立案追诉标准的规定(二)》第51条,是指个人1万元以上、单位10万元以上。

3. 本罪的主体是一般主体,已满16周岁、具有刑事责任能力的自然人,单位。

4. 本罪的主观方面是故意,且具有非法占有的目的。另外,还需注意主观方面的明知要素。

（二）票据诈骗罪的处罚

犯本罪的,处五年以下有期徒刑或者拘役,并处2万元以上20万元以下罚金;数额巨大或者有其他严重情节的,处五年以上十年以下有期徒刑,并处5万元以上50万元以下罚金;数额特别巨大或者有其他特别严重情节的,处十年以上有期徒刑或者无期徒刑,并处5万元以上50万元以下罚金或者没收财产。

单位犯本罪的,对单位判处罚金,并对其直接负责的主管人员和其他直接责任人员,处五年以下有期徒刑或者拘役;数额巨大或者有其他严重情节的,处五年以上十年以下有期徒刑;数额特别巨大或者有其他特别严重情节的,处十年以上有期徒刑或者无期徒刑。

■观点争鸣

盗窃支票并使用的行为的定性,有学者主张应该根据支票是否记名、是否定额来判断,具体来说:(1)盗窃定额支票的,无论是否使用,都应定盗窃罪;(2)盗窃定额支票以外的不记名、不挂失支票,应当定盗窃罪;(3)盗窃记名空白支票,然后进行补记的,应定票据诈骗罪;(4)盗窃记名支票后使用的,应定票据诈骗罪;(5)盗窃格式票据后,偷盖印章、伪造印鉴、虚记事项后使用的,构成伪造金融票证罪和票据诈骗罪,应从一重处罚。本书支持这一主张。

案例分析

钱某持盗来的身份证及伪造的空头支票,骗取某音像中心 VCD 光盘 4000 张,票面金额 3.5 万元。物价部门进行赃物估价鉴定的结论为:"盗版光盘无价值"。对钱某骗取光盘的行为应如何定性?( )

A. 钱某的行为不构成犯罪
B. 钱某的行为构成票据诈骗罪的既遂,数额按票面金额计算
C. 钱某的行为构成票据诈骗罪的未遂
D. 钱某的行为构成诈骗罪的既遂,数额按票面金额计算

答案:B

解析:钱某以签发空头支票的方式骗取财物的,符合票据诈骗罪构成要件的客观方面。因为票据诈骗罪和诈骗罪之间是特殊条款与普通条款的法条竞合关系,根据特殊条款优于普通条款的原则,钱某的行为不可能被认定为诈骗罪,只可能认定为票据诈骗罪。所以 D 选项排除。本题的关键在于如何看待盗版光盘的价值问题。虽然物价部门鉴定结论为盗版光盘无价值,但被害人某音像中心却因为钱某的诈骗行为损失了 3.5 万元的财物。所以可以按票面金额来计算票据诈骗的数额,而不能认定为未遂。最后的答案应选 B。

四、金融凭证诈骗罪

金融凭证诈骗罪,是指以非法占有为目的,使用伪造、变造的委托收款凭证、汇款凭证、银行存单等其他银行结算凭证,骗取财物,数额较大的行为。本罪侵犯的客体是国家正常的金融凭证管理秩序和公私财产的所有权。本罪的客观方面是使用伪造、变造的委托收款凭证、汇款凭证、银行存单等其他银行结算凭证进行诈骗活动,数额较大。本罪的数额较大,与票据诈骗罪相同。本罪的主体是一般主体,已满 16 周岁、具有刑事责任能力的自然人、单位。本罪的主观方面是故意,且具有非法占有的目的。

本罪的法定刑与票据诈骗罪相同。

五、信用证诈骗罪

信用证诈骗罪,是指以非法占有为目的,进行信用证诈骗活动的行为。本罪侵犯的客体是国家正常的信用证管理秩序和公司财产所有权。本罪的客观方面是利用信用证进行诈骗活动。具体行为方式包括:(1)使用伪造、变造的信用证或者附随的单据、文件的;(2)使用作废的信用证的;(3)骗取信用证的;(4)以其他方法进行信用证诈骗活动的。需要指出的是,本罪的成立并无数额要求。本罪的主体

是一般主体,已满16周岁、具有刑事责任能力的自然人、单位。本罪的主观方面是故意,且具有非法占有的目的。

犯本罪的,处五年以下有期徒刑或者拘役,并处二万元以上二十万元以下罚金;数额巨大或者有其他严重情节的,处五年以上十年以下有期徒刑,并处五万元以上五十万元以下罚金;数额特别巨大或者有其他特别严重情节的,处十年以上有期徒刑或者无期徒刑,并处五万元以上五十万元以下罚金或者没收财产。

单位犯本罪的,对单位判处罚金,并对其直接负责的主管人员和其他直接责任人员,处五年以下有期徒刑或者拘役;数额巨大或者有其他严重情节的,处五年以上十年以下有期徒刑;数额特别巨大或者有其他特别严重情节的,处十年以上有期徒刑或者无期徒刑。

观点争鸣

如何认定骗取信用证型诈骗及其与非法占有目的的结合?有的学者认为,单纯的骗取信用证行为,并非信用证诈骗罪的实行行为,而是该罪的预备行为,如果没有利用骗取的信用证诈骗他人财物的行为则不能成立信用证诈骗罪。① 有的学者认为,骗取信用证的行为是信用证诈骗罪的实行行为,实施了骗取信用证的行为即构成本罪的既遂,并不需要再去利用骗取的信用证诈骗他人财物(有的学者是从行为犯的角度分析的、有的学者则是以财产性利益为本罪的对象来论证的)。有的学者认为,骗取信用证并加以利用是密不可分的两个行为阶段,单纯骗取信用证而未使用的,应按普通诈骗罪处理。② 本书采取既遂说的主张。

六、信用卡诈骗罪

(一)信用卡诈骗罪的概念和构成要件

信用卡诈骗罪,是指以非法占有为目的,利用信用卡进行诈骗活动,骗取他人数额较大财物的行为。

1. 本罪侵犯的客体是国家正常的信用卡管理秩序和公私财产的所有权。

2. 本罪的客观方面是利用信用卡进行诈骗活动,且骗取数额较大的财物。本罪所称之信用卡,根据2004年12月29日全国人大常委会《关于〈中华人民共和国刑法〉有关信用卡规定的解释》的规定,是指由商业银行或其他金融机构发行的具有消费支付、信用贷款、转账结算、存取现金等全部功能或者部分功能的电子支付

---

① 张明楷著:《刑法学》(第三版),法律出版社2010年版,第601页。
② 张明楷著:《诈骗罪与金融诈骗罪研究》,清华大学出版社2006年版,第618–619页。

卡。具体行为方式包括：(1)使用伪造的信用卡，或者使用以虚假的身份证明骗领的信用卡的；(2)使用作废的信用卡的；(3)冒用他人信用卡的；(4)恶意透支的。其中，使用是指按照真实有效的信用卡的功能和用途加以利用的行为，伪造的信用卡不仅可以是自己伪造的、也可以是他人伪造的；作废的信用卡是指超期、停卡、挂失三种情况；冒用他人信用卡是假冒真实有效的信用卡的持卡人而使用的行为；恶意透支，是指以非法占有为目的，超过规定限额或者规定期限透支，并且经发卡银行两次催收后超过3个月仍不归还的行为。此外，本罪所指数额较大，根据《立案追诉标准的规定(二)》第54条，是指个人5000元以上。

3. 本罪的主体是本罪的主体是一般主体，已满16周岁、具有刑事责任能力的自然人。

4. 本罪的主观方面是故意，且具有非法占有的目的。此外，须明知是伪造的信用卡、作废的信用卡以及以虚假的身份证明骗领的信用卡。

(二)信用卡诈骗罪的认定

1. 信用卡诈骗罪与盗窃罪的界限。依据现行刑法的规定，盗窃他人信用卡并使用的，应当认定为盗窃罪。当然，这里必须是他人真实有效的信用卡，如果盗窃并使用的是他人伪造的信用卡、以虚假身份证明骗领的信用卡、作废的信用卡的，则应认定为信用卡诈骗罪。

2. 信用卡诈骗罪与拾得、骗取、抢夺他人信用卡后使用而构成的相关犯罪的界限。拾得他人信用卡并使用的，属于冒用他人信用卡，应认定为信用卡诈骗罪；而骗取、抢夺他人信用卡并使用的，本书认为信用卡不能成为诈骗罪、抢夺罪的犯罪对象，故仍属于冒用他人信用卡、应认定为信用卡诈骗罪。

3. 信用卡诈骗罪与抢劫信用卡的相关犯罪的界限。(1)抢劫信用卡并当场提取现金的(以暴力、胁迫当场获取密码并使用或者实力控制被害人当场取出现金)，应当认定为抢劫罪；(2)抢劫信用卡后未使用的，应定抢劫罪、按情节处罚；(3)抢劫信用卡并事后使用的，应当以抢劫罪和信用卡诈骗罪实行数罪并罚；(4)抢劫信用卡，当场提取现金，事后亦有使用的，应当以抢劫罪和信用卡诈骗罪实行数罪并罚。

(三)信用卡诈骗罪的处罚

犯本罪的，处五年以下有期徒刑或者拘役，并处二万元以上二十万元以下罚金；数额巨大或者有其他严重情节的，处五年以上十年以下有期徒刑，并处五万元以上五十万元以下罚金；数额特别巨大或者有其他特别严重情节的，处十年以上有期徒刑或者无期徒刑，并处五万元以上五十万元以下罚金或者没收财产。

■ 相关链接

2009年12月16日实施的最高人民法院、最高人民检察院《关于办理妨害信用卡管理刑事案件具体应用法律若干问题的解释》"……刑法第一百九十六条第一款第(三)项所称'冒用他人信用卡',包括以下情形:(1)拾得他人信用卡并使用的;(2)骗取他人信用卡并使用的;(3)窃取、收买、骗取或者以其他非法方式获取他人信用卡信息资料,并通过互联网、通讯终端等使用的;(4)其他冒用他人信用卡的情形……有以下情形之一的,应当认定为刑法第一百九十六条第二款规定的'以非法占有为目的':(1)明知没有还款能力而大量透支,无法归还的;(2)肆意挥霍透支的资金,无法归还的;(3)透支后逃匿、改变联系方式,逃避银行催收的;(4)抽逃、转移资金,隐匿财产,逃避还款的;(5)使用透支的资金进行违法犯罪活动的;(6)其他非法占有资金,拒不归还的行为。"

■ 观点争鸣

信用卡的使用方式是否影响其构成的罪名？通说认为,诈骗罪以使他人陷入认识错误为必要条件,针对机器使用信用卡的,如在ATM机上使用信用卡,是欠缺这一条件的,故应认定为盗窃罪;而若是对人使用信用卡的,接受信用卡的人是把使用人当作持卡人看待的,符合陷入认识错误的条件,应当认定为诈骗罪。本书支持这一主张。

■ 问题思考

伪造信用卡后使用的,应当如何处理?

■ 案例分析

被告人江某与被害人郑某是同一家电脑公司的工作人员,二人同住一间集体宿舍。某日,郑某将自己的信用卡交江某保管,3天之后索回。一周后,郑某发现自己的信用卡丢失,到银行挂失时,得知卡上1.5万元已被人取走。郑某报案后,司法机关找到了江某。江承认是其所为,但对作案事实前后供述不一。第一次供述称,在郑某将信用卡交其保管时,利用以前与郑某一起取款时偷记下的郑某信用卡上的密码,私下在取款机上取款;第二次供述称,是仿制了一张信用卡后,用所获取的郑某信用卡上的有关信息取款;第三次供述却称,是拾得郑某的信用卡后,用该卡取款。但被害人郑某怀疑是江某盗窃其信用卡后取走卡上所存的钱款。请回答以下问题。

如果郑某将信用卡交江某保管时,江某私下用来取走了现金,下列说法正确的是(　　)

A. 江某构成侵占罪

B. 江某构成信用卡诈骗罪

C. 江某构成盗窃罪

D. 江某不构成犯罪

答案:B

解析:江某是非持卡人却假借持卡人的名义非法使用持卡人的信用卡,属于刑法第一百九十六条第三项所规定的"冒用他人信用卡"骗取财物的情况,符合信用卡诈骗罪的构成要件,成立信用卡诈骗罪。本题最大的干扰项是 A 选项:侵占罪。一般情况下,保管人私吞被保管物的,构成侵占罪。但是私吞信用卡时却有一个冒用他人信用卡提取资金的行为,此行为与私吞行为是一种牵连关系,依照牵连犯的处罚规则,应从一重,依照信用卡诈骗罪处罚。

如果江某用自己仿制的信用卡在自动取款机上提取了现金,下列说法正确的是(　　)

A. 江某构成伪造金融票证罪

B. 江某构成伪造信用卡罪

C. 江某构成信用卡诈骗罪

D. 应该实行数罪并罚

答案:C

解析:根据刑法第一百九十六条第一项的规定,"使用伪造的信用卡"进行购买商品、提取现金等诈骗活动的,构成信用卡诈骗罪;伪造信用卡的行为又触犯了伪造金融票证罪,信用卡诈骗罪和伪造金融票证罪是牵连关系,依照牵连犯的处理规则,从一重处罚,应以信用卡诈骗罪处罚。所以 D 选项"实行数罪并罚"是错误的。C 选项中的伪造信用卡罪在刑法中没有这一罪名,所以不选。

如果江某拾得信用卡后,用该信用卡在自动取款机上提取了现金,下列说法错误的是(　　)

A. 江某构成侵占罪

B. 江某构成信用卡诈骗罪

C. 江某构成侵占遗失物罪

D. 江某不构成犯罪,其行为属不当得利

答案:ACD

解析:江某拾得他人遗失物的行为不构成犯罪,但其是冒用他人信用卡骗取财物的情况,符合信用卡诈骗罪的构成要件,成立信用卡诈骗罪。A 选项不选,是因为江某拾得遗失物的行为不能构成侵占罪。C 选项中的侵占遗失物罪不是刑法中的罪名。

如果江某盗窃信用卡后,用该信用卡在自动取款机上提取了现金,下列说法正确的是(　　)

A. 江某构成盗窃信用卡罪

B. 江某构成信用卡诈骗罪

C. 江某既构成盗窃罪又构成信用卡诈骗罪,应实行数罪并罚

D. 江某构成盗窃罪

答案:D

解析:根据刑法第一百九十六条第二款的规定,盗窃信用卡并使用的,依照本法第二百六十四条即盗窃罪的规定定罪处罚。所以盗窃信用卡又以诈骗的手段使用的,不另成立信用卡诈骗罪,只以盗窃罪定罪处罚。

七、有价证券诈骗罪

有价证券诈骗罪,是指以非法占有为目的,使用伪造、变造的国库券或者国家发行的其他有价证券,进行诈骗活动,骗取财物数额较大的行为。本罪侵犯的客体是国家正常的有价证券管理秩序和公私财产的所有权。本罪的客观方面是使用伪造、变造的国库券或者国家发行的其他有价证券,进行诈骗活动,骗取财物数额较大。本罪所指数额较大,根据《立案追诉标准的规定(二)》第 55 条,是指个人 1 万元以上。

犯本罪的,处五年以下有期徒刑或者拘役,并处二万元以上二十万元以下罚金;数额巨大或者有其他严重情节的,处五年以上十年以下有期徒刑,并处五万元以上五十万元以下罚金;数额特别巨大或者有其他特别严重情节的,处十年以上有期徒刑或者无期徒刑,并处五万元以上五十万元以下罚金或者没收财产。

八、保险诈骗罪

(一)保险诈骗罪的概念和构成要件

保险诈骗罪,是指行为人故意虚构保险标的,或者对已发生的保险事故编造虚假的原因或夸大损失程度,或者编造未曾发生的保险事故,或者故意制造保险事故,进行保险诈骗活动,骗取数额较大财物的行为。

1. 本罪侵犯的客体是国家的保险管理秩序和保险人的财产所有权。本罪的犯罪对象是我国境内依法设立的保险机构中的保险金。

2. 本罪的客观方面是进行保险诈骗活动,骗取数额较大财物。具体行为方式包括:(1)投保人故意虚构保险标,骗取保险金的;(2)投保人、被保险人或者受益

人对发生的保险事故编造虚假的原因或夸大损失的程度,骗取保险金的;(3)投保人、被保险人或者受益人编造未曾发生的保险事故,骗取保险金的;(4)投保人、被保险人或者受益人故意制造保险事故,骗取保险金的;(5)投保人、受益人故意造成被保险人死亡、伤残或者疾病,骗取保险金的。其中,虚构保险标的,包括虚构不存在的保险对象、将价值较小的保险对象虚构为价值较大的保险对象以及将不符合要求的保险对象虚构为符合要求的保险对象。本罪所指数额较大,根据《立案追诉标准的规定(二)》第56条,是指个人1万元以上、单位5万元以上。

3. 本罪的主体是特殊主体,即投保人、被保险人、受益人,包括自然人、单位。投保人,是指对保险标的具有保险利益,向保险人申请订立保险合同,并负有交付保费义务的人;被保险人,是指在保险事故发生,其财产或人身发生损害时,有权要求保险人给予补偿的人;受益人,是指投保人或被保险人在保险合同中约定享有补偿请求权的人。此外,保险事故的鉴定人、证明人、财产评估人故意提供虚假的证明文件,为他人诈骗提供条件的,是保险诈骗罪的共犯。

4. 本罪的主观方面是故意,且具有非法占有保险金的目的。

(二)保险诈骗罪的认定

1. 保险公司工作人员进行保险诈骗活动的定性。保险公司工作人员利用职务之便,故意编造未曾发生的保险事故进行虚假理赔,骗取保险金归自己所有的,应当根据是否属于国家工作人员分别定贪污罪或者职务侵占罪;保险公司工作人员与投保人、被保险人或者受益人共同进行保险诈骗的,应当根据是否利用了保险公司工作人员的职务之便及其是否属于国家工作人员,分别定保险诈骗罪和贪污罪或职务侵占罪的想象竞合犯,应按照一个重罪处罚。

2. 保险诈骗罪的罪数。投保人、被保险人或者受益人故意制造保险事故,进行虚假理赔,同时构成其他犯罪的,根据现行《刑法》第198条第2款的规定,应当数罪并罚;若仅制造了保险事故、未进行虚假理赔的,则只能就所制造的事故进行定罪处罚。

(三)保险诈骗罪的处罚

犯本罪的,处五年以下有期徒刑或者拘役,并处一万元以上十万元以下罚金;数额巨大或者有其他严重情节的,处五年以上十年以下有期徒刑,并处二万元以上二十万元以下罚金;数额特别巨大或者有其他特别严重情节的,处十年以上有期徒刑,并处二万元以上二十万元以下罚金或者没收财产。

单位犯本罪的,对单位判处罚金,并对其直接负责的主管人员和其他直接责任人员,处五年以下有期徒刑或者拘役;数额巨大或者有其他严重情节的,处五年以上十年以下有期徒刑;数额特别巨大或者有其他特别严重情节的,处十年以上有期徒刑。

问题思考

恶意重复保险的定性。重复保险,是指投保人对同一保险标的、同一保险利益、同一保险事故,在同一保险时期分别向两个或两个以上的保险人订立保险合同的行为。目前,我国现行法律、法规并没有禁止重复保险行为,但不得超过保险标的的价值,否则就是超额重复投保行为,如果行为人以获得超过保险标的价值的保险金为目的故意进行超额重复投保的,对于超出部分应当认定为保险诈骗罪。

案例分析

1. 个体户甲开办的汽车修理厂系某保险公司指定的汽车修理厂家。甲在为他人修理汽车时,多次夸大汽车毁损程度,向保险公司多报汽车修理费用,从保险公司骗取12万余元。对甲的行为应如何论处?(　　)

A. 以诈骗罪论处

B. 以保险诈骗罪论处

C. 以合同诈骗罪论处

D. 属于民事欺诈,不以犯罪论处

答案:A

解析:保险诈骗罪的犯罪主体是特殊主体,即投保人、被保险人或受益人,本题不构成保险诈骗罪。合同诈骗罪采用的是特定的手段,即利用签订、履行合同的方式进行诈骗,本题不构成合同诈骗罪。

2. 甲将自己的汽车藏匿,以汽车被盗为由向保险公司索赔。保险公司认为该案存有疑点,随即报警。在掌握充分证据后,侦查机关安排保险公司向甲"理赔"。甲到保险公司二楼财务室领取20万元赔偿金后,刚走到一楼即被守候的多名侦查人员抓获。关于甲的行为,下列哪一选项是正确的?(　　)

A. 保险诈骗罪未遂

B. 保险诈骗罪既遂

C. 保险诈骗罪预备

D. 合同诈骗罪

答案:A

解析:本题考核保险诈骗罪犯罪既遂的认定。最高人民检察院《关于保险诈骗罪的未遂犯能否按犯罪处理问题的答复》规定:"行为人已经着手实施保险诈骗罪行为,但由于意志以外的原因未能获得保险赔偿的,是诈骗未遂,情节严重的,应依法追究刑事责任。"本题中,甲的保险诈骗行为已经着手实施,其领取赔偿金后港走到一楼即被抓获,属于由于意志以外的原因未能获得保险赔偿,应认定为保险诈骗罪未遂。

第六节 危害税收征管罪

知识结构图

危害税收征管罪的概念和构成要件→危害税收征管罪的认定→危害税收征管罪的处罚

重点提示

危害税收征管罪的构成要件；危害税收征管罪的认定

司考重点

危害税收征管罪的行为方式

一、逃税罪

（一）逃税罪的概念和构成要件

逃税罪，是指纳税义务人采取欺骗、隐瞒手段进行虚假纳税申报或者不申报，逃避缴纳税款数额较大并且占应纳税额 10% 以上，或者缴纳税款后，以假报出口或者其他欺骗手段，骗回所交税款的，或者扣缴义务人采取欺骗、隐瞒手段不缴或者少缴已扣、已收税款数额较大的行为。

1. 本罪侵犯的客体是国家的税收征管秩序。犯罪的对象是应向国家缴纳的税款。

2. 本罪的客观方面是采取欺骗、隐瞒手段进行虚假纳税申报或者不申报，或者不缴、少缴已扣、已交税款，逃避缴纳税款数额达到法定标准的，或者缴纳税款后，以假报出口或者其他欺骗手段，骗回所交税款的行为。具体行为方式包括：(1)纳税人采取欺骗、隐瞒手段进行虚假纳税申报或者不申报；(2)扣缴义务人采取欺骗、隐瞒手段，不缴或者少缴已扣、已收税款；(3)缴纳税款后，以假报出口或者其他欺骗手段，骗回所交税款。其中，虚假纳税申报是指向税务机关提交虚假纳税申报材料的，不申报是指经税务机关通知申报后仍拒不申报的；不缴、少缴的，必须是扣缴义务人已经扣或者收的纳税义务人所纳税款,不能是尚未缴纳的税款。本罪的数额标准,根据《立案追诉标准的规定(二)》第57条,是指"(1)纳税人采取欺骗、隐瞒手段进行虚假纳税申报或者不申报,逃避缴纳税款,数额在五万元以上并且占各税种应纳税总额百分之十以上,经税务机关依法下达追缴通知后,不补缴应纳税款、不缴纳滞纳金或者不接受行政处罚的;(2)纳税人五年内因逃避缴纳税款受过刑事处罚或者被税务机关给予二次以上行政处罚,又逃避缴纳税款,数额在五万元以上并且占各税种应纳税总额百分之十以上的;(3)扣缴义务人采取欺骗、隐瞒手段,不缴或者少缴已扣、已收税款,数额在五万元以上的。"

3. 本罪的主体是特殊主体,即纳税人、扣缴义务人,包括自然人、单位。

4. 本罪主观方面是故意,目的在于少缴、不缴税款。

(二)逃税罪的认定

1. 本罪与非罪的界限。实践中,漏税、避税、欠税以及一般逃税违法行为,与逃税罪都非常相似。其中,一般逃税违法行为,是指逃税数额未达法定定罪标准的逃税行为;漏税,是指过失未缴、少缴税款的行为;避税,也包括节税,是指在法律允许的范围内,通过资产安排和税务策划,规避或减轻纳税义务的行为;欠税,是指在法定纳税期限内,因客观上无力缴纳税款而拖欠税款的行为。

2. 逃税罪与逃避追缴欠税罪的界限。逃避追缴欠税罪,是指行为人欠缴税款后,面对税务机关的追缴,采取转移或者隐匿财产的手段,致使税务机关无法追缴欠缴的税款,数额较大的行为。若欠缴税款是由逃税行为造成的,在同时构成逃税罪和逃避追缴欠税罪的场合,依据牵连犯的法理,按照一个重罪处罚。

3. 逃税罪与骗取出口退税罪的界限。逃税罪,是逃避纳税义务的犯罪行为;骗取出口退税罪,是非法骗取国家出口退税款的犯罪行为。如果以骗取出口退税的方式骗回已缴税款,则目的仍在于逃避纳税义务,现行刑法第204条第2款也将这种行为规定为逃税罪。

(三)逃税罪的处罚

纳税人犯本罪,逃避缴纳税款数额较大并且占应纳税额百分之十以上的,处三年以下有期徒刑或者拘役,并处罚金;数额巨大并且占应纳税额百分之三十以上的,处三年以上七年以下有期徒刑,并处罚金。扣缴义务人犯本罪,依照纳税人的处罚规定处罚。

单位犯本罪的,对单位判处罚金,并对其直接负责的主管人员和其他直接责任人员,依照纳税人的处罚规定处罚。

■ 观点争鸣

本罪中较有争议的问题有:无证经营者、非法经营者能否成为本罪的犯罪主体,"不予追究刑事责任"的规定是否适用于扣缴义务人,本罪是否行政处理程序前置。

第一,无证经营者、非法经营者能否成为本罪的犯罪主体。肯定说认为,无证经营者、非法经营者可以成为本罪的犯罪主体,主要理由是二者进行了纳税的基础——经营行为,故也应当是纳税人,只不过是违法的纳税人。否定说认为无证经营者、非法经营者不能成为本罪的犯罪主体,主要理由是税法规范的是合法经营行为,且二者经营行为所得为非法所得、应当予以没收,故没有纳税的基础。① 本书支持否定说的主张。

第二,"不予追究刑事责任"的规定是否适用于扣缴义务人。肯定说认为,无论是刑法还是《税收征收管理办法》都将扣缴义务人不缴或者少缴已扣、已收税款的行为,与纳税人的逃税行为同等对待,故对扣缴义务人也应适用此规定。② 否定说认为,既然刑法仅就纳税人作出该款规定,那么就不能适用于扣缴义务人,纳税人毕竟不同于扣缴义务人,扣缴义务人不缴或者少缴已扣、已收税款的情况下,纳税人已经履行了缴纳税款的义务,而《税收征收管理办法》对纳税人和扣缴义务人的要求也是不一样的。③

第三,本罪是否行政处理程序前置。现行《刑法》第201条第4款规定"有第一款行为,经税务机关依法下达追缴通知后,补缴应纳税款,缴纳滞纳金,已受行政处罚的,不予追究刑事责任……"这是否意味着本罪以行政处理程序在前。肯定说认为,纳税人的任何逃税行为都必须先进过税务机关的处理,未经税务机关处理的司法机关不得直接追究纳税人逃税行为的刑事责任。④ 否定说认为,只要纳税人的逃税行为达到法定定罪标准,司法机关就可以依法立案、进入刑事程序,立案后纳税人补缴税款、缴纳滞纳金、接受行政处罚的,司法机关可以不予追究刑事责任、撤销刑事立案。⑤ 本书支持肯定说的主张。

案例分析

关于以下说法的正误判断,下列哪些选项是错误的?(　　)

①纳税人逃税,经税务机关依法下达追缴通知后,补缴应纳税款,缴纳滞纳金,已受行政处罚的,一律不予追究刑事责任;②纳税人逃避追缴欠税,经税务机关依法下达追缴通知后,补缴应纳税款,缴纳滞纳金,已受行政处罚的,应减轻或者免除

---

① 马克昌:《百罪通论》(上卷),北京大学出版社2014年版,第394页。
② 逄锦温:《逃税罪的立法修正与司法适用》,载《中国审判》2009年第12期。
③ 张明楷:《逃税罪的处罚阻却事由》,载《法律适用》2011年第8期。
④ 同上注。
⑤ 刘雁平:《浅谈对逃税罪的理解和适用》,载《法制与社会》2009年第10期。

处罚;③纳税人以暴力方法拒不缴纳税款,后主动补缴应纳税款,缴纳滞纳金,已受行政处罚的,不予追究刑事责任;④扣缴义务人逃税,经税务机关依法下达追缴通知后,补缴应纳税款,缴纳滞纳金,已受行政处罚的,不予追究刑事责任

A. 第①句正确,第②③④句错误
B. 第①②句正确,第③④句错误
C. 第①③句正确,第②④句错误
D. 第①②③句正确,第④句错误

答案:ABCD

解析:根据《刑法》第201条第4款规定:纳税人有逃税行为,经税务机关依法下达追缴通知后,补缴应纳税款,缴纳滞纳金,已受行政处罚的,不予追究刑事责任;但是,五年内因逃避缴纳税款受过刑事处罚或者被税务机关给予二次以上行政处罚的除外。据此,有逃税行为,不予追究刑事责任要同时符合下列条件:(1)主体只包括纳税人,不包括扣缴义务人。(2)经税务机关依法下达追缴通知后,补缴应纳税款,缴纳滞纳金,已受行政处罚。(3)五年内没有因逃避缴纳税款受过刑事处罚或者被税务机关给予两次以上行政处罚。

第①句,纳税人逃税,经税务机关依法下达追缴通知后,补缴应纳税款,缴纳滞纳金,已受行政处罚的,"一律"不予追究刑事责任。该说法过于绝对,是错误的。

第②句,最后结论说错了,不是"应减轻或免除处罚"而是"不予追究刑事责任"。前者是有罪处理,后者是无罪处理,二者有着本质的不同。

第③句,纳税人以暴力方法拒不缴纳税款,根据《刑法》第202条的规定,构成抗税罪。即使后来主动补缴应纳税款,缴纳滞纳金,已受行政处罚,也不适用"不追究刑事责任"的规定。因为只有逃税罪才有不追究刑事责任的规定,抗税罪无此规定。故第③句错误。

第④句,主体不对,逃税不追究刑事责任的规定,只适用于纳税人,不适用于扣缴义务人。故第④句错误。

二、抗税罪

抗税罪,是指违反税收管理法规,以暴力、胁迫方法拒不缴纳税款的行为。本罪侵犯的客体是国家的税收管理秩序。本罪的客观方面是使用暴力、威胁方法拒不缴纳税款的行为。暴力作用的对象既可以是依法履行职责的税务机关工作人员、也可以是税务机关的财物,威胁行为的对象则是税务机关工作人员及其近亲友的生命、健康、财产安全。此外,暴力的程度是造成税务工作人员轻微伤以上和重伤以下为限。本罪的主体是特殊主体,即纳税人、扣缴义务人。本罪主观方面是故意,即对通过暴力、胁迫手段达到拒不缴税的后果持希望或放任的态度。

犯本罪的,处三年以下有期徒刑或者拘役,并处拒缴税款一倍以上五倍以下罚

金;情节严重的,处三年以上七年以下有期徒刑,并处拒缴税款一倍以上五倍以下罚金。

三、逃避追缴欠税罪

逃避追缴欠税罪,是指纳税人欠缴应纳税款,采取转移或者隐匿财产的手段,致使税务机关无法追缴税款,数额较大的行为。本罪侵犯的客体是国家正常的税收管理秩序。本罪的客观方面是在欠缴税款的情况下,采取转移或者隐匿财产的手段,致使税务机关无法追缴税款,数额较大的行为。转移或者隐匿财产的行为,必须是在欠税的情况下进行的,其后果必须能够致使税务机关不能追缴所欠税款。本罪的数额较大,是指无法追缴的欠税款在1万以上。本罪的主体是特殊主体,即欠税人,包括自然人、单位。本罪主观方面是故意,即明知转移、隐匿财产的行为,会发生使税务机关无法追缴欠缴税款的结果,希望或者放任这一结果发生的态度。

犯本罪的,数额在一万元以上不满十万元的,处三年以下有期徒刑或者拘役,并处或者单处欠缴税款一倍以上五倍以下罚金;数额在十万元以上的,处三年以上七年以下有期徒刑,并处欠缴税款一倍以上五倍以下罚金。单位犯本罪的,对单位判处罚金,并对其直接负责的主管人员和其他直接责任人员,依照上述自然人犯本罪的处罚规定处罚。

四、骗取出口退税罪

(一)骗取出口退税罪的概念和构成要件

骗取出口退税罪,是指以假报出口或者其他欺骗手段,骗取国家出口退税款,数额较大的行为。

1. 本罪侵犯的客体是国家出口退税的管理秩序和国家的财产所有权。本罪的犯罪对象是国家的出口退税款。出口退税,是指税务机关依法在出口环节向出口商品的生产或经营单位退还该商品在国内生产、流通环节已征收的增值税和消费税的措施。出口退税款,原本是指已经征收的增值税和消费税的税款。

2. 本罪的客观方面是采用假报出口或者其他欺骗手段,骗取国家出口退税,数额较大的行为。假报出口,是指以虚构已税货物出口事实为目的,具有下列情形之一的行为:(1)伪造或者签订虚假的买卖合同;(2)以伪造、变造或者其他非法手段取得出口货物报关单、出口收汇核销单、出口货物专用缴款书等有关出口退税单据、凭证;(3)虚开、伪造、非法购买增值税专用发票或者其他可以用于出口退税的发票;(4)其他虚构已税货物出口事实的行为。其他欺骗手段,是指下列之一的行为:(1)骗取出口货物退税资格的;(2)将未纳税或者免税货物作为已税货物出口的;(3)虽有货物出口,但虚构该出口货物的品名、数量、单价等要素,骗取未实际纳税部分出口退税款的;(4)以其他手段骗取出口退税款的。此外,本罪的行为方式还包括有进出口经营权的公司、企业,明知他人意欲骗取国家出口退税款,仍违反国家有关进出口经营的规定,允许他人自带客户、自带货源、自带汇票并自行报关,骗取国家出口退税款的。再者,由于现行刑法第204条第2款规定"纳税人缴纳税款后,采取前款规定的欺骗方法,骗取所缴纳的税款的,依照本法第二百〇一条的规定定罪处罚",故本罪限于行为人尚未向税务机关缴纳税款而骗取退税款以及超过已缴税款的数额骗取退税款的行为。本罪所以数额较大,根据2002年9月17日最高人民法院《关于审理骗取出口退税刑事案件具体应用法律若干问题的解释》第3条的规定,是指个人5万以上。

3. 本罪的主体是一般主体,已满16周岁、具有刑事责任能力的自然人,单位。

4. 本罪的主观方面是故意,目的在于非法占有国家出口退税款。

(二)骗取出口退税罪的认定

本罪的既遂标准。2002年9月17日最高人民法院《关于审理骗取出口退税刑事案件具体应用法律若干问题的解释》第7条规定"实施骗取国家出口退税行为,没有实际取得出口退税款的,可以比照既遂犯从轻或者减轻处罚。"故本罪的既遂以是否实际取得出口退税款为判断标准。

(三)骗取出口退税罪的处罚

犯本罪的,处五年以下有期徒刑或者拘役,并处骗取税款一倍以上五倍以下罚金;数额巨大或者有其他严重情节的,处五年以上十年以下有期徒刑,并处骗取税款一倍以上五倍以下罚金;数额特别巨大或者有其他特别严重情节的,处十年以上有期徒刑或者无期徒刑,并处骗取税款一倍以上五倍以下罚金或者没收财产。

单位犯本罪的,对单位判处罚金,并对其直接负责的主管人员和其他直接责任人员,依照上述自然人犯本罪的处罚规定处罚。

案例分析

某外贸公司在缴纳了100万元的税款后,采取虚报出口的手段,骗得税务机关退税180万元,后被查获。对该公司应如何处理?( )

A. 以偷税罪处理

B. 以骗取出口退税罪处理

C. 其中的100万元按偷税罪处理,余下的80万元按骗取出口退税罪处理

D. 其中的100万元按骗取出口退税罪处理,余下的80万元按偷税罪处理

答案:C

解析:本题考查刑法分则规定的偷税罪①和骗取出口退税罪构成要件的知识。本题中外贸公司采取虚假的申报手段,目的是为了不缴应缴纳的100万元税款,因此外贸公司对该100万元构成偷税罪;而本题中外贸公司采取了虚报出口的手段,在客观方面符合骗取出口退税罪的构成要件,按骗取出口退税罪处理的退税款额应是180万元减去偷税款100万元,即80万元。本题中外贸公司的行为同时触犯了偷税罪和骗取出口退税罪两个罪名,但因只有一个行为,故应按想象竞合犯处理。

五、虚开增值税专用发票、用于骗取出口退税、抵扣税款发票罪

(一)虚开增值税专用发票、用于骗取出口退税、抵扣税款发票罪的概念和构成要件

虚开增值税专用发票、用于骗取出口退税、抵扣税款发票罪,是指故意虚开增值税专用发票和用于骗取出口退税、抵扣税款的其他发票的行为。

1. 本罪侵犯的客体是国家对增值税专用发票和用于出口退税、抵扣税款发票的管理秩序。本罪的犯罪对象是增值税专用发票和其他可以用于骗取出口退税、抵扣税款的发票。增值税专用发票,是指由国家税务总局监制的,只限于增值税一般纳税人领购使用的,既作为纳税人反映经济活动中的重要会计凭证又是兼记销货方纳税义务和购货方进项税额的合法证明,是增值税计算和管理中重要的决定性的合法的专用发票。出口退税、抵扣税款的其他发票,是指除增值税专用发票以外的,具有出口退税、抵扣税款功能的收付款凭证或者完税凭证。

2. 本罪的客观方面是虚开增值税专用发票或者用于骗取出口退税、抵扣税款的其他发票的行为。虚开发票,是指开具与经营活动不相符的发票。1996年10月17日最高人民法院《关于适用〈全国人民代表大会常务委员会关于惩治虚开、伪造和非法出售增值税专用发票犯罪的决定〉的若干问题的解释》中总结了三类虚开行为,分别是:第一,没有货物购销或者没有提供或接受应税劳务,开具增值税专用发票的;第二,有货物购销或者提供或接受了应税劳务,开具数量或者金额不实的增值税专用发票的;第三,进行了实际经营活动,让他人为自己代开增值税专用发票的。虚开的具体行为方式,包括:为他人虚开、为自己虚开、让他人为自己虚开以及介绍他人虚开。此外,根据《立案追诉标准的规定(二)》第61条,本罪要求虚开数额在1万以上或致使国家税款数额被骗5000以上。

3. 本罪的主体是一般主体,已满16周岁、具有刑事责任能力的自然人,单位。

4. 本罪的主观方面是故意,明知虚开增值税专用发票或者用于骗取出口退税、

---

① 刑法修正案七改为逃税罪,并且逃税罪的构成要件能够完全包容偷税罪的构成要件,

抵扣税款的其他发票的行为会给国家税收造成损失而故意实施该行为的态度。

（二）虚开增值税专用发票、用于骗取出口退税、抵扣税款发票罪的认定

1. 本罪与非罪的界限。本罪除了数额上的要求外，实践中一些违规开具发票的行为不宜都认定为本罪，如"货票不符"的情况，①有些单位的工作人员，由于本单位报销制度的限制，往往会开具内容与客观实际不符的发票，其目的是获得本单位的报销款，故不应当认定为本罪，另外，还有一些将发票开具的时间提前或延后的做法，也不宜按照本罪处理。

2. 本罪主体相对方行为的定性。虚开的四种具体行为方式里，除"为自己虚开"以外，其他三种方式都会存在相对方，即"为他人虚开""让他人为自己虚开"以及"介绍他人虚开"中的他人，那么相对方的行为应该如何认定呢？"为他人虚开"中的他人，在他人与本罪主体形成合意的场合二者构成本罪的共犯，他人不知情的场合不构成本罪自不待言，仅仅是知情的场合也是不能按本罪处理的。"让他人为自己虚开"中的他人，是虚开行为的实施者，自当构成本罪。"介绍他人虚开"中的他人，要么是虚开行为的实施者、要么是虚开票据的接收者，二者都参与了虚开行为、应当按照本罪处理。

（三）虚开增值税专用发票、用于骗取出口退税、抵扣税款发票罪的处罚

犯本罪的，处三年以下有期徒刑或者拘役，并处二万元以上二十万元以下罚金；虚开的税款数额较大或者有其他严重情节的，处三年以上十年以下有期徒刑，并处五万元以上五十万元以下罚金；虚开的税款数额巨大或者有其他特别严重情节的，处十年以上有期徒刑或者无期徒刑，并处五万元以上五十万元以下罚金或者没收财产。

单位犯本罪的，对单位判处罚金，并对其直接负责的主管人员和其他直接责任人员，处三年以下有期徒刑或者拘役；虚开的税款数额较大或者有其他严重情节的，处三年以上十年以下有期徒刑；虚开的税款数额巨大或者有其他特别严重情节的，处十年以上有期徒刑或者无期徒刑。

观点争鸣

1996年10月17日最高人民法院《关于适用〈全国人民代表大会常务委员会

---

① 根据我国《发票管理办法》的规定，开具发票要求按照规定的时限、顺序、栏目，全部联次一次性如实开具，"货票不符"指的就是发票记载的内容、时间、数额与客观实际不一致的情况。

关于惩治虚开、伪造和非法出售增值税专用发票犯罪的决定〉的若干问题的解释》中总结了三类虚开行为,其中第三类行为是"进行了实际经营活动,让他人为自己代开增值税专用发票的",简称"代开"发票的行为。近年来,有学者主张,如实开具发票的"代开"行为,并没有造成国家税收损失,其危害性与虚开增值税专用发票的行为有较大差别,不应按本罪处理。①

有的学者主张,即使"如实代开"增值税专用发票的,也应该构成本罪。理由是,代开发票者,自身并没有经营行为,而是为他人的经营行为开具发票,故仍是虚开的一种形式。并且,如实开具的场合,并非不能造成国家税收损失,通常实际经营者是不具有开局增值税专用发票资格的小规模纳税人,只能通过税务机关代开而使受票人享受较低的进项税抵扣、不能享受增值税专用发票所带来的高额的进项税抵扣,故而是能够造成国家税收损失的。再者,本罪侵犯的客体是国家的发票管理秩序,如实代开的行为已经侵犯了该秩序,故应按本罪处理。②

还有学者主张,如实代开应分两种情况,第一种情况是一般纳税人为一般纳税人代开,这种情况代开人与实际经营人在税法上的身份相同,故不会造成国家税收损失,故不构成本罪;第二种情况是一般纳税人为小规模纳税人代开,在造成国家税收损失的场合应当认定构成本罪。③

本书支持第三种主张。

案例分析

关于骗取出口退税罪和虚开增值税发票罪的说法,下列哪些选项是正确的?( )

A. 甲公司具有进出口经营权,明知他人意欲骗取国家出口退税款,仍违反国家规定允许他人自带客户、自带货源、自带汇票并自行报关,骗取国家出口退税款。对甲公司应以骗取出口退税罪论处

B. 乙公司虚开用于骗取出口退税的发票,并利用该虚开的发票骗取数额巨大的出口退税,其行为构成虚开用于骗取出口退税发票罪与骗取出口退税罪,实行数罪并罚

C. 丙公司缴纳200万元税款后,以假报出口的手段,一次性骗取国家出口退税款400万元,丙公司的行为分别构成偷税罪与骗取出口退税罪,实行数罪并罚

---

① 孙国祥、魏昌东:《经济刑法研究》,法律出版社2005年版,第472页。
② 马克昌:《百罪通论》(上卷),北京大学出版社2014年版,第405页。
③ 王灿:《浅议我国刑法中虚开增值税专用发票罪中的"虚开"》,载《法制与社会》2009年第12期。

D. 丁公司虚开增值税专用发票并骗取国家税款,数额特别巨大,情节特别严重,给国家利益造成特别重大损失。对丁公司应当以虚开增值税专用发票罪论处

答案:ACD

解析:《最高人民法院关于审理骗取出口退税刑事案件具体应用法律若干问题的解释》第6条规定,有进出口经营权的公司、企业,明知他人意欲骗取国家出口退税款,仍违反国家有关进出口经营的规定,允许他人自带客户、自带货源、自带汇票并自行报关,骗取国家出口退税款的,依照《刑法》第204条第1款、第211条的规定定罪处罚。因此,AD项的说法是正确,应选。

《最高人民法院关于审理骗取出口退税刑事案件具体应用法律若干问题的解释》第9条规定,实施骗取出口退税犯罪,同时构成虚开增值税专用发票罪等其他犯罪的,依照刑法处罚较重的规定定罪处罚。因此,B项说法错误,不选。

《刑法》第204条第2款规定,纳税人缴纳税款后,采取前款规定的欺骗方法,骗取所缴纳的税款的,依照本法第201条偷税罪的规定定罪处罚;骗取税款超过所缴纳的税款部分,依照前款的规定处罚。因此,C项说法正确,应选。

六、虚开发票罪

虚开发票罪,是指虚开增值税专用发票和用于骗取出口退税、抵扣税款的发票以外的其他发票,情节严重的行为。本罪侵犯的客体是国家的税收征管秩序。本罪的犯罪对象是增值税专用发票和用于骗取出口退税、抵扣税款的发票以外的其他发票。本罪的客观方面是虚开增值税专用发票和用于骗取出口退税、抵扣税款的发票以外的其他发票的行为,且情节严重。根据2011年11月14日最高人民检察院、公安部《关于公安机关管辖的刑事案件〈立案追诉标准的规定(二)〉的补充规定》的规定,本罪情节严重是指:(1)虚开发票100份以上或者虚开金额累计在40万元以上的;(2)虽未达到上述数额标准,但5年内因虚开发票行为受过行政处罚二次以上,又虚开发票的;(3)其他情节严重的情形。本罪的主体是一般主体,已满16周岁、具有刑事责任能力的自然人、单位。本罪的主观方面是故意。

犯本罪的,处二年以下有期徒刑、拘役或者管制,并处罚金;情节特别严重的,处二年以上七年以下有期徒刑,并处罚金。单位犯本罪的,对单位判处罚金,并对其直接负责的主管人员和其他直接责任人员,依照自然人犯本罪的处罚规定处罚。

七、伪造、出售伪造的增值税专用发票罪

伪造、出售伪造的增值税专用发票罪,是指伪造增值税专用发票,或者出售伪造的增值税专用发票的行为。本罪侵犯的客体是国家对增值税发票的管理秩序。本罪的客观方面是伪造增值税专用发票,或者出售伪造的增值税专用发票的行为。

根据《立案追诉标准的规定（二）》第 62 条的规定，本罪要求伪造或者出售伪造的增值税专用发票 25 份以上或者票面额累计在 10 万元以上。本罪的主体是一般主体，已满 16 周岁、具有刑事责任能力的自然人，单位。本罪的主观方面是故意。

犯本罪的，处三年以下有期徒刑、拘役或者管制，并处二万元以上二十万元以下罚金；数量较大或者有其他严重情节的，处三年以上十年以下有期徒刑，并处五万元以上五十万元以下罚金；数量巨大或者有其他特别严重情节的，处十年以上有期徒刑或者无期徒刑，并处五万元以上五十万元以下罚金或者没收财产。单位犯本罪的，对单位判处罚金，并对其直接负责的主管人员和其他直接责任人员，处三年以下有期徒刑、拘役或者管制；数量较大或者有其他严重情节的，处三年以上十年以下有期徒刑；数量巨大或者有其他特别严重情节的，处十年以上有期徒刑或者无期徒刑。

八、非法出售增值税专用发票罪

非法出售增值税专用发票罪，是指非法销售增值税专用发票的行为。本罪侵犯的客体是国家对增值税发票的管理秩序。本罪的客观方面是非法销售增值税专用发票的行为。根据《立案追诉标准的规定（二）》第 63 条的规定，本罪要求非法出售增值税专用发票 25 份以上或者票面额累计在 10 万元以上。本罪的主体是一般主体，已满 16 周岁、具有刑事责任能力的自然人，单位。本罪的主观方面是故意。

犯本罪的，处三年以下有期徒刑、拘役或者管制，并处二万元以上二十万元以下罚金；数量较大的，处三年以上十年以下有期徒刑，并处五万元以上五十万元以下罚金；数量巨大的，处十年以上有期徒刑或者无期徒刑，并处五万元以上五十万元以下罚金或者没收财产。单位犯本罪的，对单位判处罚金，并对其直接负责的主管人员和其他直接责任人员，依照自然人犯本罪的处罚规定处罚。

九、非法购买增值税专用发票、购买伪造的增值税专用发票罪

非法购买增值税专用发票、购买伪造的增值税专用发票罪，是指非法购买增值税专用发票或者购买伪造的增值税专用发票的行为。本罪侵犯的客体是国家对增值税专用发票的管理秩序。本罪的客观方面是非法购买增值税专用发票，或者购买伪造的增值税专用发票的行为。根据《立案追诉标准的规定（二）》第 64 条的规定，本罪要求非法购买增值税专用发票或者购买伪造的增值税专用发票 25 份以上或者票面额累计在 10 元以上。本罪的主体是一般主体，已满 16 周岁、具有刑事责任能力的自然人，单位。本罪的主观方面是故意。

犯本罪的，处五年以下有期徒刑或者拘役，并处或者单处二万元以上二十万元

以下罚金。单位犯本罪的,对单位判处罚金,并对其直接负责的主管人员和其他直接责任人员,依照自然人犯本罪的处罚规定处罚。

案例分析

对涉及增值税专用发票的犯罪案件,下列哪些处理是正确的?(　　)

A. 非法购买增值税专用发票的,按非法购买增值税专用发票罪定罪处罚

B. 非法购买增值税专用发票后又虚开的,按非法购买增值税专用发票罪和虚开增值税专用发票罪并罚

C. 非法购买增值税专用发票后又出售的,按非法出售增值税专用发票罪定罪处罚

D. 非法购买伪造的增值税专用发票后又出售的,按出售伪造的增值税专用发票罪定罪处罚

答案:ACD

解析:根据《刑法》第208条的规定,非法购买增值税专用发票或者购买伪造的增值税专用发票的,构成非法购买增值税专用发票罪和购买伪造的增值税专用发票罪。非法购买增值税专用发票或者购买伪造的增值税专用发票又虚开或者出售的,分别依照《刑法》第205条即虚开增值税专用发票罪、第206条出售伪造的增值税专用发票罪、第207条非法出售增值税专用发票罪的规定定罪处罚,不实行数罪并罚。

十、非法制造、出售非法制造的用于骗取出口退税、抵扣税款发票罪

非法制造、出售非法制造的用于骗取出口退税、抵扣税款发票罪,是指伪造、擅自制造或者出售伪造、擅自制造的除增值税专用发票以外的用于骗取出口退税、抵扣税款的发票的行为。本罪的客体是国家对用于出口退税、抵扣税款的发票的管理秩序。本罪的客观方面是伪造、擅自制造或者出售伪造、擅自制造的除增值税专用发票以外的用于骗取出口退税、抵扣税款的发票的行为。根据《立案追诉标准的规定(二)》第65条的规定,本罪要求伪造、擅自制造或者出售伪造、擅自制造的用于骗取出口退税、抵扣税款功能的发票50份以上或者票面额累计在20万元以上。本罪的主体是一般主体,已满16周岁、具有刑事责任能力的自然人、单位。本罪的主观方面是故意。

犯本罪的,处三年以下有期徒刑、拘役或者管制,并处二万元以上二十万元以下罚金;数量巨大的,处三年以上七年以下有期徒刑,并处五万元以上五十万元以下罚金;数量特别巨大的,处七年以上有期徒刑,并处五万元以上五十万元以下罚金或者没收财产。单位犯本罪的,对单位判处罚金,并对其直接负责的主管人员和

其他直接责任人员,依照自然人犯本罪的处罚规定处罚。

十一、非法制造、出售非法制造的发票罪

非法制造、出售非法制造的发票罪,是指伪造、擅自制造或者出售伪造、擅自制造的除增值税专用发票和用于骗取出口退税、抵扣税款的发票以外的其他发票的行为。本罪的客体是国家正常的发票管理秩序。本罪的客观方面是伪造、擅自制造或者出售伪造、擅自制造的除增值税专用发票和用于骗取出口退税、抵扣税款的发票以外的其他发票的行为。根据《立案追诉标准的规定(二)》第66条的规定,本罪要求伪造、擅自制造或者出售伪造、擅自制造的不具有骗取出口退税、抵扣税款功能的普通发票100份以上或者票面额累计在40万元以上。本罪的主体是一般主体,已满16周岁、具有刑事责任能力的自然人,单位。本罪的主观方面是故意。

犯本罪的,处二年以下有期徒刑、拘役或者管制,并处或者单处一万元以上五万元以下罚金;情节严重的,处二年以上七年以下有期徒刑,并处五万元以上五十万元以下罚金。单位犯本罪的,对单位判处罚金,并对其直接负责的主管人员和其他直接责任人员,依照自然人犯本罪的处罚规定处罚。

十二、非法出售用于骗取出口退税、抵扣税款发票罪

非法出售用于骗取出口退税、抵扣税款发票罪,是指非法出售除增值税专用发票以外的用于骗取出口退税、抵扣税款的发票的行为。本罪侵犯的客体是国家正常的发票管理秩序。本罪的犯罪对象是除增值税专用发票以外的用于骗取出口退税、抵扣税款的发票。本罪的客观方面是非法出售除增值税专用发票以外的用于骗取出口退税、抵扣税款的发票的行为。根据《立案追诉标准的规定(二)》第67条的规定,本罪要求非法出售可以用于骗取出口退税、抵扣税款的非增值税专用发票50份以上或者票面额累计在20万元以上。本罪的主体是一般主体,已满16周岁、具有刑事责任能力的自然人,单位。本罪的主观方面是故意。

犯本罪的,处二年以下有期徒刑、拘役或者管制,并处或者单处一万元以上五万元以下罚金;情节严重的,处二年以上七年以下有期徒刑,并处五万元以上五十万元以下罚金。单位犯本罪的,对单位判处罚金,并对其直接负责的主管人员和其他直接责任人员,依照自然人犯本罪的处罚规定处罚。

十三、非法出售发票罪

非法出售发票罪,是指非法出售除增值税专用发票和用于骗取出口退税、抵扣

税款的发票以外的其他发票的行为。本罪侵犯的客体是国家正常的发票管理秩序。本罪的犯罪对象是除增值税专用发票和用于骗取出口退税、抵扣税款的发票以外的其他发票。本罪的客观方面是非法出售除增值税专用发票和用于骗取出口退税、抵扣税款的发票以外的其他发票的行为。根据《立案追诉标准的规定（二）》第68条的规定，本罪要求非法出售普通发票100份以上或者票面额累计在40万元以上。本罪的主体是一般主体，已满16周岁、具有刑事责任能力的自然人，单位。本罪的主观方面是故意。

犯本罪的，处二年以下有期徒刑、拘役或者管制，并处或者单处一万元以上五万元以下罚金；情节严重的，处二年以上七年以下有期徒刑，并处五万元以上五十万元以下罚金。单位犯本罪的，对单位判处罚金，并对其直接负责的主管人员和其他直接责任人员，依照自然人犯本罪的处罚规定处罚。

十四、持有伪造的发票罪

持有伪造的发票罪，是指明知是伪造的发票而持有，数量较大的行为。本罪侵犯的客体是国家的发票管理秩序。本罪的犯罪对象是伪造的发票，包括任何种类的伪造发票。本罪的客观方面是非法持有数量较大的伪造的发票的行为。根据2011年11月14日最高人民检察院、公安部《关于公安机关管辖的刑事案件〈立案追诉标准的规定（二）〉的补充规定》的规定，本罪的数量较大是指：(1)持有伪造的增值税专用发票50份以上或者票面额累计在20万元以上的；(2)持有伪造的可以用于骗取出口退税、抵扣税款的其他发票100份以上或者票面额累计在40万元以上的；(3)持有伪造的第(1)项、第(2)项规定以外的其他发票200份以上或者票面额累计在80万元以上的。本罪的主体是一般主体，已满16周岁、具有刑事责任能力的自然人，单位。本罪的主观方面是故意，明知是伪造的发票而持有的。

犯本罪的，处二年以下有期徒刑、拘役或者管制，并处罚金；数量巨大的，处二年以上七年以下有期徒刑，并处罚金。单位犯本罪的，对单位判处罚金，并对其直接负责的主管人员和其他直接责任人员，依照自然人犯本罪的处罚规定处罚。

第七节　侵犯知识产权罪

知识结构图

侵犯知识产权罪的概念和构成要件→侵犯知识产权罪的认定→侵犯知识产权罪的处罚

■重点提示

侵犯知识产权罪的构成要件;侵犯知识产权罪的认定

■司考重点

侵犯知识产权罪的行为方式

一、假冒注册商标罪

(一)假冒注册商标罪的概念和构成要件

假冒注册商标罪,是指未经注册商标所有人许可,在同一种商品上使用与其注册商标相同的商标,情节严重的行为。

1.本罪侵犯的客体是国家的商标管理秩序和他人注册商标的专用权。本罪的犯罪对象是他人已在我国取得注册商标专有权且在保护期内的商标。

2.本罪的客观方面是未经注册商标所有人许可,在同一种商品上使用与其注册商标相同的商标,情节严重的行为。首先,必须在同一种商品上使用与其注册商标相同的商标。其中,同一种商品,是指相同名称的商品或者名称不同、但完全相同的商品。实践中,一般根据商标注册用商品国际分类表中规定的商品名称,在权利人注册商标核定使用的商品和行为人使用权利人商标的商品间进行比较的。相同的商标,是指与被假冒的商标完全相同,或者与被假冒的注册商标在视觉上基本无差别、足以对公众产生误导的商标。其次、必须是未经许可使用。未经许可,一般包括自始未经许可、超出许可范围以及超出许可期限。使用,是指将注册商标或者假冒的注册商标用于商品、商品的包装或者容器以及产品说明书、商品交易文书,或者将注册商标或者假冒的注册商标用于广告宣传、展览以及其他商业活动等行为。最后、必须达到情节严重的程度。根据《立案追诉标准的规定(二)》第69条,本罪要求:"(1)非法经营数额在5万元以上或者违法所得数额在3万元以上的;(2)假冒两种以上注册商标,非法经营数额在3万元以上或者违法所得数额在2万元以上的;(3)其他情节严重的情形。"

3.本罪的主体是一般主体,已满16周岁、具有刑事责任能力的自然人,单位。

4.本罪的主观方面是故意,明知是未经许可,而故意在同一种商品上使用与他人已注册商标相同的商标的态度。

(二)假冒注册商标罪的认定

1.本罪与非罪的界限。第一,注意区分假冒注册商标罪和注册商标的民事侵权行为。前者仅限于在同一种商品上使用与他人注册商标相同的商标,情节严重的行为。后者的侵权方式则要广泛得多。第二,注意区分假冒注册商标罪与假冒他人企业商号、商品装潢的行为。后者是不正当竞争行为,并没有侵犯到他人注册商标的专用权,更加不可能构成假冒注册商标罪。

2. 本罪与生产、销售伪劣产品罪的界限。二者的主要区别是侵犯的客体不同,前者侵犯的是他人注册商标的专用权,后者侵犯的是国家产品质量监管制度。简单地说,就是假冒注册商标的商品未必就是伪劣产品。如果既生产、销售伪劣产品又假冒他人注册商标的,主要有牵连犯说、想象竞合犯说两种处理方式,本书认为应当根据生产、销售行为与假冒行为能否分开独立评价来决定适用哪种处理方式。

(三)假冒注册商标罪的处罚

犯本罪的,处三年以下有期徒刑或者拘役,并处或者单处罚金;情节特别严重的,处三年以上七年以下有期徒刑,并处罚金。

单位犯本罪的,对单位判处罚金,并对其直接负责的主管人员和其他直接责任人员,依照自然人犯本罪的处罚规定处罚。

相关链接

2011年1月10日最高人民法院、最高人民检察院、公安部《关于办理侵犯知识产权刑事案件适用法律若干问题的意见》中规定:

1. 关于《刑法》第213条规定的"同一种商品"的认定问题。名称相同的商品以及名称不同但指同一事物的商品,可以认定为"同一种商品"。"名称"是指国家工商行政管理总局商标局在商标注册工作中对商品使用的名称,通常即《商标注册用商品和服务国际分类》中规定的商品名称。"名称不同但指同一事物的商品"是指在功能、用途、主要原料、消费对象、销售渠道等方面相同或者基本相同,相关公众一般认为是同一种事物的商品。认定"同一种商品",应当在权利人注册商标核定使用的商品和行为人实际生产销售的商品之间进行比较。

2. 关于《刑法》第213条规定的"与其注册商标相同的商标"的认定问题。具有下列情形之一,可以认定为"与其注册商标相同的商标":(1)改变注册商标的字体、字母大小写或者文字横竖排列,与注册商标之间仅有细微差别的;(2)改变注册商标的文字、字母、数字等之间的间距,不影响体现注册商标显著特征的;(3)改变注册商标颜色的;(4)其他与注册商标在视觉上基本无差别、足以对公众产生误导的商标。

案例分析

甲明知伪劣的"一滴香"调味品含有害非法添加剂,但因该产品畅销,便在"一滴香"上贴上赵氏调味品的注册商标私自出卖,前后共卖出5万多元"一滴香"。

关于甲行为的定性,下列选项正确的是( )

A. 在"一滴香"上擅自贴上赵氏调味品注册商标,构成假冒注册商标罪
B. 因"一滴香"含有害人体的添加剂,甲构成销售有毒、有害食品罪
C. 卖出5万多元"一滴香",甲触犯销售伪劣产品罪
D. 对假冒注册商标行为与出售"一滴香"行为,应数罪并罚

答案:ABC

解析:甲在"一滴香"上擅自贴上赵氏调味品注册商标的行为,属于未经注册商标所有人的许可,在同一种商品上使用与其注册商标相同的商标,且销售额在5万元以上,故构成假冒注册商标罪。A项正确。

甲明知"一滴香"中含有对人体有害的添加剂,而予以销售,构成销售有毒、有害食品罪。B项正确。

甲销售伪劣的"一滴香"调味品,销售金额5万多元,构成销售伪劣产品罪。C项正确。

根据《刑法》第149条第2款的规定,生产、销售本节第一百四十一条至第一百四十八条所列产品,构成各该条规定的犯罪,同时又构成本节第一百四十条规定之罪的,依照处罚较重的规定定罪处罚。甲的行为既构成销售有毒、有害食品罪,又构成销售伪劣产品罪,故应从一重罪处罚。同时,根据司法解释,实施生产、销售伪劣商品犯罪,同时构成侵犯知识产权、非法经营等其他犯罪的,依照处罚较重的规定定罪处罚。所以,对甲假冒注册商标行为与出售"一滴香"行为,应依照处罚较重的规定定罪处罚,而不是数罪并罚。D项错误。

二、销售假冒注册商标的商品罪

销售假冒注册商标的商品罪,是指明知是假冒注册商标的商品,予以销售,销售金额较大的行为。本罪侵犯的客体是他人注册商标的专用权和消费者的合法权益。本罪的客观方面是明知是假冒注册商标的商品而予以销售,销售金额较大的行为。根据《立案追诉标准的规定(二)》第70条,本罪要求:"(1)销售金额在五万元以上的;(2)尚未销售,货值金额在十五万元以上的;(3)销售金额不满五万元,但已销售金额与尚未销售的货值金额合计在十五万元以上的。"本罪的主体是一般主体,已满16周岁、具有刑事责任能力的自然人,单位。本罪的主观方面是故意,即明知是假冒注册商标的商品故意予以销售的态度。本罪关于"明知"的判

断,根据2004年12月8日最高人民法院、最高人民检察院《关于办理侵犯知识产权刑事案件具体应用法律若干问题的解释》第9条的规定,具有下列情形之一的,应当认定为属于《刑法》第214条规定的"明知":(1)知道自己销售的商品上的注册商标被涂改、调换或者覆盖的;(2)因销售假冒注册商标的商品受到过行政处罚或者承担过民事责任、又销售同一种假冒注册商标的商品的;(3)伪造、涂改商标注册人授权文件或者知道该文件被伪造、涂改的;(4)其他知道或者应当知道是假冒注册商标的商品的情形。

犯本罪的,处三年以下有期徒刑或者拘役,并处或者单处罚金;销售金额数额巨大的,处三年以上七年以下有期徒刑,并处罚金。单位犯本罪的,对单位判处罚金,并对其直接负责的主管人员和其他直接责任人员,依照自然人犯本罪的处罚规定处罚。

三、非法制造、销售非法制造的注册商标标识罪

非法制造、销售非法制造的注册商标标识罪,是指伪造、擅自制造他人注册商标标识,或者销售伪造、擅自制造的他人注册商标标识,情节严重的行为。本罪侵犯的客体是国家对注册商标标识的管理制度。本罪的客观方面是伪造、擅自制造他人注册商标标识,或者销售伪造、擅自制造的他人注册商标标识,情节严重的行为。其中,伪造,是未经允许而仿造;擅自制造,是超过权利人允许的范围而制造;销售,是销售他人伪造、擅自制造的注册商标标识。此外,根据《立案追诉标准的规定(二)》第71条,本罪要求:(1)伪造、擅自制造或者销售伪造、擅自制造的注册商标标识数量在二万件以上,或者非法经营数额在五万元以上,或者违法所得数额在三万元以上的;(2)伪造、擅自制造或者销售伪造、擅自制造两种以上注册商标标识数量在一万件以上,或者非法经营数额在三万元以上,或者违法所得数额在二万元以上的;(3)其他情节严重的情形。本罪的主体是一般主体,已满16周岁、具有刑事责任能力的自然人,单位。本罪的主观方面是故意,即明知是他人注册商标标识故意予以伪造、擅自制造或者明知是伪造、擅自制造的他人注册商标标识故意予以销售的态度。

犯本罪的,处三年以下有期徒刑、拘役或者管制,并处或者单处罚金;情节特别严重的,处三年以上七年以下有期徒刑,并处罚金。单位犯本罪的,对单位判处罚金,并对其直接负责的主管人员和其他直接责任人员,依照自然人犯本罪的处罚规定处罚。

四、假冒专利罪

假冒专利罪,是指违反国家专利管理法规,假冒他人专利,情节严重的行为。

本罪侵犯的客体是国家对专利的管理秩序和他人专利的专用权。本罪的客观方面是违反国家专利管理法规,假冒他人专利,情节严重的行为。假冒他人专利的行为,根据2004年12月8日最高人民法院、最高人民检察院《关于办理侵犯知识产权刑事案件具体应用法律若干问题的解释》第10条的规定,包括:(1)未经许可,在其制造或者销售的产品、产品的包装上标注他人专利号的;(2)未经许可,在广告或者其他宣传材料中使用他人的专利号,使人将所涉及的技术误认为是他人专利技术的;(3)未经许可,在合同中使用他人的专利号,使人将合同涉及的技术误认为是他人专利技术的;(4)伪造或者变造他人的专利证书、专利文件或者专利申请文件的。此外,根据立案追诉标准的规定(二)第72条,本罪要求"(1)非法经营数额在二十万元以上或者违法所得数额在十万元以上的;(2)给专利权人造成直接经济损失在五十万元以上的;(3)假冒两项以上他人专利,非法经营数额在十万元以上或者违法所得数额在五万元以上的;(4)其他情节严重的情形。"本罪的主体是一般主体,已满16周岁、具有刑事责任能力的自然人,单位。本罪的主观方面是故意,即明知是他人仍在保护期内的专利故意予以假冒的态度。

犯本罪的,处三年以下有期徒刑或者拘役,并处或者单处罚金。单位犯本罪的,对单位判处罚金,并对其直接负责的主管人员和其他直接责任人员,依照自然人犯本罪的处罚规定处罚。

五、侵犯著作权罪

(一)侵犯著作权罪的概念和构成要件

侵犯著作权罪,是指以营利为目的,未经著作权人许可而复制发行其文字作品、音乐、电影、电视、录像作品、计算机软件及其他作品的,或者出版他人享有专有出版权的图书的,或者未经录音录像制作者许可,复制发行其制作的录音录像的,或者制作、出售假冒他人署名的美术作品的,违法所得数额较大或者有其他严重情节的行为。

1. 本罪侵犯的客体是国家的著作权管理秩序和他人的著作权。

2. 本罪的客观方面是非法侵犯他人著作权的行为,且违法所得数额较大或者有其他严重情节。侵犯他人著作权的行为,具体有:第一,未经著作权人许可,复制发行其文字作品、音乐、电影、电视、录像作品、计算机软件及其他作品。未经许可,是指未获得授权或者伪造、涂改授权文件或者超出授权范围。复制、发行,是指复制、发行或者既复制又发行。复制,是指通过印刷、复印、临摹、拓片、录音、录像、翻录、翻拍等方式将作品制作成一份或多份的行为。发行,是指通过出售、出租等方式向公众提供一定数量的作品复制件。此外,近年来司法解释认定了一些新型的复制或发行方式,如:通过信息网络向公众传播他人文字作品、音乐、电影、电视、录像作品、计算机软件及其他作品的行为,属于复制发行行为;侵权产品的持有人通过广告、征订等方式推销侵权产品的,属于发行行为。第二,出版他人享有专有出版权的图书。出版,是指将作品经过编辑加工后,经过复制向公众发行。专有出版权,是指图书出版者基于其与著作权人签订的合同而获得后者作品在一定期限或区域内的独占出版权。第三,经录音录像制作者许可,复制发行其制作的录音录像。第四、制作、出售假冒他人署名的美术作品。此外,根据2008年6月25日实施的最高人民检察院、公安部《关于公安机关管辖的刑事案件立案追诉标准的规定(一)》第26条的规定,本罪要求"(1)违法所得数额三万元以上的;(2)非法经营数额五万元以上的;(3)未经著作权人许可,复制品数量合计五百张(份)以上的;(4)未经录音录像制作者许可,复制发行其制作的录音录像制品,复制品数量合计五百张(份)以上的;(5)其他情节严重的情形。"

3. 本罪的主体是一般主体,已满16周岁、具有刑事责任能力的自然人,单位。

4. 本罪的主观方面是故意,且具有营利目的。关于营利目的的判断,2011年1月10日最高人民法院、最高人民检察院、公安部《关于办理侵犯知识产权刑事案件适用法律若干问题的意见》中规定,除销售外,具有下列情形之一的,可以认定为"以营利为目的":(1)以在他人作品中刊登收费广告、捆绑第三方作品等方式直接或者间接收取费用的;(2)通过信息网络传播他人作品,或者利用他人上传的侵权作品,在网站或者网页上提供刊登收费广告服务,直接或者间接收取费用的;(3)以会员制方式通过信息网络传播他人作品,收取会员注册费或者其他费用的;(4)其他利用他人作品牟利的情形。

(二)侵犯著作权罪的认定

1. 本罪与非罪的界限。第一,要看是否法定侵犯著作权的犯罪行为。侵犯著作权的行为有很多,刑法典只规定了四种构成犯罪的行为类型,其他侵犯著作权的行为不能构成本罪。第二,要看是否受著作权法保护。

2. 本罪与制作、贩卖、传播淫秽物品牟利罪的界限。两罪最主要的区别是侵犯的客体和犯罪的对象不一样,后者侵犯的是国家对与性道德风华有关的文化市场的管理秩序,并且,淫秽物品可能以作品的形式出现,但作者不可能依法享有著作权,故营利为目的复制发行他人制作的淫秽作品的,应当以制作、贩卖、传播淫秽物品牟利罪处罚。

(三)侵犯著作权罪的处罚

犯本罪的,处三年以下有期徒刑或者拘役,并处或者单处罚金;违法所得数额巨大或者有其他特别严重情节的,处三年以上七年以下有期徒刑,并处罚金。

单位犯本罪的,对单位判处罚金,并对其直接负责的主管人员和其他直接责任人员,依照自然人犯本罪的处罚规定处罚。

案例分析

李某为了牟利,未经著作权人许可,私自复制了若干部影视作品的VCD,并以批零兼营等方式销售,销售金额为11万元,其中纯利润6万元。李某的行为构成何罪?(   )

A. 销售侵权复制品罪

B. 侵犯著作权罪

C. 非法经营罪

D. 生产、销售伪劣产品罪

答案:B

解析:根据《最高人民法院关于审理非法出版物刑事案件具体应用法律若干问题的解释》第五条规定,实施《刑法》第217条规定的侵犯著作权行为,又销售该侵权复制品,违法所得数额巨大的,只定侵犯著作权罪,不实行数罪并罚。所以A选项不选。

该《解释》第十一条规定,违反国家规定,出版、印刷、复制、发行本解释第一条至第十条规定以外的其他严重危害社会秩序和扰乱市场秩序的非法出版物,情节严重的,以非法经营罪定罪处罚。即复制、出售非法出版物如果侵犯了著作权,则只能定侵犯著作权罪。所以C选项不选。

生产、销售伪劣产品罪中的产品一般指与人体健康和生产有关的物品,不包括出版物。所以D选项不选。

六、销售侵权复制品罪

销售侵权复制品罪,是指以营利为目的,销售明知是侵犯他人著作权的复制品,违法所得数额较大的行为。本罪侵犯的客体是他人的著作权和与著作权相邻的权益。本罪的客观方面是明知是侵犯他人著作权的复制品而予以销售,违法所得数额较大的行为。侵权复制品,是指侵犯他人著作权而形成的复制品。根据2008年6月25日实施的最高人民检察院、公安部《关于公安机关管辖的刑事案件立案追诉标准的规定(一)》第27条的规定,本罪要求:"(1)违法所得数额10万元以上的;(2)违法所得数额虽未达上述数额标准,但尚未销售的侵权复制品货值金额达到30万以上的。"本罪的主体是一般主体,已满16周岁、具有刑事责任能力的自然人、单位。本罪的主观方面是故意,且具有营利目的。

犯本罪的,处三年以下有期徒刑或者拘役,并处或者单处罚金。单位犯本罪的,对单位判处罚金,并对其直接负责的主管人员和其他直接责任人员,依照自然人犯本罪的处罚规定处罚。

七、侵犯商业秘密罪

（一）侵犯商业秘密罪的概念和构成要件

侵犯商业秘密罪，是指以非法获取、披露、使用或者允许他人使用等手段侵犯权利人的商业秘密，给权利人造成重大损失的行为。

1. 本罪侵犯的客体是国家对商业秘密的管理制度和商业秘密权利人对商业秘密的专有权。本罪的犯罪对象是商业秘密，即指不为公众知悉，能给权利人带来经济利益，具有实用性并经权利人采取保密措施的技术信息和经营信息。

2. 本罪的客观方面是侵犯权利人的商业秘密，给权利人造成重大损失的行为。具体行为方式有：第一，以盗窃、利诱、胁迫或者其他不正当手段获取权利人的商业秘密。第二，披露、使用或者允许他人使用以上述不正当手段获取的权利人的商业秘密。即行为人在非法获取商业秘密后，又披露、使用或允许他人使用的。第三，违反约定或者违反权利人有关保守商业秘密的要求，披露、使用或允许他人使用其所掌握的权利人的商业秘密。第四、明知或应知他人实施了前述三种行为的第三人，获取、使用或者披露权利人的商业秘密。关于重大损失的认定，根据立案追诉标准的规定（二）第73条，本罪要求："(1)给商业秘密权利人造成损失数额在五十万元以上的；(2)因侵犯商业秘密违法所得数额在五十万元以上的；(3)致使商业秘密权利人破产的；(4)其他给商业秘密权利人造成重大损失的情形。"

3. 本罪的主体是一般主体，已满16周岁、具有刑事责任能力的自然人，单位。

4. 本罪的主观方面是故意，即明知自己的行为侵犯了他人的商业秘密，会给权利人造成重大损失，希望或放任这种结果发生的态度。

（二）侵犯商业秘密罪的认定

实践中应注意区分侵犯商业秘密罪与有关侵犯国家秘密的犯罪的区别。一般来说，商业秘密与国家秘密有着严格的界限，但是，二者重合的场合，侵犯商业秘密罪与侵犯国家秘密的相关犯罪就构成法条竞合的关系，应按处罚较重的罪名定罪处罚。

（三）侵犯商业秘密罪的处罚

犯本罪的，处三年以下有期徒刑或者拘役，并处或者单处罚金；造成特别严重后果的，处三年以上七年以下有期徒刑，并处罚金。

单位犯本罪的，对单位判处罚金，并对其直接负责的主管人员和其他直接责任人员，依照自然人犯本罪的处罚规定处罚。

案例分析

下列关于侵犯商业秘密罪的说法哪些是正确的？（　　）

A.窃取权利人的商业秘密,给其造成重大损失的,构成侵犯商业秘密罪

B.捡拾权利人的商业秘密资料而擅自披露,给其造成重大损失的,构成侵犯商业秘密罪

C.明知对方窃取他人的商业秘密而购买和使用,给权利人造成重大损失的,构成侵犯商业秘密罪

D.使用采取利诱手段获取权利人的商业秘密,给权利人造成重大损失的,构成侵犯商业秘密罪

答案：ACD

解析：侵犯商业秘密的犯罪行为,具体包括下述三种情形：①以盗窃、利诱、胁迫或者其他不正当手段获取权利人的商业秘密的；②披露、使用或者允许他人使用以前项手段获取的权利人的商业秘密的；③违反约定或者违反权利人有关保守商业秘密的要求,披露、使用或者允许他人使用其所掌握的商业秘密的。明知或者应知以上所列三种行为,获取、使用或者披露他人的商业秘密的,以侵犯商业秘密论。故拾得他人商业秘密而披露或使用的,不属于侵犯商业秘密的犯罪行为,故 B 项不选。

第八节　扰乱市场秩序罪

知识结构图

扰乱市场秩序罪的概念和构成要件→扰乱市场秩序罪的认定→扰乱市场秩序罪的处罚

重点提示

扰乱市场秩序罪的构成要件；扰乱市场秩序罪的认定

司考重点

扰乱市场秩序罪的行为方式

一、损害商业信誉、商品声誉罪

损害商业信誉、商品声誉罪,是指捏造并散布虚伪事实,损害他人的商业信誉、商品声誉,给他人造成重大损失或者有其他严重情节的行为。本罪侵犯的客体是国家对市场秩序的管理制度和他人商业信誉、商品声誉。本罪的客观方面是捏造并散布虚伪事实,损害他人的商业信誉、商品声誉,给他人造成重大损失或者有其他严重情节的行为。捏造并散布虚伪事实,是指虚构、编造并不存在或不符合客观实际的事实,并使不特定或者多数人知悉或者可能知悉。重大损失或有其他严重情节,根据《立案追诉标准的规定(二)》第74条,本罪要求:"(1)给他人造成直接经济损失数额在五十万元以上的;(2)虽未达到上述数额标准,但具有下列情形之一的;①利用互联网或者其他媒体公开损害他人商业信誉、商品声誉的;②造成公司、企业等单位停业、停产六个月以上,或者破产的。(3)其他给他人造成重大损失或者有其他严重情节的情形。"本罪的主体是一般主体,已满16周岁、具有刑事责任能力的自然人,单位。本罪的主观方面是故意。

犯本罪的,处二年以下有期徒刑或者拘役,并处或者单处罚金。单位犯本罪的,对单位判处罚金,并对其直接负责的主管人员和其他直接责任人员,依照自然人犯本罪的处罚规定处罚。

二、虚假广告罪

(一)虚假广告罪的概念和构成要件

虚假广告罪,是指广告主、广告经营者、广告发布者违反国家规定,利用广告对商品或者服务作虚假宣传,情节严重的行为。

1. 本罪侵犯的客体是国家对广告的管理秩序和消费者的合法权益。本罪的犯罪对象限于商业广告。

2. 本罪的客观方面是违反国家规定,利用广告对商品或者服务作虚假宣传,情节严重的行为。虚假宣传,是指广告对商品或服务的宣传与事实不符。具体来说,主要是指对商品的成分、产地、用途、质量、性能、价格、生产者、有效期限或者对服务的内容、形式、质量、价格等内容做出与客观事实及与商品或服务的实际情况不相符的宣传、介绍或者传播,误导消费者。此外,根据《立案追诉标准的规定(二)》

第 75 条,本罪要求:"(1)违法所得数额在十万元以上的;(2)给单个消费者造成直接经济损失数额在五万元以上的,或者给多个消费者造成直接经济损失数额累计在二十万元以上的;(3)假借预防、控制突发事件的名义,利用广告作虚假宣传,致使多人上当受骗,违法所得数额在三万元以上的;(4)虽未达到上述数额标准,但两年内因利用广告作虚假宣传,受过行政处罚二次以上,又利用广告作虚假宣传的;(5)造成人身伤残的;(6)其他情节严重的情形。"

3. 本罪的主体是广告主、广告经营者、广告发布者,包括自然人、单位。广告主,是指为推销商品或服务,自行或者委托他人设计、制作、发布广告的法人、其他经济组织或者个人;广告经营者,是指受委托提供广告设计、制作、代理服务的法人、其他经济组织或者个人;广告发布者,是指为广告主或广告主委托的广告经营者发布广告的法人、其他经济组织或者个人。

4. 本罪的主观方面是故意,即明知是虚假的广告,宣传、传播该广告会发生扰乱市场秩序、损害消费者权益的后果,希望或放任该结果发生的态度。

(二)虚假广告罪的认定

1. 本罪与非罪。实践中,广告一般都会存在夸张的性质,消费者也都能认识到,故不能将所有具有夸大性质的广告都认定为虚假广告。但是,对于那些能够使消费者产生认识错误、进而购买商品或服务的广告,例如宣传某种保健品具有治愈癌症的功效,则应当认定为虚假广告。

2. 虚假广告罪与生产、销售伪劣产品罪。生产、销售伪劣产品的,也可能存在虚假宣传的情况,同时构成生产、销售伪劣产品罪和虚假广告罪的,二者存在手段行为与目的行为的关系,应按牵连犯、从一重罪处罚。

(三)虚假广告罪的处罚

犯本罪的,处二年以下有期徒刑或者拘役,并处或者单处罚金。

单位犯本罪的,对单位判处罚金,并对其直接负责的主管人员和其他直接责任人员,依照自然人犯本罪的处罚规定处罚。

三、串通投标罪

串通投标罪,是指投标人相互串通投标报价,损害招标人或者其他投标人的利益,情节严重,或者投标人与招标人串通投标,损害国家、集体、公民合法权益的行为。本罪侵犯的客体是公平竞争的市场交易秩序。本罪的客观方面是串通投标、损害他人合法权益的行为。具体包括两种类型:一是投标人相互串通投标报价,损害招标人或者其他投标人的利益,情节严重的行为。串通投标报价,是指投标人私下串通、暗中商定联手抬高或压低标价,以损害招标人利益或排挤其他投标者;二是投标人与招标人串通投标,损害国家、集体、公民合法权益的行为。需要注意的是,第二种类型虽然没有情节上的限制,但也不是所有的情形都能构成本罪。根据立案追诉标准的规定(二)第76条,本罪要求:"(1)损害招标人、投标人或者国家、集体、公民的合法利益,造成直接经济损失数额在五十万元以上的;(2)违法所得数额在十万元以上的;(3)中标项目金额在二百万元以上的;(4)采取威胁、欺骗或者贿赂等非法手段的;(5)虽未达到上述数额标准,但两年内因串通投标,受过行政处罚二次以上,又串通投标的;(6)其他情节严重的情形。"本罪的主体是特殊主体,即投标人、招标人,包括自然人、单位。

犯本罪的,处三年以下有期徒刑或者拘役,并处或者单处罚金。单位犯本罪的,对单位判处罚金,并对其直接负责的主管人员和其他直接责任人员,依照自然人犯本罪的处罚规定处罚。

四、合同诈骗罪

(一)合同诈骗罪的概念和构成要件

合同诈骗罪,是指以非法占有为目的,在签订、履行合同的过程中,以欺骗手段骗取对方当事人财物,数额较大的行为。

1. 本罪侵犯的客体是市场交易秩序和公私财物的所有权。

2. 本罪的客观方面是在签订、履行合同的过程中,以欺骗手段骗取对方当事人财物,数额较大的行为。欺骗手段,根据现行刑法的规定,是指:(1)以虚构的单位或者冒用他人名义签订合同的;(2)以伪造、变造、作废的票据或者其他虚假的产权证明作担保的;(3)没有实际履行能力,以先履行小额合同或者部分履行合同的方法,诱骗对方当事人继续签订和履行合同的;(4)收受对方当事人给付的货物、货款、预付款或者担保财产后逃匿的;(5)以其他方法骗取对方当事人财物的。此外,根据立案追诉标准的规定(二)第77条,本罪要求数额在二万元以上。

3. 本罪的主体是一般主体,已满16周岁、具有刑事责任能力的自然人,单位。

4. 本罪的主观方面是故意,且具有非法占有的目的。该目的一般存在于订立合同时,也可以存在于履行合同的过程中,但限于非法占有他人财物之前。

(二)合同诈骗罪的认定

1. 本罪与非罪的界限。实践中,本罪与经济合同纠纷容易发生混淆,特别是行为人在订立、履行合同的过程中采取了一定的欺诈手段时,二者的区分就更加困难了。总的来看,二者的根本区别在于是否具有非法占有他人财物的目的,而这样的判断通常需要考虑:第一,行为人是否实施了法定的合同诈骗行为。第二,行为人订立合同时的履行能力。第三,订立合同后行为人有无积极履行合同的行为。第四、合同未能履行的原因。

2. 合同诈骗罪与普通诈骗罪的界限。实践中,区分合同诈骗罪和普通诈骗罪,不能只看是否存在合同,前者中的合同仅限于发生在市场经营活动中的合同、犯罪行为限于法定的合同诈骗行为。当然,二罪是包容性的法条竞合关系,前罪属于特别法、后罪属于普通法,适用时应遵循特别法优于普通法的原则。

3. 合同诈骗罪与金融诈骗罪的界限。金融诈骗罪,一般多会利用经济合同的方式实施,既然刑法做了特殊规定,那么凡是符合金融诈骗罪构成要件的原则上应当按照金融诈骗罪处罚。但并非所有的金融诈骗罪都能由单位构成,故而单位以经济以合同的方式实施的金融诈骗行为,在刑法没有规定单位可以构成该罪的场合可按合同诈骗罪处罚。

(三)合同诈骗罪的处罚

犯本罪的,处三年以下有期徒刑或者拘役,并处或者单处罚金;数额巨大或者有其他严重情节的,处三年以上十年以下有期徒刑,并处罚金;数额特别巨大或者有其他特别严重情节的,处十年以上有期徒刑或者无期徒刑,并处罚金或者没收财产。

单位犯本罪的,对单位判处罚金,并对其直接负责的主管人员和其他直接责任人员,依照自然人犯本罪的处罚规定处罚。

五、组织、领导传销活动罪

组织、领导传销活动罪,是指组织、领导以推销商品、提供服务等经营活动为名,要求参加者以缴纳费用或者购买商品、服务等方式获得加入资格,并按照一定顺序组成层级,直接或者间接以发展人员的数量作为计酬或者返利依据,引诱、胁迫参加者继续发展他人参加,骗取财物,扰乱经济社会秩序的传销活动的行为。本罪侵犯的客体是市场经济秩序。本罪的客观方面是组织、领导传销活动的行为。组织,是指为首提出、发起传销组织或者纠集参与者从而形成具体传销活动的行为。领导,是指对传销组织的领导以及传销活动具体实施策划、指挥的行为。根据《立案追诉标准的规定(二)》第 77 条,本罪要求"组织、领导的传销活动人员在三十人以上且层级在三级以上"。本罪的主体是一般主体,即已满 16 周岁、具有刑事责任能力的自然人,但本罪只处罚组织者、领导者。本罪的主观方面是故意,且具有通过组织、领导传销活动谋取非法利益的目的。

犯本罪的,处五年以下有期徒刑或者拘役,并处罚金;情节严重的,处五年以上有期徒刑,并处罚金。

六、非法经营罪

(一)非法经营罪的概念和构成要件

非法经营罪,是指违反国家规定,从事非法经营活动,扰乱市场秩序,情节严重的行为。

1. 本罪侵犯的客体是国家的市场交易管理秩序。

2. 本罪的客观方面是违反国家规定,从事非法经营活动,扰乱市场秩序,情节严重的行为。具体行为方式包括:(1)未经许可经营法律、行政法规规定的专营、专卖物品或者其他限制买卖的物品的;(2)买卖进出口许可证、进出口原产地证明以及其他法律、行政法规规定的经营许可证或者批准文件的;(3)未经国家有关主管部门批准非法经营证券、期货、保险业务的,或者非法从事资金支付结算业务的;(4)其他严重扰乱市场秩序的非法经营行为。根据相关立法、司法解释的规定,其他严重扰乱市场秩序的非法经营行为有:第一,在国家规定的场所以外非法买卖外汇,扰乱市场秩序的行为;第二,违法国家规定,出版、印刷、复制、发行严重危害社会秩序和扰乱市场秩序的非法出版物,或者非法从事出版物的出版、印刷、复制、发行业务,严重扰乱市场秩序,情节严重的;第三,违反国家规定,采取租用国际专线、私设转接设备或者其他方法,擅自经营国际电信业务或者港澳台电信业务进行营利活动的,扰乱电信市场管理秩序,情节严重的行为;第四,违反国家在预防、控制突发传染病疫情等灾害期间有关市场经营、价格管理等规定,哄抬物价,谋取暴利,严重扰乱市场秩序,违法所得数额较大或有其他严重情节的;第五,违反国家规定,擅自设立互联网上网服务营业场所,或者擅自从事互联网上网服务经营活动,情节严重的行为;第六,未经国家批准,擅自发行、销售彩票的行为;第七,违法国家规定,使用销售点终端机具等方法,以虚拟交易、虚开价格、现金退货等方式向信用卡持卡人直接支付现金,情节严重的行为。此外,本罪要求的情节严重,据《立案追诉标准的规定(二)》第79条作出详细规定,不再赘述。

3. 本罪的主体是一般主体,已满16周岁、具有刑事责任能力的自然人,单位。

4. 本罪的主观方面是故意。

(二)非法经营罪的认定

非法经营罪与一般非法经营行为的区别主要在于两点,一是是否违反法律、法规的禁止性规定,二是情节是否达到严重的程度。

(三)非法经营罪的处罚

犯本罪的,处五年以下有期徒刑或者拘役,并处或者单处违法所得一倍以上五倍以下罚金;情节特别严重的,处五年以上有期徒刑,并处违法所得一倍以上五倍以下罚金或者没收财产。

单位犯本罪的,对单位判处罚金,并对其直接负责的主管人员和其他直接责任人员,依照自然人犯本罪的处罚规定处罚。

案例分析

下列哪些行为构成非法经营罪？（　　）

A. 甲违反国家规定，擅自经营国际电信业务，扰乱电信市场秩序，情节严重

B. 乙非法组织传销活动，扰乱市场秩序，情节严重

C. 丙买卖国家机关颁发的野生动物进出口许可证

D. 丁复制、发行盗版的《国家计算机考试大纲》

答案：AC

解析：《最高人民法院关于审理扰乱电信市场管理秩序案件具体应用法律若干问题的解释》第1条规定："违反国家规定，采取租用国际专线、私设转接设备或者其他方法，擅自经营国际电信业务或者涉港澳台电信业务进行营利活动，扰乱电信市场管理秩序，情节严重的，依照《刑法》第225条第（四）项的规定，以非法经营罪定罪处罚。"故A项符合题意。

《刑法修正案（七）》第4条规定，在《刑法》第224条后增加一条，作为第224条之一："组织、领导以推销商品、提供服务等经营活动为名，要求参加者以缴纳费用或者购买商品、服务等方式获得加入资格，并按照一定顺序组成层级，直接或者间接以发展人员的数量作为计酬或者返利依据，引诱、胁迫参加者继续发展他人参加，骗取财物，扰乱经济社会秩序的传销活动的，处五年以下有期徒刑或者拘役，并处罚金；情节严重的，处五年以上有期徒刑，并处罚金。"故B项构成组织、领导传销罪，而非构成非法经营罪，不符合题意。

买卖进出口许可证、进出口原产地证明以及其他法律、行政法规规定的经营许可证或者批准文件的，属于非法经营罪中非法经营行为的表现方式之一。另外，其他法律、行政法规规定的经营许可证或者批准文件，是指法律、行政法规规定的所有经营许可证或者批准文件，例如，矿产开发、森林采伐、野生动物狩猎等许可证。故C项符合题意。

《刑法》第217条第（一）项规定，未经著作权人许可，复制发行其文字作品、音乐、电影、电视、录像作品、计算机软件及其他作品的，构成侵犯著作权罪。据此可知，未经著作权人许可，复制发行其文字作品、音乐、电影、电视、录像作品、计算机软件及其他作品的，属于侵犯著作权罪的表现方式之一，故D项丁构成侵犯著作权罪，而非构成非法经营罪，不符合题意。

七、强迫交易罪

（一）强迫交易罪的概念和构成要件

强迫交易罪，是指以暴力、胁迫手段强迫他人交易，或者强迫他人参与或者退

出投标、拍卖、特定的经营活动,情节严重的行为。

1. 本罪侵犯的客体是自愿、平等的市场交易秩序。

2. 本罪的客观方面是以暴力、胁迫强迫他人交易,情节严重的行为。暴力,是指对被害人及其密切关系人、物使用的有形的物理力量,其限度是不能故意造成被害人重伤。胁迫,是以对被害人实施侵害相要挟,侵害的内容、发出威胁的方式目前并没有什么限制,可以是当场能够实现的、也可以是日后能够实现的。强迫交易的内容有:第一,强买强卖商品。第二,强迫他人提供或接受服务。第三,强迫他人参与或退出投标、拍卖。第四,强迫他人转让或收购公司、企业股份、债券或者其他资产。第五,强迫他人参与或退出特定的经营活动。此外,根据2008年6月25日最高人民检察院、公安部《关于公安机关管辖的刑事案件立案追诉标准的规定(一)》第28条,本罪要求:"(1)造成被害人轻微伤或者其他严重后果的;(2)造成直接经济损失二千元以上的;(3)强迫交易三次以上或者强迫三人以上交易的;(4)强迫交易数额一万元以上,或者违法所得数额二千元以上的;(5)强迫他人购买伪劣商品数额五千元以上,或者违法所得数额一千元以上的;(6)其他情节严重的情形。"

3. 本罪的主体是一般主体,已满16周岁、具有刑事责任能力的自然人,单位。

4. 本罪的主观方面是故意。

(二)强迫交易罪的认定

实践中,本罪容易和抢劫罪混淆,特别是以暴力、胁迫手段索取超出正常交易价钱、费用的钱财行为的定性,2005年最高人民法院《关于审理抢劫、抢夺刑事案件适用法律若干问题的意见》中明确指出:"从事正常商品买卖、交易或者劳动服务的人,以暴力、胁迫手段迫使他人交出与合理价钱、费用相差不大钱物,情节严重的,以强迫交易罪定罪处罚;以非法占有为目的,以买卖、交易、服务为幌子采用暴力、胁迫手段迫使他人交出与合理价钱、费用相差悬殊的钱物的,以抢劫罪定罪处刑。在具体认定时,既要考虑超出合理价钱、费用的绝对数额,还要考虑超出合理价钱、费用的比例,加以综合判断。"故在区分的过程中应重点判断:第一,是否存在真实的交易关系;第二,通过强迫交易所获取的非法经济利益超出合理价钱、费用的绝对数和比例。

(三)强迫交易罪的处罚

犯本罪的,处三年以下有期徒刑或者拘役,并处或者单处罚金;情节特别严重的,处三年以上七年以下有期徒刑,并处罚金。

单位犯本罪的,对单位判处罚金,并对其直接负责的主管人员和其他直接责任人员,依照自然人犯本罪的处罚规定处罚。

案例分析

张某乘坐出租车到达目的地后，故意拿出面值100元的假币给司机钱某，钱某发现是假币，便让张某给10元零钱，张某声称没有零钱，并执意让钱某找零钱。钱某便将假币退还张某，并说："算了，我也不要出租车钱了"。于是，张某对钱某的头部猛击几拳，还吼道："你不找钱我就让你死在车里。"钱某只好收下100元假币，找给张某90元人民币。张某的行为构成何罪？（　　）

A．使用假币罪　　　B．敲诈勒索罪
C．抢劫罪　　　　　D．强迫交易罪

答案：C

解析：使用假币罪是指明知是伪造的货币而使用，且数额较大的行为。数额较大以总面额4000元为起点，本题中张某使用了100元假币，尚未达到数额的规定，因此不构成本罪。

强迫交易罪是指自然人或单位，以暴力、胁迫手段强迫他人购买商品、强迫他人出卖商品、强迫他人提供服务或者强迫他人接受服务，情节严重的行为。本题中张某只是强迫司机接受假币，而不是强迫司机提供服务，因此不构成本罪。

本题难点是要区分清楚敲诈勒索罪与抢劫罪的界限。二者都是以非法占有为目的，都可以使用威胁方法，其区别表现在：①抢劫罪只能是以暴力侵害相威胁，而敲诈勒索罪的威胁内容基本上没有限制；②抢劫罪只能是当场进行威胁，不可能通过第三者进行威胁，而敲诈勒索罪既可以当场威胁，也可以通过第三者进行威胁；③抢劫罪的威胁程度是，如果不满足行为人的要求，威胁内容（暴力）就当场实现，而敲诈勒索罪表现为如果不满足行为人的要求，威胁内容在将来的某个时间事项或者当场实现非暴力的伤害；④抢劫罪是当场取得财物，不是事后取得财物，而敲诈勒索罪既可以是当场也可以是事后取得财物。本题中张某以暴力威胁手段当场用假币从司机手中得到真币，从其实施暴力的程度、当场取得财物等情形都可以得出其行为已构成抢劫罪的结论。

八、伪造、倒卖伪造的有价票证罪

伪造、倒卖伪造的有价票证罪，是指伪造或者倒卖伪造的车票、船票、邮票或者其他有价票证，数额较大的行为。本罪侵犯的客体是国家对有价票证的管理制度。本罪的犯罪对象是车票、船票、邮票或者其他有价票证，并不限于纸质票证，还包括电子票证。本罪的客观方面是伪造或者倒卖伪造的有价票证，数额较大的行为。伪造，是指仿造真实有价证券的式样制作虚假的有价票证，或者对真实的有价票证进行加工、改造，改变其面值的行为。倒卖，是指从他人手中购买伪造的车票、船票、邮票或者其他有价证券后加价转手卖给他人的行为。根据2008年6月25日最高人民检察院、公安部《关于公安机关管辖的刑事案件立案追诉标准的规定（一）》第29条,本罪要求:"(1)车票、船票票面数额累计二千元以上,或者数量累计五十张以上的;(2)邮票票面数额累计五千元以上,或者数量累计一千枚以上的;(3)其他有价票证价额累计五千元以上,或者数量累计一百张以上的;(4)非法获利累计一千元以上的;(5)其他数额较大的情形。"本罪的主体是一般主体,已满16周岁、具有刑事责任能力的自然人、单位。本罪的主观方面是故意。

犯本罪的,处二年以下有期徒刑、拘役或者管制,并处或者单处票证价额一倍以上五倍以下罚金;数额巨大的,处二年以上七年以下有期徒刑,并处票证价额一倍以上五倍以下罚金。单位犯本罪的,对单位判处罚金,并对其直接负责的主管人员和其他直接责任人员,依照自然人犯本罪的处罚规定处罚。

九、倒卖车票、船票罪

倒卖车票、船票罪,是指倒卖车票、船票,情节严重的行为。本罪的客体是国家对车票、船票的管理秩序。本罪的犯罪对象是真实的车票、船票。本罪的客观方面是先购入真实的车票、船票后加价卖出,情节严重的行为。根据2008年6月25日最高人民检察院、公安部《关于公安机关管辖的刑事案件立案追诉标准的规定（一）》第30条,本罪要求:"(1)票面数额累计五千元以上的;(2)非法获利累计二千元以上的;(3)其他情节严重的情形。"本罪的主体是一般主体,已满16周岁、具有刑事责任能力的自然人、单位。本罪的主观方面是故意。

犯本罪的,处三年以下有期徒刑、拘役或者管制,并处或者单处票证价额一倍以上五倍以下罚金。单位犯本罪的,对单位判处罚金,并对其直接负责的主管人员和其他直接责任人员,依照自然人犯本罪的处罚规定处罚。

十、非法转让、倒卖土地使用权罪

非法转让、倒卖土地使用权罪,是指以牟利为目的,违反土地管理法规,非法转让、倒卖土地使用权,情节严重的行为。本罪侵犯的客体是国家对土地使用权的管理秩序。本罪的客观方面表现为违反土地管理法规,非法转让、倒卖土地使用权,情节严重的行为。本罪侵犯的客体是土地使用权的出让制度。本罪的客观方面是违反土地管理法规,非法转让、倒卖土地使用权,情节严重的行为。非法转让土地使用权,是指土地使用权人违反土地法、森林法、草原法等法律、法规,将土地使用权再次转移的情形。倒卖土地使用权,是指土地使用权受让人不进行任何形式的开发建设,将土地转手卖给他人,牟取利益的行为。根据《立案追诉标准的规定（二）》第80条,本罪要求:"(1)非法转让、倒卖基本农田五亩以上的;(2)非法转让、倒卖基本农田以外的耕地十亩以上的;(3)非法转让、倒卖其他土地二十亩以上的;(4)违法所得数额在五十万元以上的;(5)虽未达到上述数额标准,但因非法转让、倒卖土地使用权受过行政处罚,又非法转让、倒卖土地的;(6)其他情节严重的情形。"本罪的主体是一般主体,已满16周岁、具有刑事责任能力的自然人,单位。本罪的主观方面是故意。

犯本罪的,处三年以下有期徒刑或者拘役,并处或者单处非法转让、倒卖土地使用权价额百分之五以上百分之二十以下罚金;情节特别严重的,处三年以上七年以下有期徒刑,并处非法转让、倒卖土地使用权价额百分之五以上百分之二十以下罚金。单位犯本罪的,对单位判处罚金,并对其直接负责的主管人员和其他直接责任人员,依照自然人犯本罪的处罚规定处罚。

十一、提供虚假证明文件罪

提供虚假证明文件罪,是指承担资产评估、验资、会计、审计、法律服务等职责的中介组织的人员故意提供虚假证明文件,情节严重得行为。本罪侵犯的客体是本罪侵犯的客体是国家对中介服务市场的管理秩序。本罪的客观方面是中介结构工作人员提供虚假的证明文件,情节严重的行为。提供虚假证明文件,是指制作并交付与事实不符的资产评估报告、验资证明、验证证明、会计报告、审计报告、法律文书等。根据《立案追诉标准的规定(二)》第81条,本罪要求:"(1)给国家、公众或者其他投资者造成直接经济损失数额在五十万元以上的;(2)违法所得数额在十万元以上的;(3)虚假证明文件虚构数额在一百万元且占实际数额百分之三十以上的;(4)虽未达到上述数额标准,但具有下列情形之一的:①在提供虚假证明文件过程中索取或者非法接受他人财物的;②两年内因提供虚假证明文件,受过行政处罚二次以上,又提供虚假证明文件的。(5)其他情节严重的情形。"本罪的主体是承担资产评估、验资、会计、审计、法律服务等职责的中介组织及其工作人员,包括自然人、单位。本罪的主观方面是故意。

犯本罪的,处五年以下有期徒刑或者拘役,并处罚金。前款规定的人员索取他人财物或者非法收受他人财物,犯前款罪的,处五年以上十年以下有期徒刑,并处罚金。单位犯本罪的,对单位判处罚金,并对其直接负责的主管人员和其他直接责任人员,依照自然人犯本罪的处罚规定处罚。

十二、出具证明文件重大失实罪

出具证明文件重大失实罪,是指承担资产评估、验资、会计、审计、法律服务等职责的中介组织的人员,严重不负责任,出具的证明文件有重大失实,造成严重后果的行为。本罪侵犯的客体是国家对中介服务市场的管理秩序。本罪的客观方面是中介机构工作人员严重不负责任,出具的证明文件有重大失实,造成严重后果的行为。根据《立案追诉标准的规定(二)》第82条,本罪要求:"(1)给国家、公众或者其他投资者造成直接经济损失数额在一百万元以上的;(2)其他造成严重后果的情形。"本罪的主体是承担资产评估、验资、会计、审计、法律服务等职责的中介组织及其工作人员,包括自然人、单位。本罪的主观方面是过失。

犯本罪的,处三年以下有期徒刑或者拘役,并处或者单处罚金。单位犯本罪的,对单位判处罚金,并对其直接负责的主管人员和其他直接责任人员,依照自然人犯本罪的处罚规定处罚。

十三、逃避商检罪

逃避商检罪,是指违反进出口商品检验法的规定,逃避商品检验,将必须经商检机构检验的进口商品未报经检验而擅自销售、使用,或者将必须经商检机构检验的出口商品未报经检验合格而擅自出口,情节严重的行为。本罪侵犯的客体是国家对进出口商品的检验管理秩序。本罪的客观方面是违反进出口商品检验法的规定,逃避商品检验,情节严重的行为。根据《立案追诉标准的规定(二)》第83条,本罪要求:"(1)给国家、单位或者个人造成直接经济损失数额在五十万元以上的;(2)逃避商检的进出口货物货值金额在三百万元以上的;(3)导致病疫流行、灾害事故的;(4)多次逃避商检的;(5)引起国际经济贸易纠纷,严重影响国家对外贸易关系,或者严重损害国家声誉的;(6)其他情节严重的情形。"本罪的主体是一般主体,即从事商品进出口业务的单位或个人。本罪的主观方面是故意。

犯本罪的,处三年以下有期徒刑或者拘役,并处或者单处罚金。单位犯本罪的,对单位判处罚金,并对其直接负责的主管人员和其他直接责任人员,依照自然人犯本罪的处罚规定。

第十八章

侵犯公民人身权利、民主权利罪

第一节 侵犯公民人身、民主权利罪概述

■ 知识结构图

侵犯公民人身权利、民主权利罪的概念→犯罪构成→侵犯公民人身权利、民主权利的类型

■ 重点提示

了解侵犯公民人身权利、民主权利罪的概况。理解侵犯公民人身权利、民主权利罪中的普通犯罪的概念、特征(犯罪构成)以及应当区分的界限与应当注意的问题

■ 司法考点

侵犯公民人身权利中的故意杀人罪的成立条件(对象、实行行为、因果关系的判断是司法考试常考点)以及故意杀人罪与其他犯罪的区分(放火罪、投放危险物质罪、抢劫罪、绑架罪、故意伤害罪等);过失致人死亡罪(法条竞合的处理原则,本法另有规定的,依照规定);强奸罪(成立条件,其他罪中包含强奸行为的处理,如拐卖妇女、儿童罪,强迫卖淫罪);还有过失致人死亡、非法拘禁罪、拐卖妇女儿童罪等也分布着考点,学习时要多多注意。

一、侵犯公民人身权利、民主权利罪的概念与构成要件

（一）侵犯公民人身权利、民主权利罪的概念

侵犯公民人身权利、民主权利罪，是指故意或者过失侵犯公民人身权利以及故意侵犯公民民主权利以及与人身有直接关系的其他权利的行为。公民的人身权利和民主权利，是公民的最基本、最重要的个人专属法益。民主权利并非每一位公民都享有，例如，被剥夺政治权利的犯罪分子，没有选举权与被选举权。人身权利与民主权利密切联系，人身权利是公民行使民主权利的前提和基础，民主权利的实现又有利于保障人身权利。国家的存在即为了保护公民的各种法益，人们之所以认为侵害国家法益的犯罪严重，也是因为对国家法益的侵害意味着对绝大多数公民个人法益的侵犯；社会法益并不高于个人法益，只是个人法益的集合，保护好每一个公民的法益，是保护社会法益的最佳途径；个人的一切法益都得到法律的承认并受法律保护，而社会法益的保护则受到限制。因此，刑事立法、刑法理论与刑事司法实践，都必须重视对个人法益的保护。

侵犯公民人身权利、民主权利罪这一章，共32个条文，42个具体罪名。

（二）侵犯公民人身权利、民主权利罪的构成要件：

1. 本类犯罪的客体是公民的人身权利、民主权利以及与人身直接有关的其他权利。所谓人身权利，是指公民依法享有的与其人身不可分离的权利，包括生命权、健康权、性自由权、人身自由权、人格权和名誉权、婚姻自由权等。所谓民主权利，是指公民依法享有的管理国家和参加社会政治活动的权利，主要包括批评权、申诉权、控告权、检举权及选举权和被选举权、宗教信仰自由权等。与人身直接有关的其他权利，主要包括住宅不受侵犯权、劳动权、休息权、受抚养权等。

本章有些罪侵犯的是复杂客体，如刑讯逼供、暴力取证罪等，侵犯公民的人身权利，又侵犯司法机关的正常活动。刑法之所以将它们规定在本章，是因为这些罪的主要客体是侵犯个公民的人身权利。

2. 本类犯罪客观方面的表现为以各种方法侵犯公民的人身权利、民主权利以及其他与人身直接有关的权利的行为。包括作为和不作为，当然，有些犯罪，如绑架罪、拐卖妇女、儿童罪、诽谤罪、诬告陷害罪、强奸罪等，一般只能由作为构成；也有少数犯罪的行为方式，既可以表现为作为，也可以表现为不作为，如故意杀人罪、故意伤害罪等。从结果上看，有的要求发生侵害结果才成立犯罪，如过失致人死亡罪、过失致人重伤罪；有的未发生结果时，仅成立未遂犯，如故意杀人罪、强奸罪等。

3. 本类犯罪的主体多为一般主体，即达到法定责任年龄、具有刑事责任能力的自然人均可构成，如故意杀人罪、故意伤害罪、绑架罪等。也有少数犯罪主体为特殊主体，如刑讯逼供罪的主体只能是司法工作人员。强奸罪的行为主体一般为男

子,其中单独的直接正犯只能是男子。不具有特殊身份的人虽然不能单独构成要求具有特殊身份主体的犯罪,但可以成为该罪的教唆犯、帮助犯,即是该罪的共犯,与特殊主体共同对该罪承担刑事责任。

4.本类犯罪的主观方面,除过失致人死亡罪、过失致人重伤罪由过失构成外,其他的犯罪均由故意构成,行为人明知道自己的行为会发生侵犯公民人身权利、民主权利的结果,并且希望或者放任这种结果的发生。具体犯罪的故意内容各不相同,个别罪还以法定的犯罪目的为本罪的必要要件,如拐卖妇女、儿童罪。

二、侵犯公民人身权利、民主权利罪的类型

侵犯公民人身权利、民主权利罪包括两大类型,一是侵犯公民人身权利罪。公民的人身权利,是指法律所规定的与公民的人身不可分离的权利,只有权利人本人才享有,包括生命权、健康权、性的决定权、人身自由权、名誉权、隐私权等。二是侵犯公民民主权利罪。公民的民主权利,是公民行使依法享有的管理国家和参加社会政治活动的权利及其他民主权利的行为,包括选举权与被选举权、批评权、控告权、申诉权、宗教信仰自由权、通讯自由权等。本书根据犯罪侵犯的法益,将本章犯罪分为以下几类:侵犯生命、健康的犯罪;侵犯妇女、儿童身心健康的犯罪;侵犯人身自由的犯罪;侵犯名誉、人格的犯罪;侵犯民主权利的犯罪;妨害婚姻家庭权利的犯罪。

第二节　侵犯生命、健康的犯罪

知识结构图

故意杀人罪→过失致人死亡罪→故意伤害罪→过失致人重伤罪→各个罪的犯罪构成及认定

重点提示

重点把握故意杀人罪、故意伤害罪、过失致人死亡罪的犯罪构成及其认定

司法重点

故意杀人罪的成立条件(对象、实行行为、因果关系的判断是司法考试常考点),法律拟制为故意杀人罪的情形(结合已满14周岁不满16周岁的未成年人负刑事责任的范围进行考核),以及故意杀人罪与其他犯罪的区分(放火罪、投放危险物质罪、抢劫罪、绑架罪、故意伤害罪等);过失致人死亡罪(法条竞合的处理原则,本法另有规定的,依照规定)

一、故意杀人罪

(一)故意杀人罪的概念

故意杀人罪,是指故意非法剥夺他人生命的行为。

(二)故意杀人罪的构成要件

1. 本罪的客体是行为人以外的他人的生命权利。在现代文明社会,人的生命具有最高的价值,是刑法绝对保护的最重要的权利之一。因此,故意杀人罪也是刑法中最基本的、最典型的犯罪之一。

本罪的行为对象是行为人以外的他人的生命。行为人本人的自杀行为不能构成故意杀人罪。"他人"是指自然人。在犯罪行为当时,该自然人的健康状况、生活能力等状态不影响犯罪成立。由于每个人的人格在法律上一律平等,因此即便是将来没有生存希望的早产儿、濒临死亡的伤病员、畸形儿、被宣告死亡者等都属于自然人。自然人的存在范围,是出生后到死亡前的期间。

人的生命始于出生。关于出生的确定,存在分娩开始时有规律阵痛的"阵痛说";胎儿身体一部分露出母体的"一部露出说";胎儿身体全部露出母体的"全部露出说";胎儿开始用自己肺部进行呼吸的"独立呼吸说"。我国的通说采用"独立呼吸说"。

人的生命终于死亡。人因死亡而失去生命,身体变为尸体,尸体不再成为故意杀人罪的保护对象。关于死亡时期的确定,存在心脏跳动永久性停止的"脉搏停止说";呼吸永久性停止的"呼吸停止说";生活能力停止的"生活能力停止说";心脏跳动和自发性呼吸不可逆转性停止以及瞳孔扩散的"心肺死亡综合说"。我国刑法学的通说基本上采用"心肺死亡综合说"。随着现代医学的发展,"脑死亡"的概念引入刑法领域,并成为判断死亡的新标准。脑死亡的判断是较科学的判断标准,但也需要较高的医学技术水平,从我国医学和法学的现状看,目前仍然以心肺死亡为判断标准。胎儿和尸体是没有生命的个体,即使是残害尸体也不构成本罪。但行为人将尸体当作活人杀害的,属于事实认识错误;按故意杀人罪的未遂(对象不能犯)处理;故意毁坏尸体的,可构成侮辱尸体罪。

2. 本罪的客观方面表现为非法剥夺"人"的生命的行为,即杀人的行为,其特点是直接或者间接作用于人的肌肤或者精神,使人的生命在自然死亡之前终结。这里的"非法",是指国家禁止的除合法程序以外的剥夺他人生命的行为。杀人行为的方式包括作为和不作为,但后者仅限于对防止被害人死亡负有特定义务的场合。例如,负有救助义务的人见死不救。母亲与女友同时陷入困境,到底先救谁,多年无解的问题,在2015年的司法考试中有了答案。"甲在火灾之际,能救出母亲,但为救出女友未救出母亲。如无排除犯罪的事由,甲要对其母亲的死亡承担不作为犯罪的责任"(2015年卷二第52题)。还有就是负有养育义务的母亲故意不给婴儿哺乳将婴儿饿死等,均可构成不作为的杀人。杀人的行为方法可以是刺杀、射杀、毒杀等有形的物理方法,也可以是强烈精神冲击致人死亡等无形的心理方法。但如果采取放火、爆炸、投放危险物质等危险方法杀人而同时危及公共安全的,不构成本罪,应以危害公共安全罪论处。杀人行为一般由行为人直接实施,利用他人或被害人为工具间接地实施,或者利用被害人的错误或无刑事责任能力人实施杀害行为的,属于间接正犯。

杀人罪的实行着手时间是侵害他人生命的危险发生之时,既遂的时间是杀人行为导致他人死亡结果发生之时。杀人的实行行为本身必须具有引起结果发生的危险性,并与死亡结果之间必须存在因果关系。如:甲对乙有仇,意图致乙死亡。甲模仿乙的模样捏个小面人,写上乙的名字,在小面人身上扎针并诅咒49天。到第50天,乙因车祸身亡。甲的行为怎么认定?(2006年卷二第13题)很显然,甲的行为不是杀人的实行行为,不可能导致乙死亡,所以甲不构成故意杀人罪。不过,行为人实施了杀人行为但没有发生死亡结果,或者杀人行为与死亡结果之间没有因果关系的,可成立本罪的未遂。

3. 本罪的主体为一般主体。根据《刑法》第17条第2款的规定,已满14周岁具有辨认和控制自己行为能力的自然人,可以成为故意杀人罪的犯罪主体。

4. 本罪的主观方面是故意,包括直接故意和间接故意。即行为人对自己具有剥夺人的生命的现实危险具有认识,却希望或者放任该种危险发生的心理态度。因此,成立本罪的故意,要求行为人对自己行为的对象以及行为的性质,具有明确的认识,否则就不能说具有本罪的故意。故意杀人的动机是多种多样的,不影响本罪的成立,但对量刑有一定意义。事实错误(对象错误、方法错误和因果关系错误)不影响杀人罪的故意。

(二)故意杀人罪的认定

1. 致人自杀行为。人的生命是国家和社会存在的基础,是具有最高价值的个人法益,即使是本人也没有自由处分自己生命的权利。但是,国家刑罚权并不直接干涉自愿结束自己生命的行为,因此自杀行为本身不构成犯罪。但是,某些与自杀有关的行为侵害自杀者的生命时,行为人应当承担刑事责任。

(1)教唆、帮助、胁迫自杀。教唆自杀,是指唆使没有自杀意图的人产生自杀决意,使他人实施自杀的行为。例:医生欺骗患者说:"你最多只能活三个月,而且一周后开始剧烈疼痛。"进而使患者自杀的,患者对自杀的同意无效,对医生的行为应认定为故意杀人。帮助自杀,是指通过传授自杀方法、精神鼓励或物质援助等方法,使已有自杀意图的人更容易实现自杀意图的行为。胁迫自杀,是指以威胁、诱骗等方法使他人自己结束自己生命的行为。自杀者必须是能够理解自杀的意义,并具有决定自杀的意思能力的人,因此教唆或者帮助具有意识能力的人实施自杀行为的,原则上不构成故意杀人罪;教唆或帮助没有责任能力的幼儿或精神病人自杀的,属于利用被害人的行为实施杀人行为,应构成故意杀人的间接正犯。一般来说,自杀的教唆行为和帮助自杀的社会危害性低于普通杀人罪,在量刑时应当考虑。受胁迫或者诱骗而自杀的,也不是基于自杀者本人的意愿而实施的,因此胁迫者、诱骗者应当构成故意杀人的间接正犯。

(2)相约自杀。相约自杀,是指二人以上互相约定,自愿共同自杀的行为。自杀者是否有自杀的真实意愿,是相约自杀的成立条件。二人以上相约自杀的,一方自杀成功另一方生还的情况有:①强迫对方共同自杀。因受对方强迫的自杀者欠缺真实的同意,强迫对方自杀的行为属于单纯的杀人行为。②相约共同自杀。双方各自实施自杀行为的,一方自杀成功另一方自杀未遂,如果自杀成功者具有真实的意愿,自杀未遂者不构成故意杀人罪;双方互相实施自杀行为的,自杀未遂或中止的一方,相当于下述受嘱托杀人,应以故意杀人罪论处,但可以从轻或者减轻处罚。③伪装相约自杀。行为人本人没有自杀的真实意图而伪装要与他人共同自杀,使对方产生自杀决意并实施自杀的,属于利用他人认识错误的故意杀人(间接正犯)。④无效的相约自杀。与幼儿、精神病人等不能理解自杀意义的人相约自杀的,该相约获得的同意是无效的同意,自杀未遂者应构成故意杀人罪。

2. 受嘱托杀人。受嘱托杀人也称为"获得承诺的杀人",是指行为人获得被杀者的嘱托或承诺将其杀死的行为。行为人帮助被杀者实现自杀意图的,属于自杀的帮助行为;直接实施杀人行为的,不是帮助自杀行为而是直接实施行为。个人对自己的生命没有处分的权利,即使是获得了他人的嘱托,原则上该嘱托也是无效的,受嘱托杀人行为构成故意杀人罪,但可考虑从轻处罚。如果被杀者没有意思能力的,不属于受嘱托杀人,而应按故意杀人罪论处。

安乐死是为解除患有不治之症、濒临死亡的患者的身体痛苦,受患者的嘱托而使其无痛苦死亡的处置方法,因此安乐死也属于受嘱托杀人的一种。例:甲的父亲乙身患绝症,痛苦不堪。甲根据乙的请求,给乙注射过量镇静剂致乙死亡。乙的同意是真实的,对甲的行为的如何认定?(2014年卷二第15题)目前我国尚没有安乐死的规定,该类行为原则上仍按故意杀人罪处理,甲的父亲乙的虽然真实同意,也不能阻却违法,但在量刑上应当考虑。"尊严死"是对没有治疗价值的晚期患者撤除人工生命维持装置,在保持作为人的尊严的情况下迎来死亡的处置方法。

"尊严死"在没有患者本人同意的情况下而撤除生命维持装置的,不属于受嘱托杀人而可能构成故意杀人罪。但是,安乐死和尊严死是在特定条件下对特定的患者实施的,如果满足特定的条件就不构成犯罪。

3. 未经本人同意摘取其器官,或者摘取不满18周岁的人的器官,或者强迫、欺骗他人捐献器官,致人死亡或者具有致人死亡危险的,应当认定为故意杀人罪。

4. 故意杀人罪与其他犯罪的关系。(1)因非法拘禁(《刑法》第238条第2款)、刑讯逼供或者暴力取证(第247条)、虐待被监管人(第248条)、聚众斗殴(第292条第2款),致人死亡的,构成故意杀人罪;(2)为了诈骗保险金而杀人的,构成保险诈骗罪和故意杀人罪;(3)在组织或者运送他人偷越国(边)境过程中造成被组织人死亡的,只构成组织他人偷越国(边)境罪,但对被组织人或者检查人员有杀害行为的,按组织他人偷越国(边)境罪和故意杀人罪数罪并罚(第318条、第321条);(4)在强奸、抢劫过程中致被害人死亡的,只构成强奸罪或抢劫罪,但在强奸、抢劫既遂后为杀人灭口而杀害被害人的,实行数罪并罚[①](5)组织恐怖活动组织(第120条)、黑社会性质的组织(第294条第3款),有杀人行为的,实行数罪并罚;(6)拐卖妇女、儿童造成被拐卖的妇女、儿童或者亲属死亡的,只构成拐卖妇女、儿童罪(第240条第7项);(7)行为人在交通肇事后为逃避法律追究,将被害人带离事故现场后隐藏或者遗弃,致使被害人无法得到救助而死亡的,按故意杀人罪定罪处罚;[②](8)在实施妨害公务行为的过程中,杀害执行公务人员的,应当按照数罪并罚处理。

(四)故意杀人罪的处罚

根据《刑法》第232条规定,犯本罪的,处死刑、无期徒刑或者10年以上有期徒刑;情节较轻的,处3年以上10年以下有期徒刑。所谓情节较轻的故意杀人,通常是指当场义愤的杀人、因受被害人长期迫害的杀人、基于被害人请求的杀人以及大义灭亲的杀人等等。为了便于司法实践中对于故意杀人案件的处罚,最高人民法院在2010年印发《最高人民法院关于贯彻宽严相济形势政策的若干意见》,以便司法机关在具体处理时要注意分别案件的不同性质,做到区别对待。

---

① 2005年6月8日最高人民法院《关于审理抢劫、抢夺刑事案件适用法律若干问题的意见》第8条;2001年5月26日最高人民法院《关于抢劫过程中故意杀人案件如何定罪问题的批复》。

② 2000年11月21日最高人民法院《关于审理交通肇事刑事案件具体应用法律若干问题的解释》第6条。

二、过失致人死亡罪

(一)过失致人死亡罪的概念

过失致人死亡罪,是指因普通过失造成他人死亡的行为。

(二)过失致人死亡罪的构成要件

1. 本罪的客体为他人的生命权利。

2. 本罪的客观方面表现为实施了造成他人死亡的过失行为。这里致人死亡的行为主要是指在日常生活中,对他人的生命安全缺乏应有的关注,因作为或者不作为行为致使他人死亡。根据法律规定,构成本罪必须发生死亡结果,且过失行为必须对死亡结果的发生具有原因力,即两者之间必须具有刑法意义上的因果关系,至于被害人或者其他人有无过错,不影响本罪的成立,但在决定刑事责任时应当予以考虑。

3. 本罪的主体是一般主体,为年满16周岁、具有刑事责任能力的自然人。

4. 本罪的主观方面出于过失,即应当预见自己的行为可能发生他人死亡的危害结果,因为疏忽大意而没有预见,或者已经预见而轻信能够避免,以致发生他人死亡的危害结果。例:甲架好枪本想杀乙,但见乙患绝症跟跄走来,顿觉可怜,认为已无杀害的必要。当甲收起枪支,却不小心触动扳机,乙中弹死亡(2014年试卷而9题)。本题考查重点过失致人死亡罪,题中甲是故意杀人的犯罪中止没错,但乙的死亡结果是甲造成的,不过该结果违背了甲的意愿,是甲不小心的过失造成的,所以,甲的行为构成过失致人死亡。

本罪是发生在日常生活中的普通过失犯罪,业务上过失犯罪和危害公共安全罪中的过失犯罪,不适用本罪规定。如因失火致人死亡的,应定为失火罪(《刑法》第115条第2款);因交通肇事致人死亡的,应定为交通肇事罪(《刑法》第133条)。但是,因防卫过当、避险过当造成他人死亡结果,应当承担刑事责任的一般可以适用本罪规定。

根据《刑法》第233条的规定,犯本罪的,处3年以上7年以下有期徒刑;情节较轻的,处3年以下有期徒刑。本法另有规定的,依照规定。

三、故意伤害罪

(一)故意伤害罪的概念

故意伤害罪,是指使用暴力等方法,故意非法损害他人身体健康的行为。所谓"伤害",是指使身体丧失完整性或者导致生理机能障碍的行为。

(二)故意伤害罪的构成要件

1. 本罪的客体是他人的健康权。健康权,是指他人保持其肢体、器官、组织的完整和生理正常机能的权利。侵害他人的健康权,包括对他人外部肢体完整性的侵害和对他人内部生理正常机能的侵害。本罪的对象是他人的身体健康。行为人对自己身体健康造成损害的行为,不受处罚,但军人在战时自伤的除外《刑法》第434条。

2. 本罪的客观方面表现为非法侵害他人身体健康的行为。伤害的方法一般是使用暴力方法,但也有使用其他方法的。例如,使用毒药、病毒感染等。被害人为躲避加害者的侵害时摔倒负伤的,也属于伤害。伤害的实行行为始于损害他人的正常生理机能或者使他人肢体发生严重变形之时。伤害行为的方式可以是作为也可以是不作为。不作为只有在行为人对损害他人身体健康的危害结果负有防止义务时才能成立例:甲与乙(女)是夫妻,婚后生有一子丙。甲伤害丙(致丙轻伤)时,乙不阻止的,乙构成不作为的故意伤害罪。(2015年卷二第62题)伤害行为一般是由行为人直接实施的,但也有利用自然力、机械力和动物进行伤害的情况。

本罪是结果犯,必须对他人身体造成一定程度的伤害结果。伤害的程度包括轻伤害、重伤害和伤害致死三种,三种情况的犯罪性质相同,均构成故意伤害罪。伤害致死是重伤害的结果加重犯,而重伤害不是轻伤害的结果加重犯。我国刑法分则对轻微伤害不予处罚。

3. 本罪的主体为一般主体,行为主体因伤害的程度而有差异。故意实施伤害行为致他人重伤或者死亡的,其主体为已满14周岁具有刑事责任能力的自然人;故意实施伤害行为致他人轻伤的,其主体为已满16周岁具有刑事责任能力的自然人。

4. 本罪的主观方面是非法伤害他人身体健康的故意。行为人存在概括的伤害故意,即认识到自己的伤害行为会给被害人造成一定程度的伤害即可,不需要事先对伤害的程度有明确的认识。行为人以伤害的故意造成重伤结果的,按重伤害处罚;造成轻伤结果的,按轻伤害处罚。

(三)故意伤害致死

1. 故意伤害致死的概念。"故意伤害致死",是指因故意伤害而导致被害人死亡的行为。这种情况是故意重伤害的结果加重犯。致死的结果必须是由行为人对被害人造成的,如果是对第二人造成的,不构成故意伤害致死。例如,甲对乙实施暴力,乙绊倒丙,丙摔成重伤而死亡,甲对丙的死亡不承担故意伤害致死的责任。故意伤害行为必须与被害人死亡结果之间存在因果关系。行为人对于伤害行为和伤害的结果有认识,对于死亡结果没有认识的,构成故意伤害致死;如果行为人对死亡结果有认识的,构成故意杀人罪。教唆他人使用暴力伤害他人,而被教唆者在实行伤害行为时造成被害人死亡结果的,即使教唆者没有预见该死亡结果,也应当承担故意伤害致死的责任。因为伤害的教唆内容中包括可能致人死亡的内容。行为人认识到他人可能伤害被害人而借给匕首,他人使用匕首伤害被害人并导致死亡结果的,借出匕首者构成故意伤害致死的帮助犯。

2. 故意伤害致死与故意杀人。两者的区分主要是主观心理状态的结构不同。在故意伤害的情况下,致死的行为人对伤害结果出于故意,而对死亡结果存在过失,即主观心理状态由故意和过失两个部分组成。在故意杀人的情况下,行为人是希望或放任他人死亡的结果,即故意杀人的主观心理状态只是一个故意。判断行为人的主观心理状态时,应当综合考虑案件的各种因素,如案发原因、与被害人的关系、时间、地点、环境、犯罪工具、打击强度、行为人事后态度,等等。

3. 故意伤害致死与过失致人死亡。两者的相同点是客观上造成他人死亡的结果,主观上都没有追求他人死亡的故意。不同点是,故意伤害致死的行为人对伤害他人的部分具有故意而对死亡结果部分存在过失,而过失致人死亡的行为人不存在伤害他人的故意,对死亡结果只存在过失。

(四)故意伤害罪的认定

1. 故意伤害与一般殴打行为的界限。一般殴打行为,是指对他人身体使用轻微物理力而没有达到轻伤程度的行为。"轻微",是指没有达到破坏他人肉体组织的完整性和生理正常机能程度的伤害,如暂时性肉体疼痛、轻微精神刺激等。

2. "同时伤害"。二人以上没有犯罪意图联络而同时加害他人,无法确定谁的行为导致了伤害结果或者无法区分谁的行为导致了伤害结果的轻重时,二人的行为都构成伤害。故意"同时伤害"的内容,参见共同犯罪一章中的相关内容。

3. 伤害现场助势行为。"伤害现场助势行为",是指行为人没有直接实行伤害被害人的行为,但在他人实行伤害罪的现场助长气势的行为。我国刑法对伤害现场助势行为没有明确规定,在刑事司法实务中对该行为的定性有较大分歧,但有些国家刑法将该行为规定为伤害罪的帮助行为。伤害现场助势行为存在于实行伤害行为的过程中,在他人使用暴力以前和伤害行为实行终了以后,不属于伤害现场助势行为。"现场",是指他人实行伤害罪的场所。"助长气势",是指用语言、动作等形式强化实行者的犯罪意图,增强伤害行为的气势。行为人只要实施助长气势的行为即可,不论助势行为的结果对伤害行为是否起作用,但是如果行为人既实行助势行为又实行伤害行为的,属于直接伤害行为。

4. 法条竞合。《刑法》第 234 条规定,故意伤害他人身体,"本法另有规定的,依照规定"。(1)行为人在实施强奸、抢劫、放火、爆炸、投放危险物质、破坏交通工具等犯罪行为的同时,致人伤害的,不按故意伤害罪论处;(2)聚众斗殴(《刑法》第 292 条第 2 款)致人轻伤的,不按故意伤害罪论处,但致人重伤的,按伤害罪论处;(3)行为人为索要债务,使用暴力、暴力威胁等手段的:一般不以抢劫罪定罪处罚,构成故意伤害罪的,按故意伤害罪的规定处罚;(4)行为人在交通肇事后为逃避法律追究,将被害人带离事故现场后隐藏或者遗弃,致使被害人无法得到救助而严重残疾的,构成故意伤害罪;(5)组织、策划、煽动、教唆、帮助邪教组织人员自残的,按照故意伤害罪处罚①。医生明知道是未成年人,虽征得其同意而摘取未成年人器官的,成立故意伤害罪(2011年卷二第14题)。

5. 罪数关系。行为人实施伤害行为,在被害人未失去知觉,利用被害人不能反抗、不敢反抗的处境,临时起意劫取他人财物的,以故意伤害罪和抢劫罪实行数罪并罚;在被害人失去知觉或者没有发觉的情形下,临时起意拿走他人财物的,应以故意伤害罪和盗窃罪实行数罪并罚。

6. 正当化事由。因正当防卫、紧急避险行为造成他人伤害的,属于正当化行为;亲权者、监护人行使惩戒权时,只要不违反社会一般观念也不构成故意伤害罪。

另外根据《刑法》第238条、第247条、第248条、第289条、第333条的规定,对非法拘禁使用暴力致人伤残的,刑讯逼供或暴力取证致人伤残的、虐待被监管人致人伤残的,非法组织或强迫他人卖血液造成伤害的,应以故意伤害罪论处。

(五)故意伤害罪的处罚

根据《刑法》第234条规定,犯故意伤害罪的,处3年以下有期徒刑、拘役或者管制;致人重伤的,处3年以上10年以下有期徒刑;致人死亡或者以特别残忍手段致人重伤造成严重残疾的,处10年以上有期徒刑、无期徒刑或者死刑。

审判实践中,"严重残疾",是指被害人身体器官大部缺损、器官明显畸形、身体器官有中等功能障碍造成严重并发症等但对于"特别残忍手段",刑法和司法解释没有明确规定,应当根据具体情况判断。

四、组织出卖人体器官罪

(一)组织出卖人体器官罪的概念

组织出卖人体器官罪,是指组织他人出卖人体器官的行为。

刑法将组织出卖人体器官罪规定在故意伤害罪与过失致人重伤罪之间,意味着本罪的法益与伤害罪的犯罪客体相同。但是,如果认为本罪的犯罪客体是他人生理机能的健全或者人体器官的完整性,那么,只要有被害人的承诺,组织出卖他人器官用于移植的行为,便阻却违法性,因而不成立本罪。但是,这样的结论明显不当。联系《刑法》第234条第2款的规定可以看出,即使出卖者真实出卖器官,也不影响组织出卖人体器官罪的成立。显然,**要认定组织他人出卖器官用于移植的行为成立侵害出卖者身体健康的犯罪(对个人法益的犯罪),就必须论证出卖者的真实承诺无效**。但是,要论证这一点十分困难。

---

① 2001年6月4日最高人民法院、最高人民检察院《关于办理邪教组织和利用邪教组织犯罪具体应用律若干问题的解释(二)》第9条。

(二)组织出卖人体器官罪的构成要件

1. 本罪的客体是他人的身体健康权、生命权以及国家对人体(活体)器官捐献管理秩序和人体器官移植规范的正常秩序。组织出卖人体器官罪的行为对象是被组织的他人的人体器官。被组织的他人没有特别限定,既可以是已经打算出卖器官的人,也可以是没有打算出卖器官的人;既包括境内人,也包括境外人;既可能是直接出卖器官的人,也可能是组织他人出卖器官的人(对组织者再组织的,也成立本罪)。但是,组织不满18周岁的人出卖人体器官的,同时触犯了本罪与故意杀人罪、故意伤害罪(狭义的包括一罪),从一重论处。

而本罪所指的人体器官,是指由不同类型的人体组织构成的,能够发挥特定生理机能的集合体。《人体器官移植条例》第2条规定:"本条例所称的人体器官移植,是指摘取人体器官捐献人具有特定功能的心脏、肺脏、肝脏、肾脏或者胰腺等器官的全部或者部分,将其植入接受人身体以代替其病损器官的过程。"作为本罪的对象的人体器官,必须是活体的器官,而不包括尸体的器官。器官既包括某个器官的全部,也包括某个器官的一部分。

2. 本罪的客观方面的行为为组织他人出卖人体器官,是指经营人体器官的出卖或者以招募、雇佣(供养器官提供者)、介绍、引诱等手段使他人出卖人体器官的行为。第一,法条虽然使用了"组织"一词,但本罪并不是所谓的集团犯、组织犯。组织者既可以是一人,也可以是多人。第二,本罪的行为不仅包括经营人体器官出卖,而且包括以招募、雇佣、介绍、引诱等手段使他人出卖人体器官的行为。使用强迫、欺骗手段组织他人出卖人体器官的,同时触犯了故意杀人罪、故意伤害罪(狭义的一罪),从一重罪论处。第三,由于本罪的行为并不是出卖行为,而是组织出卖的行为,所以,出卖者直接将自己的器官出卖给他人的,不成立本罪。基于同样的理由,单纯购买人体器官的行为,也不构成犯罪。但是,为了购买而组织他人出卖的,依然成立本罪。第四,由于刑法将本罪规定为侵犯他人身体健康的犯罪,所以,只要对被摘取人体器官的出卖者的身体达到了伤害的程度,就成立本罪的既遂。

3. 本罪的主体为一般主体,为已满16周岁具有刑事责任能力的自然人。

4. 本罪主观方面是直接故意,以出卖人体器官为其内容。是否出于营利目的不影响本罪的成立。

(三)组织出卖人体器官罪的处罚

根据《刑法》第234条之一的规定,犯本罪的,处5年以下有期徒刑,并处罚金;情节严重的,处5年以上有期徒刑,并处罚金或者没收财产。由于本罪是侵犯身体健康的犯罪,所以,情节严重包括两种情形:其一,被组织出卖人体器官的人数较多;其二,导致出卖者死亡或者身体遭受严重伤害。

五、过失致人重伤罪

过失致人重伤罪,是指因过失造成他人重伤的行为。本罪的客体是他人的身体健康权。本罪客观方面表现为对他人的身体造成重伤的结果,如果造成轻伤结果的,不构成犯罪。过失行为与重伤结果之间必须存在因果关系。本罪的主体为一般主体,即年满16周岁、具有刑事责任能力的自然人均可构成。主观方面是出于过失,即应当预见自己的行为可能发生致人伤害的结果,因疏忽大意而没有预见或者已经预见而轻信能够避免,以致发生重伤的结果。

根据《刑法》第235条规定,犯本罪的,处3年以下有期徒刑或者拘役。本法另有规定的,依照规定。

相关链接

1990年10月20日最高人民法院、最高人民检察院《关于办理邪教组织和利用邪教组织犯罪具体应用法律若干问题的解释》第四条,组织和利用邪教组织制造、散布迷信邪说,指使、胁迫其成员或者其他人实施自杀、自伤行为的,分别依照《刑法》第232条、234条的规定,以故意杀人罪、故意伤害罪定罪处罚。

2001年6月4日最高人民法院、最高人民检察院《关于办理邪教组织和利用邪教组织犯罪具体应用法律若干问题的解释(二)》第九条,组织、策划、煽动、教唆、帮助邪教组织人员自杀、自残的,依照《刑法》第232条、234条的规定,以故意杀人罪、故意伤害罪定罪处罚。

1999年10月27日最高人民法院《全国法院维护农村稳定行使审判工作座谈会纪要》对因为婚姻家庭、邻里纠纷矛盾激化引发的故意杀人犯罪,适用死刑一定要十分慎重,应当与发生在社会上的严重危害社会治安的其他故意杀人犯罪案件有所区别。对于被害人一方有明显过错或对矛盾激化负有直接责任,或者被告有法定从轻处罚情节的,一般不应判处死刑立即执行。

2015年3月2日最高人民法院、最高人民检察院、公安部、司法部《关于依法办理家庭暴力犯罪案件的通知》指出,对于因为家庭暴力而引发的故意杀人犯罪,犯罪情节不是特别恶劣,手段不是特别残忍的,可以认定为《刑法》第232条规定的故意杀人"情节较轻"。以及在服刑期间关于减刑、假释有关规定。

2011年2月25日全国人大常务委员会《中华人民共和国刑法修正案(八)》第三十七条增设"组织出卖人体器官罪"。

2010年印发的《最高人民法院关于贯彻宽严相济形势政策的若干意见》。

■ 观点争鸣

以危险方法故意杀人的定罪问题,学界存在争议。第一种观点:认为非法剥夺他人生命的行为,其手段可以是多种多样的,包括使用能够危害公共安全的危险方法,但不影响故意杀人罪的成立;因为个人的法益是高于一切法益的,既然这种情况属于想象竞合犯就应当按照故意杀人罪定罪。第二种观点:该情况因同时危害公共安全,应以相关的危害公共安全罪论处。因为这种想象竞合犯,比用一般方法杀人具有更大的社会危害性。第三种观点:如行为人明知自己使用危险方法会危害公共安全而实行,发生这种情况后果的,按照危害公共安全罪的相关罪名定罪量刑;反之,应定故意杀人罪。第四种观点:认为关键在使用的这种方法是否足以危害公共安全,如果危险方法足以危及公共安全,就应当定危害公共安全罪;如果不足以危及公共安全,就只能定故意杀人罪。

本书立场:上面第四种观点,以方法是否足以危害公共安全为标准进行判断,是目前的通说。足以危害公共安全,是在查证主客观要件的基础上,对行为构成犯罪的整体评价。即可能危及公共安全,构成犯罪的主客观要件已充足具备的总和评价。首先,有了这种肯定评价,才有可能出现想象竞合犯的问题,反之,就只是故意杀人罪的手段。其次,对危险方法具有的危害公共安全的性质是否明知。只有明知自己的行为会危害公共安全,才符合相关危害公共安全罪的构成要件。所以在杀害特定对象而同时危害公共安全时,按想象竞合犯的处理原则,以危害公共安全的相关犯罪是比较恰当的。

■ 问题思考

1. 受嘱托杀人应如何定性?
2. 组织出卖人体器官罪与故意伤害罪的区别是什么?
3. 过失致人重伤之后救助能够避免死亡结果,行为人能够履行救助义务而故意不救助,是否成立不作为的故意杀人罪?为什么?

■ 案例分析

案情:2001年1月21日6时许,被告人李春林乘被害人熟睡之机,持斧头猛砍被害人头部和颈部,导致被害人死亡。后又将死者身上的1800元人民币和旅行包内一工商银行存折连同灵通卡(存有人民币1万元)、手机等款物拿走。后被告人分3次从自动取款机上将存折内1万元人民币取走。对于本案有四种观点:第一种观点认为,被告人的行为构成故意杀人罪和抢劫罪,其理由是被告人当场拿走被害人财物符合抢劫罪的构成要件。第二种观点认为，被告人的行为构成故意杀人罪和盗窃罪，理由是将被害人杀死后又以非法占有为目的，乘机窃取被害人的遗物，应当以故意杀人罪和盗窃罪并罚。第三种观点认为，只构成故意杀人罪，理由是被告人杀人后拿走被害人的钱财，该行为依附于故意杀人的行为而产生，属于理论上的吸收犯，应按照主行为吸收从行为的吸收犯的处罚原则，以故意杀人罪处罚。第四种观点认为，被告人的行为构成抢劫罪，理由是被告人故意杀人后当场劫取被害人财物，其行为虽然可分为不同阶段，但是实质上都是以非法占有为目的而故意杀人，因此符合抢劫罪的构成要件。

法院认定，被告人故意非法剥夺他人生命，已构成故意杀人罪，后又窃取他人财物，其非法占有他人财物的行为与故意杀人行为之间不存在事实上的牵连关系或者吸收关系，既不能将故意杀人认定为非法占有财物的手段，也不能将非法占有认定为故意杀人的从行为，而是独立于故意杀人之外的行为。而且，由于财物所有人已经死亡，不复存在对所有人使用暴力、胁迫等手段抢劫的问题。被告人取代财物的手段如同从无人在场的他人处拿走一样，实际上是秘密窃取他人财物的行为。因此，对于这种故意杀人后见财起意，乘机非法占有被害人财物的行为，构成故意杀人罪和盗窃罪。本书赞同法院的观点。

资料来源：《刑事审判参考》第4卷（下），法律出版社2004年版，第68页。

第三节 侵犯妇女、儿童身心健康的犯罪

■知识结构图

强奸罪→强制猥亵罪→强制侮辱妇女罪→猥亵儿童罪

■重点提示

重点掌握强奸罪、强制猥亵罪的犯罪构成以及强奸罪与强制猥亵罪的认定

■司考重点

强奸罪的成立条件；强奸罪与故意杀人罪的关系；注意利用特定关系强奸的情形；其他罪中包含强奸行为的处理，如拐卖妇女、儿童罪，强迫卖淫罪中有关强奸行为的认定

一、强奸罪

（一）强奸罪的概念

强奸罪，是指违背妇女意志，使用暴力、胁迫或者其他手段强行与妇女性交或者奸淫不满14周岁幼女的行为。

（二）强奸罪的构成要件

1. 本罪的客体是妇女的性的不可侵犯的自由权利和幼女的身心健康。性的自由权和身心健康权只有具有生命的女性才能享有，因此奸尸不构成本罪，但可构成侮辱尸体罪。犯罪的对象包括已满14周岁的妇女和不满14周岁的幼女。如果对"妇女"认识错误，会影响强奸罪既遂的成立。如，甲深夜潜入乙家行窃，发现留长发穿花布睡衣的乙正在睡觉，意图奸淫，后发现乙是男人（2005年卷二第7题）。此题就是因为强奸行为对象的不能，成立强奸罪未遂。另外行为对象"妇女"的社会地位、思想品德、生活作风、结婚与否等均不影响本罪的成立。

2. 本罪的客观方面表现为使用暴力、胁迫或者其他手段，违背妇女意志强行与妇女性交或者奸淫不满14周岁的幼女。本罪的本质特征是违背妇女意志，强行与之性交。因此对于已满14周岁的妇女，需要以使用暴力、胁迫或者其他手段，违背妇女意志为要件；而对于不满14周岁的幼女，只要实施奸淫行为即可构成本罪。使用暴力、胁迫或者其他手段是违背妇女意志的外在表现。"暴力手段"，是指直接对被害妇女的人身采用殴打、捆绑、强拉硬拽等危害人身安全或者人身自由的手段。"胁迫手段"，是指对被害妇女采用威胁、恐吓等无形的精神强制的手段，如以杀害、伤害、揭发隐私、加害亲属等相威胁。"其他手段"，是指暴力、胁迫以外的使被害妇女难以反抗的手段，如麻醉、灌醉酒、利用迷信、假借诊疗治病、利用职务关系、利用夜深僻静等场所、乘妇女熟睡之机、利用妇女患重病之机，等等。

3. 本罪的主体限于已满14周岁具有刑事责任能力的男性。但女子利用男子实施奸淫行为的，可以构成强奸罪的间接正犯（非亲手犯）；女子教唆或者帮助男子实施强奸行为的，可以构成强奸罪的教唆犯或者帮助犯（从犯）。

4. 本罪的主观方面是故意，即明知自己的行为违背妇女的意志而强行奸淫或者明知是不满14周岁的幼女而与之发生性关系。

（三）强奸罪的认定

1. 强奸罪与通奸行为。通奸行为是非婚姻关系的男女双方自愿发生性关系的行为。通奸行为是基于妇女真实自愿的，因此不存在违背妇女意志和使用暴力等手段的问题，也不属于国家刑罚权调整的范围。当女方明确表示断绝通奸关系，而男方使用暴力等手段强行与之发生性关系的，应认定为强奸罪。先强奸后通奸的，先行的强奸行为属于事前的不可处罚行为。

2. 强奸罪与某种特定关系。行为人利用职务上从属关系、教养关系等特定关系，迫使妇女与之发生性关系的，属于违背妇女意志，应按强奸罪论处。但男方利用职权，而女方利用肉体相互交换而发生性关系的，不构成强奸罪。

3. 强奸罪与精神障碍。精神病患者或重度痴呆患者丧失辨认和控制行为能力时，不能自由地决定自己的性权利，因此明知妇女是精神病患者或重度痴呆患者而与其发生性行为的：应以强奸罪论处。但与未发病的间歇性精神病女患者或者精神病基本痊愈的妇女发生性关系，经本人同意的，不应认定为强奸罪。

4. "婚内强奸"。"婚内强奸"，是指在夫妻婚姻存续期间，丈夫使用暴力等手段强行与妻子发生性交的行为。丈夫是否可以成为强奸妻子的主体，是一个争议较大的问题。原则上，在婚姻关系存续期间，丈夫强行与妻子发生性关系的，不存在强奸罪的问题。但在特殊情况下，丈夫的行为可能构成强奸罪：(1)在合法婚姻存续期间，妻子已经提出离婚并进入法律程序(包括调解程序)，丈夫使用暴力强行与妻子发生性关系的，可以构成强奸罪；(2)丈夫教唆或者帮助其他男子强奸自己妻子的，可以构成强奸罪的共犯。但是，我国司法实务对丈夫强奸妻子的行为，只要没有进入离婚诉讼程序，就不按强奸罪认定。

5. 奸淫幼女行为。奸淫幼女的，不单独构成奸淫幼女罪，只构成强奸罪，从重处罚。行为人明知是不满14周岁的幼女而与其发生性关系，不论幼女是否自愿，均以强奸罪定罪处罚；行为人确实不知对方是不满14周岁的幼女，双方自愿发生性关系，未造成严重后果，情节显著轻微的，不认为是犯罪①。已满14周岁不满16周岁的人偶尔与幼女发生性行为，情节轻微、未造成严重后果的，不认为是犯罪。但明知卖淫者为幼女而嫖宿的，可以适用本罪关于奸淫幼女的强奸论处，《刑法修正案(九)》取消了《刑法》第360条第2款的嫖宿幼女罪，完善了强奸罪的相关规定。

6. 罪数关系。(1)行为人在实施强奸过程中因过失造成被害妇女重伤或者死亡的，属于强奸罪的结果加重犯。但出于报复、灭口等动机，在实施强奸过程中或者实施强奸行为以后杀害或伤害被害妇女的，应按数罪并罚处理。(2)既实施了强奸妇女行为又实施了奸淫幼女行为的，只以强奸罪一罪从重处罚②。(3)奸淫被拐卖妇女的，属于拐卖妇女、儿童罪的加重情节(《刑法》第240条)，不按强奸罪处罚。(4)收买被拐卖的妇女，强行与其发生性关系的，以收买被拐卖妇女罪和强奸罪实行数罪并罚。(《刑法》第241条第2款)例如，乙收买周某，欲与周某成为夫妻，周某不从，乙多次暴力强行与周某发生性关系。(2011年卷二第89题)本题正

---

① 2006年1月23日最高人民法院《审理未成年人刑事案件具体应用法律若干问题的意见》第6条。

② 2000年2月13日最高人民法院《关于审理强奸案件有关问题的解释》。

确答案就是收买被拐卖妇女罪、强奸罪数罪并罚。(5)组织他人偷越国(边)境或者运送他人偷越国(边)境并且强奸被组织的妇女的,按数罪并罚的规定处罚(《刑法》第 318 条第 2 款)。(6)强奸后迫使卖淫的,属于强迫卖淫罪的从重情节,只构成强迫卖淫罪(《刑法》第 358 条)。(7)行为人实施强奸犯罪行为,在被害人未失去知觉,利用被害人不能反抗、不敢反抗的处境,临时起意劫取他人财物的,应当以强奸罪和抢劫罪实行数罪并罚;在被害人失去知觉或者没有发觉的情形下,临时起意拿走他人财物的,应以强奸罪和盗窃罪实行数罪并罚。

(四)强奸罪的处罚

根据《刑法》第 236 条规定,犯本罪的,处 3 年以上 10 年以下有期徒刑。有下列情形之一的,处 10 年以上有期徒刑、无期徒刑或者死刑:(1)强奸妇女、奸淫幼女情节恶劣的;(2)强奸妇女、奸淫幼女多人的;(3)在公共场所当众强奸妇女的;(4)二人以上轮奸妇女的;(5)致使被害人重伤、死亡或者造成其他严重后果的。

审判实践中,"致使被害人重伤、死亡",是指在实施强奸行为的过程中发生的重伤、死亡。"造成其他严重后果",是指因强奸引起被害人自杀(有学者不主张其他严重后果包括被害人事后的自杀身亡)、精神失常、怀孕等后果。

二、强制猥亵罪,强制侮辱罪

强制猥亵罪、强制侮辱罪,是指以暴力、胁迫或者其他方法强制猥亵他人或者侮辱女子的行为。本罪的客体是他人的人格尊严和人身自由权利。本罪客观方面表现为以暴力、胁迫或者其他手段,违背男子或者妇女意志,强制猥亵他人,或者强制侮辱妇女的行为。"其他手段",是指暴力、胁迫手段以外的,使被害人不能反抗或不知反抗的手段,如麻醉、灌酒等。"猥亵",是指刺激或满足行为人的性欲或引起第三者性兴奋,伤害普通人正常的性羞耻心,败坏性道德观念的行为。"侮辱",是指使用下流的语言或动作,损害妇女人格的行为,如公开追逐或堵截妇女、强行接吻、搂抱妇女、暴露生殖器等。本罪的主体为一般主体,即年满 16 周岁、具有刑事责任能力的自然人。本罪主观方面是故意,一般具有满足、刺激性欲或者损害妇女人格的目的,但不具有奸淫的目的。

2015 年 8 月 29 日全国人大常委会《中华人民共和国刑法修正案(九)》第 13 条对《刑法》第 237 条进行修订,使修订后的条文为"以暴力胁迫或者其他方法强制猥亵他人或者侮辱妇女的,处五年以下有期徒刑或者拘役。"长期以来,男性被性侵,尤其是 14 周岁以上、18 岁以下的未成年男性本性侵的情况很难被追究刑事责任,成为令人遗憾的法律空白。如果猥亵 14 周岁以下的儿童,构成猥亵儿童罪,不成立本罪。这次刑法修正案的修订,扩大了本罪的保护对象,使强制猥亵的行为不仅包括异性间实施的强制猥亵行为,也包括同性间实施的强制猥亵行为。将男性纳入本罪的保护对象,可以使男性的权利得到充分的保障,这样才更符合时代发展需要,使刑法规定更完整,对公民权利保障更周密。

根据《刑法》第 237 条第 1 款的规定,犯本罪的,处 5 年以下有期徒刑或者拘役。该条第 2 款规定,聚众或者在公共场所当众犯本罪的,或者有其他恶劣情节的,处 5 年以上有期徒刑。

三、猥亵儿童罪

猥亵儿童罪,是指猥亵不满 14 周岁儿童的行为。本罪的客体是儿童的身心健康,犯罪对象是不满 14 周岁的男、女儿童。本罪客观方面表现为对儿童实施猥亵行为。本罪不以使用"暴力、胁迫或者其他方法"和"强制"为条件,即使没有使用暴力等手段,获得被害儿童的同意也可构成本罪,如利用儿童好奇心或无知等。本罪的主体是一般主体,为年满 16 周岁、具有刑事责任能力的自然人,性别不限于男性。主观方面是出于故意。

根据《刑法》第 237 条第 3 款的规定,犯本罪的,依照强制猥亵罪、强制侮辱罪的规定从重处罚。

■相关链接

2013 年 10 月 23 日最高人民法院、最高人民检察院、公安部、司法部《关于依法惩治性侵害未成年人犯罪的意见》为依法惩治性侵害未成年人犯罪,保护未成年人合法权益,根据刑法、刑事诉讼法和未成年人保护法等法律和司法解释的界定,结合司法实践经验,制定的本意见。

2015 年 8 月 29 日全国人大常务委员会《中华人民共和国刑法修正案(九)》第十三条修订。本次修订将《刑法》第 237 条将"强制猥亵、侮辱妇女罪"变成"强制猥亵罪与强制侮辱妇女罪",把第 1 款强制猥亵的对象"妇女"修改为"他人",并在第 2 款中增设了"或者有其他恶劣情节的"规定。

■观点争鸣

妇女作为强奸罪主体的问题,学界存在争议。对于强奸罪的主体,第一种观点,也是多数学者的观点,认为强奸罪的主体只能是男性,妇女不能独立构成强奸罪,但可成为教唆犯或者帮助犯(从犯)。另一种观点,有学者对第一种观点提出异议,认为在共同犯罪中,妇女不是只能以教唆犯或者帮助犯的身份参与犯罪,也可以是以实行犯的身份参与实行犯罪。因为,强奸罪的构成要件是由两个行为环节构成的:一是实施暴力、胁迫或者其他手段行为;二是强行与妇女发生性交行为,才能构成一个完整的强奸行为。妇女虽然不能直接实施与妇女性交的行为,但可以直接实施暴力、胁迫等行为,而这属于构成要件的行为,因此,可以成为强奸罪的实行犯。而且,妇女也可以独立成为强奸罪的主体,即在妇女教唆强奸但男性没有实施,或者教唆不具有刑事责任能力的男性实施强奸的情况下,该妇女可以独立构成强奸罪。

本书立场:从立法的精神上说,强奸罪的主体应当是男性,因为,在强奸罪中,几乎都是男性居于主动侵犯女性的地位,但不可否认的是,在实践中妇女直接实施强奸罪的暴力、胁迫等手段,或者教唆强奸而他人没有实施,或者教唆不具有刑事责任能力的男性实施强奸罪的情况确实是存在的,特别是后一种情况下,如果对该妇女不能以强奸罪来定罪,不符合刑法总则的有关规定,而且在现行刑法分则中并没有其他的罪名能够适用。如果因此而不认定为犯罪,则是一种放纵。基于此,本书立场,认为第二种观点是可行的。

问题思考

1. 如何认定违背妇女的意志?
2. 与精神病人或痴呆患者发生性行为的如何认定?
3. 强制猥亵、强制侮辱妇女致人重伤、死亡的应如何处理?

案例分析

案情:被告人蔡某(男)于1992年11月与钱某结婚,婚后生有一子。1996年6月,蔡某与钱某分居,同时向上海市青浦县人民法院起诉离婚。同年10月,该法院以双方感情尚未破裂为由,判决不准离婚。此后双方未曾同居。1997年3月,蔡某再次提起离婚诉讼,同年10月8日青浦县人民法院判决准予离婚。在判决确定的上诉期间,即同月的13日晚7时许,蔡某到原居住的房内,看钱某正在收拾东西,即从背后抱住钱某,欲与之发生性关系,遭钱某拒绝。钱某挣脱欲离去,蔡某将钱某的双手反扭并将钱某按倒在床上,不顾钱某的反抗,采取暴力,强行与钱某发生了性关系。当晚,钱某即向公安机关报案。该案起诉后,青浦县人民法院于1999年12月11日以蔡某犯强奸罪,判处有期徒刑3年,缓刑3年。

问题:被告蔡某的行为如何认定?

分析:对于被告人蔡某的行为是否成立强奸罪,关键问题是解决"婚内强奸"是否成立,即丈夫能否成为强奸罪的主体,绝大多数国家对此持否定态度,而从我国《刑法》第236条的规定来看,并未排除丈夫以妻子作为强奸罪对象的强奸罪。鉴于此,本书立场,认为法院的该判决是正确的。因为,在上述期间内已显示男女双方欠缺维持婚姻和保持关系的合意,并明显地证明了女性的性取向,为认定婚内强奸提供了证据。① 在婚姻非正常存续期间,如离婚诉讼期间,婚姻关系已经进入法定解除的程序,虽然婚姻关系仍然存在,但已不能推定女方对性行为是一种同意的承诺,也没有理由从婚姻关系出发否认强奸罪的成立。就本案而言,法院已经判决离婚,虽然此判决尚未生效,但婚姻关系已在蔡某的主观意思中实质消失。因为是蔡某主动提出离婚,法院判决离婚后其也没有反悔提出上诉,其与钱某属非正常的婚姻关系。也就是说,双方已不再承担夫妻间同居的义务。在这一特殊时期内强行性行为,构成强奸罪。②③

第四节 侵犯人身自由的犯罪

▋知识结构图

人身自由权的认定→非法拘禁罪→绑架罪→拐卖妇女、儿童罪→诬告陷害罪

▋重点提示

重点把握绑架罪,非法拘禁罪,拐卖妇女、儿童罪,诬告陷害罪的犯罪构成及其认定

▋司考重点

非法拘禁罪、绑架罪、拐卖妇女儿童罪、收买被拐卖的妇女儿童罪是司法考试每年必考的知识点,各罪的成立条件、关系以及各种加重情形的认定,都是最常考的知识点。

---

① 王雅歌:《家庭暴力的背景因素与惩处机制》,2000年"中英维护妇女权益防止家庭暴力研讨会"论文。
② 最高人民法院刑一庭编:《刑事审判参考》,北京,法律出版社,2002。
③ 赵廷光主编:《中国刑法原理》(各论卷),武汉大学出版社1992年版,第515页。

一、非法拘禁罪

（一）非法拘禁罪的概念

非法拘禁罪，是指以拘押、禁闭或其他强制方法非法剥夺他人人身自由的行为。

（二）非法拘禁罪的构成要件

1. 本罪的客体是他人现实的身体活动自由，即"现实的自由说"（限定说）。理论上还有"可能的自由说"（非限定说）。如乙将入睡的甲反锁在房间，在其醒来之前又将锁打开，按照现实的自由说，该行为不成立非法拘禁罪；但按照可能的自由说，该行为成立非法拘禁罪。本书原则上赞成现实的自由说。非法拘禁罪不是危险犯，而是实害犯。在上例中，乙的行为只是具有侵害甲的身体活动自由的可能性，而没有现实地侵害甲的身体活动的自由。如果甲夜间打算现实地离开房间却因为乙的反锁行为而不能离开房间时，则现实地侵害了甲的身体活动自由，属于非法拘禁罪。

2. 本罪的客观方面表现为非法拘禁他人或者以其他方法非法剥夺他人人身自由的行为。所谓"拘禁"，是指以强制方法使他人在一定时间内失去行动自由，或者使他人处于不能脱离一定场所的状态。所谓"非法"，主要表现为没有拘禁他人权限的人以非法方法拘禁他人，或者有拘禁他人权限的人滥用职权违法拘禁他人或剥夺他人人身自由。对于非法拘禁的方法没有限制，可以是捆绑等有形的、物理的方法，也可以是利用他人的恐惧心理等无形的方法，还可以使用间接正犯的形式非法拘禁他人，例如，利用不知情的警察将他人拘禁。本罪的行为对象是具有意思活动和身体自由活动的自然人。行为对象的"他人"没有限制，幼儿和精神病人也可成为本罪的对象。

3. 本罪的主体为一般主体。即年满 16 周岁、具有刑事责任能力的人均可构成。

4. 本罪主观方面是出于故意，是行为人明知道自己的行为会发生剥夺他人身体自由权利的结果，并希望或者放任这种结果的发生。当前，出于迫使他人偿还债务的动机而非法扣押、拘禁他人的案件比较突出，应严格依法处理。

（三）非法拘禁罪的认定

1. 非法拘禁罪的既遂。本罪是典型的继续犯。所谓"继续犯"，是指从非法剥夺人身自由开始，直到被拘禁者恢复人身自由的期间，其非法拘禁的行为始终处于持续状态。在非法使他人失去人身自由时，成立本罪的既遂，在非法拘禁持续状态结束时犯罪终了。因此继续犯的追诉期限应从犯罪行为终了之日起计算。关于非法拘禁的时间，刑法没有明确的规定，但根据最高人民检察院 2006 年 7 月 26 日

《关于渎职侵权犯罪案件立案标准的规定》司法解释,对于立案标准进行规定,如,国家机关工作人员利用职权非法剥夺他人人身自由的时间为24小时以上。

2.非法拘禁罪与索取债务。行为人为索取合法债务或者为索取高利贷、赌债等法律不予保护的债务,而非法扣押、拘禁他人的,按本罪定罪处罚。如:韩某在向张某催要赌债无果的情况下,纠集好友把张某挟持至韩某家,并给张家打电话,声称如果再不还钱,就砍掉张某一只手。韩某的行为如何界定?(2004年卷二第1题),这个题就是考查的"为索取债务非法扣押、拘禁他人的",构成非法拘禁罪。但索债的部分明显超过债务的部分时,属于以勒索债务为名的绑架,可以构成绑架罪。"索取债务",是指为追回贷款、借款、工资、定金、违约金、医疗费等而要求对方履行财产给付义务的行为。债务一般是实际存在的债务。为索取债务而绑架或者非法拘禁与该债务相关的第三人的,也构成本罪。

3.非法拘禁罪与罪数。(1)在非法拘禁过程中多次转移拘禁地点的,构成本罪的一罪;(2)以出卖为目的非法拘禁妇女、儿童的,应按牵连犯的原则,以拐卖妇女、儿童罪从重处罚;(3)收买被拐卖的妇女、儿童,非法剥夺其人身自由的,实行数罪并罚;(4)国家机关工作人员利用职权进行报复陷害,非法拘禁他人的,属于想象竞合犯,应从一重处断;(5)在非法拘禁期间强奸被害人的,应当以非法拘禁罪与强奸罪数罪并罚。

(四)非法拘禁罪的处罚

根据《刑法》第238条的规定,犯本罪的,处3年以下有期徒刑、拘役、管制或者剥夺政治权利。具有殴打、侮辱情节的,从重处罚。犯本罪,致人重伤的,处3年以上10年以下有期徒刑;致人死亡的,处10年以上有期徒刑。使用暴力致人伤残、死亡的,按故意伤害罪、故意杀人罪论处。

审判实践中,"致人重伤或者致人死亡",是指在非法拘禁过程中因过失引起被拘禁人重伤或死亡,属于本罪的结果加重犯,这里的重伤、死亡,是指非法拘禁行为本身致被害人重伤、死亡的,重伤、死亡结果与非法拘禁行为之间必须具有直接的因果关系(直接性要件)。行为人在实施基本行为之后或之时,被害人自杀、自残、自身过失等造成死亡、伤残结果的,因缺乏直接性要件,不宜认定为结果加重犯。例:甲将乙拘禁在宾馆20楼,声称只要乙还债就放人。乙无力还债,深夜跳楼身亡,甲的行为不构成非法拘禁罪的结果加重犯。(2015年卷二第8题)此题考核的就是非法拘禁罪的结果加重情形。"使用暴力致人伤残、死亡的",是指在非法拘禁过程中故意加害被害人,按故意伤害罪、故意杀人罪论处。国家机关工作人员利用职权犯本罪的,依照上述规定从重处罚。

二、绑架罪

(一)绑架罪的概念

绑架罪,是指利用被绑架人的近亲属或者其他人对被绑架人安危的忧虑,以勒索财物或满足其他不法要求为目的,采用暴力、胁迫或者非暴力性手段控制他人人身自由,或者劫持他人为人质的行为。

(二)绑架罪的构成要件

1. 本罪的客体是复杂客体,包括他人的人身自由权利、健康、生命权利及公私财产所有权利。但具体分析,以勒索财物为目的绑架他人的行为,由于使用暴力、胁迫等强制手段将他人掳为人质,又向人质的关系人勒索财物,所以,既侵犯他人的人身自由权利、健康、生命权利,也侵犯公私财产所有权利;绑架他人作为人质的,虽然也是使用暴力、胁迫等强制手段将他人掳为人质,但并不是以勒索财物为目的而绑架他人,所以,只侵犯到他人的人身自由、健康、生命权利。至于在复杂客体中,立法将本罪规定在侵犯人身权利的犯罪中,说明人身权利是客体的主要方面。作为本罪对象的"他人",是指任何人。

2. 本罪的客观方面表现为控制他人人身自由后乘被绑架人的亲属等关系人对其忧虑之机勒索财物或者绑架他人为人质。"绑架"的含义中包含使用暴力、胁迫的强制支配力的手段,但是并不仅限于暴力、胁迫手段,绑架罪的核心要素是劫持他人。所谓"劫持他人",是指实际控制他人的人身自由。因此,刑法中并没有明确规定绑架罪必须以使用暴力、胁迫为要件以勒索财物为目的偷盗婴幼儿的,也构成绑架罪。控制他人人身自由的手段包括暴力性手段和非暴力性手段,暴力性手段包括暴力和胁迫等手段,这里所说的"暴力"并不要求达到使被绑架人不能反抗或者不知反抗的程度,只要达到被绑架人受到行为人或者第三者实际控制程度即可。非暴力性手段包括欺骗和诱惑,欺骗是指虚构事实使被绑架者产生错误,诱惑是指以语言、物品引诱被绑架人使其失去正常判断能力。乘精神病人没有辨别能力或者不能反抗之机,将其控制在行为人或者第三者之下的;在幼儿的保护人不知情的情况下将其带走,然后向幼儿近亲属等人勒索财物的,也属于绑架行为。无论使用哪种手段,只要将被绑架人转移到行为人或者第三者的实际控制之下即可。暴力、胁迫、欺骗、诱惑等手段并不要求必须对被绑架人本人使用,也可以对被绑架人的保护人使用。本罪的行为对象是行为人以外的任何人,包括妇女、儿童和婴幼儿乃至行为人的子女或者父母,当然也包括行为人的近亲属。

绑架行为包括两种类型:(1)勒索财物型绑架,即行为人利用被绑架人的近亲属等人对被绑架者的安危担忧之机,迫使其在一定时间内交付赎金的行为。该行为的基本结构是:以勒索财物为目的——实际控制被绑架人人身。"控制被绑架人人身",是指被绑架人处于行为人或者第三者的实际控制的状态。被绑架人可以由行为人自己控制,也可以交由其他人控制。如果第三者与行为人有通谋的,该第三者构成绑架罪的共同正犯;如果第三者不知情的,不构成本罪。"勒索财物",是指以明示或者暗示要杀害、伤害被绑架人而要挟其近亲属等人,要求其在一定时间内交付财物。绑架行为一般会导致被绑架人的"近亲属等人"对其生命安危产生担忧,但这不是绑架罪的必要要件。绑架罪并不要求行为人必须向被绑架人的近亲属等人发出交付财物的告知,也不要求必须实现勒索财物的目的。但是,如果行为人直接向被绑架人索取财物的,不构成本罪,可构成抢劫罪。(2)扣押人质型绑架,即绑架人质为抵押以换取某种非法利益或者提出非法要求,但不包括偿还债务的要求。行为人既可以向被绑架人,也可以向他人或组织换取非法利益或者提出非法要求。"非法利益",是指财物以外的其他利益。扣押人质型绑架在控制被绑架人方面与勒索财物型绑架相同,但在要求的内容上有所差异。

3. 本罪的主体是一般主体。为年满 16 周岁、具有刑事责任能力的自然人。

4. 本罪的主观方面是故意。"勒索财物型绑架"属于目的犯,需要存在勒索财物的目的。这里的财物一般是指金钱,也可以是珠宝、有价证券等,但不包括财产性利益。"扣押人质型绑架"不需要以索取财物为目的,但往往具有财物以外的其他目的,如政治目的等。犯罪目的是否实现,对本罪的成立没有影响。

(三)绑架罪的认定

1. 本罪与非法拘禁罪。在实施绑架行为时必然限制被绑架人的人身自由,与非法拘禁罪存在牵连关系,因此只按绑架罪处罚。但是,两者的主要区别是:(1)在主观方面,本罪是以索取财物或者要求其他非法利益为目的;后者是以非法剥夺他人人身自由或者索取债务为目的;(2)在客观方面,本罪是通过剥夺被绑架人的人身自由而向他人勒索财物或者要求其他利益;而后者一般只是剥夺他人人身自由。

2. 绑架罪的既遂。本罪是目的犯,行为人以勒索财物为目的绑架他人或者以其他目的扣押他人为人质的,即可构成本罪,至于行为人是否向被绑架人近亲属等人告知财物要求或者其他要求不影响本罪的成立,因此行为人开始采取绑架手段时,为实行行为的着手;被绑架人处于行为人或者第三者的实际控制之下时,为既遂。

3. 绑架罪与被害人同意。在实施绑架的过程中,即使获得被绑架人的同意,也不影响本罪的成立。在绑架行为实施后,被绑架人对行为人表示宽恕或同意行为人提出的勒索财物要求的,不影响本罪的既遂。

4. 绑架罪的罪数关系。在绑架过程中因行为人主观故意以外的原因导致被绑架人死亡的,是绑架罪的结果加重犯;在绑架过程中故意杀害被绑架人的,属于处断上的一罪,均处死刑。在绑架过程中又实施其他犯罪的,如强奸等,属于绑架罪和其他犯罪的数罪,实行数罪并罚。但是,在实务中对于采用绑架手段非法拘禁他人并致他人死亡的,存在不同意见。

(四)绑架罪的处罚

根据《刑法》第239条规定,犯本罪的,处10年以上有期徒刑或者无期徒刑,并处罚金或者没收财产;情节较轻的,处5年以上10年以下有期徒刑,并处罚金。杀害被绑架人的,或者故意伤害被绑架人,致人重伤、死亡的,处无期徒刑或者死刑,并处没收财产。以勒索财物为目的偷盗婴幼儿的,依照上述规定处罚。关于本罪的处罚情节,经过了两次修订。2009年《刑法修正案(七)》在1997年《刑法》原条文的基础上,增加了"情节较轻的",处五年以上十年以下有期徒刑,并处罚金的规定,并将原条文中"致使被绑架人死亡或者杀害被绑架人的"规定单立为第二款。2015年8月29日全国人大常委会《中华人民共和国刑法修正案(九)》第十四条将第二款有修改为"犯前款罪,杀害被绑架人的,或者故意伤害被绑架人的,致人重伤、死亡的,处无期徒刑或者死刑,并处没收财产"。使本罪的处罚原则更加完善。

审判实践中,"致使被绑架人死亡",是指在绑架过程中因故意杀害以外的原因(如暴力过重、窒息、饥饿、干渴、被绑架人自杀等)造成被绑架人死亡,属于绑架罪的结果加重犯。"杀害被绑架人",是指在绑架过程中故意剥夺被绑架人生命的行为,但不按故意杀人罪处理,而按绑架罪定罪处罚。

三、拐卖妇女、儿童罪

(一)拐卖妇女、儿童罪的概念

拐卖妇女、儿童罪,是指以出卖为目的,拐骗、绑架、收买、贩卖、接送、中转妇女、儿童的行为。本罪是选择罪名,可分解为拐卖妇女罪与拐卖儿童罪。

(二)拐卖妇女、儿童罪的构成要件

1. 本罪的客体是妇女、儿童的人身权利中的人身不受买卖的权利。妇女、儿童具有独立的人格,国家禁止将任何人当商品买卖,因此即使被拐卖者同意,也不影响本罪的成立。

2. 本罪的客观方面表现为拐骗、绑架、收买、贩卖、接送、中转妇女、儿童的行为。本罪的对象是妇女和不满14周岁的儿童。这里的妇女,既包括具有中国国籍的妇女,也包括具有外国国籍和无国籍的妇女。这里的儿童,包括婴幼儿。"拐骗",是指采用欺骗、诱惑等非强制性手段,控制妇女、儿童。"绑架",是指使用暴力、胁迫、麻醉等强制性手段劫持妇女、儿童。"收买",是指以金钱或物质性利益从他人手中买取妇女、儿童。"贩卖",是指卖出妇女、儿童换取非法利益。"接送",是指为拐卖妇女、儿童的罪犯接收、运送妇女、儿童。"中转",是指为拐卖妇女、儿童的罪犯提供场所或机会。本罪的行为对象仅限于妇女与儿童,既包括具有中国国籍的妇女与儿童,也包括具有外国国籍和无国籍的妇女与儿童。被拐卖的外国妇女、儿童没有身份证明的,不影响本罪的成立。妇女包括真两性畸形人和女性假两性畸形人。儿童是指不满14周岁的男女。出卖捡拾的婴儿,成立拐卖儿童罪。拐卖已满14周岁的男性公民的行为,不成立本罪,符合其他犯罪的,可按其他犯罪论处。

3. 本罪的主体是一般主体。为年满16周岁,具有刑事责任能力的自然人。

4. 本罪的主观方面是直接故意,并具有出卖的目的,但是否实际获利不影响本罪的成立。

(三)拐卖妇女、儿童罪的认定

1. 定罪的界限。凡是拐卖妇女、儿童的,不论是哪个环节,不论拐卖人数多少,不论是否获利,只要是以出卖为目的,有拐卖拐骗、绑架、收买、贩卖、接送、中转行为之一的,就构成本罪。本罪是选择性罪名,只要实施上述行为之一即可构成本罪。

2. 罪数关系。(1)行为人以勒索财物为目的,绑架妇女、儿童,因勒索未成而出卖被绑架的妇女、儿童的,应按绑架罪和拐卖妇女、儿童罪实行数罪并罚;例:甲在一豪宅院外将一个正在玩耍的男孩(3岁)骗走,意图勒索钱财,但孩子说不出家里的联系方式,无法进行勒索。甲怕时间长了被发现,于是将孩子带到异地以4000元卖掉。(2005年卷二第17题)本题中的甲就是以绑架罪与拐卖儿童罪并罚。(2)绑架妇女、儿童后没有卖出,但向被绑架的妇女、儿童的近亲属等要求交付财物的,应按绑架罪论处;(3)以勒索财物为目的,偷盗婴幼儿的,以绑架罪论;(4)在拐卖过程中因殴打、捆绑等行为,过失导致被拐卖的妇女、儿童伤害或死亡的,按本罪论处;(5)故意对被害人实施杀害、伤害的,应以本罪与故意杀人罪或故意伤害罪实行数罪并罚;(6)奸淫或强奸被拐卖的妇女,或者强迫、诱骗被拐卖的妇女卖淫的,按本罪处罚;例:丁在拐卖妇女的过程中,强行奸淫了该妇女。丁的行为虽然触犯了拐卖妇女罪与强奸罪,但根据刑法的规定,只能以拐卖妇女罪定罪量刑。(2007年卷二第12题)(7)以营利为目的,出卖不满14周岁子女、情节严重的,借收养名义拐卖儿童的,以及出卖捡拾的儿童的,均以拐卖儿童罪处罚;出卖14周岁以上女性亲属或者其他不满14周岁亲属的,按本罪处罚;(8)犯组织他人偷越国(边)境罪,对被组织的妇女、儿童有拐卖犯罪行为的,以组织他人偷越国(边)境罪和拐卖妇女、儿童,罪并罚。

3. 共犯关系。(1)明知是拐卖妇女、儿童的犯罪分子而事先通谋,为其拐卖行为提供资助或者其他便利条件的,应当以拐卖妇女、儿童罪的共犯处罚;(2)教唆他人实施拐卖妇女、儿童犯罪的,以拐卖妇女、儿童罪的共犯论处;向他人传授拐卖妇女、儿童犯罪方法的,以传授犯罪方法罪论处;(3)明知是拐卖妇女、儿童的犯罪分子,而在其实施犯罪后为其提供隐藏处所、财物,帮助其逃匿或者作假证明包庇的,以窝藏、包庇罪论处;(4)教唆被拐卖、拐骗、收买的未成年人实施盗窃、诈骗等犯罪行为的,应当以盗窃罪、诈骗罪等犯罪的共犯处罚。

(四)拐卖妇女、儿童罪的处罚

根据《刑法》第240条规定,犯本罪的,处5年以上10年以下有期徒刑,并处罚金;有下列情形之一的,处10年以上有期徒刑或者无期徒刑,并处罚金或者没收财产;情节特别严重的,处死刑,并处没收财产:(1)拐卖妇女、儿童集团的首要分子;(2)拐卖妇女、儿童3人以上的;(3)奸淫被拐卖的妇女的;(4)诱骗、强迫被拐卖的妇女卖淫或者将被拐卖的妇女卖给他人迫使其卖淫的;(5)以出卖为目的,使用暴力、胁迫或者麻醉方法绑架妇女、儿童的;(6)以出卖为目的,偷盗婴幼儿的;(7)造成被拐卖的妇女、儿童或者其亲属重伤、死亡或者其他严重后果的;(8)将妇女、儿童卖往境外的。

四、收买被拐卖的妇女、儿童罪

(一)收买被拐卖的妇女、儿童罪的概念

收买被拐卖的妇女、儿童罪,是指不以出卖为目的,买入被拐卖的妇女、儿童的行为。刑法之所以将这种行为规定为犯罪,是基于以下理由:首先,收买行为严重侵犯了被害妇女、儿童的人身自由与身体安全,主要表现在将妇女、儿童当作商品置于自己的支配范围内。其次,收买行为在客观上助长了拐卖妇女、儿童的犯罪活动。有的犯罪分子之所以大胆进行拐卖活动,是因为有人收买。所以,打击收买妇女、儿童的行为,也有利于遏制拐卖行为。

(二)收买被拐卖的妇女、儿童罪的构成要件

1. 本罪的客体是人身的不受买卖的权利。无论是否违背被收买人的意志,不影响犯罪成立。

2. 本罪的客观方面表现为以金钱或财物,换取被拐卖的妇女、儿童的行为。本罪是结果犯,收买到被拐卖的妇女、儿童的,为既遂。

3. 本罪的主体为一般主体。为年满16周岁、具有刑事责任能力的自然人。

4. 本罪的主观方面是直接故意,并且不以出卖为目的,如与被拐卖妇女结婚,供自己猥亵、继承、奴役等。如果存在出卖的目的则不构成本罪,而构成拐卖妇女、儿童罪。

(三)收买被拐卖的妇女、儿童罪的认定

罪数关系。(1)收买被拐卖的妇女、儿童后,并有强奸、非法拘禁、伤害、侮辱、虐待、猥亵等犯罪行为的,按照数罪并罚的规定处罚;(2)行为人以收买为目的,教唆或帮助他人拐卖妇女、儿童并收买的,应按拐卖妇女、儿童罪的共犯(教唆、帮助)和本罪,实行数罪并罚;(3)收买被拐卖的妇女、儿童又出卖的,只构成拐卖妇女、儿童罪一罪。

（四）收买被拐卖的妇女、儿童罪的处罚

根据《刑法》第241条第1款的规定，犯本罪的，处3年以下有期徒刑、拘役或者管制。

收买被拐卖的妇女，强行与其发生性关系的，依照《刑法》第236的规定定罪处罚。收买被拐卖的妇女、儿童，非法剥夺、限制其人身自由或者有伤害、侮辱等犯罪行为的，依照本法有关规定定罪处罚。收买妇女本想做妻子，由于被收买妇女不从，行为人为避免人财两空，又将收买的妇女出卖的，以拐卖妇女定罪量刑。（2011年卷二第86题）

收买被拐卖的妇女、儿童，并有上述两种情况的犯罪行为的，依照数罪并罚的规定处罚。收买被拐卖的妇女、儿童又出卖的，依照《刑法》第240条的规定定罪处罚。

收买被拐卖的妇女、儿童，对被买儿童没有虐待行为，不阻碍对其进行解救的，可以从轻处罚；按照妇女的意愿，不阻碍其返回原居住地的，可以从轻或者减轻处罚。

五、聚众阻碍解救被收买的妇女、儿童罪

聚众阻碍解救被收买的妇女、儿童罪，是指纠集多人阻碍国家机关工作人员解救被收买的妇女、儿童的行为。本罪的客体为被收买妇女、儿童的人身权利和国家机关的公务活动。

本罪的客观方面表现为纠集多人阻碍国家机关工作人员解救被收买的妇女、儿童的行为。本罪的主体为一般主体，但必须是聚众阻碍解救活动中的首要分子。这里所谓的首要分子，是指聚众阻碍国家机关工作人员解救被收买的妇女、儿童的策划者、指挥者、组织者。其是否亲自到场指挥，不影响认定。本罪主观方面是直接故意。本罪以聚众为要件，属于必要的共同犯罪。

根据《刑法》第242条的规定，犯本罪的，对首要分子，处5年以下有期徒刑或者拘役；其他参与者使用暴力、威胁方法的，按照《刑法》第277条规定的妨害公务罪处罚。

六、诬告陷害罪

（一）诬告陷害罪的概念

诬告陷害罪，是指故意捏造犯罪事实，向公安、司法机关或有关国家机关告发，意图使他人受刑事追究，情节严重的行为。

（二）诬告陷害罪的构成要件

1. 本罪的客体为他人的人身权利和司法机关的正常活动。我国刑法将诬告陷害罪置于侵犯公民人身权利、民主权利罪一章中，说明刑法规定本罪是为了保护公民的人身权利；刑法没有将此罪规定在刑法分则第六章第二节的"妨害司法罪"中，说明立法者规定本罪不是保护司法活动，而是为了保护公民的人身权利。

2. 本罪的客观方面表现为捏造犯罪事实，向国家机关或者有关单位告发，情节严重的行为。本罪的行为由捏造犯罪事实和告发两个部分组成。"捏造犯罪事实"，是指虚构他人的犯罪事实。犯罪事实是足以导致司法机关对被告发人追究刑事责任的全部或部分事实。"告发"，是指将捏造的犯罪事实向国家机关或有关单位告发。的构成要素。本罪的行为对象是"他人"。第一，向司法机关虚告自己犯罪的，不成立本罪。第二，所诬告的对象应当是实在的人，否则就不能导致司法机关的刑事追究活动，因而不会侵犯他人的人身权利。第三，诬告没有达到法定年龄或者没有责任能力的人犯罪，仍构成诬告陷害罪。虽然司法机关查明真相后不会对这些人科处刑罚，但将他们作为侦查对象，使他们卷入刑事诉讼，就侵犯了其人身权利。第四，形式上诬告单位犯罪，但捏造的事实可能对自然人进行刑事追究的，也成立本罪。情节严重。本书认为，只要行为的告发方式与告发的虚假内容足以引起公安、司法等机关的刑事追究活动，就应认定为情节严重；不足以引起刑事追究活动的诬告，应视为情节轻微，不以犯罪论处。

3. 本罪的主体为一般主体。为年满16周岁、具备刑事责任能力的自然人。

4. 本罪的主观方面是直接故意，并具有意图使他人受刑事追究的特定目的。

（三）诬告陷害罪的认定

1. 诬告陷害罪与一般诬告的界限。两者的主要区别是，情节是否严重。本罪的成立，必须是情节严重。

2. 诬告陷害罪与错告、检举失实的界限。两者的主要区别是，行为人主观方面是否具有意图使他人受刑事追究的目的。

3. 诬告陷害罪与诽谤罪的界限。(1)主观方面不同，前者的目的是意图使他人受刑事追究，后者的目的是破坏他人的名誉；(2)行为方式不同，前者是捏造犯罪事实并向有关机关告发，后者是捏造有损他人名誉或人格的事实并散布，但不向国家机关或者有关单位告发。例如，乙捏造"文某明知王某是实施恐怖活动的人而向其提供资金"的事实，并向公安部门举报。(2007年卷二第13题)乙某的行为就构成诬告陷害罪。

（四）诬告陷害罪的处罚

根据《刑法》第243条规定，犯本罪的，处3年以下有期徒刑、拘役或者管制；造成严重后果的，处3年以上10年以下有期徒刑。国家机关工作人员犯本罪的，从重处罚。"造成严重后果"，主要是指诬告陷害行为已经引起司法机关对被诬告人的刑事追究活动。

七、强迫职工劳动罪

强迫职工劳动罪,是指用人单位违反劳动管理法规,以限制人身自由的方法强迫职工劳动,情节严重的行为。

本罪的客体是劳动者的休息权、健康权和人身自由权。本罪客观方面表现为,违反劳动管理法规,以限制人身自由的方法,强迫职工劳动的行为。行为内容是,违反劳动管理法规,以限制人身自由方法强迫职工劳动。限制人身自由的方法,是指将职工的人身自由控制在一定范围、一定限度内的方法,如不准职工外出,不准职工参加社交活动等。如果采取剥夺人身自由的方法(如将职工长时间关闭在车间里),则成立非法拘禁罪与本罪的想象竞合犯。本罪的主体为一般主体,是用人单位的直接责任人员,用人单位既包括具有合法地位的单位,也包括不具有合法地位的单位。本罪的主观方面是直接故意。

根据《刑法》第244条规定,犯本罪的,对用人单位的直接责任人员,处3年以下有期徒刑或者拘役,并处或者单处罚金。

八、雇用童工从事危重劳动罪

雇用童工从事危重劳动罪,是指违反劳动管理法规,雇用未满16周岁未成年人从事超强度体力劳动,或者从事高空、井下作业的,或者在爆炸性、易燃性、放射性、毒害性等危险环境下从事劳动,情节严重的行为。

本罪的客体是未成年人的身体和身心健康权利。本罪的客观方面表现为,违反劳动管理法规,雇用未满16周岁的未成年人从事超强度体力劳动的,或者从事高空、井下作业的,或者在爆炸性、易燃性、放射性、毒害性等危险环境下从事劳动,情节严重的行为。对于"情节严重"的标准,2008年6月25日最高人民检察院、公安部《关于公安机关管辖的刑事案件立案追诉标准的规定(一)》第32条有明确规定。本罪的主体是一般主体,包括自然人和单位。主观方面是故意,应当明知所雇用的是不满16周岁的人。

根据《刑法》第244条之一(《刑法修正案(四)》第4条)的规定,犯本罪的,对直接责任人员,处3年以下有期徒刑或者拘役,并处罚金;情节特别严重的,处3年以上7年以下有期徒刑,并处罚金。雇用童工从事危重劳动,同时违反劳动管理法规,以限制人身自由方法强迫其劳动,情节严重的,应当实行数罪并罚。非法雇用童工,造成事故,又构成其他犯罪的,依照数罪并罚的规定处罚。

九、非法搜查罪

非法搜查罪,是指无权搜查的人擅自非法他人身体或住宅的进行搜查的行为。

本罪的客体是公民的人身自由权利和住宅不受侵犯的权利。本罪的客观方面表现为非法搜查他人的身体或住宅。非法搜查,包括有搜查权限的人,未经法定程序或特定机关批准,滥用职权进行搜查,也包括无权搜查的人擅自进行搜查。行为的对象是公民的身体和住宅。本罪为行为犯,只要实施了非法搜查的行为即可,不要求情节严重的结果。本罪的主体是一般主体。主观方面是故意,动机不影响本罪的成立。

根据《刑法》第245条的规定,犯本罪的,处3年以下有期徒刑或者拘役。司法工作人员滥用职权,犯非法搜查罪的,从重处罚。审判实践中,国家机关工作人员利用职权非法搜查,涉嫌下列情形之一的,应予立案:非法搜查他人身体、住宅,并实施殴打、侮辱等行为的;非法搜查、情节严重,导致被搜查人或者其近亲属自杀、自残造成重伤、死亡或者精神失常的;非法搜查,造成财物严重损坏的;非法搜查3人(户)次以上的;司法人员对明知是与涉嫌犯罪无关的人身、住宅非法搜查的。

十、非法侵入住宅罪

非法侵入住宅罪,是指非法强行闯入他人住宅,或者经要求退出而拒绝退出的行为。

本罪的客体是他人生活安宁和居住安全的权利。本罪的客观方面表现为两种类型:(1)作为型,即非法进入他人住宅的行为;(2)不作为型,即进入住宅时居住者并没有反对,但经要求退出而拒绝退出的行为。"非法",是指未经居住者同意,又无正当理由。"住宅",是指有人居住或有人看守的生活场所,住宅,属于规范的构成要件要素,不要求行为人认识到自己侵入的是刑法意义上的"住宅",只要行为人认识到自己侵入的是他人进行日常生活的场所即可。例如,行为人侵入渔民的渔船时,误认为渔船不是住宅。但只要行为人认识到自己侵入了他人日常生活的渔船,即可构成非法侵入住宅罪。在涉及入户盗窃、抢劫、杀人、强奸等犯罪中,本罪往往是其他犯罪的手段行为,属于牵连犯,不构成数罪,而应按择一重罪处罚。本罪的主体是一般主体。主观方面是故意。如果是误入他人住宅,经要求后立即退出,不构成本罪。

根据《刑法》第245条的规定,犯本罪的,处3年以下有期徒刑或者拘役。司法工作人员滥用职权,犯非法侵入住宅罪的,从重处罚。

十一、刑讯逼供罪

(一)刑讯逼供罪的概念

刑讯逼供罪,是指司法工作人员对犯罪嫌疑人、被告人使用肉刑或者变相肉刑,逼取口供的行为。

(二)刑讯逼供罪的构成要件

1. 本罪的客体是复杂客体,首先是犯罪嫌疑人、被告人的人身权利,其次是司法活动的正当性。本罪的行为对象是犯罪嫌疑人和被告人。

2. 本罪的客观方面表现为刑讯方法,即必须使用肉刑或变相肉刑逼取犯罪嫌疑人、被告人的口供的行为。即本罪的行为由使用肉刑或变相肉刑和逼取口供两个部分组成,两者缺一不可。只使用肉刑或变相肉刑而没有逼取口供的,属于单纯的故意伤害。"肉刑",是指对身体施加暴力,摧残犯罪嫌疑人、被告人身体或精神的方法,如殴打、捆绑、电击、火烫、吊打、违法使用刑具等。"变相肉刑",是指肉刑以外的摧残、折磨犯罪嫌疑人、被告人肉体、精神的手段,如罚冻、罚站、罚晒、罚饿、罚跪等。"逼供",是指逼迫犯罪嫌疑人、被告人提供行为人所期待的口供。

3. 本罪的主体是司法机关工作人员,即有侦查、检察、审判、监管职责的工作人员。本罪是身份犯,企事业单位的公安机构在机构改革过程中虽尚未列入公安机关建制,其工作人员在行使侦查职责时,可以成为本罪的主体。未受公安机关正式录用,受公安机关委托履行侦查、监管职责的人员或者合同制民警,也可以成为本罪的主体。其他人员与司法工作人员伙同刑讯逼供的,以刑讯逼供罪共犯论处,所以,本罪是身份犯。

4. 本罪的主观方面是故意,以逼取口供为目的,犯罪动机不影响本罪成立。司法实践中常常因为行为人的动机出于"为公"(如为了迅速结案),就不以犯罪论处;动机出于"为私"(如为了挟嫌报复),才以犯罪论。本书不赞成这种做法。因为不管因为"为公"还是"为私",刑讯逼供作为都是侵犯了他人的人身权利。

(三)刑讯逼供罪的认定

1. 刑讯逼供罪与非罪。刑法并没有将"情节严重"规定为本罪的构成要件,但是,不能将情节显著轻微危害不大的刑讯逼供行为解释为本罪。刑讯逼供罪必须既刑讯又逼供,只有轻微逼供而没有刑讯的,不构成本罪。

2. 刑讯逼供与非法拘禁罪的界限。(1)犯罪主体不同,前者仅限于司法机关工作人员,后者是国家机关工作人员和其他自然人;(2)客观方面不同,前者是既使用肉刑或变相肉刑的方法又逼取口供,后者是非法剥夺他人人身自由;(3)行为的对象不同,前者的行为仅限于犯罪嫌疑人和被告人,后者的对象没有限制;(4)目的不同,前者是为了逼取口供,后者是为了剥夺他人人身自由。

3. 正确处理刑讯逼供罪与故意伤害罪、故意杀人罪的关系。刑法第247条明文规定：刑讯逼供"致人伤残、死亡的"，依照故意伤害罪、故意杀人罪并从重处罚。这里的"伤残"应理解为重伤或者残废，对刑讯逼供造成轻伤的，可以在刑讯逼供罪的法定刑内从重处罚，无须以故意伤害罪从重处罚。如果司法工作人员先实施刑讯逼供行为构成犯罪，后产生杀人、伤害故意并杀害、伤害被害人的，应当以刑讯逼供罪和故意杀人罪、故意伤害罪实行并罚。

（四）刑讯逼供罪的处罚

根据《刑法》第247条的规定，犯本罪的，处3年以下有期徒刑或者拘役。因刑讯逼供而致人伤残、死亡的，分别依照故意伤害罪和故意杀人罪定罪从重处罚。

审判实践中，"致人伤残、死亡"，是指行为人故意采用肉刑或者变相肉刑直接致使犯罪嫌疑人、被告人轻伤、重伤或者死亡的，还包括犯罪嫌疑人、被告人自杀、自残造成重伤、死亡的。

十二、暴力取证罪

暴力取证罪，是指司法工作人员使用暴力逼取证人证言的行为。

本罪的客体是公民的人身权利和司法机关的正常活动。行为的对象仅限于证人。这里的证人，一般是指在刑事诉讼中，有义务向司法机关作证或者被要求提供所知案件情况的人（包括在民事、行政诉讼中的证人）。对不知案情的人使用暴力逼迫其作证的，也可以成为本罪的对象。本罪的客观方面表现为对证人使用暴力，逼取证言的行为。这里的暴力，是指直接施加于证人人身，可使其身体健康遭到损害或者肉体、精神遭受痛苦的摧残手段，如捆绑、吊打、使用戒惧、刑具等。本罪的主体仅限于司法机关工作人员，为特殊主体。本罪的主观方面是故意，且必须具有逼取证言的目的。2006年7月26日最高人民检察院《关于渎职侵权犯罪案件立案标准的规定》对本罪的立案标准作了明确的规定。

根据《刑法》第247条的规定，犯本罪的，处3年以下有期徒刑或者拘役。因暴力取证而致人伤残、死亡的，分别依照故意伤害罪、故意杀人罪定罪从重处罚。

十三、虐待被监管人罪

虐待被监管人罪，是指监狱、拘留所、看守所等监管机构的监管人员对被监管人进行殴打或体罚虐待，或者指使被监管人殴打或体罚虐待其他被监管人，情节严重的行为。

本罪的客体是被监管人的人身权利和监管机构的正常活动。行为的对象仅限于被监管人，包括已决犯、未决犯和其他依法被拘押的人。本罪的客观方面表现为，对被监管人进行殴打或体罚虐待，或者指使被监管人殴打或体罚虐待其他被监管人,情节严重的行为。"殴打",是指对被监管人施加造成肉体上暂时痛苦的有形力。"体罚虐待",是指殴打以外的造成肉体痛苦和精神折磨的方法。"情节严重的行为"包括:以殴打、捆绑、违法使用械具等恶劣手段虐待被监管人的;以较长时间冻、饿、晒、烤等方法虐待被监管人,严重损害其身体健康的;虐待造成被监管人轻伤、重伤、死亡的;虐待被监管人,导致被监管人自杀、自残造成重伤、死亡的或者精神失常的;殴打或者体罚虐待3人以上的行为。本罪的主体是特殊主体,仅限于监狱、拘留所、看守所等监管机构的监管人员。主观方面是故意。

根据《刑法》第248条的规定,犯本罪,情节严重的,处3年以下有期徒刑或者拘役;情节特别严重的,处3年以上10以下有期徒刑。致人伤残、死亡的,依照故意伤害罪、故意杀人罪定罪处罚。"情节严重",是指手段残忍、多次殴打或体罚虐待、殴打或体罚虐待多人等。

■ 相关链接

2000年7月13日最高人民法院《关于对索取法律不予保护的债务非法拘禁他人行为如何定罪问题的解释》(自2000年7月19日起施行),行为人为索取高利贷、赌债等法律不予保护的债务,非法扣押、拘禁他人的,依照《刑法》第238的规定定罪处罚。

2015年8月29日全国人大常委会《中华人民共和国刑法修正案(九)》第十四条对绑架罪的再次修订。本修正案第15条对241条的修订,删除了原条文中"可以不追究刑事责任"的规定,相应提高了收买行为的刑事责任。

2010年3月15日最高人民法院、最高人民检察院、公安部、司法部《关于依法惩治拐卖妇女、儿童犯罪的意见》。

2002年12月28日全国人大常委会《中华人民共和国刑法修正案(四)》第四条增设新的罪名"雇用童工从事危重劳动罪"为244条之一。

2013年9月6日最高人民法院、最高人民检察院《关于办理利用信息网络实施诽谤等刑事案件适用法律若干问题的解释》(自2013年9月10日起施行),进一步明确了对办理利用信息网络实施诽谤、寻衅滋事、敲诈勒索、非法经营等刑事案件的法律适用。

2015年2月15日最高人民检察院《关于强制隔离戒毒所工作人员能否成为虐待被监管人罪主体问题的批复》指出,根据有关法律规定,强制隔离戒毒所是对符合特定条件的吸毒成瘾人员限制人身自由,进行强制隔离戒毒的监管机构,其履行监管职责的工作人员属于《刑法》第248条规定的监管人员。

2015年8月29日全国人大常委会《中华人民共和国刑法修正案(九)》第十六条对第246条修订,增设本条第3款"通过信息网络实施第一款规定的行为,被害人向人民法院告诉,但提供证据确有困难的,人民法院可以要求公安机关提供协助"。

观点争鸣

绑架罪的既遂与未遂的区分标准,理论上有不同的主张,一种观点认为:本罪虽是有两个行为构成,但是否既遂,应以人质是否丧失行动自由为标准。至于是否开始索要财物或其他非法利益,不影响本罪的既遂。另一种观点认为:不能将绑架与勒索相分离,绑架人质是手段,勒索财物或取得其他利益才是目的,不能将其与勒索财物等行为相割裂开来,所以,应以是否实际勒索到财物或其他非法利益为既遂标准。

本书立场:根据《刑法》第239条的规定,在绑架罪的客观要件中,并没有规定本罪必须在客观上具备勒索财物或强取其他利益的行为,如"以勒索财物为目的"的规定,表明的是实施绑架行为的主观要件。本罪的既遂与未遂,应以绑架行为是否达到实际控制人质,将其置于自己实际支配之下为标准。已经实际控制人质的,是既遂。虽实施暴力、胁迫、麻醉等行为,但未构成对人质人身实际控制的,是未遂。

问题思考

1. 诬告陷害罪的概念与特征是什么?
2. 绑架罪与非法拘禁罪的界限是什么?
3. 强迫劳动罪与雇用童工从事危重劳动罪的区别在哪里?

案例分析

案情:甲承包经营某矿井采矿业务。甲为了降低采矿成本,提高开采量,便动员当地矿工和村民将子女带到矿井上班,并许诺给他们的子女以高工资。矿工和村民纷纷将他们的子女带到矿井上班,从事井下采矿作业,其中二十余人为10周岁——16周岁的未成年人。后因甲承诺的高工资未兑现,二十余名童工表示不想再干,要求离开矿井。甲不同意,并在矿井周围布上电铁丝网,雇用数十名守卫,禁止所有的矿工包括这二十余名童工离开矿井,强制他们为其开采,其中一名约12岁的童工因体质瘦弱而累死在井下。甲的行为如何认定?(2003年卷二第46题)

分析:对甲某的行为应当如何认定,存在不同的意见:第一种意见认为,甲某的行为构成非法拘禁罪和强迫职工劳动罪,应当数罪并罚。第二种意见认为,甲某的行为构成强迫职工劳动罪和重大责任事故罪,应当数罪并罚。第三种观点认为,甲某的行为构成强迫职工劳动罪和雇用童工从事危重劳动罪,应当以两罪数罪并罚。

本书立场:甲雇用童工从事井下作业的行为,根据《中华人民共和国刑法修正案(四)》第四条的规定,违反劳动管理法规,雇用不满十六周岁的未成年人从事超强度体力劳动的,或者从事高空、井下作业的,或者在爆炸性、易燃性、放射性、毒害性等危险环境下从事劳动,情节严重的,构成雇用童工从事危重劳动罪。甲又以非法拘禁的方式强迫包括其他矿工在内的职工劳动,造成严重后果的行为,依照《刑法》第244条的规定,用人单位违反劳动管理法规,以限制人身自由方法强迫职工劳动,情节严重的,构成强迫职工劳动罪。根据《中华人民共和国刑法修正案(四)》第四条第二款的规定,有"前款行为,造成事故,又构成其他犯罪的,依照数罪并罚的规定处罚。"所以对甲的行为应以强迫职工劳动罪和雇用童工从事危重劳动罪实行数罪并罚。

第五节 侵犯他人人格、名誉的犯罪

知识结构图

侮辱罪→诽谤罪→煽动民族仇恨、民族歧视罪

重点提示

把握侮辱罪、诽谤罪的犯罪构成,侮辱罪与诽谤罪的区别界定

司考重点

司法考查的重点就是侮辱罪与诽谤罪的区别以及诽谤罪与诬告陷害罪的区别

一、侮辱罪

侮辱罪,是指以暴力或者其他方法公然贬低他人人格,败坏他人名誉,情节严重的行为。

本罪的客体是公民的人格尊严和名誉权。名誉有三种含义:一是外部的名誉(社会的名誉),指社会对人的价值评判;二是内部的名誉,指客观存在的人的内部价值;三是主观的名誉(名誉情感),本人对自己所具有的价值意识、感情。作为侮

辱罪与后述的诽谤罪的法益应限于外部的名誉,外部名誉又可区分为本来应有的评价(规范的名誉)与现实通用的评价(事实的名誉)。本罪属于抽象的危险犯。本罪的行为对象仅限于特定的自然人。

本罪的客观方面表现为以暴力或者其他方法公然贬低他人人格,破坏他人名誉,情节严重的行为。这里的"暴力",是指与贬损他人人格相关的强制有形力,例如,强行剥光衣服、强迫被害人做令人难堪动作等。本罪的成立:(1)必须使用暴力侮辱、语言侮辱、文字侮辱、互联网侮辱等方法;(2)必须是公然侮辱,即在有第三者在场或者能够使第三者看到、听到的方式进行侮辱;(3)侮辱行为只有在情节严重时,才能构成本罪。制作、传播邪教宣传品,公然侮辱他人,或者利用互联网侮辱他人的,以本罪定罪处罚。本罪的主体是一般主体。主观方面是故意,并具有贬低他人人格、破坏他人名誉的目的。在公然侮辱他人的过程中以伤害他人身体为目的使用暴力造成伤害的,构成故意伤害罪;在侮辱他人的过程中因过失造成他人重伤的,应按想象竞合犯处理,选择过失致人重伤罪处罚。

根据《刑法》第 246 条规定,犯本罪的,处 3 年以下有期徒刑、拘役、管制或者剥夺政治权利。本罪,告诉才处理,但严重危害社会秩序和国家利益的除外。

通过信息网络实施本罪第一款规定的行为,被害人向人民法院告诉,但提供证据确有困难的,人民法院可以要求公安机关提供协助。这款规定是 2015 年 8 月 29 日全国人大常委会《中华人民刑法修正案(九)》第 16 条增设。

二、诽谤罪

诽谤罪,是指故意捏造并散布某种虚假事实,损坏他人人格,破坏他人名誉,情节严重的行为。

本罪的客体是他人的人格尊严和名誉权。对象是特定的人,特定的人既可以是一人,也可以是多人。本罪的客观方面表现为故意捏造并散布某种虚假事实,损坏他人人格,破坏他人名誉,情节严重的行为。"故意捏造",是指无中生有、凭空虚构事实。"散布",是指向他人公布事实。只有捏造而没有散布的,或者捏造并散布某种虚构事实但不足以损坏他人名誉的,均不构成本罪。利用互联网、在出版物中或者制作、传播邪教宣传品捏造事实诽谤他人的,也构成本罪。如果行为人散布的是有损他人名誉的真实事实,则不构成诽谤罪。单纯的捏造并非本罪的实行行为。将捏造的事实予以散布,才是诽谤的实行行为。换言之,明知道是损害他人名誉的虚假的事实而散布的,也属于诽谤。主体是一般主体。本罪的主观方面是故意。本罪的成立要求行为人捏造并散布虚构事实,但不要求公然散布,这是与侮辱罪的主要区别。本罪和侮辱罪一样,都是抽象的危险犯。本罪要求必须是散布虚构事实,但不要求向有关机关告发,这是本罪与诬告陷害罪的主要区别。

根据《刑法》第 246 条规定,犯本罪的,处 3 年以下有期徒刑、拘役、管制或者剥夺政治权利。本罪,告诉才处理,但严重危害社会秩序和国家利益的除外。

通过信息网络实施本罪第一款规定的行为,被害人向人民法院告诉,但提供证据确有困难的,人民法院可以要求公安机关提供协助。这款规定是 2015 年 8 月 29 日全国人大常委会《中华人民刑法修正案(九)》第 16 条增设。

三、煽动民族仇恨、民族歧视罪

煽动民族仇恨、民族歧视罪,是指故意以语言、文字或者其他方式煽动民族间仇恨、民族歧视,情节严重的行为。

本罪的客体是各民族的平等权利和民族尊严。本罪的客观方面表现为煽动民族仇恨、民族歧视,破坏民族团结的行为。"煽动",是指以语言、文字、音像、互联网等方法,向不特定人或者多数人公开鼓动民族仇恨或民族歧视的行为。主体是一般主体。主观方面是故意。

根据《刑法》第 249 条规定,犯本罪的,处 3 年以下有期徒刑、拘役、管制或者剥夺政治权利;情节特别严重的,处 3 年以上 10 以下有期徒刑。"情节严重",一般是指手段恶劣或后果严重。"情节特别严重",是指手段特别恶劣、长期煽动、引起民族公愤、严重损害民族感情和民族关系等。

四、出版歧视、侮辱少数民族作品罪

出版歧视、侮辱少数民族作品罪,是指在出版物中刊载歧视、侮辱少数民族的内容,情节恶劣,造成严重后果的行为。

本罪的客体是少数民族的尊严。对象是少数民族的整体。本罪的客观方面表现为在出版物中刊载歧视、侮辱少数民族的内容,情节恶劣,造成严重后果的行为。"出版物",是指报纸、杂志、图书、音像制品和电子出版物等。"刊载",是指在出版物中发表、制作、转载、节选等。出版刊载歧视、侮辱少数民族内容的作品,情节恶劣,造成严重后果的,构成本罪。本罪的主体是出版单位的直接责任人员,包括作者、责任编辑以及其他对刊载上述内容负有直接责任的人员。本罪的主观方面是直接故意。

根据《刑法》第 250 条的规定,犯本罪的,对出版单位的直接责任人员,处 3 年以下有期徒刑、拘役或者管制。

■ 相关链接

1998 年 12 月 17 日最高人民法院《关于审理非法出版物刑事案件具体应用法律若干问题的解释》第 6 条,在出版物中公然侮辱他人或捏造事实诽谤他人,情节严重的,依照《刑法》第246条的规定,分别以侮辱罪或者诽谤罪定罪处罚。本解释第7条,出版刊载歧视、侮辱少数民族内容的作品,情节恶劣。造成严重后果的,依照《刑法》第250条的规定,以出版歧视、侮辱少数民族作品罪定罪处罚。

■ 观点争鸣

出于报复等心理对妇女实施猥亵行为,侵犯妇女性的决定权行为应当如何定罪?例如,甲出于报复的动机当众或者在非公共场所强行脱掉妇女乙的衣裤的行为,该如何处理?

针对这个问题,一种观点,也是大部分学者的观点,认为这个行为是对妇女性的自己决定权的侵犯,一般也是对妇女名誉的侵犯,但针对妇女而言,性的决定权的法益性质重于名誉,又由于刑法对侵犯妇女的性的决定权的行为作了特别规定,凡是使用暴力、胁迫等强制手段侵犯妇女性的决定权的行为,均应该以强制猥亵、侮辱妇女定罪处罚;另一种观点,就是有学者,赞同将上述的行为认定为侮辱罪,认为行为人实施该行为时,是出于报复心理,不是出于刺激或者满足性欲的内心倾向。因为强制猥亵、侮辱妇女罪,要求主观上具有刺激或者满足性欲的内心倾向,而这里的行为人不具有这样的内心倾向,所以,这个行为还是以侮辱罪比较合适。

本书立场:本书认为这种行为应当以强制猥亵、侮辱妇女定罪处罚。行为人主观上具有刺激或者满足性欲的内心倾向,是传统观点在认定当时的流氓罪时界定的主观心理状态,但现行刑法把流氓罪进行分解,设定了强制猥亵、侮辱妇女罪,认为只要使用暴力、胁迫手段,不管出于什么动机与目的,不管在什么场合,强行剥光妇女的衣裤的行为,都构成强制猥亵、侮辱妇女罪。妇女性的自己的决定权与单纯的侵犯名誉的侮辱相比,甲的行为更为严重地侵犯的乙的性的自己的决定权,以强制猥亵、侮辱妇女罪,比较更有利保护妇女的权益,这样比较符合罪刑相适应原则。

■ 问题思考

1. 侮辱罪与诽谤罪的界限界定
2. 怎样界定出版的作品是歧视、侮辱少数民族作品?

■ 案例分析

案情:被告人田某因自己的丈夫经常很晚才下班回家,便怀疑其丈夫与他办公室的同事李某有不正当的关系,总想找个机会教训教训李某。一天,田某到其丈夫办公室发现她丈夫和李某在室内说笑,便醋意大发,遂揪住李某,拖出室外,指其鼻子骂其"狐狸精"、"不要脸",引起单位许多人围观。李某哭着跑回家。此后,田某多次到李某单位骂李某,在街道上遇见也用侮辱性的语言辱骂李某,致使李某精神失常,企图自杀,但因抢救及时未成。(2013年卷二第16题)

问题:案中田某的行为如何认定?

分析:诽谤罪,是指捏造并散布虚假的事实,意图损害他人人格、毁坏他人名誉的行为。本案中,田某的行为是边打边骂"狐狸精"、"不要脸",多次采取侮辱性语言对李某实施当众侮辱行为,致使李某精神失常,进而引起李某的自杀,主观上,田某又具备故意,即明知道自己实施的当众侮辱行为会造成李某人格被贬低,名誉被毁坏的结果,而是积极追求该种危害结果的发生,因此,田某的行为应认定为侮辱罪。但田某并没有捏造具体的事实,也没有散布虚假事实的行为,所以不构成诽谤罪。

第六节 侵犯民主权利的犯罪

■知识结构图

非法剥夺公民宗教信仰自由罪→侵犯通讯自由罪→报复陷害罪→非法获取公民个人信息罪→破坏选举罪

■重点提示

如何把握侵犯通讯自由罪、报复陷害罪的特征及其认定

■司考重点

报复陷害罪、侵犯通讯自由罪的犯罪构成及与相关罪名的界定

一、非法剥夺公民宗教信仰自由罪

非法剥夺公民宗教信仰自由罪,是指国家机关工作人员非法剥夺公民的宗教信仰自由,情节严重的行为。

本罪的客体是公民的宗教信仰自由。本罪的客观方面表现为非法剥夺公民的宗教信仰自由,情节严重的行为。"非法剥夺公民的宗教信仰自由",是指使用暴

力、胁迫或者其他强制性方法,制止他人加入或强迫他人退出宗教团体,或强迫不信教的人信教,或逼迫他人信仰某种宗教或不准信仰某种宗教等。"情节严重",是指手段恶劣,后果严重,社会影响恶劣等。本罪的主体是特殊主体,仅限于国家机关工作人员。本罪的主观方面是故意,行为人明知道自己的行为会发生非法剥夺他人宗教信仰自由的结果,并且希望或者放任这种结果的发生。

根据《刑法》第251条的规定,犯本罪的,处2年以下有期徒刑或者拘役。

二、侵犯少数民族风俗习惯罪

侵犯少数民族风俗习惯罪,是指国家机关工作人员以强制手段非法干涉、破坏少数民族风俗习惯,情节严重的行为。

本罪的客体是少数民族保持或改革本民族风俗习惯自由的权利。本罪的客观方面表现为以强制手段非法干涉、破坏少数民族风俗习惯,情节严重的行为。"少数民族风俗习惯",是指各少数民族在历史发展中形成的,在婚姻、家庭、饮食、丧葬、礼仪等方面的习惯。"强制手段",是指使用暴力、胁迫、行政命令等手段。本罪主体是特殊主体,仅限于国家机关工作人员。主观方面是直接故意。动机不影响本罪的成立。

根据《刑法》第251条的规定,犯本罪的,处2年以下有期徒刑或者拘役。

三、侵犯通信自由罪

侵犯通信自由罪,是指隐匿、毁弃或者非法开拆他人信件,侵犯公民通信自由权利,情节严重的行为。

本罪的客体是公民的通信自由和通信秘密权利。行为的对象是交付邮电部门邮递的信函,但不包括国家机关公函。本罪的客观方面表现为隐匿、毁弃或者非法开拆他人信件,侵犯公民通信自由权利,情节严重的行为。"隐匿",是指秘密隐藏他人信件。"毁弃",是指将他人信件烧毁、撕毁或者丢弃。"非法开拆",是指未经收件人、发件人同意或司法机关批准,擅自开启他人的信件。另外,非法截获、篡改、删除他人电子邮件或者其他数据资料,侵犯公民通信自由和通信秘密的。本罪的主体是一般主体,但不包括邮政工作人员。本罪的主观方面是直接故意。动机,有的出于好奇,有的是有意图窃取钱财,动机如何,不影响本罪的成立。

根据《刑法》第252条的规定,犯本罪的,处1年以下有期徒刑或者拘役。

四、私自开拆、隐匿、毁弃邮件、电报罪

私自开拆、隐匿、毁弃邮件、电报罪,是指邮政工作人员私自开拆、隐匿或者毁

弃邮件、电报的行为。

本罪的客体是公民的通信自由权利和邮政部门的正常活动。本罪的客观方面表现为行为人利用邮政工作的便利，私自开拆或者隐匿、毁弃邮件、电报的行为。如果没有利用工作便利，非法开拆、隐匿或者毁弃他人邮件，情节严重的，应构成侵犯通信自由罪。本罪的主体限于邮政工作人员，为特殊主体。本罪的主观方面是直接故意。动机如何不影响本罪的成立。

根据《刑法》第253条的规定，犯本罪的，处2年以下有期徒刑或者拘役。犯本罪从中窃取财物的，应依《刑法典》第264条的规定，以盗窃罪从重处罚。

五、出售、非法提供公民个人信息罪

出售、非法提供公民个人信息罪，是指国家机关或者金融、电信、交通、教育、医疗等单位的工作人员，违反国家规定，将本单位在履行职责或者提供服务过程中获得的公民个人信息，出售或者非法提供给他人，情节严重的行为。

本罪的客体是公民个人的信息自由和安全。对象是公民个人信息，即指以任何形式存在的、与公民个人存在关联并可以识别特定个人的信息。其外延十分广泛，几乎有关个人的一切信息、数据或者情况都可以本认定为个人信息。本罪的客观方面表现为国家机关或者金融机构、电信、交通、教育、医疗等单位的工作人员，违反国家规定，将本单位在履行职责或者提供服务过程中获得的公民个人信息，出售或者非法提供给他人，情节严重的行为。本罪的主体是国家机关或者金融、电信、交通、教育、医疗等单位的工作人员。本罪的主观方面出于故意。

《刑法》第253条之一规定，犯本罪的，处3年以下有期徒刑或者拘役，并处或者单处罚金。单位犯本罪的，对单位判处罚金，并对其直接负责的主管人员和其他直接责任人员，依照该款的规定处罚。

六、非法获取公民个人信息罪

非法获取公民个人信息罪，是指个人或单位窃取或者以其他方法非法获取公民个人信息信息，情节严重的行为。

本罪的客体是公民个人的信息安全和保守个人信息的权利。对象是公民个人的信息。本罪的客观方面表现为窃取或者以其他方法非法获取公民个人信息，情节严重的行为。本罪的主体为一般主体，个人和单位均可构成犯罪。本罪主观方面出自故意。

《刑法》第253条之一规定，犯本罪的，处3年以下有期徒刑或者拘役，并处或者单处罚金。单位犯本罪的，对单位判处罚金，并对其直接负责的主管人员和其他直接责任人员，依照该款的规定处罚。

七、报复陷害罪

报复陷害罪,是指国家机关工作人员滥用职权、假公济私,对控告人、申诉人、批评人、举报人实行报复、陷害的行为。

本罪的客体是公民的控告权、申诉权、批评权、举报权等民主权利和国家机关的正常活动。行为的对象仅限于控告人、申诉人、批评人、举报人。本罪的客观方面表现为滥用职权、假公济私,对控告人、申诉人、批评人、举报人实行报复陷害的行为。"假公济私",是指利用国家机关的名义或权力。"报复陷害"的方式多种多样,如制造种种"理由"或"借口",给控告人等造成各种不利。报复陷害行为致使控告人、申诉人、批评人、举报人或者其近亲属自杀、自残造成重伤、死亡,或者精神失常的;致使上述人员的合法权利受到严重损害的,应当给予处罚。本罪的主体仅限于国家机关工作人员,所以,本罪是身份犯。本罪的主观方面是故意,并具有报复陷害他人的目的。

根据《刑法》第254条的规定,犯本罪的,处2年以下有期徒刑或者拘役;情节严重的,处2年以上7年以下有期徒刑。所谓情节严重,通常是指对多人进行报复陷害,报复陷害的手段恶劣,报复陷害造成严重后果,如此等等。

八、打击报复会计、统计人员罪

打击报复会计、统计人员罪,是指公司、企业、事业单位、机关、团体的领导人,对依法履行职责、抵制违反会计法、统计法行为的会计、统计人员实行打击报复,情节恶劣的行为。

本罪的客体是会计、统计人员的人身、民主权利和国家财会、统计制度。对象是会计人员、统计人员、审计人员。本罪的客观方面表现为对依法履行职责、抵制违反会计法、统计法行为的会计、统计人员实行打击报复,情节恶劣的行为。一般表现为以降级、撤职、调离工作岗位、解聘或者开除等方式打击报复。本罪的主体是特殊主体,即公司、企业、事业单位、机关、团体的领导人。本罪的主观方面是直接故意,动机不影响本罪的成立。

根据《刑法》第255条的规定,犯本罪的,处3年以下有期徒刑或者拘役。

九、破坏选举罪

破坏选举罪,是指在选举各级人民代表大会代表和国家机关领导人员时,以暴力、威胁、欺骗、贿赂、伪造选举文件、虚假选举票数或者编造选举结果等手段破坏选举或者妨害选民和代表自由行使选举权和被选举权,情节严重的行为。

本罪的客体是公民的选举权和被选举权以及国家选举制度。"国家选举制度",是指各级人民代表大会代表的选举以及对国家机关领导人的选举,不包括厂长、经理、居民委员会、村民委员会等自治组织的选举。本罪的客观方面表现为在选举各级人民代表大会代表和国家机关领导人时,以暴力、威胁、欺骗、贿赂、伪造选举文件、虚假选举票数等手段,破坏选举或者妨害选民和代表自由行使选举权和被选举权,情节严重的行为。破坏选举行为包括:以金钱或者其他财物贿赂选民或眷代表,妨害选民和代表自由行使选举权和被选举权的;以暴力、威胁、欺骗或者其他非法手段妨害选民和代表自由行使选举权和被选举权的;伪造选举文件、虚报选举票数或者有其他违法行为的;对于控告、检举选举中违法行为的人,或者对于提出要求罢免代表的人进行压制、报复的。本罪的主体是一般主体。本罪的主观方面是直接故意。并且具有破坏选举工作,妨害选民和代表自由行使选举权和被选举权的目的,如因工作上的过失而造成妨害选举的结果,如误计选举票数,误将被剥夺选举权的列入选举名单等,不构成本罪。动机可以是多种,如出于个人不满或有政治上的野心。动机如何不影响本罪的成立。

实施破坏选举罪的行为,其手段又触犯其他罪名的,通常应从一重罪论处。如以暴力手段破坏选举致人重伤的,应以故意伤害罪论处。

根据《刑法》第256条的规定,犯本罪的,处3年以下有期徒刑、拘役或者剥夺政治权利。

相关链接

2000年12月28日第九届全国人民代表大会常务委员会第十九次会议通过的《关于维护互联网安全的决定》第四条第(二)项,非法截获、篡改、删除他人电子邮件或者其他数据资料,侵犯公民通信自由和通信秘密构成犯罪的,依照刑法有关规定(即现行《刑法》第252条)追究刑事责任。

2009年2月28日全国人大常委会《中华人民共和国刑法修正案(七)》增设罪名"侵犯公民个人信息罪"为《刑法》第253之一,2015年8月29日全国人大常委会《中华人民共和国刑法修正案(九)》,又将此条款进行修订,修订内容主要是将本罪主体由特殊主体修改为一般主体,并规定对特殊主体要从重处罚。

2013年4月23日最高人民法院、最高人民检察院、公安部《关于依法惩处侵害公民个人信息犯罪活动的通知》。

2006年7月26日最高人民检察院《关于渎职侵权犯罪案件立案标准的规定》,报复陷害罪是指国家机关工作人员滥用职权、假公济私,对控告人、申诉人、批评人、举报人实行打击报复、陷害的行为。并对报复陷害的立案标准进行具体规定。

观点争鸣

本章值得关注的是侵犯通信自由罪的罪数问题。有以下几种情况:(1)非法开拆他人信件,侵犯公民通信自由权利,情节严重,并从中窃取少量财物,或者窃取汇票、汇款支票,骗取汇兑数额不大的,认定为侵犯通信自由罪并从重处罚;(2)非法开拆他人信件,侵犯公民通信自由权利,情节严重,并从中窃取较大财物的,认定为盗窃罪并从重处罚;(3)非法开拆他人信件,侵犯公民通信自由权利,情节严重,并从中窃取汇票或汇款支票,冒名骗取汇兑数额较大的,认定为侵犯通信自由罪和诈骗罪,数罪并罚。

问题思考

1. 报复陷害罪的概念及特征。
2. 报复陷害罪与诬告陷害罪的区别。

案例分析

案情:被告人周某,45岁,某县县委书记。在1997年至2001年,周某利用其职务之便,多次收受、索要他人现金和金首饰、字画、烟酒、衣服等财物,共折合人民币27万余元。周受贿后,多次为他人谋取不正当利益。2001年4月,周某得知张某举报其违法犯罪行为后,即利用职权借公安局处理群众反映张某有关问题之机,对张某实施报复陷害,公安局在周某的非法干预下,没有立案即对张某家进行搜查,以所谓的"非法储存爆炸物品罪"对张某立案侦查并刑事拘留。在张某外出告状、拘留未能执行时,周某授意公安机关外出抓捕。公安机关遂于2001年5月20日将张某抓获,致使张某被关押看守所长达半年之久。同年11月28日,张某被无罪释放。

问题:县委书记张某的行为应如何认定?

分析:首先周某的身份是县委书记,是国家工作人员,符合报复陷害罪的特殊主体界定;其次,客观方面,报复陷害罪是滥用职权、假公济私、对控告人、申诉人、批评人、举报人实行报复陷害,本案里,周某滥用职权,以莫须有的罪名让公安机关把张某进行抓捕,致使张某被非法剥夺人身自由长达半年之久。本罪主观方面是故意,是周某明知道自己的行为会造成什么样的后果,但他希望这种后果的发生,因为他恨极了张某的举报行为。

所以,本案中周某的行为完全符合报复陷害罪的犯罪构成,应以报复陷害罪定罪处罚。

第七节 妨害婚姻家庭权利的犯罪

■ 知识结构图

暴力干涉婚姻自由罪→重婚罪→破坏军婚罪 →虐待罪 →遗弃罪→拐骗儿童罪

■ 重点提示

如何把握暴力干涉婚姻自由罪的暴力及其与一般的暴力犯罪的暴力区别,把握虐待罪、遗弃罪的构成及认定,拐骗儿童罪的构成以及与拐卖儿童罪的界限

■ 司考重点

拐骗儿童罪与拐卖儿童罪的区别界定,暴力干涉婚姻自由罪,重婚罪与破坏军婚罪的界限,虐待罪与遗弃罪的界限

一、暴力干涉婚姻自由罪

暴力干涉婚姻自由罪,是指以暴力方法干涉他人婚姻自由的行为。

本罪的客体是他人的婚姻自由权利,包括结婚自由和离婚自由。本罪的客观方面表现为以暴力方法干涉他人婚姻自由的行为。构成本罪首先必须使用暴力方法,所谓暴力,是指用殴打、禁闭、捆绑、抢掠等方法对人身进行强制或打击。仅有干涉行为而没有使用暴力的,不构成犯罪。如实施了暴力行为,但程度比较轻微的,即使因此而造成严重的后果(如因其自杀),也不构成本罪。其次,暴力行为必须是为干涉婚姻自由而实施。但如在干涉他人婚姻自由的过程中实施了故意伤害、故意杀人行为的,应以故意伤害罪或故意杀人罪论处。如长期干涉他人婚姻自由的,但借故一次故意杀害或伤害被害人的,应按本罪与故意杀人罪或故意伤害罪实行数罪并罚。本罪的主体是一般主体。实践中多为被害人的家长或其他亲属。本罪的主观方面是直接故意,并具有干涉他人婚姻自由的目的。动机可以多种多样,但动机如何不影响本罪的成立。

根据《刑法》第 257 条的规定,犯本罪的,处 2 年以下有期徒刑或者拘役。本

罪,告诉的才处理。但是如果由于暴力干涉他人婚姻自由致使被害人死亡的,处2年以上7年以下有期徒刑,不属于告诉才处理的犯罪。

审判实践中,"致使被害人死亡",是指在暴力干涉婚姻过程中因过失导致被害人死亡或直接引起被害人自杀,属于本罪的结果加重犯。在暴力干涉他人婚姻自由的过程中实施了故意伤害、故意杀人行为的,属于想象竞合犯,按重罪的故意伤害罪或故意杀人罪论处。

二、重婚罪

（一）重婚罪的概念

重婚罪,是指有配偶而与他人结婚,或者明知他人有配偶而与之结婚的行为。

（二）重婚罪的构成要件

1. 本罪的客体是一夫一妻制的婚姻关系。
2. 本罪的客观方面表现为有配偶而与他人结婚,或者明知他人有配偶而与之结婚的行为。结婚包括法律婚和事实婚。事实婚,是指以夫妻名义公开同居、共同生活。本罪行为包括两种情况:(1)有配偶者而与他人登记结婚或形成事实婚的;(2)相婚者明知他人有配偶而与之登记结婚或者形成事实婚的。这里所说的"结婚""重婚",我们认为既包括正式登记结婚,也包括未经结婚登记而以夫妻名义共同生活的事实婚姻。这并非是对事实婚姻的法律承认,而是为了更好地保护一夫一妻制的婚姻家庭关系。
3. 本罪的主体包括两种人:(1)重婚者,即有配偶而在其婚姻关系持续期间与他人结婚的人;(2)相婚者,即明知他人有配偶而与之结婚的无配偶者。这种主体就其本身而言,并没有"重婚",但从重婚关系的整体来看,这种主体仍然是重婚的一方,在实质上与重婚者的行为完全相同,故我国刑法明文规定这种主体构成重婚
4. 本罪的主观方面是故意,有配偶者必须明知自己有配偶而与他人结婚,如果认为自己没有配偶或者没有与他人结婚的,不构成本罪;相婚者必须明知他人有配偶而与之结婚。如果确实不知道对方有配偶而与之结婚的,不构成重婚罪。

（三）重婚罪的认定

1. 重婚罪与非法同居。非法同居,是指不以夫妻名义而非法同居的行为,不构成重婚罪。
2. 重婚罪与重婚行为。因遭受自然灾害外出谋生而重婚的,因配偶长期在外下落不明、生活困难而重婚的,因被拐骗后再婚的,因被强迫、被虐待或包办婚姻而外逃重婚的,都是由于受各种客观条件所迫,不具有期待可能性,因而阻却责任,不应按重婚罪处理。如果上述妇女又与他人前往婚姻登记处登记结婚的,并不缺乏期待可能性。

(四)重婚罪的处罚

根据《刑法》第258条的规定,犯本罪的,处2年以下有期徒刑或者拘役。量刑时,应主要考虑婚姻的手段、动机、非法婚姻的数量、造成的结果等,同时要结合我国的现实情况。在对重婚定罪量刑的同时,应宣告解除其已形成的非法婚姻关系。

三、破坏军婚罪

破坏军婚罪,是指明知是现役军人的配偶而与之结婚或者同居的行为。

本罪的客体是现役军人的婚姻关系。本罪的客观方面表现为与现役军人的配偶结婚或者同居的行为。现役军人的配偶,是指现役军人的妻子或者丈夫。这里所说的"同居",是指不以夫妻名义,持续、稳定地共同居住。与现役军人配偶通奸的行为,不构成本罪。本罪的主体是一般主体,可以是一般自然人,也可以是现役军人。本罪的主观方面是直接故意,即明知是现役军人的配偶而与之结婚或者同居。

破坏军婚罪与重婚罪、强奸罪的关系:破坏军婚罪的行为,基本上(除同居外)是重婚行为。刑法将其规定为不同的犯罪,旨在对现役军人的婚姻关系进行特殊保护如果重婚行为符合破坏军婚罪的犯罪构成,应以破坏军婚罪论处。

《刑法》第259条第2款规定,"利用职权、从属关系,以胁迫手段奸淫现役军人的妻子的",依照《刑法》第236条的强奸罪处罚。本规定属于注意规定,因此,只有当行为人以暴力、胁迫或者其他手段,违反现役军人妻子的意志,强行与之性交,迫使现役军人妻子长期忍辱从奸的,应认定强奸罪。行为人虽然利用了职权或者从属关系,而没有进行胁迫的,不能认定为强奸。

根据《刑法》第259条的规定,犯本罪的,处3年以下有期徒刑或者拘役。

四、虐待罪

(一)虐待罪的概念

虐待罪,是指对共同生活的家庭成员,进行经常性精神折磨和身体摧残,情节恶劣的行为。

(二)虐待罪的构成要件

1.本罪的客体是共同生活的家庭成员在家庭生活中的平等权利和其他人身权利。

2.本罪的客观方面表现为经常对共同生活的家庭成员进行虐待的行为。虐待包括肉体上和精神上的摧残和折磨,虐待的手段是多种多样的,如打骂、冻饿、禁闭、强迫过度劳动、体罚等。虐待行为的方式既可能是作为,也可能是不作为,但不可能是纯粹的不作为。单纯的有病不予治疗、不提供饮食的行为,构成遗弃罪。虐待行为必须是经常性、持续性的,偶尔打骂等,由于教育方法的简单粗暴或者因为家庭纠纷动辄打骂的行为,不构成虐待。基于同样的道理,行为人故意造成被害人伤害或死亡的,应认定为构成故意伤害罪或故意杀人罪。但是,在情节恶劣的经常性虐待过程中,其中一次产生伤害或杀人故意,进而实施伤害或杀人行为的,则构成虐待罪与故意伤害罪或故意杀人罪,实行数罪并罚。对以禁闭方式虐待被害人,属于虐待罪与非法拘禁罪的想象竞合犯,从一重罪论处。虐待行为,情节恶劣的,才构成犯罪。

3. 本罪的主体只能是与被虐待人共同生活的有亲属关系的成员。

4. 本罪的主观方面为故意。行为人明知道自己的虐待行为侵害了被害人的人身自由,并且希望或者放任这种结果发生。

(三)虐待罪的认定

虐待罪主观上表现为有意识地对被害人进行肉体上和精神上的摧残、折磨,因此,由于教育方法简单粗暴或者因为家庭纠纷而动辄打骂的行为,不应以虐待罪论处。基于同样的理由,行为人故意造成被害人伤害或者死亡的,应认定为构成故意伤害罪或者杀人罪。但是,在情节恶劣的经常性虐待过程中,其中一次产生伤害或杀人故意,进而实施伤害或杀人行为的,则构成虐待罪与故意伤害罪或故意杀人罪,实行数罪并罚。对以禁闭方式虐待被害人,属于本罪与非法拘禁罪的想象竞合犯,从一重罪论处。

依照《刑法》第260条的规定,虐待罪的处罚分为两种情况:其一,虐待家庭成员,情节恶劣的,处2年以下有期徒刑、拘役或者管制,但被害人告诉的才处理。其二,犯虐待罪致使被害人重伤、死亡的,处2年以上7年以下有期徒刑,并且不适用告诉才处理的规定。所谓致使被害人重伤、死亡,是指由于被害人经常受虐待罪逐渐造成身体的严重损伤或导致死亡,或者由于被害人不堪忍受虐待而自杀、自伤,造成死亡或重伤。

五、虐待被监护、看护人罪

(一)虐待被监护、看护人罪的概念

虐待被监护、看护人罪是指对未成年人、老年人、患病的人、残疾人等负有监护、看护职责的人,虐待被监护、看护的人,情节恶劣的行为。本罪是《刑法修正案(九)》新设罪名。

我国刑法中的虐待罪的主体原仅限于家庭成员之间,对非家庭成员之间的虐待行为没有规定为犯罪,这就使得大量非家庭成员之间存在的被监护、看护人遭受虐待的现象不能定罪处罚。对此,《刑法修正案(九)》通过新设罪名,将非家庭成员之间的虐待行为纳入刑法保护的范围。

(二)虐待被监护、看护人罪的构成要件

1. 本罪的客体是被监护人、被看护人的人身权利。

2. 本罪的客观方面表现为负有监护、看护职责的行为人违背监护、看护职责,对被监护、看护的人等实施虐待,情节恶劣的行为。负有监护、看护职责,是指因为合同关系或者其他法律规定等关系使行为人具有了监护、看护职责。如幼儿园老师对儿童的看护,养老机构的工作人员对老人、残疾人的看护,医院的医生、护士对病人的看护等等。

3. 本罪的主体为特殊主体,系对未成年人、老年人、患病的人、残疾人等负有监护、看护职责的人,且监护、看护人与被监护、被看护人不具有家庭成员的关系。自然人和单位都可以构成本罪的犯罪主体。本罪的行为对象是被监护、看护的人,包括未成年人、老年人、患病的人、残疾人等。虐待,主要是指行为人违反监护、看护职责,对被监护、看护人进行打骂、捆绑、冻饿、限制自由、凌辱人格、强迫吃安眠药、不进行必要的看护、救助等方法,从肉体上和精神上进行摧残迫害。

情节恶劣,是指行为人虐待动机卑鄙、手段残酷、持续时间较长、虐待频率高、造成被害人重伤、死亡或者精神抑郁等情形。此外,对情节恶劣的认定,还要结合被害人的身体、精神状况综合考虑。

4. 本罪的主观方面表现为故意,即行为人明知自己虐待被监护、看护人会造成他们肉体上和精神上损害的后果,而希望或者放任这种后果发生的。

(三)虐待被监护、看护人罪的认定

行为人因虐待致被害人重伤、死亡的,同时构成其他犯罪,如故意杀人罪、故意伤害罪,或者过失致人重伤、死亡罪等。此时,应当根据处罚较重的犯罪进行定罪处罚,不进行数罪并罚

(四)虐待被监护、看护人罪的处罚

我国《刑法》第260条之一规定:"对未成年人、老年人、患病的人、残疾人等负有监护、看护职责的人虐待被监护、看护的人,情节恶劣的,处三年以下有期徒刑或者拘役。单位犯前款罪的,对单位判处罚金,并对其直接负责的主管人员和其他直接责任人员,依照前款的规定处罚。有第一款行为,同时构成其他犯罪的,依照处罚较重的规定定罪处罚。"

六、遗弃罪

遗弃罪,是指对于年老、年幼、患病或者其他没有独立生活能力的人,负有扶养义务而拒绝扶养,情节恶劣的行为。遗弃罪分为广义的遗弃罪和狭义的遗弃罪。

广义的遗弃罪,是指将被遗弃者置于不受保护的状态而危及其生命和健康的行为。这种犯罪是有保护责任的人没有对被遗弃者的生存给予必要的保护,因此是对被遗弃者生命和健康造成具体危险的危险犯,从而属于侵害他人生命和健康的犯罪。德国、日本等国家立法采用广义的遗弃罪。狭义的遗弃罪,是指有扶养义务者拒绝履行扶养义务的行为,瑞士、丹麦、捷克斯洛伐克等国和我国立法采用狭义的遗弃罪。

本罪的客体是被遗弃人在家庭中受扶养的权利主体是负有扶养义务并有扶养能力的人。扶养义务人的范围根据我国婚姻法确定;扶养能力根据扶养义务人的具体情况认定。本罪的客观方面表现为对年老、年幼、患病或者其他没有独立生活能力的人,负有扶养义务而拒绝扶养、情节恶劣的行为。"拒绝扶养",是指具有扶养义务,并且具有扶养能力而不履行扶养义务的行为。没有扶养能力而拒绝扶养的,不构成本罪。遗弃罪是典型的不作为犯。我国刑法规定的是狭义的遗弃罪,将遗弃仅限定在扶养义务上,而大陆法系国家将遗弃规定为侵害被保护者的生命权、健康权的犯罪。即使保护者履行了扶养义务,但没有保护被保护者的生命、健康,导致被保护者死伤的,也可以构成遗弃罪。本罪的主体为特殊主体,即对被遗弃人负有法律上的扶养义务、具有扶养能力的自然人。扶养义务是广义的,包括扶养义务、赡养义务和抚养义务。本罪的主观方面为直接故意,动机如何,不影响本罪的成立。

根据《刑法》第 261 条的规定,犯本罪的,处 5 年以下有期徒刑、拘役或者管制。

七、拐骗儿童罪

拐骗儿童罪,是指拐骗不满 14 周岁的未成年人脱离家庭或者监护人的行为。

本罪的客体是他人的家庭关系以及儿童的合法权益。本罪的客观方面表现为拐骗不满 14 周岁的未成年人,脱离家庭或者监护人的行为。拐骗,是指采用欺骗、诱惑等方法使儿童脱离家庭或监护人的行为。例如,甲以从事杂技表演的名义欺骗多名农村儿童。儿童信以为真,便随甲进城。甲将这些儿童带至大城市,利用儿童从事乞讨活动。其间,甲曾与儿童的家属电话联系,称小孩生活很好。关于本案,甲的行为怎么界定?(2008 年卷二第 14 题)本题的正确答案就是甲的行为构成拐骗儿童罪。被拐骗儿童被行为人或者第三者控制时,为既遂。主观方面是直接故意。但以出卖为目的拐骗儿童,或者拐骗儿童后出卖的,应构成拐卖儿童罪;以索取财物为目的拐骗儿童或偷盗婴幼儿的,或者拐骗儿童后向该儿童近亲属等人勒索财物的,应构成绑架罪。本罪的主体是一般主体。本罪的主观方面是直接故意,动机多为收养或役使。

根据《刑法》第 262 条的规定,犯本罪的,处 5 年以下有期徒刑或者拘役。

八、组织残疾人、儿童乞讨罪

组织残疾人、儿童乞讨罪,是指以暴力、胁迫手段组织残疾人或者不满14周岁的未成年人乞讨的行为。

本罪的客体是残疾人和未成年人的人身权利。本罪的客观方面是组织残疾人或者不满14周岁的未成年人乞讨。本罪的主体是被组织的残疾人或者不满14周岁未成年人以外的人。本罪的主观方面是故意,而且主要以牟利为目的。

根据《刑法修正案(六)》(2006年6月29日)第17条增设的《刑法》第262条之一的规定,犯本罪的,处3年以下有期徒刑或者拘役,并处罚金;情节严重的,处3年以上7年以下有期徒刑,并处罚金。

九、组织未成年人进行违反治安管理活动罪

组织未成年人进行违反治安管理活动罪,是指组织未成年人进行盗窃、诈骗、抢夺、敲诈勒索等违反治安管理活动的行为。

本罪的客体是复杂客体,既侵害了未成年人的人身自由及身心健康权利,同时还侵害了社会治安管理秩序。对象为未满18周岁的未成年人。本罪的客观方面表现为行为人实施了组织未成年人进行违反治安管理活动的行为。本罪的主体是一般主体,年满16周岁、具有刑事责任能力的自然人。本罪的主观方面出自故意。

根据《刑法》第262条之二规定,犯本罪的,处3年以下有期徒刑或者拘役,并处罚金;情节严重的,处3年以上7年以下有期徒刑,并处罚金。

相关链接

1980年11月27日最高人民法院研究室《关于军事法院判处的重婚案件其非法婚姻部分由谁判决问题的电话答复》。非法婚姻是构成重婚罪的前提,法院在判决重婚案件的同时,判决书中应一并写明解除非法婚姻,这不属于刑事诉讼附带民事诉讼的问题。

2015年3月2日最高人民法院、最高人民检察院、公安部、司法部《关于依法办理家庭暴力犯罪案件的意见》指出,发生在家庭成员之间,以及具有监护、扶养、寄养、同居等关系的共同生活人员之间家庭暴力犯罪,严重侵害公民人身权利,破坏家庭关系,影响社会稳定——积极预防和有效惩治各种家庭暴力犯罪——制定本意见。

2015年8月29日全国人大常委会《中华人民共和国刑法修正案(九)》第十八条对虐待罪进行了修订,第三款增加了"但被害人没有能力告诉,或者因受到强

制、威吓无法告诉的除外"。此款的修订,指出了本罪告诉才处理的例外。在本修正案第十九条又增设虐待被监护、看护人罪,作为第260条之一。

2006年6月29日全国人大常委会《中华人民共和国刑法修正案(六)》增设罪名组织残疾人、儿童乞讨罪,作为《刑法》第262条之一。

■观点争鸣

虐待被监护、看护人罪与虐待罪的区别

(1)犯罪客体不同。虐待被监护、看护人罪侵犯的客体是被监护人、被看护人的人身权利;而虐待罪侵害的是复杂客体,既侵害了受害者的人身权利,也侵害了家庭成员之间的亲密关系。(2)犯罪主体不同。虐待被监护、看护人罪的犯罪主体是对未成年人、老年人、患病的人、残疾人等负有监护、看护职责的非家庭成员,且单位也可以成立本罪的主体;而虐待罪的犯罪主体是同一家庭的成员,彼此之间存在一定的亲属关系或者扶养关系,且只有自然人可以成为虐待罪的犯罪主体。(3)想象竞合时的处罚原则不同。因虐待行为造成被害人重伤死亡的,属于想象竞合犯,一般按照从一重处断的原则论处。虐待被监护、看护人罪中,因虐待被监护、看护人,同时构成其他犯罪的,适用想象竞合犯的一般原则,依照处罚较重的规定定罪处罚;而虐待罪中,虐待家庭成员,致使被害人重伤、死亡的,还是以虐待罪定罪处罚,属于想象竞合犯的例外原则。(4)案件告诉方式不同。虐待被监护、看护人罪属于公诉案件,不用当事人去告诉;而虐待罪中,除非被虐待的人没有能力告诉,或者因受到强制、威吓无法告诉,或者因虐待致使被害人重伤、死亡,其他情况下都属于告诉才处理的案件。(5)量刑不同。犯虐待被监护、看护人罪的,处三年以下有期徒刑或者拘役;犯虐待罪的,处二年以下有期徒刑、拘役或者管制。可见,虐待被监护、看护人罪比虐待罪的处罚要重,因为虐待被监护、看护人罪的社会危害性更大。

■问题思考

1. 重婚罪的概念与特征是什么?它与破坏军婚罪的界限。
2. 虐待罪的犯罪构成及其司法认定、与遗弃罪的界限。

■案例分析

案情:被告人郭某,男,44岁,农民。郭某已年过四十,有两个女儿,但因封建思想作祟,一直想能有个儿子,可媳妇由于疾病已经不能再生,所以郭某一直还想收养一子。2003年4月28日,郭某在街上见一农妇抱着其子(2001年3月15日出生),对小孩甚是喜爱,即产生将孩子抢走的恶念,遂手持木棍将那农妇打晕后抱着婴儿逃跑,后被公安机关抓获。

问题:对案件中郭某打晕农妇抢走婴儿的行为如何界定?

分析:对于郭某行为的界定,有两种不同的意见:一是认为郭某的行为不能以犯罪论处。因为按照我国刑法的规定,抢劫罪是以暴力、胁迫或其他方法,强行劫取公私财物的行为。但现行刑法对抢劫儿童的行为没有明文规定,郭某的行为虽具有较大的社会危害性,可根据"罪刑法定原则",郭某的行为不能构成抢劫罪。另外,郭某使用暴力的手段抢走儿童的行为方式,也不符合拐骗儿童罪客观上要求的"拐骗"的犯罪方法,同样依据"罪刑法定原则",郭某的行为也不能以犯罪论处。二是认为,郭某的行为已经构成拐骗儿童罪。因为郭某抢劫了婴儿,这种手段应理解为拐骗儿童罪中的"其他方法",其行为已构成拐骗儿童罪。

本书立场:郭某行为构成拐骗儿童罪。众所周知,刑法条文关于犯罪的界定因为其只能规定犯罪的本质特征,所以刑法条文无不是抽象的、概括的。如拐卖儿童罪的本质特征是"出卖",围绕此目的,行为人无论是采取诱骗方法,还是暴力胁迫、绑架等方法,均不影响犯罪的成立。同样,拐骗儿童罪的核心是"拐",意思是使不满十四周岁的儿童脱离家庭或监护人。对刑法在规定该罪时所使用"拐骗",不应只简单理解为只限于"骗"一种方式。比骗更为恶劣的暴力胁迫、绑架等方法,使不满十四周岁的儿童脱离家庭或监护人同样符合拐骗儿童罪的犯罪构成。在该罪中,被告人郭某为收养一个儿子,未采取正当、合法的渠道,而是采取打昏婴儿母亲后将小孩抱走的暴力手段,情节恶劣,其行为完全符合拐骗儿童罪的犯罪构成,当然应以拐骗儿童罪定罪处罚。

第十九章

侵犯财产罪

■ 知识结构图

概述→复行为犯→取得犯→损毁犯→不转移占有犯→职务犯

第一节　侵犯财产罪概述

■ 知识结构图

侵犯财产罪的概念、构成→侵犯财产罪的类型

■ 重点提示

侵犯财产罪的客体、对象；非法占有目的的含义

■ 司考重点

本权与占有；财物与财产性利益；排除和利用意思

案例讨论

事主当场抓获窃贼，出于痛恨捆绑并殴打之，窃贼吃痛不过，求饶并主动提出支付钱款以求得释放。如果一，事主允之，受财后释放之。如果二，事主嫌少，经加价后释放之。如果三，在窃贼提出以贿买求释放前，事主主动明示或默示给钱才能放人的。对上述三种情形如何定性？

一、侵犯财产罪的概念和构成

（一）侵犯财产罪的概念

侵犯财产罪，是指非法占有、损毁或拒不交付财产的行为。除本章对以个人财产法益犯罪集中保护外，刑法典其他章节也零散规定了部分保护财产的犯罪，例如串通投标罪、票据诈骗罪、侵犯商业秘密罪等。其他章节的犯罪一方面往往还危害了投标秩序、金融工具的信用等公法益，另一方面，知识产权、公平竞争权中的财产权本身具有非移转性、非支配可能性，对于此类财产利益很难适用通常的抢劫、抢夺、损毁等占有转移型分则规定，因此需要通过本章之外的刑事立法加以解决。

（二）侵犯财产罪的客体

侵犯财产罪的客体，是财产权益，即法秩序所保护的、作为整体的具有经济价值的权利和利益。对财产权益的界定直接影响各种行为的性质与认定，破坏地下制毒工厂的生产经营行为、拒不支付地下制假工厂工人劳动报酬的行为，是否成立犯罪？关于财产权益这一客体的界定，主要有三种观点。

法律的财产说（也称主观说）认为，刑法规定财产罪是为了保护民法、经济法、行政法上的权利，只有合法的权益遭到损害，才可能成为刑法上的犯罪。刑法仅仅是补充和保障其他法秩序的法律，因而相对于其他法律具有从属的性质。财产犯罪的成立不以经济上遭受损害为前提，只要侵害了民事法上的权利，即使在整体上没有经济上的损害，也成立财产犯罪；反之，只要没有侵害权利，即使造成了重大经济损害，也不成立财产犯罪。

经济的财产说（也称客观说）认为，作为整体的具有经济价值的利益就是财产，金钱上的得失就是判断有无损害的标准。因此，所有权人从盗窃犯处偷偷取回被盗财物的，使得盗窃犯遭受了经济损失，应成立犯罪；采取欺骗行为使妓女免收嫖娼费用的，也成立诈骗既遂；盗窃别人的污损的定情手绢，由于没有金钱价值，不成立盗窃罪；虽然侵害了具有金钱价值的利益，但如果提供了相当对价，没有造成金钱价值的整体减少的，就不存在刑法上的财产损害，因而不成立财产罪。

法律的、经济的财产说（也称折中说）认为，所谓财产，是指法秩序所保护的、作为整体的具有经济价值的利益。该说认为,从法秩序的统一性来看,刑法的法益虽然不要求是民法、经济法上、行政法等明确规定的合法利益,但也不应是其他部门法认为属于明显、严重违法的利益,刑法保护的财产利益应该是是指整体法秩序所保护的或者法秩序并不非难的、具有经济价值的利益的整体。

本书认同法律的、经济的财产说。一方面,只有整体法秩序认可的利益才是刑法需要保护的法益。但经济利益是否属于值得刑法保护的利益,不能仅仅凭借其他部门法上的个别法律条文片面判断,而应置于整个法律秩序内作整体上判断,看其是否为整体法秩序所认可。认为刑法具有从属性、补充性、二次性、制裁性,在只有当行为违反法律才能介入刑罚的意义上说,这是正确的;在采取其他法律制裁就完全够了的场合并不应当适用刑罚的意义上说,上述说法也是正确的。但是,超出上述范围,认为刑法仅仅是补充其他法秩序的法律,因而相对于其他法律具有从属的性质,则是不正确的。不侵犯私权,不等于不侵犯公共利益和伦理秩序,虽然通常就不违法民法,但可能违反刑法。在某些方面,如杀人抢劫行为,产生刑法上的效果与产生其他法律上的效果的要件是一样的;但是,另一些只有刑法上的效果的方面,如对宗教的犯罪、对司法的犯罪,以及巨额财产来源不明罪等,刑法则起着唯一的决定作用。总之,虽然刑法从属性为主,但不能否认其具有一定的独立性。①某客体能否成为法秩序整体保护的法益,要结合不同部门法根据社会一般的价值观念来判断。比如,有司法解释规定:"当事人超越经营范围订立合同,人民法院不因此认定合同无效。但违反国家限制经营、特许经营以及法律、行政法规禁止经营的除外。"也就是说,在行政法上不合法的行为,在民法上可能属于合法行为,刑法是否对此加以保护,不能简单选择从属于二者之一,而应当在整体法秩序内进一步作实质判断。例如,对非法制造毒品、非法制造枪支的地下工厂等严重违法的经营活动进行破坏,不构成破坏生产经营罪(可能构成故意毁坏财物等犯罪);而对于无照经营的水果店、消防合格证过期的工厂的经营活动等轻微违法的经营活动,整体上仍应评价为具有轻微违法行为的合法经营活动,如果对其进行破坏,仍然可能构成破坏生产经营罪。另外,骗免嫖娼费用等不法原因给付不以犯罪论;盗窃他人赃物的构成犯罪;所有人、合法占有人出于自力救济而自行取回他人非法手段取得占有的财物,由于有权源的占有优位于无权源的占有,取得行为不构成犯罪;所有人以非法占有为目的偷偷取回自己的财物,事后从不知情的借用人处获取财物对价的,属于侵犯他人的合法占有权行为,同时构成盗窃和诈骗,属于不可并罚的事后行为,应以重罪论处;除国家机关依法没收、销毁或第三人为了上缴国家而取得他人毒品外,任何人窃取、骗取他人盗窃后所占有的毒品的,都成立盗窃罪、诈骗罪。

---

① 林干人:《财产犯保护利益》,东京大学出版会1884年版,123页以下。

另一方面,整体的具有经济价值的利益才是值得刑法保护的财产利益。成立财产罪必须具有经济损害,没有经济损害不成立财产犯罪。债权人对于拒绝还债的债务人,采取私力救济的形式,强行取走约定的标的或者强行取走债务人价值大体相当的其他财物的,虽然从法律上该部分财产属于债务人,但因整体上不存在经济损害,不宜认定为侵犯财产罪。行为人的汽车因为违章被交警依法扣押后,行为人把车辆偷偷开走的,如果仅仅出于逃避罚款,罚款数额又不大,整体上国家因车辆被偷所遭受的经济损失没有达到盗窃罪数额较大立案标准的,不以盗窃罪论处。强迫买卖,如果交易的价值不是相差悬殊的,原则上不构成财产犯罪,而是成立强迫交易罪。

对于以财物为犯罪对象的侵犯财产罪的客体,有本权(所有权)说和占有说之争。① 例如,偷回自己出借的摩托车,偷回依法被法院查封、扣押的财物,如果认为本罪客体是财物的所有权,就会得出不构成本罪的结论。

本书认同占有说。占有,或占有权益(包括通过非法手段获得的非合法权源的占有权益),之所以是值得保护的法益,理由如下:(1)从法秩序的统一性来看,无权占有既然是民事法上保护的合法利益,刑法作为保障法也当然应当一体保护。《物权法》第245条明确规定:"占有的不动产或者动产被侵占的,占有人有权请求返还原物;对妨害占有的行为,占有人有权请求排除妨害或者消除危险;因侵占或者妨害造成损害的,占有人有权请求损害赔偿。"也就是说,民法对一切形式对物的占有实行保护,包括无权占有在内的占有已经成为受实定法明确保护的一种法益。"占有为一种既成的事实,即使这种事实与其他当事人的权利相抵触,也不应再受到非法行为的侵害。例如,甲侵占(如偷窃)了乙的电视机,丙不能因甲是无权占有再去侵夺。因此,对占有的保护,就是对社会安宁、稳定的保护。占有人对于非法行为的侵害,有自力救济权和占有保护请求权。"② 即使无权占有——即无权源的占有权,其位阶低于有权占有——有权源的占有权,但是不能否认前者作为民事权益的合法地位。所谓"在民法上属于非法占有,而刑法却予以保护"的顾虑是不必要的。③ (2)刑法对于此类行为惩处不在于保护盗窃、抢劫等非而是为了保护在占有事实之上承载着的一定利益和财产秩序。对于有合法依据的占用,保护占有即实现了对本权的保护,意义不用赘述;对于无合法权源的占用,尽管缺乏本权的支撑,法律基于更加高明的考虑,仍有占有保护适用的空间。其一,出于维护社会秩序、促进经济效益的目的。其二,有利于间接保护本权和本权的恢复。其

---

① 只有针对财物才存在占有移转问题,因此对于破坏生产经营罪、拒不支付劳动报酬罪等不以财物为犯罪对象的犯罪而言,无所谓本权和占有说之争。

② 国家司法考试辅导用书编辑委员会:《2014年国家司法考试辅导用用书(第三卷)》,法律出版社2014年版,第142页。

③ 张明楷:《刑法学》,法律出版社2011年第4版,第839页。

三,实行权利推定,有利于提高提高本权保护的诉讼效率,降低本权人维护本权的诉讼难度。(3)有条件地保护无合法依据的占有并不损害其他权利人的合法权益。无合法依据的占用虽然受法律保护,但是不能对抗有合法依据的占用,因为所有权或有合法依据的占有相对于无合法依据的占有是更优位的法益。(4)法律和司法解释也规定,盗窃枪支、弹药、爆炸物、毒品等构成犯罪,实际上也是对非法占有的保护。(5)虽然不法占有的财物应由国家或其权利人收回,但所有权权属的改变应当依照法定的程序进行。在这种既有状态未改变之前,任何个人在没有法律依据的情况下无权擅自改变。已经成立的事实状态,不应受私力而为的扰乱,而只能通过合法的方式排除,这是一般公共利益的要求。[1]

(三)侵犯财产罪的犯罪对象——财物

财物,即财产权益的物质载体,包括实物、电子货币、提单、债券和股票等凭证。作为财产权的载体的财物,不仅仅是财产权的凭证,而且是唯一凭证,载体和财产权具有不可分割性。例如,盗窃作为唯一债券凭证的借条的,构成盗窃。

1. 财产性利益是否属于财物?

"财产性利益"是指财物之外、不具有事实管理可能性的狭义上的财产性利益。获得财产性利益大致包括以下情形:其一,使被害人口头免除债务或者承认债权、股权等,例如用餐之后产生白食故意,强迫他人口头免除餐费。如果用餐之前已存在白食的故意,直接构成对食物这一财物的侵害。其二,使被害人提供服务,如免费演出、按摩、乘车、参观等。其三,在不转移占有和处分财物的前提下,对其加以使用或收益。例如,擅自使用他人的房屋、道路、停车场、闭路电视信号、互联网信号、通讯频道、知识产权等,并不会导致客体的发生位置转移或归属转移,因而不属于侵害财物的行为。其四,在不侵犯财物的前提下,侵犯他人商业秘密、重要技术成果的行为。如果侵犯秘密、重要技术成果的载体,载体本身具有较大价值的,也可能构成侵犯财物犯罪。其五,获得具有经济价值的交易机会、商业资讯、资格认证等。

肯定说又称财产性利益说、观念(事理)管理可能性说,为张明楷老师所认同。该说认为,侵犯财物和财产性利益的行为,都可以成立财产犯罪。2002年关于武装部队车辆号牌的司法解释也规定,骗免养路费、通行费等各种规费的,构成诈骗罪,也就是说使用欺骗方法,使他人免除自己的债务而取得财产性利益,属于骗取财物的行为。将财产性利益归入财物,要求财产性利益的内容限于财产权本身,具有经济价值、管理可能性、转移可能性,行为人取得利益时能够导致他人遭受财产损害。同时,该说对于部分财产性利益可以通过限制解释加以排除。例如,诈称有

---

[1] 全国人大常委会法制工作委员会民法室编:《中华人民共和国物权法条文说明、立法理由及相关规定》,北京大学出版社2007年版,第434页。

病使邻居开车将自己送往医院且拒不支付报酬的行为,由于事前没有约定报酬,邻居没有丧失任何财产权,故行为人不构成诈骗。观念(事理)管理可能性是指,只要是可以管理的对象都是财物,包括观念上、事理上可以管理的对象。例如口头合同产生的债权,由于欠缺物质载体而不具有物理管理可能性,并非自然物质意义上的存在物,但是在事理上是客观存在的,是可以被侵犯或免除的,因此在事物管理可能性意义上相当于财物。

否定说又称财物说,该说认为,财产犯罪中的犯罪对象——财物,不包括财产性利益,单纯侵害债权等财产性利益而不侵害财物占有的行为,不构成本章的抢劫、抢夺、盗窃、诈骗等财产犯罪。其中对财物的界定,又主要分为有体、无体说、事实管理可能性说。

有体说和无体说。有体说认为,财物是占据一定空间或得以视觉、触觉感受其存在者。例如,窃电行为不构成盗窃罪。该观点如今已罕有赞同者,因为拘泥于有体物的概念,将无法适应科技发展与技术进步的需要,有体物和无体物的刑法保护价值也并未明显区别。目前的通说认为,刑法上的财物应包括有体物与无体物。

事实(物理)管理可能性认为,只有可以通过自然物质手段加以控制支配的财产,才是财物。按照该说,财物是可以通过自然物质手段实现排他性支配的物质利益,占据三维空间或具有物理、化学等自然物质属性并非财物的基本特征,财物的本质特征在于其承载的物质利益具有自然意义上的管理、转移可能性。日本刑法中,"物理上可以管理之物"成为通说。无论是实物、有价凭证还是账户内的虚拟财物,其承载的物质利益都可以通过自然物质手段加以控制和转移占有。例如,实物承载的物质利益可以通过变动对实物的占有而转移,电承载的物质利益可以通过导体而转移,银行账户承载的物质利益可以利用网络技术操作而转移,不记名、不挂失的公司债券承载的物质利益可以通过变动对票面的持有而转移,非凭密的活期存折承载的物质利益可以通过变动对存折的持有而转移。按照事实管理可能性说,只具有观念管理可能性的对象不属于财物。例如,韩国大法院的判例指出:"擅自使用他人电话通话的行为,是利用电信事业者的通信线路和电话交换机等电信设备,以及通过电信技术电话用户,和对方通话的行为。甲使用他人电话通话的行为,是不当利用电信事业者给用户提供的音响收发机能的行为。由于电信服务只不过是无形利益而不是物理的管理对象,因此不是财物,因而不能成为盗窃罪的对象。"[①]

事实管理可能性在排除纯粹的财产性利益属于财物基础上,对财物的概念进

---

① 〔韩〕吴昌植:《韩国侵犯财产罪判例》,清华大学出版社2004年版,第2页。需要注意的是,我国与韩国的立法不同。我国第265条把盗用电信服务的行为规定为盗窃罪,等于把电信服务这种财产性利益法律拟制为财物。

行适当扩大解释,仅坚持了罪刑法定原则,又顾及到了刑法条文的现实适用性,本书赞同这种观点。事实管理可能性说认为,纯粹的财产性利益不属于刑法规定的"财物",侵占财物之外的财产性利益的行为,不构成侵犯财产罪。像数据电文、淫秽电子信息、电子信号、电、电子银行内的财产等,由于可以通过自然物质手段加以控制,都应被视为财物。不具有事实管理可能性的对象,如人的行为、智力成果就不是财物。按照物理管理可能性说,可以通过自然物质手段转移占有的财产,本身就是财物,而非财产性利益。同实物货币一样,账户中的银行存款等电子货币,但没有存续期间的限制,权利人可以通过取款机、网络等方式支配财产,银行没有拒付的权利,储户对于其账户内的财产,处于实质上的支配和控制中,具有准物权性质。不管是实物还是虚拟财物,只要权利人取得事实上的支配控制,就属于刑法上的财物。事实上,中外司法实践中,普遍把无记名股票、债券、国库券、提单、仓单、无密码的活期存折、电话充值卡等债权凭证视为财物,因为这些凭证不仅仅是财产的证据,还是财产的载体,取得了这些载体,通常情况下就取得了对财产本身的支配权。无条件随时兑现的记名有价证券,如活期存折,证券和证券权益属于同一财物。因为金融机构一般只认存折不认人,占有证券就等于占有了其中承载的财产,证券和票面权益基本一体化。不能即时兑现的有价证券,如未到期的定期存折,证券和票面权利分离,仅仅是票面权益的证据之一,证券和大额证券权益并非同一财物。因为金融机构在支付财物时,有义务查验支取人的身份,如果疏于审查而诈骗,金融机关要承担相应经济责任。盗取定期存折并支取的行为,属于盗窃价值不大的财物和骗取大额财物行为的牵连行为。[①] 在区分财物和财产性利益的日本,判例也认为,账户内的财产属于财物而非财产性利益,行为人取走他人错误转入自己账户汇款的场合,成立侵占脱离占有物罪。再如,同样是侵犯财产性利益行为,如盗窃他人美术作品和出售假冒署名的美术作品行为,虽然都秘密地侵犯了他人的著作权,侵犯了他人的财产性利益,但是前者的行为对象是财物故而可能构成盗窃罪,而后者并不以具体的财物为行为对象所以不构成侵犯财产罪。

认为侵犯财产罪中"财物"包括"财产性利益"的解释,是违法的、不合理的类推解释。理由如下:

其一,把财产性利益解释为财物违背了文意解释的规则。刑法条文明确区分了"财物"和"财产",章名"侵犯财产罪"中的财产是对本章犯罪的类客体的描述,具体条文中的"财物"对犯罪对象的描述。把财产性利益解释为财物,等于把财产与财物相混同,混淆了犯罪对象和犯罪客体(法益)两类不同性质的范畴。而且,侵夺型财产犯罪需要"以不法占有为目的",无论从文义上还是从民法原理上,占有的对象都只可能是物,而不包括不具有物理管理性的财产性利益。其二,无论按

---

① 《浙江省人民检察院关于诈骗类犯罪案件专题研讨会会议纪要》(检诉〔2005〕20号)。

照我国还是外国的刑法及其用语和一般观念进行判断,将"财产性利益"解释为财物,都属于不利于行为人的类推解释,违反了罪刑法定原则。西方国家和我国台湾地区的刑事立法中,也普遍认为侵犯财产性利益的行为不同于侵犯财物的行为。例如,在日本刑法中,盗窃、故意损毁财产性利益的,司法上不认为构成犯罪,因为日本刑法中没有规定盗窃得利罪和毁弃利益罪;而诈骗、抢劫财产性利益的,由于立法上有诈骗得利等犯罪,所以司法上认为成立犯罪。其三,侵犯财物行为和侵犯财产性利益行为的非价值性不同,一般而言,侵犯财物行为更应受到刑法规制。例如,恶意偷逃过路费的行为只是消极地减少了公路方的盈利,而非积极地造成了财产损失,其危害要远远小于盗窃或诈骗同等数额财物行为的危害。其四,民法上,财物和财产性利益是明显不同的,二者所受到的法律保护力度也是不同的。民法规定对有权和无权占有进行保护,占有的标的物以物为限,不包括财产性利益。[①] 解释法律应当有助于法制统一,否定说无助于法律体系的协调统一。其五,我国《刑法》第 265 条规定属于特殊保护电信业务的法律拟制规定,仅仅把盗窃罪的保护范围扩大到了电信服务这种财产性利益,并非等于法律一般性地认可了财产性利益属于"财物",进而普遍成为侵犯财物犯罪的对象。其六,在犯罪停止形态上和财产数额计算等诸多问题上,肯定说难以自圆其说。例如敲诈勒索获得被害人承诺但尚未获得财物的行为,可能被认为是犯罪既遂。再如,为拒交车辆通行费,采用持刀、持枪等暴力、胁迫手段强行冲卡,造成人员伤亡(轻伤以上)的,司法实践中以故意伤害罪、故意杀人罪定罪处罚,而非以抢劫罪处罚。[②] 即使是肯定论证也认为,财物的法律效果明显不同于财产性利益的法律后果。例如,张明楷教授认为,骗取赃物可以成立财产犯罪,而采用欺骗手段使人免除嫖宿费用等财产性利益则不能成为财产犯。[③] 其七,不利的扩大解释只有在符合"举轻以名重"的当然解释原则时才可以接受,财产性利益只是和财物的财产价值类似,并不比财物更应受到刑法的保护,因此不宜解释为财物。仅根据危害性质类似,就把财物解释为包括财产性利益在内,这是一种类推解释,是一种违反罪刑法定原则的扩大解释。类推解释仅仅要求字面规定的事实与被解释的事实在法律本质上具有相似性,只要求核心意义相类,缺乏外围边际的标准限制,只要具有同类质的规定性的事物都具有相似性,这使得解释的涟漪围绕着质的规定性这一核心向外无限扩展,以至于模糊到没有边界。

在认定侵犯财物犯罪时,应明确以下几点:

---

① 国家司法考试辅导用书编辑委员会:《2014 年国家司法考试辅导用书(第三卷)》,法律出版社 2014 年版,第 139 页。

② 《四川省高级人民法院、四川省人民检察院、四川省公安厅关于办理偷逃收费公路车辆通行费违法犯罪案件若干问题的意见》(2010)。

③ 张明楷著:《刑法学》,法律出版社 2011 年第 4 版,第 841 页。

其一，债务人非法骗取、窃取、抢夺、抢劫、毁灭作为确认债权债务关系存在唯一证明的欠款凭证，可以成立侵犯财物犯罪。如果债权债务关系除了欠款凭证外，还有书信、证人的旁证、债务人的认可等其他证据加以证实时，欠款凭证不是确认债权债务关系存在唯一证明的，债权并不会随着欠款凭证持有的变动而转移，欠款凭证就不应被视为财物。例如，甲盗窃某单位的财务室，盗走借条一张，并持有此借条骗走债务人现金十万元。此例中的借条并非财物，盗窃借条不构成盗窃罪，甲的行为应以诈骗罪论处。

其二，并非所有财物都可以成为财产犯罪的对象。对于转移占有型的财产犯罪而言，不具有移转可能性的财物就不能成为相应行为的犯罪对象。例如，对于盗窃行为而言，不动产不具有移转可能性，因此不能成为盗窃行为的对象；而对于诈骗行为而言，不动产具有移转可能性，可以成为诈骗行为的对象。

其三，行为人为了获取财产性利益，使被害人丧失财物占有的行为，属于变相地侵犯财物。例如，对于性利益不能一概认为不是财物，但如果强迫他人为自己买娼而向妓女支付较大数额财物的，属于变相索财，也可能成立敲诈勒索等罪。虽然行为人直接要求他人提供职务提升、迁移户口、安置工作、子女升学、女色服务等利益的行为不构成侵犯财物犯罪，但行为人为了获取上述利益而强迫被害人向第三人提供财物的，也构成敲诈勒索等犯罪。司法解释也规定：商业贿赂中的财物，既包括金钱和实物，也包括提供房屋装修、旅游等财产性利益，但具体数额以实际支付的资费为准。但是，如果某旅游企业让国家工作人员免费到本企业经营的景点游玩，只利用了本企业的景观资源，没有支出额外费用，就不能认定为旅游贿赂。

2. QQ币、游戏装备等虚拟财产①是否属于财物？

目前国外普遍的法律实践不承认游戏币、游戏装备等虚拟财产的财物属性，不认为构成普通的侵犯财物罪，而是通过特别立法规定予以另外定罪。对利用计算机窃取他人游戏币非法销售获利行为，目前有盗窃罪、侵犯通讯自由罪和非法获取计算机信息系统数据罪之争，张明楷老师主张盗窃说，最高人民法院研究室主张非法获取计算机信息系统数据罪。本书赞成最高法的观点。

3. 作为刑法保护的对象是否必须客观上具有一定的经济价值？

盗窃价值菲薄的财物，如一个苹果，一张纸，是否构成犯罪？一般来讲，作为财产罪对象的财物，必须具有一定的价值，包括具有较大经济价值（交换价值、金钱价值）的财物，以及虽然经济价值不大但使用价值较大的财物。身份证、出入境证件、信用卡、存折等，本身不一定具有经济价值，但对所有人、占有人具有一定使用

---

① 在电子资金网络系统中，代表一定资金财物归属关系的电子数据记录，被称为电子货币。电子货币不是虚拟财产，因为其具有真实的货币依据，如同支票一样随时可以转变为实物货币等其他货币形式。

价值,社会观念也认为对这种物品的占有值得刑法保护,因而属于财产罪对象的财物。刑法规定抢劫罪和多次盗窃、入户盗窃、携带凶器盗窃、扒窃等,不以数额较大为前提,就肯定了仅有使用价值而无交换价值的物属于刑法上的财物。经济价值包括积极经济价值和消极经济价值,事主可以通过前者从他人处换取经济利益,他人可以通过后者从事主处换取经济利益,商场的购物券、作为唯一债券凭证的借条等属于后者。张明楷教授认为,盗窃某些仅具有主观价值的财物,例如照片、情书等,也构成盗窃罪,对此存在争议。但对于名人的私人物品,由于具有市场交换价值,一般认为属于财物。实务上,盗窃、抢劫两根油条、几个水果的行为,原则上不以盗窃、抢劫罪论。需要注意的是,行为的危害性是由行为不法和结果不法共同决定的,虽然结果不法程度轻微,但行为不法具有一定程度,也可成立犯罪。因此,窃贼希望盗窃数额较大的财物,但结果没有窃得财物或者窃得财物价值菲薄的,也可以成立盗窃罪;而行为人主观上仅仅为了追求盗窃价值菲薄的财物的,由于对财物法益的危害轻微,不宜论以侵犯财物罪。

4. 财物是否包括人的身体?

人的身体本身不是财物。安装在人体上的假肢、假牙等,理当属于财物,是财产罪的对象。从人的身体分离出来的器官、血液、精液、头发等,也是财物。虽然法律禁止买卖器官,但从人体分离出来的器官、血液等确实具有财产价值,故可以将其解释为财物。例如,抢劫他人从人体分离出来用于移植的器官、已与人体分离的血液的,同样成立抢劫罪。抢劫婴幼儿如果同时抢劫随身衣物、钱财的,构成拐骗儿童、拐卖儿童等人身犯罪和抢劫罪的想象竞合犯。

5. 死者的财物是否是侵犯财产的对象?

关于死者的财物的学说,占有肯定说认为,死者的财物观念上并非无主物,观念上可以把死者与睡着的人同样看待,原则上承认死者占有。对于故意杀人后,临时起意从尸体上取走财物的场合;杀人者三天后,返回死者家中取走财物的场合,以及取走冻死在街头者随身携带财产的场合,日本判例都认为构成盗窃罪。占有否定说认为,分为无主物占有否定说和有主物占有否定说,前者认为,权利主体死亡,侵犯无主物,不构成任何犯罪;后者认为,否定死者占有,但不否定死者财物的有主物性质,将遗忘物作规范意义的解释,从而将死者身上或者身边的财物归入遗忘物,行为认定为侵占罪。取走坟冢内殉葬品,则属于直接侵犯生者对财物的占有,构成盗窃。① 从逻辑上讲,有主物占有否定说一方面认为权利主体已死,不可能占有财物,财物属于无主物,②另一方面又认为,即使权利主体不存在,财物还是

---

① 张明楷著:《刑法学》,法律出版社2011年第4版,第875–876页。

② 在死者没有继承人情况下,死者遗物未经法定程序,尚不能说归国家所有,尤其在日本这样的资本主义国家,从法律上宜认定为无主物。

有主物，其财物也值得用侵占罪来保护，有双重标准之嫌。折中说认为，取走死者财物的行为应一般构成侵占罪，只有综合考虑事件经过、财物放置状态等而能够认定取财行为和杀人行为属于同一机会的一连串行为的场合，才可以认定构成盗窃罪。例如，杀害他人后，临时产生非法占有目的，取得死者的财物的，属于盗窃；无关的第三者从死者身上取得财物，属于侵占。或者认为，取走死后不久的死者随身携带的财物或者取走死者生前住所内财物的行为，应视为侵犯了死者继承人占有的行为。因为，此种场合，虽然不能说死者或其继承人在自然意义上占有财物，但在一般社会观念中，财物仍处于死者的控制之下，因继承人即时取得对财物的所有权和死者尸体的处置权，死者生前控制的财物自然移转到继承人的控制范围内。当然，如果死者死亡时间过长，尸体因腐烂而不可分辨，"身体"不存在也就无谓"随身携带的财物"问题，可以认定其随着携带的财物已属于脱离控制物，不能成为盗窃罪的对象。这种以死者尸体是否"新鲜"为标准的观点，和有主物占有否定说一样具有逻辑不清之嫌，同时标准的清晰度也不足。

本书赞成死者占有肯定说。理由：其一，按照我国民众的一般观念、公序良俗和以往司法解释，盗窃死者随着携带的财物或者墓葬品的行为，被认为是盗窃死者的财物。其二，虽然从事实上，死者已逝，不可能存在事实占有，但可依观念占有的方式，承认死者死后继续对其财物的占有。死者随身携带的财物，死者住宅内的财物，死者账户内的财物，在一般观念中并不被视为脱离占有物。当然，既非死者随身携带，又不在其势力范围内的财物，可以视为脱离占有物。其三，按照2015年司法考试公布答案，甲驾车将乙撞死后逃逸，丙拿走乙包中贵重财物，甲的肇事行为与乙的财产损失之间没有因果关系，相当于间接认可丙侵犯了死者乙对其财物的占有。

（四）侵犯财产罪的主体

本章既有一般主体，也有特殊主体。如职务侵占罪必须是公司、企业或者其他单位中的人员。例如公司部门经理离职后，不知情的客户将单位货款打入其个人账户内的，行为人拒不归还的，不应认定为职务侵占罪。已满14周岁不满16周岁的人犯抢劫罪的，应当负刑事责任。

侵犯自己家庭或者近亲属财物的，是否构成犯罪？对于侵犯家庭成员或近亲属之间共有财产的行为，或者夫妻一方转移、隐匿共同财产的，合伙人侵犯私人合伙财产，共有人侵犯共有物的，一律不以犯罪论处。共有财产因为侵犯财产犯罪是以非法占有"他人"的财产为前提的，原则上针对自己共同所有的财产，不需要刑法介入加以调整，只需要通过追求民事等法律责任即可，不宜以侵犯财产罪论。例如，甲和乙是夫妻，二人离婚诉讼期间，甲雇请他人将乙打成轻伤，抢走随身钱财，对甲的行为以故意伤害罪论处。

偷拿家庭成员或者近亲属的财物，在立案前获得谅解的，一般不认为是犯罪。已满十六周岁不满十八周岁的人盗窃自己家庭或者近亲属财物，或者盗窃其他亲属财物但其他亲属要求不予追究的,可不按犯罪处理。

按照司法解释和司法实践经验近亲属间或共同居住的亲属间侵犯财产的行为,如果被害人强烈要求追究刑事责任的,而且确有追究刑事责任必要的,也可以定罪处刑,处罚时应轻于在社会上作案的行为。一般可以考虑如下情形:1、多次侵犯家庭、近亲属财物,数额巨大,屡教不改,致使家庭成员或亲属对财产安全担忧的;2、侵犯无生活来源的亲属财物,造成其生活困难或其他严重后果的;3、侵犯家庭、近亲属财物,数额特别巨大,拒不归还,或者数额较大,拒不归还,并造成生产、经营重大损失的,或者伴随有虐待、侮辱行为的;4、既侵犯家庭、近亲属财产又侵犯社会上的财物,或者侵犯家庭成员、近亲属持有的他人财物,情节严重的,或者侵犯他人占有之下的家庭成员、近亲属财物的,等等。利用无行为能力人侵犯其家庭或近亲属财物的,视为利用人自身侵犯财产的行为。对于侵犯共同财产的犯罪,计算财产数额时,可以扣除行为人所属部分。

(五)侵犯财产罪的主观方面

本章罪的主观方面是故意,要求行为人具有非法占有、损毁或者不归还、不支付财产的故意。

非法占有的目的,是指严重妨害权利人的占有,并遵从财物的用法进行利用、处分的意思。包括两重意思:

其一,严重妨害占有的意思。这一要素的机能是,原则上要求出于永久排除占有人占有和控制的意思,从而将不值得科处刑罚的暂时盗用行为排除在犯罪之外。司法解释规定,偷开机动车,将车辆送回未造成丢失的,按照其所实施的其他犯罪从重处罚;导致车辆丢失的,以盗窃罪定罪处罚。为盗窃其他财物,偷开机动车作为犯罪工具使用后非法占有车辆,或者将车辆遗弃导致丢失的,被盗车辆的价值计入盗窃数额;为实施其他犯罪,偷开机动车作为犯罪工具使用后非法占有车辆,或者将车辆遗弃导致丢失的,以盗窃罪和其他犯罪数罪并罚。出于临时排除他人占有但有严重妨害占有目的的,也可认为有非法占有目的。例如,出于复印的目的而带出机密资料,复印后大约2小时内归还;将他人为婚姻租用的婚纱盗走,在几小时婚姻仪式结束后送还的行为;骗用或盗用他人财物,虽然事后归还,但因长时间损耗、折旧导致交换价值显著下降从而给被害人造成较大损失的,可以成立诈骗罪、盗窃罪。同样,单位领导违反规定,利用职务便利,长时间将公车无偿提供给家人使用的,但由单位购买汽油、负责维修或因汽车折旧导致单位较大损失的,虽然不构成挪用资金罪,但可能构成职务侵占罪。

其二,利用的意思,即按照财物的通常用途进行使用、处分的意思。这一要素不包括单纯的毁坏,从而非法占有财物的犯罪与毁坏财物的犯罪相区别。这不排除在特殊情况下可以按照财物的特殊用途使用的。比如,为了取暖,可以将他人衣柜盗走后用于烤火的,也应认为不具有非法占有的目的。为防止杀人犯罪被人发现,将手表从尸体上取下来抛弃荒野的行为;为了报复他人,将财物隐藏起来的行为,都不构成盗窃罪。

这里的不法占有不仅包括将他人财物非法占为己有,也包括占为第三人所有。例如,为了救济穷人而非法占有他人财物的,也认为构成侵犯财产罪。不法占有的目的既包括使行为人自己不法占有的目的,也包括使第三者(包括单位)不法占有的目的。行为人为了单位不法所有而盗窃他人财物的,也成立盗窃罪。

出于索债目的而秘密取走他人财物并及时向他人说明的,只是一种不适当的私力救济方式,没有不法所有的目的,不以本罪论。

本人所有的财物在他人合法占有、控制期间,能够成为自己盗窃的对象,并不意味着行为人秘密窃取他人占有的自己的财物的行为都构成盗窃罪。是否构成盗窃罪,还要结合行为人的主观目的而定。如果行为人秘密窃取他人保管之下的本人财物,是为了借此向他人索取赔偿,这实际上是以非法占有为目的,应以盗窃罪论处。相反,如果行为人秘密窃取他人保管之下的本人财物,只是为了与他人开个玩笑或逃避处罚,或者不愿将自己的财物继续置于他人占有、控制之下,并无借此索赔之意的,因其主观上没有非法占有的故意,不以盗窃罪论处。构成其他犯罪的,按其他犯罪处理。

对所侵犯的财物价值的错误认识。一般认为,侵犯财物时,如果认识到财物本身,行为人对于财物的价值多少至少出于概括故意,因此,原则上不存在对财物对象有认识而对财物价值认识错误的情形。对于行为人虽然对财物的存在有认识,但确有充分证据证明行为人不打算盗窃数额较大或巨大的财物的,分别按照治安案件或者参照结果加重犯的原则处理。

二、侵犯财产罪的类型

本章包括13个罪名,分别是抢劫罪、抢夺罪、聚众哄抢罪、敲诈勒索罪、盗窃罪、诈骗罪、侵占罪、职务侵占罪、挪用资金罪、挪用特定款物罪、故意毁坏财物罪、破坏生产经营罪、拒不支付劳动报酬罪。对上述犯罪可以进行如下分类:

(一)根据实行行为是否单一,分为复行为犯和单一行为

复行为犯包括:抢劫罪、敲诈勒索罪和诈骗罪。对复行为犯而言,如果行为人只有取财行为而无手段行为的,不成立该罪。例如趁火打劫的,不构成抢劫罪。复行为犯还通常要求,目的行为和手段行为之间存在牵连关系。例如,不法商家出于避免曝光的目的,在媒体做出不利调查前,主动要求向媒体支付广告费,以求得将来免于曝光或者撤回不利报道,媒体予以接受且没有讨价还价的,不构成强迫交易或敲诈勒索罪,除非媒体明示或默示地主动胁迫商家的。因为,一方面,媒体并无胁迫行为,因为尚未针对特定客户开展舆论报道,订立广告费交易时也未利用媒体监督权提高价码;另一方面,媒体只是被动接受交易,与主动利用舆论监督强索广告费的行为在期待可能性大小和有无的问题,相差悬殊。

（二）根据是否利用职务便利，可以分为职务犯和非职务犯

其中职务犯包括职务侵占罪、挪用公款罪和挪用特定财物罪。相对于盗窃、诈骗等犯罪而言，对单位财物有主管、管理、经手职权的单位工作人员，其非法占有财物行为具有便利性和低风险性，期待可能性有所降低，因此，职务犯罪的法定刑低于一般刑事犯罪。而贪污等公务犯罪，虽然期待可能性有所降低，但是公务身份使得行为额外危害了公务行为公信力，相对于一般盗窃犯，其法益侵害增加，职业道德义务提升，因此法定刑更高。

（三）根据是否需要转移对财物的占有，转移占有犯和不转移（损害）占有犯

其中侵占罪、拒不支付劳动报酬罪是转移占有犯，抢劫罪、抢夺罪、聚众哄抢罪、敲诈勒索罪、盗窃罪、诈骗罪、故意毁坏财物罪、破坏生产经营罪属于转移占有犯。侵占罪的行为对象是脱离被害人占有的财物，因此，其犯罪客体不包括财物的占有权，而是原物返还请求权，因此法定刑较一般盗窃犯罪、职务侵占罪等更低。

（四）根据主观方面是有利用财物的目的，分为取得罪和损毁罪

杀人后为误导侦查而拿走贵重金属后抛弃的，由于不具有占有的目的，应以构成故意杀人罪和故意毁坏财物罪并罚。损毁型犯罪的客观法益危害性和一般占有犯相当，但是占有型犯罪主观上具有贪利性，客观上具有多发性，一般预防必要性增加，刑罚介入的必要性提高，因此，法定刑较高。

（五）根据对于被害人是否具有隐蔽性，分为公行犯和秘行犯

相对盗窃罪这一秘密侵财行为，公然侵财行为的抢夺罪、抢劫罪在法益危害性、主观恶性和预防必要性方面较高，因此，刑罚介入的必要性和门槛降低。由于行为方式不同，因此不能把公共场所的公开抢夺的行为，当然解释为秘密扒窃行为，从而纳入刑法规制。

（六）根据是否被害人是否有交付行为，分为侵夺型和交付型犯罪

相对于侵夺型犯罪，诈骗罪和敲诈勒索罪的发生，往往是通过被害人的行为完成的，被害人对自身利益保护不够，从刑事被害人学角度，对此种犯罪刑罚保护的必要性降低。

（七）根据形式上被害人是否自愿，分为自愿型和不自愿型

敲诈勒索和诈骗罪中，被害人出于有瑕疵的自愿而处分财物，盗窃、抢夺等犯罪则违背了被害人的意愿，被害人是否有处分行为是区分两类犯罪的基本标准。

（八）根据是否使用暴力，分为暴力型和平和型

诈骗、侵占、拒不支付劳动报酬、盗窃等属于平和型犯罪，其危害性通常小于同

等的抢劫、敲诈勒索等犯罪。①

■相关链接

1.《最高人民法院关于审理非法生产、买卖武装部队车辆号牌等刑事案件具体应用法律若干问题的解释》

2.《最高人民法院研究室关于盗窃互联网上网流量如何认定盗窃数额的研究意见》

3.《最高人民法院研究室关于利用计算机窃取他人游戏币非法销售获利如何定性问题的研究意见》(2012年)

4.《最高人民法院(2000)刑他字第9号批复》

5.浙江省高级人民法院、浙江省人民检察院、浙江省公安厅《关于抢劫、盗窃、诈骗、抢夺借据、欠条等借款凭证是否构成犯罪的意见》

■观点争鸣

盗窃罪是否需要具有秘密性,有秘密窃取说和平和窃取说之争。司法解释和通说支持前者,认为公开取财和秘密取财行为确有区别,平和窃取说超出了国民的预测可能性。张明楷、周光权教授支持后者,认为无论公开还是秘密,只要采取了平和的手段,即可构成盗窃,采用平和窃取说有利于防止处罚间隙。

第二节 复行为犯

■知识结构图

抢劫罪→敲诈勒索罪→诈骗罪

■重点提示

抢劫罪的加重构成;诈骗罪与合同诈骗罪区别

---

① 司法考试教材中,抢夺罪被解释为暴力型犯罪,而盗窃罪被解释为平和窃取财物的行为,不再要求相对于被害人秘密进行。传统观念中,抢夺罪可以使用暴力,也可以不使用暴力。

司考重点

抢劫罪与敲诈勒索罪区别；诈骗罪的处分行为

案例讨论

甲女经常出入超市，发现购物者付款后，总是丢弃购物收据。某日，甲女在超市捡起一名男子的购物收据，随后要求该男子交出所购商品。二人争吵，超市招警，警察询问原因，无法分辨真相，于是以甲占有购物凭证为由，要求男子女交出财物，否则将带二人去警局协助调查。男子不愿进入警局，遂交出财物。对甲女行为如何认定？

一、抢劫罪

（一）抢劫罪的概念

抢劫罪，是指以非法占有为目的，以暴力、胁迫或其他令被害人不能、不敢、不知抗拒的方法，当场强行劫取公私财物的行为。

（二）抢劫罪（基本类型）的特征

1. 本罪的客体为复杂客体，即公私财产权和人身权。这是由本罪暴力、胁迫或其他人身强制方法决定的。

2. 本罪的客观方面，表现为当场以暴力、胁迫或其他令被害人不能、不敢、不知抗拒的方法，当场强行劫取公私财物的行为。抢劫行为实质上是一种双重行为，要求强制行为与取财行为（转移财产占有行为）在主观上和客观上都具有手段与目的的关系。如果没有强制行为，只是被害人出于恐惧而不敢阻止取财行为的，不构成抢劫。例如，利用老太太没有能力阻止的场合，在不使用暴力和威胁等强制手段情下当面取走财物的，只能是盗窃或抢夺。如果不是行为人以某种行为使被害人处于不能反抗或不知反抗的状态，而是行为人利用由被害人自己的原因（自己喝醉、正在熟睡、因病昏迷等）或其他原因（被他人打昏、撞伤等）所致不能反抗的状态乘机掠夺其财物的，只能构成盗窃罪或其他罪，不能构成抢劫罪。

抢劫罪之所以比其他侵犯财产犯罪更重，当然应该是因为其手段行为体现了更为严重的法益危害性。这就要求：其一，强制行为具有危及人身的严重危险性。强制手段要具备一定强度，对人身安危造成重大危险；如果对人身安危的影响较小或者单纯是对物暴力，构成抢夺或敲诈勒索罪。例如，甲到他人的餐馆吃饭，偷偷在食物中投放一只事先准备好的苍蝇，然后以砸烂桌椅进行威胁，索要精神损失费的行为，属于敲诈勒索行为。再如，乘被害人不注意，突然徒手猛拍其手臂致提包落地进而抢走的行为,由于暴力手段不足以压制被害人反抗,一般以抢夺论。为了抢走他人手中的财物,朝别人泼凉水的行为,一般不构成抢劫罪中的暴力;如果超别人泼开水,则可视为抢劫罪中的暴力手段。由于最高法定刑比故意杀人还高,所以手段行为最高可以包括致人伤亡的暴力。其二,取财行为具有侵犯财产法益的迫切性,即当场性或同时性。殴打他人而要求日后交付财产的,构成敲诈勒索罪。当场是指在人身权益受到侵犯或威胁的持续过程中同时取得财物。例如,持刀胁迫被害人,并挟持被害人去 ATM 机取款的,属于抢劫;殴打威胁被害人后,没有跟随被害人,让被害人自行去别处的 ATM 机取款的行为,属于敲诈勒索;挟持一名被害人,让其他被害人自行去别处取款的行为,可能构成绑架罪。其三,作为抢劫方法的强制行为,目的是为了排除或者压制被害人的抗拒,以便当场占有财物。非出于劫财或者非出于当场劫财目的而实施强制行为的,不构成本罪。出于其他目的对被害人实施暴力之后临时起意当场占有被害人财物,即使该暴力行为在客观上为当场占有财物提供了方便条件,对后一行为也不应定抢劫罪。例如,甲为了强奸将妇女乙打昏,在强奸之后,见乙带有高档手表,遂起意将表摘下据为己有。甲打乙的目的是强奸乙,与占有乙的手表没有主观联系,故对甲应分别定强奸罪和盗窃罪,不能定抢劫罪。行为人为劫取财物而预谋故意杀人,或者在劫取财物过程中,为制服被害人反抗而故意杀人的,以抢劫罪定罪处罚。行为人实施抢劫后,为灭口而故意杀人的,以抢劫罪和故意杀人罪定罪,实行数罪并罚。

抢劫罪中暴力胁迫的对象,只要是妨害劫取财物的他人就够了,不要求是财物的占有人或所有人。那么,为了劫取财物,对于留在家里的 10 岁小孩实施暴行,也可以成立抢劫罪。另外,抢劫罪中暴力胁迫的对象,应当限定于辅助占有人或者出于帮助保持财物立场上的人。例如,以下案例不构成抢劫罪:深夜侵入他人住宅,打算盗取财物,但看到婴儿一个人在睡觉,担心婴儿醒过来之后啼哭吵醒家人而无法盗窃,便用东西塞住婴儿的嘴,使其安静下来。抢劫罪的方法行为包括:

暴力方法。暴力,是指打击或强制被害人身体的行为,包括殴打、捆绑、伤害、杀害等。就抢劫罪中的暴力而言,通常是对人的暴力,如果对物暴力可能严重危及人身权益,也可以构成抢劫。对物的暴力本身同时又是对人的暴力,已经严重危及受害人生命健康,理应论以抢劫罪。司法解释指出"驾驶车辆强抢财物时,因受害人不放手而采取强拉硬拽方法劫侵财物的;或行为人明知其驾驶车辆强行夺取他人财物的手段会造成他人伤亡的后果,仍然强行夺取并放任造成财物持有人轻伤以上后果的",构成抢劫罪。

胁迫方法。抢劫罪的胁迫方法,必须以当场实施暴力相威胁。胁迫的内容是以立即实施暴力相威胁,如有必要,胁迫随即转为暴力。胁迫的方式,可以是语言,也可以是某种动作。以自杀或者杀死他人相威胁,构成强奸罪的威胁,但不构成抢劫罪威胁。

其他方法。是指暴力、胁迫之外使被害人的身体处于不知反抗状态的方法,例如,用酒灌醉、用药物麻醉等。

3.本罪的主体是一般主体。根据《刑法》第17条的规定,已满14周岁不满16周岁的人犯抢劫罪的,应当负刑事责任。已满十四周岁不满十六周岁的人使用轻微暴力或者威胁,强行索要其他未成年人随身携带的生活、学习用品或者钱财数量不大,且未造成被害人轻微伤以上或者不敢正常到校学习、生活等危害后果的,不认为是犯罪。

4.本罪的主观方面是故意。抢劫罪是以非法占有公私财物为目的的犯罪。实施暴力等强制行为的目的是为了非法占有,但并不要求非法占有是实施暴力等行为的唯一目的,例如以实施抢劫来掩饰其伤害目的的,为了泄愤报复而抢劫他人的,也构成抢劫罪。

由于借贷或其他财产纠纷,而使用抢劫的方法夺取对方的财物,以抵偿债款或者作为抵押本人之财物的,既然行为人不具备非法占有他人财物的目的,只是维护自己的合法利益的方法不当,一般不宜认定构成抢劫罪。

为谋取被害人的钱财而当场将被害人杀死的,以抢劫罪定罪处罚;为谋取被害人的钱财而先将被害人杀死,但不是当场劫取财物的,以故意杀人罪定罪处罚;行为人在故意杀人后,临时起意占有死者财物的,应分别定故意杀人罪和盗窃罪实行数罪并罚。

(三)法律拟制型抢劫罪

1.转化型抢劫(事后抢劫)。盗窃、抢夺及诈骗行为事发之际,经常促使行为人对被害人或第三人施强暴、胁迫,为保护作为一般民众的事主或第三人人身权益之原因,故立法者于刑法第269条规定,犯盗窃、诈骗、抢夺罪,为窝藏赃物、抗拒抓捕或者毁灭罪证而当场使用暴力或者以暴力相威胁的,依照本法第二百六十三条的规定定罪处罚。

转化型抢劫的构成条件。(1)前提条件:实施了盗窃、诈骗、抢夺的犯罪行为。其一,行为人实施盗窃、诈骗、抢夺行为,未达到"数额较大",一般不以犯罪论处;但具有下列情节之一的,可以抢劫罪定罪处罚:盗窃、诈骗、抢夺接近"数额较大"标准的;入户或在公共交通工具上盗窃、诈骗、抢夺后在户外或交通工具外实施上述行为的;使用暴力致人轻微伤以上后果的;使用凶器或以凶器相威胁的;等等。其二,已满十四周岁不满十六周岁的,由于年龄问题不能构成盗窃、诈骗、抢夺犯罪,当然更不能进一步转化为抢劫罪,造成伤害的,可以故意伤害罪或者故意杀人罪定罪处罚。已满十六周岁不满十八周岁的人实施上述行为,情节轻微的,可不以抢劫罪定罪处罚。其三,特殊的盗窃、诈骗、抢夺犯罪,例如合同诈骗罪、盗伐林木罪、抢劫罪等,能够评价为转化型抢劫的前提犯罪——盗窃、诈骗、抢夺罪。例如,行为人抢劫后,在现场被追撵途中持枪拘捕的,可以成立转化的持枪抢劫犯罪。(2)客观行为:当场实施暴力或者以暴力相威胁。"当场"是指在盗窃、诈骗、抢夺的现场以及行为人刚离开现场即被他人发现并抓捕的情形。"暴力或者以暴力相威胁",是指当场对被害人或其他抓捕人的身体实施打击或强制,或者以当场实施打击或强制相威胁。对于以摆脱的方式逃脱抓捕,暴力强度较小,未造成轻伤以上后果的,可不认定为"使用暴力",不以抢劫罪论处。(3)主观条件:暴力或威胁的目的是,窝藏赃物、抗拒抓捕或者毁灭罪证。窝藏赃物,是指为保护已经到手的赃物不被追回;抗拒抓捕,是指抗拒公安机关的抓捕和公民的扭送;毁灭罪证,是指销毁自己遗留在犯罪现场的痕迹、物品和其他证据。暴力、威胁的对象,可以是财物的所有人、公安人员或其他任何参与抓捕的人。非出于上述目的的,不构成准抢劫罪。例如,盗窃财物得手后,为了灭口当场杀死被害人,应分别定盗窃罪和故意杀人罪,实行数罪并罚,不能定抢劫罪。

两人以上共同实施盗窃、诈骗、抢夺犯罪,其中部分行为人为窝藏赃物、抗拒抓捕或者毁灭罪证而当场使用暴力或者以暴力相威胁的,对于其余行为人是否以抢劫罪共犯论处,主要看其对实施暴力或者以暴力相威胁的行为人是否形成共同犯意、提供帮助。基于一定意思联络,对实施暴力或者以暴力相威胁的行为人提供帮助或实际成为帮凶的,可以抢劫共犯论处。例一,甲与乙共谋盗窃,甲入室行窃,乙在门外望风,甲、乙刚要逃离现场时被人发现,乙被抓获后当场对被害人实施暴力,甲对此并不知情。乙虽然只是帮助盗窃,但应认定为转化型抢劫,对甲仅以盗窃罪论处。例二,甲单独入室盗窃被发现后逃离现场(盗窃已既遂)。在甲逃离过程中,知道真相的乙为了使甲逃避抓捕,而对抓捕者实施暴力。但甲对此并不知情。乙的行为构成窝藏罪,如果行为导致他人伤亡的,则是杀人罪、伤害罪与窝藏罪的想象竞合犯。

2. 携带凶器抢夺。刑法第267条第2款规定:"携带凶器抢夺的,依照本法第263条的规定定罪处罚。"关于"携带凶器抢夺",是指行为人随身携带枪支、爆炸物、管制刀具等国家禁止个人携带的器械进行抢夺或者为了实施犯罪而携带其他器械进行抢夺的行为。行为人随身携带国家禁止个人携带的器械以外的其他器械抢夺,但有证据证明该器械确实不是为了实施犯罪准备的,不以抢劫罪定罪;行为人将随身携带凶器有意加以显示、能为被害人察觉到的,直接适用刑法第二百六十三条的规定定罪处罚;行为人携带凶器抢夺后,在逃跑过程中为窝藏赃物、抗拒抓捕或者毁灭罪证而当场使用暴力或者以暴力相威胁的,适用刑法第二百六十七条第二款的规定定罪处罚。根据刑法目的解释和实质解释,抢劫罪以危及重大人身安全为必要条件,不危及受害人重大人身安全的行为不能以抢劫罪论。例如,三楼坠物,在受害人注视之下,行为人公然取走,这时即使行为人携带有凶器,也只能以一般抢夺论(如果采用平和窃取说,则认为是盗窃),而不能论以抢劫。

3. 聚众"打砸抢"。《刑法》第289条规定:聚众"打砸抢",毁坏或者抢走公私财物的,对首要分子,以抢劫罪定罪处罚。是法律拟制规定,不需要首要分子具有非法占有目的,但是要求行为人对在场的被害人实施了具有危及人身安全的暴力或威胁行为;如果聚众"打砸抢"时,除行为人外,没有其他人在场,根本不可能危及他人人身安全,则不以抢劫论从。

(四)抢劫罪的认定

1.抢劫罪与非罪的界限。抢劫罪是一种性质严重的犯罪,侵犯双重客体,对于公民人身及公私财产安全具有极大危害性。因此,《刑法》第263条未对本罪规定数额的立案标准。但是,并非数额大小对处理本罪毫无意义。如果行为没有侵害财产的严重危险性,以非法占有价值菲薄的财物为目的,强抢财物的,例如为抢棵白菜或两根油条而使用暴力的,不宜以抢劫罪论,情节严重的可以故意伤害或寻衅滋事等罪论。

2.抢劫罪既遂与未遂的界限。抢劫罪侵犯的是复杂客体,具备劫取财物或者造成他人轻伤以上后果两者之一的,均属抢劫既遂;既未劫取财物,又未造成他人人身伤害后果的,属抢劫未遂。抢劫罪的情节加重犯同样存在既遂、未遂问题,其中属抢劫未遂的,应当根据刑法关于加重情节的法定刑规定,结合未遂犯的处理原则量刑。抢劫致人重伤、死亡的但未取得财产的,构成加重构成的既遂。对以数额巨大的财物为明确目标,由于意志以外的原因,未能抢到财物或实际抢得的财物数额不大的,应同时认定"抢劫数额巨大"和犯罪未遂的情节。

3.关于抢劫特定财物行为的定性。司法解释规定:以毒品、假币、淫秽物品等违禁品为对象,实施抢劫的,以抢劫罪定罪;抢劫的违禁品数量作为量刑情节予以考虑。抢劫违禁品后又以违禁品实施其他犯罪的,应以抢劫罪与具体实施的其他犯罪实行数罪并罚。

抢劫赌资、犯罪所得的赃款、赃物的,以抢劫罪定罪,但行为人仅以其所输赌资或所赢赌债为抢劫对象,一般不以抢劫罪定罪处罚。虽然当场强抢所输赌资或所赢赌债的行为,也侵犯他人的占有权,但是考虑到赌博时双方对财物的占有并不确定,行为人主观上通常认为是强抢属于自己的东西,没有非法占有目的,主观恶性较一般抢劫罪有所区别,所以不以抢劫罪论。构成其他犯罪的,依照刑法的相关规定处罚。

4.关于抢劫罪数的认定。行为人实施伤害、强奸等犯罪行为,在被害人未失去知觉,利用被害人不能反抗、不敢反抗的处境,临时起意劫取他人财物的,应以此前所实施的具体犯罪与抢劫罪实施数罪并罚;在被害人失去知觉或者没有发觉的情况下,以及实施故意杀人犯罪行为之后,临时起意拿走他人财物的,应以此前所实施的具体犯罪与盗窃罪实行数罪并罚。

绑架过程中又当场劫取被害人随身携带财物的,同时触犯绑架罪和抢劫罪两罪名,应择一重罪定罪处罚。期待可能性。

抢劫不动产凭证并过户,构成抢劫罪和诈骗罪数罪并罚,前罪的对象是不动产凭证,后者的对象是房屋。

5.关于抢劫罪与相似犯罪的界限。

(1)冒充人民警察、联防人员抓嫖、抓赌行为的定性。行为人冒充正在执行公务的人民警察"抓赌""抓嫖",没收赌资或者罚款的行为,构成犯罪的,以招摇撞骗罪从重处罚;在实施上述行为中使用暴力或者暴力威胁的,以抢劫罪定罪处罚。行为人冒充治安联防队员"抓赌""抓嫖"、没收赌资或者罚款的行为,构成犯罪的,以敲诈勒索罪定罪处罚;在实施上述行为中使用暴力或者暴力威胁的,以抢劫罪定罪处罚。

(2)强迫交易罪与抢劫罪区别:第一,强迫交易罪属于破坏市场经济秩序的犯罪,只有在经营或者交易活动中才可能发生本罪。强迫无偿借款行为不属于强迫交易罪中"交易"的范围。第二,抢劫罪的危害程度比强迫交易罪大很多,强迫交易罪的行为人所使用的暴力、胁迫手段应当轻于抢劫罪,一般不能造成致人轻伤以上的后果。第三,行为人所付出对价的不公平性应有程度限制。强迫交易对价的不公平程度应当有限度,不能与正常市场情况反差过于悬殊。采用暴力、胁迫手段迫使他人交出与合理价钱、费用在数额和比例上相差悬殊的钱物的,以抢劫罪定罪处刑。

(3)抢劫罪与绑架罪的界限。第一,主观方面不尽相同。第二,行为手段不尽相同。抢劫罪的强制行为与劫取财物行为一般应在同一时间、同一地点发生,具有"当场性";绑架罪中劫取财物行为与绑架行为一般不在同一时间、同一地点发生,不具有"当场性"。第三,犯罪行为指向的对象不同。绑架罪的对象有两个,一个是被绑架人,另一个是与被绑架人有关的人或单位,后者被迫满足行为人的非法要求。绑架只能是向被绑架人的关系人强行勒索财物;抢劫时一般直接迫使被害人自行交付财物,而不是向第三者勒索财物。

绑架者以杀害被害人相威胁当场逼迫亲友交付财物的,如果抢劫者没有完全控制被害人以抢劫论处;如果行为人完全控制了被害人而要求关系人当场交付财物的,构成想象竞合犯,从一重处断。

(4)抢劫罪与寻衅滋事罪的界限。后者行为人主观上还具有逞强好胜和通过强拿硬要来填补其精神空虚等目的,数额通常不大,前者行为人一般只具有非法占有他人财物的目的;前者行为人客观上一般不以严重侵犯他人人身权利的方法强拿硬要财物,而后者行为人则以暴力、胁迫等方式作为劫取他人财物的手段。

已满十六周岁不满十八周岁的人出于以大欺小、以强凌弱或者寻求精神刺激,随意殴打其他未成年人、多次对其他未成年人强拿硬要或者任意损毁公私财物,扰乱学校及其他公共场所秩序,情节严重的,以寻衅滋事罪定罪处罚。

6.关于抢劫犯罪数额的计算。抢劫信用卡后使用、消费的,其实际使用、消费的数额为抢劫数额;抢劫信用卡后未实际使用、消费的,不计数额,根据情节轻重量刑。

为抢劫其他财物,劫取机动车辆当作犯罪工具或者逃跑工具使用的,被劫取机动车辆的价值计入抢劫数额;为实施抢劫以外的其他犯罪劫取机动车辆的,以抢劫罪和实施的其他犯罪实行数罪并罚。

（五）抢劫罪的刑事责任

根据刑法第263条规定，犯抢劫罪的，处3年以上10年以下有期徒刑，并处罚金；具有加重情节的，处10年以上有期徒刑、无期徒刑或者死刑，并处罚金或者没收财产。法定的加重情节有四类八种。第一，场所加重犯：包括入户抢劫的和在公共交通工具上抢劫的；第二，对象加重犯，包括抢劫银行或者其他金融机构的以及抢劫军用物资或者抢险、救灾、救济物资的；第三，方式加重犯：包括冒充军警人员抢劫、持枪抢劫和多次抢劫；第四，结果加重犯，包括抢劫数额巨大的和抢劫致人重伤、死亡的。

1."入户抢劫的"，是指非法闯入或潜入居民家中实施抢劫。认定"入户抢劫"时，应当注意以下三个问题：一是"户"的范围。"户"在这里是指住所，其特征表现为供他人家庭生活和与外界相对隔离两个方面，前者为功能特征，后者为结构性（物理性）特征。进入宅院范围，即为"入户"，一般情况下，经营场所、集体宿舍、旅店宾馆、临时搭建工棚、单位的办公场所等不应认定为"户"。但在特定情况下，如果确实具有上述两个特征，例如与外界相对隔离的、作为家庭成员生活唯一场所的院落，也可以认定为"户"。对于部分时间从事经营、部分时间用于生活起居的场所，行为人在非营业时间强行入内抢劫或者以购物等为名骗开房门入内抢劫的，应认定为"入户抢劫"。对于部分用于经营、部分用于生活且之间有明确隔离的场所，行为人进入生活场所实施抢劫的，应认定为"入户抢劫"；如场所之间没有明确隔离，行为人在营业时间入内实施抢劫的，不认定为"入户抢劫"，但在非营业时间入内实施抢劫的，应认定为"入户抢劫"。二是"入户"的非法性。以侵害户内人员的人身、财产为目的，入户后实施抢劫，包括入户实施盗窃、诈骗等犯罪而转化为抢劫的，应当认定为"入户抢劫"。因访友办事等原因经户内人员允许入户后，临时起意实施抢劫，或者临时起意实施盗窃、诈骗等犯罪而转化为抢劫的，不应认定为"入户抢劫"。儿子入进入父母抢劫的，由于本身不构成非法侵入住宅，所以属于一般抢劫。三是转化抢劫中的暴力或者暴力胁迫行为必须发生在户内。

2."在公共交通工具上抢劫的"，主要是指在从事旅客运输的各种公共汽车、大、中型出租车、火车、船只、飞机等正在运营中的机动公共交通工具上对旅客、司售、乘务人员实施的抢劫。对于虽不具有商业营运执照，但实际从事旅客运输的大、中型交通工具以及接送职工的单位班车、接送师生的校车等大、中型交通工具，视为"公共交通工具"。对运行途中的机动公共交通工具加以拦截后，逼迫车上人员下车进而实施抢劫的，也是在公共交通工具上抢劫；在未运营中的大、中型公共交通工具上针对司售、乘务人员抢劫的，或者在小型出租车上抢劫的，不属于"在公共交通工具上抢劫"。

3."抢劫银行或者其他金融机构的"。"金融机构"，是指各种银行及其他从事货币资金的融通和信用业务的机构，包括证券公司、保险公司、信托投资公司、信用社等。抢劫银行或其他金融机构，不仅指进入银行或其他金融机构内部抢劫其所有的货币、金银等财物,也包括抢劫运钞车、抢劫金融机构在运输途中的货币、金银等财物。但不包括其一般办公用品、生活用品的。

4."多次抢劫或者抢劫数额巨大的"。抢劫公私财物价值人民币五千元至二万元以上的,为"数额巨大"。"多次抢劫"是指抢劫三次以上。对于行为人为选定目标进行多次踩点后实施抢劫的;或基于一个犯意实施犯罪的,如在同一地点同时对在场的多人实施抢劫的;或基于同一犯意在同一地点实施连续抢劫犯罪的,如在同一地点连续地对途经此地的多人进行抢劫的;或在一次犯罪中对一栋宿舍房中的数名职工、学生连续实施抢劫的,一般应认定为一次犯罪。

5."抢劫致人重伤、死亡的",是指为抢劫财物使用暴力或其他强制方法,因用力过度而过失或者故意造成重伤或者死亡的情形。

6."冒充军警人员抢劫的",冒充包括以假充真和以此种军警充彼种军警行为。军警人员利用自身的真实身份实施抢劫的,不认定为"冒充军警人员抢劫",应依法从重处罚。冒充军警人员抢劫作为一种手段加重犯,需要在一般人看来足以或可能产生危害军警人员公信力的效果,要注重对行为人是否穿着军警制服、携带枪支、是否出示军警证件等情节进行综合审查,判断是否足以使他人误以为是军警人员;如果明显不足以让人产生错误认识的冒充行为,也不宜认定为加重情节。

7."持枪抢劫的",是指抢劫时使用手枪对被害人实施暴力或显示手枪进行威胁的。这里所说的"枪"的范围,主要是指《中华人民共和国枪支管理办法》规定具有较大杀伤力的枪支,包括私人非法制造的发射金属弹丸的枪支,不包括不具有杀伤力的玩具手枪。

8."抢劫军用物资或者抢险、救灾、救济物资的",是指已经确定将要用于或者正在用于武装部队或抢险、救灾、救济的物资,不包括军用的枪支、弹药、爆炸物。抢劫这些军用物品的,应按《刑法》第127条第2款的规定定罪处罚。

二、敲诈勒索罪

(一)敲诈勒索罪的概念

敲诈勒索罪,是指以非法占有为目的,以威胁或者要挟的方法,敲诈勒索公私财物,数额较大或者多次敲诈勒索的行为。

(二)敲诈勒索罪的特征

1.本罪的客体为复杂客体,不仅侵犯了公私财产权,还侵害到他人的人身权利。犯罪对象具体表现为多种多样,有动产和有不动产、有形财产和无形财产。

2.本罪的客观方面,表现为行为人以对被害人实施威胁或者要挟的方法,迫使其交付数额较大的财物的行为。包括:(1)威胁被害人,迫使其事后交付数额较大的财物的行为。威胁是指,以损害被害人的合法或非法利益相胁迫,造成被害人心理上一定程度的恐惧,以至于不敢反抗。(2)要挟被害人,迫使其当场或事后交付数额较大的财物的行为。要挟方法,是指以披露被害人或其亲友的违反法律、道德等社会规范行为或短处相威胁,是一种特殊的威胁方法。通常表现为:以对被害人及其亲友的人身实施暴力相威胁;以毁坏被害人人格、名誉相威胁;毁坏财物相威胁;以揭发被害人的隐私或弱点相威胁、要挟;以其他方法进行威胁,如利用栽赃陷害相威胁、相要挟等。(3)实际非法占有数额较大的财物。

(三) 敲诈勒索罪的认定

1. 敲诈勒索罪与非罪的界限。敲诈勒索未遂且情节不严重的,拾得遗失物后向失主索要钱财的行为,一般不以敲诈勒索罪处理。

关于消费者被侵权后,以告发或曝光为手段要求巨额赔偿的,存在有罪和无罪说两种观点。有罪说认为,只要超过法律保护的标准要求赔偿就等于具有"非法占有目的"。我们赞成无罪论,主要理由包括:

其一,根据社会相当性理论,协商、调解或诉讼是客户的解决纠纷的合法权利,从我国现阶段的国民情感来看,以告发或披露厂商的侵权行为为手段索要巨额赔偿的,综合手段和目的,不具有成立犯罪所应具备的社会相当性。黄静不起诉案就是这种观点的一次实际展示。但是,如果行为人实施暴力或者以加害生产商的生命、身体、财产等相要挟,而且所要求的赔偿数额明显超过应当赔偿的数额的,由于手段不具有正当性,目的超出了应当赔偿的范围,应以敲诈勒索罪论处。其二,不能认为法律未明确规定的就是法律禁止的或不正当的行为,而应认为法律不禁止的就通常就是合法的、正当的行为。《消费者权益保障法》原来规定了双倍赔偿标准,后来法律修改后改为三倍赔偿标准,《食品安全法》甚至规定了"十倍"的赔偿金。很难就说法律修改前,超出双倍起初赔偿就是不正当的,法律修改后同样的请求就是正当的。法律允许而不是禁止消费者超过额定倍数索赔,即使超过额定倍数进行巨额索赔的行为也不违法。事实上,外国的惩罚性赔偿制度也没有不超过实际损失的数额限制。例如,1999年,通用汽车公司由于明知油箱存在问题,但为了利润却不进行修改,被美国加州一家法院裁定,向2名妇女和4个孩子赔偿49亿美元。[①] 其三,司法解释规定,行为人为索取非法债务,使用暴力、暴力威胁等手段的,一般不以抢劫罪定罪处罚。如果按照有罪说的观点,既然非法债权法律不保护,那么该行为就应认定为抢劫罪。其四,此类行为如果发生在诉讼内,司法机关一般按照自愿和解处理。既然法律允许消费者在诉讼时提出高额诉讼请求,就不能认为在协商中的过高要价构成犯罪。其五,社会利益的衡量上,高额索赔行为有助于抗制社会公害、维护社会利益。制售伪劣产品危害面大、危害人群不特定。刑法上不应惩罚消费者提出超过实际损害巨额赔偿请求的行为,为维权行为提供一

---

① 何海宁、吴娟:"消费者何时能获'天价赔偿'",载《南方周末》2006年6月8日。

个宽松的法治环境,减少各种消费维权的压力。

通过上访进行权利救济的不构成刑法意义上的向他人非法索取财物的方法。因为单位为完成接访任务而产生的压力,根本上在于上访制度设计需要完善,而不应归因与被上访者威胁或要挟、恫吓产生的压迫感和恐惧感。[①]

利用或者冒充国家机关工作人员、军人、新闻工作者等特殊身份敲诈勒索的,同时构成诈骗罪、受贿罪、非国家工作人员受贿罪的,择一重罪从重处罚。

2. 敲诈勒索罪与抢劫罪的区别。

(1)威胁的实施方式不同。抢劫罪的威胁,是当场直接向被害人发出的,具有直接的公开性;而敲诈勒索罪的威胁可以是面对被害人公开实行,也可以是利用书信、通信设备或者通过第三人的转告通知被害人的间接实施。(2)威胁的内容不同。抢劫罪的威胁,都是直接侵犯人的生命健康的暴力威胁,如以杀害相威胁;敲诈勒索罪威胁的内容较广泛,可以是针对人身实施暴力、伤害相威胁,也可以是以毁人名誉毁坏财产、设置困境等相威胁,例如,采用揭发隐私、举报犯罪行为等相威胁。(3)威胁内容可能实施的时间不同。抢劫罪的暴力威胁的发生时间,一般是威胁在当场予以实施;而敲诈勒索罪则是威胁在将来某个时间将所威胁的具体内容付诸实施。(4)威胁索取利益性质不同。抢劫罪索取利益之性质,只能是动产;而敲诈勒索罪索取利益之性质,可以是动产也可以是不动产。(5)非法取得利益的时间不同。抢劫罪非法取得利益的时间只能是当场取得;敲诈勒索罪非法取得利益的时间,有时是当场,更多的是在若干时日以后(一般是罪犯指定或同意的时间)。(6)威胁的效果有所不同。敲诈勒索罪中的威胁手段,是为了使被害人产生恐惧感和压迫感,但是并没有达到使被害人不能反抗的地步,被害人在决定是否交付财物上尚有考虑、选择的余地;而抢劫罪中的威胁,是为了使被害人当场受到精神强制,使其完全丧失反抗的意志,除将财产当场交出外,没有其他考虑、选择的余地。

抢劫罪与敲诈勒索罪的本质区别在于,强制行为要么不会严重危及被害人人身安危,要么不会造成被害人人身安危和财产利益不能两全的状态,因此,敲诈勒索罪的对法益侵害的严重性和紧迫性要明显低于抢劫罪,法定刑较低。对于抢劫罪和事后取财型的敲诈勒索罪而言,两者都可以采用暴力或者以当场实施暴力相胁迫的手段迫使被害人交付财物,暴力的程度可以严重危及人身安危。但对于当场取财型的敲诈勒索罪而言,行为人必须是利用受害人的"短处"(不为法律或道德所认同,在法律或道德上存在过错)进行要挟而当场取得财物,一般不伴随暴力手段或以暴力为内容的胁迫手段;如果伴随着暴力或胁迫手段,也只能是作为"要挟"强化手段的轻微暴力或者以轻微暴力为内容的胁迫手段。如果行为人只是为

[①] 江苏省高级人民法院(2014)苏刑再提字第 0001 号刑事判决书。

了日后取得财物,即使实施了足以抑制受害人反抗的暴力或胁迫的,也不构成抢劫罪;如果采用严重暴力或者以当场实施严重暴力相胁迫的手段,迫使被害人当场交付财物的,被害人人身安危和财产利益处于不能两全的紧急状态,以抢劫罪论。

3. 敲诈勒索罪与绑架罪的界限。敲诈勒索罪与绑架罪在客观特征方面存在三点区别:第一,敲诈勒索罪是以将要实施的侵害相威胁,勒索数额较大的公私财物,而没有实施绑架行为;绑架罪则主要是通过绑架人质,以交换人质为条件,逼迫人质的亲友交出财物。绑架罪中包括了向被绑架人的近亲属及其他人勒索财物的情况,它与敲诈勒索罪的关键区别在于是否实际上绑架了他人。例如,甲、乙合谋后,由甲与甲相识的丙骗往外地游玩,乙给丙的家属打电话,声称已经"绑架"了丙,借以要求"赎金"的,不成立绑架罪,而成立敲诈勒索罪。第二,敲诈勒索罪的威胁既可以是暴力侵害,也可以是非暴力侵害,而且是以后才付诸实施;绑架罪则是以杀害、伤害人质相威胁,而且因发出勒索指令时人质已在其绑架掌握之中,这种威胁内容随时都可能付诸实施,具有加害的现实性和紧迫性。第三,敲诈勒索罪是直接从被害人手中取得财物,而绑架罪则是从被绑架人质的亲友或所在单位处取得财物。

4. 敲诈勒索罪与诈骗罪的界限。敲诈勒索罪与诈骗罪的主要区别有以下几个方面:(1)犯罪客体不同。(2)犯罪方法不同。诈骗罪是用欺骗的方法使被害人"自愿"地交付了财物。敲诈勒索罪则是以威胁或要挟的方法,造成被害人心理上、精神上的恐惧而被迫交付数额较大的财物。在使用含有威胁内容的欺诈手段骗财时,注意两罪构成法条竞合,择一重罪论处。由于诈骗罪的定罪量刑标准较高,因而犯罪数额不是特别巨大时,以敲诈勒索罪定罪量刑;由于诈骗罪的法定最高刑高于敲诈勒索罪,因而犯罪数额特别巨大时,以诈骗罪定罪量刑。

5. 敲诈勒索罪既遂的标准。行为人敲诈他人并提出明确的敲诈数额,但因意志外原因而只取得部分钱财,未取得全部钱财时,犯罪数额应全额认定,未取得的部分可作为量刑情节予以考虑。行为人在敲诈勒索的实行过程中,逐渐明确敲诈数额的,以最后确定的数额作为犯罪数额。

(四)敲诈勒索罪的刑事责任

处三年以下有期徒刑、拘役或者管制,并处或者单处罚金;数额巨大或者有其他严重情节的,处三年以上十年以下有期徒刑,并处罚金;数额特别巨大或者有其他特别严重情节的,处十年以上有期徒刑,并处罚金。财物价值二千元至五千元以上、三万元至十万元以上、三十万元至五十万元以上的,应当分别认定为刑法第二百七十四条规定的"数额较大""数额巨大""数额特别巨大"。至于"其他严重情节",司法实践中是指具有下列情形之一的:(1)敲诈勒索行为引起严重后果的,如引起被害人自杀死亡,精神失常等;(2)流窜作案,多次作案,危害严重的;(3)敲诈勒索手段极为恶劣危害很大的;(4)累犯实施的敲诈勒索行为的;(5)共同敲诈勒索情节严重的主犯;(6)其他因敲诈勒索造成恶劣影响的。

三、诈骗罪

（一）诈骗罪的概念

诈骗罪，是指以非法占有为目的，用虚构事实或者隐瞒真相的方法，骗取公私财物，数额较大的行为。

（二）诈骗罪的特征

1. 本罪客体和对象。客体是财物占有权，犯罪对象是财物或变相财物。对象包括有体物和无体、动产和不动产、财产性利益的载体。

使用欺骗手段骗取增值税专用发票或者可以用于骗取出口退税、抵扣税款的其他发票的，成立诈骗罪。以虚假、冒用的身份证件办理入网手续并使用移动电话，造成电信资费损失数额较大的，以诈骗罪定罪处罚。欺骗他人为自己的消费支付费用的，属于变相诈骗他人财物，以诈骗论。套取国家专项资金的使用人不符合国家专项资金政策的基本条件，在申报过程中以非法占有为目的，严重弄虚作假，虚构并不存在的企业或项目，伪造关键性申报材料，符合诈骗罪构成要件的，应当对使用人以诈骗罪定罪处罚，但在申报过程中夸大实际情况，伪造或提供了个别非关键性虚假申报材料，套取的国家专项资金部分被用于企业弥补损失，或者用于转产、更新设备、生产经营的，对使用人一般不宜按诈骗罪定罪处罚。[①]

2. 本罪在客观方面表现为用虚拟事实或者隐瞒真相的方法，骗取公私财物，数额较大的行为。

诈骗类犯罪客观方面的逻辑结构表现为：行为人的欺诈行为——被害人的错误认识——被害人"自愿"交付——行为人取得财物——被害人遭受损失。

其基本特征如下：

首先，行为人实施了欺诈行为。欺诈行为的程度上，要求超出社会公众的容忍程度，如果欺诈事由属实，足以达到使一般人愿意处分财物的程度，例如，对自己出卖的商品进行夸张宣传，没有超出社会容忍程度的，不是欺诈行为。利用道德上有特定义务的人的同情心骗取财物的行为，通常能够为社会观念所容忍，例如情妇以自己流产的虚假名义博取情夫同情，骗取财物的，原则上不成立诈骗罪。

作为复行为犯，诈骗罪要求同时具备欺诈和取财两个行为，单一利用被害人的错误认识接受财物的行为，不构成诈骗罪。被害人的错误认识包括两种情形，一种情形是使事先并无错误认识的被害人产生错误认识，另一种情形是使事先已经产生错误认识的被害人继续陷入或者进一步产生错误认识。就后一种情形而言，一般要求行为人实施使被害人延续或者加剧错误认识的积极的欺诈行为。如行为人

[①]《河南省人民检察院关于规范办理套取国家专项资金案件的指导意见》（2014年）。

并未积极促成被害人产生或者继续产生错误认识,而仅仅是消极地利用被害人既存的错误认识取得财物的,因缺少诈骗犯罪构成逻辑结构中"欺诈行为"的必要一环,一般不应当认定为诈骗犯罪。例如,由于不存约定和先行行为产生的说明义务,无论是已经发现对方多找回或多支付现金而欣然接受的,还是接受后发现对方多找回、多支付了钱款的,都不构成诈骗罪。

成立诈骗罪要求对方陷入错误认识之后自愿处分财产行为。其一,处分行为意味着自愿转移财产占有,使财产脱离被害人自身的控制范围,包括交付与抛弃。行为人采取欺诈手段诱使他人产生错误认识从而抛弃财物后加以拾取的,一般应当认定为诈骗罪。如果不存在被害人处分财产的事实,则不可能成立诈骗罪。例如,商店里选购金项链的案件。实践中发案较多的"以借打手机为名进而非法占有"的行为,不是诈骗。②欺诈行为的对方只能是财产的占有人,包括辅助占有人(管理人),以及有处分权限的第三人,不要求一定是财物的所有人或合法占有人。③财产的占有人必须有处分能力。例如,机器不可能被骗,因此,向自动售货机中投入类似硬币的金属片,从而取得售货机内的商品的行为,不构成诈骗罪,只能成立盗窃罪。再如,行为人从没有处分能力的十周岁以下幼儿、高度精神病患者那里取得财产的,因为谈不上行为人的欺诈与被害人的处分,故不成立诈骗罪,只成立盗窃罪。

产生错误认识是行为人的欺诈行为所致。如果行为人采取欺诈手段后并未使被害人产生错误认识,而被害人则基于怜悯或者同情等原因而自愿交付财物的,一般也不能认定为诈骗既遂。被害人的财物处分行为和行为人的财物取得事实之间具有直接的因果关系,这是鉴别判断诈骗犯罪与盗窃罪、抢劫罪等毗邻财产犯罪的原则界限。

欺诈行为使对方处分财产后,从而受到数额较大的财产损害。所谓被害人丧失财产,包括两种情况:一是积极财产的减少,如将被害人的财物转移为行为人所有;二是消极财产的减少,如使对方免除或者减少行为人的债务。

以后一次诈骗所得的财物偿还前一次诈骗所得的行为的数额认定。对于此类诈骗案件,应按其最后一次行骗使被害人实际支付的数额,加上前几次所骗得尚未偿还的数额来计算。对前几次诈骗已经偿还的累计数额,可作为量刑的一个重要情节来考虑。

3. 本罪的主观方面为故意,且有非法占有目的。对诈骗罪是否需要财产交付意识,理论上出现了"必要说"与"不要说"之争。其中,"必要说"是我国刑法学通说。"诈骗是因财物所有人受骗发生认识上的错误并主动交付财物,这里的交付必须是在处分意思支配下的占有转移"。因此,行为人利用信息网络,诱骗他人点击虚假链接而实际通过预先植入的计算机程序窃取财物构成犯罪的,以盗窃罪定罪处罚;虚构可供交易的商品或者服务,欺骗他人点击付款链接而骗取财物构成犯罪的,以诈骗罪定罪处罚。当被骗者没有意识到自己占有了相应财物时,也无法认定其进行了财产处分。例如,他人将钱包遗忘在收银台,后面的顾客发现了钱包,于是问正在收银台结账的行为人钱包是不是他的,行为人予以肯定回答,然后取走钱包,而收银员未加阻拦时,德国司法判例认定行为人成立盗窃罪而非诈骗罪。虽然遗忘在收银台的钱包按照社会一般观念由收银员(共同)占有,但是此时收银员也误以为钱包是行为人的,属于行为人单独占有的财物,从而不可能具有将钱包处分给行为人的意思。[①]"不要说"认为,财产交付概念并不以被骗者的交付意识为条件。只要有交付行为,被骗者是否具有交付认识对法益危害程度没有影响。某行为即使其与财产的相关性不为被骗者所知,一旦形成直接的财产转移,也应为构成要件的财产交付。应该在"认识可能性"意义上把握"交付意识",例如诱使他人在"债权豁免"文书上签字的,只要不能排除被骗者的认识可能性,就应认定其"交付意识"。处分意识不要说认为,"臧进泉等盗窃、诈骗案"中,被骗者误认为是"查看到付款成功的记录"而点击"付款 1 元"的链接,没有意识到其财产交付,这种情况并不能影响诈骗罪的成立。[②] 当代德国刑法学通说持"区别说",主张在物的诈骗中要求财物的交付意识,而在债的诈骗中则不要。由于我国刑法 266 条的诈骗罪的犯罪对象限制为财物,因此,区别说在我国很难有市场。

(三)诈骗罪的认定

1. 诈骗罪与民间借贷纠纷的界限。司法实践中,经常出现借贷纠纷。所谓借贷纠纷,是指因借他人财物不能按时归还,在借用人与出借人之间产生的纠纷。区分诈骗罪和借贷纠纷的关键,主要看行为人主观上有无诈骗的故意,是否具有非法占有财物的目的。认定行为人的主观心理,要以借用人与出借人在借贷前的相互关系、借贷关系发生的原因、借用人不能按期归还的原因、借用人对于不能按期归还的态度等方面入手,进行全面分析。

2. 诈骗罪与合同诈骗罪的区别。其一,客体不同。合同诈骗罪除了保护被害人财产权益外,还着重通过保护合同这一交易手段的公共信用,进而保障社会主义市场经济秩序。其二,非法占有故意产生的时间不同。对于传统的诈骗罪来说,被害人"自愿"交付财物后,诈骗犯罪即完成,行为人的非法占有目的一般产生于其非法控制公私财物之前。在合同诈骗中,非法占有目的既可以产生在合同签订前,也可以产生在合同履行过程中。对于对事先没有诈骗故意,在履行合同过程中,以积极方式损害债权的行为,由于转移财产、携款潜逃等积极损害债权行为严重损害了合同信用,也具有刑事可罚性。合同诈骗中,其先前的积极履行行为已经不能对

[①] 王钢:"德国刑法诈骗罪的客观构成要件——以德国司法判例为中心",载《政治与法律》2014 年第 10 期。

[②] 王安异,许姣姣:"诈骗罪中利用信息网络的财产交付——基于最高人民法院指导案例 27 号的分析",载《法学》2015 年第 2 期。

抗其后来行为的刑事违法性,因而应构成合同诈骗罪。① 当然,对这种非法占有目的和一般消极赖账的行为要有所区别,只有采用携款潜逃、隐匿转移财产、销毁交易记录等积极损害债权的行为,才可以认定合同履行中存在非法占有目的。而且诈骗财物的数额,以履行中实际受到损害的债权为限。其三,合同诈骗罪中的合同一般指书面合同(包括合同书、信件和数据电文如电报、电传、传真、电子数据交换和电子邮件等可以有形地表现所载内容的形式),也包括口头合同。但口头合同一般限于生产、销售领域,且必须具备合同法规定的要件。而行政法上的行政合同、劳动法上的劳动合同以及有关身份关系的合同不属于合同诈骗罪中的合同的范围。利用行政合同、人身合同实施诈骗犯罪的,可以考虑认定为传统诈骗犯罪或其他罪名。

3. 诈骗与盗窃的区别。二罪客观方面的区别在于,被害人对财物转移的过程是否知悉并同意。在自助商店逃避付账的案件中,如果行为人所取商品混入同类物品中,经出示检查并带走的,收银员对于自己发觉的商品不可能具有处分意思,故而行为人只成立盗窃罪。则应成立诈骗罪;而混入其他物品中,借助其隐藏并带走的,收银员对于自己没有发觉的商品不可能具有处分意思,故而行为人只成立盗窃罪。则成立盗窃罪。行为人通过欺骗或其他方式取得他人信用卡卡号和密码等信息资料,再利用该卡号和密码通过网上银行转账的方式占有他人账户内数额较大的存款,其本质系秘密窃取他人财物,可以盗窃罪定罪处罚;利用异地刷卡消费反馈时差,要求银行作人员将款项存入指定贷记卡,当同伙在异地将该贷记卡上的款项刷卡消费完毕,又谎称存款出错,请求将该款项存入另一借记卡,构成诈骗罪。

4. 三角诈骗。在三角诈骗关系中,被害人和被骗人不是同一人,行为人通过欺骗行为使得被骗人处分了被害人的财产的,行为人仍然可能成立诈骗罪。在诈骗罪中"要求被骗人必须具有处分被害人财产的权限或者处于可以处分被害人财产的地位",否则就成立盗窃罪的间接正犯。例如,行为人欺骗停车场看管车辆备用钥匙的管理员说车主将私家车借给自己兜风,从而骗取钥匙将车开走的,虽然直接处分被害人财产的管理员本身并没有损失,但定行为人构成诈骗罪。诉讼欺诈属于三角诈骗的一种。以捏造的事实提起民事诉讼,非法占有他人财产或者逃避合法债务,同时构成伪虚假诉讼罪和诈骗罪、职务侵占罪或者贪污罪等追究刑事责任的,从一重罪处断。

5. 在认定乞讨诈骗罪时,关键是要判断动机效果的等价性。如果行为人捏造的事实(假装灾民)和实际存在的事实(生活无着、真正需要帮助的残疾人士)都能够同样使他人产生捐助的动机(都使他人愿意捐钱捐物),那么,就存在动机效果的等价性,行为人的行为就不成立诈骗罪。如果行为人打着以为灾民、失学儿童募

---

① 江苏省《诈骗类犯罪案件专题研讨会会议纪要》(检诉〔2005〕20号),这种观点也是2004年全国部分法院"经济犯罪案件审判工作座谈会"中代表们的主流观点。

捐的名义,将获得财物用于其他用途或者占为己有的,成立诈骗罪。

6. 诈骗未遂,情节严重的,可以定罪处罚。诈骗数额较大的财物,有预备、未遂情节的,属于情节显著轻微,原则上不定罪处罚,但以巨额财产或者数额较大的救济、抢险等特定物品为诈骗对象的,或者有其他严重情节的除外。利用发送短信、拨打电话、互联网等电信技术手段对不特定多数人实施诈骗,诈骗数额难以查证,但具有发送诈骗信息五千条以上,拨打诈骗电话五百人次以上,诈骗手段恶劣、危害严重等情形的,以诈骗罪(未遂)定罪处罚。

(三)诈骗罪的刑事责任

根据《刑法》第266条的规定,犯诈骗罪的,处3年以下有期徒刑、拘役或者管制,并处或者单处罚金;数额较大或者有其他严重情节的,处3年以上10年以下有期徒刑,并处罚金;数额特别巨大或者有其他特别严重情节的,处10年以上有期徒刑或者无期徒刑,并处罚金或没收财产。

相关链接

《刑法》第263条、第267条第2款、第269条、第263条,《最高人民法院研究室关于盗窃未遂行为人为抗拒逮捕而当场使用暴力可否按抢劫罪处罚问题的电话答复》(1991),《最高人民法院关于审理抢劫案件具体应用法律若干问题的解释》(2000年),《关于审理扰乱电信市场管理秩序案件具体应用法律若干问题的解释》(2000年),《全国部分法院"经济犯罪案件审判工作座谈会"综述》(2004),《最高人民法院关于审理抢劫、抢夺刑事案件适用法律若干问题的意见》(2005),《最高人民法院关于审理抢劫刑事案件适用法律若干问题的指导意见》(2016),《最高人民法院关于审理诈骗案件具体应用法律的若干问题的解释》(1996),《最高人民法院关于1996年合同诈骗司法解释是否已经废止的答复》,《最高人民法院关于审理扰乱电信市场管理秩序案件具体应用法律若干问题的解释》(2000),《最高人民法院关于审理非法生产、买卖武装部队车辆号牌等刑事案件具体应用法律若干问题的解释》(2002),《最高人民检察院法律政策研究室关于通过伪造证据骗取法院民事裁判占有他人财物的行为如何适用法律问题的答复》(2002,部分作废),《最高人民法院关于审理未成年人刑事案件具体应用法律若干问题的解释》(2006),《最高人民法院最高人民检察院《关于办理诈骗刑事案件具体应用法律若干问题的解释》(2011),《全国人民代表大会常务委员会关于〈中华人民共和国刑法〉第二百六十六条的解释》(2014),《最高人民法院、最高人民检察院关于办理敲诈勒索刑事案件适用法律若干问题的解释》(2013),《最高人民检察院关于强迫借贷行为适用法律问题的批复》(2014);《全国人民代表大会常务委员会关于〈中华人民共和国刑法〉第三十条的解释》(2014)

观点争鸣

如行为人预谋抢劫,为抢劫罪的实行做准备,而在着手实施犯罪时,因不需要实施暴力、威胁等强取手段,例如被害人不在现场或者在被实施暴力、威胁行为前丢下财物逃跑,行为人改变了犯意,从而未实行抢劫行为,而实施了抢夺、盗窃行为的,如何处理?

第一种观点,由于不存在阻碍犯罪完成的因素,抢劫属于犯罪中止,没有造成危害结果应当免除处罚,应仅仅以盗窃罪或抢夺罪定罪处罚。第二种观点,认为,原则认同第一种观点,但如果这种预备行为的性质达到相当严重且应受刑罚惩罚的程度,如预谋抢劫银行并进行踩点,但在着手实施前改变犯意,未实施抢劫行为,而仅实施了盗窃或抢夺行为,盗窃或抢夺行为又不足以构罪的,对行为人可按重行为吸收轻行为,以抢劫罪(预备)论处。第三种观点认为,应当以抢劫罪(预备)和盗窃或诈骗罪数罪并罚。

本书认同第一种观点。理由:其一,行为人无论是否实施了抢劫罪的预谋或预备行为,其主观目的都是仅仅为了占有财产,行为人主观上两手准备,并非坚持一定要采用暴力、威胁手段,对采用暴力、威胁方式上行为人并不强求,相当于概括的故意,因此,原则上,应当依照实行行为的性质而非预备行为的性质定罪。其二,从主观上看,在实行抢劫行为前,被害人离开现场或者主动放弃财物,对行为人完成取财目的而言,难以认定为一种阻碍犯罪目的的意志外因素。其三,刑法和司法解释明确规定,携带凶器型盗窃罪,包括为实施违法犯罪携带其他足以危害他人人身安全的器械盗窃的行为,也就是说,行为人即使事前有抢劫故意,只要盗窃时没有实行抢劫行为的携带凶器盗窃行为,仍然以盗窃罪论处。当然,如果行为人抢劫以前既有取财故意也有追求他人死亡故意的,杀人即使行为人抢劫的手段又同时是其犯罪目的的,也可以抢劫罪的预备与盗窃或抢夺罪择一重罪论处。

第三节 取得犯

知识结构图

盗窃罪→抢夺罪→聚众哄抢罪

■ 重点提示

盗窃罪的秘密性

■ 司考重点

盗窃罪既遂的标准

■ 案例讨论

对于受委托运送包装货物,不法取得该物整体或包装物部分内容物的,如何定罪?

对于此例有四种不同意见。第一种意见认为,包装物整体由运送人占有,包装物部分内容物属于托运人占有,整包取去者构成侵占罪,取去包装部分内容者构成盗窃罪。因为委托人交付运送人占有的只是整个包装物,对于其中的内容物并无交由运送人占有的意思和行为,封了口或上了锁的内容物归属委托人占有。

第二种意见认为,无论包装物整体或部分内容物都属于运送人占有,取去包装物整体或部分内容物者,均构成侵占罪。因为:中国刑法中,盗窃罪远重于侵占罪,定盗窃罪失之过重。而且,实际中,专业的运送人运输过程中对货物形成排他性控制,委托人已失去监管可能;而非专业运送人往往与委托人存在高度信赖关系,这种关系意味着运送人在运输、保管期间取得了事实上的控制;因此,不管何种运输过程,运送人实际上都处于独立占有人的地位。

第三种意见认为,无论包装物整体或部分内容物都属于托运人占有,取去包装物整体或部分内容物者,均构成盗窃罪。

第四种意见认为,应以委托的不同情形,分别判断:一般委托运送者,受托人抽取部分内容物,应以盗窃论;如委托人亲自或派人随同押送,则无论包装物整体或部分内容物都在押送人的管理控制之下,运送人不法取去的行为,构成盗窃罪;如果事先明确约定货物移转于运送人占有之下,到达后负责占有者,则无论取去包装物整体或部分内容物,均属于侵占。

一、盗窃罪

(一)盗窃罪的概念

盗窃罪,是指以非法占有为目的,秘密窃取数额较大公私财物,或者多次盗窃、入户盗窃、携带凶器盗窃、扒窃的行为。

（二）盗窃罪的特征

1. 本罪的客体和对象。除电信服务外，盗窃罪的对象仅限于动产，因为，盗窃罪客观方面的特征表现为"秘密窃取"的行为，动产具有可移动性，可用"窃取"手段非法占有，而不动产不能移动，不能用"窃取"手段占有，只能"窃占"。但从不动产拆卸或分离出来的物品，如房屋上的门窗、木料可以成为盗窃的对象。

2. 客观上表现为秘密窃取数额较大公私财物，或者多次盗窃、入户盗窃、携带凶器盗窃、扒窃的行为。

（1）盗窃罪的秘密性有二重要求：其一，隐蔽性。即盗窃罪是秘行犯，相对于财物的所有人或保管人来说，是一种隐蔽性的行为。是在他人不在场，或虽然在场，但未注意、未察觉的情况下实施的侵财行为。例如，行为人把手机隐蔽在电视机的箱子里，在商场收银台付款时，仅仅对电视机付款而取走手机的行为。隐蔽性，是指转移占有行为本身的隐蔽性，是指把财物由事主占有转移为非事主占有这一过程具有隐蔽性。在实现占有的秘密移转之前，可能实施一些为秘密窃取创造必要的条件的行为，这些公开行为只是秘密占有行为的辅助方式或掩饰方式，并没有使事主失去占有或做出处分财产的行为，使财物最终脱离事主占有的行为仍是秘密进行的。包括以选购商品为幌子公开接近或接触财物，采用"调虎离山"的方式把事主骗离现场，采用非强制的方式遮蔽或转移事主的视线或注意力等等。有人在服装商店，佯装顾客，向售货员索要衣服试穿，并乘售货员对之看管松懈之机，悄悄将衣服拿走，这种行为就是盗窃。行为人以打电话为由取得受害人手机，尔后趁受害人不注意将该手机拿走，构成盗窃罪。其二，相对性，即这种秘密仅针对财物的所有人及保管人而言，并不绝对要求所有人都不知情，不排除在光天化日、众目睽睽之下趁受害人不注意实施的盗窃行为。

出于概括故意而客观上择一实施了秘密侵财或公开侵财行为的，依行为客观上是否为受害人知晓，论以盗窃行为或抢夺行为。当行为人不在意是否被受害人发现，以平和方式侵财时，应以实际的客观情形认定犯罪，即：没有被受害人发现的，以盗窃论；被受害人发现的，以抢夺论。

犯罪过程中先后对同一对象实施秘密窃取和公开夺取行为的，以盗窃罪或抢夺罪中对行为人更为不利者论处。要区分两种情况：一种情况是，行为人仅实施了盗窃预备行为就被受害人发觉，行为人转为公然抢夺，取得财物的。只能评价为一个盗窃预备和一个抢夺既遂，应以抢夺罪定罪处罚。另一种情况是，行为人在犯罪过程中，盗窃着手以后才被受害人发现，转而实施抢夺行为的，行为由秘密转向公开，最后达至既遂。行为人在财物伸手可及或者已经到手的情况下，占有财物或窝藏赃物的心理愿望较为强烈，进一步实施公开夺取行为是自然而然的事，属于人情之常，属于盗窃着手行为的当然伴随行为，不发生盗窃行为与丧失占有结果之间的因果关系中断，构成盗窃既遂。应评价为一个抢夺罪和盗窃罪（既遂），应从一重罪论处。

(2)多次盗窃，是指二年内盗窃三次以上。首先，在同一时间、同一地点针对同一被害人所实施的盗窃，就是一次盗窃。在同一地点盗窃三位被害人财物的，应认定为多次盗窃。在不同时间、不同地点盗窃同一被害人的财物的，也是多次盗窃。其次，对于"次"应当根据客观行为认定。例如，对于基于一个概括的犯意，连续在一定场所三次盗窃不同被害人的财物，或者对一栋办公室楼中的几个办公室连续实施盗窃的，属于多次盗窃。再次，多次盗窃不以每次盗窃既遂为前提。当然，多次盗窃的对象应当具有一定主客观危害性的行为，三次以上在菜市场盗窃三五个水果的，也不宜认定为盗窃罪。

(3)入户盗窃，是指非法进入供他人家庭生活，与外界相对隔离的住所盗窃。既不要求入户行为本身构成非法侵入住宅罪，也不要求盗窃数额较大。但要求区分入户盗窃与在户盗窃，前者要求入户具有非法性，必须非基于户主的有效同意而入户的。入户盗窃，如果主观上为了盗窃数额较大的财物，实际上没有盗窃到财物或者数额较小的，构成盗窃罪。

(4)携带凶器盗窃，是指携带枪支、爆炸物、管制刀具等国家禁止个人携带的器械盗窃，或者为了实施违法犯罪携带其他足以危害他人人身安全的器械盗窃。携带凶器时即使有盗窃时用凶器抗拒抓捕或排除反抗计划的，没有实际使用的，不构成抢劫罪。

(5)扒窃，是指在公共场所或者公共交通工具上盗窃他人随身携带的财物。需要注意：第一，携带凶器不是对扒窃的要求，并非携带凶器扒窃才构成犯罪。第二，扒窃的财物不限于体积微小的财物。例如，将他人火车货架上体积较大的行李盗走的行为，也属于扒窃。第三，扒窃并不要求具有技术性。第四，扒窃不要求行为人具有惯常性、多次性。既然一次扒窃就能构成盗窃罪，就不可能要求扒窃行为具有惯常性。第五，扒窃不需要财物数额较大或者接近数额较大的标准。

3.本罪的主观要件。本罪要求行为人出于排除被害人占有和利用的意思，并且自认为转移财产的过程不为被害人所知悉。

秘密性的归属问题：既是客观要件又是主观要件。行为人自认为是秘密侵财行为，但实际上侵财行为处于受害人的注视之下，属于手段认识错误，属于可罚的盗窃未遂。例如，行为人自以为受害人在睡觉，实际上受害人因胆怯而假装睡觉。我国刑事立法在犯罪未遂和预备上持刑罚可减主义，而非刑罚必减主义。处理犯罪未遂时，可以视具体情况，选择是否从宽处理。如果虽属犯罪未遂，但客观情况比一般犯罪既遂更严重时，甚至可以考虑从严处罚。

(三)盗窃罪的认定

1.盗窃罪与非罪的界限。根据目前的司法解释，盗窃公私财物价值一千元至三千元以上、三万元至十万元以上、三十万元至五十万元以上的，应当分别认定为刑法第264条规定的"数额较大"、"数额巨大"、"数额特别巨大"。对于盗窃公私财物数额接近相应量刑幅度的起点，具有破坏性盗窃等严重情节之一的，可以依照相应量刑幅度追究刑事责任。反之,盗窃公私财物虽已达到"数额较大"的起点,但情节轻微,并具有未成年人、主动投案等从宽情节的,可以不作为犯罪处理。

2. 盗窃财物的数额计算方法。造证明材料将借用的他人车辆质押,得款后又秘密窃回的行为,盗窃数额应当以本案被害人的实际损失质押款来认定。窃取他人股票账户号码和密码后秘密使用他人账上资金高价买入自己或亲友抛卖的股票的,盗窃数额以获利数额认定。

明知是盗接他人通信线路、复制他人电信码号的电信设备、设施而使用的,盗窃数额按合法用户为其支付的电话费计算。盗窃数额无法直接确认的,应当以合法用户的电信设备、设施被盗接、复制后的月缴费额减去被复制前6个月的平均电话费推算,合法用户使用电信设备、设施不足6个月的,按实际使用的月平均电话费计算。

盗窃数额较大,一般是指财物的正常市场交换价值数额较大。而盗窃违禁品的,由于没有正常的市场价格做参考,司法解释规定,非法占有毒品的重量、增值税专用发票、假币的份数、面值等较大的,属于非法占有数额较大的财物。

关于被盗的有价支付凭证、有价证券、有价票证,数额计算方法为:其一,不记名、不挂失的有价支付凭证、有价证券、有价票证,不论能否即时兑现,均按票面数额和案发时应得的孳息、奖金或奖品等可得收益一并计算。股票应按照被盗当时证券交易所公布的该种股票成交的平均价格计算。其二,记名的有价支付凭证、有价证券、有价票证,如果票面价格已定并能即时兑现的,如活期存折、已到期的定期存折和已填好金额的支票,以及不需要证明手续即可提取货物的提单等,按票面数额和案发时应得的利息或者可提取的货物的价值计算。盗取时如果是票面数额未定,但事后兑现的,按实际兑现的财物价值计算;尚未兑现的,可作为定罪量刑情节。不能即时兑现的,票面数额不作定罪量刑的标准。盗窃信用卡的,以实际使用、消费的数额认定盗窃数额。

3. 盗窃罪既遂与未遂的界限。关于盗窃罪既遂与未遂划分的标准,通说主张"失控说",认为应以被害人是否失去对财物的控制为标准,失去控制的为既遂。至于行为人是否最终达到了非法占有并任意处置该财物的目的,不影响既遂的成立。

入户盗窃等特殊形态盗窃,和抢劫罪一样不要求数额较大,不是行为犯,而是结果犯。盗窃未遂,情节轻微的,一般不定罪处罚。但如果情节严重的,即使盗窃未遂,也应定罪处罚。

在交通工具内的盗窃。在公共汽车、电车、船等交通工具上盗窃,盗窃运输中的财物,以窃离车、船等交通工具为既遂,盗窃个人携带财物的,以物主失去控制为既遂。下列情况属于既遂:财物脱离列车;从一个车厢转移到另一个车厢;使运输货物移离原位,造成货物管理人脱离了对该货物监管的;行为人将衣、鞋穿在身上或已经包好只待列车停站逃走而被当场抓获的。

在工厂、商场内的盗窃。盗窃某一工厂内大型物品，不但要拉出上锁的仓库，还要运出工厂的大门，才算失控。如果大门没有门卫，拉出上锁的仓库是排除事主的物质控制，运出工厂的大门是排除事主的物质控制；如果大门有门卫，拉出上锁的仓库是排除事主的物质控制，运出工厂的大门，则既是排除事主的物质控制又是排除事主的观念控制。再如在自选商场盗窃，将盗得的财物已通过收银台或未购物通道出口为既遂；在商店柜台内盗窃，将盗得的财物带离该柜台售货员实际控制的范围或藏匿为既遂；公共场所扒窃财物，扒窃的财物已脱离失主身体或者提包的为既遂。封闭场所与开放场所的定位是相对的，同一场合从不同行为人的角度出发会有不同的划分结果。如私人住宅，对于一般人而言这是封闭场所，而对于住宅合租人而言却是开放场所。一般人盗窃便携财物，只要不脱离该住宅，就视为财物未失控，属未遂；住宅合租人盗窃住宅中对方便携财物，即使不脱离该住宅，也视为财物失控，是既遂。再如，对于柜台商店，营业期间是开放场所，而打烊期间则是封闭场所。当然，如果盗窃的是大件物品，一般认为，只要没有出门的，不管是封闭场所还是开放场所，行为人都不可能获得平稳的控制，不是既遂。在本单位或餐厅，洗浴等公共场所，盗窃单位或他人财物，将盗窃的财物藏匿于自己的皮包，衣服内以及保管或使用的保管箱，更衣箱内的，是既遂。多个单位共同办公的写字楼内的工作人员，在该写字楼内盗窃其他单位大件财物，将财物盗离单位办公室或楼层的；盗窃其他单位小件财物，将盗窃的财物藏匿于本单位办公室或随身携带的，是既遂。

4. 一罪与数罪。其一，盗窃电力设备、广播电视设备、公用电信设施价值数额不大，但是构成危害公共安全犯罪的，以破坏广播电视设施、公用电信设施罪定罪处罚。盗窃广播电视设施、公用电信设施同时构成盗窃罪和破坏广播电视设施、公用电信设施罪的，按其中处罚较重的罪处罚。其二，实施盗窃犯罪，造成公私财物损毁的，以盗窃罪从重处罚；因毁坏公私财物又构成其他罪的，择一种罪从重处罚。盗窃公私财物未构成盗窃罪，但因采用破坏性手段造成公私财物损毁数额较大的，以故意毁坏财物罪定罪处罚。盗窃后，为掩盖盗窃罪行或者报复等，故意破坏公私财物构成犯罪的，应当以盗窃罪和构成的其他罪实行数罪并罚。其三，盗窃技术成果等商业秘密的，以侵犯商业秘密罪定罪处罚。

私自挖掘墓葬、文化遗址的，以盗窃罪论处。盗窃清代和清代以前，以及辛亥革命以后与著名历史事件有关的名人墓葬、遗址和纪念地，同时构成盗掘古墓葬罪论处，从一重论处。窃得假币数额较大的，以盗窃罪(既遂)，根据案情，同时以持有、使用、销售、运输假币罪并罚。不知情而窃得枪支的，以盗窃罪(既遂)，根据案情，同时以非法持有、买卖枪支罪并罚。

(四) 盗窃罪的刑事责任

根据《刑法》第264条的规定，犯盗窃罪的，处3年以下有期徒刑、拘役或者管制，并处或者单处罚金；数额巨大或者有其他严重情节的，处3年以上10年以下有期徒刑,并处罚金;数额特别巨大或者有其他特别严重情节的,处10年以上有期徒刑或无期徒刑,并处罚金或者没收财产。

二、抢夺罪

(一)抢夺罪的概念

抢夺罪,是指以非法占有为目的,公然夺取公私财产,数额较大的行为。

(二)抢夺罪的客观方面

1. 本罪的客体是占有权,对象是财物。
2. 本罪在客观方面表现为公然夺取公私财物的行为。

这种非法占有公私财物的行为具有两个特征:(1)夺取财物的行为是公然进行的。所谓公然进行是指在财物的所有人或保管人(占有人或辅助占有人)在场的情况下,当着财物所有人或保管人的面或者采用可以使其立即发觉的方法夺走财物。这是抢夺罪与盗窃罪在客观上的主要区别。例如,以购物看样为名从商店营业员处得到商品后,不顾营业员喝止、追赶,公然携带商品逃离营业员的控制范围,应以抢夺论处。(2)夺财行为不具有危及人身的严重危险性。这是抢夺罪与抢劫罪在客观上的显著区别。即使行为人夺取财物的行为,意外地或过失地使被害人跌倒摔伤或死亡,也不成立抢劫罪。比如,趁女子在河中洗澡,以非法占有为目的,公然取走其衣服物,使妇女因羞耻心不敢裸身追逐的;行为人从后面将受害人扑倒在松软的沙滩排球训练场上或用手拍击受害人手掌,趁受害人惊慌不备导致手中财物脱手之际,捡起财物逃跑。抢夺的暴力直接或者间接指向被害人人身、严重危及人身安全的,构成抢劫罪。驾驶机动车、非机动车夺取他人财物,具有下列情形之一的,应当以抢劫罪定罪处罚:夺取他人财物时因被害人不放手而强行夺取的;驾驶车辆逼挤、撞击或者强行逼倒他人夺取财物的;明知会致人伤亡仍然强行夺取并放任造成财物持有人轻伤以上后果的。(3)抢夺罪在客观方面并非都表现为乘人不备。① 抢夺罪夺取财物的行为大多是"乘人不备"的,但不能把这一点绝对化,以此来判定行为是否构成抢夺罪。因为在实践中有这样的情况:财物的所有人或者保管人对行为人抢夺财物的意图已有所察觉、有所防备,行为人甚至也明确地知道这一点。但是行为人利用当时的客观条件,如在偏僻无人的地方,在治安秩序不好、无人敢出来干涉的具体环境中,在财物的所有人或者保管人因患病、因轻度中毒、醉酒等原因而丧失或基本丧失防护财物能力但神志清醒的情况下,公然

---

① 中国人民解放军总政治部《关于军人违反职责罪案件立案标准的规定(试行)》(2002年)规定:"抢夺武器装备罪是指军人采取乘人不备公然夺取的方法,非法占有武器装备的行为。"

夺走或拿走被害人的财物,但并未对被害人的人身使用暴力或者以暴力相威胁。这类情况显然不好说其夺取财物的行为是"乘人不备"。

3. 本罪主体为一般主体。

4. 本罪主观方面为故意,且行为人以非法占有目的。

（三）抢夺罪的刑事责任

抢夺公私财物,数额较大的,或者多次抢夺的,处三年以下有期徒刑、拘役或者管制,并处或者单处罚金;数额巨大或者有其他严重情节的,处三年以上十年以下有期徒刑,并处罚金;数额特别巨大或者有其他特别严重情节的,处十年以上有期徒刑或者无期徒刑,并处罚金或者没收财产。抢夺公私财物价值一千元至三千元以上、三万元至八万元以上、二十万元至四十万元以上的,应当分别认定为刑法第二百六十七条规定的"数额较大""数额巨大""数额特别巨大"。各省、自治区、直辖市的司法机关可以在前述规定的数额幅度内,确定本地区执行的具体数额标准。例如,河南省司法机关对应的数额标准分别为,一千五百元以上、四万元以上、三十万元以上。抢夺公私财物,具有多次抢夺等从重情形情形的,按照前述规定标准的百分之五十确定数额标准。抢夺达到数额较大的标准,但是具有未成年人作案等从宽情节的,可以免予刑事处罚。

抢夺中过失致人重伤或死亡的,不数罪并罚,而是按照想象竞合犯,以抢劫罪加重处罚。导致他人重伤的或自杀的,应当认定为"其他严重情节";导致他人死亡的,应当认定为"其他特别严重情节"。

三、聚众哄抢罪

（一）聚众哄抢罪的概念

聚众哄抢罪,是指以非法占有为目的,聚集多人,不使用暴力,公然夺取公私财物,数额较大或者情节严重的行为。

1. 本罪的客体是占有权,对象是财物。本罪的对象不能是他人紧密持有的财物,以贴身携带的财物为哄抢对象的,构成抢夺或抢劫罪。正是因为聚众哄抢不存在对人暴力,聚众哄抢的首要分则和积极参加者并未一般参与者形成共同占的故意,所以法定刑较轻且不处罚一般参加者。

2. 犯罪客观方面表现为聚集多人,不使用暴力,公然夺取公私财物,数额较大或者情节严重的行为。"聚众",是指聚集多人,少则数人,多则十几人、几十人,甚至成百上千人。"哄抢",是指在为首分子的鼓励、指挥下,一哄而上公然夺取公私财物,但是,不采用暴力、胁迫或者其他对人或对物暴力的方法,否则就构成抢劫或抢夺罪。犯罪分子如果在哄抢过程中使用暴力或者以暴力相威胁,或者为窝藏赃物、抗拒逮捕、毁灭罪证而当场使用暴力或者以暴力相威胁的,应当以抢劫罪论处,从重处罚。在聚众哄抢过程中,有的行为人遇到被害人拦阻,执意抢夺财物的,可能成立实行过限,应认定为抢劫罪或抢夺罪。聚众打砸抢的,对首要分子可能构成抢劫罪。

聚众哄抢公私财物,数额较大或者情节严重的,才构成犯罪;数额不大,情节不严重的,按一般违法行为处理。

3.犯罪主体为一般主体,处罚对象是聚众哄抢的首要分子和积极参加者。首要分子,是指在聚众哄抢犯罪中,起组织、策划、指挥作用的犯罪分子;"积极参加的",是指在聚众哄抢犯罪中,除首要分子之外,其他起主要作用的犯罪分子,如带头哄抢铁路运输物资的,哄抢铁路运输物资数量较大的犯罪分子等。

4.犯罪主观方面以非法占有为目的,但没有共同的占有故意。如果参加哄抢者形成共同占有的故意,由首要分子统一处置抢来的财物,对首要分子应当以抢夺罪论处。对于三人以上实施抢夺的,并非一概认定为聚众哄抢罪,需要根据行为人构成是否随机组成、行为起意是否临时动意而定,对于犯罪行为人相互之间熟悉且长期结合作案的,实施聚众性质的抢夺行为,应认定抢夺罪的共同犯罪。

(二)聚众哄抢罪的刑事责任

聚众哄抢罪的,对首要分子和积极参加的,处3年以下有期徒刑、拘役或者管制,并处罚金;数额巨大或者由其他特别严重情节的,处3年以上10年以下有期徒刑,并处罚金。聚众哄抢林木5立方米以上的,属于聚众哄抢"数额较大";聚众哄抢林木20立方米以上的,属于聚众哄抢"数额巨大"。河南省司法机关规定,数额在四千元以上的,属于"数额较大",数额在四万元以上,属于"数额巨大"。参与人数多、被抢物资重要、社会影响大、哄抢一般文物、哄抢次数多等,属于"其他严重情节"。哄抢重要军用物资;哄抢珍贵出土文物;哄抢抢险、救灾、救济、优抚等特定物资;煽动大规模、大范围哄抢活动,后果严重;导致公司、企业停业、停产;导致被害人精神失常、自杀的,属于"其他特别严重情节"

相关链接

《刑法》第264、265、267、268条,《最高人民法院、最高人民检察院关于办理盗窃、盗掘、非法经营和走私文物的案件具体应用法律的若干问题的解释》(1987),《最高人民法院关于执行〈中华人民共和国铁路法〉中刑事罚则若干问题的解释》(1993),最高人民法院关于对非法复制移动电话码号案件如何定性问题的批复(1995),《全国法院维护农村稳定刑事审判工作座谈会纪要》(1999),《最高人民法院研究室关于盗窃内部股权证持有卡违法销售应如何认定盗窃数额问题的答复》(1994),《最高人民法院关于审理破坏森林资源刑事案件具体应用法律若干问题的解释》(2000),《最高人民检察院关于单位有关人员组织实施盗窃行为如何适用法律问题的批复》(2002);《最高人民检察院关于非法制作、出售、使用IC电话卡行为如何适用法律问题的答复》(2003),《最高人民法院、最高人民检察院关于办理盗窃油气、破坏油气设备等刑事案件具体应用法律若干问题的解释》(2007),《最高人民法院、最高人民检察院关于办理盗窃刑事案件适用法律若干问题的解释》(2013),《最高人民法院研究室关于入户盗窃但未窃得财物应如何定性问题的研究意见》,《最高人民法院关于审理破坏森林资源刑事案件具体应用法律若干问题的解释》(2000),《最高人民法院关于审理抢劫案件具体应用法律若干问题的解释》(2000),《最高人民法院关于审理抢夺刑事案件具体应用法律若干问题的解释》(2002),《最高人民法院关于审理抢劫、抢夺刑事案件适用法律若干问题的意见》(2005),《最高人民法院、最高人民检察院关于办理抢夺刑事案件适用法律若干问题的解释》(2013)。

■ 案例分析

甲盗窃既遂后,假冒财物的所有者出卖赃物的行为,如何定性。对此有三种不同意见:第一种意见认为,甲成立盗窃罪。第二种意见认为,甲成立盗窃罪和诈骗罪,应数罪并罚。第三种意见认为,甲成立盗窃罪和诈骗罪,应择一重论处。

第四节 不转移占有犯

■ 知识结构图

不归还财物→不支付劳动债权

■ 重点提示

代为保管的财物;拒不归还

■ 司考重点

脱离占有物

案例分析

甲把一幅名贵古画交给乙装裱,乙见财起意,三天后找人临摹了一幅画,装裱后交还给甲,而把真品留下。甲后来发觉受骗,找到乙索要原画,乙拒不承认。乙的行为构成何罪?

一、侵占罪

(一)侵占罪的概念

侵占罪,是指以非法占有为目的,将代为保管的他人财物、遗忘物、埋藏物等脱离他人占有的财物非法据为己有,数额较大,拒不退还的行为。

(二)侵占罪的特征

1. 本罪的客体是财物的原物返还请求权,犯罪对象是脱离被害人占有的财物。无主物不能成为本罪的对象。侵占罪的法定刑之所以较之其他侵犯财产低,主要是由于其侵害的对象是脱离占有物(相对于被害人),被害人的占有权在侵占行为发生前就已不存在,仅仅侵害了原物返还请求权;而盗窃、诈骗等犯罪,不仅仅侵犯了原物返还请求权,还侵害了占有权。

代为保管的赃物或违禁品可能够成为本罪对象?甲将其盗窃的财物委托乙窝藏,但乙知道真相却将该财物据为己有,拒不归还。有罪说,认为可以成立侵占罪。因为,其一,不缺乏被保护的法益。侵犯违禁品的行为,不作为的方式侵犯了前占有人(即作为委托人的甲)的占有,侵害了委托信任关系,也间接侵害了本权。其二,认定本罪有利于严密法网,维护赃物、违禁品的流转安全秩序。其三,程序上不存在问题。财物的原合法占有人可以告诉。其四,符合比例原则。对于本罪,合法占有人尚且入罪,何况非法占有人。无罪说认为,拒不归还非法的前占有人委托物的行为,不构成侵占罪。相对于前占有人或委托人而言,委托人对财物属于无权占有,因此不存在任何形式的合法的委托关系,也就没有委托信任关系需要法律保护;相对于原所有人而言,侵占赃物的行为,成立赃物犯罪,即掩饰、隐瞒犯罪所得、犯罪所得收益罪。区别说认为,对侵占赃物的行为以赃物犯罪论处。如果行为人不知是赃物而据为己有,则成立侵占原所有人的遗忘物的犯罪。本书原则上赞同区别说。因为,非法的前占有人失去了对财物的直接占有,同时在行为人拒绝归还以后,其间接占有也随着消失,加之非法的委托信任关系不受法秩序保护,因此,拒绝归还行为没有侵犯非法的前占有人的法益,对其不构成侵占罪。如果所有人等权利人亲自索要,行为人仍不归还的,可以另行成立侵占罪。但是,如果行为人不知是赃物而据为己有,虽然主观上符合侵占代为保管物的构成,但主客观构成要求并不完全具备,考虑到侵占罪属于轻罪,原则上未遂不可罚,本书认为,不以侵占罪论为宜。

2. 本罪客观方面表现为行为人将代为保管的他人财物、他人的遗忘物、埋藏物等脱离他人占有的数额较大的财物，占为己有，拒不退还的行为。

这一特征包括三个要点：

(1) 行为人合法地取得了对他人财物的占有。取得占有事实的方式包括三种：占有并代为保管、取得遗忘物、取得埋藏物。

其一，行为人占有和代为保管他人财物。代为保管可以根据事实行为或法律行为而取得的地位。无因管理人取得财物后，也属于代为保管他人财物。代为保管包括对财物事实上或法律上的支配状态，包括事实上的占有（支配）与法律上的占有（支配）。事实上的占有，是指事实上对财物具有直接支配力的状态。例如，借用人对财产的占有。法律上的占有，是指行为人虽然没有事实上占有财物，但在法律上对财物具有支配力。例如，不动产的名义登记人或提单的持有人对财产的占有。成立本罪，要求行为人具有代为保管、适时交还原物的义务。如果是借款行为或受委托将他人现金存入自己账户的，出借人或者委托人不具有原物返还请求权，而是只具有债权，则不成立侵占罪。代为保管装在提包里的现金的，由于现金已经被特定化了，拒不归还的，可以成立本罪。应当区分代为保管与代为看管。事主自行将财物至于固定场所，由行为人予以看管，不得变换场所的，在一般人看来，属于代为看管而非代为保管。因为事主只是将财物置于特定管理范围之内，并由他人保障财物不被移至管理范围之外，好似自己加锁外由他人再加一把锁，通过双重支配增加安全性，而非将财物由自己管理范围之内移至他人管理范围之内。

其二，行为人取得了他人的遗忘物。所谓"遗忘物"，是指由财物所有人、持有人不慎而暂时失去占有、控制的财物，包括遗失物。

其三，行为人取得了他人的埋藏物。所谓"埋藏物"，仍然是有主物，只是事主不知道或忘记财物埋藏的地点，比如儿子对于父亲生前埋藏物可能不知情，从而失去了对财物的控制。

是否构成侵占罪的关键在于，财物脱离被害人的占有控制是基于被害人的行为，还是基于行为人的行为。只有在侵占行为发生前，财物已经脱离被害人控制的，才构成侵占罪。

财物是否是脱离被害人或第三人占有或控制之物的判断。占有（或控制）是指权利人利用一定的工具或手段将财产置于自己的管理、支配之下，或显示对财物的支配标志，从而排除他人管理、支配的状态。因此，事实控制表现为两类情形：现实控制和观念控制。现实控制是物质形式的控制，例如用身体直接持有物品，主人全家外出旅游而放置在敞开院落中的财物，用视线监视物品，用自动取款机保管纸币等等。"除了财物存在于占有者的物理性支配力所及的场所内之情形外，当财物处于在社会观念上能够推知该财物的支配者之一定状态时，也认为存在对财物的事实的支配。"①观念控制是一种非现实的控制,行为人要想获得非法占有,无须事先排除事主设置的物质性障碍,因为根本不存在物质性障碍,比如因故障而暂时停放在路旁的汽车,散落在因车祸受伤昏迷不醒的人周围的财物等,从表面上看,主人对它们没有事实上的支配关系,但从财物的性质或所处位置够推断不是无主物或被遗弃(遗忘或遗失),从社会日常生活观念来看,主人有占有的意思并且知道所在地,主人对这些财物仍有微弱的支配关系,行为人非法占有这些财物,仍属盗窃而非侵占。只有当主人遗弃、遗忘或遗失财物时才不存在支配关系。与此相对应,如果事主的控制是现实性兼观念性的,要达到失控,一方面应排除事主的控制工具或手段,使其归于无效,另一方面同时要移动财产,使其脱离事主原置区域,让事主无法凭记忆现实占有财产,从而消除事主的观念控制。

被害人对财产的控制有以下几种常见的表现形式:①实际上掌握、监视(管理)着财物,如自己口袋中的财物。②财物被自己支配下的机械、器具等确保,如ATM 机中的现金。③财物在自己概括地支配的场所内;④根据财物的自然属性可以预料到它(如鸡、犬)会返回到自己支配的范围内;⑤从财物的性质、放置的区域等能够推定所有者;⑥财物在难以被他人发现而自己知道的场所;⑦从财物的性质能够推断不是被遗弃之物、所有者有占有的意思并且知道所在地;⑧财物短时间与所有者分离,所在位置离所有者很近,所有者对此有明确认识。例如,在等待公共汽车的移动队伍中,忘记了放在一边的照相机,约 5 分钟后在距离 20 米后想起时,相机已经被人秘密取走。由于距离较近、时间较短,照相机仍然被视为在事主视线控制范围之内的财物,秘密将其取走的行为,属于盗窃。处于支配范围外的占有。即使财物处于事主的支配范围外,但只要在这种场合下,事主以占有的意思、将财物有意放置于固定的场所,从一般社会观念来看,仍可以推定财物属于某人的支配之下。占有的意思,不要求具有发生法律效果的意义,例如,婴幼儿也可以成为占有者。⑨事主将财物遗忘于第三人的控制范围内,视为转移为第三人占有,并未失控。但事主将财物遗忘于一般人都可以随意进出或使用的场合,不视为财物处于场所管理人的占有之下。例如,将手机落在朋友院子里,不管朋友是否知情,都是为处于朋友的控制之下;退房后,将手机落在旅馆的客房内,视为手机转为旅馆的控制之下。乘客遗忘财物在出租车上,司机无所察觉,新的乘客将前一客人遗置的财物拿走,也应成立盗窃罪。⑩有占有的特别习惯。在这种场合,应根据社会的一般观念来判断占有的有无,等等。②

委托他人辅助占有的财物,由于仍处于本人的占有支配之下,不构成侵占罪的

---

① [日]大塚仁:《刑法概说(各论)》(第三版),冯军译,中国人民大学出版社 2003 年版,第 186 页。
② 刘明祥:"论刑法中的占有",载《法商研究》2000 年第 3 期。

对象。例如保姆对房屋内财物的占有、旅客、店员或学徒对旅社、商店中款物的占有，都属于辅助占有。辅助占有行为人秘密窃财物的，也可能构成盗窃。又如，对运送人非法占有托运财物的行为，要区分情况区别对待。如果运送时，托运人跟随在场或尾随其后，则货物仍在托运人占有之下，运送人趁托运人不注意取走货物的，构成盗窃。如果托运人让运送人自行运送，自己未随行的，托运人已移转对货物的占有，不再对货物支配控制，此时运送人擅自取走财物的，构成侵占罪。当然，如果司机从托运人或车主的汽车中擅自取走财物的，由于汽车视为他人的控制范围，构成盗窃。

内容物（封缄物）的占有问题。张明楷教授认为，不法取得封缄物内容的仅成立较重的盗窃罪，而不法占有封缄物整体的反而成立较轻的侵占罪。实践中，一般要依据特定财物自身的特性进行分别判断。如果容器固着于建筑物，如游戏机的存银箱、自动售货机等，或容器庞大、沉重不易挪动，如集装箱、大型货柜、汽车等及其内容物，受托人的管领支配事实不影响委托人的持有支配关系。如果容器是可以随身携带或轻易移动的，如衣物箱、封缄的包裹等，实际对容器的管理支配者就是取得占有者，受托人取走内容物的，构成侵占。

（2）数额较大。司法实践中，一般以一万元以上为"数额较大"。

（3）拒不退还或者拒不交出。即指行为人非法占有他人财物，被人发现后，经有权的个人或单位要求其退还或者交出时，仍不予退还或交出。如果经权利人要求，行为人在立案前退还或交出所占有的财物，则不构成犯罪。有权的个人或单位包括财产的所有人、保管人、有权查处的国家机关等。本罪把"拒不交出"作为客观处罚条件，体现了恢复性正义的要求，避免了刑法任意介入可能导致的负面效益。

3. 本罪的主体为一般主体，即凡年满16周岁、具有刑事责任能力的人，均可构成本罪。

4. 本罪的主观方面，行为人是出自故意，并具有非法永久性占有他人财物的目的。

当然主观上以侵占脱离占有物的意思，客观上却实施了盗窃他人控制之下的财物的行为，应按侵占行为确定法律责任。

（三）侵占罪的司法认定

1. 本罪属于告诉才处理的案件，是否意味着剥夺了被害人申请公安司法机关调查取证的权利？告诉才处理犯罪的立法宗旨，在于赋予被害人决定是否追诉的权利，而非剥夺被害人申请公安检察机关侦查、取证、采取强制措施等公力救济的权利。因此，应当明确，对于告诉才处理的犯罪，告诉权人有权向公安机关控告或者向人民法院自诉。公安机关审查后认为有犯罪事实需要追究刑事责任的，应当立案侦查。人民检察院应当依法提起公诉。

2. 侵占罪与盗窃、诈骗、抢夺罪的区别。侵占罪和这三个财产犯罪，在犯罪的客体、主观方面、主体均相同。其主要区别:(1)犯罪故意形成的时间不同。侵占罪非法占有的故意产生于持有他人财物之后;其他三罪非法占有的故意则产生于持有他人财物之前。(2)客观方面不同。侵占罪行为人在实施侵占行为时被侵害之物已在其实际控制之下,以种种借口或采取各种手段拒不归还或拒不交还物主。其实行行为是不作为方式,先前取得财物的行为并不构成犯罪。其他三罪行为人在实施非法占有公私财物的行为时,并未控制财物,只是通过窃取、骗取、抢夺等作为方式才将他人财物非法转归己有。(3)犯罪对象不同。侵占罪的对象是行为人事先代为保管的他人财物或者他人的遗忘物或埋藏物,是脱离被害人控制的财物;其他三罪的对象,则可以是任何公私财物,是在被害人控制之下的财物。判断财物是否由被害人或第三人占有、是否脱离了占事主的控制范围,是区分侵占罪与盗窃罪的关键。例如,甲搬家后尚未退房,让好友乙为其打扫室内卫生。乙在打扫卧室时,从地上拾到一张工商银行的牡丹灵通卡,并到 ATM 机上取钱。甲虽然搬家,但因为未退房继续控制着该房屋,既然如此,该房屋内的一切财物(包括牡丹灵通卡)仍然由甲占有,故乙的行为属于盗窃。实际上,即使退了房,从退房那一刻,财物发生占有移转,转由房东占有,乙取走房东控制下财物的行为,仍然属于盗窃。

(四)侵占罪的刑事责任

依照《刑法》第 270 条的规定,犯本罪的,处 2 年以下有期徒刑、拘役或者罚金;数额巨大或者有其他严重情节的,处 2 年以上 5 年以下有期徒刑,并处罚金。

二、拒不支付劳动报酬罪

(一)概念

拒不支付劳动报酬罪,是以转移财产、逃匿等方法逃避支付劳动者的劳动报酬或者有能力支付而不支付劳动者的劳动报酬,数额较大,经政府有关部门责令支付仍不支付的行为。

(二)本罪的犯罪构成

1.本罪的客体。

2.本罪的客观方面,表现为,逃避支付劳动者的劳动报酬或者有能力支付而不支付劳动者的劳动报酬,数额较大,经政府有关部门责令支付仍不支付的行为。

逃避支付劳动者的劳动报酬的行为包括:(1)隐匿财产、恶意清偿、虚构债务、虚假破产、虚假倒闭或者以其他方法转移、处分财产的;(2)逃跑、藏匿的;(3)隐匿、销毁或者篡改账目、职工名册、工资支付记录、考勤记录等与劳动报酬相关的材料的。"劳动者的劳动报酬"限定为劳动报酬。根据法律的规定,劳动报酬是基于用人单位和劳动者之间建立劳动关系所产生的工资收入;而劳务报酬并非基于劳动关系产生的,属于普通民事法律关系调整的范畴。"应得的劳动报酬"不包括不包括企业的职工福利费、职工教育经费、工会经费以及养老保险费、医疗保险费、失业保险费、工伤保险费、生育保险费等社会保险费和住房公积金。

经人力资源社会保障部门或者政府其他有关部门依法以限期整改指令书、行政处理决定书等文书,人民法院的民事判决书。根据劳动人事争议仲裁组织规则,仲裁委员会由干部主管部门代表、人力资源社会保障行政部门等相关行政部门代表、军队及聘用单位文职人员工作主管部门代表、工会代表、用人单位代表等组成,属于非行政机构。拒不执行民事判决书的,构成拒不执行判决裁定罪。

"有能力支付而不支付"应适用举证倒置原则。经政府其关部门依法责令支付劳动者的劳动报酬后,在指定的期限内仍不支付的,属于"经政府有关部门责令支付仍不支付",但有证据证明行为人有正当理由未知悉责令支付或者未及时支付劳动报酬的除外。行为人逃匿,无法将责令支付文书送交其本人、同住成年家属或者所在单位负责收件的人的,如果有关部门已通过在行为人的住所地、生产经营场所等地张贴责令支付文书等方式责令支付,并采用拍照、录像等方式记录的,应当视为"经政府有关部门责令支付"。

本罪的主体,包括单位和自然人。包括具备和不具备用工主体资格的单位或者个人(包工头),用工单位和劳务派遣单位。劳务派遣单位克扣、挪用、截留被派遣劳动者的劳动报酬,构成本罪;如果用工单位拒不给付被派遣劳动者劳动报酬,劳务派遣单位也应及时、足额支付劳动报酬,虽然直接责任者是用工单位,但劳务派遣单位仍然是本罪的主体,达到拒不支付劳动报酬罪的构成要件,就应受刑事追究。

3. 本罪的刑事责任。犯本罪的,处三年以下有期徒刑或者拘役,并处或者单处罚金;造成严重后果的,处三年以上七年以下有期徒刑,并处罚金。尚未造成严重后果,在提起公诉前支付劳动者的劳动报酬,并依法承担相应赔偿责任的,可以减轻或者免除处罚。造成严重后果,一般是指由于不支付劳动报酬,严重影响了劳动者的生存与家庭生活,或者造成劳动者精神失常等严重后果。

相关链接

《刑法》第270条、276条之一,《最高人民检察院公安部关于公安机关管辖的刑事案件立案追诉标准的规定(二)》(2010),《最高人民法院关于审理拒不支付劳动报酬刑事案件适用法律若干问题的解释》(2013年)

问题思考

1. 侵占罪与盗窃罪的区别。

2. 如何理解侵占罪中的"代为保管的他人财物"和"遗忘物"?

第五节 损毁犯

知识结构图

故意毁坏财物罪→非法经营罪

重点提示

破坏经营罪与故意毁坏财物罪的区别

司考重点

损毁的意思;盗窃罪和故意毁坏财物罪的区别

案例讨论

出于毁坏目的而秘密取得对财物的占有,但财物到手后改变主意自行使用的行为,如何定性?对此有不同意见:第一种意见认为,故意毁坏财物罪(未遂)。第二种意见认为,故意毁坏财物罪(既遂)。第三种意见认为,构成侵占罪。第四种意见认为,构成盗窃罪。

一、故意毁坏财物罪

(一)本罪的概念

故意毁坏财物罪,是指故意非法地毁损公私财物,破坏他人对财物的占有,数额较大或者情节严重的行为。

(二)本罪的犯罪构成

1. 客体是占有权。犯罪对象可以是公私财物,包括动产和不动产。刑法另有规定、同时构成故意损毁文物罪、毁灭国家机关的公文、证件、印章、盗伐林木罪、毁坏国家重点保护植物罪、故意销毁会计凭证、会计账簿、财务会计报告等犯罪的,择一重罪论处。

2. 犯罪客观方面表现为毁损公私财物,数额较大或者情节严重的行为。损毁财物是指损毁财物的使用价值或交换价值的行为,包括有形损毁和无形损毁,前者如把汽车烧毁,后者如把别人的手机丢入大海,其方法有多种,包括砸毁、撕毁、压毁等。但是,用放火、爆炸等危险方法破坏,危害公共安全的,应以放火罪、爆炸罪等论处。

损毁财物数额较大或情节严重的,构成犯罪,数额不大,情节不严重的,按一般违法行为处理。造成公私财物损失五千元以上的,属于数额较大。情节严重,包括:毁坏公私财物三次以上的;纠集三人以上公然毁坏公私财物的;其他情节严重的情形。

3. 主观方面。犯罪主观方面为故意,需要具有非以利用或消费为目的而妨害他人占有的意思。刑法意义上的"非法占有"行为与"非法毁坏"行为具有一定的相似性,客观上两者都非法排斥了权利人对财物的占有、使用、处分、收益的权利,侵害了他人财物的所有权或者占有权。两者的根本区别在于行为人主观目的不同,前者依照财物的本来用途利用和处分,后者则单纯地损毁财产。是否是按照财物的通常用途使用,还要注意具体环境。刑法意义上的"非法占有"不仅表现为行为人对他人财物在物理意义上的实际控制,通常也表现为行为人遵从财物的本来用途进行利用和处分,以实现财物的价值或取得相应的利益。所谓本来用途就是财物自身具有的价值和使用价值,不仅包括经济价值,还包括审美等其他价值。比如行为人非法取得了他人的一件具有很高经济价值的古董,放置于家中或将其变卖,均体现了其对该古董的价值的利用或处分,均属于遵从其本来用途利用和处分,如果其具有永久性的将该古董占为己有的目的,即可以认定其属于非法占有。一般而言,非法占有人不会无故将占有的财物轻易毁弃。"非法毁坏"中,行为人出于毁坏财物的经济用途的目的实际控制他人财物后予以毁损或毁灭。虽然行为人也实际控制了他人财物,排除了权利人合法占有财物的可能性,但其控制该财物的目的并不是依照其本来的用途利用和处分,而是变更财物性质和价值或使其灭失,使人在事实上不能按照该物的本来用途使用和处分。

司法实践中,对于此类行为应区分不同的情况,依照主、客观相一致的原则,客观分析、认定。对于有证据证明行为人以毁损或毁坏为目的而实施的非法取得他人财物的行为,符合故意毁坏财物罪构成要件的,无论其是否已实施了毁坏行为,都应以故意毁坏财物罪定罪处罚;对于行为人不以毁坏为目的实际控制了他人财物的,一般均可以认定其具有利用和处分财物的目的,符合职务侵占、贪污或盗窃、诈骗等犯罪构成要件的,应以相应的罪名定罪处罚。

(三)刑事责任

根据《刑法》第275条的规定,犯故意毁坏财物罪的,处3年以下有期徒刑、拘役或者罚金;数额巨大或者有其他特别严重情节的,处3年以上7年以下有期徒刑。

二、破坏生产经营罪

（一）破坏生产经营罪的概念

破坏生产经营罪，是指以破坏机器设备、残害耕畜等生产资料或者以其他方法破坏生产经营的行为。

（二）破坏生产经营罪的犯罪构成

1. 本罪客体是复杂客体，即依法生产经营的正常秩序以及已得和可得经济收益。本罪通常通过破坏生产经营有直接联系的财物，如正在使用中的各种生产设备、用具及牲畜，达到生产经营无法进行，造成潜在的将来的经济损失。重在保护可预期的经济收益，是本罪与故意毁坏财物罪的重要区别。立法中列举的生产资料不是本罪必备的犯罪对象，并非只有破坏生产资料等财物的行为才构成本罪。

本罪保护的生产经营，仅限于合法的生产经营，要求生产经营活动本身合法，不要求必须领取营业执照，更不要求证照齐全。破坏未领取营业执照的酒店的生产经营活动，构成本罪，而破坏生产假冒伪劣产品、制造毒品的地下工厂，不构成本罪。

2. 犯罪客观方面表现采用暴力、胁迫或者其他破坏机器设备、残害耕畜等强制手段破坏生产经营的行为。其他方法是指其他与破坏机器设备、残害耕畜相类似的破坏性方法。例如切断工厂电源行为；毁坏设计图纸行为；不分昼夜反复给面馆打电话，导致面馆的电话不能打出和打进，妨碍顾客订餐的行为；强制堵塞工厂大门禁止进出的行为。通过损害商业信誉、商品声誉、拒不履行到期债务、串通拍卖、诱骗厂房购买假货等非强制性行为，破坏生产经营的，不构成本罪。例如，网上发布有关银行行长携款潜逃的谣言和煽动性言论，造成银行出现挤兑现象，发生遭受巨大损失的，构成损害商业信誉罪，而不是破坏生产经营罪。

情节严重轻微的，不构成本罪。本罪的立案标准：造成公私财物损失五千元以上的；破坏生产经营三次以上的；纠集三人以上公然破坏生产经营的；其他破坏生产经营应予追究刑事责任的情形。

3. 犯罪主观方面为故意，并具备报复泄愤等不正当的个人目的。本罪属于倾向犯，要求必须"由于泄愤报复或者其他个人目的"，即对于出于维护单位利益或正当目的而破坏生产经营秩序的行为，不构成本罪。本罪由破坏集体生产罪衍化而来，立法考虑到工人罢工、农村村组等集体单位之间争抢水源等破坏生产资料行为的行为，原因比较复杂，不宜一概犯罪化，因此，强调成立本罪必须出于个人目的，对为了维护本单位利益而实施的破坏生产经营行为不以本罪论。另外，债权人为了索要债务，强行搬走债务人的机器设备的自救行为或者自我维权行为，行政执法人员对违法企业实施停业整顿、查封营业场所等行政处罚措施,以及在政府有关部门长期不作为、污染企业排污不止的情况下,村民们被迫采取围堵工厂、迫使其解决污染问题行为,由于出于正当目的,不以本罪论。

如果行为人故意毁坏的是用于生产经营的机器设备,且行为人毁坏这些财物是为了泄愤报复的,则相对于一般的故意毁坏财物罪行而言,其显然更为特殊,因此,按照特别法优先的法条竞合原则,应当适用第二百七十六条规定而不是第二百七十五条规定。

(三)破坏生产经营罪的刑事责任

犯本罪的,处三年以下有期徒刑、拘役或者管制;情节严重的,处三年以上七年以下有期徒刑。

相关链接

《刑法》第275条、第276条,最高人民检察院、公安部《关于公安机关管辖的刑事案件立案追诉标准的规定(一)》(2008年),《最高人民法院关于审理盗窃案件具体应用法律若干问题的解释》。

案例分析

甲1998年盗窃了他人一头价值5000元的黄牛,2010年将牛杀死吃肉,2011年案发。甲构成何罪?是否可以追诉?

第六节 职务犯罪

知识结构图

职务侵占罪→挪用资金罪→挪用特定款物罪

重点提示

如何理解利用职务便利

司考重点

职务侵占罪与贪污罪、盗窃罪的区别

案例讨论

2003年2月,某县单位业务出纳员范某休产假,领导决定由专项出纳员董某临时接替她的工作。2004年2月初,范某上班后交接账目时,由于计算失误,董某少交给范某现金4万元。范某发现后,找董某重新核算,董给范打了一张4万元的欠条。两个月后,董、范二人在核对账目时,范不慎将这张4万元的欠条遗失在董的办公室外,董拾到后立即将欠条销毁,并谎称此款已还给范,后董某将该4万元据为己有,并用于购买住房。至2004年8月案发,此款被追缴。

分歧意见:第一种意见认为,董某的行为构成职务罪。董某身为拾捡并销毁自己所打的欠条,侵吞了这笔4万元的公款,因而应当认定为贪污罪。第二种意见认为,董某的行为构成挪用公款罪。董某在明知这笔钱确属公款的情况下,仍然不择手段地占用了较长时间,并用此款购买住房,因而其行为符合挪用公款罪的构成要件,对董某应按挪用公款罪定罪处罚。第三种意见认为,董某的行为构成侵占罪。问:你的意见呢?

一、职务侵占罪

(一)职务侵占罪的概念

职务侵占罪,是指单位的工作人员,利用职务上的便利,将本单位的财物非法占为己有,数额较大的行为。

(二)职务侵占罪的特征

1. 本罪的客体。财产的占有权。
2. 客观上表现为利用职务上的便利。首先,行为人必须利用了职务上的便利,即利用自己主管、管理、经营、经手单位财物的便利条件。注意:必须是与财物管理有直接关系的职务便利。职务包括合法取得的职务和非法取得的职务、形式上的职务和事实上的职务。单位工作人员犯罪行为发生在用工合同到期日之后,但实际上当时仍在实际行使管理职责,利用对仓库财物的管理职权窃得财物的,或者公司法定代表人被捕后,其妻子自行到公司代行法定代表人职责,利用代行法定代表人职责的便利,将公司财物据为己有的,都应认定为职务侵占罪。要区分职务便利与工作便利。如果行为人仅利用在其单位工作熟悉作案环境,便于进出单位这一条件,进而实施了某种非法行为而将单位的财物非法占为己有的,则不属于利用职务上的便利。其次,行为人还必须实施了非法侵占的行为。即行为人采用侵吞、窃取、诈骗等方法,将单位财物非法据为己有。最后,非法占有的单位财物还必须数额较大。

3. 主体是公司、企业或者其他单位的人员。这里单位既包括有法人资格的公司、企业,也包括没有法人资格的公司、企业,既包括事业单位、社会团体、村民委员会、居民委员会、村民小组等常设性的组织,也包括为组织体育赛事、文艺演出或者其他正当活动而成立的组委会、筹委会、工程承包队等非常设性的组织,包括取得登记的企业,也包括筹建中的企业。企业工作人员,不管是领取固定工资,还是按销售比例提成,也无论是长期合同人员,还是短期聘用人员,均能成为本罪的主体。即使是保安,只要实际具有保管财物的职务的,也可以构成本罪。

贪污罪与职务侵占属于特别法与普通法的关系,二者的区别在于主体是否属于国家工作人员,是否从事公务。在国有资本控股、参股的股份有限公司中从事管理工作的人员,除受国家机关、国有公司、企业、事业单位委派从事公务的以外,属于非国家工作人员;经中共党委等国家出资企业中负有管理、监督国有资产职责的组织批准或者研究决定,代表其在国有控股、参股公司及其分支机构中从事组织、领导、监督、经营、管理工作的人员,应当认定为国家工作人员。

村民小组长、村委会、居委会等群众性自治组织的工作人员,从事集体事务时,集体财产非法占有的,以职务侵占论,从事公务时,将公共财物非法占有的,构成贪污罪。在村里集资修路过程中,利用职务便利侵吞修路款的,属于职务侵占行为;利用协助政府拆迁安置工作的便利,虚构被拆迁户及其房屋的情况,骗取拆迁安置补偿费据为己有的,属于"其他依照法律从事公务的人员",以贪污论。

4. 主观上是故意,目的是为了非法占有本单位的财物,包括为自己和他人占有。

(四)职务侵占罪的刑事责任

根据《刑法》第271条的规定,犯职务侵占罪的,处5年以下有期徒刑或者拘役;数额巨大的,处5年以上有期徒刑,可以并处没收财产。

二、挪用资金罪

(一)挪用资金罪的概念

挪用资金罪,是指单位的工作人员,利用职务上的便利,挪用本单位资金归个人使用,数额较大,超过3个月未还的,或者虽未超过3个月,但数额较大、进行营利活动的,或者进行非法活动的行为。

(二)挪用资金罪的特征

1. 本罪在客观方面表现为行为人利用职务上的便利,挪用单位资金归个人使用。挪用单位资金归个人使用包括：一是个人决定，将单位资金挪给自然人使用；二是个人决定，以个人名义（形式上以个人名义）或者虽然形式上以单位名义但为谋取个人私利或者出于其他徇私动机，将单位资金挪给其他单位或个人使用。

挪用资金的具体表现形式有三种：(1)挪用资金归个人使用或者借贷给他人，数额较大，超过三个月未还的，这种情况构成犯罪必须同时具备三个条件：一是数额较大，二是尚未归还，三是时间持续超过三个月。(2)挪用资金数额较大，进行营利活动。这种情况没有挪用时间的限制。只有数额较大和进行营利活动。营利活动指进行合法经营或其他合法谋利的活动，不包括挪用资金进行非法活动。(3)挪用资金进行非法活动。非法活动指国家法律禁止的一切活动，包括一般违法和犯罪，如赌博、走私、贩毒等。这种情况构成犯罪，既不要求挪用时间的长短，也不要求挪用资金的数额，只要是进行非法活动即可。

3. 本罪主观方面是直接故意，目的是非法使用本单位资金，或暂时性的非法占有本单位资金。

4. 本罪的主体是特殊主体，即占有公司、企业或其他单位的人员。挪用资金给他人使用，使用人与挪用人共谋，指使或者参与策划取得挪用资金的，以挪用资金罪的共犯定罪处罚。

(三)挪用资金罪的认定

1. 本罪的既遂和追诉期限。"挪用"中，"挪"是实行行为，"用"是动机。对于挪用资金罪侵犯的客体，是单位对资金的占有权和使用权，只要行为人已将资金转移到本人或他人控制之下，单位失去了对该资金的控制，即标志着其占有权、使用权已经实际地受到了损害，至于行为人使用与否，对此没有直接影响。因此，本罪应以单位是否对资金实际失去控制为既遂的标准。"挪而未用"不影响既遂的认定。行为人已经着手实施，因意志以外的原因而未能实际控制资金的，构成本罪的未遂。

对于挪用非单位公物后又予变现使用的行为，应当以使用人将公物变卖获取现金之日，认定为挪用资金行为的成立之时。挪用资金罪的追诉期限从挪用资金成立之日起计算。挪用行为有连续状态的，犯罪的追诉期限应当从最后一次挪用行为实施完毕之日起或犯罪成立之日起计算。

2. 挪用资金罪与职务侵占罪的界限。两罪的主体相同，客观方面都表现有利用职务之便。主要区别在于：行为人是否具有永久性占有资金的目的或意图。

对于挪用资金不退还的理解可参照上述司法解释的规定，即"不退还"是指在一审宣判前因客观原因不能退还。行为人携带挪用的资金潜逃的，挪用资金或截留资金后采取虚假发票平账、销毁有关账目等手段，使占有的资金已难以在单位财务账目上反映出来，推定有非法占有目的，以职务侵占论。

3. 挪用资金罪与挪用公款罪的界限。两罪在客观方面表现的行为方式和主观方面的故意内容相同，主要不同是犯罪主体。国有单位人员挪用本单位资金的，按挪用公款罪定罪处刑。

(四)挪用资金罪的刑事责任

根据《刑法》第272条规定,犯挪用资金罪的,处3年以下有期徒刑或者拘役;挪用本单位资金数额巨大或者数额较大不退还的,处3年以上10年以下有期徒刑。"不退还",是指因客观原因在一审宣判前不能退还的。

具体处理挪用资金案件时,对于多次挪用资金不还的,应当将挪用资金数额累计计算,挪用时间则从挪用资金数额累计达到追究刑事责任的起点之日起认定并计算;多次挪用资金,并以后次挪用的资金归还前次挪用的资金,挪用资金数额以案发时未还实际数额认定,挪用时间从挪用资金构成犯罪之日起认定并计算。

三、挪用特定款物罪

(一)本罪的概念

挪用特定款物罪,是指违反国家财经管理制度,挪用用于救灾、抢险、防汛、优抚、扶贫、移民、救济款物,情节严重,致使国家和人民利益遭受重大损害的行为。

(二)本罪的犯罪构成

本罪客体是复杂客体,即公共财物所有权和特定款物的财经管理制度。犯罪对象,只能是专门用于救灾、抢险、防汛、优抚、扶贫、移民、救济款物,例如失业保险基金、下岗职工基本生活保障资金

犯罪客观方面表现为利用职务上的便利,将专门用于救灾、抢险、防汛、优抚、扶贫、移民、救济款物用于其他用途,且情节严重,造成严重后果的行为,包括挪用特定款物数额在五千元以上的;造成国家和人民群众直接经济损失数额在五万元以上的;虽未达到上述数额标准,但多次挪用特定款物的,或者造成人民群众的生产、生活严重困难的;严重损害国家声誉,或者造成恶劣社会影响的等情况。

犯罪主体只能是主管、经管、经手上述特定款物的工作人员。既包括国家工作人员,也包括慈善机构等中经手、管理上述款物的非国家工作人员。

犯罪主观方面是故意,即明知是专用的特定款物,而故意挪作他用,有归还的意思,包括公款公用和公款私用。

(三)本罪与他罪的区别和竞合

挪用特定款物行为,同时构成滥用职权罪、国有公司、企业、事业单位人员滥用职权罪、挪用公款罪、挪用资金罪等的,从一重罪论处。

对于挪用特定款物归个人使用,没有造成严重结果的,可能构成挪用公款罪、挪用资金罪;造成严重结果,同时构成本罪和挪用公款罪、挪用资金罪的,择一重罪论处,亦即按照挪用公款罪、挪用资金罪论处;没有超过三个月且不是为了进行营利性或非法活动的,造成严重结果,构成本罪。

（四）刑事责任

犯挪用特定款物罪的，对直接责任人员，处 3 年以下有期徒刑或者拘役；情节特别严重的，处 3 年以上 7 年以下有期徒刑。

■相关链接

最高人民法院《关于办理违反公司法受贿、侵占、挪用等刑事案件适用法律若干问题的解释》（1995，失效），《最高人民法院关于村民小组组长利用职务便利非法占有公共财物行为如何定性问题的批复》（1999），《最高人民法院关于审理贪污、职务侵占案件如何认定共同犯罪几个问题的解释》（2000）；《全国人民代表大会常务委员会关于〈中华人民共和国刑法〉第九十三条第二款的解释》（2000），《最高人民检察院关于国家工作人员挪用非特定公物能否定罪的请示的批复》（2000），《最高人民法院关于对受委托管理、经营国有财产人员挪用国有资金行为如何定罪问题的批复》（2000），《最高人民法院关于如何理解刑法第二百七十二条规定的"挪用本单位资金归个人使用或者借贷给他人"问题的批复》（2000），《最高人民检察院关于挪用尚未注册成立公司资金的行为适用法律问题的批复》（2000），《最高人民法院关于在国有资本控股、参股的股份有限公司中从事管理工作的人员利用职务便利非法占有本公司财物如何定罪问题的批复》（2001），《全国法院审理经济犯罪案件工作座谈会纪要》（2003），《最高人民检察院关于挪用失业保险基金和下岗职工基本生活保障资金的行为适用法律问题的批复》（2003 年），《最高人民检察院法律政策研究室关于国家机关、国有公司、企业委派到非国有公司、企业从事公务但尚未依照规定程序获取该单位职务的人员是否适用刑法第九十三条第二款问题的答复》（2004），《公安部经侦局关于对非法占有他人股权是否构成职务侵占罪问题的工作意见》（2005），《最高人民法院、最高人民检察院关于办理商业贿赂刑事案件适用法律若干问题的意见》（2008），《最高人民法院、最高人民检察院关于办理国家出资企业中职务犯罪案件具体应用法律若干问题的意见》（2010），《最高人民检察院公安部关于公安机关管辖的刑事案件立案追诉标准的规定（二）》（2010）。

■案例分析

公司保安甲在休假期内，以"第二天晚上要去医院看望病人"为由，欺骗保安乙，成功和乙换岗。当晚，甲将其看管的公司仓库内价值 5 万元的财物运走变卖。甲的行为构成哪一犯罪？

第二十章

妨害社会管理秩序罪

知识结构图

妨害社会管理秩序罪的概念和构成→扰乱公共秩序罪→妨害司法罪→妨害国(边)境管理罪→妨害文物管理罪→危害公共卫生罪→破坏环境资源保护罪→走私、贩卖、运输、制造毒品罪→组织、强迫、引诱、容留、介绍卖淫罪→制作、贩卖、传播淫秽物品罪

重点提示

妨害公务罪的行为方式;招摇撞骗罪与诈骗罪异同;破坏计算机信息系统罪的构成;聚众扰乱社会秩序罪的构成;聚众斗殴罪的客观方面;寻衅滋事罪与相关罪的区分;黑社会性质组织的特征;赌博罪的构成;伪证罪与窝藏、包庇罪的异同;拒不执行判决、裁定罪与妨害公务罪的异同;组织他人偷越国(边)境罪的罪数问题;倒卖文物罪的构成;医疗事故罪、非法行医罪的异同;重大环境污染事故罪的构成;盗伐林木罪的构成;走私、贩卖、运输、制造毒品罪的构成;非法持有毒品罪与其他毒品犯罪的关系;强迫卖淫罪的构成以及与他罪的关系;制作、复制、出版、贩卖传播淫秽物品牟利罪的构成。

司考重点

妨害公务罪;招摇撞骗罪;破坏计算机信息系统罪;伪证罪;窝藏、包庇罪;医疗事故罪;非法行医罪;聚众斗殴罪;寻衅滋事罪;伪证罪;窝藏、包庇罪;拒不执行判决、裁定罪;非法行医罪;重大环境污染事故罪;倒卖文物罪;盗伐林木罪;走私、贩

卖、运输、制造毒品罪;强迫卖淫罪;制作、复制、出版、贩卖传播淫秽物品牟利罪。

第一节 妨害社会管理秩序罪概述

一、妨害社会管理秩序罪的概念和构成

妨害社会管理秩序罪,是指故意或者过失的,妨害国家对社会的管理活动,破坏社会正常秩序,依法应当受到刑罚处罚的行为。妨害社会管理秩序罪具有以下构成要件:

1. 本罪的客体是国家对社会的管理活动和社会管理秩序。广义的社会管理秩序,包括国家对社会各个方面进行管理而形成的稳定有序的社会秩序。刑法规定的犯罪,从整体上来讲,都是从不同角度侵犯了广义的社会管理秩序,分则各章侵犯的同类客体是狭义的社会管理秩序。本章之社会管理秩序,特指国家对社会日常生活进行管理而形成的有条不紊的秩序,是刑法分则其他各章规定之罪所侵犯的同类客体以外的社会管理秩序。

2. 本罪的客观方面表现为行为人实施了妨害国家对社会的管理活动,破坏社会管理秩序的行为。这类破坏社会管理秩序的行为,包括以下9类:①扰乱公共秩序;②妨害司法;③妨害国(边)境管理;④妨害文物管理;⑤危害公共卫生;⑥破坏环境资源保护;⑦走私、贩卖、运输、制造毒品;⑧组织、强迫、引诱、容留、介绍卖淫;⑨制造、贩卖、传播淫秽物品。本章各类犯罪的构成要件不同,表现为结果犯、行为犯、情节犯、危险犯等犯罪形态。

3. 本罪的主体大多是一般主体,也有一小部分是特殊主体;多数犯罪的主体只能是自然人,也有少数犯罪可由自然人或单位构成;还有个别犯罪的主体只限于单位,如非法出售、私赠文物藏品罪。

4. 本罪的主观方面绝大多数由故意构成,只有少数犯罪由过失构成。在故意犯罪中,少数犯罪要求具备特定的犯罪目的,如倒卖文物罪,要求以牟利为目的。

二、妨害社会管理秩序罪的种类

根据刑法分则第六章的规定,妨害社会管理秩序罪分为9类,共计136个罪名:

1. 扰乱公共秩序罪(第277条—第304条)。
2. 妨害司法罪(第305条—第317条)。
3. 妨害国(边)境管理罪(第318条—第323条)。

4. 妨害文物管理罪(第324条—第329条)。
5. 危害公共卫生罪(第330条—第337条)。
6. 破坏环境资源保护罪(第338条—第346条)。
7. 走私、贩卖、运输、制造毒品罪(第347条—第357条)。
8. 组织、强迫、引诱、容留、介绍卖淫罪(第358条—362条)。
9. 制造、贩卖、传播淫秽物品罪(363条—367条)。

第二节 扰乱公共秩序罪

■本节罪名

本节共有50个罪名：(1)妨害公务罪；(2)煽动暴力抗拒法律实施罪；(3)招摇撞骗罪；(4)伪造、变造、买卖国家机关公文、证件、印章罪；(5)盗窃、抢夺毁灭国家机关公文、证件、印章罪；(6)伪造公司、企业、事业单位、人民团体印章罪；(7)伪造、变造、买卖身份证件罪；(8)使用虚假身份证件、盗用身份证件罪；(9)非法生产、买卖警用装备罪；(10)非法获取国家秘密罪；(11)非法持有国家绝密、机密文件、资料、物品罪；(12)非法生产、销售专用间谍器材、窃听、窃照专用器材罪；(13)非法使用窃听、窃照专用器材罪；(14)组织考试作弊罪；(15)非法出售、提供试题、答案罪；(16)代替考试罪；(17)非法侵入计算机信息系统罪；(18)非法获取计算机信息系统数据、非法控制计算机信息系统罪；(19)提供侵入、非法控制计算机信息系统的程序、工具罪；(20)破坏计算机信息系统罪；(21)拒不履行信息网络安全管理义务罪；(22)非法利用信息网络罪；(23)帮助信息网络犯罪活动罪；(24)扰乱无线电通讯管理秩序罪；(25)聚众扰乱社会秩序罪；(26)聚众冲击国家机关罪；(27)扰乱国家机关工作秩序罪；(28)组织、资助非法聚集罪；(29)聚众扰乱公共场所秩序、交通秩序罪；(30)投放虚假危险物质罪；(31)编造、故意传播虚假恐怖信息罪；(32)编造,故意传播虚假信息罪；(33)聚众斗殴罪；(34)寻衅滋事罪；(35)组织、领导、参加黑社会性质组织罪；(36)入境发展黑社会组织罪；(37)包庇、纵容黑社会性质组织罪；(38)传授犯罪方法罪；(39)非法集会、游行、示威罪；(40)非法携带武器、管制刀具、爆炸物参加集会、游行、示威罪；(41)破坏集会、游行、示威罪；(42)侮辱国旗、国徽罪；(43)组织、利用会道门、邪教组织、利用迷信破坏法律实施罪；(44)组织、利用会道门、邪教组织、利用迷信致人重伤、死亡罪；(45)聚众淫乱罪；(46)引诱未成年人聚众淫乱罪；(47)盗窃、侮辱、故意毁坏尸体、尸骨、骨灰罪；(48)赌博罪；(49)开设赌场罪；(50)故意延误投递邮件罪。

一、妨害公务罪

妨害公务罪,是指以暴力、威胁的方法,阻碍国家机关工作人员、人大代表、红十字会工作人员依法执行职务或履行职责,或者故意阻碍国家安全机关、公安机关依法执行国家安全工作任务,虽未使用暴力、威胁方法,但造成严重后果的行为。

（一）本罪的构成要件

1. 本罪的客体是国家机关、人民代表大会、红十字会、国家安全机关以及公安机关的公务。公务是指公共事务,即公共管理事务,即国家机关工作人员、人大代表依法执行职务的活动,红十字会人员依法履行职责的活动,以及国家安全机关、公安机关依法执行国家安全工作任务的活动。本罪侵犯的对象是正在依法执行职务、履行职责的上述4类人员。根据有关的立法与司法解释,对本罪中的国家机关工作人员的范围应当作实质性解释,而不可拘泥于是否有公务员身份和编制。对于以暴力、威胁方法阻碍国有事业单位人员依照法律、行政法规的规定执行行政执法职务的,或者以暴力、威胁方法阻碍国家机关中受委托从事行政执法活动的事业编制人员执行行政执法职务的,可以对侵害人以妨害公务罪追究刑事责任。

2. 本罪的客观方面表现为行为人以暴力、威胁的方法阻碍国家机关工作人员、人大代表依法执行职务,或者在自然灾害和突发事件中,以暴力、威胁方法阻碍红十字会工作人员依法履行职责,或者虽未使用暴力、威胁的方法,但故意阻碍国家安全机关、公安机关依法执行国家安全工作任务,且造成了严重后果的行为。

首先,本罪危害行为所针对的对象,必须是在"依法"执行职务或职责。①如果国家机关工作人员人大代表、红十字会工作人员以及国家安全机关与公安机关工作人员的行为,属于滥用职权、徇私舞弊、以权谋私的行为,对之人民群众有权阻止,阻止行为不能视为妨害公务罪。②本罪的危害行为,只能发生在上述4种人员依法执行职务或职责期间,并且阻碍红十字会工作人员依法履行职责,必须发生在自然灾害或突发事件中。在事前或者事后,对有关人员进行阻碍,不会影响职务或职责履行的,不以本罪论。

其次,针对不同的犯罪对象而实施的阻碍公务行为,构成本罪的客观条件不同。阻碍国家机关工作人员、人大代表、红十字会工作人员依法执行职务或者履行职责的,必须使用暴力、威胁的方法。所谓暴力,是指对上述人员实施殴打、捆绑等人身强制行为,使其不能正常履行职务或者职责。所谓威胁,是指行为人对上述人员以杀害、伤害、毁坏财产、名誉等相恐吓,进行精神强制,迫使其放弃或者不正确履行职务或职责。如果阻碍对象为依法执行国家安全工作任务为的国家安全机关、公安机关的工作人员,则不以行为人使用暴力或威胁方法为必要,但要求行为人的行为造成了严重的后果。

3. 本罪的主体是一般主体。凡是年满16周岁具有刑事责任能力的自然人都可以成为本罪的主体。

4.本罪的主观方面是故意。行为人明知对方是正在依法执行职务或履行职责的国家机关工作人员、人大代表或红十字会工作人员,而有意对其实施暴力、威胁加以阻碍,或者明知对方是正在依法执行国家安全工作任务的国家安全机关与公安机关工作人员,而有意进行阻碍,希望或者放任使之无法正常执行职务或者履行职责的结果发生。如果行为人对上述人员的身份或者执行公务的合法性确实发生认识错误而实施了阻碍行为,不构成本罪。动机和目的不影响本罪的成立。

(二)本罪的认定

1.罪与非罪的界限。要注意以下几点:①主观意图。本罪的行为人是怀着明确的反社会意图阻碍公务行为的,如果行为人基于社会公众的立场同违法乱纪行为做斗争不构成犯罪。②行为方式。对于《刑法》第277条第1、2、3款规定的情形来说,使用暴力、威胁方法是其必备要件,如果行为人未使用暴力、威胁方法而只是有顶撞、争执等行为或者使用轻微的暴力、威胁方法的,是一般的妨害公务行为,不成立本罪。③危害后果。对于《刑法》第277条第4款规定的情形来说,造成严重后果是其必备要件。

2.本罪与他罪的界限。时间上,本罪要求行为人的阻碍公务的行为必须发生于前述人员依法执行职务期间。如果不具备这一时间要件,不构成本罪,根据具体情况可能构成侮辱罪、故意伤害罪、故意毁坏财物罪等。本罪与其他犯罪存在牵连犯情形时,一般应按"择一重处断"原则处理,法律有特别规定的除外,如《刑法》第157条第2款规定,以暴力、威胁方法抗拒缉私的,以走私罪和本罪进行数罪并罚;《刑法》第318条组织他人偷越国(边)境罪第1款第5项和第321条运送他人偷越国(边)境罪第2款,对"以暴力、威胁方法抗拒检查的",规定了具体法定刑,直接按《刑法》第318条和第321条的规定处罚。

(三)本罪的刑事责任

根据《刑法》第277条第1款的规定,犯本罪的,处3年以下有期徒刑、拘役、管制或者罚金;依照第5款的规定,暴力袭击正在依法执行职务的人民警察的,依照第一款的规定从重处罚。

二、煽动暴力抗拒法律实施罪

煽动暴力抗拒法律实施罪,是指煽动群众暴力抗拒国家法律、行政法规的实施,扰乱社会秩序的行为。本罪的客体是国家实施法律、行政法规的正常秩序。客观方面表现为行为人实施了煽动群众暴力抗拒国家法律、行政法规的行为。对于煽动的方式刑法未作规定,可以是书面的也可以是口头的,可以是公然的也可以暗中进行的。群众是否被煽动起来不影响本罪的构成。根据刑法第278条的规定,犯本罪的,处3年以下有期徒刑拘役管制或者剥夺政治权利,造成严重后果的,处3年以上7年以下有期徒刑。"造成严重后果"一般是指确有部分群众被煽动起来而闹事或者造成国家法律、行政法规在某一地方无法正常实施等。

三、招摇撞骗罪

招摇撞骗罪,是指为了谋取非法利益,冒充国家机关工作人员进行招摇撞骗的行为。

(一)招摇撞骗罪的构成要件

1. 本罪的客体是国家机关的威信及其正常管理活动。

2. 本罪的客观方面表现为冒充国家机关工作人员进行招摇撞骗的行为。首先,行为人必须冒充国家机关工作人员。所谓冒充,是指不具备特定国家机关工作人员身份或职务的人,假冒成该特定国家机关工作人员身份或职务的人。一是非国家机关工作人员冒充国家机关工作人员,二是下级国家机关工作人员冒充上级国家机关工作人员,三是此种类型的国家机关工作人员冒充他种类型的国家机关工作人员。冒充非国家机关工作人员进行招摇撞骗的,不构成本罪。其次,行为人必须实施招摇撞骗撞骗的行为。所谓招摇撞骗,是指行为人利用冒充的国家机关工作人员的身份或职务,进行炫耀并骗取非法利益。

3. 本罪的主体是一般主体。

4. 本罪的主观方面是故意,目的是谋取非法利益。这里的非法利益含义广泛,既包括物质性利益,也包括非物质性利益,如职位、学位、荣誉称号、政治待遇、玩弄妇女等。

(二)招摇撞骗罪的认定

1. 罪与非罪的界限。①行为人如果仅实施了冒充国家机关工作人员的行为而没有骗取非法利益的不构成本罪。②招摇撞骗情节显著轻微危害不大的,不应以犯罪论处。

2. 本罪与诈骗罪的区别。①犯罪客体不同。前罪侵犯的客体是国家机关的威信以及公民、法人及其他组织的合法权益;后者侵犯的客体是公私财物所有权。②犯罪对象不同。前者的犯罪对象是各种非法利益,包括财物和其他物质性利益,还包括非物质性利益;后者的犯罪对象仅限于财物。③客观方面表现不同。前者的犯罪手段仅限于冒充国家机关工作人员;后者的犯罪手段是多种多样的。④成立犯罪的标准不同。本罪的成立没有数额上的限制;后者是数额犯,诈骗公私财物达到一定数额才构成犯罪。如果行为人冒充国家机关工作人员是为了骗取财物,属于法条竞合,一般应当按照特殊法优于普通法的原则处罚,即定本罪;当骗取财物的数额特别巨大或者性质特别严重时,应当按照重法优于轻法的原则进行处罚。

3. 罪数形态的认定。如果行为人为了冒充国家机关工作人员而实施了伪造、变造国家机关公文、证件、印章的,构成了手段行为与目的行为的牵连犯,按照牵连犯"择一重处断"的原则处理。

司考真题

关于罪数判断,下列哪一选项是正确的?(　　　)

A. 冒充警察招摇撞骗,骗取他人财物的,适用特别法条以招摇撞骗罪论处

B. 冒充警察实施抢劫,同时构成抢劫罪与招摇撞骗罪,属于想象竞合犯,从一重罪论处

C. 冒充军人进行诈骗,同时构成诈骗罪与冒充军人招摇撞骗罪的,从一重罪论处

D. 冒充军人劫持航空器的,成立冒充军人招摇撞骗罪与劫持航空器罪,实行数罪并罚

【答案】C

选项A错误,选项C正确。《最高人民法院、最高人民检察院关于办理诈骗刑事案件具体应用法律若干问题的解释》第8条规定,冒充国家机关工作人员进行诈骗,同时构成诈骗罪和招摇撞骗罪的,依照处罚较重的规定定罪处罚。

选项B、D错误。招摇撞骗罪属广义诈骗罪的一个特殊罪名,成立该罪,必须是被害人在错误认识的支配下对某项权益进行了处分。反之,如果犯罪人虽然采用了欺诈手段,但被害人并未产生错误的认识,更未基于错误的认识对某项权益作出处分,那么犯罪人往往最终是采用其他手段获取非法利益的。此种情况下,都不应当定诈骗罪,而应当按照犯罪人实际采用的手段定罪。据此可知,选项B中的行为人应定抢劫罪;选项D中的行为人应定劫持航空器罪。

(三)招摇撞骗罪的刑事责任

根据《刑法》第279条的规定,犯本罪的,处3年以下有期徒刑、拘役、管制或者剥夺政治权利;情节严重的,处3年以上10年以下有期徒刑。按照《刑法》第279条第2款的规定,冒充人民警察招摇撞骗的,从重处罚。

四、伪造、变造、买卖国家机关公文、证件、印章罪

伪造、变造、买卖国家机关公文、证件、印章罪,是指伪造、变造、买卖国家机关公文、证件、印章的行为。本罪的客体是国家机关信誉及其正常管理活动。犯罪对象是国家机关的公文、证件、印章。这里的公文,是指以国家机关名义制作的处理

公务的书面文件，包括命令、决定、通知、指示等。证件，甚至国家机关颁发的，用以证明身份、权利义务关系或者其他事项的凭证，如营业执照。印章，是指依法制作的刻有国家机关组织名称的公章或者有其他特殊用途的专用章，包括图章与印影。所谓伪造，是指无制作权限的人冒用国家机关的名义制作虚假的公文、证件、印章。模仿有权签发公文、证件的负责人的手迹签发公文、证件的，应以伪造论处。所谓变造，是指对真实的公文、证件或印章利用涂改、擦消、拼接等方法进行加工、改制，以改变其真实内容。所谓买卖，即对国家机关公文、证件或者印章实行有偿转让，包括买进和卖出两种行为。对于买卖伪造、变造的国家机关证件的行为，依法应当追究刑事责任的，以本罪论。伪造、变造、买卖各级人民政府设立的行使行政管理权的临时性机构的公文、证件、印章行为，构成犯罪的，以本罪追究刑事责任。对于买卖尚未加盖发证机关的行政印章或者通行专用章印鉴的空白《中华人民共和国边境管理区通行证》的行为，一般不以买卖国家机关证件罪追究刑事责任，如果国家机关工作人员实施上述行为，构成犯罪的，可以按滥用职权等相关犯罪，依法追究刑事责任。本罪是选择性罪名。根据《刑法典》第280条第1款的规定，犯本罪的，处3年以下有期徒刑、拘役、管制或者剥夺政治权利，情节严重的，处3年以上10年以下有期徒刑。

五、盗窃、抢夺、毁灭国家机关公文、证件、印章罪

盗窃、抢夺、毁灭国家机关公文、证件、印章罪，是指盗窃、抢夺、毁灭国家机关公文、证件、印章的行为。盗窃即秘密窃取，抢夺即公然夺取，毁灭是指使用各种破坏性方法使国家机关公文、证件、印章丧失效用。根据《刑法》第280条第1款的规定，犯本罪的，处3年以下有期徒刑、拘役、管制或者剥夺政治权利；情节严重的，处3年以上10年以下有期徒刑。

六、伪造公司、企业、事业单位、人民团体印章罪

伪造公司、企业、事业单位、人民团体印章罪，是指伪造公司、企业、事业单位、人民团体印章的行为。根据《最高人民法院、最高人民检察院关于办理伪造、贩卖伪造的高等院校学历、学位证明刑事案件如何适用法律问题的解释》的规定，对于伪造高等院校印章制作学历、学位证明的行为，应当依照《刑法》第286条第2款的规定，以伪造事业单位印章罪定罪处罚。明知是伪造高等院校印章制作的学历、学位证明而贩卖的，以伪造事业单位印章罪的共犯论处。根据《刑法》第280条第2款的规定，犯本罪的，处3年以下有期徒刑、拘役、管制或者剥夺政治权利。

七、伪造、变造、买卖身份证件罪

伪造、变造、买卖身份证件罪,是指伪造、变造、买卖居民身份证、护照、社会保障卡、驾驶证等依法可以用于证明身份的证件的行为。根据《刑法》第280条第3款的规定,犯本罪的,处3年以下有期徒刑、拘役、管制或者剥夺政治权利,并处罚金;情节严重的,处3年以上7年以下有期徒刑,并处罚金。

八、使用虚假身份证件、盗用身份证件罪

使用虚假身份证件、盗用身份证件罪,是《刑法修正案(九)》增设的罪名,是指在依照国家规定应当提供身份证明的活动中,使用伪造、变造的或者盗用他人的居民身份证、护照、社会保障卡、驾驶证等依法可以用于证明身份的证件,情节严重的行为。本罪的犯罪对象包括伪造、变造的和真实有效的身份证件,但它们对于使用者而言都是虚假不实的。实施本罪行为,同时构成其他犯罪的,依照处罚较重的规定定罪处罚。根据《刑法》第380条之一的规定,犯罪的,处拘役或者管制,并处或者单处罚金。

九、非法生产、买卖警用装备罪

非法生产、买卖警用装备罪,是指非法生产、买卖人民警察制式服装、车辆号牌等专用标志、警械,情节严重的行为。根据《刑法》第281条的规定,犯本罪的,处3年以下有期徒刑、拘役或者管制,并处或者单处罚金。单位犯本罪的,对单位判处罚金,并对其直接负责的主管人员和其他直接责任人员,依照上述规定处罚。

十、非法获取国家秘密罪

非法获取国家秘密罪,是指以窃取、刺探、收买的方法,非法获取国家秘密的行为。本罪的客体是复杂客体,即国家的安全和发展和国家的保密制度。本罪的犯罪对象是国家秘密。所谓国家秘密是指关系国家安全和利益,依照法定程序确定,在一定时间内只限于一定范围的人知悉的事项。犯罪对象包括绝密、机密、秘密这3个密级的国家秘密。所谓窃取,是指通过盗取文件或者利用计算机,窃听、窃照等器械,秘密取得国家秘密的行为。所谓刺探,是指通过打听、实地考察等方法获取国家秘密的行为。所谓收买,是指用物质性利益或者非物质性利益换取国家秘密的行为。为境外机构、组织或个人窃取、刺探、收买国家秘密的,则应按刑法第111条的规定,以为境外窃取、刺探、收买、非法提供国家秘密、情报罪定罪处罚。

根据《刑法》第282条第1款的规定,犯本罪的,处3年以下有期徒刑、拘役、管制或者剥夺政治权利;情节严重的,处3年以上7年以下有期徒刑。

十一、非法持有国家绝密、机密文件、资料、物品罪

非法持有国家绝密、机密文件、资料、物品罪是指非法持有国家绝密、机密文件、资料、物品,拒不说明来源与用途的行为。本罪对象限于国家绝密、机密两个密级的文件、资料、物品。成立本罪,在客观方面须同时具备"非法持有"和"拒不说明来源与用途"。根据《刑法》第282条的规定,犯本罪的,处3年以下有期徒刑、拘役或者管制。

十二、非法生产、销售间谍专用器材、窃听、窃照专用器材罪

非法生产、销售间谍专用器材、窃听、窃照专用器材罪,是指非法生产、销售专用间谍器材或者窃听、窃照专用器材的行为。本罪的客体是国家对间谍专用器材和窃听、窃照专用器材的管理制度。本罪的客观方面表现为非法生产、销售间谍专用器材或者窃听、窃照专用器材的行为。所谓非法生产或销售,是指未经国家有关主管部门批准而擅自生产或销售,或者虽经国家有关主管部门批准生产或销售,但擅自超出批准的品种、数量范围而生产或销售的。间谍专用器材是指间谍活动特殊需要的器材,如暗藏式窃听、窃照器材,突发式收发报机,一次性密码本、窃写工具,用于获取情报的电子监听、接受器材等等。根据《刑法》第283条的规定,犯本罪的,处3年以下有期徒刑、拘役或者管制。单位犯本罪的,对单位判处罚金,并对其直接负责的主管人员和其他直接责任人员,依照上述规定处罚。

十三、非法使用窃听、窃照专用器材罪

非法使用窃听、窃照专用器材罪,是指非法使用窃听、窃照专用器材,造成严重后果的行为。首先,行为人必须非法使用了窃听、窃照专用器材。所谓非法使用,是指无权使用者擅自使用或者有权使用者违反规定使用;其次,行为必须造成严重后果,未造成严重后果,不成立本罪。行人实施本罪,又实施其他犯罪行为的,一般应从一重罪论处。根据《刑法》第284条的规定,犯本罪的,处2年以下有期徒刑、拘役或者管制。

十四、组织考试作弊罪

组织考试作弊罪,是《刑法修正案(九)》增设的罪名,是指在法律规定的国家

考试中,组织作弊的行为。本罪侵犯的客体为复杂客体,包括国家对考试组织的管理秩序和他人公平参与考试的权利。本罪的客观方面表现为在法律规定的国家考试中组织作弊的行为,为他人组织作弊提供作弊器材或者其他帮助,情节严重的,依前述规定处罚。所谓"法律规定的考试",是指由国家所颁布的法律中所规定的,由国家相关主管部门确定实施,由经批准的实施考试的机构承办,面向社会公众,统一进行的各种考试,包括中考、高考、研究生入学考试等学业考试,计算机等级考试、全国英语等级考试等社会证书类考试,司法职业资格考试、证券师从业资格考试等资格类考试,国家公务员招录考试等招录考试等等。所谓"组织",是指倡导、发起、策划、安排他人进行作弊的行为,组织的对象不限于考生,还可以包括考生家长、教师等。所谓"作弊",即违反公平、公正原则,通过不正当途径参加考试,或在考试过程中在考试不允许的范围内寻求或者试图寻求答案的行为。根据《刑法》第284条之一第1款的规定,犯本罪的,处3年以下有期徒刑或者拘役,并处或者单处罚金;情节严重的,处3年以上7年以下有期徒刑,并处罚金。

十五、非法出售、提供试题、答案罪

非法出售、提供试题、答案罪,是《刑法修正案(九)》增设的罪名,是指在法律规定的国家考试中,为实施考试作弊行为,向他人非法出售或者提供考试的试题、答案的行为。根据第284条之一第2款的规定,犯本罪的,处3年以下有期徒刑或者拘役,并处或者单处罚金;情节严重的,处3年以上7年以下有期徒刑,并处罚金。

十六、代替考试罪

代替考试罪是《刑法修正案(九)》增设的罪名,是指在法律规定的国家考试中,代替他人或者让他人代替自己参加考试的行为。根据第284条之一第3款的规定,犯本罪的,处拘役或者管制,并处或者单处罚金。

十七、非法侵入计算机信息系统罪

非法侵入计算机信息系统罪,是指违反国家规定,侵入国家事务、国防建设、尖端科学技术领域的计算机信息系统的行为。

(一)本罪的构成要件

1.本罪的客体是国家事务、国防建设、尖端科学技术领域的计算机信息系统的安全。犯罪对象是国家事务、国防建设、尖端科学技术领域的计算机信息系统。

2.本罪的客观方面表现为违反国家规定,侵入国家事务、国防建设和尖端科学技术领域的计算机信息系统的行为。所谓违反国家规定,是指违反全国人大及其常委会、国务院制定的保护计算机信息系统的法律、行政法规、决定或命令。所谓侵入,是指未得到国家有关部门的合法授权或批准的情况下,通过计算机终端擅自访问有关计算机系统或者进行数据截收的行为。至于侵入行为的具体方式则是多种多样的。

3. 本罪的主体是一般主体,多为精通计算机软件技术的专业人员。

4. 本罪的主观方面是故意。

(二) 本罪的认定

1. 罪与非罪的界限。本罪是故意犯罪,犯罪对象限于国家事务、国防建设、尖端科学技术领域的计算机信息系统。

2. 本罪与非法获取国家秘密罪的区别。①犯罪对象不同。前者的犯罪对象是特定领域的计算机信息系统;后者的犯罪对象是国家秘密。②客观方面不同。前者是以非法解密等手段侵入特定领域的计算机信息系统;后者是采用窃取、刺探、收买等手段获取国家秘密。③主观方面不同。前者的故意是非法侵入特定领域的计算机信息系统的故意;后者的故意是非法获取国家秘密的故意。行为人非法侵入国家事务国防建设,尖端科学技术领域的计算机信息系统,并窃取国家秘密或者构成其他犯罪的,依照牵连犯的原则进行处断。

(三) 本罪的刑事责任

根据《刑法》第285条的规定,犯本罪的,处3年以下有期徒刑或者拘役。单位犯本罪的,对单位判处罚金,并对其直接负责的主管人员和其他直接责任人员,依照上述规定处罚。

十八、非法获取计算机信息系统数据、非法控制计算机信息系统罪

非法获取计算机信息系统数据、非法控制计算机信息系统罪,是指违反国家规定,侵入国家事务、国防建设和尖端科学技术领域以外的计算机信息系统或者采用其他技术手段,获取该计算机信息系统中存储、处理或者传输的数据,或者对该计算机信息系统实施非法控制,情节严重的行为。根据《刑法》第285条第2款的规定,犯本罪的,处3年以下有期徒刑或者拘役,并处或者单处罚金;情节特别严重的,处3年以上7年以下有期徒刑,并处罚金。单位犯本罪的,对单位判处罚金,并对其直接负责的主管人员和其他直接责任人员,依照上述规定处罚。

十九、提供侵入、非法控制计算机信息系统的程序、工具罪

提供侵入、非法控制计算机信息系统程序、工具罪是指提供专门用于侵入、非

法控制计算机信息系统的程序、工具,或者明知他人实施侵入、非法控制计算机信息系统的违法犯罪行为而为其提供程序、工具,情节严重的行为。本罪的客体是计算机信息系统的安全。根据《刑法》第285条第2款、第3款的规定,犯本罪的,处3年以下有期徒刑或者拘役,并处或者单处罚金;情节特别严重的,处3年以上7年以下有期徒刑,并处罚金。单位犯本罪的,对单位判处罚金,并对其直接负责的主管人员和其他直接责任人员,依照上述规定处罚。

二十、破坏计算机信息系统罪

破坏计算机信息系统罪,是指违反国家规定,对计算机信息系统功能进行删除、修改、增加、干扰,造成计算机信息系统不能正常运行,或者对计算机信息系统中存储、处理或者传输的数据和应用程序进行删除、修改、增加的操作,后果严重的行为;以及故意制作、传播计算机病毒等破坏性程序,影响计算机系统正常运行,后果严重的行为。

(一)本罪的构成要件

1. 本罪的客体是国家对计算机信息系统的安全运行管理制度和计算机信息系统的所有人与合法用户的合法权益管理秩序。本罪的犯罪对象是计算机信息系统,包括数据、应用程序和系统功能。

2. 本罪的客观方面表现为违反国家规定,对计算机信息系统功能进行删除、修改、增加、干扰,造成计算机信息系统不能正常运行,后果严重的行为,或者对计算机信息系统中存储、处理或者传输的数据、应用程序进行删除、修改、增加的操作,后果严重的行为;或者故意制作、传播计算机病毒等破坏性程序,影响计算机系统正常运行,后果严重的行为。(1)破坏计算机信息系统功能,即违反国家规定,对计算机信息系统功能进行删除、修改、增加、干扰,使其不能正常运行。所谓计算机信息系统功能,是指计算机信息系统按照一定的应用目标和规则对信息进行收集、加工、存储、传输、检索等处理的能力。所谓计算机信息系统不能正常运行,包括计算机信息系统功能部分或全部丧失,停止处理信息或者错误处理信息。(2)破坏计算机信息系统数据和应用程序,即违反国家规定对计算机信息系统中存储、处理或者传输的数据、应用程序进行删除、修改或者增加。所谓数据,是指计算机信息系统中存储、处理或者传输的信息资料;应用程序,是指为了得到某种结果而由计算机信息系统执行的代码指令序列,或者可以自动转换成代码化指令序列的符号化指令序列、符号化语句序列。破坏计算机信息系统数据、应用程序后果严重,一般是指造成了重要数据的错误或者丢失;或者造成了应用程序的错误,导致了妨害处理重要信息;或者由于造成数据或者应用程序的错误而导致其他严重后果,等等。(3)制作、传播计算机病毒,即故意制作、传播计算机病毒等破坏性程序,影响计算机系统正常运行。所谓计算机病毒,根据《中华人民共和国计算机信息系统安全保护条例》第 28 条的规定,是指编制或者在计算机程序中插入破坏计算机功能或毁坏数据,影响计算机使用,并能自动复制的计算机指令或者程序代码。它是人为制造的干扰、破坏计算机正常运行的一种技术手段。所谓制作,包括自己创造发明计算机病毒,或者获悉技术后复制;所谓传播,则是指把计算机病毒程序插入到单机或者整个计算机网络系统的行为。

制作、传播计算机病毒和破坏计算机信息系统功能两种行为类型中的后果严重,包括由于不能正常运行而导致国家重点保护的信息丢失或错误处理了重要信息;或者使国家重要部门的计算机信息系统陷于瘫痪,严重影响了该部门的正常工作;或者给国家或者一定的部门造成重大经济损失;或者造成了其他严重后果。

3. 本罪的主体是一般主体,多为精通计算机技术的专业人员。

4. 本罪的主观方面由故意构成,即明知自己的行为会造成破坏计算机信息系统功能的正常运行,或者破坏计算机信息系统的数据、应用程序的危害结果,并且希望或者放任这种结果发生的心理状态。

(二) 司法认定

1. 罪与非罪的界限。本罪中的 3 种行为类型,均以后果严重作为犯罪成立的必要条件,而且主观方面均为故意。如果行为人过失地造成计算机信息系统功能不能正常运行,或者过失地造成计算机信息系统的数据、应用程序的删除、改动或增加,不构成犯罪。即使是故意的,但后果尚未达到严重的程度,也不构成犯罪。

2. 本罪与非法侵入计算机信息系统罪的区别 ①犯罪对象不同。前者的犯罪对象泛指所有的计算机信息系统;后者单指特定领域的计算机信息系统。②客观方面不同。前者的行为方式包括删除、修改、增加、干扰计算机信息系统功能,或者删除、修改、增加计算机信息系统数据、应用程序,或者制造、传播计算机病毒;后者仅指采用非法解密手段侵入特定领域的计算机信息系统。③危害程度要求不同。前者以后果严重为其成立的必要条件,后者则不要求发生严重后果。如果行为人在非法侵入特定领域的计算机信息系统之后,又破坏其功能,或者破坏其数据、应用程序,或者故意制造病毒感染,且造成严重后果,应视为本罪与非法侵入计算机信息系统罪的牵连犯,按照牵连犯的处断原则处理。

司考真题

下列哪些情形应以破坏计算机信息系统罪论处?( )

A. 甲采用密码破解手段,非法进入国家尖端科学技术领域的计算机信息系统,窃取国家机密

B. 乙因与单位领导存在矛盾,即擅自对单位在计算机中存储的数据和应用程序进行修改操作,给单位的生产经营管理造成严重的混乱

C. 丙通过破解密码的手段,进入某银行计算机信息系统,为其朋友的银行卡增加存款额 10 万元

D. 丁为了显示自己在计算机技术方面的本事,设计出一种计算机病毒,并通过互联网进行传播,影响计算机系统正常运行,造成严重后果

【解题思路和依据】《刑法》第 286 条:"违反国家规定,对计算机信息系统功能进行删除、修改、增加、干扰,造成计算机信息系统不能正常运行,后果严重的,处五年以下有期徒刑或者拘役;后果特别严重的,处五年以上有期徒刑。违反国家规定,对计算机信息系统中存储、处理或者传输的数据和应用程序进行删除、修改、增加的操作,后果严重的,依照前款的规定处罚。故意制作、传播计算机病毒等破坏性程序,影响计算机系统正常运行,后果严重的,依照第一款的规定处罚。"由此可见,选项 A 中甲的行为不构成破坏计算机信息系统罪,应构成非法侵入计算机信息系统罪和非法获取国家秘密罪。选项 B 构成破坏计算机信息系统罪,应当选。选项 C 是一种利用计算机盗窃的行为,也不应当选。选项 D 中丁的行为符合上述规定,构成破坏计算机信息系统罪,应当选。

【答案】BD

(三)刑事责任

根据《刑法》第 286 条的规定,犯本罪的,处 5 年以下有期徒刑,后果特别严重的,处 5 年以上有期徒刑。单位犯本罪的,对单位判处罚金,并对其直接负责的主管人员和其他直接责任人员,依照上述规定处罚。

二十一、拒不履行信息网络安全管理义务罪

拒不履行信息网络安全管理义务罪,是《刑法修正案(九)》增设的罪名,是指网络服务提供者,不履行法律、行政法规规定的信息网络安全管理义务,经监管部门责令采取改正措施,而拒不改正,致使违法信息大量传播的,或者致使用户信息泄露,造成严重后果的,或者致使刑事案件证据灭失,情节严重的,或者有其他严重情节的行为。根据《刑法》第 286 条之一的规定,犯本罪的,处 3 年以下有期徒刑、拘役或者管制,并处或者单处罚金。单位犯本罪的,对单位判处罚金,并对其直接负责的主管人员和其他直接责任人员,依照上述规定处罚。犯本罪,同时构成其他犯罪的,依照处罚较重的规定定罪处罚。

二十二、非法利用信息网络罪

非法利用信息网络罪,是《刑法修正案(九)》增设的罪名,是指利用信息网络设立用于实施诈骗、传授犯罪方法、制作或者销售违禁物品、管制物品等违法犯罪

活动的网站、通讯群组,或者发布有关制作或者销售毒品、枪支、淫秽物品等违禁物品、管制物品或者其他违法犯罪信息,或者为实施诈骗等违法犯罪活动发布信息,情节严重的行为。根据《刑法》第287条之一的规定,犯本罪的,处3年以下有期徒刑,拘役或者管制,并处或者单处罚金。单位犯本罪的,对单位判处罚金,并对其直接负责的主管人员和其他直接责任人员,依照上述规定处罚。犯本罪,同时构成其他犯罪的,依照处罚较重的规定定罪处罚。但利用计算机实施金融诈骗、盗窃、贪污、挪用公款、窃取国家秘密或者其他犯罪的,依照本法有关规定定罪处罚。

二十三、帮助信息网络犯罪活动罪

帮助信息网络犯罪活动罪,是《刑法修正案(九)》增设的罪名,是指明知他人利用信息网络实施犯罪,而为其犯罪提供互联网接入、服务器托管、网络存储、通讯传输等技术支持,或者提供广告推广、支付结算等帮助,情节严重的行为。根据第287条之二的规定,犯本罪的,处3年以下有期徒刑或者拘役,并处或者单处罚金。单位犯本罪的,对单位判处罚金并对其直接负责的主管人员和其他直接责任人员,依照上述规定处罚。有上述行为,同时构成其他犯罪的,依照处罚较重的规定定罪处罚。

二十四、扰乱无线电通讯管理秩序罪

扰乱无线电通讯管理秩序罪,是指违反国家规定,擅自设置、使用无线电台(站),或者擅自使用无线电频率,干扰无线电通讯秩序,情节严重的行为。根据《刑法》第288条的规定,犯本罪的,处3年以下有期徒刑、拘役或者管制,并处或者单处罚金;情节特别严重的,处3年以上7年以下有期徒刑,并处罚金。单位犯本罪的,对单位判处罚金,并对其直接负责的主管人员和其他直接责任人员,依照上述规定处罚。

二十五、聚众扰乱社会秩序罪

聚众扰乱社会秩序罪聚众扰乱社会秩序罪,是指聚众扰乱社会秩序,情节严重,致使工作、生产、营业或教学、科研、医疗无法进行,造成严重损失的行为。

(一)本罪的构成要件

1. 本罪的客体是社会秩序。这里所说的社会秩序,是指企事业单位、人民团体正常的工作、生产、营业和教学、科研、医疗秩序。

2. 本罪的客观方面表现为聚众扰乱社会秩序,情节严重,致使工作、生产、营业和教学、科研、医疗无法进行,造成严重损失的行为。首先,行为人必须实施了聚众

扰乱社会秩序的行为。所谓聚众,是指首要分子通过组织、策划、指挥,纠集特定或不特定的3人以上的多数人同一时间聚集于同一地点。所谓扰乱社会秩序,是指对正常的社会秩序进行干扰、破坏,既包括暴力性扰乱,也包括非暴力性扰乱。其次,上述行为必须达到情节严重,致使工作、生产、营业和教学、科研无法进行。情节严重是指扰乱时间长、聚集人数多、造成的影响恶劣等情形。最后,上述行为还必须造成了严重损失,这里的严重损失是指因行为人聚众扰乱社会秩序的行为,导致被扰乱单位停工、停产、停课、停业,造成严重的经济损失,或者导致科研试验失败或者有关单位社会声誉受到严重影响等等。

3. 本罪的主体是一般主体,且仅限于聚众扰乱社会秩序的首要分子和积极参加者。对于一般参与人员,不以犯罪论处。

4. 本罪的主观方面是故意。行为人动机如何不影响本罪的成立。

(二) 本罪的认定

1. 罪与非罪的界限。首先,刑法对本罪的成立规定了严格的限制条件,行为人聚众扰乱社会秩序的行为达到情节严重的程度,同时造成严重损失的,方以本罪论处。其次,要严格区分聚众扰乱社会秩序的首要分子、积极参加者和一般参加者,本罪的主体限于首要分子和积极参加者。

2. 本罪与妨害公务罪的区别。首先,犯罪对象不同。本罪侵害的对象为单位;后罪的犯罪对象是正在执行公务的国家机关工作人员。其次,客观方面表现不同。本罪可以是暴力性扰乱,也可以是非暴力性扰乱;后者除了故意阻碍国家安全机关、公安机关依法执行国家安全工作任务而外,均要求使用暴力、威胁的方法。第三,犯罪主体不同。本罪犯罪主体仅限于聚众的首要分子和积极参加者;后者可以由单个人实施。

3. 本罪与破坏生产经营罪的区别。①本罪是聚众型犯罪,要求首要分子组织、纠集三人以上进行扰乱活动,一人或两人的扰乱活动,不能构成本罪。破坏生产经营罪则不要求多人,可以由单个人实施。②本罪行为人的意图是想通过聚众扰乱,迫使机关、企业等满足其无理要求,侵害的客体是社会管理秩序,具体则是企事业单位、人民团体等单位的工作、生产及教学、科研、医疗等秩序。而破坏生产经营罪则是行为人出于泄愤报复或者其他个人目的,实施破坏机器设备等破坏生产经营的行为,侵害的客体是生产经营的正常活动动。③本罪要求情节严重,并且造成严重后果,破坏生产经营罪则并不要求情节严重。④本罪虽然可能会存在正常的生产活动被破坏的情形,但这与破坏生产经营罪不一样,在破坏生产经营罪中,破坏正常的生产活动是行为人追求的直接目的,而在本罪中,由于行为人为达到其他目的聚众扰乱,客观上造成了企业无法生产的结果,二者有着本质的不同。

(三) 本罪的刑事责任

根据《刑法》第290条第1款的规定,犯本罪的,对首要分子处3年以上7年以下有期徒刑；对其他积极参加的，处3年以下有期徒刑、拘役、管制或者剥夺政治权利。

二十六、聚众冲击国家机关罪

聚众冲击国家机关罪，是指聚众冲击国家机关，致使国家机关工作无法正常进行，造成严重损失的行为。所谓聚众冲击，是指首要分子聚集多人，冲闯国家机关门禁，包围国家机关驻地，强占国家机关办公场所，堵塞国家机关通道，阻止国家机关工作人员出入等行为。本罪的主体是一般主体，但仅限于聚众的首要分子和积极参加者。根据《刑法》第290条的规定，犯本罪的，对首要分子，处5年以上10年以下有期徒刑；对其他积极参加的，处5年以下有期徒刑、拘役、管制或者剥夺政治权利。

二十七、扰乱国家机关工作秩序罪

扰乱国家机关工作秩序罪，是《刑法修正案（九）》增设的罪名，是指多次扰乱国家机关工作秩序，经行政处罚后仍不改正，造成严重后果的行为。根据《刑法》第290条第3款的规定，犯本罪的，处3年以下有期徒刑，拘役或者管制。

二十八、组织、资助非法聚集罪

组织、资助非法聚集罪，是《刑法修正案（九）》增设的罪名，是指多次组织、资助他人非法聚集，扰乱社会秩序，情节严重的行为。根据《刑法》第290条第4款和第3款的规定，犯本罪的，处3年以下有期徒刑、拘役或者管制。

二十九、聚众扰乱公共场所秩序、交通秩序罪

聚众扰乱公共场所秩序、交通秩序罪，是指聚众扰乱车站、码头、民用航空站、商场、公园、影剧院、展览会、运动场或者其他公共场所秩序，聚众堵塞交通或者破坏交通秩序，抗拒、阻碍国家治安管理人员依法执行职务，情节严重的行为。本罪的主体是一般主体，但仅限于首要分子。本罪的主观方面是故意。根据《刑法》第291条的规定，犯本罪的，对首要分子处5年以下有期徒刑、拘役或者管制。

三十、投放虚假危险物质罪

投放虚假危险物质罪，是指投放虚假的爆炸性、毒害性、放射性、传染病病原体

等物质,严重扰乱社会秩序的行为。本罪的犯罪对象为虚假的爆炸性、毒害性、放射性、传染病病原体等物质,这些物质不具有爆炸性、毒害性、放射性或不属于传染病病原体,但因其外观形态、投放的方式、方法、投放时间、场所等,容易使人误认为其属于危险物质。如果是真实的爆炸性、毒害性、放射性、传染病病原体等物质,则构成危害公共安全的有关犯罪。

三十一、编造、故意传播虚假恐怖信息罪

编造、故意传播虚假恐怖信息罪,是指编造爆炸威胁、生化威胁、放射威胁等恐怖信息,或者明知是编造的恐怖信息而故意传播,严重扰乱社会秩序的行为。根据《刑法》第291条之一的规定,犯本罪的,处5年以下有期徒刑、拘役或者管制;造成严重后果的,处5年以上有期徒刑。

三十二、编造、故意传播虚假信息罪

编造故意传播虚假信息罪,是指编造虚假的险情、疫情、灾情、警情,在信息网络或者其他媒体上传播,或者明知是上述虚假信息,故意在信息网络或者其他媒体上传播,严重扰乱社会秩序的行为。根据刑法第291条之一第2款的规定,犯本罪的,处3年以下有期徒刑、拘役或者管制,造成严重后果的,处3年以上7年以下有期徒刑。

三十三、聚众斗殴罪

聚众斗殴罪聚众斗殴罪,是指聚集多人进行斗殴,破坏社会秩序的行为。

(一)本罪的构成要件

1.本罪的客体是公共秩序,即通过法律法规、道德规范、风俗习惯来建立和维持的社会正常运行状态。公共秩序,既包括公共场所的秩序,也包括非公共场所的秩序。在非公共场所结伙斗殴,也可能成立本罪。

2.本罪的客观方面表现为聚众斗殴的行为。聚众斗殴罪客观方面的重要特征有两个:一是聚众,即首要分子通过组织、策划、指挥、纠集特定或不特定的多数人,同一时间聚集于同一地点。二是斗殴,即多人攻击对方身体,或者相互攻击对方身体。聚众斗殴的人数为多数,但并不要求斗殴双方的人数都必须是3人以上。聚众斗殴,不以使用器械为必要,徒手斗殴的,也可以构成本罪。在司法实践中,"聚众斗殴"大多表现为不法集团或者团伙之间出于报复、争霸一方等动机,成帮结伙地打群架、互相殴斗的行为。斗殴的双方都可以构成本罪。这种大规模或者持械进行的殴斗,不仅参加人数多,而且双方事先通常都有一定准备,带有刀枪棍棒等

凶器,极易造成一方或双方的人身伤亡,甚至会造成周围无辜群众的伤亡或财产损失。

3. 本罪的主体是一般主体,但是只限于由首要分子和其他积极参加者,一般参与聚众斗殴的人不构成本罪。

4. 本罪的主观方面是故意。其犯罪动机一般是基于逞凶、争霸,报复他人,寻求刺激,公然蔑视国家法律和社会公德。但犯罪目的与动机不影响本罪的成立。

(二)本罪的认定

1. 罪与非罪的界限。①主观标准。本罪主观上应为直接故意,且具有通过聚众斗殴行为寻求精神刺激的犯罪目的。因民事纠纷而发生的一般斗殴甚至结伙械斗的情形,形式上与聚众斗殴有相同之处,但是主观上不具有通过聚众斗殴行为寻求精神刺激的犯罪目的,而是由于某种特定的民事纠纷,其性质不同。如果没有造成严重后果的,属于一般违法行为。②主体标准。根据刑法的规定,本罪只处罚首要分子和积极参加者。

2. 本罪与聚众扰乱社会秩序罪的区别。两罪都是聚众型犯罪,都扰乱公共秩序,犯罪主体都是聚众犯罪的首要分子和其他积极参加者。区别如下:①直接客体的范围不同。本罪侵犯的是社会公共秩序,而后者侵犯的,只限于企事业单位、人民团体的工作、生产、营业、教学、科研、医疗等秩序。②犯罪对象不同。本罪的对象是相互斗殴的双方或普通群众,而后者的对象则是企事业单位,人民团体等。③客观表现不同。本罪表现为行为人实施了聚众斗殴的行为,而后者表现为,行为人实施了聚众扰乱社会秩序的行为。④犯罪形态不同。本罪是行为犯,而后者是结果犯,必须行为人的行为情节严重,致使工作、生产、营业、教学、科研、医疗等无法进行,造成严重损失才构成犯罪。

3. 一罪与数罪问题。根据《刑法》第292条第2款的规定,聚众斗殴,致人重伤、死亡的应分别按故意伤害罪或故意杀人罪定罪处罚,不能按聚众斗殴与故意伤害罪、故意杀人罪实行数罪并罚。但在聚众斗殴出现致人重伤、死亡的情况时,不应将所有参与斗殴的人,都认定为故意伤害罪或故意杀人罪,只能将直接造成重伤、死亡结果的斗殴者和首要分子认定为上述犯罪。如果现有证据无法证明谁的行为是直接致重伤、死亡的原因,则仅对首要分子,以故意伤害罪、故意杀人罪定罪处罚。

司考真题

甲、乙两村因水源发生纠纷。甲村20名村民手持铁锹等农具,在两村交界处强行修建引水设施。乙村18名村民随即赶到,手持木棍、铁锹等与甲村村民互相谩骂、互扔石块,甲村3人被砸成重伤。因警察及时疏导,两村村民才逐渐散去。

关于本案,下列哪些选项是正确的?（   ）

A. 村民为争水源而斗殴,符合聚众斗殴罪的主观要件
B. 不分一般参加斗殴还是积极参加斗殴,甲、乙两村村民均触犯聚众斗殴罪
C. 因警察及时疏导,两村未发生持械斗殴,属于聚众斗殴未遂
D. 对扔石块将甲村3人砸成重伤的乙村村民,应以故意伤害罪论处

【答案】AD

【解析】选项A正确。聚众斗殴罪,是指聚集多人攻击对方身体,或者相互攻击对方身体的行为。本案完全符合本罪的成立要件,构成聚众斗殴罪。

选项B错误。《刑法》第292条第1款规定,对聚众斗殴罪,只打击首要分子和其他积极参加者。据此可知,对聚众犯罪,只打击首要分子以及积极参加者,对一般参加者不以犯罪处理。

选项C错误。聚众斗殴罪只要求一方或双方纠集多人进行了殴斗即可,不要求"持械"斗殴,本案中,两村分别纠集18、20人,并且互相谩骂、互扔石块,致甲村3人被砸成重伤,因而已构成既遂。

选项D正确。《刑法》第292条第2款规定,聚众斗殴,致人重伤、死亡的,依照故意伤害罪、故意杀人罪的规定定罪处罚。

(三)本罪的刑事责任

根据《刑法》第292条第1款的规定,犯本罪的,对首要分子和其他积极参加的,处3年以下有期徒刑、拘役或者管制。有下列情形之一的,对首要分子和其他积极参加的,处3年以上10年以下有期徒刑,即:①多次聚众斗殴的;②聚众斗殴人数多,规模大,社会影响恶劣的;③在公共场所或者交通要道聚众斗殴,造成社会秩序严重混乱的;④持械聚众斗殴的。根据《刑法典》第292条第2款的规定,聚众斗殴,致人重伤、死亡的,依照《刑法典》第234条,第232条定罪处罚,应根据具体情况对行为人分别以故意伤害罪或故意杀人罪论处。

三十四、寻衅滋事罪

寻衅滋事罪寻衅滋事罪,是指寻衅滋事,破坏社会秩序,情节严重的行为。

(一)本罪的构成要件

1. 本罪的客体是公共秩序,即通过法律法规、道德规范、风俗习惯来建立和维持的社会正常运行状态。公共秩序,既包括公共场所的秩序,也包括非公共场所的秩序。

2. 本罪的客观方面表现为行为人实施了寻衅滋事,破坏社会秩序的行为。所谓寻衅滋事,一般是指行人为寻求刺激、发泄情绪、逞强耍横,而肆意挑衅,无事生

非,起哄闹事,扰乱破坏社会秩序的行为。《刑法》第293条规定了构成寻衅滋事罪的4种情形。

(1)随意殴打他人,情节恶劣的。这里的随意殴打,即无理无故殴打他人,不以造成被害人轻伤为必要。情节恶劣,是指致1人以上轻伤或者2人以上轻微伤的;引起他人精神失常、自杀等严重后果的;多次随意殴打他人的;持凶器随意殴打他人的;随意殴打精神病人、残疾人、流浪乞讨人员、老年人、孕妇、未成年人,造成恶劣社会影响的;在公共场所随意殴打他人,造成公共场所秩序严重混乱的;以及其他情节恶劣的情形。

(2)追逐、拦截、辱骂、恐吓他人,情节恶劣的。情节恶劣是指多次追逐、拦截、辱骂、恐吓他人,造成恶劣社会影响的;持凶器追逐、拦截、辱骂、恐吓他人的;追逐、拦截、辱骂、恐吓精神病人、残疾人、流浪乞讨人员、老年人、孕妇、未成年人,造成恶劣社会影响的;引起他人精神失常、自杀等严重后果的;严重影响他人的工作、生活、生产、经营的;以及其他情节恶劣的情形。

(3)强拿硬要或者任意损毁、占用公私财物,情节严重的。情节严重是指强拿硬要公私财物价值1000元以上,或者任意损毁、占用公私财物价值2000元以上的;多次强拿硬要或者任意毁损、占用公私财物,造成恶劣社会影响的;强拿硬要或者任意损毁、占用精神病人、残疾人、流浪乞讨人员、老年人、孕妇、未成年人的财物,造成恶劣社会影响的;引起他人精神失常、自杀等严重后果的;严重影响他人的工作、生活、生产、经营的;以及其他情节恶劣的情形。

(4)在公共场所起哄闹事,造成公共场所秩序严重混乱的。在车站、码头、机场、医院、商场、公园、影剧院、展览会、运动场或者其他公共场所起哄闹事,应当根据公共场所的性质、公共活动的重要程度、公共场所的人数、起哄闹事的时间、公共场所受影响的范围与程度等因素,综合判断是否造成公共场所秩序严重混乱。编造虚假信息,或者明知是编造的虚假信息,在信息网络上散布,或者组织、指使人员在信息网络上散布,起哄闹事,造成公共秩序严重混乱的,以寻衅滋事罪定罪处罚。

3.本罪的主体是一般主体。即凡满16周岁且有刑事责任能力的自然人均可成为本罪主体。

4.本罪的主观方面是故意。犯罪动机多种多样,有的是为了逞强、耍威风;有的是为了发泄不满情绪,报复社会;有的是为了寻求刺激,开心取乐,等等。

(二)本罪的认定

1.罪与非罪的界限。根据刑法第293条的规定,寻衅滋事的4种行为方式必须分别具备"情节严重"、"情节恶劣"或者"造成公共场所秩序严重混乱"的情形,才构成犯罪。对于虽有寻衅滋事行为,但情节轻微,危害不大的,应作为一般违法行为给予批评教育,或者进行治安处罚,不应按照犯罪处理。

2.本罪与聚众扰乱公共场所秩序、交通秩序罪的区别。①客观方面表现不同。前者表现为随意打人等4种情形;后两罪则主要表现为聚众扰乱形式。②主体不同。前者主体没有特殊要求,后两罪的犯罪主体则只限于首要分子和其他积极参加者。③主观方面不同。本罪的行为人是出于寻求精神刺激等动机;后两罪是为了实现个人的某种利益。

3. 本罪与故意毁坏财物罪的界限。寻衅滋事罪也可能表现为任意损毁公私财物,这是本罪与故意毁坏公私财物罪的相似之处。二者的区别主要表现在以下方面:首先,犯罪客体不同。本罪侵犯的客体是社会公共秩序,故意毁坏财物罪侵犯的是公私财产所有权。其次,犯罪的主观方面不同。本罪中,任意损毁公私财物往往是为了满足卖弄淫威、逗乐开心、争强逞能、寻求刺激等变态心理,而损毁财物就是故意毁坏财物罪的明确目的。第三,犯罪成立标准不同。本罪中的任意损毁公私财物,情节严重的能构成犯罪。而这里的情节严重,是以行为人的行为对公共秩序的破坏程度作为判断标准的,不是以毁坏财物价值大小作为判断标准。故意毁坏财物罪的行为损毁财物,数额较大,才能构成犯罪。如果行为人以任意损毁公私财物的方式,实施寻衅滋事的犯罪,其毁坏的公私财物价值巨大,就属于想象竞合,应按想象竞合的原则从一重罪处断。

4. 本罪与抢劫罪的界限。寻衅滋事罪客观上可能表现为强拿硬要公私财物的行为。这种强拿硬要行为不同于抢劫罪:本罪行为人往往通过强拿硬要来填补其精神空虚等目的,抢劫罪则是非法占有他人财物的目的;本罪一般不以严重侵犯他人人身权利的方法强拿硬要财物,而抢劫罪则以暴力、胁迫等方式作为劫取他人财物的手段。司法实践中,对于未成年人使用或威胁使用轻微暴力,强抢少量财物的行为,一般不宜定为抢劫罪,其行为符合寻衅滋事罪特征的,可以寻衅滋事罪定罪处罚。

(三)本罪的刑事责任

根据《刑法》第 293 条规定,犯本罪的,处 5 年以下有期徒刑、拘役或者管制。纠集他人多次实施寻衅滋事行为,严重破坏社会秩序的,处 5 年以上 10 年以下有期徒刑,可以并处罚金。

三十五、组织、领导、参加黑社会性质组织罪

组织、领导、参加黑社会性质组织罪,是指组织、领导、积极参加或者参加黑社会性质组织的行为。

(一)本罪的构成要件

1. 本罪的客体是复杂客体,既侵犯了经济秩序、社会生活秩序,同时又侵犯了公民的人身财产权利。黑社会性质组织对于国家、社会和人民群众的危害是多方面的,不仅严重破坏经济、社会生活秩序,严重危及人民群众生命财产的安全,也对社会治安造成严重威胁。根据《刑法典》第 294 条第 5 款的规定,黑社会性质组织

应当同时具备以下特征:①形成较稳定的犯罪组织,人数众多,有明确的组织者、领导者,骨干分子基本固定;②有组织地通过违法犯罪活动或者其他手段获取经济利益,具有一定的经济实力,以支持该组织的活动;③以暴力、威胁或者其他手段,有组织地多次进行违法犯罪活动,为非作恶,欺压、残害群众;④通过实施违法犯罪活动,或者利用国家工作人员的包庇或者纵容,称霸一方,在一定区域或行业内,形成非法控制或者重大影响,严重破坏经济、社会生活秩序。

2. 本罪的客观方面表现为组织、领导、参加黑社会性质组织的行为。黑社会性质组织犯罪是有组织犯罪的一种形式。所谓组织黑社会性质组织,是指倡导、发起、组建黑社会性质组织的行为,至于组织的手段在所不问。所谓领导黑社会性质组织,是指率领、指挥、引导黑社会性质组织的行为,包括策划、指挥其违法犯罪活动和协调处理黑社会性质组织内部的重大问题。所谓参加黑社会性质组织,包括积极参加和一般参加,其中积极参加是指明知是黑社会性质组织仍然热衷于加入的行为;一般参加是指除积极参加以外的其他参加行为。

3. 本罪的主体是一般主体。任何已满16周岁并具有刑事责任能力的自然人,均可成为本罪的主体。国家机关工作人员组织、领导、参加黑社会性质组织的,应从重处罚。

4. 本罪的主观方面是故意。行为人怀着明确的意图组织或领导黑社会性质组织,或者明知是黑社会性质组织而参加。

(二) 本罪的认定

1. 本罪与非罪的界限。本罪是故意犯罪,如果行为人不知是黑社会性质组织的情况下,或者在被欺骗的情况下加入其中的,不构成犯罪。但行为人如果后来发现自己加入了黑社会性质组织而不退出,并参与犯罪活动的,可构成本罪。对于参加黑社会性质组织,没有实施其他违法犯罪活动的,或者受蒙蔽、胁迫参加黑社会性质组织,情节轻微的,可以不作为犯罪处理。

2. 黑社会性质组织与普通犯罪集团的区别。①犯罪目的不同。前者实施犯罪的基本目的是追求经济利益;后者的犯罪目的多种多样,除了追求经济利益外,还可以是满足私欲、追求刺激等等。②组织严密程度不同。前者比后者有更强的组织性,结构更加严密,纪律更为严格,宗旨更加明确。③势力范围不同。前者的特征之一就是称霸一方,它往往有自己公开固定的势力范围;后者通常是秘密活动,没有公开固定的势力范围。④保护网不同。前者一般都通过向党、政、司法机关行贿,寻找政治靠山,建立强大的保护网;后者很少有保护网,即使有,也没有前者的保护网强大。⑤犯罪手段和涉足的犯罪领域不同。前者的犯罪手段很多,包括暴力、胁迫、腐蚀等手段,但暴力是其最基本手段;本罪涉及的犯罪领域很多,可以说无恶不作;后者的犯罪手段单一,而且通常他们所实施的犯罪也只是一种,如盗窃集团、诈骗集团等,都只是固定的实施某一种具体的犯罪。

3. 黑社会性质组织与恐怖组织的区别。①基本目的不同。前者的目的主要是为了追求经济利益;后者主要是为了政治目的。②犯罪手段和领域不同。前者犯罪手段很多,包括暴力、胁迫、腐蚀等手段,但暴力是其最基本手段,所涉及违法犯罪领域较广,包括走私、贩毒、敲诈勒索、洗钱、组织卖淫等;后者手段较为单一,多采取暴力或者以暴力相威胁,所涉罪行多为引起公众恐惧感的犯罪,如爆炸、放火、劫持、绑架等。

4. 本罪与组织、领导、参加恐怖活动组织罪的区别。①犯罪客体不同。前者侵犯的是社会管理秩序;后者侵犯的是不特定多数人的生命财产安全。②所组织、领导、参加的组织性质不同。这是两罪最关键的区别。前者组织、领导、参加的是黑社会性质组织;后者组织、领导、参加的是恐怖活动组织。

5. 本罪的罪数问题。组织、领导、参加黑社会性质组织又有其他犯罪行为的,根据刑法典第294条第4款的规定,依照数罪并罚的规定处罚。

司考真题

关于黑社会性质组织犯罪的认定问题,下列说法哪些是正确的?(　　)

A. 黑社会性质组织是犯罪集团,具有犯罪集团的一般属性

B. 黑社会性质组织所从事的危害行为,既包括犯罪行为,又包括违法行为

C. 组织、领导、参加黑社会性质组织罪,既包括组织、领导、参加黑社会性质组织的行为,又包括在该黑社会性质组织统一策划、指挥下从事的其他犯罪行为

D. 具有国家工作人员的非法保护,是认定黑社会性质组织的必要条件

【答案】AB

【知识点】黑社会性质组织犯罪的认定标准

【详解】根据《刑法》第294条的规定,"黑社会性质的组织"应当同时具备以下特征:①形成较稳定的犯罪组织,人数众多,有明确的组织者、领导者,骨干分子基本固定;②有组织地通过违法犯罪活动或者其他手段获取经济利益,具有一定的经济实力,以支持该组织的活动;③以暴力、威胁或者其他手段,有组织地多次进行违法犯罪活动,为非作恶,欺压、残害群众;④通过实施违法犯罪活动,或者利用国家工作人员的包庇或者纵容,称霸一方,在一定区域或行业内,形成非法控制或者重大影响,严重破坏经济、社会生活秩序。A和B选项符合《解释》的内容,所以是正确的选项。依据刑法第二百九十四条第四款的规定:"犯前三款罪(指组织、领导、参加黑社会性质组织罪、入境发展黑社会组织罪和包庇、纵容黑社会性质组织罪)又有其他犯罪行为的,依照数罪并罚的规定处罚。"因此组织、领导、参加黑社会性质组织罪,只包括组织、领导、参加黑社会性质组织的行为,不包括在该黑社会性质组织统一策划、指挥下从事的其他犯罪行为。C选项是错误的。根据刑法的规定,利用国家工作人员的包庇或者纵容,是认定黑社会性质组织的选择性条件,而不是必要条件,所以D错误。

（三）本罪的刑事责任

根据《刑法》第294条第1款、第4款的规定,组织、领导黑社会性质组织的,处7年以上有期徒刑,并处没收财产;积极参加的,处3年以上7年以下有期徒刑,可以并处罚金或者没收财产;其他参加的,处3年以下有期徒刑、拘役、管制或者剥夺政治权利,可以并处罚金。本条第3款还规定,犯本罪又有其他犯罪行为的,依照数罪并罚的规定处罚。

三十六、入境发展黑社会组织罪

入境发展黑社会组织罪,是指境外黑社会组织的人员到中华人民共和国境内发展组织成员的行为。根据《刑法》第294条第2款规定,犯本罪的,处3年以上10年以下有期徒刑。本条第3款还规定,犯本罪又有其他犯罪行为的,依照数罪并罚的规定处罚。

三十七、包庇、纵容黑社会性质组织罪

包庇、纵容黑社会性质组织罪,是指国家机关工作人员包庇黑社会性质的组织,或者纵容黑社会性质组织进行违法犯罪活动的行为。本罪的客体是复杂客体,即社会管理秩序和国家机关的正常管理活动。本罪的客观方面表现为包庇黑社会性质组织,或者是纵容黑社会性质组织的违法犯罪活动的行为。所谓包庇黑社会性质组织,是指国家机关工作人员采用掩盖犯罪事实,隐匿、湮灭犯罪证据或其他方式,妨害有关部门对黑社会性质组织的侦查、起诉、审判活动的行为。至于国家机关工作人员是否利用了职务之便,则在所不问。所谓纵容黑社会性质组织的违法犯罪活动,是指国家机关工作人员不尽职责,放纵、听任黑社会性质组织的违法犯罪活动。这与单纯的知情不举不同,因为"纵容"是以国家机关工作人员负有一定的职责为前提的。本罪与包庇罪的区别。①包庇的对象不同。前者的对象仅限于黑社会性质组织;后者包庇的对象则是各种犯罪组织和犯罪人。②包庇的方式不同。前者可以是掩饰黑社会性质组织的存在,帮助其隐匿、毁灭违法犯罪证据的行为,也可以是作假证明和其他各种妨害国家机关查办、惩处、打击黑社会性质组织的行为;后者仅限于作假证明包庇犯罪人的行为。③主体不同。前者是特殊主体;后者是一般主体。④本罪不管事先是否与黑社会性质组织存在通谋都可成立本罪;包庇罪的行为人必须事先与包庇者无通谋,否则应以被包庇者的共犯论处。本罪的主体是特殊主体,即必须是国家机关工作人员。本罪的主观方面是故意。根据《刑法》第294条第4款的规定,犯本罪的,处5年以下有期徒刑;情节严重的,处5年以上有期徒刑。实施包庇、纵容黑社会性质组织行为,又有其他犯罪行为

的,依照数罪并罚的规定处罚。

三十八、传授犯罪方法罪

传授犯罪方法罪传授犯罪方法罪,是指用语言、文字、动作、图像或者其他方法,把犯罪方法、技能传授给他人的行为。根据《刑法》第 295 条的规定,犯本罪的,处 5 年以下有期徒刑、拘役或者管制;情节严重的,处 5 年以上 10 年以下有期徒刑;情节特别严重的,10 年以上有期徒刑或者处无期徒刑。这里所说的情节严重,一般是指传授严重犯罪的犯罪方法;多次、反复向他人传授犯罪方法的;传授的对象人数较多的;向未成年人传授犯罪方法的;因其传授犯罪方法,给国家和公共安全、社会治安、人民群众的生命财产造成严重威胁的,以及其他严重情节。所谓情节特别严重,一般是指传授的对象人数众多的;向未成年人传授且人数较多的;因其传授犯罪方法,已经实际造成严重后果的,以及其他特别严重的情节。

三十九、非法集会、游行、示威罪

非法集会、游行、示威罪,是指举行集会、游行、示威,未依照法律规定申请或者申请未获许可,或者未按主管机关许可的起止时间、地点、路线进行,又拒不服从解散命令,严重破坏社会秩序的行为。根据《刑法》第 296 条的规定,犯本罪的,处 5 年以下有期徒刑、拘役、管制或者剥夺政治权利。

四十、非法携带武器、管制刀具、爆炸物参加集会、游行、示威罪

非法携带武器、管制刀具、爆炸物参加集会、游行、示威罪,是指违反法律规定,非法携带武器、管制刀具、爆炸物参加集会、游行、示威的行为。根据《刑法》第 297 条的规定,犯本罪的,处 3 年以下有期徒刑、拘役、管制或者剥夺政治权利。

四十一、破坏集会、游行、示威罪

破坏集会、游行、示威罪,是指扰乱、冲击或者以其他方法破坏依法举行的集会、游行、示威,造成公共秩序混乱的行为。根据《刑法》第 298 条的规定,犯本罪的,处 5 年以下有期徒刑、拘役、管制或者剥夺政治权利。

四十二、侮辱国旗、国徽罪

侮辱国旗、国徽罪,是指在公共场合故意以焚烧、毁损、涂划、玷污、践踏等方式

侮辱中华人民共和国国旗、国徽的行为。本罪侵犯的客体是国家的尊严。侮辱国旗、国徽的行为必须发生在公众场合。根据《刑法》第299条的规定,犯本罪的,处3年以下有期徒刑、拘役、管制或者剥夺政治权利。

四十三、组织、利用会道门、邪教组织、利用迷信破坏法律实施罪

组织、利用会道门、邪教组织,利用迷信破坏法律实施罪,是指组织、利用会道门、邪教组织或利用迷信破坏国家法律、行政法规实施的行为。本罪的客体是国家实施法律、行政法规的正常秩序。如果行为人在实施本罪的同时,又组织和利用邪教组织以迷信、邪说引诱、胁迫、欺骗或其他手段奸淫妇女、幼女的,以本罪和强奸罪数罪并罚。如果行为人在实施本罪的同时,还利用邪教组织、迷信等方式,以欺骗手段收取他人财物,且数额较大的,还构成了诈骗罪,以本罪和诈骗罪数罪并罚。如果行为人在实施本罪的同时,又组织和利用邪教组织制造、散布迷信邪说,指使、胁迫其成员或其他人实施自杀、自伤行为的,应以故意杀人罪或者故意伤害罪与本罪数罪并罚。如果行为人在进行组织、利用会道门、邪教组织利用迷信破坏法律实施行为的同时,又妨碍了国家工作人员执行公务的行为,如果该公务行为与行为人破坏的法律是同种的,则以本罪论处;如果该公务行为所依据的法律与行为人破坏的法律是无关的,就以本罪和妨害公务罪数罪并罚。根据《刑法》第300条第1款的规定,犯本罪的,处3年以上7年以下有期徒刑,并处罚金;情节特别严重的,处7年以上有期徒刑或者无期徒刑,并处罚金或者没收财产。情节较轻的,处3年以下有期徒刑拘役、管制或者剥夺政治权利,并处或者单处罚金。

四十四、组织、利用会道门、邪教组织、利用迷信致人重伤、死亡罪

组织、利用会道门、邪教组织,利用迷信致人死亡罪,是指组织、利用会道门、邪教组织或者利用迷信蒙骗他人,致人重伤、死亡的行为。本罪的客体是双重客体,即社会的管理秩序和他人的生命权。本罪的客观方面表现为组织、利用会道门、邪教组织或者利用迷信蒙骗他人,致人死亡的行为。这里的蒙骗他人致人死亡,是指行为人组织、利用会道门、邪教组织,利用迷信宣扬散布"世界末日来临""死后可以升天"等异端邪说,愚弄、蒙骗、煽惑他人"升天""寻主""殉道"等,导致被害人绝食、自焚;或者利用迷信"治病救人",导致被害人死亡,等等。根据《刑法》第300条第2款、第1款的规定,犯本罪的,处3年以上7年以下有期徒刑,并处罚金;情节特别严重的,处7年以上有期徒刑或者无期徒刑,并处罚金或者没收财产。情节较轻的,处3年以下有期徒刑拘役、管制或者剥夺政治权利,并处或者单处罚金。

四十五、聚众淫乱罪

聚众淫乱罪,是指聚集多人进行淫乱活动或者多次参加多人进行的淫乱活动的行为。本罪的主体是一般主体,但仅限于首要分子和多次参加聚众进行淫乱活动者。本罪的主观方面是故意,且具有淫乱目的。根据《刑法》第 301 条的规定,犯本罪的,处 5 年以下有期徒刑、拘役或者管制。

四十六、引诱未成年人聚众淫乱罪

引诱未成年人聚众淫乱罪,是指引诱未成年人参加聚众淫乱活动的行为。本罪的客体是复杂客体,即社会的风化和未成年人的身心健康。根据《刑法》第 301 条第 2 款的规定,犯本罪的,依照聚众淫乱罪从重处罚。

四十七、盗窃、侮辱、故意毁坏尸体、尸骨、骨灰罪

盗窃、侮辱、故意毁坏尸体、尸骨、骨灰罪,是指盗窃、侮辱、故意毁坏尸体、尸骨、骨灰的行为。根据《刑法》第 302 条的规定,犯本罪的,处 3 年以下有期徒刑、拘役或者管制。

四十八、赌博罪

赌博罪,是指以营利为目的,聚众赌博或者以赌博为业的行为。

(一)本罪的构成要件

1. 本罪的客体是社会管理秩序和社会风尚。
2. 本罪的客观方面表现为聚众赌博,或者以赌博为业的行为。所谓聚众赌博,是指为赌博提供场所、赌具,组织、招引他人参与赌博,从中抽头渔利的行为。行为人本身是否参与赌博,不影响本罪的成立。所谓以赌博为业,是指以赌博为常业,并以赌博所得为其生活或者挥霍的基本或主要来源的行为。赌博者有无正当职业,可以不问。这是两种不同的行为方式,行为只要具备其一,即可成立本罪。
3. 本罪的主体是一般主体。
4. 本罪的主观方面是故意,并且具有营利目的。

(二)本罪的认定

1. 罪与非罪的界限。①与一般娱乐性活动的区别。亲朋好友、同事在节假日或者其他闲暇时间,聚到一起玩扑克、打麻将,有时也有少量财物的输赢,但这是一

般性娱乐活动,不应视为违法犯罪。②与一般赌博行为的区别。主观上是否具有营利目的,同时客观上是否具有聚众赌博或以赌博为业的行为。对于偶尔赌博,或者虽然多次参加赌博,但并非以赌博为业,可视具体情节,分别进行批评教育或经予治安处罚,不应作为犯罪处理。另外,根据2005年《关于办理赌博刑事案件具体应用法律若干问题的解释》的规定,"聚众赌博"是指以营利为目的,有下列情形之一的:(1)组织3人以上赌博,抽头渔利数额累计达到5000元以上的;(2)组织3人以上赌博,赌资数额累计达到5万元以上的;(3)组织3人以上赌博,参赌人数累计达到20人以上的;(4)组织中华人民共和国公民10人以上赴境外赌博,从中收取回扣、介绍费的。中华人民共和国公民在我国领域外周边地区聚众赌博,以吸引中华人民共和国公民为主要客源,构成赌博罪的,可以依照刑法规定追究刑事责任。

2. 赌博罪中抢劫行为的认定。①如果行为人没有参加赌博,使用暴力、胁迫或者类似的手段抢赌场的,应以抢劫罪定罪处罚;②如果参赌者使用暴力、胁迫等手段抢劫他人赌资,或者有预谋地抢劫赌场的,也应以抢劫罪定罪处罚;③如果参赌者因输了钱财,抢回自己赌资的,不宜按抢劫罪处罚,其中构成赌博罪的,应按本罪从重处罚。

3. 本罪与诈骗罪的区别。根据《最高人民法院关于对设置圈套诱骗他人参赌又向索还钱财的受骗者施以暴力或暴力威胁的行为应如何定罪处罚问题的批复》,行为人设置圈套骗人参赌获取钱财的属于赌博行为,构成犯罪的,应按赌博罪定罪处罚。如果参赌者识破骗局要求退还所输钱财,设赌者使用暴力或者以暴力相威胁,拒不退还,应以赌博罪从重处罚。其中致参赌者伤害或死亡的,根据具体情况,可以按照赌博罪和故意伤害罪或故意杀人罪实行数罪并罚。以赌博为名,在赌博中弄虚作假、暗中串通,操纵赌博输赢并以此占有被骗者财物的,则构成诈骗罪。

4. 罪数形态的认定。行为人如果在赌博中打架斗殴致人重伤、死亡或者杀人的,应按本罪和故意伤害罪或与故意杀人罪数罪并罚;对于因赌博缺少资金而盗窃、贪污、挪用公款的,也应数罪并罚。

(三)本罪的刑事责任

根据《刑法》第303条第1款的规定,犯本罪的,处3年以下有期徒刑、拘役或者管制,并处罚金。根据2005年最高人民察院、最高人民法院《关于办理赌博刑事案件具体应用法律若干问题的解释》的规定,实施赌博犯罪,有下列情形之一的,依照《刑法》第303条的规定从重处罚:(1)具有国家工作人员身份的;(2)组织国家工作人员赴境外赌博的;(3)组织未成年人参与赌博,或者开设赌场吸引未成年人参与赌博的。

四十九、开设赌场罪

开设赌场罪,指行为人以营利为目的,营业性的为赌博提供场所、设定赌博方式、提供赌具、筹码、资金等组织赌博的行为。开设赌场的方式:(1)以营利为目的、以行为人为中心,在行为人支配下设立、承包、租赁专门用于赌博的场所、用具提供赌博,让他人赌博的,场所的公开与否不影响犯罪构成。(2)以营利为目的,在计算机网络上建立赌博网站,或者为赌博网站担任代理,接受投注三人以上的行为。本罪的主观方面是故意,并且具有营利目的。根据刑法第303条第2款的规定,犯本罪的,处3年以下有期徒刑、拘役或者管制,并处罚金;情节严重的,处3年以上10年以下有期徒刑,并处罚金。

司考真题

关于利用计算机网络的犯罪,下列哪一选项是正确的?(　　)

A. 通过互联网将国家秘密非法发送给境外的机构、组织、个人的,成立故意泄露国家秘密罪

B. 以营利为目的,在计算机网络上建立赌博网站,或者为赌博网站担任代理,接受投注的,属于刑法第303条规定的"开设赌场"

C. 以牟利为目的,利用互联网传播淫秽电子信息的,成立传播淫秽物品罪

D. 组织多人故意在互联网上编造、传播爆炸、生化、放射威胁等虚假恐怖信息,严重扰乱社会秩序的,成立聚众扰乱社会秩序罪

【答案】B

【逐项解析】《关于办理赌博刑事案件具体应用法律若干问题的解释》第二条规定:以营利为目的,在计算机网络上建立赌博网站,或者为赌博网站担任代理,接受投注的,属于《刑法》第303条规定的"开设赌场"。由此可知选项B为正确答案。

《刑法》第287条规定:利用计算机实施金融诈骗、盗窃、贪污、挪用公款、窃取国家秘密或者其他犯罪的,依照本法有关规定定罪处罚。该条为注意规定,即没有改变各种犯罪的构成要件。以此条来分析选项A、C、D,三者均错误。《刑法》第111条规定:为境外的机构、组织、人员窃取、刺探、收买、非法提供国家秘密或者情报的,处五年以上十年以下有期徒刑;情节特别严重的,处十年以上有期徒刑或者无期徒刑;情节较轻的,处五年以下有期徒刑、拘役、管制或者剥夺政治权利。由此可知,选项A的行为构成为境外机构非法提供国家秘密罪;《刑法》第363条规定:以牟利为目的,传播淫秽物品的,构成传播淫秽物品牟利罪;C选项的行为"以牟利为目的",应当构成传播淫秽物品牟利罪,而非传播淫秽物品罪;刑法第

291条之一规定：投放虚假的爆炸性、毒害性、放射性、传染病病原体等物质，或者编造爆炸威胁、生化威胁、放射威胁等恐怖信息，或者明知是编造的恐怖信息而故意传播，严重扰乱社会秩序的，处五年以下有期徒刑、拘役或者管制；造成严重后果的，处五年以上有期徒刑。由此可知选项D构成编造、故意传播虚假恐怖信息罪，而非聚众扰乱社会秩序罪。

五十、故意延误投递邮件罪

故意延误投递邮件罪，是指邮政工作人员严重不负责任，故意延误投递邮件，致使公共财产、国家和人民利益遭受重大损失的行为。根据《刑法》第304条的规定，犯本罪的，处2年以下有期徒刑或者拘役。

本节知识链接

1. 1995年11月6日最高人民法院《关于对设置圈套诱骗他人参赌又向索还财物的受骗者施以暴力或暴力威胁的行为应如何定罪问题的批复》

2. 1998年5月8日最高人民法院、最高人民检察院、公安部、国家工商行政管理局《关于依法查处盗窃、抢劫机动车案件的规定》（自1998年5月8日起施行）第1条、第7条

3. 1998年12月29日全国人大常委会《关于惩治骗购外汇逃汇和非法买卖外汇犯罪的决定》第2条

4. 1999年6月21日最高人民检察院法律政策研究室《关于买卖伪造的国家机关证件行为是否构成犯罪的问题的答复》

5. 1999年10月20日最高人民法院、最高人民检察院《关于办理组织和利用邪教组织犯罪案件具体应用法律若干问题的解释》（自1999年10月30日起施行）

6. 1999年10月30日第九届全国人民代表大会常务委员会第十二次会议通过的《全国人民代表大会常务委员会关于取缔邪教组织、防范和惩治邪教活动的决定》

7. 2000年4月24日最高人民检察院《关于以暴力、威胁方法阻碍事业编制人员依法执行行政执法职务是否可对侵害人以妨害公务罪论处的批复》（自2000年4月24日起施行）

8. 2000年5月12日最高人民法院《关于审理扰乱电信市场管理秩序案件具体应用法律若干问题的解释》第5条

9. 2000年11月22日，最高人民法院《关于审理破坏森林资源刑事案件具体

应用法律若干问题的解释》第 13 条

10.2000 年 11 月 27 日最高人民法院《关于审理破坏野生动物资源刑事案件具体应用法律若干问题的解释》第 9 条

11.2000 年 12 月 5 日最高人民法院《关于审理黑社会性质组织犯罪的案件具体应用法律若干问题的解释》(自 2000 年 12 月 10 日起施行)

12.2000 年 12 月 28 日第九届全国人民代表大会常务委员会第十九次会议通过的《关于维护互联网安全的决定》第 1 条、第 2 条

13.2001 年 6 月 4 日最高人民法院、最高人民检察院《关于办理组织和利用邪教组织犯罪案件具体应用法律若干问题的解释》(自 2001 年 6 月 11 日起施行)

14.2001 年 7 月 3 日最高人民法院、最高人民检察院《关于办理伪造、贩卖伪造的高等院校学历学位证明刑事案件如何适用法律问题的解释》(自 2001 年 7 月 5 日起施行)

15.2002 年 5 月 20 日最高人民法院、最高人民检察院《关于办理组织和利用邪教组织犯罪案件具体应用法律若干问题的解答》

16.2002 年 9 月 4 日最高人民检察院《关于办理非法经营食盐刑事案件具体应用法律若干问题的解释》第 5 条

17.2003 年 5 月 14 日最高人民法院、最高人民检察院《关于办理妨害预防、控制突发传染病疫情等灾害的刑事案件具体应用法律若干问题的解释》第 8 条、第 9 条、第 10 条、第 11 条

18.2003 年 6 月 3 日最高人民检察院法律政策研究室《关于伪造、变造、买卖政府设立的临时性机构的公文、证件、印章行为如何适用法律问题的答复》

19.2005 年 1 月 10 日最高人民法院、最高人民检察院、公安部《关于开展集中打击赌博违法犯罪活动专项行动有关工作的通知》

20.2005 年 5 月 11 日最高人民法院、最高人民检察院《关于办理赌博刑事案件具体应用法律若干问题的解释》(自 2005 年 5 月 13 日起施行)

21.2007 年 2 月 28 日最高人民法院、最高人民检察院《关于办理危害矿山生产安全刑事案件具体应用法律若干问题的解释》第 10 条

22.2007 年 5 月 9 日最高人民法院、最高人民检察院《关于办理与盗窃、抢劫、诈骗抢夺机动车辆相关刑事案件具体应用法律若干问题的解释》第 2 条

23.2007 年 6 月 26 日最高人民法院《关于审理危害军事通信刑事案件具体应用法律若干问题的解释》第 6 条

24.2008 年 6 月 25 日最高人民检察院、公安部《关于公安机关管辖的刑事案件立案追诉标准的规定(一)》第 35 条、第 36 条、第 37 条、第 38 条、第 39 条、第 40 条、第 45 条,等等

25.2009 年 1 月 1 日最高人民法院研究室《关于〈伪造、变造、买卖民用机动车号牌行为能否以伪造、变造、买卖国家机关证件罪定罪处罚问题的请示〉的答复》

26. 2009年12月3日最高人民法院、最高人民检察院《关于办理妨害信用卡管理刑事案件具体应用法律若干问题的解释》第4条第1款

27. 2009年12月9日最高人民法院、最高人民检察院、公安部《办理黑社会性质组织犯罪案件座谈会纪要》

28. 2010年3月2日最高人民法院、最高人民检察院《关于办理非法生产、销售烟草专卖品等刑事案件具体应用法律若干问题的解释》第8条第1款、第2款

29. 2010年8月31日最高人民法院、最高人民检察院、公安部《关于办理网络赌博犯罪案件适用法律若干问题的意见》

30. 2011年8月1日最高人民法院、最高人民检察院《关于办理危害计算机信息系统安全刑事案件应用法律若干问题的解释》(自2011年9月1日起施行)

31. 2012年11月12日最高人民法院《关于审理破坏草原资源刑事案件应用法律若干问题的解释》第4条

32. 2013年5月27日最高人民检察院《关于印发第三批指导性案例的通知》

33. 2013年5月31日最高人民检察院《关于依法严厉打击编造、故意传播虚假恐怖信息威胁民航飞行安全犯罪活动的通知》

34. 2013年7月15日最高人民法院、最高人民检察院《关于办理寻衅滋事刑事案件适用法律若干问题的解释》(自2013年7月22日起施行)

35. 2013年9月6日最高人民法院、最高人民检察院《关于办理利用信息网络实施诽谤等刑事案件适用法律若干问题的解释》第5条

36. 2013年9月18日最高人民法院《关于审理编造、故意传播虚假恐怖信息刑事案件适用法律若干问题的解释》(自2013年9月30日起施行)

37. 2013年12月23日最高人民法院《关于常见犯罪的量刑指导意见》

38. 2014年3月14日最高人民法院、最高人民检察院、公安部、国家安全部《关于依法办理非法生产销售使用"伪基站"设备案件的意见》

39. 2014年3月26日最高人民法院、最高人民检察院、公安部《关于办理利用赌博机开设赌场案件适用法律若干问题的意见》

40. 2014年4月22日最高人民法院、最高人民检察院、公安部、司法部、国家卫生和计划生育委员会《关于依法惩处涉医违法犯罪维护正常医疗秩序的意见》

41. 2014年9月9日最高人民法院、最高人民检察院、公安部《关于办理暴力恐怖和宗教极端刑事案件适用法律若干问题的意见》

42. 2015年8月29日全国人大常委会《中华人民共和国刑法修正案(九)》

第三节　妨害司法罪

本节罪名

本节共有20个罪名:(1)伪证罪;(2)辩护人、诉讼代理人毁灭证据、伪造证据、妨害作证罪;(3)妨害作证罪;(4)帮助毁灭、伪造证据罪;(5)虚假诉讼罪;(6)打击报复证人罪;(7)泄露不应公开的案件信息罪;(8)披露、报道不应公开的案件信息罪(9)扰乱法庭秩序罪;(10)窝藏、包庇罪;(11)拒绝提供间谍犯罪、恐怖主义犯罪、极端主义犯罪证据罪;(12)掩饰、隐瞒犯罪所得、犯罪所得收益罪;(13)拒不执行判决、裁定罪;(14)非法处置查封、扣押、冻结的财产罪;(15)破坏监管秩序罪;(16)脱逃罪;(17)劫夺被押解人员罪;(18)组织越狱罪;(19)暴动越狱罪;(20)聚众持械劫狱罪。

一、伪证罪

伪证罪,是指在刑事诉讼中,证人、鉴定人、记录人、翻译人对与案件有重要关系的情节,故意作虚假证明、鉴定、记录、翻译,意图陷害他人或隐匿罪证的行为。

(一)本罪的构成要件

1.本罪的客体是复杂客体,即司法机关在刑事诉讼中的正常活动和公民的人身权利。前者是主要客体,后者是次要客体。本罪的行为对象是与案件有重要关系的情节,即影响罪与非罪、罪重罪轻和处罚宽严的情节。如果伪证的内容与定罪量刑无关紧要,不影响侦查、起诉和审判的正常进行,不妨害司法机关对犯罪嫌疑人、被告人依法做出公正的结论,不构成本罪。

2.本罪的客观方面表现为行为人在刑事诉讼中对与案件有重要关系的情节,故意作虚假证明、鉴定、记录、翻译的行为。首先,伪证行为必须是发生在刑事诉讼中。所谓刑事诉讼中,是指侦查、起诉和审判的整个过程。其次,在刑事诉讼中实施了伪证行为。这种行为具有3个特征:①从行为的内容上看,必须是对与案件有重要关系的情节作伪证;②从行为的目的上看,有陷害他人而作伪证或为他人开脱罪责而作伪证;③从行为的形式上看,因伪证主体不同而有不同表现:证人、鉴定人表现为违背客观事实作虚假的证明或鉴定结论,记录人、翻译人表现为不按照诉讼参与人的原意和陈述作虚假的记录或翻译。所谓虚假,在这里是指违反行为人的记忆且不符合客观事实的陈述。

3. 本罪的主体是特殊主体，仅指刑事诉讼中的证人、鉴定人、记录人、翻译人。所谓证人，是指知道刑事案件的全部或部分真实情况，以自己的证言作为刑事证据的；鉴定人，是指在刑事诉讼中受司法机关的指派或聘请，运用自己的专门知识或技能，对案件中的专门性问题进行分析判断并提出科学意见的人；记录人是指为案件的调查取证、询问证人、被害人或审问犯罪嫌疑人、被告人而做文图声像记录的人；翻译人，是指受司法机关的指派或聘请，为案件中的外国人、少数民族人员或聋哑人等诉讼参与人充当翻译的人，以及为案件中的法律文书或证据材料等有关资料做翻译的人。

4. 本罪的主观方面故意构成。即行为人明知是与案件有重要关系的情节，作伪证会妨害司法机关的正常活动，影响案件的公正结论，但出于陷害他人或者隐匿罪证为他人开脱罪责的目的，仍故意作虚假的证明、鉴定、记录、翻译。

（二）本罪的认定

1. 本罪与非罪的界限。首先，要划清伪证与误证界限。本罪是故意犯罪，行为人具有意图陷害他人或者隐匿罪证为他人开脱罪责的目的；而误证是证人记忆错误，鉴定人、记录人、翻译人学识和业务水平不高，或因粗心大意而发生的错误，由于他们在主观上不是出于故意，没有陷害他人或为他人开脱罪责的目的，所以不能认为是犯罪。其次，本罪发生在刑事诉讼过程中。即使行为人在主观上具有伪证的故意，如果伪证行为不是发生在刑事诉讼过程中，而是其他诉讼过程中，不构成本罪。第三，伪证的内容是与案件有重要关系的情节。行为人虽然在刑事诉讼过程当中作伪证，但伪证的内容不是与案件有重要关系的情节，不影响定罪量刑，不构成本罪。

2. 本罪与诬告陷害罪的区别。①犯罪客体不同。本罪侵犯的客体是司法机关正常的刑事诉讼司法活动，他人的人身权利是随意客体；而诬告陷害罪侵犯的主要客体是他人的人身权利，司法机关的正常活动是次要客体。②犯罪对象和内容不同。本罪只是对与案件有重要关系的情节作伪证，针对的是进入诉讼程序的犯罪嫌疑人；而后者是捏造整个犯罪事实，针对的对象未必进入刑事诉讼程序。②客观方面行为实施的时间不同。本罪发生在刑事诉讼开始之后，是在与司法机关的直接接触中实施伪证行为；后者则发生在刑事诉讼开始前，而且后者的行为人向有关机关告发他人犯罪的事实，并不必须同司法机关直接接触。③犯罪主体不同。本罪是特殊主体；后者则是一般主体。④犯罪目的不同。本罪的目的包括陷害他人或包庇犯罪两种；后者的目的只限于陷害他人，意图使他人受到刑事追究。

（三）本罪的刑事责任

根据《刑法》第305条的规定，犯伪证罪的，处3年以下有期徒刑或者拘役；情节严重的，处3年以上7年以下有期徒刑。

二、辩护人、诉讼代理人毁灭证据、伪造证据、妨害作证罪

辩护人、诉讼代理人毁灭证据、伪造证据、妨害作证罪,是指在刑事诉讼中,辩护人、诉讼代理人毁灭、伪造证据,帮助当事人毁灭、伪造证据,威胁、引诱证人违背事实改变证言或者作伪证的行为。本罪是选择性罪名。本罪的客体是司法机关正常刑事诉讼活动。本罪的客观方面表现为在刑事诉讼中,辩护人、诉讼代理人毁灭、伪造证据,帮助当事人毁灭、伪造证据,威胁、引诱证人违反事实改变证言或者作伪证的行为。辩护人,是指受犯罪嫌疑人、被告人委托或人民法院的指定,行使辩护权的诉讼参与人,包括律师、人民团体或者犯罪嫌疑人被告人所在单位推荐的人以及犯罪嫌疑人、被告人的监护人、亲友。诉讼代理人,是指公诉案件的被害人及其法定代理人或者近亲属、自诉案件的自诉人及其法定代理人委托代为参加诉讼的人,以及附带民事诉讼的当事人及其法定代理人委托代为参加诉讼的人。当事人,是指《刑事诉讼法》第82条第1项所称之当事人,即被害人、自诉人、犯罪嫌疑人、被告人、附带民事诉讼的原告人和被告人。证据,是指刑事诉讼法第42条所称的证据,即证明案件真实情况的一切事实。毁灭证据,是指湮灭、消灭证据,既包括使现存证据从形态上完全予以消失,如将证据烧毁、撕坏、浸烂、丢弃等,又包括虽保存证据形态但使得其丧失或部分丧失其证明力,如玷污、涂划证据使其无法反映其证明的事实等。伪造证据,是指编造、制造实际上根本不存在的证据或者将现存证据加以篡改、歪曲、加工、整理违背事实真相。辩护人、诉讼代理人既可以自己单独实施上述行为,也可以指使当事人或者与当事人共同实施,但必须是有意实施。所谓帮助当事人毁灭、伪造证据,是指为当事人就如何毁灭、伪造证据进行出谋划策、提供物资条件、精神资助等行为。但当事人没有毁灭、伪造的犯意,而由辩护人、诉讼代理人教唆、指使毁灭、伪造证据的,则不能视为帮助行为,应直接以毁灭、伪造证据论。所谓威胁,是指以杀害、伤害、毁坏财产、破坏名誉、揭露隐私等方法要挟、恐吓证人,使其提供虚假证言或改变自己已经提供的真实证言。所谓引诱,是指利用金钱、财物、女色等物质利益或精神利益诱惑、勾引证人提供虚假证言或者违背事实改变证言。所谓违背事实改变证言,是指证人变更、否认已向司法机关提供符合客观情况的实事求是的证言内容。所谓提供伪证,是指向司法机关提供虚假的、不真实的、不符合事实真相的证言,如威胁、引诱知道案件真实情况的人作虚假证明;或者让不知道案件真实情况的人作有利于委托人、被代理人的证言等。辩护人、诉讼代理人的上述行为还必须发生在刑事诉讼中才能构成本罪。本罪的主体是特殊主体,即刑事诉讼中的辩护人、诉讼代理人。本罪的主观方面是故意。目的和动机不影响本罪的成立。根据《刑法》第306条的规定,犯本罪的,处3年以下有期徒刑或者拘役;情节严重的,处3年以上7年以下有期徒刑。

三、妨害作证罪

妨害作证罪妨害作证罪，是指以暴力、威胁、贿买等方法阻止证人作证或者指使他人作伪证的行为。本罪可以发生在刑事诉讼，也可以发生在民事诉讼或行政诉讼中。根据《刑法》第307条第1款、第3款规定，犯本罪的，处3年以下有期徒刑或者拘役；情节严重的，处3年以上7年以下有期徒刑。司法工作人员犯本罪的，从重处罚。

司考真题

王某担任辩护人时，编造了一份隐匿罪证的虚假证言，交给被告人陈小二的父亲陈某，让其劝说证人李某背熟后向法庭陈述，并给李某5000元好处费。陈某照此办理。李某收受5000元后，向法庭作了伪证，致使陈小二被无罪释放。后陈某给陈小二10万美元，让其逃往国外。关于本案，下列哪些选项是错误的？（　　）

A. 王某的行为构成辩护人妨害作证罪
B. 陈某劝说李某作伪证的行为构成妨害作证罪的教唆犯
C. 李某构成辩护人妨害作证罪的帮助犯
D. 陈某让陈小二逃往国外的行为构成脱逃罪的共犯

【答案】BCD

【解析】本题考查的是辩护人妨害作证罪、妨害罪证罪、伪证罪、脱逃罪。

辩护人妨害作证罪，是指在刑事诉讼中，辩护人、诉讼代理人威胁、引诱证人违背事实改变证言或者作伪证的行为。妨害作证罪，是指以暴力、威胁、贿买等方法阻止证人作证或者指使他人作伪证的行为。本罪不限于发生在刑事诉讼中，在民事、经济、行政等诉讼中实施本罪行为的，也成立本罪。

妨害作证罪与辩护人妨害作证罪有相似之处，主要区别在于：(1)前罪只要求一般主体；而后者必须是辩护人或者诉讼代理人。(2)前罪只限于以各种方法阻止证人作证或者指使他人作伪证；而后者包括毁灭、伪造证据等行为。(3)前罪可以发生在刑事、民事、经济、行政等诉讼过程中或者诉讼活动开始前；而后者只能发生在刑事诉讼中。如果辩护人在刑事诉讼中指使他人作伪证，则属于一行为触犯数法条，应以辩护人妨害作证罪论处。

根据上述论述，王某的行为构成辩护人妨害作证罪。A项正确。陈某劝说李某作伪证的行为应构成妨害作证罪的实行犯，而不是教唆犯。B项错误。

伪证罪，是指在刑事诉讼中，证人、鉴定人、记录人、翻译人对与案件有重要关系的情节，故意作虚假证明、鉴定、记录、翻译，意图陷害他人或者隐匿罪证的行为。因此，李某不是构成辩护人妨害作证罪的帮助犯，而是构成伪证罪。C项错误。

脱逃罪,是指依法被关押的罪犯、被告人、犯罪嫌疑人脱逃的行为。本罪的主体是依法被关押的罪犯(已决犯)、被告人与犯罪嫌疑人;未被关押的罪犯、被告人与犯罪嫌疑人,不是本罪主体。本题中,陈小二被无罪释放,没有被关押,不是脱逃罪的主体,因此陈某让陈小二逃往国外的行为也不构成脱逃罪的共犯。D 项错误。

四、帮助毁灭、伪造证据罪

帮助毁灭、伪造证据罪,是指故意帮助当事人毁灭、伪造证据,情节严重的行为。这里的当事人不仅指刑事诉讼中的当事人,包括民事诉讼和行政诉讼中的当事人。根据《刑法》第 307 条第 2 款、第 3 款规定,犯本罪的,处 3 年以下有期徒刑或者拘役。司法工作人员犯本罪的,从重处罚。

司考真题

甲的下列哪些行为成立帮助毁灭证据罪(不考虑情节)?( )

A.甲、乙共同盗窃了丙的财物。为防止公安人员提取指纹,甲在丙报案前擦掉了两人留在现场的指纹

B.甲、乙是好友。乙的重大贪污罪行被丙发现。甲是丙的上司,为防止丙作证,将丙派往境外工作

C.甲得知乙放火致人死亡后未清理现场痕迹,便劝说乙回到现场毁灭证据

D.甲经过犯罪嫌疑人乙的同意,毁灭了对乙有利的无罪证据

【答案】CD

【考点】帮助毁灭证据罪

【解析】帮助毁灭、伪造证据罪是指帮助诉讼活动的当事人毁灭、伪造证据,情节严重的行为。毁灭伪造自己是当事人的案件的证据的,不成立犯罪。有下列行为的均属于帮助毁灭、伪造证据:第一,行为人单独为当事人毁灭、伪造证据的;第二,行为人与当事人共同毁灭、伪造证据,在这种情况下,行为人与当事人并不成立共犯;第三,行为人为当事人毁灭、伪造证据提供各种便利条件,在这种情况下,行为人不是帮助犯,而是正犯;第四,行为人唆使当事人毁灭、伪造证据,在这种情况下,行为人并不是教唆犯,而是正犯。

选项 A 错误。帮助毁灭、伪造证据罪属事后帮助犯,犯罪主体必须是犯罪分子以外的人,甲、乙共同盗窃丙的财物,甲自己毁灭证据,不成立帮助毁灭证据罪。

选项 B 错误。帮助毁灭、伪造证据罪针对的对象必须是实物性证据,甲将丙派往境外工作,阻止公安司法机关收集丙提供的言词证据的,不符合帮助毁灭、伪造证据罪的对象要求,因而不构成帮助毁灭证据罪。

选项 C 正确。甲得知乙放火致人死亡后未清理现场痕迹，便劝说乙回到现场毁灭证据，甲实施了教唆当事人实施毁灭证据的行为，乙作为放火案件的当事人，不成立帮助毁灭证据罪，但甲成立帮助毁灭证据罪的间接正犯。

选项 D 正确。在刑事诉讼中，即使经过当事人（犯罪嫌疑人、被告人）同意，帮助其毁灭无罪证据，由于妨害了刑事司法客观公正性，构成帮助毁灭证据罪。因此，甲经过犯罪嫌疑人乙的同意，毁灭了对乙有利的无罪证据，成立帮助毁灭证据罪。

五、虚假诉讼罪

虚假诉讼罪，是《刑法修正案（九）》增设的罪名，是指以捏造的事实提起民事诉讼，妨害司法秩序或者严重侵害他人合法权益的行为。根据《刑法》第 307 条之一的规定，犯本罪的，处 3 年以下有期徒刑、拘役或者管制，并处或者单处罚金；情节严重的，处 3 年以上 7 年以下，并处罚金；单位犯本罪的，对单位判处罚金，并对其直接负责的主管人员和其他直接责任人员，依照上述规定处罚；实施本罪行为，非法占有他人财产或者逃避合法债务，又构成其他犯罪的，依照处罚较重的规定定罪从重处罚；司法工作人员利用职权，与他人共同实施上述行为的，从重处罚；同时构成其他犯罪的，依照处罚较重的规定定罪从重处罚。

六、打击报复证人罪

打击报复证人罪，是指故意对证人进行打击报复的行为。

（一）本罪的构成要件

1. 本罪的客体是司法机关在诉讼中的正常活动。犯罪对象是刑事、民事和行政等诉讼中的证人。

2. 本罪的客观方面表现为对证人进行打击报复的行为。打击报复证人的行为，大体分为两类：一类是滥用职权，制造借口，对证人进行打击报复，如采取解雇、降级、压制晋升、扣发工资、奖金、调离原岗位或下岗、非法关押或组织批斗等手段打击报复证人；另一类是采取恐吓、行凶、毁坏财产、侮辱诽谤、加害亲属、骚扰安宁等手段对证人进行报复。

3. 本罪的主体是一般主体。

4. 本罪的主观方面为故意，并且具有报复证人的目的。

（二）本罪的认定

1. 本罪与报复陷害罪的区别。①犯罪对象不同。前者的对象是证人；后者的对象是控告人、申诉人、批评人、举报人。②客观方面不同。前者对证人打击报复，不要求以滥用职权、假公济私为手段；后者要求行为人以滥用职权、假公济私为手段进行报复陷害。③犯罪主体不同。前者是一般主体；后者是特殊主体，即国家机关工作人员。

2. 本罪与妨害作证罪的区别。①犯罪行为发生的时间不同。前者一般发生在证人作证之后；后者则发生在诉讼过程中，证人作证以前。②犯罪行为表现形式不同。前者是用暴力、压制等手段对证人进行打击报复；后者是在诉讼过程中，以暴力、威胁、利诱等手段阻止证人作证，或者指使证人违背事实改变证言或者作伪证等。在司法实践中，如果行为人先采取暴力、威胁、利诱等手段阻止证人作证，或者指使他人作伪证，事后又对证人进行打击报复的，应实行数罪并罚。

(三) 本罪的刑事责任

根据《刑法》第308条规定，犯本罪的，处3年以下有期徒刑或者拘役；情节严重的，处3年以上7年以下有期徒刑。这里所谓的情节严重，一般是指打击报复的手段极其恶劣的；多次对证人进行打击报复的；打击报复证人造成严重后果的，等等。

七、泄露不公开的案件信息罪

泄露不公开的案件信息罪，是《刑法修正案(九)》增设的罪名，是指司法工作人员辩护人诉讼代理人，或者其他诉讼参与人，泄露依法不公开审理的案件中不应当公开的信息，造成信息公开传播，或者其他严重后果的行为。根据《刑法》第308条之一的规定，犯本罪的，处3年以下有期徒刑拘役，或者管制，并处或者单处罚金；犯本罪，泄露国家秘密的，依照本法第398条的规定定罪处罚。

八、披露、报道不应公开的案件信息罪

披露、报道不应公开的案件信息罪，是指司法工作人员、辩护人诉讼代理人，或者其他诉讼参与人，公开披露、报道依法不公开审理的案件中不应当公开的信息，情节严重的行为。根据《刑法》第308条之一的规定，犯本罪的，处3年以下有期徒刑拘役，或者管制，并处或者单处罚金。单位犯本罪的，对单位判处罚金，并对其直接负责的主管人员和其他直接责任人员，依照上述规定处罚。

九、扰乱法庭秩序罪

扰乱法庭秩序罪，是指聚众哄闹、冲击法庭或者殴打司法工作人员或者诉讼参与人，或者侮辱、诽谤、威胁司法工作人员或者诉讼参与人，不听法庭制止严重扰乱

法庭秩序的,或者毁坏法庭设施,抢夺损毁诉讼文书、证据等,扰乱法庭秩序,情节严重的行为。扰乱法庭秩序的行为,包括以下4类:①聚众哄闹、冲击法庭的;②殴打司法工作人员或者诉讼参与人;③侮辱、毁、谤威胁司法工作人员或者诉讼参与人,不听法庭制止,严重扰乱法庭秩序的;④有毁坏法庭设施,抢夺、损毁诉讼文书、证据等扰乱法庭秩序的行为,情节严重的。根据《刑法》第309条规定,犯本罪的,处3年以下有期徒刑、拘役、管制或者罚金。

十、窝藏、包庇罪

窝藏、包庇罪,是指明知是犯罪的人而为其提供隐藏处所、财物,帮助其逃匿或者作假证明进行包庇的行为。本罪是选择性罪名,诉讼中应根据实际案情选项适用或并合适用。

(一)本罪的构成要件

1. 本罪的客体是司法机关的正常活动。本罪的行为对象是犯罪的人,是指在客观上被合理地认为有强烈犯罪嫌疑的人,既包括真正犯了罪的人,也包括因犯罪的嫌疑,而受到司法机关侦查或起诉的人,还包括暂时未被列为犯罪嫌疑人,但确实实施了犯罪的人,以及虽不具有刑事责任能力,但是实施了危害社会的行为,在客观上具有强烈犯罪嫌疑的人。

2. 本罪的客观方面表现为窝藏或包庇犯罪分子两种行为。首先,窝藏犯罪分子的行为,有如下3种情形:①为犯罪分子提供隐藏处所,使其不易被发现;②为在逃的犯罪分子提供金钱、衣物、食品等财物,使其能够继续隐藏;③以其他方法帮助犯罪的人逃匿。如为犯罪分子提供交通工具、伪造通行证明、指示行动路线或逃匿方向等,帮助其逃匿。其次,包庇犯罪分子的行为,主要是指向司法机关作虚假证明,包括为使犯罪分子逃避法律制裁而伪造或变造证据、隐藏证据、毁灭证据等。上述两种行为,具备其中一种便可构成本罪。

3. 本罪的主体是一般主体。

4. 本罪的主观方面是故意,即行为人明知是犯罪的人而予以窝藏、包庇。明知的内容仅以对象可能是犯罪的人为限,并不要求确知其犯罪的性质和危害程度等。对因不明真相和轻信犯罪分子花言巧语而为其提供帮助的,不应作为犯罪论处。

(二)窝藏、包庇罪的认定

1. 本罪与非罪的界限。本罪是指明知是犯罪的人而为其提供隐藏处所、财物,帮助其逃匿或者作假证明包庇的行为;知情不举,是指明知是逃匿的犯罪分子而不向司法机关举报,放任其逍遥法外的行为。前者是积极行为,后者是消极行为。由于知情不举者并没有实施窝藏、包庇犯罪分子的行为,我国刑法亦未将一般知情不举的行为规定为犯罪,所以,根据罪刑法定原则,对于知情不举的行为,应予批评教育或党纪、政纪处分,不能认为是犯罪。但是,法律有特别规定的除外,例如,根据《人民警察法》第9条和第19条规定,如果人民警察明知是逃匿的犯罪分子而不履行职责的,可能构成玩忽职守罪;根据《刑法》第311条规定,明知他人有间谍犯罪或者恐怖主义、极端主义犯罪行为,在司法机关向其调查有关情况、收集有关证据时,拒绝提供,情节严重的行为,构成拒绝提供间谍犯罪、恐怖主义、极端主义犯罪证据罪。

2. 本罪与伪证罪的区别。①犯罪对象不同。前者的对象包括已决犯和未决犯;后者的对象只限于未决犯。②犯罪行为实施的时间不同。本罪可以发生在刑事诉讼之前、之中和之后;后者只能发生在刑事诉讼过程中。③客观方面表现不同。前者表现为为犯罪分子提供隐藏处所、财物,帮助其逃匿或者作假证明进行包庇的行为;后者表现为在刑事诉讼中,证人、鉴定人、记录人、翻译人对与案件有重要关系的情节,故意作虚假证明、鉴定、记录、翻译,意图陷害他人或隐匿罪证的行为。④犯罪主体不同。前者的主体是一般主体;而后者是特殊主体,即证人、鉴定人、翻译人、记录人这四种人。⑤犯罪目的不同。前者的目的是使犯罪分子逃避法律制裁;后者的目的则既包括隐匿罪证以使犯罪分子逃避法律制裁,还包括陷害他人使无罪者受到刑事追究。

3. 本罪与辩护人、诉讼代理人毁灭证据、伪造证据、妨害作证罪的区别。根据《刑法》第306条的规定,辩护人、诉讼代理人毁灭证据、伪造证据、妨害作证罪是指在刑事诉讼中,辩护人、诉讼代理人毁灭、伪造证据,帮助当事人毁灭、伪造证据,威胁、引诱证人违背事实改变证言或者作伪证的行为。窝藏、包庇罪与辩护人、诉讼代理人毁灭证据、伪造证据、妨害作证罪的主要区别除了犯罪侵犯的直接客体与犯罪客观方面的表现形式不同外,主要在于二者的犯罪主体不同,窝藏、包庇罪的主体是一般主体,而辩护人、诉讼代理人毁灭证据、伪造证据、妨害作证罪的主体是特殊主体,即只能是本案中的辩护人、诉讼代理人。

4. 本罪与帮助犯罪分子逃避处罚罪的区别。①犯罪主体不同,包庇罪是一般主体,帮助犯罪分子逃避处罚罪则是特殊主体,即只能是负有查禁犯罪活动职责的国家机关工作人员。②客观方面的表现形式不同:包庇表现为给明知是犯罪的人作假证明予以包庇的行为;而帮助犯罪分子逃避处罚罪则表现为向犯罪分子通风报信、提供便利,帮助犯罪分子逃避处罚的行为。

6. 本罪与事前通谋的共犯的界限　根据《刑法》第310条第2款规定,犯本罪,如果事前通谋的,应以被窝藏、包庇的犯罪分子所犯之罪的共犯论处,即:不论被窝藏、包庇的犯罪分子所犯之罪是何罪,只要事前有通谋,都不能认定为本罪,应以通谋实施的犯罪定罪处罚。如果事前没有通谋的,才能单独构成本罪。

(三) 本罪的刑事责任

根据《刑法》第310条规定,犯本罪的,处3年以下有期徒刑、拘役或者管制;情节严重的,处3年以上10年以下有期徒刑。犯本罪,事前通谋的,以共同犯罪论处。

十一、拒绝提供间谍犯罪、恐怖主义犯罪、极端主义犯罪证据罪

拒绝提供间谍犯罪证据罪,是指明知他人有间谍犯罪或者恐怖主义、极端主义犯罪行为,在司法机关向其调查有关情况、收集有关证据时,拒绝提供,情节严重的行为。根据《刑法》第311条的规定,犯本罪的,处3年以下有期徒刑、拘役或者管制。

十二、掩饰、隐瞒犯罪所得、犯罪所得收益罪

掩饰、隐瞒犯罪所得、犯罪所得收益罪,是指行为人明知是犯罪所得及其产生的收益而予以窝藏、转移、收购或者代为销售的行为。本罪的主观方面为故意,如果行为人确实不知道其所收藏、运送、收购或者代为销售的货物、物品是犯罪所得或者犯罪所得产生的收益的,不构成本罪。根据《刑法》第312条规定,犯本罪的,处3年以下有期徒刑、拘役或者管制,并处或者单处罚金;情节严重的,处3年以上7年以下有期徒刑,并处罚金。单位犯本罪的,对单位判处罚金,并对其直接负责的主管人员和其他直接责任人员,依照上述规定处罚。

司考真题

甲抢劫出租车,将被害司机尸体藏入后备厢后打电话给堂兄乙,请其帮忙。乙帮助甲把尸体埋掉,并把被害司机的证件、衣物等烧掉。两天后,甲把抢来的出租车送给乙。乙的行为构成何罪?(　　)

A. 抢劫罪
B. 包庇罪
C. 掩饰、隐瞒犯罪所得罪
D. 帮助毁灭证据罪

答案:CD

解析:本题考核抢劫罪、包庇罪、掩饰、隐瞒犯罪所得罪和帮助毁灭证据罪。

本题中,乙并没有在甲刚着手实行或者实行抢劫的过程中以共同抢劫故意参与犯罪,故乙并不构成抢劫罪共同犯罪,A项错误。

帮助当事人毁灭证据,情节严重的行为,构成帮助毁灭证据罪。该罪与包庇罪的区别要点在于:包庇罪具有向司法机关提供虚假的证据材料欺骗司法机关从而包庇犯罪人的性质,而帮助毁灭证据罪只是单纯地帮助犯罪人毁灭证据,并没有做假证明欺骗司法机关从而包庇犯罪人。本题中,乙的行为并不是提供假证明欺骗

司法机关,只是单纯帮助当事人毁灭证据,构成帮助毁灭证据罪。故 B 项错误,D 项正确。

根据规定,明知是犯罪所得及其产生的收益而予以窝藏、转移、收购、代为销售或者以其他方法掩饰、隐瞒的行为,构成掩饰、隐瞒犯罪所得、犯罪所得收益罪。本题中,乙明知是犯罪所得而收受出租车,构成掩饰、隐瞒犯罪所得罪。因此,C 项正确。

十三、拒不执行判决、裁定罪

拒不执行判决、裁定罪,是指对人民法院的判决、裁定有能力执行而拒不执行,情节严重的行为。本罪是选择性罪名,诉讼中应根据实际案情选项适用或并合适用。

(一)本罪的构成要件

1. 本罪的客体是国家审判机关的正常活动。本罪行为对象是人民法院的判决、裁定。根据全国人民代表大会常务委员会《关于〈中华人民共和国刑法〉第313条的解释》,是指人民法院依法做出的,具有执行内容并已生效的判决、裁定。人民法院为依法执行支付令、生效的调解书、仲裁裁决、公证债权文书等所作的裁定属于本罪规定的裁定。

2. 本罪的客观方面表现为对人民法院发生法律效力的判决、裁定有能力执行而拒不执行,情节严重的行为。首先,有能力执行是构成本罪的前提条件。所谓有能力执行,是指根据查实的证据证明,负有执行人民法院判决、裁定义务的人有可供执行的财产或者具有履行特定义务的能力。如果行为人确实没有可供执行的财产,或者丧失履行特定义务的能力,不构成本罪。其次,实施拒不执行人民法院的判决、裁定的行为。所谓拒不执行,是指行为人采取各种手段和方法,抗拒执行人民法院判决、裁定的行为。最后,还必须具备情节严重的要件。所谓情节严重,根据全国人民代表大会常务委员会《关于〈中华人民共和国刑法〉第313条的解释》的规定,是指下列情形之一:①被执行人隐藏、转移、故意毁损财产或者无偿转让财产,以明显不合理的低价转让财产,致使判决、裁定无法执行的;②担保人或者被执行人隐藏、转移、故意毁损或者转让已向人民法院提供担保的财产,致使判决、裁定无法执行的;③协助执行义务人接到人民法院协助执行通知书后,拒不协助执行,致使判决、裁定无法执行的;④被执行人、担保人、协助执行义务人与国家机关工作人员通谋,利用国家机关工作人员的职权妨害执行,致使判决、裁定无法执行的;⑤其他有能力执行而拒不执行,情节严重的情形。国家机关工作人员有上述第四种情形的,以本罪的共犯追究刑事责任。

3. 本罪的主体是特殊主体,指负有执行人民法院的判决、裁定义务的、已满十六周岁且具有刑事责任能力的自然人。负有执行人民法院的判决、裁定义务的单位的主管人员和其他直接责任人员,为了本单位的利益而拒不执行判决、裁定,情节严重并且造成严重后果的,应当以本罪定罪处罚。

4. 本罪的主观方面为故意,即行为人具有明知自己负有执行人民法院判决、裁定的义务,有能力执行而故意拒不执行的心理态度,目的是逃避判决、裁定所规定的执行义务。

(二)拒不执行判决、裁定罪的认定

1. 本罪与非罪行为的界限。区分罪与非罪的关键,要看行为人是否有可供执行的财产和履行特定义务的能力,以及抗拒执行是否情节严重。在实施中应当注意如下几个问题:①严格区分一般抗拒执行与抗拒执行情节严重的行为。如果行为人抗拒执行不具有情节严重5种情形之一的,不构成本罪。②如果因为原判决、裁定不当或者当事人客观上确实无履行执行义务能力的,应按审判监督程序对原判决、裁定依法作适当变更或者变通执行措施,不应对当事人以本罪论处。③要把当事人不服判决、裁定的申诉行为与拒不执行判决、裁定的犯罪行为区别开来。当事人在申诉中言行过激,行为失当,顶撞执行人员是错误的,应当进行批评教育,使其知道对于发生法律效力的判决、裁定有权进行申诉,但在没有裁定中止执行以前,不影响执行规定,不要轻率地以犯罪论处。④对于因执行人员手续不完备、态度蛮横粗暴等工作错误,导致当事人产生抵触情绪,进而抵制执行判决、裁定的,切忌感情用事而混淆罪与非罪的界限。

2. 本罪的共同犯罪问题。本罪的主体是被执行人即负有执行人民法院的判决、裁定义务的人。但是,如果非被执行人与被执行人共同故意实施如下行为之一的,情节严重的,应以本罪共犯论处:①以暴力、威胁方法妨害或者抗拒执行,致使执行工作无法进行的;②聚众哄闹、冲击执行现场,围困、扣押、殴打执行人员,致使执行工作无法进行的;③损毁、抢夺执行案件材料、执行公务车辆和其他执行器械、执行人员服装以及执行公务证件,造成严重后果的;④其他妨害或者抗拒执行造成严重后果的。

3. 本罪的罪数问题。在暴力抗拒执行人民法院判决、裁定中,杀害、重伤执行人员的,应按从一重处断的原则,以故意杀人罪、故意伤害罪定罪处罚;如果暴力抗拒执行,殴打或轻伤执行人员,致使执行工作无法进行的,仍按本罪适当从重处罚。

司考真题

甲欠乙10万元久拖不还,乙向法院起诉并胜诉后,甲在履行期限内仍不归还。于是,乙向法院申请强制执行。当法院的执行人员持强制执行裁定书到甲家执行时,甲率领家人手持棍棒在门口守候,并将试图进入室内的执行人员打成重伤。甲

的行为构成何罪?(　　)

A. 拒不执行判决、裁定罪

B. 聚众扰乱社会秩序罪

C. 妨害公务罪

D. 故意伤害罪

答案:D

解析:拒不执行判决、裁定罪(《刑法》第313条),是指对人民法院的判决、裁定有能力执行而拒不执行,情节严重的行为。根据《最高人民法院关于审理拒不执行判决、裁定案件具体应用法律若干问题的解释》第3条规定,负有执行人民法院判决、裁定义务的人具有下列情形之一的,应当认定为拒不执行人民法院判决、裁定的行为"情节严重":(1)在人民法院发出执行通知以后,隐藏、转移、变卖、毁损已被依法查封、扣押或者已被清点并责令其保管的财产,转移已被冻结的财产,致使判决、裁定无法执行的;(2)隐藏、转移、变卖、毁损在执行中向人民法院提供担保的财产,致使判决、裁定无法执行的;(3)以暴力、威胁方法妨害或者抗拒执行,致使执行工作无法进行的;(4)聚众哄闹、冲击执行现场,围困、扣押、殴打执行人员致使执行工作无法进行的;(5)毁损、抢夺执行案件材料、执行公务车辆和其他执行器械、执行人员服装以及执行公务证件,造成严重后果的;(6)其他妨害或者抗拒执行造成严重后果的。妨害公务罪(《刑法》第277条),是指以暴力、威胁的方法,阻碍国家工作人员、人民代表及在一定条件下的红十字会工作人员依法执行职务或履行职责,或者以暴力、威胁以外的方法故意阻碍国家安全机关、公安机关依法执行国家安全工作任务,造成严重后果的行为。妨害公务罪和拒不执行判决、裁定罪虽然都是发生在执行公务期间,但拒不执行判决、裁定罪主要以发生在人民法院工作人员依法执行案件过程中发生。两者是普通与一般关系,同时《司法解释》中已经规定了对执法人员使用暴力、威胁手段所承担的后果,将此种情况特别列出,也是为了与妨害公务罪适用的区别。因此,在执行现场中对执法人员实施暴力、威胁行以拒不执行判决、裁定罪更为符合法律规定。但是,本题中甲实施的暴力行为超过了司法解释中给出的妨害执行工作无法进行的范围,而是将执行人员达成重伤,因此,甲的行为构成拒不执行判决、裁定罪与故意伤害罪的想象竞合,应择一重罪处罚,故意伤害罪致人重伤的量刑幅度在三年以上十年以下有期徒刑,因此,甲应当定故意伤害罪。正确答案应该是D。

(三)本罪的刑事责任

根据《刑法》第313条规定,犯本罪的,处3年以下有期徒刑、拘役或者罚金。情节特别严重的,处3年以上7年以下有期徒刑,并处罚金。单位犯本罪的,对单位判处罚金,并对其直接负责的主管人员和其他直接责任人员,依照上述规定处罚。

十四、非法处置查封、扣押、冻结的财产罪

非法处置查封、扣押、冻结的财产罪,是指隐藏、转移、变卖、故意毁损已被司法机关查封、扣押、冻结的财产,情节严重的行为。如果行为人出于非法占有的目的,秘密窃取了被司法机关查封、扣押、冻结的财产,此种行为又属于本罪的非法处置表现,因此,行为人实施的行为同时触犯盗窃罪和本罪两个罪名,构成想象竞合犯,应根据"从一重处断"的原则处断。如果行为人以隐藏、转移、变卖、毁损将要被执行的财产的方法,抗拒人民法院已经生效的裁定,该裁定就是针对查封、扣押、冻结财产而言,就同时触犯拒不执行判决、裁定罪和本罪两个罪名。两个罪名的法定刑相同,可以其中一罪论处。根据《刑法》第 314 条规定,犯本罪的,处 3 年以下有期徒刑、拘役或者罚金。

十五、破坏监管秩序罪

破坏监管秩序罪,是指依法被关押的罪犯故意破坏监管秩序,情节严重的行为。本罪的客观方面表现为,依法被关押的罪犯实施了殴打监管人员、组织其他被监管人破坏监管秩序、聚众闹事扰乱正常监管秩序、殴打、体罚或者指使他人殴打、体罚其他被监管人,破坏监管秩序,情节严重的行为。根据《刑法》第 315 条规定,犯本罪的,处 3 年以下有期徒刑。

十六、脱逃罪

脱逃罪,是指依法被关押的罪犯、被告人、犯罪嫌疑人逃脱司法机关的羁押和监管的行为。

(一)本罪的构成要件

1. 本罪的客体是国家司法机关对罪犯、被告人、犯罪嫌疑人的正常监管秩序。司法机关依法对罪犯、被告人、犯罪嫌疑人进行关押,以保证对罪犯执行刑罚,对被告人、犯罪嫌疑人正常进行诉讼。被关押的罪犯、被告人、犯罪嫌疑人非法脱逃无疑会扰乱正常的监管秩序。

2. 本罪的客观方面表现为脱逃行为。所谓脱逃,是指行为人逃离司法机关的监管场所(如从看守所、监狱逃跑),或者摆脱司法机关依法对其人身羁押的行为(如在押解途中逃跑)。脱逃的方法很多,有秘密脱逃的,有公开逃跑的;有使用暴力的,有未使用暴力的,等等。

3. 本罪的主体是特殊主体,即根据刑法、刑事诉讼法的有关规定,包括被关押的犯罪嫌疑人、被告人和罪犯。

司考真题

下列哪些人可以成为脱逃罪的主体?(　　)

A. 被判处管制的犯罪分子
B. 依法被关押的罪犯
C. 依法被关押的被告人
D. 依法被关押但尚无充分证据证明有罪的犯罪嫌疑人

【答案及解析】BCD。脱逃罪的犯罪主体是特殊主体,即依法被逮捕、关押的罪犯、被告人、犯罪嫌疑人。包括已经拘留、逮捕而尚未判决的未决犯和已被判处拘役以上剥夺自由刑罚的罪犯。故选 BCD。

4. 本罪的主观方面是故意,目的是逃脱司法机关的羁押和监管。至于脱逃的动机,不影响本罪的认定。

(二)本罪的认定

1. 本罪与非罪的界限。脱逃罪的主体,只能是依法被关押的犯罪嫌疑人、被告人和罪犯。被司法工作人员滥用职权非法关押的人脱逃的,被行政拘留、收容教养的人即使逃离监管场所也不构成本罪。

2. 本罪的既遂与未遂标准。关于脱逃罪既遂与未遂的标准,理论上有4种不同观点:"脱离说"认为,应以行为人是否脱离监管场所为标准;"控制说"认为,应以行为人是否脱离看守人的监视控制为标准;"程度说"认为应以脱逃行为是否到达脱离羁押、关押的程度为标准;"脱离、控制结合说"认为,应同时以行为人是否逃出了羁押改造场所和摆脱了看管人员的控制为标准。我们主张"控制说"理由如下:①脱逃行为,可能发生在罪犯、被告人、犯罪嫌疑人被押解途中,这时并无固定的监管场所,因而不能采用"脱离说"或"脱离、控制结合说";②"程度说"的标准过于抽象模糊;③如果行为人仍处于关押场所,不可能真正摆脱看管人员的控制,此时"脱离说"、"控制说"的结论一致。而行为人即使逃离了监管设施,如果并没有逃脱监管人员控制,例如行为人逃出监管场所大门,当监管人员在后面紧追不舍的,不应认定为既遂。这种情况下,"控制说"的结论更为合理。

3. 本罪与拒不执行判决、裁定罪的区别。①犯罪的客体不同。前者的客体是司法机关正常的监管秩序;后者的客体是人民法院裁判的正常执行秩序。②犯罪对象不同。前者针对的是公安机关、检察院、人民法院的强制措施,以及监狱等刑罚执行机关的强制执行措施;后者的犯罪对象是人民法院作出的具有执行内容的判决、裁定。③犯罪的客观方面表现形式不同。前者表现为脱逃行为;后者表现为有能力执行而拒不执行的各种行为。④犯罪的主体不同。前者是特殊主体,即依法被关押的罪犯、被告人、犯罪嫌疑人;后者也是特殊主体,但仅限于有义务并有能力执行的人。

4.本罪的罪数问题。行为人在脱逃时,如果对监管人员使用了暴力,其暴力程度,应以轻伤为限。如果其暴力手段造成了监管人员重伤甚至死亡,应作本罪与故意伤害罪、故意杀人罪的牵连犯,从一重处断。

(三)本罪的刑事责任

根据《刑法》第316条第1款规定,犯本罪的,处5年以下有期徒刑或者拘役。

十七、劫夺被押解人员罪

劫夺被押解人员罪,是指劫夺押解途中的罪犯、被告人、犯罪嫌疑人的行为。本罪的客体是国家对被押解人的监管秩序。行为对象是押解途中的罪犯、被告人、犯罪嫌疑人。本罪的客观方面表现为在押解途中劫夺罪犯、被告人、犯罪嫌疑人的行为。所谓劫夺,是指从司法工作人员的押解控制中强行将被押解人员夺走,使司法机关对被押解人员的人身失去控制。劫夺的手段通常是使用暴力,但也不排除采取麻醉等其他使押解人员不能还击或不知还击的手段。根据《刑法》第316条第2款规定,犯本罪的,处3年以上7年以下有期徒刑;情节严重的,处7年以上有期徒刑。

十八、组织越狱罪

组织越狱罪,是指依法被关押的犯罪嫌疑人、被告人、罪犯相互勾结、有组织、有计划地集体越狱逃跑的行为。所谓"狱",泛指对犯罪嫌疑人、被告人和罪犯羁押、监管的场所,包括监狱、看守所、少年犯管教所以及临时关押上述人员的场所和押解交通工具。本罪的主体是特殊主体,即依法被关押的罪犯、被告人、犯罪嫌疑人。根据《刑法》第317条第1款规定,犯本罪的,对首要分子和积极参加者处5年以上有期徒刑;其他参加的,处5年以下有期徒刑或者拘役。

十九、暴动越狱罪

暴动越狱罪,是指依法被关押的罪犯、被告人、犯罪嫌疑人相互勾结,使用暴力手段集体越狱逃跑的行为。根据《刑法》第317条第2款规定,犯本罪的,对首要分子和积极参加的,处10年以上有期徒刑或者无期徒刑;情节特别严重的,处死刑;其他参加的,处3年以上10年以下有期徒刑。

司考真题

对下列哪些行为不应当认定为脱逃罪？（　　）

A. 犯罪嫌疑人在从甲地押解到乙地的途中，乘押解人员不备，偷偷溜走

B. 被判处管制的犯罪分子未经执行机关批准到外地经商，直至管制期满未归

C. 被判处有期徒刑的犯罪分子组织多人有计划地从羁押场所秘密逃跑

D. 被判处无期徒刑的8名犯罪分子采取暴动方法逃离羁押场所

【答案】BCD

【考点】脱逃罪与组织越狱罪、暴动越狱罪的区别

【详解】《刑法》第316条规定，依法被关押的罪犯、被告人、犯罪嫌疑人脱逃的，处5年以下有期徒刑或者拘役。故A项应认定为脱逃罪，不应选。根据《刑法》第39条第1款第(五)项的规定，B项是被判处管制的犯罪分子，在执行期间未遵守规定的行为。管制是对罪犯不予关押，但限制其一定自由，由公安机关执行和群众监督改造的刑罚方法。由于被判处管制的犯罪分子不属于"依法被关押"，不构成脱逃罪。故B为应选答案。C项为组织越狱罪。组织越狱罪，是指狱中的罪犯有组织、有计划地逃往狱外的行为。《刑法》第317条第1款规定，组织越狱的首要分子和积极参加的，处5年以上有期徒刑；其他参加的，处5年以下有期徒刑或者拘役。D项为暴动越狱罪，《刑法》第317条第2款规定，暴动越狱或者聚众持械劫狱的首要分子和积极参加的，处10年以上有期徒刑或者无期徒刑；情节特别严重的，处死刑；其他参加的，处3年以上10年以下有期徒刑。故本题应选BCD。

组织越狱罪与脱逃罪的界限：(1)行为方式不同。组织越狱罪在客观方面表现为有计划、有组织地进行，并且一般是使用暴力手段，公开与国家专政机关对抗；而脱逃罪在客观方面往往采取秘密逃跑的方式。(2)组织越狱罪是多数在押犯勾结在一起，在首要分子的指挥、策划下，有组织、有计划地集体逃跑越狱的行为。而脱逃罪一般只是个别犯罪分子单独的逃跑行为。

二十、聚众持械劫狱罪

聚众持械劫狱罪，是指聚集多人持械劫夺狱中被监管人的行为。本罪客观方面表现为行为人实施了聚集多人持械劫夺狱中在押人犯的行为。所谓"持械"，是指行为人手拿刀、枪、棍棒等凶器实施劫狱行为。根据《刑法》第317条第2款规定，犯本罪的，对首要分子和积极参加者处10年以上有期徒刑或者无期徒刑；情节特别严重的，处死刑；其他积极参加的，处3年以上10年以下有期徒刑。

本节知识链接

1. 1998年5月8日最高人民法院、最高人民检察院、公安部、国家工商行政管理局《关于依法查处盗窃、抢劫机动车案件的规定》(自1998年5月8日起施行)

2. 2000年12月14日,最高人民法院研究室《关于拒不执行人民法院调解书的行为是否构成拒不执行判决、裁定罪的答复》

3. 2002年8月29日第九届全国人民代表大会常务委员会第二十九次会议通过的《关于<中华人民共和国刑法>第三百一十三条的解释》

4. 2007年1月15日最高人民法院、最高人民检察院《关于办理盗窃油气、破坏油气设备等刑事案件具体应用法律若干问题的解释》第五条

5. 2007年5月9日最高人民法院、最高人民检察院《关于办理与盗窃、抢劫、诈骗抢夺机动车辆相关刑事案件具体应用法律若干问题的解释》

6. 2007年8月30日最高人民法院、最高人民检察院、公安部《关于依法严肃查处拒不执行判决、裁定和暴力抗拒法院执行犯罪行为有关问题的通知》

7. 2009年11月4日最高人民法院《关于审理洗钱等刑事案件具体应用法律若干问题的解释》

8. 2011年8月1日最高人民法院、最高人民检察院《关于办理危害计算机信息系统安全刑事案件应用法律若干问题的解释》第七条

9. 2012年12月12日最高人民法院、最高人民检察院《关于办理妨害国(边)境管理刑事案件应用法律若干问题的解释》

10. 2013年12月23日最高人民法院《关于常见犯罪的量刑指导意见》

11. 2014年8月11日最高人民法院、最高人民检察院、公安部、司法部《关于监狱办理刑事案件有关问题的规定》

12. 2014年4月24日第十二届全国人民代表大会常务委员会第八次会议通过的《关于<中华人民共和国刑法>第三百四十一条、第三百一十二条的解释》

13. 2015年5月29日最高人民法院《关于审理掩饰、隐瞒犯罪所得、犯罪所得收益刑事案件适用法律若干问题的解释》(自2015年6月1日起施行)

14. 2015年7月20日最高人民法院《关于审理拒不执行判决、裁定刑事案件适用法律若干问题的解释》(自2015年7月22日起施行)

15. 2015年8月29日全国人大常委会《中华人民共和国刑法修正案(九)》

第四节 妨害国(边)境管理罪

本节罪名

本节共有8个罪名:(1)组织他人偷越国(边)境罪;(2)骗取出境证件罪;(3)提供伪造、变造的出入境证件罪;(4)出售出入境证件罪;(5)运送他人偷越国(边)境罪;(6)偷越国(边)境罪;(7)破坏界碑、界桩罪;(8)破坏永久性测量标志罪。

一、组织他人偷越国(边)境罪

组织他人偷越国(边)境罪,是指组织他人偷越国(边)境的行为。

(一)本罪的构成要件

1.本罪的客体是国家对国(边)境的管理制度。所谓国境,是指我国与外国的国界;所谓边境,是指我国大陆与香港、澳门、台湾地区的交界。

2.本罪的客观方面表现为行为人实施了非法组织他人偷越国(边)境的行为。所谓非法,是指行为人违反国(边)境管理规定,擅自组织他人偷越国(边)境的行为;所谓组织他人偷越国(边)境,根据最高人民法院《关于审理组织、运送他人偷越国(边)境等刑事案件适用法律若干问题的解释》第1条的规定,组织是指领导、策划、指挥他人偷越国(边)境或者在首要分子的指挥下,实施拉拢、引诱、介绍他人偷越国(边)境等行为。如制定偷越计划、安排运送工具、引导偷越地点等,不论采取何种方法和手段,都是组织行为。组织者既可以组织他人偷越,而自己不偷越;也可以组织他人与自己共同偷越。如果只是单纯的帮助某人偷越国(边)境的行为,应以偷越国(边)境罪的共犯论处,而不应认定为组织他人偷越国(边)境罪。所谓偷越国(边)境,既可以是组织境内人员偷渡至境外,也可以是组织境外人员偷渡至境内。

3.本罪的主体是一般主体。

4.本罪的主观方面是故意。这里的故意,是指明知是组织他人偷越国边境的行为而有意实施的主观心理状态。目的、动机如何不影响本罪的成立。

(二)本罪的认定

1.一罪与数罪问题。①在实施本罪的过程中,造成被组织者重伤、死亡的,剥夺或者限制被组织人人身自由的,以暴力、威胁方法抗拒检查的,是本罪的加重处罚事由,不以数罪论处。②在实施本罪过程中,对被组织者有杀害、伤害、强奸、拐卖等犯罪行为,或者对检查人员有杀害、伤害等犯罪行为的,依照数罪并罚的规定处罚。

2. 本罪与运送他人偷越国(边)境罪的区别。①行为性质不同。前者是组织他人偷越国(边)境的行为,组织行为中包括运送被组织者非法出入国(边)境的行为;后者仅是运送他人偷越国(边)境的行为,不包括组织行为。②偷越人的主观方面不完全相同。前者的被组织者中,既有决意偷越国(边)境的人,又有本无偷越国(边)境意志的人,甚至还有被诱骗、被胁迫偷越国(边)境的人;后者被运送的人,只能是具有非法偷越国(边)境意志的人。

3. 本罪与偷越国(边)境罪的区别。①主体不同。前者只有偷越国(边)境的组织者才能构成本罪,而组织者自己往往不具有出入国(边)境的行为或目的;后者的主体往往是偷越了国(边)境的人。②客观方面不同。前罪表现为以拉拢、煽动、诱骗等手段,有组织地安排他人偷越国(边)境;后者仅要求实施了偷越国(边)境的行为。

(三)本罪的刑事责任

根据《刑法》第318条的规定,犯本罪的,处2年以上7年以下有期徒刑,并处罚金;有下列情形之一的,处7年以上有期徒刑或者无期徒刑,并处罚金或者没收财产:①组织他人偷越国(边)境集团的首要分子;②多次组织他人偷越国(边)境或者组织他人偷越国(边)境人数众多的。所谓多次,一般是指3次以上;所谓人数众多,根据最高人民法院《关于审理组织、运送他人偷越国(边)境等刑事案件适用法律若干问题的解释》第2条的规定,一般是指组织他人偷越国(边)境人数在10人以上。③造成被组织人重伤、死亡的;④剥夺或者限制被组织人人身自由的;⑤以暴力、威胁方法抗拒检查的;⑥违法所得数额巨大的;⑦有其他特别严重情节的。

二、骗取出境证件罪

骗取出境证件罪,是指以劳务输出、经贸往来或者其他名义,弄虚作假,骗取护照、签证等出境证件,而为组织他人偷越国(边)境使用的行为。本罪的对象仅限于护照、签证等出境证件,不包括入境证件。骗取出境证件罪的目的必须是为了组织他人偷越国(边)境的目的。根据《刑法》第319条的规定,犯本罪的,处3年以下有期徒刑,并处罚金;情节严重的,处3年以上10年以下有期徒刑,并处罚金。单位犯本罪的,对单位判处罚金,并对其直接负责的主管人员和其他直接责任人员,依照上述规定处罚。

三、提供伪造、变造的出入境证件罪

提供伪造、变造的出入境证件罪,是指为他人提供伪造、变造的护照、签证等出入境证件的行为。如果行为人既伪造、变造护照、签证等出入境证件又提供给他人,应按本罪与伪造、变造国家机关证件、印章罪的牵连犯处理。根据《刑法》第320条的规定,犯本罪的,处5年以下有期徒刑,并处罚金;情节严重的,处5年以上有期徒刑,并处罚金。

四、出售出入境证件罪

出售出入境证件罪,是指向他人出售护照、签证等出入境证件的行为。本罪的出售既可以是出售本人所有的出入境护照、签证等,也可以是倒卖他人的出入境护照、签证等。对于出售伪造、变造的出入境证件的行为,则应以提供伪造、变造的出入境证件罪论处。根据《刑法》第320条的规定,犯本罪的,处5年以下有期徒刑,并处罚金;情节严重的,处5年以上有期徒刑,并处罚金。

五、运送他人偷越国(边)境罪

运送他人偷越国(边)境罪,是指违反国家国(边)境管理规定,运送他人偷越国(边)境的行为。根据《刑法》第321条的规定,犯本罪的,处5年以下有期徒刑、拘役或者管制,并处罚金;有下列情形之一的,处5年以上10年以下有期徒刑,并处罚金。①多次实施运送行为或者运送人数众多。②所使用的船只、车辆等交通工具不具备必要的安全条件足以造成危害结果的;③违法所得数额巨大的;④有其他特别严重情节的。在运送他人偷越国(边)境中,造成被运送人重伤、死亡或者以暴力威胁方法抗拒检查的,处7年以上有期徒刑,并处罚金。对被运送人有杀害、伤害、强奸、拐卖等犯罪行为,或者对检查人员有杀害、伤害等犯罪行为的,依照数罪并罚的规定处罚。

六、偷越国(边)境罪

偷越国(边)境罪,是指违反国(边)境管理法规,偷越国(边)境,情节严重的行为。违反国(边)境管理法规,是构成本罪的前提条件。所谓情节严重,是指偷越国(边)境,具有下列情形之一:①在境外实施损害国家利益的行为的;②偷越国(边)境3次以上的;③拉拢、引诱他人一起偷越国(边)境的;④因偷越国(边)境被行政处罚后1年内又偷越国(边)境的;⑤具有其他严重情节的。根据《刑法》第

322 条的规定,犯本罪的,处 1 年以下有期徒刑、拘役或者管制,并处罚金。为参加恐怖活动组织、接受恐怖活动培训或者实施恐怖活动,偷越国(边)境的,处 1 年以上 3 年以下有期徒刑,并处罚金。

七、破坏界碑、界桩罪

破坏界碑、界桩罪,是指明知是国家边境的界碑、界桩而故意进行破坏的行为。根据《刑法》第 323 条的规定,犯本罪的,处 3 年以下有期徒刑或者拘役。

八、破坏永久性测量标志罪

破坏永久性测量标志罪,是指明知是国家设立的永久性测量标志而故意进行破坏的行为。根据《刑法》第 323 条的规定,犯本罪的,处 3 年以下有期徒刑或者拘役。

本节知识链接

1. 2012 年 12 月 12 日最高人民法院、最高人民检察院《关于办理妨害国(边)境管理刑事案件应用法律若干问题的解释》
2. 2015 年 8 月 29 日全国人大常委会《中华人民共和国刑法修正案(九)》

第五节　妨害文物管理罪

本节罪名

本节共有 10 个罪名:(1)故意损毁文物罪;(2)故意损毁名胜古迹罪;(3)过失损毁文物罪;(4)非法向外国人出售、赠送珍贵文物罪;(5)倒卖文物罪;(6)非法出售、私赠文物藏品罪;(7)盗掘古文化遗址、古墓葬罪;(8)盗掘古人类化石、古脊椎动物化石罪;(9)抢夺、盗取国有档案罪;(10)擅自出卖、转让国有档案罪。

一、故意损毁珍贵文物罪

故意损毁珍贵文物罪,是指故意损毁国家保护的珍贵文物或者被确定为全国重点文物保护单位、省级文物保护单位的文物的行为。根据《刑法》第 324 条第 1 款规定，犯本罪的，处 3 年以下有期徒刑或者拘役，并处或者单处罚金；情节严重的，处 3 年以上 10 年以下有期徒刑，并处罚金。

二、故意损毁名胜古迹罪

故意损毁名胜古迹罪，是指故意损毁国家保护的名胜古迹，情节严重的行为。国家保护的名胜古迹，是指具有重大历史、艺术、科学价值，并被核定为国家或地方重点保护的风景区或与名人事迹、历史事件有关而值得后人登临凭吊的胜地和建筑物。根据《刑法》第 324 条第 2 款规定，犯本罪的，处 5 年以下有期徒刑或者拘役，并处或者单处罚金。

三、过失损毁珍贵文物罪

过失损毁珍贵文物罪，是指过失损毁国家保护的珍贵文物或被确定为全国重点文物保护单位、省级文物保护单位的文物，造成严重后果的行为。根据《刑法》第 324 条第 3 款规定，犯本罪的，处 3 年以下有期徒刑或者拘役。

四、非法向外国人出售、赠送珍贵文物罪

非法向外国人出售、赠送珍贵文物罪，是指违反文物保护法规，将收藏的国家禁止出口的珍贵文物私自出售或者私自赠送给外国人的行为。根据《刑法》第 325 条规定，犯本罪的，处 5 年以下有期徒刑或者拘役，可以并处罚金。单位犯本罪的，对单位判处罚金，并对其直接负责的主管人员和其他直接责任人员，依照上述规定处罚。

五、倒卖文物罪

倒卖文物罪，是指以牟利为目的，倒卖国家禁止经营的文物，情节严重的行为。
（一）本罪的构成要件

1. 本罪的客体是国家的文物管理制度我国文物保护法规定，全民所有的博物馆、图书馆和其他单位的文物藏品禁止出卖。收购私人收藏的文物必须是国家文物行政管理部门指定的单位，其他任何单位不得经营文物收购业务。私人收藏的文物，严禁倒卖牟利。违反这些规定就是对国家文物管理秩序的侵犯。本罪的犯罪对象是国家禁止经营的一切文物，如果不是国家禁止经营的文物，不构成本罪。

2. 本罪的客观方面表现为违反国家文物经营管理法规，倒卖国家禁止经营的

文物的行为　即为以下几方面。①违反了国家文物经营管理法规。根据文物管理法规定,经营文物的单位,应当经国家文物局或者省、自治区、直辖市人民政府文物行政管理部门批准,并经工商行政管理部门办理登记手续;经营文物对外销售业务,应经国家文物局批准。②实施了倒卖国家文物的行为。所谓倒卖,是指为谋取利润而买进或卖出,如果收购或出卖文物不是为了赚取利润,例如,出售自己收藏的文物或购买文物是为了收藏,不构成本罪。③倒卖的是国家禁止经营的文物。本罪犯罪对象是国家禁止经营的一切文物,既包括珍贵文物也包括一般文物。

3. 本罪的主体既可以是个人,也可以是单位。

4. 本罪的主观方面为故意,并具有牟利的目的。

(二)本罪的认定

1. 本罪与非法向外国人出售珍贵文物罪的区别。相同点:二者在客观方面都有买卖或出售文物的行为。二者的犯罪客体相同,都是侵犯了国家的文物管理制度。不同点:①犯罪对象不同。前者的犯罪对象是国家禁止经营的一切文物,包括珍贵文物和一般文物;后者的对象是单位或个人收藏的文物,而且必须是国家禁止出口的珍贵文物。②行为的性质不同。前者是非法倒卖国家禁止经营的文物;后者则将特定文物私自出售给外国人。③犯罪主体不同。前者的主体是一般主体,任何未经许可经营文物的单位或个人都可成为前罪主体;后者是特殊主体,仅限于收藏文物的单位或个人。④主观方面的故意内容不同。前者在主观上必须是以牟利为目的;后者则无此项要求。如果倒卖的文物是自己收藏的且向外国人出售的属于竞合犯,应当择一重罪予以处罚。

2. 本罪与非法出售文物藏品罪的区别。①犯罪对象不同。前者的行为对象是国家禁止经营的一切文物;后者的对象只能是国有文物藏品。②行为性质不同。前者是非法倒卖国家禁止经营的文物;后者则是非法出售,私赠国有文物藏品。③犯罪主体不同。前者的主体是未经许可经营文物的单位或个人;后者的主体只能是国有博物馆、图书馆等单位。④主观方面的故意内容不同。前者在主观上必须是以牟利为目的;后者则无此项要求。

(三)本罪的刑事责任

根据《刑法》第326条规定,犯本罪的,处5年以下有期徒刑或者拘役,并处罚金;情节特别严重的,处5年以上10年以下有期徒刑,并处罚金。单位犯本罪的,对单位判处罚金,并对其直接负责的主管人员和其他直接责任人员,依照自然人犯罪的规定处罚。

六、非法出售、私赠文物藏品罪

非法出售、私赠文物藏品罪,是指国有博物馆、图书馆等单位,违反文物保护法规,将国家保护的文物藏品出售或私自赠送给非国有单位或者个人的行为。根据《刑法》第327条规定,单位犯本罪的,对单位判处罚金,并对其直接负责的主管人员和其他直接责任人员,处3年以下有期徒刑或者拘役。

七、盗掘古文化遗址、古墓葬罪

盗掘古文化遗址、古墓葬罪,是指违反文物保护法规盗掘具有历史、艺术、科学价值的古文化遗址、古墓葬的行为。本罪是选择性罪名。犯罪对象是指清代和清代以前的具有历史、艺术、科学价值的古文化遗址、古墓葬以及辛亥革命以后与著名历史事件有关的名人墓葬、遗址和纪念地。其中,古文化遗址包括石窟、地下城、古建筑古人类居住地遗址等;古墓葬包括皇帝及其嫔妃陵墓、历史上著名人物和革命烈士墓地等。本罪中的"盗掘"是指未经国家文化主管部门批准而私自挖掘。其行为方式有秘密的也有公开的,有个人实施的也有犯罪集团实施的。其方法和手段多种多样,如开挖、爆炸、拆毁、刨洞等。不论采取何种方式和手段,都不影响本罪的成立。盗掘行为本身具有严重的毁坏性,不论是否挖到文物都构成犯罪。根据《刑法》第328条第1款规定,犯本罪的,处3年以上10年以下有期徒刑,并处罚金;情节较轻的,处3年以下有期徒刑、拘役或者管制,并处罚金;有下列情形之一的,处10年以上有期徒刑或者无期徒刑,并处罚金或者没收财产:①盗掘确定为全国重点文物保护单位和省级文物保护单位的古文化遗址、古墓葬的;②盗掘古文化遗址、古墓葬集团的首要分子;③多次盗掘古文化遗址、古墓葬的;④盗掘古文化遗址、古墓葬,并盗窃珍贵文物或者造成珍贵文物严重破坏的。

司考真题

甲晚上潜入一古寺,将寺内古墓室中有珍贵文物编号的金佛的头用钢锯锯下,销赃后获赃款10万元。对甲应以什么罪追究刑事责任?(   )

A. 故意损毁文物罪

B. 倒卖文物罪

C. 盗窃罪

D. 盗掘古文化遗址、古墓葬罪

【答案及解析】C。对盗窃珍贵文物的,如果仅属窃取,应定盗窃罪;在盗窃过程中破坏珍贵文物、名胜古迹的,可以按盗窃罪或者破坏珍贵文物、名胜古迹罪中的一重罪从重处罚,盗窃墓葬,窃取数额较大的财物,应以盗窃罪论处。故选C。

八、盗掘古人类化石、古脊椎动物化石罪

盗掘古人类化石、古脊椎动物化石罪,是指违反国家文物保护法规,盗掘国家保护的具有科学价值的古人类化石、古脊椎动物化石的行为。根据《刑法》第328条第2款规定,犯本罪的,处3年以上10年以下有期徒刑,并处罚金;情节较轻的,处3年以下有期徒刑、拘役或者管制,并处罚金;有下列情形之一的,处10年以上有期徒刑或者无期徒刑,并处罚金或者没收财产:①盗掘确定为全国重点保护和省级保护的古人类化石、古脊椎动物化石的;②盗掘古人类化石、古脊椎动物化石集团的首要分子;③多次盗掘古人类化石、古脊椎动物化石的;④盗掘古人类化石、古脊椎动物化石,并盗窃珍贵化石或者造成珍贵化石严重破坏的。

九、抢夺、窃取国有档案罪

抢夺、窃取国有档案罪,是指抢夺、窃取归国家所有的档案的行为。犯罪对象是国家所有的档案。所谓档案,是指过去和现在的国家机构、社会组织以及个人从事政治、军事、经济、科学、技术、文化、宗教等活动直接形成的对国家和社会有保存价值的各种文字、图表、图像等不同形式的历史记录。档案的复印件也属于档案的范畴。根据《刑法》第329条规定,犯本罪的,处5年以下有期徒刑或者拘役。犯本罪同时又构成刑法规定的其他犯罪的,依照处罚较重的规定定罪处罚。

十、擅自出卖、转让国有档案罪

擅自出卖、转让国有档案罪,是指违反档案法的规定,擅自出卖、转让国家所有的档案,情节严重的行为。本罪的客体是国家对档案的管理制度和国家的档案所有权。根据《刑法》第329条规定,犯本罪的,处3年以下有期徒刑或者拘役。犯本罪同时又构成刑法规定的其他犯罪的,依照处罚较重的规定定罪处罚。

■本节知识链接

1.1987年11月27日最高人民法院、最高人民检察院《关于办理盗窃、盗掘、非法经营和走私文物的案件具体应用法律的若干问题的解释》

2.2005年12月29日第十届全国人民代表大会常务委员会第十九次会议通过的《关于〈中华人民共和国刑法〉有关文物的规定适用于具有科学价值的古脊椎动物化石、古人类化石的解释》

3.2008年6月25日最高人民检察院、公安部《关于公安机关管辖的刑事案件

立案追诉标准的规定(一)》。

第六节　危害公共卫生罪

本节罪名

本节共有 11 个罪名:(1)妨害传染病防治罪;(2)传染病菌种、毒种扩散罪;(3)妨害国境卫生检疫罪;(4)非法组织卖血罪;(5)强迫卖血罪;(6)非法采集、供应血液、制作、供应血液制品罪;(7)采集、供应血液、制作、供应血液制品事故罪;(8)医疗事故罪;(9)非法行医罪;(10)非法进行节育手术罪;(11)妨害动植物防疫、检疫罪。

一、妨害传染病防治罪

妨害传染病防治罪,是指违反传染病防治法的规定,引起甲类传染病传播或者有传播危险的行为。本罪的客体是国家对传染病防治的管理制度。本罪的客观方面表现为行为人违反传染病防治法的规定,实施了下列行为之一,引起甲类传染病传播或者有传播严重危险:①供水单位供应的饮用水不符合国家规定的卫生标准的;②拒绝按照卫生防疫机构提出的卫生要求,对传染病病原体污染的污水、污物、粪便进行消毒处理的;③准许或者纵容传染病病人、病原携带者和疑似传染病病人从事国务院卫生行政部门规定禁止从事的易使该传染病扩散的工作的;④拒绝执行卫生防疫机构依照传染病防治法提出的预防、控制措施的。本罪属于危险犯,行为人只要实施了上述行为之一的,引起了甲类传染病传播或者有传播严重危险,无论是否实际已经导致甲类传染病传播,便足以成立本罪。本罪的主体是一般主体,单位也可以成为本罪的主体。本罪的主观方面由过失构成,即应当预见自己违反传染病防治法规定的行为会引起甲类传染病传播或有传播的严重危险,因为疏忽大意而没有预见,或者已经预见而轻信能够避免。但行为人实施违反传染病防治法的行为可能是故意的。根据《刑法》第 330 条规定,犯本罪的,处 3 年以下有期徒刑或者拘役;后果特别严重的,处 3 年以上 7 年以下有期徒刑。单位犯本罪的,对单位判处罚金,并对其直接负责的主管人员和其他直接责任人员,依照上述规定处罚。

二、传染病菌种、毒种扩散罪

传染病菌种、毒种扩散罪,是指从事实验、保藏、携带、运输传染病菌种、毒种的人员,违反国务院卫生行政部门的规定,造成传染病菌种、毒种扩散,后果严重的行为。行为人的行为违反了国务院卫生行政部门的有关规定,这是构成本罪的前提。本罪的主观方面为过失。严重后果是指:①导致甲类和按甲类管理的传染病传播的;②导致乙类、丙类传染病流行爆发的;③造成人员重伤或者死亡的;④严重影响正常的生活生产秩序的;⑤其他造成严重后果的情形。根据《刑法》第331条规定,犯本罪的,处3年以下有期徒刑或者拘役;后果特别严重的,处3年以上7年以下有期徒刑。

三、妨害国境卫生检疫罪

妨害国境卫生检疫罪,是指违反国境卫生检疫规定,引起检疫传染病传播或者有引起检疫传染病传播严重危险的行为。本罪的客体是国家对国境卫生检疫的管理制度。本罪的客观方面表现为逃避检疫,向国境卫生检疫机关隐瞒真实情况;入境的人员未经国境卫生检疫机关许可,擅自上下交通工具或者装卸行李、货物、邮包等物品不听劝阻的,本罪的主观方面由过失构成。根据《刑法》第332条的规定,犯本罪的,处3年以下有期徒刑或者拘役,并处或者单处罚金;单位犯本罪的,对单位判处罚金,并对其直接负责的主管人员和其他直接责任人员,依照上述规定处罚。

四、非法组织卖血罪

非法组织卖血罪,是指未经卫生行政主管部门的批准或者委托,组织他人出卖血液的行为。本罪的犯罪对象是自愿卖血者。根据《刑法》第333条的规定,犯本罪的,处5年以下有期徒刑,并处罚金。非法组织他人卖血,对他人造成伤害的,依照故意伤害罪定罪处罚。

五、强迫卖血罪

强迫卖血罪,是指以暴力、威胁方法强迫他人出卖血液的行为。所谓强迫他人出卖血液,是指他人不愿出卖血液而用暴力、胁迫方法迫使他人出卖血液。根据《刑法》第333条第1款的规定,犯强迫卖血罪的,处5年以上10年以下有期徒刑,并处罚金。根据《刑法》第333条第2款的规定,强迫他人卖血,对他人造成伤害的,依照故意伤害罪定罪处罚。

六、非法采集、供应血液,制作、供应血液制品罪

非法采集、供应血液,制作、供应血液制品罪,是指非法采集、供应血液或者制作、供应血液制品,不符合国家规定的标准,足以危害人体健康的行为。本罪是危险犯。根据《刑法》第334条的规定,犯本罪的,处5年以下有期徒刑或者拘役,并处罚金;对人体健康造成严重危害的,处5年以上10年以下以有期徒刑,并处罚金;造成特别严重后果的,处10年以上有期徒刑或者无期徒刑,并处罚金或者没收财产。

七、采集、供应血液,制作、供应血液制品事故罪

采集、供应血液,制作、供应血液制品事故罪,是指经国家主管部门批准采集、供应血液,制作、供应血液制品的部门,不依照规定进行检测或者违背其他操作规定,造成危害他人身体健康后果的行为。本罪的主体只能是单位,即经国家主管部门批准采集、供应血液,制作、供应血液制品的采供血机构。本罪的主观方面是过失。根据《刑法》第334条第2款的规定,犯本罪的,对单位判处罚金并对其直接负责的主管人员和其他直接责任人员,处5年以下有期徒刑或者拘役。

八、医疗事故罪

医疗事故罪,是指医务人员由于严重不负责任,造成就诊人死亡或者严重损害就诊人身体健康的行为。

(一)本罪的构成要件

1.本罪侵犯的客体是国家医务工作管理秩序和就诊人的生命和健康权利。国家通过一系列法律、法规对医务工作进行严格管理,以保障医疗单位的正常工作秩序。行为人由于严重不负责任而造成医疗事故,不仅侵害了就诊人的身体健康,而且侵害了医疗单位的正常工作秩序。本罪的行为对象是在医疗单位接受治疗、体检的人。

2.本罪在客观方面表现为行为人在医疗护理或体检的过程中严重不负责任,从而造成就诊人死亡或者严重损害了就诊人身体健康的行为。因此,构成本罪在行为方面必须具备三个要件:其一,行为人在医务工作中实施了严重不负责任的行为。所谓严重不负责任,是指行为人在诊疗护理过程中,粗心大意,玩忽职守,违反规章制度和诊疗护理常规,不履行或者不正确、不及时履行医疗护理等职责。严重不负责任与违反医疗规章制度是紧密相连的,违反医疗规章制度是造成重大医疗

事故的原因。所谓医疗规章制度,是指国家或卫生行政部门、医疗单位制定的有关诊断、处方、用药、麻醉、手术、输血、护理、化验、消毒、查房等各个业务环节的规章制度和技术操作常规。这种行为既可以是作为,也可以是不作为,前者如手术中错配药物、错误输血等,后者如值班医生擅离职守等。其二,行为人的行为造成了就诊人死亡或者严重损害了就诊人身体健康。根据《医疗事故处理办法》第2条的规定,所谓严重损害,是指医务人员的失职行为造成了就诊人残废、组织器官损伤导致功能阻碍等情形。其三,行为人严重不负责任的行为与上述特定结果之间必须存在因果关系,才能成立本罪,否则不能要求行为人承担此种责任。

3. 本罪的主体是特殊主体,即医务人员。具体包括:①医疗、防疫人员,如中医、西医、卫生防疫、寄生虫防治、地方病防治、职业病防治和妇幼保健人员;②药剂人员;③护理人员;④其他专业技术人员,如检验、理疗、口腔、同位素、放射、营养技术等专业人员。此外,医疗单位其他为保障公民生命和健康权益而负有某种特定义务的人员,也可以成为本罪的主体,如急救中心救护车司机接到呼救后,不及时出车,延误抢救时机,造成患者死亡,也应依本罪追究刑事责任。

4. 本罪的主观方面为过失,即行为人应当预见到严重不负责的行为可能造成严重后果,但因疏忽大意没有预见,或者已经预见但轻信能够避免,以致发生了严重后果。是否有意违反规章制度,则不影响本罪的成立。如果行为人在医疗护理过程中故意造成就诊人死亡或故意严重损害就诊人身体健康的,应根据性质和情节成立故意杀人罪或故意伤害罪。

(二)本罪的认定

1. 本罪与非罪的界限。①本罪与一般医疗过错的界限。两者的医务人员在诊疗护理工作中主观上都存在过失,客观上都有不负责任的行为,也都造成了一定的危害结果,但两者的危害结果存在程度上的差别。医疗过错是指虽有诊疗、护理差错,但未造成就诊人员死亡、残废、功能障碍等严重后果。一般医疗过错不能构成医疗事故罪。②本罪与医疗意外的界限。所谓医疗意外,是指在医疗、护理过程中,由于医务人员不能预测或者不能抗拒的原因,而使就诊人死亡或者严重损害就诊人的身体健康的情况。在医疗意外中,客观上虽然造成了就诊人死亡或者严重损害就诊人的身体健康,但医务人员主观上不存在过失,不良后果的发生是无法预见和避免的,所以不能构成本罪。③本罪与医疗技术事故的界限。医疗技术事故是由于医务人员医疗技术水平不高、缺乏经验等造成的,主观上没有过失,所以也不成立医疗事故罪。根据《医疗事故处理办法》的规定,医疗事故分医疗责任事故与医疗技术事故。责任事故,是指医务人员因违反规章制度,诊疗、护理常规等失职行为所导致的事故。技术事故,是指医务人员的专业技术水平不高、缺乏临床经验等技术过失所致的事故,而不是因为严重不负责任所导致的事故。构成本罪的基础是医疗责任事故,而不是医疗技术事故。所以如果因医疗技术事故致使就诊人死亡或者严重损害其身体健康的,不能构成本罪。

2. 本罪与重大责任事故罪的区别。①本罪的犯罪主体是医务人员，重大责任事故罪的犯罪主体，是在生产、作业中直接从事生产经营工作和管理工作的人员；②本罪危及的是特定人员的人身安全，而重大责任事故罪危及的是不特定多数人的人身和公私财产的安全。③侵犯的客体不同。本罪的犯罪客体是国家医务工作管理秩序和就诊人的生命和健康权利。而重大责任事故罪侵犯的是公共安全。

(三) 本罪的刑事责任

根据《刑法》第335条的规定，犯本罪的，处3年以下有期徒刑或拘役。

九、非法行医罪

非法行医罪，是指未取得医生执业资格的人非法行医，情节严重的行为。

(一) 本罪的构成要件

1. 本罪的客体是国家对医疗卫生工作的管理制度和就诊人的身体健康和生命安全。

2. 本罪的客观方面表现为未取得医生执业资格的人而非法行医，情节严重的行为。所谓非法行医，是指违反国家卫生行政管理法规，未经国家卫生主管部门的批准而擅自从事医疗业务活动。医疗是指，运用医学专业知识和技能为接受医疗者减轻或消除肉体痛苦、祛除或缓解疾病、克服其对药物的病态依赖、改善身体功能与外观、帮助或避免生育等与接受医疗者的身体健康和生命安全密切相关的行为。"未取得医生执业资格的人非法行医"主要是指：①未取得或者以非法手段取得医师资格从事医疗活动的；②未取得《医疗机构执业许可证》开办医疗机构的；③被依法吊销医师执业证书期间从事医疗活动的；④未取得乡村医生执业证书，从事乡村医疗活动的；⑤家庭接生员实施家庭接生以外的医疗行为的。另外，根据最高人民法院、最高人民检察院《关于办理妨害预防、控制突发传染病疫情等灾害的刑事案件具体应用法律若干问题的解释》的规定，未取得医师执业资格非法行医，具有造成突发传染病病人、病原携带者、疑似突发传染病病人贻误诊治或者造成交叉感染等严重情节的，依照《刑法》第336条第1款的规定，以非法行医罪定罪，依法从重处罚。

本罪以情节严重作为犯罪成立的必要条件。这里所说的情节严重，根据最高人民法院《关于审理非法行医刑事案件具体应用法律若干问题的解释》第2条的规定，具有下列情形之一的，应认定为《刑法》第336条第1款规定的"情节严重"：①造成就诊人轻度残疾、器官组织损伤导致一般功能障碍的；②造成甲类传染病传播、流行或者有传播、流行危险的；③使用假药、劣药或不符合国家规定标准的卫生材料、医疗器械，足以严重危害人体健康的；④非法行医被卫生行政部门行政处罚两次以后，再次非法行医的；⑤其他情节严重的情形。

3. 本罪的主体是一般主体。既可以是无医疗技术的一般公民,还可以是有一定医疗技术,但尚未取得医生执业资格的人,也可以是取得医生执业资格,但不具有从事特定医疗业务资格的人。

4. 本罪的主观方面为故意 这里的故意就行医而言。但对于造成就诊人重伤、死亡等严重后果,则是过失或间接故意。

(二)本罪的认定

1. 罪与非罪的界限。非法行医行为必须达到情节严重的程度,才能构成犯罪。如果情节较轻,则属于一般违法行为。

2. 本罪与医疗事故罪的区别。①犯罪类型不同。前者是情节犯,只有具备情节严重的要件才成立本罪;后者是结果犯,只有具备造成就诊人死亡或严重损害身体健康的要件才成立。②犯罪主体不同。前者是一般主体,一般是没有取得医生职业资格的人;后者是特殊主体,即合法从事医疗工作的医务人员。③主观方面不同。前者由故意构成;后者由过失构成。

3. 本罪与诈骗罪的区别。①客观方面不同。前罪表现为未取得医生执业资格而非法行医,虽然有的行为人采用了一定的欺骗手段,但与诈骗罪的诈骗手段是有所差别的;后者完全是采用虚构事实或隐瞒真相的方式骗取财物。②主观方面不同。前者的故意内容是明知自己是未取得医生执业资格而非法行医,是有意而为,不以行为人主观上具有牟利为必要条件;后者行为人主观上完全是以非法占有公私财物为目的。另外,实施非法行医犯罪,同时构成生产、销售假药罪,生产、销售劣药罪,诈骗罪等其他犯罪的,依照刑法处罚较重的规定定罪处罚。

司考真题

医生甲退休后,擅自为人看病2年多。某日,甲为乙治疗,需注射青霉素。乙自述以前曾注射过青霉素,甲便未做皮试就给乙注射青霉素,乙因青霉素过敏而死亡。关于本案,下列哪一选项是正确的?( )

A. 以非法行医罪的结果加重犯论处
B. 以非法行医罪的基本犯论处
C. 以过失致人死亡罪论处
D. 以医疗事故罪论处

【答案】A

【解析】非法行医罪与医疗事故罪的区别在于主体是否具有医生执业资格。甲虽然是医生,但已经退休了,已经丧失执业证书,属于没有医生执业资格的人,因而构成非法行医罪;非法行医罪是行为犯,只要情节严重就构成犯罪,造成患者死亡的,属于结果加重犯。

(三)本罪的刑事责任

根据《刑法》第 336 条第 1 款的规定,犯本罪的,处 3 年以下有期徒刑、拘役或者管制,并处或者单处罚金;严重损害就诊人身体健康的,处 3 年以上 10 年以下有期徒刑,并处罚金;造成就诊人死亡的,处 10 年以上有期徒刑,并处罚金。

十、非法进行节育手术罪

非法进行节育手术罪,是指未取得医生执业资格的人,擅自为他人进行节育复通术、假节育手术、终止妊娠手术或者摘取宫内节育器,情节严重的行为。根据《刑法》第 336 规定,犯本罪的,处 3 年以下有期徒刑、拘役或者管制,并处或者单处罚金;严重损害就诊人身体健康的,处 3 年以上 10 年以下有期徒刑,并处罚金;造成就诊人死亡的,处 10 年以上有期徒刑,并处罚金。

十一、妨害动植物防疫、检疫罪

妨害动植物防疫、检疫罪,是指违反有关动植物防疫、检疫的国家规定,引起重大动植物疫情,或者有引起重大动植物疫情危险,情节严重的行为。根据《刑法》第 337 条的规定,犯本罪的,处 3 年以下有期徒刑或者拘役,并处或者单处罚金;单位犯本罪的,对单位判处罚金,并对其直接负责的主管人员和其他直接责任人员,依照自然人犯本罪的规定处罚。

■ 本节知识链接

1. 2008 年 6 月 25 日最高人民检察院、公安部《关于公安机关管辖的刑事案件立案追诉标准的规定(一)》

2. 2008 年 9 月 22 日最高人民法院、最高人民检察院《关于办理非法采供血液等刑事案件具体应用法律若干问题的解释》

3. 2008 年 4 月 29 日最高人民法院《关于审理非法行医刑事案件具体应用法律若干问题的解释》

4. 2003 年 5 月 14 日最高人民法院、最高人民检察院《关于办理妨害预防、控制突发传染病疫情等灾害的刑事案件具体应用法律若干问题的解释》第八条、第九条、第十条、第十一条

第七节　破坏环境资源保护罪

本节罪名

本节共有15个罪名:(1)污染环境罪;(2)非法处置进口的固体废物罪;(3)擅自进口固体废物罪;(4)非法捕捞水产品罪;(5)非法猎捕、杀害珍贵、濒危野生动物罪;(6)非法收购、运输、出售珍贵、濒危野生动物、珍贵、濒危野生动物制品罪;(7)非法狩猎罪;(8)非法占用农用地罪;(9)非法采矿罪;(10)破坏性采矿罪;(11)非法采伐、毁坏国家重点保护植物罪;(12)非法收购、运输、加工、出售国家重点保护植物、国家重点保护植物制品罪;(13)盗伐林木罪;(14)滥伐林木罪;(15)非法收购、运输盗伐、滥伐的林木罪。

一、污染环境罪

污染环境罪,是指违反国家规定,排放、倾倒或者处置有放射性的废物、含传染病病原体的废物、有毒物质或者其他有害物质,严重污染环境的行为。

（一）本罪的构成要件

1.本罪侵犯的客体是国家环境保护制度。所谓环境保护制度,我国《环境保护法》、《大气污染防治法》、《水污染防治法》、《海洋环境保护法》、《固体废物污染环境防治法》等一系列法律、法规所确立的环境保护制度。向土地、水体、大气排放、倾倒或者处置有放射性的废物、含传染病病原体的废物、有毒物质或者其他有害物质,均是对我国环境保护和污染防治活动的破坏。本罪的犯罪对象是有害物质,即有放射性的废物、含传染病病原体的废物、有毒物质或者其他有害物质。放射性的废物,是指放射性核素含量超过国家规定限值的固体、液体和气体废物;含传染病病原体的废物,是指含有传染病病菌的污水、粪便等废弃物;有毒物质,主要是指对人体有害,可能对人体健康和环境造成严重危害的固体、泥状及液体废物;其他有害物质,是指除有放射性的废物、含传染病病原体的废物、有毒物质以外的对环境、人的身体有害的物质,包括其他列入国家危险废物名录或者根据国家规定的危险废物鉴别标准和鉴别方法认定的具有危险特性的废物。

2.本罪的客观方面表现为行为人违反国家规定排放、倾倒或者处置有放射性的废物、含传染病病原体的废物、有毒物质或者其他有害物质,严重污染环境的行为。严重污染环境的行为,包括3个方面的内容:第一,必须违反了国家环境保护的规定,即国家为保护环境所制定的各项法律法规;第二,必须实施了排放、倾倒或者处置有放射性的废物、含传染病病原体的废物、有毒物质或者其他有害物质的行为;第三,必须造成了严重污染环境的后果。排放,通常是指将有放射性的废物、含传染病病原体的废物、有毒物质或者其他有害物质排入环境中,包括泵出、溢出、泄出、喷出和倒出等行为;倾倒,是指通过船舶、航空器、平台或者其他运载工具,将有放射性的废物、含传染病病原体的废物、有毒物质或者其他有害物质弃置于环境中;处置,是指以环境保护法律法规禁止的方式来处理有放射性的废物、含传染病病原体的废物、有毒物质或者其他有害物质。严重污染环境,既包括发生了造成财产损失或者人身伤亡的环境事故,也包括虽然还未造成环境污染事故,但长期违反国家规定超标准排放、倾倒、处置有害物质,已经使环境受到了严重污染或者破坏的情形。

3. 本罪的主体是一般主体。既可以是年满16周岁并具有刑事责任能力的自然人,也可以是单位。从司法实践来看,多是从事生产经营活动的单位或个体经营者实施本罪。

4. 本罪在主观方面为过失。行为人对危害结果的发生持过失的心理态度,但行为人对非法排放、倾倒、处置有害物质的行为则一般持故意的心理态度。

(二)本罪的认定

1. 罪与非罪的界限。①本罪的构成要求有严重污染环境的结果发生,如果行为人虽然实施了非法处置有害物质的行为,没有严重污染环境,不能以犯罪论处。②本罪以违反国家环境保护法规为前提,如果没有违反国家规定,而是由于技术条件限制或设备不良造成的,不以犯罪论处。

2. 本罪与危险物品肇事罪的区别。①客体不同。前者侵犯的客体是国家环境保护制度和危险废物污染的防治管理制度;后者侵犯的客体是公共安全。②犯罪对象不同。前者的犯罪对象是危险废物;后者的犯罪对象是危险物品。危险废物主要是指放射性的废物、含传染病病原体的废物、有毒物质或者其他危险废物;而危险物品则主要是指爆炸性、易燃性、放射性、毒害性、腐蚀性物品。③客观方面不同。前者是违反国家有关规定,排放、倾倒、处置危险废物的行为无特定时空限制;后者是违反危险物品管理规定,且须是发生在生产、储存、运输、使用危险物品过程中的行为。④主体不同。前者的犯罪主体可以是自然人,也可以是单位;后者则只能是自然人,且只能由生产、运输、储存、使用危险物品的人才能成立本罪。

3. 本罪与过失投放危险物质罪的界限。过失投放危险物质罪,是指过失投放危险物质,致人重伤、死亡或者使公私财产遭受重大损失的行为。过失投放危险物质的行为有时也会引起环境污染的严重后果,这是它与本罪的相似之处。两罪的区别主要表现在三个方面:①客体不同。本罪的客体是国家环境保护制度,过失投放危险物质罪的客体是公共安全。②客观表现不同。本罪是向环境中排放、倾倒或者处置有害物质,而过失投放危险物质罪一般是将毒害性、放射性、传染病病原体等物质,投放于供不特定多数人饮食的食品或饮料中,供人、畜等使用的河流、池塘、水井等中或者多数人通行的场所。③成立犯罪的标准不同。本罪的成立要求发生严重污染环境的后果,只要本罪中的行为人造成了严重污染环境的后果,无论是否致使公私财产遭受重大损失或者人员伤亡以及程度如何,均不影响定罪;后罪的成立要求发生致人重伤、死亡或者使公私财产遭受重大损失的后果。④本罪中行为人向环境中排放、倾倒或者处置的有害物质,多是产生于生产或加工环节,而过失投放危险物质罪则无此要求。⑤主体范围不同。本罪的主体是已满16周岁且具有刑事责任能力的自然人和单位,而投放危险物质罪的主体,不包括单位。

(三)本罪的刑事责任

根据《刑法》第338、第346条的规定,犯本罪的,处3年以下有期徒刑或者拘役,并处或者单处罚金;后果特别严重的,处3年以上7年以下有期徒刑,并处罚金。单位犯本罪的,对单位判处罚金,并对其直接负责的主管人员和其他直接责任人员,依照自然人犯本罪的规定处罚。

二、非法处置进口的固体废物罪

非法处置进口的固体废物罪,是指违反国家规定,将境外的固体废物进境倾倒、堆放、处置的行为。根据《刑法》第339条、346条的规定,犯本罪的,处5年以下有期徒刑或者拘役,并处罚金;造成重大环境污染事故,致使公私财产遭受重大损失或者严重危害人体健康的,处5年以上10年以下有期徒刑,并处罚金;后果特别严重的,处10年以上有期徒刑,并处罚金。单位犯本罪的,对单位判处罚金,并对其直接负责的主管人员和其他直接责任人员,依照自然人犯本罪的规定处罚。

三、擅自进口固体废物罪

擅自进口固体废物罪,是指未经国务院有关主管部门许可,擅自进口固体废物用做原料,造成重大环境污染事故,致使公私财产遭受重大损失或者严重危害人体健康的行为。根据《刑法》第339、346条的规定,犯本罪的,处5年以下有期徒刑或者拘役,并处罚金;后果特别严重的,处5年以上10年以下有期徒刑,并处罚金。单位犯本罪的,对单位判处罚金,并对其直接负责的主管人员和其他直接责任人员,依照上述规定处罚。

四、非法捕捞水产品罪

非法捕捞水产品罪,是指违反水产资源保护法规,在禁渔区、禁渔期或者使用禁用的工具、方法捕捞水产品,情节严重的行为。根据《刑法》第340、346条的规定,犯本罪的,处3年以下有期徒刑、拘役、管制或者罚金。单位犯本罪的,对单位判处罚金,并对其直接负责的主管人员和其他直接责任人员,依照自然人犯本罪的规定处罚。

五、非法猎捕、杀害珍贵、濒危野生动物罪

非法猎捕、杀害珍贵、濒危野生动物罪,是指违反野生动物保护法规,未经有关部门批准,非法猎捕、杀害国家重点保护的珍贵、濒危野生动物的行为。国家重点保护的珍贵、濒危野生动物以《中华人民共和国野生动物保护法》和《国家重点保护野生动物名录》、《濒危野生动植物种国际贸易公约》附录一、附录二为准。

如果以投放危险物质、爆炸、设置电网等危险方法破坏野生动物资源,构成非法猎捕、杀害珍贵、濒危野生动物罪或非法狩猎罪,同时构成刑法第114条、第115条规定之罪的,依照处罚较重的规定定罪处罚。犯本罪,又将珍贵、濒危野生动物走私出境的,应将本罪和走私珍贵动物罪实行并罚。根据《刑法》第341、346条的规定,犯本罪的,处5年以下有期徒刑或者拘役,并处罚金;情节严重的,处5年以上10年以下有期徒刑,并处罚金;情节特别严重的,处10年以上有期徒刑,并处罚金或者没收财产。单位犯本罪的,对单位判处罚金,并对其直接负责的主管人员和其他直接责任人员,依照自然人犯本罪的规定处罚。

六、非法收购、运输、出售珍贵、濒危野生动物,珍贵、濒危野生动物制品罪

非法收购、运输、出售珍贵、濒危野生动物,珍贵、濒危野生动物制品罪,是指违反野生动物保护法规,未经有关部门批准,非法收购、运输、出售国家重点保护的珍贵、濒危野生动物,及其制品的行为。根据最高人民法院《关于审理破坏野生动物资源刑事案件具体应用法律若干问题的解释》第2条的规定,"收购",包括以营利、自用等为目的的购买行为;"运输",包括采用携带、邮寄、利用他人、使用交通工具等方法进行运送的行为;"出售",包括出卖和以营利为目的的加工利用行为。根据《刑法》第341、第346条的规定,犯本罪的,处5年以下有期徒刑或者拘役,并处罚金;情节严重的,处5年以上10年以下有期徒刑,并处罚金;情节特别严重的,处10年以上有期徒刑,并处罚金或者没收财产。单位犯本罪的,对单位判处罚金,并对其直接负责的主管人员和其他直接责任人员,依照自然人犯本罪的规定处罚。

七、非法狩猎罪

非法狩猎罪,是指违反狩猎法规,在禁猎区、禁猎期或者使用禁用的工具、方法

进行狩猎,破坏野生动物资源,情节严重的行为。犯罪对象是珍贵、濒危野生动物以外的其他野生动物。根据《刑法》第341条第2款、346条的规定,犯本罪的,处3年以下有期徒刑、拘役、管制或者罚金。单位犯本罪的,对单位判处罚金,并对其直接负责的主管人员和其他直接责任人员,依照自然人犯本罪的规定处罚。

八、非法占用农用地罪

非法占用农用地罪,是指违反土地管理法规,非法占用耕地、林地等农用地,改变被占用土地用途,数量较大,造成耕地、林地等农用地大量毁坏的行为。本罪的客体是国家的土地管理制度。本罪的对象是农用地。根据《刑法》第342条、第346条、犯本罪的,处5年以下有期徒刑或者拘役,并处或者单处罚金。单位犯本罪的,对单位判处罚金,并对其直接负责的主管人员和其他直接责任人员,依照自然人犯本罪的规定处罚。

九、非法采矿罪

非法采矿罪,是指违反矿产资源法的规定,未取得采矿许可证擅自采矿的,擅自进入国家规划矿区,对国民经济具有重要价值的矿区和他人矿区范围采矿的,或者擅自开采国家规定实行保护性开发的特定矿种,情节严重的行为。对于违反矿产资源法的规定,非法采矿造成重大伤亡或者其他严重后果,同时构成本罪和《刑法典》第134条、第135条规定的犯罪的,依照数罪并罚的规定处罚。根据刑法第343、第346条的规定,犯本罪的,处3年以下有期徒刑、拘役或者管制,并处或者单处罚金;情节特别严重的,处3年以上7年以下有期徒刑,并处罚金。单位犯本罪的,对单位判处罚金,并对其直接负责的主管人员和其他直接责任人员,依照自然人犯本罪的规定处罚。

十、破坏性采矿罪

破坏性采矿罪,是指违反矿产资源都规定,采取破坏性的开采方法开采矿产资源,造成矿产资源严重破坏的行为。对于行为人以破坏性的开采方法开采矿产资源造成重大伤亡或者其他严重后果,同时构成本罪和《刑法典》第134条、第135条规定的犯罪的,依照数罪并罚的规定处罚。根据《刑法》第343条、第346条的规定,犯本罪的,处5年以下有期徒刑或者拘役,并处罚金,单位犯本罪的,对单位判处罚金,并对其直接负责的主管人员和其他直接责任人员,依照自然人犯本罪的规定处罚。

十一、非法采伐、毁坏国家重点保护植物罪

非法采伐、毁坏国家重点保护植物罪,是指违反国家规定,非法采伐、毁坏珍贵树木或者国家重点保护的其他植物的行为。根据《刑法》第 344 条、第 346 条的规定,犯本罪的,处 3 年以下有期徒刑、拘役或者管制,并处罚金;情节严重的,处 3 年以上 7 年以下有期徒刑,并处罚金。单位犯本罪的,对单位判处罚金,并对其直接负责的主管人员和其他直接责任人员,依照自然人犯本罪的规定处罚。

十二、非法收购、运输、加工、出售国家重点保护植物、国家重点保护植物制品罪

非法收购、运输、加工、出售国家重点保护植物、国家重点保护植物制品罪,是指违反国家规定,非法收购、运输、加工、出售珍贵树木或者国家重点保护的其他植物及其制品的行为。根据《刑法》第 344 条、第 346 条的规定,犯本罪的,处 3 年以下有期徒刑、拘役或者管制,并处罚金;情节严重的,处 3 年以上 7 年以下有期徒刑,并处罚金。单位犯本罪的,对单位判处罚金,并对其直接负责的主管人员和其他直接责任人员,依照自然人犯本罪的规定处罚。

十三、盗伐林木罪

盗伐林木罪,是指以非法占有为目的,盗伐森林或者其他林木,数量较大的行为。

(一)本罪的构成条件

1. 本罪的客体是复杂客体即国家对林业的管理制度和国家、集体或公民的林木所有权。犯罪对象是正在生长中的森林和其他林木。

2. 本罪的客观方面表现为行为人实施了盗伐森林或者其他林木,数量较大的行为。所谓盗伐,根据最高人民法院《关于审理破坏森林资源刑事案件具体应用法律若干问题的解释》表现为两种形式:①未经国家林业行政部门或者法律规定的其他主管部门的批准,未取得采伐许可证,擅自砍伐国家、集体所有或者他人所有或承包经营管理的森林或者其他林木的,或者擅自砍伐本单位或本人承包经营管理的森林或者其他林木的;②在林木采伐许可证规定的地点以外采伐国家、集体、他人所有或者他人承包经营管理的森林或者其他林木的。所谓数量较大,是指盗伐林木 2~5 立方米或者幼树 100~200 株。所谓幼树,是指胸径 5 厘米以下的树木。对一年内多次盗伐林木多未经处罚的,累计计算。如果盗伐林木没有达到数量较大,就不构成犯罪。

3. 本罪的主体是一般主体,单位也可构成本罪。

4. 本罪的主观方面为故意。行为人明知是国家、集体或者他人的林木而盗伐,并且行为人具有非法占有的目的。如果行为人以毁坏为目的砍伐国家、集体或者他人的林木的,应认定为故意毁坏财物罪。

(二)本罪的认定

1. 本罪与盗窃罪中盗窃林木行为的区别:①犯罪客体不同。本罪的客体是国家对林业的管理制度和国家、集体或公民的林木所有权;后者的客体是公私财产所有权。②犯罪对象不同。本罪的犯罪对象是正在生长中的森林和其他面积较大的林木;后者的犯罪对象是已被砍伐的国家、集体、个人所有的林木以及农民自留地、居民房前屋后的生长中的零星树木。③行为方式不同。本罪表现为擅自砍伐,不以秘密窃取为限;后者的手段只能是秘密窃取。④犯罪主体不同。本罪主体包括自然人和单位;后者只能由自然人构成。⑤成立犯罪的标准不同,本罪的成立要求"数量较大",而盗窃树木成立盗窃罪的标准是"数额较大"。

另外,对于已经伐倒的树木秘密非法窃为己有的,以及偷砍他人房屋前后,自留地种植的零星树木数额较大的,应认定为盗窃罪。非法实施采种、采脂、挖笋、掘根、剥树皮等行为,牟取经济利益数额较大的,以盗窃罪论处;盗伐珍贵树木的行为,实际触犯了两个罪名,从一重罪处断。

2. 本罪与非法采伐、毁坏国家重点保护植物罪的关系。盗伐珍贵树木或者国家重点保护的其他植物的行为,实际上触犯了本罪和非法采伐毁坏国家重点保护植物罪两个罪名,对此应从一重罪论处。对于盗伐林木数额较大,同时另有盗伐珍贵树木、国家重点保护的其他植物行为的,应实行数罪并罚。

(三)本罪的刑事责任

根据《刑法》第345条第1款、第4款和第346条的规定,犯本罪的,处3年以下有期徒刑、拘役或者管制,并处或者单处罚金;数量巨大的,处3年以上7年以下有期徒刑,并处罚金;数量特别巨大的,处7年以上有期徒刑,并处罚金。盗伐国家级自然保护区内的森林或者其他林木的,从重处罚。单位犯本罪的,对单位判处罚金,并对其直接负责的主管人员和其他直接责任人员,依照自然人犯本罪的规定处罚。

十四、滥伐林木罪

滥伐林木罪,是指违反森林法的规定,滥伐森林或者其他林木,数量较大的行为。所谓滥伐,是指未经林业行政主管部门及法律规定其他主管部门批准并核发采伐许可证,或者虽持有采伐许可证,但违反采伐许可证规定的时间、数量、树种或者方式,任意采伐本单位所有或者本人所有的森林或者其他林木的;超过林木采伐许可证规定的数量采伐他人所有的森林或者其他林木的。林木权属争议一方在林木权属确权之前，擅自砍伐森林或者其他林木，数量较大的，以滥伐林木罪论处。根据《刑法》第345条第2款、第4款和第346条的规定，犯本罪的，处3年以下有期徒刑、拘役或者管制，并处或者单处罚金；数量巨大的，处3年以上7年以下有期徒刑，并处罚金。滥伐我国的自然保护区的森林或者其他林木的，从重处罚。单位犯本罪的，对单位判处罚金，并对其直接负责的主管人员和其他直接责任人员，依照自然人犯本罪的规定处罚。

司考真题

甲公司竖立的广告牌被路边树枝遮挡，甲公司在未取得采伐许可的情况下，将遮挡广告牌的部分树枝砍掉，所砍树枝共计6立方米。关于本案，下列哪一选项是正确的？（　　）

A. 盗伐林木包括砍伐树枝，甲公司的行为成立盗伐林木罪

B. 盗伐林木罪是行为犯，不以破坏林木资源为要件，甲公司的行为成立盗伐林木罪

C. 甲公司不以非法占有为目的，只成立滥伐林木罪

D. 不能以盗伐林木罪判处甲公司罚金

【答案】D

【解析】本题考核盗伐林木罪与滥伐林木罪。

选项A、B错误，选项D正确。盗伐林木罪必须以非法占有为目的，甲公司不具有非法占有的目的，因而不构成盗伐林木罪。

选项C错误。《关于审理破坏森林资源刑事案件具体应用法律若干问题的解释》第6条规定，滥伐林木的"数量较大"，以10至20立方米或者幼树500至1000株为起点，甲公司所砍树枝为6立方米，没有达到了滥伐林木罪的数量标准，因而不构成滥伐林木罪。

十五、非法收购、运输盗伐、滥伐的林木罪

非法收购、运输盗伐、滥伐的林木罪，是指非法收购、运输明知是盗伐、滥伐的林木，情节严重的行为。所谓明知，是指知道或者应当知道。具有下列情形之一的，可以视为应当知道，但有证据证明确属被蒙骗的除外：①在非法的木材交易场所或者销售单位收购木材的；②收购以明显低于市场价格出售的木材的；③收购违反规定出售的木材的。根据《刑法》第345条第3款、第4款和第346条的规定，犯本罪的，处3年以下有期徒刑、拘役或者管制，并处或者单处罚金；数量巨大的，处

3年以上7年以下有期徒刑,并处罚金。单位犯本罪的,对单位判处罚金,并对其直接负责的主管人员和其他直接责任人员,依照上述规定处罚。

本节知识链接

1. 1993年7月24日最高人民法院《关于滥伐自己所有权的林木其林木应如何处理的问题的批复》

2. 2000年6月19日最高人民法院《关于审理破坏土地资源刑事案件具体应用法律若干问题的解释》

3. 2000年11月22日,最高人民法院《关于审理破坏森林资源刑事案件具体应用法律若干问题的解释》

4. 2000年11月27日最高人民法院《关于审理破坏野生动物资源刑事案件具体应用法律若干问题的解释》

5. 2001年8月31日第九届全国人民代表大会常务委员会第二十三次会议通过的《关于〈中华人民共和国刑法〉第二百二十八条、第三百四十二条、第四百一十条的解释》

6. 2003年5月14日最高人民法院、最高人民检察院《关于办理妨害预防、控制突发传染病疫情等灾害的刑事案件具体应用法律若干问题的解释》

7. 2003年5月29日最高人民法院《关于审理非法采矿、破坏性采矿刑事案件具体应用法律若干问题的解释》

8. 2004年3月26日最高人民法院《关于在林木采伐许可证规定的地点以外采伐本单位或者本人所有的森林或者其他林木的行为如何适用法律问题的批复》

9. 2005年12月26日最高人民法院《关于审理破坏林地资源刑事案件具体应用法律若干问题的解释》

10. 2007年1月15日最高人民法院、最高人民检察院《关于办理盗窃油气、破坏油气设备等刑事案件具体应用法律若干问题的解释》

11. 2007年2月28日最高人民法院、最高人民检察院《关于办理危害矿山生产安全刑事案件具体应用法律若干问题的解释》

12. 2008年6月25日最高人民检察院、公安部《关于公安机关管辖的刑事案件立案追诉标准的规定(一)》

13. 2010年11月2最高人民法院《关于个人违法建房出售行为如何适用法律问题的答复》

14. 2011年12月30日最高人民法院《关于进一步加强危害生产安全刑事案件审判工作的意见》

15. 2012年9月17日最高人民法院、最高人民检察院、国家林业局、公安部、海关总署《关于破坏野生动物资源刑事案件中涉及的CITES附录Ⅰ附录Ⅱ所列陆

生野生动物制品价值核定问题的通知》

16. 2012 年 11 月 12 日最高人民法院《关于审理破坏草原资源刑事案件应用法律若干问题的解释》

17. 2013 年 6 月 17 日最高人民法院、最高人民检察院《关于办理环境污染刑事案件适用法律若干问题的解释》

18. 2014 年 4 月 24 日第十二届全国人民代表大会常务委员会第八次会议通过的《关于〈中华人民共和国刑法〉第三百四十一条、第三百一十二条的解释》

第八节 走私、贩卖、运输、制造毒品罪

本节罪名

本节共有 11 个罪名:(1)走私、贩卖、运输、制造毒品罪;(2)非法持有毒品罪;(3)包庇毒品犯罪分子罪;(4)窝藏、转移、隐瞒毒品、毒赃罪;(5)非法生产、买卖、运输制毒物品、走私制毒物品罪;(6)非法种植毒品原植物罪;(7)非法买卖、运输、携带、持有毒品原植物种子、幼苗罪;(8)引诱、教唆、欺骗他人吸毒罪;(9)强迫他人吸毒罪;(10)容留他人吸毒罪;(11)非法提供麻醉药品、精神药品罪。

一、走私、贩卖、运输、制造毒品罪

走私、贩卖、运输、制造毒品罪,是指违反国家毒品管制法规,走私、贩卖、运输、制造毒品的行为。

(一)本罪的构成要件

1.本罪侵犯的客体是国家对毒品的管理制度。本罪的犯罪对象是毒品。所谓毒品,根据《刑法》第 357 条的规定,是指鸦片、海洛因、甲基苯丙胺(冰毒)、吗啡、大麻、可卡因以及国家规定的其他能够使人形成瘾癖的麻醉药品和精神药品。根据《麻醉药品管理办法》的规定,麻醉药品是指连续使用后易产生身体依赖性、形成瘾癖的药品。又根据《精神药品管理办法》的规定,精神药品是指直接作用于中枢神经系统,使之兴奋或抑制,连续使用能产生依赖性的药品。非经国家指定的部门按照规定的程序审批进行外,任何单位或个人都不能进行麻醉药品和精神药品的生产、运输、供应。行为人走私、贩卖、运输、制造毒品,违反了国家的有关规定,严重侵犯了国家对毒品的管理制度。

2.本罪的客观方面表现为行为人实施了走私、贩卖、运输、制造毒品的行为。

所谓走私毒品,是指违反海关法规,逃避海关监管,非法运输、携带、邮寄毒品,进出国(边)境,或者在领海、内海运输、收购、贩卖毒品,以及直接向走私毒品的犯罪分子购买毒品的行为。可以是不经海关、边防检查站非法偷运、携带毒品进出国(边)境;也可以是虽经海关、边防检查站但采用伪装、藏匿、谎报等方法逃避检查,将毒品偷运进出国(边)境的行为。

所谓贩卖毒品,是指有偿转让毒品,或者以卖出为目的而非法收购毒品的行为。贩卖的毒品,既可能是自己制造的,也可能是购买的,也可能是通过其他方法取得的。贩卖的方式,既可能是公开的,也可能是秘密的,既可能是直接交付给对方,也可间接交付给对方。行为人交付毒品既可能是获取金钱,也可能是获取其他物质利益。并且这种行为不以反复进行或现实牟利为要件,是否牟利不影响本罪的成立。

所谓运输毒品,是指明知是毒品而采取携带、邮寄、利用他人或者使用交通工具等方法非法将毒品从一个地方运送到另一个地方的行为。运输毒品可以是贩卖毒品集团成员的分工,也可以是图利而替别人运输。运输毒品,应限于我国领域内,否则属于走私毒品。

所谓制造毒品,是指对毒品的原材料进行配置、提炼、加工,而制作成毒品的行为,制造毒品不仅包括非法用毒品原植物直接提炼和利用化学方法加工、配制毒品的行为,也包括以改变毒品成分和效用为目的,用混合等物理的方法加工配制毒品行为。但是为便于掩蔽运输、销售、使用、欺骗购买者,或者为了增重,对毒品掺杂使假、添加或者去除其他非毒品物质,不属于制造毒品的行为。

本罪是选择性罪名,上述4种行为,只要实施其中一种,即可构成本罪。如制造毒品的,构成制造毒品罪。对同一宗毒品实施了两种以上犯罪行为,并有相应确凿证据的,应当按照所实施的犯罪行为的性质并列确定罪名,毒品数量不重复计算,不实行数罪并罚;对同一宗毒品可能实施了两种以上犯罪行为,但相应证据只能认定其中一种或者几种行为,认定其他行为的证据不够充分确实的,则只按照依法能够认定的行为的性质定罪。比如行为人在制造毒品后又实施了走私、贩卖、运输毒品的行为,应当直接以走私、贩卖、运输、制造毒品罪论处。如果,对不同宗毒品分别实施了不同种的犯罪行为,应对不同行为并列确定罪名,累计毒品数量,不实行数罪并罚。贩卖运输,制造两种以上毒品的,不实行数罪并罚,但量刑时可综合考虑毒品的种类、数量以及危害,依法处理。罪名不以行为实施的先后,毒品数量或者危害的大小进行排列,一律以刑法条文规定的顺序表述。本罪是行为犯,走私、贩卖、运输或制造毒品,无论数量多少,都构成犯罪。

3. 本罪的主体既可以是自然人也可以是单位。根据《刑法》第17条第2款规定,已满14周岁不满16周岁具有刑事责任能力的人贩卖毒品的,应以贩卖毒品罪论处。走私、运输、制造毒品罪的主体必须是已满16周岁具有刑事责任能力的人。自然人主体既可以是我国内地公民,也可以是港、澳、台人员和华侨,还可以是外国公民和无国籍人。

4. 本罪在主观方面表现为故意。即明知自己是在实施走私、贩卖、运输、制造毒品的行为而故意实施。所谓明知,应当依据被告人实施毒品犯罪行为的过程、方式,毒品被查获时的情形等证据,结合被告人的年龄、阅历、智力等情况,进行综合分析判断,而不能仅凭被告人供述。根据最高人民法院 最高人民检察院、公安部《办理毒品犯罪案件适用法律若干问题的意见》的规定,走私、贩卖、运输、非法持有毒品主观故意中的"明知",是指行为人知道或者应当知道所实施的行为是走私、贩卖、运输、非法持有毒品行为。具有下列情形之一,并且犯罪嫌疑人、被告人不能做出合理解释的,可以认定其"应当知道",但有证据证明确属被蒙骗的除外:①执法人员在口岸、机场、车站、港口和其他检查站检查时,要求行为人申报为他人携带的物品和其他疑似毒品物,并告知其法律责任,而行为人未如实申报,在其所携带的物品内查获毒品的;②以伪报、藏匿、伪装等蒙蔽手段逃避海关、边防等检查,在其携带、运输、邮寄的物品中查获毒品的;③执法人员检查时,有逃跑、丢弃携带物品或逃避、抗拒检查等行为,在其携带或丢弃的物品中查获毒品的;④体内藏匿毒品的;⑤为获取不同寻常的高额或不等值的报酬而携带、运输毒品的;⑥采用高度隐蔽的方式携带、运输毒品的;⑦采用高度隐蔽的方式交接毒品,明显违背合法物品惯常交接方式的;⑧其他有证据足以证明行为人应当知道的。如果行为人不知是毒品而误带、误运、误售的,不构成本罪。

本罪在主观方面要求行为人认识到自己的行为是非法走私、贩卖、运输、制造毒品的行为,至于所走私、贩卖、运输、制造的是否确实是毒品,不影响本罪的构成。

(二)本罪的认定

1. 关于毒品数量的计算问题。首先,根据《刑法》第 347 条第 1 款、第 7 款规定,走私、贩卖、运输或制造毒品,无论数量多少,均构成犯罪。对多次走私、贩卖、运输、制造毒品,未经处理的,毒品数量累计计算;其次,根据《刑法》第 357 条第 2 款规定,毒品的数量以查证属实的走私、贩卖、运输、制造、非法持有毒品的数量计算,不以纯度折算。关于毒品数量的计算,还要注意:首先,毒品数量是毒品犯罪案件量刑的重要情节,但不是唯一情节,对被告人量刑时特别是在考虑是否适用死刑时,应当综合考虑毒品的数量、犯罪情节、危害后果、被告人的主观恶性、人身危险性,以及当地禁毒形势等各种因素,做到区别对待。量刑既不能只片面考虑毒品数量而忽视其他情节,也不能只片面考虑其他情节而忽视毒品数量。其次,鉴于大量掺杂毒品和成分复杂的新类型毒品不断出现,为了做到罪刑相当、罚当其罪,保证毒品案件的审判质量,并考虑目前毒品鉴定的条件和现状,对可能判处被告人死刑的毒品犯罪案件应当根据最高人民法院、最高人民检察院、公安部 2007 年 12 月颁布的《办理毒品犯罪案件适用法律若干问题的意见》,作出毒品含量鉴定,对涉案毒品可能大量掺假或者是成分复杂的新类型毒品的,也应当作出毒品含量鉴定,对含有两种以上毒品成分的毒品混合物应进一步做成分鉴定,确定所含的不同毒品的成分及比例。

2. 贩卖、运输、制造毒品罪与诈骗罪的区别。①对于故意制造假毒品出售,或明知不是毒品而冒充毒品贩卖的行为,由于行为人主观上不具有制造、贩卖毒品的故意,客观上所制造、贩卖的对象也不是毒品,而是利用假毒品诈骗他人钱财,如果数额较大符合诈骗罪构成要件的,应当按诈骗罪论处。对于行为人不知所获得的是假毒品,将其以真毒品贩卖获利的,由于其主观上具有贩毒的故意,应以贩卖毒品罪(未遂)论处。②对于在毒品中掺假而进行贩卖的,如果行为人以诈骗为目的对毒品掺假,其掺假程度已使含有毒品的混合物中的毒品含量下降到不能吸食、注射,或者说吸食、注射后已无法达到吸毒目的的,也即毒品含量极其微小的,应以诈骗罪论处。如果行为人对毒品掺假,不影响毒品吸食、注射的,应认为行为人构成贩卖毒品罪。

3. 本罪与非法持有毒品罪的区别。如果在走私、贩卖、运输、制造毒品的过程中持有毒品,应分别以走私、贩卖、运输、制造毒品罪定罪处罚。如果没有确凿证据证明查获的毒品是走私、贩卖、运输、制造的毒品,则以非法持有毒品罪定罪处罚。

4. 走私毒品罪与走私罪的界限。走私毒品犯罪行为,也是一种走私行为在行为方式上,均是一种逃避海关监管的行为。但两罪的主要区别在于犯罪的对象不同。走私毒品罪的犯罪对象仅限于毒品,而走私罪的犯罪对象是毒品以外的国家禁止或者限制进出口的物品。如果行为人在走私活动中,既走私毒品,又走私其他货物、物品的,则应按走私毒品罪和构成的其他走私罪,实行数罪并罚。

5. 本罪的共犯问题。走私贩卖运输制造毒品罪,往往以共同犯罪的形式出现。在审理毒品共同犯罪案件时,首先要正确区分主犯和从犯。比较各共同犯罪人在毒品共同犯罪中的地位和作用,来区分主犯和从犯,要考虑到犯意的提起、具体行为的分工以及出资和实际分得毒赃的多少、各共犯之间的相互关系等等。在毒品共同犯罪中,主出资者、毒品所有者或者起意、策划、纠集、组织、雇佣、指使他人参与犯罪,以及其他起主要作用的是主犯,起次要作用或者辅助作用的是从犯。受雇佣、受指示实施毒品犯罪的,应根据其在犯罪中实际发挥的作用具体认定为主犯或者从犯,对确有证据证明在共同犯罪中起次要或辅助作用的,不管其他共同犯罪人是否到案,都要认定为主犯均应依照刑法关于从犯的规定进行处罚。其次,要正确认定共同犯罪案件中主犯和从犯的毒品犯罪数量。对于毒品犯罪集团的首要分子,应按集团毒品犯罪的总数量处罚;对一般共同犯罪的主犯,应按其所参与的或者组织指挥的毒品犯罪的数量处罚;对于从犯,应当按照其所参与的毒品犯罪的数量处罚。第三,要根据行为人在共同犯罪中的作用和罪责大小确定刑罚,不同案件不能简单类比。一个案件的从犯参与犯罪的毒品数量,可能比另一个案件的主犯参与犯罪的毒品数量大,但对该从犯的处罚并不必然重于另一个案件的主犯。共同犯罪中能分清主、从犯的,不能因为涉案的毒品数量特别巨大,就不分主从犯,而一律将被告人认定为主犯或者实际上都按主犯处罚,一律判处重刑甚至死刑。对于共同犯罪中有多少个主犯或者共同犯罪人的,处罚上也应当区别对待,应当全面考察各主犯或者共同犯罪人在共同犯罪中实际发挥作用的差别、主观恶性和人身危险性方面的差别,对罪责或者人身危险性更大的主犯或者共同犯罪人依法判处更重的刑罚。

司考真题

甲、乙均为吸毒人员,且关系密切。乙因买不到毒品,多次让甲将自己吸食的毒品转让几克给乙,甲每次均以购买价转让毒品给乙,未从中牟利。关于本案,下列哪些选项是错误的?(　　)

A. 贩卖毒品罪必须以营利为目的,故甲的行为不成立贩卖毒品罪
B. 贩卖毒品罪以获利为要件,故甲的行为不成立贩卖毒品罪
C. 甲属于无偿转让毒品,不属于贩卖毒品,故不成立贩卖毒品罪
D. 甲只是帮助乙吸食毒品,《刑法》没有将吸食毒品规定为犯罪,故甲不成立犯罪

【答案】ABCD

【解析】根据刑法理论,贩卖毒品罪的构成要件是:客体——毒品;客观要件——贩卖行为;主观要件——故意;主体——一般主体。其中的"贩卖"是指在境内非法转手倒卖或者销售自行制造的毒品。贩卖毒品罪不是必须以营利为目的,只要实行了倒卖和销售的行为,即可以构成该罪,由此 A 的说法错误。贩卖毒品罪也不以获利为要件,B 的说法错误。甲以购买价格转让毒品,实际上是倒卖,因此成立贩卖毒品罪,C 的说法错误。虽然《刑法》没有将吸食毒品规定为犯罪,但是这并不影响甲贩卖毒品罪的成立。由此,本题正确答案是 ABCD。

(三)本罪的刑事责任

根据《刑法》第 347 条、349 条第 3 款、350 条第 2 款、356 条和最高人民法院《关于审理毒品案件定罪、量刑标准有关问题的解释》的规定,对本罪的处罚分以下几种情况:

(1)犯本罪而有下列情形之一的,处 15 年有期徒刑、无期徒刑或者死刑,并处没收财产:①走私、贩卖、运输、制造鸦片 1000 克以上、海洛因或甲基苯丙胺 50 克以上或其他毒品数量大的;②走私、贩卖、运输、制造毒品集团的首要分子;③武装掩护走私、贩卖、运输、制造毒品的;④以暴力抗拒检查、拘留、逮捕,情节严重的;⑤参与有组织的国际贩毒活动的。

(2)走私、贩卖、运输、制造鸦片 200 克以上不满 1000 克、海洛因或甲基苯丙胺 10 克以上不满 50 克或其他毒品数量较大的,处 7 年以上有期徒刑,并处罚金。

（3）走私、贩卖、运输、制造鸦片不满200百克、海洛因或者甲基苯丙胺不满10克或者其他少量毒品的,处3年以下有期徒刑、拘役或者管制,并处罚金;情节严重的,处3年以上7年以下有期徒刑,并处罚金。

（4）单位犯本罪的,对单位判处罚金,并对其直接负责的主管人员和其他直接责任人员,依照自然人犯本罪的规定处罚。

（5）利用、教唆未成年人走私、贩卖、运输、制造毒品,或者向未成年人出售毒品的,从重处罚。

（6）缉毒人员或者其他国家机关工作人员掩护、包庇走私、贩卖、运输、制造毒品的犯罪分子且事先通谋的,依照本罪从重处罚。

（7）明知他人制造毒品而为其提供制毒物品的,以制造毒品罪的共犯论处,单位亦同。

（8）因犯本罪和非法持有毒品罪被判过刑又犯本节规定的毒品犯罪的,从重处罚。

二、非法持有毒品罪

非法持有毒品罪,是指违反国家毒品管理法规,明知是毒品而非法持有毒品且数量较大的行为。

（一）本罪的构成要件

1. 本罪的客体是国家国家毒品管理制度。犯罪对象是国家禁止个人非法持有的毒品。

2. 本罪的客观方面表现为非法持有毒品且数量较大的行为。①非法持有毒品的行为。行为人持有毒品且持有的行为没有合法的根据,是非法的。所谓非法,是指违反《中华人民共和国药品管理法》、《麻醉药品管理法》和《精神药品管理法》等禁止个人持有毒品的规定。如果行为人是基于法律法规的规定,而持有毒品,不构成犯罪。比如,根据《麻醉药品与精神药品管理条例》第10条的规定,如果以医疗、科学研究或者教学为目的,有保证实验所需麻醉药品和精神药品安全的措施和管理制度,单位及其工作人员两年内没有违反有关禁毒的法律、法规规定的行为,经国务院药品监督管理部门批准,相关单位及其工作人员可以开展麻醉药品和精神药品实验研究活动。工作人员为实验而持有毒品的行为,就是合法的行为。所谓持有,是指一种事实上的支配,行为人与物之间存在一种事实上的支配与被支配的关系。持有毒品,也就是行为人对毒品的事实上的支配。持有行为具体表现为占有、收藏、携带等行人可以自由支配毒品的方式。持有是一种持续行为,只有当毒品在一定时间内由行为人支配时,才构成持有,但时间的长短,不影响持有的成立。至于毒品的来源以及是否对该毒品拥有所有权,在所不问。如行为人将毒品委托给第三者保管时,行为人与第三者均持有该毒品。②非法持有的毒品必须达到数量较大。所谓数量较大,是指非法持有鸦片 200 克以上不满 1000 克、海洛因或甲基苯丙胺 10 克以上不满 50 克或者其他毒品数量较大的。

3. 本罪的主体是一般主体,已满 16 周岁具有刑事责任能力的自然人,均可成为本罪的主体。

4. 本罪的主观方面是故意。行为人明知是毒品而依然持有,如果不知是毒品而持有,不构成犯罪。如果替人携带或者代人保管而又确实不知道是毒品的,不能认为是犯罪。行为人非法持有毒品的动机是多种多样的,只有在没有证据证明行为人非法持有毒品是为了实施本节其他毒品犯罪的情况下,才能认定为本罪。

(二)本罪的认定

1. 本罪与走私、贩卖、运输、制造毒品罪的关系。行为人在走私、贩卖、运输、制造毒品的过程中,必然会伴有非法持有毒品的行为,非法持有毒品是走私、贩卖、运输、制造毒品行为的当然结果或者必经阶段,对此不能认定为非法持有毒品罪,而应认定为走私贩卖运输制造毒品罪。在司法实践中比较容易混淆的是运输毒品罪和非法持有毒品罪,因为运输毒品的行为同时也表现为非法持有毒品,对此不能笼统地将毒品转移的行为都认定为运输毒品罪,如果有证据证明行为人非法持有毒品是为了走私、贩卖、运输、制造毒品的,以走私、贩卖、运输、制造毒品罪论处,否则只能认定为非法持有毒品罪。

2. 吸毒者与代购者持有毒品行为的定性。对于吸毒者实施的毒品犯罪,吸毒者在购买、运输、存储毒品过程中被查获的,如果没有证据证明其是为了实施贩卖等其他毒品犯罪行为,运输量未超过本罪的数量最低标准的,一般不应定罪处罚。但查获的毒品数量达到较大以上的,应以其实际实施的毒品犯罪行为定罪处罚。对于以贩养吸的被告人,被查获的毒品数量应认定为其犯罪的数量,但量刑时应考虑被告人吸食毒品的情节,酌情处理。被告人购买了一定数量的毒品后,部分已被其吸食的,应当按照能够证明的贩卖数量及查获的毒品数量,认定为贩毒的数量,已被吸食部分不计入在内。

有证据证明行为人不以牟利为目的,为他人代购仅用于吸食的毒品,毒品数量超过本罪规定的最低数量标准的,对托购者、代购者应以非法持有毒品罪定罪。代购者从中牟利,变相加价贩卖毒品的,对代购者应以贩卖毒品罪定罪。明知他人实施毒品犯罪,而为其居间介绍代购代卖的,无论是否牟利都应以相关毒品犯罪的共犯论处。

3. 持有假毒品的行为的定性。如果行为人误将假毒品当作真毒品而持有,其主观上有犯罪的故意,客观上实施了持有毒品的行为,属于事实上的认识错误,一般认为,不应影响本罪的成立,应按非法持有毒品罪(未遂)定罪处罚。

司考真题

关于非法持有毒品罪,下列哪一选项是正确的?（　　）
A. 非法持有毒品的,无论数量多少都应当追究刑事责任
B. 持有毒品不限于本人持有,包括通过他人持有
C. 持有毒品者而非所有者时,必须知道谁是所有者
D. 因贩卖而持有毒品的,应当实行数罪并罚

【答案】B

【考点】非法持有毒品罪

【解析】选项A错误。非法持有毒品罪是指明知是毒品而非法持有且数量较大的行为。根据我国的法律规定,非法持有鸦片200克以上、海洛因或甲基苯丙胺10克以上或者其他毒品数量较大的,才能成立非法持有毒品罪。

选项B正确。持有并不要求直接持有,即介入第三者时,也不影响持有的成立。第三者为直接持有时,行为人为间接持有。

选项C错误。持有毒品者并非所有者时,不必知道所有者为谁,只要持有者知道自己持有的是毒品即可成立犯罪,是否知道所有者并不影响本罪的成立。

选项D错误。因贩卖而持有毒品的,以贩卖毒品罪定罪处罚,持有是贩卖的当然结果或必经阶段,因而属于吸收犯。

（三）本罪的刑事责任

根据《刑法》第348条的规定,非法持有鸦片1000克以上、海洛因或者甲基苯丙胺50克以上或者其他毒品数量大的,处7年以上有期徒刑或者无期徒刑,并处罚金;非法持有鸦片200克以上不满1000克、海洛因或者甲基苯丙胺10克以上不满50克或者其他毒品数量较大的,处3年以下有期徒刑、拘役或者管制,并处罚金;情节严重的,处3年以上7年以下有期徒刑,并处罚金。根据刑法典第356条的规定,因犯走私、贩卖、运输、制造毒品和本罪被判过刑,又犯本罪的,从重处罚。

三、包庇毒品犯罪分子罪

包庇毒品犯罪分子罪,是指明知是走私、贩卖、运输、制造毒品的犯罪分子而予以包庇的行为。这里的包庇,是指明知是走私、贩卖、运输、制造毒品的犯罪分子,为掩盖其罪行而向司法机关作虚假证明或毁灭罪证,以使其逃避法律制裁的行为。根据《刑法》第349条规定,犯本罪的,处3年以下有期徒刑、拘役或者管制;情节严重的,处3年以上10年以下有期徒刑。缉毒人员或者其他国家机关工作人员掩

护、包庇走私、贩卖、运输、制造毒品的犯罪分子的,依照本罪的规定从重处罚。犯本罪事先通谋的,以走私、贩卖、运输、制造毒品罪的共犯论处。根据刑法第356条的规定,因犯走私、贩卖、运输、制造、非法持有毒品罪被判过刑,又犯本罪的,从重处罚。

四、窝藏、转移、隐瞒毒品、毒赃罪

窝藏、转移、隐瞒毒品、毒赃罪,是指明知是走私、贩卖、运输、制造毒品的犯罪分子的毒品或者犯罪所得的财物而窝藏、转移、隐瞒的行为。本罪的犯罪对象是走私、贩卖、运输、制造毒品或者毒品犯罪所得的财物。所谓窝藏,是指为犯罪分子提供处所藏匿毒品、毒赃;所谓转移,是指将犯罪分子的毒品、毒赃从此处挪至彼处;所谓隐瞒,是指明知是犯罪分子的毒品、毒赃而加以掩盖的行为。这种行为不包括知情不举的消极不作为,而是指转移司法人员的视线,避免毒品、毒赃暴露,有意阻挠司法工作人员查获毒品、毒赃的积极作为。根据《刑法》第349条规定,犯本罪的,处3年以下有期徒刑、拘役或者管制;情节严重的,处3年以上10年以下有期徒刑。缉毒人员或者其他国家机关工作人员掩护、包庇走私、贩卖、运输、制造毒品的犯罪分子的,依照本罪的规定从重处罚。犯本罪事先通谋的,以走私、贩卖、运输、制造毒品罪的共犯论处。根据《刑法》第356条的规定,因走私、贩卖、运输、制造、非法持有毒品罪被判过刑,又犯本罪的,从重处罚。

司考真题

毒贩甲得知公安机关近来要开展"严打"斗争,遂将尚未卖掉的50多克海洛因和贩毒所得赃款8万多元拿到家住偏远农村的亲戚乙处隐藏。公安机关得到消息后找乙调查此事,乙矢口否认。乙当晚将上述毒品、赃款带到后山山洞隐藏时被跟踪而至的公安人员当场抓获。乙的上述行为应当以何罪论处?(   )

A. 非法持有毒品罪
B. 窝藏、转移赃物罪
C. 窝藏、转移、隐瞒毒品、毒赃罪
D. 包庇毒品犯罪分子罪

【解题思路和依据】《刑法》第349条第1款规定:"包庇走私、贩卖、运输、制造毒品的犯罪分子的,为犯罪分子窝藏、转移、隐瞒毒品或者犯罪所得的财物的……"分别构成包庇毒品犯罪分子罪和窝藏、转移、隐瞒毒品、毒赃罪。两罪的区别之一是行为客体不同,前者的行为客体是毒品犯罪分子,后者的行为客体是毒品、毒赃。本题中甲的行为是将毒品和赃款带到后山山洞隐藏,其行为对象是毒品、毒赃,所以构成窝藏、转移、隐瞒毒品、毒赃罪,C选项正确。

【应注意的问题】窝藏、转移赃物罪和窝藏、转移、隐瞒毒品、毒赃罪之间是法条竞合关系,根据特别法优于普通法的原则,应适用窝藏、转移、隐瞒毒品、毒赃罪。另外,非法持有毒品罪的立法目的在于,解决对那些被查获非法持有大量毒品,但又没有足够证据证明其犯有其他毒品犯罪的行为人的定罪问题。本案中,乙的行为已经构成窝藏、转移、隐瞒毒品、毒赃罪,所以可以排除适用非法持有毒品罪。

【答案】C

五、非法生产、买卖、运输、走私制毒物品罪

非法生产、买卖、运输走私制毒物品罪,是指违反国家规定,非法生产、买卖、运输醋酸酐、乙醚、三氯甲烷或者其他用于制造毒品的原料、配剂,或者携带上述物品进出境,情节严重的行为。根据《刑法》第350条的规定,犯本罪的,处3年以下有期徒刑、拘役或者管制,并处罚金;情节严重的,处3年以上7年以下有期徒刑,并处罚金;情节特别严重的,处7年以上有期徒刑,并处罚金或者没收财产。明知他人制造毒品而为其生产、买卖、运输,前款规定的物品的,以制造毒品罪的共犯论处。单位犯上述罪的,对单位判处罚金,并对其直接负责的主管人员和其他直接责任人员,依照上述规定处罚。

六、非法种植毒品原植物罪

非法种植毒品原植物罪,是指违反毒品原植物种植管制法规,未经国家主管部门的批准,私自种植罂粟、大麻等毒品原植物,情节严重的行为。非法种植毒品原植物必须具有下列情形之一才构成本罪:①种植罂粟500株以上不满3000株或者其他毒品原植物数量较大的;②经公安机关处理后又种植的;③抗拒铲除的。根据《刑法》第351条的规定,犯本罪的,处5年以下有期徒刑、拘役或者管制,并处罚金;非法种植罂粟3000株以上或者其他毒品原植物数量大的,处5年以上有期徒刑,并处罚金或者没收财产。非法种植罂粟或者其他毒品原植物,在收获前自动铲除的,可以免除处罚。根据《刑法》第356条的规定,因走私、贩卖、运输、制造、非法持有毒品罪被判过刑,又犯本罪的,从重处罚。

七、非法买卖、运输、携带、持有毒品原植物种子、幼苗罪

非法买卖、运输、携带、持有毒品原植物种子、幼苗罪,是指非法买卖、运输、携带、持有数量较大的未经灭活的罂粟等毒品原植物种子或者幼苗行为。根据《刑法》第352条的规定,犯本罪的,处3年以下有期徒刑、拘役或者管制,并处或者单

处罚金。根据《刑法》第 356 条的规定,因走私、贩卖、运输、制造、非法持有毒品罪被判过刑,又犯本罪的,从重处罚。

八、引诱、教唆、欺骗他人吸毒罪

引诱、教唆、欺骗他人吸毒罪,是指以引诱、教唆、欺骗他人吸食、注射毒品的行为。根据《刑法》第 353 条的规定,犯本罪的,处 3 年以下有期徒刑、拘役或者管制,并处罚金;情节严重的,处 3 年以上 7 年以下有期徒刑,并处罚金。引诱、教唆、欺骗未成年人吸食、注射毒品的,从重处罚。根据《刑法》第 356 条的规定,因走私、贩卖、运输、制造、非法持有毒品罪被判过刑,又犯本罪的,从重处罚。

九、强迫他人吸毒罪

强迫他人吸毒罪,是指违背他人意志,使用暴力、胁迫等手段,迫使他人吸食、注射毒品的行为。根据《刑法》第 353 条第 2 款、第 3 款的规定,犯本罪的,处 3 年以上 10 年以下有期徒刑,并处罚金。强迫未成年人吸食、注射毒品的,从重处罚。根据《刑法》第 356 条的规定,因走私、贩卖、运输、制造、非法持有毒品罪被判过刑,又犯本罪的,从重处罚。

十、容留他人吸毒罪

容留他人吸毒罪,是指为他人吸食、注射毒品提供场所的行为。根据《刑法》第 354 条的规定,犯本罪的,处 3 年以下有期徒刑、拘役或者管制,并处罚金。根据《刑法》第 356 条的规定,因走私、贩卖、运输、制造、非法持有毒品罪被判过刑,又犯本罪的,从重处罚。

十一、非法提供麻醉药品、精神药品罪

非法提供麻醉药品、精神药品罪,是指依法从事生产、运输、管理、使用国家管制的麻醉药品、精神药品的人员,违反国家规定,向吸食、注射毒品的人提供国家规定管制的能够使人形成瘾癖的麻醉药品、精神药品的行为。根据《刑法》第 355 条的规定,犯本罪的,处 3 年以下有期徒刑或者拘役,并处罚金;情节严重的,处 3 年以上 7 年以下有期徒刑,并处罚金。向走私、贩卖毒品的犯罪分子或者以牟利为目的,向吸食、注射毒品的人提供国家规定管制的能够使人形成瘾癖的麻醉药品、精神药品的,依照刑法第 347 条的规定,以走私、贩卖毒品罪定罪处罚。单位犯本罪的,对单位判处罚金,并对其直接负责的主管人员和其他直接责任人员,依照自然

人犯罪之规定处罚。根据《刑法》第356条的规定,因走私、贩卖、运输、制造、非法持有毒品罪被判过刑,又犯本罪的,从重处罚。

司考真题

甲在强制戒毒所戒毒时,无法抗拒毒瘾,设法逃出戒毒所。甲径直到毒贩陈某家,以赊账方式买了少量毒品过瘾。后甲逃往乡下,告知朋友乙详情,请乙收留。乙让甲住下(事实一)。甲对陈某的毒品动起了歪脑筋,探知陈某将毒品藏在厨房灶膛内。某夜,甲先用毒包子毒死陈某的2条看门狗(价值6000元),然后翻进陈某院墙,从厨房灶膛拿走陈某50克纯冰毒(事实二)。甲拿出40克冰毒,让乙将40克冰毒和80克其他物质混合,冒充120克纯冰毒卖出(事实三)。

请回答下列问题。

1.关于事实一,下列选项正确的是(　　)

A.甲是依法被关押的人员,其逃出戒毒所的行为构成脱逃罪

B.甲购买少量毒品是为了自吸,购买毒品的行为不构成犯罪

C.陈某出卖毒品给甲,虽未收款,仍属于贩卖毒品既遂

D.乙收留甲的行为构成窝藏罪

【答案】BC

【解析】选项A错误。脱逃罪的主体必须是依法被关押的犯罪嫌疑人、被告人、罪犯。本案中,甲是在强制戒毒所中进行强制戒毒的人员,不属于罪犯、被告人或犯罪嫌疑人的范畴,因此不构成脱逃罪。

选项B正确。《刑法》中并没有规定购买毒品罪,并且甲购买少量毒品用来自吸而非用来贩卖,因此也不构成贩卖毒品罪。而且,甲的行为虽然符合《刑法》关于非法持有毒品罪的持有毒品的行为要件,但是构成非法持有毒品罪要求行为人持有的毒品数量大,而本案中已明确表示甲购买的毒品是少量的,因此应当认为尚未达到非法持有毒品罪的定罪标准。综上,甲的该行为不构成犯罪。

选项C正确。贩卖毒品罪是一个妨害社会管理秩序的犯罪,不是一个财产犯罪,侵犯的是国家对毒品的管制制度,而不是财产权,因此只要出卖人将毒品转移给购买人,即使未收款,也构成既遂。

选项D错误。根据《刑法》规定,窝藏罪要求窝藏的对象必须是"犯罪的人"。在本案中,甲是在强制戒毒所中进行强制戒毒的人员,而不是法律上所规定的"犯罪的人"。因此,乙收留甲的行为不可能构成窝藏罪。

2.关于事实二的判断,下列选项正确的是(　　)

A.甲翻墙入院从厨房取走毒品的行为,属于入户盗窃

B.甲进入陈某厨房的行为触犯非法侵入住宅罪

C.甲毒死陈某看门狗的行为是盗窃预备与故意毁坏财物罪的想象竞合

D. 对甲盗窃50克冰毒的行为,应以盗窃罪论处,根据盗窃情节轻重量刑

【答案】ABCD

【考点】盗窃罪、非法侵入住宅罪

【解析】选项A正确。最高人民法院、最高人民检察院《关于办理盗窃刑事案件适用法律若干问题的司法解释》第3条第2款规定,非法进入供他人家庭生活、与外界相对隔离的住所盗窃的,应当认定为"入户盗窃"。本案中,甲翻墙入院从厨房取走毒品,完全符合这一规定,甲的行为应当认定为入户盗窃。

选项B正确。住宅是人们日常生活使用的场所,不仅包括卧室,而且包括厨房等其他生活场所,因而甲进入陈某厨房的行为触犯非法侵入住宅罪。

选项C正确。《刑法》第275条规定,"故意毁坏公私财物,数额较大或者有其他严重情节的",成立故意毁坏财物罪。据此可知,甲毒死陈某的两条看门狗的行为侵犯了陈某对这两条看门狗的财产性权利,且这两条狗价值较大,符合故意毁坏财物罪的构成要件。而毒死狗为实施盗窃创造了条件,属于盗窃罪的预备,属于一个行为触犯数个罪名的情形,构成想象竞合犯。

选项D正确。《全国法院审理毒品犯罪案件工作座谈会纪要》规定,盗窃、抢劫毒品的,应当分别以盗窃罪或者抢劫罪定罪。认定盗窃犯罪数额,可以参考当地毒品非法交易的价格。

3.关于事实三的判断,下列选项正确的是(　　)

A. 甲让乙卖出冰毒应定性为甲事后处理所盗赃物,对此不应追究甲的刑事责任

B. 乙将40克冰毒掺杂、冒充120克纯冰毒卖出的行为,符合诈骗罪的构成要件

C. 甲、乙既成立诈骗罪的共犯,又成立贩卖毒品罪的共犯

D. 乙在冰毒中掺杂使假,不构成制造毒品罪

【答案】BCD

【考点】贩卖毒品罪、制造毒品罪

【解析】选项A错误。贩卖毒品罪属于侵害社会管理秩序罪的范围,与之前甲盗窃陈某毒品侵犯的财产权益不同,属于不同类型的法益,因此该销售毒品的行为应当进行单独地评价,所以甲的行为依然成立贩卖毒品罪,应当追究其刑事责任。

选项B正确。诈骗罪要求行为人以非法占有为目的实施欺诈行为,使对方产生或继续维持错误认识,对方基于该错误认识而处分了财产,从而行为人取得了财物、被害人遭受财产损失。在本案中,乙将40克冰毒掺杂冒充120克冰毒卖出,是欺诈行为,而行为人购买这120克冰毒是基于认识错误而进行了财产处分,使其本人遭受财产损失,同时乙取得了财物。因此乙的行为构成诈骗罪。

选项C正确。甲、乙的行为已经构成了诈骗罪的共犯。同时,由于甲、乙出卖的不纯毒品中,仍有40克冰毒的存在,且其在主观上也是持出卖毒品的故意。因

此,甲、乙也成立贩卖毒品罪的共犯。

选项D正确。《全国部分法院审理毒品犯罪案件工作座谈会纪要》规定,鉴于毒品犯罪分子制造毒品的手段复杂多样、不断翻新,采用物理方法加工、配制毒品的情况大量出现,有必要进一步准确界定制造毒品的行为、方法。制造毒品不仅包括非法用毒品原植物直接提炼和用化学方法加工、配制毒品的行为,也包括以改变毒品成分和效用为目的,用混合等物理方法加工、配制毒品的行为,如将甲基苯丙胺或者其他苯丙胺类毒品与其他毒品混合成麻古或者摇头丸。为便于隐蔽运输、销售、使用、欺骗购买者,或者为了增重,对毒品掺杂使假,添加或者去除其他非毒品物质,不属于制造毒品的行为。因此,乙在冰毒中掺杂使假,不构成制造毒品罪。

本节知识链接

1. 2000年6月6日最高人民法院《关于审理毒品案件定罪量刑标准有关问题的解释》

2. 2002年10月24日最高人民检察院法律政策研究室《关于安定注射液是否属于刑法第三百五十五条规定的精神药品问题的答复》

3. 2007年12月18日最高人民法院、最高人民检察院、公安部《办理毒品犯罪案件适用法律若干问题的意见》

4. 2008年12月1日最高人民法院《全国部分法院审理毒品犯罪案件工作座谈会纪要》

5. 2009年6月23日最高人民法院、最高人民检察院、公安部《关于办理制毒物品犯罪案件适用法律若干问题的意见》

6. 2009年8月17日最高人民法院研究室《关于被告人对不同种毒品实施同一犯罪行为是否按比例折算成一种毒品予以累加后量刑的答复》

7. 2010年2月8日最高人民法院《关于贯彻宽严相济刑事政策的若干意见》

8. 2010年9月27日最高人民法院研究室《关于贩卖、运输经过取汁的罂粟壳废渣是否构成贩卖、运输毒品罪的答复》

9. 2012年5月16日最高人民检察院、公安部《关于公安机关管辖的刑事案件立案追诉标准的规定(三)》

10. 2012年6月18日最高人民法院、最高人民检察院、公安部《关于办理走私、非法买卖麻黄碱类复方制剂等刑事案件适用法律若干问题的意见》

11. 2013年5月21日最高人民法院、最高人民检察院、公安部、农业部、食品药品监管总局《关于进一步加强麻黄草管理严厉打击非法买卖麻黄草等违法犯罪活动的通知》

12. 2013年12月23日最高人民法院《关于常见犯罪的量刑指导意见》

13. 2014年8月20日最高人民法院、最高人民检察院、公安部《关于规范毒品

名称表述若干问题的意见》

14.2014年9月5日最高人民法院、最高人民检察院、公安部《关于办理邻氯苯基环戊酮等三种制毒物品犯罪案件定罪量刑数量标准的通知》

15.2015年5月18日最高人民法院《全国法院毒品犯罪审判工作座谈会纪要》

16.2015年8月29日全国人大常委会《中华人民共和国刑法修正案(九)》

第九节 组织、强迫、引诱、容留、介绍卖淫罪

本节罪名

本节共有6个罪名:(1)组织卖淫罪;(2)强迫卖淫罪;(3)协助组织卖淫罪;(4)引诱、容留、介绍卖淫罪;(5)引诱幼女卖淫罪;(6)传播性病罪。

一、组织卖淫罪

组织卖淫罪,是指以招募、雇用、强迫、引诱、容留等手段组织、纠集、控制多人卖淫的行为。"组织他人卖淫"是指以招募、雇佣、引诱、容留等方式,有计划、有组织地使他人从事卖淫活动。组织他人卖淫罪的行为人既可以是一个人,也可以是多人。被组织者主要指女性,也包括男性,人数必须是三人以上(包括三人在内)。如果组织他人卖淫少于三人的,不构成组织卖淫罪。本罪中的卖淫者都是自愿出卖色相的。所谓卖淫,是指以营利为目的,与不特定的异性发生性交或其他淫乱活动的行为,不特定的对方多数情况下是不特定的异性,但也不排除不特定的同性。根据《刑法》第358条和第361条的规定,犯本罪的,处5年以上10年以下有期徒刑,并处罚金;情节严重的,处10年以上有期徒刑或者无期徒刑,并处罚金或者没收财产。实施组织卖淫行为,并有伤害、杀害、强奸、绑架等犯罪行为的,依照数罪并罚的规定处罚。旅馆业、饮食服务业、文化娱乐业、出租汽车业等单位的人员,利用本单位的条件,组织、强迫、引诱、容留、介绍他人卖淫的,依照本罪定罪处罚;上述单位的主要负责人,犯本罪的,从重处罚。

二、强迫卖淫罪

强迫卖淫罪,是指以暴力、胁迫或者其他手段,违背他人的意志,迫使他人卖淫的行为。

(一)本罪的构成要件

1. 本罪的客体是国家对社会风尚的管理秩序和公民的人身权利。本罪的犯罪对象是不特定的公民,既包括女性,也包括男性。

2. 本罪客观方面表现为使用暴力、胁迫、虐待等强制方法,迫使他人卖淫的行为。也就是说,在他人不愿意从事卖淫活动的情况下,使用各种强制性手段,迫使其从事卖淫活动。这里的暴力,包括殴打、捆绑、拘禁等直接危及人身安全与自由的方法;胁迫,是指以将要实施暴力或者以损毁名誉等精神强制方法相威胁、恐吓;虐待,是指以侮辱、咒骂、冻饿、有病不给治等方法进行摧残、折磨;其他强制手段,是指除暴力、胁迫、虐待以外的对被害人具有强制作用的方法,如用酒灌醉、用药物麻醉、趁被害人生病不能反抗等等。

3. 本罪的主体是一般主体,即已满16周岁具有刑事责任能力的自然人。

4. 本罪的主观方面是故意。本罪行为人一般是以营利为目的,但营利目的不是本罪成立的必要条件。目的和动机不影响本罪的成立。

(二)本罪的认定

1. 本罪与组织卖淫罪的区别。二者在犯罪客体、行为手段、主观内容等方面不同,一般不易混淆。但是,组织卖淫罪的手段中包括强迫,如果组织者以强迫为手段组织他人卖淫,就发生了两罪之间的交叉。在这种情况下,应当视为想象竞合犯,按照组织卖淫罪定罪处罚。

2. 本罪与强奸罪的界限。两罪在客观上以暴力、胁迫等方法实施犯罪有相同之处。两罪的区别主要表现在:①侵害的客体不同。本罪侵害的客体是国家对社会风尚的管理秩序和公民的人身权利;强奸罪的客体是妇女的性自由权利和幼女的身心健康权利。②侵害的对象不同。本罪侵害的对象既可以是女性也可以是男性,而强奸罪侵害的对象只能是女性。③使用暴力、胁迫的目的不同。本罪使用暴力、胁迫手段是为了迫使被害人与他人发生性行为;强奸罪中使用暴力、胁迫的目的是为了强迫被害人和行为人本人发生性行为。值得注意的是,如果强奸妇女或者奸淫幼女时并没有迫使其卖淫的故意,后来产生了迫使其卖淫的故意,从而迫使其卖淫的,则应数罪并罚。如果行为人为使被害人妇女从心理上消除贞操意识,先强奸被害人,然后逼其卖淫的,对行为人应以强迫卖淫罪从重处罚。如果强奸行为与强迫卖淫行为之间没有联系,应当分别定罪,实行并罚。

3. 一罪与数罪问题。由于强迫他人卖淫行为中,行为人可能采取暴力手段迫使被害人就范,往往会对被害人造成伤害、重伤,甚至死亡。对于这种伤害行为,如果是作为强迫他人卖淫的手段时,就应当按照《刑法》第358条第1款第5项的规定,造成被强迫的人重伤、死亡或其他严重后果的,属于强迫卖淫罪的加重情节,不实行数罪并罚。但如果伤害行为与强迫卖淫行为没有关联,即行为人是出于独立的伤害故意而对被害人实施伤害行为的,就构成故意伤害罪,应与本罪实行数罪并罚。

(三)本罪的刑事责任

根据《刑法》第358条的规定,犯强迫卖淫罪的,处5年以上10年以下有期徒刑,并处罚金;情节严重的,处10年以上有期徒刑或者无期徒刑,并处罚金或者没收财产。组织未成年人卖淫的,依照上述规定从重处罚。实施强迫卖淫行为,并有伤害、伤害、强奸、绑架等犯罪行为的,依照数罪并罚的规定处罚。旅馆业、饮食服务业、文化娱乐业、出租汽车业等单位的人员,利用本单位的条件,强迫他人卖淫的,按本罪定罪处罚。上述单位的主要负责人,利用本单位的条件,犯强迫卖淫罪的,从重处罚。

三、协助组织卖淫罪

协助组织卖淫罪,是指为组织卖淫的人招募、运送人员或者由其他协助组织他人卖淫的行为。本质上讲它是组织卖淫罪的一种行为,但由于立法者把此种帮助行为作为一种独立的犯罪加以规定,它就不再是一般共同犯罪中的帮助行为,而成为一个独立的罪名。根据《刑法》第358条第4款的规定,犯本罪的,处5年以下有期徒刑,并处罚金;情节严重的,处5年以上10年以下有期徒刑,并处罚金。

四、引诱、容留、介绍卖淫罪

引诱、容留、介绍卖淫罪,是指以金钱、物质或其他利益诱使他人卖淫,或为他人卖淫提供场所,或为卖淫、嫖娼进行介绍的行为。本罪是选择性罪名,引诱、容留、介绍他人卖淫的行为只要实施其中一种,便可构成本罪。根据《刑法》第359条第1款、第361条的规定,犯本罪的,处5年以下有期徒刑、拘役或者管制,并处罚金;情节严重的,处5年以上有期徒刑,并处罚金。旅馆业、饮食服务业、文化娱乐业、出租汽车业等单位的人员,利用本单位的条件,引诱、容留、介绍他人卖淫的,按照本罪定罪处罚。上列单位的主要负责人犯本罪的,从重处罚。

五、引诱幼女卖淫罪

引诱幼女卖淫罪,是指引诱不满十四周岁的幼女卖淫的行为。根据《刑法》第359条第2款、第361条的规定,犯本罪的,处5年以上有期徒刑,并处罚金。根据刑法的规定,旅馆业、饮食服务业、文化娱乐业、出租车业等单位的人员,利用单位的条件犯本罪的,依照自然人犯本罪的规定处罚;前述单位主要负责人犯本罪的,从重处罚。

六、传播性病罪

传播性病罪,是指明知自己患有梅毒、淋病等严重性病而卖淫或者嫖娼的行为。本罪是选择性罪名,行为人实施"卖淫"或者"嫖娼"之一,即可成立本罪。如果行为人实施的不是卖淫或者嫖娼行为,而是通过其他方式将性病传播给他人,不构成本罪。成立本罪不要求发生传播性病的结果,实际上是否已造成他人染上性病的结果,不影响本罪的成立。本罪的明知,是指行为人认识到自己患有严重性病即可,不需要行为人确实知道自己所患的性病种类。根据《刑法》第360条的规定,犯本罪的,处5年以下有期徒刑、拘役或者管制,并处罚金。

■相关链接

1. 2008年6月25日最高人民检察院、公安部《关于公安机关管辖的刑事案件立案追诉标准的规定(一)》

2. 2013年10月23日最高人民法院、最高人民检察院、公安部、司法部《关于依法惩治性侵害未成年人犯罪的意见》

第十节 制作、贩卖、传播淫秽物品罪

■本节罪名

本节共有5个罪名:(1)制作、复制、出版、贩卖、传播淫秽物品牟利罪;(2)为他人提供书号出版淫秽书刊罪;(3)传播淫秽物品罪;(4)组织播放淫秽音像制品罪;(5)组织淫秽表演罪。

一、制作、复制、出版、贩卖、传播淫秽物品牟利罪

制作、复制、出版、贩卖、传播淫秽物品牟利罪,是指以牟利为目的,制作、复制、出版、贩卖、传播淫秽物品的行为。

(一)本罪的构成要件

1. 本罪的客体是复杂客体,即国家对与人性道德风尚有关的文化市场的管理秩序和社会主义道德风尚。本罪的犯罪对象是淫秽物品。所谓淫秽物品,根据刑

法典第367条的规定,是指具体描绘性行为或者露骨宣扬色情的诲淫性的书刊、影片、录像带、录音带、图片及其他淫秽物品。但有关人体生理、医学知识的科学著作不是淫秽物品,包含有色情内容的有艺术价值的文学、艺术作品不被视为淫秽物品。其他淫秽物品,包括具体描绘性行为或者露骨宣扬色情的诲淫性的视频文件、音频文件、电子刊物、图片、文章、短信息等互联网、移动通讯终端电子信息和声讯台语音信息。有关人体生理、医学知识的电子信息和声讯台语音信息,不是淫秽物品。包含色情内容的有艺术价值的电子文学、艺术作品不视为淫秽物品。

2. 本罪的客观方面表现为行为人实施了制作、复制、出版、贩卖、传播淫秽物品的行为。所谓制作,是指采用生产、录制、摄取、编著、绘画、印刷等方法,创造、生产、淫秽物品的行为;复制,是指采用复印、翻印、翻拍、拷贝、抄写等方法,重复制作淫秽物品的行为;出版是指将淫秽物品编辑加工后,经过复制向公众发行的行为;贩卖是指以各种销售方式有偿转让淫秽物品的行为;传播是指通过播放、陈列、出租等方式,使淫秽物品流传的行为。制作、复制、出版、贩卖、传播淫秽物品,必须达到一定的数量标准才能构成犯罪。本罪是选择性罪名,在定罪时要根据行为人所实际实施的具体行为来确定其具体罪名。行为人如果连续实施其中的几种行为的,如制作又贩卖的,应按制作、贩卖淫秽物品牟利罪定罪,不实行数罪并罚。

3. 本罪的主体是一般主体,自然人和单位都可成为本罪的主体。

4. 本罪的主观方面为故意,且必须具有以牟利的目的。如果行为人制作、复制、出版、贩卖、传播淫秽物品不是以牟利为目的,则不成立本罪。但行为人牟利的目的是否实现,不影响本罪的成立。所谓牟利,是指行为人意图通过一定的行为获取非法利益,既可以是金钱和财物,也可以是其他的物质性利益。

(二) 本罪的认定

1. 罪与非罪的界限。

第一,在实践中可能会出现行为人对行为对象的认识与一般人不一致的问题,比如一般人都认为是淫秽物品,而行为人却认为不是,如果行为人确实不知是淫秽物品而制作、复制、出版、贩卖、传播的,不能成立本罪,但如果行为人认识到一般人可能认为是淫秽物品,而且事实上也确实属于淫秽物品,就可以成立本罪。

第二,本罪的成立必须出于牟利的目的,但牟利目的的实现与否或实现的程度,均不影响本罪的成立。如果行为人制作、复制淫秽物品不是为了牟利,则不成立本罪。

第三,淫秽物品与非淫秽物品的区别。《刑法》第367条在界定淫秽物品的概念之后,又明文规定有关人体生理、医学知识的科学著作不是淫秽物品;包含有色情内容的有艺术价值的文学、艺术作品不视为淫秽物品。另外,根据国家新闻出版署《关于认定淫秽色情出版物的暂行规定》第2条规定,有以下七个方面的内容之一的出版物确定为淫秽出版物:(1)淫亵性地具体描写性行为、性交及其心理感受;(2)公然宣扬色情淫荡形象;(3)淫亵性地描述或传授性技巧;(4)具体描写乱伦、强奸或者其他性犯罪的手段、过程或者细节,足以诱发犯罪的;(5)具体描写少年儿童的性行为;(6)淫亵性地具体描写同性恋的性行为或者其他性变态行为,或者具体描写与性变态有关的暴力、虐待、侮辱行为;(7)其他令普通人不能容忍的对性行为的淫亵性描写。

第四,制作、复制、出版、贩卖、传播淫秽物品牟利罪与一般违法行为的区别。

根据 1998 年 12 月 17 日最高人民法院《关于审理非法出版物刑事案件具体应用法律若干问题的解释》第 8 条的规定,具有下列情节之一的,应予定罪处罚:(1)制作、复制、出版淫秽影碟、软件、录像带 50 至 100 张(盒)以上,淫秽音碟、录音带 100 至 200 张(盒)以上,淫秽扑克、书刊、画册 100 至 200 副(册)以上,淫秽照片、画片 500 至 1000 张以上的;(2)贩卖淫秽影碟、软件、录像带 100 至 200 张(盒)以上,淫秽音碟、录音带 200 至 400 张(盒)以上,淫秽扑克、书刊、画册 200 至 400 副(册)以上,淫秽照片、画片 1000 至 2000 张以上的;(3)向他人传播淫秽物品达 200 至 500 人次以上,或者组织播放淫秽影像达 10 至 20 场次以上的;(4)制作、复制、出版、贩卖、传播淫秽物品,获利 5000 至 1 万元以上的。由于本罪来源于 1990 年 12 月 28 日全国人大常委会《关于惩治走私、制作、贩卖、传播淫秽物品的犯罪分子的决定》,根据《刑法》第 452 条精神,虽然该《决定》的有关刑法规范已失效,但其中的行政处罚规范仍然有效,故该《决定》第 2 条第 1 款后半段关于实施制作、贩卖、传播淫秽物品"情节较轻的,由公安机关依照治安管理处罚法的有关规定处罚"的规定仍然有效。因此,对于情节较轻的制作、复制、出版、贩卖、传播淫秽物品的行为,不应以犯罪处理。

根据 2004 年 9 月 3 日最高人民法院、最高人民检察院《关于办理利用互联网、移动通讯终端、声讯台制作复制、出版、贩卖、传播淫秽电子信息刑事案件具体应用法律若干问题的解释》的规定,下列行为均以本罪定罪处罚。以牟利为目的,利用互联网、移动通讯终端制作、复制、出版、贩卖、传播淫秽电子信息,具有下列情形之一的:(1)制作、复制、出版、贩卖、传播淫秽电影、表演、动画等视频文件 20 个以上的;(2)制作、复制、出版、贩卖、传播淫秽音频文件 100 个以上的;(3)制作、复制、出版、贩卖、传播淫秽电子刊物、图片、文章、短信息等 200 件以上的;(4)制作、复制、出版、贩卖、传播的淫秽电子信息,实际被点击数达到 1 万次以上的;(5)以会员制方式出版、贩卖、传播淫秽电子信息,注册会员达 200 人以上的;(6)利用淫秽电子信息收取广告费、会员注册费或者其他费用,违法所得 1 万元以上的;(7)数量或者数额虽未达到第 1 项至第 6 项规定标准,但分别达到其中两项以上标准一半以上的;(8)造成严重后果的。利用聊天室、论坛、即时通信软件、电子邮件等方式,实施第一款规定行为的,依照《刑法》第 363 条第 1 款的规定,以制作、复制、出版、贩卖、传播淫秽物品牟利罪定罪处罚。以牟利为目的,通过声讯台传播淫秽语音信息,具有下列情形之一的,依照《刑法》第 363 条第 1 款的规定,对直接负责的主管人员和其他直接责任人员以传播淫秽物品牟利罪定罪处罚:(1)向 100 人次以上传播的;(2)违法所得1万元以上的;(3)造成严重后果的。

根据2010年2月2日最高人民法院、最高人民检察院《关于办理利用互联网、移动通讯终端、声讯台制作复制、出版、贩卖、传播淫秽电子信息刑事案件具体应用法律若干问题的解释(二)》的规定,以牟利为目的,利用互联网、移动通讯终端制作、复制、出版、贩卖、传播内容含有不满十四周岁未成年人的淫秽电子信息,具有下列情形之一的,依照《刑法》第363条第1款的规定,以制作、复制、出版、贩卖、传播淫秽物品牟利罪定罪处罚:(1)制作、复制、出版、贩卖、传播淫秽电影、表演、动画等视频文件10个以上的;(2)制作、复制、出版、贩卖、传播淫秽音频文件50个以上的;(3)制作、复制、出版、贩卖、传播淫秽电子刊物、图片、文章等100件以上的;(4)制作、复制、出版、贩卖、传播的淫秽电子信息,实际被点击数达到5千次以上的;(5)以会员制方式出版、贩卖、传播淫秽电子信息,注册会员达100人以上的(6)利用淫秽电子信息收取广告费、会员注册费或者其他费用,违法所得5千元以上的;(7)数量或者数额虽未达到第1项至第6项规定标准,但分别达到其中两项以上标准一半以上的;(8)造成严重后果的。以牟利为目的,网站建立者、直接负责的管理者明知他人制作、复制、出版、贩卖、传播的是淫秽电子信息,允许或者放任他人在自己所有、管理的网站或者网页上发布,具有下列情形之一的,依照《刑法》第363条第1款的规定,以传播淫秽物品牟利罪定罪处罚:(1)数量或者数额达到第1条第2款第1项至第6项规定标准5倍以上的;(2)数量或者数额分别达到第1条第2款第1项至第6项两项以上标准二倍以上的;(3)造成严重后果的。明知是淫秽网站,以牟利为目的,通过投放广告等方式向其直接或者间接提供资金,或者提供费用结算服务,具有下列情形之一的,对直接负责的主管人员和其他直接责任人员,依照《刑法》第363条第一款的规定,以制作、复制、出版、贩卖、传播淫秽物品牟利罪的共同犯罪处罚:(1)向10个以上淫秽网站投放广告或者以其他方式提供资金的;(2)向淫秽网站投放广告20条以上的;(3)向10个以上淫秽网站提供费用结算服务的;(4)以投放广告或者其他方式向淫秽网站提供资金数额在5万元以上的;(5)为淫秽网站提供费用结算服务,收取服务费数额在2万元以上的;(6)造成严重后果的。

2.本罪与走私淫秽物品罪的区别。①犯罪客体不同。前者侵犯的客体是社会主义道德风尚和国家对与性文化有关的文化市场的管理制度;后者侵犯的客体则是国家对进出口物品的管理制度。②客观方面不同。前者客观方面表现为制作、复制、出版、贩卖、传播淫秽物品的行为;后者则表现为违反海关法规,逃避海关监管,非法运输、携带或者邮寄淫秽物品进出国(边)境的走私行为。③犯罪主体不同。在前者中,出版淫秽物品牟利罪的主体仅限于单位,而其他罪中的主体既可以是自然人,也可以是单位;后者的主体包括单位和自然人。④主观方面不同。前者在主观上要求行为人具备牟利的目的;后者则不仅包括牟利的目的,而且还包括传播的目的。

司考真题

关于利用互联网传播淫秽物品牟利的犯罪,可以由哪些主体构成?( )
A. 网站建立者
B. 网站直接管理者
C. 电信业务经营者
D. 互联网信息服务提供者

【答案】ABCD

【解析】根据《办理利用互联网、移动通讯终端、声讯台制作、复制、出版、贩卖、传播淫秽电子信息刑事案件具体应用法律若干问题的解释(二)》规定,网站建立者、网站直接管理者、电信业务经营者、互联网信息服务提供者利用互联网传播淫秽物品牟利的,均可以成立传播淫秽物品牟利罪。因此ABCD选项均为正确选项。

(三)本罪的刑事责任

根据《刑法》第363、第366条的规定,犯本罪的,处3年以下有期徒刑、拘役或者管制,并处罚金;情节严重的,处3年以上10年以下有期徒刑,并处罚金;情节特别严重的,处10年以上有期徒刑或者无期徒刑,并处罚金或者没收财产。单位犯本罪的,对单位判处罚金,并对其直接负责的主管人员和其他直接责任人员,按自然人犯本罪的规定追究刑事责任。

二、为他人提供书号出版淫秽书刊罪

为他人提供书号出版淫秽书刊罪,是指违反国家书刊出版管理法规,为他人提供书号,出版淫秽书刊的行为。本罪的主观方面为过失,如果明知他人用于出版淫秽书刊而提供书号,依照出版淫秽物品罪定罪处罚。根据《刑法》第363、第366条的规定,犯本罪的,处3年以下有期徒刑、拘役或者管制,并处或者单处罚金。单位犯本罪的,对单位判处罚金,并对其直接负责的主管人员和其他直接责任人员,依照上述规定处罚。

三、传播淫秽物品罪

传播淫秽物品罪,是指不以牟利为目的,传播淫秽的书刊、影片、音像、图片或者其他淫秽物品,情节严重的行为。根据《刑法》第364条第1款和第4款、第366条的规定,犯本罪的,处2年以下有期徒刑、拘役或者管制。向未成年人传播淫物品的,从重处罚。单位犯本罪的,对单位判处罚金,并对其直接负责的主管人员和其他直接责任人员,依照上述规定处罚。

■ 司考真题

雷某为购买正式书号用于出版淫秽录像带,找某音像出版社负责人任某帮忙。雷向任谎称自己想制作商业宣传片,需要一个书号,并提出付给出版社1万元"书号费"。任某同意,但要求雷给自己2万元好处费,雷某声称盈利后会考虑。任某随后指示有关部门立即办理。雷某拿到该书号出版了淫秽录像带,发行数量极大、影响极坏。雷牟利后给任某2万元好处费,任某收下。关于本案,下列哪些说法是错误的?(　　)

A．雷某与任某的行为构成为他人提供书号出版淫秽书刊罪的共犯

B．雷某的行为构成传播淫秽物品罪,任某的行为构成为他人提供书号出版淫秽书刊罪

C．雷某的行为构成出版淫秽物品牟利罪,任某的行为构成出版淫秽物品牟利罪的共犯

D．雷某与任某的行为构成非法经营罪的共犯

【答案及解析】ABCD。A错,雷某的行为不构成为他人提供书号出版淫秽书刊罪。B错,雷某的行为构成出版淫秽物品牟利罪,而不是构成传播淫秽物品罪。C错,任某主观方面是过失,行为人没有出版淫秽书刊的故意和牟利的目的。如果明知他人用于出版淫秽书刊而提供书号的,应当以出版淫秽物品牟利罪的共犯论处。D错,非法经营罪是违反国家有关经营的限制性规定进行非法经营活动,而淫秽物品是国家所禁止经营的,故不成立非法经营罪。

四、组织播放淫秽音像制品罪

组织播放淫秽音像制品罪,是指不以牟利为目的,组织播放淫秽的电影、录像等音像制品的行为。组织播放,是指策划、指挥以及召集观众,提供淫秽音像制品、播放设备或者播放场所,将淫秽的电影、录像等音像制品的内容展现出来的一切行为。根据《刑法》第364第2款至第4款、第366条的规定,犯本罪的,处3年以上10年以下有期徒刑、拘役或者管制,并处罚金。向未成年人传播淫秽物品的,从重处罚。单位犯本罪的,对单位判处罚金,并对其直接负责的主管人员和其他直接责任人员,依照上述规定处罚。制作、复制淫秽音像制品组织播放的,从重处罚。

五、组织淫秽表演罪

组织淫秽表演罪,是指组织他人进行淫秽表演的行为。根据《刑法》第365条、第366条的规定,犯本罪的,处3年以下有期徒刑、拘役或者管制,并处罚金;情节严重的,处3年以上10年以下有期徒刑,并处罚金。单位犯本罪的,对单位判处罚金,并对其直接负责的主管人员和其他直接责任人员,依照上述规定处罚。

司考真题

孙某制作、复制大量的淫秽光盘,除出卖外,还多次将淫秽光盘借给许多人观看。对其行为应如何处理?（   ）

A. 以制作、复制、贩卖、传播淫秽物品牟利罪处罚

B. 以组织播放淫秽音像制品罪从重处罚

C. 以制作、复制、贩卖淫秽物品牟利罪和传播淫秽物品罪数罪并罚

D. 以传播淫秽物品罪从重处罚

【解析】组织播放淫秽音像制品罪(《刑法》第364条第2款)是指不以牟利为目的,组织播放淫秽电影、录像等音像制品的行为。本罪在客观方面表现为组织播放淫秽的电影、录像等音像制品的行为,这里的"组织"是指为播放淫秽音像制品而进行策划、指挥以及召集观众、提供淫秽音像制品、播放设备或者播放场所的行为;犯罪主体既可以是自然人,也可以是单位;主观方面只能是故意,即明知是淫秽音像制品而组织播放,但必须没有牟利目的。本题中孙某只是将淫秽光盘借给多人观看,不是组织播放淫秽光盘,也不是出于牟利目的,因此不构成本罪,可以排除选项B。

制作、复制、出版、贩卖、传播淫秽物品牟利罪(《刑法》第363条)是指以营利为目的,制作、复制、贩卖淫秽物品的行为。构成本罪在主观上必须出于故意,并且具有牟利目的,这是构成本罪的必要条件;客观方面表现为制作、复制、出版、贩卖、传播淫秽物品的行为;犯罪主体必须是已满16周岁,具有刑事责任能力的自然人或法人。本题中孙某出卖制作复制的淫秽光盘是出于牟利目的,因此构成本罪。

传播淫秽物品罪(《刑法》第364条第1款)是指不以牟利为目的,传播淫秽书刊、影片、音像、图片或者其他淫秽物品,情节严重的行为。本罪的客观方面表现为传播淫秽物品;犯罪主体既可以是自然人,也可以是单位;主观方面只能是故意,即明知是淫秽物品而故意传播,但行为人主观上必须没有牟利目的,否则构成制作、复制、贩卖、传播淫秽物品牟利罪。本题中孙某只是将淫秽光盘借给多人观看,属于本罪规定的"传播",故构成本罪。

本题中孙某的行为触犯了两个罪名,应当数罪并罚,即以制作、复制、出版、贩卖、传播淫秽物品牟利罪和传播淫秽物品罪数罪并罚。

【答案】C

■ 本节知识链接

1. 1998年12月17日最高人民法院《关于审理非法出版物刑事案件具体应用法律若干问题的解释》

2. 2000年12月28日第九届全国人民代表大会常务委员会第十九次会议通过的《关于维护互联网安全的决定》

3. 2004年9月3日最高人民法院、最高人民检察院《关于办理利用互联网、移动通讯终端、声讯台制作复制、出版、贩卖、传播淫秽电子信息刑事案件具体应用法律若干问题的解释》

4. 2008年6月25日最高人民检察院、公安部《关于公安机关管辖的刑事案件立案追诉标准的规定(一)》

5. 2010年2月2日最高人民法院、最高人民检察院《关于办理利用互联网、移动通讯终端、声讯台制作复制、出版、贩卖、传播淫秽电子信息刑事案件具体应用法律若干问题的解释(二)》

6. 2015年8月29日全国人大常委会《中华人民共和国刑法修正案(九)》

■ 问题思考

1. 妨害公务罪的构成特征是什么?
2. 招摇撞骗罪和诈骗罪的区别是什么?
3. 窝藏、包庇罪和伪证罪的区别是什么?
4. 如何区分聚众斗殴罪和故意伤害罪、故意杀人罪?
5. 寻衅滋事罪的客观方面包括哪几种行为?
6. 黑社会性质组织的特征是什么?
7. 如何区分拒不执行判决、裁定罪和妨害公务罪?
8. 脱逃罪与组织越狱罪、暴动越狱罪的区别是什么?
9. 医疗事故罪和非法行医罪的区别是什么?
10. 如何区分强迫卖血罪和故意伤害罪?
11. 重大环境污染事故罪和危险物品肇事罪的区别是什么?
12. 非法持有毒品罪的构成特征是什么?
13. 窝藏、转移、隐瞒毒品、毒赃罪与包庇毒品犯罪分子罪以及窝藏、包庇罪的异同是什么？

14．制作、复制、出版、贩卖、传播淫秽物品牟利罪的构成特征是什么？

15．盗伐林木罪和盗窃罪的区别是什么？

16．盗掘古文化遗址、古墓葬罪和故意损毁珍贵文物罪的区别是什么？

17．强迫卖淫和强奸罪的区别是什么？

案例分析

1．某法院开庭审理一起民事案件，参加旁听的原告之夫李某认为证人王某的证言不实，便当场大声指责，受到法庭警告。李某不听劝阻，大喊"给我打"，在场旁听的十多个原告方的亲属一拥而上，对王某拳打脚踢，法庭秩序顿时大乱。审判长予以制止，李某一伙又对审判长和审判员进行围攻、殴打，审判长只好匆匆宣布休庭。李某的上述行为触犯了什么罪名？

2．某镇医院医生贾某在为患者输血时不按规定从县血站提取，而是习惯于直接从献血者身上采血后输给患者。住院病人于某因输了贾某采集的不符合国家规定的血液发生不良反应死亡。贾某的行为构成何罪？

3．李某长期在甲市行人较多的马路边询问行人是否需要身份证，然后将需要身份证的人的照片、住址等资料送交何某处伪造。何某伪造后，李某再交给购买者。在此期间，李某使用伪造的身份证办理手机入网手续并使用手机，造成电信资费损失3000余元。为了防止司法人员的抓捕，李某一直将一把三角刮刀藏在内衣口袋中。2001年4月下旬的一天晚上，李某在马路上询问行人是否需要身份证时，发现钱某孤身一人行走，便蹿至其背后将其背包(内有价值2000元的财物)夺走后迅速逃跑。钱某大声呼喊抓强盗。适逢民警赵某经过此地，赵某将李某拦住。此时李某掏出三角刮刀，朝赵某的腰部捅了一刀后逃离，致赵某重伤。甲市公安机关抓获李某后，与李某居住的乙市公安机关联系，发现李某是因为在乙市使用信用卡透支一万元以后，为逃避银行催收而逃至甲市的。请结合上述案情，分析李某各行为的性质，并说明理由。

4．律师王某在代理一起民事诉讼案件时，编造了一份对自己代理的一方当事人有利的虚假证言，指使证人李某背熟以后向法庭陈述，致使本该败诉的己方当事人因此而胜诉。王某的行为构成何罪？

5．丁某系某市东郊电器厂(私营企业，不具有法人资格)厂长，2003年因厂里资金紧缺，多次向银行贷款未果。为此，丁某仿照银行存单上的印章模式，伪造了甲银行的储蓄章和行政章，以及银行工作人员的人名章，伪造了户名分别为黄某和唐某在甲银行存款额均为50万元的存单两张。随后，丁某约请乙银行办事处(系国有金融机构)副主任朱某吃饭，并将东郊电器厂欲在乙银行办事处申请存单抵押贷款的打算告诉了朱某，承诺事后必有重谢。朱某见有利可图，就让丁某第二天到办事处找信贷科科长张某办理,并答应向张某打招呼。次日,丁某来到乙银行办事处。朱某将其介绍给张某,让其多加关照。

张某在审查丁某提交的贷款材料时,对甲银行的两张存单有所怀疑,遂发函给甲银行查询。此时,丁某通过朱某催促张某,张某遂打电话询问查询事宜。甲银行储蓄科长答应抓紧办理,但张某未等回函,就为丁某办理了抵押贷款手续,并报朱某审批。后甲银行未就查询事宜回函。

朱某审批时发现材料有问题,就把丁某找来询问。丁某见瞒不过朱某,就将假存单之事全盘托出,并欺骗朱某说有一笔大生意保证挣钱,贷款将如期归还,并当场给朱某10万元好处费。朱某见丁某信誓旦旦,便收受了好处费,同意批给丁某100万元贷款。丁某获得贷款后,以感谢为名送给张某5万元,张某予以收受。丁某将贷款全部投入电器厂经营,结果亏损殆尽,致使银行贷款不能归还。检察机关将本案起诉至法院。

问题:简析丁某、朱某和张某涉嫌犯罪行为触犯的罪名,然后根据有关的刑法理论和法律规定确定三人分别应如何定罪处罚。

6. 甲在公园游玩时遇见仇人胡某,顿生杀死胡某的念头,便欺骗随行的朋友乙、丙说:"我们追逐胡某,让他出洋相。"三人捡起木棒追逐胡某,致公园秩序严重混乱。将胡某追到公园后门偏僻处后,乙、丙因故离开。随后甲追上胡某,用木棒重击其头部,致其死亡。分析甲、乙、丙三人的刑事责任。

第二十一章

危害国防利益罪

知识结构图

危害国防利益罪的概述→平时危害国防利益的犯罪→战时危害国防利益的犯罪

重点提示

危害国防利益罪中个罪概念、犯罪构成以及与相关罪的区分

司考重点

阻碍军人执行职务罪,破坏武器装备、军事设施、军事通信罪的概念、犯罪构成,以及与其他罪名的区分

第一节 危害国防利益罪概述

知识结构图

危害国防利益罪的概念→危害国防利益罪的构成特征→危害国防利益罪的种类

> **重点提示**
>
> 危害国防利益罪的构成特征

一、危害国防利益罪的概念和构成特征

危害国防利益罪,是指违反国防法律、法规,故意或者过失危害国防利益,依法应受刑罚处罚的行为。本类罪的构成特征:

1. 本类犯罪侵犯的客体是国防利益。国防利益,是指满足国防需要的保障条件与利益,包括国防物质基础、作战与军事行动秩序、国防自身安全、武装力量建设、国防管理秩序等,这些利益是国家利益的重要组成部分。

2. 本类犯罪的客观方面表现为违反国防法律、法规,危害国防利益的行为。具体包括拒绝或者逃避履行国防义务,危害作战和军事行动,危害国防物质基础和国防建设活动,妨害国防管理秩序,损害部队声誉等行为。至于行为方式,有的犯罪只能是作为,有的犯罪只能是不作为,有的犯罪既可以是作为也可以是不作为。绝大多数犯罪是情节犯,即只有达到情节严重的程度,才成立犯罪。

3. 本类犯罪的主体多为一般主体,少数罪只能由特殊主体构成。例如,刑法典第374条规定的接送不合格兵员罪。此外,单位也可以成为某些危害国防利益罪的犯罪主体。例如,《刑法典》第370条第1款规定的提供不合格武器装备、军事设施罪等。

4. 本类犯罪的主观方面多为故意,只有少数犯罪由过失构成,如《刑法典》第370条第2款规定的过失提供不合格武器装备、军事设施罪。

二、危害国防利益罪的种类

本章犯罪既有危险犯,也有实害犯;既有自然人犯罪,也有单位犯罪。本书将本章犯罪区分为平时危害国防利益的犯罪和战时危害国防利益的犯罪。后者是只能在战时实施的犯罪,前者是既可以平时实施也可以战时实施的犯罪。《刑法》第451条关于"战时"的规定虽然是就刑法分则第10章的军人违反职责罪而言,但也应适用于本章。战时,是指国家宣布进行战争状态、部队受领作战任务或者遭敌突然袭击时;部队执行戒严任务或者处置突发性暴力事件时,以战时论。

> **问题思考**
>
> 1. 如何理解刑法中的"战时"?

2. 如何理解危害国防利益罪的犯罪客体?

第二节 平时危害国防利益的犯罪

■ 知识结构图

阻碍军人执行职务罪,破坏武器装备、军事设施、军事通信罪,过失损坏武器装备、军事设施、军事通信罪,冒充军人招摇撞骗罪,伪造、变造、买卖武装部队公文、证件、印章罪的概念→构成特征

■ 重点提示

阻碍军人执行职务罪,破坏武器装备、军事设施、军事通信罪,冒充军人招摇撞骗罪,伪造、变造、买卖武装部队公文、证件、印章罪的概念以及犯罪构成

■ 司考重点

冒充军人招摇撞骗罪与其他罪名的区分

一、阻碍军人执行职务罪

阻碍军人执行职务罪,是指以暴力、威胁方法阻碍军人依法执行职务的行为。本罪的构成特征:

1. 本罪的客体是军人依法执行职务的活动。

2. 本罪的客观方面表现为以暴力、威胁方法阻碍军人依法执行职务的行为。所谓暴力方法,是指行为人对依法执行职务的军人的身体实施打击或强制。例如,伤害、殴打、捆绑等。所谓威胁,是指以伤害身体、毁坏财物、破坏名誉、揭穿隐私等手段相胁迫,致使他人产生恐惧心理。所谓阻碍军人依法执行职务,是指对军人依法执行职务造成障碍,使其不能或难以依法执行职务。

3. 本罪的主体为一般主体。

4. 本罪的主观方面为故意,即明知是正在依法执行职务的军人而对其使用暴力、威胁,迫使其停止、放弃、变更执行职务或者无法正常执行职务。过失不构成本罪。

一般认为,规定本罪的法条与《刑法》第 277 条存在特别法条与普通法条的竞合关系,对阻碍军人执行职务的,应认定为本罪,不得适用第 277 条。但如果行为人发生认识错误,将军人误认为是其他国家机关工作人员,或者相反的,应根据抽象的事实认识错误的处理原则,以妨碍公务罪论处。

二、阻碍军事行动罪

阻碍军事行动罪,是指故意阻碍武装部队军事行动,造成严重后果的行为。本罪的构成特征:

1. 本罪的客体是武装部队的军事行动。所谓军事行动,是指军队实施的作战、作战保障、演习、训练等使用武装力量的集体行动。

2. 本罪的客观方面表现为阻碍武装部队军事行动,造成严重后果的行为。本罪的阻碍方法包括暴力、威胁手段,但不限于暴力、威胁手段,采取其他任何手段阻碍军事行动的,也可构成本罪。

3. 本罪的主体为一般主体。

4. 本罪的主观方面是故意,过失不构成本罪。

三、破坏武器装备、军事设施、军事通信罪

破坏武器装备、军事设施、军事通信罪,是指故意破坏部队的武器装备、军事设施、军事通信,危害国防利益的行为。本罪的构成特征:

1. 本罪的客体是军队战斗力物质保障的管理制度。犯罪对象是武器装备、军事设施、军事通信。

2. 本罪的客观方面表现为破坏武器装备、军用设施、军用通信的行为。

3. 本罪的主体为一般主体。

4. 本罪的主观方面是故意。

破坏武器装备、军事设施、军事通信罪的行为同时触犯其他犯罪的,属于想象竞合犯,从一重罪论处:

1. 破坏军事通信,造成公用电信设施毁损,危害公共安全,同时触犯了刑法第 124 条和第 369 条第 1 款的,依照处罚较重的规定定罪处罚。盗窃军事通信线路、设备,同时触犯刑法第 264 条和第 369 条第 1 款的,依照处罚较重的规定定罪处罚。

2. 违反国家规定,侵入国防建设、尖端科学技术领域的军事通信计算机信息系统,对军事通信造成破坏,同时触犯刑法第 285 条、第 286 条、第 369 条第 1 款的,依照处罚较重的规定定罪处罚。

3. 违反国家规定,擅自设置、使用无线电台、站,或者擅自占用频率,经责令停

止使用后拒不停止使用,干扰无线电通讯正常进行,造成军事通信中断或者严重障碍,同时触犯《刑法》第288条、第369条第1款,依照处罚较重的规定定罪处罚。

四、过失破坏武器装备、军事设施、军事通信罪

过失损坏武器装备、军事设施、军事通信罪,是指过失破坏武器装备、军事设施、军事通信,造成严重后果的行为。本罪的构成特征:
1. 本罪的客体是军队战斗力物质保障的管理制度,犯罪对象是武器装备、军事设施、军事通信。
2. 本罪的客观方面表现为损坏武器装备、军事设施、军事通信,造成严重后果的行为。建设、施工单位直接负责的主管人员、施工管理人员,忽视军事通信线路、设备保护标志,致使、纵容他人违章作业,致使军事通信线路、设备毁损,构成犯罪的,以过失破坏军事通信罪定罪处罚。
3. 本罪的主体是一般主体。
4. 本罪的主观方面是过失。

五、故意提供不合格武器装备、军事设施罪

故意提供不合格武器装备、军事设施罪,是指明知是不合格的武器装备、军事设施,而提供给武装部队的行为。本罪的构成特征:
1. 本罪的客体是国家武器装备、军事设备的管理制度。本罪犯罪对象是武器装备、军事设施。
2. 本罪的客观方面表为将不合格的武器装备、军事设施提供给武装部队的行为。所谓不合格,是指行为人提供的武器装备、军事设施不符合国家和军事主管部门关于武器装备、军事设施的质量和性能等标准的规定。所谓提供,包括为武装部队研制、生产、维修武器装备,或者设计、建筑、维护军事设施并交付武装部队使用。
3. 本罪的主体包括自然人和单位。
4. 本罪的主观方面为故意,以行为人明知是不合格的武器装备、军事设施为前提。构成本罪的,不另认定为生产、销售伪劣商品的犯罪。

六、过失提供不合格武器装备、军事设施罪

过失提供不合格武器装备、军事设施罪,是指由于疏忽大意或者过于自信提供不合格的武器装备、军事设施给武装部队,造成严重后果的行为。本罪的构成特征:
1. 本罪的客体是国家武器装备、军事设施的质量管理规定。

2. 本罪的客观方面表现为不严格履行武器装备、军事设施的检查职责,过失将不合格的武器装备、军事设施提供给武装部队,造成严重后果的行为。

3. 本罪的主体为一般主体。

4. 本罪的主观方面是过失。

七、聚众冲击军事禁区罪

聚众冲击军事禁区罪,是指聚众冲击军事禁区,严重扰乱军事禁区秩序的行为。本罪的构成特征:

1. 本罪的客体是军事禁区的正常管理秩序。

2. 本罪的客观方面表现为聚众冲击军事禁区,严重扰乱军事禁区秩序的行为。

3. 本罪的主体为一般主体。处罚对象限于首要分子和其他积极参加者,包括非军人和军人。

4. 本罪的主观方面是故意。

本罪的认定中,应当注意区分本罪与聚众冲击国家机关的界限。如果行为人聚众冲击的不是军事禁区,而是国家机关的话,则构成聚众冲击国家机关罪。

八、聚众扰乱军事管理区秩序罪

聚众扰乱军事管理区秩序罪,是指聚众扰乱军事管理区秩序,情节严重,致使军事管理区工作无法进行,造成严重损失的行为。本罪的构成特征:

1. 本罪的客体是军事管理区的正常管理秩序。

2. 本罪的客观方面表现为聚众扰乱军事管理区秩序,情节严重,致使军事管理区工作无法进行,造成严重损失的行为。军事禁区与军事管理区的地位有区别,故聚众冲击军事禁区,严重扰乱军事禁区秩序的,就成立聚众冲击军事禁区罪;聚众扰乱军事管理区秩序的,只有情节严重,致使军事管理区工作无法进行,造成严重损失的,才成立聚众扰乱军事管理区秩序罪。

3. 本罪的主体为一般主体。处罚对象限于首要分子和其他积极参加者。

4. 本罪的主观方面是故意。

九、冒充军人招摇撞骗罪

冒充军人招摇撞骗罪,是指冒充军人身份进行招摇撞骗的行为。本罪的构成特征:

1. 本罪的客体是军队的良好威信及其正常活动。

2. 本罪的客观方面表现为冒充军人招摇撞骗罪的行为。假冒军人身份主要包括四种情况:(1)非军人冒充军人;(2)级别较低的军人冒充级别较高的军人(不排除相反情形);(3)一般部门的军人冒充要害部门的军人(也不排除相反情形);(4)此类军人冒充彼类军人(如陆军人员冒充空军人员)。招摇撞骗,是指假借军人身份进行炫耀、蒙骗,不以骗取财物为要件;冒充军人骗取数额较大以上财物的,属于本罪与诈骗罪的想象竞合犯,从一重罪论处。冒充军人使用伪造、变造、盗窃的武装部队车辆号牌,造成恶劣影响的,应以本罪论处。

3. 本罪的主体为一般主体。

4. 本罪的主观方面为故意,且具有谋取非法利益的目的。

规定本罪的法条与规定招摇撞骗罪的第279条,是特别法条与普通法条的竞合关系。冒充军人招摇撞骗的,不适用《刑法》第279条。行为人在连续性的招摇撞骗过程中,有时冒充军人,有时冒充其他国家机关工作人员的,宜根据行为人主要冒充的对象确定犯罪性质。如果主要冒充军人,偶尔冒充其他国家机关工作人员招摇撞骗的,宜认定为冒充军人招摇撞骗罪;反之亦然。但是,行为人在一段时间内冒充军人招摇撞骗,在另一段时间又冒充其他国家机关工作人员招摇撞骗,分别构成犯罪的,应实行数罪并罚。

十、煽动军人逃离部队罪

煽动军人逃离部队罪,是指鼓动、唆使、怂恿军人逃离部队,情节严重的行为。本罪的构成特征:

1. 本罪的客体是我国兵役制度和部队的正常管理秩序。

2. 本罪的客观方面表现为煽动军人逃离部队,情节严重的行为。所谓煽动,应是以口头、书面或者其他方式鼓动、唆使、怂恿不特定军人擅自离开部队的行为。所谓逃离部队,是指为逃避服役而离开部队,通常是指未经领导批准擅自离开服役部队或者虽经领导批准离队,但逾期不归,逃避服兵役义务。

3. 本罪的主体为是已满16周岁具有刑事责任能力的自然人,包括非军人和军人。

4. 本罪的主观方面为故意。

煽动军人永久性逃离部队,或者煽动军人一时性逃离部队的,均可能成立本罪。唆使特定的军人逃离部队的,应属于《刑法》第435条的逃离部队罪的教唆犯。军人实际上是否逃离部队,不影响本罪的成立。成立本罪要求情节严重,如战时煽动军人逃离部队,煽动军队指挥人员逃离部队,导致军人已经逃离部队,多次煽动军人逃离部队等。

十一、雇用逃离部队军人罪

雇用逃离部队军人罪，是指明知是逃离部队的军人而雇用，情节严重的行为。本罪的构成特征：

1. 本罪的客体是我国的兵役制度和部队的正常管理秩序。

2. 本罪的客观方面表现为雇用逃离部队军人，情节严重的行为。所谓雇用，是指有偿的使逃离部队的军人为自己或为第三者提供劳动，但没有必要将逃离部队的军人的劳动作为本罪的要素，亦即，只要具备雇用的外观即可（如持续性地为逃离部队的军人提供一定的活动场所与生活费用）。不明知是逃离部队的军人而雇用的，不成立犯罪。所谓情节严重，是指雇用军队机要、保密和首脑机关人员；雇用多名逃离部队军人的；雇用后影响部队作战和其他重要任务完成的；经教育后拒不改正的等。

3. 本罪的主体为非军人，包括国有企业的主管人员、民营公司或个体企业的经理、董事长。

4. 本罪的主观方面为故意。

十二、接送不合格兵员罪

接送不合格兵员罪，是指在征兵工作中徇私舞弊，接送不合格兵员，情节严重的行为。本罪的构成特征：

1. 本罪的客体是国家征兵工作的正常活动。

2. 本罪的客观方面表现为在征兵工作中徇私舞弊，接送不合格兵员，情节严重的行为。徇私舞弊，通常是指为徇私情、私利，故意违背事实和法律，伪造材料，隐瞒情况，弄虚作假的行为。接送不合格兵员入伍，具体表现形式包括：（1）接送不到入伍年龄的兵员；（2）接送学历不符合征兵要求的兵员；（3）接送健康状况不符合入伍条件的兵员；（4）接送政治审查不合格的兵员；（5）接送依法受过刑事处罚的兵员；（6）接送其他不合格兵员。行为必须同时具备"徇私舞弊"和"接送不合格兵员"，且情节严重的，才成立犯罪。

3. 本罪的主体是负责或者参与征兵工作的有关人员，如各级人民武装部的工作人员、负责兵员政审、体检的工作人员、部队派出的接收兵员的人员等等。

4. 本罪的主观方面是故意，且行为人具有徇私的动机。

十三、伪造、变造、买卖武装部队公文、证件、印章罪

伪造、变造、买卖武装部队公文、证件、印章罪，是指伪造、变造、买卖武装部队

的公文、证件、印章的行为。本罪的构成特征：

1. 本罪的客体是武装部队公文、证件、印章的管理秩序，犯罪对象是武装部队公文、证件、印章。

2. 本罪的客观方面分别表现为伪造、变造、买卖武装部队公文、证件、印章的行为。

3. 本罪的主体为一般主体。包括军人和非军人。

4. 本罪的主观方面是故意，其中买卖武装部队的公文、证件、印章必须以非法获利为目的。

本罪的适用中，应当注意与《刑法》第280条是特别法条与普通法条的竞合关系，主要的差别在于行为对象不同。在所伪造、变造、买卖武装部队公文、证件、印章的场合，就认定为本罪，而不适用第280条第1款。

十四、盗窃、抢夺武装部队公文、证件、印章罪

盗窃、抢夺武装部队公文、证件、印章罪，是指盗窃、抢夺武装部队的公文、证件、印章的行为。本罪的构成特征：

1. 本罪的客体是武装部队公文、证件、印章的管理秩序，犯罪对象是武装部队公文、证件、印章。

2. 本罪的客观方面分别表现为盗窃、抢夺武装部队公文、证件、印章的行为。

3. 本罪的主体为一般主体。

4. 本罪的主观方面是故意，并有非法占有的目的。

本罪在适用中，应当注意其本罪与《刑法》第280条是特别法条与普通法条的竞合关系，主要的差别在于行为对象不同。由于本条没有规定毁灭行为，而毁灭武装部队公文、证件、印章的行为具有可罚性，故对毁灭武装部队公文、证件、印章的行为，应适用第280条，认定为毁灭国家机关公文、证件、印章罪。

十五、非法生产、买卖武装部队制式服装罪

非法生产、买卖武装部队制式服装罪，是指非法生产、买卖武装部队制式服装，情节严重的行为。本罪的构成特征：

1. 本罪的客体是武装部队制式服装的管理秩序。本罪的对象是武装部队制式服装，即指由武装部队依法按统一制式订购、监制，仅供武装部队官兵穿着的统一式样的各类服装。需要注意的是，制式服装应当理解为武装部队正在配发、穿着的制式服装。

2. 本罪的客观方面表现为非法生产、买卖武装部队制式服装，情节严重的行为。非法生产、买卖主要包括两种情况：一是没有经过合法批准擅自生产、买卖武

装部队制式服装;二是具有生产、买卖资格的单位与个人,超过规定数量生产、买卖武装部队制式服装。

3. 本罪的主体为一般主体,包括自然人和单位。

4. 本罪的主观方面是故意。

十六、伪造、盗窃、买卖、非法提供、非法使用武装部队专用标志罪

伪造、盗窃、买卖、非法提供、非法使用武装部队专用标志罪,是指伪造、盗窃、买卖、非法提供、非法使用武装部队车辆号牌等专用标志,情节严重的行为。本罪的构成特征:

1. 本罪的客体是武装部队专用标志的管理秩序。本罪的对象是武装部队车辆号牌等专用标志。具体而言,包括武装部队统一悬挂的军车号牌,以及其他表明武装部队性质和人员身份的军徽、军旗、肩章、星徽、帽徽、军种符号或者其他专用标志。

2. 本罪的客观方面表现为伪造、盗窃、买卖、非法提供、非法使用武装部队车辆号牌等专用标志,情节严重的行为。

3. 本罪的主体是一般主体,包括自然人和单位。

4. 本罪的主观方面是故意。成立本罪还要求情节严重。为了冒充军人招摇撞骗而实施本罪行为的,原则上应从一重罪处罚;出于其他目的与动机实施本罪行为,然后又冒充军人招摇撞骗的,应实行数罪并罚。

■ 本节知识链接

1. 2002 年 4 月 10 日最高人民法院《关于审理非法生产、买卖武装部队车辆号牌等刑事案件具体应用法律若干问题的解释》

2. 2007 年 6 月 26 日最高人民法院《关于审理危害军事通信刑事案件具体应用法律若干问题的解释》

3. 2008 年 6 月 25 日最高人民检察院、公安部《关于公安机关管辖的刑事案件立案追诉标准的规定(一)》

4. 王作富主编:《刑法分则实务与研究》,中国方正出版社 2010 年版

5. 2011 年 7 月 20 日最高人民法院、最高人民检察院《关于办理妨害武装部队制式服装、车辆号牌管理秩序等刑事案件具体应用法律若干问题的解释》

■ 观点争鸣

2008年至2009年期间,河南农民时军锋与武警某部干部李金良使用伪造的武警部队车辆号牌骗免高速公路巨额通行费。对其行为如何定罪处罚,有不同的观点:

观点一认为被告人构成诈骗罪。应直接引用最高人民法院2002年4月17日实施的司法解释,定诈骗罪,处无期徒刑,并处罚金。

观点二认为被告人构成非法使用武装部队专用标志罪。其法律依据是2009年通过的刑法修正案(七)在《刑法》第375条后增加的一款"伪造、盗窃、买卖或者非法提供、使用武装部队车辆号牌等专用标志,情节严重的,处三年以下有期徒刑、拘役或者管制,并处或者单处罚金;情节特别严重的,处三年以上七年以下有期徒刑,并处罚金。"

观点三认为被告人构成诈骗罪和非法使用武装部队车辆号牌专用标志罪,根据牵连犯的理论,属于处断的一罪情形,应以诈骗罪论处。

观点四认为被告人的行为不构成犯罪,属于行政违法的范畴,应补交惩罚性过路费。因为在2009年2月之前刑法没有明确规定非法提供、使用武装部队车辆号牌等专用标志构成犯罪,对被告的定罪要严格的依照刑法当时的规定,作出有利于被告的处罚。

■ 问题思考

1. 如何理解阻碍军人执行职务罪?
2. 如何理解冒充军人招摇撞骗罪的犯罪构成?它与招摇撞骗罪的界限是什么?
3. 如何理解破坏武器装备、军事设施、军事通信罪的概念和犯罪构成?

■ 案例分析

案情:2006年5月,被告人谭某等人经密谋以后,分别购买作案工具迷彩色三菱吉普车、假军车牌照号、证件等物,伪装成军队纠察人员,以查假军车为名骗取和抢劫公民财物。有证据证明的犯罪为如下三宗:

1.2006年5月7日,被告人谭某等人伪装成军队纠察人员,驾驶假军车,以检查假军车为名,采取持警棍威胁方式取得被害人何某某现金400元以及诺基亚牌手机1台(经鉴定,物品价值341.60元)。

2.2006年5月8日,被告人谭某等人又以上述方式取得被害人周某某的波导手机1台(经鉴定,物品价值770.62元)。

3.2006年5月12日谭某等人冒充军队纠查人员对被害人索要财物未得逞后,采取强行搜身的方式取得被害人王某某的现金924元、诺基亚牌以及摩托罗拉牌手机各1台(经鉴定,物品共价值683元)。随后,谭某等人被公安人员人赃并获。

问题:冒充军人使用明显暴力或者威胁手段而不是欺骗手段取得他人财物的,应认定为冒充军人招摇撞骗罪还是抢劫罪的结果加重犯?

答案:被告人谭某等采取冒充军队纠查人员以查处假冒军车的名义非法获取财物,损害了公民的人身权利、财产权利和武装部队的威信。其中,5月12日冒充军队纠查人员对被害人索要财物未得逞后,采取强行搜查的暴力手段非法取得财物,其行为构成抢劫罪。由于被告人5月7日和8日冒充军队纠查人员对被害人实施"罚款"的过程中,并未采取明显的暴力或胁迫手段,其行为主要表现为冒充军队纠查人员的身份骗取财物,因此,其行为构成冒充军人招摇撞骗罪。依法应对被告人判处抢劫罪和冒充军人招摇撞骗罪,实行数罪并罚。

第三节 战时危害国防利益的犯罪

知识结构图

战时拒绝、逃避征召、军事训练罪,战时拒绝、逃避服役罪,战时故意提供虚假敌情罪,战时造谣扰乱军心罪,战时拒绝、故意延误军事订货罪,战时拒绝军事征收、征用罪的概念→构成特征

重点提示

战时故意提供虚假敌情罪

一、战时拒绝、逃避征召、军事训练罪

战时拒绝、逃避征召、军事训练罪,是指预备役人员战时拒绝、逃避征召或者军事训练,情节严重的行为。本罪的构成特征:

1.本罪的客体是国家兵役制度中的战时预备役人员的征召、军事训练制度。

2.本罪的客观方面表现为战时拒绝、逃避征召、军事训练,情节严重的行为。征召,是指兵役机关依法向预备役人员发出通知,要求其按规定时间、地点报到,准备转服现役。军事训练,是指军事理论教育与作战技能训练的活动。拒绝征召、军事训练,是指拒不接受征召、拒不参加军事训练。逃避征召、军事训练,是指采取各种手段避免接受征召和参加军事训练。拒绝和逃避没有本质区别,都表现为不接受征召和不参加军事训练。

3.本罪的主体是特殊主体,即只能是预备役人员。

4.本罪的主观方面为故意。

二、战时拒绝、逃避服役罪

战时拒绝、逃避服役罪,是指公民战时拒绝、逃避服役,情节严重的行为。本罪的构成特征:

1.本罪的客体是国家兵役制度中的战时兵役管理秩序。

2.本罪的客观方面表现为战时拒绝、逃避服役,情节严重的行为。

3.本罪的主体为依法应服兵役的公民。

4.本罪的主观方面为故意。

三、战时故意提供虚假敌情罪

战时故意提供虚假敌情罪,是指战时故意向武装部队提供虚假敌情,造成严重后果的行为。本罪的构成特征:

1.本罪的客体是武装部队的作战利益。

2.本罪的客观方面表现为战时向武装部队提供虚假敌情,造成严重后果的行为。所谓虚假敌情,是指不符合客观事实的有关敌方军事、政治、经济、科学、地理等情报。本罪只能发生在战时。

3.本罪的主体为一般主体。

4.本罪的主观方面为故意,即行为人明知是虚假的敌情而向武装部队提供。行为人以为是真实敌情而提供,但事实上属于虚假敌情的,即使有过失,也不成立本罪。

四、战时造谣扰乱军心罪

战时造谣扰乱军心罪,是指战时造谣惑众,扰乱军心的行为。本罪的构成特征:

1.本罪的客体是武装部队的作战利益。

2. 本罪的客观方面表现为战时造谣惑众,扰乱军心的行为。所谓造谣惑众,是指制造谣言并加以散布,蛊惑官兵,煽动厌战、怯战、恐怖情绪,或夸大吹捧敌方势力,极力贬低我军的战斗力,等等。所谓扰乱军心,是指行为人的造谣惑众致使我军军心动摇或混乱。造谣惑众的行为必须导致扰乱军心的实害结果,或者具有扰乱军心的具体危险;如果造谣惑众的内容与军事无关,因而不可能扰乱军心,则不成立本罪。

3. 本罪的主体为一般主体。

4. 本罪的主观方面为故意。

五、战时窝藏逃离部队军人罪

战时窝藏逃离部队军人罪,是指战时明知是逃离部队的军人而为其提供隐蔽处所、财物,情节严重的行为。本罪的构成特征:

1. 本罪的客体是部队的正常管理秩序。

2. 本罪的客观方面表现为战时为逃离部队的军人提供隐蔽处所、财物,情节严重的行为。

3. 本罪的主体为一般主体。

4. 本罪的主观方面为故意。行为人必须明知是逃离部队的军人,过失不成立本罪。

实施本罪行为同时触犯雇用逃离部队军人罪的,属于狭义的包括一罪,从一重罪处罚。

六、战时拒绝、故意延误军事订货罪

战时拒绝、故意延误军事订货罪,是指战时拒绝或者故意延误军事订货,情节严重的行为。本罪的构成特征:

1. 本罪的客体是国家军事订货制度。

2. 本罪的客观方面表现为战时拒绝或者故意延误军事订货,情节严重的行为。战时拒绝或者延误军事订货,即在战时对武装部队为军事目的而订购的武器装备、军用物资,没有正当理由拒不予以接受,或者拖延推迟交付部队订购物品的行为。

3. 本罪的主体仅限于单位。

4. 本罪的主观方面为故意,过失不构成本罪。

七、战时拒绝军事征收、征用罪

战时拒绝军事征收、征用罪,是指在战时拒绝军事征收、征用,情节严重的行为。本罪的构成特征：

1. 本罪的客体是军事征用制度。军事征用，是指国家为国防需要，经过一定程序，依法征用公民个人的设备设施、交通工具和其他物资的活动。

2. 本罪的客观方面表现为战时拒绝军事征用，情节严重的行为。

3. 本罪的主体为一般主体。

4. 本罪的主观方面为故意。

本节知识链接

2008年6月25日最高人民检察院、公安部《关于公安机关管辖的刑事案件立案追诉标准的规定（一）》

问题思考

1. 如何理解战时故意提供虚假敌情罪的犯罪构成？其中"虚假敌情"应怎么认定？

2. 如何理解战时造谣扰乱军心罪？

第二十二章

贪污贿赂罪

第一节　贪污犯罪

知识结构图

贪污罪→挪用公款罪→私分国有资产罪→私分罚没财物罪→巨额财产来源不明罪→隐瞒境外存款罪

重点提示

贪污罪；挪用公款罪；巨额财产来源不明罪

司考重点

贪污罪的构成；挪用公款罪的构成；巨额财产来源不明罪的构成

一、贪污罪

(一)贪污罪的概念和构成

贪污罪,是指国家工作人员或者受国家机关、国有公司、企业、事业单位、人民团体委托管理、经营国有财产的人员,利用职务上的便利,侵吞、窃取、骗取或者以其他手段非法占有公共财物的行为。本罪具有如下构成要件：

1. 本罪的客体是复杂客体，既侵犯了国家工作人员职务行为的廉洁性，也侵犯了公共财物的所有权。职务行为的廉洁性，是指职务活动的内在规定性，它要求国家工作人员依据法律和有关制度规定承担国家赋予的特定义务，正确行使国家赋予的特定权力。

本罪的犯罪对象原则上为公共财物。根据《刑法》第91条的规定，公共财产是指：(1)国有财产；(2)劳动群众集体所有的财产；(3)用于扶贫和其他公益事业的社会捐助或专项基金的财产。在国家机关、国有公司、企业、集体企业和人民团体管理、使用或者运输中的私人财产，以公共财产论。对于公共财产的认定，关键不在于某一财产在法律上的最终所有权属关系，而是行为当时该财产的占有、持有及与之相对应的责任关系。不管基于合法还是非法事由，在行为当时处于国家机关、国有公司、企业、集体企业和人民团体等单位占有、持有状态下的私人财产，均应认定为公共财产，因为此时的责任主体是这些单位，如果期间财产遭受到了损失，这些单位将需承担赔偿责任。例如，国有单位将通过非法征收、单位受贿等非法途径获得的款项设立小金库，虽然小金库本身是违法的，但小金库的钱也属于公共财产。

2. 本罪的客观方面表现为行为人利用职务上的便利，侵吞、窃取、骗取或者以其他手段非法占有公共财物的行为。在这里，利用职务上的便利和非法占有公共财物二者缺一不可。

首先，行为人必须利用职务上的便利。利用职务上的便利，是指利用职务上的主管、管理、经手公共财物的权力及方便条件。利用职务上的便利既包括利用本人职务上主管、管理公共财物的职务便利，也包括利用职务上有隶属关系的其他国家工作人员的职务便利。作为贪污罪行为条件的利用职务之便，并不是泛指一切职务上的便利，而是针对职务与公共财物的关系而言的，即主管、管理、经营、经手国家财产及公共财物的便利。例如会计做假账，利用主管审批领导的疏忽而骗取国家机关或者国有性质的单位钱财的，或者购销人员利用会计的疏忽而虚报冒领的，都属于利用本人的职务、业务便利的骗取行为，符合贪污罪的客观要件。如果行为人不是利用其主管、管理、经营、经手公共财物的职务便利，而是仅利用其因工作关系而熟悉作案环境，或凭工作人员身份便于出入某场所，较易接近作案目标或对象等方便条件，采用盗窃等手段非法获取财物的，不构成本罪。例如国家机关会计利用本单位出纳忘在办公室的钥匙，将出纳放在保险柜中的巨额现金取走，会计窃取本单位公共财物的行为并非利用了自己的职务便利，而是与出纳员共同工作的有利条件，甲的行为应构成盗窃罪。即使行为人利用了职务上的便利，但非法占有的财产并非其主管、管理、经营、经手的财物，也不成立贪污罪。如甲在征用土地的过程中，土地管理局的工作人员乙与被征用土地的农民丙相勾结，由丙多报土地上的庄稼数，乙加盖土地管理局的印章予以证实，进而从甲单位多领取补偿款的，不成立贪污罪,仅成立诈骗罪。

第二,行为人必须侵吞、窃取、骗取或者以其他手段非法占有公共财物。所谓侵吞,是指行为人将暂由自己合法管理、经营、使用的公共财物利用职务上的便利占为己有。如将自己合法管理或使用的公共财物加以扣留,应交公而隐匿不交,应支付而不支付,应入账而不入账,直接加以扣留,从而占为己有;所谓窃取,是指行为人利用职务上的便利,采用秘密的方法将公共财物非法占有。如国有博物馆的馆长利用职务便利窃取珍贵文物;所谓骗取,是指行为人假借职务上的合法形式,采取虚构事实或隐瞒真相的方法,使具有处分权的受骗人产生错误认识,进而取得公共财物。如国有保险公司工作人员与国有保险公司委派到非国有保险公司从事公务的人员,利用职务上的便利,故意编造未曾发生的保险事故进行虚假理赔,骗取保险金归自己所有,成立骗取方式的贪污罪。所谓其他手段,是指采取除侵吞、窃取、骗取手段以外的方式,将公共财物非法占有。如挪用公款存入银行攫取利息归自己所有。

根据《刑法》第394条的规定,国家工作人员在国内公务活动或者对外交往中接受礼物,依照国家规定应当交公而不交公,数额较大的,以贪污罪论处。

3. 本罪的主体是特殊主体。具体包括两类人员:

一类是国家工作人员。根据《刑法》第93条的规定,国家工作人员具体包括四类人:(1)国家机关工作人员,即在国家机关中从事公务的人员。可见,国家机关工作人员只是国家工作人员的一部分,其范围小于国家工作人员。根据有关立法解释的规定,国家机关工作人员包括在各级国家权力机关、行政机关、审判机关、检察机关和军事机关中从事公务的人员。另外,在乡(镇)以上中国共产党机关、人民政协机关中从事公务的人员,也应当视为国家机关工作人员。(2)国有公司、企业、事业单位、人民团体中从事公务的人员。其中,国有公司指公司财产属于国家所有的公司,包括国有独资公司、两个以上国有企业组成的有限责任公司、股份有限公司;国有企业指财产属于国家所有的从事生产、经营活动的经济组织;国有事业单位指国家投资兴办管理的科研、教育、文化、卫生、体育、新闻、广播、出版等单位;人民团体指各民主党派、各级工会、共青团、妇联等群众性组织。(3)国家机关、国有公司、企业、事业单位委派到非国有公司、企业、事业单位、社会团体从事公务的人员。根据《纪要》的规定,所谓委派,即委任、派遣,其形式多种多样,如任命、指派、提名、批准等。不论被委派的人身份如何,只要是接受国家机关、国有公司、企业、事业单位委派,代表这些单位在非国有公司、企业、事业单位、社会团体中从事组织、领导、监督、管理等工作,都可以认定为此类人员。(4)其他依照法律从事公务的人员。这是指既不属于国有单位工作人员,也不是受国有单位委派从事公务的人员,但依法行使了国家管理职能。根据相关规定与上述《纪要》,"其他依照法律从事公务的人员"应当具有两个特征:一是在特定条件下行使国家管理职能;二是依照法律规定从事公务。如被依法选出的在人民法院履行职务的人民陪审员、履行特定手续被人民检察院聘请的特邀检察员等。根据全国人大常委会《关于<中华人民共和国刑法>第九十三条第二款的解释》的规定,当村民委员会等村基层组织人员协助人民政府从事下列行政管理工作时,属于"其他依照法律从事公务的人员":(1)救灾、抢险、防汛、优抚、扶贫、移民、救济款物的管理;(2)社会捐助公益事业款物的管理;(3)国有土地的经营和管理;(4)土地征用补偿费用的管理;(5)代征、代缴税款;(6)有关计划生育、户籍、征兵工作;(7)协助人民政府从事的其他行政管理工作。这些人员在从事上述规定的公务过程中,利用职务上的便利,非法占有公共财物的,以贪污罪定罪处罚。以上四种人员中,除国家机关工作人员外,其余均"以国家工作人员论",理论上称为"准国家工作人员"。

无论是国家机关工作人员还是准国家工作人员,都必须具有一个共同特征:即从事公务。这是判断是否属于国家工作人员的最核心要素。所谓从事公务,是指代表国家机关、国有公司、企业、事业单位、人民团体等履行组织、管理、领导、监督等职责;公务主要表现为与职权相联系的公共事务以及监督、管理国有财产的职务活动,那些不具备职权内容的劳务活动、技术服务工作如国有单位的司机、售货员、收银员、售票员等从事的工作,并不属于从事公务的范畴,从而不是刑法意义上的国家工作人员。

另一类是虽不具有国家工作人员身份,但依法受国家机关、国有公司、企业、事业单位、人民团体委托管理、经营国有财产的人员。司法实践中主要是指因承包、租赁、临时聘用等而管理、经营国有财产的人员。按照司法解释,该规定属于法律拟制,即这种人员仅在贪污罪中被视为国家工作人员,在其他犯罪中不属于国家工作人员。故受委托管理国有财产的人受贿、挪用公款的,仅成立非国家工作人员受贿罪、挪用资金罪。

4. 本罪的主观方面是故意,并且具有非法占有公共财物的目的。犯罪动机多种多样,有的是为了个人挥霍享受,有的将贪污的款项用于赌博,有的为了炒股赚钱,也有的为供子女出国上学等等。犯罪动机如何,不影响本罪的构成。

(二)贪污罪的认定

1. 本罪与非罪的界限。

(1)贪污罪与错款、错账行为的界限。因业务不精或工作疏忽而导致的错款、错账行为,行为人主观上不具有贪污的故意,也不具备非法占有公共财物的目的,故不应认定为贪污罪。

(2)贪污罪与一般贪污行为的界限。区分二者的关键:一是贪污的数额,二是其他情节。根据《刑法》第383条的规定,贪污数额较大(3万元)或者有其他较重情节的,处三年以下有期徒刑或者拘役,并处罚金。司法实践中,对数额不大的侵占公共财物的行为,不宜按贪污罪处理。对责任人员应按有关规章制度进行纪律处分或行政处罚,并责令赔偿对公众财物造成的损失。如果贪污数额虽未达到较大的起点但数额达到1万元不满3万元,但具有其他较重情节的,如贪污救灾、抢险、防汛、优抚、扶贫、救济、防疫、社会捐赠等特定款物的;曾因贪污、受贿、挪用公款受过党纪、政纪处分的;曾因故意犯罪受过刑事追究;赃款赃物用于非法活动的;拒不交代赃款赃物去向或者拒不配合追缴工作,致使无法追缴的;造成恶劣影响或者其他严重后果的,则应以犯罪论处。

2. 贪污罪与有关犯罪的界限。

第一,贪污罪与盗窃罪、诈骗罪、侵占罪的界限。本罪与盗窃罪、诈骗罪、侵占罪主观上都是故意,并且都以非法占有为目的,本罪在客观方面也可以采用窃取、骗取、侵占的行为。本罪与盗窃罪、诈骗罪、侵占罪的区别主要表现在:其一,犯罪客体和犯罪对象不同。本罪的客体是复杂客体,即国家工作人员职务行为的廉洁性和公共财产所有权,对象是公共财物;而盗窃罪、诈骗罪、侵占罪的客体是简单客体,即公私财物所有权。盗窃罪、诈骗罪的对象是公私财物,侵占罪的对象是保管物、遗忘物和埋藏物。其二,犯罪客观方面不尽相同。本罪的窃取、骗取,侵占是利用职务上的便利进行的,与行为人的职务密不可分;而盗窃罪、诈骗罪、侵占罪的窃取、骗取、侵占则不存在利用职务上的便利问题。国家工作人员以盗窃方式将公共财物非法据为己有,数额较大的行为是认定为贪污罪还是盗窃罪,关键在于其窃取财物的行为是否利用了职务之便。例如,某国有公司出纳甲意图非法占有本人保管的公共财物,使用铁棍将自己保管的保险柜打开并取走现金3万元。甲表面上没有利用自己掌管的钥匙和密码,但仍利用了自己作为出纳保管公共财物的职务便利,是一种监守自盗的行为,应成立贪污罪。其三,犯罪主体不同。本罪的主体是特殊主体,即国家工作人员和受委托管理、经营国有财产的人员;而盗窃罪、诈骗罪、侵占罪的主体是一般主体。

第二,贪污罪与职务侵占罪的界限。职务侵占罪是指公司、企业或者其他单位的人员,利用职务上的便利,将本单位财物非法占为己有,数额较大的行为。二者在主观方面都是故意,并且都以非法占有为目的;在客观上都以利用职务上的便利为必备内容,因而二者较为容易混淆。二者的区别主要表现在:一是犯罪客体与对象不同。本罪的客体是复杂客体,即国家工作人员职务行为的廉洁性和公共财产的所有权,对象是包括国有财产在内的公共财物;后者的客体是简单客体,即单位财物的所有权,对象可以是公共财产,也可以是私营企业、合资企业、合作企业中的非公有财产。二是犯罪主体不同。本罪的主体是国家工作人员和受国家机关、国有公司、企业、事业单位、人民团体委托管理、经营国有财产的人员;而后者的主体是公司、企业或其他单位中不具有国家工作人员身份的工作人员,既包括非国有公司、企业或其他非国有事业单位、社会团体中不具有国家工作人员身份的工作人员,也包括国有单位中不具有国家工作人员身份的人员。

第三,贪污罪与私分国有资产罪、私分罚没财物罪的界限。本罪与后二者在犯罪主体、犯罪主观方面和犯罪对象上都相同,其主要不同点是犯罪行为不同。本罪是利用职务之便,侵吞、窃取、骗取或者以其他手段非法占有公共财物的行为;而后二者是违反国家规定,以单位的名义将国有资产、罚没财物集体私分给个人的行为。

3. 贪污罪共犯的认定问题。《刑法》第382条第3款的规定,行为人与前两款所列人员勾结,伙同贪污的,以共犯论处。根据相关司法解释,行为人与国家工作人员勾结,利用国家工作人员的职务便利,共同侵吞、窃取、骗取或者以其他手段非法占有公共财物的,以贪污罪共犯论处;行为人与公司、企业或者其他单位的人员勾结,利用公司、企业或者其他单位人员的职务便利,共同将该单位财物非法据为己有,数额较大的,以职务侵占罪共犯论处;公司、企业或者其他单位中,不具有国家工作人员身份的人与国家工作人员勾结,分别利用各自的职务便利,共同将本单位的财物非法据为己有,应当尽量区分主从犯,按照主犯的犯罪性质定罪;如果各共犯人在共同犯罪中的地位、作用相当,难以区分主从犯的,基于想象竞合理论,按照重罪即贪污罪定罪处罚。

(三) 贪污罪的刑事责任

根据《刑法》第383条的规定,对犯贪污罪的,根据情节轻重,分别依照下列规定处罚:

1. 贪污数额较大或者有其他较重情节的,处三年以下有期徒刑或者拘役,并处罚金。

2. 贪污数额巨大或者有其他严重情节的,处三年以上十年以下有期徒刑,并处罚金或者没收财产。

3. 贪污数额特别巨大或者有其他特别严重情节的,处十年以上有期徒刑或者无期徒刑,并处罚金或者没收财产;数额特别巨大,并使国家和人民利益遭受特别巨大损失的,处无期徒刑或者死刑,并处没收财产。

对多次贪污未经处理的,按照累计贪污数额计算。

犯第一款罪,在提起公诉前如实供述自己罪行、真诚悔罪、积极退赃,避免、减少损害结果的发生,在第一项规定情形的,可以从轻、减轻或者免除处罚;有第二项、第三项规定情形的,可以从轻处罚。

犯第一款罪,有第三项规定情形被判处死刑缓期执行的,人民法院根据犯罪情节等情况可以同时决定在其缓刑执行二年期满依法减为无期徒刑后,终身监禁,不得减刑、假释。

二、挪用公款罪

(一) 挪用公款罪的概念和构成

挪用公款罪,是指国家工作人员利用职务上的便利,挪用公款归个人使用,进行非法活动,或者挪用公款数额较大、进行营利活动,或者挪用公款数额较大、超过

3个月未还的行为。本罪具有如下构成要件：

1. 本罪的客体是复杂客体，即国家工作人员职务行为的廉洁性和对公款的占有、使用、收益权。挪用公款罪是国家工作人员利用职务上的便利实施的，直接侵犯了国家工作人员职务行为的廉洁性；同时，挪用公款罪的"挪用"是指改变公款用途，侵犯的并非财产所有权的全部权能，而是包括占有权、使用权、收益权在内的所有权部分权能。

本罪的犯罪对象是公款，即公共财产中表现为货币或者有价证券形态的那部分。货币包括人民币和外国货币，有价证券包括支票、股票、国库券、债券等，由于其直接代表一定数额的货币，属于证券形式的货币财产。根据2003年1月28日最高人民检察院《关于挪用失业保险基金和下岗职工基本生活保障资金的行为适用法律问题的批复》，国家工作人员利用职务上的便利，挪用失业保险基金和下岗职工基本生活保障资金归个人使用，构成犯罪的，应当以挪用公款罪追究刑事责任。根据《刑法》第384条第2款的规定，挪用用于救灾、抢险、防汛、优抚、扶贫、移民、救济款物归个人使用的，从重处罚。按照这一规定，本罪的犯罪对象并不完全限于公款，还包括用于上述目的的特定物。但是，除了上述特定物之外的一般公物，不属于挪用公款罪的犯罪对象。对此，2000年3月15日最高人民检察院《关于国家工作人员挪用非特定公物能否定罪的请示的批复》规定，刑法典第384条中规定的挪用公款罪中未包括挪用非特定公物归个人使用的行为，对该行为不以挪用公款罪论处。如构成其他犯罪的，依照刑法的相关规定定罪处罚。

2. 本罪在客观方面表现为行为人利用职务上的便利，挪用公款归个人使用，进行非法活动，或者挪用公款数额较大、进行营利活动，或者挪用公款数额较大、超过3个月未还的行为。

所谓利用职务上的便利，是指行为人利用本人职务所形成的主管、管理、经手公款的便利条件。既包括利用本人直接经手、管理公款的便利条件，也包括行为人因其职务关系而具有的调拨、支配、使用公款的便利条件。

挪用公款归个人使用，这是本罪的基本特征。挪用公款归个人使用，包括挪用公款归本人使用或者给他人使用。根据2002年4月28日全国人大常委会《关于〈中华人民共和国〉第三百八十四条第一款的解释》，有下列情形之一的，属于挪用公款"归个人使用"：一是将公款供本人、亲友或者其他自然人使用的。如国家工作人员甲将公款借给其弟炒股的，国有公司经理乙将公款供亲友使用的。二是以个人名义将公款供其他单位使用的。在司法实践中，对于将公款给其他单位使用的，认定是否属于"以个人名义"不能单看形式，要从实质上把握。对于行为人逃避财务监管，或者与使用人约定以个人名义进行，或者借款、还款都以个人名义进行，将公款给其他单位使用的，应认定"以个人名义"。如国有企业财会人员乙以个人名义将公款供其他国有单位使用的。三是个人决定以单位名义将公款供其他单位使用而从中谋取个人利益的。这里的"个人决定"，既包括行为人在职权范围内决定,也包括行为人超越职权范围决定。对于其他单位的性质,立法解释并没有限定,理应包括国有单位在内。"谋取个人利益",既包括行为人与使用人事先约定谋取个人利益实际尚未获取的情形,也包括虽未事先约定但实际上已经获取了个人利益的情形。其中的"个人利益"既包括不正当的利益,也包括正当的利益;既包括财产性利益,也包括非财产性利益,但这种非财产性利益应当是具体的实际的利益,如升学、就业等。如某国有公司总经理擅自决定以本公司名义将公款借给某国有事业单位使用,以安排其子在该单位就业的。如果个人决定以单位名义将公款供其他单位使用,未谋取个人利益的,不属于挪用公款归个人使用。2003年11月13日最高人民法院《全国法院审理经济犯罪案件工作座谈会纪要》规定,经单位领导集体研究决定将公款给个人使用,或者单位负责人为了单位的利益,决定将公款给个人使用的,不以挪用公款罪定罪处罚。上述行为致使单位遭受重大损失,构成其他犯罪的,依照刑法的规定对相关责任人定罪处罚。

挪用公款归个人使用有三种表现形式:

(1)挪用公款进行非法活动。这里所说的非法活动,是指国家法律、法规所禁止的活动,包括犯罪活动和一般违法活动,如走私、赌博、嫖娼等活动和其他非法经营活动。这种类型的挪用公款罪,不受"数额较大"和挪用时间的限制,体现了对此类挪用公款犯罪从严惩处的立法精神。如果行为人挪用公款进行非法活动,而该非法活动本身构成犯罪的(如行贿、走私、赌博等),依照数罪并罚的规定处罚。"挪用公款归个人使用,进行非法活动的",以挪用公款3万元为追究刑事责任的数额起点。

(2)挪用公款进行营利活动,数额较大。这里所说的营利活动,是指国家法律所允许的经营性活动,包括开工厂、办商店、炒股票、购买国债、用于集资或者存入银行获取利息等。至于行为人在实际营利活动中是否获利,甚至亏本经营,均不影响本罪的认定。营利活动本身具有合法性,这是该种类型的挪用公款罪与前一类型的根本区别。挪用公款归个人用于公司、企业注册资本验资证明的,应当认定为挪用公款进行营利活动。这种类型的挪用公款罪,不受挪用时间和是否归还的限制,但法律明确规定必须挪用数额较大。挪用公款归个人使用,"数额较大,进行营利性活动的",以挪用公款5万元为"数额较大"的起点。挪用公款进行营利活动所获取的利息、收益等违法所得,应当追缴,但不计入挪用公款的数额。

需要注意的是,根据2003年的《纪要》规定,挪用公款归个人归还欠款的,应当根据产生欠款的原因分别认定属于挪用公款的何种情形。归还个人进行非法活动或者进行营利活动产生的欠款,应当认定为挪用公款进行非法活动或者进行营利活动。

(3)挪用公款数额较大,超过3个月未还。这是指挪用公款用于营利活动、非法活动之外的,自己或者他人的合法生活消费或者其他非经营性支出,如偿还债务(因经营活动而欠的债务除外)、购置家具、修缮房屋、支付医药费等。如果挪用公款归个人使用数额达到5万元,超过3个月未还,即构成本罪。这里的"未还",是指案发前未还。在案发前即被司法机关、所在单位或有关部门发现之前全部归还本金的,可以从轻或者免除处罚。给国家、集体造成的利息损失的应予追缴。挪用公款数额巨大,超过3个月,案发前全部归还的,可以酌情从轻处罚。

多次挪用公款不还,挪用公款数额累计计算;多次挪用公款,并以后次挪用的公款归还前次挪用的公款,挪用公款数额以案发时未还的实际数额认定。挪用救灾、抢险、防汛、优抚、移民、救济款物归个人使用的数额标准,参照挪用公款归个人使用进行非法活动的数额标准。

3. 本罪的主体是特殊主体,即国家工作人员。对于受国家机关、国有公司、企业、事业单位、人民团体委托,管理、经营国有财产的非国家工作人员,利用职务上的便利,挪用国有资金归个人使用构成犯罪的,应当按照挪用资金罪定罪处罚。根据《刑法》第185条第2款的规定,国有金融机构的工作人员和国有金融机构委派到非国有金融机构从事公务的人员,利用职务上的便利,挪用本单位或者客户资金的,以挪用公款罪定罪处罚。根据2000年4月29日全国人大常委会《关于〈中华人民共和国刑法〉第九十三条第二款的解释》,村民委员会等村基层组织人员协助人民政府从事行政管理工作,利用职务上的便利,挪用公款,构成犯罪的,适用挪用公款罪的规定。

4. 本罪在主观方面是故意,即明知是公款而有意违反有关规定予以挪用,其目的是非法取得公款的使用权。挪用公款给他人使用,如果挪用人明知使用人用于营利活动或者非法活动的,应当认定为挪用人挪用公款进行营利活动或者非法活动。如果不知道使用人使用公款进行营利活动或者非法活动,则只有数额较大,超过3个月未还的,才构成挪用公款罪。

(二)挪用公款罪的认定

1. 挪用公款罪与非罪的界限。

(1)挪用公款罪与一般挪用公款行为的界限。区分本罪和一般挪用公款的行为的界限,应从四个方面着手:首先,要考虑挪用公款的数额。对于不同类型的挪用公款罪来说,尽管标准有所不同,但均须达到构罪数额起点。其次,要考虑挪用公款的用途和时间。如果是用来进行非法活动,不仅没有挪用时间的限制,而且构罪数额起点较低;如果用来进行营利活动,则没有挪用时间的限制,但构罪数额起点也较高。如果是用来进行合法的生活消费和其他非经营性活动,数额较大,且必须是超过3个月的,才构成犯罪;再次,还要考虑挪用是归个人使用还是归单位使用。如果是挪归单位使用,必须符合前述全国人大常委会关于"归个人使用"的解释。最后,还要考虑主观因素。即在挪用公款给他人用来进行营利活动或者非法活动的,须以行为人主观明知为前提。

(2)挪用公款罪与合法借贷行为的界限。本罪根据其行为表现形式,可以分为三种类型,即非法活动型、营利活动型和超期未还型。要划清本罪与合法借贷行为之间的界限,行为人是否办理了借贷审批手续,固然是个重要的判断要素,但更重要的是要结合本罪的不同类型具体分析,区别对待。首先,对于非法活动型,既然是挪用公款归个人使用进行非法活动,这就决定了行为人不可能是合法借贷。即使行为人办理了借贷审批手续,也是欺骗所致。其次,对于超期未还型,由于行为人挪用公款归个人使用是正当需要,其挪用用途具有合法性,因此存在与合法借贷行为划清界限的余地。只要行为人经过单位领导审批,并办理了借贷手续,应视为债权债务关系,不能按挪用公款罪处理。最后,对于营利活动型。这种类型的挪用公款罪比较复杂,在理论上也有不同看法。一般而言,经营性活动本身应具有合法性,但是将公款借出用于个人挣钱牟利,在本质上仍是违法的,是否构成犯罪,仍应以上述立法解释为根据。

2. 挪用公款罪与相关犯罪的界限。

(1)挪用公款罪与贪污罪的界限。二者在犯罪客体、主观故意和利用职务上的便利等方面有相同和相似之处。二者的区别主要表现在:其一,犯罪的客体不完全相同。二者虽然都侵犯了公款的所有权,但具体来说前者侵犯的是公款所有权中的占有、使用、收益权,没有改变公款的所有权;后者是行为人将公款永远地占为己有,其侵犯的是公款所有权的全部权能。其二,犯罪对象的范围不同。前者的对象原则上是公款,也包括用于救灾、抢险、防汛、优抚、扶贫、移民、救济的特定款物;后者的对象既包括公款,也包括其他公物。其三,行为方式不同。挪用公款罪表现为利用职务上的便利,暂时地非法使用公款,所以往往留有"挪用痕迹",甚至出具借条;后者行为人大多采用涂改账目、毁损凭证、掩盖真相等手段,意图永远地非法占有公款。其四,主体范围不同。挪用公款罪的主体限于国家工作人员;贪污罪的主体除了国家工作人员外,还包括受国有单位委托管理、经营国有财产的人员。其五,犯罪的目的不同。前者以非法取得公款的使用权为目的;而后者以非法占有公共财物为目的。

在某些特定情形下,也存在挪用行为向贪污性质转化的问题。挪用公款罪是否转化为贪污,应当按照主客观相一致的原则,具体判断和认定行为人主观上是否具有非法占有公款的目的。根据相关司法解释的规定,具有以下情形之一的,可以认定行为人具有非法占有公款的目的:一是行为人挪用公款后携带挪用的公款潜逃的,对其携带挪用公款的部分,应当以贪污罪定罪处罚。二是行为人挪用公款后采取虚假发票平账、销毁有关账目等手段,使所挪用的公款以难以在单位财务账目上反映出来,且没有归还行为的,应当以贪污罪定罪处罚。三是行为人截取单位收入不入账,非法占有,使所占有的公款难以在单位的账目中显示出来,且没有归还行为的,应当以贪污罪定罪处罚。四是有证据证明行为人有能力归还所挪用的公款而拒不归还,并隐瞒挪用的公款去向的,应当以贪污罪定罪处罚。

(2)挪用公款罪与挪用特定款物罪的界限。二者在主观和客观方面有许多相同和相似之处。主观方面都是故意犯罪,并且均不以非法占有为目的;客观方面都是利用职务上的便利,实施挪用公款(物)的行为;犯罪主体均是特殊主体。此外,二者还存在一定的交叉性,即救灾、抢险、防汛、优抚、扶贫、移民、救济等特定款物也可能成为挪用公款罪的对象。二者的区别主要表现在:其一,客观方面表现不同。前者是行为人利用职务上的便利,实施挪用公款归个人使用的行为;后者是行为人利用职务或者工作上的便利,实施挪用特定款物,情节严重,致使国家和人民利益遭受重大损失的行为。其二,犯罪的主体不同。前者的主体是国家工作人员;后者的主体主要是经手管理国家救灾、救济款物的财会人员或有权调拨特定的七项款物的人员。其三,挪用的用途不同。前者是改变公款法定用途后归个人使用,是公款私用;后者改变了这些特定款物专款专用的性质,将这些特定款擅自用于其他公用事项(如挪用扶贫资金装修本单位会议室、挪用移民款项购买公务车等),是公款公用。如果挪用特定款物归个人使用的,则直接以挪用公款罪从重论处。

(3)挪用公款罪与挪用资金罪的界限。二者在主观和客观方面有许多相同和相似之处。主观方面都是故意,并且都有使用资金的目的;客观方面都是利用职务上的便利进行的。二者的区别主要表现在:其一,犯罪的客体和对象不同。本罪的客体是复杂客体,既侵犯了国家工作人员职务行为的廉洁性,也侵犯了公共财产的所有权,犯罪的对象是公款(也包括特定公物);挪用资金罪的客体是简单客体,即侵犯了单位资金的所有权,犯罪的对象是非国有单位的资金。其二,客观方面不同。前者的行为表现仅限于挪用公款归个人使用,后者不但表现为挪用本单位资金归个人使用,还包括借贷给他人。其三,犯罪主体不同。本罪的主体只能是国家工作人员。如果是受国有公司、企业或者其他国有单位委派到非国有公司、企业以及其他非国有单位从事公务的人员挪用本单位资金的,以挪用公款罪定罪处罚;挪用资金罪的主体是非国有公司、企业的人员。

3.挪用公款罪的共犯问题。根据前述《关于审理挪用公款案件具体应用法律若干问题的解释》第8条的规定,挪用公款给他人使用,如果使用人与挪用人共谋,指使或者参与策划取得挪用款的,以挪用公款罪的共犯定罪处罚。例如,甲找到在某国有公司任出纳员的朋友乙,提出向该公司借款5万元用于购买假币,并许诺出售假币获利后给乙好处费。乙便擅自从自己管理的公司款项中借给甲5万元。甲拿到5万元后,让丙从外地购得假币若干,然后在本地出售。出售一部分后,甲便送给乙2万元好处费。本案中,甲唆使乙挪用公司5万元,则甲与乙就挪用行为成立共同犯罪。如果使用人仅仅知道是行为人利用职务之便挪用来的公款而使用的,并不构成共犯,即必须有客观上的共同行为。

(三)挪用公款罪的刑事责任

根据《刑法》第384条第1款的规定,犯本罪的,处5年以下有期徒刑或者拘役;情节严重的,处5年以上有期徒刑。挪用公款数额巨大不退还的,处10年以上有期徒刑或者无期徒刑。所谓情节严重,主要是指挪用公款数额巨大,或者数额虽未达到巨大,但挪用公款手段恶劣;多次挪用公款;因挪用公款严重影响生产、经营,造成严重损失等。关于数额巨大的标准,根据最高人民法院、最高人民检察院《关于办理贪污贿赂刑事案件应用法律若干问题的解释》的规定,营利活动型和超期未还型是500万元以上,非法活动型是300万元以上。"挪用公款数额巨大不退还的",是指因客观原因在一审宣判前不能退还的。多次挪用公款不还,挪用公款的数额累计计算;多次挪用公款,并以后次挪用公款归还前次挪用的公款,挪用公款数额以案发时未还的实际数额认定。

此外,因挪用公款而索取、收受贿赂构成犯罪的,依照数罪并罚的规定处罚。挪用公款进行行贿、走私、赌博等非法活动,该非法活动本身构成犯罪的,同样依照数罪并罚的规定处罚。

三、私分国有资产罪

(一)私分国有资产罪的概念和构成

私分国有资产罪,是指国家机关、国有公司、企业、事业单位、人民团体,违反国家规定,以单位名义将国有资产集体私分给个人,数额较大的行为。本罪具有如下构成要件:

1. 本罪的客体是国家对国有资产的所有权及廉政建设制度。犯罪对象是国有资产,而且是具有可移性、可分性的国有资产。所谓国有资产,是指属于国家所有的财产,即国家依法取得和认定的,或者国家以各种形式对企业投资和投资收益,国家向行政事业单位拨款等形成的资产。国有资产以外的财产不能成为本罪的犯罪对象。

2. 本罪在客观方面表现为违反国家规定,以单位名义将国有资产集体私分给个人,数额较大的行为。具体包括三个条件:(1)违反国家规定。所谓违反国家规定,是指违反全国人民代表大会及其常委会和国务院有关使用、管理和保护国有资产的法律、行政法规。(2)以单位的名义将国有资产集体私分给个人。"以单位名义"是指私分国有资产是单位领导共同研究决定的,体现了单位的意识和意志。"集体私分给个人",是指将国有资产擅自分给单位的每一个成员或者绝大多数成员。如果在少数负责人或者员工中间私分,应属贪污行为,不构成私分国有资产罪。集体私分的主管人员和其他直接责任人员是否分得财物,对于其行为是否构成犯罪没有影响。(3)数额较大。"数额较大"并非指个人分得的财产数额,而是指私分国有资产的总额。根据1999年最高人民检察院《关于人民检察院直接受理立案侦查案件立案标准的规定(试行)》(简称《立案标准》),数额较大一般是私分国有资产累计数额在10万元以上。

3. 本罪的主体是特殊主体。即只能由国家机关、国有公司、企业、事业单位、人民团体等国有性质的单位构成,属于纯正的单位犯罪。

4. 本罪在主观方面是故意,即明知是国有资产,仍有意违反国家规定,以单位名义进行私分。至于动机如何不影响本罪的成立。

(二)私分国有资产罪的认定

1. 罪与非罪的界限。这里要把握三个方面的问题:(1)数额问题。私分国有资产必须达到数额较大,才能构成犯罪。如果没有达到数额较大的标准,可由相应的主管部门按照国家有关规定处理,不构成犯罪。(2)私分产品代替发工资问题。实践中,有些国有企业因为经济效益不好,发不出工资,即将本单位产品代替工资发给职工。这是亏损企业应付工资支付的一种临时办法,与违反国家规定的私分国有资产性质不同,不应按犯罪处理。(3)打击面问题。本罪的主体是特殊主体,只限于直接负责的主管人员和直接责任人员。据此,不仅对单位的一般职工不能追究刑事责任,没有参与决策未起主要作用的单位负责人,也不宜追究刑事责任。当然,私分的财物因是国有资产,应当退还。

2. 本罪与贪污罪的界限。二者的区别主要表现在:(1)犯罪对象不同。本罪的犯罪对象仅限于国有资产,贪污罪的犯罪对象是公共财产,不仅包括国有财产,还包括其他公共财产。(2)犯罪主体不同。本罪的主体仅限于国有单位中对私分国有资产直接负责的主管人员和直接责任人员,贪污罪的主体是国家工作人员,不仅包括国有单位从事公务的人员,还包括其他准国家工作人员。(3)行为表现不同。本罪表现为以单位名义私分国有资产,获得财物的人是单位所有员工或者大多数员工,具有一定的公开性;贪污罪是行为人采用窃取、骗取等手段将公共财产据为己有,具有一定的隐蔽性。(4)主观方面不同。本罪作为单位犯罪,虽然形式上是单位直接负责的主管人员或者单位参与决策的领导的共同意志,但实质上是单位的意志;贪污罪中行为人非法占有公共财产是个人意志。

(三)私分国有资产罪的刑事责任

根据《刑法》第396条第1款的规定,犯本罪的,对单位直接负责的主管人员和直接责任人员,处3年以下有期徒刑或者拘役,并处或者单处罚金;数额巨大的,处3年以上7年以下有期徒刑,并处罚金。

四、私分罚没财物罪

(一)私分罚没财物罪的概念和构成

私分罚没财物罪,是指司法机关、行政执法机关违反国家规定,将应当上缴国家的罚没财物,以单位名义集体私分给个人的行为。本罪具有如下构成要件:

1. 本罪的客体是国家对罚没财物的管理制度及廉政建设制度。犯罪对象是罚没财物。罚没财物是指司法机关、行政执法机关和法律、法规授权的机构依据法律、法规对公民、法人和其他组织实施处罚所得的罚款以及追缴、没收的财物。

2. 本罪在客观方面表现为违反国家规定,将应当上缴国家的罚没财物,以单位名义集体私分给个人,数额较大的行为。第一,违反国家规定。这是构成本罪的前提条件。第二,以单位的名义将罚没财产集体私分给个人。以单位名义是指经单位领导集体研究决定,体现了单位的意识和意志。集体私分给个人,是指擅自决定将罚没财物分配给单位的所有成员或者绝大多数成员。单位领导和其他责任人员是否分得财物,对本罪的构成没有影响。第三,私分数额较大。这里的数额较大,根据《立案标准》,是指私分罚没财物累计数额在10万元以上。

3. 本罪的主体是特殊主体,只能由司法机关或行政执法机关构成,属于纯正的单位犯罪。司法机关是指法院、检察院、公安机关、国家安全机关。行政执法机关是指海关、工商管理机关、税务机关、卫生检疫机关、商检部门、环境执法部门等。

4. 本罪在主观方面是故意,即明知是应当上缴的罚没财物,仍决意以单位的名义进行集体私分。

(二)私分罚没财物罪的刑事责任

根据《刑法》第396条第2款的规定,犯本罪的,对其直接负责的主管人员和直接责任人员,处3年以下有期徒刑或者拘役,并处或者单处罚金;数额巨大的,处3年以上7年以下有期徒刑,并处罚金。

五、巨额财产来源不明罪

(一)巨额财产来源不明罪的概念和构成

巨额财产来源不明罪,是指国家工作人员的财产、支出明显超过合法收入,且差额巨大,经责令说明来源,本人不能说明其来源的行为。本罪具有如下构成要件:

1. 本罪的客体是国家工作人员职务行为的廉洁性。关于本罪的客体,有的认为是国家特定的财产申报制度;有的认为既侵犯了公私财产所有权,又影响了国家机关的正常活动;有的认为侵犯的是国家工作人员公务行为的廉洁性和公私财产的所有权。本书立场,法律规定本罪的目的主要是为了维护国家工作人员职务行为的廉洁,从立法的原意考虑,本罪的客体是国家工作人员职务行为的廉洁性比较妥当。犯罪对象是行为人本人不能说明其合法来源的巨额财产。

2. 本罪在客观方面表现为行为人明知自己的财产或支出明显超过合法收入,且差额巨大,而本人又不能说明其来源是合法的行为。具体包括两个方面的内容:一是行为人的财产或者支出明显超过合法收入,且差额巨大。这里所说的财产,是行为人实际拥有的财物,包括现金、有价证券以及其他物品。支出,是指行为人已经支付的款物;合法收入,是指行为人贪污获得的财物,如工资、资金、合法继承的遗产、接受的合法赠予等。所谓差额巨大,一般指数额在30万元以上。二是对行为人不能说明与合法收入差额巨大的财产或者支出的合法来源。这里的不能说明,包括:(1)行为人不愿说明或拒不说明财产来源。(2)行为人无法说明财产的具体来源。(3)行为人故意编造合法来源,但经司法机关查证并不属实。(4)行为人所说的财产来源因线索不具体等原因,司法机关无法查实,但能排除存在来源合法的可能性和合理性。

3. 本罪的主体是特殊主体,即只能由国家工作人员构成。

4. 本罪的主观方面是故意。

(二)巨额财产来源不明罪的认定

1. 巨额财产来源不明罪单独定罪的前提。巨额财产来源不明罪的立法意图同非法持有型犯罪本质相同,即本人不能说明其所拥有的巨额财产的合法来源,而司法机关又不能查明该财产是通过何种非法途径获得的情况下,为了不放纵罪犯,才认定为本罪的。如果能查明巨额财产来源于行为人的贪污、受贿等违法犯罪活动,则以贪污罪、受贿罪论处,而不再定本罪。如果查明其中一部分来源于行为人的贪污、受贿等违法犯罪活动,而仍有一部分不能查明并且又达到"数额巨大"的,可考虑同时构成巨额财产来源不明罪与贪污、受贿罪,实行数额并罚。

2. "非法所得"的数额计算。2003年《纪要》规定,刑法第395条第1款规定"非法所得",一般是指行为人的全部财产与能够认定的所有支出的总和减去能够证实的有真实来源的所得。在具体计算时,应注意以下问题:(1)应把国家工作人员的个人财产与其共同生活的家庭成员的财产、支出等一并计算,而且一并减去他们所有的合法收入以及确属与其共同生活的家庭成员个人的非法收入;(2)行为人所有的财产包括房产、家具、生活用品、学习用品以及股票、债券、存款等动产与不动产;行为人的支出包括合法支出与非法支出,包括日常生活、工作、学习费用、罚款以及向他人行贿的财务等;行为人的合法收入包括工资、奖金、稿酬、继承等法律和政策允许的各种收入;(3)为了方便计算犯罪数额,对于行为人的财产和合法收入,一般从行为人有比较确定的收入和财产时开始计算。

(三)巨额财产来源不明罪的刑事责任

根据《刑法》第395条第1款的规定,犯本罪的,处5年以下有期徒刑或者拘役;差额特别巨大的,处5年以上10年以下有期徒刑。财产的差额部分予以追缴。

六、隐瞒境外存款罪

(一)隐瞒境外存款罪的概念和构成

隐瞒境外存款罪,是指国家工作人员违反国家规定,故意隐瞒不报在境外的存款,数额较大的行为。本罪具有如下构成要件:

本罪的客体是国家工作人员境外存款的申报制度。

本罪的客观方面包括三个方面的内容:第一,行为人负有依照国家规定申报其境外存款的义务。这是构成犯罪的前提条件。这里所说的境外存款是指行为人在国(边)境外的金融机构中的存款。所存之款包括外币、有价证券、股票等。第二，行为人隐瞒不报其境外存款，即不履行其申报义务。第三，隐瞒境外存款的数额较大。这里的数额较大，根据《立案标准》，指折合人民币数额在30万元以上。

本罪的主体是特殊主体，即国家工作人员。

本罪的主观方面是故意，即行为人明知依照国家规定应当如实申报其境外存款仍有意隐瞒不报。如果行为人不是故意隐瞒不报，而是出于对国家申报制度不了解，或者由于其他客观原因而未作申报的，不能构成犯罪。

(二)隐瞒境外存款罪的刑事责任

根据《刑法》第395条第2款的规定，犯本罪的，处2年以下有期徒刑或者拘役;情节较轻的，由其所在单位或者上级主管机关酌情给予行政处分。

观点争鸣

(1)贪污罪的犯罪客体问题。贪污罪的犯罪客体是什么，刑法理论界一直存在意见分歧。主要有三种不同的观点:第一种观点认为是公共财物所有权;第二种观点认为为公共财产所有权、国家机关的正常活动和威信;第三种观点则认为是国家工作人员职务行为的廉洁性和公共财物的所有权。

上述第一种观点将本罪的客体仅限于公共财物所有权是与本罪所在的贪污贿赂犯罪这类犯罪的客体不相符的。本罪从本质上讲是国家工作人员在职务活动中违背职责谋取私利的行为，国家工作人员的职务来源于国家权力或公众赋予的权力。恪尽职守、廉洁奉公是其职务行为的根本准则，因而本罪首先侵犯的是国家工作人员职务行为的廉洁性。同时，该罪与财产具有不可分割的联系，必然侵犯财产所有权，这一财产所有权应是公共财产所有权。因此，本罪的客体为复杂客体，即既侵犯了国家工作人员职务行为的廉洁性，也侵犯了公共财产的所有权。其中，国家工作人员职务行为的廉洁性是其主要客体。

(2)挪用公款罪的既遂与未遂问题。对于挪用公款罪的既遂或者说成立的标准，刑法理认上存在三种不同的主张。第一种主张认为，"挪用"即是挪+用。"挪"指移动，"用"指使用。因此，只有既挪又用公款的行为，才能叫作挪用公款，只挪未用的，不构成本罪。第二张主张认为，行为人挪的目的是用，只挪未用的，是挪用未遂，可按犯罪未遂的规定，从轻或减轻处罚。第三种主张认为挪用公款罪成立的标准在于"挪"而非"用"，也就是说行为即使是"挪而未用"甚至"挪而不用"，均构成挪用公款罪既遂。本书观点，第一种观点对词采用拆解的方法进行解释，有望文生义之嫌，无助于本罪的正确认定。因为，从挪用人的目的来看，一般是为了归本人或他人使用，否则，就不会冒着被处罚的危险将公款挪用到自己的控制之下。行为人将公款挪到自己的手中,案发时尚未使用就不构成本罪,于法无据。从本罪的危害本质来看,该罪所侵犯的主要客体是单位对公款的占有权、使用权和收益权。刑法规定惩罚本罪的目的,在于维护单位的上述权利不受侵犯,并且预防此种犯罪行为的发生。因此,只要行为人利用职务之便,将本单位的公款擅自转移到自己的实际控制之下,使单位完全脱离了对该项公款的控制,对单位财产权利的危害结果已经产生,如果挪用公款的数额和时间等符合了立案标准,那么,行为人的行为就具备了本罪的全部构成要件,就构成既遂。反之,如果行为人已经着手实施挪用公款的行为,但因其意志以外的原因,公款尚未控制到手,应当认定为本罪的既遂。故第三种观点是可取的。

■ 案例分析

张某2011年邮电学院毕业后分配到某电信局A乡电信所工作,其职责是每月从电信局领出该乡电话用户缴费单,然后收取电话费,于月底上交电信局财务室。在2013年5月,张某上交收取上月的部分电话费,将另外的1.54万元据为己有,对电信局谎称用户未缴。此后,张某将收取当月的电话费一部分上交,另一部分据为己有。截至2015年底案发,共侵吞收取的电话费5.87万元。对张某的行为应该如何认定?

【分析】张某的行为是构成贪污罪还是职务侵占罪,关键看其从事收缴电话费的工作,是公务还是劳务。根据《刑法》第93条的规定,国家工作人员的界定是以从事公务作为标准,而不再强调必须具有国家干部的身份。公务指国家在政治、经济、文化等各个领域实施的组织、领导、监督、管理等活动,具有国家权力性、职能性、管理性等特点。从事公务一般是指在国家机关、国有公司、企业、事业单位、人民团体或者受国家机关、国有公司、企业、事业单位委派,在非国有公司、企业、事业单位、社会团体中行使组织、领导、监督、管理职能以及经管单位财物,它是国家工作人员的本质特征。在司法实践中,应当从这个本质特征出发来判断行为人是否国家工作人员,而要避免从行为人是否具有干部身份去考察其是否国家工作人员。一个人无论具有何种身份,只要他从事组织、领导、监督、管理工作,他就是在从事公务。具体到本案而言,张某具有国家干部身份,但从其实际所从事的工作看,仅是月初领取电话缴费单,向用户收取话费后于月底上交电信局,他对收取的电话费不具有使用、支配等职权。因此,张某所从事工作的实质是收缴电话费的劳务活动,不是对国有资产进行组织、领导、监督、管理的公务活动,其不属于在国有企业中从事公务人员,不具备贪污罪的主体资格,其利用经手公共财物的职务便利,将本单位财物据为己有,数额较大,应以职务侵占罪定罪量刑。

第二节 贿赂犯罪

知识结构图
受贿罪→利用影响力受贿罪→单位受贿罪→行贿罪→对有影响力的人行贿罪→对单位行贿罪→单位行贿罪→介绍贿赂罪

重点提示
受贿罪;利用影响力受贿罪;行贿罪;对有影响力的人行贿罪

司考重点
受贿罪的构成;利用影响力受贿罪的构成;行贿罪的构成;对有影响力的人行贿罪的构成

一、受贿罪

（一）受贿罪的概念和构成

受贿罪,是指国家工作人员利用职务上的便利,索取他人财物,或者非法收受他人财物,为他人谋取利益的行为。本罪具有如下构成要件:

1.本罪的客体是国家工作人员职务行为的廉洁性。我国是社会主义国家,一切权力属于人民。国家工作人员的职权是人民赋予的,代表人民依法管理政治、经济、文化以及其他社会各方面的事务。受贿行为不仅背离了国家工作人员为政清廉的义务,而且也妨碍了国家机关对内对外职能的行使。因此,本罪的客体是国家工作人员职务行为的廉洁性。

本罪的犯罪对象是贿赂。对于贿赂的范围,刑法理论界主要存在三种观点:其一,财物说,认为贿赂仅限于金钱和可以用金钱计算的物品,不包括其他利益。其二,物质利益说,认为贿赂除了包括金钱及其他财物以外,还应当包括可以用金钱计算的物质利益,如提供房屋使用权、免费旅游、免除债务等。其三,需要说,又称利益说,认为凡是能够满足人的物质或精神需求的一切有形或者无形、物质或者非物质、财产或者非财产性的利益应视为贿赂。其中非财产利益,如提供招工指标、安排子女就业、提供出国机会、提职晋级,乃至提供色情服务,等等。根据"两高"《关于办理贪污贿赂刑事案件适用法律若干问题的解释》第12条的规定:贿赂犯罪中的"财物",包括货币、物品和财产性利益。财产性利益包括可以折算为货币的物质性利益如房屋装修、债务免除等,以及需要支付货币的其他利益如会员服务、旅游等。后者的犯罪数额,以实际支付或者应当支付的数额为准。

2. 本罪在客观方面表现为利用职务上的便利,索取他人财物,或者非法收受他人财物并为他人谋取利益的行为。具体包括以下三个方面的内容:

(1) 利用职务上的便利。利用职务上的便利,是指行为人利用本人职务上主管、负责、承办某项公共事务的职权,也包括利用职务上有隶属、制约关系的其他国家工作人员的职权。其中,利用本人职权并不局限于国家工作人员的职责分工,因为担任领导职务的国家工作人员通过不属于自己主管的下级部门的国家工作人员的职务为他人谋取利益的,也应认定为"利用职务上的便利"。

(2) 索取或者非法收受他人财物。受贿罪的行为表现形式包括两种:一是索取他人财物,即行为人主动向他人索要或勒索并收受财物,以此作为为他人谋利益的交换条件。索取他人财物的基本特征是行为人索要行为的主动性和他人交付财物的被动性。索贿行为可以是明示的,也可以是暗示的;可以是本人直接索取,也可以是通过他人间接索取。二是收受他人财物,即行为人对他人给予的财物予以接受。收受贿赂的基本特征是行贿人给付财物的主动性、自愿性和受贿人收受财物行为的被动性。

(3) 为他人谋取利益。所谓为他人谋取利益,是指受贿人为他人谋求取得某种特定利益。这里所说的利益,既可以是正当的利益,也可以是不正当的利益;可以是物质性利益,也可以是非物质性利益。为他人谋取利益,包括三种情形:第一,实际或者承诺为他人谋取利益的;第二,明知他人有具体请托事项的;第三,履职时未被请托,但事后基于该履职事由收受他人财物的。

为他人谋取利益是否作为任何形式的受贿罪的必备要件?根据《立案标准》,索取他人财物的,不论是否"为他人谋利益",均可构成受贿罪;非法收受他人财物的,必须同时具备"为他人谋取利益"的条件,才能构成受贿罪。这已成为理论界的共识。为他人谋取利益是主观要件还是客观要件,学界也有不同意见。有人认为是主观要件,有人认为是客观要件。本书观点,为他人谋取利益,始自许诺,终至实现,是一种行为。因此,把为他人谋取利益理解为客观要件似乎更为适当。

此外,《刑法》第388条还规定了受贿罪客观方面的一种特殊表现形式:斡旋受贿。斡旋受贿又称居间受贿、间接受贿,在客观方面表现为国家工作人员利用本人职权或者地位形成的便利条件,通过其他工作国家人员职务上的行为,为请托人谋取不正当利益,索取或收受请托人财物的行为。斡旋受贿的行为特征是:其一,利用本人职权或者地位形成的便利条件,也就是间接利用职务之便。这里所说的本人职权,是指在行为人职务范围内,并能对其他国家工作人员形成制约或者施加影响的权力,其中不包括直接利用本人掌握的职权。所谓地位,是指行为人所在的能对其他国家工作人员形成制约或者施加影响的领导岗位,或者在领导身边工作或负有特定职责并从事公务活动的工作岗位。无论是利用本人职权还是利用本人地位形成的便利条件,都是源于本人的职务。如果行为人利用自己与其他国家工作人员的亲友关系,则不属于斡旋受贿行为。其二,为请托人谋取不正当利益。这是受贿人用以同请托人进行权钱交易、权物交易的条件。如果说索取贿赂形式的一般受贿罪,不要求行为人为他人谋取利益;收受贿赂形式的一般受贿罪,虽要求行为人为他人谋取利益,但不问谋取的是合法利益还是非法利益的话,则斡旋受贿罪的要求必须是为请托人谋取不正当利益。应当如何理解不正当利益,国内理论界是有分歧的。本书观点,所谓不正当利益,是指根据法律、法规和有关政策不应当得到的利益。利益的正当与否取决于其性质本身,而不决定于取得利益的手段。如果是请托人依法应当或者可能得到,但限于一定的条件而无法得到,或者暂时未能得到的利益,不属于不正当利益。即使采用送钱送物的手段得到了,也不应当视为不正当利益。其三,通过其他国家工作人员的职务行为,为请托人谋取不正当利益。这里的职务行为,是指其他国家工作人员实施的职权范围内的行为。通过其他国家工作人员的职务行为是以行为人利用职务之便为前提和基础的,同时又是行为人利用本人职权或者地位形成的便利条件的一种表现形式。其四,索取或者收受请托人财物。在斡旋受贿罪中,行为人取得贿赂的形式也有两种:索贿和收受,与一般受贿罪不同的是,斡旋受贿罪中,无论是索取贿赂的形式还是收受贿赂的形式,均以为请托人谋取不正当利益为必要条件。

除一般索取、收受贿赂和斡旋受贿之外,《刑法》第385条第2款还规定,国家工作人员在经济往来中,违反国家规定,收受各种名义的回扣、手续费归个人所有的,以受贿论处。《刑法》第387条第2款还规定,国家机关、国有公司、企业、事业单位、人民团体在经济往来中在账外暗中收受各种名义的回扣、手续费的,以受贿论处。所谓违反国家规定,是指违反全国人大及其常务委员会制定的法律,国务院制定的行政法规、规定的行政措施、发布的决定和命令,如《反不正当竞争法》、国务院办公厅1986年5月5日发布的《关于严禁在社会经济活动中牟取非法利益的通知》等。这些法律法规中都有关于收受回扣、手续费方面的规定,如有违反,即为违反国家规定。关于回扣的定义、性质、表现形式等诸多问题,学界存在争议。本书观点,所谓回扣,是指在经济活动中,卖方从收取的价款中扣出一部分回送给买方或其代理人的财物。其表现形式应与受贿罪的对象协调一致,即不仅限于金钱,还包括其他实物。按照我国《反不正当竞争法》的规定,单位或者个人在账外暗中收受回扣的,以受贿论处。据此,可以认为国家法律允许的回扣,必须是公开收受且在有关财务账目上如实记载的,否则即属受贿。所谓手续费,是指因办理一定的事务或付出一定的劳动而收取的费用。手续费就其本身而言,是一种劳务报酬,并无非法性,但是,如果国家工作人员未付出劳动而收受财物,或者以少量劳动换取高额报酬,都是以其职务行为与所谓的手续费相互交易,是假手续费之名收受贿赂。以受贿论处的手续费指的就是这种手续费。这种手续费可以有各种名义,如好处费、辛苦费、介绍费、活动费、信息费、酬谢费等,但究其实质都是贿赂。因收受回扣、手续费而构成受贿罪的,在构成条件上与受贿罪有所不同:其一,必须是国家工作人员;其二,必须是在经济往来中;其三,必须是违反国家有关规定;其四,必须是收受的回扣、手续费归个人所有。

3. 本罪的主体是特殊主体,即只能由国家工作人员构成。这里所说的国家工作人员,限于在职的国家工作人员。已经离退休的国家工作人员,利用原有职权或地位形成的便利条件,通过在职国家工作人员的职务行为,为请托人谋取利益,而本人从中收取请托人财物的,不能构成本罪,但可以构成利用影响力受贿罪。

4. 本罪在主观方面是故意,而且只能是直接故意,即行为人明知其利用职务上的便利,索取他人财物或者非法收受他人财物并为他人谋取利益的行为会损害国家工作人员职务行为的廉洁性,仍然希望并追求该结果发生的心理态度。如果行为人没有索取或者收受贿赂的意思,事实上也没有收受的,不可能成立受贿罪;行为人根本不知道自己收受了财物,或者只是暂时收下,准备交给有关部门处理的,也不成立受贿罪。

(二)受贿罪的认定

1. 受贿罪与非罪的界限。

(1)受贿罪与接受亲友馈赠的界限。亲朋好友之间礼尚往来,有时伴有物品馈赠,这是联络感情的正当行为。受贿罪中的收受他人财物与接受亲友馈赠在表面上颇为相似,但在法律性质上存在着根本性区别。要划清二者之间的界限,首先要看行为人接受亲友的财物是否利用职务上的便利为亲友谋取利益。但也不能仅限于此,还要结合考虑双方之间亲友情谊的发展程度,收受财物的数额是否正常,接受财物目的、方式等诸因素,不能一概而论。如果行为人利用自己的职权,为亲友谋取利益,并收受了亲友的部分财物,但双方之间亲友情谊发展几十年,经济交往数额较大,其收受财物的数额与经济交往的数额大体相当,就不宜认定为受贿。

(2)受贿罪与取得合法报酬的界限。在法律、政策允许的范围内,利用自己的知识、技术和劳动,为其他单位或个人承揽业务、提供咨询或者进行其他服务,从中获得劳动报酬的,是合法收入,不属于受贿。即使略有瑕疵,如并非完全利用业余时间,在领取劳动报酬时没有签真名,等等,也不宜按受贿处理。例如,法官利用业余时间为他人提供法律服务,按协议获取的酬金,即属于取得合法报酬的行为。但是,实践中有些贿赂是以辛苦费、酬谢费、劳务费的名义出现的,实际上并没有付出劳动,是借取得劳动报酬之名行受贿之实。如一些以兼职名义收受贿赂的犯罪中,行为人就是以劳务费、辛苦费的形式掩盖其受贿的实质的。所以,划清受贿罪与取得合法报酬的界限,关键要看行为人是否利用职务上的便利为他人谋取利益。此外,还要结合分析行为人是否付出了必要的劳动,因为没有必要的劳动其合法报酬即无从谈起。

(3)受贿罪与一般受贿行为的界限。区分二者的标准是受贿数额和受贿情节。根据《刑法》第386条的规定,受贿罪的数额起点与贪污罪相当,分为三个档次即数额较大、数额巨大、数额特别巨大。个人受贿数额只有达到数额较大以上的才构成受贿罪,依法追究刑事责任;个人受贿数额达不到数额较大档次,但情节严重的,也构成受贿罪。这里的情节严重,一般是指受贿情节恶劣,造成极坏的社会影响,或者因受贿给国家、集体或者公民的合法权益造成重大损失以及因受贿造成其他严重后果,等等。

2. 新型受贿行为的认定。

近年来,随着经济和社会的快速发展,受贿犯罪出现了一些新情况,给司法实践的认定带来了一定的困难。鉴此,2007年7月,最高人民法院、最高人民检察院联合发布《关于办理受贿刑事案件适用法律若干问题的意见》(以下简称《受贿案件意见》),针对各种新型、复杂、隐蔽的案件提出了司法认定规则。

(1)关于以交易形式收受贿赂问题。国家工作人员利用职务上的便利为请托人谋取利益,以下列交易形式收受请托人财物的,以受贿论处:第一,以明显低于市场的价格向请托人购买房屋、汽车等物品的;第二,以明显高于市场的价格向请托人出售房屋、汽车等物品的;第三,以其他交易形式非法收受请托人财物的。受贿数额按照交易时当地市场价格与实际支付价格的差额计算。这里所说的市场价格包括商品经营者事先设定的不针对特定人的最低优惠价格。根据商品经营者事先设定的各种优惠交易条件,以优惠价格购买商品的,不属于受贿。

(2)关于以收受干股形式收受贿赂问题。干股是指未出资而获得的股份。国家工作人员利用职务上的便利为请托人谋取利益,收受请托人提供的干股的,以受贿论处。进行了股权转让登记,或者相关证据证明股份发生了实际转让的,受贿数额按转让行为时的股份价值计算,所分红利按受贿孳息处理。股份未实际转让,以股份分红名义获取利益的,实际获利数额应当认定为受贿数额。

(3)关于以开办公司等合作投资名义收受贿赂问题。国家工作人员利用职务上的便利为请托人谋取利益,由请托人出资,"合作"开办公司或者进行其他"合作"投资的,以受贿罪论处。受贿数额为请托人给国家工作人员的出资额。国家工作人员利用职务上的便利为请托人谋取利益,以合作开办公司或者其他合作投资的名义获取"利润",没有实际出资和参与管理、经营的,以受贿罪论处。

(4)关于以委托请托人投资证券、期货或者其他委托理财的名义收受贿赂问题。国家工作人员利用职务上的便利为请托人谋取利益,以委托请托人投资证券、期货或者其他委托理财的名义,未实际出资而获取"收益"的,或者虽然实际出资,但获取"收益"明显高于出资应得收益的,以受贿论处。受贿数额,在前一情形中,以"收益"额计算;在后一情形中,以"收益"额与出资应得收益额之间的差额计算。

(5)关于以赌博形式收受贿赂的问题。国家工作人员利用职务上的便利为请托人谋取利益,通过赌博方式收受请托人财物的,构成受贿。实践中应注意区分贿赂与赌博活动、娱乐活动的界限。具体认定时,主要应当结合以下因素进行判断:第一,赌博的背景、场合、时间、次数;第二,赌资来源;第三,其他赌博参与者有无事先通谋;第四,输赢钱物的具体情况和金额大小。

(6)关于以特定关系人"挂名"领取薪酬形式收受贿赂问题。国家工作人员利用职务上的便利为请托人谋取利益,要求或者接受请托人以给特定关系人安排工作为名,使特定关系人不实际工作却获取薪酬的,以受贿罪论处。所谓"特定关系人",是指与国家工作人员有近亲属、情妇(夫)以及其他共同利益关系的人。

(7)关于收受物品未办理权属变更形式收受贿赂问题。国家工作人员利用职务上的便利为请托人谋取利益,收受请托人房屋、汽车等物品,未变更权属登记或者借用他人名义办理权属变更登记的,不影响受贿的认定。认定以房屋、汽车等物品为对象的受贿,应注意与借用的区分。具体认定时,除双方交代或者书面协议之外,主要应当结合以下因素进行判断:第一,有无借用的合理事由;第二,是否实际使用;第三,借用时间的长短;第四,有无归还的条件;第五,有无归还的意思表示及行为。

(8)关于由特定关系人收受贿赂问题。国家工作人员利用职务上的便利为请托人谋取利益,授意请托人以《受贿案件意见》所列形式,将有关财物给予特定关系人的,以受贿论处。特定关系人与国家工作人员通谋,共同实施前款行为的,对特定关系人以受贿罪的共犯论处。特定关系人以外的其他人与国家工作人员通谋,由国家工作人员利用职务上的便利为请托人谋取利益,收受请托人财物后双方共同占有的,以受贿罪的共犯论处。

(9)关于收受财物后退还或者上交问题。国家工作人员收受请托人财物后及时退还或者上交的,不是受贿。国家工作人员受贿后,因自身或者与其受贿有关联的人、事被查处,为掩饰犯罪而退还或者上交的,不影响认定受贿罪。

(10)关于在职时为请托人谋利,离职后收受财物问题。国家工作人员利用职务上的便利为请托人谋取利益,并与请托人事先约定,在其离职后收受请托人财物,并在离职后收受的,以受贿罪定罪处罚。国家工作人员利用职务上的便利为请托人谋取利益,离职前后连续收受请托人财物的,离职前后收受部分均应计入受贿数额。

3. 本罪与相关犯罪的界限。

(1)受贿罪与贪污罪的界限。受贿罪与贪污罪都是特殊主体,主观方面均为故意。二者的区别主要表现在:其一,主体范围不同。本罪的主体只限于国家工作人员,贪污罪的主体除了国家工作人员而外,还包括非国家工作人员中受国家机关、国有公司、企业、事业单位、人民团体委托管理、经营国有财产的人员。其二,犯罪客体和对象不同。本罪侵犯的客体是简单客体,即国家工作人员职务行为的廉洁性,犯罪对象是贿赂,即他人的财物,其中既可以是私人所有的财物,也可以是公共财物;贪污罪侵犯的客体是复杂客体,即国家工作人员职务行为的廉洁性和公共财物的所有权,犯罪对象仅限于公共财产。其三,客观表现形式不同。本罪一般表现为行为人利用职务上的便利,索取他人财物,或者非法收受他人财物并为他人谋取利益的行为;贪污罪表现为行为人利用职务上的便利,使用侵吞、窃取、骗取或者其他手段非法占有公共财物的行为。而且在利用职务上的便利的含义上也不尽相同。前者的职务范围较广,既包括直接利用本人的职权,也包括利用与职务有关的便利条件;后者的职务范围较窄,一般仅限于直接利用本人的职权。其四,犯罪目的不同。本罪的目的在于获取他人的贿赂,贪污罪的目的在于非法占有公共财物。例如,被告人曹某系某市食品公司(国有)采购员,其受指派到外地采购山楂,曹某到某县山区后,得知当地山楂丰收,正为山楂的销路问题发愁,便从某镇土产公司购买了7万公斤山楂,价款25万余元。由于曹某购买的数量较多,为该土产公司解决了山楂销路,所以该公司经理陈某主动提出山楂由他们发运,不收运费。曹某临走时,陈某送给他一些土特产以示感谢,并把发运山楂的2万元运费收据也交给了曹某。曹某回单位后,没有向领导如实汇报土产公司没有收取山楂运费的情况,而将3万元的运费收据和25万余元的货款收据一并在公司财务科报销,将3万元据为己有。曹某利用职务上的便利将3万元非法据为己有的行为应定性为贪污罪。

(2)受贿罪与敲诈勒索罪的界限。二者难以区分的是索贿形式的受贿罪与敲诈勒索罪的界限。两罪之间除了主体、客体不同而外,关键在于客观方面的区别。敲诈勒索罪表现为行为人单纯使用威胁、要挟的手段迫使被害人交付财物;本罪表现为行为人利用职务上的便利,主动向请托人索要或勒索财物。国家工作人员对请托人采用威胁、要挟的方式向请托人勒索财物,以此作为为请托人谋取利益的交换条件,其性质应如何认定?对此,学界有不同看法。本书观点,从理论上说索取贿赂中的索取,既可以是索要,也可以是勒索。因此,国家工作人员使用威胁、要挟手段向请托人敲诈勒索财物的定性,在目前的情况下,如果符合受贿罪的数额或情节要求,仍然应当按照受贿罪定罪处罚。例如,某市税务稽查人员赵某发现一个体饭店老板秦某有偷漏税的行为,即乘机向秦某索取5万元,以便私了,并表示如不愿私了,等待秦某的将是数万元的重罚,秦某被迫交出5万元了事。赵某利用其职权上对秦某的制约关系实施了的威胁性、强迫性的行为,应构成受贿罪。

(3)受贿罪与非国家工作人员受贿罪的界限。二者在主观方面都是故意,在客观方面均有利用职务上的便利索取或者非法收受他人财物的行为。其主要区别是:其一,犯罪客体不同。前者侵犯的客体是国家工作人员职务行为的廉洁性,后者侵犯的客体是公司、企业、其他单位人员职务的廉洁性和公司、企业、其他单位的正常管理秩序。其二,客观方面有所不同。本罪的索贿不以为他人谋取利益为要件,只有收受贿赂的受贿形式必须以为他人谋取利益为必备要件;后者则无论是索取贿赂还是收受贿赂,均以为他人谋取利益为必备要件。其三,犯罪主体不同。前者的主体是国家工作人员,后者的主体是非国有公司、企业中不具有国家工作人员身份的人员。

(三)受贿罪的处罚

根据《刑法》第 386 条的规定,犯本罪的,根据受贿所得数额及其情节,依照贪污罪的处罚规定予以处罚。索贿的从重处罚。

具体处罚标准是:(1)受贿数额较大(3 万元以上不满 20 万元)或者有其他较重情节的,处三年以下有期徒刑或者拘役,并处罚金。(2)受贿数额巨大(20 万元以上不满 300 万元)或者有其他严重情节的,处三年以上十年以下有期徒刑,并处罚金或者没收财产。(3)受贿数额特别巨大(300 万元以上)或者有其他特别严重情节的,处十年以上有期徒刑或者无期徒刑,并处罚金或者没收财产;数额特别巨大,并使国家和人民利益遭受特别重大损失的,处无期徒刑或者死刑,并处没收财产。(4)对多次受贿数额未经处理的,按照累计受贿数额计算。(5)犯受贿罪,在提起公诉前如实供述自己罪行、真诚悔罪、积极退赃,避免、减少损害结果的发生,有第一项规定情形的,可以从轻、减轻或者免除处罚;有第二项、第三项规定情形的,可以从轻处罚。(6)犯受贿罪,有第三项规定情形被判处死刑缓期执行的,人民法院根据犯罪情节等情况可以同时决定在其死刑缓期执行二年期满依法减为无期徒刑后,终身监禁,不得减刑、假释。

涉及本罪定罪量刑的"情节"包括:曾因贪污、受贿、挪用公款受过党纪、政纪处分的;曾因故意犯罪受过刑事追究;赃款赃物用于非法活动的;拒不交代赃款赃物去向或者拒不配合追缴工作,致使无法追缴的;造成恶劣影响或者其他严重后果的;多次索贿的;为他人谋取不正当利益,致使公共财产、国家和人民利益遭受损失的;为他人谋取职务提拔、调整的。

二、利用影响力受贿罪

(一)利用影响力受贿罪的概念和构成

利用影响力受贿罪,是指国家工作人员的近亲属或者其他与该国家工作人员关系密切的人,通过该国家工作人员职务上的行为,或者利用该国家工作人员职权或者地位形成的便利条件,通过其他国家工作人员职务上的行为,或者离职的国家工作人员或者其近亲属以及其他与其关系密切的人,利用该离职的国家工作人员原职权或者地位形成的便利条件,通过其他国家工作人员职务上的行为,为请托人谋取不正当利益,索取请托人财物或者收受请托人财物,数额较大或者有其他较重情节的行为。本罪具有如下构成要件:

1. 本罪的客体是国家工作人员职务行为的正当性。如前所述,受贿罪侵犯的客体是国家工作人员职务行为的廉洁性。而本罪的行为人是利用国家工作人员的职务行为或者利用国家工作人员职权或地位形成的便利条件,通过其他国家工作人员职务上的行为,去为请托人谋取不正当利益,侵犯的是国家工作人员职务行为的正当性。国家工作人员的职权是国家依法授予的,只能在职权范围内依法行使,一切基于"近亲属"、"关系密切"的人情关系而超越职权、不正确履行职权的行为都是不正当的行为,为法律所禁止。

2. 本罪的客观方面包括两种情况。其一,国家工作人员的近亲属或者其他与该国家工作人员关系密切的人,通过该国家工作人员职务上的行为,或者利用该国家工作人员职权或地位形成的便利条件,或者通过其他国家工作人员职务上的行为,为请托人谋取不正当利益,索取请托人财物或收受请托人财物,数额较大或者有其他较重情节的。如乙系人社局副局长,乙父让乙将不符合社保条件的几名亲戚纳入社保范围后,自己收受亲戚送来的3万元。乙父的行为构成利用影响力受贿罪。其二,离职的国家工作人员或者其近亲属以及其他与其关系密切的人,利用该离职的国家工作人员原职权或者地位形成的便利条件,通过其他国家工作人员职务上的行为,为请托人谋取不正当利益,索取请托人财物或者收受请托人财物,数额较大或者有其他较重情节的。如国企退休厂长王某请现任厂长帮忙,让某保险公司在本厂推销保险产品,其后王某收受保险公司3万元。王某作为离职的国家工作人员,利用其原职权形成的便利条件,通过其他国家工作人员(现任厂长)职务上的行为,为保险公司谋取不正当利益,收受保险公司财物3万元,构成利用影响力受贿罪,不构成受贿罪。

本罪的客观方面具有以下特征:

(1)利用影响力。这是本罪的本质特征,也是与其他受贿犯罪的关键区别。

根据刑法规定,构成本罪,行为人利用的只能是影响力而不能是自己的职权。利用影响力主要表现在以下三个方面:一是国家工作人员的近亲属和与其关系密切的人,利用与国家工作人员"关系密切"这种盘根错节的联系所形成的影响力。如利用父母子女之间的关爱,配偶、情人之间的感情,朋友、同事之间的友情或联系等产生的影响力。二是国家工作人员的近亲属、与其关系密切的人,利用与之有密切关系的国家工作人员的职权或者地位形成的便利条件所形成的影响力。三是离职的国家工作人员或者其近亲属、与其关系密切的人,利用该离职的国家工作人员原职权或者地位形成的便利条件所形成的影响力。

(2)利用与之有密切关系的国家工作人员或其他国家工作人员的职务上的行为。本罪中无论是哪种形式的利用影响力的行为,最终都必须通过行为人以外的国家工作人员职务上的行为发生作用。所谓"职务上的行为",是指国家工作人员根据自己主管、管理、负责、承办某项公共事务的职权而实施的行为。

(3)为请托人谋取不正当利益。所谓不正当利益,是指违反法律、法规、国家政策国务院各部门规章规定的利益以及要求国家工作人员或者有关单位提供违反法律、法规、国家政策和各部门制定的规章规定的帮助或者方便条件。

(4)索取或收受请托人财物。索取是指主动地以明示或者暗示的方法向他人索要或勒索并收取财物。收受是指行为人被动地接受对方给付自己的财物。

3.本罪的主体是特殊主体,既包括年满16周岁,具有刑事责任能力的国家工作人员的近亲属或者其他与该国家工作人员关系密切的人,也包括离职的国家工作人员或者其近亲属以及其他与其关系密切的人。本罪属自然人犯罪,单位不能构成本罪。本罪的主体有三类人:

(1)国家工作人员的近亲属。我国不同部门法对于近亲属的范围的规定不尽相同。根据《刑事诉讼法》第106条的规定,近亲属是指夫、妻、父、母、子、女、同胞兄弟姐妹。而最高人民法院1988年发布的《关于执行〈中华人民共和国民法通则〉若干问题的意见(试行)》第12条则规定,《民法通则》中规定的近亲属包括配偶、父母、子女、兄弟姐妹、祖父母、外祖父母、孙子女、外孙子女。此外,最高人民法院2000年公布的《关于执行〈中华人民共和国行政诉讼法〉若干问题的解释》第11条也规定,《行政诉讼法》第24条规定的近亲属,包括配偶、父母、子女、兄弟姐妹、祖父母、外祖父母、孙子女、外孙子女和其他具有扶养、赡养关系的亲属。从与刑法的关联性上看,似应根据《刑事诉讼法》的规定来理解近亲属的范围。但如果比较上述法律规定并结合设立本罪的立法目的,那么《刑事诉讼法》将祖父母、外祖父母、孙子女、外孙子女以及养兄弟姐妹、继兄弟姐妹等非同胞兄弟姐妹的亲属排除出近亲属之列,不仅与我国民事、行政方面的法律规定及司法解释相矛盾,也不符合我国传统的亲属观念,缺乏现实合理性。这一问题还值得进一步研究。

(2)与国家工作人员关系密切的人。所谓"关系密切"是指行为人与国家工作人员之间的联系非常紧密,这主要表现为以下几种形式:一是基于血缘关系而形成的"关系密切",即近亲属之外的其他直系血亲关系,三代以内的旁系血亲、近姻亲关系等。二是基于地缘关系而形成的"关系密切",即由于出身或居住在同一个地域所产生的同乡关系、邻里关系等人际关系。三是基于职业关系而形成的"密切关系",即因为职业、行业而形成的同事关系、上下级关系、合作关系等。四是基于情感关系而形成的"关系密切",如情妇、情夫等关系。五是基于特定利益关系而形成的"关系密切",即为了获取某种特定利益而形成的"关系密切"。由此可见,"关系密切",不限于血缘、姻缘关系,也包括一定的利害关系、能够影响或者左右国家工作人员决策的情形等。

(3)离职的国家工作人员及其近亲属、其他与其关系密切的人。这些人也有可能利用原职权或者地位形成的便利条件,通过其他国家工作人员职务上的行为,为请托人谋取不正当利益,从而索取或收受请托人财物,所以本罪将这些人列为犯罪主体。需要注意的是《受贿案件意见》中提出了"特定关系人"的概念并作了具体解释。但立法机关考虑到特定关系人往往限定在近亲属、情人,有共同财产、共同利益这样的关系,现实中很难证明他们之间有这样的关系,因此在立法中使用了"关系密切的人"这一表述。"关系密切的人"是一个包括范围更广的概念,它涵盖了全部"特定关系人","特定关系人"只是"关系密切的人"中的一部分。但是,并非所有离职的国家工作人员都构成利用影响力受贿罪。例如,村民李某听说所在地区因重点工程项目而需征地拆迁,出面向村集体租赁可能被占用的荒山20亩植树,以图骗取补偿款。不久副县长赵某带队前来开展拆迁、评估工作的验收。李某给赵某的父亲(原县民政局局长,已退休)送去2万元现金,请其帮忙说话。赵某得知父亲收钱后答应关照李某,令人将邻近山坡的树苗都算到李某名下。作为退休的干部,赵父不构成利用影响力受贿罪,而是与赵某一起构成受贿罪的共犯。

4. 本罪的主观方面是故意。行为人明知其利用影响力为请托人谋取不正当利益并索取或收受财物的行为会损害国家工作人员职务行为的正当性,仍然决意而为。

(二)利用影响力受贿罪的刑事责任

根据《刑法》第388条之一的规定,犯本罪的,数额较大或者有其他较重情节的,处3年以下有期徒刑或者拘役,并处罚金;数额巨大或者有其他严重情节的,处3年以上7年以下有期徒刑,并处罚金;数额特别巨大或者有其他特别严重情节的,处7年以上有期徒刑,并处罚金或者没收财产。具体数额和其他情节,参照受贿罪的司法解释规定。

三、单位受贿罪

(一)单位受贿罪的概念和构成

单位受贿罪,是指国家机关、国有公司、企业、事业单位、人民团体索取、非法收受他人财物,为他人谋取利益,情节严重的行为。本罪具有如下构成要件:

1. 本罪的客体是国有单位公务活动的廉洁制度。

2. 本罪在客观方面表现为索取、非法收受他人财物,为他人谋取利益,情节严重的行为。无论是索取贿赂形式还是收受贿赂形式,本罪都要求同时具备为他人谋取利益的要件(不同于受贿罪),而且必须是情节严重。所谓情节严重,根据《立案标准》,是指:(1)单位受贿数额在10万元以上的。(2)单位受贿数额不满10万元,但具有下列情形之一的:故意刁难、要挟有关单位、个人造成恶劣影响的,强行索取财物的,致使国家或者社会利益遭受重大损失的。

3. 本罪的主体是国家机关、国有公司、企业、事业单位、人民团体。非国有性质的任何企业、事业单位,都不能成为单位受贿罪的主体。

4. 本罪在主观方面是直接故意,并且是为了单位的利益,目的是为单位获取非法的贿赂。如果收受财物归自己所有的,则构成受贿罪。比如,法院院长甲告知某企业经理赵某"如给法院捐赠500万元办公经费,你们这个案件可以胜诉"。该企业胜诉后,给法院单位账户打入500万元。这个案件符合单位受贿罪的构成要件,甲应以单位犯罪中的直接负责的主管人员而承担单位受贿罪的刑事责任。

(二)单位受贿罪的刑事责任

根据《刑法》第387条第1款的规定,犯本罪的,对单位判处罚金,并对其直接负责的主管人员和其他直接责任人员,处5年以下有期徒刑或者拘役。根据《刑法》第387条第2款的规定,在经济往来中,在账外暗中收受各种名义的回扣、手续费,以受贿论,并依照第1款的规定处罚。

四、行贿罪

(一)行贿罪的概念和构成

行贿罪,是指行为人为谋取不正当利益,给予国家工作人员以财物的行为。

本罪客体是国家工作人员职务行为的廉洁性。犯罪对象仅限于国家工作人员。本罪具有如下构成要件:

1. 本罪的客体是国家工作人员的职务廉洁性。犯罪对象仅限于国家工作人员。

2. 本罪在客观方面表现为为谋取不正当利益,给予国家工作人员以财物的行为。行贿分为两种情形:一是行为人主动给予受贿人以财物。在这种情况下,传统客观要件说认为"谋取不正当利益"只是一种行为,但不要求实际取得。无论行贿人意图谋取的不正当利益是否实现,均不影响行贿罪的成立,即使是受贿人实际上并未实施为其谋取不当利益的行为,也可以构成行贿罪。二是行为人因被勒索而给予国家工作人员以财物。根据《刑法》第389条第3款的规定,因被勒索给予国家工作人员以财物,没有获得不正当利益的,不是行贿。例如,国家工作人员甲向乙索贿,乙为优先获取项目审批,只好给予甲财物。在甲审批项目前案发,甲被司法机关逮捕,乙由于没有获得不正当利益,不构成行贿罪。

所谓不正当利益,是指违反法律、法规、国家政策和国务院各部门规章规定的利益以及要求国家工作人员或者有关单位提供违反法律、法规、国家政策和各部门制定的规章规定的帮助或者方便条件。不正当利益不仅指不法利益,还包括行为人不应得到的或不确定的利益。在司法实践中,行为人谋取的下述利益,属于不正当利益:(1)在任何情况下,法律都禁止得到的利益;(2)在不具备取得某种利益的条件或是取得该利益具有不确定性时,用不正当手段取得该利益或者排斥竞争对手;(3)依法应当履行的义务通过不正当手段获得减免。

另外,《刑法》第389条第2款规定,在经济往来中,违反国家规定,给予国家工作人员以财物,数额较大的,或者违反国家规定,给予国家工作人员以各种名义的回扣、手续费的,以行贿论处。对于这种行贿,并不要求必须具备以谋取不正当利益为目的,只要具有本条款规定的行为,即构成行贿。

3. 本罪的主体是一般主体,凡年满16周岁具有刑事责任能力的自然人均可成为本罪的主体。

4. 本罪在主观方面是故意,并且具有谋取不正当利益的目的。行为人是否具有谋取不正当利益的目的,是区分本罪与非罪的界限。

(二)行贿罪的认定

在认定本罪时,要注意从如下几个方面区分行贿罪与非罪的界限。

1. 行贿与馈赠行为的界限。二者的区别主要表现在:其一,目的不同。行贿是为了使国家工作人员利用职务之便为自己谋取不正当的利益;馈赠行为则是为了增加亲友的情谊、维系亲友的感情等需求。其二,方式不同。行贿往往是秘密进行的,给付财物是附条件的;馈赠行为则是公开的,给付财物是无条件的。

2. 行贿与不当送礼行为的界限。二者区分的关键在于行为人主观上是否具有利用国家工作人员的职务行为以达到为自己谋取不正当利益的目的。不当送礼行为包括:其一,行为人给予国家工作人员以财物,以谋取某种正当利益。其二,行为人为答谢国家工作人员的帮助而给予其少量财物。其三,行为人因被勒索给予国家工作人员以财物,没有获得不正当利益。

(三)行贿罪的刑事责任

根据《刑法》第390条的规定,犯本罪的,处5年以下有期徒刑或者拘役,并处罚金;因行贿谋取不正当利益,情节严重的,或者使国家利益遭受重大损失的,处5年以上10年以下有期徒刑,并处罚金;情节特别严重的,或者使国家利益遭受特别重大损失的,处10年以上有期徒刑或者无期徒刑,并处罚金或者没收财产。行贿人在被追诉前主动交代行贿行为的,可以从轻或者减轻处罚。其中,犯罪较轻的,对侦破重大案件起关键作用的,或者有重大立功表现的,可以减轻或者免除处罚。

根据司法解释飞规定,为谋取不正当利益,向国家工作人员行贿数额在3万元以上的,应当追究刑事责任。行贿数额在1万元以上不满3万元,但具有以下情节的以行贿罪追究刑事责任:(1)向三人以上行贿的;(2)将违法所得用于行贿的;(3)通过行贿谋取职务提拔、调整的;(4)向负有食品、药品、安全生产、环境保护等监管管理职责的国家工作人员行贿,实施非法活动的;(5)向司法人员行贿,影响司法公正的;(6)造成经济损失在50万元以上不满100万元的。行贿数额在100万元以上不满500万元的,或者数额在50万元以上不满100万元但有其他严重情节的,属于"情节严重"。行贿数额在500万元以上,或250万元以上不满500万元但具有其他严重情节的,属于"情节特别严重"。

五、对有影响力的人行贿罪

(一)对有影响力的人行贿罪的概念和构成

对有影响力的人行贿罪,是指为谋取不正当利益,向国家工作人员的近亲属或者其他与该国家工作人员关系密切的人,或者向离职的国家工作人员或其近亲属以及其他与其关系密切的人给予财物的行为。该罪与利用影响力受贿罪属于对合型犯罪。本罪具有如下构成要件:

1. 本罪侵犯的客体是国家工作人员职务行为的廉洁性。犯罪对象为国家工作人员的近亲属或者其他与该国家工作人员关系密切的人,或者是离职的国家工作人员或者其近亲属以及其他与其关系密切的人。

2. 客观方面表现为行为人给予国家工作人员的近亲属或者其他与该国家工作人员关系密切的人,或者是离职的国家工作人员或者其近亲属以及其他与其关系密切的人以财物的行为。

3. 犯罪主体是一般主体,凡是年满16周岁具有刑事责任能力的自然人均能成为本罪的主体。另外,根据刑法的规定,单位也可以成为本罪的主体。

4. 犯罪主观方面是故意,且具有谋取不正当利益的目的。谋取不正当利益是指行贿人谋取的利益违反法律、法规、规章、政策规定,或者要求国家工作人员违反法律、法规、规章、政策、行业规范的规定,为自己提供帮助或者方便条件。在经济、组织、人事等管理活动中,违背公平、公正原则,谋取竞争优势的,应当认定为"谋取不正当利益"。

(二)对有影响力的人行贿罪的刑事责任

根据《刑法》第390条之一的规定,犯本罪的,处三年以下有期徒刑或者拘役,并处罚金;情节严重的,或者使国家利益遭受重大损失的,处三年以上七年以下有期徒刑,并处罚金;情节特别严重的,或者使国家利益遭受特别重大损失的,处七年以上十年以下有期徒刑,并处罚金。单位犯本罪的,对单位判处罚金,并对其直接负责的主管人员和其他直接责任人员,处三年以下有期徒刑或者拘役,并处罚金。具体数额标准或其他情节,参照行贿罪的规定。

六、对单位行贿罪

(一)对单位行贿罪的概念和构成

对单位行贿罪,是指行为人为谋取不正当利益,给予国家机关、国有公司、企业、事业单位、人民团体以财物,或者在经济往来中,违反国家规定,给予前述单位各种名义的回扣、手续费的行为。本罪具有如下构成要件:

1. 本罪侵犯的客体是国家机关、国有公司、企业、事业单位、人民团体等国有单位的正常管理活动。行贿的对象必须是国家机关、国有公司、企业、事业单位、人民团体,向非国家机关、国有公司、企业、事业单位、人民团体给予财物的,不能构成对单位行贿罪。

2. 本罪的客观方面有两种具体表现形式:一是为谋取不正当利益,给予国家机关、国有公司、企业、事业单位、人民团体以财物;二是为谋取不正当利益,在经济往来中,违反国家规定,给予国家机关、国有公司、企业、事业单位、人民团体各种名义的回扣、手续费。至于谋取的不正当利益是归个人,还是归单位以及谋取的不正当利益是否得到,均不影响本罪的成立。对单位行贿一般是以隐蔽的方式进行,往往是"以礼代贿",贿赂物的数额比较大;而对单位馈赠的财物一般都比较小,两者的性质根本不同。

3. 本罪的主体既可以是自然人,也可以是单位。无论是自然人主体还是单位主体,都是一般主体。即任何已满16周岁的具有刑事责任能力的自然人和任何所有制性质的单位都能成为本罪的主体。

4. 本罪的主观方面是直接故意,并且以谋取不正当利益为目的。

(二)对单位行贿罪的认定

对单位行贿罪与单位行贿罪的区别。本罪的主体既可以是单位,也可以是自然人,而单位行贿罪的主体只能是单位;本罪的行贿对象是国家机关、国有公司、企业、事业单位、人民团体,单位行贿罪的行贿对象是国家工作人员;成立本罪不要求情节严重,但成立单位行贿罪有情节严重要求。

(三)对单位行贿罪的刑事责任

根据《刑法》第391条的规定,犯本罪的,处3年以下有期徒刑或者拘役,并处罚金。单位犯本罪的,对单位判处罚金,并对其直接负责的主管人员和其他直接责任人员,依照上述规定处罚。

七、单位行贿罪

(一)单位行贿罪的概念和构成

单位行贿罪,是指单位为谋取不正当利益,给予国家工作人员以财物或者违反国家规定,在经济往来中给予国家工作人员以回扣、手续费,情节严重的行为。本罪具有如下构成要件:

1. 本罪侵犯的客体是国家工作人员的职务廉洁性。犯罪对象是财物。该财物一般是单位的财物,而非某个人的财物。同时,也包括一些具有财产性质的利益,如国内外旅游等。

2. 犯罪客观方面表现为两种形式:一是单位为谋取不正当利益,给予国家工作人员以财物;二是单位违反国家规定,给予国家工作人员以回扣、手续费,情节严重的行为。第二种行为方式构成单位行贿罪,必须达到情节严重的程度。情节严重是指:(1)单位行贿数额在20万元以上的;(2)单位为谋取不正当利益而行贿,数额在10万元以上不满20万元,但具有下列情形之一的:为谋取非法利益而行贿的;向3人以上行贿的;向党政领导、司法工作人员、行政执法人员行贿的;致使国家或者社会利益遭受重大损失的。虽然以单位名义、用单位的财物向国家工作人员行贿,但行贿所取得的违法所得并没有归该单位所有而归个人所有的情况下,根据《刑法》第393条的规定,应以行贿罪论处,而不再定单位行贿罪。

3.犯罪主体可以是任何所有制形式的单位。所谓"单位",包括公司、企业、事业单位、机关、团体。与单位受贿罪不同,本罪主体并不仅仅局限于国有公司、企业、事业单位、机关、团体,还包括集体所有制企业、中外合作企业、有限公司、外资公司、私营公司,等等。

4.犯罪主观方面是故意,并且只能是直接故意。

(二)单位行贿罪的刑事责任

根据《刑法》第393条的规定,犯本罪的,对单位判处罚金,并对其直接负责的主管人员和直接责任人员处5年以下有期徒刑或者拘役,并处罚金。因行贿取得的违法所得归个人所有的,依照行贿罪定罪处罚。

八、介绍贿赂罪

(一)介绍贿赂罪的概念和构成

介绍贿赂罪,是指向国家工作人员介绍贿赂,促使行贿、受贿得以实现情节严重的行为。本罪具有如下构成要件:

1.本罪侵犯的客体是国家工作人员职务行为的廉洁性和职务行为的不可收买性,直接扰乱国家机关的正常工作秩序和正常管理的工作的秩序;本罪的犯罪对象即受贿方只能是国家工作人员,行贿方无任何限定。向国家工作人员介绍贿赂,即在行贿人与国家工作人员之间进行引见、沟通、撮合,促使行贿与受贿得以实现。

2.犯罪客观方面表现为行为人在行贿人和受贿人之间进行沟通、撮合,促使行贿与受贿得以实现的行为。通常表现为两种形式:一是受行贿人之托,为其物色行贿对象,疏通行贿渠道,引荐受贿人,转达行贿的信息,为行贿人转交贿赂物,向受贿人转达行贿人的要求等;二是按照受贿人的意图,为其物色行贿人,居间介绍。此外,犯罪构成还要求具备的特征。所谓情节严重,主要是指:(1)介绍个人向国家工作人员行贿,数额在2万元以上的;介绍单位向国家工作人员行贿,数额在20万元以上的。(2)介绍贿赂不满上述标准,但具有下列情形之一的:为使行贿人获得非法利益而介绍贿赂的。3次以上或者为3人以上介绍贿赂的。向党政领导、司法工作人员、行政执法人员介绍贿赂的。致使国家或者社会利益遭受重大损失的。

3. 本罪的主体是一般主体，即达到刑事责任年龄，具备刑事责任能力的自然人。单位不构成本罪。

4. 本罪的主观方面是故意，并且只能是直接故意。至于行为人出于何种动机，是否因介绍贿赂从行贿方或者受贿方得到某种利益，不影响本罪的成立。

(二)介绍贿赂罪的认定

1. 介绍贿赂罪与行贿罪共犯以及受贿罪共犯的界限。介绍贿赂是行贿与受贿的居间行为，行为人为此行为，目的在于促使行贿与受贿的实现，而并非利用自己职务之便，谋取某种利益。如引荐受贿人、转达行贿信息或贿赂物等。由于介绍贿赂罪成立范围狭窄，辨析困难，可从罪责刑相适应原则出发：凡是行贿罪、受贿罪的帮助行为，若实施的介绍行为完全符合贿赂共犯原理，为避免背离宽严相济刑事责任，以行贿罪、受贿罪的共犯行为论，分别认定为行贿罪与受贿罪，而不得认定为介绍贿赂罪；如果介绍贿赂罪对行贿、受贿起帮助作用，则属于一行为触犯数罪名，应从一重罪处罚(狭义的包括一罪)。对于那些对行贿受贿行为完成起推动作用，但因证据不足无法认定共犯但情节严重应追究刑事责任的介绍行为，应单独以介绍贿赂罪论。

2. 介绍贿赂罪与合法的居间活动的界限。在经济活动中，有些居间介绍行为从形式上看易与介绍贿赂行为混淆，但二者从本质上有三点不同：(1)主观内容不同。介绍贿赂罪的行为人主观上明知双方具有行贿、受贿意图，为非法获利或谋取其他利益而故意从中介绍；合法中介居间活动，行为人通过居间介绍，实现经济活动中的合法交易或项目，自己从中收取必要费用。(2)行为性质不同。介绍贿赂的介绍双方经济往来体现的是为促使行贿、受贿的实现而进行的权钱交易；合法的居间活动中被介绍双方经济往来中体现等价有偿原则，双方经济法律地位平等。(3)行为后果不同。介绍贿赂行为具有严重的社会危害性，不仅不利于社会发展，还会给社会造成损害；合法的居间活动不仅不具有社会危害性，反而有利于促进社会发展。

(三)介绍贿赂罪的刑事责任

根据《刑法》第392条的规定，犯本罪的，处3年以下有期徒刑或者拘役，并处罚金。介绍贿赂人在被追诉前主动交代介绍贿赂行为的，可以减轻或者免除处罚。

■观点争鸣

受贿罪既遂与未遂界限问题。本罪既遂与未遂的标准，理论上主要有两种不同的观点。一种观点认为，在一般情况下应以行为人是否收到贿赂为标准，已收受的为既遂,未收受的为未遂。但是,虽然未收到贿赂,行为人利用职务之便为行贿人谋利的行为已经给国家和人民的利益造成实际损失的,也应属于本罪的既遂。另外一种观点认为,应以是否收到贿赂作为本罪的既遂与未遂相区别的标志。本书立场,上述第二种观点是可取的,因为受贿罪的完成以行为人收受了贿赂为标志,体现了本罪的落脚点是获得他人的贿赂。如果行为人只是利用职务上的便利为他人谋取了利益,但由于意志以外的原因没有索要到或者收受到他人的财物,那就意味着本罪尚未完成,对此,只能按本罪的未遂处理。

■问题思考

行为人收受他人财物,为他人谋取利益的行为又构成其他犯罪的,罪数如何确定?只要国家工作人员就其职务行为收受了他人的财物,许诺为他人谋取利益的,就已经使职务行为的不可收买性受到了实际侵犯。如果行为人由此进一步实施的为他人谋取利益的行为又构成其他犯罪的,则说明其行为已经侵犯了另外的不同于受贿罪的法益,此时行为人的行为完全符合两个罪的构成要件,对此理当数罪并罚。对此,最高人民法院《关于审理挪用公款案件具体应用法律若干问题的解释》第7条规定:"因挪用公款索取、收受贿赂构成犯罪的,依照数罪并罚的规定处罚。"有学者担心,如果对受贿罪中"为他人谋取利益"的行为构成犯罪的实行数罪并罚,有对"为他人谋取利益"的行为进行重复评价之虞。但本书观点,既然受贿罪的法益是职务行为的不可收买性,而为他人谋取利益的最低要求是只要许诺为他人谋取利益即可。所以,客观上的为他人谋取利益的行为,是超出受贿罪构成要件的行为。即国家工作人员收受财物,客观上实施了为他人谋取利益的行为,并且后一行为也构成犯罪的,完全符合两个犯罪的构成要件。

■案例分析

甲为帮乙摆脱罪责,送给正审理乙涉嫌非法拘禁一案的合议庭审判员丙5万元。在审判委员会上,丙试图为乙开脱罪责,但未能得逞,于是丙将收受的5万元还给甲。甲经过思想斗争,到司法机关主动交代了自己向丙行贿的行为。

分析:本案中,甲为帮乙摆脱罪责,送给正审理乙涉嫌非法拘禁一案的合议庭审判员丙5万元,其主观目的是为了谋取不正当利益,用财物对国家工作人员进行收买,这一行为符合行贿罪的构成要件,对甲的行为应以行贿罪论处。丙试图为乙开脱罪责未能得逞,于是将收受的5万元还给甲,但其收受甲5万元的行为已经完成,即其行为已经完全符合受贿罪的构成要件,退还行为只不过是在量刑时予以考虑的情节,并不影响受贿罪的定性,丙的行为不能成立受贿中止。甲经过思想斗争,到司法机关主动交代了自己向丙行贿的行为,这是发生在司法机关尚未发觉其犯罪事实以前,并且主动交代了自己的行贿行为,符合自首的成立要件。根据《刑法》第67条第1款的规定,对于自首的犯罪分子,可以从轻或者减轻处罚,故对甲可以减轻处罚或免除处罚。

第二十三章

渎职罪

■ 知识结构图

渎职罪概述→一般国家机关工作人员的渎职罪→司法工作人员的渎职罪→特定机关工作人员的渎职罪

■ 重点提示

滥用职权罪、玩忽职守罪、徇私枉法罪、民事、行政枉法裁判罪、私放在押人员罪、失职致使在押人员脱逃罪等罪的概念、构成特征,以及与其他相关罪的罪数关系

■ 司考重点

滥用职权罪、玩忽职守罪、徇私枉法罪、民事、行政枉法裁判罪、私放在押人员罪、帮助犯罪分子逃避处罚罪

第一节 渎职罪概述

■ 知识结构图

渎职罪的概念→构成特征→种类

■ 重点提示

渎职罪的构成特征

■ 司考重点

渎职罪的司法认定

一、渎职罪的概念和构成特征

渎职罪,是指国家机关工作人员利用职务上的便利或者徇私舞弊、滥用职权、玩忽职守,妨害国家机关公务的合法、公正有效执行,致使国家和人民利益遭受重大损失的行为。本类罪的构成特征:

1. 本类犯罪侵犯的客体是国家机关公务的合法、公正有效执行。

2. 本类犯罪在客观方面表现为各种严重的渎职行为。有的表现为徇私舞弊,即出于徇私动机不公正地履行职责;有的表现为滥用职权,即不合法的超越职权或者玩弄职权;有的表现为失职行为,不履行或不正确履行应当履行的职责。根据刑法的规定,这些行为只有给国家和人民利益造成重大损失时,方成立犯罪。

3. 本类犯罪的主体是国家机关工作人员。即在国家各级立法机关、各级司法机关、各级军事机关中从事公务的人员,不包括国有公司、企业中从事公务的人员。根据相关司法解释,在依照法律、法规规定行使国家行政管理职权的组织中从事公务的人员,或者在受国家机关委托代表国家机关行使职权的组织中从事公务的人员,或者虽未列入国家机关工作人员编制但在国家机关中从事公务的人员,均为国家机关工作人员,构成渎职罪的犯罪主体。但有三点需要说明:第一,并非任何国家机关的工作人员都可以成为任何渎职罪的主体,刑法的某些条文根据各种具体渎职罪的性质,对国家机关工作人员的范围进一步作了限制。如徇私舞弊不征少征税款罪的主体,必须是税务机关的工作人员。第二,故意泄露国家秘密罪、过失泄露国家秘密罪的主体也可以是非国家工作人员。第三,对于军人违反职责的犯罪,在刑法有特别规定的情况下,应适用特别规定,不应认定为本类渎职罪。

4.本类犯罪的主观方面,大多数是故意,少数是过失。故意和过失的具体内容因具体犯罪不同而不同。

二、渎职罪的种类

根据刑法理论上的不同标准可以将渎职罪分为不同种类,如根据行为所侵犯的具体法益分为对行政作用的犯罪、对司法作用的犯罪等;根据主观内容分为滥用职权型渎职罪、玩忽职守型渎职罪。本书根据主体的区别,将渎职罪分为以下三类:一般国家机关工作人员的渎职罪、司法工作人员的渎职罪、特定国家机关工作人员的渎职罪。

1.一般国家机关工作人员的渎职罪。具体包括9个罪名,即滥用职权罪,玩忽职守罪,故意泄露国家秘密罪,过失泄露国家秘密罪,国家机关工作人员签订、履行合同失职被骗罪,非法批准征收、征用、占用土地罪,非法低价出让国有土地使用权罪,招收公务员、学生徇私舞弊罪,失职造成珍贵文物毁损、流失罪。

2.司法工作人员的渎职罪。具体包括8个罪名,即徇私枉法罪,民事、行政枉法裁判罪,执行判决、裁定失职罪,执行判决、裁定滥用职权罪,枉法仲裁罪,私放在押人员罪,失职致使在押人员脱逃罪,徇私舞弊减刑、假释、暂予监外执行罪。

3.特定国家机关工作人员的渎职罪。具体包括20个罪名,即徇私舞弊不移交刑事案件罪,滥用管理公司、证券职权罪,徇私舞弊不征、少征税款罪,徇私舞弊发售发票、抵扣税款、出口退税罪,违法提供出口退税凭证罪,违法发放林木采伐许可证罪,环境监管失职罪,食品监管渎职罪,传染病防治失职罪,放纵走私罪,商检徇私舞弊罪,商检失职罪,动植物检疫徇私舞弊罪,动植物检疫失职罪,放纵制售伪劣商品犯罪行为罪,办理偷越国(边)境人员出入境证件罪,放行偷越国(边)境人员罪,不解救被拐卖、绑架妇女、儿童罪,阻碍解救被拐卖、绑架妇女、儿童罪,帮助犯罪分子逃避处罚罪。

■相关链接

2002年12月28日全国人民代表大会常务委员会第三十一次会议通过的《关于〈中华人民共和国刑法〉第九章渎职罪主体适用问题的解释》

问题思考

1. 如何理解渎职罪的犯罪主体范围?
2. 如何理解渎职罪的主观方面?

第二节 一般国家工作人员的渎职罪

知识结构图

滥用职权罪,玩忽职守罪,故意泄露国家秘密罪,过失泄露国家秘密罪,国家机关工作人员签订、履行合同失职被骗罪,非法批准征收、征用、占用土地罪,非法低价出让国有土地使用权罪,招收公务员、学生徇私舞弊罪,失职造成珍贵文物毁损、流失罪的概念→构成特征→司法认定

重点提示

滥用职权罪、玩忽职守罪的构成特征以及与相关联罪的区分

司考重点

滥用职权罪、玩忽职守罪的司法认定

一、滥用职权罪

（一）滥用职权罪的概念和构成特征

滥用职权罪,是指国家机关工作人员滥用职权,致使公共财产、国家和人民利益遭受重大损失的行为。本罪的构成特征:

1. 本罪侵犯的客体是国家机关公务的合法、公正有效执行。
2. 本罪在客观上表现为滥用职权,致使公共财产、国家和人民利益遭受重大损失。滥用职权,指不法行使职务上的权限的行为,即就属于国家机关工作人员一般职务权限的事项,以行使职权的外观,实施实质的、具体的违法、不当的行为。滥用

职权应当是滥用国家工作人员一般职务权限,如果和其一般权限无关则不构成滥用职权。一般职务权限,不仅包括法定的职权权限,而且还包括根据惯例、基于国情等形成的职务权限。根据我国的司法实践,滥用职权主要表现为:(1)超越职权,擅自决定或处理没有具体决定、处理权限的事情。(2)玩弄职权,随心所欲地对事项作出决定或者处理。(3)故意不履行应当履行的职责,或者任意放弃职责。(4)以权谋私,假公济私,不正确地履行职责。比如2003年个体运输司机赵某等人为免缴车辆养路费,向法官杜某行贿,要求杜某制作法院扣押车辆的民事裁定书。杜某授意赵某等人上交相关假材料并作出扣押车辆的裁定书,于是赵某等人据此违法逃避车辆养路费8万余元。在此案中,杜某在职权范围内伪造国家公文,属于滥用职权行为。

3. 本罪主体是国家机关工作人员。

4. 本罪主观方面为故意,行为人明知自己滥用职权的行为会发生侵害国家机关公务的合法、公正、有效执行以及国民对此的信赖的结果,并且希望或者放任这种结果发生;但是行为人对于危害结果的发生主观上往往是过失。

(二)滥用职权罪与其他相关犯罪的关系

《刑法》第9章渎职罪一章规定了许多具体的滥用职权类犯罪,与滥用职权罪是特殊法条与一般法条的关系,一个行为若同时构成两罪,一般应优先适用特殊法条。

从上述犯罪构成中可以看到,滥用职权行为只有造成他人重伤、死亡和重大财产损失等结果时,才成立犯罪。但是造成他人重伤、死亡和重大财产损失的行为,也可能完全符合故意伤害、故意杀人、侵犯财产等罪的犯罪构成。换言之,构成滥用职权罪的同时也有可能触犯故意杀人、故意伤害致人死亡、侵犯财产等罪,属于典型的想象竞合犯,应当从一重罪论处。如果国家机关工作人员滥用职权以作为方式、不作为方式杀害他人的,应以故意杀人罪论处。比如,警察逮捕正在哺乳婴儿的犯罪嫌疑人,明知该婴儿无人喂养而置之不理,最后导致婴儿饿死的,该警察构成故意杀人罪。

(三)滥用职权罪法定刑升格条件

根据《刑法》第397条规定,犯本罪的,处3年以下有期徒刑或者拘役;情节特别严重的,处3年以上7年以下有期徒刑。徇私舞弊滥用职权罪的,处5年以下有期徒刑或者拘役;情节特别严重的,处5年以上10年以下有期徒刑。

从上述处罚中可以得知,在滥用职权罪中有徇私舞弊行为的处罚重于一般滥用职权行为。"徇私"不仅包括徇个人之私,而且包括徇单位、集体之私。国家机关负责人员违法决定,或者指使、授意、强令其他国家机关工作人员违法履行职务或者不履行职务,构成《刑法》分则第9章渎职罪的,应当依法追究刑事责任。以"集体研究"形式实施的渎职犯罪,应当依照《刑法》分则第9章的规定追究国家机关负有责任的人员的刑事责任。对于具体执行人员,应当在综合认定其行为性质、是否提出反对意见、危害结果大小等情节的基础上决定是否追究其刑事责任和应当判处的刑罚。

二、玩忽职守罪

(一)玩忽职守罪的概念和构成特征

玩忽职守罪,是指国家机关工作人员玩忽职守,致使公共财产、国家和人民利益遭受重大损失的行为。本罪的构成特征:

1. 本罪侵犯的客体是国家机关公务的合法、公正有效执行。

2. 本罪在客观上表现为因玩忽职守致使公共财产、国家和人民利益遭受重大损失的行为。玩忽职守,是指严重不负责任、不履行职责或者不正确履行职责的行为。不履行是指行为人应当履行且有条件、有能力履行职责,但违背职责没有履行,其中包括擅离职守的行为;不正确履行是指行为人在履行职责过程中违反职责规定,马虎草率、粗心大意。比如,申某为分管某县煤炭安全监督管理局的副县长,在工作中得知其管辖下的某矿井因防突措施不合格而被吊销相关证件,但该煤矿仍在违法违规生产的情况下,不认真对待、也不责成监管部门提请政府决定关闭,仅作一般性指导,导致特别严重的后果发生,申某的行为即属于不正确履行职务。由于不同国家机关工作人员有不同的职责,而且同一国家机关工作人员在不同时期、不同条件下的职责不一定相同,因此玩忽职守行为有不同的具体表现。

3. 本罪的主体是国家机关工作人员。

4. 本罪主观方面为过失。在很多场合中行为人主观上是一种监督过失,主要表现为应当监督直接责任者却没有实施监督行为,应当确立完备的安全体制、管理体制却没有确立这种体制,从而导致了危害结果的发生。

(二)玩忽职守罪与其他相关犯罪的关系

《刑法》第9章渎职罪一章规定了许多具体的玩忽职守类犯罪,与玩忽职守罪是特殊法条与一般法条的关系,一个行为同时构成两罪,一般应优先适用特殊法条。

1. 玩忽职守罪和滥用职权罪的关系。首先,玩忽职守是指严重不负责任,不履行职责或者不正确履行职责的行为;滥用职权是指不法行使职务上的权限的行为,如越权、玩弄职权、以权谋私等行为。其次,在责任要素上,玩忽职守罪是过失犯罪,即应当预见自己国家机关工作人员身份、玩忽职守行为及其导致公共财产、国家和人民利益遭受重大损失的结果;滥用职权罪是故意犯罪,要求认识到国家机关工作人员的身份、滥用职权行为等内容,其中"公共财产、国家和人民利益遭受重大损失"属于客观的超过要素,不要求行为人认识,但应当有认识的可能性。再次,玩忽职守罪和滥用职权罪的法定刑和定罪量刑情节除滥用职权罪中徇私舞弊行为有法定刑升格以外,其他基本一致。最后,玩忽职守罪与滥用职权罪不是对立关系而是位阶关系。由于在司法实践中,可以将故意评价为过失,而不能将过失评价为故意,故滥用职权的行为完全符合玩忽职守的犯罪构成,但玩忽职守的行为不符合滥用职权罪的犯罪构成。比如,根据相关司法解释,滥用职权罪、玩忽职守罪要求造成经济损失30万以上。国家机关工作人员于某英一次滥用职权行为造成个人财产直接经济损失10万元,一次玩忽职守行为造成个人财产直接经济损失25万元。如果主张故意和过失是对立关系,于某英不成立犯罪;如果主张故意和过失是位阶关系,则可以将滥用职权行为评价为玩忽职守,成立玩忽职守罪(造成个人经济损失35万元),但不能将于某英的行为评价为滥用职权罪。

2. 玩忽职守罪与丢失枪支不报罪的关系。依法配备公务用枪的国家机关工作人员丢失枪支及时报告,造成严重后果的,成立玩忽职守罪。依法配备公务用枪的国家机关工作人员丢失枪支不及时报告,造成严重后果的,成立丢失枪支不报罪与玩忽职守罪的想象竞合犯,从一重罪处罚。其他依法配备公务用枪的非国家机关工作人员丢失枪支不及时报告,造成严重后果的,成立丢失枪支不报罪。

三、故意泄露国家秘密罪

(一)故意泄露国家秘密罪的概念和构成特征

故意泄露国家秘密是指国家机关工作人员或其他有关人员,违反保守国家秘密法的规定,故意泄漏国家秘密,情节严重的行为。本罪的构成特征:

1. 本罪侵犯的客体是国家的保密制度。

2. 本罪在客观上表现为违反国家的保密制度,违反保守国家秘密法的规定,泄露国家秘密,达到情节严重的程度。国家秘密是指关于国家安全和利益,依照法定程序确定,在一定时间内只限一定范围内的人员熟悉的事项。泄露,是指违反保守国家秘密法的规定,使国家秘密被不应知悉者知悉,以及使国家秘密超出了限定的接触范围,而不能证明未被不应知悉者知悉。泄露的方法没有限制,如采用提供阅读、准许复印等方法泄漏,在私人交谈或通信中泄漏,在公共场所谈论国家秘密的内容,张贴国家秘密的内容,等等。成立本罪需要情节严重。

3. 本罪的主体一般是国家机关工作人员。此外,非国家机关工作人员泄漏国家秘密,情节严重的,也应构成本罪。

4. 本罪主观上为故意,行为人明知自己的行为会发生泄漏国家秘密的结果,并且希望或者放任这种危害结果的发生。

(二)故意泄露国家秘密罪的认定

明知对方为境外机构、组织、人员,而向其泄漏国家秘密的,成立为境外机构、组织、人员非法提供国家秘密罪。故意非法披露商业秘密的,成立侵犯商业秘密罪;但是,如果非法披露属于国家秘密的商业秘密,则是本罪与侵犯商业秘密罪的想象竞合,从一重罪论处。单纯非法获取国家秘密的,不成立故意泄漏国家秘密罪;非法获取国家秘密的人又故意泄露该国家秘密的,宜从一重罪论处。以盗窃的故意窃取了属于国家秘密的财物后,随意抛弃该财物的,以盗窃罪与故意泄漏国家秘密罪实行数罪并罚。

四、过失泄露国家秘密罪

过失泄露国家秘密罪,是指国家机关工作人员或其他有关人员,违反保守国家秘密法的规定,过失泄露国家秘密,情节严重的行为。本罪的构成特征:
1. 本罪侵犯的客体是国家的保密制度。
2. 本罪的客观表现是违反国家的保密制度,违反保守国家秘密法的规定,泄露国家秘密,达到情节严重的程度。
3. 本罪的主体是国家机关工作人员或其他有关人员。
4. 本罪的主观方面为过失。

五、国家机关工作人员签订、履行合同失职被骗罪

国家机关工作人员签订、履行合同失职被骗罪,是指国家机关工作人员在签订、履行合同过程中,因严重不负责任被诈骗,致使国家利益遭受严重损失的行为。本罪的构成特征:
1. 本罪的客体是国家机关的正常活动。
2. 本罪的客观方面是行为人在签订、履行合同过程中,因严重不负责任被诈骗,致使国家利益遭受严重损失。
3. 本罪的主体是国家机关工作人员。
4. 本罪的主观方面是过失。

国有公司、企业、事业单位的直接负责的主管人员在签订、履行合同过程中因严重不负责任被诈骗的,成立刑法第167条的签订、履行合同失职被骗罪。

六、非法批准征收、征用、占用土地罪

非法批准征收、征用、占用土地罪,是指国家机关工作人员徇私舞弊,违反土地管理法规,滥用职权,非法批准征收、征用、占用土地,情节严重的行为。本罪的构成特征:
1. 本罪的客体是国家正常的土地管理活动。

2. 本罪在客观上表现为行为人违反土地管理法规,滥用职权,非法批准征收、征用、占用土地,情节严重的程度。"违反土地管理法规"是指违反土地管理法、森林法、草原法等法律以及有关行政法规中关于土地管理的规定。本罪中的"土地",包括耕地、林地等农用地以及其他土地。

3. 本罪的主体是国家机关工作人员。

4. 本罪主观上出自故意。

七、非法低价出让国有土地使用权罪

非法低价出让国有土地使用权罪,是指国家机关工作人员徇私舞弊,违反土地管理法规,滥用职权,非法低价出让国有土地使用权,情节严重的行为。本罪的构成特征:

1. 本罪侵犯的客体是国家正常的土地管理活动。

2. 本罪客观上表现为行为人徇私舞弊,违反土地管理法规,滥用职权,非法低价出让国有土地使用权,并且达到情节严重的程度。

3. 本罪的主体是国家机关工作人员。

4. 本罪主观上是故意。

八、招收公务员、学生徇私舞弊罪

招收公务员、学生徇私舞弊罪,是指国家机关工作人员在招收公务员、学生工作中徇私舞弊,情节严重的行为。本罪的构成特征:

1. 本罪侵犯的客体是国家正常的招收公务员、学生管理活动。

2. 本罪在客观上表现为在招收公务员、学生工作中徇私舞弊,达到情节严重的程度。

3. 本罪主体是国家机关工作人员。

4. 本罪的主观方面是故意。

九、失职造成珍贵文物毁损、流失罪

失职造成珍贵文物毁损、流失罪,是指国家机关工作人员严重不负责任,造成珍贵文物毁损或者流失,后果严重的行为。本罪的构成特征:

1. 本罪的客体是国家对珍贵文物的管理活动。

2. 本罪的客观方面是行为人严重不负责任,造成珍贵文物毁损或者流失,达到后果严重的程度。严重不负责任是指不履行或者不正确履行文物保护、管理、挖掘等职责。毁损,是指导致珍贵文物的历史、科学、文化等价值减少或者丧失。流失,

是指珍贵文物不知去向或者流往境外，因而使国家丧失对珍贵文物的所有权或者控制权。

3. 本罪的主体是国家机关工作人员。

4. 本罪的主观方面是过失。

■ 相关链接

1. 最高人民法院、最高人民检察院《关于办理渎职罪刑事案件适用法律若干问题的解释（一）》，2012.12.7

2. 最高人民检察院《关于渎职侵权犯罪案件立案标准的规定》，2006.7.26

■ 观点争鸣

不履行或不正当履行自己职责行为的主观心态属于何种罪过形式？

在罪过形式的鉴别标准上，目前刑法学界存在多种学说。主要有：

1. 结果标准说。该说主张认定行为人的罪过形式以其对行为造成的结果所持的心理态度为标准。

2. 行为标准说。该说认为罪过是行为人行为时对其行为本身所体现出来的心理态度。

3. 双重标准说。该说主张罪过是行为人对其行为和行为所造成的结果所持的心理态度。

■ 问题思考

1. 如何理解滥用职权罪与玩忽职守罪二者的犯罪构成？二者在主观、客观表现上有哪些区别？

2. 如何理解国家机关工作人员签订、履行合同失职被骗罪的犯罪构成？

3. 如何理解故意泄露国家秘密罪中的"泄露"？

■ 案例分析

案情：1994年3月2日，绵阳市个体私营企业协会经绵阳市工商局同意，绵阳市民政局审批，成立绵阳市个体私营企业储金会（以下简称储金会），时任绵阳市工商局个体私营管理科科长兼绵阳市个体私营企业协会秘书长的范某担任该储金会的法定代表人。1994年8月至1997年5月，范某违规审批贷款，不履行、不正确履行自己的职责,致使储金会1219.96万元贷款至今无法追回。

问题:范某的行为成立何罪?

答案:范某的行为构成玩忽职守罪,而不是滥用职权罪。因为范某在进行贷款过程中是因为不履行、不正确履行自己的职责造成了重大损失。玩忽职守罪的主观上只能是过失。首先,从立法原意上看,其罪过形式是过失;其次,玩忽职守罪包括间接故意的观点,违反了刑法基本原理,违背罪刑相适应的原则,即主观上要么是故意犯罪,要么是过失犯罪,而不应当二者皆包含;最后,认为玩忽职守罪可以由过失构成也可以故意构成,否定了两种罪过形式的主观恶性程度的区别,不符合罪刑相适应基本原则的要求。我国采取以惩罚故意犯罪为主,以惩罚过失犯罪为补充,不应把故意犯罪与过失犯罪同等看待。在本案中,范某属于过于自信的过失。

第三节 司法工作人员的渎职罪

知识结构图

徇私枉法罪,民事、行政枉法裁判罪,执行判决、裁定失职罪,执行判决、裁定滥用职权罪,枉法仲裁罪,私放在押人员罪,失职致使在押人员脱逃罪,徇私舞弊减刑、假释、暂予监外执行罪的概念→构成特征→司法认定

重点提示

徇私枉法罪,民事、行政枉法裁判罪,私放在押人员罪,失职致使在押人员脱逃罪等罪的构成特征,以及与相关联罪的区分

司考重点

徇私枉法罪,民事、行政枉法裁判罪,私放在押人员罪,失职致使在押人员脱逃罪等罪的司法认定

一、徇私枉法罪

(一)徇私枉法罪的概念和构成特征

徇私枉法罪,是指司法工作人员徇私枉法、徇情枉法,对明知是无罪的人而使

他受追诉,对明知是有罪的人而故意包庇不使他受追诉,或者在刑事审判活动中故意违背事实和法律作枉法裁判的行为。本罪的构成特征:

1. 本罪侵犯的客体是刑事追诉活动的正当性和公民的自由与权利。

2. 本罪在客观上表现为三种情况:第一种是明知是无罪的人而使他受追诉。"追诉",是指以追究刑事责任为目的进行的立案、侦查、起诉、审判活动。"追诉",不要求法律形式上属于追诉,只要实质上属于追诉即可;不要求程序上合法,只要事实上追溯即可;不要求追溯全部过程,只要进入追诉阶段即可,即对无罪的人实行立案、侦查、起诉、审判之一,即为追诉;不要求采取法定的强制措施,只要属于通常的追诉行为即可。对于明知是无罪的人采取不立案、不报捕,但予以关押的手段,待被害人"交代"后再立案、采取强制措施的,应当认定为本罪。行为人明知他人无罪,而将其作为"逃犯"在网上通缉的,成立本罪。概念之,"对明知是无罪的人而使他受追诉",主要表现为,对明知是没有犯罪事实或者其他依法不应当追诉的人,采取伪造、隐匿、毁灭证据或者其他隐瞒事实、违反法律的手段,进行立案、侦查、起诉或者审判。第二种是明知是有罪的人而故意包庇不使他人受追诉。即对明知是有犯罪事实需要进行追诉的人,采取伪造、隐匿、毁灭证据或者其他隐瞒事实、违反法律的手段,故意包庇使其不受立案、侦查、起诉、审判,或者在立案后,采取伪造、隐匿、毁灭证据或者其他隐瞒事实、违反法律的手段,应当采取强制措施而不采取强制措施,或者虽然采取强制措施,但中断侦查或者超过法定期限不采取任何措施,实际放任不管,以及违法撤销、变更强制措施,致使犯罪嫌疑人、被告人实际脱离司法机关侦控。对于明知是有罪的人,而故意不收集有罪证据,导致有罪证据消失,因证据不足不能认定有罪的,成立本罪。第三种是"在刑事审判活动中故意违背事实和法律作枉法裁判的",即重罪轻判、轻罪重判(包括刑事附带民事诉讼)。如果侦查、起诉人员采取伪造、隐匿、毁灭证据或者其他隐瞒实施、违反法律的手段,故意使罪重的人受较轻的追诉,或者使罪轻的人受较重的追诉,导致无过错的法官将重罪定为轻罪的,属于利用缺乏故意的行为(利用法官无犯罪故意的审判行为)的间接正犯。

3. 本罪主体是司法工作人员。根据《刑法》第94条的规定,司法工作人员,是指有侦查、检察、审判、监管职责的工作人员。根据司法实践,司法机关专业技术人员也可以成为本罪的主体。但是,只有负有刑事追诉职责的司法工作人员,才能成为本罪行为正犯。司法机关为了谋取某种利益,集体研究共同犯本罪的,应当对直接负责的主管人员和其他直接责任人员以本罪论处。

4. 本罪的主观只能是出于故意,并出于徇私、徇情动机。同时也就说明了因过失导致追诉无罪的人、包庇有罪的人或者因法律水平不高、事实掌握不全而造成的错误判决、裁定的不成立本罪。

(二)徇私枉法罪的认定

1. 滥用职权罪与徇私枉法罪之间是法条竞合的关系,徇私枉法罪是特别法条应当优先适用。徇私枉法罪和帮助毁灭证据罪是想象竞合犯,应择一重罪论处,以徇私枉法罪论处。再如,警察于某与犯罪嫌疑人刘某曾是好友,在对刘某采取监视居住期间,故意对其放任不管,导致刘某逃匿,司法机关无法对其追诉,警察于某成立徇私枉法罪。

2. 司法工作人员可能利用职权实施非法拘禁罪,徇私枉法罪中使无罪的人受追诉的行为也可能表现为采取拘禁措施,因此需要区分。使无罪的人受追诉的行为,即使没有剥夺被害人的人身自由,也应认定为徇私枉法罪;通过伪造证据等方式对无罪的人采取剥夺人身自由的强制措施的,是非法拘禁罪与徇私枉法罪的想象竞合犯,应以徇私枉法罪论处;因证据不足而超期羁押的,宜认定为非法拘禁罪;不是为了追诉而非法剥夺他人自由的,应认定为非法拘禁罪。

3. 明知是无罪的人而判处死刑立即执行,或者明知是不应当判处死刑的人而判处死刑立即执行的,是徇私枉法罪与故意杀人罪的想象竞合犯,应从一重罪论处。

4. 徇私枉法罪中的包庇有罪的人使其不受追诉的行为与包庇罪有相似之处。司法工作人员利用具体的职务权限(如承办案件和指示、指挥承办案件),使有罪的人不受追诉或者使重罪轻判的,成立徇私枉法罪。与具体的职务权限无关所实施的包庇行为,成立包庇罪。

5. 根据《刑法》第 399 条第 4 款规定:司法工作人员收受贿赂,有前三款行为的(徇私枉法罪,民事、行政枉法裁判罪,执行判决、裁定失职罪,执行判决、裁定滥用职权罪),同时又构成本法第 385 条规定之罪(受贿罪)的,依照处罚较重的规定定罪处罚。除了此情形以外,对于司法工作人员以及其他国家工作人员收受贿赂而实施其他犯罪的,均应实施数罪并罚。第 399 条第 4 款不包括司法工作人员先"索取贿赂"后徇私枉法的行为。

(三)徇私枉法罪的处罚

根据《刑法》第 399 条第 1 款的规定犯徇私枉法裁判罪的,处五年以下有期徒刑或者拘役;情节严重的,处 5 年以上 10 年以下有期徒刑;情节特别严重的,处 10 年以上有期徒刑。

二、民事、行政枉法裁判罪

民事、行政枉法裁判罪,是指司法工作人员在民事、行政审判活动中故意违背事实和法律作枉法裁判,情节严重的行为。本罪的构成特征:

1. 本罪侵犯的客体是司法机关的正常活动。

2. 本罪的客观表现是行为人在民事、行政审判过程中违背事实和法律作枉法裁判,且情节严重的程度。

3. 本罪主体是司法工作人员。

4. 本罪在主观上是故意,即明知自己故意违背事实和法律进行枉法裁判的行为会发生侵害民事、行政审判活动公正性与当事人合法权益的结果,并且希望或者放任这种结果发生。

三、执行判决、裁定失职罪

执行判决、裁定失职罪,是指司法工作人员在执行判决、裁定活动中,严重不负责任,不依法采取诉讼保全措施、不履行法定执行职责,或者违法采取诉讼保全措施、强制执行措施,致使当事人或者其他人的利益遭受损失的行为。本罪的构成特征:

1. 本罪侵犯的客体是国家机关正常的执行判决、裁定活动。
2. 本罪的客观方面是行为人在执行判决、裁定活动中,严重不负责任,不依法采取诉讼保全措施、不履行法定执行职责,或者违法采取诉讼保全措施、强制执行措施,致使当事人或者其他人的利益遭受损失。其中的判决、裁定,不仅包括民事、行政方面的判决、裁定,还包括部分刑事判决与裁定,如不履行没收财产或罚金判决的,就可能构成本罪。
3. 本罪的主体是司法工作人员。
4. 本罪的主观方面为过失。

四、执行判决、裁定滥用职权罪

执行判决、裁定滥用职权罪,是指司法工作人员在执行判决、裁定活动中,滥用职权,不依法采取诉讼保全措施、不履行法定执行职责,或者违法采取诉讼保全措施、强制执行措施,致使当事人或者其他人的利益遭受重大损失的行为。本罪的构成特征:1. 本罪侵犯的客体是司法机关的正常活动。

2. 本罪的客观表现是在执行判决、裁定活动中,滥用职权,不依法采取诉讼保全措施、不履行法定执行职责,或者违法采取诉讼保全措施、强制执行措施,致使当事人或者其他人的利益遭受重大损失。
3. 本罪的主体是司法工作人员。
4. 本罪为故意犯罪。

五、枉法仲裁罪

枉法仲裁罪,是指依法承担仲裁责任的人员,在仲裁活动中故意违背事实和法律作枉法裁决,情节严重的行为。本罪的构成特征:

1. 本罪侵犯的客体是仲裁活动的公正性。

2. 本罪的客观表现是行为人在仲裁活动中故意违背事实和法律作枉法裁决,情节严重的。

3. 本罪的主体是承担仲裁责任的人员。

4. 本罪的主观方面为故意。

六、私放在押人员罪

私放在押人员罪,是指司法工作人员私放在押的犯罪嫌疑人、被告人或者罪犯的行为。本罪的构成特征:

1. 本罪侵犯的客体是司法机关的正常活动。

2. 本罪客观表现为行为人利用职务便利,私放在押的犯罪嫌疑人、被告人或者罪犯。利用职务上的便利,是指司法工作人员利用自己逮捕、监管、押解犯罪嫌疑人、被告人、罪犯的便利。私放,是指私自决定,非法放走罪犯,既包括行为人亲自私放,也包括授意、指使、强迫他人私放,还可以通过伪造、变造有关法律文书、证明材料使在押人员逃跑或者被释放等。在押人员是指被依法关押的犯罪嫌疑人、被告人,或者罪犯,而被行政拘留、司法拘留以及劳动教养的人员不属于在押人员。

3. 本罪主体是司法工作人员。

4. 本罪在主观上是故意。

七、失职致使在押人员脱逃罪

失职致使在押人员脱逃罪,是指司法工作人员由于严重不负责任,致使在押的犯罪嫌疑人、被告人或者罪犯逃脱,造成严重后果的行为。本罪的构成特征:

1. 本罪侵犯的客体是司法机关的正常活动。

2. 本罪的客观表现为司法工作人员由于严重不负责任,致使在押的犯罪嫌疑人、被告人或者罪犯逃脱,达到后果严重的程度。

3. 本罪的主体是司法工作人员。

4. 本罪主观方面为过失。

八、徇私舞弊减刑、假释、暂予监外执行罪

徇私舞弊减刑、假释、暂予监外执行罪,是指司法工作人员徇私舞弊,对不符合减刑、假释、暂予监外执行条件的罪犯,予以减刑、假释、暂予监外执行的行为。本罪的构成特征:

1. 本罪侵犯的客体是司法机关的正常活动。

2. 本罪客观方面表现为对不符合减刑、假释、暂予监外执行条件的罪犯予以减

刑、假释、暂予监外执行。不符合条件的罪犯，已被减刑、假释、暂予监外执行，本罪即为既遂。

3. 本罪的主体是司法工作人员。

4. 本罪主观上为故意，且出于徇私动机，但是须排除因法律水平不高、事实掌握不全而过失造成的本罪结果。

相关链接

1. 刘建国主编：《贪污贿赂罪、渎职罪》，中国检察出版社 2008 年版
2. 《刑事审判参考》，法律出版社 2009 年版，第 3 集
3. 《刑事审判参考》，法律出版社 2012 年版，第 6 集
4. 张本才、徐建波主编：《专家精解刑事疑案》，中国检察出版社 2011 年版
5. 最高人民法院、最高人民检察院《关于办理渎职罪刑事案件适用法律若干问题的解释（一）》，2012.12.7
6. 《中国法院 2014 年度案例·刑事案例》，中国法制出版社 2014 年版
7. 最高人民检察院《关于渎职侵权犯罪案件立案标准的规定》，2006.7.26
8. 最高人民法院《关于未被公安机关正式录用的人员、狱医能否构成失职致使在押人员脱逃罪主体问题的批复》，2000.9.19
9. 最高人民法院《关于非司法工作人员能否构成徇私枉法罪共犯问题的答复》，2003.4.6
10. 最高人民法院《关于工人等非监管机关在编监管人员私放在押人员和失职致使在押人员脱逃行为适用法律问题的解释》，2001.3.2

问题思考

1. 如何理解徇私枉法罪的犯罪构成？其客观方面的表现是什么？
2. 如何理解民事、行政枉法裁判罪的犯罪客观方面？
3. 如何理解私放在押人员罪中"在押人员"的范围？

观点争鸣

收受贿赂的滥用职权犯罪是否应当数罪并罚？

有观点认为滥用职权行为与收受贿赂的行为具有手段行为和目的行为的关系，两者系牵连关系，应当按照牵连犯的处理原则，从一重罪定罪量刑。

有观点认为滥用职权罪是独立于受贿行为之外的犯罪行为，两者没有必然的

联系。受贿罪中的"为他人谋取利益"仅是一个主观要件,并不要求客观上实施了为他人谋取利益的行为。首先,判断罪数应当以犯罪构成为基准。行为具备一个犯罪犯罪构成的,认定一罪;行为之间相互独立,具备数个犯罪犯罪构成的,原则上应当认定为数罪。其次,认定罪数应当遵循罪刑相适应基本原则。现实中因受贿而为行贿人谋取利益触及其他罪名的现象很普遍,因此实行数罪并罚,有利于实现量刑上的均衡。再次,牵连犯理论难以有效解决受贿型渎职案件的罪数认定问题。

案例分析

案情:1998年4月,被告人黄某某在某市公安局乔家乡派出所工作期间,得到本辖区付河村的付某有卖淫嫌疑的线索后,传唤了付某询问情况并核实了付某的年龄。后经传唤与付某发生关系的王某某、李某某等人,黄某某查明了王某某、李某某在1996年秋天曾多次强行与付某(当时付某未满14周岁)发生性关系,并录下付某的裸照,强迫付某卖淫。在此情况下,黄某某未向市局法制室提供案件材料,而是碍于熟人讲情和给所里创收,在收到王某某家人所送手机一部(价值2000元)后,让王某某、李某某家属给所里交现金9500元,而后将二人放走,致使王某某、李某某外逃达8个月之久。

问题:黄某某成立何罪,如何处罚?

答案:黄某某身为司法工作人员,徇情、徇私枉法,对明知是有罪的人而故意包庇不使其受到追诉,其行为已经构成徇私枉法罪。黄某某收受王某某家人手机一部,同时符合受贿罪的犯罪构成,但因刑法明确规定司法工作人员收受贿赂,同时又有徇私枉法行为的,依照处罚较重的规定定罪处罚。结合该案中黄某某收受贿赂、徇私枉法的行为的具体情形,按照徇私枉法罪对其进行处罚。

第四节 特定机关工作人员的渎职罪

知识结构图

徇私舞弊不移交刑事案件罪,滥用管理公司、证券职权罪,徇私舞弊不征、少征税款罪,徇私舞弊发售发票、抵扣税款、出口退税罪,违法提供出口退税凭证罪,违法发放林木采伐许可证罪,环境监管失职罪,食品监管渎职罪,传染病防治失职罪,放纵走私罪,商检徇私舞弊罪,商检失职罪,动植物检疫徇私舞弊罪,动植物检疫失职罪,放纵制售伪劣商品犯罪行为罪,办理偷越国(边)境人员出入境证件罪,放行偷越国（边）境人员罪，不解救被拐卖、绑架妇女、儿童罪，阻碍解救被拐卖、绑架妇女、儿童罪，帮助犯罪分子逃避处罚罪的概念→构成特征→司法认定

■ 重点提示

徇私舞弊不移交刑事案件罪，食品监管渎职罪，放纵制售伪劣商品犯罪行为罪，帮助犯罪分子逃避处罚罪的构成特征，以及与相关联罪的区分

■ 司考重点

徇私舞弊不移交刑事案件罪，食品监管渎职罪，帮助犯罪分子逃避处罚罪的司法认定

一、徇私舞弊不移交刑事案件罪

（一）徇私舞弊不移交刑事案件罪的概念和构成特征

徇私舞弊不移交刑事案件罪，是指行政执法人员徇私舞弊，对依法应当移交司法机关追究刑事责任的刑事案件不移交，情节严重的行为。本罪的构成特征：

1. 本罪侵犯的客体是行政执法机关和司法机关的正常活动。

2. 本罪在客观上表现为行政执法人员徇私舞弊，对依法应当移交司法机关追究刑事责任的刑事案件不移交，达到情节严重的程度。比如，林某作为林政稽查大队队长，在查办滥伐林木案件中，明知行为人滥伐林木金额巨大，应受刑罚处罚，但徇私舞弊，隐瞒真相，不向司法机关移送案件，放纵犯罪，构成了本罪。

3. 本罪的主体是行政执法人员，即依法具有执行行政法职权的行政机关的工作人员。从司法实践上来看，主要是工商行政管理、税务、监察等行政执法人员。

4. 本罪主观上是故意。

（二）徇私舞弊不移交刑事案件罪与徇私枉法罪的关系

两者最主要的区别在于主体不同。前者的主体是行政执法人员，后者的主体是司法工作人员。需要注意的是公安机关工作人员的性质：如果他们是对犯罪负有侦查职责的人，则是司法工作人员；如果他们是负责行政法实施的人，则是行政执法人员。概言之，行政机关中具有侦查权限的人，在负责承办（包括指示、指挥）具体案件时，将明知是犯罪的案件作为行政违法处理的，应当认定为徇私枉法罪。对于负有行政执法和刑事侦查双重职责的人员，应视其在履行何种职责的过程中不将案件作为犯罪处理而得出不同结论。

二、滥用管理公司、证券职权罪

滥用管理公司、证券职权罪,是指国家有关主管部门的国家机关工作人员,徇私舞弊,滥用职权,对不符合法律规定条件的公司设立、登记申请或者股票、债券发行、上市申请,予以批准或者登记,致使公共财产、国家和人民利益遭受重大损失的行为。本罪的构成特征:

1. 本罪侵犯的客体是国家管理公司登记和申请、股票与债券发行和上市的正常管理秩序。

2. 本罪的客观表现是行为人徇私舞弊,滥用职权,对不符合法律规定条件的公司设立、登记申请或者股票、债券发行、上市申请,予以批准或者登记,致使公共财产、国家和人民利益遭受重大损失。

3. 本罪的主体是国家有关主管部门的国家机关工作人员。上级部门强令登记机关及其工作人员实施上述行为的,对其直接负责的主管人员,以本罪论处。

4. 本罪的主观方面是故意。

三、徇私舞弊不征、少征税款罪

徇私舞弊不征、少征税款罪,是指税务机关的工作人员徇私舞弊,不征、少征应征税款,致使国家税收遭受重大损失的行为。本罪的构成特征:

1. 本罪侵犯的客体是国家税收征管秩序。

2. 本罪在客观上表现为行为人徇私舞弊,不征或者少征应征税款,并使国家税收遭受重大损失。应征税款,是指根据法律、行政法规规定的税种、税率,税务机关应当向纳税人征收的税款。国家税收包括地方税收。

3. 本罪的主体是税务机关的工作人员。

4. 本罪的主观方面是故意,且有徇私动机。司法实践中,只要排除了因法律政策等原因过失不征、少征,便可认定为"徇私"。

过失不征、少征税款,致使国家利益遭受重大损失的,可以玩忽职守罪论处。税务机关工作人员索取、收受贿赂,不征或少征税款,分别构成受贿罪和本罪的,应当数罪并罚。比如,杜某作为国家税务机关工作人员,利用职务便利非法收受他人钱财,不认真履行职责,不征应征税款156万元,致使国家税收遭受严重损害。杜某构成徇私舞弊不征、少征税款罪和受贿罪,对其实行数罪并罚。

四、徇私舞弊发售发票、抵扣税款、出口退税罪

徇私舞弊发售发票、抵扣税款、出口退税罪,是指税务机关工作人员违反法律、

行政法规的规定,在办理发售发票、抵扣税款、出口退税工作中,徇私舞弊,致使国家利益遭受重大损失的行为。本罪的构成特征:

1. 本罪侵犯的客体是国家的发票、税收管理秩序。
2. 本罪的客观表现是行为人违反法律、行政法规的规定,在办理发售发票、抵扣税款、出口退税工作中,徇私舞弊,致使国家利益遭受重大损失。
3. 本罪的主体是税务机关工作人员。
4. 本罪的主观方面为故意。

符合本罪的犯罪构成同时又构成徇私舞弊不征、少征税款罪的,应认定为本罪,不实行数罪并罚。符合本罪的犯罪构成同时又构成受贿罪的,应当实行数罪并罚。

五、违法提供出口退税凭证罪

违法提供出口退税凭证罪,是指税务机关工作人员以外的其他国家机关工作人员,违反国家规定,在提供出口货物报关单、出口收汇核销单等出口退税凭证的工作中,徇私舞弊,致使国家利益遭受重大损失的行为。本罪的构成特征:

1. 本罪侵犯的客体是国家税收管理秩序。
2. 本罪的客观方面是行为人违反国家规定,在提供出口货物报关单、出口收汇核销单等出口退税凭证的工作中,徇私舞弊,致使国家利益遭受重大损失。
3. 本罪的主体是税务机关工作人员。
4. 本罪的主观方面为故意。

六、违法发放林木采伐许可证罪

违法发放林木采伐许可证罪,是指林业主管部门的工作人员违反森林法的规定,超过批准的年采伐限额发放林木采伐许可证或者违反规定滥发林木采伐许可证,情节严重,致使国家森林遭受严重破坏的行为。本罪的构成特征:

1. 本罪侵犯的客体是国家正常的林业管理活动。
2. 本罪在客观上表现为行为人违反森林法的规定,超过批准的年采伐限额发放林木采伐许可证或者违反规定滥发林木采伐许可证,达到情节严重的程度。
3. 本罪的主体是林业主管部门的工作人员。
4. 本罪主观方面为故意。比如,李某系某县林业局副书记,在其工作期间违反森林法的规定,在申请方未提交林权证、申请理由和采伐方式不符且在同一份申请报告上审批不妥的情况下滥发林木采伐许可证,致使森林遭到严重破坏,情节严重。李某在主观上为故意,因其明知无林权证无法下发林木采伐许可证,同时造成严重后果,因此构成本罪。

七、环境监管失职罪

环境监管失职罪,是指负有环境保护监督管理职责的国家机关管理人员严重不负责任,导致发生重大环境污染事故,致使公私财产造成重大损失或者造成人身伤亡的严重后果发生的行为。本罪的构成特征:

1. 本罪侵犯的客体是国家正常的环境监管活动。
2. 本罪的客观表现是行为人严重不负责任,导致发生重大环境污染事故,致使公私财产造成重大损失或者造成人身伤亡的严重后果发生。
3. 本罪的主体是负有环境保护监督管理职责的国家机关管理人员。
4. 本罪的主观方面为过失。

八、食品监管渎职罪

食品监管渎职罪,是指负有食品安全监督管理职责的国家机关工作人员,滥用职权或者玩忽职守,导致发生重大食品安全事故或者造成其他严重后果的行为。本罪的构成特征:

1. 本罪侵犯的客体是国家正常的食品安全监督管理活动。
2. 本罪在客观上表现为行为人滥用职权或者玩忽职守,导致发生重大食品安全事故或者造成其他严重后果。
3. 本罪的主体是负有食品安全监督管理职责的国家机关工作人员。
4. 本罪的主观方面为故意。徇私舞弊犯本罪的,从重处罚。

九、传染病防治失职罪

传染病防治失职罪,是指从事传染病防治的政府卫生行政部门的工作人员严重不负责任,导致传染病传播或流行,情节严重的行为。本罪的构成特征:

1. 本罪侵犯的客体是国家正常的传染病防治管理活动。
2. 本罪的客观表现是行为人严重不负责任,导致传染病传播或流行,达到情节严重的程度。严重不负责任是指行为人不履行或者不正当履行传染病防治职责。
3. 本罪的主体是从事传染病防治的政府卫生行政部门的工作人员。
4. 本罪的主观方面是过失。

十、放纵走私罪

放纵走私罪,是指海关工作人员徇私舞弊,放纵走私,情节严重的行为。本罪的构成特征：

1. 本罪侵犯的客体是国家海关正常的管理活动。
2. 本罪在客观上表现为行为人徇私舞弊，放纵走私，并达到情节严重的程度。
3. 本罪的主体是海关工作人员。
4. 本罪的主观方面是故意。

十一、商检徇私舞弊罪

商检徇私舞弊罪，是指国家商检部门、商检机构的工作人员徇私舞弊，伪造检验结果的行为。本罪的构成特征：

1. 本罪侵犯的客体是国家正常的商检活动。
2. 本罪在客观上表现为行为人伪造商品检验结果。
3. 本罪主体是国家商检部门、商检机构的工作人员。
4. 本罪的主观方面是故意。

十二、商检失职罪

商检失职罪，是指国家商检部门、商检机构的工作人员严重不负责任，对应当检验的物品不检验，或者延误检验出证、错误出证，致使国家利益遭受重大损失的行为。本罪的构成特征：

1. 本罪侵害的客体是国家正常的商检活动。
2. 本罪在客观上表现为行为人对应当检验的物品不检验，或者延误检验出证、错误出证，致使国家利益遭受重大损失。
3. 本罪主体是国家商检部门、商检机构的工作人员。
4. 本罪的主观方面是过失。

十三、动植物检疫徇私舞弊罪

动植物检疫徇私舞弊罪，是指动植物检疫机关的检疫人员徇私舞弊，伪造检疫结果的行为。本罪的构成特征：

1. 本罪侵犯的客体是国家正常的动植物检疫活动。
2. 本罪在客观上表现为伪造检疫结果。
3. 本罪的主体是动植物检疫机关的检疫人员。
4. 本罪的主观方面是故意。

十四、动植物检疫失职罪

动植物检疫失职罪,是指动植物检疫机关的检疫人员严重不负责任,对应当检疫的检疫物不检疫,或者延误检疫出证、错误出证,致使国家利益遭受重大损失的行为。本罪的构成特征:

1. 本罪侵犯的客体是国家正常的动植物检疫活动。
2. 本罪在客观上表现为对应当检疫的检疫物不检疫,或者延误检疫出证、错误出证,致使国家利益遭受重大损失。
3. 本罪的主体是动植物检疫机关的检疫人员。
4. 本罪的主观方面是过失。

十五、放纵制售伪劣商品犯罪行为罪

放纵制售伪劣商品犯罪行为罪,是指对生产、销售伪劣商品犯罪行为负有追究职责的国家机关工作人员,徇私舞弊,不履行法律规定的追究职责,情节严重的行为。本罪的构成特征:

1. 本罪侵犯的客体是国家机关的正常活动。
2. 本罪客观方面表现为行为人对生产、销售伪劣商品犯罪行为不履行法律规定的追究职责,且达到情节严重的程度。
3. 本罪的主体是查处生产、销售伪劣商品犯罪行为的有关行政机关的工作人员。
4. 本罪的主观方面是故意。

十六、办理偷越国(边)境人员出入境证件罪

办理偷越国(边)境人员出入境证件罪,是指负责办理护照、签证以及其他出入境证件的国家机关工作人员,对明知是企图偷越国(边)境的人员,予以办理出入境证件的行为。本罪的构成特征:

1. 本罪侵犯的客体是国家正常的国(边)境管理活动。
2. 本罪在客观上表现为行为人对企图偷越国(边)境的人员,予以办理出入境证件。
3. 本罪主体是负有办理护照、签证以及其他出入境证件职责的国家机关工作人员。
4. 本罪在主观方面是故意。

十七、放行偷越国(边)境人员罪

放行偷越国(边)境人员罪,是指边防、海关等国家机关工作人员,对明知是偷越国(边)境的人员予以放行的行为。本罪的构成特征:

1. 本罪侵犯的客体是国家正常的国(边)境管理活动。
2. 本罪在客观上表现为行为人对明知是偷越国(边)境的人员予以放行。
3. 本罪的主体是边防、海关等国家机关工作人员。
4. 本罪的主观方面是故意。

十八、不解救被拐卖、绑架妇女、儿童罪

不解救被拐卖、绑架妇女、儿童罪,是指对被拐卖、绑架的妇女、儿童负有解救职责的国家机关工作人员,接到被拐卖、绑架的妇女、儿童及其家属的解救要求或者接到其他人的举报,而对被拐卖、绑架的妇女、儿童不进行解救,造成严重后果的行为。本罪的构成特征:

1. 本罪侵犯的客体是国家机关的正常活动。
2. 本罪在客观上表现为行为人接到被拐卖、绑架的妇女、儿童及其家属的解救要求或者接到其他人的举报,而对被拐卖、绑架的妇女、儿童不进行解救,造成严重后果。
3. 本罪的主体是对被拐卖、绑架的妇女、儿童负有解救职责的国家机关工作人员。
4. 本罪的主观方面是故意。

十九、阻碍解救被拐卖、绑架妇女、儿童罪

阻碍解救被拐卖、绑架妇女、儿童罪,是指对被拐卖、绑架的妇女、儿童负有解救职责的国家机关工作人员利用职务阻碍解救被拐卖、绑架的妇女、儿童的行为。本罪的构成特征:

1. 本罪侵犯的客体是国家机关的正常活动。
2. 本罪在客观上表现为行为人利用职务阻碍解救被拐卖、绑架的妇女、儿童。
3. 本罪的主体是对被拐卖、绑架的妇女、儿童负有解救职责的国家机关工作人员。
4. 本罪的主观方面是故意。

二十、帮助犯罪分子逃避处罚罪

帮助犯罪分子逃避处罚罪,是指有查禁犯罪活动职责的国家机关工作人员,向犯罪分子通风报信,提供便利,帮助犯罪分子逃避处罚的行为。本罪的构成特征:

1. 本罪侵犯的客体是国家机关的正常活动。

2. 本罪在客观上表现为向犯罪分子通风报信,提供便利,帮助犯罪分子逃避处罚。"通风报信、提供便利",包括直接和间接向犯罪分子通风报信。"犯罪分子"不限于已经被人民法院判处刑罚的犯罪分子,也包括有证据证明确实实施了犯罪行为的人。帮助一般违法人员使之逃避行政处罚的,不成立本罪。根据有关司法解释,公安人员对盗窃、抢劫的机动车辆,非法提供机动车牌或者为其取得机动车牌证提供便利,帮助犯罪分子逃避处罚的,以本罪论处。

3. 本罪的主体是负有查禁犯罪活动职责的国家机关工作人员。

4. 本罪的主观方面是故意。

■相关链接

1. 郭丽新、苏凌主编:《渎职侵权犯罪认定疑难问题解析》,中国检察出版社 2008 版

2.《刑事审判参考》,法律出版社 2011 年版,第 2 集

3.《刑事审判参考》,法律出版社 2012 年版,第 6 集

4. 黄健波主编:《刑事典型疑难案例·精选精析》,中国检察出版社 2012 年版

5. 全国人民代表大会常务委员会《关于<中华人民共和国刑法>第九章渎职罪主体适用问题的解释》,2002.12.28

6. 最高人民法院、最高人民检察院《关于办理渎职刑事案件适用法律若干问题的解释(一)》,2012.12.7

7. 最高人民检察院《关于渎职侵权犯罪案件立案标准的规定》,2006.7.26

8. 最高人民法院《关于审理破坏森林资源刑事案件具体应用法律若干问题的解释》,2000.6.19

9. 最高人民法院《关于办理妨害预防、控制突发传染病疫情等灾害的刑事案件具体应用法律若干问题的解释》,2003.5

10. 最高人民法院《关于审理破坏土地资源刑事案件具体应用法律若干问题的解释》,2000.6.19

11. 最高人民法院、最高人民检察院《关于办理生产、销售伪劣产品刑事案件具体应用法律若干问题的解释》,2001.4.9

观点争鸣

行为在构成滥用职权罪或玩忽职守罪的同时,又构成特定的渎职犯罪的,在现行刑法中没有明确规定如何定罪处罚。司法上应如何对之进行定罪处罚,学者有不同的观点。

观点一:根据特别法优先原则,按照具体渎职犯罪的条文处罚。这是因为,立法者在普通条款之外又专设特别条款,是为了对特定犯罪给予特定处罚,或因某种犯罪特别突出而予以特别规定,应优先适用特别法。

观点二:根据重法优先原则,按照处罚较重的法条定罪处罚。因为如果根据特别法优于普通法,可能造成对犯罪的处罚太轻,难以体现刑法中的罪责刑相适应原则。

问题思考

1. 如何理解徇私舞弊不移交刑事案件罪的犯罪构成?
2. 如何理解违法发放林木采伐许可证罪的犯罪构成?

案例分析

案情:2007年至2011年,上诉人城区地方税务局西街税务所原税管员王某斌负责云冈实业有限责任公司、东方广场有限责任公司的税收缴纳工作。在税管过程中,上诉人王某斌发现云冈实业有限责任公司、东方广场有限责任公司存在不履行应缴纳房产税、土地使用税问题,向时任城区地税局西街税务所所长樊某丽请示,并连年向该两公司下达催报、催缴通知书,要求限期进行纳税申报及缴纳税款,但云冈实业有限责任公司一直未在规定的期限内如实申报缴纳税款;东方广场有限责任公司始终都处于零申报状态,后经城区地税局核算确定涉案两企业在2007年至2011年底房产税3 768 354.9元、土地使用税884 953.2元,共计4 653 308.1元至今未予缴纳。

问题:王某斌构成何罪?

答案:王某斌作为城区地税局西街税务所的专职税管员,发现管税企业存在大量欠税情况后,已向税务所所长樊某丽做了汇报,并连续多次向欠税企业送达税务事项通知书,要求欠税单位云冈实业公司、东方广场公司及时申报并缴纳税款,属于履职行为;至于涉税单位云冈实业公司、东方广场公司欠缴税款4 653 308.1元,城区地税局已连续五年在《大同日报》公告两单位的欠缴税款情况,属于应当缴纳或追缴的税款,并非法律意义上的"经济损失",不符合玩忽职守罪"致使国家利益遭受重大损失"的法定要件,故上诉人王某斌无罪。

第二十四章

军人违反职责罪

■ 知识结构图

危害作战利益的犯罪→违反部队管理制度的犯罪→危害军事秘密的犯罪→危害部队物资保障的犯罪→侵犯部属、伤病军人、平民、俘虏利益的犯罪

■ 重点提示

军人违反职责罪对概念和构成特征

■ 司考重点

逃离部队罪、非法获取军事秘密罪、盗窃、抢夺武器装备、军用物资罪

第一节 军人违反职责罪概述

■ 知识结构图

军人违反职责罪的概念→军人违反职责罪的构成特征→军人违反职责罪的种类

第二十四章 军人违反职责罪

> **重点提示**
> 军人违反职责罪的构成特征

一、军人违反职责罪的概念和构成特征

军人违反职责,是指军人违反职责,危害国家军事利益,依照法律应当受到刑罚处罚的行为。本类罪的构成特征:

1. 本类犯罪的客体是国家的军事利益。所谓国家的军事利益,是指国家在国防建设、作战行动、军队物资保障、军事机密、军事科学研究等方面的利益。危害国家军事利益,是军人违反职责罪区别于其他犯罪的本质特征。对国家军事利益危害程度的大小,乃是区别军人违反职责罪的犯罪行为与违纪行为、重罪与轻罪的主要标准。

2. 本类犯罪的客观方面表现为行为人实施了违反军人职责,危害国家军事利益的行为。军人职责包括一般职责和具体职责。前者是任何军人都负有的职责,主要规定在人民解放军《内务条令》第三章;后者是不同军人在执行不同任务时所负有的职责,规定在各种条例、条令之中。军人违反职责的行为既包括作为,也包括不作为,其中可以由不作为构成的犯罪较多,这也是军法从严的体现。

犯罪的时间和地点,对于军人违反职责罪的定罪和量刑具有重要意义。一方面,许多犯罪行为要求在"战时""临阵""在战场上""在军事行为地区"等时间与地点实施;另一方面,"战时"等特定时间往往是法定刑升格的条件或从重处罚的法定情节。

3. 本类犯罪的主体为特殊群体,统称军职人员。具体可以分为两类:第一,现役军人,即中国人民解放军和中国人民武装警察部队的正在服役的军官、警官、文职干部、士兵以及具有军籍的学员。第二,执行军事任务的预备役人员和其他人员。预备役人员是指编入民兵组织或者经过登记服预备役的人员;其他人员是指军内在编职工等。执行军事任务是指执行作战、支前、战场救护等任务。

4. 本类犯罪的主观方面多数是故意,少数是过失。故意、过失的内容需要根据刑法总则的规定以及各种犯罪的具体行为与结果予以确定。

二、军人违反职责罪的种类

关于军人违反职责罪的分类,通常有两种划分方法:其一,根据军人违反职责罪所侵犯的客体而加以归类。按此方法,可将军人违反职责罪分为如下几类:(1)违反部队管理制度的犯罪;(2)违反兵役法规和国(边)境管理的犯罪;(3)侵犯部属人身权利、阻碍执行职务的犯罪;(4)损害武器装备、军用物资、军事设施的犯

罪;(5)危害作战利益的犯罪;(6)危害平民、战俘的犯罪。其二,按犯罪发生的时间、地点来划分。按此方法,可把军人违反职责罪分为:(1)战时的犯罪;(2)平时的犯罪;(3)在军事行动地区才能构成的犯罪;(4)战时、平时以及在非军事行动地区均能构成的犯罪。

本书将军人违反职责罪划分为如下几类:危害作战利益的犯罪,违反部队管理制度的犯罪,危害军事秘密的犯罪,危害部队物资保障的犯罪,侵犯部属、伤病、军人、平民、战俘利益的犯罪。

■相关链接

1. 中国人民解放军军事法院印发《关于审理军人违反职责罪案件中几个问题的处理意见的通知》1988.10
2. 最高人民检察院、解放军总政治部印发《军人违反职责罪案件立案标准的规定》2013.3
3. 最高人民法院、最高人民检察院《关于对军人非战时逃离部队的行为能否定罪处罚问题的批复》2000.12

■问题思考

1. 如何理解国防利益与军事利益的关系?
2. 如何理解军人违反职责罪的共性特征?

第二节 危害作战利益的犯罪

■知识结构图

战时违抗命令罪,隐瞒、谎报军情罪,拒传、假传军令罪,投降罪,战时临阵脱逃罪,违令作战消极罪,拒不救援友邻部队罪,战时造谣惑众罪,战时自伤罪的概念→构成特征

■重点提示

此类罪名的犯罪客观方面的表现

一、战时违抗命令罪

战时违抗命令罪,是指战时故意违抗上级命令,对作战造成危害的行为。本罪的构成特征:

1. 本罪的客体是作战指挥秩序。
2. 本罪在客观方面表现为:首先,行为必须发生在战时。其次,必须有违抗作战命令的行为。最后,对作战造成危害,即由于违抗作战命令而扰乱了作战部署,贻误了战机,影响了作战任务的完成,或者给敌人以可乘之机,使部队遭受较大损失等。
3. 本罪的主体是军人。
4. 本罪的主观方面是故意,即明知违抗命令的行为会发生对作战造成危害的结果,并且希望或者放任这种结果发生。

二、隐瞒、谎报军情罪

隐瞒、谎报军情罪,是指故意隐瞒、谎报军情,对作战造成危害的行为。本罪的构成特征:

1. 本罪的客体是作战指挥秩序。
2. 本罪的客观方面表现为隐瞒、谎报军情,并给作战造成了危害。隐瞒,是将应当向首长、上级汇报的军事情况隐瞒不报;谎报,是指用编造或者篡改的军情情况欺骗首长、上级;军情是指作战有关的我军、友军和敌军的情节及其他重要信息。
3. 本罪的主体是军人。
4. 本罪的主观方面必须是故意,即明知隐瞒、谎报军情的行为会发生对作战造成危害的结果,并且希望或者放任这种结果发生。过失传达、报告虚假军情的,不成立本罪。

三、拒传、假传军令罪

拒传、假传军令罪,是指拒绝传递军令,或者假传军令,对作战造成危害的行为。本罪的构成特征:

1. 本罪的客体是作战指挥秩序。
2. 本罪的客观方面表现为拒传、假传军令,并给作战造成了危害。拒传军令,是指负有传递军令职责的军人,明知是与作战有关的命令、指示而故意拒绝传递或者拖延传递的行为;假传军令,是指军人故意伪造、篡改军令并予以传达或发布,以及明知是虚假军令而传达或者发布的行为。

3. 本罪的主体是军人。

4. 本罪的主观方面必须是故意,即明知拒传、假传军令的行为会发生对作战造成危害的结果,并且希望或者放任这种结果发生。

四、投降罪

投降罪,是指在战场上贪生怕死,自动放下武器投降敌人的行为。本罪的构成特征:

1. 本罪的客体为军人的战斗义务。

2. 本罪的客观方面表现为行为人在战场上贪生怕死,自动放下武器投降的行为。

3. 本罪的主体是具有使用武器打击敌人资格的参战军职人员。

4. 本罪的主观方面是故意,行为人一般具有畏惧战斗、贪生怕死的动机。

五、战时临阵脱逃罪

战时临阵脱逃罪,是指军人在战斗中或者在接受作战任务后,因贪生怕死、畏惧战斗而逃离战斗岗位的行为。本罪的构成特征:

1. 本罪的客体是军人的作战义务。

2. 本罪客观方面的法定要件要求"临阵脱逃",所谓"临阵",是指部队已经受领战斗任务,进入待命出击的地域及战场;所谓"脱逃",是指擅自脱离岗位逃避战斗的行为。

3. 本罪的主体是参战的军职人员。参战的军职人员,不限于参加战役、战斗或接受参加作战指示或命令的直接战斗人员,非直接战斗人员,如参战的后勤、医疗人员、通讯人员等,只要是在临阵状态下逃跑的,就可以构成本罪。

4. 本罪的主观方面是故意,动机是贪生怕死、畏惧战斗。

六、违令作战消极罪

违令作战消极罪,是指指挥人员在作战中故意违抗命令,临阵畏缩,作战消极,造成严重后果的行为。本罪的构成特征:

1. 本罪的客体是部队的作战秩序。

2. 本罪的客观方面表现为违抗命令,临阵畏缩,作战消极,并因此造成了严重的后果。所谓后果严重,是指因行为人作战消极而致使我军损失重大,贻误战机等情况。

3. 本罪的主体是部队中的指挥人员,即具有一定指挥权力的军职人员,普通士兵不能成为本罪的主体。

4. 本罪的主观方面是故意,一般还具有贪生怕死的动机。

七、拒不救援友邻部队罪

拒不救援友邻部队罪,是指指挥人员在战场上明知友邻部队处境危急请求支援,能救援而不救援,致使友邻部队遭受重大损失的行为。本罪的构成特征:

1. 本罪的客体是部队的作战利益和作战秩序。

2. 本罪的客观方面表现为:首先,在战场上友邻部队处境危急请求支援时,有关指挥人员产生了率部队救援的义务;其次,必须具有救援友邻部队的可能性,即根据当时自己部队所处的环境、作战能力及所负担的任务,完全有条件组织救援;最后,没有救援友邻部队,致使友邻部队遭受重大损失。

3. 本罪的主体只能是参战部队指挥人员,即对部队和部属负有领导、管理职责的军人。

4. 本罪的主观方面是故意,即明知友邻部队处境危急请求救援,不救援行为会发生使友邻部队遭受重大损失的结果,并且希望或者放任这种结果发生。

八、战时造谣惑众罪

战时造谣惑众罪,是指在战时故意制造谣言,在部队中散布怯战、厌战或者恐怖情绪,摇动军心的行为。本罪的构成特征:

1. 本罪的客体是部队的作战利益。

2. 本罪的客观方面表现为在战时造谣惑众、动摇军心的行为。具体表现为,在战时在部队中公开或者私下,用口头或者普通文字、图像、计算机网络或者其他途径,故意制造、散布谣言,煽动怯战、厌战或者恐怖情绪论,蛊惑官兵,造成或者足以造成部队情绪恐慌、士气不振、军心涣散的行为。

3. 本罪的行为主体是军职人员,但不限于参加作战的军职人员;其他公民战时造谣惑众,扰乱军心的应以刑法第378条战时造谣扰乱军心罪论处。

4. 本罪的主观方面是故意。

九、战时自伤罪

战时自伤罪,是指参加作战或者担负作战任务的军职人员战时故意自伤身体,逃避军事义务的行为。本罪的构成特征:

1. 本罪的客体是部队的作战利益和军人的军事义务。

2. 本罪的客观方面表现为在战时自伤身体,逃避军事义务的行为。自伤并不限于行为人亲手伤害自己,而是包括利用他人故意或过失行为伤害自己;自伤不以造成轻伤为前提,但是必须达到足以逃避军事义务的程度;在由于其他原因已受伤的情况下,故意使自己变为重伤的,也成立本罪。

3. 本罪的主体是参加作战的军官和战士。不参加作战的军官与战士,一般不会构成本罪。但不参加作战的军职人员或非军职人员教唆或者帮助参加作战的军官和战士用自伤身体的手段逃避军事义务的,可以成为本罪的共犯。

4. 本罪的主观方面是故意,并且具有逃避军事义务的目的,其动机可能多种多样,但不影响本罪的成立。

■相关链接

1. 中国人民解放军军事法院印发《关于审理军人违反职责罪案件中几个问题的处理意见的通知》1988.10
2. 最高人民检察院、解放军总政治部印发《军人违反职责罪案件立案标准的规定》2013.3

■问题思考

1. 如何理解战时违抗命令罪的犯罪构成?
2. 如何理解战时造谣惑众罪的犯罪客观方面?

第三节　违反部队管理制度的犯罪

■知识结构图

擅离、玩忽军事职守罪,阻碍执行军事职务罪,指使部属违反职责罪,军人叛逃罪,逃离部队罪,私放俘虏罪的概念→构成特征

■重点提示

此类罪名犯罪客观方面的特征

司考重点

逃离部队罪的概念、构成特征

一、擅离、玩忽军事职守罪

擅离、玩忽军事职守罪,是指指挥人员和值班、执勤人员擅自离开自己正在执行的指挥或者值班、执勤岗位,或者在履行职责时严重不负责任,不履行或者不正确履行职责,造成严重后果的行为。本罪的构成特征:

1. 本罪的客体是指挥和值班、执勤秩序。

2. 本罪的客观方面表现为擅离职守、玩忽职守并造成了严重后果的行为。所谓擅离职守,是指行为人擅自离开正在履行职责的岗位,不履行职责的行为。玩忽职守,是指行为人在履行职责的岗位上,严重不负责任,不履行或者不正确履行职责。

3. 本罪的主体是现役军人中的指挥人员或正在值班、执勤的人员。指挥人员,是指对部队的作战、训练及其他各项工作和日常生活负有组织、领导、管理职责的军人。值班人员,是指军队各单位、各部门为保持指挥或者履行职责不间断而设立的定期轮流负责处理本单位、本部门特定事务的人员。执勤人员,是指正在担任警卫、巡逻、观察、纠察、押运等勤务,或者作战勤务的人员。

4. 本罪的主观方面只能是故意。

二、阻碍执行军事职务罪

阻碍执行军事职务罪,是指以暴力、威胁方法,阻碍指挥人员或者值班、执勤人员执行职务的行为。本罪的构成特征:

1. 本罪的客体是指挥和值班、执勤秩序。本罪侵犯的对象是正在执行职务的部队指挥人员或者值班、执勤人员。"执行职务",是指指挥、值班、执勤人员以及其他军人正在履行其特定职责。

2. 本罪的客观方面表现为以暴力、威胁方法阻碍指挥人员或者值班、执勤人员执行职务的行为。

3. 本罪的主体是现役军人。

4. 本罪的主观方面是故意。

三、指使部属违反职责罪

指使部属违反职责罪,是指滥用职权,指使部属进行违反职责的活动,造成严重后果的行为。本罪的构成特征：

1. 本罪的客体是正当行使指挥权的秩序。

2. 本罪在客观方面表现为滥用职权，指使部属进行违反职责的活动，造成严重后果的行为。滥用职权即指超越职责范围，不正当地运用职务上的权力，包括超越职权和不按法定程序行使职权。指使部属进行违反职责的活动，是指指使部属实施军队条令、条例和国家法律、法规所禁止的行为。

3. 本罪的主体是军队中的各级首长和其他有权指挥他人的人员，属于特殊主体。

4. 本罪的主观方面是故意，行为人明知是违反军人职责的活动，而故意指使部属实施。

四、军人叛逃罪

军人叛逃罪，是指在履行公务期间，擅离岗位，危害国家军事利益的行为。本罪的构成特征：

1. 本罪的客体是国防安全秩序。

2. 本罪的客观方面表现为行为人在履行公务期间，擅离岗位，叛逃境外或者在境外叛逃。叛逃境外，是指通过合法或者非法的手段叛逃境外的行为。在境外叛逃，是指在境外履行国家、国防军事以及其他军事事务期间，擅自离队或者与派出单位和有关部门脱离关系，并滞留不归的行为。履行公务期间，是构成本罪的时间界限，如果不是在履行公务期间，而是因私合法出境后与派出单位和有关部门脱离关系，并滞留境外不归的，属于出走，不应认定在境外叛逃。

3. 本罪的主体是军职人员。

4. 本罪的主观方面是故意。

五、逃离部队罪

逃离部队罪，是指违反兵役法规、故意逃离部队，情节严重的行为。本罪的构成特征：

1. 本罪的客体是国家兵役秩序。

2. 本罪的客观方面表现为：第一，违反了兵役法规；第二，必须实施逃跑行为，并已逃离部队；第三，只有情节严重才能构成本罪，这里的情节严重是指携带武器逃跑、驾驶车船逃跑、组织他人逃跑或屡教不改多次逃跑等。

3. 本罪的主体是具有服兵役义务的现役军人，包括现役军官（警官）、文职干部、士兵和具有军籍的学员。

4. 本罪的主观方面是故意，并且有逃避服兵役的目的。

六、私放俘虏罪

私放俘虏罪,是指擅自放走俘虏的行为。本罪的构成特征:
1. 本罪的客体是部队的俘虏管理秩序。
2. 本罪的客观方面表现为违反军事纪律,私自释放俘虏的行为。所谓"俘虏",是指在作战中被我方俘获的敌方武装人员以及其他为敌方武装部队服务的人员。
3. 本罪的主体是军人。在司法实践中,多为负有看押、管理俘虏职责的军人,既包括主管人员,也包括直接的看押人员。
4. 本罪的主观方面是故意。

■ 相关链接

1. 中国人民解放军军事法院印发《关于审理军人违反职责罪案件中几个问题的处理意见的通知》1988.10
2. 最高人民检察院、解放军总政治部印发《军人违反职责罪案件立案标准的规定》2013.3
3. 最高人民法院、最高人民检察院《关于对军人非战时逃离部队的行为能否定罪处罚问题的批复》2000.12

■ 问题思考

1. 如何理解逃离部队罪的犯罪构成?
2. 如何理解阻碍执行军事职务罪的犯客观方面?

第四节 危害军事秘密的犯罪

■ 知识结构图

非法获取军事秘密罪,为境外窃取、刺探、收买、非法提供军事秘密罪,故意泄露军事秘密罪,过失泄漏军事秘密罪的概念→构成特征

重点提示

此类罪名的犯罪客观方面

司考重点

非法获取军事秘密罪的概念、构成特征

一、非法获取军事秘密罪

非法获取军事秘密罪，是指以窃取、刺探、收买方法，非法获取军事秘密的行为。本罪的构成特征：

1. 本罪的客体是国家和军队的军事秘密制度。
2. 本罪的客观方面表现为窃取、刺探、收买军事秘密的行为。"军事秘密"，是指直接关系到国防和军队利益与安全，在一定时间内只限一定范围的人员知悉的事项。
3. 本罪的主体限于军职人员。
4. 本罪的主观方面，行为人必须是故意非法获取军事秘密，过失不构成本罪。

二、为境外窃取、刺探、收买、非法提供军事秘密罪

为境外窃取、刺探、收买、非法提供军事秘密罪，是指为境外的机构、组织、人员窃取、刺探、收买、非法提供军事秘密的行为。本罪的构成特征：

1. 本罪的客体是军事秘密的安全和国防安全。
2. 本罪的客观方面是表现为为境外窃取、刺探、收买、非法提供军事秘密的行为。所谓窃取，是指秘密偷取。所谓刺探，是指打听与收集；所谓收买，是指行为人用金钱等物质利益换取；所谓非法提供，是指在对外交往与合作中，违反规定，未经事先批准，而向境外的机构、组织、人员提供军事秘密。
3. 本罪的主体为军人。
4. 本罪的主观方面是故意。

三、故意泄露军事秘密罪、过失泄漏军事秘密罪

故意泄露军事秘密罪，是指违反保守国家秘密法规，故意泄露军事秘密，情节严重的行为；过失泄漏军事秘密罪，是指违反保守国家秘密法规，过失泄露军事秘

密,情节严重的行为。构成特征:

1. 侵害的客体是军事保密制度。
2. 客观方面表现为违反保守国家秘密法规,泄漏军事秘密,情节严重的行为。
3. 犯罪主体是军人。既包括对军事秘密负有特殊保密义务的军人,如机要、通信、保密人员等,也包括了解军事秘密的普通军人。
4. 故意泄露军事秘密罪的主观方面是故意;过失泄露军事秘密罪的主观方面是过失。

■相关链接

1. 中国人民解放军军事法院印发《关于审理军人违反职责罪案件中几个问题的处理意见的通知》1988.10
2. 最高人民检察院、解放军总政治部印发《军人违反职责罪案件立案标准的规定》2013.3

■问题思考

1. 如何理解非法获取军事秘密罪的犯罪构成?
2. 如何理解为境外窃取、刺探、收买、非法提供军事秘密罪的犯罪客观方面?

第五节　危害部队物资保障的犯罪

■知识结构图

武器装备肇事罪,擅自改变武器装备编配用途罪,盗窃、抢夺武器装备、军用物资罪,非法出卖、转让武器装备罪,遗弃武器装备罪,遗失武器装备罪,擅自出卖、转让军队房地产罪的概念→构成特征

■重点提示

此类罪名的犯罪客观方面

司考重点

盗窃、抢夺武器装备、军用物资罪的概念、构成特征

一、武器装备肇事罪

武器装备肇事罪,是指违反武器装备的使用规定,情节严重,因而发生重大责任事故、致人重伤、死亡或者造成其他严重后果的行为。本罪的构成特征:

1. 本罪的客体是部队武器装备的使用秩序。
2. 本罪的客观方面表现为违反武器装备的使用规定,情节严重,因而发生重大责任事故、致人重伤、死亡或者造成其他严重后果的行为。
3. 本罪的主体是军人。
4. 本罪的主观方面是过失。

二、擅自改变武器装备编配用途罪

擅自改变武器装备编配用途罪,是指违反武器装备管理规定,擅自改变武器装备的编配用途,造成严重后果的行为。本罪的构成特征:

1. 本罪的客体是部队武器装备的管理秩序。
2. 本罪的客观方面表现为违反了国家的武器装备管理规定,自作主张,随意改变武器装备的用途,并造成了严重的后果。所谓擅自改变武器装备编配用途,是指未经上级批准而自行将用于某一用途的武器装备改作其他用途,如随意启封使用作战储备的武器装备,用火炮牵引车改作运输车,随意将武器装备出租、出借等。
3. 本罪的主体是军人。
4. 本罪的主观方面是过失。

三、盗窃、抢夺武器装备、军用物资罪

盗窃、抢夺武器装备、军用物资罪,是指军职人员以非法占有为目的,盗窃或者夺取部队的武器装备或者军用物资的行为。本罪的构成特征:

1. 本罪的客体是部队武器装备、军用物资的所有权。
2. 本罪的客观方面表现为行为人秘密窃取或者公然夺取部队的武器装备或军用物资的行为。军用物资,是指专供武装力量使用和消费的各种物资的统称,主要包括装备器材、军需物资、卫生物资、油料物资、营房物资等。
3. 本罪的主体是军人。
4. 本罪的主观方面是故意,并且具有非法占有武器装备、军用物资的目的。

四、非法出卖、转让武器装备罪

非法出卖、转让武器装备罪,是指违反军队武器装备管理规定,出卖、转让军队武器装备的行为。本罪的构成特征:

1. 本罪的客体是部队武器装备的管理秩序。
2. 本罪的客观方面表现为非法出卖、转让军队武器装备的行为。出卖是指有偿转让武器装备的所有权;转让是指有偿或无偿地转让军队武器装备的所有权或使用权。
3. 本罪的主体是军人。
4. 本罪的主观方面是故意。

五、遗弃武器装备罪

遗弃武器装备罪,是指违抗命令,遗弃武器装备的行为。本罪的构成特征:

1. 本罪的客体是部队武器装备的管理秩序。
2. 本罪的客观方面表现为违抗命令,遗弃武器装备的行为。遗弃武器装备的行为以违抗命令为前提,否则不成立本罪。遗弃主要包括两种情形:一是抛弃现有的能够发挥作用的武器装备;二是应当将置于不安全场所的武器装备妥善管理却不妥善管理。
3. 本罪的主体是军人。
4. 本罪的主观方面是故意,即行为人明知是能够发挥作用的武器装备而故意遗弃。

六、遗失武器装备罪

遗失武器装备罪,是指遗失武器装备,不及时报告或者有其他严重情节的行为。本罪的构成特征:

1. 本罪的客体是部队武器的管理秩序。
2. 本罪的客观方面表现为遗失武器装备,不及时报告或者有其他严重情节的行为。成立本罪有两种情形:一是遗失武器装备而不及时报告;二是遗失武器装备情节严重。前一种情况,不问是否具有其他严重情节;后一种情况,不问行为人是否及时报告。
3. 本罪的主体是军人。
4. 本罪的主观方面是过失。

七、擅自出卖、转让军队房地产罪

擅自出卖、转让军队房地产罪,是指违反规定,擅自出卖、转让军队房地产,情节严重的行为。本罪的构成特征:

1. 本罪的客体是军队房地产的管理秩序。
2. 本罪的客观方面表现为违反规定,擅自出卖、转让军队房地产的行为。房地产包括土地、房屋、国防工程设施、林木等。情节严重,一般是指出卖、转让军队房地产数量较大,造成严重损失的或者造成严重后果,严重影响军队的正常训练、工作、生活的,或者将非法出卖、转让房地产的非法所得供自己挥霍等。
3. 本罪的主体是军队各单位的主管人员和有房地产管理职责的人员,属于特殊主体。
4. 本罪的主观方面是故意。

相关链接

1. 中国人民解放军军事法院印发《关于审理军人违反职责罪案件中几个问题的处理意见的通知》1988.10
2. 最高人民检察院、解放军总政治部印发《军人违反职责罪案件立案标准的规定》2013.3

问题思考

1. 如何理解盗窃、抢夺武器装备、军用物资罪的犯罪构成?
2. 如何理解武器装备肇事罪?

案例分析

案情:被告人肖某入伍后,感到部队生活艰苦枯燥,心理受到压抑,产生了逃离部队的想法。2006年6月12日上午,被告人肖某打电话给广东省东莞市的同学龚某,称其这几天要带枪出来找他,龚不相信。当晚9时,在连队进行训练时,因被告人肖某的动作不规范,受到了组织训练的班长杨某等人的批评,被告人肖某遂产生了利用站岗之机将枪盗走,以使杨某受处分的想法。第二日凌晨2时许,被告人肖某利用站岗之机,用迷彩帐篷包装袋装载执勤用枪,携枪逃离部队,租车前往龚某处。在长安镇等龚某的过程中,被告人肖某将枪藏在公路中间的下水道内。龚某来后,被告人肖某将枪取出,拆解后藏匿于龚某的运输车驾驶室坐垫下。6月14日凌晨3时25分,部队保卫部门在东莞常平镇龚某的车上将枪支起获,同日5时10分,在东莞长安镇将被告人肖某抓获归案。

问题:肖某的行为构成何罪?

答案:1.肖某的行为构成逃离部队罪。肖某为报复班长,同时感到部队生活压抑而私自离开部队,其逃避服兵役的犯意明显,逃离部队的时间虽短,但携带值勤用枪可以作为逃离部队罪中的严重情节考虑,符合逃离部队罪的构成要件,应以逃离部队罪论处。

2.肖某的行为构成盗窃武器装备罪。武器装备是指部队用于实施和保障军事行动的武器系统和军事技术器材。执勤用枪属于部队的武器装备,所有权属于部队,个人无权非法占有。肖某明知私自将枪支带走的行为必然造成部队对枪支管理失控的危害后果,却仍然积极追求该结果的发生,主观上有盗窃武器装备的故意,客观上实现了对枪支的非法占有,符合盗窃武器装备罪的构成要件。

3.对肖某应该按逃离部队罪和盗窃武器装备罪实行数罪并罚。

第六节 侵犯部属、伤病军人、平民、俘虏利益的犯罪

■知识结构图

虐待部属罪,遗弃伤病军人罪,战时拒不救治伤病军人罪,战时残害居民、掠夺居民财物罪,虐待俘虏罪的概念→构成特征

■重点提示

此类罪名的犯罪客观方面

一、虐待部属罪

虐待部属罪是指滥用职权,虐待部属,情节恶劣,致人重伤或者造成其他严重后果的行为。本罪的构成特征:

1.本罪的客体是部属的人身权利。

2.本罪的客观方面表现为滥用职权,虐待部属,情节恶劣的行为。滥用职权,是指不法行使职务上权限的行为。虐待部属,是指采用殴打、体罚、冻饿或者其他

有损身心健康的手段,折磨、摧残部属。情节恶劣,是指虐待部属的情节恶劣,如时间长、次数多、被害人多、手段残酷等。致人重伤,是指虐待行为直接造成部属重伤。

3. 本罪的主体是部队中的各级首长和有指挥权的人员。

4. 本罪的主观方面是故意。

二、遗弃伤病军人罪

遗弃伤病军人罪,是指在战场上故意遗弃伤病军人,情节恶劣的行为。本罪的构成特征:

1. 本罪的客体是战场救护秩序。

2. 本罪的客观方面表现为在战场上故意遗弃伤病军人的行为。如果战斗情况极为紧急,确实无条件履行救助义务的,不能认定为本罪。此外,成立本罪需要情节恶劣,如指挥人员和救护人员在紧要关头或者危急时刻遗弃伤病军人的,遗弃伤病军人多人的,遗弃重要伤病军人的,遗弃行为导致被害人死亡、失踪、被俘的,等等。

3. 本罪的主体是对伤病军人负有救护任务的直接责任人员。

4. 本罪的主观方面是故意。如果行为符合不作为的故意杀人罪的犯罪构成的,则应认定为故意杀人罪。

三、战时拒不救治伤病军人罪

战时拒不救治伤病军人罪,是指在救护治疗职位上,有条件救治而拒不救治危重伤病军人的行为。本罪的构成特征:

1. 本罪的客体是战时救护秩序和军人的生命健康权。

2. 本罪的客观方面表现为在救护治疗职位上,有条件救治而拒不救治危重伤病军人的行为。有条件救治而不救治,是指根据伤病军人的伤情病情,结合救护人员的技术水平、医疗单位的医疗条件以及当时的客观环境等因素,能够给予救治而拒绝抢救、治疗。成立本罪,不以造成军人死亡为要件。

3. 本罪的主体是正在履行救护治疗职责的医务工作人员,属于特殊主体。

4. 本罪的主观方面是故意。

四、战时残害居民、掠夺居民财物罪

战时残害居民、掠夺居民财物罪,是指战时在军事行动地区,残害无辜居民,或者掠夺无辜居民财物的行为。本罪的构成特征:

1. 本罪的客体是我军的作战利益和军事行动地区无辜居民的人身、财产权利。

2. 本罪的客观方面表现为在军事行动地区,残害无辜居民,或者掠夺无辜居民财物的行为。本罪必须发生在战时军事行动地区。一般认为,"残害"是指对军事行动地区的无辜居民进行伤害、杀伤、放火、奸淫等残暴行为;"掠夺"是指以暴力、胁迫或者其他方法劫夺军事行动地区无辜居民财物的行为。无辜居民是指对我军无敌对行动的平民。

3. 本罪的主体是军人。

4. 本罪的主观方面是故意,行为人必须明知是无辜居民而故意实施残害、抢夺行为;误以为是敌人而杀害的,不成立本罪。

五、虐待俘虏罪

虐待俘虏罪,是指虐待俘虏,情节恶劣的行为。本罪的构成特征:

1. 本罪的客体是部队的作战利益和被俘人员的人身权利。

2. 本罪的客观方面表现为对俘虏实施精神折磨、肉体摧残和生活上不人道待遇的虐待行为。情节恶劣包括以下情形:指挥人员带头虐待俘虏的,虐待俘虏多人或者多次的,虐待俘虏手段残忍的,虐待伤病俘虏的,虐待重要俘虏的,虐待行为造成伤亡等严重后果的。

3. 本罪的主体是军人。

4. 本罪的主观方面是故意。

■相关链接

1. 中国人民解放军军事法院印发《关于审理军人违反职责罪案件中几个问题的处理意见的通知》1988.10

2. 最高人民检察院、解放军总政治部印发《军人违反职责罪案件立案标准的规定》2013.3

■问题思考

1. 如何理解虐待部属罪?

2. 如何理解战时残害居民、掠夺居民财物罪的犯罪构成?